بر شاخه‌های انتظار

م.رها

Supreme Century

بر شاخه‌های انتظار
م.رها

ناشر: Supreme Century، لس‌آنجلس، کالیفرنیا

ISBN- 13: 978-1939123039
ISBN- 10: 1939123038
LCCN: 2015902081

کلیه حقوق مادی و معنوی اثر برای نویسنده محفوظ است.

بخش اول

فصل اول

آن روز پس از پایان مراسم تدفین وقتی همه از سر مزار برمی‌گشتند صدرا از پشت پنجره کثیف و غبار گرفته اتوبوس به مردمی که مثل پروانه‌های سرگردان این سو و آن سو می‌شدند چشم دوخته بود. برقی که صدرا در چشم‌های مردم می‌دید چیزی به جز برق اشک نبود. عده‌ای درست مثل خود صدرا برای آخرین خداحافظی‌ها آمده بودند.

آمده بودند تا عزیزشان را تا آخرین لحظه بدرقه کنند. عده‌ای هم طبق عادت عصرهای پنجشنبه برای خواندن فاتحه‌ای بر مزار عزیزی سختی ترافیک و گرمای راه را متحمل شده بودند. بهشت زهرا می‌رفت تا ساعاتی دیگر زیر پرده تاریک شب مهر سکوت به لب بزند و آهسته‌آهسته مثل ساکنین خاموشش در آرامشی غریب فرو برود.

صدرا هم‌زمان با حرکت اتوبوس سرش را به پشتی صندلی‌اش تکیه داد و چشم‌هایش را بست. چشم‌هایش از شدت گریه می‌سوخت، سردرد شدیدی داشت. بخیه پیشانی‌اش را روز قبل کشیده بود ولی هنوز درد داشت.

اتوبوس که از بهشت زهرا خارج شد و وارد اتوبان شد صدرا چشم‌هایش را باز کرد و از پنجره به بیرون خیره شد.

با وجودی که یک لحظه از بیرون چشم بر نمی‌داشت متوجه نشد که اتوبوس کی وارد شهر شد. شهری که هیچ سر و تهی نداشت. ساختمان‌های قد و نیم قد و آپارتمان‌های قوطی کبریتی‌ای که طبق هیچ قاعده خاصی محصور در آن هوای غبارآلود و دوده‌ای در کنار هم قرار

گرفته بودند همین‌طور یکی یکی از مقابل نگاهش رد می‌شدند.

چقدر همه چیز تغییر کرده بود. بعد از گذشت این همه سال حالا که صدرا با دیدی متفاوت‌تر و دقیق‌تر از همیشه به محیط اطرافش نگاه می‌کرد کم کم به این نتیجه می‌رسید که این همه دگرگونی شهر و خیابان، زمین و آسمان، شب و روز و فصل‌ها و حتی حالت چهره‌های مردم چقدر شگرف‌تر از حد تصور اوست.

ایمان پس از مکالمه کوتاهی با راننده اتوبوس به طرف صدرا آمد و روی صندلی خالی کنار او نشست. صدرا به او که هنوز داشت روی صندلی‌اش جابه‌جا می‌شد نگاهی انداخت و پرسید: با راننده صحبت می‌کردی؟

ـ آره! ازش خواهش کردم اگه می‌شه تندتر بره. نمی‌دونم چرا این‌قدر دلم شور می‌زنه.

ـ دلت شور نزنه. ترافیکه دیگه. اون بنده خدا که تقصیری نداره.

ـ با این ترافیک و شلوغی فکر نکنم تا دو ساعت دیگه هم برسیم. و در حالی که با دستمال پیشانی عرقی‌اش را پاک می‌کرد از صدرا پرسید: خیلی تو فکر بودی! به چی فکر می‌کردی؟

ـ به اینکه چقدر همه چیز تغییر کرده! یاد قدیما به خیر!

ـ واقعاً هم یاد اون روزای خوش قدیمی به خیر.

صدرا مثل خیلی‌ها خوب می‌دانست که دیگر از سکوت خیال‌انگیز شب که قدیم‌ها اغلب با صدای جریان آب جوی کوچه‌ها و خیابان‌ها شکسته می‌شد خبری نیست. زمستان‌ها تغییر کرده و برف زیادی نمی‌بارد. طراوت و درخشندگی برگ‌های درخت‌ها هم اسیر دوده‌های سیاه رنگ شده و صدای پرندگان هم دیگر به گوش نمی‌رسد.

و حالا در عوض تا بخواهی صدای بوق اتومبیل‌ها و ولوله زندگی ماشینی آرامش همه را بر هم زده. طبیعت مردم هم تغییر کرده و دیگر کسی نمی‌خندد و هر کس سر در لاک خود فرو برده و با سختی‌های روزگار در ستیز است. صدرا هم چندان شباهتی به گذشته نداشت.

موهای خرمایی رنگش با قلم‌موی زمان خاکستری شده و جلوی چشم‌های عسلی رنگش یک صفحه نازک شیشه‌ای با قاب فلزی نشسته است و ناچار است بقیه زندگی را با همه پستی و بلندی‌ها و زشتی و زیبایی‌هایش از پشت شیشه عینک ببیند. زمان به قدر کافی رد پای خودش را بر اطراف چشم‌هایش گذاشته و بلندی پیشانی‌اش با پس رفتن موهای جلوی سرش از همیشه بیشتر شده است. اما دلش هوای دیگری دارد و همچنان گنجینه‌ای از خاطرات تلخ و شیرین است. یادگار سال‌هایی است که گاه بی‌رحمانه و گاه سخاوتمندانه زهر و شیرینی را یکجا به کامش ریخته‌اند.

صدرا همچنان که از پشت شیشه به حرکت شتابان مردم و ترافیک سنگین و ماشین‌هایی که پشت سر هم ردیف شده بودند نگاه می‌کرد با صدای ایمان به خود آمد:

ـ کی باورش می‌شد که بهشت زهرا یه روز این‌قدر بزرگ بشه که برای پیدا کردن قبر عزیزت بخوای رو نقشه نگاه کنی! پاک برا خودش شهری شده!

ـ یه شهر با مردمی آروم. فارغ از تمام غم و غصه‌ها و دغدغه‌های روزگار.

ـ چقدر زندگی بی‌ارزشه ها! اول تا آخرش همینه. شاه باشی یا گدا همینه که همینه!

ـ چرا فکر می‌کنی زندگی بی‌ارزشه؟

ـ بی‌ارزشه دیگه! یه نگاه به دور و برت بنداز؛ یه عمر خون دل بخور آخرش هم هیچی به هیچی. بیا ببین دیگه، نمونه‌اش رو امروز دیدی آخرش هم بعد این همه سختی یه خروار خاکه و سنگینی سنگ فراموشی!

ـ تو فقط امروز و این صحنه غمناک رو می‌بینی اون چیزی که تو دلا همیشه می‌مونه و هیچ وقت فراموش نمی‌شه رو نمی‌بینی. زندگی‌ای که ارزش‌اش به نشوندن لبخند روی یه چهره غم گرفته است یا به گرفتن یه دست ناتوان و پاک کردن یه قطره اشکه چرا باید به این راحتی‌ها فراموش بشه؟ اصلاً چطور می‌تونه فراموش بشه؟

چشم‌های صدرا هم‌زمان با گفتن این جملات دوباره پر از اشک شد. سرش را پایین انداخت و زیر لب ادامه داد: «تموم زندگی‌اش پر بود از این ارزش‌ها. تموم زندگی‌اش؛ روحت همیشه شاد.»

ایمان که از دگرگونی حال صدرا متأثر شده بود سعی کرد بحث را عوض کند.

ـ راستی فرصت کردی بری گل رزا رو آب بدی؟

ـ نه فرصت نشد. حقیقت‌اش دلم نیومد خاک رو زود ترک کنم. پس‌فردا که دوباره اومدم می‌رم آبشون می‌دم. امیدوارم تا پس فردا هنوز یه رمقی داشته باشن. دفعه پیش که اومدم کلی گل داده بودن. بوی عطرشون تموم اون منطقه رو برداشته بود. کاش اقلاً یه نم بارون می‌زد که از تشنگی پژمرده نشن.

ـ جون شما و جون این گل رزا. یه چند تا بوته که دیگه این‌قدر غصه خوردن نداره.

ـ غافلی که تا حالا چند بار بوته‌هاشون از بین رفته؟ سرمای زمستون چند بار خشکشون کرده و مجبور شدم جاشون بوته‌های جدید بکارم. بعضی وقتا زیر سنگینی برف ساقه‌هاشون می‌شکست.

با این حرف صدرا لبخند کم‌رنگی روی لب‌های ایمان نشست: من که دیگه اصلاً یه همچین زمستون‌هایی رو به یاد نمی‌آرم!

ـ آره دیگه! زمستوناش که این طوری شده حال و روز تابستونش هم معلومه. برکت انگار راستی راستی از سر این مملکت رفته.

صدرا این جمله را گفت و در حالی که دستش را روی پیشانی‌اش گذاشته بود نگاهش را دوباره به بیرون معطوف کرد.

ـ جاش هنوز درد می‌کنه؟

ـ نه به اون صورت، فقط بعضی وقتا یه کم تیر می‌کشه.

ـ خدا لعنتشون کنه با این زندگی جهنمی که برای مردم درست کردن. دیدی چه خبر بود! به دل داغدار هم رحم نمی‌کنن. پست‌فطرتا!

دوباره حلقه اشک در چشم‌های صدرا نقش بست.

چه روزهای سخت و پرتعبی را که به امید روزهایی روشن در آینده‌ای نه چندان دور پشت سر نگذاشته و چه لحظه‌های شیرینی را که در وحشت پایانی زودهنگام به کام خود تلخ نکرده بود. صدرا غرق در تفکر چگونه پیمودن راه‌های پرفراز و نشیبی که تا آن لحظه طی کرده بود زیر لب زمزمه کرد:

ز دیده خون بچکاند فسانه حافظ   چو یاد وقت زمان شباب و شیب کند

ایمان لحظه‌ای به چهره اندوهگین صدرا خیره شد، سپس در گوش او به آرامی گفت:

بلبل عاشق تو عمر خواه که آخر   باغ شود سبز و شاخ گل به برآید

همین بیت، شور و حالی در جان صدرا ایجاد کرد و تکرار کرد:

باغ شود سبز و شاخ گل به برآید...   باغ شود سبز و شاخ گل به برآید

اتوبوس در ترافیک حسابی گیر کرده بود و صدرا در حالی که شعر حافظ را زمزمه می‌کرد غرق در رؤیا به برگ‌های بی‌رمق درختی که در کنار اتوبوس ایستاده بود نگاه می‌کرد. با صدای فریدون که از ایمان می‌خواست جایش را به او بدهد به خود آمد.

فریدون بعد از عذرخواهی از ایمان به آرامی در کنار صدرا نشست. عرق از موهای جوگندمی و پیشانی‌اش سرازیر می‌شد و با اشک‌هایش گره می‌خورد.

چشم‌های قرمز و متورم‌اش را به صورت صدرا دوخت و در حالی که سعی می‌کرد جلوی بغضی که گلویش را به شدت می‌فشرد بگیرد گفت: تمومش کردم. بالاخره تمومش کردم.

و هم‌زمان کاغذ سفید تا خورده‌ای را که لکه‌های خون بر آن نقش بسته بود به طرف صدرا دراز کرد.

صدرا بلافاصله کاغذ را از فریدون گرفت و شروع به خواندن کرد. فریدون که بی‌صبرانه در انتظار شنیدن اظهارنظر صدرا بود چشم از نیم‌رخ او بر نمی‌داشت. زمانی که صدرا خواندن شعر را به پایان برد نگاه تحسین‌آمیزی به چهره درمانده فریدون انداخت و گفت: از این بهتر نمی‌شه. فکر نمی‌کردم کسی بتونه برای این شعر پایانی به این زیبایی بنویسه! من بهت قول می‌دم که طولی نمی‌کشه این سرزمین دوباره احیا می‌شه و خون تازه‌ای تو رگ‌هاش جریان پیدا می‌کنه.غم غریبی که در چشمهای فریدون با حرفهای صدراداشت به سکون می نشست دوباره دستخوش طوفان شد. خیره به کاغذ آغشته به خون با صدایی لرزان گفت: چه فایده که با این یک بیت شعر من و این اشکا دیگه نه اون ساقه شکسته راست می‌شه و نه اون گلبرگ‌های کبود دوباره به حال اول برمی‌گرده.

صدرا از سر همدردی بازویش را به دور شانه فریدون انداخت و گفت: درسته که هزینه اون ساقه شکسته و اون گلبرگ‌های کبود خیلی کمرشکن بود ولی در عوض چشمای من و تو رو باز کرد. یه نگاه به خودت بنداز! فریدونی که الآن پهلوی من نشسته با فریدون یک‌ماه پیش زمین تا آسمون فرق می‌کنه. متاسفانه گاهی اوقات قیمت بیدار شدن آدما خیلی سنگینه طوری که گاهی کمر آدم رو می‌شکنه. ولی در عوض اون بیداری همیشگی و دائمیه.

صدرا همین‌طور که حرف می‌زد لرزیدن شانه‌های فریدون را از شدت گریه حس می‌کرد.

آسمان هم در غروبی دل‌گیر با غم آن‌ها همسو شده بود و اشعه‌های روشن خورشید را در خود فرو می‌برد.

صدای فحش و ناسزای راننده چرت مسافرها را که روی صندلی‌ها لم داده بودند پاره کرد: هر گاوی رو می‌بینی خرش رو فروخته ماشین خریده! جون بکن دیگه! خر چرون رو چه به رانندگی! شیطونه می‌گه... لااله‌الا...

ترمز ناگهانی راننده تعادل ایمان را که سر پا بود و غرق در رؤیایی جانکاه بر هم زد: چه خوب شد ماشین نیاوردیم وگرنه خدا میدونه کی می‌رسیدیم!

فریدون که انگار اشکی برای ریختن نداشت روی صندلی به حال نیم‌خیز درآمد تا نگاهی به مقابل بیندازد: دیگه چیزی نمونده این چراغ قرمز رو هم رد کنیم تا یه ربع دیگه باید برسیم. هنوز حرف فریدون تمام نشده بود که تلفن همراه ایمان به صدا در آمد.

در حالی که ایمان با اضطراب به تلفن جواب می‌داد صدرا نگاهش را به دهان او دوخته بود و با هر تغییر حالت صورت ایمان قلبش طپشی دو چندان می‌یافت.

ایمان همین که مکالمه‌اش تمام شد با رنگی پریده و صدایی که می‌لرزید گفت: وقتشه. صبا بود. گفت که دردا شروع شده باید هر چه زودتر برسونیم اش بیمارستان. چقدر خدا رحم کرد

که نزدیک خونه‌ایم.

وقتی صدرا و ایمان به خانه رسیدند هوا تقریباً تاریک شده بود. در عوض تیرگی آسمان دل صدرا کاملاً زائل شده و انگار افقی روشن به چشم‌های خسته‌اش نور تابانده بود. آن برق خاصی که در نگاه صدرا می‌درخشید حکایت از آن داشت که او دوباره سری به گنجینه خاطرات گذشته زده و حالا حالاها بر نمی‌گردد.

فصل دوم

در آن شب سرد زمستانی ولوله عجیبی در خانه حبیب آزرمی افتاده بود. از چراغ‌های روشن و صدای تاپ‌تاپ قدم‌های داخل پله‌ها معلوم بود که خبرهایی هست.

حبیب آزرمی در نهایت سکوت پشت پنجره اتاق نشیمن ایستاده و پیشانی داغش را به پنجره سرد اتاق چسبانده بود. همین‌طور که بخار پشت پنجره را با دستش پاک می‌کرد گاهی به سیاهی آسمان چشم می‌دوخت و گاهی هم به برف‌هایی که کف حیاط تل‌انبار شده بود خیره می‌شد. اضطراب عجیبی در نگاهش موج می‌زد. دستش که سوخت متوجه شد که سیگارش به ته رسیده است و ناخودآگاه آن را به زمین انداخت. ولی بلافاصله خم شد تا ته سیگار را قبل از آنکه فرش را بسوزاند بردارد.

پشت لبه باریک پنجره چندتایی ته سیگار افتاده بود که با بخار پشت پنجره نیم خیس شده بودند. اتاق نشیمن در هاله‌ای از دود سیگار فرو رفته بود.

حبیب از داخل پاکت سیگاری که در جیب پیراهنش داشت آخرین نخ سیگارش را بیرون آورد و آن را گوشه لبش گذاشت و با فندکی که در آن لحظه در مشتش می‌فشرد آن را روشن کرد و نگاهش را به فندک دوخت.

آن فندک جزء یکی از ضروری‌ترین وسایل زندگی‌اش بود. یادگار دوست چندین و چند ساله‌اش صدرا که از یکی از سفرهایش به شیراز برایش سوغات آورده بود. یک فندک مستطیل شکل طلایی رنگ که بر عکس رنگ دوستی‌اش با صدرا همچنان رنگ اصلی‌اش را حفظ کرده بود. تصویر فرشته‌ها که روی فندک با ظرافت خاصی حک شده بود برای دقایقی نظرش را جلب کرد.

یادآوری خاطرات قدیمی‌اش با صدرا که انگار تماماً روی همان مستطیل کوچک حک شده بود یکباره قلبش را در هم فشرد. چقدر دلش برای آن روزها تنگ شده بود. روزهای شادی که تنها دغدغه‌شان این بود که چه نوع ساندویچی را بخورند یا به کدام دختر متلک بگویند و یا چطور سر مادرش شیره بمالند. از آن روزها سال‌ها می‌گذشت و از آنها جز مشتی خاطره در انتهای ذهن غبار گرفته اوبا مشکلات زندگی چیز دیگری نمانده بود.

لبخندی که لحظاتی پیش با یادآوری بعضی خاطرات شیرین گذشته بی‌اختیار بر روی لبانش نشسته بود یکباره با برگشتن به دنیای واقعیت به سرعت محو شد.

دود معلق در هوای اتاق کمی رقیق شده بود که صدرا را دید که دست به سینه در چارچوب در ایستاده و با نگاهی سرزنش آمیز به او چشم دوخته است. حبیب که انگار از ورای هاله رقیق دود راحت‌تر می‌توانست در چشم‌های صدرا نگاه کند با دستپاچگی پرسید: تونستی با رحیم‌خان تماس بگیری؟

صدرا با همان نگاه سرزنش آمیز از لای دودهای اتاق گذشت و بدون دادن پاسخی به سوال حبیب سیگار نیمه‌کشیده را از دهان او بیرون آورد: چه خبرته؟ می‌خوای خودت رو بکشی؟ این چه دود و دمیه که راه انداختی؟

ـ چه‌کار کنم؟ دست خودم نیست. دلم شور می‌زنه و با گفتن این حرف دست‌هایش را در موهای کم‌پشت و مشکی‌اش فرو برد و به گل‌های سرخ قالی زیر پایش خیره شد. سکوتی سنگین برای لحظاتی بین آن دو حکمفرما شد. سکوتی که هر یک آرزو می‌کرد توسط دیگری شکسته شود.

بالاخره حبیب طاقت نیاورد و سکوت را شکست: ممنونم که این وقت شب توی این سرما زحمت کشیدی و خانم تفرجی رو آوردی. همه چیز این‌قدر ناگهانی اتفاق افتاد که من دست و پام رو گم کردم. نمی‌تونستم صبا رو تنها بگذارم وگرنه خودم می‌رفتم دنبالش.

ـ زحمت چیه! این حداقل کاری بود که از دستم بر می‌اومد. تو هم نگران نباش. همه چیز به خوبی و خوشی می‌گذره؛ امیدوار باش.

لحظاتی بعد صدای قدم‌های سیما خواهرزاده حبیب از طبقه بالا آنها را به هوای گرفتن خبری تازه تا دم در اتاق کشاند. سیما بی‌توجه به اعتراض مادرش هانیه که از سروصدای قدم‌های او حسابی کلافه شده بود با اشاره حبیب پله‌ها را دو تا یکی پایین آمد.

حبیب بلافاصله پرسید: دایی جون خبری نشد؟

سیما موهای حلقه‌حلقه‌اش را از بالای پیشانی‌اش کنار زد و با لبخند شیطنت‌آمیزی گفت: باید مشتلق بدی تا بگم.

حبیب بدون معطلی یک سکه دو تومانی براق از جیب شلوارش در آورد و همین‌طور که آن را کف دست سیما می‌گذاشت گفت: اینم مشتلق حالا بگو ببینم چه خبر؟

سیما با ذوق‌زدگی و با شیطنتی خاص دهانش را به گوش حبیب چسباند و آهسته گفت: هنوز هیچ خبری نشده، خانم تفرجی هیچ‌کس رو تو اتاق راه نمی‌ده حتی مامان هانیه رو هم از اتاق بیرون کرد. می‌گه: مگه کسی بالای سر زن زائو فامیل شوهر راه می‌ده! فقط به مامان زن‌دایی صبا اجازه داده که تو اتاق بمونه. اگه خبری بشه دوباره زود میام بهتون می‌گم.

ـ پدر سوخته مشتلق گرفتی بیای همینو بگی؟

سیما دامن چیتی چین‌دارش را که پر از نقش گل‌های ریز قرمز بود جمع کرد و با همان لبخند شیطنت‌آمیز لی‌لی‌کنان از حبیب و صدرا جدا شد.

دوباره موجی از اضطراب و انتظار تمام وجود حبیب را در بر گرفت. زمان به کندی می‌گذشت. دست در پاکت سیگارش کرد تا سیگار دیگری بیرون بیاورد ولی وقتی متوجه خالی بودن آن شد با ناراحتی آن را به گوشه اتاق پرت کرد و گفت: لعنت به من! اگه زودتر برده بودمش بیمارستان الان خیالم راحت بود. خانم تفرجی می‌گفت برای بیمارستان رفتن دیر شده و بچه به بیمارستان وصال نمی‌ده. نمی‌دونم یه‌هو چی شد. آخه حالا وقت به دنیا اومدن بچه نبود. طبق حساب صبا و خانم تفرجی صبا باید دو ماه دیگه زایمان می‌کرد. صد دفعه بهش گفتم این‌قدر تو خونه ور نرو خونه کثیفه که کثیفه به درک! با اون وضعش هی هر روز باید این خونه لعنتی رو جارو می‌زد. می‌ترسم بلایی سر جفتشون بیاد.

صدرا برای دلداری گفت: نترس. خانم تفرجی کارشو خوب بلده. محاله بذاره بلایی سر صبا بیاد.

همین‌طور که در ذهنش به دنبال جمله تسلی‌بخش دیگری برای حبیب می‌گشت ناگهان انعکاس چهره مضطرب خود را در شیشه پنجره مقابل دید. چهره‌ای که موج اضطرابش باقیمانده آن کلمات آرام‌بخش را از زبانش شست و مهر سکوت بر لب‌هایش زد.

آن دو همچنان در تلاطم و دلهره با صدای جیغ بلندی که از اتاق خواب طبقه بالا بلند شد از جا پریدند. با شنیدن صدای جیغ رنگ از چهره حبیب پرید: درداش دوباره گرفته فاصلشون هی کمتر و کمتر می‌شه خدایا خودت رحم کن.

صدای جیغ‌های صبا لحظه به لحظه بلندتر و فاصله آنها کوتاه‌تر می‌شد.

در همین حین صدای فریاد خانم تفرجی از طبقه بالا بلند شد که خدمتکار مادرزن حبیب را صدا می‌زد و گفت: آهای آسیه خانم! این بچه به دنیا اومد پس این آب گرم لعنتی چی شد؟

هانیه با شنیدن فریاد خانم تفرجی ظرف آب گرم را هل هلکی از آسیه خانم گرفت تا آن را

زودتر به دستش برساند ولی هم اینکه خواست از پله‌ها بالا برود با دیدن قیافه پریده رنگ حبیب برای لحظاتی جلوی در اتاق نشیمن مکث کرد: صدراخان! تو رو خدا شما یه کم دلداریش بدید. من که حریفش نمی‌شم. صد دفعه گفتم ایشالله همه چیز به خوبی و خوشی تموم می‌شه. اگه این خانم تفرجی می‌ذاشت خودم می‌رفتم بالا پیش صبا می‌موندم. بی‌انصاف نمی‌ذاره برم تو!

هنوز حرف هانیه تمام نشده بود که فریاد صبا بلندتر از قبل نگاه‌های آن‌ها را جهت داد. و هر سه این بار ناخودآگاه با شتاب خود را به طبقه بالا رساندند.

ظرف آب جوشیده‌ای که هانیه در دست داشت به دلیل عجله در بالا رفتن و تنه‌ای که سیما موقع پایین رفتن از پله‌ها به او زده بود تقریباً به نصف رسیده بود.

هانیه به محض اینکه پشت در اتاق رسید نفس‌نفس زنان گفت: خانم تفرجی! آب آوردم.

لحظه‌ای بعد خانم تفرجی در اتاق را به اندازه‌ای که فقط سرش از لای آن معلوم شود باز کرد و با چهره برافروخته و عرق کرده‌اش هر سه نفر را یکی یکی از نظر گذراند و در آخر نگاهش روی صورت هانیه متوقف شد و با اخم گفت: می‌خواستی حالا هم نیای! و سپس ظرف را به سرعت از هانیه که هاج و واج به او نگاه می‌کرد گرفت و بلافاصله در را با پایش بست.

هانیه که به شدت از رفتار خانم تفرجی دلخور شده بود با عصبانیت نگاهی به حبیب و صدرا انداخت و گفت: این بخت‌النصر رو دیگه از کجا گیر آوردید؟!

صبا در چند قدمی آن‌ها پشت در بسته اتاق از شدت درد و فشار خیس عرق بود. ملافه‌های سفید یک‌دست و اتو شده کنار تخت، ملافه روی تخت که دست‌های صبا از شدت درد آن را مچاله کرده بود و بقچه پهن شده روی زمین و قنداق سفید یک‌دست خبر از شروعی تازه و تولدی دیگر می‌داد. گونه‌های صورتی صبا حالا از شدت درد به قرمزی می‌زد و موهای شبق رنگش از شدت عرق خیس شده و به پیشانی و صورتش چسبیده بود. پیراهن سفید رنگی که به تن داشت درست مثل موهایش خیس عرق شده و به بدنش چسبیده بود طوری که برجستگی‌های بدنش را کاملاً نشان می‌داد. کم‌کم با کوتاه شدن فاصله دردها صبر و تحمل صبا هم از دست می‌رفت.

صدای ناله و التماس صبا که می‌گفت: «دیگه نمی‌تونم» از یک طرف و صدای آرام خانم تفرجی که اصلاً هیچ شباهتی به چند دقیقه پیشش نداشت و می‌گفت: «الان تموم می‌شه عزیزدلم یه زور دیگه بچه اومده» از طرف دیگر هر سه نفر را پشت در بسته به شدت دستپاچه کرده بود.

و سرانجام فریادی بلندتر از ضجه‌های قبلی از حنجره خشک صبا برخاست و به دنبال آن

لحظه‌ای سکوت و ناگهان صدای گریه ای ظریف به گوش رسید که با اقتدار به تمام فریادهای مادرش خاتمه داد و به دنبال آن لبخند رضایت بر لب‌های صبا و قابله‌اش نشست.

صدای خانم تفرجی از پشت در آهسته شنیده می‌شد که می گفت: دیدی عزیزم! تموم شد قدمش مبارک باشه عجب پسر قشنگی! از حالا به بعد خنده‌هاش رو که ببینی تموم غم و غصه‌هات یادت میره.

با بریده شدن بند ناف، مادر صبا اول ملافه سفیدی دور نوه‌اش پیچاند و بعد او را در تشت آب گرم شست و در نهایت او را قنداق‌پیچ کرد، طوری که فقط صورت کوچکش پیدا بود.

مادر صبا لحظاتی با مهربانی به چهره نوزاد خیره شد. آن چهره کوچک دقیقاً طرح کوچک شده صورت مادرش را در آینه نگاه مادر بزرگ انعکاس می‌داد.

خانم صرافی پس از لحظاتی خیره ماندن به نوزاد او رابه آغوش صبا سپرد.

اشک شوق کم کم در چشم‌های حبیب و هانیه که پشت در اتاق بی‌صبرانه به انتظار ایستاده بودند حلقه زد.

سیما که در آشپزخانه مشغول ناخنک زدن به کاچی آماده شده سر اجاق گاز بود با شنیدن صدای ذوق‌زده مادرش بلافاصله پله‌ها را دو تا یکی بالا رفت و همین که به در اتاق رسید با هیجان پرسید: چی شد؟ چی شد؟ دایی حبیب! بچه به دنیا اومد؟

حبیب به هانیه و صدرا چشمکی زد و با لبخند پیروزمندانه‌ای جلوی سیما خم شد و گفت: مشتلقی که بهت دادم رد کن بیاد تا بهت بگم.

سیما با وجودی که حسابی غافل گیر شده بود به روی خودش نیاورد و نگاهش را از صورت یکی به دیگری چرخاند و با لپ‌هایی گل انداخته گفت: اصلاً نگید! خودم می‌دونم... از خندتون معلومه که بچه به دنیا اومده.

سرانجام انتظار و بی‌قراری به پایان رسید و مادر صبا با اجازه خانم تفرجی خوشحال و خندان در را باز کرد. حبیب و هانیه و سیما به محض باز شدن در بی‌درنگ به داخل اتاق هجوم بردند؛ اما صدرا در حالی که کت خاکستری رنگش را روی دست‌هایش انداخته بود از جایش تکان نخورد.

حبیب با هر قدم که به صبا نزدیک می‌شد سستی زانوهایش را بیشتر حس می‌کرد. در این حال صدای خانم تفرجی را از پشت سرش شنید: «چشمتون روشن! قدمش مبارک باشه! عجب پسر خوشگلی! حسابی به مامانش رفته.» خانم تفرجی ضمن گفتن این حرف چشمکی هم حواله صبا کرد که حبیب متوجه آن نشد.

حبیب کنار تخت که رسید روی صورت خسته و عرق‌آلود صبا خم شد و گونه‌هایش را

بوسید و سپس ملافه را از گوشه صورت نوزاد پس زد. به صورت زیبای نوزادش خیره شد و احساس شعف تمام وجودش را در بر گرفت.

خانم تفرجی که حالا دیگر خیالش راحت شده بود و اثری از اخم در صورتش دیده نمی‌شد همین‌طور که اطرافش را جمع و جور می‌کرد گفت: خدا رو شکر همه چیز به خیر گذشت. با وجودی که بچه خیلی زودتر از موعد به دنیا آمد ولی الحمدلله مادر و پسر جفتشون سالمند. اگه بلد بودم همین‌جا هم ختنه‌اش می‌کردم که خیالتون راحت بشه ولی شرمنده این یکی دیگه کار من نیست.

صبا با شنیدن این حرف خانم تفرجی سعی کرد جلوی خنده‌ای که لب‌هایش را می‌لرزاند بگیرد به همین خاطر جواب او را به حبیب واگذاشت.

ـ شما بیش از اندازه لطف کردید. تا همین‌جا هم واقعاً مدیون لطف شماییم. نمی‌دونم اگه شما نبودید چه بلایی سرمون میومد. این‌قدر همه چیز ناگهانی اتفاق افتاد که اگه می‌خواستم تاکسی خبر کنم به قول خودتون کار از کار می‌گذشت. منو بگو که هی می‌گفتم حالا کو تا دو ماه دیگه! و سپس با لحنی کودکانه ادامه داد: آخه پدر سوخته! حالا چه وقت اومدن بود؟ مگه دنبالت کرده بودن جوجه کوچولوی من؟

خانم تفرجی موهای بی‌حالت سیاه‌رنگش را که رگه‌هایی خاکستری تک و توک در لابه‌لایشان خودنمایی می‌کرد پشت گوش‌هایش برد و با لحنی جدی گفت: بعضی بچه‌ها شیش ماهه به دنیا میان بعضی‌ها هم هفت ماهه. بستگی داره چقدر عجله تو کارشون باشه. اقلا وقتی بزرگ شد از اون بچه فسفسوها نمی‌شه غصه قد و بالاش رو هم نخورید یه مدت صبا شیرش بده زود رشد می‌کنه و بزرگ می‌شه.

خانم صرافی با شنیدن این حرف به نشانه اعتراض وسط حرف خانم تفرجی پرید: آره! بچم چقدر جون داره بیاد بچه هم شیر بده!

خانم تفرجی بی‌توجه به حرف خانم صرافی ادامه داد: در ضمن به جای من برید از صدرا تشکر کنید. شانس آوردید که به موقع خبرم کرد و منو تا اینجا آورد. تو این سرما و یخبندون مگه می‌شه از خونه اومد بیرون! تموم کوچه و خیابون از زور یخ مثه سرسره شده. سگو بزنی در نمیاد. تازه صدرا باهام بوده چند بار نزدیک بود بخورم زمین!

اسم صدرا اضطراب عجیبی در دل صبا انداخت. در تمام طول مدتی که خانم تفرجی حرف می‌زد نگاه جست‌وجوگر و مضطربش را از گوشه‌گوشه اتاق گذراند تا سرانجام نگاهش در چارچوب در متوقف ماند. صدرا در انتظار اجازه ورود همچنان مردد در آستانه در ایستاده بود.

نگاه صبا یک آن در نگاه صدرا که تردید در آن موج می‌زد افتاد و در حالی که تغییر رنگ گونه‌هایش را کاملاً احساس می کرد با لبخندی به تردید او پایان داد و او را به داخل اتاق دعوت کرد.

حبیب که تازه متوجه شده بود که صدرا را به کلی فراموش کرده است بلافاصله با صبا همراهی کرد: پس چرا هنوز دم در وایسادی؟ بیا! بیا تو پسرم رو ببین!

صدرا کتش را محکم با دو دست از زیر چسبید و خیلی آرام به تخت نزدیک شد. کتی که در دست داشت وسیله‌ای شد تا لرزش دست‌هایش را از دید دیگران پنهان نگه دارد. دیدن نوزاد ناخودآگاه لرزشی غریب در وجودش انداخت چون این اولین باری بود که نوزادی به این کوچکی آن‌هم به فاصله کمی بعد از تولدش می‌دید.

به آهستگی روی آن توده سفید که در آغوش مادرش جا خوش کرده بود خم شد. نگاه صدرا با پس رفتن کامل ملافه از روی صورت نوزاد برای دقایقی به روی آن چهره گرد و کوچک ثابت ماند. نوزادی که تا نیم‌ساعت پیش با صدای گریه‌اش اتاق را روی سرش گذاشته بود حالا به آرامی در آغوش مادر جا خوش کرده و چشم‌هایش را بسته بود. چقدر سریع به محیط جدیدش عادت کرده بود.

با همان اولین نگاه به چهره نوزاد طرحی آشنا در چشم‌های صدرا نشست. آن چشم‌های بسته آن چانه گرد و کوچک آن لب‌های قرمز و تو پر یکباره تمام وجود او را مسخ کرد. نگاهش را از صورت نوزاد به چهره صبا متمایل کرد و زمزمه‌وار گفت: قدمش مبارک باشه! و پس از لحظه‌ای مکث اضافه کرد: عجب شباهتی!

صبا بیش از این نتوانست در چشم‌های صدرا نگاه کند به همین خاطر در حالی که به آرامی می‌گفت ممنونم نگاهش را از نگاه صدرا که مثل یک معمای حل نشدنی به صورت برافروخته‌اش دوخته شده بود بر گرفت.

شرم عجیبی در آن لحظه در تمام وجودش موج می‌زد. شرمی که خودش هم دلیل آن را نمی‌فهمید. شرمی که سرخی گونه‌هایش را صد چندان کرده و انگار گلی از آتش به روی آنها برافروخته بود.

حبیب همچنان محو تماشای نوزادش به هیچ‌کس و هیچ چیز دیگری توجه نداشت. هانیه هم که از شادی در پوست خود نمی‌گنجید فقط مترصد فرصتی بود تا هر چه زودتر نوزاد را بغل کرده و صورتش را از نزدیک ببیند. به همین خاطر کنار حبیب ایستاده بود و مدام می‌گفت: بسته داداش! حالا دیگه نوبت منه. پاشو بذار من بشینم. و بالاخره به زور حبیب را از جایش بلند کرد و

خودش را کنار صبا جا داد. سیما هم هیجان‌زده‌تر از مادرش در کنار تخت یک آن روی پاهایش بند نمی‌شد و می‌خواست هر چه زودتر عروسک قنداق‌پیچ را بغل کند.

به محض اینکه هانیه نوزاد را بغل گرفت لبخندزنان گفت: ماشاالله! بزنم به تخته برای نوزاد هفت ماهه همچین بدم رشد نکرده ها!

با این حرف هانیه خانم تفرجی دوباره وارد بحث شد: گفتم که بعضی بچه‌ها شیره جون مادر بیچاره رو می‌کشن. این وروجک هم یکی از اون بچه‌هاست. ماشاالله هزار ماشاالله خیلی خوب رشد کرده. عوضش صبای بیچاره همین‌جوری ضعیف مونده! هنوز حرف خانم تفرجی تمام نشده مادر صبا که دقایقی پیش به آشپزخانه رفته بود با یک کاسه پر از کاچی داغ وارد اتاق شد و به دنبالش بوی آرد سرخ شده و روغن حیوانی تمام فضای اتاق را پر کرد. همین‌طور که کاچی را با قاشق هم می‌زد و بخار برخاسته از آن را چندین برابر می‌کرد گفت: بیا مادر! بیا یه ذره بخور جون بگیری. به‌به! ببین چی شده!

همین که بوی کاچی به مشام صبا خورد حال تهوع پیدا کرد ولی سعی کرد واکنش بدی نشان ندهد.

خانم تفرجی از بالای شانه خانم صرافی نگاهی به کاسه کاچی انداخت، ابروهایش را در هم کشید و گفت: خانم صرافی! می‌بخشید ها بدتون نیاد ولی این آت و آشغالا اونقدرام که فکر می‌کنید برای زن زائو خوب نیست. اگه روزی یه کاسه از اینا رو به خورد زن زائو بدید جز اینکه روز به روز گنده‌ترش کنه هیچ خاصیت دیگه‌ای نداره.

خانم صرافی از عصبانیت گر گرفت ولی سعی کرد آرامشش را حفظ کند: خانم تفرجی! خودت که داری می‌بینی بچم چقدر ضعیف شده! اقلا این یه کم بهش قوت می‌ده. تازه زن زائو تو دلش زخمه باید اینو داغ داغ بخوره تا زودتر زخماش خوب بشه.

خانم تفرجی در جواب فقط طبق عادت همیشگی‌اش شانه‌هایش را بالا انداخت و گفت: از ما گفتن؛ و برگشت تا باقی‌مانده وسایل‌اش را از روی زمین جمع کرده و داخل ساک دستی‌اش بگذارد. هانیه هم بلافاصله از فرصت استفاده کرد و همین‌طور که خانم تفرجی پشت به او داشت ادای او را با دهان کجی بدون کلام در آورد. طوری که همه دزدکی خنده‌شان گرفت.

صبا با دیدن اصرار مادرش گفت: مادر جان! دستت درد نکنه، بذار باشه می‌خورمش. الان یه کم حالت تهوع دارم. حالم که بهتر شد قول می‌دم بخورمش.

خانم صرافی هم بدون گفتن کلمه‌ای دیگر کاسه دست نخورده کاچی را که حالا دیگر تقریباً رویه بسته بود روی عسلی کنار تخت گذاشت.

به محض اینکه برای لحظه‌ای سکوت بر اتاق حکمفرما شد خانم تفرجی از فرصت استفاده کرد و با لحنی آمرانه خطاب به صبا گفت: یه چند روزی باید هوای خودت رو بگیری. مثل یه شاهزاده خانوم فقط استراحت می کنی. حبیب‌خان همه کارات رو می کنه. نبینم تو این سرما رفتی تو حیاط. زن تازه‌زا! نبینم دوباره افتادی به شست‌وشو و رفت و روب. با این حالت!

بعد خیلی جدی نگاهش را متوجه حبیب کرد: روی صحبتم بیشتر با شماست حبیب‌خان! باید هوای صبا رو تا می‌تونی داشته باشی. تموم شیره جونش رو بچه کشیده. می‌بینی که بچه هفت ماهه بزنم به تخته چقدر درشت و خوبه. مامانش آب رفته تا بچه جون بگیره.

و حبیب هم مدام برای اطمینان خاطر او پی در پی تکرارکرد: چشم! به روی چشم.

خانم تفرجی در ادامه با لحن جدی همیشگی‌اش خطاب به خانم صرافی گفت: بهتره یه چند وقتی هم خانواده شوهر زیاد دورو برش نپلکن.

با این حرف خانم تفرجی سکوتی سنگین بر اتاق سایه انداخت. چون اثری از شوخی در صورت خانم تفرجی دیده نمی‌شد همه حرفش را جدی گرفتند. خصوصاً هانیه که به شدت آزرده شد و با انداختن گره‌ای به ابروهایش با لحن خاصی گفت: خانم تفرجی! این حرفا چیه که می‌زنی؟ مگه ما با صبا جون دشمنیم؟

خانم تفرجی شانه‌هایش را بالا انداخت و با بی‌تفاوتی گفت: حالا از ما گفتن.

همه می‌دانستند که منظور خانم تفرجی مادر حبیب است نه هانیه. با وجودی که خانم تفرجی و مادر حبیب هیچ وقت رودررو بحث و جدلی نداشتند همه از کارد و پنیر بودن آنها به خوبی با خبر بودند. مادر حبیب درست بر عکس هانیه اهل کوتاه آمدن نبود و درست به اندازه خود خانم تفرجی در رک گویی شهره عام و خاص بود.آن شب هم به دلیل سرمای سختی که خورده بود نتوانسته بود برای زایمان صبا بیاید .وفقط خدا میداند که اگر درآن لحظه آنجا حضور داشت چه مصیبتی به بار می آمد.

صدای گریه نوزاد سکوت را در هم شکست و صبا را که محو رؤیای خودش بود به خود آورد. کودکش را از بغل هانیه گرفت و گفت: فکر کنم گرسنه‌اش شده.

خانم تفرجی برای آخرین بار نگاهی به اطرافش انداخت تا مطمئن شود تمام وسایل‌اش را جمع کرده و در حالی که دکمه‌های ژاکت کلفتش را می‌بست نگاهی به صدرا انداخت و گفت: بیا جوون! بیا این وقت شب یه ثواب دیگه بکن منو برسون خونه.

صدرا از سر شوخی لبخندی به لب آورد و گفت: این وقت شب؟

ـ آره این وقت شب. نترس. قبلاً هم گفتم اگه سگو بزنی تو این هوا در نمیاد خیالت تخت

باشه کسی منو تو رو با هم نمی‌بینه تا بخواد برات حرف در آره.

صدرا با لبخند: فقط برای من حرف در بیاره؟

ـ من کارم از این حرفا گذشته. مردم تا می‌تونستن حرفاشون رو برام در آوردن. دیگه حرفی برای در آوردن ندارن. بیا بیا خیر ببینی زمینا خیلی سره اعتبارم نمی‌شه تنهایی برگردم. اگه بخورم زمین پام بشکنه بیفتم بیخ خونه یکی پیدا نمی‌شه بگه خرت به چند من؟ یا بیاد یه لیوان آب دستم بده!

خانم تفرجی سن و سال زیادی نداشت ولی ظاهرش مسن‌تر نشان می‌داد. کارش را خیلی خوب بلد بود. با وجود این‌که دست‌هایش اثری از لطافت و ظرافت نداشت با اعتماد به نفس و تجربه چند ساله‌اش معجزه می‌کرد و همه به کارش ایمان داشتند. همه می‌گفتند از وقتی شوهرش فوت کرده انگار ده سال پیرتر شده است.

از تجمع زنان محل به شدت نفرت داشت. وقتی از محل رد می‌شد با وجودی که کاملاً متوجه حرکات و ایما و اشاره‌ها و پوزخندهای مردم می‌شد همچنان سرش را بالا می‌گرفت و برای هیچ‌کدام از اطرافیان و دور و بری‌هایش تره خرد نمی‌کرد و فقط خیلی مصمم و جدی به راهش ادامه می‌داد. بین همسایه‌ها شایع بود که لبخندش را فقط زن‌ها در حال وضع حمل دیده‌اند و بس.

انگار مترسک محل شده بود. بچه‌ها هم به واسطه حرف و حدیث بزرگ‌ترها به شدت از او می‌ترسیدند و به محض آنکه سر و کله‌اش در کوچه پیدا می‌شد همگی فرار را بر قرار ترجیح داده و دنبال سوراخ موش می‌گشتند. هر وقت هم که مرتکب خطایی می‌شدند تهدید والدین‌شان صدا کردن خانم تفرجی و فرستادن او به سراغشان بود.

از پیرزن‌ها هم ساده‌تر لباس می‌پوشید، یا بلوز و دامن یا پیراهن بلند که بین سه رنگ سیاه و خاکستری و قهوه‌ای محدود می‌شد. فقط زمانی که برای دیدن زائو می‌رفت لباس روشن می‌پوشید.

لباسی هم که آن شب به تن داشت بلوز و دامنی کرم بود که هیچ طرح و دکمه‌ای نداشت. انگار دو تکه پارچه را مثل یک کیسه ته باز از دو طرف به هم دوخته بودند. ژاکتی هم که آن شب روی بلوز و دامنش پوشیده بود سیاه بود و شال گردنش هم که دو دور، دور گردنش پیچانده بود به خاکستری تیره می‌زد.

خانم تفرجی با قدی متوسط و هیکلی تو پر، صورت و بینی پهن، چشمانی تیز و دقیق، لب‌های باریک و پوستی گندمی چهره‌ای کاملاً معمولی داشت. اما اگر کمی به خودش می‌رسید

و دستی به سر و رویش می‌کشید جذاب‌تر می‌شد. با این وصف حتی یک بار هم سرمه‌ای به چشم‌هایش نکشیده و به ابروهایش دست نزده بود. به‌طوری‌که به قول صدیق خانم بندانداز که در آن حوالی آرایشگاه خانگی داشت ابروهای پر و دست‌نخورده‌اش جان می‌داد برای تمرین بندانداری و زیر ابرو برداری.

سال‌ها بود که در همسایگی صدرا زندگی می‌کرد. با وجودی که در آن منطقه همه دستشان به دهانشان می‌رسید و خانم‌ها همیشه مطابق با آخرین مد روز بیرون می‌آمدند جای تعجب بود که زنی تنها با آن شکل و شمایل و تیپ و قیافه مثل یک وصله ناجور هنوز در آنجا زندگی کند.

از چهار، پنج سال پیش که همسرش فوت کرد همه می‌گفتند همین امروز و فرداست که از آن محل برود. ولی او همچنان سر جایش ماند و قصد ترک آنجا را نداشت.

در خانه‌ای نسبتاً بزرگ تنها زندگی می‌کرد. خانه‌ای که صدای بچه‌ای از آن برنخاسته بود. نه بچه‌ای نه سر و صدایی!

خانه‌اش مثل خانه‌های متروک و طلسم شده بود که طلسم سکوتش هیچ گاه شکسته نمی‌شد.

برای مدت‌ها سوژه‌ای برای پر کردن اوقات فراغت و بیکاری برخی از زن‌های محل بود. هر کدام از زن‌های محل که جسته و گریخته چیزی در باره او شنیده بودند کلی به آن پر و بال داده و به سلیقه خودشان داستان‌هایی ساخته بودند.

بعضی می‌گفتند: چون اجاقش کور بوده رفته قابله شده.

برخی هم می‌گفتند: ایراد از شوهرش بوده چون اگه خودش اجاق کور بود شوهرش هزار باره طلاقش می‌داد و یا سرش هوو می‌آورد.

در مجموع آدمی بود که به کار کسی کار نداشت ولی در عوض همه به کار او کار داشتند. اما همین که محتاجش می‌شدند اوضاع تغییر می‌کرد و چاکر مخلص‌اش می‌شدند.

صبا از معدود کسانی بود که برای خانم تفرجی احترام زیادی قایل بود. این قدر که او را به اندازه مادر خودش دوست داشت و او را همیشه محرم رازش می‌دانست. تا جایی که آنقدر که به خانم تفرجی احساس نزدیکی می‌کرد به مادر خود نمی‌کرد. نزدیکی روابط صبا و خانم تفرجی به سال‌ها قبل باز می‌گشت. یک روز صبا در راه بازگشت از مدرسه فهمید که گردنبند طلایش از گردنش افتاده و گم شده است دست‌پاچه از ترس حساب و جواب پس دادن به مادرش سخت به گریه افتاده بود. در راه با خانم تفرجی که دست بر قضا از آن مسیر می‌گذشت برخورد کرد. خانم تفرجی با دیدن چشم‌های اشک‌بار صبا به طرفش رفته و ضمن آرام کردن او تمام مسیر را

دوباره با صبا برگشته بود تا بالاخره گردنبند را لابه‌لای برگ‌های خشکی که کف کوچه ریخته بود پیدا کرده و صبا را به خانه رسانده بود. همین اتفاق سرآغازی بود برای آشنایی خانم تفرجی و خانم صرافی.

درست از همان ابتدای آشنایی چنان مهر صبا به دل خانم تفرجی افتاد که از خانم صرافی می‌خواست هر بار که به دیدنش می‌رود صبا را هم با خود ببرد. رفته رفته که صبا بزرگ‌تر می‌شد، رفت‌وآمدهایش هم به خانه خانم تفرجی بیشتر می‌شد تا جایی‌که کم‌کم حرف و حدیث‌های در و همسایه که «دخترت رو دست این زن عجیب غریب نسپر مگه هم سن و سال هم‌اند؟ معلوم نیست یه وقت برای دخترت دعا می‌گیره و جادو و جنبل می‌کنه» روی پدر و مادر صبا اثر گذاشت و رفت و آمدهای او را به خانه خانم تفرجی به‌شدت محدود کردند. ولی صبا همچنان رابطه‌اش را با همان صمیمیت قدیمی ولی پنهانی حفظ کرده بود. گه‌گاه به هوای دیدن دوستانش به خانه او می‌رفت و با وجود اختلاف سنی زیاد بینشان ساعت‌ها با او به درد دل می‌نشست. خانم تفرجی هم درست مثل اینکه از مصاحبت با این دختر جوان دنیا را به دست آورده باشد با اشتیاق فراوان به حرف‌های او گوش می‌داد و همیشه برای صبا حرف‌های تازه داشت.

آن شب سرد زمستانی هم به خاطر صبا نفهمیده بود که مسیر خانه‌اش تا آنجا را چه‌طور در آن شرایط دشوار طی کرده بود.

بالاخره خانم تفرجی پیچیده در ژاکت کلفت سیاه‌رنگش و شال پهنی که تمام گردنش را تا زیر چانه پوشانده بود عازم رفتن شد و در آستانه در به انتظار صدرا ایستاد.

صدرا ضمن خداحافظی همین‌طورکه همراه خانم تفرجی عازم رفتن می‌شد جلوی در اتاق از حرکت ایستاد و پس از کمی مکث رویش را به طرف صبا و حبیب برگرداند و پرسید: راستی براش اسمی انتخاب کردید؟ اسمش رو چی می‌گذارید؟

صبا برای لحظه‌ای انگشتش را با ملایمت روی گونه جگرگوشه‌اش کشید و سپس نگاه در نگاه صدرا با لبخندی پرغرور گفت: ایمان.

فصل سوم

هنوز وقتی نام کوچه اقاقیا برده می‌شود محال است کسانی که با آن محل آشنایی دارند ناخودآگاه به یاد خانه پلاک ۵۷ نیفتند. پلاک ۵۷ خانه‌ای است قدیمی ولی بسیار زیبا و وسیع با حیاطی که به راحتی ده پانزده واحد آپارتمانی امروزی را در خود جای می‌دهد.

بساز و بفروش‌ها بارها برای به چنگ آوردن این خانه دندان تیز کرده‌اند ولی تیرشان به سنگ خورده است. با وجودی که به مرور زمان خانه‌های اطراف خراب شده و با بازسازی رنگ و روی نویی به خود گرفته‌اند و طرح جدید و امروزی یافته‌اند این خانه قدیمی و زیبا هم‌چنان محکم و استوار بدون تغییر مانده است. هر چند مرمت‌هایی در آن صورت گرفته ولی بافت قدیمی آن چشم‌نواز هر بیننده‌ای است.

از کوچه جز دیوار بلند آجری که قسمت وسیعی از کوچه را به خود اختصاص داده و در اصلی حیاط و شاخ و برگ‌هایی که از بالای دیوار به کوچه سرک می‌کشند چیز دیگری پیدا نیست. در اصلی حیاط که از چوب درخت گردو ساخته شده آنقدربا دقت وظرافت کنده کاری شده است که اگر کسی با دقت به آن نگاه کند با خود می گوید که خالق این اثر هنرمندانه حتما سوی چشمهایش را برای این کار از دست داده است. نقشـه خانه طوری طراحی شـده کـه بـه محض باز شدن در اصلی تمام جلوه‌های زیبای بنا و حیاط خودنمایی می‌کنند.

در وسط حیاط حوض آبی هست که با کاشی‌های آبی رنگ و گلدان‌های شمعدانی دورش جلوه ویژه‌ای به حیاط بخشیده است.

انعکاس نور آبی رنگ حوض در زیر نگاه آفتاب موجی از آرامش و آسودگی را برای هر کسی به ارمغان می‌آورد و جلوه‌های هنر ایرانی در آن به وضوح نمایان است.

در کنار این زلالی فرح بخش آنچه که زیبایی منظره حوض را چندین برابر می کند منظره دو درخت بید کهنسال است که هر کدام در یک طرف حوض به مرور زمان دامن تعظیمشان روز به روز گسترده ترو طمع مجاورتشان با زلالی آب حوض روز به روز بیشتر وبیشتر شده است به طوری که تقریبا چند سالی می شود که دست شاخه هایشان دیگر می توانند بفهمی نفهمی با نسیمی ملایم آب حوض را لمس کنند. فصل بهار وقتی شکوفه‌های سیب و گیلاس از شاخه‌نشینی خسته می‌شوند دانه‌دانه خود را به دست نسیم بهاری به زلالی آب حوض سپرده و به زندگی شاخه‌نشینی‌شان پایان می‌دهند.

نسیم ملایمی در خنکای غروب‌های تابستان این زلال ساکن را به رقص وا می‌دارد و به دنبال آن گاهی با وسوسه‌ای زیرکانه گیلاس‌های سرخ رسیده شاخه‌های درختان اطراف را به میهمانی نسیم و دامن گسترده‌اش فرا می‌خوانند. در پاییز برگ‌های رنگین خزان‌زده خود را به پاکی آینه‌وارش می‌سپرند که مبادا دست تعدی باد آنها را با خود ببرد و سرانجام با رسیدن زمستان وابری شدن آسمان از تلالوئش به تدریج کاسته می شود ووقتی اولین قدم های برف به رویش سنگینی می کند کم کم به گستره آسمان بدرود می گوید تا شاید بهاری دیگر با صدای رویش جوانه ها چشم هایش را باز کند وزنگار تنهایی و دل مردگی را از دل مدفون شده اش پاک کند.

در گوشه‌گوشه حیاط سایه درخت‌های تنومند و سر به فلک کشیده چنار با مهربانی بر سر گل‌ها و بوته‌ها و درختچه‌ها می‌افتد. اما در میان آن‌ها تک درخت پیری با شاخه‌هایی نه چندان پربرگ به طرز عجیبی خودنمایی می کند. درختی که برای مدت‌ها آهنگ رویش جوانه‌های سبز قدیمی روی شاخه‌هایش را به فراموشی سپرده بود. درخت شاتوت پیری که مدت‌ها به فاصله سه چهار متری از در ورودی حیاط حسرت‌زده برای رویش دوباره برگ سبزی بر شاخه‌هایش با وحشت، انتظار تبر باغبان را می کشید که برای قطع کردنش امروز و فردا می کرد.

قدیم‌ترها فصل‌های تابستان تا دو ماهی کف حیاط و کوچه از شیره سرخ شاتوت‌هایی که بر زمین می‌ریختند سیاه می‌شد. در آن محله هیچ کس نبود که از درخت شاتوت پلاک ۵۷ بی‌بهره مانده باشد.

گاهی بچه‌های محله به هوای شاتوت‌ها از دیوار بالا می‌کشیدند و سیر دلشان شاتوت می‌خوردند و گاهی هم فحش و تشرهای باغبان شیلنگ به دست بود که نثارشان می‌شد و پا به فرار می گذاشتند.

در ضلع غربی باغ با وجودی که شاخه‌های پربرگ درخت زردآلو دیوار همسایه را تا حدودی پوشانده است ولی هنوز از روی بالکن طبقه دوم خانه همسایه و از لابه‌لای آن شاخ و برگ‌ها می‌توان این شکوه و زیبایی را به نظاره نشست.

در مجاورت سایه‌های درختان سخاوتمند چنار خانه‌ای نقلی با فاصله از بنای اصلی عمارت قرار دارد که در گذشته‌های دور به خانه خدمه و باغبان معروف بود. خانه کوچکی که حرارت صمیمیت ساکنان آن خاطره تلخ سردی و سوت و کوری سال‌های دور گذشته را برای مدت‌های مدیدی از ذهن در و دیوار آن پاک کرده بود.

پوشش درخت‌ها و گل و بوته‌ها در اطراف آن خانه نقلی به حدی است که نمای پلکان سنگی قدیمی را که از کنار آن به یک اتاق زیرزمینی ختم می‌شود کاملاً استتار می‌کند.

این پلکان سنگی کبودرنگ با رگه‌های سفید که آثار ترک در گوشه و کنارش خبر از سال‌های دور می‌دهد در پایین به اتاقی نه چندان بزرگ منتهی می‌شود که با همان نگاه اول می‌شود فهمید که مدت‌ها است کسی به آنجا سر نزده است.

در گوشه‌ای از اتاق تخت چوبی یک نفره‌ای به چشم می‌خورد که با ملافه نازک سفیدرنگی با گل‌های درشت قرمز و زرد پوشیده شده است. پیداست این اتاق برای فرار از گرمای کسالت‌آور ظهرهای داغ تابستان و سپری کردن ساعتی در خنکای سایه و سکوت دلچسب آن ساخته شده بوده است ولی به مرور زمان از استراحت‌گاهی دنج به انباری متروک که بوی نم از همه جای آن به مشام می‌رسد تبدیل شده است.

در گوشه‌ای از اتاق دیگ‌های بزرگی به اندازه‌های متفاوت که در درون یک‌دیگر جا داده شده‌اند و بزرگ‌ترین‌شان به راحتی یک فرد بالغ را در خود جای می‌دهد تا نزدیکی سقف گچی که در اثر نم به زردی می‌زند بالا رفته‌اند. دیگ‌هایی که قدیم‌ترها در فصل‌های مختلف مخصوص پختن نذری و گرفتن رب گوجه و جوشاندن آبغوره و شستن و خرد کردن مواد ترشی بوده‌اند.

روی دیوار مقابل تخت از زمین تا زیر پنجره کوچک بالای دیوار که پشت آن از سمت حیاط با گلدان‌های محبوبه شب پوشیده شده است قفسه‌هایی به چشم می‌خورد که گویی فقط به منظور نگه داشتن بطری ساخته شده‌اند. قفسه‌هایی که حالا خالی است و به جای بطری فقط لایه‌ای از خاک را روی خود جا داده‌اند.

عمارت اصلی از دو طبقه مجزا تشکیل شده و کاملاً مشرف به حوض آب و درختان اطراف آن است. عمارتی با اتاق‌های تو در تو و دل‌باز که از طرف حیاط با پنجره‌های مشبک و رنگین تزیین شده‌اند.

در چوبی بزرگی با کنده‌کاری‌های زیبا طبقه اول را به حیاط پیوند می‌زند و در پاگرد مقابل در پلکانی چوبی که به دلیل بازسازی به طرح‌های امروزی بیشتر شباهت دارد راه طبقه بالا را نشان می‌دهد.

طبقه اول سالنی بسیار وسیع بـا دو اتـاق نسـبتاً بـزرگ در انتهـا دارد کـه تمامـا بـا فـرش‌هـای دستباف قدیمی مفروش شده است. در وسط سالن حوض فواره‌ای کوچکی از سنگ مرمـر قـرار دارد که هنوز صدای آرام‌بخش آن لذت چرت‌های دلچسب وسط ظهرهـای گـرم تابسـتان را بـه یاد می‌آورد.

در طبقه دوم عمارت ایوانی دل‌باز مشرف به منظره زیبای حیاط به چشم می‌خورد که بخشی از آن در زیر پوشـش شـاخه‌هـای درخـت تنومنـد گـردو بـه سـایه‌بـانی فـرح‌بخـش خصوصـاً در عصرهای تابستان تبدیل شده است. این ایوان با شش ستون زیبا که به طرز هنرمندانه‌ای گـچ‌بـری شده‌اند از دو جهت مخالف راست و چپ با پلکان سنگی هلالی شکل و نـرده‌هـای کنـده‌کـاری شده ظریف به داخل حیاط منتهی می‌شود.

دل‌بازترین قسمت این بنا اتاق نشیمن طبقـه دوم اسـت کـه بـا سـه در بلنـد تمامـا شیشـه‌ای بـا قاب‌های چوبی که فقط در قسمت هلالی بالا مشبک شده‌اند رو به ایوان بزرگ باز می‌شود.

پیش‌ترها از آن به عنوان اتاق پذیرایی استفاده می‌شد ولی بعدها آن را بـه اتـاق نشـیمن تغییـر دادند عمارتی که هنر ایرانی از جای جـای آن هویـدا بـود، سـال‌هـا پـیش بـرای مـدت‌هـا آرام و خموش در زیر پرده فراموشـی مسـتور و خـاطرات شـیرین و پرتـب و تـاب گذشـته آن در ذهـن دیوارهای محکم و درهای منبت‌کاری شده‌اش مدفون شده بود. اما هم اینک مالکی داشت به نام صدرا.

در همین خانه بود که صدرا به دنیا آمد و تجربـه‌هـای کـودکی‌اش را یکـی پـس از دیگـری پشت سر نهاد. اولین قدم‌هایش را در این خانه برداشت و در کنار حوض همین خانه بـرای اولـین بار کلمه آب را آموخت و در کنار همان درخت شاتوت اولین بار طعم ملس شـاتوت را چشید. برای صدرا تمام اولین‌ها در گوشه‌گوشه این خانه اتفاق افتاده بود.

آن روزها غریو شادی بچـه‌هـای همسـایه در حیـاط عصـرهای تابسـتان گـوش فلـک را کـر می‌کرد. آب پاشیدن به همدیگر و بالا رفتن از درخت‌ها و به‌دنبال هم دویدن و قایم باشک بازی کار هر روزشان بود. روزی نبود که صدای علیداد خدمتکار و باغبان پلاک ۵۷ بعدازظهرها بلنـد نشود: «لااله الاالله! اگه گذاشتید یه دقیقه سر ظهری کپه مرگم رو بذارم! مگه شماها خونه ندارین که هر روز اینجا پلاسین!».

حالا دیگر از آن دوران سال‌ها می‌گذرد و بچه‌ها بزرگ شده و هـر یـک پـی زنـدگی خـود رفته‌اند و علیداد و بزرگان آن خانه هم زیر خروارها خـاک آرمیـده‌انـد. سـه نسـل در پـلاک ۵۷ زندگی کرده‌اند. این عمارت را جد پدری صدرا به نـام حـاج طهماسـب سـمایی بنـا نهـاد. حـاج

طهماسب در آن زمان جوانی لایق و کارآمد از خانواده‌ای سرشناس و متمول بود که به عنوان کمک دست پدر در کار ساخت این بنا سنگ تمام گذاشت و به دلیل علاقه وافری که به ساخت این بنای خاص پیدا کرده بود کم کم مسؤولیت ساخت و ساز آن را به عهده گرفت. وسعت و عظمت خانه و هنری که می‌بایست در ساخت آن به کار رود کار ساخت عمارت را شش سال به درازا کشاند. با فوت پدر، حاج طهماسب سهم ارثیه دو خواهر را از آنها خرید و به تنهایی عهده‌دار مسؤولیت اتمام بنا شد.

درست زمانی که حاج طهماسب ساخت خانه را کم کم به اتمام می‌برد رویای غریو شادی کودکانه در آن خانه تمام لحظاتش را پر کرده بود. بالاخره ساخت عمارت به اتمام رسید ولی هیچ خبری از خنده‌های کودکانه نبود. رعنا همسر دوم حاج طهماسب زمانی پا به صحنه زندگی‌اش گذاشت که حاج طهماسب به کلی از داشتن فرزند قطع امید کرده بود. با ورود رعنا به آن خانه رویای شیرین داشتن فرزند در ذهن حاج طهماسب جانی دوباره یافت. رعنا درست دو ماه پس از ورودش به خانه حاج طهماسب نوید در هم شکسته شدن قریب‌الوقوع سکوت سنگین آن خانه را به حاج طهماسب داد. با شنیدن خبر بارداری رعنا هر ماه برای حاج طهماسب به بلندی یک سال سپری می‌شد.

همان‌طور که انتظار می‌رفت ۱۱ ماه از ورود رعنا به آن خانه می‌گذشت که بالاخره طلسم سکوت شکسته شد و اولین صدای گریه نوزاد در اتاق‌های تو در توی خانه طنین انداخت و رسول پدر صدرا متولد شد و چراغ خانه را منور کرد. با به دنیا آمدن رسول عطش حاج طهماسب برای داشتن فرزند بیشتر درست مانند عطش بیابانی سیراب نشدنی روز به روز بیشتر می‌شد ولی با مرگ زودهنگام او در همان ابتدای کودکی رسول رویای هیاهو و شادمانی کودکان بسیار هم با او به خاک سپرده شد.

در نهایت هم آن اتاق‌های تو در تو، آن حیاط وسیع و آن باغ مصفا مرکز جولان رسول تنها فرزند خانواده شد.

سرعت سرسام‌آور زمان، طفولیت رسول را به نوجوانی و جوانی او پیوند داد و حالا رسول مانده بود و نام سمایی و حسرت روزافزون جاودانه کردن این نام درست مانند پدرش و فروکش نکردن عطش داشتن اولاد.

ولی انگار سرنوشت نگرانی و انتظار بچه‌دار شدن از حاج طهماسب برای رسول به ارث مانده بود. تنها تفاوت رسول با پدرش در این بود که او فقط به داشتن یک همسر اکتفا کرد. همسری از یک خانواده سرشناس و فرهیخته با زیبایی فوق‌العاده که هر مردی آرزوی

همسری‌اش را داشت.

رسول با وجود به ارث بردن آن خانه و ثروت فراوان پدر و داشتن چنین همسری هرگز حس بی‌نیازی را تجربه نکرد. دیگر حتی دیگ‌های شله‌زرد و گوسفندهای قربانی و آبگوشت‌های نذری هم کارساز نبود. ملیحه همسر رسول اگر چه باردار می‌شد اما هیچ‌کدام از بارداری‌هایش به ثمر نمی‌رسید هر چند صدرا حاصل چهارمین بارداری از کل شش بارداری او بود.

اما صدرا تک فرزند رسول توانست به تنهایی خانه را جانی تازه ببخشد و آن را از سوت و کوری بیرون بیاورد. به‌طوری که پژواک فریادهای کودکانه‌اش گرد کسالت را از گوشه‌گوشه خانه پاک کرد. از چهار سالگی صدرا دیگر سکوت در آن خانه معنی نداشت. صدای فریادهای صدرا و بچه‌های در و همسایه و دوست و آشنا و رحیم پسر علیداد باغبان خانه و به دنبال آن صدای فریادهای اعتراض‌آمیز خود علیداد که به هیچ عنوان حوصله سر و صدای بچه‌ها را نداشت دیگر جایی برای سکوت در آن خانه باقی نمی‌گذاشت.

صدرا که چشم و چراغ خانواده بود و چشم‌های عسلی و موهای خرمایی و پوست روشنش را از مادر به ارث برده بود کم‌کم پا به دوران نوجوانی گذاشت. ملیحه که زنی اهل فرهنگ و ادب بود از همان کودکی صدرا را آهسته‌آهسته با شعر و ادب فارسی آشنا کرد و صدرا هم علاقه وافری از خود نشان می‌داد. مادر صدرا با زبان داستانی و گیرا صدرا را با فرهنگ و آداب و رسوم اصیل ایرانی آشنا کرد.

رفته‌رفته رحیم پسر علیداد و صدرا مثل دو برادر دوران نوجوانی را پشت سر گذاشته و قدم به روزگار پر تب و تاب جوانی گذاشتند. رسول همیشه به نشانه احترام رحیم را با لقب رحیم‌خان صدا می‌کرد. این لقب رفته‌رفته چنان بین خانواده جا افتاد که حتی صدرا هم او را رحیم‌خان صدا می‌کرد. رحیم که از پنج سالگی به دلیل جدا شدن پدر و مادرش از یکدیگر در حسرت سایه مهر مادری مانده بوده با فوت علیداد بر اثر بیماری که هرگز علت آن مشخص نشد از نعمت داشتن پدر هم محروم ماند اما پدر و مادر صدرا او را که سه چهار سالی از صدرا بزرگ‌تر بود زیر پر و بال خود گرفتند.

با وجودی که صدرا رحیم‌خان را دوست داشت و همیشه به او به چشم برادر بزرگ‌تر نگاه می‌کرد اما نسبت به او رودربایستی خاصی داشت. علت اصلی هم در حقیقت خود رحیم‌خان بود. چون از کودکی مدام از علیداد پدرش شنیده بود: «این رو همیشه تو گوشت فرو کن هر چقدر هم که آقا رسول و ملیحه خانم بهت ابراز علاقه کنند تو اول تا آخر بچه باغبون‌شون هستی

نه بیشتر. تو هیچ وقت نمی‌تونی خودت را با صدرا مقایسه کنی. بعد از مردن من هم این همیشه یادت باشه».

به همین خاطر پس از مرگ علیداد با وجودی که پدر و مادر صدرا خیلی سعی داشتند تا او را بیشتر به خود نزدیک کنند کمتر نتیجه می‌گرفتند و رحیم‌خان همچنان آن فاصله قدیمی را حفظ و نصیحت پدرش را آویزه گوش کرده بود. به خاطر همین حصار کشیده شده توسط رحیم خان بروی حریم برادریشان صدرا هیچ وقت نتوانسته بود از مرز برادری به تمام معنای کلمه عبور کرده و حصار رودر بایستی‌ها را بشکند.

رسول که خود را مدیون زحمات علیداد می‌دید با وجود گوشه‌گیری‌های رحیم پس از تمام شدن دوران تحصیلی‌اش قطعه زمین و باغ بزرگی را به همراه یک مرغداری در حوالی شهریار به نام او کرد و رحیم هم برای نظارت مستقیم بر مزرعه و باغ و مرغداری از آنها جدا شد و به شهریار رفت.

با جدا شدن رحیم‌خان از آنها بار دیگر سکوت در خانه حکم‌فرما شد. دیدن چراغ‌های خاموش خانه کوچک گوشه باغ برای صدرا بسیار غم‌انگیز بود و حالا صدرا که با وجود تک فرزندی‌اش اصلاً به تنهایی عادت نداشت، خود را در آن خانه از همیشه تنهاتر می‌دید و همین موجب می‌شد که روز به روز وابستگی‌اش به پدر و مادر بیشتر شود و این درست همان چیزی بود که ملیحه از آن وحشت داشت.

صدرا با وجود ثروت پدری هیچ وقت دست و پای خود را گم نکرد و همیشه مطیع پدر و مادر بود. به‌طوری که هر وقت نگاه رسول متوجه آسمان می‌شد می‌گفت: «خدایا شکرت! یکی دادی ولی در عوض اهل دادی». به قول آشنایان، از دست پرورده ملیحه چیزی هم غیر از این انتظار نمی‌رفت.

در بحبوحه‌ای که ترس از شیوع بیماری سل مثل خوره به جان مردم افتاده بود پدر صدرا در بستر بیماری افتاد. با بیمار شدن رسول ملیحه تا آخرین لحظه بدون وقفه و یک بند در کنار بالین او بود و از او مراقبت و پرستاری کرد ولی در نهایت ملیحه خود در بستر بیماری افتاد.

پدر و مادر صدرا در فاصله کمتر از یک سال در اثر بیماری سل بدرود حیات گفتند و صدرا که تا آخرین لحظه‌های حیات پدر و مادر روز و شبش در کنار بالین آنها یکی شده بود، با خاموش شدن شعله شمع حیاتشان در بیست سالگی به کلی تنها شد.

رحیم خان در لحظه‌های آخر عمر رسول به او قول داده بود که صدرا را تنها نگذارد و برادری را در حق او ادا کند. به همین خاطر دو تن را برای نگاه‌داری مزرعه، باغ و مرغداری

جانشین خود کرد و دوباره به خانه قدیمی بازگشت به طوری که سه روز در تهران می‌ماند و چهار روز برای سرکشی به کارها به شهریار می‌رفت. با وجودی که رحیم‌خان تا جایی که در توان داشت سعی می‌کرد شانه‌ای برای لحظات خستگی و افسردگی صدرا باشد ولی هنوز صدرا احساس می‌کرد که او مانده و نام سمایی و سکوت دلگیر خانه‌ای که دیگر صدای مهربان مادرش در آن نمی‌پیچد. خانه‌ای که می‌رفت تا سایه سنگین‌اش مبدل به باری تاب نیاوردنی بر دل ماتم گرفته او شود.

صدرا به هر طرف که رو می‌آورد خاطرات تلخ و شیرین گذشته برایش تداعی می‌شد. به‌رغم همدلی‌های رحیم‌خان حالا دیگر دیوارهای بلند و ستون‌های گچبری و پنجره‌های مشبک تنها همدم او بودند.

پس از دو سال دست تقدیر زندگی صدرا را دستخوش تغییر کرد. آغاز یک دوستی ساده به دنیای بی‌رنگ صدرا رنگ شادی بخشید. دوستی صدرا و حبیب از یک اتفاق ساده شروع شد و ظرف مدت کوتاهی پیوندی ناگسستنی یافت. دوستی آن دو از آنجا آغاز شد که صدرا بعد از مدت‌ها کلنجار رفتن با خود تنها راه فراموش کردن خاطرات گذشته را در فروش خانه پدری دید.

اگر چه صدرا از این تصمیم به شدت احساس گناه می‌کرد ولی درد تنهایی در آن خانه او را به شدت تحت فشار قرار داده بود.

شب‌ها مثل روحی سرگردان از این اتاق به آن اتاق می‌رفت. گاهی از پشت پنجره قدی اتاق نشیمن که پایگاه لحظات افسردگی‌اش بود به حیاط و سایه مبهم درختان خیره می‌شد و به دنبال آن وحشت غریبی تمام وجودش را در برمی‌گرفت. از طرفی با سکوت حاکم در آن خانه انعکاس صداهای ساخته ذهن آشفته و هراسانش بیشتر شنیده می‌شد. شب‌های توفانی اوضاع بدتر بود طوری که وقتی صدای زوزه باد در لابه‌لای آن پنجره‌های مشبک می‌پیچید بر ترس و وحشتش حسابی دامن می‌زد. تا اینکه در نهایت کار به جایی رسید که دیگر بیش از این طاقت نیاورد و بعد از سبک، سنگین کردن‌های فراوان و با وجود نصایح برادرانه رحیم‌خان که به هیچ عنوان فروش خانه را به صلاح نمی‌دید و کلنجار رفتن‌های شبانه‌روزی با خودش بالاخره تصمیم گرفت تا برای همیشه با خانه پدری خداحافظی کند. رحیم‌خان بارها صدرا را از فروش خانه به عناوین مختلف منع کرده بود و هر بار هم صدرا قانع می‌شد که فکر فروش خانه را از سر بیرون کند ولی دوباره تنها که می‌شد فکر فروش خانه مثل خوره به جانش می‌افتاد تا اینکه رحیم‌خان به کلی از قانع کردن صدرا برای حفظ خانه پدری ناامید شد و در نهایت تصمیم را بر

عهده خود او گذاشت.

عصری تابستانی زمانی که برگ‌ها کم‌کم از کسالت گرمای آفتاب بیرون می‌آمدند و گل‌های پیچک حیاط خودشان را جمع‌وجور می‌کردند و نسیم آرامی سکون آب حوض را بر هم می‌زد حیدر آزرمی سرشناس‌ترین بنگاه‌دار املاک محل به اتفاق پسر جوانش حبیب که تازه داشت راه و چاه معامله املاک را از پدرش یاد می‌گرفت به خانه پدری صدرا وارد شدند تا قیمت و ارزش واقعی ملک را محک زده و خانه را آماده فروش کنند.

حیدر آزرمی بعد از سال‌ها کاسبی حالا آنقدر در کارش خبره و سرشناس شده بود که تقریباً هیچ معامله بزرگی در آن منطقه بدون حضور او به انجام نمی‌رسید. بازار کسب و کارش آنقدر سکه بود که کسی حتی خواب رقابت کردن با او را هم نمی‌دید. تمام اهل محل و کسانی که او را می‌شناختند برایش احترام خاصی قایل بودند. خصوصاً که یک سفر هم با همسرش به مکه رفته بود و حالا دیگر همه او را با لقب حاج آقا آزرمی می‌شناختند. حبیب فرزند ته‌تغاری حاج‌آقا آزرمی جوانی ۲۳-۲۲ ساله بود که کم‌کم داشت به شغل پدرش علاقه‌مند می‌شد و مثل یک شاگرد حرف گوش‌کن دائم در خدمت پدر بود. هادی برادر بزرگ حبیب که هیچ وقت نسبت به شغل پدرش علاقه‌ای نشان نداده بود به اتفاق همسر و دو فرزندش در اصفهان زندگی می‌کرد. این شرایط باعث شده بود وظیفه مرد دوم خانه که در خانه آزرمی‌ها کم مسؤولیتی هم نبود خود به خود بر دوش حبیب بیفتد.

وقتی پدر و پسر به خانه صدرا وارد شدند ابهت عمارت و زیبایی فضای حیاط از صدقه سری زحمات رحیم‌خان که هنر باغبانی در خونش بود، چنان آنها را مسخ کرد که برای مدتی محو تماشای آن همه زیبایی و هنر شدند که دیگر برای صدرا تازگی نداشت.

شگفتی حیدر آزرمی که بارها وصف این خانه را از این طرف و آن طرف شنیده بود قابل پیش‌بینی بود. ولی موضوع ولع کنجکاوی حبیب که بهت‌زده محو تماشای دور و اطرافش شده بود و لحظه به لحظه بیشتر می‌شد دلیلی دیگر داشت. چقدر شکل و شمایل آن خانه و حیاط به نظر حبیب آشنا می‌آمد. حبیب برای مدتی سکوت اختیار کرد و با نگاهی کنجکاو به دور و اطرافش دقیق شد و سپس نگاهش را روی صورت صدرا متمرکز کرد.او در لابه لای اوراق خاطرات قدیمی ذهنش سخت به دنبال جوابی برای حل این معما می گشت.

صدرا هم متعجب از آن نگاه‌های کنجکاو در صورت حبیب دقیق شد و در یک آن هر دو با رسیدن هم‌زمان به برگی مشترک از خاطرات گذشته‌های دور در ذهنشان لبخند زدند.

حبیب و صدرا بعد از سال‌های متمادی که از دوران خوش دبستان‌شان می‌گذشت تازه

یک‌دیگر را به خاطر آورده بودند. دو سال از دوران دبستان را با هم در یک مدرسه گذرانده بودند. حبیب که دو سالی از صدرا بزرگ‌تر بود در آن زمان از طرف ناظم مدرسه به عنوان مبصر کلاس اولی‌ها و مامور انتظامات داخل راهرو انتخاب شده بود و به همین منظور همیشه بازوبند نارنجی‌رنگی را دور بازویش می‌بست. همین بازوبند کوچک در بین بچه‌های مدرسه چنان ابهتی به حبیب بخشیده بود که تمام بچه های مدرسه خصوصاً صدرا همیشه به او و بازوبند نارنجی‌رنگش غبطه می‌خوردند. روابط صدرا و حبیب در ابتدا فقط به نگاه‌های حسرت‌بار صدرا به حبیب و بازوبندش خلاصه می‌شد اما دوستی‌شان زمانی شکل گرفت که در یک زمستان سرد و یخبندان حبیب در راه مدرسه به شدت زمین خورد و صدرا که به طور اتفاقی داشت از همان مسیر به مدرسه می‌رفت با دیدن او به طرفش رفته و با وجود کوچکی جثه‌اش او را لنگان‌لنگان تا خانه‌شان همراهی کرده بود. و آن روز از بابت دیر حاضر شدن سر کلاس درس حسابی هم تنبیه شده بود.

از آن مقطع حبیب و صدرا تمام زنگ‌های تفریح را با هم می گذراندند و حبیب از خاطرات مبصری‌اش با آب و تاب فراوان قصه می گفت و صدرا هم با ولع تمام سراپا گوش می‌شد. حبیب در طی دوران رفاقت کودکانه شان یکی، دو باری هم برای بازی به خانه صدرا رفته بود و به همین خاطر بود که خانه به نظرش آشنا می‌آمد.

رفاقت صدرا و حبیب تا اواسط کلاس پنجم حبیب بیشتر دوام نیاورد چرا که خانواده آزرمی مجبور شدند برای دو سالی به اصفهان نقل مکان کنند. به این ترتیب رشته دوستی گسسته شد و حالا بعد از سال‌ها دوری و بی‌خبری پیوندی دوباره می‌یافت.

حبیب و صدرا یک ساعتی با ناباوری خاطرات دور گذشته را که زیر گرد و غبار زمان کدر شده بود با ذوق و شوق و حرارتی وصف‌ناپذیر جلا دادند.

حیدر آزرمی از اینکه آن دو بعد از سال‌ها همدیگر را پیدا کرده‌اند خیلی خوشحال بود ولی عجله داشت و می‌خواست هر چه زودتر سر و ته قضیه را به هم بیاورد. به همین خاطر یک راست رفت سر اصل مطلب و بحث قیمت و ارزش واقعی ملک و فروش آن را پیش کشید. لابه‌لای تعریف و تمجیدهای آقای آزرمی از خانه، حبیب ناگهان رو به صدرا کرد و گفت: آخه تو چطور می‌تونی از یک همچین گنجینه با ارزشی دل بکنی؟

صدرا هم در جواب سفره دلش را پیش حبیب و پدرش باز کرد. مثل اینکه می‌خواست با وجود حس گناه درونی فروش خانه را به طریقی توجیه کند. از خاطرات تلخ و شب‌های تنهایی و بی‌کسی‌اش سخن گفت ولی هر دلیلی که می‌آورد حبیب می گفت که دلیلت قانع‌کننده نیست

تا جایی که طاقت پدرش طاق شد و او را به گوشه‌ای کشاند و گفت: پسر! تو برای من کار می‌کنی یا برای اون؟ آخه آدم عاقل رای مشتری‌اش رو می‌زنه؟ اونم یه همچین مشتری با یه همچین ملک با ارزشی! پس تو این چند ساله چی‌چی یاد گرفتی؟

حبیب در آن لحظه به ظاهر با تکان دادن سر، حرف پدرش را تایید کرد ولی فردای آن روز دوباره به کوچه اقاقیا برگشت و ضمن ادامه حرف‌های نیمه‌کاره روز قبلش با صدرا کله‌شقی کرد و هر چه را که پدرش ریسیده بود پنبه کرد. حبیب و رحیم‌خان، دو ساعتی در گوش صدرا خواندند و از ارزش واقعی خانه و پشیمانی او پس از فروش و از دست رفتن سرمایه‌ای که حاصل عمر پدر و پدربزرگش بود و مدفون شدن خاطرات شیرین گذشته او در زیر گرد و غبار و آوار فراموشی و غیره و غیره حرف‌ها زدند. صدرا با حرف‌های آن‌ها بار دیگر دچار تردید شد. خاطرات شیرین کودکی دوباره مثل بارانی بی‌امان بر زمینی خشک و فراموش شده تمام ذهنش را پر کرد و حس تعلق خاطر به خانه پدری تمام وجودش را در برگرفت. حس تعلق خاطر به جایی که با نگاه به در و دیوارش صدای مادرش را در گوش ذهنش می‌پیچاند. صحبت‌های حبیب چشم‌های صدرا را دوباره نسبت به زیبایی‌هایی که در خشت خشت آن خانه بود از هم گشود و در نهایت منجر به انصراف صدرا از فروش خانه و دست رد به سینه آقای آزرمی و آغاز دوستی محکم و پا بر جای حبیب با صدرا شد. به همین خاطر هم بعدها هر وقت صحبت خانه صدرا پیش می‌آمد حبیب همیشه به شوخی می‌گفت: «بیچاره! تو این خونه رو از صدقه سری من داری و گرنه حاج آزرمی تا حالا هزار باره برات آبش کرده بود.»

دوستی حبیب رفته‌رفته به پریشانی‌های صدرا خاتمه داد و صدرا که تا آن زمان از زندگی چیزی جز پرستاری از پدر و مادر بیمارش ندیده بود سری در سرها در آورد و فهمید که لذت‌های دیگری را هم می‌تواند در پس دیوارهای بلند خانه پدری‌اش جست‌وجو کند. حبیب و صدرا قدم به دنیای جدید رفاقت گذاشتند و فصل جدیدی از زندگی‌شان را به این شکل آغاز کردند.

فصل چهارم

رفاقت حبیب و صدرا طی چند ماه چنان محکم شد که دیگر تقریباً غالب اوقاتشان را با هم می‌گذراندند. صدرا که در آن زمان هنوز شغلی را به طور جدی پیشه نکرده بود چیزی که فراوان داشت اوقات فراغت بود. حبیب هم برای پیوستن به او به هزار جور حقه و کلک متوسل می‌شد و هر بار با شیره مالیدن سر پدرش به طریقی از بنگاه جیم می‌شد. تا اینکه کم‌کم صدای آقای آزرمی در آمد: تو با این طرز کار کردنت پس فردا هیچ گهی نمی‌شی. از همون معامله جوش دادنت تو خونه صدرا معلوم بود که کون و پیزی کار کردن رو نداری.

با تمام غر و لندهای حیدر آزرمی و با وجودی که ماه‌ها طول کشیده بود تا حسرت معامله خانه صدرا را از دل بیرون کند مهر صدرا روز به روز در دلش بیشتر می‌شد و از آنجایی که به اصل و نسب‌دار بودن صدرا و اصالت خانوادگی‌اش پی برده بود کم کم صدرا چنان برایش عزیز شد که هر که نمی‌دانست فکر می‌کرد صدرا حقیقتاً فرزند واقعی اوست.

با محکم شدن پایه‌های دوستی صدرا و حبیب و رفت و آمدهای مکررشان صدرا کم کم عضوی از اعضای خانواده آزرمی شده بود. هر چند بعدها با دیدن چند چشمه از اخلاق و خصوصیات مادر حبیب سعی کرد تا رفت و آمدهایش را به آنجا محدودتر کند و حتی‌الامکان حبیب را خارج از خانه ببیند.

کم کم ابرهای تیره افسردگی از دل صدرا بیرون رفت و جای آن را شور و نشاط زندگی پر کرد و امید به فردایی روشن در دلش وسعت یافت.

حبیب و صدرا در اوج جوانی با ظاهری آراسته و وضع مالی خوب خیلی زود زبانزد دخترهای محل شدند. خصوصاً صدرا که با قدی بلند، پوستی روشن، چشم‌های عسلی، پیشانی

بلند و موهای خرمایی رنگ‌اش که در سلمانی شهاب کوتاه می‌شد و ظاهر آراسته و وسواس خاصی که در لباس‌پوشیدن داشت چشم دخترهای محل را حسابی گرفته بود. حبیب از نظر قد و قامت کمی از صدرا کوتاه‌تر بود. موهای قهوه‌ای تیره‌اش که تقریباً به سیاهی می‌زد به پر پشتی موهای صدرا نبود ولی چشم‌های درشت قهوه‌ای رنگش با ابروهای پر پشت و سبیل‌های تیره و مرتب و صورت همیشه اصلاح شده‌اش جبران کم‌پشتی موهایش را می‌کرد. هر از گاهی هم به شوخی برای صدرا کر کری می‌خواند که: اقلا دماغم که از دماغ تو کوچیکتره!

برای دخترها صدرا از حبیب جذاب‌تر بود. کم‌کم بازار این دو دوست جوان بسیار داغ شد و خیلی زود به دست آوردن دل صدرا و حبیب خصوصاً صدرا، توسط دخترها از دور و نزدیک رقابتی شد. به‌طوری که روز به روز قد دامن‌ها بیشتر آب می‌رفت و آرایش‌ها غلیظ‌تر می‌شد.

صدرا و حبیب هم چندان بیکار نمی‌نشستند. نامه‌نگاری‌های عاشقانه و ماچ و بوسه‌های شبانه تا قرارهای روزانه و دیدارهای مخفیانه کار همیشگی‌شان شده بود. برای صدرا که خیلی احساساتی‌تر و کم تجربه‌تر از حبیب بود عاشق شدن مثل آب خوردن بود. محال بود که روزی بیاید و صدرا احساس نکند که عاشق شده است. برای صدرای بی‌تجربه تمام این عشق و عاشقی‌ها فقط به نامه‌نگاری و در نهایت بوسه‌ای در خفا خلاصه می‌شد. خصوصاً که با حضور رحیم‌خان در آن خانه با وجودی که اختلاف سنی زیادی هم با هم نداشتند فرا رفتن از آن حد را جایز نمی‌دانست.

در عوض برای حبیب که چندان خلق و خوی حساس و شاعرانه‌ای نداشت تمام این دختربازی‌ها فقط یک سرگرمی مفرح بود طوری که در آن واحد و به طور هم‌زمان می‌توانست برای دختری نامه عاشقانه بنویسد و عجله هم بکند که مبادا به قرار بعدی‌اش دیر برسد.

در یک بعدازظهر گرم اولین نقشه برای اغوا کردن صدرا با موفقیت کامل به انجام رسید و از آنجا که این‌طور نقشه‌ها در نهایت به رختخواب ختم می‌شود صدرا برای اولین بار لذت هم‌آغوشی را تجربه کرد چندان که تا مدت‌ها با یادآوری لحظه به لحظه آن دقیقه‌های پر التهاب در لابه‌لای چین و شکن رختخوابش صدای قلبش را به وضوح می‌شنید. از سوی دیگر سخاوتمندی دخترها درست مثل دل و جرات صدرا روز به روز با تجربه‌های جدید و روزافزون او بیشتر و بیشتر می‌شد.

مادر حبیب هوشیارتر از هر کارآگاه خبره‌ای سعی می‌کرد کوچک‌ترین حرکت‌های حبیب را زیر ذره‌بین بگیرد و با وجودی که خود حبیب به اندازه صدرا آزاد نبود ولی خیلی هم بی‌عرضه و دست و پا چلفتی نبود و تا حد امکان از زیر بار تفتیش‌های مادرش قسر در می‌رفت و

صدرا هم برای آنکه شرط دوستی را به جا بیاورد همیشه با لبخندی کنایه‌آمیز و چشمکی معنی‌دار به او می‌گفت: رفیق! پس خونه به این بزرگی و خلوتی به چه درد می‌خوره!

تمام رفت و آمدهای صدرا و حبیب کاملاً حساب شده و دور از چشم رحیم‌خان صورت می‌گرفت.

رحیم‌خان که علاقه خاصی به صدرا داشت و او را برادر کوچک‌تر خود می‌دانست گاهی حس کنجکاوی‌اش گل می‌کرد و رفت و آمدهای او را زیر نظر می‌گرفت. ولی صدرا هم کسی نبود که به سادگی دم به تله بدهد. به‌همین خاطر هیچ وقت هیچ ردپایی از خود به جای نمی‌گذاشت و سعی می‌کرد حتی‌الامکان رفت و آمدهای اینگونه‌اش را به زمان‌هایی محدود کند که رحیم‌خان در تهران نباشد. هر چند برای رحیم‌خان همان سه روز کافی بود تا با نصایح برادرانه‌اش صدرا را از عشق و عاشقی منع کند. گاهی هم پند و اندرزهایش چنان از حد می‌گذشت که آخر سر صدرا در ظاهر وانمود می‌کرد که نصایح او بسیار کارساز و مفید واقع شده است ولی در دل با خود می‌گفت: ول کن بابا حوصله داری!

از اولین تجربه‌های لذتبخش جوانی دو سالی گذشت و صدرا با تشویق‌های پدر حبیب و رحیم‌خان به دنیای کسب و تجارت پا نهاد و از آنجا که شیفته هنر ایرانی بود کسب و کار پدربزرگش را برگزید و وارد کار تجارت فرش شد. با حمایت‌های پدر حبیب که شهرت و اعتبار خاصی داشت به مرور جایی برای خود در بازار فرش ایرانی باز کرد و خیلی زود راه و چاه کسب و کار را یاد گرفت و با سرمایه‌ای که از پدرش به ارث برده بود توانست چرخ کسبی پر درآمد را به چرخش درآورد.

حبیب هم همچنان زیر چتر حمایت پدر راه و رسم معامله املاک و مستغلات را می‌آموخت. تا اینکه مادر حبیب کم‌کم زمزمه سر و سامان دادن به زندگی فرزندش را که از مدت‌ها قبل شروع کرده بود روی دور تند انداخت. فکر می‌کرد از زمان ازدواج او کلی هم گذشته و باید هر چه زودتر دست به کار شود و برای زندگی آینده‌اش تصمیمی بگیرد. دیگر از دور و اطراف و دوست و آشنا دختری نبود که حبیب اسمش را نشنیده و از خصایص و خوبی‌ها و هنرهایش خبر نداشته باشد. حبیب هم دیگر خودش را عادت داده بود که همیشه با خنده و شوخی از زیر بار مسؤولیت‌پذیری زن و زندگی و تشکیل خانواده شانه خالی کند. کم‌کم با سماجت‌های مادر حبیب و غرغر کردن‌ها و قلعه یاسین گرفتن‌ها و رد کردن حبیب با اخم و تخم کار به جایی رسید که تا مادر حبیب می‌آمد سر صحبت را در باره دختری باز کند حبیب یا بلافاصله موضوع بحث را عوض می‌کرد و یا با عذر و بهانه‌ای جیم می‌شد. در نهایت مادرش به

شدت عصبانی می‌شد و با لحنی طعنه‌آمیز می‌گفت: بدبخت! پس‌فردا این صدرا که از تو کوچکتره صاحب زن و زندگی می‌شه اونوقت توی بی‌عرضه وقتی سرت به سنگ می‌خوره که دیگه هیچ‌کس زنت نمی‌شه.

در نهایت وقتی تمام تیرهای خانم آزرمی به سنگ خورد و ترفندهایش برای راضی کردن حبیب برای ازدواج بی‌نتیجه ماند به این نتیجه رسید که با وسوسه صدرا برای ازدواج در حضور حبیب حس حسادت پسرش را تحریک کند تا بلکه او را از این طریق سر عقل بیاورد. به همین خاطر هر زمان که صدرا را گیر می‌آورد در حضور حبیب بلافاصله بحث ازدواج را وسط می‌کشید و در اصل به در می‌گفت که دیوار بشنود. از سویی خود صدرا با داشتن کسبی پر درآمد و یک زندگی راحت و دیدگاهی جدید در حالی که از یکنواختی زندگی به تنگ آمده بود کم‌کم داشت به مقوله ازدواج به طور جدی‌تری فکر می‌کرد به همین خاطر چند باری بحث آن را در حضور رحیم‌خان پیش کشیده بود ولی با تعجب هر بار رحیم‌خان در قبال این مساله یا سکوت کرده بود و یا او را از درگیر کردن ذهنش با مقوله عشق و عاشقی طبق روال همیشه بر حذر داشته بود. برای صدرا عجیب بود که رحیم‌خان همیشه نسبت به این یک مساله آن هم در این سن یعنی درست در عنفوان جوانی موضع می‌گرفت و به دنبالش هم با آهی می‌گفت: پدر هر چی عشق و عاشقیه بسوزه!

رفته‌رفته بر خلاف نظر رحیم‌خان آنقدر نظر صدرا نسبت به ازدواج مثبت شد که با دیدن بچه‌های کوچک دست در دست پدرها و مادرهایشان در حال گذشتن از کوچه و خیابان و یا با شنیدن مکالمه شیرین یک مادر و فرزند و یا پدر و فرزندی همیشه با به تصویر کشیدن خانواده‌ای شاد در رویاهایش فرو می‌رفت و آنقدر در آرزوهای دور و درازش غرق می‌شد که یا با صدای شاگرد مغازه‌اش هاشم که با لکنت زبانی که داشت می‌گفت: آآآق قا صص صدرا و یا با صدای حبیب که می‌گفت: هی دوباره کجایی؟ رفتی تو عالم هپروت؟ به خود می‌آمد. غافل از این که تقدیر برای او چه سرنوشتی را رقم خواهد زد.

در یک بعدازظهر پاییزی زمانی که صدرا داخل مغازه فرش فروشی‌اش پشت میز نشسته بود و از پنجره قدی مغازه به برگ‌های خزان‌زده‌ای که به دست بی‌رحم باد یک به یک از شاخه‌ها جدا می‌شدند نگاه می‌کرد قامت دختری جوان به همراه خانم و آقای مسنی در چارچوب در مغازه، صحنه قتل عام برگ‌ها را استتار و توجه او را به خود جلب کرد.

صدرا با ورود آنها به مغازه به آرامی از پشت میز بلند شد و در حالی که به آن سه تازه‌وارد نزدیک می‌شد بسیار محترمانه گفت: خیلی خوش آمدید. خدمتی هست که بتونم انجام بدم؟

مرد میان‌سال که با موهای بسیار کم پشت و جو گندمی شده در قسمت بناگوش و چشم‌های ریز و دقیقی که از پشت شیشه عینک به نقش‌های ظریف قالی خیره مانده بود بسیار جا افتاده به نظر می‌رسید بدون آنکه نگاه تحسین‌آمیزش را از روی قالی‌های خوش نقش و نگار پهن شده در مغازه بردارد با من و من گفت: بله اومدیم یه نگاهی به فرشاتون بندازیم ببینیم چیزی می‌پسندیم یا نه.

خانمی که با وجود اختلاف سنی زیادش با مرد مسن به نظر، همسر او می‌آمد با چهره‌ای زیبا که آثار گذشت زمان آرام آرام داشت در آن جایی باز می‌کرد در حالی که چادری روشن و گل‌دار به سر داشت و نصف موهای رنگ‌کرده‌اش از زیر آن پیدا بود در تایید حرف شوهرش گفت: بله! راستش می‌خواستیم ببینیم فرشی برای جهیزیه دخترم صبا پسند می‌کنیم یا نه.

با شنیدن کلمه جهیزیه نگاه صدرا ناخودآگاه به سمت دختر جوان برگشت. دختر جوان که در کنار مادرش ایستاده بود و این پا و آن پا می‌کرد با شنیدن کلمه جهیزیه گونه‌هایش با قلم شرم رنگ‌آمیزی شد.

دختر جوان که ۱۸ ساله به نظر می‌رسید و اندام بسیار ظریف‌اش زیر ژاکت کلفت کرم با دانه‌های ماشی رنگ پنهان شده بود صورت و چانه‌ای گرد داشت پوستی روشن و شاداب لب‌هایی قرمز و تو پر، چشم‌های درشت مشکی و موهایی شبق رنگ که مثل رشته‌های براق ابریشم روی شانه‌هایش ریخته بود.

مرد میان‌سال در حالی که نگاهش را از گل‌های ابریشمی قالی به سمت صدرا جهت می‌داد گفت: همون طور که خانومم خدمتتون عرض کرد ما دنبال یک جفت فرش نخ فرنگ با قیمت مناسب برای جهیزیه دخترم صبا می‌گردیم.

خانم در ادامه حرف شوهرش افزود: فرش درجه یک با زمینه کرم می‌خوایم که ترنج قرمز داشته باشه. معمولاً رنگ کرم برای خونه تازه عروس بیشتر نمود داره. طرحش هم شلوغ پلوغ باشه که ارزشش رو بیشتر نشون بده.

صبا به دنبال حرف‌های مادرش با بی‌حوصلگی و از روی اعتراض سرش را تکان داد و با بی‌تفاوتی از او کمی فاصله گرفته و مشغول تماشای فرش‌های آویخته به دیوار شد. مرد میان‌سال نگاه معنی‌داری از زیر عینک به همسرش انداخت و گفت: اگه تو مهلت بدی آقا خودشون واردترند.

صدرا لبخندی به لب آورد و گفت: مبارک باشه به سلامتی!

هنوز جمله صدرا به پایان نرسیده صبا نگاهی سرزنش‌آمیز به مادرش انداخت و سپس همان نگاه را حواله صدرا کرد.

مادر صبا که به نظر می‌رسید با جمع کردن چادرش حسابی مشکل دارد چون هر دو دقیقه

یک بار چادرش را باز و بسته می‌کرد و با هر باز کردنی سر و سینه و گردن سفید رنگ و موهایش هویدا می‌شد با دیدن عصبانیت صبا سعی کرد قضیه را ماست مالی کند به همین خاطر بلافاصله گفت: هنوز که ازدواجی در کار نیست ولی می‌دونید حقیقتش پدر و مادرا همیشه آروم آروم جهیزیه تهیه می‌کنند که نخوان یه دفعه زیر فشار هزینه سنگین جهیزیه برن.

از شواهد امر به نظر می‌رسید ماست مالی مادر صبا اصلاً کارگر نبود چون نگاه سرزنش‌آمیز صبا با این حرف مادرش تبدیل به چشم غره کامل شد و از شدت ناراحتی دوباره سرش را تکان داد و همچنان که زیر لب با غرغر می‌گفت: «واسه خودشون می‌برن و می‌دوزن» به‌طور کامل از جمع آنها فاصله گرفت و به سمت تابلوفرش‌های ابریشم ظریف بافتی که به دیوار آویزان شده بود رفت.

پدر صبا با دیدن دلخوری دخترش لبخندی به لب آورد و در حالی که سرش را تکان می‌داد گفت: «امان از جوون‌های امروزی» و با این حرف دستش را به قصد دست دادن به طرف صدرا دراز کرد و گفت: شما آقای؟

ـ سمایی هستم. صدرا سمایی.

ـ باید از روی اسم مغازتون حدس می‌زدم. من هم صرافی هستم.

و سپس به ترتیب به همسرش و صبا اشاره کرد: این خانم، همسرم هستند و ایشون هم دخترم صبا است. صدرا با احترام نسبت به خانم صرافی عرض ادب کرد و سپس نگاهش را به سمت صبا متمایل کرد و صبا هم با حرکت سر مختصرا سلام و تعارفی معمولی رد و بدل کرد و دوباره رویش را به طرف تابلوفرش‌ها برگرداند.

صدرا پس از این معرفی مختصر بهترین فرش‌هایی را که در مغازه داشت یک به یک در مقابل نگاه‌های حیرت‌زده و تحسین‌آمیز آقا و خانم صرافی باز کرد و مثل استادی که از تمام چم و خم های هنر قالیبافی آگاه باشد با هر طرح جدید محل بافته شدن قالی و جنس و نوع طرح آن و مدت زمانی که طول کشیده تا آن فرش بافته شود و را توضیح می‌داد ولی صبا همچنان بی‌تفاوت به توضیحات صدرا غرق تماشای تابلوفرشی شده بود که با ابریشم برجسته بیتی از اشعار مولانا روی آن بافته شده بود. صدرا همین‌طور که برای آقا و خانم صرافی توضیح می‌داد با ناراحتی نیم‌نگاهی هم به صبا که بی‌توجه به حرف‌های آنها خودش را کاملاً از جمع سه نفره آنها جدا کرده بود می‌انداخت.

توجه صبا دقیقاً روی همان تابلوفرش متمرکز شده بود. لحظه‌ای از گوشه سمت راست به آن نگاه می‌کرد و لحظه‌ای از گوشه سمت چپ و با هر حرکت تغییر سایه و رنگ خارق‌العاده آن

اثر هنری بی‌نظیر را با چشم‌هایش می‌بلعید. پس از لحظاتی روبه‌روی تابلوفرش ایستاد و به آن خیره شد و سپس همان طور عقب، عقب رفت تا بتواند از فاصله دورتر به آن نگاه کند که ناگهان از پشت به میز کار صدرا خورد و همین که آمد برای حفظ تعادلش لبه میز را بچسبد با دست قاب خاتم‌کاری شده‌ای را که روی میز بود انداخت و شیشه‌اش و قسمتی از گوشه قاب شکست. صبا دستپاچه ابتدا نگاهی وحشت‌زده به صدرا و پدر و مادرش که با شنیدن صدای شکستن قاب در سکوت نگاهش می‌کردند، انداخت و سپس بلافاصله روی کاشی‌های کف مغازه زانو زد تا شیشه‌های خرد شده را جمع کند. صدرا با دیدن قاب شکسته یک‌باره تا بناگوش گر گرفت. یادگار عزیز پدرش رسول که همیشه آن را روی چشم‌هایش نگه‌داری کرده بود حالا با بی‌احتیاطی مشتری به زمین افتاده و شکسته بود. حرف‌هایش را نیمه‌کاره گذاشت و به طرف صبا آمد و همین‌طور که مقابل صبا زانو می‌زد با دست به صبا اشاره کرد و از او خواست که به قاب عکس و خرده شیشه‌ها دست نزند.

صبا که از شدت خجالت و ناراحتی دست‌پاچه شده بود بی‌توجه به حرف صدرا در حالی که تندتند می‌گفت: «ببخشید. اصلاً ندیدماش، خیلی متاسفم» سعی کرد خرده‌شیشه‌ها را جمع کند که صدرا این بار با تحکم گفت: خواهش می‌کنم. گفتم که دست نزنید، خودم جمعش می‌کنم، دست و بالتون رو زخمی می‌کنید.

شرمندگی صبا با دیدن عصبانیت صدرا بیشتر شد و در حالی که می‌ایستاد با تأسف زیر لب گفت: حتماً براتون خیلی با ارزش بوده مگه نه؟

صدرا بدون اینکه نگاهش را از خرده‌شیشه‌ها بگیرد با دلخوری جواب داد: بله یادگار پدرم بود.

با این حرف احساس گناه صبا صدچندان شد. در جست‌وجوی نگاهی که احساس گناهش را تا حدی فرو بنشاند به پدر و مادرش چشم دوخت ولی در عوض پدرش با کج‌خلقی نگاهش کرد و گفت: دختر حواست کجاست؟

صبا در حالی که بغض گلویش را می‌فشرد گفت: می‌گید چکار کنم؟ خوب ندیدمش.

صدرا تکه‌های بزرگ قاب و شیشه‌ها را با احتیاط با دست جمع کرد و با لحنی سرد گفت: کاریه که شده اشکال نداره و سپس هاشم را صدا کرد تا با جارو و خاک‌انداز خرده‌شیشه‌های باقیمانده را جمع کند و دوباره به طرف آقا و خانم صرافی رفت تا بقیه فرش‌ها را به آنها نشان دهد. در تمام طول مدتی که صدرا بقیه فرش‌ها را به آنها نشان می‌داد صبا کاملاً ساکت و خاموش بود و با خلقی گرفته کلمه‌ای بر زبان نیاورد.

دو تخته فرش شش متری همسان که صدرا کلی در وصف بافت و نقشه‌شان صحبت کرده بود به عنوان جهیزیه صبا انتخاب شد.

با اتمام معامله وقتی صبا به همراه پدر و مادرش مغازه را ترک می‌گفت یک بار دیگر نگاهی تأسف‌آمیز به صورت صدرا انداخت ولی فهمید که ناراحتی صدرا فروکش کرده چون تا آخرین لحظه‌ای که آنها را تا دم در بدرقه می‌کرد لبخند رضایت از روی لب‌هایش محو نشد.

آن شب وقتی صدرا کم کم داشت مغازه را می‌بست برای لحظه‌ای با افسوس به تکه‌های قاب شکسته که روی میز گذاشته بود خیره شد و سپس همین که خواست از مغازه خارج شود ناخودآگاه نگاهش به تابلوفرش ابریشمی که نظر صبا را حسابی به خود جلب کرده بود افتاد. فرش ابریشمی که طرح آن بیتی از مولانا بود:

عشق چو بگشاد رخت سبز شود هر درخت   برگ جوان بر دمد هر نفس از شاخ پیر

با وجودی که آن تابلوفرش مدت زیادی بود که به دیوار مغازه آویخته مانده بود اما صدرا هیچ وقت با چنین دقتی به آن نگاه نکرده بود. برای دقایقی بی‌حرکت به آن چشم دوخت و سپس چراغ مغازه را خاموش و مغازه را ترک کرد.

خرید خانواده صرافی در آن عصر پاییزی برای صدرا اتفاقی کاملاً ساده بود که شاید اگر آن تابلو فرش و آن قاب شکسته نبود آن اتفاق ساده به دست فراموشی سپرده می‌شد.

تقریباً دو، سه روزی بعد از آمدن آقای صرافی و خانواده‌اش به مغازه صدرا، طرف‌های غروب که هوای ابری و گرفته تصمیم به خالی کردن عقده‌های دلش داشت و در پی آن بارانی بی‌امان تمام سر و روی شهر را خیس کرد صدرا در مغازه با یکی از مشتریانش سرگرم گفت‌وگو بود که ناگهان چهره‌ای آشنا در لابه‌لای رگه‌های باران پشت شیشه مغازه توجهش را جلب کرد. صبا در حالی که در اثر بارش ناغافل باران حسابی خیس شده بود به سرعت وارد مغازه شد. بسته کوچک روزنامه‌پیچی شده‌ای که در دست داشت از شدت باران حسابی خیس خورده بود. صدرا با دیدن صبا لحظه‌ای همان طور متعجب بی‌حرکت بر جا ماند. موهای صبا در اثر خیسی باران مشکی‌تر و براق‌تر از حد معمول به نظر می‌آمد. بدون آنکه خجالت‌زده باشد و یا صدایش بلرزد در حالی که با لبخند به مشتری صدرا اشاره می‌کرد گفت: خواهش می‌کنم آقای سمایی! به مشتریتون برسید من منتظر می‌شم.

صدرا از حضور غیرمنتظره صبا در آن غروب بارانی در مغازه‌اش به شدت متعجب شده بود ولی سعی کرد عکس‌العملی از خود نشان ندهد. تظاهر می‌کرد که حواسش به مشتری است.

صبا هم از فرصت استفاده کرد و سرش را با تماشای فرش‌ها گرم کرد.

صدرا بعد از رفتن مشتری‌اش بلافاصله به طرف صبا رفت و بسیار محترمانه به او گفت: خانم صرافی! ببخشید معطل شدید.

ـ نه، نه خواهش می‌کنم، من سرزده اومدم و باید صبر می‌کردم.

ـ چه کاری از دستم ساخته است؟ فرمایشی داشتید؟

صبا در حالی که بسته خیس روزنامه‌پیچی شده را به سمت صدرا دراز می‌کرد گفت: آقای سمایی! از بابت دو، سه روز پیش خیلی متاسفم. می‌دونم که یادگار پدرتون خیلی براتون باارزش بوده و هیچ چیزی نمی‌تونه جاش را بگیره ولی من مشابه قاب خاتم شما را خونه داشتم. می‌تونید شعر یادگار پدرتون رو توش بذارید.

نگاه صدرا از صورت صبا به بسته روزنامه‌پیچی شده و از بسته دوباره به صورت صبا برگشت و همانجا متوقف ماند و با لبخندی گفت: خواهش می‌کنم خانم صرافی! فراموشش کنید ــ اتفاقیه که افتاده و رفته پی کارش من نمی‌تونم اینو ازتون قبول کنم.

ـ آقای سمایی! بیشتر از این من رو دچار عذاب وجدان نکنید و این بسته رو بگیرید. اگه قابش رو دوست ندارین حداقل می‌تونید شیشه‌اش رو برای قاب قدیمی‌تون استفاده کنید.

صدرا مردد بسته را از دست صبا گرفت و آن را باز کرد. تقریباً مشابه قاب شکسته خودش بود.

ـ خانم صرافی! آخه اصلاً چیز مهمی نبود.

ـ این‌طور نگید آقای سمایی! یادگار پدرتون بوده چطور چیز مهمی نبوده؟

صدرا خنده‌ای کرد و گفت: نه، نه! منظورم اینه که شکستن قاب چیز مهمی نبود که به خاطرش بخواید تا اینجا اونم تو این هوا بیایید.

صبا لبخند ملیحی به لب آورد و گفت: این طوری خیالم راحت شد. داشتم عذاب وجدان می‌گرفتم و سپس با حالت شوخی ادامه داد: حداقل این دفعه قاب رو یه کمی وسط‌تر بذارید که این‌قدر راحت نیفته زمین بشکنه!

صدرا در جواب فقط با لبخندی به صورت زیبای صبا خیره شد.

وقتی صبا قصد رفتن کرد صدرا از او خواست که تا بند آمدن باران صبر کند ولی صبا با لبخند جواب داد: «شاید بارون تا فردا هم بند نیاد. بالاخره که باید برم» و سپس لبخندش به خنده کامل تبدیل شد و همین‌طور که در مغازه را به قصد رفتن باز می‌کرد در ادامه افزود: «تازه اگه قبل از ساعت هشت خونه نباشم باید به آقای صرافی حساب پس بدم» و با این حرف از مغازه بیرون رفت و صدرا را تنها گذاشت.

تصویر چهره و لبخند صبا در یک آن درست مثل یک اثر هنری جاودانه بی‌اختیار در ذهن صدرا حک شد طوری که آن شب در راه خانه تمام فکرش را به خود مشغول کرده بود و لحظه‌ای از ذهنش خارج نمی‌شد.

دو هفته‌ای از آشنایی مختصر صدرا با خانواده صرافی می‌گذشت و خاطره آن غروب پاییزی کم کم در ذهن صدرا رنگ می‌باخت. ولی تصویر حک شده چهره صبا هنوز گه‌گاه در ذهن او محو و آشکار می‌شد و ناخواسته فکرش را به خود مشغول می‌کرد.

با وجودی که پاییز هنوز دست تعدی‌اش را از شاخه‌های رنگین کوتاه نکرده بود و هنوز تتمه‌ای از آن امید واهی در وجود برگ‌ها باقی بود اولین برف زودهنگام آخرین امیدهای برگ‌های متزلزل را نقش بر آب کرد. آن روز از هر روز دیگری سردتر به نظر می‌آمد. برفی که سه شب قبل باریده بود حسابی در حیاط خانه‌ها و کوچه‌ها تل انبار شده بود و رفت و آمد را مشکل می‌کرد. آن روز صدرا برای انجام کاری مغازه را زودتر از همیشه به قصد خانه ترک کرد. در گرگ و میش هوا هنوز بچه‌های محله برف بازی می‌کردند و با گلوله برف بازی‌شان کوچه و خیابان را روی سرشان گذاشته بودند. صدرا از سر کوچه که پیچید قدم‌هایش را به دلیل لغزندگی آهسته برمی‌داشت. گه‌گاه هم دستش را برای حفظ تعادلش به دیوار خانه همسایه‌ها می‌گرفت. لحظه‌ای که به در خانه رسید و با دست‌های یخ‌کرده‌اش مشغول بیرون آوردن کلید از جیب پالتویش بود صدای خانم تفرجی را شنید که داشت با کسی در حیاط خانه‌اش حرف می‌زد. بلافاصله چرخید تا با او سلام و تعارف کند که با دیدن شخصی که داشت از خانه خانم تفرجی بیرون می‌آمد یکه خورد.

صبا شال گردنی لاجوردی دور گردنش انداخته و پالتوی کرم رنگی که تقریباً تا روی زانوهایش را می‌پوشاند به تن کرده بود. موهای براقش هم مثل همیشه روی شانه‌هایش ریخته بود. گونه‌هایش که از شدت سرما به سرخی می‌زد با دیدن صدرا پررنگ‌تر شده بود. این اتفاق به قدری غیرمنتظره بود که سر جا خشکشان زد.

خانم تفرجی که با نگاه تیزبینش کاملاً متوجه جا خوردن آن دو شده بود ابتدا نگاهی به صبا و سپس به صدرا انداخت و با خنده گفت: چته همسایه! مگه جن دیدی؟

قدری طول کشید تا صدرا بتواند خودش را جمع و جور کند و به آنها نزدیک‌تر شود. ابتدا رو به خانم تفرجی سلام و علیکی کرد و سپس نگاهش را متوجه صبا کرد و با حرکت دادن سر به عنوان ادای احترام گفت: خانم صرافی!

و صبا با حرکت سر سلامش را جواب گفت.

ـ چطور شده امروز اینقده زود اومدی خونه؟

ـ یه کم کار دارم باید جایی سر بزنم.

خانم تفرجی مجدداً نگاهی گذرا به آن دو انداخت و با لبخند شیطنت‌آمیزی گفت: از قرار فکر نمی‌کنم شما دو تا دیگه احتیاج به معرفی داشته باشید. معلومه که همو می‌شناسید.

صدرا در حالی که نگاه از صبا بر نمی‌داشت در جواب گفت: «بله افتخار آشنایی خانم صرافی را قبلاً داشتم» و به دنبال این حرف بلافاصله از صبا پرسید: حال آقا و خانم صرافی چطوره؟

ـ خوبند. ممنونم.

به دنبال جواب صبا دوباره سکوت حکم‌فرما شد. سکوتی که در میان هیاهوی بچه‌های محل سنگینی‌اش محسوس بود. بالاخره خانم تفرجی سکوت را شکست و با لبخند رو به صدرا کرد و گفت: «برو بچه! برو به کار و بارت برس» و سپس خطاب به صبا گفت: دخترم تو هم تو راه مواظب باش زمین نخوری. زمینا مثه شیشه شده.

سفارش‌های خانم تفرجی به انتها نرسیده بود که صدرا بی‌اختیار به صبا پیشنهاد کرد که او را تا خانه برساند. صبا ابتدا کمی مکث کرد و پس از بالا پایین کردن پیشنهاد صدرا با تردید موافقت کرد که صدرا فقط تا انتهای کوچه او را همراهی کند.

با خداحافظی خانم تفرجی صبا ماند و صدرا شانه به شانه هم در امتداد کوچه‌ای که از شدت یخ زدگی قدم‌هایشان را آهسته می‌کرد.

صدرا بعد از دو، سه باری که زیر بازوی صبا را گرفت تا مانع سرخوردنش شود پیشنهاد کرد جاهایی قدم بگذارد که برف بیشتر است و تا حد امکان از مسیر یخ‌زده حرکت نکند. صبا هم سعی می‌کرد گام‌هایش را در مسیری که صدرا گفته بود بگذارد.

هنوز چند قدم دور نشده صدرا دوباره ناشیانه احوال آقا و خانم صرافی را پرسید.

صبا هم با لبخند گفت: «تا اون موقع که من از خونه می‌اومدم بیرون خوب بودند». اما وقتی متوجه خجالت صدرا از جواب شوخی‌مانندش شد بحث را عوض کرد: من نمی‌دونستم که شما همسایه خانم تفرجی هستید!

ـ منم نمی‌دونستم که شما خانم تفرجی رو می‌شناسید. چند وقته که با هم آشناایید؟

ـ از وقتی که یاد دارم. من خیلی بچه بودم. با وجودی که اونقدر اختلاف سنی نداریم که جای مادرم باشه ولی برام همیشه مثه یه مادر دلسوزه خیلی دوسش دارم. گه‌گداری میام بهش سر می‌زنم. حیوونی خیلی تنهاست.

ـ آره بنده خدا تنهاست ولی خیلی زن محکمیه!
ـ واقعاً همین‌طوره. راستی خیلی عجیبه با وجودی که من این همه میام بهش سر می‌زنم هیچ وقت تا حالا با شما برخورد نکرده بودم.
ـ حتماً همیشه ساعت‌هایی اومدید که من مغازه بودم.
ـ نمی‌دونم. شاید. ولی برام عجیبه!

به انتهای کوچه رسیده بودند. مسیر خیابان وضع بهتری داشت و صبا می‌توانست بقیه مسیر را تنها برگردد. به همین خاطر برای خداحافظی روبه‌روی صدرا ایستاد. نور پریده رنگ چراغ خیابان تا حدودی اجزای صورتش را روشن‌تر کرده بود و صدرا از آن فاصله نزدیک می‌توانست مستقیماً در چشم‌های سیاه‌رنگ او خیره شود.

صبا در حالی که موهایش را با انگشت‌های یخ کرده‌اش پشت گوشش می‌برد با آهنگی ملایم گفت: ممنونم آقای سمایی! خیلی لطف کردید من رو تا اینجا رسوندید. از اینجا به بعد رو دیگه مزاحم شما نمی‌شم.

برای صدرا که همراهی‌اش با صبا به ثانیه‌ای گذشته بود و هنوز تمایل هم‌صحبتی‌اش با او چندان ارضا نشده بود خداحافظی در آن لحظه کمی زود به نظر می‌رسید. به همین خاطر دوباره به صبا پیشنهاد کرد تا او را تا در منزلشان همراهی کند.

با وجودی که صبا دلش می‌خواست پیشنهاد صدرا را بپذیرد ولی فکر دیده شدن با یک مرد غریبه در کوچه‌شان و احتمال رسیدن خبر آن به گوش پدرش او را منع می‌کرد. مجبور شد دعوت صدرا را رد کند. صدرا هم وقتی اضطراب را از نزدیک در چشم‌های صبا دید اصرار را جایز ندانست و با خداحافظی چشم‌هایش را بدرقه راه صبا کرد. در راه برگشت ذهنش به قدری درگیر بود که دلیل زود رفتنش به خانه فراموشش شده بود.

فصل پنجم

از آخرین دیدار صدرا با صبا دو هفته‌ای می‌گذشت ولی هر روزی که می‌گذشت صدرا با ولع بیشتری دیدارش با صبا را در ذهن مرور می‌کرد خصوصاً لحظه‌ای را که از نزدیک به چشم‌های سیاه صبا خیره شده بود. یاد آن، حس و حال غریبی در تمام وجودش برمی‌انگیخت. حسی که ناخودآگاه سبب می‌شد جایی انتهای قلبش تیر بکشد و یا ضربان قلبش تندتر شود و به دنبال حس گر گرفتگی ناگهان عرق سرد بر بدنش بنشیند. صدرا حقیقتاً حال خود را نمی‌فهمید. اشتیاقش برای دیدن دوباره او چندین برابر شده بود.

بعد از دو هفته دست و پا زدن در تلاطم احساسات، به این نتیجه رسید که هر طور شده باید صبا را دوباره ببیند تا شاید بتواند دلیل احساسش را در چشم‌های او جست‌وجو کند. صدرا مثل دخترهای دیگر به صبا نگاه نکرده بود. ظاهر آراسته و وضع مالی خوب و دلخواهان زیاد او را عادت داده بود که از بالا به پایین بنگرد. برای صدرا خیلی عجیب بود که با دو سه برخورد کوتاه افکارش تا آن حد مغشوش شده باشد. او که همیشه حبیب را سنگ صبور خود می‌دانست و درد دل‌هایش را با او می‌کرد واضح بود که این بار هم حبیب اولین کسی باشد که از شرایط روحی و روانی صدرا با خبر شود.

حبیب با شنیدن اوضاع و احوال صدرا، با خنده به او گفته بود: برادر من! این علائم مرض عشق و عاشقیه. اگه این‌قدر بهش فکر می‌کنی خوب باهاش رفیق شو. بیشتر ببینش.

و حالا صدرا بعد از دو هفته فکر و خیال کم‌کم داشت به این نتیجه می‌رسید که نصیحت حبیب را عملی کرده و هر طور شده صبا را بار دیگر ببیند.

پاییز آهسته‌آهسته می‌رفت که جای خود را به فصلی سرد ببخشد. فصل جدایی آخرین

برگ‌ها از شاخه‌ها، فصل روشنی آسمان در شب و تیرگی آسمان در روز، فصل سفیدی زمین در خواب، فصل یخ بستن سنگ و آب شدن دل شاخه‌های در انتظار.

در یکی از غروب‌های ملال‌آور آذرماه که خورشید به اسارت می‌رفت و تیرگی قصد دل کندن از آسمان را نداشت صدرا ملول از تنهایی و تاریکی زودرس پشت میز مغازه نشسته بود و تقریباً دو ساعتی می‌شد که فاکتورهای فروش فرش‌ها در یک هفته اخیر را روی میزش پهن کرده بود و سعی می‌کرد با ذهنی که به هیچ وجه قادر به تمرکز نبود حاصل جمع فروش یک هفته اخیرش را به دست بیاورد. کمی روی کاغذهای مقابلش دقیق می‌شد و مدتی به چراغ‌های روشن بیرون نگاه می‌کرد که ناگهان رشته افکارش با ورود حبیب به داخل مغازه پاره شد. حبیب که برای یک سرزدن معمولی به آنجا آمده بود با دیدن قیافه درهم صدرا خنده‌ای کرد و گفت: چطوری رفیق! هیچ معلومه کجایی؟

صدرا با بی‌حالی به یک جواب سلام معمولی اکتفا کرد و متقابلاً حال حبیب را پرسید.

حبیب احوال‌پرسی صدرا را بی‌جواب گذاشت و گفت: دوباره که تو عالم هپروتی! می‌گن عاشقی بد دردیه ها!

صدرا با بی‌حوصلگی پرسید: چی داری می‌گی؟

ـ ول‌کن بابا دلت خوشه. زندگی به این راحتی مگه مرض داری خودت رو اسیر و ابیر کنی؟

ـ اسیر و ابیر چی؟

ـ چه‌میدونم... زن و بچه دیگه!

ـ کی از زن و بچه حرف زده؟

حبیب پاکت سیگارش را از جیب پیراهنش بیرون آورد و در حالی که سیگار را گوشه لبش می‌گذاشت گفت: «یه پله بعد از عاشقی نشستن سر سفره عقده. یه پله بعد از نشستن سر سفره عقد شنیدن غرغرای زن و نق و نق بچه است.» حبیب برای لحظه‌ای برای روشن کردن سیگارش با کبریت مکث کرد و سپس در حالی که دود غلیظی را با همان پک اول به سیگارش از دهانش بیرون می‌داد ادامه داد: بعدشم یه عمر حسرت خوردن برای برگشتن به همون جاییه که اول بودی. حالا که راحت و پاکیزه سر جات نشستی از پله بالا رفتنت دیگه برای چیه رفیق؟

صدرا با حرف‌های حبیب لبخندی به لب آورد و در حالی که سرش را تکان می‌داد گفت: خاموش کن اون زهر ماری رو دودش خفه‌ام کرد.

حبیب بی‌توجه به حرف صدرا همچنان به پک زدن به سیگارش ادامه داد.

در این اثنا یکی از مشتریان آشنای صدرا وارد مغازه شد و ضمن سلام و تعارف مختصری با آن دو بلافاصله به طرف تابلوفرشی که توجه صبا را در اولین برخوردشان جلب کرده بود رفت و در حالی که نگاهی تحسین‌آمیز به آن می‌انداخت دستش را ملایم روی آن کشید.

صدرا بلافاصله با حرکت چشم به حبیب اشاره کرد که سیگارش را خاموش کند و سپس به طرف مشتری رفت.

مشتری با انگشت‌هایش به آرامی روی تابلو فرش ضربه‌ای زد و گفت: آقای سمایی! این تابلوفرش خیلی چشممو گرفته یه کم تخفیف بده تا ببرمش.

نگاه صدرا برای دقیقه‌ای روی تابلوفرش ثابت ماند. انگار چهره مضطرب صبا را در حال عذرخواهی از بابت شکستن قاب در لابه‌لای تاروپودهای ظریف آن جست‌وجو می‌کرد. آنقدر هوش و حواس صدرا در آن غرق شده بود که مشتری مجدداً تکرار کرد: آقای سمایی! یه تخفیفی بده ببرمش دیگه.

صدرا نگاهش را از تابلوفرش به سمت مشتری جهت داد و بی‌اختیار گفت: شرمنده‌ام آقای صادقی! این تابلوفرش فروشی نیست.

ـ ولی آخه هفته پیش از شاگردتون قیمت گرفتم بهم گفت تازه شاید راضی بشید یه کم ارزون‌تر حساب کنید.

ـ خیلی متاسفم آقای صادقی! هاشم اطلاعی نداشته تقصیر اونم نیست این تابلوفرش فقط برای جلوه مغازه است. البته اگه بخواید تابلوهای مشابهش رو داریم.

مشتری دوباره با حسرت نگاهی به تابلوفرش انداخت و گفت: حیف شد. واقعاً زیباست. عجب هنرمندانه بافته شده!

ـ قطعاً همین‌طوره.

زمانی که مشتری از مغازه بیرون رفت حبیب با خنده گفت: بیچاره اینجوری که تو کاسبی می‌کنی تا چند وقت دیگه باید در مغازه‌ات رو تخته کنی.

ـ غصه نخور نمی‌ذارم دیگه به اونجا بکشه.

حبیب در فاصله‌ای که سکوتی کش‌دار بین‌شان حکم‌فرما شده بود سیگار دیگری آتش زد و گفت: برگردیم به بحث شیرین عشق و عاشقی.

ـ بابا! تو رو خدا اون سیگار لعنتیت رو خاموش کن.

ـ الکی بحث رو عوض نکن. به من گوش بده. یک بار قبلاً هم بهت گفتم باهاش رفیق شو بیشتر ببینش تو که ماشالله، هزار ماشالله بزنم به تخته تو دوست‌دختر تور کردن خبره عالمی حالا چطور یه

هویی این‌قدر بی‌عرضه شدی؟ سر راهش وایسا چه می‌دونم برو در خونشون.

ـ مگه از جونم سیر شدم؟ این‌طور که معلومه پدرش خیلی تعصبیه.

حبیب پوزخندی زد و گفت: بابا! تو هم خر و می‌خوای هم خرما رو نابرده رنج... بقیه‌اش رو هم خودت می‌دونی. از ما گفتن.

و با گفتن این حرف به قصد رفتن از روی صندلی‌اش بلند شد.

ـ فقط اومده بودی اینجا دود و دم راه بندازی؟

هنوز حبیب با خنده‌اش جواب صدرا را نداده بود که در مغازه به آرامی باز شد و صبا با آن چشم‌های براق و سیاهی که مدتی حال و روز صدرا را زیر و رو کرده بود در برابر نگاه بهت‌زده آن دو ظاهر شد.

صدرا یک آن در حال دست‌دادن با حبیب در جا خشکش زد. حبیب با یادآوری توصیفات قبلی صدرا از چهره صبا و تغییر حال ناگهانی او حدس زد که این دختر جوان همان کسی است که هوش و حواس را از سر صدرا برده است.

صدرا لرزشی در زانوهایش حس می‌کرد به طوری‌که راست ایستادن برایش دشوار شده بود. در آن لحظه حس می‌کرد که ضربان قلب خودش را می‌تواند بشنود. بالاخره بر خودش مسلط شد در حالی که مستقیماً با اشتیاق و شگفتی در چشم‌های درشت صبا نگاه می‌کرد به او نزدیک شد.

دستپاچگی صدرا که از نظر صبا پنهان نمانده بود برای صبا خوشایند بود.

ـ آقای سمایی! ببخشید بی‌موقع مزاحمتون شدم پدر کمی کسالت داره. الان دو، سه روزه که شدیداً سرما خورده به همین خاطر امروز به من مأموریت داده که چک اقساط این ماه و ماه دیگه رو براتون بیارم.

ظاهر صدرا مثل دفتری خوانا خبر از حال درونش می‌داد. صبا هم سرخوش از تأثیری که بر او گذاشته همان طور لبخند بر لب بسته ای پول از داخل کیف سبز رنگ کامواییِ‌اش بیرون آورد و بدون آنکه دستش بلرزد آنها را به سمت صدرا دراز کرد.

صدرا بدون آنکه نگاهش را از صورت جذاب او بردارد گفت: ولی آخه... مگه عجله داشتید؟ دیر که نمی‌شد!

خواهش می‌کنم آقای سمایی! به هر حال مأموریتیه که پدر به من محول کرده.

صدرا همین‌طور که بسته پول را از صبا می‌گرفت گفت: آخه چرا شما زحمت کشیدید؟ من هاشم رو میفرستادم.

ـ زحمتی نبود. می‌خواستم قدم بزنم مغازه شما هم سر راهم بود.

صدرا متوجه حبیب شد که ساکت و خاموش کنار میز ایستاده بود و به مکالمه آن‌ها گوش می‌داد. به حبیب اشاره کرد که نزدیک‌تر برود. حبیب هم کمی جلوتر رفته و همین‌طور که صدرا آنها را به هم معرفی می‌کرد در یک قدمی صبا ایستاد.

در همان نگاه اول صبا در نظر حبیب فرشته‌ای بود با زیبایی فوق‌العاده که خدا فقط برای اثبات برتری صدرا به او از آسمان نازل کرده است. حبیب هنوز از یاد نبرده بود که دخترهای محل به صدرا علاقه بیشتری دارند. یاد حرف مادرش افتاد: «بدبخت بینوا پس فردا این صدرا که از تو کوچکتره صاحب زن و زندگی می‌شه و تو همین‌طور آس و پاس می‌مونی». همین جا بود که برای اولین بار در تمام دوران دوستیشان سوزش نیش حسادت را جایی در گوشه قلبش احساس کرد.

حبیب پس از سلام و تعارف مختصری ترجیح داد که بیشتر از این در مغازه نماند و ضمن خداحافظی در جواب صدرا که به او تعارف می‌کرد بیشتر آنجا بماند لبخند معنی‌داری به لب آورد و گفت: «باید برم خیلی کار دارم فکر کنم تو هم خیلی کار داری» و با این حرف در حالی که سیگار دیگری را گوشه لبش می‌گذاشت از مغازه بیرون رفت.

مأموریت صبا به انجام رسیده بود و می‌بایست هر چه زودتر مغازه را ترک کند ولی صدرا حاضر نبود غزال سیه چشمش را رها کند. به همین خاطر سرمای هوا را بهانه کرد و گفت: صبا خانم! هوا خیلی سرده اقلاً کنار بخاری بشینید یه کم خودتون رو گرم کنید. منم الان به هاشم می‌گم برامون چای بیاره.

صبا لحظه‌ای مکث کرد. از یک طرف می‌خواست پیشنهاد صدرا را با جان و دل قبول کند و از طرف دیگر از دیر رسیدن به خانه و اخم و تخم و نگرانی پدر و مادرش به شدت واهمه داشت. پس از چند لحظه سبک سنگین کردن، مصاحبت با صدرا را بر اخم و تخم پدر و مادر ترجیح داد و دعوت او را پذیرا شد.

صدرا با خوشحالی هاشم را صدا کرد و از او خواست که برای آنها چای بگیرد.

هاشم که به حواس‌پرتی شهره بود و همیشه از لکنت زبان رنج می‌برد از صدرا پرسید: آآآقا صصدرا مممگه تو ممغازه چچچایی نداریم؟

صدرا صبورانه لبخندی به لب آورد و گفت: چرا! ولی چایی که این دفعه گرفتی اصلاً خوب نیست.

ـ چرا آآقا صصدرا؟ از هممون چایی پپاکت قققرمزه ککه گفتی بگگیر گررفتم.

ـ هاشم جان! بهت گفته بودم که از اون چایی پاکت قرمزا دیگه نگیری. یادت نمیاد؟

هاشم شانه هایش را با تعجب بالا انداخت و ضمن اینکه زیر لب می گفت: «چچه میدوننم والا ممگه ححواس دیگگه ببرا آدم ممیموننه» از مغازه بیرون رفت.

با رفتن هاشم صدرا به صبا تعارف کرد که روی صندلی کنار میز بنشیند و خودش هم روبه روی او نشست تا بهتر بتواند محو سیمای صبا شود.

برای لحظاتی سکوت فضای مغازه را اشغال کرده بود و بالاخره هر یک به دنبال موضوعی می گشت تا هر طور شده سر صحبت را به نوعی باز کند. بالاخره بیماری آقای صرافی را بهانه کرد و با حرف زدن در باره سردی هوا و شیوع سرماخوردگی و سوپ مرغ و برف و زمستان و دادن بخور و غیره سر صحبت را باز کرد.

در ادامه اعتراف کرد که چقدر از دیدن دوباره صبا خوشحال است و چقدر دلش می‌خواسته که او را دوباره ببیند. صبا هم با لبخند جادویی‌اش و قلبی که از هیجان می‌لرزید گفت: «من هم همین‌طور». و هم‌زمان خجالت توأم با رضایت را در تمام وجودش حس می کرد.

بدون کوچک‌ترین توجهی به گذشت زمان و در حالی که استکان‌های چایشان از یک‌ساعت قبل همان طور دست نخورده در سینی روی میز مانده بود با هم در حال صحبت بودند.

صبا غافل از تأخیری که کرده بود در لذت هم‌صحبتی صدرا غوطه‌ور بود ولی وقتی خواست ساعت مچی‌اش را جابه‌جا کند به خود آمد و با نگاهی به بیرون متوجه شد که چقدردیر کرده واکثر مغازه‌ها تعطیل شده‌اند.یک ساعت از زمان مقرری که باید به خانه بر می گشت گذشته بود.تازه به مادر هم قول داده بود که سر راه برای سوپ مرغی که برای پدرش بار کرده بودهویج بخرد.ولی حالا در آن موقع شب پیدا کردن سبزی فروشی باز کمی غیر ممکن به نظر می رسید.وحشت از آن چشم های سیاه می بارید.صدرا با دیدن اضطراب صبا اورادل داری دادو از هاشم خواست مغازه را به تنهایی ببندد وهمراه صبا از مغازه بیرون رفت.آقای نادری سبزی فروش محل تازه کرکره مغازه اش را پائین کشیده بود که صدراجلویش را گرفت واز او خواهش کرد که مغازه را باز کرده وبرایشان کمی هویج بیاورد.آقای نادری غرغرکنان کرکره مغازه را بالا کشید واز روی سکویی که روی آن را با گونی پوشانده بود یک مشت هویج پلاسیده درون پاکت ریخت وبه صبا داد.

دانه‌های برف آهسته وآرام با طمانینه خاصی شروع به باریدن کرد. طوری که برعکس آن دو اصلا عجله ای برای رسیدن به مقصدشان نداشتند.

صبا با وجودی که پالتو به تن داشت سرما به تنش افتاد. صدرا بلافاصله پالتویش را درآورد و آن را روی شانه‌های صبا انداخت. صبا هم بی‌آن که اعتراضی کند لذت خاصی را در خود احساس کرد.با شروع برف دیگر تقریبا خیابانها هم از عابران خالی شده بود.

چند خانه‌ای مانده به منزل صرافی صبا از حرکت ایستاد. پالتوی صدرا را از روی شانه‌هایش برداشت و در حالی که دو دستی آن را به طرف صدرا دراز می کرد نگاه مضطرب‌اش را در نگاه مشتاق او دوخت و گفت: ممنونم که تا اینجا اومدید. از اینجا به بعد رو دیگه خودم می‌رم. اگه پدر بفهمه دیگه هیچی.

صدرا بی‌آن که لحظه‌ای چشم از صورت صبا بردارد همچنان که پالتویش را از دست‌های صبا می گرفت دست‌های یخزده و ظریف او را که با لرزشی خفیف به طرفش دراز شده بود لمس کرد.

صبا چند بار به پشت سرش نگاه کرد و با دیدن صدرا که همچنان بی‌حرکت دور شدن او را تماشا می کردیک آن ریزش قلبش را با پس لرزه های آن تماس عصیان‌گر حس کرد.

پدر صبا که در بستر بیماری بود متوجه تأخیر صبا نشد ولی در عوض از اینکه سوپش دیرآماده شده وهویج هایش نپخته ودندان گیربوده مدام به همسرش غرزد.

فصل ششم

چند روزی می‌شد که خانم آزرمی دوباره ساز سر و سامان دادن به زندگی حبیب را از نو کوک کرده بود. حبیب که برای مدتی فکر می‌کرد قضیه دختر پیدا کردن از سر مادرش افتاده است با ساز مجدد مادرش دوباره ماتم گرفت.

او همیشه به بهانه اینکه می‌خواهد طبق سلیقه خودش همسر آینده‌اش را پیدا کند مادرش را دست به سر می‌کرد ولی گوش خانم آزرمی به این حرف‌ها بدهکار نبود و خیلی رک و پوست‌کنده در جواب گفته بود: تو اگه دختر پیدا کن بودی تا حالا هزار بار پیدا کرده بودی.

در یکی از روزهای سرد و یخ بسته زمستان مادر حبیب که در خانه تنها زیر کرسی لم داده بود و مشغول بافتن یک شال گردن قرمز رنگ برای سیما دختر هانیه بود با صدای در به خود آمد و برای لحظه‌ای انگشت‌های تند و تیزش از حرکت ایستاد. چون نمی‌خواست از جای گرم و نرمش بلند شود پس از کمی مکث به هوای آنکه هرکه پشت در باشد خسته شده و میرود مجدداً مشغول کار بافتنی‌اش شد ولی وقتی دوباره صدای ضربه های پشت هم به در خانه را شنید با غرولند از زیر کرسی بیرون آمد و در را باز کرد.مکالمه خانم آزرمی یک ساعتی به درازا کشید. او آنقدر گرم صحبت بود که متوجه نشد نوک پاهایش یخ کرده است. بعد ازآن مکالمه طولانی همچنان که از فرط هیجان دست‌هایش را به هم می‌مالید دوباره به زیر لحاف کرسی خزید و نوک پاهایش را به حرارت مطبوع کرسی نزدیک کرد. لحظه‌ای از پنجره به درخت‌های لخت و عریان حیاط نگاه کرد و در حالی که لبخند رضایت روی لب‌هایش می‌نشست زیر لب گفت: «ببینم این‌دفعه می‌خواد برام چه بهانه‌ای بیاره!» و با گفتن این حرف شروع به بشکن زدن کرد و بادا بادا مبارک بادا را با خود زمزمه کرد.

آن شب تا برگشتن حبیب به خانه یک لحظه آرام و قرار نداشت. حوالی ساعت هشت شب صدای چرخیدن کلید در قفل دوباره خنده را میهمان لب‌هایش کرد. حبیب هنوز پالتویش را در نیاورده صدای مادرش را شنید که با لحنی آمرانه از اتاق نشیمن او را صدا می‌کرد.

حبیب غرغرکنان زیر لب گفت: «خدا رحم کنه این دفعه معلوم نیست چه خوابی برام دیده» و با گفتن این حرف وارد اتاق شد.

مادر حبیب با چهره‌ای مسرور نشسته زیر کرسی با دست به او اشاره کرد که زیر کرسی به او ملحق شود: بیا بشین اینجا کارت دارم.

ـ مادر! ولم کن تو رو خدا... دست از سر ما یکی بردار. لابد دوباره خواب عروس آوردن دیدی.

ـ خواب دیدم، چه خوابیم دیدم. بیا بگیر بشین تا برات بگم.

حبیب با کج‌خلقی پالتویش را روی رختخواب‌های مرتب تا شده در گوشه اتاق انداخت و روبه‌روی مادرش زیر لحاف خزید و گفت: بفرمایید حاج خانم بنده سراپا گوشم.

ـ این دفعه دیگه محاله نه بیاری.

حبیب در جواب فقط سرش را از روی بی‌حوصلگی تکان داد.

ـ یکیو برات پیدا کردم که نگو و نپرس. می‌گن دختره مثل ماه می‌مونه یکی یدونه از اونا که بابا ننش جونشون براش در میره ببینی چه جاهازی بیاره!

حبیب با عصبانیت نگاهی به مادرش انداخت: نه به باره نه به داره از حالا فکر جاهازشی؟

مادر حبیب که دیگر یواش یواش داشت حوصله‌اش از دست حبیب سر می‌رفت تن صدایش را تغییر داد و گفت: چته بچه! بذار حرفمو بزنم. ببینم با این کارات دق مرگم می‌کنی!

حبیب دوباره با بی‌حوصلگی گفت: بفرمایید دارم گوش می‌دم.

ـ مادر! انقده ازش تعریف می‌کنن که نگو. همین امسال دیپلم گرفته هر چند نمی‌دونم با این همه خوبی چرا تا حالا شوهر نکرده. ولی خدا رو چه دیدی شاید قسمت تو باشه. می‌گن از هر انگشتش یه هنر می‌باره البته عالیه خانوم عادتشه همیشه غلو کنه. ولی می‌ذاریم به پای اینکه حالا یه هنری هم داره. دختره رو ندیدم ولی قرار شده یه روز بهم نشونش بده. اگه من بپسندمش کار تمومه؟

ـ چی داری می‌گی مادر من؟ مگه تو می‌خوای باهاش زندگی کنی؟

مادر حبیب دوباره از کوره در رفت: پسره خر! کدوم مادری بد بچه‌اش رو می‌خواد. من که نمی‌رم دختر چپول برات بگیرم می‌گردم یکیو پیدا می‌کنم که دستش به دهنش برسه. تازه

می‌گن وضع باباش هم خوبه دیگه چی می‌گی؟

حبیب با بی‌حوصلگی از زیر کرسی بلند شد و همین‌طور که به طرف در اتاق می‌رفت با تغیر گفت: «خودت بریدی خودتم بدوزش» و زیر لب غرغر کنان طوری که مادرش نشنود ادامه داد: اکه هی! ول کن معامله نیست.

صبا و صدرا به هم دل باخته بودند اما رابطه آن‌ها تا حد ممکن پنهانی بود چون به قول صبا اگر پدرش از این دلدادگی بویی می‌برد فاتحه‌اش خوانده بود. آقای صرافی مردی بود بسیار متعصب که به هیچ عنوان رابطه بین یک دختر و پسر جوان را نمی‌پذیرفت. آنقدر هم این مطلب را بارها به عناوین مختلف مطرح کرده بود که صبا همیشه با حالتی طنزگونه به صدرا می‌گفت: «اگه پدرم یه وقت بو ببره که من با یک پسر غریبه دوست شدم همونجا سر باغچه سرم رو گوش تا گوش می‌بره». ولی همین اختفا لذت عشق را برایشان دو چندان می‌کرد. به نظر می‌رسید چیزی در عشقشان نهفته که صدرا لذتش را با دنیا عوض نمی‌کرد. دیگر صبا وجودش را مسخ کرده واورا دردام جادوی ابریشمین موهایش غوطه ورکرده بود

صدرا خود را درست مانند یک برگ متزلزل پاییزی می‌دید که حالا به دست نسیم سرزده عشق در آستانه جدا شدن از شاخه‌های یکنواختی زندگی قرار دارد.

حالا دیگر خود را در اوج خوشبختی می‌دید. برای او تنها شنیدن صدای صبا و حس بودن در کنار او و لمس انگشتانش کافی بود تا خود را خوشبخت‌ترین عاشق روی زمین ببیند.

با وجودی که آقای صرافی طبق عادت همیشه رفت و آمدهای صبا را زیر نظر داشت ولی صبا که در قال گذاشتن مادر و قسر در رفتن از زیر ذره‌بین پدر خبره شده بود به هیچ قیمتی حاضر به از دست دادن مصاحبت صدرا نبود. حالا دیگر بعد از گذشت یک‌ماه آنقدر صمیمی شده بودند که بتوانند همدیگر را تو خطاب کنند. نگاه‌های صبا می‌توانست تا بی‌نهایت با نگاه‌های صدرا بیامیزد بی‌آنکه تیغ شرم قادر به جدایی آنها باشد.

همسایگی خانم تفرجی با صدرا خود به خود صبا را چندین قدم به او نزدیک‌تر می‌کرد. صبا خیلی راحت می‌توانست به پدر و مادرش بگوید که برای دیدن خانم تفرجی از خانه بیرون می‌رود و در عوض سر از خانه همسایه او درآورد. با این وصف در این مدت همیشه عاملی مانع رفتن او به خانه صدرا می‌شد چندان که هنوز به بهشت رؤیاهایش وارد نشده بود.

سینما و پارک رفتن با صدرا و گرفتن ظرف‌های باقالی پخته داغ و خوردن آن با لذت در آن هوای سرد و یا خیره شدن به آسمان پر ستاره و خیالبافی کردن و همیشه مسیر رفت و آمدهایشان را به کوچه‌های خلوت و غریبه و ساکت کشاندن برای صبا غنیمت بود.

صبا کم‌کم حس کرد که انگار پدرش از قضایا بویی برده است چون ظهر که از مغازه می‌آمد تا غروب منزل بود و شاگرد جدیدش مغازه را می‌چرخاند در عوض معلوم بود کوچک‌ترین حرکت صبا را تحت نظر دارد. اگر احیاناً صبا قصد بیرون رفتن از خانه را داشت اول باید به پدرش حساب نکیر و منکر را می‌داد. البته به نظر می‌رسید آقای صرافی هنوز چیز زیادی از ماجرای دوستی آن دو نمی‌داند چون اگر به‌طور کامل از قضیه باخبر شده بود قیامت کبری را بر پا کرده بود.

با وجودی که مادر صبا از همان شبی که صبا با هویج های پلاسیده در چارچوب در ظاهر شده بودهمه چیز را فهمیده بود.ولی عاقل‌تر از آن بود که بخواهد قضیه را کف دست شوهرش بگذارد چون همسرش را بهتر از هرکس دیگری می‌شناخت.

رفته‌رفته کار به جایی کشید که صبا از روی ترس و ناچاری مجبور شد از صدرا بخواهد تا رفت‌وآمدهایشان را محدود کنند تا پدرش بیش از این به روابط‌شان شک نکند.

اما پذیرش خواسته صبا مبنی بر محدود کردن روابط‌شان برای صدرا بسیار دشوار بود. صبا برای صدرا هوایی بود که باید در آن نفس می‌کشید. بهاری بود که به زمستان دلمردگی‌اش رنگ حیات می‌بخشید. در این شرایط صدرا مثل همیشه جای خالی پدر و مادرش را به تلخی احساس کرد. صدرا از مدتی قبل تمام فکرهایش را کرده بود و حالا با محدود شدن روابط‌شان کم‌کم داشت به این نتیجه می‌رسید که رحیم‌خان و آقای آزرمی را از تصمیم‌اش به ازدواج باخبر کرده و از آقای آزرمی به عنوان کسی که برایش حکم پدر داشت بخواهد که قدم پیش گذارده و همراه رحیم‌خان و خانم آزرمی صبا را برای او خواستگاری کنند. به این ترتیب می‌توانست با یک تیر دو نشان بزند. هم شرط ادب و احترام را به جا بیاورد و هم احتمال شنیدن جواب منفی از طرف آقای صرافی را به صفر برساند چون به واسطه احترامی که همه مردم در آن محل برای حیدر آزرمی قائل بودند امکان نداشت که آقای صرافی روی او را زمین بیندازد و دست رد بر سینه او بزند.

بعد از کلی مشورت با رحیم‌خان و شنیدن «چه میدونم والا و خوددانی و خوب فکرات رو کردی؟» از طرف او یک روز بعدازظهر زمانی که حبیب و پدرش تازه بنگاه را باز کرده بودند به دیدار آزرمی رفت. چهره شرم‌زده صدرا و من و من کردنش از یک طرف حبیب را از خنده کشته و از طرف دیگر کنجکاوی آقای آزرمی را حسابی برانگیخته بود. تا بالاخره صدرا به حرف آمد و خواسته اش را مطرح کرد. حیدر آزرمی با شنیدن خواسته صدرا آنقدر خوشحال شد که او را پدرانه در آغوش کشید و همین طور که به آرامی پشت شانه او می‌زد با خنده گفت:

پسرم! در کار خیر حاجت هیچ استخاره نیست. امر خیر که دیگه من و من نداره! روی چشام. من همین امروزبا آقای صرافی صحبت می‌کنم.

حبیب همین‌طور که می‌خندید سرش را تکان داد و گفت: بالاخره تصمیم گرفتی خودت رو اسیر و ابیر کنی و بری قاطی مرغا هان؟

ـ نه بابا اون رحیم‌خان بیچاره است که چند ساله هفته‌ای سه چهار روز می‌ره قاطی مرغا!

حوالی غروب که صدرا مجددا سری به بنگاه زدار خنده‌های آقای آزرمی فهمید که آقای صرافی درخواست او را پذیرفته است.آقای آزرمی با خوشحالی به صدرا گفت: مبارک باشه! کار تمومه، فقط یه جلسه باید بریم که همه چیز را رسمی کنیم و سپس از روی میز مقابلش شکلات‌خوری کوچکی که پر از پولکی‌های شیراز بود و همیشه از آن به مشتریانش بعد از عقد قرارداد تعارف می‌کرد برداشت و به صدرا و حبیب تعارف کرد و با لبخندی حاکی از رضایت گفت: فعلا دهنتون رو شیرین کنید تا شیرینی اصلی رو بعدا بخوریم.

از وعده وعیدهایی که مادر حبیب در باره یک دختر جدید به حبیب داده بود مدتی می‌گذشت و چون دیگر هیچ خبری از طرف او نشده بود حبیب خدا را شکر می‌کرد که انگار مادرش قضیه را فراموش کرده. ولی شب بعد از خواستگاری صدرا فهمید که در اشتباه بوده و مادرش به هیچ عنوان قضیه را فراموش نکرده است.

آن شب بعد از صرف شام مادر حبیب به شوهرش اشاره کرد که سفره را جمع کند ولی همین که حبیب از جا بلند شد تا به پدرش کمک کند با لحنی آمرانه گفت: تو کجا پا شدی؟ بشین کارت دارم. آزرمی ظرفا رو جمع می‌کنه.

حبیب سر جایش نشست و با خنده گفت: چیه؟ دوباره چه خوابی برام دیدی؟

خنده پیروزمندانه‌ای بر لب‌های مادر حبیب نقش بست: امروز بالاخره رفتم دیدمش.

ـ کیو دیدی؟

مادر حبیب بلافاصله لبخند را از روی لبانش پاک کرد و با اخم گفت: از کی تا حالا اینقده خنگ شدی؟ دختره رو می‌گم دیگه! دختره خیلی قشنگه از هموناست که تو دوست داری.

ـ تو از کجا می‌دونی من چی دوست دارم؟

ـ من اگه سلیقه بچم رو نشناسم به درد لای جرز دیوار می‌خورم. امروز عصریه با عالیه خانوم تو کوچه دیدمش. عالیه خانوم به هوای سلام علیک و احوالپرسی از مامانش رفت جلو منم باهاش رفتم تا از نزدیک خوب ببینمش. به نظر دختر خانواده‌داری میاد خیلی هم قشنگه البته یه کم همچین لاغر مردنیه ولی فکر کنم یه شکم بزاد حسابی چاق می‌شه. تازه اینا رو ول کن

دختره یه دونه است. ببینی چه ج... و در اینجا بقیه حرفش را خورد و دیگر ادامه نداد.

حبیب با لحنی طعنه‌آمیز گفت: حالا این دختر شاه پریون شما اسمم داره؟

ـ به اسمش چیکار داری؟ اسمش قشنگه. ... آهان یادم اومد، اسمش صباست. فامیلیش چی بود؟ خدایا یادم بودا آهان صرافی. صبا صرافی.

حبیب برای یک لحظه حس کرد گوش‌هایش اشتباهی شنیده به همین خاطر با چشم‌هایی از حدقه درآمده پرسید: گفتی اسمش چیه؟

ـ چته توام؟ مگه اسمش چشه؟ چرا منو اینجوری نگاه می‌کنی؟ صبا صرافی! ببینم حالا از تو اسمش یه ایرادی در می‌آری!

شاید اگر صدرایی به کار نبود و یا اگر صدرا علاقه‌ای را که حبیب با چشم خود شاهد آن بود به صبا نداشت حبیب همانجا از مادرش می‌خواست که کار را یکسره کند. ولی از نظر حبیب مگر چنین چیزی ممکن بود. خصوصاً که درست روز قبل پدرش صبا را برای صدرا از آقای صرافی خواستگاری کرده بود.

حبیب با یادآوری چشم‌های عاشق صدرا حین نگاه کردن به صبا بی‌اختیار در حالی که با تغیر از جایش بلند می‌شد با صدایی بلند فریاد زد: اصلاً دیگه حرفشم نزن.

مادر حبیب دست او را محکم گرفت و او را به طرف خود کشاند طوری که حبیب بی‌اختیار مجبور شد بنشیند و سپس با عصبانیت گفت: بگیر بشین ببینم. چی داری می‌گی؟ دیگه چی می‌خوای؟ دق مرگ شدن منو؟

حبیب تن صدایش را کمی پایین‌تر آورد: مادرم! عزیزم! این صبا خانم شما اصلاً بهترین دختر عالم. اصلاً فرشته. وقتی دلش جای دیگه‌س من چطور می‌تونم باهاش ازدواج کنم؟

ـ منظورت چیه؟ چرا دری وری می‌گی؟

ـ مادر جان! دری وری نمی‌گم. این صبا خانمی که شما برای من پیدا کردی الان مدت‌هاست که با صدرا آشنا شده به شدت هم همو دوست دارن. یا صدرا که حداقل خیلی دوسش داره.

چشم‌های مادر حبیب با ناباوری برای دقیقه‌ای روی دهان حبیب دوخته شد. اما وقتی کم‌کم توانست کلماتی را که از دهان او بیرون آمده بود با مفهوم واقعی‌اش کنار هم قرار دهد خشم در چشم‌هایش شعله کشید و با تغیر گفت: خاک عالم بر اون سر بی‌عرضت کنن. من خرو بگو که چقدر برای آینده تو نقشه می‌کشم. دیدی آخرشم این پسره ازت زد جلو! هر دفعه ما اومدیم یه گهی بخوریم ملت پیش‌دستی کردن. حالا باید بشینم یه جوری خودم جفت و جورش کنم.

حبیب با عصبانیت فریاد زد: جفت و جورش کنم یعنی چی؟ اصلاً خودت می‌فهمی چی داری می‌گی؟ می‌گم اون دو تا همو می‌خوان.

ـ ای بی‌عرضه بدبخت! خدا یه جو شانس بده. من نمی‌دونم چه گناهی کردم که اینقده بچه‌هام بی‌عرضه و دست و پا چلفتی از کار در اومدن. کدوم آدم عاقلی به این زودی جا می‌زنه؟ کدوم آدم عاقلی تیکه خوبو اینجوری مفت و مسلم به دیگران واگذار می‌کنه؟

حبیب در حالی که با چشم‌های حیرت‌زده به مادرش نگاه می‌کرد گفت: جا می‌زنه چیه؟ می‌گم اون دو تا همو می‌خوان.

ـ همو می‌خوان که بخوان حرف عروسی و قرار مدار ازدواج که نذاشتن. اصلاً همین پنجشنبه خودم میرم خونشون قال قضیه رو می‌کنم.

ـ زیادی به خودت زحمت نده صدرا دیروز عصر اومد در مغازه از بابا خواست که با آقای صرافی صحبت کنه و صبا رو براش خواستگاری کنه.

مادر حبیب لحظه‌ای مکث کرد. به نظر می‌رسید برای هضم جمله آخر حبیب به زمان بیشتری نیاز دارد. ولی پس از لحظاتی یکباره صورتش گر گرفت: چطور اون بابات از دیروز تا حالا یه کلمه پیش من بروز نداده؟

و سپس با فریاد شوهرش را که از همه جا بی‌خبر در آشپزخانه کنار سماور نفتی منتظر جوش آمدن آب برای دم کردن چای بود صدا کرد.

حیدر آزرمی در حالی که عبای کلفتی روی شانه‌اش انداخته بود و تسبیح قهوه‌ای رنگی را که هیچ وقت از خود جدا نمی‌کرد می‌چرخاند وارد اتاق شد.

ـ بله خانم! چی می‌گی؟

ـ این پسره چی می‌گه؟ صدرا اومده در مغازه؟

با آمدن اسم صدرا رنگ از صورت آقای آزرمی پرید. چون تازه به خاطر آورد که از جریان خواستگاری برای صدرا چیزی به همسرش نگفته است.

در حالی که با دستی که تسبیح می‌چرخاند آهسته ضربه‌ای به پیشانیش می‌زد گفت: اکه هی یادم رفت دیروز برات بگم. آره صدرا برای امر خیر اومده بود مغازه می‌خواست من با آقای صرافی صحبت کنم.

خانم آزرمی با لحنی تهدیدآمیز پرسید: تو که صحبت نکردی؟

ـ چرا! دیروز یه توک پا رفتم در مغازه‌اش باهاش حرف زدم.

و برای آنکه موضوع بحث را عوض کند و از تنش ایجاد شده کمی بکاهد ادامه داد: تو

می دونستی اون کتابفروشی بزرگه دم چهارراه که یه مدت بسته بود و حالا دوباره بازسازی شده مال آقای صرافیه؟

خانم آزرمی از شدت عصبانیت به حد انفجار رسیده بود. آقای آزرمی که با دیدن چهره همسرش آهنگ صدایش با ادای هر یک کلمه پایین و پایین‌تر می‌آمد دیگر رنگ به رخسار نداشت.

دیگ جوشان خشم خانم آزرمی سرریز کرد و فریاد زد: آره دیگه! حالا من آخرین نفرم که باید بفهمه. این از پسرم اینم از شوهرم. اصلاً شانس من تو کون سگ رفته. آخه مرد! اصلاً اومدی یه کلمه بگی زن تو هم آدمی؟ می‌خوام برم برا صدرا خواستگاری؟

ـ زن! آخه چرا بی‌ربط می گی؟ مگه برای تو می‌خواستم برم خواستگاری؟ مساله‌ای بود که مربوط به جوون مردم بود. تازه دیشب یادم رفت بهت بگم. الان یه دفعه یادم افتاد. حالا هم دارم بهت می گم قرار شده شب جمعه رسماً بریم خونشون برا صدرا خواستگاری. ببین الان همین جا جلوی حبیب بهت گفتم. نگی نگفتی!

ـ پس پسر خودت چی؟ یه سره برو در کون مردم رو بگیر که بیرون هی به‌به و چه‌چهت کنن. اونوقت تو خونه خودت، باید با مقاش حرف از دهنت بیرون بکشن. خدا یه جو شانس بده!

ـ لااله‌الاالله... زن ببین چه جوری سر شبی خلق آدم رو تنگ می کنی! اون جوون بیچاره من و تو رو جای پدر مادر خودش دونسته که اومده از من خواهش کرده پا پیش بذارم تا این امر خیر به ثمر برسه. تو چرا عزوجز می کنی؟

ـ وایسا ببینم! چطور برای پسر خودت از این اوامر خیر بلد نیستی جوش بدی؟ روباه بیرونی شیر تو خونه؟!

حیدر آزرمی از ناراحتی تمام وجودش می‌لرزید ولی سعی می کرد صدایش را بلند نکند: «زن! من بدبخت تو این خونه موشم نیستم چه برسه به شیر. اگه شیر بودم که اینجوری از تو اخم و تخم نمی‌شنیدم.» و با گفتن این حرف همچنان که سرش را تکان می‌داد و زیر لب ذکر لااله‌الاالله می گفت قصد بیرون رفتن از اتاق کرد که صدای همسرش دوباره بلند شد: حالا کجا راهت رو کشیدی داری می‌ری؟

حیدر آزرمی با ناراحتی نگاهی به او انداخت و با عصبانیت جواب داد: قبرستون! از دست تو دارم می‌رم قبرستون!

حبیب هم که تا آن لحظه با ناراحتی فقط به مشاجره پدر و مادرش در سکوت گوش کرده بود به دنبال پدرش به راه افتاد.

ـ تو یکی دیگه کجا می‌ری؟

حبیب با اندوه لحظه‌ای در چشم‌های مادرش نگاه کرد و سپس در حالی که پالتویش را از روی رختخواب‌ها برمی‌داشت با ناراحتی در جواب گفت: همونجا که بابا گفت. منم می‌رم قبرستون!

بالاخره بعد از دوسه روز غرغر کردن های مادر حبیب زمان اولین جلسه دیدار صرافی ها و آزرمی‌ها به همراه صدرا و رحیم‌خان به عصر پنجشنبه هفته بعد موکول شد.

صدرا آن روز از صبح به شدت دچار اضطراب و دلهره شده بود. یک لحظه آرام و قرار نداشت و مدام طول و عرض اتاق را از این سر تا آن سر تند تند قدم می‌زد. وقتی هم که دیگر از قدم رو رفتن طول و عرض اتاق به جایی نرسید در آن هوای سرد در بالکن را باز کرد تا بلکه هوای تازه حیاط کمی از تشویش خاطرش بکاهد. با وجودی که زمستان دیگر در سراشیبی سقوط افتاده بود ولی همه جا و همه چیز هنوز از شدت سرما یخ زده بود. دمپایی‌های پلاستیکی داخل بالکن از شدت یخ‌زدگی مثل چوب خشک شده بود. وقتی صدرا آن‌ها را پوشید سرما به تمام بدنش سرایت کرد. رحیم‌خان داخل حیاط تندتند مشغول پارو کردن برف‌های مسیر رفت و آمدشان بود و زیر لب مدام غرغر می کرد که: «اکه هی هر چی پارو می کنی فرداش دوباره می‌بینی سه برابر برف اومده. خدا هم با ما شوخیش گرفته ها!» سرش را که بالا کرد دید صدرا مضطرب در بالکن ایستاده است. صدرا از بچگی وقتی نگران بود عادت داشت با نوک انگشت سبابه روی پیشانیش ضربه‌های ملایم بزند. رحیم‌خان با دیدن او در این حالت خیلی راحت می‌توانست بفهمد چه آشوبی در دلش برپاست. با وجودی که خیلی سعی می کرد تا حدودی صدرا را آرام کند ولی در آن لحظه هیچ‌کس قادر به آرام کردنش نبود. پارویش را همانجا روی برف‌ها رها کرد و پایین پله‌های بالکن رو به صدرا ایستاد و گفت: صدرا جان! دلت شور نزنه. ایشاالله همه چیز به خوبی و خوشی پیش می‌ره. تازه منم که دارم باهات میام. تا منو داری چه غمی داری؟ نصیحتام که کارگر نبود. شاید اقلاً همراهیم کمی به دردت بخوره. چکارت کنم دیگه. حالا که داری خودت رو اسیر می‌کنی منم پشت سرت وای میستم.

زمان رفتن رسید. صدرا در مقابل آینه قدی ایستاد و بعد از این‌که لبه آستین‌های کتش را با دقت صاف کرد در آینه خیره شد. در آینه تصویر جوانی را دید که دارد هم‌زمان با رقم زدن زیباترین برگ‌های کتاب زندگیش قدم به فصلی جدید می گذارد.فصلی که درآن نیمه ناتمام خود را بیابد.فصلی که درآن لذت زندگی را همگام با یک شریک ویک رفیق تجربه کند.

صبا آن روز بهترین لباسش را پوشیده بود ومثل جواهری پرتلالودر مقابل چشم های بهت

زده آزرمی ها پدیدار شد.رحیم‌خان در دلش به سلیقه صدرا آفرین گفت و از احساسی که در صدرا می‌دید شور و شعف خاصی داشت. نگاه عاشقانه صدرا هم از همان ابتدا فقط مسیر حرکت صبا را تعقیب می‌کرد.

از لحظه‌ای که چشم مادر حبیب به صبا افتاد جنگ روانی‌اش آغاز شد طوری که بر خلاف خلق و خوی همیشگی‌اش که مجال صحبت به کسی را نمی‌داد این بار سکوت اختیار کرد و برای دقایقی متوجه مکالمات جمع نشد. فقط خدا می‌دانست چه افکاری در ذهن او می‌چرخد. صبا با وقار و متانتش می‌توانست به رویاهای همیشگی او برای سروسامان یافتن حبیب جامه عمل بپوشاند. تجسم ازدواج حبیب و صبا برای او شیرین بود. ولی به چه قیمت؟ او خوب می‌دانست در آن غروب پنجشنبه برای چه کاری در خانه صرافی‌ها حاضر شده ولی تنها چیزی که برایش اهمیت نداشت تلاش برای پیوند صدرا و صبا بود. اما حس گناه از بابت نادیده گرفتن عشق صدرا یک لحظه راحتش نمی‌گذاشت. آشوب چنان در دلش غوغا می‌کرد که توان هر گونه فکر عاقلانه‌ای را از او سلب کرده بود.

مادر حبیب اگر چه به ظاهر صبا را برای صدرا خواستگاری می‌کرد ولی از کنار محاسن و خوبی‌های صدرا سرسری می‌گذشت و هر وقت شوهرش می‌آمد تا کمی از جنبه‌های مثبت صدرا حرف بزند، بلافاصله یا بحث را منحرف می‌کرد و یا وسط حرف شوهرش می‌پرید تا جایی که حیدر آزرمی به شدت عصبانی می‌شد اما برای آبروداری سعی می‌کرد حرفی نزند و در عوض جسته و گریخته سعی می‌کرد جبران رفتار نامتعارف همسرش را بکند و اجازه ندهد که وسط حرف‌هایش پریده و رشته کلام او را پاره کند. اما هر وقت هم که مغلوب همسرش می‌شد و قادر نبود از پرصحبتی‌های او که گه‌گاه در لابه‌لای حرف‌هایش به خصایل حبیب گریز می‌زد، جلوگیری کند؛ تسبیحش را به ناچار از روی عصبانیت سریع‌تر از حد معمول می‌چرخاند. عادتی که همیشه موقع عصبانیتش بروز می‌داد و در دل می‌گفت: لااله‌الاالله. زن! به خاطر خدا یه دقیقه زبون به دهن بگیر.

با وجود سعی و تلاش‌های مادر حبیب، پدر صبا جز به اسم و رسم و ثروت و شغل و خانه صدرا به چیز دیگری توجه نداشت. بر خلاف خواستگاری‌های قبلی از دخترش این بار دیگر هیچ دلیلی برای مخالفت نمی‌دید. در نهایت مادر حبیب هم پی برد که تلاش او بی‌فایده است.

صبا با دیدن خشنودی و رضایت پدرش از شادی در پوست خود نمی‌گنجید. با وجودی که بیشتر در آشپزخانه بود از شرایط موجود قند بود که در دلش آب می‌شد.

سرانجام قرار بر آن شد تا آقای صرافی بعد از به اصطلاح مشورت با دختر و همسرش جواب

قطعی را به آقای آزرمی اطلاع بدهد و در صورت جواب مثبت قرارهای بعدی را بگذارند.

در راه برگشت مادر حبیب به زمین و زمان بد و بیراه می‌گفت: «پسره خر! چقدر بهش گفتم به خرجش نرفت حالا بخوره. پسر مردم ازش کوچکتره داره زن می‌گیره. اونم چه تیکه‌ای! خاک تو سر من کنن با این اولادای یکی از یکی بی‌عرضه‌ترم».

آقای آزرمی هم در حالی که سعی می‌کرد ضمن با احتیاط قدم برداشتن روی برف‌ها شانه به شانه زنش که بی‌توجه به زمین یخ‌زده تند تند جلو می‌رفت حرکت کند در جواب گفت: زن این حرفا چیه که می‌زنی؟ قسمت حبیب هنوز نشده هر وقت قسمتش بشه اونم سروسامون می‌گیره. ولی خدایی‌اش خانواده خوبی بودند. البته جسته گریخته شنیدم که صرافی خیلی کله شق و یه دنده است ولی صدرا که نمی‌خواد با بابای عروس زندگی کنه.

حیدر آزرمی به اینجا که رسید نگاهش را متوجه همسرش کرد و با لحنی طعنه‌آمیز به همسرش که یعنی به در می‌گوید که دیوار بشنود ادامه داد: ولی عوضش دیدی خانمش چقدر متین نشسته بود و یک کلام حرف نمی‌زد؟

مادر حبیب در حالی که چادرش را درست می‌کرد با اخم نگاهی به شوهرش انداخت و بدون معطلی گفت: خوبه دیگه شما مردا فقط می‌خواهید یه زن دست و پا چلفتی و تو سری خور داشته باشید که هر چی گفتید بگه چشم. زن بی‌عرضه مثل چی از شوهرش می‌ترسید!

بگو مگوی آزرمی و همسرش تا نزدیکی خانه ادامه پیدا کرد تا سرانجام حیدر آزرمی تسلیم شد و با بی‌حوصلگی گفت: خانم! اصلاً هر چی شما بگید... دست از سر ما یکی دیگه بردار.

صدرا فردای شب خواستگاری را در بی‌خبری گذراند. نگرانی دوباره داشت گریبانش را می‌گرفت. ولی هنوز به خود دلداری می‌داد که شاید برای گرفتن جواب آن هم جوابی به این مهمی هنوز کمی زود باشد. فردا شب وقتی حس کرد دیگر کاملاً مغلوب اضطراب و دلهره شده است تصمیم گرفت نزد آقای آزرمی برود و از نتیجه با خبر شود.

صدرا با شنیدن خبر خوشی که دو روز متوالی در انتظارش نشسته بود آنقدر هیجان‌زده شده بود که می‌خواست همان طور شبانه به خانه صرافی رفته و از شدت خوشحالی صبا را در آغوش بگیرد. صدرادر تمام طول شب برای بیست سال آینده زندگی مشترکش با صبا نقشه کشید. ولی نزدیکیهای صبح خواب زندگی واقعی به رویاهای غیر واقعی وپرورده ذهنش پایان داد.

فصل هفتم

حبیب از نتیجه خواستگاری که باخبر شد حس غریبی در خود احساس کرد. حسی که درک آن برایش دشوار بود. حسی که از نگاه تیزبین مادرش هم پنهان نمانده بود. با لحنی که به غبطه بیشتر شباهت داشت تا خوشحالی گفته بود که چقدر صدرا خوشبخت است و اینکه صبا بهترین انتخابی است که می‌توانسته برای زندگی مشترکش کرده باشد.

همین لحن حبیب کافی بود تا دنیا را در چشم‌های مادرش تیره و تار کند و به هیزم آتش حسرتی که سینه‌اش را از قبل سوزانده بود بیفزاید. جنگ روانی دوباره گریبانش را گرفت. حبیب را در یک کفه ترازو و صدرا را در کفه‌ای دیگر قرار داد و با حسی که آن را عاطفه مادری می‌دانست کفه حبیب را آهسته پایین کشید و سبک شدن کفه صدرا را به نظاره نشست و در یک چشم به هم زدن دیو خفته حسرت‌های تل‌انبار شده در سینه‌اش را بیدار کرد چندان که سایه سیاه آن صورت خورشید وجدان درونی‌اش را در کسوف کامل فرو برد.

آن شب مادر حبیب تا صبح بیدار ماند. اگر هم چشمانش روی هم می‌رفت کابوس‌های وحشتناک یک لحظه راحتش نمی‌گذاشت. فردا صبح سرگردان و حیران ابتدا از این اتاق به آن اتاق رفت. حتی یک لقمه صبحانه هم از گلویش پایین نرفت. به اتاق نشیمن رفت. لحظاتی جلوی طاقچه دیواری ایستاد و به قرآنی که در طاقچه خاک خورده بود خیره شد.

لحظه‌ای همان طور خیره به قرآن بی‌حرکت ایستاد و سپس در حالی که سرش را تکان می‌داد و زیر لب می‌گفت: «استغفرالله...» راهش را به سمت حیاط کج کرد اما آنجا هم چندان دوام نیاورد و سردی هوا مجبورش کرد که به اتاق برگردد. از لحظه‌ای که به اتاق نشیمن برگشته بود نگاهش یک آن از قرآن روی طاقچه جدا نمی‌شد. با تمام قوا سعی می‌کرد که دستش را به

طرف آن دراز نکند. دو بار خواست قرآن را بردارد ولی منصرف شد. نگاهش را از قرآن گرفت و این بار به عکس سیاه و سفیدی از حبیب که قاب شده در گوشه طاقچه انگار مستقیماً نگـاهش می‌کرد زل زد.

دقایقی بعد با قرآنی که در دست داشت سه بار استخاره کرد. قبـل از اینکـه لای قـرآن را بـا چشم بسته باز کند دست و پا شکسته کلماتی را به زبان عربی بلغور کـرد و قـرآن را بـا نـوک انگشتش باز کرد. با اولین استخاره در حالی که یک چشمش هنوز بسته و چشم دیگرش نیمه بـاز بود با نا امیدی به کلمه میانه بالای صفحه نیم‌نگاهی انداخت. لحظه‌ای مکث کرد و با خود گفت: نه این قبول نبود. دومین بار که قرآن باز کرد کلمه‌ای که در نظرش تعبیر بـدی داشـت در مقابـل چشمانش ظاهر شد. چشمانش را روی هم گذاشت و زیر لب گفت: ایـن دیگـه آخریشـه خـدایا! خودت این دفعه جوابمو بده.

این بار حس کرد اجازه‌ای را که سخت به دنبالش بوده گرفتـه اسـت و دیگـر تعلـل را جـایز ندانست.

چرخی در اتاق‌ها زد تا مطمئن شود کسی در خانه نیست. انگار تتمه‌ای از وجدان نیمه‌جانش به او نهیب می‌زد کاری که قصد انجامش را دارد مظهر خباثت است.قلم و کاغـذی برداشـت وبـا انگشتهای لرزانش مشغول نوشتن شد. دوگانگی و تضاد درونی دوباره در دلش به آشـوب افتـاد. قدری با خود کلنجار رفت و کاغذ را به گوشه ای پرتاب کردولی دوباره آن را برداشت واین بار مصمم مشغول نوشتن شد. بعد از ظهر همان روز وقتی چشم آقای صرافی به نامه بی اسمی که در حیاط افتاده بود خوردیک لحظه را هم از دست نداد ونامه را گشود.

با تمام شدن نامه آنچه از صدرا در ذهن آقای صرافی ترسیم شده بود چهره مردی بود که هر شب با یک زن رابطه دارد، تمام زنان فاسد شهر او را می‌شناسند، به شدت الکلی است و امـوالش را از راه دزدی به دست آورده و خدا می‌داند در خانه‌اش چه کارهای خـلاف شـرعی کـه انجـام نمی‌دهد. خصایصی که هر یک از آن‌ها کافی بود تا خرمن آرزوهای صدرا را به آتش بکشد.

آن روز صدای فریادهای پدر صبا آواری بود که بر سر صبا خراب مـی‌شـد. انگـار فرامـوش کرده بود که دخترش در تمام تصمیم‌گیری‌ها در حاشیه گذاشـته شـده و تنهـا کسـی کـه بـا ایـن وصلت موافقت کرده بود خود او بود. کاری هم از دست مادر صبا برنمی‌آمد.

غروب هنگام آقای صرافی به خانه آزرمی سری زد و تمام قول و قرارهای گذاشـته شـده را بـر هم زد. در تمام مدتی که آقای صرافی با عصبانیت از علت به هم زدن توافقشان حرف می‌زد حیـدر آزرمی هاج و واج فقط شنونده بود چون مجال صحبت نمی‌یافت.در این میان خانم آزرمی در برابر

چشم‌های بهت‌زده شوهرش با لحنی خجالت‌زده در جواب آقای صرافی گفت: «آقای صرافی! ببخشید تو رو خدا ما شرمنده‌ایم که این‌طور شد. ما که اصلاً خبر نداشتیم. گفتیم این جوون بیچاره پدر و مادرش را از دست داده قدم پیش بذاریم و سبب خیر باشیم.» و بی‌آن که دفاعی بکند ادامه داد: آقای صرافی! حالا شما هم این‌قدر سخت نگیرید. همه جوونا بالاخره عیب و ایراد دارند. حالا گیرمم الکلی باشه. صبا جون یواش یواش ترکش می‌ده.

بعد ازرفتن آقای صرافی حیدر آزرمی در حالی که دهانش از تعجب باز مانده بود با ناباوری حرف همسرش را تکرار کرد و گفت: ما که اصلاً خبر نداشتیم؟... از چی خبر نداشتی؟ حالا گیرم الکلیه!؟... تو که صدرا را خوب می‌شناسی. این دری‌وری‌ها چی بود به این مردک گفتی؟ مثلاً می خواستی از حق بچه بیچاره دفاع کنی؟ ما که الآن چندین ساله این بچه رو می‌شناسیم. کدوم یک از این چرندیاتی که این مردک می‌گفت در باره صدرای بیچاره صدق می‌کنه؟ تو که نمی‌خواستی از این بچه دفاع کنی بی‌خود کردی مداخله کردی.

ـ تو که از تو خونه مردم خبر نداری. تا نباشد چیزکی مردم نگویند چیزها! تازه خودم می‌دونم صدرا تو خونه‌اش مشروب نگه می‌داره. کسی که مشروب می‌خوره الکلیه دیگه.

خون حیدر آزرمی سخت به جوش آمده بود ولی دل و دماغ بحث و جدل با همسرش را نداشت چون خوب می‌دانست که درست یا نادرست اول تا آخر خودش محکوم خواهد شد. قضیه را بیش از آن کش نداد و تصمیم گرفت شخصاً به مغازه صرافی رفته و موضوع را هر طور شده مردانه و رو در رو حل و فصل کند.

مادر حبیب نگران بود که مبادا این گناه بزرگ تا آخر عمر وبال گردنش باشد و تیشه به ریشه پوسیده وجدانش بزند ولی با نادیده گرفتن سرزنش‌های درونش سعی می‌کرد به خود دلداری دهد که بالاخره با مشکلات بعدی یک جوری کنار خواهد آمد و به یک طریقی گناهی را که در حق صدرا مرتکب شده جبران خواهد کرد.

دو روز از شنیدن خبر مسرّت بخش توافق آقای صرافی می‌گذشت و حالا صدرا چشم انتظارتر از هر زمان دیگری برای صحبت باآقای صرافی و گذاشتن قرارهای بعدی لحظه‌شماری می‌کرد. صدرا دوست داشت به هر بهانه‌ای که شده به منزل صرافی برود و صبا را ببیند ولی به خاطر رعایت احترام همچنان به انتظار نشست تا قرارها گذاشته شود و با دادن اطلاع قبلی به خانه آنها برود. اما وقتی دید نتیجه‌ای حاصل نشد تصمیم گرفت که خودش مستقیماً به منزل آقای صرافی رفته وهماهنگی‌های لازم را با آقای صرافی انجام دهد.

صدرا پشت میزش نشسته بود که ناگهان رویای شیرین شب و روزش در چارچوب در ظاهر

شد. چهره صبا رنگ پریده و نگران اشک در چشم‌هایش می‌لغزید. صدرا با وحشت از جا برخاست و به طرف صبا رفت: چی شده؟ چرا این‌قدر نگرانی؟

وقتی صبا با ناراحتی و بغض تمام ماجرا را برای او شرح می‌داد، صدرا با ناباوری تا انتها به حرف‌های صبا گوش کرد و در نهایت گیج و سردرگم گفت: «من اصلاً سر در نمیارم! به جز ما چند نفر کسی از قضیه خواستگاری خبر نداشته. چطور یه نفر توی این موقعیت همچین نامه ای رو نوشته و این اراجیف را سر هم کرده؟» اینجا بود که بغض صبا ترکید. صدرا که تحمل دیدن اشک های او را نداشت کتش را برداشت و گفت: بیا بریم خودم همه چیز رو درست می کنم. نگران نباش.

صبا وحشت‌زده در حالی که سعی می کرد اشک‌هایش را پاک کند پرسید: می‌خوای چکار کنی؟

صدرا تمام قد در حالی که کتش را روی دستش انداخته بود در مقابل او ایستاد و بازوهای او را به آرامی از دو طرف گرفت و همان طور که نگاهش را در چشم‌های تر او می‌دوخت گفت: همین الآن با هم می‌ریم پیش پدرت. من باهاش صحبت می کنم و تمام سوء تفاهم‌ها رو رفع و رجوع می کنم. تو اصلاً خودت رو ناراحت نکن.

صبا التماس کنان از صدرا خواست که این کار را به زمان دیگری موکول کند چون پدرش را خیلی خوب می‌شناخت. می‌دانست پدرش خیلی یک‌دنده است. وقتی بگوید مرغ یک پا دارد اگر وحی هم از آسمان نازل شود به تعداد پای مرغ افزوده نمی‌شود.

صدرا همان طور که با انگشت قطره‌های اشک را از گوشه چشم صبا پاک می کرد با ناامیدی گفت: پس من چکار کنم؟ نمی تونم دست رو دست بذارم و هیچی نگم. صبا جان! آخه من باید با پدرت صحبت کنم.

اما اصرار صبا باعث شد عجولانه اقدامی نکند.

آن شب صدرا تا صبح نحوه مواجهه با پدر صبا را در ذهن‌اش مرور کرد ولی نمی‌دانست آقای صرافی چه واکنشی خواهد داشت.

غروب فردا وقتی آقای صرافی صدرا را دید که با خوش‌رویی و متانت وارد مغازه شده واز او احوالپرسی می کرد به شدت از کوره در رفت و بی‌مقدمه صدرا را تهدید کرد که اگر یک بار دیگر آن حوالی پیدایش شود طرف حسابش با پلیس خواهد بود. صدرا هر قدر سعی کرد که تن صدایش را بالا نبرد در عوض صدای پدر صبا بود که دم به دم بالاتر می‌رفت.

صدرا گیج و مات، مغازه صرافی را ترک کرد. وقتی به خانه رسید نمی‌دانست چه کند.

چشمانش به ساعت قدیمی از کار افتاده روی طاقچه خیره مانده بود. صدای زنگ در صدرا را به خود آورد. با تعجب از این که چه کسی می‌تواند باشد بی‌آن که لباس گرمی بپوشد رفت تا در را باز کند. لغزندگی حیاط می‌خواست مثل دست تقدیر او را دوزانو به زمین بکوبد. بارش برف زحمت پاروی رحیم‌خان را که دو ساعت قبل انجام داده بود بر باد داد. نفس‌نفس زنان در حالی که از شدت اضطراب حال تهوع گرفته بود در را باز کرد. به محض باز شدن در صورت گرد مادر حبیب که تنها جای پیدای بدنش از پوشش چادر مشکی‌اش بود نمایان شد. از آنجایی که لامپ داخل کوچه سوخته بود و نور ضعیفی فقط داخل حیاط را روشن می‌کرد چهره مادر حبیب در آن تاریکی کوچه مثل یک گوی معلق در سیاهی محض به نظر می‌آمد.

حس ناخوشایندی در وجود صدرا ایجاد شد. با خود فکر کرد در این وقت شب و این هوای سرد آن هم تک و تنها چه حرفی برای گفتن می‌تواند داشته باشد؟

پس از تعارفات معمولی با قیافه‌ای مظلومانه و با لحنی حاکی از حس همدردی آب پاکی را روی دست‌های صدرا ریخت و توضیح داد که متاسفانه نظر خانواده صرافی عوض شده و حاضر نیستند دخترشان را شوهر بدهند و در ادامه حرف‌هایش اضافه کرد: «مادر! معلوم نیست کدوم شیر ناپاک خورده‌ای پیششون از ما و شما بد گفته. خیر نبینن که چش ندارن جوون مردم رو ببینند. امان از دشمن. مادر مگه مرتیکه از خر شیطون پایین می‌اومد. هر چی گفتم به خرجش نرفت اصلاً انگار تیکه تو نبودن. تو هم قیدشون رو بزن. ماشاالله جوونی، وضع خوب، کار خوب داری این نشد یکی دیگه این‌قدر سخت نگیر.» و در ادامه نصایح مادرانه‌اش اضافه کرد: مادر اونچی که فراوونه دختر خوبه. لب تر کنی همه خاطرخوات می‌شن. چه شوهری از تو بهتر؟ اگه همه دنیا رو بگردن محاله بتونن مثل تو و حبیب پیدا کنند.

نصیحت‌های مادر حبیب بود که جلوی در پشت سر هم قطار می‌شد اما صدرا فقط حرکت لب‌هایش را می‌دید و به‌جز چند جمله اول هیچ یک از حرف‌های دیگر مادر حبیب را نشنید. خانم آزرمی خرسند از این که وظیفه‌اش را برای دلداری صدرا به انجام رسانده از او خداحافظی کرد و او را میخکوب در آستانه در، در حالی که چشمانش هنوز نتوانسته بود مرزی بین سیاهی اطراف و سیاهی قامت مادر حبیب پیدا کند تنها گذاشت.

مادر حبیب در حالی که برف‌ها را زیر پا له می‌کرد و نعش آن‌ها را با چادر سیاهش جارو می‌کرد زیر لب مدام تکرار کرد: خدایا! منو ببخش. خدایا! هر کاری کردم برای خوشبختی حبیب کردم تو خودت می‌دونی.

سایه سیاه مادر حبیب در گذر کوچه محو شده بود. صدرا گیج و منگ از شدت اصابت

ضربه تقدیر به خود آمد. دست‌هایش از سرما بر لبه چوبی در خشک شده بود و موهای خرمایی‌اش از برف به سفیدی می‌زد.

لحظه‌ای به آسمان خیره شد. آسمان ابری و دانه‌های برف که رقص‌کنان به آغوش زمین می‌آمدند در نگاهش به دوران افتاد و همه چیز در اطرافش به گردش درآمد.

صدرا که حالا خود را در برابر توفان سهمگین و بی‌رحم حوادث ضعیف و بی‌پناه می‌دید جلو در خشکش زده بود. به خود آمد دید که لرزه بر اندامش افتاده. در را بست و به آسمان نگاهی کرد تا شاید روزنه‌ای لای ابرهای تیره آسمان بیابد و با خدایش حرف بزند.

در مسیر بازگشت‌اش از حیاط به دیوار آجری که رسید ایستاد و به دیوار تکیه داد. دوباره سر به آسمان کرد ولی دریغ از کورسویی در آن. آن شب سایه سیاهش را روی همه چیز و همه کس انداخته بود. با وجودی که زمین پوشیده از برف بود قدرت سیاهی شب در نگاه صدرا بر سپیدی برف غلبه کرد و همه چیز را یک دست به رنگ سیاه درآورده بود.

دانه‌های برف که انگار از برهم‌زدن خلوت دردناکش واهمه داشتند آهسته و بی‌صدا روی موهایش می‌نشستند.زمین زیر پای صدرابرخلاف تصورش یک دست سپید وآسمان بالای سرش یک دست سیاه بود وصدرای دل شکسته در حالی که بین مرز سپیدی وسیاهی ایستاده بوددوباره به خودآمدو به اطاق نشیمن برگشت.در مقابل پنجره قدی ایستاد.در یک آن نگاهش در نگاه تصویر روی شیشه گره خورد. حس کرد که نقطه‌ای روشن در انتهای دلش سوسو می‌زند و هم‌زمان با خود فکر کرد: فردا هم روز خداست. همه چیز درست می‌شه.

رحیم‌خان هم که تازه به شهریار رفته بود نبود تا صدرا حداقل سفره دلش را برای او باز کند.

صبح روز بعد که اشعه‌های خورشید به زحمت از لابه‌لای ابرها سرک می‌کشیدند گیج و سردرگم اول با خودش فکر کرد که به خانه صبا برود و با پدر مادرش حضوری صحبت کند. بعد فکر کرد به جای این کار به بنگاه حیدر آزرمی برود و از جزئیات ماجرا بپرسد شاید حداقل او بتواند او را از این سردرگمی نجات دهد.

صدرا دو، سه روزی خود را به آب و آتش زد. اول موضوع را با حبیب و حیدر آزرمی در میان گذاشت. ولی حیدر آزرمی برایش توضیح داد که چطور آقای صرافی همان دو، سه روز پیش سرزده به منزل اورفته و با عصبانیت به او گفته است که مگر صبا از روی جنازه او بگذرد که این وصلت صورت پذیرد. و شرح داد که چطور سعی کرده با آبروداری جلوی داد و بیداد او را بگیرد و به او بفهماند که حرف‌هایی که شنیده حقیقت ندارد. اینکه چطور می‌تواند بدون تحقیق در باره صحت و سقم قضیه این طور بر آن پافشاری کند و گفت چطور با یک‌دندگی و

با خلق‌تنگی آنجا را ترک کرده است.

حبیب در این مدت سعی می‌کرد تا حد امکان در کنار صدرا باشد و به او دلداری دهد که بالاخره یک راهی برای حل این معضل پیدا خواهند کرد. ولی صدرا همه درها را به روی خود بسته می‌دید.

به سختی توانست با قرار قبلی با صبا ملاقاتی داشته باشد. حال و روز صبا دست کمی از حال خود صدرا نداشت. چشم‌های اشک آلود او تاب و توان را از صدرا گرفته بود. مجبور بود به خاطر او هم که شده تظاهر به خوش‌بینی کند و با حرف‌های امیدوارکننده صبا را دلداری بدهد. مهم‌تر آن که صدرا هنوز به حربه خانم تفرجی برای وساطت بین او و صرافی متوسل نشده بود و همین فکر باعث شد که روزنه امید در دلش پدیدار شود.

آن روز بعدازظهر صدرا و صبا دو ساعتی در پارک کنار هم روی نیمکت همیشگی پای درخت بید آشنای خودشان که با وجود عریانی هنوز شاخه‌هایش را سخاوتمندانه بر سر آن دو گسترده بود نشستند. صدرا ابتدا برف‌های روی نیمکت را با دست پاک کرد و سپس با دستمال سفید پارچه‌ای که همیشه در جیب کتش داشت روی آن را خشک کرد و از صبا خواست که بنشیند. صدای قارقار کلاغ‌ها بر فراز شاخه‌های بلند سرو سکوت آرام آنجا را می‌شکست.

صبا با وجود ضخامت پالتویش به راحتی می‌توانست حرارت بودن در کنار صدرا را حس کند. خودش را به صدرا چسبانده و بازویش را در بازوی او حلقه کرده بود و به آینده مبهم پیش رویشان می‌اندیشید. غرق در لذت بودن درکنار یک‌دیگر و افکاری که فرسنگ‌ها از آن نیمکت و پارک فاصله داشت به هیچ کس و هیچ چیز توجهی نداشتند. صبا در حالی که خود را از پهلو به صدرا می‌فشرد و سعی می‌کرد با دلداری‌های او کمی آرام بگیرد متوجه عبور یکی از همسایه‌هایشان که مدت‌ها پیش او را برای پسرش خواستگاری کرده و به دلیل جواب رد کینه آنها را به دل گرفته بود نشد. همسایه با یک نظر صبا را شناخت و هم‌زمان با دیدن او لبخندی روی لبانش نشست. لبخندی که حاکی از رضایت خاطر او برای جبران کینه‌های قدیمی بود.

آن شب وقتی صبا سرخوش از دیدار دوباره صدرا و دلخوش به دلداری‌هایی که صدرا به او داده بود وارد خانه شد پدرش را دید که سخت به انتظار او روی صندلی نزدیک در ورودی لحظه‌شماری می‌کرد. چشم‌های پدرش آنقدر خشمگین بود که بر تمام بدن صبا لرزه انداخت. صبا مضطرب برای یافتن مادرش نگاه وحشت‌زده‌اش را به هر طرف چرخاند ولی اثری از مادرش ندید. آقای صرافی با دیدن او از روی صندلی بلند شد و چنان با خشم به طرفش قدم برداشت که مو به تن صبا سیخ شد.

صبا وحشت‌زده و مضطرب آهسته به پدر سلام کرد. دهانش خشک شده و عرق سردی بر تمام بدنش نشسته بود. حس می‌کرد هر آن قلبش سینه‌اش را می‌شکافد. جواب سلام صبا فریادی بود که در تمام خانه طنین انداخت.

ـ تا حالا کدوم گوری بودی؟ تو در و همسایه بی‌آبرو نشده بودیم که شدیم. هنوز از رو نرفتی؟ حالا یواشکی هر روز میری این پسره الدنگ رو می‌بینی؟ مگه من مرده باشم بذارم یه دفعه فقط یه دفعه دیگه شما همو ببینید. اگه یک بار فقط یک بار بشنوم حرف این پسره نااهل را زدی یا حتی اسمش رو بردی اونوقت من می‌دونم و تو همین جا دارم می‌گم اون مادرت هم بشنوه.

صبا سعی کرد بر خودش مسلط شود و به جای گریه حرف دلش را بزند. با وجود اضطرابی که در درونش موج می‌زد به چشم‌های پدرش خیره شد و گفت: من صدرا رو می‌پرستم برای حرف مفت دیگران هم پشیزی ارزش قائل نیستم چون هیچ‌کدوم ازبهتون هایی که بهش زدن صحت نداره. من پاک‌تر از صدرا کسی رو سراغ ندارم. شما چطور بدون تحقیق در برابر حرف مفت دیگران به خودتون اجازه می‌دید در باره صدرا این‌طور قضاوت کنید. چطور شما حرف دختر خودت و آقای آزرمی و غیره رو نمی‌پذیری ولی حرف چرند کسی رو که اصلاً نمی‌شناسی و به عمرت ندیدی این طور چشم بسته قبول می‌کنی؟

حرف‌های صبا خشم پدرش را چندین برابر کرد.

ـ حالا کارت به جایی رسیده که رو حرف من حرف می‌زنی و تو روی من وایمیستی؟ از فردا نشونت می‌دم. تمام رفت و آمدات قطع می‌شه.. اونقدر تو اتاقت می‌مونی تا عشق و عاشقی از سرت بپره.

دیگر ایستادن در مقابل پدر و جر و بحث فایده‌ای نداشت. یک راست به اتاقش رفت. به پله‌های راهرو که رسید صدای پدرش را شنید که غرغرکنان می‌گفت: حالا خانوم واسم پا می‌شه با پسره یواشکی می‌ره پارک. نمی‌گه ما یه عمر با آبرو اینجا زندگی کردیم. یک صدرایی بسازم که خودت کیف کنی!

از فردای آن روز صبا زندانی خشونت پدر پشت دیوارهای سرد اتاقش در یک گوشه کز کرد. رفت و آمدهایش قدغن شد.ترس از شوهر، مادر صبا را هم مستأصل کرده بود.

صدرا برای دیدن دوباره صبا خود را به آب وآتش می‌زد ولی وقتی درها را بسته یافت عزمش را جزم کرد که شخصاً به خانه صرافی برود و ضمن دفاع از خودش سوء تفاهم‌ها را حل و فصل کند.

حبیب آن روز حوالی غروب صدرا را تا دم خانه صرافی همراهی کرد. از اینکه تا چندی پیش به حال صدرا غبطه می‌خورد احساس گناه می‌کرد و سعی کرد در طول مسیر او را دلداری دهد.

زمانی که صدرا زنگ در خانه صرافی را به صدا درآورد با شنیدن صدای مادر صبا از پشت در نفس‌هایش به شماره افتاد ولی سعی کرد به خود مسلط شود. خانم صرافی به محض باز کردن در و دیدن صدرا رنگ از رویش پرید. در حالی که روسری کوچکی به سر داشت و نصف موهای رنگ‌کرده‌اش پیدا بود سرش را از لای در بیرون آورد و این طرف و آن طرف کوچه را برانداز کرد و با التماس به صدرا گفت: آقای سمایی! تو رو خدا به خاطر خودتون هم که شده از اینجا برین. به خاطر صبا هم که شده فکرش را از سرتون بیرون کنید. من که جرات نمی‌کنم رو حرف صرافی حرفی بزنم. حرف، حرف خودشه وقتی بگه نه پیغمبر خدا هم که بگه محاله نظرش عوض بشه. من شوهرم رو می‌شناسم.

سپس در حالی که چشم‌های زیبا و اشک‌آلودش را با گوشه روسری‌اش پاک می‌کرد ادامه داد: «روزگار بچمو سیاه کرده. الان هم خونه نیست. تو رو خدا تا برنگشته از اینجا برید. اگه شما رو اینجا ببینه قیامت به پا می‌کنه.» خانم صرافی به اینجا که رسید لحنش را به لحنی ملامت بار تغییر داد و اضافه کرد: در ضمن آقای سمایی! با چیزهایی که ما در باره شما شنیدیم دیگه این وصلت جایز نیست. هم برای شما دختر زیاده هم برای دختر ما پسر فراوونه. برید آقای سمایی! خواهش می‌کنم دیگه مزاحم صبا نشید.

مادر صبا آنقدر تند تند و وحشت‌زده حرف می‌زد که دیگر مجالی برای صدرا باقی نگذاشت و صدرا هم شنونده خاموش حرف‌های دردناک مادر صبا بود. خانم صرافی به دنبال جمله آخرش در را به روی صدرای بهت‌زده که حتی فرصت دفاع از خود را پیدا نکرده بود بست و او را مات و مبهوت با دلی که از شدت غم و عصبانیت در هم فشرده می‌شد در کوچه تنها گذاشت.

آرزوهای بر باد رفته از جلوی چشم‌های صدرا رژه می‌رفتند. صدرا نگاهش را در جست‌وجوی یافتن اثری از صبا دقایقی بروی پنجره اتاقش دوخت ولی آن پرده‌های کشیده که حالا در سایه غروب فرو رفته بود درست همان‌طور که مقابل دید صدرا را گرفته بود روی آخرین روزنه امید او را هم پوشاند و تمام وجودش را در تاریکی مطلق فرو برد.

در آن غروب سرد و خاکستری زمستان با غروری جریحه‌دار شده بدون دیدن صبا به خانه برگشت. مسیر را تلوتلو خوران طی کرد به طوری که هر که او را می‌دید تصور می‌کرد که

مست و لایعقل است.

زمانی به خود آمد که مقابل در خانه خانم تفرجی رسیده بود. در اوج یأس و ناامیدی انگشتش را روی زنگ خانه خانم تفرجی فشار داد. دقایقی طول کشید تا صدرا صدای خانم تفرجی را که می‌گفت: «چه خبره بابا اومدم انگار سرآورده!» بشنود.

صدرا متوجه نبود که هنوز انگشتش را از روی دکمه زنگ بر نداشته است. خانم تفرجی که از تداوم صدای زنگ حسابی کلافه شده و آماده داد و بیداد کردن بود با دیدن صدرا اخم‌هایش را باز کرد و با تعجب گفت: صدرا! تویی؟ چیه چه خبرته پسر؟ اما پس از لحظه‌ای مکث از حال زار او تا آخر ماجرا را خواند. خانم تفرجی که از طریق صبا در جریان قرار گرفته بود با دیدن صدرا به آن حال و روز در حالی که سرش را تکان می‌داد گفت: غلط نکنم حکایت، حکایت صبا و اون بابای کله خرشه مگه نه؟

صدرا درمانده و مستأصل خلاصه‌ای از جریانات رخ داده و همچنین مکالمه نیم‌ساعت پیشش با خانم صرافی را برای او شرح داد و در حالی که ناامیدی از کلامش می‌بارید پرسید: فکر می‌کنی می‌تونی باهاشون صحبت کنی و بهشون بفهمونی که در اشتباهند.

صدرا در آن لحظه از خانم تفرجی خواهش می‌کرد که با خانواده صرافی صحبت کند غافل از آنکه خانم تفرجی ساعاتی پیش با آقای صرافی در مغازه‌اش مفصل صحبت کرده است. خانم تفرجی از دیدن وضع رقت‌بار صدرا به شدت متاثر شد و آرزو می‌کرد که ای‌کاش می‌توانست با خبری خوش، حالش را بهتر کند. خانم تفرجی بدون کوچک‌ترین اشاره‌ای به مذاکراتش با آقای صرافی به صدرا قول داد که حتماً با خانواده صرافی صحبت خواهد کرد.

خانم تفرجی که به دنبال شنیدن خبر نامه مشکوک و آگاه شدن از بهتان‌هایی که غیرمنصفانه به صدرا زده شده بود خونش به جوش آمده بود با شناخت کاملی که از صدرا داشت و علم به اینکه بهانه‌های آقای صرافی چیزی به‌جز یک مشت بهانه‌های مهمل و چرند نیست نتوانسته بود دست روی دست بگذارد و بدون آنکه حرفی بزند شاهد غم و غصه صدرا شود. به همین خاطر تصمیم گرفت که خودش دست به کار شود و دور از چشم صدرا مستقیماً با آقای صرافی صحبت کند.

چون با خلق و خوی او آشنا بود مغازه را برای صحبت با او انتخاب کرد. می‌دانست در حضور همسر و دخترش حاضر نخواهد بود از خر شیطان پایین بیاید.

وقتی به مغازه صرافی رسید هنوز مغازه بسته بود. دقایقی منتظر شد تا آقای صرافی مغازه را باز کند. مخصوصاً ساعتی را برای دیدن صرافی انتخاب کرده بود که تعداد مشتریانش کمتر

باشد.

خانم تفرجی درست از لحظه ورودش یک راست رفت سر اصل مطلب و با دلیل و برهان سعی کرد به او ثابت کند که تصورش در باره صدرا کاملاً با واقعیت منافات دارد. ولی هر چه خانم تفرجی بیشتر دلیل و برهان می‌آورد آقای صرافی بیشتر بر حرفش پافشاری می‌کرد تا اینکه خانم تفرجی حسابی از کوره در رفت و گفت: «هیچ وقت نفهمیدم که زن بدبخت چطوری این همه سال با تو سر کرده. یک نگاه به خودت بنداز همه دنیا اشتباه می‌کنند تو یکی همیشه درست می‌گی. اونقدر تو لاک خودپسندی فرو رفتی که هیچ‌کس جرات نداره رو حرفت حرف بزنه. تو اونقدر بی‌جربزه و ترسویی که اگه حتی بفهمی اشتباه کردی محاله به اشتباهت اعتراف کنی. حاضری حق رو ناحق کنی که مبادا یه وقت کسی بفهمه اشتباه کردی. منو که می‌بینی الان اینجام به خاطر اینه که از تو یکی کله‌شق‌ترم. مرد حسابی اگه تو دنیا یه مرد فقط یه مرد بتونه دخترت رو خوشبخت کنه اون صدراست و بس. به‌خاطر لجبازی و منم منم کردنت حاضری به بخت دختر بیچاره‌ات لگد بزنی یه ذره به خودت بیا. تو با این غرور لعنتیت همه رو اسیر کردی. یک نگاه به زن بدبختت بکن جرات نداره بدون اجازه تو آب بخوره. خیلی بهت حال داده یک عمر تو خونه یکه‌تازی کنی و حرف حرف خودت باشه؟

اینو بهت قول می‌دم تو محیط بیرون همیشه کسایی پیدا می‌شن که بتونن به راحتی خوردت کنن حالا هم تا خورد نشدی یه ذره به خودت بیا. اگه من الان اینجام نه صرفاً به خاطر صدراست خودت خوب می‌دونی که صبا رو هم خیلی دوست دارم و اگه به حرفام اطمینان نداشتم غلط می‌کردم بیام الکی طرفداری صدرا رو بکنم. من وظیفه خودم رو انجام دادم حالا دیگه خود دانی» زمانی که به طرف در می‌رفت تا مغازه را ترک کند یک بار دیگر برگشت و در چشم‌های آقای صرافی که قدرت بیان کلمه‌ای را نداشت نگاه کرد و گفت: «راستی یه چیز دیگه. اینو تو گوشت فرو کن یک کلامی بی‌منطق مرد نفرت میاره می‌گی نه از حالا به بعد با چشم باز دور و برت رو نگاه کن» و با این حرف بدون اینکه منتظر جوابی از طرف آقای صرافی شود مغازه را ترک کرد.

آقای صرافی بعد از رفتن خانم تفرجی حرف‌های او را بالا و پایین کرد. ابتدا خشمگین از اینکه برای اولین بار یک زن توانسته بود مقابلش بایستد و او را تحقیر کند کمی غرغر کرد و به زمین و زمان بد و بیراه گفت. اما بعد با کمی تأمل پیرامون آنچه که از خانم تفرجی شنیده بود دریافت که آن حرف‌ها چندان هم بیراه و بی‌منطق نبوده است.

بعد از قدری کلنجار با خود تصمیم گرفت بدون اطلاع کسی و با وجودی که همه از

مخالفت او با صدرا مطمئن بودند و قضیه ازدواج دخترش با او را منتفی می‌دانستند یک شانس دیگر به صدرا بدهد.

خانم تفرجی تصورش را هم نمی‌توانست بکند که حرف‌هایش در آقای صرافی تأثیرگذار بوده است در این صورت بی‌معطلی صدرا را در جریان می‌گذاشت تا کمی التهابش را بکاهد ولی همین که چهرهٔ عبوس آقای صرافی را به خاطر می‌آورد ترجیح می‌داد که صدرا از ماجرا مطلع نشود.

ذهنش به شدت آشفته بود و اصلاً نمی‌توانست درست فکر کند. سرگیجه امانش را بریده بود. چند دقیقه بدون آن که کفش‌های خیسش را در بیاورد با همان پالتوی کلفت پشمی و سیاه‌رنگش که به نظر صبا خیلی به او می‌آمد روی صندلی همیشگی‌اش کنار پنجره قدی اتاق نشیمن نشست و به قالی زیر پایش خیره شد. چقدر نقش و نگارهای قالی به نظرش در آن لحظه مثل فکر خسته‌اش درهم و شلوغ می‌آمد.

بعد از گذشت نیم‌ساعت بی‌حرکتی روی صندلی در آن اتاق سرد و ساکت که دیوارهایش بی‌رحمانه تنهایی او را به رخش می‌کشیدند در حالی که دندان‌هایش را از شدت عصبانیت و خشم به هم می‌فشرد از جا بلند شد و به حیاط رفت. با ورودش به حیاط سوز سردی یکباره به گونه‌های گرگرفته‌اش هجوم آورد. با وجود تاریکی هوا زمین از بارش برف کاملاً قابل تشخیص بود. روی لایه شیشه‌ای یخ حوض هم لایه‌ای از برف نشسته بود. قندیل‌های بزرگ یخی از لبه‌های پشت بام مثل خنجرهای آماده دریدن آویزان بود ولی صدرا به هیچ‌کدام کوچک‌ترین توجهی نداشت.

از روزی که رحیم‌خان به شهریار رفته بود برف‌ها روی‌هم تل انبار شده بود. صدرا از میان برف‌ها که تا مچ پاهایش می‌رسید درست مثل کسی که در خواب راه می‌رود بی‌اختیار به سمت اتاق زیرزمینی رفت. با وجودی که چراغ‌ها همه خاموش بود و حیاط در سیاهی فرو رفته بود اما مسیر را خوب بلد بود. چقدر در آن لحظه از نبودن رحیم‌خان در خانه احساس شادمانی و شعف می‌کرد. از پله‌های سنگی اتاق زیرزمینی که مثل شیشه لغزنده شده بود تلوتلو خوران پایین رفت. در همان حال دست‌های بی‌حسش را به دیوار آجری یخ کرده می‌گرفت تا از زمین خوردنش جلوگیری کند.

مدت مدیدی می‌شد که گذر صدرا به اتاق زیرزمینی نیفتاده بود و به همین خاطر از قفل بودن در اتاق خبر نداشت. قفل را رحیم خان عوض کرده بود.

صدرا تمام قد ایستاده در مقابل آن در آهنی با پنجره شیشه‌ای با بیقراری به دنبال راهی

می‌گشت تا هر طور شده در را باز کند. طاقت صدرا طاق شده بود و حالا برای راه‌یابی به اتاق خود را به آب و آتش می‌زد. چند قدم عقب رفت و با شانه به سمت در هجوم برد. درد شدیدی در شانه و بازویش پیچید. ولی آن در همچنان مثل تمام درهای دیگر به رویش بسته بود. کمی مکث کرد و این بار با آرنجش ضربه محکمی به پنجره کوچک شیشه‌ای در زد و شیشه آن فروریخت سپس بدون معطلی دستش را به پشت در برد و قفل آن را از داخل باز کرد. خوشحال از باز شدن در بدون معطلی به داخل اتاق تاریک هجوم برد. صدای خرد شدن شیشه‌های شکسته زیر پایش را انگار نمی‌شنید. بی‌اراده یکراست بدون آنکه چیزی را در آن تاریکی بتواند ببیند به سمت قفسه‌های دیواری رفت و با دست‌های بی‌حس و منجمدش شروع به گشتن کرد. گشتن به‌دنبال راه‌حلی برای درمان سرخوردگی‌اش. در آن لحظه اگر نور به صورت صدرا می‌تابید هیچ حالتی از غم و یا خشم در چهره‌اش دیده نمی‌شد. برعکس آن نگاه فقط نگاه یک تشنه از پا افتاده بود که در جست‌وجوی آبی گوارا خود را به آب و آتش می‌زد. گیج و سر درگم بی‌اعتنا به جدال درونی بی‌ارادگی و خودداری در برابر فرمان اعتیاد دست‌های بی‌حسش را روی قفسه‌هایی که تا آن لحظه به خیالش روی بطری‌های آن یک وجب خاک غلبه بر وسوسه از خودبیگانگی نشسته بود می‌کشید ولی چیزی را که می‌خواست نمی‌یافت. چه بلایی سر بطری‌هایی که درآن لحظه برای صدرا به منزله آب حیات بود آمده بود؟

ناامید کورمال کورمال به سمت در برگشت که کلید برق را پیدا کند ولی پایش به میز کوچکی که سر راهش بود برخورد کرد و تعادلش را از دست داد و نقش بر زمین شد. زیر لب شروع کرد به بد و بیراه گفتن به میز وارونه افتاده روی زمین. بالاخره با هر سختی انگشتش را به کلید برق رساند و چراغ را روشن کرد. نور لامپ چشم‌هایش را که سخت به تاریکی عادت کرده بود به شدت زد و به دنبال آن دردی وحشتناک در پشت سر و چشم‌هایش احساس کرد. در آن لحظه به هیچ‌وجه تحمل دیدن روشنایی را نداشت.

آهسته‌آهسته چشم‌هایش را باز کرد تا بتواند کم‌کم به نور اتاق عادت کند. با روشن شدن اتاق برای لحظاتی با ناامیدی به آن قفسه‌های خالی خیره شد و پی برد که رحیم‌خان ترتیب تمام بطری‌هایی که حاوی اکسیر از خودبیگانگی‌ها و بی‌تفاوتی‌هایش بوده را با بی‌رحمی تمام داده است.

معطل نشد و سراسیمه خانه را ترک کرد. بعد از حدود نیم‌ساعت در حالی که جعبه بزرگی در دست داشت بازگشت.

همانجا جلوی در حیاط در حالی‌که سعی می‌کرد با کلید در را باز کند یک آن تعادل جعبه

را از دست داد و به دنبال آن دو تا از بطری‌های شراب داخل جعبه به زمین افتاد و روی زمین برفی شکست. اسب سرکشی که صدرا افسارش را مدت‌ها پیش به خیال خود مهار کرده بود حال افسار گسیخته با قدرت تمام چهار نعل می‌تاخت و مقاومت صدرا را روی زمین سنگلاخی وسوسه به دنبال خود می‌کشید. صدرا از نفس افتاده و مغلوب با درایت و مقاومتی که به روی خاک وسوسه نیمه‌جان نفس‌های آخرش را می‌کشید دیگر حتی زحمت جمع‌آوری بطری‌های شکسته را به خود نداد و فقط با پا آنها را از جلوی در به گوشه دیوار پرت کرد و در حالی‌که جعبه و محتویات درونش را مثل اشیای قیمتی به سینه‌اش می‌چسباند به سرعت وارد حیاط شد. اثر سرخی شراب از ته کفش‌های صدرا روی برف‌های کف حیاط در آن تاریکی به اثر لکه‌هایی سیاه به روی دامانی سپید می‌ماند.

زمانی‌که به اتاق برگشت حرارت مطبوع داخل بر خلاف سرمای محیط بیرون صورت یخ کرده‌اش را با مهربانی نوازش کرد. یکراست بدون اتلاف وقت به آشپزخانه رفت و در حالی‌که دستش همچنان به شدت می‌لرزید لیوان نسبتا بزرگی همراه سه تا از بطری‌های سبز رنگ داخل جعبه که درجه وسوسه‌گریشان درست مثل درجه الکلشان از همه بالاتر بود برداشت و به اتاق محبوبش یعنی اتاق نشیمن برگشت. بدون آنکه لباس‌ها و حتی کفش‌هایش را در بیاورد بطری‌ها و لیوان را روی میز کنار پنجره گذاشت و دوباره روی صندلی ولو شد.

در آن لحظات درماندگی برای صدرا زیباترین موسیقی‌های عالم با گوش‌خراشترین صداها و فریادها هیچ فرقی نداشت. در آن لحظات، شب و روز برایش یکسان و تاریکی و روشنی، سفیدی و سیاهی، خوبی و بدی، زشتی و زیبایی و درستی و نادرستی درست مثل لطیفه‌هایی بی‌معنی در ذهن خسته زمان بود.

در آن لحظه فقط به دنبال یک داروی مسکن بسیار قوی برای روح خسته و دردمندش می‌گشت و به عوارض جانبی آن هم کوچکترین توجهی نداشت. حالا آن داروی مسکن دقیقا روبه‌رویش روی میز نشسته بود و به آتش وسوسه درونش لحظه به لحظه بیشتر دامن می‌زد. فقط کافی بود دستش را دراز کند و آن را بردارد و تا دقایقی بعد تمام دردها و غصه‌هایش را فراموش کند.قدرت وسوسه آن بطری ها به حدی بود که صدرا نفهمید چطور با آن انگشتهای منجمد وبی حس درآنها را باز کردودر حالیکه به پروخالی شدن لیوان درون دستش می خندید بطری ها را یکی بعد از دیگری خالی کرد.گرمای مطبوعی همراه سرخوشی غریبی کم کم تمام وجودش را پرکرد ودر پی آن رخوتی لذتبخش با سنگین کردن پلک هایش اورا از دنیای عذاب آور واقعیت ها بیرون آورد.

ماجرای آن بطری‌های مشروب در آن اتاق زیرزمینی به سال‌ها قبل برمی‌گشت.

سال‌ها پیش یکی از دوستان قدیمی و بسیار صمیمی رسول پدر صدرا به اسم مرادخان که سال‌ها در کار تجارت مشروبات الکلی بود تصمیم گرفت این شغل را رها کند. از رسول خواهش کرد تا مدت شش ماه اتاق زیرزمینی منزلش را در اختیار او قرار دهد تا بطری‌های مشروبش را که تعدادشان هم کم نبود درآنجا نگه‌داری کند. مرادخان فردای همان روزی که جواب مثبت را از رسول گرفت بطری‌ها را به آنجا انتقال داد کسی را هم فرستاد تا دیوار اتاق را از بالا تا پایین قفسه‌بندی کند تا بطری‌های را در آن قفسه‌ها جای دهد.

قفسه‌بندی دیوار اتاق با آن همه هزینه آن هم برای شش ماه به نظر علیداد کمی عجیب می‌آمد.

یک سالی از خاک خوردن بطری‌ها در اتاق زیرزمین می‌گذشت. از آنجاکه گذر رسول هیچ وقت به اتاق زیرزمین نمی‌افتاد دیری نگذشت که ماجرای امانت مرادخان به دست فراموشی سپرده شد. یک روز علیداد با اعتراض به رسول گفت: آقا رسول! این مرادخان هنوز این زهرماری‌هاش رو از اینجا نبرده می‌ترسم یه وقت به خاطر این نجسی‌ها برکت از خونتون بره ها. آقا! بهش یه ندایی بده بیاد جل و پلاسش رو جمع کنه از اینجا ببره.

رسول هم در حالی که از حرف‌های علیداد به خنده افتاده بود به او اطمینان داد که حتماً با او صحبت خواهدکرد. در همان ایام صدرا که دوره نوجوانی را طی می‌کرد یک روز از سر کنجکاوی با رحیم و یکی دیگر از دوستانش به زیرزمین سرکی کشیدند و با دیدن بطری‌ها کنجکاو شدند جرعه‌ای از آن‌ها بنوشند. در همین گیر و دار سر و کله علیداد پیدا شد و یک سیلی نثارشان کرد و پا به فرار گذاشتند. رسول با شنیدن این موضوع قصد کرد هر طور شده از مرادخان بخواهد بطری‌ها را از آن‌جا ببرد. مرادخان که در بستر بیماری بود به رسول قول داد به محض بازگشت پسرش از خارج ترتیب مشروبات را خواهد داد. هر چند مختار است هر مقدار که بخواهد از آن‌ها مصرف کند. اما هیچ گاه این قول عملی نشد و بطری‌ها همان‌جا ماندند.

با بزرگ‌تر شدن صدرا گه‌گاه حس کنجکاوی‌اش گل می‌کرد و سری به زیرزمین می‌زد و جرعه‌ای می‌نوشید. اما اولین تجربه مستی‌اش مربوط می‌شد به زمانی که مادرش را از دست داده بود.

حالا دیگر نوبت رحیم‌خان بود که پا جای پای پدر بگذارد و خصوصاً با دیدن وضع اسف‌بار صدرا که مست و لایعقل بود مدام با عصبانیت بگوید: این مرادخان گور به گور شده نجسی‌هایش رو انداخت گردن ما. شیطونه می‌گه بزن همه رو بشکن ها.

و صدرا هم بارها و بارها با خنده گفته بود: رحیم‌خان اینا امانته امانت! بالاخره یه روز میان می‌برن مگه جای تو رو تنگ کردن؟

ولی چون رحیم‌خان حد و حدود خودش را می‌دانست به خود اجازه نمی‌داد اقدامی کند. تجربه مستی باعث شد صدرا بارها و بارها دور از چشم رحیم‌خان سر از زیرزمین در بیاورد. تا این که یک روز رحیم خان صدرا و حبیب را در حین شراب‌نوشی غافل‌گیر کرد و بی‌آن که اخطار به صدرا را مؤثر بداند ترتیب تمام بطری‌ها را داد و قفل در اتاق زیرزمین را هم عوض کرد.

مدت مدیدی گذشت و صدرا بی‌اطلاع از نابودی بطری‌های شراب بر خود می‌بالید که چگونه در کنترل کامل در طی این همه مدت به دهان اسب سرکش تمایلاتش با قدرت افسار خودداری زده است تا اینکه آن شب دیو خفته وسوسه با تلنگری از خواب برخاست و ظرف مدتی کوتاه چنان صدرا را به اسارت خود درآورد که بدون داشتن حتی گوشه چشمی به فردا فقط وفقط به دنبال وسیله ای می گشت تا سوزش درد درونی اش را به سرعت بیندازد وسرمایی را که تا مغز استخوانش رسوخ کرده بود به گرمایی هر چند کوتاه مدت تبدیل کند.به همین خاطر هم آن سه بطری پشت سر هم یکی بعد از دیگری به سرعت برق خالی شدند و به دنبال آن پلک های صدرا سنگین وسنگین تر شده ودر پی آن اطاق در سکوتی تهوع آور فرو رفت.حالا صدرا مانده بود وآن بطریهای خالی وذهنی خالی تر از هر احساسی که زیر بار سنگین از خود بیگانگی مدفون شده بود.

فصل هشتم

آن شب آقای صرافی اصلاً به حال خودش نبود. بعد از صرف شام در حالی که چهارزانو در کنار بخاری نفتی اتاق نشسته و به شعله‌های نارنجی رنگ آتش نگاه می‌کرد غرق در حرف‌های خانم تفرجی و یادآوری حرف‌های ضد و نقیضی که طی چند روز گذشته شنیده بود نمی‌دانست تکلیفش چیست.

از یک طرف شخصیت تخریب شده صدرا و از سوی دیگر تعریف و تمجیدهای آقای آزرمی و صاحبان مغازه‌های اطراف از صدرا تخم تردید در دلش می‌پاشید. از جانبی هم حرف‌های خانم تفرجی و گوشه گیری‌های صبا یک لحظه راحتش نمی‌گذاشت. آقای صرافی بر سر دو راهی گیر کرده بود.

چهره پریده رنگ صبا که روز به روز استخوانی‌تر می‌شد و ظرف‌های دست‌نخورده غذایش که به همان شکل اول از اتاق برمی‌گشت به همراه گلایه‌های پی در پی همسرش قلبش را می‌فشرد و سبب می‌شد در خود احساس گناه کند. از طرفی هم حاضر نبود غرورش را زیر پا بگذارد. با این همه، تصمیم گرفت بدون اطلاع همسر و دخترش به فرش‌فروشی صدرا برود و با دادن فرصتی دیگر به او حرف‌های ناگفته او را هم بشنود و شرط و شروط‌هایش را با صدرا گذاشته و به قولی سنگ خود را حق کند.

آقای صرافی صبح با همان اخمی که از چند روز پیش هنوز گره‌اش باز نشده بود از خواب بیدار شد و صبحانه‌اش را در سکوت تمام کرد، کت و شلوارش را پوشید ولی همچنان مردد و دو دل این پا و آن پا می‌کرد. حالتش درست مثل کسی بود که انگار می‌خواست به مسلخ برود و یا جامی از زهر را سر بکشد.

برای لحظاتی به صورت گرفته همسرش نگاه کرد. صرافی خیلی خوب می‌دانست که همسرش به هیچ عنوان با سخت‌گیری‌ها و یک‌دندگی‌های او موافق نیست و یک عمر اخلاق او را از سر اجبار تحمل کرده است. وضع نگران‌کننده صبا هم که خود مزید بر علت شده و به نگرانی‌های او سخت دامن می‌زد. جمله آخر خانم تفرجی حین خارج شدن از مغازه مدام در گوشش می‌پیچید: «یک کلامی بی‌منطق مرد نفرت می‌آره».

یک نگاه دیگر به چهره گرفته و غمگین همسرش در آن لحظه به تمام تردیدهای او پایان داد و مصمم شد که حتماً به مغازه صدرا برود. در تمام طول راه یک لحظه دست از مجادله با خود برنداشت مدام با خود می‌گفت: یه جوری باهاش صحبت کن که حساب ببره فکر نکنه حالا چه خبره بابای دختره پا شده اومده در مغازه. بهش ثابت کن که داری بهش لطف می‌کنی و اومدی که حرف آخر رو بزنی و سنگت رو حق کنی. بذار بفهمه که صبا رو از سر راه نیاوردیم که همینجوری دو دستی تقدیم آقا کنیم. مبادا یه وقت جلوی پسره کم بیاری اصن شاید بهتر باشه ازش بخوایم خونشو به اسم صبا کنه. اینجوری اقلا اگه یه وقت پسره تو زرد از آب در اومد صبا دستش به جایی بند باشه.

تمام مسیر خانه تا مغازه صدرا را همچنان در حال کلنجار رفتن با خود و بحث و جدل با صدرا طی کرد و هر زمان هم به حرف‌هایی که باید به صدرا می‌زد فکر می‌کرد به طور غیر ارادی قدم‌هایش محکم‌تر بر زمین فرود می‌آمد.

به مغازه صدرا که رسید هاشم مغازه بود. هاشم گفت که صدرا هنوز به مغازه نیامده و اگر تمایل دارد می‌تواند تا آمدن صدرا صبر کند چون هر جا که باشد یواش یواش پیدایش خواهد شد.

آقای صرافی دعوت هاشم را پذیرفت و روی صندلی کنار میز صدرا به انتظار نشست. همین‌طور که از استکان چای که هاشم برایش آورده بود جرعه جرعه می‌نوشید از زیر عینکش با دقت به فرش‌ها خیره شد. اما به جای اینکه حواسش معطوف زیبایی و ظرافت نقش و نگارها باشد غرق سرمایه‌ای بود که در پشت آنها خوابیده بود. برای آخرین بار نگاهی گذرا به فرش‌ها انداخت و آنجا را به قصد مغازه خود ترک کرد.

در راه همین‌طور که به فرش‌های ظریف ابریشمی که در مغازه صدرا دیده بود فکر می‌کرد با خود گفت: پسره خیلی سرمایه‌داره! خدا رو چه دیدی شاید با این همه سرمایه اگه حرفای خانم تفرجی راست باشه بتونه صبا رو خوشبخت کنه!

همچنان که غرق در افکار دور و دراز خود بود یک آن متوجه شد که سر کوچه اقاقیا

رسیده است. با وجودی که مقصد او کتابفروشی بود اما با یادآوری حرف‌های خانم تفرجی و اینکه صدرا دقیقاً همسایه دیوار به دیوار اوست ناخودآگاه راهش را به سمت خانه صدرا کج کرد. مسیر یخزده کوچه گام‌هایش را کند می‌کرد. کوچه بسیار خلوت بود و جز یکی دو رهگذر که مثل خود او با احتیاط بسیار قدم برمی‌داشتند کسی دیده نمی‌شد.

مقابل خانه صدرا که رسید نگاهی به دیوار طویل خانه انداخت و به شاخه‌های لخت درخت شاتوت که از سر دیوار به سمت کوچه خم شده بودند خیره شد و با دیدن آن منظره به خاطر آورد که سال‌ها پیش یک روز تابستانی زمانی که برای بردن صبا از منزل خانم تفرجی به آنجا آمده بود برای مدت‌ها به در چوبی آن خانه و آن دیوارهای طویل و شاخه‌های پربار شاتوت خیره مانده بود و بارها و بارها با خود گفته بود: عجب خانه زیبایی! عجب خانه زیبایی! عجب خانه زیبایی!

بعد از دقایقی برانداز کردن خانه صدرا و یادآوری گذشته برای به صدا درآوردن زنگ در یک قدم دیگر به در نزدیک شد و انگشتش را به سمت زنگ دراز کرد اما قبل از آنکه آن را لمس کند دوباره تردید و دودلی به جانش افتاد و دستش را کشید و دوباره به فکر فرو رفت: اصلاً من برای چی اومدم اینجا؟ اومدم خودمو کوچیک کنم؟ شاید بهتر باشه برگردم.

همچنان در غوغای کشمکش درونی خود برای ماندن و رفتن با شنیدن صدایی از پشت سر یکه خورد. رحیم‌خان بعد از دو، سه روز ماندگار شدن در شهریار به خاطر وضع بد جاده‌ها تازه به تهران برگشته بود.

آقای صرافی که با دیدن رحیم‌خان غافل‌گیر شده بود با دستپاچگی سلام و علیکی با رحیم خان رد و بدل کردو گفت: «با آقای سمایی کار داشتم.» سپس مکثی کرد و ادامه داد: حقیقتش رفتم مغازه شاگردشون گفت هنوز مغازه نرفته چون خونشون سر راهم بود گفتم شاید خونه باشند.

رحیم‌خان بلافاصله کلید را در قفل چرخاند و آقای صرافی را به منزل دعوت کرد.

ـ صدرا باید احتمالا خونه باشه!

آقای صرافی بدون تعارف جلوتر از رحیم‌خان وارد حیاط شد. برف شب قبل همه چیز را در زیر لایه سپیدرنگ خود فرو برده و زیبایی خاصی به منظره حیاط بخشیده بود. صدای قارقار دو کلاغ سیاه روی شاخه‌های لخت و برف گرفته درخت بید سکوت حیاط را در هم می‌شکست. رحیم‌خان همچنان که با احتیاط روی برف‌ها قدم می‌گذاشت با صدای بلند چند بار صدرا را صدا کرد و چون جوابی نشنید گفت: احتمالا نمی‌شنوه.

ـ از کجا مطمئنید که خونه است؟
ـ اگه از خونه بیرون رفته بود جای پاهاش روی برفا معلوم بود. معلومه که از خونه بیرون نرفته.
آقای صرافی ابروهایش را بالا انداخت و پشت سر رحیم‌خان به سمت خانه به راه افتاد. رحیم‌خان در حالی که لابه‌لای دسته کلیدهایش دنبال کلید در ورودی خانه می‌گشت هم‌زمان به آقای صرافی تعارف کرد که وارد خانه شود ولی آقای صرافی گفت: نه دیگه تو نمیام همین‌جا خوبه.
ـ آقای صرافی! آخه اینجا خوبیت نداره خواهش می‌کنم بفرمایید داخل. هوا خیلی سرده.
ـ نه خوبه می‌خوام منظره حیاط رو تماشا کنم.
ـ پس می‌خواید از پله‌ها بریم بالا از توی ایوون دیدش بهتره تازه اصلاً ممکنه صدرا تو اتاق نشیمن باشه می‌تونیم از همون جا صداش کنیم.
آقای صرافی بی‌تعارف راه‌پله‌های برف گرفته را به سمت ایوان پیش گرفت. نرده‌های یخ‌زده را با دست محکم گرفته بود که زمین نخورد.
رحیم‌خان حین بالا رفتن از پله‌ها مجدداً صدرا را صدا کرد ولی همچنان هیچ جوابی نشنید. به بالای پله‌ها که رسید همین‌طور که با بخار دهانش انگشت‌هایش را گرم می‌کرد گفت: صدرا معمولاً صبح‌ها زود بلند می‌شه حتماً صدامون رو نشنیده و هم‌زمان با گفتن این جمله پیشانی‌اش را به شیشه سرد در اتاق نشیمن نزدیک و دستش را بالای پیشانی‌اش حائل کرد تا بهتر بتواند داخل اتاق را ببیند که ناگهان چشمش به صدرا افتاد. صدرا به حال دمر با همان پالتو و کفش‌های بیرون روی فرش افتاده بود. رحیم‌خان با دیدن وضع صدرا آنقدر وحشت‌زده شد که اصلاً بطری‌های خالی را ندید به همین خاطر بی‌معطلی در شیشه‌ای اتاق نشیمن را باز کرد و به داخل اتاق هجوم برد اما همین‌که خواست صدرا را صدا بزند صدایش در گلو خفه شد. آن بطری‌های خالی و لیوان خوابیده حکایت از بختی داشت که در پشت وسوسه‌های ویرانگر فراموشی درست مثل خود صدرا به خوابی سنگین فرو رفته بود. همان یک نظر برای رحیم‌خان کافی بود تا به همه چیز پی ببرد ولی حالا دیگر برای پرده‌پوشی وضع اسف‌بار صدرا دیر شده بود. آقای صرافی به راحتی از پشت سر و بالای شانه رحیم‌خان صدرا را با آن وضع دید. رحیم‌خان بلافاصله با وحشت برگشت تا جلوی دید او را بگیرد و نگذارد او صدرا را با آن حال و روز ببیند ولی خیلی دیر شده بود. آن بطری‌های خالی افتاده روی فرش دیگر جای هیچ شک و شبهه‌ای باقی نگذاشته بودند. رحیم‌خان شعله‌های خشمی را که در چشم‌های آقای صرافی زبانه می‌کشید و از زیر عینکش به وضوح قابل رویت بود وحشت‌زده دید.

با دستپاچگی سعی کرد تا آقای صرافی را از مقابل در بالکن دور کند ولی او بلافاصله رحیم‌خان را با دست از سر راهش کنار زد و همان طور بی‌آنکه کفش‌هایش را در بیاورد با خشم وارد اتاق شد.

صدرا با سردردی شدید چشم‌های خود را باز کرد. ساعت بزرگ دیواری که مدت‌ها قبل درست مثل ساعت روی طاقچه سر ساعت ۵۵ :۱۰ دقیقه به خواب رفته بود حالا به کار افتاده و راس ساعت ۱۱، ضربه‌هایی نواخت. یازده ضربه‌ای که هر کدام مثل پتکی بر سرش فرود می‌آمد.

صدرا هنوز متوجه حضور خشمگین آقای صرافی و نگاه‌های وحشت‌زده رحیم‌خان نشده بود. در حالی که چشم‌هایش را از شدت سردرد به هم می‌فشرد و انگشت‌هایش را روی شقیقه‌هایش فشار می‌داد سعی کرد از جایش بلند شود. سرگیجه یک لحظه امانش نمی‌داد. نصف صورتش در اثر طرح قالی سرخ شده بودوروی نصفه دیگر نقش خطوط دوخت ودگمه های آستین پالتویش افتاده بود. آن دو بی‌حرکت و در سکوت فقط نگاهش می‌کردند. در حالی که سعی کرد از جایش بلند شود چشمش به بطری‌های خالی افتاد. یکباره تمام وقایع روز گذشته با قصاوت هر چه تمام‌تر ذهن منگ و درهمش را پر کرد. اما فقط برای لحظاتی کوتاه چون ناگهان چهره خشمناک آقای صرافی مثل آخرین صحنه دردناک یک فیلم اسف بار به ذهنیت رویایی امیدهای محالش ناجوانمردانه پایان داد.یک آن حس کرد زمین زیر پایش خالی و آسمان بر سرش خراب شده است. اما این نگاه‌های تأسف‌بار رحیم‌خان و نگاه‌های تحقیرآمیز آقای صرافی بود که بر سرش خراب می‌شد. آرزو می‌کرد که ای‌کاش می‌توانست از این کابوس وحشتناک بیدار شود ولی وقتی طنین صدای آقای صرافی در گوشش پیچید که می‌گفت: «حالا که با چشم خودم دیدم پیش وجدانم راحتم. مگر از روی جنازه من رد بشی که دیگه بتونی صبا رو ببینی. تو لیاقت دختر منو نداری. لیاقت تو همون زنایی هستن که باهات رابطه دارن بدبخت الکلی» تازه فهمید که نه کابوسی در کار بوده و نه خواب و رویایی. آنچه هست حقیقتی است تلخ.

نگاهش را از سر شرمساری از چهره آقای صرافی به بطری‌های خالی روی قالی دوخت. صدای آقای صرافی دوباره درگوشش طنین انداخت: معلومه دیگه! چیزی نداری که بگی. از اولش هم می‌دونستم تا نباشد چیزکی مردم نگویند چیزها! تو به خیالت رسیده که من صبا رو از سر راه پیدا کردم که حالا بیام بدمش به یه الکلی بدبخت مثل تو؟ من احمق رو بگو که از دیروز با خودم گفتم یه فرصت دیگه به تو بدم بلکه بهم ثابت بشه که اقلا یه ذره لیاقت صبا رو داری.

صدرا با بغضی در گلو نگاه التماس‌آمیزش را به صورت او دوخت و با لحنی دردناک

گفت: آقای صرافی! خواهش می کنم آقای صرافی! به خدا من الکلی نیستم.

آقای صرافی پوزخندی زد و در جواب گفت: چیه؟ من قیافه‌ام این‌قدر به احمقا می‌خوره که تو روز روشن جلوی من اعتیاد به الکلت رو کتمان می کنی؟ قسم حضرت عباست رو باور کنم یا دم خروس رو؟

رحیم‌خان که تا این لحظه سکوت کرده بود طاقت نیاورد و در حمایت از صدرا گفت: آقای صرافی! آقای صرافی! خواهش می کنم به خدا صدرا اینطور که شما فکر می کنید، نیست. من با صدرا بزرگ شدم. صدرا مرد زندگیه به خدا ...

ولی آقای صرافی بی‌توجه به رحیم‌خان گفت: «خدا خواهی بود که من امروز بیام اینجا و با چشمای خودم ببینم که دخترم می‌خواد دستی‌دستی خودش رو تو چه جهنمی بندازه. دیگه همه چیز تموم شد آقای سمایی. دیگه اگه پشت گوشت رو دیدی صبا رو هم دیدی» و سپس به طرف در برگشت و در حالی که با عصبانیت سرش را تکان می‌داد زیر لب گفت: «دختره احمق با این عاشق شدنش!» و با گفتن این حرف بی‌خداحافظی آنجا را ترک کرد.

سرگیجه صدرا لحظه به لحظه بیشتر می‌شد. تلوتلوخوران به سمت دیوار رفت و دستش را به دیوار گرفت و چشم‌هایش را بست. رحیم‌خان به طرف او دوید و بازویش را گرفته و او را روی صندلی نشاند و در سکوت ابتدا به چهره رقت‌بار صدرا خیره شد و سپس به سه بطری خالی چشم دوخت. عضلات صورت صدرا از شدت ناراحتی منقبض شده بود. صورتش را با دست‌هایش پوشاند تا به چشم رحیم‌خان نگاه نکند. با وجودی که نگاه رحیم‌خان در آن لحظه نگاهی از سر همدردی بود ولی اگر صدرا نگاهش را در نگاه رحیم‌خان می‌دوخت در آن چیزی نمی‌دید جز انعکاس از پا افتادگی، خردشدگی و تحقیرشدگی‌اش و یا شاید هم ضعف بی‌منتهایش که همان شب گذشته او را در برابر یک وسوسه زودگذر به زانو درآورده بود. رحیم‌خان می‌خواست همانجا بطری‌ها را با تمام خشمش به دیوار بکوبد و آنها را خرد کند. می‌خواست تمام خشمش را فریاد کشد که: آخر چرا؟

ولی وضع اسف‌بار صدرا کافی بود تا همانجا به او فرمان سکوت دهد.

رحیم‌خان از پنجره اتاق نشیمن نگاهی به بیرون انداخت. آسمان دوباره مثل دل صدرا گرفته بود. دقایقی همانجا ایستاد و در سکوت به صدرا خیره شد. صورت پنهان صدرا پشت دست‌های لرزان و سکوت دردناک او به رحیم‌خان التماس می کرد که از آنجا برود و او را تنها بگذارد. رحیم‌خان هم زمان را برای ابراز همدردی و دلداری مناسب ندید و از اتاق خارج شد و او را تنها گذاشت. صدرا پس از دقایقی برخاست، پالتویش را بر خلاف عادت همیشگی به گوشه اتاق پرت کرد و به دستشویی

رفت. همان طور که کاسه دستشویی را محکم از دو طرف گرفته بود در مقابل آینه روبه رویش خم شد و به تصویر خود در آینه خیره شد. توأمان چهره خود را آشنا و غریبه دید.

کینه و خشم سرتاپای وجودش را لبریز کرده بود ولی کمی بر خود مسلط شد و با خود گفت: خودت خرابش کردی خودت هم درستش می‌کنی. بهشون ثابت می‌کنی که اشتباه می‌کنند.

فصل نهم

آقای صرافی آنقدر از خود بی‌خود شده بود که نفهمید چطور سر از خانه‌اش درآورده است. با وجودی که کلید در را همیشه در جیب کتش داشت انگشتش را یک بند روی زنگ فشار داد. همسرش وحشت‌زده دوان دوان به طرف در آمد و با دیدن شوهرش با ناراحتی گفت: چه خبرته؟ چی شده؟ مگه کلید نداری؟ چرا اینجوری زنگ می‌زنی؟

آقای صرافی با اخم همیشگی که اصلاً برای همسرش تازگی نداشت بدون گفتن کلمه‌ای وارد حیاط شد.

خانم صرافی زیر لب گفت: خدا رحم کنه... دوباره چی شده؟

ــ وقتی من حرف می‌زنم یا تو اخمات می‌ره تو هم یا اون دختره بی‌عقل آبغوره می‌گیره. بفرما! بیا! امروز پا شدم رفتم سنگام رو با این پسره حق کنم ببینم اینجوری که هی همه پشتیبانی‌اش رو می‌کنند لیاقت داره یا نه.

ــ کدوم پسره؟

ــ همون آقای سمایی که همه فکر می‌کنند پسر پیغمبره!

ــ تو رفتی پیش اون چکار؟ از اونور می‌گی اگه بیاد در خونه پلیس خبر می‌کنم از اونور رفتی در مغازش؟

ــ تو به این کارا کار نداشته باش. رفتم می‌بینم پسره لندهورخودشو خفه کرده. این‌قدر مشروب خورده بود که تموم اتاق بوی گند الکل می‌داد. اونوقت تو هی بگو کوتاه بیا کوتاه بیا. من اگه سایه‌ام بالای سر این خونه نباشه معلوم نیست آخر و عاقبتتون به کجا می‌کشه!

خانم صرافی هاج و واج به شوهرش چشم دوخته بود و سر از حرف‌های او در نمی‌آورد:

مرد! یواش یواش حرف بزن ببینم چی می گی.

آقای صرافی نگاه خشنی به همسرش انداخت و با عصبانیت گفت: من بیچاره گیر کیا افتادم! صبا کجاست؟

ـ تو اتاقشه؛ مگه غیر اتاقش جای دیگه‌ای هم داره؟

ـ به درک بذار این‌قدر تو اتاقش بمونه تا عقلش بیاد سرجاش. و با گفتن این حرف یک راست به اتاق صبا رفت.

صبا روی تخت نشسته و دفترچه کوچکی را که همیشه سنگ صبور و مونس اوقات تنهایی‌اش بود به زانوهایش تکیه داده و احساسات سر به عصیان گذاشته‌اش را از نوک قلمش به روی آن صفحات سفید می‌ریخت که با تک ضربه پدرش به در، از عالم احساسات بیرون آمد و دفترش را بلافاصله زیر بالش‌اش پنهان کرد. چند وقتی می‌شد که صبا تصویر چهره خندان پدر را به دست فراموشی سپرده بود حالا دیگر چهره آقای صرافی با اخم برای صبا آشناتر بود تا با لبخند و در آن لحظه هم این همان چهره آشنای پدر بود که خبر از وخامت اوضاع می داد. صبا به آهستگی زیر لب به پدر سلام کرد.

آقای صرافی بدون مقدمه‌چینی رفت سر اصل مطلب و با لحنی کنایه‌آمیز گفت: دیدی صبا خانوم؟ دیدی این پسره عوضی تو زرد از آب در اومد؟ هی من گفتم. هی گفتید نه! بفرما حالا بخور.

صبا با بی‌حوصلگی به پدرش نگاهی کرد و گفت: چیه؟ حالا دوباره چی شده؟

ـ چی شده؟ امروز با خودم گفتم پاشم برم سنگام رو با این پسره حق کنم.

صبا نگاهی موشکافانه به پدرش انداخت: کدوم سنگا رو پدر؟ شما که بعد از اون نامه بی سر و ته و مسخره کلمه نه از دهنت نمی‌افتاد. حالا چطور شد که یک‌مرتبه تغییر عقیده دادی؟!

ـ کدوم سنگا رو؟! برای اینکه به تو و مادرت ثابت کنم که من این وسط دشمن نیستم پا شدم رفتم خونه پسره. آقا رو مست و لایعقل تو خونش پیدا کردم. خدایی بود که من اونو به اون حال و روز ببینم. حالا هی بگید نامه بی‌سروته و مسخره از اون اولشم حدس می‌زدم که این پسره یه ککی تو کلاشه منتهی کو گوش شنوا! باید فقط قیافش رو می‌دیدی. یه آدم الکلی بدبخت چه تضمینی برای زندگی زناشویی داره؟ گیرم دو، سه ماه اول خوب باشه بعدش چی؟ یه عمر می‌خوای تو جهنم بی‌رگی و بی‌غیرتی‌اش بسوزی؟ کدوم پدری رو دیدی که بد بچه‌اش رو بخواد؟ تو جوونی کله‌ات داغه من از تو چند تا پیرهن بیشتر پاره کردم. سرد و گرم روزگار رو چشیدم. از تو بهتر می‌دونم. هی از اون اول گفتم این پسره لقمه دهن ما نیست. اما نخواستی قبول کنی.

آقای صرافی آنقدر تندتند و با عصبانیت حرف می‌زد که مجالی برای صبا باقی نگذاشته بود تا حرفش را بزند. صبا هم از روی بی‌حوصلگی بدون گفتن کلمه‌ای فقط سرش را تکان داد.

آقای صرافی با این حرکت صبا دوباره از کوره در رفت و با تحکم گفت: صبا خانوم! خوب گوشات رو باز کن ببین چی دارم می‌گم. از اول هم گفتم دلمم نمی‌خواد یه حرفو هی تکرار کنم. از این به بعد قیدش رو می‌زنی. دیگه اسمش رو هم نمی‌یاری شیرفهم شد؟

مجادله صبا در آن لحظه با آن خلق وخوی ناآرام پدر اصلاً جایز نبود. فقط به حرف‌های پدرش گوش کرد و وقتی حرف‌های او به پایان رسید زانوهایش را بغل گرفت و پیشانی‌اش را به زانوهایش تکیه داد. ضعف تمام وجودش را فرا گرفته بود. اتاق دور سرش می‌چرخید. در گرداب کشمکش‌های روحی افتاد و حس کرد تتمه رویاها و امیدها و آرزوهایش هم‌زمان به دوران افتاده است. دورانی که در نهایت به نیستی و نابودی کامل رویاهایش می‌انجامید.

آقای صرافی آن شب تا صبح به زمین و زمان بد و بیراه گفت. صبح که از خواب برخاست آتش غضب هنوز در نگاهش شراره می‌کشید تا جایی که همسرش را به وحشت می‌انداخت. شعله‌های غضب آقای صرافی متوجه خانم تفرجی بود و می‌رفت تا تیر ترکش‌های آقای صرافی دامنش را بگیرد. چون بیش از همه خانم تفرجی را مقصر می‌دانست.

همان صبح دوباره به کوچه اقاقیا رفت. ولی نه به قصد خانه صدرا. آقای صرافی در کوچه با بدخلقی و عصبانیت خانم تفرجی را متهم کرد که می‌خواسته با وساطت کردن بی‌جایش صبا را بدبخت کند. خانم تفرجی سعی می‌کرد تن صدایش را بالا نبرد ولی در عوض صدای آقای صرافی با کوتاه آمدن‌های خانم تفرجی همچنان بالاتر می‌رفت تا جایی‌که همسایه‌ها دورادور نظاره‌گر غائله شده بودند. خانم تفرجی به خاطر صبا خیلی تلاش کرد که خودش را کنترل کند و از کوره در نرود ولی وقتی متانت در برابر صرافی را بیهوده دید در جواب با صدای بلند سعی کرد به او اثبات کند که در اشتباه است. با فریاد گفت: خیال کردی چون مردی همه زن‌ها باید جلوت لالمونی بگیرند؟ چی فکر کردی؟ با این داد و بیدادات چی رو می‌خوای ثابت کنی؟ من هنوزم که هنوزه سر حرفمم. صدرا تنها مردیه که لیاقت صبا رو داره و اگه تو اینو نمی‌فهمی از بی‌لیاقتی و حماقت خودته. همیشه گفتن هیچ پدر و مادری بد اولادش رو نمی‌خواد ولی تو کله‌شق لجباز داری دستی‌دستی دخترت رو بدبخت می‌کنی. وقتی می‌فهمی که خیلی دیر شده.

آقای صرافی با شنیدن صدای خشمگین خانم تفرجی لحظه‌ای سکوت کرد و به دور و اطرافش نگاهی انداخت. تمام نگاه‌ها بر آن‌ها متمرکز شده بود. برای دومین بار در مقابل یک زن آن هم این بار در انظار عمومی داشت کم می‌آورد. فکر کرد اگر بخواهد ادامه بدهد نتیجه‌ای

جز خواری و خفت برای خودش نخواهد داشت. در حالی که تن صدایش را پایین می‌آورد با صدای گرفته‌ای گفت: «تو دیگه حق رفت و آمد با خانواده من رو نداری. از نظر صبا تو دیگه مردی. اینو تو گوشات فرو کن.» و سپس محل را ترک کرد ولی صدای بلند خانم تفرجی او را بدرقه می‌کرد که می‌گفت: آره! ولی تو هم همین روزاست که به درد من دچار بشی و بفهمی که برای دخترت مردی. کله شق از خود راضی!

مانع دیگری بر سر راه صبا تراشیده شد و تکیه‌گاه و پناهی که صبا لحظه‌های تلخش را با او قسمت می‌کرد از او گرفته شد. دچار آشفتگی روحی شده بود. سایه افسردگی مدتی بود در اتاقش خیمه زده و یک لحظه رهایش نمی‌کرد. با وجودی که از عشق و علاقه پدرش نسبت به خود آگاه بود ولی اشتباه پدرش سبب می‌شد روز به روز از او فاصله بیشتری بگیرد.

ذهن مادرش آنقدر درگیر تأمین خواسته‌های همسرش بود که دیگر جایی برای درد دل‌های صبا نمی‌ماند و صبا هم نمی‌خواست مادرش را بیشتر آزرده کند. صبا تنهایی و خلوتش را بادفتری که سنگ صبورش بود قسمت می‌کرد.

سخت درمانده بود. پس از مدت‌ها در یک غروب پاییزی گم شده‌ای را یافته بود که فراتر از هر قلم و کاغذی فراتر از هر شیئ و فکر و خیالی او را می‌فهمید و به او حرارت بودن می‌بخشید و حالا پس از مدتی کوتاه در نهایت درماندگی حس می‌کرد که انگار تمام نیروهای طبیعت دست به دست هم داده‌اند تا با قصاوتی بی‌نظیر صدرا را از او جدا کنند و همین ذهنیت به تنهایی کافی بود تا روز به روز بر آشفتگی روحی و روانی‌اش دامن بزند. یک شب مادر صبا به خود جرأت داد تا موضوع شرایط روحی را پیش بکشد اما صبا از اتاقش فریاد پدر را شنید که می‌گفت: ولش کن چند روز آبغوره می‌گیره بعد آدم می‌شه. دختره زبون نفهم اگه بدونه چه خدمتی در حقش کردم میاد دستام رو می‌بوسه.

چند روزی طول کشید تا آقای صرافی به وخامت وضع روحی دخترش پی برد. به فکر چاره افتاد و در نهایت به نتیجه‌ای رسید که همسرش را در شوکی ناگهانی فرو برد.

در شرایطی که چند روز بیشتر به عید نمانده و همسرش تازه از زیر فشار خانه‌تکانی راحت شده بود به تصور اینکه دور شدن از تهران برای مدتی فکر و خیال صدرا را از سر دخترش خواهد انداخت تصمیم خود را گرفت و بدون مقدمه به همسرش گفت قصد کرده است به شیراز نقل مکان کنند و برای مدتی در خانه پدری‌اش بمانند تا سر صبر در آنجا خانه‌ای بخرد.

خانم صرافی شگفت‌زده و متحیر فقط به همسرش نگریست.

ـ چیه؟ چرا منو این‌جوری نگاه می‌کنی؟ من صلاح کارمون رو بهتر می‌دونم. تا دو، سه ماه

دیگه فکر پسره همچین از سرش بپره که خودش هم نفهمه.

ـ مرد! آخه مگه اثاث‌کشی به یک شهر دیگه به همین سادگی‌هاست که شب خوابیدی صبح پا شدی می‌گی بریم شیراز! مگه ندیدی این چند روزه چه پدری از من در اومد تا این خونه رو تمیز کردم!

ـ همین که گفتم. آدم عاقل مگه تصمیم برای زندگی‌اش رو بر اساس بشور و آبکش زنش می‌گیره؟ یه چند وقت خونه مادرم می‌مونید تا من بیام خونه بخرم.

ـ می‌مونید یعنی چی؟ ما رو می‌خوای تنها بفرستی که چه‌کار کنیم؟ خونه زندگیمون اینجاست؛ آخه مشورت هم خوب چیزیه!

ـ مگه مخم رو گذاشتم تو فرغون که بیام با شماها مشورت کنم. من یه مدت می‌مونم اینجا بالا سر مغازه تا مغازه فروش بره خونه رو می‌ذاریم فعلا بمونه. از آزرمی شنیدم خونه قراره گرون بشه.

خانم صرافی طبق معمول به خود جرات نداد تا راه خود را به تنهایی انتخاب کند به همین خاطر درست مثل برگی در اسارت باد اجازه دادتا همسرش تنها مسیر تحمیلی را پیش پایش بگذارد.

فصل دهم

صدرا پس از چند روز کشمکش‌های درونی به این نتیجه رسید که به رغم تهدیدهای آقای صرافی باید به خانه‌شان برود و به هر قیمت که شده به صبا ثابت کند که آن چهره‌ای که پدرش از او دیده چهره واقعی او نیست. باید هر طور که بود چهره تخریب شده‌اش را بازسازی می‌کرد. مصمم لباس‌هایش را پوشید و با گام‌هایی استوار عازم خانه صرافی شد. در طول راه دعا می‌کرد که صبا در را باز کند. از آخرین باری که صبا را دیده بود مدتی می‌گذشت و تمنای دیدن دوباره او به مرز جنونش کشانده بود.

طولی نکشید که رویای دیدن صبا در آستانه در چون حباب روی آب محو شد. خانم صرافی در را که به رویش باز کرد گام‌های استوارش بی‌اختیار به لرزه افتاد. خانم صرافی مثل دفعه قبل وحشت‌زده با التماس از او خواست مزاحم نشود. ولی صدرا نمی‌توانست بدون دیدن صبا و قبل از دفاع از خودش دست خالی آنجا را ترک کند. این بار دیگر نوبت صدرا بود تا به خانم صرافی اجازه حرف زدن ندهد. در نهایت به شرط آنکه صدرا فقط یک مکالمه کوتاه با صبا آن هم در حیاط و در حضور او داشته باشد با ورود صدرا به خانه موافقت کرد و با ترس و لرز او را به داخل حیاط راه داد و به او تاکید کرد «اگر سروکله صرافی پیدا بشه این تنها تو نیستی که روزگارت سیاه می‌شه روزگار من و صبا رو هم سیاه می‌کنه».

صدرا مضطرب و نگران در سرمای حیاط به انتظار صبا ایستاد. با وجود سردی هوا برف‌ها آب شده بود و جوانه‌ها سروش بهاری را به انتظار نشسته بودند. با خبر آمدن صدرا صبا به حیاط آمد و در مقابل چشم‌های وحشت زده مادر در آغوش صدرا آرام گرفت.

صدرا با وجود نگاه‌های سرزنش بار خانم صرافی عنان اختیار را از دست داد و با تمام وجود

صبا را به سینه‌اش چسباند و بر سر و رویش بوسه زد. دیدن آن صحنه حال مادر صبا را منقلب کرد. نه یارای آن داشت که آنها را از هم جدا کند و نه تماشای آن صحنه را تاب می‌آورد. چاره‌ای ندید جز آن که از پشت پنجره طبقه بالا کوچه را زیر نظر بگیرد.

هنوز یک ربع از آمدن صدرا نگذشته سر و کله آقای صرافی از سر کوچه پدیدار شد. خانم صرافی با دیدن شوهرش دستپاچه خود را به حیاط رساند. در حالی که صدرا را به سمت انباری زیر پله‌ها هل می‌داد با التماس از او خواست که آنجا پنهان شود تا شوهرش او را نبیند. ضربان قلب صدرا تند می‌زد و با صدای آقای صرافی ادغام شده بود. چه عجبی! این دختره از اتاقش بیرون اومده! پسره پاک زندگی‌اش رو سیاه کرده. مگه دستم بهش نرسه. چته زن؟ چرا رنگت پریده؟ بهش گفتی داریم می‌ریم یا خودم باید بهش بگم؟

به دنبال این حرف یک‌راست به دستشویی رفت. خانم صرافی با عجله در انباری را باز کرد و التماس‌کنان از صدرا خواست که از آنجا برود. صدرا برای لحظه‌ای با نگاهی حسرت‌آلود به صبا که با چشم‌های اشک‌بار حرف مادرش را تأیید می‌کرد خیره شد و بی‌آن که حرف‌هایی را که برای گفتنش به آنجا رفته بود بزند آنجا را ترک کرد.

وقتی صدرا به خانه رسید خشم و ناامیدی از دو سوی مخالف تمام وجودش را فرا گرفته بود. حس می‌کرد تمام اعضای بدنش به لرزه افتاده و نفس‌هایش به سختی بالا می‌آید. برای دقایقی پشتاش را به در حیاط تکیه داد، چشم‌هایش را بست و با دست‌های سردش صورتش را پوشاند. یک‌آن یاد آغوش دوباره صبا تکانش داد. چطور می‌توانست دوباره او را ببیند؟

آن شب خانم صرافی با ناراحتی و به رغم میل باطنی‌اش صبا را از تصمیم پدرش مطلع کرد و منتظر واکنش صبا شد. صبا بر خلاف انتظار مادرش فقط برای دقایقی به صورتش نگاه کرد بی‌آن که حرفی بزند در تخت به پهلو دراز کشید. دقایقی همچنان به سکوت گذشت. سکوت صبا برای مادرش زجرآورتر از گریه و زاری‌های او بود به طوری که طاقت نیاورد و پرسید: هیچ حرفی برای گفتن نداری؟ اعتراضی؟ مخالفتی؟ هیچی؟

سکوت صبا همچنان ادامه یافت. مادرش به آرامی برخاست تا او را با دنیای خودش تنها بگذارد ولی صبا در حالی که لبخندی عصبی بر لب داشت با لحنی طعنه‌آمیز مادرش را سر جایش نشاند.

ـ مادر! برات واقعاً متاسفم که ناخواسته پدر رو این‌طور بار آوردی. همیشه دهن باز نکرده دهنت رو بستی. همیشه به خواسته او دوست داشتی و به خواسته او نفرت پیدا کردی و مثل یه عروسک خیمه‌شب بازی یه عمر بی‌منطق تاییدش کردی. برات واقعاً متاسفم! واقعاً متاسفم!

پاسخ صبا به خانم صرافی هر چه بود پاسخی نبود که او انتظار شنیدنش را داشته باشد. صبا در آن موقعیت در حالی که پشت به مادرش داشت همچنان حرف دلش را می‌زد بدون آنکه حالت چشم‌های مادر را ببیند و یا به تغییر خطوط چهره او در اثر شنیدن آن حقیقت تلخ اشراف داشته باشد. از شدت ناراحتی خود نفهمید که با تیغ حرف‌هایش چطور احساسات مادرش را جریحه‌دار کرده است. مادر صبا در آن لحظه فقط شنید. فقط شنید و در جواب فقط سکوت کرد. کاری که در تمام طول این سال‌ها در آن استاد شده بود. شنیدن و دم نزدن.

خانم صرافی در سکوت، درد ناشی از خردشدگی را که دیگر به صورت دردی مزمن در آمده بود به سختی فرو داد و بدون گفتن حتی یک کلمه در دفاع از خود اتاق را به آهستگی ترک کرد.

فصل یازدهم

از آخرین باری که حبیب صدرا را دیده بود، یعنی همان روزی که او را تا خانه صرافی همراهی کرده بود چند روزی می‌گذشت و به دلیل سفر دو روزه‌ای که همراه پدرش به کاشان رفته بود از ادامه ماجرای صدرا و آقای صرافی بی‌خبر مانده بود. البته کم‌کم به این نتیجه رسیده بود که نرم شدن صرافی به آن راحتی‌ها هم که فکر می‌کرده نیست و مطمئن بود اگر خبری باشد اولین کسی خواهد بود که اطلاع می‌یابد.

حبیب دو سه باری به مغازه صدرا سرزده بود ولی هر بار هاشم به او گفته بود که صدرا به مغازه نرفته است. به محض بازگشت‌اش از سفر تصمیم گرفت سری به مغازه بزند و از کشمکش‌های او و آقای صرافی خبردار شود.

در این مدت از یاد صدرا غافل نبود. تضادی درونی کم‌کم گریبان او را می‌گرفت و راه خود را به اندیشه او باز کرده و به دامان سردرگمی می‌کشاندش. از یک سو در دل آرزو می‌کرد که ای‌کاش آقای صرافی از سنگ انداختن بر سر راه صدرا دست بردارد و از سوی دیگر وقتی به پیوند صبا و صدرا می‌اندیشید ناخودآگاه به این فکر می‌افتاد که در این شرایط چطور صدرا می‌تواند شایسته چنین وصلتی باشد.ولی او همچنان به آینده چشم بدوزد که شاید زمانی درآینده نامعلوم دختری پیدا شود تا یک صدم صبا بتواند اورا خوشبخت کند.

کشمکش‌های درونی حبیب بیشتر به همدردی با صدرا متمایل بود ولی چندی نگذشت که کم‌کم تأثیر حرف‌های مادرش که او را به بی‌عرضگی متهم می‌کرد این ذهنیت را در او شکل می‌داد که شاید بهتر باشد این وصلت انجام نگیرد، اما ناگهان عرق شرم بر بدنش می‌نشست چرا که هم‌زمان دست وجدان پرده از روی پرتره عشق آتشین صدرا و صبا برمی‌داشت و به او یادآور

می‌شد که «این طرز تفکر جوانمردانه نیست». ولی با همه اینها یک مشکل همچنان به قوت خود باقی بود:

و آن چیزی نبود جز مشکل زندگی کردن حبیب در زیر یک سقف با کسی که پند و اندرزهای شبانه‌روزی‌اش قبح هر فکر غیرمنصفانه درباره صدرا را با زیرکی تمام از میان برده بود. به همین خاطر حبیب که زمانی صمیمیت خالصانه‌اش به صدرا حتی به او اجازه تفکر نسبت به چیزی جز خوشبختی تمام و کمال صدرا را نمی‌داد کم‌کم با حرف‌های مادرش که مدام در گوشش مرثیه بداقبالی و بی‌عرضگی او را زمزمه می‌کرد کارش به جایی رسیده بود که ناخواسته از همدردی با صدرا به بیراهه رشک‌ورزی منحرف شود و حالا پس از گذشت چند روز بی‌خبری از او بیشتر از آنکه برای پایان خوش این ماجرا در صدد یافتن صدرا برآید از سر کنجکاوی برای آنکه بداند آیا قانون طبیعت یک‌بار دیگر برتری صدرا را به او ثابت خواهد کرد یا نه در صدد یافتن او برآمده بود.

آن روز صبح وقتی چشم‌هایش را باز کرد تنها چیزی که در ذهنش تداعی می‌شد و لحظه‌ای او را آرام نمی‌گذاشت چهره صبا بود.دقیقا به همان شکلی که شب قبل در خواب دیده بود. با چشم‌های مشکی، لب‌های وسوسه‌انگیز و موهای ابریشمین براق.او در حالی که پیراهن سبز رنگ بلندی به تن داشت در آستانه جنگلی که تا انتهای نامعلوم‌اش چهار فصل طبیعت به طور هم‌زمان بر شاخه‌هایش خودنمایی می‌کرد ایستاده بود. صبا در کنار ردیف درخت‌های پرشکوفه‌ای که تا قلمرو سبز درختان تابستانی کشیده شده بود ایستاده و به مرز درختان خزان‌زده که در بی‌نهایت درختان عریان زمستانی محو شده بودند با تردید می‌نگریست. درست لحظه‌ای که نگاه صبا در نگاه حبیب گره خورد حبیب ناخواسته از خواب پرید. ولی طرح آن چهره زیبا که با وجود رنگ‌پریدگی همچنان برایش جذاب و دلنشین بود با جوهر هوس بدون کوچکترین اثری از ابهام در ذهنش جاودانه نقش بست.

آن روز فکر و خیال صبا یک لحظه از ذهن حبیب دور نمی‌شد. با همان خواب کوتاه شب گذشته‌اش سخت به دام تمایلی غریب افتاده بود. تمایلی عجین شده با حس گناه. تمایلی که با خیال لمس آن موهای براق و یا لمس آن لب‌های هوس‌انگیز آغاز می‌شد و هنوز به اوج لذت ناشی از آن تماس خیالی نرسیده سرزنش‌های وجدان درونی‌اش بی‌رحمانه او را به زمین سرد ناکامی می‌کوبید. دست به گریبان افکاری ضد و نقیض تصمیم گرفت هر طور شده با صدرا دیداری تازه کند و از ادامه جریانات مطلع شود.

صبا متأثر از تصمیم ناگهانی پدرش برای دو روز متوالی از اتاقش بیرون نیامده بود و آقای

صرافی هم به تصور اینکه دخترش دارد کم‌کم با وضع موجود کنار می‌آید و دیگر قصد دیدن صدرا را نمی‌کند رفت‌وآمدهای او را به شدت قبل کنترل نمی‌کرد. بدون مقدمه شال و کلاه کرد و آماده بیرون رفتن از خانه شد. مادر صبا وقتی او را مشغول بستن بند کفش‌هایش دید با نگرانی پرسید: داری کجا می‌ری؟

صبا بستن بند کفش‌هایش را ناتمام گذاشت و سرش را بلند کرد و بدون آنکه اثری از اضطراب و یا ترس در چشم‌هایش دیده شود در چشم‌های مادر نگریست: می‌رم صدرا رو ببینم.

ـ دیوونه شدی؟ می‌دونی اگه بابات بفهمه چکار می‌کنه؟

ـ دیگه برام مهم نیست. بذار هر کاری می‌خواد بکنه. حالا که داره به زور منو از اینجا به اسیری می‌بره می‌خوام قبل از رفتنم یه بار دیگه صدرا رو ببینم و ازش خداحافظی کنم.

ـ آخه مادر...

ـ آخه نداره! شما هم اگه می‌خوای سرو صدا نشه بهتره چیزی بهش نگی. هر چند فهمیدم فهمید به درک من دیگه چیزی ندارم بخوام از دست بدم.

خانم صرافی از رفتار عجیب صبا سخت به وحشت افتاد. او که یک عمر حرف همسرش را بدون چون و چرا اطاعت کرده و عملا با رفتارش به صبا نشان داده بود که او هم باید به همانگونه رفتار کند حالا با دیدن سرسختی او نمی‌دانست چکار کند. به همین خاطر فقط با التماس گفت: مادر جون! خواهش می‌کنم رو حرف پدرت پا نذار.

اما صبا در جواب در حالی که در را برای رفتن باز می‌کرد لبخند تلخی به لب آورد و گفت: «قبلاً هم بهت گفتم. من هیچ وقت به زندگی تو و پدر غبطه نخوردم و نخواهم خورد. تو به همسری پدر در نیومدی. به بردگی اون در اومدی. ولی این رو هم بدون که من پدر رو سرزنش نمی‌کنم. شما رو سرزنش می‌کنم که اونو این طوری بار آوردی و حالا هم نتیجه‌اش رو داری می‌بینی» و با گفتن این حرف همچنان که سرش را به حال تأسف تکان می‌داد در را به هم کوبید و رفت.

در راه غرق در افکار دور و دراز خود به آینده مجهول پیش رویش فکر می‌کرد: آیا در آینده مجهول زندگی‌اش تصویری از صدرا خواهد بود؟... با شنیدن اسمش به خود آمد. برای لحظاتی به جوانی که از روبه‌رو با او مشغول سلام و احوالپرسی بود نگاه کرد. حبیب که برای دیدن صدرا به مغازه او رفته ولی موفق به دیدن صدرا نشده بود در راه بازگشت با صبا برخورد کرده بود.

در پاسخ حبیب لبخندی به لب آورد و برای رعایت ادب دستش را به طرف دست دراز شده

حبیب برد و با او دست داد. شدت قدرت آن تماس ظریف برای حبیب که همچنان مسخ رویای شب گذشته‌اش بود و هنوز نتوانسته بود فکر صبا را از ذهن بیرون کند به حدی بود که تمام وجودش را مرتعش کرد.

با وجودی که گونه‌های صبا از آخرین دیدارشان لاغرتر و رنگ پریده‌تر به نظر می‌رسید ولی در نظر حبیب چیزی جز زیبایی نبود. یک بار دیگر به صدرا غبطه خورد و با وجود حس سنگینی گناه بر وجودش با شرمگینی خود را تجسم کرد که صبا را در آغوش گرفته و نوازشش می‌کند. تمرکزش را کاملاً از دست داده بود طوری که صبا مجبور می‌شد حرف‌هایش را تکرار کند.

برای حبیب در آن لحظه مصاحبت با صبا به قدری شیرین و خوشایند بود که حاضر نشد به این زودی‌ها از او جدا شود. به‌همین خاطر وقتی فهمید صبا برای دیدن صدرا به مغازه او می‌رود با وجودی که تازه ازآنجا برمی‌گشت و مقصدش بنگاه بود به دروغ گفت از اتفاق او هم به آنجا می‌رفته و زمانی که صبا با تعجب به او نگاه کرد و یادآور شد که مغازه صدرا خلاف جهتی است که او می‌رود گفت بعد از انجام کار کوچکی که زیاد هم مهم نیست قصد داشته به مغازه صدرا سری بزند و حالا با دیدن او خوشحال می‌شود که قدم‌زنان او را تا آنجا همراهی کند. صبا پیشنهاد حبیب را با وجودی که به نظرش کمی عجیب می‌آمد به پای ادب و علاقه او به صدرا گذاشت و محترمانه دعوت او را پذیرفت و همراه او به قصد مغازه صدرا به راه افتاد.

صدرا که تازه از بیرون برگشته بود پشت میز نشسته و غرق در خاطراتش با صبا با انگشتانش قاب خاتمی را که صبا برایش در آن روز بارانی آورده بود لمس می‌کرد که رؤیای دیدن صبا به حقیقت پیوست. صبا با حضورش در آن لحظه وجود او را مسخ کرد طوری که برای لحظاتی متوجه حبیب نشد. بلافاصله از پشت میز بلند شد و ضمن سلام و احوالپرسی مختصری با حبیب نفهمید چطور خود را به صبا رساند و بدون توجه به حضور حبیب دست‌های یخ‌کرده صبا را با دو دست گرفت و آنها را به لب‌هایش چسباند. با این حرکت او لبخند تلخی بر لب‌های صبا نشست که حال خود صدرا را هم دگرگون کرد. رفتار عاشقانه صدرا بار دیگر عرق شرم را بر پیشانی حبیب نشاند. سرزنشی درونی سراپای او را در برگرفت: واقعاً من الان در مغازه صدرا چه‌کار می‌کنم؟ مگر نیم‌ساعت پیش وقتی برای دیدن صدرا به مغازه اومدم هاشم نگفت که صدرا برای انجام کاری از مغازه بیرون رفته و معلوم نیست کی به مغازه برمی‌گرده؟ چطور با وجودی که می‌دونم صدرا هنوز صبا را با تمام وجودش می‌پرسته با نگاهی هوس‌آلود به صبا نگاه کردم و از لمس انگشتاش اون طور لذت بردم؟

با رفتن حبیب حرارت لب‌های صدرا بر دست‌های صبا روح افسرده و یخ‌بسته او را آهسته‌آهسته گرم کرد و بعد از چند روز دوری دوباره لذت بی‌منتهای بودن با او را به کام تشنه‌اش ریخت. صبا در اوج از خود بی‌خود شدگی با صدایی لرزان لب به سخن گشود: نمی‌تونم زیاد بمونم، فقط اومدم تا یه بار دیگه برای آخرین بار قبل از رفتنم ببینمت.

صدرا بدون آنکه اجازه دهد انگشت‌های ظریف و یخ‌کرده صبا از لای انگشتانش بیرون بلغزد وحشت‌زده پرسید: منظورت چیه برای آخرین بار؟ قبل از رفتن به کجا؟

صبا نتوانست حین دادن خبر رفتنش در چشم‌های او نگاه کند. نگاهش را به کاشی‌های کف مغازه دوخت: ما داریم هفته دیگه از تهران می‌ریم.

و با گفتن این حرف به طور هم‌زمان رد قطره اشکش را که داشت به روی کاشی‌های زیر پایش می‌چکید دنبال کرد.

ـ کجا؟!

ـ می‌ریم شیراز. خونه مادربزرگم که چند وقته خالیه می‌مونیم تا پدر مغازه رو بفروشه و بعد خودش بیاد.

ـ آخه چرا؟ برای چی؟

ـ همه‌اش به خاطر منه. پدر می‌خواد هر طور شده ما رو از هم جدا کنه. فکر می‌کنه رفتن من از اینجا باعث می‌شه تو رو فراموش کنم.

صدرا با انگشت گوشه چشم صبا را پاک کرد و با نگاهی تردیدآمیز پرسید: واقعاً فراموش می‌کنی؟

ـ ای کاش می‌تونستم.

صدرا لحظه‌ای سکوت کرد و سپس به هاشم که تازه از انبار پشت مغازه بیرون آمده بود گفت که می‌تواند زودتر به خانه برگردد. کرکره‌های مغازه را پایین کشید و در را قفل کرد تا کسی مزاحم خلوت‌شان نشود. سپس در برابر صبا ایستاد و دوباره دست‌های او را در دست گرفت و گفت: فکر نمی‌کردم پدرت تا این حد از من متنفر باشه.

ـ «نمی‌دونم! «از اون روز که تو رو با اون حال دیده سخت‌گیری‌هاش هزار برابر شده. دیگه خسته شدم، دیگه از اون خونه و تنهایی خسته‌ام» و در اینجا دیگر طاقت نیاورد و بغضش ترکید. صدرا او را تنگ درآغوش کشید، سرش را به سینه خود چسباند و همچنان که موهای او را نوازش می‌کرد سعی کرد او را آرام کند.

رایحه ملایم موهای صبا صدرا را از خود بی‌خود کرده بود. بدون آنکه بدن مرتعش او را از

خود جدا کند سرش را کمی عقب برد تا بهتر بتواند چهره‌اش را ببیند. با دیدن آن لب‌های زیبا تاب و توان خود را از کف داد. صدرا خیلی خوب می‌دانست اگر آن لب‌ها را ببوسد دیگر تا آخر عمر هیچ تضمینی برای رهایی از دام عشق او نخواهد داشت ولی هم‌زمان با چشمانی باز و با کمال میل غرق شدن در گرداب عشق او را برگزید و با ذره ذره وجودش لب‌های صبا را بوسید.

برای مدتی صبا را همچنان به سینه‌اش فشرد و بارها صورتش را لابه‌لای ابریشم عطرآگین موهای او فرو برد.

با شعله‌ورتر شدن آتش تمنای آن دو انگار سرعت گذر دقایق صد برابر شده بود. تیک تیک ساعت با بی‌رحمی و شقاوت فرمان جدایی می‌داد و چاره‌ای برای صبا نمی‌گذاشت جز آنکه به تلخی از صدرا جدا شده و با تنفر به شکنجه‌گاه همیشگی یعنی اتاق سرد و بی‌روحش برگردد.

صدرا به سرعت پالتویش را برداشت و همراه صبا از مغازه بیرون آمد. با وجودی که هوا تاریک شده بود ولی هنوز تردد رهگذرها برقرار بود. بعضی از مغازه‌ها به خاطر نزدیکی شب عید همچنان باز بودند و صدای چرخی‌هایی که با چراغ زنبوری لبو و یا باقالی پخته می‌فروختند هنوز به گوش می‌رسید. صدرا برای اولین بار به خود جرات داد در ملأ عام از پشت سر دستش را دور کمر صبا که در زیر پالتوی کلفت پشمی‌اش پنهان شده بود حلقه کند و صبا هم در مقابل نگاه‌های ممتد عابران از پهلو خود را به تکیه‌گاه دوست داشتنی صدرا چسباند. نزدیک خانه که شدند طبق معمول: از اینجا به بعد رو دیگه خودم می‌رم.

صدرا لحظاتی با حسرت به او خیره شد و دیگر طاقت نیاورد. او را به گوشه تاریک‌تر کوچه کشاند و برای آخرین بار دوباره او را با تمام وجود در آغوش کشید. اما پیدا شدن سر و کله عابر پیاده آنها را از هم جدا کرد.

صدرا تا دور شدن عابر پیاده سکوت کرد و سپس با لحنی مغموم پرسید: کی از اینجا می‌رید؟

ـ چهارشنبه، ساعت چهار بعدازظهر. بابا می‌رسوندمون ترمینال. فقط منم و مامان. قراره با اتوبوس بریم. من می‌رم ولی روحم اینجا می‌مونه. مطمئن باش روحم با تو خواهد بود.

زمان دیگر واقعاً زمان رفتن بود. صبا این بار بدون راندن کلمه‌ای بر زبان با آخرین نگاه ممتد خود برای مدتی طولانی با صدرا خداحافظی کرد و او را حسرت زده در آن کوچه تاریک و یخ‌زده تنها گذاشت. کوچه‌ای که دیوارهای سیاهش با بی‌تفاوتی پژواک صدای قدم‌های صبا را که دور می‌شد در قالب یک مرثیه تلخ دوری در گوشش زمزمه می‌کردند.

سه روز با سرعتی سرسام‌آور گذشت و چهارشنبه از راه رسید. صدرا در طی این مدت در

فکر تهیه هدیه‌ای برای صبا بود تا هر وقت به آن می‌نگرد خاطراتش با صدرا برایش مجسم شود. تصمیم گرفت دو بیت از اشعار حافظ را با دست‌خط خودش به خط نستعلیق بنویسد وآن را در یک قاب کوچک جای دهد. با وجودی که در زمینه خطاطی استادی تمام عیار نبود ولی کارهایش جای تحسین داشت. آن شب هم پس از چندین بار لرزیدن دستش و پخش شدن جوهر حین نوشتن وقتی در نهایت از کار خود راضی شد آن را در یک قاب ساده چوبی جای داد و با خود فکر کرد: این قاب بهترین هدیه‌ای است که می‌تواند خاطراتشان را جاودانه نگاه دارد.

فردا زودتر از موعد بی‌قرار به ترمینال رفت تا بلکه بتواند یک بار دیگر صبا را ببیند. صبا با چهره‌ای غم‌زده همراه پدر و مادرش به ایستگاه آمدند. صدرا درکنار دیواری که به سالن ترمینال منتهی می‌شد خود را پنهان کرد. غمی که در چهره صبا موج می‌زد دلش را سخت به درد آورد. نمی‌دانست بسته را چطور به دست صبا برساند. پسر بچه آدامس‌فروشی را صدا کرد و همین‌طور که دو تومانی براقی را روی بسته آدامس‌هایش می‌گذاشت صبا را به او نشان داد و از او خواست تا بسته را طوری که آقای صرافی نفهمد به او بدهد.

پسربچه ذوق‌زده از گرفتن دو تومانی بسته به دست به صبا نزدیک شد و درست زمانی‌که آقای صرافی را مشغول صحبت با شاگرد راننده دید بی‌معطلی بسته را به صبا داد و در حالی که با انگشت‌های چرکی به محل ایستادن صدرا اشاره می‌کرد گفت: آقایی که اونجا وایساده این بسته رو داد بدم به شما.

صبا ادامه مسیر انگشت‌های کثیف پسرک را دنبال کرد و نگاهش به چهره مشتاق صدرا منجمد شد. صدرا از دور لبخندی به لب آورد و برای او دست تکان داد. صبا بی‌اراده به سمت صدرا قدم برداشت ولی صدرا با حرکت دست او را از این کار باز داشت.

صبا همینطور که بسته را محکم به سینه‌اش می‌فشرد با نگاه از صدرا خداحافظی کرد و با بالا رفتن از پله‌های اتوبوس از نظر او ناپدید شد.

وقتی اتوبوس از کنار جدول خیابان فاصله گرفت صبا با دست‌های لرزانش قاب را از لای روزنامه بیرون آورد و نگاهش رفته رفته با دیدن آن دو بیت شعر تار شد تا اینکه اثرش روی شیشه قاب درست روی کلمه «فریاد» چکید.

خانم صرافی که در کنارش نشسته بود نگاهی به قاب انداخت و با تعجب خواند:

خاک ره آن یار سفر کرده بیارید — تا چشم جهان بین کنمش جای اقامت

فریاد که از شش جهتم راه ببستند — آن خال و خط و زلف و رخ و عارض و قامت

آن دو بیت حافظ و اشک‌های صبا خیلی زود به خانم صرافی فهماند که فرستنده کسی نمی‌تواند باشد جز صدرا.

فصل دوازدهم

وقتی اتوبوس وارد شیراز شد تمام خاطرات خوش کودکی یکجا با هم به ذهن خسته صبا یورش آورد. صبا فصل‌های بهار شیراز را در کودکی زیاد تجربه کرده بود. هوا نه سرد بود و نه گرم و سروش عید همراه با عطر شکوفه‌های بهاری غوغا می‌کرد. صبا همان طور نشسته روی صندلی اتوبوس می‌توانست هنوز بوی عطر بهارنارنج‌ها را از لای برگ برگ خاطرات قدیمی با تمام وجود حس کند. می‌توانست خنکای سایه درختان سر به فلک کشیده دشت ارژن را با منظره کوه‌هایی که نوکشان از پس درخت‌ها سرک می‌کشید روی پوستش لمس کند. تک‌درخت‌های پر شکوفه که در پیچ وخم جاده‌های آن حوالی از لای شکاف سنگ‌ها آمدن بهار را فریاد می‌کردند خاطرات دوست‌داشتنی قدیمی را در ذهنش زنده می‌کردند.

صبا این بار هم در آستانه عید و بهار به شیراز وارد شده بود ولی این بار غمی در اعماق وجودش رنگ و بوی آن لذت همیشگی را برده بود.

به خانه پدربزرگ رسیدند. خانه‌ای که به رغم کوچکی‌اش زمانی برایش بهشت روی زمین بود. اما حالا به یک قفس تنهایی بیشتر شباهت داشت تا یک خانه حقیقی. خانه‌ای که دیگر از پدربزرگ و مادربزرگش چیزی جز مشتی خاطرات قدیمی در ذهن دیوارهای بی‌رنگ و رو و ترک‌خورده‌اش نمانده بود.

برای صبا بزرگی و کوچکی خانه مهم نبود. بلکه حقیقت تلخ دوری از صدرا بود که بزرگ‌ترین خانه‌ها را در نظرش قفسی تنگ جلوه می‌داد.

آقای صرافی یک هفته بعد در حالی به شیراز آمد که نه خانه را فروخته بود و نه مغازه کتابفروشی را. از شواهد امر به نظر می‌آمد از تصمیم ناگهانی‌اش برای نقل مکان به شیراز پشیمان

شده است ولی طبق معمول پشیمانی‌اش را بروز نمی‌داد. دیدن چهره افسرده صبا از یک سو و چهره همسرش که با ناشی‌گری سخت تلاش می‌کرد نقاب رضایت به صورت بزند از سوی دیگر به او نهیب می‌زد که سخت اشتباه کرده است. ولی همچنان با جدیت سعی می‌کرد با اعتقاد به اینکه هر چه کرده برای خیر و صلاح دخترش کرده است از سنگینی گناهش بکاهد.

با رفتن صبا از تهران صدرا بیش از آنچه تصور می‌کرد دچار آشفتگی روحی شد. با فرو رفتن در لاک خود، روابطش با حبیب روزبه‌روز کمتر و مکالمه‌هایش با رحیم‌خان محدودتر می‌شد.

ماشین‌وار صبح‌ها به مغازه می‌رفت و آنجا هم یا نیمی از مشتریان را نمی‌دید و یا نیمی از حرف‌های هاشم را نمی‌شنید. البته حبیب تا حد امکان سعی می‌کرد او را تنها نگذارد. خصوصاً حالا که با رفتن صرافی‌ها و جدایی صدرا از صبا با آرامش خاطر دوباره به پلکان همدردی با صدرا بازگشته بود. رحیم‌خان هم که دیگر به از سرگیری وصلت آن دو چندان امیدی نداشت سعی می‌کرد سکوت کند و مدتی او را به حال خود بگذارد. از سویی هم خانم تفرجی به دنبال رفتار صرافی کم‌کم به این نتیجه رسیده بود که شاید وصلت صدرا و صبا به صلاح نباشد. او هم دریافته بود که دیگر تغییر نظر صرافی از محالات است. از همین رو رفتاری همچون رحیم‌خان و حبیب اختیار کرد و سعی داشت چشم حقیقت‌بین صدرا را باز کند.

دو سه روزی بود که حبیب از صدرا بی‌خبر مانده بود. تصمیم گرفت تا به او سری زده و ضمن اینکه از حالش جویا می‌شود تصور نکند او را تنها گذاشته است.

صدرا آن روز بعدازظهر دل و دماغ مغازه رفتن نداشت و ترجیح داد در خانه بماند. وقتی حبیب او را در مغازه نیافت راهش را به سمت کوچه اقاقیا کج کرد.

رحیم‌خان با دیدن حبیب آنقدر خوشحال شده بود که با برخوردش حسابی تعجب حبیب را برانگیخت. در حالی که حبیب را به داخل حیاط هدایت می‌کرد گفت: ای خیر از عمرت ببینی حبیب جان! بیا تو بیا تو یه کم با این پسره حرف بزن. هم خودش را کلافه کرده هم ما رو. امروز عصرم دوباره مغازه نرفته. درست و حسابی هم که حرف دلش رو نمی‌زنه. منم دلم نمیاد با گفتن واقعیت‌ها خلقش رو از اینم که هست تلخ‌تر کنم. امروزم قرار بود برم شهریار اما چون دیدم مغازه نرفته منم موندم خونه قید شهریار رو زدم.

حبیب در جواب رحیم‌خان لبخندی بر لب آورد و گفت: «غصه نخور رحیم‌خان! دواش دست منه. نگران نباش بسپرش دست من همچین سر حالش بیارم که نگو.» اما زمانی‌که وارد اتاق شد صدرا را از آنچه تصور می‌کرد دل‌شکسته‌تر یافت.

صدرا با چهره‌ای رنگ‌پریده و صورت اصلاح نشده در حالی که از فرط بی‌خوابی دور چشم‌هایش با هاله‌ای سیاه احاطه شده بود در گوشه اتاق نشسته بود. حبیب تا آن روز او را به آن وضع و حال ندیده بود. به همین خاطر بی‌مقدمه گفت: چته پسر! این چه قیافه‌ای که برای خودت درست کردی؟ هیچ خودتو تو آینه دیدی؟ مگه دنیا به آخر رسیده؟ پا شو ببینم انگار قحطی دختر اومده.

صدرا تکیه داده به دیوار در حالی که زانوهایش را بغل گرفته بود نگاه سردش را به صورت حبیب دوخت و گفت: ولم کن حوصله ندارم.

حوصله ندارم یعنی چی؟ پا شو بینم نمی‌شه که نشه. دختره رفته به درک که رفته. اون صرافی لعنتی اونقده یه دنده است که حد نداره. خداخواهی بود این وصلت سر نگیره. معلوم نیست زن بدبختش چه جوری باهاش سر می‌کنه! حقش بود یکی مثه مادر من گیرش میفتاد تا ببینه یه من ماست چقدر کره می‌ده.

سپس در حالی که سیگاری از پاکت سیگار داخل جیب پیراهنش گوشه لبش می‌گذاشت ادامه داد: «پا شو پا شو یه آب به صورتت بزن حالت جا بیاد.» و سپس شروع به گشتن جیب‌های شلوارش برای پیدا کردن فندک و یا کبریت کرد ولی اثری از کبریت یا فندک در جیب‌هایش نبود. با عصبانیت زیر لب غرغرکنان گفت: دوباره فندکمو از تو جیبم برداشته. صد دفه بهش گفتم بابا به جیبای من کار نداشته باش مگه به خرجش میره؟

ـ کیو می‌گی؟

ـ کیو خیال کردی؟ سرکار خانوم آزرمی. دست از سر کچل ما که بر نمی‌داره. روزی نیست که این جیبای صاب مرده رو نگرده.

لبخند کم‌رنگی روی لب‌های صدرا نقش بست و همان طور نشسته بخاری گوشه اتاق را به او نشان داد و گفت: «کبریت بغل بخاریه فقط بالا غیرتا زیاد دود و دم راه نندار.» سپس نگاهش را از حبیب گرفت و به نقطه مبهمی روی نقش و نگارهای قالی چشم دوخت. لبخند دیگر کاملاً از روی لب‌هایش محو شده بود. لحظاتی بعد با ناامیدی به حرف آمد: دیگه شاید هیچ وقت نبینمش. پدرش با بی‌رحمی ما رو از هم جدا کرد.

حبیب همچنان که به سیگارش پک می‌زد لای دود غلیظ سیگار ناخودآگاه با به تصویر کشیدن آن چشم‌های زیبا بر خود لرزید. ولی با دیدن حال و روز صدرا از خود خجالت کشید. از ظاهر صدرا به خوبی دریافته بود که حقیقت از دست دادن صبا ضربه بزرگی به او وارد کرده و زمان می‌برد تا اثر آن ضربه کاری بهبود یابد. به همین خاطر می‌خواست با دلداری دادن‌هایش

به صدرا کمی او را آرام کند ولی از آنجا که رک‌گویی را از مادرش به ارث برده بود خیلی جدی به صدرا گفت: صدرا جان! بهتره واقع‌بین باشی. با اخلاق گند صرافی دیگه باید قید صبا رو بزنی. سعی کن فکرش رو از سرت بیرون کنی.

همین جمله حبیب کافی بود تا ناخواسته صدرا را دوباره به تلاطم سرخوردگی و یأس بیندازد. حبیب آمده بود تا صدرا را دلداری دهد ولی نفهمید که ناخواسته آتش درون او را شعله‌ورتر می‌کند.

صدرا فقط به حبیب نگاه کرد، نگاهی که از نگاه یک درمانده در جست‌وجوی حس همدردی ناخواسته به نگاهی ملامت‌بار و سرزنش‌آمیز تغییر کرده بود. حبیب که از روی نگاه‌های صدرا متوجه ناراحتی او شده بود در حالی که سیگارش را در زیرسیگاری روی میز خاموش می‌کرد گفت: صدرا جان! من رو ببخش که این‌قدر رک حرف می‌زنم. ولی اگه نخوای فراموشش کنی خودت از همه بیشتر صدمه می‌خوری. عشق و عاشقی خوبه ولی نه تا حدی که بخواد مرد رو از زندگی و همه چیز بندازه. باور کن تا همین ماه دیگه اگه بری سراغی از صبا بگیری می‌بینی که واسه خودش یه رفیق تازه پیدا کرده.

صدرا دیگر تحمل شنیدن حرف‌های حبیب را نداشت ولی به خاطر رودربایستی سعی می‌کرد جلوی خودش را بگیرد. به‌همین خاطر در حالی که تلاش می‌کرد صدایش بلند نشود در جواب گفت: تو صبا رو نمی‌شناسی. نمی‌تونی در موردش این طوری قضاوت کنی.

ـ دخترا همشون مثل همان‌د. می‌گذارنت تو خماری بعد هم ولت می‌کنند. به همین خاطرم باید حواست جمع باشه. نباید زیاد احساسات جلوشون به خرج بدی. چون از اول عادت می‌کنند فقط حرف‌های قشنگ و چه می‌دونم چرند ازت بشنوند بعد هم یه عمر سوار گرده‌ات می‌شند. مرد باید محکم باشه. یعنی چی بشینه زانوی غم به بغل بگیره که چه می‌دونم زن ایده‌آلش از دستش پریده. تو هر وقت اراده کنی می‌تونی صد تا مثل صبا پیدا کنی فقط بالا غیرتا این دفعه یکیو پیدا کن بابا نداشته باشه. خودت رو هم تو رو حضرت عباس اسیر احساسات و شعر و شاعری نکن.

ـ شعر و شاعری چیه؟ هیچ معلومه چی می‌گی؟ من اگه خودمو بکشم محاله بتونم دوباره کسی رو مثل صبا پیدا کنم. در ضمن چه اشکالی داره که مرد احساساتش را به همسرش بروز بده؟ همین احساساته که زندگی رو قشنگ می‌کنه.

حبیب در حالی که با بی‌حوصلگی سرش را تکان می‌داد سیگار دیگری را گوشه لبش گذاشت و گفت: برو بابا توام خیلی دلت خوشه. اصلاً بگذریم من اومده بودم حالت رو بپرسم.

نیومده بودم باهات جر و بحث کنم. اگر حرفی می‌زنم از سر خیرخواهی می‌زنم. میزان علاقه‌ات به صبا قابل تحسینه ولی مواظب باش که زیاده‌روی گاهی به آدم همچین ضربه می‌زنه که نتونه بلند شه. حرف من اینه. می گم که بیشتر از این ذهنت رو درگیر نکن. نمی گم سخت نیست. چرا دوستش داشتی حالا هم از دست دادیش. تحملش سخته. ولی آخرش که چی؟ بهت قول می‌دم اگه بخوای تا سال دیگه این موقع ازش فقط یه خاطره‌ای که رفته و تموم شده تو ذهنت می‌مونه و بس. حرفام رو جدی بگیر. بهشون فکر کن.

صدرا در خاموشی فقط به حرف‌های حبیب گوش می‌داد. گاهی با خودش می گفت: شاید حق با حبیب باشه. شاید من احساساتی بودن رو از حد گذروندم. ولی لحظه‌ای بعد با یادآوری آخرین صحنه در آغوش گرفتن صبا دوباره به همان پله اول برمی گشت.

زمانی که حبیب به قصد رفتن به در نزدیک می‌شد یک بار دیگر برگشت و به صدرا گفت: به حرفام فکر کن. فراموشی برات بهترین درمانه.

ـ بله فراموشی بهترین درمانه ولی چطور فراموش کردن مهمه!

حبیب بدون آنکه برای حرف صدرا جوابی داشته باشد دم در مشغول پا کردن کفش‌هایش شد ولی ناخودآگاه دوباره تصویر چشم‌ها و صورت صبا در ذهنش نقش بست و به خاطر آورد که با وجودی که به صدرا پیشنهاد فراموشی می‌دهد این چندمین بار است که از صبح ذهنش به صبا معطوف می‌شود. با وجودی که هنوز نگاه غم‌انگیز صدرا بدرقه‌اش می کرد این بار احساسش به صبا حس گناه را در او می کشت و لذت آن جای شرم و حیا را می گرفت.

فصل سیزدهم

با گذشت زمان اوضاع در نظر آقای صرافی از آنچه تصور می کرد بدتر شد. طبق محاسبه‌اش فکر صدرا باید ظرف حداکثر سه چهار ماه از سر صبا می‌پرید. ولی رفتار و گوشه‌گیری‌های صبا با زبان بی‌زبانی به او حالی می کرد که در محاسباتش دچار اشتباه شده است. دیگر پیشنهاد بیرون رفتن و گشت زدن در باغ ارم و یا سر زدن به آرامگاه حافظ که برای صبا محبوب‌ترین جای تاریخی شهر شیراز بود فایده‌ای نداشت. صبا همچنان بی‌قرار برای دیدن دوباره صدرا تلخ‌ترین روزها را می گذراند.

هشت ماهی بود که از پاره شدن آخرین رشته‌های امید برای رسیدن صدرا و صبا به هم می گذشت. در تمام طول این مدت دایره محدودیت‌های آقای صرافی برای صبا چنان تنگ بود که گاهی صبا حس می کرد که دارد مابین دیوارهای بلند و قطور سنت‌های قدیمی صدای خرد شدن استخوان‌های خود را می‌شنود. صبایی که زمانی به سبکبالی یک پرنده آزادانه در اجتماع می گشت حالا به ماهی‌ای شبیه بود که از اقیانوس بیکران به یک تنگ کوچک افتاده است و به هر طرف که می‌چرخد حریم‌های شیشه‌ای تعصب او را محدود می کنند. حریم‌های شیشه‌ای که فقط به او اجازه می‌داد آزادی محیط بیرون را با حسرت تماشا کند.

با وجودی که صبا در طی این مدت با نامه‌نگاری‌های پنهانی‌اش که در نهایت پدرش به آنها هم پی برده بود با صدرا در تماس بود ولی از پا افتاده در اسارت تعصبات خشک خانواده رفته رفته چنان ناامیدی بر سرش سایه افکند که با هر بار یادآوری اینکه پدرش با کج‌خلقی‌ها و تهدیدهایش برای جداکردن آن دو از هم تا کجاها که پیش نرفته حس می کرد شکاف افتاده بین‌شان روز به روز عمیق و عمیق‌تر شده و امیدی به بهبودی اوضاع نمی‌رود. خصوصاً که

نامه‌نگاری‌های صدرا هم یک ماهی می‌شد که به دلیل تهدیدهای آقای صرافی دور از چشم صبا قطع شده بود.

در نهایت بعد از گذشت هشت ماه با تمام سخت‌گیری‌ها و محدودیت‌ها، آقای صرافی با دیدن وضع روحی صبا کم‌کم به این نتیجه رسید که ماندن در شیراز دیگر جایز نیست. اگر چه با آمدنشان به شیراز توانسته بود طبق نقشه‌هایش دخترش را از صدرا جدا کند ولی ناخواسته بدون آنکه خود بفهمد تنها دخترش را به دامان افسردگی کشانده بود. لبخندهای ملیح صبا دیگر برای پدر و مادرش آرزویی دست نیافتنی شده بود. صبایی که زمانی خاک شیراز را با تمام وجود می‌پرستید دیگر نمی‌خواست پایش را از خانه بیرون بگذارد. و حالا آقای صرافی با دیدن وضع نگران‌کننده دخترش با وجودی که در دل به شدت خود را سرزنش می‌کرد هیچ گونه ندامتی را بروز نمی‌داد. تنها کاری که توانست بکند این بود که بدون ذکر دلیل با دادن خبر قطعیت تصمیم‌اش برای بازگشتشان به تهران دوباره همسرش را شوکه کند.

در برابر چشم‌های بهت‌زده همسرش اعلام کرد به تهران می‌رود تا مقدمات بازگشتشان را فراهم کند و تا باز می‌گردد وسایلشان را جمع کنند.

کم‌کم ماه آبان از راه رسید و چهره شهر و خیابان و کوچه‌ها را تغییر داد. چند وقتی می‌شد که باد پاییزی با سوزش به ژاکت‌های نه چندان ضخیم رخنه می‌کرد و لرزشی بیدار کننده به تن آدمی می‌انداخت. پاییزی که در ابتدا با ترفند برگ‌ها را به صد رنگ آرایش می‌کرد ولی در انتها با بی‌رحمی تمام قبل از رفتنش آنها را به باد فراموشی و نیستی می‌داد تا سال بعد که برای اغوا کردن برگ‌های جدید دوباره تازه نفس از راه برسد.

در این میان خانه صدرا تنها خانه‌ای بود که هم از درون و هم از بیرون‌اش خزان‌زدگی می‌بارید. درخت‌ها، باغچه‌ها و برگ‌هایی که آهسته‌آهسته به زمان قتل عامشان نزدیک می‌شدند به صدرا خبر می‌دادند که مدت زمان زیادی از اولین آشنایی‌اش با صبا گذشته است.

آن روز صدرا در حالی که آهنگی قدیمی را زیر لب زمزمه می‌کرد غرق در افکار همیشگی‌اش همراه رحیم‌خان مشغول جمع‌آوری برگ‌های به زمین ریخته بود. رحیم‌خان هم همچنان ضمن کار سخت مشغول غرغر کردن بود که هر چه جمع می‌کنند فایده‌ای ندارد و فردا دوباره همان است. زنگ خانه به صدا درآمد. وقتی رحیم‌خان در حیاط را باز کرد خانم تفرجی را دید که سراغ صدرا را می‌گرفت. تقریباً یک هفته‌ای می‌شد که صدرا او را ندیده بود. خانم تفرجی بعد از سلام و احوالپرسی به صدرا گفت: چند روزی می‌شه خواهرزاده‌ام ثریا از اهواز اومده. شوهرش رفته مأموریت اونم چند روزی اومده پیش من باشه. دیروز که با هم حرف

می‌زدیم بهم گفت که خیلی به کار طراحی نقشه قالی علاقه داره. چند تا از کارهاش را هم با خودش آورده بلکه ببینه می‌تونه کسی رو پیدا کنه که بهش طراحی‌هاش رو نشون بده. منم فکر کردم که شاید تو کسی رو سراغ داشته باشی.

صدرا کمی فکر کرد و گفت: آره! من چند نفری رو می‌شناسم که خبره این کارند. اگر می‌خواد فردا بیاد بریم کارهاش رو نشون بده.

خانم تفرجی لبخندی به لب آورد و گفت: خیر از عمرت ببینی جوون. خیلی وقته داره دنبال یه آدم خبره می‌گرده.

خیالت راحت باشه. بگو فردا ساعت ۱۰ صبح بیاد که با هم بریم.

فردای آن روز ثریا طبق قرار سر ساعت ۱۰ در مقابل در خانه صدرا حاضر شد.

آن دو تا ساعت سه بعدازظهر چند جا سر زدند. ثریا با چند نفر راجع به کارهایش صحبت کرد. ولی چون فرد اصلی را که قرار بود ببینند نیافتند قرار شد تا فردای آن روز حوالی بعدازظهر مجدداً به نمایشگاه فرش مورد نظر سر بزنند.

روز دوم صدرا و ثریا به همان نمایشگاه رفتند. از تعریف و تمجیدهای صاحب نمایشگاه که در کار طراحی نقشه قالی بسیار خبره بود چنین برمی‌آمد که طرح‌های ثریا مورد قبول واقع شده است. ثریا که با هر یک کلمه تعریف که در باره کارهایش می‌شنید بر سرخی گونه‌هایش افزوده می‌شد از فرط خوشحالی و هیجان قدرت تکلم را از دست داده بود و تا لحظه رسیدن به در خانه بارها و بارها از صدرا تشکر کرد به‌طوری که در نهایت صدرا را به خنده انداخت. زمانی که آن دو به در خانه خانم تفرجی رسیدند خانم تفرجی منزل نبود. به‌همین خاطر صدرا از ثریا دعوت کرد تا با او به خانه رفته و تا بازگشت خانم تفرجی آنجا بماند.

ثریا جوانی بود با سنی حدود ۲۴ سال قدی نسبتاً بلند اندامی درشت و پوستی گندم‌گون و چهره‌ای ملیح و بسیار خجالتی به‌طوری که در برخورد با افراد غریبه پوست گندم‌گون چهره‌اش به سرخی متمایل می‌شد و در حین مکالمه به ندرت در چشم‌های مخاطبش نگاه می‌کرد. تا جایی که خانم تفرجی همیشه می‌گفت: من نمی‌دونم این دختره دیگه به کی رفته؟ با هر کی حرف می‌زنه انگار اومدن خواستگاریش می‌شه مثل لبو.

ثریا حدود یک سالی می‌شد که ازدواج کرده و همراه مادر و همسرش در شهر اهواز زندگی می‌کرد. طبق گفته خانم تفرجی همسرش برای مأموریتی ده روزه به قزوین رفته بود و او هم از فرصت استفاده کرده و طی این مدت به تهران آمده بود تا چند روزی را با خاله‌اش بگذراند.

آن لحظه هم ثریا خجالت‌زده از بابت زحماتی که تا آن موقع به صدرا داده بود از سر تعارف نخواست تا بیش از این مزاحم صدرا شود ولی از آنجا که صدرا کاملاً پی به خجالتی بودن او برده بود و می‌دانست که امتناعش فقط از سر تعارف است با اصرار زیاد او را به خانه دعوت کرد.

ثریا به محض ورود برای دقایقی حیاط را با نگاهی تحسین‌آمیز از نظر گذراند و به برگ‌های رنگارنگ پاییزی که انگار جامه‌ای رنگین به تن آن حیاط و عمارت پوشانده بودند خیره شد. سپس نگاهش متوجه حوض حیاط شد که سطح آن تا حدودی با برگ‌های رنگین پوشیده شده و فقط بخشی از تلالو آبی رنگش در معرض دید بود. ثریا به طرف حوض رفت و با کنار زدن برگ‌های روی آب به کاشی‌های آبی‌رنگ آن دقیق شد و همچنان که آن همه زیبایی و هنر را تحسین می‌کرد از قدمت خانه پرسید.

صدرا هم که داستان ساخت خانه را تا آن لحظه بارها برای دیگران تعریف کرده بود تاریخچه خانه و بنا را برای او با صبر و حوصله شرح داد. صدرا همچنان مشغول توضیح پیرامون قدمت خانه بود که با صدای در صحبتش را قطع کرد. زمانی‌که صدرا در حیاط را باز کرد نوجوان ۱۳،۱۲ ساله‌ای با دو کاسه شله زرد در یک سینی بزرگ مسی پشت در ایستاده بود. پسر نوجوان سلام و علیک مختصری با صدرا کرد و پرسید: ببخشید آقا! من برای همسایتون خانم تفرجی شله‌زرد نذری آوردم ولی مثل اینکه خونه نیستن می‌شه از شما خواهش کنم زحمتش رو بکشید یکی‌اش رو هم برای خودتون بردارید.

صدرا همچنان که محو تماشای تزیین شله‌زردها شده بود ضمن تشکر از نوجوان گفت: چقدر قشنگ تزیین شده‌اند. کار کیه؟

ـ کار خودمه.

ـ داری شوخی می‌کنی؟ آره؟

پسر نوجوان در حالی که از تعریف صدرا به هیجان آمده بود با افتخار جواب داد:

ـ نه به خدا! کار خودمه.

تا به حال ندیده بودم کسی با پودر دارچین این‌قدر قشنگ روی شله زرد خطاطی کنه.

پسر نوجوان خندید و گفت: اونقدرا سخت نیست فقط باید یه کمی با خطاطی آشنا باشی.

و با گفتن این حرف مثل اینکه تازه چیزی را به خاطر آورده باشد شروع به عذرخواهی کرد و گفت: ببخشید! من خودم رو معرفی نکردم. من فریدون هستم فریدون شهیدی. چند تا خیابون اون طرف‌تر با پدر بزرگم اینا زندگی می‌کنم. مادربزرگم هر سال این موقع شله‌زرد نذر داره.

من هم میارمشون بین همسایه‌ها تقسیم می‌کنم. دیگه زحمتش رو گردن شما می‌اندازم.

ـ خواهش می‌کنم! چه زحمتی. بگم فریدون آورده بود؟

ـ بگید از خونه شهیدی آوردن چون شاید به اسم کوچیک نشناسه.

همین که صدرا کاسه اول را از سینی برداشت سروکله خانم تفرجی دم در پیدا شد. خانم تفرجی نگاهی به آنها انداخت و با خنده گفت: اینجا چه خبره؟

ـ سلام خانم تفرجی! براتون نذری آوردم در خونه. نبودید منم داشتم می‌دادم به همسایتون که بهتون بده.

ـ دستت درد نکنه مثل همیشه چقدر قشنگ تزیینش کردی!

سپس ظرف شله‌زرد را از سینی برداشت و گفت: با من بیا تا ظرفش رو بشورم بهت بدم ببری.

ـ قابلی نداره خانم تفرجی! حالا پیشتون باشه. عجله نکنید.

خانم تفرجی سرتا پای فریدون را برانداز کرد و سپس مستقیماً در چشم‌های او نگاه کرد و گفت: «پس اگه عجله نداری فردا همین موقع بیا بگیرش» و سپس لبخندی به لب آورد و ادامه داد: البته اگه از ظرفش بدت نمی‌یاد.

فریدون چشمکی به خانم تفرجی زد و با لبخند گفت:

ـ مثل پارسال؟

ـ مثل پارسال.

فریدون قبل از آنکه خانه صدرا را ترک کند از همان دم در نگاهی گذرا به حیاط خانه انداخت و به صدرا گفت: حیاط به این بزرگی آدم توش گم می‌شه ها!

و صدرا با خنده در جواب گفت: باید بهش عادت کنی.

با رفتن فریدون خانم تفرجی از صدرا پرسید: تو این پسره رو تا حالا دیده بودی؟

ـ نه! اولین بار بود می‌دیدمش.

ـ هر سال برام نذری میاره. پارسال برام شله‌زرد آورده بود فرداش اومد ظرفش رو ببره. ظرفه از دستم افتاد و جلو پاش خرد و خاک‌شیر شد. اونم خندید و گفت: بهتر. من همیشه از این کاسه‌هه بدم می‌اومد.

ـ پسر بیچاره رو دوباره می‌خوای این‌همه راه بکشونیش فردا بیاد دنبال ظرفش؟ خوب همین الان می‌دادی ظرفش رو می‌برد که فردا نخواد دوباره برگرده.

خانم تفرجی نگاهی پر معنا به صدرا انداخت و بدون اینکه جواب حرف او را بدهد به ثریا

که با دیدن خانم تفرجی از لب حوض برخاسته بود نگاه کرد و گفت: پا شو دختر. پا شو بریم خونه. به اندازه کافی به این همسایه ما زحمت دادی.

ثریا با خنده گفت: خاله خوب یواشکی ما رو قال می‌ذاری! هیچ معلومه کجا بودی؟

ـ هیچ کجا فقط خودم رو بی‌خودی علاف کردم.

هنوز یک هفته از آمدن ثریا به تهران نگذشته از اهواز خبر رسید که مادرش به دلیل کسالت در بیمارستان بستری شده است و ثریا مجبور بود تا هر چه سریع‌تر به اهواز برگردد.

آن شب زمانی که صدرا از مغازه به خانه برگشت جلوی در خانه با خانم تفرجی برخورد کرد که داشت از خانه بیرون می‌رفت. خانم تفرجی بعد از سلام و علیک مختصری از قضیه بیماری خواهرش برای صدرا گفت و پس از مکثی طولانی با لحنی خجالت‌زده گفت: صدرا جان! می‌دونم این چند وقته کلی بهت زحمت دادیم ولی می‌خوام یه خواهش دیگه ازت بکنم.

صدرا با گشاده‌رویی در جواب گفت: حتماً. پس همسایه به چه درد می‌خوره؟

خانم تفرجی با من‌من گفت: می‌تونم ازت خواهش کنم ثریا رو فردا تا ایستگاه راه‌آهن برسونی؟ خودم کار واجبی دارم وگر نه حتماً باهاش می‌رفتم. این دختره زیاد به تهران وارد نیست. می‌ترسم گم وگور شه یه کم بی‌دست و پاست. خودت می‌دونی که.

ـ خیالت جمع باشه من می‌رسونمش. باید برم برای خودمم بلیت اتوبوس بگیرم.

ـ به سلامتی کجا؟

صدرا سرش را پایین انداخت و همین‌طور که به برگ‌هایی که زیر پایش ریخته بود نگاه می‌کرد گفت: می‌خوام برم شیراز.

بالاخره تصمیم گرفتی با وجود تهدیدای صرافی کله شق بری شیراز؟

و با دیدن سکوت صدرا با لحنی که همدردی از آن می‌بارید پرسید: بعد از این‌همه مدت هنوز نتونستی فراموشش کنی نه؟

صدرا در چشم‌های خانم تفرجی متقابلاً نگاه کرد: تو که غریبه نیستی. نه. حتی برای یک لحظه. و پس از مکثی کوتاه ادامه داد: قراره یه نمایشگاه فرش توی شیراز برگزار بشه. منم یه غرفه کوچیک گرفتم. فکر کنم دو هفته کافی باشه که صبا خبر نمایشگاه رو بشنوه و هر طور شده سری به اونجا بزنه. من مطمئنم. بلکه این طوری بتونم ببینمش.

خانم تفرجی با توجه به تمام کشمکش‌ها و وقایع رخ داده به عمق شکاف افتاده بین صبا و صدرا از مدت‌ها قبل، درست از همان آخرین برخوردش با آقای صرافی پی برده بود و به همان میزان از فرو رفتن صدرا در باتلاق انکار سخت واهمه داشت. به همین خاطر به رغم این که با

تمام هستی‌اش می‌خواست با حرف‌های امیدوارکننده او را تسلی دهد ولی ترسید که با دادن امید نابجا ناخواسته او را بیشتر به عمق باتلاق بکشاند. هر چند از نگاه صدرا به عطش درونش برای جرعه‌ای از سرچشمه امید پی برده بود ولی همچنان او را تشنه گذاشت و موضوع را مجدداً به قضیه رفتن ثریا برگرداند و به او یادآوری کرد که برای ساعت ۱۲ ظهر باید در ایستگاه راه‌آهن باشند.

فصل چهاردهم

فکر افسردگی که طی ماه های گذشته ذره‌ذره دامن صبا را گرفته و از آن صورت پر طراوت و بشاش چهره‌ای غم گرفته و بیگانه با لبخند ساخته بود در تمام مسیر شیراز به تهران مثل خوره به جان آقای صرافی افتاده بود و یک لحظه رهایش نمی‌کرد. صبایی که زمانی صدای خنده‌هایش خستگی کار روزانه را از تن او بیرون می‌آورد حالا در انزوای خود چنان دست و پا می‌زد که دیگر نه کلام خوش پدر و نه لبخند مهربان مادر قادر نبودند او را از درون تاری که به دور خود تنیده بود بیرون بکشند.

ساعت‌ها نشستن روی صندلی اتوبوس و فکر کردن به حال و روز صبا و سبک سنگین کردن وضع موجود یک راه بیشتر پیش پای آقای صرافی نگذاشت. فکرش به اینجا قد داد که شاید کلید حل این مشکل در دست‌های خانم تفرجی باشد. شاید او حداقل بتواند با حرف‌هایش صبا را آرام کند و اثر آن شادی قدیمی را که زمانی درخشش همیشگی چشم‌هایش بود دوباره به آن چشم‌های معصوم باز گرداند. ولی مشکل چگونه مواجه شدن آقای صرافی با خانم تفرجی بود.

برای آقای صرافی رفتن نزد خانم تفرجی و دیدن دوباره او برابر بود با زیر پا له کردن غرور همیشگی‌اش. برابر بود با به زانو درآمدنش در برابر موجودی به اسم زن. به زبان بی‌زبانی اعتراف کردن بود به اشتباهات گذشته. خیلی با خود کلنجار رفت تا بلکه راه ساده‌تری برای حل این معضل پیدا کند. ولی وقتی به جایی نرسید با یادآوری وضع روحی صبا دریافت که خواه‌ناخواه باید غرورش را نادیده بگیرد و ضمن دور ریختن کدورت‌ها خبر بازگشتشان را به خانم تفرجی بدهد و از او بخواهد با صبا صحبت کند تا بلکه حرف‌های او در روحیه صبا اثر مطلوب بگذارد.

آقای صرافی جام زهر را نوشید و فردای آن روز حوالی ساعت ۱۰:۳۰ سر کوچه اقاقیا رسید. با ورود به آن محل تمام وقایع گذشته در خاطرش زنده شد و هم‌زمان با یادآوری آن وقایع تلخ ناخودآگاه اخم‌هایش در هم کشیده شد. آقای صرافی غرق در افکار خود ابتدا متوجه کسی که داشت با او سلام و علیک می‌کرد نشد. گیج و سردرگم برای لحظه‌ای به مقابلش نگاه کرد ولی ثانیه‌ای بعد خانم آزرمی را شناخت. اگر آقای صرافی زودتر متوجه خانم آزرمی شده بود به طور قطع مسیرش را تغییر می‌داد تا او را نبیند ولی دیگر دیر شده بود چون خانم آزرمی پس از مدت‌ها که از نیمه کاره ماندن نقشه‌اش می‌گذشت سر مکالمه‌ای که فقط خدا می‌دانست کی پایان می‌یافت را از قبل باز کرده و برای او راه گریزی باقی نگذاشته بود. باران سوال‌های پی‌درپی بود که بر سر آقای صرافی فرود می‌آمد. با وجودی که سعی می‌کرد با جواب‌های تلگرافی آن مکالمه زجرآور را هر چه زودتر به پایان ببرد ولی خانم آزرمی با مهارت خارق‌العاده‌ای که در حرف کشیدن از دیگران داشت توانست ظرف ده دقیقه از تمام وقایع رخ داده و خصوصاً بازگشت قریب‌الوقوع خانواده صرافی باخبر شود. آقای صرافی کلافه از پرگویی‌های خانم آزرمی از او خواهش کرد که حداقل کنار دیوار مشرف به کوچه بایستند تا در مسیر رفت‌وآمد مردم نباشند. حرف‌های بی‌پایان خانم آزرمی دیگر داشت حسابی آقای صرافی را کلافه می‌کرد که با دیدن صحنه‌ای سر جا خشکش زد. خانم آزرمی که بلافاصله متوجه تغییر حالت آقای صرافی شده بود بی‌درنگ برگشت تا ببیند پشت سرش چه می‌گذرد که چشمش به صدرا افتاد که درست آن طرف کوچه چمدان به دست شانه به شانه دختری خوش برو رو و جوان قدم برمی داشت. از آنجا که صدرا گرم صحبت با ثریا بود متوجه آن دو که با آن همه دقت به او و ثریا زل زده بودند، نشد. صدرا همچنان شانه به شانه ثریا از سر کوچه خلاف جهت آن دو پیچید و بدون آنکه روحش هم خبر داشته باشد نگاه آن دو را مدت‌ها به دنبال خود کشاند.

هنوز صدرا به طور کامل از دید آنها محو نشده بود که خانم آزرمی شک آقای صرافی را تبدیل به یقین کرد: الهی شکر. به سلامتی این جوونم بالاخره سر و سامونی گرفت. دیگه همه جوونا یه روزی باید برن خونه بخت حالا چه خوب باشند چه بد.

آقای صرافی که از شدت عصبانیت اگر کارد می‌خورد خونش در نمی‌آمد در حالی که دندان‌هایش را از فرط ناراحتی به هم می‌سایید گفت: کدوم بدبختیه که گیر این افتاده. شاهنامه آخرش خوشه.

با وجودی که صحنه‌ای عادی از نظر آن‌ها عبور کرده بود ولی ذهن مستعد آقای صرافی و

خانم آزرمی از آن تفسیر دیگری داشت. ذهنیتی که طی ماه‌های گذشته در وجود آقای صرافی به طور تدریجی به حس نفرت او از صدرا دامن زده بود حالا دیگر با دیدن آن صحنه برای حتی یک ثانیه به او اجازه تعبیری عاقلانه نمی‌داد. خانم آزرمی هم که همیشه از ساختن کوهی از کاه لذت برده بود محال بود بدون بر پا کردن آتش از کنار چنین موقعیتی به سادگی بگذرد. از همین رو، تصمیم گرفت با یک تیر دو نشان بزند. یعنی ضمن آنکه صدرا را برای همیشه با حرف‌ها و حدیث‌های ساختگی‌اش از دور خارج می‌کند اسمی هم از حبیب و صبا بیاورد تا زمینه برای نقشه‌های آینده‌اش فراهم شود هرچند آقای صرافی خیلی عصبانی‌تر از این حرف‌ها بود که بخواهد روی حرف‌های او دقتی داشته باشد، چنان که وقتی خانم آزرمی با لحنی معنی‌دار گفت: ایشاالله همه جوونا، حبیب من و صبا خانوم شما خوشبخت بشند حرف او را کاملاً نشنیده گرفت و با خلقی تنگ از خانم آزرمی جدا شد و در حالی که همچنان دندان‌هایش را از شدت خشم به هم می‌فشرد در دل گفت: بیا بدبخت! عشق و عاشقیت همین بود. هنوز نه ماه نگذشته رفتی دنبال یکی دیگه! دختر احمق منو بگو که به خاطر تو دیگه زندگی نداره! اصلاً بهتر. این طوری دیگه خیال هممون راحت شد. بلکه این دختر ساده‌لوح بفهمه که صدرا رفته پی زندگی خودش تا دست از این بچه بازیهاش برداره و قید این پسره رو برای همیشه بزنه.

خانم آزرمی در حالی که همچنان سر جایش ایستاده و دور شدن آقای صرافی را که حالا دیگر دیدن خانم تفرجی را به کلی فراموش کرده بود تماشا می‌کرد لبخندی پیروزمندانه بر لب آورد و زیر لب گفت: همچین صبا رو برای حبیبم جور کنم که همه انگشت به دهن بمونند. حالا ببین.

از آنجا که قرار اسباب‌کشی برای روز شنبه گذاشته شده بود آقای صرافی روز چهارشنبه به شیراز برگشت. از لحظه‌ای که چشم آقای صرافی به صورت غم گرفته صبا افتاد دچار جنگ روانی شد. از یک طرف می‌خواست آنچه را که در کوچه اقاقیا دیده بود برای صبا بازگو کند و به او بقبولاند که تمام شایعات در باره صدرا کاملاً حقیقت داشته است و از طرف دیگر می‌ترسید مبادا صبا با شنیدن این خبر بیش از پیش در باتلاق افسردگی فرو رود. به همین خاطر صبر کرد تا زمانی مناسب پیدا کند و با شرح ماوقع غائله را یک بار و برای همیشه ختم کند.

بالاخره روز اسباب‌کشی از راه رسید و تمام اسباب و اثاثیه در کامیون جلوی در جا داده شد. صبا در حالی که زانوهایش را بغل گرفته بود قاب خطی هدیه صدرا را در کنارش گذاشته و روی لبه طاقچه مانند کنار پنجره اتاقش، رو به حیاط نشسته بود. مثل اینکه سعی داشت با نگاهش از حیاط زیبا و با صفایی که طی این مدت نتوانسته بود ذره‌ای از آن لذت ببرد خداحافظی کند.

صدای آقای صرافی و راننده کامیون که در راهرو ایستاده بودند در خانه خالی شده از اثاث می‌پیچید. آقای صرافی بعد از آنکه استکان چای را سر کشید صبا را صدا زد اما وقتی جوابی نشنید همین‌طور که شلوار خاکی‌اش را می‌تکاند به اتاق صبا رفت و او را زانو به بغل نشسته کنار پنجره دید. آقای صرافی دیگر تصمیم‌اش را گرفته بود. به تصور او صبا تا رسیدن به تهران راهی طولانی در پیش داشت هر چند خبری را که می‌خواست به او بدهد تا پایان سفر او را به ناراحتی و کج‌خلقی می‌کشاند اما حداقل تا رسیدن به تهران بعد از کلی فکر کردن می‌توانست بالاخره به یک نتیجه عاقلانه دست پیدا کند.

به صبا نزدیک شد و در کنارش ایستاد و همچنان که شانه او را با ملایمت لمس می‌کرد گفت: «پا شو بابا دیگه وقت رفتنه الان تاکسی میاد.» صبا نگاهش را از پنجره به صورت عرق کرده پدر متمایل کرد ولی نه حرفی زد و نه تکانی خورد. آقای صرافی بعد از کمی مکث و طفره رفتن و مقدمه‌چینی همین‌طورکه مثل خود صبا روی لبه طاقچه که برایش خیلی کوچک بود می‌نشست و با آن لمس ملایم احساس می‌کرد محبت پدری را به حد کمال رسانده است سر صحبت را باز کرد و جریان را برای آنکه اثر بیشتری بر او داشته باشد با آب و تاب هر چه تمام‌تر اما با لحنی دلسوزانه و پدرانه تعریف کرد. صبا همچنان که پدر حرف می‌زد سرش را به زانوهایش تکیه داد و به فکر فرو رفت و یک آن با خود گفت: یعنی ممکنه؟

ولی همین که نگاهش به قاب خطی افتاد بلافاصله روی اندیشه پدرکه ناخواسته داشت به او منتقل می‌شد خط بطلان کشید. صبا بدون گفتن کلمه‌ای در سکوت کامل به حرف‌های پدر گوش کرد و در نهایت وقتی پدرش ساکت شد تا ببیند حرف‌هایش چقدر بر او اثرکرده است به حرف آمد وگفت: پدر! شما با این حرف‌ها چی رو می‌خوای ثابت کنی؟ اگر قصدت جدا کردن من و صدرا از همدیگه است که این کار رو نه ماه پیش کردی. دیگه برای شما چه فرقی می‌کنه که صدرا کسی رو ببینه یا نبینه؟ تازه حرف‌های شما هیچی رو ثابت نمی‌کنه. مگه با دیدن یک مکالمه ساده بین دو نفر می‌شه به اونا انگ روابط آنچنانی چسبوند؟

آقای صرافی که از قبل به خاطر اثاث‌کشی و خستگی ناشی از آن حسابی عصبی شده بود با عصبانیت نگاهی از زیر عینک به دخترش انداخت و گفت: من فقط می‌خوام بهت حالی کنم که این پسره ارزش این‌همه خودکشون کردن براش رو نداره. منتها کو گوش شنوا. از من که هی تو رو نصیحت کنم از تو که هی از این گوش بگیری از اون گوش در کنی. تو چشماتو بستی و فقط دائم داری غلط‌کاری‌های این پسره رو توجیه می‌کنی. یه ذره واقع‌بین باش.

صبا دیگر بحث کردن با پدر را جایز ندید و سکوت اختیار کرد. صدای خانم صرافی که به

آنها خبر می داد تاکسی مقابل در منتظر است در راهروی خالی پیچید. آقای صرافی از آن وضعیت نشسته نامتعادل برخاست و با صدای گرفته‌ای گفت: پا شو ماشین اومده هر چی زودتر بریم کمتر به شب می‌خوریم.

صبا در حالی که قاب خط صدرا را بغل کرده بود از جا بلند شد. به در اتاق که رسید برگشت و برای آخرین بار اتاق خالی را از نظر گذراند و با نگاه از دیوارهایی که اکثر مواقع مونس لحظات تنهایی‌اش بودند خداحافظی کرد.

از خانه که بیرون آمد ابرهای سیاه تمام پهنه آسمان را پوشانده بودند. باد خنکی که می‌وزید همراه خود بوی باران را به همه جا می‌پراکند. صبا برای لحظه‌ای سرش را بالا گرفت و درست لحظه‌ای که نگاهش را به آسمان دوخت اولین قطره باران را که با قطره اشکش در هم می‌آمیخت روی گونه‌اش حس کرد. بوی خاک باران خورده مشامش را پر کرد. نفس عمیقی کشید و سوار تاکسی شد. آقای صرافی با نشستن صبا در ماشین در تاکسی را بست ولی بلافاصله به صبا اشاره کرد که شیشه را پایین بکشد و به دنبال آن سرش را پایین آورد و با نگاهی جدی رو در روی او قرار گرفت و گفت: «حرفایی که بهت زدم یادت باشه. تا تهران وقت زیادی داری. به حرفام فکر کن. با چشم باز فکر کن برای یه بار هم که شده چشمات رو روی واقعیت نبند. حرفام تو گوشت باشه.» و سپس با نگاه از همسرش که از همه جا بی‌خبر به آن دو چشم دوخته بود خداحافظی کرد.

درست از لحظه‌ای که صبا روی صندلی اتوبوس نشست شدت باران چند برابر شد. آسمان ابری و تاریک در همنوایی با مرثیه اندوهی که در قلب صبا تکرار می‌شد، بی امان می‌بارید و قطرات آن که با ضرب به شیشه اتوبوس برخورد می کردند و بی‌اراده با سرعت زیاد اتوبوس به عقب رانده می‌شدند به او یادآوری می کردند که با چه سرعتی دارد از شیراز دور و به تهران نزدیک می‌شود. حقیقتی که بالطبع می‌بایست آتش هیجان درونش را شعله‌ور کند. ولی آتش هیجان در دلش مثل تنوری خاموش سرد شده بود چرا که حس تلخ فراموش‌شدگی مثل دستی سرد و بی‌روح دوباره بر آن آتش آب یاس و ناامیدی پاشیده بود.

صبا سوالی را که از مدت‌ها قبل ذهنش را به خود مشغول کرده بود با خود تکرار کرد: یعنی صدرا منو به این زودی فراموش کرده؟ و با این فکر بغضش در سکوت شکست و همچنان که به سرعت از شیراز فاصله می گرفت گریه‌ای ساکت و تلخ را آغاز کرد و هم‌زمان به خاطر آورد که چقدر دلش برای دوران خوش کودکی تنگ شده است.

فصل پانزدهم

با نزدیک شدن اتوبوس حامل صدرا به شیراز هیجان و اضطرابی که از ابتدای سفر در دلش بر پا شده بود کم کم به اوج خود می‌رسید. صدرا آهسته پرده اتوبوس را کنار زد. این دومین بار بود که به شیراز سفر می‌کرد. اولین بار فقط شش سال داشت که همراه پدر و مادرش به آنجا رفته بود و از شیراز جز تصاویر مبهمی از ستون‌های تخت‌جمشید همراه با حرف‌های مادرش که با حرارت در باره آن آثار برایش گفته بود چیزی دیگری به خاطر نمی‌آورد.

اتوبوس که به حوالی تخت‌جمشید رسید خورشید رو به غروب بود و صدرا هنوز در زیر آسمان نارنجی رنگ می‌توانست آن همه عظمت را از آن فاصله ببیند. شکوه و زیبایی تخت‌جمشید که رفته‌رفته در سایه غروب فرو می‌رفت برای لحظاتی ذهن صدرا را از صبا دور کرد و او را هزاران سال به عقب برد و به دنبال آن حس غرور و افتخاری وصف‌ناپذیر تمام وجودش را فرا گرفت.

وقتی به شهر وارد شد هوا تاریک شده بود. به خاطر خستگی راه یک‌راست به یکی از هتل‌های مرکز شهر رفت تا شب را در آنجا استراحت کند و فردا صبح به رغم تهدیدهای آقای صرافی با شجاعت برای دیدن صبا راهی خانه آنها شود.

صدرا نفهمید آن شب را چطور به صبح رساند. هوای خفه اتاق از یک طرف و اضطراب برای دیدن دوباره صبا از طرف دیگر داشت دیوانه‌اش می‌کرد. پنجره اتاق را باز کرد و در مسیر نسیم خنک شبانه چشمانش را بست تا صحنه دیدار مجددش با صبا را در ذهن تجسم کند ولی صدای بلند موسیقی یکی از مغازه‌های کنار هتل خلوتش را به هم زد و مجبور شد تا دوباره پنجره را ببندد. بی‌صبرانه به انتظار صبح نشست. اما درست زمانی که اولین اشعه‌های خورشید داشت تمام شهر را از خواب بیدار می‌کرد روی صندلی کنار پنجره خوابش برد. حالا دیگر همه

جا روشن شده بود اما او همچنان در عالم رویا به سر می‌برد که با ضربه‌های نظافتچی هتل به در از خواب پرید. لحظه‌ای اطرافش را نگاه کرد و با نگاهی به ساعت مچی‌اش از جا پرید، لباسش را عوض کرد و از هتل بیرون رفت. نسیم خنک و ملایم پاییزی همچنان که بوی باران را به همه جا می‌پراکند چهره‌اش را نوازش داد. با خود فکر کرد که چه زمان مناسبی را برای آمدن به شیراز انتخاب کرده است چون اصلاً به گرمای طاقت‌فرسای تابستان شیراز عادت نداشت.

پس از کمی پیاده‌روی در مسیرهای شلوغ و پر رفت و آمد با احساس گرسنگی شدید نگاهی به ساعتش انداخت. عقربه‌های ساعت که یازده‌ونیم را نشان می‌داد به خاطرش آورد که از دیروز بعدازظهر تا آن لحظه چیزی نخورده است از این رو قبل از هر کاری به اولین قهوه‌خانه‌ای که سر راهش دید رفت و به قهوه‌خانه‌چی سفارش نیمروی عسلی با چای داد و تا آماده شدن صبحانه اش کمرش را از عقب به پشتی صندلیش تکیه داد و نگاهی گذرا به اطرافش انداخت. قهوه‌خانه نسبتاً شلوغ بود. در یک طرف قهوه‌خانه به جای میز و صندلی تخت‌های چوبی به چشم می‌خورد که روی آنها با فرش‌های نه چندان ظریف نقش و پشتی‌های ترکمنی پوشیده شده و اکثرا هم با مشتریانی که در حال کشیدن قلیان و یا صرف چای بودند اشغال شده بود. بالای دو تا از تخت‌ها دو قاب خطی نظر او را جلب کرد که اشعار حافظ با خط زیبای نستعلیق روی آنها نوشته شده و روی هر یک هم یک وجب خاک نشسته بود.

صدرا برای لحظه‌ای نگاهش را به سمت میزی که صاحب قهوه‌خانه پشت آن ایستاده بود متمایل کرد. صاحب قهوه‌خانه مرد ریزنقشی بود که لنگی روی شانه‌اش انداخته و با یکی از مشتریانش با لهجه شیرین شیرازی گرم صحبت بود. و از آنجایی که درست در کنار بزرگ‌ترین سماوری که صدرا به عمرش دیده بود ایستاده بود ریزنقشی‌اش بیشتر می‌نمود. درست در کنار دست صاحب قهوه‌خانه قوری‌های چینی بسیار بزرگی با عکس شاه‌عباس و استکان‌های بلور کمر باریک و نعلبکی‌هایی که منظم روی هم چیده شده بودند قرار داشت. صدرا محو تماشای اطرافش نگاهش به دیوار پشت میز قهوه‌خانه‌چی دوخته شد. روی دیوار سه قاب نسبتاً بزرگ با تصویری از شاه ایران در بالا و تصویری از ملکه و ولیعهد هرکدام در یک‌طرف و کمی پایین‌تر از عکس شاه به دیوار آویخته شده بود که صدرا را ناخودآگاه به یاد رحیم‌خان انداخت چون رحیم‌خان مشابه همان عکس شاه را در خانه به دیوار اتاقش نصب کرده بود و هر روز هم روی آن را دستمال می‌کشید.

تصویر شاه و ملکه با تاج و آن لباس‌های فاخر تخت‌جمشید و پاسارگاد و تاریخ گذشته ایران را برایش تداعی کرد. تاریخی که در عین داشتن کارنامه‌های سیاه وجوه درخشان هم کم نداشت و حس غرور را در هر ایرانی برمی‌انگیخت.

پس از صرف صبحانه آدرس را از قهوه‌خانه‌چی جویا شد. یک ساعت بعد که صدرا به کوچه مورد نظر رسید از شدت هیجان و اضطراب قلبش داشت از سینه‌اش بیرون می‌زد. از یک طرف می‌خواست بال درآورد و بر بام آن خانه بنشیند و از طرف دیگر نگرانی از برخورد خشک احتمالی آقای صرافی و اینکه شاید او را با ناراحتی از آنجا براند امانش را بریده بود. بعد از مدتی متوجه شد هدف اصلی‌اش از این سفر از ابتدا دیدن صبا بوده است. جلوی در خانه که رسید چشم‌هایش را بست و در حالی که قلبش به شدت می‌تپید زنگ در را فشار داد. ولی هیچ جوابی نشنید. صدرا برای بار دوم و سوم و چهارم زنگ در را به صدا درآورد ولی همچنان بی‌فایده بود. برای لحظه‌ای نگاهش را به پنجره‌های بسته خانه دوخت و به پرده‌های کشیده شده خیره ماند. سپس نگاهش را به دستگیره آهنی در حیاط دوخت و از فکر اینکه زمانی صبا آن را لمس کرده انگشتانش را به آرامی روی آن کشید و سپس مایوس و ناامید به هتل برگشت.

روز دوم از راه رسید و صدرا دوباره به جایی که برای یافتنش خستگی این مسیر طولانی را به جان خریده بود برگشت ولی دوباره خانه را غرق در سکوت و فراموش‌شدگی یافت. مدتی آنجا این پا وآن پا کرد. حس می‌کرد بدجوری به بن‌بست خورده است. نمی‌دانست باید چه‌کار کند. بالاخره به امید گرفتن خبری از آنها زنگ در خانه همسایه را به صدا درآورد.

با باز شدن در زنی جوان با کودکی که از گریه آب دماغش آویزان بود در مقابل صدرا ظاهر شد. زن جوان در جواب صدرا سرش را از لای در بیرون آورد و به خانه قدیمی صرافی نگاهی انداخت و سپس در حالی که بچه‌اش را که با دیدن غریبه‌ای ساکت شده بود آهسته بالا و پایین می‌کرد گفت خانواده صرافی تقریباً دو سه روز پیش نقل مکان کرده‌اند و هیچ خبر دیگری از آنها ندارد. زن جوان در ادامه صحبت‌هایش افزود روابط گرم و صمیمی با همسایه‌ها نداشته و فقط در حد یک سلام و علیک با هم آشنا بوده‌اند.

صدرا با التماس دوباره از زن جوان خواست که هرگونه خبری یا سر نخی که بتواند او را به صبا برساند به او بدهد ولی زن همسایه در حالی که بچه‌اش با صدایی گوشخراش دوباره در بغلش به گریه افتاده بود با تأسف به صدرا گفت: ای کاش می‌تونستم کمکی کنم ولی خانواده صرافی حتی قضیه نقل مکانشان را هم با احدی در میان نگذاشته بودند.

صدرا بیش از پیش در دامان یأس و ناامیدی از زن جوان خداحافظی کرد و به هتل بازگشت. بدون آنکه لباس‌هایش را بیرون بیاورد لبه تخت نشست و خیره به نقطه‌ای مبهم به فکر فرو رفت. حالا او مانده بود و شهری بزرگ و صبایی که برای پیدا کردنش کوچک‌ترین سر نخی نداشت. ولی امیدش را از دست نداد و با خود فکر کرد: نمایشگاه که افتتاح بشه بی برو برگرد همدیگر رو پیدا می‌کنیم.

فصل شانزدهم

اولین کسی که از بازگشت خانواده صرافی هنوز به تهران نرسیده مطلع شد مادر حبیب بود که با یک برخورد ساده با آقای صرافی و با هنری که در حرف کشیدن از دیگران داشت ظرف چند دقیقه ته و توی همه چیز را درآورده بود. مادر حبیب با وجود موانع فراوان هنوز شکست نقشه‌اش را نپذیرفته بود. نقشه‌ای که در ابتدا با جدا کردن صبا و صدرا خیلی راحت‌تر از آنچه تصور می‌کرد با موفقیت روبه‌رو شده بود با کج‌خلقی‌های صرافی و نقل مکان نابهنگامشان به بن‌بست رسید. اما خانم آزرمی آدمی نبود که به این زودی‌ها جا بزند و اگر تصمیم به انجام کاری می‌گرفت هیچ کس نمی‌توانست جلودارش باشد.

برای او دیگر به هم رساندن حبیب و صبا از حد یک خواسته دلسوزانه و مادرانه فراتر رفته بود. حالا دیگر بیشتر قصد و غرض او به سامان رساندن نقشه‌ای بود که برای آن به اعتقاد خودش آن همه زحمت کشیده بود.

با بازگشت صرافی‌ها به تهران قند بود که در دل خانم آزرمی آب می‌شد. ولی هیچ کس از نقشه‌اش خبر نداشت. فقط بی‌صبرانه انتظار می‌کشید. اگر گاهی احساس گناه، وجدانش را قلقلک می‌داد با سناریوبافی‌هایی که برای خودش کرده بود و چیزی که سر کوچه اقاقیا دیده بود به خود می‌قبولاند که آتش عشق صدرا دیگر فروکش کرده است و می‌گفت: حالا دیگه بهتره تا صدرا رفیق تازه پیدا کرده و فیلش یاد هندوستان نکرده حبیب شانسش رو امتحان کنه و تا تنور داغه نون رو بچسبونه.

به همین خاطر از چند روز قبل از بازگشت صرافی‌ها به تهران دوباره زمزمه‌هایش را در باره ازدواج حبیب از سر گرفت.

سجاده نمازش را پهن کرده و چادرش را چنان محکم زیر گلویش گره زده بود که هر کس او را می‌دید می‌گفت: الآن است که خفه شود. همین‌طورکه آماده می‌شد تا قامت نمازش را ببندد حیدر آزرمی با دو نان بربری تازه وارد اتاق شد و گفت: بیا زن! قامت نبند. بیا اول جای این نونا رو درست کن خشکك نشن.

خانم آزرمی اخم‌هایش را در هم کرد و با کج‌خلقی گفت: «مگه نمی‌بینی می‌خوام نمازم رو به کمرم بزنم. خودت جاشون رو درست کن» و سپس خیلی بی‌مقدمه ادامه داد: راستی تا یادم نرفته عصری برو یه سر به صرافی بزن.

حیدر آزرمی در حالی که نان‌ها را روی طاقچه اتاق می‌گذاشت با تعجب پرسید: صرافی کیه؟

ـ یعنی تو صرافی رو نمی‌شناسی؟

ـ صرافی کتابفروش رو می‌گی؟

ـ آره دیگه! مگه ما چند تا صرافی داریم؟

ـ اونا که از تهران رفتن!

ـ دیروز برگشتن.

ـ تو از کجا می‌دونی؟

ـ من از همه جیك و پوك محل خبر دارم.

ـ حالا برای چی باید برم به صرافی سر بزنم؟ و با تمسخر اضافه کرد: برم خیر مقدم بگم؟

ـ برای چی سربزنی؟ برای اینکه قرار بذاریم برای حبیب بریم خواستگاری.

آقای آزرمی برای یك آن فکر کرد گوش‌هایش اشتباه شنیده: خواستگاری کی؟

خانم آزرمی با بی‌حوصلگی جواب داد: مگه صرافی چندتا دختر داره؟ بریم خواستگاری دخترش صبا.

رگ‌های گردن آزرمی از عصبانیت بیرون زد. نگاه خشمگین‌اش را به همسرش دوخت و فریاد زد: چی الکی برای خودت می‌بری و می‌دوزی. مگه عقلت رو از دست دادی؟ من تو این در و محل آبرو دارم. مگه یادت رفته که بعد از خواستگاری برای صدرا، اومد درخونه اون الم شنگه روبه پا کرد. حالا دوباره برم بگم سلام علیکم این دفعه برای این یکی اومدیم خواستگاری؟ این مردك لااله‌الا الله .... بابا این مرد اگه آدم بود به وصلت صدرای بدبخت با دخترش رضایت می‌داد. هم کم مونده تو در و محل بشم انگشت‌نمای مردم. یه دفعه گفتن نه؛ ول کن دیگه زن. انگار تو این شهر قحطی دختر اومده.

مادر حبیب که از قبل خودش را برای چنین عکس‌العملی آماده کرده بود بی‌آن که جا بزند قیافه‌ای حق به جانب به خود گرفت و بدون لرزشی در صدایش گفت: خوبه خوبه! صدات رو بیار پایین. اون صدرا بود این پسر خودته فرقشو بفهم مرد!

آقای آزرمی در حالی که سعی می‌کرد تن صدایش را پایین بیاورد گفت: آخه زن! با چه رویی می‌خوای بری خواستگاری. اگه صدرا بفهمه چی می‌گه؟

ــ صدرا بفهمه. مگه تا آخر عمر دختره رو پشت قبالش نوشتن؟ برای صدرا رفتیم خواستگاری ندادن. دلیل نمی‌شه به حبیب ندن. تازه آقا صدرا نمی‌ذاره سرش بی‌کلاه بمونه. همچین با یه دختره دل و قلوه می‌دادن که بیا و ببین. اون برای خودش یکی رو جور کرده.

ــ تو چه می‌دونی؟

ــ من چه می‌دونم؟ خودم سر کوچه دیدمشون چمدون دختره رو داشت می‌برد انگار دختره یه چند روزی پیشش بوده.

ــ لااله ا... زن اصلاً به ما چه. یه ذره به حرفایی که می‌زنی فکر کن. اون دو تا جوون بدبخت قبلاً که همو می‌خواستن حالا با این کارت دوستی چندین و چند ساله صدرا و حبیب رو هم به هم می‌زنی.

ــ دوستی این دو تا مهم‌تره یا آینده پسرت؟ به بخت بچه خودتم لگد می‌زنی؟

ــ زن! آخه این دری وری‌ها چیه که می‌گی؟

ــ اگه ریش و قیچی رو بسپرم دست تو اونوقت می‌شه حکایت هادی با اون زن شلخته‌ای که تو براش جور کردی. معلوم نیست کجای کون آسمون پاره شده خانوم از توش افتاده پایین. اینقده فیس و افاده داره که نگو. دو سال تمومه نذاشته بچه بدبختم رو ببینم. معلوم نیست بچمو چیز خور کرده که اونم شده لنگه زنش.

خانم آزرمی در این لحظه با استادی هر چه تمام‌تر چشم‌هایش را پر از اشک کرد و ادامه داد:. نه سری. نه حالی نه احوالی. یه وقت نمی‌شه بیاد یه سری بزنه بگه ننه خرت به چند من. تو رو اگه ولت کنن فقط بلدی از این لقمه‌ها برای بچه‌هات بگیری!

آقای آزرمی دوباره خونش به جوش افتاد: د آخه چرا بی‌ربط می‌گی؟ این دختری که تو ازش اینجوری حرف می‌زنی ناسلامتی بچه برادرمه. تازه مگه همین دو هفته پیش از اصفهان نیومدن دیدنت.

ــ من به این کارا کار ندارم. این دختره یه دونه است وضع باباش هم خوبه. قشنگ هم که هست. حبیبم غلط می‌کنه رو حرف من حرف بزنه.

ـ تو اصلاً انگار حرف منو نمی‌فهمی. من هر چی می‌گم تو دوباره حرف خودت رو می‌زنی.

ـ یا می‌فهمم یا نمی‌فهمم. اصلاً من نذاشتم عروسی صدرا و دختره سر بگیره حالا تو این وسط چی می‌گی؟

مادر حبیب آنچنان دستخوش هیجان شده بود و تندتند حرف می‌زد که برای یک لحظه نفهمید چه حرفی از دهانش بیرون آمده است. با آن همه زیرکی خودش را لو داد. وقتی به خود آمد که کار از کار گذشته بود. حیدر آزرمی با شنیدن جمله آخر با چشم‌های از حدقه درآمده و وحشت‌زده به همسرش نگاه کرد. انگار به گوش‌هایش اعتماد نداشت و فقط با دنبال کردن حرکت لب‌های زنش می‌خواست بفهمد حرفی که شنیده است حقیقت دارد یا نه.

مادر حبیب به محض اینکه فهمید خودش را لو داده و آنچه نباید بگوید را گفته است خودش را جمع و جور کرد و سرش را پایین انداخت.

حیدر آزرمی با ناباوری و تحکم گفت: منو نگاه کن ببینم. چی گفتی؟ یه بار دیگه تکرار کن.

خانم آزرمی بدون آنکه سرش را بلند کند با صدایی آهسته گفت: همون که شنیدی.

آقای آزرمی آنقدر شوکه شده بود که توان گفتن کلمه‌ای را نداشت و فقط به صورت زنش خیره مانده بود. پس از گذشت لحظاتی یک قدم به همسرش نزدیک شد و با لحنی آمرانه گفت: سرت رو بلند کن ببینم.

مادر حبیب از سر ناچاری سرش را بلند کرد و در چشم‌های شوهرش چشم دوخت.

خشم از لحن و صدای آقای آزرمی می‌بارید: تو پس فردا جواب خدا رو چی می‌دی؟ چطور دلت اومد دل اون جوونای بیچاره رو بشکنی؟ صدرا هم مثل پسر خودمون سر سفره ما نشسته بود. نون و نمک ما رو خورده بود. چطور تونستی اونجوری به بچه مردم بهتون بزنی؟ هیچ می‌دونی اون بدبخت این چند وقته چی کشیده؟

مادر حبیب دوباره سرش را پایین انداخت و آهسته طوری که صدایش انگار از ته چاه شنیده می‌شد گفت: هر کاری کردم برای خوشبختی پسرم کردم. خدا خودش می‌دونه.

آقای آزرمی با عصبانیت فریاد زد: «برای خوشبختی پسرت کردی؟ به چه قیمت؟ به قیمت بهتون زدن به بچه مردم؟» و وقتی با سکوت همسرش مواجه شد نگاه اندوهبارش را به سقف دوخت و در حالی که دست‌هایش را به حالت دعا بالا می‌گرفت گفت: خدایا! یه مرگی به من بده که این همه خفت و خواری‌هایی که مسببش این زنه نبینم. خدایا! خودت آخر و عاقبتمون

رو ختم به خیر کن. معلوم نیست جوون بیچاره تا حالا چی کشیده.

خانم آزرمی که احساس کرد توفان به پا خاسته دارد کم‌کم فروکش می‌کند دوباره دل و جرأتی پیدا کرد و مشغول توجیه‌کاری که کرده بود شد: حالا تو هی پشتیبانی بچه مردم رو بکن. کاریه که شده. می خواستم بعد از اینکه حبیب سر و سامون گرفت بگردم خودم یه دختر خوب برای صدرا پیدا کنم. حالا هم که جلو جلو خودش یکی رو پیدا کرده و همه چیز به خوبی و خوشی تموم شده. من چون قصدم خیر بود خدا هم می‌بخشه.

پدر حبیب در حالی که سرش را به حال تمسخر تکان می‌داد و نان‌های بربری را که دیگر خشک شده بود از روی طاقچه جمع می‌کرد زیر لب زمزمه کرد: «جون خودت! خدا خیلی می‌بخشه. حالا رو اون سجاده هی دولا و راست شو. وقتی مردم از دست و زبونت در امان نیستند یه قرون ارزش نداره. خدایا ما رو ببخش. خدایا منو ببخش که گیر این زن افتادم.» و به دنبال گفتن این حرف همسرش را در اتاق تنها گذاشت تا روی جا نماز پهن شده‌اش با خدای خود خلوت کند. ولی قبل از ترک اتاق صدای ضعیف همسرش را شنید که با التماس می‌گفت: به حبیب در این باره چیزی نگو.

فردای آن روز نوبت حبیب بود که با چشم‌های از حدقه درآمده و حیرت‌زده به حرف‌های مادرش گوش کند.

خانم آزرمی فکر همه چیز را کرده بود و خوب می‌دانست که گرفتن رضایت از حبیب با وجودی که در دل صبا را دوست دارد ولی به‌خاطر حفظ دوستی‌اش با صدرا چندان هم آسان نخواهد بود. اما رگ خواب حبیب را می‌دانست. دریافته بود که حبیب به صبا به چشم دیگری نگاه می‌کند. دریافته بود وقتی نامی از صبا به میان می‌آید چطور ساکت می‌شود و به فکر فرو می‌رود. تمام این حالات حبیب کم‌کم داشت به او می‌فهماند که پسرش به تلنگری بیشتر بند نیست و به هوای گرفتن ریسمان محبت صبا خیلی زود ریسمان رفاقتش با صدرا از دستش رها خواهد شد.

تمام روز خود را آماده می‌کرد تا به طریقی حبیب را از قصد و غرضش مطلع کند. شب که حبیب به خانه آمد از همیشه ساکت‌تر به نظر می‌رسید. انگار حواسش جای دیگری بود. با این وصف خانم آزرمی با زیرکی خاص خود حرف خواستگاری از صبا را وسط کشید. حبیب ابتدا کمی خیره خیره مادرش را نگاه کرد و سپس نگاهش را به صورت خشمگین پدر متمایل کرد. آقای آزرمی بلافاصله سرش را تکان داد و گفت: به من یکی نگاه نکن. اینا لقمه‌هایی که مامانت می‌گیره. هر حرفی داری به خودش بزن.

حبیب با عصبانیت دوباره رو به مادرش کرد و با فریاد گفت: دیوونه شدی؟ صدرا چی می‌گه؟ من هفتاد سال سیاه راضی نمی‌شم که با صبا عروسی کنم.

مادر حبیب که آماده واکنش‌های مختلف بود با لحنی طعنه‌آمیز گفت: خاك توی اون سرت کنن. من خر رو بگو که این همه حرف و حدیث از بابات شنفتم و این‌قدر به فکر آینـدتم. همین الان تو چشمای من نگاه کن و بگو که از صبا خوشت نمیاد.

حبیب صدایش را پایین آورد و با نگاهی ملامت‌بار خطاب به مادرش گفت: آخه مادر عزیز من! دوست داشتن یا نداشتن من اینجا اصلاً مهم نیست. به عاقبتش فکر کن. من دیگه با چه رویی می‌تونم تو روی صدرا نگاه کنم. چطور با صبایی که صدرا را می‌پرسته ازدواج کنم؟ منی که این همه مدت رفتم صدرا را دلداری دادم تا بلکه از غصه صبا بیاد بیرون حالا با چه رویی بهش بگم که دارم می‌رم صبا رو برای خودم خواستگاری کنم. آخه یه حرفی بزن که توش یه جو منطق باشه. هیچ می‌دونی صدرا اگه بفهمه داغون می‌شه.

مادر حبیب با بی‌حوصلگی جواب داد: تو و این بابات هی یاد گرفتید صدرا صدرا کنید... بیچاره! خودت واجب‌تری یا صدرا؟ یه ذره به فکر خودت باش!

ــ مادر من! تو انگار اصلاً حرف حساب سرت نمی‌شه؟ آخه بشین این وسط کلاهت رو قاضی کن ببین داری چی می‌گی؟ داری به من می‌گی پشت پا بزنم به دوستی چندین و چند ساله به قیمت ازدواج با کسی که اصلاً معلوم نیست که بعدها به من علاقه‌ای پیدا کنه یا نه! بله صبا بهترین دختریه که من تا به حال دیدم. زیبایی‌اش رو هم توی هیچ دختر دیگه‌ای سراغ ندارم. دروغ هم نمی‌گم بله گاهی هم به صدرا غبطه می‌خورم. ولی دیگه اونقدر نامرد نیستم که جلوی چشم‌های صدرا برم خواستگاری کسی که می‌پرستدش.

ــ می‌گم یه جو عقل تو کله‌ات نیست هی بگو نه! نامردی چیه؟ اولا که قبل از اینکه اون دو تا اصلاً همو بشناسن من اول صبا رو برای تو نشون کرده بودم. پس اگه حقی در کار باشه صبا حق توئه نه اون. تازه به فرضم که یه مدت با هم بودن الان نه ماهه که دختره از اینجا رفته و همو ندیدن. دیگه این ادا اطوارا از کله جفتشون در اومده. ثانیاً تو غصه چیه اونو می‌خوری بیچاره؟ همه محل می‌دونن که صدراخان رفیق دختر تازه پیدا کرده. همین روزاست که تقش در بیاد صدرا زن گرفته. توام با این رفیقای ناتوت. حاضرم قسم بخورم یه کلمه پیش تو نم پس نداده.

حبیب با چشم‌های از حدقه درآمده و با ناباوری به مادرش نگاه کرد و گفت: این چرت و پرتا چیه که می‌گی؟ دوست دختر کدومه؟ زن کجا بود؟

ــ بدبخت! بهت نگفته. اون آب زیر کاه رو من می‌شناسم.

در اینجا آقای آزرمی با عصبانیت از جا برخاست و سر همسرش فریاد زد: د بس کن زن! این پسر بیچاره چه هیزم تری به تو فروخته که از گرده‌اش پایین نمیای؟ پسره از نجابت و پاکی همتا نداره. اون وقت تو نشستی اینجا پشت سرش آسمون و ریسمون می‌بافی. یه مشت خاله زنک می‌شینن دور هم حرف می‌زنن تو هم دم به دمشون می‌دی. لااله الا....عجب گیری افتادیم از دست این زن. و با گفتن این حرف از اتاق بیرون رفت.

حبیب که با ناراحتی رد پدرش را با نگاه دنبال می‌کرد با صدای مادرش به خود آمد.

ـ ولش کن. هم بهتر که اون بابات اینجا نباشه. عین آیه یأس می‌مونه! اون از این چیزا سر در نمیاره. سپس با لحنی دلسوزانه ادامه داد: مادر جون! به خدا تازگی‌ها یه دختره رو می‌بینه. من خودم چند روز پیشا با همین چشای خودم سر خیابون با دختره دیدمش. داشت چمدون دختره رو باهاش می‌برد غلط نکنم دختره چند شب اونجا بوده. باور نمی‌کنی برو از آقای صرافی بپرس. چرا تا حالا به تو چیزی نگفته الله و اعلم.

حبیب لحظه‌ای به فکر فرو رفت و با خود گفت: یعنی علت کم شدن رفت و آمدهای صدرا اینه؟ آخه ما که تا حالا چیزی از هم پنهون نداشتیم؟ یعنی راستی راستی علت اینکه حرف صبا رو خیلی کمتر می‌زنه اینه؟ آخه چطور ممکنه؟ صدرا که صبا رو می‌پرستید؟ آخه مگه می‌شه؟

حبیب همچنان غرق در افکار در هم و برهمش با صدای مادرش دوباره به خود آمد: هی کجایی؟ به من گوش بده. من حرفم اینه به فرضم که صدرا دختره رو دوست داشته باشه. اون اگه خودش رو تیکه تیکه هم بکنه صرافیی که من می‌شناسم دیگه بهش دختر نمی‌ده. چه عیبی داره این دفعه تو شانست رو امتحان کنی. سپس با لحنی وسوسه‌انگیز ادامه داد: تو که این دختره رو دیدی چطور می‌تونی به اون چشمای قشنگو لبای خوشگل نه بگی؟

حبیب دوباره سکوت کرد. چهره صبا بار دیگر به همان شفافیتی که در خواب دیده بود در ذهنش تداعی شد. اگر مشکل صدرا نبود حبیب تا حالا کار را تمام کرده بود ولی دوستی چندین ساله، راه را چنان بر او سد کرده بود که گذشتن از آن فقط در یک صورت ممکن بود. این که مردانگی را زیر پایش له کند و بدون ذره‌ای احساس عذاب وجدان به سادگی از دیوار بلند دوستی‌اش با صدرا بگذرد و به پشت سر هم نگاه نکند.

حبیب برای یک لحظه به دامی که مادرش پهن کرده بود افتاد ولی عذاب وجدان او را از دام گسترده مادرش بیرون کشید و دوباره به حرف آمد: مادر عزیز من! اولا خانواده صرافی که اصلاً اینجا نیستند که این‌قدر خودت رو خسته می‌کنی. دوما صبا زیباترین دختر دنیا هم که باشه وقتی دلش جای دیگه است من چطور می‌تونم باهاش عروسی کنم.

ـ اولا صرافی‌ها از شیراز برگشتند. دوماً تو از کجا می‌دونی دلش جای دیگه است؟ نه ماه آزگار گذشته. دست بردارید شما هم با این مسخره بازیهاتون. اصلاً اگه راست می‌گی آخرین بار که صدرا حرف صبا رو زده کی بوده؟

مادر حبیب درست می‌گفت. مدتی بود که صدرا دیگر از تلاطم درونش حرفی نزده بود. حبیب دوباره به فکر فرو رفت. چرا؟ یعنی صبا را از یاد برده است؟ نه امکان نداره. با اون صدرایی که من می‌شناسم احتمال سردشدنش نسبت به صبا خیلی کمه. نه نه غیر ممکنه!

ـ حرفش رو نزنه. اینکه نشد دلیل! صدرا آدم احساساتیه. این چیزا به این زودی از ذهنش نمی‌ره... اصلاً بیا و دست بردار. به خدا خستم کردی از بس که سر این قضیه ازدواج من پافشاری می‌کنی. اصلاً می‌خوام تا آخر عمرم مجرد بمونم دیگه چی می‌گی؟

مادر حبیب که می‌دید پسرش مصرانه خواسته او را رد می‌کند این بار تصمیم گرفت به کارسازترین سلاحش متوسل شود. با وجودی که حبیب چندان آدم احساساتی نبود اما در برابر گریه و زاری مادر تاب و توان را از دست می‌داد و تسلیم می‌شد. و در لابه‌لای بغض و گریه انگشت گذاشت روی حساسیت حبیب: «یه عمر زحمتت رو کشیدم. شب نخوابی کون شوریت رو کردم شیره جونم رو بهت دادم که حالا این طوری تو روم وایسی. چه تیکه‌ای از صبا بهتر می‌خوای؟ نه ماه بیشتره که از خواستگاری صدرا می‌گذره این عشق و عاشقی‌ها دیگه از کله جفتشون افتاده» و سپس در حالی که سوز گریه‌اش را بیشتر می‌کرد ادامه داد: اصلاً تقصیر منه که خودمو پیش هر کس و ناکسی بده می‌کنم که شما نمک‌نشناس‌ها خوشتون باشه. بشکنی ای دست که نمک نداری.

آقای آزرمی که لحظه‌ای پیش به اتاق برگشته بود تکیه داده به پشتی با خشم و ناراحتی به سیاه‌بازی‌های همسرش نگاه می‌کرد و طبق عادتش در لحظه‌های ناراحتی دانه‌های تسبیحش را به سرعت بین انگشتانش می‌چرخاند و زیر لب مدام ذکر لااله الاالله می‌گفت.

حبیب دلش به حال مادر سوخت و دو زانو در مقابل مادرش نشست و ضمن اینکه پیشانی‌اش را می‌بوسید با مهربانی و ملایمت گفت: «مادر عزیز من! بسه دیگه به خاطر خدا گریه نکن. الان فکرم به هیچ کجا قد نمی‌ده. یه کم بهم وقت بده. باید بشینم فکر کنم.» سپس دستمالی از جیب شلوارش بیرون آورد و ضمن اینکه اشک‌های مادرش را پاک می‌کرد گفت: من می‌دونم چقدر زحمت ما رو کشیدی. بس کن. به خاطر خدا بس کن.

وقتی مادر حبیب فهمید با سلاح اشک تا حدودی توانسته پسرش را رام کند بلافاصله آرام گرفت و اشک‌هایش را پاک کرد. فرزندش را به خوبی می‌شناخت و از آنجا که می‌دانست او را

رام خواسته خود کرده است و زمان خواستن او برای فکر کردن بهانه‌ای بیش نیست تا فردا صبح صبورانه به انتظار نشست.

آن شب حبیب تا صبح در رختخوابش از این پهلو به آن پهلو شد. حرف‌های مادرش در باره دوست دختر صدرا آن هم ناگهانی و بی‌خبر و امتناع او از صحبت‌کردن پیرامون صبا طی چند وقت گذشته حبیب را سخت به شک و تردید انداخته بود. حبیب همان‌طور دراز کشیده در رختخوابش لحظه‌ای صورت صبا را تجسم می‌کرد و لحظه‌ای به یاد صدرا می‌افتاد. لحظه‌ای از تجسم در آغوش گرفتن و بوسیدن صبا بدنش گر می‌گرفت و لحظه‌ای دیگر از خجالت صدرا عرق سرد را بر بدن خود حس می‌کرد. تا صبح در برزخ درستی و نادرستی دست و پا زد و زمانی‌که خورشید دامنش را همه جا پخش کرد دیگر از پا افتاده و ناتوان از مانع بلند و قطور دوستی گذشته بود.

حدس مادر حبیب درست از آب در آمد. فردای آن شب وقتی حبیب برای صحبت با مادرش وارد اتاق شد خانم آزرمی با یک نظر به چهره او در دل به زیرکی خود آفرین گفت. حبیب در حالی که سرش را از خجالت پایین انداخته بود گفت: دیشب تا صبح فکر کردم هر کاری می‌خوای بکنی بکن. فقط امیدوارم صدرا فراموشش کرده باشد وگرنه هرگز خودم رو نمی‌بخشم.

به دنبال این جمله خانم آزرمی با قربان صدقه‌های همیشگی‌اش شروع به دلداری او کرد: مادرجون! قربون قدت برم، آقای صرافی که دیگه به صدرا دخترش رو نمی‌داد. دختره که بالاخره باید شوهر کنه. عزیز دلم کی از تو بهتر؟ نگران صدرا نباش اون واسه خودش یه تیکه دیگه پیدا کرده غصه نخور عزیزم غصه نخور.

فصل هفدهم

سه روز از بازگشت صرافی‌ها به تهران می‌گذشت و صبا همچنان در بی‌خبری کامل از صدرا به سر می‌برد. از یک طرف حرف‌های پدر درست قبل از ترک شیراز لحظه‌ای راحتش نمی‌گذاشت و از طرف دیگر فکر اینکه چرا صدرا تا آن لحظه سراغی از او نگرفته است کم کم او را به مرز جنون می‌کشاند. مثل شاپرکی در جست‌وجوی نور یک لحظه آرام و قرار نداشت و با وجودی که به شدت سعی می‌کرد به خود بقبولاند که احتمالاً صدرا هنوز از بازگشتشان مطلع نشده ولی باز هم در نهایت به همان نتیجه‌ای می‌رسید که در حال ترک شیراز در ذهنش قوت گرفته بود: صدرا منو فراموش کرده!

صبا از همان بدو ورود به تهران سعی کرد به هر طریقی شده با خانم تفرجی تماس بگیرد تا بلکه صدرا را از بازگشتشان مطلع کند ولی از خانم تفرجی هم هیچ خبری نبود. تا اینکه خانم صرافی از طریق یکی از همسایه‌ها با خبر شد که حال خواهر خانم تفرجی که در بیمارستان بستری بوده بدتر شده و او هم سه چهار روز پیش برای دیدن خواهرش به اهواز رفته است. وقتی صبا تمام راه‌های فرعی را بسته دید تصمیم گرفت به جای طفره رفتن و به دیگران متوسل شدن راهی مغازه صدرا شود و ضمن دیدن دوباره او حقیقت را از زبان خود او بشنود.

به بهانه هواخوری و تغییر محیط از منزل خارج شد. کف دست‌هایش عرق کرده بود و با هر گامی که برمی‌داشت ضربان قلبش بیشتر می‌شد. چقدر راه رفتن در آن پیاده‌روها و گذشتن از مقابل آن مغازه‌های آشنا برایش لذت‌بخش بود. یادآوری خاطراتش با صدرا برایش دلنشین بود. به مغازه که رسید نفس عمیقی کشید و خود را برای یکی از بهترین لحظه‌های زندگی‌اش آماده

کرد و در حالی که از شدت هیجان قلبش می‌لرزید وارد مغازه شد.

هاشم در گوشه مغازه با یکی از مشتریانش گرم صحبت بود که با دیـدن صبا مکالمـه‌اش را ناتمام گذاشت و با خنده گفت: اا ثثریا خخانوم ششمایید خخخوش اومدید.

صبا لبخندی به لب آورد و گفت: آقا هاشم ثریا کیه؟ من صبام... صبا.

هاشم بلافاصله با کف دست به پیشانیش کوبید و گفت: اه دوباره اششتباه کردم ببخشید صبا خخخانوم.

صبا در آن لحظه رها شده از قفس تنگ محـدودیت‌هـای خـانواده کـه از زمـان ورودش بـه تهران به تصور خاتمه دوستی او و صدرا درش باز مانده بود به اوج آسمان تمایلات فـرو خـورده نه ماهه پر کشیده بود و بی‌قرار برای دیدن صدرا بال بال می‌زد. بی‌صبرانه منتظر بود تا هاشم حال و احوال کردنش را به پایان ببرد و فقط یک کلام بگوید صدرا کجاست. اما زمـانی کـه بـا هـزار مکافات توانست سراغ صدرا را بگیرد جوابی شنید که انتظارش را نداشت.

ــ آققا صدرا یه دو سه روزی می‌شسه که رفته مممسافرت.

ــ مسافرت؟ کجا رفته؟

هاشم کف دستش را روی پیشانی‌اش فشار داد طوری‌که انگار سعی می‌کرد با فشـار دسـتش مغزش را وادار کند به یادآوری جایی که صدرا رفته بود.

ــ ممـی دونستما. خخخـدایا کـدوم شـهر گفـت مـی‌ره؟ روزگـار خـو ببـرا آدم ححـحـواس ننمی‌ذاره.

صبا بدون آنکه پلک بزند چشم به دهان هاشم دوخته بود و فکر می‌کرد اگر کلمـاتی را کـه هاشم با هزار زحمت ادا می‌کند با او تکرار کند هاشم زودتر نام شهر را بـه خـاطر خواهـد آورد. ولی وقتی این کار را بی‌فایده دید با بی‌صبری گفت: هاشم! تو رو خدا فکر کن کجا رفته؟

ــ هههمون چچچند روز پیش که با ثثریـا خـانوم اومـدن اینجـا گگفـت مـی ممیـره ترمینـال کککه برا خخخودشم بلیت بخخخره.

نام ثریا کافی بود تا ذهنش از محل سفر صدرا صرفاً به ثریا معطوف شود.

ــ ثریا؟ ثریا؟ صدرا که خواهر نداره! پس ثریا کیه؟

زمانی‌که فکرش به جایی قد نداد بلافاصله پرسید: هاشم؟ ثریاخانوم کیه؟

ــ ممن نمی‌دونم صصبا خخانوم. یه خانوم جوونی بود ببعض ششما نباششه خیلی هـم خـانوم خخخوبی بود. یه دو سه باری با آقا صصدرا اومد مغازه چچار پنج روز پپیشم آقا صصدرا با چمدونش آوردش اینجا. از خخونه تا اینجا پپیاده اومده بودن ببعدش از اینجا تتاکسی گگرفتن رفتن تترمینال. نه

نه رففتن ایستگاه قققطار. آهان رفتن اهواز. ففکر کنم رفتن اهواز. چچون ههمون روز ببـرا خخودشـم بلیت گرفته بود. ممنتهی ننمی‌دونم چچرا با قققطار ننرفت. آقققا صصدرا یه چچیزایی از نمایشششگاه فففرش گفت. اصلاً ففکر کنم نمایشگاه ففرش تو اهواز بوده. تـازه آققـا صـدرا بـرا خخخودشـم قققرار بود غغغرفه بگیره.

صبا لحظاتی خیره به هاشم نگاه کرد ناخودآگاه تمام حـرف‌هـای پـدرش و فکـر و خیـالاتی که سعی کرده بود از سر بیرون کند فضای ذهنش را اشغال کرد. صبا دیگر باقی حرف‌های هاشم را نشنید. حس کرد توان از کفش رفته و آن مغازه‌ای که زمانی در و دیوارش را با صاحب آن بـا تمام وجود می‌پرستید آهسته به دوران افتاده و با قدرت هر چه تمام‌تر دارد بر سرش فرود می‌آید. بدون گفتن کلمه‌ای دستش را بـه پشـتی صـندلی گرفـت و بـی‌اراده روی آن نشسـت. هاشـم بـا نگرانی پرسید: صصصبا خخانوم ییه هو چتون ششد؟ ببراتون آب قققند بیارم؟

صبا نگاهش را به صورت هاشم که سادگی‌اش همیشه به نظرش با مزه می‌آمد دوخـت. ولـی این بار صورت هاشم در نظرش تیره و تار شده بود. با هر یادآوری نام ثریا نیش حسـرت ذهـنش را چنان مسموم و فلج می‌کرد که قدرت هرگونه تجزیه و تحلیـل عاقلانـه‌ای را از او مـی‌گرفـت. حال تهوع یافته بود. صدای پدر در گوشش زنگ می‌زد که می‌گفت: «می‌خوام بهت حالی کـنم که این پسره لیاقت این همه خودکشی نداره.»

سعی کرد در حضور هاشم خودش را کنترل کند. هرچند دیگر چندان فرقی هـم نمـی‌کـرد. توفان به پا شده در ذهن آشفته صبا بـرای لحظـاتی فـروکش کـرد و در عـوض گردبـاد شـک و تردید از راه رسید و تمام منفی‌بافی‌هایش را با خود برد.

ـ انگار صفت کوته‌نظری که پدرم را به آن متهم کرده بودم حالا در خودم حلول کرده. نـه، صدرایی که من می‌شناسم یه مرد واقعیه محاله محاله.

دقایقی بعد حس انکار جای خود را به حس فراموش شدگی و تحقیرشـدگی بخشـید. حـس قربانی و بازیچه بودن با احساساتی به هیچ گرفته شده و غروری به خـاک افتـاده و بـه زیـر پـا لـه شده. و اینجا بود که کم‌کم حس خشم جای تمام احساسات دیگر را اشغال کرد.

حس کرد زمین و زمان از چرخش ایستاده. برخاست و بدون کوچک‌ترین پرسـش و پاسـخ دیگری مغازه را در حالی کـه بـه آخـرین بـرگ‌هـای خـزان‌زده و جـدا شـده از شـاخه‌هـا غبطـه می‌خورد ترک کرد و کبوتر خانگی وجودش را آزادانه به قفس سرد تنهایی‌اش رساند.

سماجت و اجبار و پافشاری‌های مادر حبیب کار خودش را کـرد و حیـدر آزرمـی در حـالی که هنوز صرافی‌ها از گرد راه نرسیده بودند با دلی چرکین با پدر صبا صحبت و پس از مکالمه‌ای

طولانی که در طی آن مدام عرق‌های پیشانی‌اش را با دستمال پاک می‌کرد به سختی جواب مثبت را از آقای صرافی گرفت و صرافی‌ها دوباره پذیرای خانواده آزرمی شدند.

روز پنجشنبه حبیب با اضطراب و دلهره شدید راهی مغازه صدرا شد. مدتی می‌شد که از صدرا بی‌خبر مانده بود. حبیب در راه مدام با خود می‌گفت: «حتماً صدرا تا حالا فهمیده که صبا برگشته. یعنی صبا رو دیده؟ یعنی با هم حرف هم زدن؟ نکنه دوباره برگشته باشن سر پله اول؟ یعنی یعنی...» حبیب همچنان دست به گریبان با افکار مغشوشش وارد مغازه شد. دستیار جدید صدرا را دید که مشغول تا کردن یک تخته فرش دوازده متری در گوشه مغازه بود و هاشم که سخت مشغول تعمیر بخاری بود. صدرا دستیار جدیدی به اسم مجتبی برای کارهای مغازه و راست و ریست کردن خرابکاری‌های هاشم به کار گرفته بود و اولین بار بود که حبیب او را می‌دید. حبیب سلام و علیک مختصری با مجتبی کرد و از هاشم که با سر و صورت زغالی کنار بخاری ایستاده و دستش را تا آرنج داخل لوله بخاری کرده بود سراغ صدرا را گرفت. هاشم دستپاچه لوله بخاری را زمین گذاشت و همچنان که دست زغالی‌اش را به طرف حبیب دراز می‌کرد که با او دست دهد با همان لکنت زبان همیشگی گفت: ممگه خخبر ندارید آقفا صدرا یه هفته است ررفته اههواز.

حبیب که با وحشت به دست‌های زغالی هاشم خیره مانده بود با شنیدن این خبر ناگهان یکه خورد و با تعجب پرسید: کی؟ پس چرا هیچ خبری نداد؟ اهواز برا چی؟

مجتبی اجازه نداد هاشم ادامه دهد. با لحنی معترض به هاشم گفت: آقا هاشم! چرا بی‌ربط می‌گی؟ اهواز کجا بود؟ رفته شیراز. مگه یادت رفته که نمایشگاه فرش قرار بود توی شیراز باشه.

حبیب هاج و واج از یکی به دیگری نگاه کرد و گفت: بالاخره اهواز یا شیراز؟

ـ شیراز حبیب‌خان! شیراز.

هاشم که تازه متوجه اشتباهش شده بود با کف دست ضربه محکمی به پیشانیش زد و گفت: اکه هی ححححواس خو برا آدم نمی‌مونه. به صصصبا خانوم هم گفتم رفته اههواز.

حبیب با شنیدن نام صبا پرسید: صبا رو کجا دیدی؟

ـ همین جا. دو سه روز پیش اومده بود ممغازه سراغ آقفا صدرا را ممی‌گرفت. اکه هی دل غغافل آقا مشتبی کاش دیروز اینجا بودی به صصبا خخانوم ممی گفتی رفته ششیراز.

ـ چند وقته رفته؟ کی برمی‌گرده؟

مجتبی برای اینکه خیال هاشم را راحت کند بلافاصله جواب داد: یه پنج شیش روزی می‌شه که رفته فکر کنم یه چار، پنج روز دیگه برگرده.

حبیب دوباره به فکر فرو رفت: اگه صدرا یک هفته است که رفته حتماً از برگشتن خانواده صرافی خبر ندارد. احتمالا همون روزی رفته که صبا برگشته. یعنی بیشتر به خاطر صبا رفته؟ یعنی هنوز به صبا فکر می کنه؟

و این تنها سوالی بود که در راه بازگشت عذاب وجدان را دوباره میهمان دل او کرد. چیزی به خواستگاری حبیب از صبا نمانده بود در حالی که روح صدرا هم از این قضیه خبر نداشت.

از سوی دیگر صبا خشمگین و سرخورده مدام خود را سرزنش می کرد و برای مکالمه‌ای پر از گلایه با صدرا نقشه می کشید. تا اینکه بی‌مقدمه خبر خواستگاری آزرمی‌ها را از مادرش شنید. برای صبا در طی آن سه روز آنقدر اتفاقات عجیب و غریب رخ داده بود که فکر کردن به قضیه خواستگاری دیگر از توانش خارج بود. صبا هرگز تا آن لحظه حتی ثانیه‌ای به همسری با حبیب یا علاقه‌مندی به او فکر نکرده بود. برای صبا حبیب فقط دوست صمیمی صدرا بود و از این رو او را همیشه مثل یک برادر دوست داشت و هیچ حس و عاطفه خاصی ورای آن در مخیله‌اش نگنجیده بود. و حالا خبر خواستگاری ناگهانی آزرمی‌ها به آن سرعت در حالی که هنوز بخشی از اثاثیه‌شان را هم پهن نکرده بودند بیشتر از آنکه عصبانیت صبا را برانگیزد تعجب او را برانگیخته بود. صبا گیج و سردرگم مانده بود که چطور حبیب راضی شده به خواستگاری کسی برود که با دوست بسیار صمیمی‌اش یعنی صدرا روابط عاشقانه داشته است. حبیب که از علاقه آن دو به هم کاملاً آگاه بود پس چطور توانسته بود به خود بقبولاند که به رغم آن عشق دوجانبه این گونه قدم پیش بگذارد و به دوستی چندین و چند ساله‌اش با صدرا پشت پا بزند. صبا ساعت‌ها پشت در بسته اتاقش با سناریوهای مختلف سعی می کرد جوابی برای ارضای حس کنجکاویش پیدا کند و در نهایت به این نتیجه رسید که به احتمال قوی حبیب از بی‌رنگ شدن علاقه صدرا به او کاملاً آگاه است. تا جایی که با این کارش به هیچ وجه احساس گناه نمی کند. اینجا بود که صبا با فکر و خیال‌بافی بیش از پیش به دامان خشم افتاد و تنها چیزی که می‌توانست شعله‌های خشمش را تا حدودی فرو بنشاند حس انتقام بود. به همین خاطر به جای مخالفت کردن با قرار خواستگاری آزرمی‌ها فقط سکوت اختیار کرد. وجود صبا از شب تا صبح در تب و تاب حس خشم و اندوه و عشق و نفرت دست و پا زد و سرانجام حس عشق و اندوه خسته و از نفس افتاده مغلوب حس خشم و انتقام شد.

در شب خواستگاری از لحظه ورود آزرمی‌ها به خانه‌شان پشیمانی مثل خوره سخت به جانش افتاد. صبا با همان اولین نگاه به صورت مشتاق حبیب در حالی که هنوز باور نداشت که بهترین دوست صدرا دست همسری به سوی او دراز کرده است کوچک‌ترین اثری از یک حس عاشقانه

نسبت به او که بتواند پیش‌درآمد ازدواجشان باشد در خود نیافت. اما حبیب در بدو ورود با همان اولین نگاه به صبا که رنگ به چهره نداشت دریافت که از مدت‌ها قبل عاشق صبا بوده است ولی به خاطر دوستی‌اش با صدرا سعی می‌کرده به زور به خود بقبولاند که این علاقه فقط یک حس محبت معمولی است و هیچ سنخیتی با عشق ندارد.

برای آقای صرافی که وسواس شدیدی نسبت به رابطه دخترش و صدرا پیدا کرده بود هر ابزاری برای بریدن رشتهٔ عاشقانه آن‌ها را قابل تأمل می‌دانست؛ از این رو از خواستگاری حبیب چندان هم ناراضی به نظر نمی‌رسید تا جایی که هنوز از گرد راه نرسیده و در حالی که هنوز اسباب و اثاثیه‌شان به طور کامل چیده نشده بود پذیرای خانواده آزرمی شده بود. آقای صرافی با وجودی که به عدم عشق و علاقه دخترش به حبیب کاملاً واقف بود این بار به خاطر اعتبار و ثروت حیدر آزرمی به علایق و خواسته‌های صبا کاملاً چشم بست و عینک سوداگری را بر چشم‌های تار حقیقت نهاد و در همان جلسه با همان سماجتی که به صدرا نه گفته بود به حبیب بله گفت.

وضع مادر صبا هم که از اول به خوبی معلوم بود. او درست مانند برگی بی‌اراده در دستان باد به هر سویی می‌رفت. اما صبا سردرگم، دل‌شکسته و مایوس از عشق صدرا و بازی نابرابر و غیرمنصفانه روزگار در حالی که این بار آتش حسرت در اعماق قلبش زبانه می‌کشید در آشپزخانه روی سینی استکان‌های خالی شده چای که در دست داشت اشک می‌ریخت. لابه‌لای هق هق گریه یک لحظه اسم صدرا را لای صحبت‌ها شنید و از گریه ایستاد و گوش‌هایش را تیز کرد. تیر ترکش‌های آقای صرافی دوباره دامان صدرا را گرفته بود. با به میان آمدن اسم صدرا خانم آزرمی بلافاصله اضطراب و دو دلی را در چشم‌های حبیب دید و تصمیم گرفت که این بار در همان جمع غائله را یک بار و برای همیشه ختم کند. به همین خاطر حکایت صدرا و دختر جوان و چمدانش را وسط کشید و آن‌چنان جدی و با چنان آب‌وتابی آن را در مقابل چشم‌های حیرت‌زده همه بازگو کرد که آقای صرافی حقیقتاً باور کرد که ماجرا خیلی فراتر از آن گذر ساده سر کوچه بوده است. خانم آزرمی فقط به جریان دوستی ساختگی صدرا اکتفا نکرد و یادآور شد که احتمال ازدواج صدرا در آینده‌ای نزدیک چندان دور از انتظار نیست. صبا حیرت‌زده پشت دیوار راهرو تا آن لحظه فقط گوش می‌داد اشک‌هایش کاملاً خشک شده و در عوض سردردی کشنده به جانش افتاده بود. حرف‌های پدر، هاشم، خانم آزرمی همه و همه احتمال مهمل بودن وقایع را به شدت تقلیل می‌داد.

مادر حبیب آن چنان ماجرا را با جزئیات کامل شرح داد که در نظر حبیب بسیار جامع‌تر از آنچه که قبلاً از زبان او شنیده بود آمد، از این رو حرف مادرش را قطع کرد و گفت: مادر این

خبرها را شما از کجا آوردید. من دوست صمیمی صدرام روحم از این قضایایی که شما داری تعریف می کنی خبر نداره. اون وقت شما چطور اینقده با اطمینان حرف می‌زنی؟

خانم آزرمی در حالی که یواشکی به حبیب چشم غره می‌رفت گفت: تمام اهل محل از این جریان خبر دارند و از آنجاکه حدس می‌زد صبا به حرف‌هایشان گوش می‌دهد برای آن که حس نفرت را نسبت به صدرا در او برانگیزد صدایش را کمی بلندتر کرد و افزود: تازه صدرا به دختره خیلی سره من خودم با هم دیدمشون این هم آقای صرافی شاهد بفرما و با دست به آقای صرافی اشاره کرد که در تایید حرف‌های او چیزی بگوید. آقای صرافی هم آنچه را که دیده بود البته نه کمتر و نه بیشتر برای جمع نقل کرد. خانم آزرمی به دنبال صحبت آقای صرافی مثل اینکه مدرک معتبری در تایید حرف‌هایش ارائه شده باشد خطاب به حبیب گفت: بفرما دیدی؟ حالا هی بگو من الکی حرف می‌زنم. اینم یه شاهد دیگه!

حبیب دوباره به فکر فرو رفت و برای صدمین بار از خود پرسید: آخه چطور ممکنه صدرا اتفاقی به این مهمی رو از من پنهون کنه؟ شاید بعد از قضیه جدایی‌اش از صبا دیگه به من اعتماد نداشته. ولی آخه صدرا آدمی نبود که به این زودی‌ها بخواد از صبا دست بکشه. حبیب با تمام وجود دوست داشت بپذیرد که حرف‌های مادرش کاملاً صحت دارد. ولی چیزی به نام وجدان همچنان در اعماق قلبش نفس‌های آخرش را می کشید.

صبا در راهرو ساکن و بی‌حرکت مثل مجسمه‌ای یخی و از درون منجمد در جا خشکش زده بود. طولی نکشید که یخ‌های ناباوری‌اش با شعله‌ورتر شدن آتش خشم و حسرت آب شد و زمانی به خود آمد که آقای صرافی برای تعارف کردن شیرینی صدایش می کرد. جلسه با توافق پدر و مادرش با آزرمی‌ها به پایان رسیده بود. معامله خاتمه یافته بود ولی تنها کسی راکه بازی نداده بودند صبا بود. اشکی که در چشم‌های صبا موقع تعارف شیرینی جمع شده بوداز دید هیچ یک از آزرمی‌ها پنهان نماند. خصوصاً حبیب. به طوری که هنگام ترک آنجا همچنان با نگاهی ملتمسانه به صبا در دل می گفت: یعنی می‌تونم بالاخره دلش رو به دست بیارم؟ به نظر اصلاً کار ساده‌ای نمیاد.

با رفتن آزرمی‌ها سیل اشک از چشم‌های صبا جاری شد. طوری که مادرش با نگرانی به شوهرش گفت: «چکارش کنیم؟ بچه راضی نیست. مثل ابر بهار همین‌طوری داره اشک می‌ریزه.» و آقای صرافی با بی‌تفاوتی در جواب گفت: دو سه روز آبغوره می گیره بعدش همه چیز برایش عادی می‌شه.

ـ آره مثل این نه ماهه که همه چیز برایش عادی شد؟ دختره شده پوست و استخون. رنگ به صورتش نمونده. می‌ترسم بچم از دست بره.

ـ تو غصه اونو نخور. دختر هر چی زودتر شوهر کنه بهتره. جهازشم که حاضره. اون پسره

الدنگم که دیگه پیداش نیست. معلوم نیست کجا سر به نیست گذاشته رفته. تازه سر و کله‌اش پیدا هم بشه مگه من مرده باشم بذارم دستش به صبا برسه. خونواده آزرمی هم که شهره در و همسایند دستشون به دهنشون می‌رسه. هر چند مادره اگه یه کم زبون به دهن می گرفت بهتر بود. دیگه چی می گه؟

ـ تو که تا همین دیروز داشتی هر چی فحش و ناسزا بود حوالشون می کردی. چطوری یه دفعه ورق برگشت و آدمای خوبی شدن؟

آقای صرافی دوباره از کوره در رفت و با صدای بلند داد زد: «از دست اون پسره! جعلق زن‌باز که اومدن برایش خواستگاری! لااله... حالا می‌خوام دهنم رو باز نکنم ها! حالا هی بیا به این دختره حالی کن. مگه به خرجش می‌ره! حالا که تیکه خوب اومده سراغش سر لج‌بازی افتاده. دیگه حوصله ادا اصول‌هاش رو ندارم. اصن اگه اون موقع که هنوز محصل بود شوهرش داده بودیم الان این بساطا رو نداشتیم.» سپس تن صدایش را بالاتر برد که صبا هم بشنود: صدرا دیگه مرد صبا خانوم. یه بار گفتم نه. ببینم کی جرات داره رو حرف من حرف بزنه.

صبا دیگر بیش از این تاب حرف‌های پدر را نیاورد و با دلی سنگین از بار خردشدن‌ها تحقیرشدن‌ها و به هیچ گرفته شدن‌ها و از همه بدتر آرزوهای بر باد رفته به اتاقش پناه برد. بدون آنکه چراغی روشن کند در تاریکی روی تخت نشست. نور کم‌رنگ چراغ‌های کوچه و خیابان از لای پرده نیمه‌کشیده اتاقش روی تخت افتاده بود. لحظاتی به ملافه روتختی‌اش خیره شد. طرح پرندگانی کوچک با بال‌های سفید در زمینه آبی ملافه که حالا به دلیل تاریکی اتاق بسیار تیره‌تر به نظر می‌آمد توجهش را جلب کرد. پرنده‌های کوچکی که به ظاهر آماده پرواز و کندن و رها شدن و به اوج رسیدن بودند ولی در اصل اسیر دام تاروپود نازک روتختی. اسیردرست مثل دل شکسته‌اش در حصار بدن نحیف‌اش و اسیر بدن نحیف‌اش در حصارهای بلند و تاریک اتاق.

صبا به هر طرف که نگاه می کرد رد پایی از اسارت در پیله سخت قید و بندها می‌یافت که لحظه به لحظه حلقه آن تنگ‌تر وتنگ‌تر می‌شد. او همچنان که از غصه اسارت کبوترها به غصه اسارت خود بر می گشت مثل شب پره‌ای که به سمت نور پر می کشد آهسته کنار پنجره ایستاد. چهره رنگ پریده‌اش در زیر نور چراغ‌های خیابان به زردی می‌زد. دقایقی به نقطه‌ای که زمانی صدرا دور از چشم آقای صرافی در انتظار دیدن حتی سایه‌اش له‌له می‌زد خیره ماند. به نظرش چقدر صدرا زود همه چیز را به دست فراموشی سپرده بود و چقدر حرف‌های ناگفته باقی مانده بود. آهسته گوشه پیشانی داغش را به شیشه سرد پنجره چسباند و دوباره بغض فرو خورده‌اش

شکست. و این بار با چنان سوز و گدازی به گریه افتاد که دل گرفته آسمان هم برای تنهـای اش بـه درد آمد و شروع به باریدن کرد. بارشی سخت و بی امان به طوری که فردای آن روز همـه دیدنـد که چطور کمر شاخه های عریان درختان زیر بار سنگین اولین گریه برفی آسمان خم شده بود.

فصل هجدهم

درست از همان اولین روز نمایشگاه صدرا از صبح داخل غرفه می‌نشست و به هوای دیدن صبا چشم از انبوه بازدیدکنندگان برنمی‌داشت.

یک هفته از افتتاح نمایشگاه گذشت و با گذشت هر یک روز آتش امید صدرا برای دیدن مجدد صبا رو به خاموشی می‌گرایید. با شروع هفته دوم صدرا کم‌کم به این نتیجه رسید که شاید بهتر باشد به جای نشستن در غرفه و دست روی دست گذاشتن، خود برای یافتن و دیدن دوباره او دست به کار شود. از این رو صبح‌ها را تا ظهر در غرفه می‌ماند و عصرها در پی یافتن صبا گیج و سردرگم این سو و آن سو می‌گشت. در پایان روز دهم دیگر تقریباً تمام کتاب‌فروشی‌ها و مغازه‌های لوازم‌التحریر فروشی را در جست‌وجوی یافتن نام آشنای صرافی گشته و مناطقی را که صبا از خاطرات کودکی‌اش در شیراز قبلاً با حرارت برای صدرا نام برده بود وجب به وجب جست‌وجو کرده بود ولی هیچ اثری از خانواده صرافی نیافت.

صدرا در آخرین روز نمایشگاه، مغلوب حقیقت با کامی تلخ و دست خالی بازگشت را پذیرا شد. فندک طلایی رنگ مستطیل شکلی که روی آن طرحی از فرشته‌های کوچک با بال‌های افراشته حک شده بود از پشت ویترین نظرش را جلب کرد و ناخودآگاه یاد حبیب که ترک سیگارش از محالات بود افتاد. چقدر صدرا در آن لحظه به یک هم‌صحبت، دوست و همراه محتاج بود و چقدر در طی این مدت از حبیب فاصله گرفته بود. به خاطر فرار از حرف‌های ناامیدکننده حبیب با خود عهد کرده بود تا جایی که ممکن است در حضور حبیب از صبا حرفی نزند. ولی حس می‌کرد به حضور حبیب بیشتر از هر زمان دیگری محتاج است. از اینکه دربارهٔ آمدنش به شیراز به حبیب چیزی نگفته بود احساس ندامت کرد ولی با تجسم حبیب

که در حال جست‌وجوی جیب‌هایش برای پیدا کردن کبریت بود لبخندی به لب آورد و وارد مغازه شد.

یک ساعت بعد نشسته کنار پنجره اتوبوس در حالی که فندک را در جیب کتش قرار می‌داد نگاه پر حسرتش را یکی بعد از دیگری به بوته‌ها و سنگ‌های کنار جاده که با سرعتی سرسام‌آور از آنها فاصله می‌گرفت، دوخت و با شهری که صبای رویاهایش را در آن نیافته بود به تلخی وداع کرد.

فردای شبی که به تهران رسید خوشحال از اینکه بعد از دو هفته هاشم و مجتبی را می‌بیند راهی مغازه شد. مجتبی و هاشم زودتر مغازه را باز کرده و هر یک مشغول انجام کاری بودند که به محض ورود صدرا خوشحال از بازگشتش او را دوره و سوال‌باران کردند.

صدرا با صبوری به سوال‌های آنها در باره شیراز و نمایشگاه و هوا و زمین و غیره جواب داد و وقتی حرف‌هایش به پایان رسید از هاشم و مجتبی در مورد مغازه و مشتری‌ها پرسید. هاشم که حافظه چندان خوبی نداشت آمدن صبا به مغازه را به کلی فراموش کرده بود ولی مجتبی در لابه‌لای حرف‌هایش به آمدن حبیب به مغازه اشاره کرد. حوالی بعدازظهر حبیب نامطمئن از بازگشت صدرا دوباره سری به مغازه او زد. اضطراب و دلهره چنان امانش را بریده بود که هنوز وارد نشده از پاکت سیگار داخل جیب پیراهنش سیگاری را درآورد و آن را گوشه لبش گذاشت ولی همین که خواست آن را روشن کند متوجه شد کبریتش را فراموش کرده است.

صدرا لبخندزنان به حبیب نزدیک شد و با فندکی که برایش آورده بود سیگارش را روشن کرد و فندک را به او داد.

حبیب نگاهی سرسری به هدیه زیبای صدرا انداخت و همین‌طور که از او تشکر می‌کرد آن را در جیب کتش جای داد. سپس برای لحظه‌ای به صورت بشاش صدرا چشم دوخت و همین طور که سرش را به یک طرف می‌چرخاند که دود سیگارش را به خورد صدرا ندهد پرسید: کی اومدی؟

ـ دیشب رسیدم.

ـ چرا یه خبری ندادی که داری می‌ری مسافرت؟

ـ ببخش حبیب‌جان! آنقدر رفتنم عجله‌ای شد که دیگه فرصت خداحافظی پیدا نکردم. می‌دونستم که از دستم شاکی می‌شی.

ـ نه شاکی نیستم فقط متعجبم.

ـ از چی؟

- از اینکه کمتر میری و میای. کمتر حرف می‌زنی. دیگه همه چیز رو تو خودت قایم می‌کنی.
- من هیچ وقت چیزی رو از تو پنهون نمی‌کنم خودتم اینو خوب می‌دونی.
حبیب با تمسخر سرش را تکان داد و سکوت اختیار کرد.
صدرا همین طور که با تعجب او را نگاه می‌کرد گفت: پسر! چت شده؟
حبیب دوباره به صورت صدرا دقیق شد. انگار می‌خواست از روی چهره او تا اعماق قلبش را بخواند ولی وقتی به نتیجه نرسید با لحنی مضطرب گفت: هفته پیش اومدم مغازه ببینمت باهات کار واجب داشتم نبودی.
- آره مجتبی بهم گفت ببخش حبیب‌جان. حالا کارت رو بگو. و با طعنه اضافه کرد: البته اگه هنوز دیر نشده.
حبیب با تأسف نگاهی به صدرا انداخت و زیر لب گفت: چرا خیلی دیر شده!
- مگه چکارم داشتی که حالا دیر شده؟
- اومده بودم بهت بگم که قصد ازدواج دارم و دارم میرم خواستگاری.
برق شادی یکباره در چشم‌های صدرا درخشید و در حالی که لبخند خوشحالی بر لبانش نشسته بود بی‌اختیار حبیب را در آغوش گرفت و با هیجان گفت: پسر! مبارک باشه. راست می‌گی؟! چقدر سریع! چرا حرفی نزدی؟ حالا این دختر خوشبخت کیه؟
حبیب مهر سکوت بر لب زده و هیچ نمی‌گفت و وقتی حس کرد که دیگر اصلاً یارای نگاه کردن در چشم‌های صدرا را ندارد سرش را پایین انداخت.
صدرا با همان لحن هیجان‌زده و مشتاق گفت: آره جون خودت! مثلاً داری خجالت می‌کشی؟ اون حبیب آزرمی که من می‌شناسم همه چی تو کارشه الا خجالت. حرف بزن دیگه من می‌شناسمش یا نه؟
حبیب با این سوال صدرا مجبور شد سرش را بلند کرده و دوباره در چشم‌های مشتاق صدرا نگاه کند. چطور می‌توانست اسم صبا را در مقابل صدرا به زبان بیاورد؟ عرق سردی بر پیشانیش نشست. حبیب در بد شرایطی قرار داشت. از یک طرف صدرا که سال‌ها جز رفاقت خالص چیزی از او ندیده بود در مقابلش ایستاده بود و از طرف دیگر صبا با نیرویی خارق‌العاده بین‌شان حائل شده و آن دو را از هم جدا می‌کرد. و حالا با وجودی که خود را متقاعد کرده بود که شعله‌های سرکش عشق صدرا دیگر فروکش کرده و تمایلات او نسبت به صبا حسابی رنگ باخته ولی با این وجود هنوز از بیان واقعیت به شدت واهمه داشت.

هیجان صدرا کم‌کم به حس تعجب و سپس وحشت مبدل شد. به حبیب که دوباره سعی می‌کرد نگاهش را از او پنهان کند گفت: «حبیب! چت شده؟ حرف بزن ببینم چی شده.» ولی سکوت حبیب تنها جواب صدرا بود. صدرا نگاهی به هاشم و مجتبی که با کنجکاوی به آن دو خیره شده بودند انداخت و گفت: می‌شه لطفا ما رو تنها بذارید.

و با رفتن آن دو دستش را بر شانه حبیب گذاشت و مجدداً سوالش را تکرار کرد: ببین هاشم اینها رفتند حالا بگو ببینم چی شده!

حبیب در آن شرایط سخت به یاد قضیه دوست دختر جدید صدرا افتاد و از همین رو کمی دل و جرات پیدا کرد و با صدایی که صدرا به زحمت می‌شنید در یک کلام گفت: صبا.

دست صدرا یک آن با شنیدن نام صبا بر شانه حبیب خشک شد و نگاهش بر لب‌هایی که نام صبا را برده بود متوقف ماند. دقیقه‌ای طول کشید تا صدرا بین کلمه صبا و طفره رفتن‌ها و رفتار عجیب و غریب حبیب ارتباط برقرار کند.

صدرا دستش را از شانه حبیب برداشت و یک قدم به عقب رفت. حبیب در چشم‌های صدرا که اصلاً او را باور نداشت با التماس نگاه کرد و گفت: به خدا این‌طور که فکر می‌کنی نیست. تو مدت‌هاست که صبا رو فراموش کردی. دیگه حتی اسمی هم ازش نمیاری مگه نه؟

صدرا در حالی که همچنان با ناباوری به حبیب نگاه می‌کرد سرش را به علامت نفی تکان داد ولی قدرت راندن کلامی بر زبان نداشت. این بار نوبت حبیب بود که یک قدم به صدرا نزدیک شود و با اصرار بخواهد که در چشم‌هایش نگاه کند. حبیب دوباره با لحنی مظلومانه گفت: صدراجان! دیگه رابطه‌ای بین تو و صبا وجود نداشت. تو دیگه حتی پیش من اسمی ازش نمی‌بردی. اگه دروغ می‌گم بگو دروغ می‌گی.

بغضی دردناک در گلوی صدرا نشسته و با غرور مردانه او به سختی در افتاده بود. در حالی که بیهوده سعی می‌کرد جلوی لرزش صدایش را از شدت خشم بگیرد بالاخره به حرف آمد و گفت: آره من دیگه از صبا پیش تو حرفی نمی‌زدم چون نمی‌خواستم حوصله‌ات را با گفتن و تکرار مشکلات خودم سر ببرم. دیگه حرفی از صبا نمی‌زدم چون هر وقت اسم صبا رو می‌آوردم به جای امید گرفتن از تو ناامیدی نصیبم می‌شد. حرفی از صبا نمی‌زدم چون برای احدالناسی قابل فهم نبود که چقدر دوستش دارم. حرفی از صبا نمی‌زدم چون مشکل خودم بود و مثل یه مرد به تنهایی باید براش راهی پیدا می‌کردم.

حبیب با خشم در جواب صدرا گفت: از من چیزی جز ناامیدی نصیبت نمی‌شد چون نمی‌خواستی واقعیت رو بپذیری. حرف‌های من واقعیت محض بود. ولی تو هرگز نمی‌خواستی به

خودت بقبولونی که دیگه همه چیز بین تو و صبا تموم شده.

حبیب در اینجا لحنی تمسخرآمیز به خود گرفت و ادامه داد: تو اگه صبا را واقعاً دوست داشتی نمی‌رفتی به این سرعت برای خودت دوست‌دختر تازه پیدا کنی و شب ببریش خونه.

صدرا در حالی که دهانش از تعجب باز مانده بود در حال شوک از حبیب پرسید: چی؟ چی گفتی؟

حبیب بلافاصله قیافه‌ای حق به جانب به خود گرفت و گفت: اوه! حالا داری انکار می کنی؟ من و تو آب بخوریم تو این در و محل همه باخبر می‌شن. همه محل خبر دارن که تازگی‌ها کسی رو می‌بینی.

صدرا همچنان شوکه شده از حرف‌های حبیب که به نظرش به شدت بی‌ربط و بی‌معنی می‌آمد با عصبانیت گفت: این چرندیات چیه که می گی؟ این دری‌وری‌ها رو از کجا شنیدی؟

ـ اوه! حالا که همه فهمیدن دری وری شد. خود آقای صرافی با چشم خودش دیده که با دختره از خونت رفتی بیرون. اونم با چمدون. حتماً دو سه روزی با هم بودین. در ضمن اگه خیال می کنی صبا خبر نداره در اشتباهی! چون صبا همه چیز رو می‌دونه و براش هم دیگه مهم نیست. من فقط اومده بودم بگم که قرار نامزدیمون این پنجشنبه که میاد نه پنجشنبه دیگه است و خوشحال می‌شم که توی مراسمم شرکت کنی.

صدرا دیگر حقیقتاً به آخرین نقطه از ظرفیت تحملش رسیده بود و هر لحظه ممکن بود از کنترل خارج شود به همین خاطر تمام خشم و عصبانیتش را در چشم‌هایش جمع کرد و در حالی که در مغازه را با انگشت به حبیب نشان می‌داد فریاد زد: از مغازه من برو بیرون!

حبیب دیگر ماندن بیش از این را جایز ندانست. سیگارش را در زیرسیگاری روی میز کنار ته‌سیگار دیگرش خاموش کرد و بدون کلمه‌ای دیگر آنجا را با ناراحتی ترک کرد.

صدرا شوکه از بار این همه اتهامات نابجا و نادرست با دلی که میدان نبرد خشم و اندوه شده بود لبه میز کارش را با دو دست گرفت و روی میز خم شد. بخش اعظمی از نیروی خشمش در دست‌هایش متمرکز شده و با قدرت هر چه تمام‌تر به لبه میز کارش فشار می‌آورد. تصویر کم‌رنگی از چهره‌اش را شیشه روی میز کارش منعکس می کرد. ابتدا به حالت آن چشم‌ها که در سایه فرو رفته بود خیره شد و سپس نگاهش را به عضلات منقبض شده صورتش دوخت. او تا به حال آثار خشم را این‌چنین در صورت یک مرد ندیده بود. برای دقایقی همان طور بی‌حرکت به تصویر خود در شیشه خیره شد و سپس تمام وقایع سد تحملش را شکست و امواج بی‌رحمش وجود او را با خود به برزخ خشم و نفرت برد.

صدرا مدت‌ها سناریوهای مختلف را در ذهن مشوشش مرور کرد. چه شب‌ها که با یاد صبا به خواب نرفته و چه روزها که با یاد او بر نخاسته بود. به خاطر آورد که چطور راه طولانی تهران تا شیراز را فقط به عشق دیدن دوباره صبا طی کرده و همه جا در به در بـه دنبـال او گشته بـود و حالا صبا به همین راحتی از سد عشق صدرا گذشته و از همـه بـدتر بـه ازدواج بـا صـمیمی‌تـرین دوست او تن داده بود.

صدرایی که آن شب به خانه می‌رفت با صدرایی که صبح به مغازه رفته بـود تفـاوت زیـادی داشت. درمانده و مأیوس دیگ خشمش با چاشنی نفرت و انزجار به درجه جوشیدن رسیده بـود. غرورش زیر پا افتاده و لگدمال شـده بـود. وقتـی وارد حیـاط شـد رحیم‌خـان را کـه درسـت در مقابلش مشغول پارو کردن برف‌های کف حیاط بود، ندید. رحیم‌خان با دیدن صدرا کـه سـخت در عالم خود فرو رفته بود او را با لبخند صدا زد و گفت: رسیدن به خیر! کی اومدی که مـا خبـر نشدیم؟ سفر قندهار رفته بودی که این‌قدر طول کشید؟

صدرا نگاه بی‌حالتش را به صورت مشتاق رحیم‌خان دوخت و با بی‌تفاوتی فقط سلام کرد و بی‌آن که تمایلی به ادامه مکالمه نشان دهد به خانه رفت. رحیم‌خان همان طور ایستاده چانه‌اش را به دسته پارویش تکیه داد و زیر لب گفت: ددم یاندی ببینی این دفعه دیگه چی شده! خدا به خیر کنه!

هنوز چند دقیقه بیشتر از رفتن صدرا نگذشته رحیم‌خان پارویش را همان طـور روی بـرف‌هـا رها کرد و در تعقیب صدرا وارد خانه شد.

صدرا بی‌آنکه پالتویش را درآورده باشد همان طور روی مبل اتاق نشیـمن ولـو شـده و نگـاه متفکرش را بر نقطه‌ای مبهم که به هیچ عنوان از دید خود او قابل رویت نبـود دوختـه و کـاملاً از زمان حال خارج شده بود. رحیم‌خـان بـا کوبیـدن کـف کفـش‌هـایش در راهـرو ضـمن تکانـدن برف‌ها می‌خواست به صدرا بفهماند که دارد وارد اتاق می‌شود. اما صدرا کوچک‌تـرین حرکتـی نکرد. حضور و یا عدم حضور رحیم‌خان در آنجا و در آن لحظه ذره‌ای بـرایش تفـاوت نداشـت. رحیم‌خان در حالی که با خنده یاالله یاا... می‌گفت وارد اتاق شد و گفت: «ببیـنم ایـن جـوون مـا دوباره چش شده!» و وقتی از طرف صدرا حرفی نشنید ادامه داد: بابا جان خیلی توپـت پـره! بگـو ببینم چت شده؟ تو شیراز خبری شده؟

صدرا بالاخره نگاهش را متوجه رحیم‌خان کرد و با صدای گرفته‌ای گفت: تا بـه حـال تـوی زندگیت به نقطه‌ای رسیدی که همه چیز برات تموم شده باشه و زندگی به نظرت پـوچ‌تـرین راه درازی بیاد که مثل یک آدم علیل مجبور باشی تا آخرش خودت رو به زور بکشونی؟

لبخند دیگر کاملاً از لب‌های رحیم‌خان محو شده بود. لحظه‌ای به فکر فرو رفت و سپس نگاهی موشکافانه به صدرا انداخت و این‌بار با لحنی آمرانه پرسید: چی شده؟
لبخندی تمسخرآمیز بر روی لب‌های صدرا نشست و بدون آنکه به رحیم‌خان نگاه کند، گفت: اومده بود که منو برای نامزدیش دعوت کنه!
رحیم‌خان که حقیقتاً سر از حرف‌های صدرا در نمی‌آورد با لحنی جدی پرسید: کی اومده بود؟ نامزدی کی؟
صدرا این بار نگاهش را متوجه رحیم‌خان کرد و بدون آنکه دوباره اسمی از کسی ببرد گفت: انتظار داشت از صمیم دل بهش تبریک بگم و براش آرزوی خوشبختی کنم!
ـ به کی تبریک بگی؟ کی خوشبخت بشه؟ بابا حرف بزن ببینم چی شده!
صدرا نفس عمیقی کشید و دوباره با همان لحن تمسخرآمیز گفت: دوست و رفیق چندین و چند سال‌هام. حبیب آزرمی میره تا دو هفته دیگه صبا رو عقد کنه به همین راحتی.
رحیم‌خان با شنیدن این حرف دچار شوک ناگهانی شد. همان جا دستش را به دیوار گرفت و روی زمین نشست و پس از لحظاتی مکث گفت: یعنی چی که داره صبا رو عقد می‌کنه؟ دیوونه شدی؟
ـ نخیر! دیوونه نشدم همین که شنیدی؛ تا دو هفته دیگه جناب حبیب آزرمی زندگی مشترکش رو با خانوم صبا صرافی جشن می‌گیره. من احمق رو بگو که این چند وقته چی کشیدم.
و با گفتن این حرف سرش را بین دو دستش گرفت و ادامه داد: تو که شاهد بودی. نبودی؟
رحیم‌خان نگاه تأسف بارش را در سکوت به صدرا دوخت. ای کاش می‌توانست با جملهای حس همدردی‌اش را به صدرا ثابت کند. پس از لحظاتی سکوت لب به سخن گشود ولی شروع نکرده صدرا همان طور که سرش پایین بود پیش‌دستی کرد و با التماس گفت: رحیم‌خان! خواهش می‌کنم تنهام بذار.
رحیم‌خان دیگر تعلل را بیش از آن جایز ندانست و از اتاق بیرون رفت. وقتی به حیاط رسید در حالی که از شدت ناراحتی دندان‌هایش را به هم می‌فشرد مشتش را گره کرد و چشم دوخته به نقطه‌ای مبهم در آن تاریکی زیر لب گفت: حسابتو می‌رسم نامرد!
دو سه روزی می‌شد که حیدر آزرمی به شدت سرما خورده و در رختخواب افتاده بود. به همین دلیل تمام کارها به حبیب محول شده و مجبور بود بنگاه را برای مدتی به تنهایی اداره کند. آن روز صبح به قصد بنگاه از منزل خارج شد و از همان ابتدای راه طبق معمول اسیر افکار ضد و

نقیض همیشگی شد. با چه سرعتی طناب محکم دوستیش با صدرا به مرز پوسیدگی رسیده بود و چه راحت با همان برخورد آخرش با او آن طناب پوسیده را از هم گسسته بود. آن دیوار محکم رفاقت که به قول خودش مو لای درزش نمی‌رفت به چه سادگی فرو ریخته بود. به روز اول برگرداندش هم حالا دیگر از محالات به نظر می‌رسید. حبیب همچنان غرق در حال و هوای خود ناگهان با فشار دستی از مقابل تعادلش را از دست داد و بی‌اختیار به سمت دیوار کشانده شد و به سینه دیوار چسبید. غافل‌گیر از این حرکت ناگهانی گیج و سردرگم به دو چشم خشمناکی که مثل چشم‌های یک گرگ درنده به او نگاه می‌کرد خیره شده بود. رحیم‌خان با قدرت تمام حبیب را به دیوار چسبانده و بازویش را زیر گلوی او می‌فشرد. با وجودی که قد و هیکل رحیم‌خان به مراتب از حبیب کوچک‌تر بود ولی حبیب در آن وضعیت توان کوچک‌ترین حرکتی نداشت. حبیب کم‌کم به خود آمد و با وحشت تمام فقط پی‌درپی تکرار کرد: رحیم‌خان! رحیم‌خان! خواهش می‌کنم!

و رحیم‌خان با همان عصبانیت فریاد زد: خفه شو!

ـ رحیم‌خان! آخه برای چی؟

ـ گفتم که خفه شو! تو اسم خودت رو می‌ذاری رفیق؟ تو یه نامرد پست‌فطرت بیشتر نیستی! حبیب که از ترس به شدت به لکنت زبان افتاده بود در حالی که تقلا می‌کرد خود را از زیر فشار بازوی او نجات دهد گفت: رحیم‌خان این حرفا چیه؟ به خاطر خدا بذار توضیح بدم.

ـ می‌خوام ۷۰ سال سیاه توضیح ندی. چی رو می‌خوای توضیح بدی؟ توضیح بدی که مثل یه نامرد با حقه‌بازی کسی رو که صدرا با تمام وجودش می‌پرستید از چنگش درآوردی؟ توضیح بدی که مثل یه شغال کثیف فقط مترصد فرصت بودی؟ تو لیاقت دوستی صدرا رو نداری. یه دفه دیگه اگه فقط یه دفه دیگه اونورا پیدات بشه با من طرفی.

با گفتن این حرف بازویش را از زیر گلوی حبیب برداشت، کتش را مرتب کرد و پس از آنکه آب دهانش را جلوی پای حبیب انداخت او را مات و مبهوت در حالی که از ترس به خود می‌لرزید و آماج نگاه‌های کنجکاو عابران شده بود رها کرد.

حبیب به دنبال حرف‌های تند رحیم‌خان نه کوچک‌ترین تلاشی برای دفاع از خود کرد و نه حرفی بر زبان آورد چون اطمینان داشت گناهی که در حق صدرا مرتکب شده به این سادگی‌ها بخشودنی نیست و فراموش نخواهد شد.

به دنبال آخرین مکالمه ناخوشایند صدرا و حبیب تمام زخم‌های سربسته صدرا دهان باز کرد و سوزش وحشتناک آن مثل خوره به روح از نفس افتاده‌اش افتاد. صدرا هنوز نتوانسته بود باور

کند که حبیب صمیمی‌ترین دوست زندگی‌اش کسی که از برادر به او نزدیک‌تر بود با او در حالی در قماری ناعادلانه شرکت کرده که می‌داند بازنده اول و آخر آن صدرا است و حالا با در دست داشتن برگ برنده آن را به رخ او می‌کشد.

صدرا دو راه بیشتر نداشت. دو راهی که در نهایت به یک نتیجه ختم می‌شد. یا باید در برابر حبیب می‌ایستاد که در این صورت هم صبا را باخته بود و هم دوستی حبیب را و یا مهر سکوت بر لب می‌زد و با دلی غمگین به تماشای وصلت آن دو از پشت پرده حسرت می‌نشست. صدرا خوب می‌دانست که در هر دو حالت در موقعیت باخت، باخت قرار دارد. از سوی دیگر شیوه او شیوه انتقام گرفتن و به اصطلاح شر به پا کردن نبود. به همین خاطر سکوت را به عنوان تنها راه‌حل انتخاب کرد. سکوتی تلخ در برابر ضربات بی‌رحمانه تقدیر و توفان ویرانگر سرنوشت. ناامیدتر و دل‌شکسته‌تر از همیشه با اندوهی گران از حاشیه به تماشای ویران شدن کاخ آرزوهایش نشست. برای اولین بار به حقیقت تلخ از دست دادن صبا پی برد و با وجودی که از فرط تشنگی در سراب دیدن دوباره صبا له‌له می‌زد با یادآوری اینکه چقدر صبا راحت همه چیز را به فراموشی سپرده دیگر حتی رودرروی او قرار گرفتن و به او گلایه کردن را به صلاح ندید.

روش زندگی‌اش همچون تغییر نگاهش به زندگی در حال تغییر بود. در سکوت به مغازه می‌رفت، در سکوت مدت‌ها به نقطه‌ای مبهم خیره می‌ماند و در سکوت به خانه باز می‌گشت. و در انتهای روز وقتی همچنان در سکوت به حقیقت تلخ مغلوب شدن خود می‌رسید دوباره به پله اول برمی‌گشت و در انزوای خود دوباره تمام آن افکار تلخ را به شکل وسواس گونه‌ای در ذهنش مرور می‌کرد.

رحیم‌خان بارها سعی کرده بود طلسم سکوت صدرا را شکسته و او را از این انزوای مخرب درونی بیرون بکشد ولی هر بار صدرا با جواب‌های تلگرافی‌اش دهان او را بسته و با رفتارش او را از هر گونه اقدامی در این زمینه بر حذر داشته بود. تا اینکه کم‌کم رحیم‌خان به این نتیجه رسید که تنها دارویی که می‌تواند التیام‌بخش زخم‌های عمیق غرور صدرا باشد زمان است و بس. بنا بر این صبورانه به انتظار نشست تا داروی زمان کم‌کم اثر خود را نشان دهد.

وارد حیاط که شد در تاریکی شب شعله آتش منقل توجهش را جلب کرد. رحیم‌خان با تکه‌چوب‌هایی که در گوشه اتاقش چند روزی برای خشک شدن نگه داشته بود منقلی راه انداخته بود و منتظر صدرا بود که از مغازه برگردد و دو تایی در کنار آن نشسته و با هم گپی بزنند. کتری و قوری سیاهی را کنار آتش گذاشته و بساط چای را برای آمدن صدرا آماده کرده بود. با وجودی که صدرا سعی می‌کرد ناراحتی‌اش را به رحیم‌خان بروز ندهد رحیم‌خان با همان

نگاه اول به صورت او در سایه روشن متغیر نور آتش فهمید که در زیر آن نقاب بی‌تفاوتی چه آشوبی در دلش بر پاست.

رحیم‌خان همچنان که با تکه‌چوب چوب‌های شعله‌ور را جابه‌جا می‌کرد با دیدن صدرا لبخندی به لب آورد و با مهربانی گفت: بیا جوون! بیا بشین یه کم سردی روزگار از تنت بیرون بره.

ـ چیه رحیم‌خان! یاد قدیما افتادی؟

ـ چه کنیم دیگه ما هم دلمون به خاطرات قدیمی خوشه. فردا رو هم که کسی ندیده. تا امروز رو داری امروز رو دریاب.

صدرا پالتویش را جمع کرد و روی کنده کنار منقل نشست و دست‌هایش را به طرف آن شعله‌های نارنجی رنگ دراز کرد و در تداخل رنگ‌های زیبای آن خیره ماند. نور آتش صورتش را سایه روشن کرده بود و به چهره متفکرش جذابیت خاصی می‌بخشید. صدرا بدون آنکه نگاهش را از شعله‌های آتش بگیرد زیر لب زمزمه‌وار گفت: زندگی چیز غریبیه! یه روز خودتو تو اوج آسمون می‌بینی یه روز دیگه همچین افتاده به خاک که حتی توان بلندشدن نداری.

رحیم‌خان هم با حرکت سر حرف او را تایید کرد. صدرا برای لحظاتی به صورت رحیم‌خان چشم دوخت و پس از کمی مکث بی‌مقدمه گفت: می‌خوام ازت یه سوال کنم. سوالی که بارها ازت کردم و تو همیشه از جواب دادن بهش طفره رفتی.

رحیم‌خان مکث کوتاهی کرد و گفت: بپرس. امشب هر چی بپرسی جواب می‌دم.

ـ می‌شه برام بگی چرا هر وقت اسم ازدواج و عشق و عاشقی میاد تمایلی به حرف زدن در موردش نشون نمی‌دی و سعی می‌کنی فوری موضوع رو یه جوری عوض کنی؟ الان چند ساله که به این قضیه پی بردم. چرا این‌قدر از عشق و ازدواج متنفری؟

رحیم‌خان نگاهش را از صدرا گرفت و در سکوتی ممتد به صدای سوختن چوب‌ها گوش داد. اندوهی غریب در انعکاس شعله‌های نارنجی‌رنگ که در چشمانش می‌رقصید موج می‌زد. انگار خاطرات تلخی را از پشت اوراق قدیمی زمان بیرون می‌کشید که حالش را سخت منقلب کرده بود. قرار بود درد دل صدرا را گوش بدهد ولی بی‌مقدمه نوبت او شده بود. مثل این بود که از لای شعله‌های لرزان آتش قصه‌ای را می‌جوید.

ـ اگر خاطرت باشه زمانی که آقارسول خدا بیامرز زمین شهریار و مرغداری را به اسمم کرد من مدام به اونجا سر می‌زدم و بعضی وقتا هم برای مدت طولانی اونجا می‌موندم. باغ شهریار رو

که دیدی. آنقدر درخت میوه داره که انگار بهار که می‌شه روش رو با تور سفید و صورتی می‌پوشونند. از همون موقعش هم تابستونا این‌قدر میوه می‌داد که هر طرف سرت رو می‌چرخوندی با میوه‌های رنگارنگش دهنت آب می‌افتاد.

صدرا لبخندی به لب آورد و گفت: آره می‌دونم با اون دل‌پیچه‌ها و اسهال‌هایی که از بابت خوردن آلوهای قطره طلاش گرفتم مگه می‌شه یادم بره؟

ـ آره البته هنوزم که هنوزه به همون اندازه بار می‌ده فقط شاید من دیگه مثل قدیمترا با دیدن اون همه میوه ذوق نمی‌کنم. بگذریم... می‌گفتم... همون چند سال پیش یکی از روزای گرم تابستون که از کنار دیوار کاه‌گلی باغ می‌گذشتم یه دختر جوونی رو دیدم که به شدت پا بلندی می‌کرد تا یکی از سیبای قرمز درخت سیبی رو که شاخه‌هاش تا توی کوچه‌باغ اومده بود بچینه. یکی از اون سیبای درشت و آبدار که آدم واقعاً نمی‌تونه از چیدنش صرف نظر کنه. چون پشتش به من بود منو اصلاً ندید و همین طور به زور روی نوک پاهاش این پا و اون پا می‌شد. دلم نیومد. رفتم جلو و از پشت سرش سیب رو از شاخه کندم. به محض دیدن من آنقدر ترسید و جا خورد که از پشت دستش رو به دیوار کاه‌گلی باغ گرفت و دو سه قدم عقب رفت. لباس محلی آبی‌رنگی تنش بود که من تا اون موقع جایی ندیده بودم. یه شال آبی و سفید هم که دور تا دورش با پولک‌های طلایی رنگ تزیین شده بود روی شانه‌هاش انداخته بود. پوستش گندمی بود و موهای بلند و تیره‌اش تا پشت شونه‌هاش ریخته بود. صورتش خیلی زیبا نبود ولی یه ملاحت خاصی از اون می‌بارید؛ یه سادگی خاصی یه معصومیتی توی چشماش بود که برام تازگی داشت. بهش نزدیک شدم تا سیب رو بهش بدم ولی دوباره دو قدم عقب رفت. از شدت خجالت یهو گونه‌هاش مثل سیب توی دستم قرمز شد. با خنده بهش گفتم: بیایید بگیرید. خجالت نکشید! چون از شاخه توی کوچه‌باغ کنده شده صاحبش راضیه... با تردید نگام کرد و آهسته گفت: از کجا می‌دونید؟ منم در جواب همون طوری که سیب رو به طرفش دراز می‌کردم گفتم: برای اینکه صاحبش خودمم.

با حرف من لبخند روی لباش نشست و دوباره گونه‌هاش مثل دونه‌های انار شد. با همون نگاه مردد سیب رو از دستم گرفت و توی مشتش نگه داشت. یه کم بهش نگاه کردم و گفتم : پس معطل چی هستی؟ گازش بزن دیگه و برای اینکه اونقدا خجالت نکشه برای خودم هم یه سیب دیگه چیدم و شروع به خوردن کردم. اونم بعد از من اولین گاز رو به سیبش زد. همون برخورد کوچیک پیش‌درآمد آشنایی ساده ما شد. اونقدر زود با هم اخت شدیم که نگو. وقتی آشنایی‌مون یه کم بیشتر پا گرفت برام گفت که اونجا مهمونه و برای سه ماهه تابستون خونه

عموش توی شهریار اومده. اسمش هم بنفشه بود.

صدرا حرف رحیم‌خان را قطع کرد و با لبخند معنی‌داری گفت: پس بگو چرا بهار که میاد حیاط یکی به گل بنفشه می‌شه!

رحیم‌خان لبخندی به لب آورد و سکوت کرد. صدرا همچنان منتظر، با سکوت رحیم‌خان گفت: خب بعد؟

رحیم‌خان استکان بلوری تمیزی را از سینی کنار دستش برداشت و همان طور که برای صدرا چای می‌ریخت گفت: «عجله نکن پسر! بیا بگیر یه چایی بخور.» صدرا استکان چای را که به شدت داغ شده بود از رحیم‌خان گرفت و در حالی که در انتظار شنیدن ادامه داستان بی‌قراری می‌کرد گفت: خب می‌گفتی بعد چی شد؟

ـ گفتم که همون روزهای اول که با هم اخت شدیم یه روز دو تایی همین طور که راه می‌رفتیم از بس گرم صحبت بودیم نفهمیدیم چطور سر از مزارع پایین درآوردیم. بنفشه یه مرتبه به خودش اومد که الان همه به دل‌شوره می‌افتن. به همین خاطر از من خواهش کرد که اگه بلدم راه رو بهش نشون بدم و تا حوالی خونه عموش برسونمش. منم از خدا خواسته تمام راه رو دوباره باهاش برگشتم البته از سر شیطنت دورترین راه را برای برگشتن انتخاب کردم که البته بنفشه کاملاً متوجه شد و فقط خندید. ظرف آن مدت کم کم آن نگاه‌ها و لبخندهای ملیح و حالت صورت و حرف زدنش که پر از طراوت و نشاط بود ناخودآگاه چنان توی فکر و ذهنم جا خوش کرد که حتی یک لحظه از ذهنم نمی‌رفت. طوری که فردا و فرداهاش به قصد دیدن مجددش راهم رو به اون مسیر کج می‌کردم. یه مدت همین طور همدیگر رو طبق قرار سر جای خاصی می‌دیدیم تا اینکه یه روز هر چقدر منتظر شدم سر قرار نیومد. فردای اون روز مجدداً به همون محل همیشگی رفتم ولی باز هم خبری ازش نشد. چهار روز تموم همین طور هی ناامید برگشتم. اونقدر به دیدنش عادت کرده بودم که حاضر بودم همه زندگیم رو بدم ولی یه بار دیگه ببینمش. تا این که یه روز بعدازظهر به طور اتفاقی لب نهر آب دیدمش. دامن گل‌دار و پرچینش رو روی علفا پهن کرده بود و پاهای برهنه‌اش را تا مچ داخل آب کرده بود و هم‌زمان با چلپ چلوپ کردن پاهاش تو آب یه ترانه محلی می‌خوند. صدای قشنگی هم داشت. با وجودی که دلم پر می‌کشید برم جلو ولی نخواستم خلوتش رو به هم بزنم. ولی بی‌اختیار پام رفت روی دو تا قلوه سنگ که از صدای سنگا یه مرتبه از جا پرید. وحشت‌زده به عقب برگشت و تا منو دید دوباره همون لبخند قشنگ روی لباش نشست. وقتی ازش پرسیدم چرا اون چند روزه به محل همیشگی نیومده. گفت که عموش اینا یه کم به رفت و آمداش مشکوک شدن. به همین

خاطر سعی کرده یه کم بیشتر مراقب باشه.

آشنایی‌مون حسابی بالا گرفت. می‌تونم بگم تقریباً هر روز همدیگر رو می‌دیدیم. منتهی برای اینکه کسی متوجه رفت و آمدامون نشه هر روز یه جای متفاوت همدیگر رو می‌دیدیم. یه روز به تپه‌های اطراف می‌رفتیم، گاهی زیر سایه تخته سنگا دوتایی می‌نشستیم. بعضی وقتا چشم‌هاش رو می‌بست و فقط گوش می‌کرد. با وجودی که اونجا سکوت کامل بود و من چیزی نمی‌شنیدم ولی همون‌طور سراپا گوش می‌شد و می‌گفت: به صدای طبیعت گوش می‌ده و جالب بود وقتی منم دقت می‌کردم می‌دیدم راست می‌گه. صدای ملایم نسیم لابه‌لای علف‌ها رو که تو حالت عادی نمی‌شنیدی می‌تونستی با یه کم دقت کاملاً بشنوی. بنفشه عاشق گل‌های وحشی بیابون بود. می‌گفت ازشون شادی و نشاط یاد می‌گیرم. حتی به خار بیابونم علاقه داشت. می‌گفت به آدم درس استقامت و بردباری می‌ده. دختر عجیبی بود. دختری که من تا اون موقع به چشم ندیده بودم. اما حیف که آشنایی‌مون زیاد طول نکشید. درست دو ماه بعد از آشنایی‌مون عموش به دوستی ما پی برد. اولین کاری که کرد به پدر بنفشه خبر داد و آنقدر ماجرا را بزرگ کرد که پدر بنفشه شبونه خودش رو از کرمانشاه به اونجا رسوند. یه روزم پسر عموی بنفشه با دو سه تا از دوست و رفیقاش غافلگیرم کردن و کتک مفصلی بهم زدن. عموش و باباش هم یه روز اومدن دم باغ و تهدید کردن که اگه یه بار دیگه اون حوالی پیدام بشه و یا اسم بنفشه رو بیارم روزگارم رو سیاه می‌کنند. البته منم زیاد حرفشون رو جدی نگرفتم تا اینکه یک‌ماه بعد متوجه شدم که دو ردیف درختای جلویی باغ خیلی زودتر از موعد همیشگی فصل پاییز دارن زرد می‌شن. اگه یادت باشه خیلی از درختای میوه باغ همون سال خشک شدن. بهار هر چقدر به انتظار شکوفه‌هاشون نشستم به‌جز تک و توکی روی شاخه‌ها چیز دیگه‌ای ندیدم. درختای باغ چندان مهم نبود همه ترسم از بابت بنفشه بود که مبادا یه وقت اذیتش کنن و یا ناغافل و بی‌خبر از اونجا ببرنش. با اون تعصبی که من از پدر و عموی بنفشه دیده بودم به خاطر خودش جرات نمی‌کردم حتی اون حوالی سرو گوشی آب بدم. تا اینکه با شنیدن خبر وخیم شدن حال آقارسول مجبور شدم بیام تهران. بعد از فوت آقارسول و مراسم هفتم بلافاصله به شهریار برگشتم. دل توی دلم نبود. همه ترسم از این بود که مبادا رفته باشه و من دیگه نبینم‌اش. حاضر بودم همه زندگیم رو بدم و یک بار فقط یک بار دیگه باهاش حرف بزنم. جراتم نمی‌کردم از اهل محل سراغش رو بگیرم چون فقط کافی بود به گوش خونواده عموش برسه. اونوقت معلوم نبود چه الم شنگه‌ای به پا می‌کردن. تا اینکه یه روز سر و کله یه پسر بچه هفت هشت ساله در باغ پیدا شد که یه سیب قرمز توی دستش داشت و گفت: اینو بنفشه خانوم برای شما فرستاده. با تعجب نگاهش

کردم و گفتم از کجا؟ اونم آدرس محلی کنار نهر آب رو داد که اکثر اوقات با بنفشه می‌نشستیم. دیگه معطلش نکردم به سرعت برق رفتم همونجا ولی ندیدمش. خیلی دلم شور می‌زد. هی این پا و اون پا کردم تا اینکه وقتی دیگه قصد برگشتن کردم با همون جذابیت همیشگی سر و کله‌اش پیدا شد. با وجودی که لبخند روی لباش بود ولی توی نگاهش غم موج می‌زد. چقدر دلم می‌خواست بغلش کنم و ببوسمش ولی به خاطر خودش جلوی خودم رو گرفتم. با هم لب نهر نشستیم. با قدرت تموم سعی می‌کرد لبخند رو روی لباش نگه داره ولی نتونست و لبخندش توی بغض شکسته‌اش ناپدید شد و بعدش هم به آرومی گریه کرد. بنفشه اومده بود بهم بگه که تا دو روزه دیگه از شهریار می‌ره. ولی چه رفتنی! رفتنی که به دنبال اون یک‌ماه بعدش به عقد پسر عموی بزرگش در میومد. پسرعمویی که دوازده سال از خودش بزرگ‌تر بود و به قول بابا و عموش عقدشون رو تو آسمونا بسته بودن. پسرعمویی که بنفشه کوچک‌ترین تعلق خاطری بهش نداشت.

در این لحظه رحیم‌خان برای لحظاتی ساکت شد. آتش را مجدداً با چوبی که در دستش داشت به هم زد. نفس عمیقی کشید و بدون آنکه نگاهش را از روی شعله‌ها بردارد ادامه داد: بنفشه‌ای که همیشه غبطه پرنده‌های آسمون رو می‌خورد راستی راستی داشت تسلیم می‌شد. بعد از یه کم گریه‌کردن با تقلای زیاد سعی کرد دوباره لبخند بزنه. اما من خوب می‌فهمیدم که اون لبخند چقدر تلخه. همین‌طور که تندتند اشک‌هاش رو با دم آستینش پاک می‌کرد زیر لب در یک کلام بهم گفت: گاهی اوقات نمی‌شه با تقدیر جنگید: این هم قسمت و سرنوشت منه تا چند وقته دیگه به جایی می‌رم که خونه پدریم در برابرش بهشته. بنفشه به اینجا که رسید دوباره چونه‌اش از شدت بغض شروع کرد به لرزیدن. از جاش بلند شد و با اون نگاه معصومانه‌اش گفت: زیباترین روزهای عمرم رو اینجا با آشنایی با شما گذروندم. نمی‌گذارم حداقل خاطره‌اش از ذهنم بیرون بره. بعد دستش رو دراز کرد که فقط با یه دست دادن ساده از من خداحافظی کند ولی من طاقت نیاوردم، بغلش کردم و بوسیدمش. بنفشه هیچ مقاومتی نکرد ولی وقتی از بغلم جدا شد تازه فهمیدم که تحمل دوریش رو هزار مرتبه برای خودم سخت‌تر کردم.

دیگه وقت رفتن بود و می‌بایست بره. بعدش هم همین طور که سعی می‌کرد بغضش رو فرو بده به سرعت دامنش رو جمع کرد و با اون نگاه اشک‌آلودش برای آخرین بار از من خداحافظی کرد. رحیم‌خان در حالی که با انگشت به قلبش اشاره می‌کرد ادامه داد: ولی برای همیشه اینجا موندگار شد.

اون آخرین باری بود که بنفشه رو دیدم. ولی به خاطر زنده نگه داشتن خاطره‌اش پدر خودمو درآوردم تا اون باغ رو مثل روز اولش کنم. بهارا اگه یه وقت گذرت اونجا افتاد می‌بینی

که هر گوشه‌اش که برسم گل بنفشه می کارم.

حرف‌های رحیم‌خان آن‌چنان از دل برآمده بود که بیش از آنکه خودش فکر کند بر دل صدرا نشست. بعد از گذشت سال‌ها احساس رحیم‌خان آنقدر تازه بود که صدرا در زیر نور سرخ‌رنگ آتش منقل توانست آن را به وضوح درک کند. صدرا به خوبی متوجه منقبض شدن عضلات صورت رحیم‌خان حین حرف‌زدن او شده بود. انگار تمام درد درونش عضلات صورتش را به همان حال فلج کرده بود. رحیم‌خان همیشه بسیار خوددار بود ولی همان حالت چهره‌اش خبر از تازه شدن زخمی می‌داد که حتی بعد از این‌همه سال بر خلاف تصورش هنوز رویه نبسته بود. زخمی که باعث و بانی آن، آتش عشق و حسرت زیر خاکستر فراموشی زمان بود.

زمانی که صدرا دید سکوت رحیم‌خان دارد به درازا می کشد به آهستگی پرسید: رحیم‌خان! چرا تا حالا هیچ وقت در این باره حرفی نزده بودی؟

رحیم‌خان چوب‌هایی که شعله‌هایش کم‌کم رو به خاموشی می‌رفت را مجدداً به هم زد و با صدایی که انگار از ته چاه شنیده می‌شد، گفت: هر کسی به اندازه کافی توی زندگی‌اش غم و غصه داره. دلم نمی‌خواست ذهن دیگران رو با غصه‌ها و مشکلات خودم درگیر کنم. الان هم که دیدی سفره دلم رو برات باز کردم دلیلش اینه که بدونی زندگی همیشه طبق مراد آدما نمی گذره. بالا و پایین داره. سوخت و سوز داره. حسرت داره. این رو هم بدون که همین سختی‌هاست که مرد رو می‌سازه. اگه بنا باشه تو زندگی همه چیز طبق مراد آدما پیش بره که تلاش دیگه معنی پیدا نمی کنه. البته اینا رو هم نگفتم که ناامیدت کنم.

صدرا نگاهش را به چشم‌های رحیم‌خان دوخت و با لبخندی گفت: پس بگو چرا هر وقت اسم ازدواج میاد اخمات می‌ره به هم!

ـ من با آشنایی‌ام با بنفشه خود به خود توقعاتم رو بردم بالا. چون هیچ وقت نتونستم کسی رو مثل اون پیدا کنم. ترجیح دادم قید ازدواج رو بزنم. در ضمن آدم عاقل از یه سوراخ دو بار گزیده نمی‌شه. تو که تا حالا دیگه باید اینو خوب فهمیده باشی. عاشقی بد دردیه. پیشگیری هم همیشه از درمون بهتره. اگه عاشق نشی دلت هیچ‌وقت نمی‌سوزه.

صدرا استکان خالی چایش را زمین گذاشت و همین‌طور که دست‌هایش را به طرف شعله‌های رو به خاموشی آتش می گرفت با لبخندی گفت: یادمه حبیب هم یه زمانی این حرف رو می‌زد.

ـ غرض من هم از این‌همه قصه حسین کرد گفتن این بود که بدونی اگه به صبا نرسیدی دنیا هیچ وقت به آخر نمی‌رسه. حتماً این شعر مولانا رو شنیدی که می‌فرماید:

هله نومید نباشی که تو را یار براند گرت امروز براند نه که فردات بخواند

در اگر بر تو ببندد مرو و صبر کن آنجا

و در اینجا صدرا با رحیم‌خان هم‌صدا شد: *زپس صبر تو را او به سر صدر نشاند*

حرف‌های آن شب رحیم‌خان به شدت صدرا را تحت تأثیر قرار داد. به‌طوری که بیشتر از آنکه با یادآوری اتفاقات رخ داده خاطر خودش را پریشان کند با یادآوری حرف‌های رحیم‌خان به دنبال راهی برای کنارآمدن با مشکلاتش بود و در نهایت به یک نتیجه رسید وآن صبر بود و صبر.

فصل نوزدهم

درست یک ماه و نیم بعد از اولین جلسه خواستگاری آزرمی‌ها برای حبیب، با اصرار و پافشاری‌های شدید مادر حبیب برای سرعت بخشیدن به ازدواج پسرش نقشه به دقت طراحی شده او بالاخره با موفقیت کامل به انجام رسید و صبا گیج و سردرگم مانند عروسک خیمه شب بازی بی‌اراده بر سر سفره عقد نشانده شد. صبا لبخندهای پدر و مادر خود، حبیب و خانواده آزرمی را می‌دید ولی معنی هیچ‌کدام را نمی‌فهمید چون معنای واقعی لبخند را مدت‌ها می‌شد که از یاد برده بود. و حالا دیگر سکوت صبا برای عبور از فصل یدک کشیدن نام صرافی به فصل تازه نام آزرمی صرفاً به‌دلیل فرار از زندان خانه‌ای بود که به اعتقاد او تحمل دیوارهایش به مراتب سخت‌تر از تحمل دیوارهای خانه جدیدش می‌آمد. صبا همچنان در سکوت و بی‌تفاوتی قدم به فصلی جدید از زندگی نهاد. فصلی که به اعتقادش پیش‌درآمدش با خزان شروع شده بود و تا انتها زمستانی و سرد باقی می‌ماند. زمستانی که می‌رفت تا نام صدرا را برای همیشه زیر برف سنگین و دائمی قربانی بودن، قید و بند، تعصب و حریم‌های زندگی بپوشاند.

حبیب با شروع زندگی جدید خود را در اوج آسمان و بر فراز ابرها می‌دید. خصوصاً که از همان آخرین ملاقاتش با صدرا در مغازه و برخورد ناگهانی رحیم‌خان در کوچه روابط دوستیش با او تیره و تار شده و همین امر خود به خود فتیله عذاب وجدانش را از این بابت حسابی پایین کشیده و احساس گناهش را کاملاً بی‌رنگ کرده بود. هر زمان هم که بر حسب اتفاق در گذر کوچه و خیابان صدرا را می‌دید با سلام کم رنگی از کنار او می‌گذشت. حیدر آزرمی به دنبال ازدواج حبیب خانه نقلی زیبایی را به عنوان هدیه ازدواج تقدیم زوج جوان کرد که فقط دو سه کوچه با منزل خودشان فاصله داشت و به این ترتیب زندگی مشترک آن دو رسما آغاز شد.

از سوی دیگر با وجودی که صدرا دل شکسته‌تر از آنچه که تصور می‌کرد به باور از دست دادن صبا رسیده بود کم‌کم با مشقت زیاد آموخت که چطور با تنهایی همیشگی خود که از آن وحشت داشت انس بگیرد و با صبر و حوصله به هر طریقی شده با مشکلات کنار بیاید. هر چند که یادآوری وقایع رخ داده مثل نیشی زهرآگین غرور جریحه‌دار شده‌اش را گه‌گاه مورد هدف قرارمی داد.

برای صبا شرایط کاملاً متفاوت بود. صبا با وجودی که به شدت خود را تحت فشار قرار داده بود تا با وجود علاقه بی‌پایانش به صدرا که زمانی تا سر حد جنون می‌رسید کمتر به او فکر کند اما حس می‌کرد که راه به جایی نمی‌برد و حتی در روز مراسم عروسی‌اش با وجودی که می‌دانست صدرا هرگز به آنجا قدم نخواهد گذشت همچنان در تمام طول مراسم نگاهش به در خشک شده و در توهم و رویای ورود او سخت به انتظار مانده بود. اما بعد از ازدواج کم‌کم به این نتیجه رسید که چاره‌ای ندارد جز اینکه همچنان دست به گریبان با درد جراحت‌های به جا مانده بر قلب شکسته‌اش با داروی فراموشی تا حد توان تمام تلاشش را برای کم کردن آن درد غیرقابل تحمل به کار گیرد. ولی درست زمانی که گرد و غبار سردرگمی‌هایش کم‌کم داشت فرو می‌نشست و آرام می‌گرفت بازگشت خانم تفرجی از اهواز دوباره تمام فکر و ذهنش را ناخواسته زیرورو کرد.

خانم تفرجی بالاخره بعد از مسافرت سه ماهه‌اش به اهواز به تهران بازگشت. او که به علت وخامت حال خواهرش مجبور شده بود تا آن موقع در اهواز بماند به محض دیدن اولین علائم بهبودی در خواهرش تعلل نکرده و با اولین قطار به تهران بازگشته بود.

خانم تفرجی درست یک روز بعد از بازگشت‌اش به تهران در کمال ناباوری و حیرت از اتفاقات ناخوشایندی که در غیاب او رخ داده بود به طور سر بسته از زبان صدرا و با جزئیات کامل از زبان رحیم‌خان باخبر شد. خانم تفرجی نمی‌توانست بفهمد که چقدر همه چیز به این سرعت در غیاب او رخ داده است. از طرفی هم شنیدن ماجرای جدایی صدرا و صبا از یک‌دیگر آن هم با آن وضع اسف‌بار آنقدر برایش ناراحت‌کننده بود که نتوانست بیش از یک روز صبر کند و با وجود انبوهی کارهای عقب افتاده به هوای دیدن صبا بعد از این مدت طولانی و تبریک ازدواجش و البته شنیدن سخن طرف دیگر داستان به دیدن او رفت.

صبا بعد از گذشت یک سال دوری از خانم تفرجی آنقدر از دیدن او خوشحال و ذوق زده شده بود که همان جا جلوی در برای مدتی طولانی او را در آغوش فشرد. خانم تفرجی با ورود به خانه صبا بلافاصله شروع به تعریف و تمجید از سلیقه فوق‌العاده او در چیدن وسایل خانه و

تمیز و مرتب بودن آنجا کرد. سپس با مقدمه‌چینی در باره بیماری خواهرش و ماندگار شدنش در اهواز و اینکه چقدر دلش می‌خواسته در مراسم ازدواج او شرکت کند به سوال اصلی رسید که چطور با آن همه عشق و علاقه به صدرا مسیر زندگی‌اش اینچنین آن هم به طور ناگهانی صدوهشتاد درجه تغییر کرده است؟

حال صبا برای لحظاتی از یادآوری آنچه که طی چند ماه اخیر اتفاق افتاده بود متغیر شد. بغض‌اش امان حرف زدن را از او برید. وقتی کم‌کم به خود مسلط شد با بغض تمام ماجرا را از دیدگاه خود مثل آتشفشانی در حال فوران از سینه بیرون ریخت. زمانی هم که حرف‌هایش به پایان رسید در انتظار شنیدن جمله‌ای در تایید حرف‌هایش و یا کلمه‌ای که از آن بوی همدردی به مشامش برسد به مخاطبش چشم دوخت ولی عکس‌العمل خانم تفرجی برخلاف تصور صبا چیز دیگری بود. خانم تفرجی در سکوت کامل درست مثل یک قاضی بی‌طرف به تمام حرف‌های صبا با دقت گوش کرد ولی بعد از اتمام حرف‌های او سرش را از روی تأسف و ناباوری تکان داد و گفت: نمی‌دونم چی بگم. واقعاً نمی‌دونم!

ـ آخه صبا جون! عزیز دل من! تو چطور به خودت اجازه دادی که با استناد به حرف‌های دیگران چیزی رو بپذیری که با چشم خودت ندیدی و تازه از همه بدتر آینده زندگیت رو بر مبنای اون پایه‌گذاری کنی؟

ـ با استناد به حرف‌های دیگران؟ همه عالم وآدم می‌دونند. شما اینجا نبودی و در جریان اتفاقاتی که افتاده نیستی. اگه در جریان واقعیت ماجرا بودی حق رو به من می‌دادی.

ـ من در جریان واقعیت ماجرا نبودم؟ تو اصلاً هیچ خبر داری که صدرای بیچاره این مدت در غیاب تو چی کشید؟

صبا با لبخند تمسخرآمیزی بر لب جواب داد: بله! این چند وقته اونقدر عذاب کشیده که نگو و نپرس! چی داری می‌گی؟ اونیکه این چند وقته عذاب کشیده من بودم. اون نه ماه تموم مثل من توی قفس دیوارهای یک خونه تاریک اسیر نبوده که بیست وچهار ساعته بخواد فقط و فقط به یه چیز فکر کنه. اون مثل من نه ماه آزگار دیوانه‌وار گذشته‌اش رو توی ذهنش تا سر حد جنون مرور نکرده که الان ذره‌ای از تلخی‌هاش رو به یاد داشته باشه. برای اینکه به فراموشی سپردن به مراتب آسون‌تر از تکرار مداوم خاطرات گذشته توی ذهنش بوده. چون چیزای مهم‌تر راهشون رو به ذهنش باز کرده که خاطرات قدیمی در برابرش دیگه پشیزی اهمیت و ارزش نداشته. اون توی این مدت چه سختی‌ای کشیده جز اینکه با پیدا کردن دوست دختر جدید... و در اینجا دیگر نتوانست حرفش را تمام کند و فقط اضافه کرد: اصلاً ولش کن نمی‌خوام دیگه در باره‌اش حرف

بزنم.

ــ نه صبا جان! نه. حرفت رو بزن. من اینجام که گوش کنم. ولی اینم بدون که طرف حق رو می‌گیرم. داشتی می‌گفتی دوست دختر جدید. آهان بقیه‌اش.

ــ شما با طعنه این حرف رو می‌زنی ولی من می‌دونم. همه عالم و آدم می‌دونن. ولی آرزو می‌کردم ای کاش خود من اولین کسی بودم که می‌فهمید اسمش از دفتر سررسید فکر صدرا که برگ‌هاش حتی به اندازه یه سال هم قد نمی‌ده خط خورده نه دیگران!

ــ صبای عزیز من! این همه که تو ازشون حرف می‌زنی کیا هستن؟ همه چی می‌دونن؟

ــ همه محل، خانم آزرمی، پدرم، هاشم. همه. پدر من وقتی بگه چیزی رو دیده حتماً اون چیز رو دیده.

خانم تفرجی با تأسف سرش را تکان داد و در حالی که آهنگ صدایش را پایین می‌آورد گفت: تو هیچ می‌دونی صدرایی که به قول خودت این مدت سرش گرم بوده و به تو فکر نمی‌کرده چطور برای پیدا کردنت توی شیراز در به در همه جا رو گشته؟

صبا با شنیدن این حرف از زبان خانم تفرجی با ناباوری سرش را تکان داد و گفت: امکان نداره. اگه اون شیراز اومده بود محال بود که من نفهمم.

ــ صبا جان! من هیچ وقت روزی رو که بهم گفت می‌خواد برای خودش بلیت بگیره و بره شیراز فراموش نمی‌کنم. در اوج ناراحتی‌اش من برق اشتیاق برای دیدن تو رو توی چشم‌هاش دیدم. اگه به خاطر تهدیدهای پدرت نبود خیلی زودتر از این حرف‌ها می‌اومد شیراز ولی یه کم صبر کرد تا بلکه آب‌ها از آسیاب بیفته و عصبانیت اون بابای یه‌دنده‌ات کم شه. بالاخره هم دلش طاقت نیاورد و تصمیم گرفت بیاد شیراز و هر طور شده ببیندت ولی متاسفانه زمانی به اونجا رسیده بود که شما اسباب‌کشی کرده بودید. هر چند گفتن این حرفا دیگه دردی رو دوا نمی‌کنه. ولی برای صدرای بیچاره دلم خیلی می‌سوزه.

صبا همچنان با ناباوری چشم به دهان خانم تفرجی دوخته بود و با شنیدن اسم شیراز گفت: «من وقتی به مغازه صدرا رفتم هاشم به من گفت که چند روز بعد از رفتن اون دختره... ثریا، اونم رفته اهواز.» خانم تفرجی با شنیدن اسم ثریا از زبان صبا از شدت ناراحتی تا بنا گوش قرمز شد. نگاه ملامت‌باری به صبا انداخت و گفت: هاشم گفته؟ اون پسره خنگ که بعضی وقتا اسم خودش رو هم یادش می‌ره؟ تو با حرفات منو یاد بابات انداختی. درست مثل اینکه این حرفا رو دارم از دهن صرافی کله‌شق می‌شنوم. تو هیچ می‌دونی دختری رو که همتون با قاطعیت دوست‌دختر صدرا می‌دونستید خواهرزاده منه که دو سال پیش شوهر کرده و با اون بی‌دست و

پاپی‌اش روزی صد دفعه شوهرش رو رو سرش حلوا حلوا می‌کنه؟ اینو می‌دونستی که من از صدرا خواهش کردم که اونو تا ایستگاه راه‌آهن برسونه؟ می‌دونم این حرفا فقط نمک پاشیدن روی زخماته ولی آخه تو چطور تونستی با اتکای به حرف‌های مفت امثال مامان حبیب این طوری تمام پل‌ها رو خراب کنی؟ چی به سر خودت آوردی؟ من تا قبل از رفتنت به شیراز صبایی رو می‌شناختم که غیر از منطق هیچ چیز دیگه‌ای سرش نمی‌شد.

حرف‌های خانم تفرجی مثل توفان شن بر بستر صحرایی خفته ذهن تازه به خواب رفته صبا را زیر و رو کرد و حالا صبا در این توفان به پا خاسته ناتوان از تحمل بازی غیرمنصفانه تقدیر دوباره دو زانو به زمین ناتوانی خورده بود. صبا حرف‌های خانم تفرجی را شنید ولی نمی‌توانست باور کند. مانده بود چطور می‌تواند باور کند زمانی که با خشم هر چه تمام‌تر فکر انتقام از صدرا را در ذهنش می‌پرورانده صدرا در به در در جست‌وجوی یافتنش تمام خیابان‌های شیراز را زیر پا گذاشته است؟ مانده بود چطور می‌تواند باور کند جریان ازدواج قریب‌الوقوع صدرا فقط و فقط ساخته و پرداخته ذهنی بوده که از منطق فرسنگ‌ها فاصله گرفته است؟

حرفی برای گفتن نداشت. فقط در آن لحظه با خود می‌اندیشید: صبایی که یک عمر مغرور و پرافتخار بر قله منطق و درایت ایستاده بود چطور توانسته در طی مدتی کوتاه کوتاه‌بینانه خود را با سر به دره خشم و انتقام بیفکند و با وجود منگی ناشی از سقوطش در عالم اوهام همچنان خود را در اوج قله درایت ببیند.

حلقه اشک در چشم‌های صبا لحظه به لحظه بزرگ‌تر می‌شد و پنجه بغض با هر یک کلمه از حرف‌های خانم تفرجی گلویش را بیشتر می‌فشرد. تا اینکه مظلومیت چهره صبا، خانم تفرجی را به خود آورد و حس کرد انگار در حرف‌هایش کمی زیاده‌روی کرده است و به جای مرهم گذاشتن بر احساسات جریحه‌دار شده او بدتر به روی آنها نمک پاشیده است. از این‌رو لحن صدایش را از آن حالت اعتراض‌آمیز به لحنی دلسوزانه تغییر داد: صباجان! دلم نمی‌خواست با این حرفا ناراحتت کنم ولی آخه دلمم خیلی برای صدرا سوخته. واقعاً نمی‌دونم چی بگم. تو خودت خوب می‌دونی که چقدر برام عزیزی. من اصلاً دوست ندارم اشکات رو ببینم ولی آخه صدرا هم... و در اینجا لبش را گاز گرفت و بقیه حرفش را فرو خورد.

صبا که تا پیش از دیدن خانم تفرجی خود را محق می‌دید با حرف‌های خانم تفرجی تازه پی به شکستی برده بود که حکایت تلخ آن به رساترین پژواک مدام در ذهنش می‌پیچید. نفس‌هایش به شماره افتاد. سرش گیج می‌رفت. صبا این بار بدون دیدن کوچک‌ترین حقی برای خود دوباره به خاطر آورده بود که با پای خودش به همه چیز پشت پا زده و چیزی جز آه

حسرت در سینه‌اش باقی نمانده است. در آن لحظه با خود می‌اندیشید که تا آخر عمر محکوم خواهد بود. محکوم به سوختن به پای زندگی‌ای که خشت اول آن را به غلط گذاشته بود. زندگی‌ای که پایه آن به جای خشت عشق با خشت کینه و انتقام کورکورانه گذاشته شده بود. زندگی‌ای که بر اساس آتش خشمی بی‌جا بنا نهاده شده و در انتها دودش به چشم اولین کسی که می‌رفت خود او بود و بس.

خانم تفرجی با دیدن حال زار صبا احساس پشیمانی کرد و با خود گفت: حالا که کار از کار گذشته و صبا ازدواج کرده شاید بهتر می‌بود که حقایق همان طور مسکوت می‌ماند. ولی او هم شخصی نبود که سکوت اختیار کند و یا کورکورانه از کسی جانب‌داری کند. برای او دیدن تخریب شدن یک چهره سالم با دشنه فریب به هیچ عنوان قابل تحمل نبود.

با رفتن خانم تفرجی توفان به پا خاسته در وجود خسته صبا به اوج رسید و تتمه علاقه‌اش به زندگی جدید که در وجودش مثل برگ‌های خشکیده باقی مانده به شاخه‌ها از ترس یک نسیم به خود می‌لرزیدند مثل ذره‌ای بی‌وزن در دست توفان سرزنش خودبه‌خود محو و نابود شد. حرف‌های خانم تفرجی بر واقعیت‌های فرو رفته در سایه تاریکی ذهن صبا نور حقیقت پاشیده بود و حالا وجدان تازه بیدار شده‌اش با بی‌رحمی تمام سرزنشش می‌کرد. اضطراب و تشویش کمترین بهره‌ای بود که نصیبش شده بود. احساس گناه از یک طرف و حس علاقه‌ای که بر خلاف سایر علایق زندگی هرگز در دلش نمرده بود و حالا بیش از پیش سر به عصیان گذاشته بود از طرف دیگر همچون امواجی متلاطم او را به این سو و آن سو می‌کشاند. صبا گرفتار آمده بین دو اثر متضاد جزر و مد عشق حبیب و صدرا روز به روز تعلق خاطرش به زندگی بدون صدرا را از دست می‌داد. برای حبیب که از ابتدا قرار زندگی‌اش را بر مبنای عشق تدریجی در وجود صبا گذاشته و توقعاتش از بابت عشق متقابل را به خاطر شرایط موجود پائین آورده بودتغییرات روحی صبا چندان محسوس نبود. صبا تمام روز را در غیاب حبیب به فکر کردن می‌گذراند. فکر کردن برای چگونه بازگرداندن آبی که از جوی رفته بود. فکر برای چگونه بازسازی کردن شخصیتی که به غلط تخریب شده بود. ذهن صبابه طور خستگی ناپذیری درگیر بود. درگیر یافتن راهی تا بتواند به همان راحتی که صدرا را متهم کرده بود به همان راحتی رودرروی او به اشتباهش اعتراف کند.

سرانجام پس از روزهای متوالی کشمکش درونی تصمیم گرفت به مغازه صدرا برود ولی توان ایستادن در مقابل صدرا و نگریستن در چشم‌های او و اعتراف به اشتباهش را در خود نیافت. صبا وحشت‌زده از تجسم کابوس افتادن از چشم صدرا یارای بیان حقیقت تلخ ندامت را در خود

نمی‌دید و به همین دلیل به جای آنکه قدمی به پیش گذارد قدمی به عقب گذاشت و با پذیرش باختی همه‌جانبه در قمار زندگی به دامن افسردگی افتاد.

صبا روز به روز در پیله افسردگی‌اش بیشتر کز می‌کرد و بیش از پیش به دور خود تار گوشه‌گیری و تنهایی می‌تنید. با وجودی که حبیب از ابتدا کلید حل مشکل گوشه‌گیری و خاموشی صبا را به دست زمان سپرده بود با تغییرات محسوس در خلق و خوی صبا او هم کم‌کم دریافت که مساله بسیار جدی‌تر از این حرف‌ها است و از دست زمان دیگر کمک چندانی بر نمی‌آید. برای او که از بچگی آموخته بود نشان‌دادن احساسات نسبت به زنان با روحیه مرد ایرانی سازگار نیست ابراز علاقه و محبت به صبا چندان هم کار ساده‌ای نبود ولی برای به دست آوردن دل او حاضر بود به هر وسیله‌ای متوسل شود. حتی اگر مجبور باشد با لکنت زبان و هزار مکافات دیگر زیر گوش او زمزمه عشق سر دهد.

پیمان همسری هم برای صبا نه راه پیش باقی گذارده بود و نه راه پس. با علاقه یا بی‌علاقه دامی بود که خود را اسیر آن می‌دانست و تا آخر باید می‌سوخت و می‌ساخت. هر چند دیگر تظاهر به خوشبختی برای او کار ساده‌ای نبود. به همین دلیل روابط زناشویی‌اش با حبیب به مرور به سردی گرایید. همخوابگی با حبیب دیگر چیزی فراتر از یک انجام وظیفه نبود. وظیفه‌ای که در تمام طول آن مثل مجسمه‌ای بی‌روح فقط در کنار حبیب دراز می‌کشید و دعا می‌کرد هر چه زودتر به پایان برسد تا بتواند دلش را با خاطرات قدیمی خوش کند. حبیب به خوبی تمام این سردی‌ها و بی‌میلی‌ها را می‌دید ولی دم نمی‌زد و همچنان تنها راه چاره را انتظار می‌دید. ولی سؤالی که پاسخی برای آن نمی‌یافت این بود که: تا کی؟

صبا در زندگی زناشویی‌اش با حبیب بازیگر خوبی نبود. از کودکی نیاموخته بود تظاهر به چیزی کند که در ذاتش نیست. به همین دلیل هم دروغ‌گوی خوبی از کار در نیامده بود. به زحمت سعی می‌کرد لبخند را به زور هم که شده در حضور حبیب روی لب‌هایش بنشاند. ولی برای حبیب تشخیص چهره واقعی پنهان شده زیر نقاب لبخندهای تصنعی کار سختی نبود. به رغم این شرایط سعی می‌کرد تا حد ممکن وسایل رفاه صبا را فراهم کند و چون از بیان مستقیم جمله دوستت دارم کاملاً عاجز بود می‌خواست از این طریق به طور غیرمستقیم به او بفهماند که واقعاً او را با تمام وجود دوست دارد. هر چند همان نگاه‌های عاشقانه و حرارتی که در حبیب حین در آغوش گرفتن و بوسیدن و هم خوابگی‌اش با صبا وجود داشت به اندازه کافی به صبا می‌فهماند که تمام وجود حبیب با وجود او پیوند خورده و با ذره‌ذره وجودش صبا را می‌پرستد.

فصل بیستم

دو سه ماهی می‌شد که صدرا تغییراتی در خلق و خوی رحیم‌خان مشاهده می‌کرد. رحیم‌خانی که جانش بسته بود به گل و بوته‌های حیاط چند وقتی بود که مهر همیشگی‌اش را به باغچه دریغ می‌داشت.

صدرا به خوبی متوجه شده بود که سرزدن‌های رحیم‌خان به باغ و مرغداری شهریار و مدت زمانی را که آنجا سپری می‌کند از حد معمول بیشتر شده است و هنوز دو روز از آمدنش به تهران نگذشته دوباره قصد رفتن می‌کند. مهم‌تر اینکه رحیم‌خانی که همیشه برای صدرا حرف‌های تازه‌ای برای گفتن داشت به طرز محسوسی ساکت شده بود و به ندرت سر صحبت و یا حرفی را باز می‌کرد. صدرا کم‌کم مطمئن می‌شد که احتمالا در شهریار خبرهایی است و رحیم‌خان به هر دلیلی از صحبت در باره آن ابا دارد. صدرا مدتی حوصله کرد تا شاید خودش سخنی بگوید اما وقتی دید نم پس نمی‌دهد خودش پا پیش گذاشت تا ته توی قضیه را درآورد.

روزی که رحیم‌خان لب حوض آب نشسته بود و آهسته علف‌های هرز باغچه را در حالی که در عالم خود غرق بود می‌چید صدرا مدتی او را زیر نظر گرفته بود. سپس سر صحبت را باز کرد: رحیم‌خان! الان چند وقته منتظرم ببینم بالاخره خودت به حرف میای یا نه. خداییش نمی‌خوای بگی چه خبره؟

رحیم‌خان سرش را بلند کرد و در حالی که دست‌های خاکی‌اش را به هم می‌مالید قیافه‌ای متعجب به خود گرفت و گفت: حرف چی؟ خبر چی؟

صدرا با طفره رفتن ناشیانه رحیم‌خان لبخندی زد و گفت: با ما هم بله؟ حالا خودتو می‌زنی به اون راه. من که می‌دونم توی شهریار خبراییه.

رحیم‌خان با خنده سرش را پایین انداخت: چه خبرایی؟

ـ خودت بهتر می‌دونی چه خبرایی.

رحیم‌خان شیر آب کنار حوض را باز کرد و بعد از آنکه دست‌هایش را شست به چهره منتظر و کنجکاو صدرا نگاه کرد و موضوع بحث را تغییر داد: این هواهه نمی‌خواد گرم بشه! دستام پاک سر شد.

ـ کم خودتو به کوچه علی چپ بزن و موضوع رو عوض کن. حرف بزن.

رحیم‌خان با دیدن اصرار و سماجت صدرا از جا برخاست و در حالی که دست‌های خیسش را با شلوارش خشک می‌کرد با من و من به حرف آمد: تا حالا هیچ شده یه نفر رو به انجام کاری نصیحت کنی بعد خودت بهش عمل نکنی؟

صدرا با لبخند: نه نشده.

ـ تو هم هی سختش می‌کنی! یادته هی بهت می‌گفتم عاشقی بد دردیه؟

صدرا با لحن شیطنت‌آمیزی جواب داد: آره یادمه در ضمن یادمم هست که می‌گفتی پیشگیری همیشه از درمان بهتره.

رحیم‌خان سرش را پایین انداخت و با لحنی خجالت‌زده گفت: چیکار کنیم دیگه نشد. حالا پاک گرفتار شدیم.

صدرا این بار خنده را هم چاشنی لحن شیطنت‌آمیزش کرد: ببینم این دفعه که فصل سیب نبوده. مگه اینکه از تابستون تا حالا خبرش رو از من قایم کرده باشی.

رحیم‌خان نگاهی ملامت‌بار به صدرا افکند: باشه حالا هی سر به سر ما بذار.

صدرا دستش را روی شانه رحیم‌خان گذاشت و گفت: سر به سر چیه؟ دارم جدی می‌گم!

ـ چند ماهی می‌شه. حقیقتش می‌خواستم خیلی زودتر از اینها برات بگم ولی دلم نیومد. گفتم شاید حرفای من خاطرات تلخ گذشته رو برات تداعی کنه.

با این حرف دست صدرا بی‌اختیار از روی شانه رحیم‌خان افتاد. یاد صبا برای لحظاتی قلبش را در هم فشرد. ناخواسته نگاهش به سطح آب حوض که تازه از دست رحیم‌خان آرام گرفته بود خیره ماند. خیلی زود به خود مسلط شد و با کمی مکث گفت: «کار من از این حرفا گذشته. خاطره خاطره است چه بخوای چه نخوای برات تداعی می‌شه. تو که نمی‌تونی به خاطر خاطرات من که گذشته و رفته جلوی حقیقت پیش روی زندگی خودت رو بگیری!» و با گفتن این حرف دوباره لبخند را روی لب‌هایش نشاند و گفت: تازه شتر سواری که دولا دولا نمی‌شه. بالاخره که باید بهم می‌گفتی؟ مگه نه؟

ـ راستیتش دو سه ماه پیش یه خونواده، باغ بغلی شهریار رو از آقای صدوق که می‌شناسی همسایمون، خریدند. یک هفته بعد از امضای قولنامه هم به همون خونه توی باغ اثاث‌کشی کردند. یه خونواده پنج نفره‌اند. یه زن و شوهر با سه تا دختر... دختر بزرگشون رو یه چند باری دیدم. دفعه اول یه روز طرفای غروب یه ظرف دلمه برگ مو درست کرده بود که برام آورد. یه کم با هم حرف زدیم. یه دفعه دیگه هم حلوا درست کرده بود که برام یه بشقاب آورد. از قرار معلوم خیلی خونواده خوبیند.

صدرا دوباره به خنده افتاد: چیه؟ از روی دلمه‌هاشون فهمیدی خونواده خوبیند یا از روی حلواشون؟

رحیم‌خان دوباره همان نگاه ملامت‌بار را حواله صدرا کرد و با کنایه گفت: نخیر! از روی ظرفشون فهمیدم! چی خیال کردی؟ ما رو دست کم گرفتی؟ یه دو سه باری با پدر و مادرش برخورد داشتم. قشنگ ازشون معلومه که آدمای خوبیند. تازه دو تا خواهر دیگه‌اش رو هم دیدم. خیلی متین و باوقارند.

ـ چیه؟ می‌خوای با تبلیغات منو باجناق خودت کنی؟

ـ چه عیب داره؟

ـ رحیم‌خان! یادت باشه خودت گفتی پیشگیری همیشه از درمان بهتره. من دیگه درسم رو گرفتم.

ـ حالا یه روز ما یه گهی خوردیم یه چیزی گفتیم. تو هم هی یه انگشت بکن تو چشممون.

ـ عیب نداره عوضش برات درس می‌شه پیش من دیگه از این شکرا نخوری. حالا نگفتی اسمش چیه. چه شکلیه؟ قدش که از تو بلندتر نیست؟ راستی اصلاً بذار ببینم تو چرا همیشه آشنایی‌هات با دخترا یه جورایی با میوه و سبزیجات سر و کار داره؟ سیب و برگ مو و...

ـ اشکال نداره؛ حالا هی سر به سر ما بذار ببین دلت خنک می‌شه؟ چیکار کنیم دیگه. علیدادخان فقط یه چیز واسه ما به ارث گذاشت اونم قد کوتاهش بود. ولی نترس عفت هم تقریباً هم قد و بالای خودمه. یه کمی پوستش سبزه است ولی سبزه بانمک. خدایی‌اش خیلی دختر مهربون و با معرفتیه. الان چند وقته که بهش فکر می‌کنم. بعضی وقتا می‌گم دلمو بزنم به دریا و برم خواستگاری‌اش ولی بعد شک می‌کنم. انگار آدم هر چی سنش بالاتر می‌ره وسواسش به ازدواج بیشتر می‌شه. تو چی می‌گی؟ نظرت چیه؟

ـ اگه واقعاً دوستش داری و آدمای خوبیند چرا که نه؟ معطل چی هستی؟ تا پسر عموی این یکی نیومده قال قضیه رو بکن دیگه!

رحیم‌خان کمی به فکر فرو رفت و رو به صدرا کرد و گفت: راست می‌گی. دختر خوب و خونواده داریه. قیافه‌اش هم خوبه. نمی‌دونم معطل چی هستم؟

ـ فردا قشنگ می‌ری یه دسته گل درست و حسابی می‌گیری می‌ری قال قضیه رو می‌کنی. ببینم چکار می‌کنی.

رحیم‌خان مجدداً به فکر فرو رفت. اما دقایقی بعد در حالی که تردید در چشم‌هایش موج می‌زد پرسید: یعنی فکر می‌کنی دارم کار درستی می‌کنم؟ هیچ وقت فکر نمی‌کردم بعد از بنفشه بتونم به کسی علاقه‌مند بشم.

این بار صدرا جدی‌تر به او چشم دوخت و پرسید: دوستش داری یا نه؟

ـ البته که دوستش دارم.

ـ پس چرا هی دست دست می‌کنی؟ مهم اینه که دوستش داری. اینکه دیگه استخاره نداره. ستون اصلی زندگی زناشویی عشق و علاقه و محبته. بقیه چیزا فرعه. وقتی که عشق و علاقه باشه دنبالش همه چیز را با خودش میاره. تو هم که اصل کاری رو داری توکل به خدا کن و پا پیش بذار. مطمئن باش همه چیز خودبه‌خود درست می‌شه.

ـ ولی آخه اگه اون منو نخواد چی؟

ـ دست وردار بابا. ظرف حلوا برای بار دوم یعنی بله.

رحیم‌خان آن شب تا دیروقت در عمق حرف‌های صدرا غوطه خورد. تصور نمی‌کرد همان چند جمله صدرا آن‌چنان نافذ و تأثیرگذار باشد که به چندین هفته تردید و دودلی او یک شبه پایان دهد و فردای همان روز او را مصمم راهی مسیر سرنوشت کند.

رحیم‌خان فردای آن روز مصمم و امیدوار در حالی‌که زیباترین دسته گل ممکن را روی زانوهایش گذاشته بود و به مقصد شهریار از پنجره اتوبوس به بیرون نگاه می‌کرد با دیدن شاخه‌های پر شکوفه درختان باغ‌های اطراف ناخودآگاه به این فکر افتاد که چقدر زود شکوفه‌های عشق صدرا هنوز به بار ننشسته، جدا شده از شاخه‌های زندگی روی زمین لم یزرع یأس لگدمال شده است و همین امر به تنهایی چقدر می‌توانسته صدرا را از درون خرد کند.

رحیم‌خان به دنبال جواب مثبتی که از خانواده عفت گرفته بود دیگر چندان در تهران بند نمی‌شد و هنوز از گرد راه نرسیده دوباره عزم رفتن می‌کرد. تحمل جای خالی رحیم‌خان برای صدرا با وجودی که می‌دانست دوباره برخواهد گشت خیلی سخت و دشوار بود. صدرا کم‌کم داشت به وحشت می‌افتاد که اگر رحیم‌خان بعد از ازدواجش از آنجا نقل مکان کند چطور می‌تواند در آن خانه تنهایی تاب بیاورد. حضور رحیم‌خان همیشه برای صدرا هم نعمت بود و هم

رحمت. رحیم‌خان با تمام وجود به وصیت رسول پدر صدرا عمل کرده و در هر شرایطی در کنار او تمام و کمال ایستاده بود. جمعه عصرهای تابستان همیشه برای صدرا صفای خاصی داشت. رحیم‌خان گاهی بساط چای و گاهی بساط هندوانه شتری بریده شده را روی تختی که با دست‌های خودش در کنار حوض ساخته بود فراهم می‌کرد و دوتایی از هر دری سخنی می‌گفتند. خصوصاً در باب سیاست. البته صدرا همیشه سعی می‌کرد که بحث‌شان به مقوله سیاست نکشد ولی اگر زمانی پای سیاست به وسط می‌آمد رحیم‌خان با ایده سلطنت‌طلبی‌اش چنان چهار نعل می‌تاخت که هیچ‌کس نمی‌توانست به گردش برسد.

حس دلتنگی صدرا برای حرف و حدیث‌ها و غیرتی شدن رحیم خان قوت می‌گرفت. صدرا می‌دانست رحیم‌خان پس از ازدواج کار زیادی در تهران نخواهد داشت و به احتمال قوی به کلی به شهریار نقل مکان خواهد کرد. به همین دلیل سرآغاز فصل جدید زندگی رحیم‌خان معنایی جز شروع دوباره فصل سخت و طولانی تنهایی برای او نداشت.

آن شب وقتی به خانه برگشت با چهره بشاش رحیم‌خان مواجه شد که تازه از شهریار رسیده بود و سخت انتظار او را می‌کشید. از برق چشم‌های رحیم‌خان می‌شد حدس زد که چه اتفاقی افتاده است.

قرار جشن ازدواج با عفت برای دو هفته بعد تعیین شده بود. دیدن سرخوشی رحیم‌خان هرچند مقطعی مرهمی بود برای آلام صدرا.

صدرا برای ازدواجشان سنگ تمام گذاشت و مراسم در شهریار در نهایت سادگی و در عین حال پرشور برگزار شد.

در پایان مراسم صدرا در گوشه‌ای از باغ روی یک صندلی خالی نشسته بود و از دور رحیم‌خان را که در تمام طول شب لحظه ای لبخند از روی لبانش محو نمی شد می‌پایید. ناخودآگاه لبخند تلخی بر لب‌هایش نشست و فکر کرد: کسی چه می‌داند. شاید اگر او هم به صبای رویاهایش می‌رسید در قالب یک لبخند دائمی می‌توانست به همه ثابت کند که خوشبخت‌ترین مرد دنیا است.

اما حتی همان لبخند تلخ هم بر روی لب‌های صدرا چندان دوام نیاورد چرا که یک مرتبه به خاطر آورد که با رفتن رحیم‌خان از آن خانه دوباره تا چه حد تنها خواهد شد.

فصل بیست‌ویکم

یک سال از باخت ناعادلانه صدرا در قمار عشق به سرعت برق گذشت. زخم‌های دل صدرا تا حدودی سر بسته بود امّا همچنان سوزش زخم غرور جریحه‌دار شده‌اش از معمای تن‌دادن صبا به ازدواج با حبیب آزارش می‌داد. با این وجودهنوز صبا را با تمام وجود می‌پرستید و حس می کرد خانه حبیب قبله آمال وآرزوهای اوست. از طرفی هم می‌دانست در دنیای واقعیت‌ها زندگی می کند و با وجود بی‌تابی مفرطش برای دیدن دوباره صبا نمی‌تواند حتی فکر گذر از آن حوالی را به ذهنش راه دهد. با وجودی که با سرای صبا چند کوچه‌ای بیشتر فاصله نداشت ولی از این که در طول این یک سال نتوانسته بود او را ببیند افسوس می‌خورد. هر چند تمایل دیدن دوباره صبا جدال و کشمکشی درونی در او ایجاد کرده بود از یک سو وسوسه دیدن دوباره‌اش شدت یافته بود و با تمام وجود می‌خواست بداند در این یک سال چه تغییری کرده و از طرف دیگر از دیدن دوباره او به شدت وحشت داشت. وحشت از اینکه مبادا با دیدن دوباره صبا عنان اختیار را از کف بدهد و دوباره به قعر دره‌ای سقوط کند که تازه با هزار مکافات و جان کندن خود را از آن بالا کشیده بود . حالا بعد از گذشت این مدت کاملاً حس می کرد دست‌هایش هنوز در عطش لمس آن انگشت‌های ظریف می‌سوزد ولی مانع شیشه‌ای وجدان به او اجازه برداشتن گامی به جلو را نمی‌داد.

برخلاف تصور صدرا که فکر می کرد صبا او را فراموش کرده خود صبا برای دیدن او حتی برای یک لحظه بال‌بال می‌زد هر چند او هم تصور می کرد بعد از آن قضایا دیگر از چشم صدرا افتاده است و از این رو به هیچ وجه جرات رویارویی با او را نداشت.

صبا تنها راه چاره برای فرو نشاندن عطش تمایلاتش را فقط در دیدن دورادور صدرا می‌دید. حتی اگر شده برای ثانیه‌ای از روی بالکن خانه خانم تفرجی. به همین بهانه مدتی بود بیشتر به خانم تفرجی سر می‌زد ولی همین که به حیاط خانم تفرجی پا می‌گذاشت زانوهایش سست می‌شد و بالای پله‌ها که می‌رسید سرش ناخودآگاه به سمت حیاط خانه همسایه متمایل می‌شد و با حسرت به حیاط باصفایش نگاه می‌کرد و ناامیدانه دعا می‌کرد کاش صدرا پیدایش شود ولی در نهایت فقط رحیم‌خان را می‌دید که در حال خواندن آوازی زیر لب طبق عادت همیشگی‌اش به گل‌ها و باغچه‌ها ور می‌رفت. باغچه‌هایی که صبا همیشه در حسرت نشستن در کنارشان و لمس گل‌های باطراوتشان سوخته بود.

در یکی از بعدازظهرهای فروردین ماه که برگ‌های تازه روییده برق می‌زدند و همه چیز مثل کفش و لباس بچه‌ها در روز اول عید رنگ نویی و تازگی به خود گرفته بود صبا خسته و ملول از تنهایی پیراهن سفید و بدون آستینی را که به زحمت به زانوهایش می‌رسید پوشید و روی آن ژاکت نازک سبزرنگی به تن کرد و به قصد قدم‌زدن از منزل خارج شد. نسیم خنکی که می‌وزید خیلی سردتر از آن چیزی بود که تصور می‌کرد. پس از ده دقیقه پیاده‌روی سوز نسیم بر او غالب شد و بیش از این به او اجازه بیرون ماندن نداد. چون با خانه خانم تفرجی فاصله زیادی نداشت یک راست به آنجا رفت. خانم تفرجی مثل همیشه با رویی گشاده و لبخند بر لب از او استقبال کرد. چهره صبا با پوست لطیف و لب‌هایی مثل گیلاس‌های حیاط خانه صدرا در اوج رسیدگی در نظر خانم تفرجی از همیشه زیباتر می‌نمود به‌طوری‌که نتوانست ساکت بماند و همچنان که پشت سر صبا از پله‌های بالکن بالا می‌رفت به شیوه خودش شروع به تعریف و تمجید او کرد: «من که نتونستم هیچ وقت تو صورت تو یه نقص پیدا کنم. ببینم بچه‌ات چی از کار در بیاد.» و صبا هم در جواب خجالت‌زده فقط خندید، گونه‌هایش سرخ شد و گفت: شما همیشه به من لطف داری.

وقتی به آخرین پله رسید طبق عادت همیشگی نگاهش را به سمت حیاط همسایه متمایل کرد. زیبایی بهار در نقطه نقطه حیاط همسایه دیده می‌شد. مشتاقانه با نگاهش تمام زوایای خانه و حیاط را در ذهنش حک کرد تا در لحظات تنهایی‌اش بتواند آن‌ها را آن طور که می‌خواهد به تصویر بکشد.

غرق در این حالت خانم تفرجی او را به خود آورد: «بیا دختر! بیا برو تو اینجا می‌چایی.»

خانه خانم تفرجی در کمال سادگی بدون هیچ گونه تجمل خاصی همیشه بهترین پناهگاه اوقات تنهایی صبا بود. در آن اتاق بارها و بارها عقده‌های تل‌انبار شده دلش را گشوده بود. بارها

گریه کرده و بارها خندیده بود. با ورودش به اتاق دوباره حس تعلق خاطر به آن محیط گرم و آشنا در وجودش جان گرفته بود.

خانم تفرجی برای آوردن چای به آشپزخانه رفت و صبا تمام زوایای اتاق را از نظر گذراند. دوباره خاطرات گذشته در ذهنش تداعی شد. ای کاش می‌توانست زمان را دو سال به عقب ببرد ولی افسوس. با ورود خانم تفرجی به اتاق با سینی چای که در فنجان و نعلبکی‌های گل‌سرخی قدیمی ریخته شده بود لبخند معنی‌داری بر لب‌های صبا نقش بست. خانم تفرجی همین طور که سینی را مقابل صبا روی زمین می‌گذاشت با خنده گفت: چیه؟ دوباره یاد بابات افتادی؟

صبا با خنده سرش را به علامت مثبت تکان داد: من فقط خونه شما می‌تونم توی فنجون چای بخورم. تا خونه بابام بودم بابام هیچ وقت نمی‌ذاشت مامان فنجون بخره حالا هم که زن حبیب شدم اون از فنجون بدش میاد.

خانم تفرجی بلافاصله شروع کرد به درآوردن ادای آقای صرافی و در حالی که صدایش را کلفت می‌کرد گفت: «چایی فقط توی استکان بلور می‌چسبه. چون نشون می‌ده زن خونه چقدر عرضه چایی درست کردن داره. وقتی یکی تو فنجون بهت چایی می‌ده می‌خواد نفهمی چه آشغالی داره به خوردت می‌ده. معلوم نیست چایی‌اش تاپاله نشانه چی‌چی نشانه!»

صبا دیگه از اداهای خانم تفرجی ریسه رفته بود. حرف‌های تکراری و غیرتکراری خانم تفرجی همیشه برای صبا جذاب و شنیدنی بود.

طبق معمول با اشتیاق فراوان سخت گرم صحبت با صبا شده و مابین حرف‌هایش گه‌گاه چغاله بادام‌های سبز درون پیاله را با نمک به او تعارف می‌کرد که زنگ خانه به صدا درآمد. خانم تفرجی برخاست: صبا جان! تا من می‌پرم در رو باز کنم تو هم چایی‌ات رو بخور که یخ نکنه. دو سه دقیقه‌ای پس از رفتن خانم تفرجی از اتاق صبا که به خاطر دو زانو نشستن روی زمین پایش خواب رفته و سوزن سوزن می‌شد از جا برخاست و ضمن اینکه این پا و آن پا می‌کرد به سمت در بالکن رفت تا یک بار دیگر نگاهی به حیاط خانه صدرا بیندازد که ناگهان با دیدن قامتی که در آستانه در ایستاده بود میخکوب شد. حرارت تمام وجودش را داغ کرد و هم‌زمان ضربان قلبش چندین برابر شد. حالا دیگر صبا کاملاً از دیدن حیاط همسایه صرف‌نظر کرده بود چون خود همسایه در آستانه در ایستاده بود. گونه‌های صبا به شدت گر گرفته و کف دست‌هایش عرق کرده و زانوهایش سست شده بود. تضادی عجیب برای لحظاتی تمام ذهنش را پر کرد: «خدا کنه بیاد بالا. نه خداکنه نیاد بالا». صبا همچنان درگیر کشمکش خدا کندها و خدا نکندهایش بود که صدرا وارد حیاط شد. چهره همان چهره آرام، موها همان موهای خرمایی

رنگ، قد و قامت همان قد و قامت بلند، همان صورت دوست‌داشتنی، همان رویای شبانه‌روزی صبا. سرگیجه‌ای گذرا وجودش را در برگرفت. دستش را برای حفظ تعادل به چارچوب در گرفت. حالا دیگر آنقدر نزدیک شده بودند که صبا می‌توانست به راحتی حرف‌هایشان را بشنود.

ـ پاک یادم رفته بود. تو رو خدا ببخش که به زحمت افتادی. البته همسایه برای این موقع‌هاست مگه نه؟! دیشب باد زده انداختش. دیدی که چه بادی می‌اومد. خودت می‌دونی من چقدر از بلندی بدم میاد. سرگیجه می‌گیرم. خیر از عمرت ببینی این تلویزیون لکنته مونس منه. اگه نباشه دق می‌کنم. دستت درد نکنه .الان می‌رم برات نردبون میارم.

صدرا پیراهنی با چهارخانه‌های ریز آبی رنگ به تن داشت و کت سرمه‌ای رنگش را روی یک دست انداخته بود و با دست دیگر به خانم تفرجی تعارف می‌کرد که جلوتر برود درست به همان شیوه‌ای که صبا همیشه در او سراغ داشت. صبا همچنان پشت پنجره توان از کف داده نه یارای نشستن داشت و نه یارای ایستادن. انگار هر گام صدرا به بالا بر ضربان قلب او می‌افزود. بالاخره صدرا به بالای پله‌ها رسید. ولی همان‌جا خشکش زد. صدرا چشم در چشم‌های صبا دوخته بود و اصلاً پلک نمی‌زد. آن برخورد برای صدرا به قدری غیر مترقبه و دور از انتظار بود که وقتی خانم تفرجی از پشت سر با او حرف می‌زد حرف‌هایش را نمی‌شنید چون به نظر می‌رسید تمام قوای بدنش در چشم‌هایش جمع شده است.دو سال تمام به یک طرف وآن عصر بهاری به یک طرف. در آن عصر بهاری شعله‌های آتش زیر خاکستر نمایان شد وگرداب عشق واحساسات از پا نیفتاده دوباره به جریان افتاد.

صبا در این میان زمان بیشتری داشت تا به خود مسلط شود ولی صدرا به طور ناگهانی غافل‌گیر شده بود. از یک طرف چهره دوست‌داشتنی صبا بار دیگر او را مسخ کرده بود و از طرف دیگر خاطره تلخ جدایی در ذهنش از خواب فراموشی بیدار می‌شد. قدری طول کشید تا صدرا توانست به خود مسلط شود. خاطرات تلخ گذشته تتمه غرور جریحه‌دارش را از خواب پرانده بود و اکنون تمایلات سر به عصیان گذاشته‌اش را ناگزیر بود افساری بزند. با وارد شدن به اتاق خیلی رسمی با صبا سلام و علیکی کرد و از حال حبیب پرسید. برخورد رسمی صدرا عرق سردی بر تمام بدن صبا نشاند. خجالت‌زدگی از بابت اشتباه بزرگی که در حق صدرا مرتکب شده بود و برخورد نه‌چندان گرم صدرا در آن لحظه حالش را دگرگون کرد ولی تا جایی‌که توان داشت سعی کرد اجازه ندهد تا لبخند راه لب‌هایش را گم کند. زمانی‌که خانم تفرجی آن دو را برای آوردن چای تنها گذاشت سکوتی سنگین در اتاق دستاورد تنهایی‌شان بود. سکوتی

دیوانه‌کننده و طاقت‌فرسا. صبا سخت پی موضوعی می‌گشت تا سکوت را بشکند ولی آن‌قدر ذهنش مشوش بود که نتوانست موضوعی پیدا کند. گویی حالا آن‌چنان از هم بیگانه شده بودند که برای یافتن یک موضوع ساده با خود کلنجار می‌رفتند. صدرا وقتی متوجه عذاب صبا شد سکوت را شکست و پرسید: ایام عید بهتون خوش گذشته؟

صبا نگاه شرمگین‌اش را متوجه صدرا کرد و به آرامی پاسخ داد: بد نبوده ممنون. به شما چطور؟

ـ معمولی؛ خیلی معمولی. مثل روزهای دیگه سال. من برعکس رحیم‌خان چندان حال و هوای عید را احساس نکردم. با وجودی که رحیم‌خان امسال کارای واجب‌تر از ور رفتن با باغچه‌ها داشت ولی تا جایی که تونسته سعی کرده به حیاط خونه صفای عید رو بده. تا تونسته حیاط رو پر کرده از گل‌های شمعدونی و بنفشه. می‌تونید از سر همین دیوار اینجا ببینید.

ـ وقتی می‌آمدم دیدم. مثل همیشه باصفاست. حیاط شما همه فصل‌هاش دیدنیه.

صدرا در جواب صبا سکوت کرد. آن ملودی زیبایی که روحش همیشه با آن به پرواز در می‌آمد را می‌شنید و حالا سخت می‌کوشید تا جلوی آن احساسات قدیمی را هر طور شده بگیرد ولی کار ساده‌ای نبود. آهنگ صدای صبا، گیرایی چشم‌هایش و از همه بدتر لبخندی که بر لب‌هایش نشسته بود مثل اسیدی قوی به جان نیروی طاقتش افتاده بود وداشت با شتاب ثانیه ای آن را می خورد.

آهنگ صدای صبا همان آهنگ مهربان و صمیمی و نگاه‌هایش همان نگاه‌های مشتاق قدیمی بود. همان صبای قدیمی بود. صبایی که به زندگی صدرا حیات بخشیده بود حالا کم‌کم بدون آنکه متوجه باشد ظرف مدت کوتاهی داشت او را به مرز جنونی دوباره می‌کشاند.

با آهنگ صدای صبا به اوج قله رؤیاهایش رسیده بود ولی صدای خانم تفرجی چایی به دست کافی بود تا خود را پای دنیای حقایق بیابد. حضور خانم تفرجی می‌توانست سکوت حاکم را بشکند ولی صدای زنگ سبب شد آن‌ها را بار دیگر تنها بگذارد. صبا که تا حدودی اضطرابش فروکش کرده بود به خود جرأت داد و سر صحبت را باز کرد و از مغازه و کسب و کار صدرا پرسید و بعد هم موضوع به رحیم‌خان و ازدواجش با عفت و حیاط صدرا کشانده شد. برای صدرا جالب بود که می‌شنید صبا چند باری رحیم‌خان را از روی بالکن خانه خانم تفرجی دیده است. چون پی برد که هنوز احساسات قدیمی درونش نمرده است.

گرم صحبت بودند که خانم تفرجی این بار با دو ظرف کوچک حلوا وارد اتاق شد.

صدرا پرسید: حلوای خیراتی از کجا اومده؟

خانم تفرجی که کمی گرفته و دمق به نظر می‌رسید در جواب گفت: فریدون بود همون پسره که یه دفعه برات شله‌زرد آورده بود. دو هفته پیش توی صف نونوایی شنیدم که باباش مرده. حالا هم حلوای خیرات باباش رو داره تو در و همسایه پخش می‌کنه.

ــ حالا تو چرا این‌قدر ناراحتی؟

ــ بچه زبون بسته گناه داره. مادرشو که وقتی کوچیک بوده از دست داده حالا اینم از باباش.

ــ فریدون با همون یه برخورد به نظرم بچه خود ساخته و قوی‌ای اومد. چه می‌شه کرد! با تقدیر نمی‌شه جنگید. شانس آوردی رحیم‌خان اینجا نیست والا ته ظرف حلوات رو همین جا در می‌آورد.

خانم تفرجی یکی از ظرف‌ها را به صدرا داد و گفت: یکی‌اش مال توست. برده در خونه دیده نیستی به من داد که بهت بدم.

صبا که از مکالمه آن دو چیزی سر در نمی‌آورد فقط با دیدن حلوایی که در دست صدرا بود پرسید: می‌تونم یه کم ازش بخورم؟ صدرا لبخندی زد و ظرف حلوا را به حال تعارف جلوی صبا گرفت. صبا قسمت کوچکی از حلوا را با چنگال داخل بشقابش گذاشت و با نگاه از صدرا تشکر کرد.

خانم تفرجی رو به صبا کرد و گفت: می‌دونم چقدر حلوا دوست داری ظرف خودم رو می‌دم ببری خونه. فاتحه‌ام نخوندی نخوندی.

ــ چرا؟

ــ همین‌جوری. زیاد همچین هم واجب نیست. برای چی آدم باید برای کسی که نمی‌شناسه فاتحه بخونه. شاید یارو تا زنده بوده دزد و پدرسوخته بوده! والا. ما از کجا می‌دونیم.

صدرا از حرف خانم تفرجی و خصوصاً با لحنی که آن را بیان می‌کرد به خنده افتاد و با لحنی شوخ گفت: پسره که به نظر بچه خوبی میاد. فکر نکنم پدرش یه همچین آدمی بوده باشه.

ــ ما از کجا می‌دونیم! بعضی بچه‌ها کون پیزی دارن گلیم خودشون رو از تو خونه نااهل خوب بلدن بیرون بکشن.

صدرا در جواب فقط خندید و سرش را تکان داد.

ــ آره حالا هی بخند اصلاً هیچ فکر کردی تو این تاریکی دیگه چه جوری میخوای برا من آنتن درست کنی؟

هم‌زمان با این حرف خانم تفرجی صبا ناگهان از جا پرید. زمان آنقدر سریع گذشته بود که او متوجه غروب آفتاب نشده بود. همنشینی با صدرا در زیر یک سقف مجال اندیشه را ازاو ربوده بود. صبا به سرعت آماده رفتن شد. تاریکی هوا نگرانش کرده بود. بعد از ازدواج هیچ

وقت تا غروب آفتاب بیرون نمانده بود.اگر حبیب به خانه می آمد ومی دید که صبا هنوز برنگشته به شدت نگران می شد.صبا خیلی خوب می دانست که حبیب چندان از رفت وآمدهای او به خانه خانم تفرجی راضی نیست. یکی به خاطر حرف و حدیث‌های مادرش و صفحه‌هایی که پشت سر خانم تفرجی می گذاشت و دیگر به خاطر همسایگی او با صدرا. شاید به این دلیل که تصور می کرد خانم تفرجی صبا را به صدرا نزدیک می کند.

صدرا پیشنهاد کرد او را تا خانه برساند اما صبا با وجودی که هر فرصتی را غنیمت می‌شمرد تا بیشتر با صدرا باشد با نگاه وحشت‌زده‌اش رساند که این کار عاقلانه‌ای نیست. صدرا گفت: هر طور که راحت‌تر هستید.

صبا از اینکه پیشنهاد صدرا را رد کرده سخت پشیمان شد. او مدت‌ها در سراب دیدن دوباره صدرا دویده بود حال بی‌آن که از چشمهٔ دیدارش سیراب شده باشد باید باز می گشت. دو دل و نگران نگاهی از پنجره به بیرون انداخت. کمی مکث کرد و با من و من از صدرا خواست فقط تا یک کوچه بالاتر او را همراهی کند. با پیشنهاد صبا لبخند رضایت بر لب‌های صدرا نشست و از صبا خواست چند دقیقه‌ای صبر کند تا او کاری را که برای انجامش به آنجا آمده بود تمام کند. صدرا بدون معطلی به پشت‌بام رفت و در زیر نور کم‌رنگ لامپ پشت‌بام آنتن را که از روی خرپشته افتاده بود به حالت اولش برگرداند. به سرعت پایین آمد و همین طور که کتش را می‌پوشید در بالکن منتظر شد تا صبا کفش‌هایش را پا کند.

شانه به شانه هم در حالی که ظرف‌های حلوایشان را جا گذاشته بودند به سمت خانه صبا راهی شدند. تاریکی هوا سبب می‌شد صبا فقط طرحی از صدرا را در کنارش ببیند ولی حتی با همان حضور مبهم در کنارش احساس دلگرمی می کرد. دوباره سکوت فضای بین‌شان را پر کرده بود. حالا که با صدرا تنها شده و به خاطر تاریکی کوچه مجبور نیست در چشم‌های او نگاه کند می‌تواند آنچه را طی این مدت از بیانش عاجز بوده بر زبان بیاورد. زمان اعتراف بود. اعتراف به اشتباهی که بین آن دو ناخواسته دیواری دو جداره کشیده بود. صبا باید حرف می‌زد و باری را که یک سال تمام روی سینه‌اش سنگینی کرده بود همانجا بر زمین شجاعت می‌نهاد. نگاه شرمگین و نادمش را به تیرگی مقابلش دوخت و به من و من افتاد: حقیقت‌اش... حقیقت‌اش... مدت‌هاست که می‌خواستم ببینمتون... یعنی می‌خواستم... باهاتون صحبت کنم.

صدرا با کنجکاوی به نیم‌رخ صبا که در سایه تاریک کوچه فرو رفته بود نگاهی کرد و خیلی مختصر پرسید: در مورد چی؟

صبا بدون آنکه یارای نگاه کردن به صدرا را داشته باشد آب دهانش را قورت داد و به آرامی گفت: من یک عذرخواهی بزرگ به شما بدهکارم.

صبا لحظه‌ای مکث کرد. شاید می‌خواست صدرا را ارزیابی کند.

اما واکنش صدرا در آن لحظه سکوت بود. وقتی صبا جوابی نشنید ادامه داد: اگه تا حالا هم قدمی پیش نذاشتم نه به خاطر غرور و این حرفا بوده بلکه در اصل علتش این بوده که از گفتن حقیقت خیلی شرمنده بودم. من خطای بزرگی مرتکب شدم و امیدوارم این بزرگواری رو توی خودتون ببینید که خطای منو ببخشید. حقیقتش اینه که من بدون مطالعه وتعمق حرف بی‌قدر و مایه دیگران رو باور کردم و از همه بدتر روش تاکید و پافشاری کردم و هم‌زمان هم به خودم به چشم یک قربانی نگاه کردم بدون اینکه حتی برای یک لحظه فکر کنم شاید دارم اشتباه می‌کنم. متاسفانه از روی خشم، کورکورانه پا روی حق گذاشتم، هر چند فکر می کنم ظرف این یک سال تاوانش رو حسابی داده‌ام، ولی تا زمانی‌که حضوری پیش شما بهش اعتراف نمی‌کردم وجدانم آروم نمی‌گرفت.

صدرا سراپا گوش شده بود. حرف‌های صبا کدورت زمان را از روی اوراق رخدادهای قدیمی کنار زده و همه چیز در نظرش شفافیتی دوباره یافته بود. تصور رویاهای بر باد رفته مثل فیلمی در حال اکران روی پرده ذهنش نقش می‌بست و مدام تکرار می‌شد. تصور پشت پا زدن صبا به آنچه در طی عمر کوتاه آشنایی‌شان با خشت عشق بنا نهاده بودند و صدرا هرگز دلیل واقعی آن را درنیافته بود بر اسف‌باری این فیلم در حال اکران می‌افزود.

با وجودی که صدرا تصور می‌کرد دیگر همه چیز را به دست فراموشی سپرده در آن لحظه پی برد تمام احساساتش را در صندوقچه ذهنش پنهان کرده بوده است.

چه شب‌ها و روزهایی که با خود آرزو نکرده بود ای کاش آن روزی را می‌دید که صبا به اشتباه خود پی ببرد. ولی حالا که صبا داشت نادم و پشیمان به اشتباهش اقرار می‌کرد با کمال تعجب می‌دید دیگر تمایلی برای دیدن ندامت او ندارد. اقرار صبا به جای اینکه حس خشم و انتقام را در او بیدار کند حس اندوهی را بیدار کرده بود که درمانی نداشت. کار از کار گذشته بود. پشیمانی صبا چه دردی را می‌توانست درمان کند؟

با وجودی که دیگر اثری از خشم در وجود صدرا نمانده بود در آن لحظه هر چه تلاش کرد جمله‌ای برای کم‌کردن حس گناه صبا بر زبان جاری کند نتوانست و فقط با صدایی گرفته گفت: خوشحالم که حداقل بی‌گناهی‌ام بهتون ثابت شد!

نمی‌دانست در آن لحظه صبا چقدر محتاج دیدن نشانی از ترحم از جانب اوست. البته این را

هم نفهمیده بود که به‌رغم از بین رفتن آن حس خشم و انتقام در وجودش صبا هنوز نتوانسته ردپایی از آن حس همدردی و عفو را در وجود او ببیند. به همین دلیل هم درست در لحظه‌ای که صبا سخت در جست‌وجوی یافتن این نشان با بی‌صبری به نیمرخ او که علاوه بر تاریکی اطراف سایه‌ای هم از ابهام بر آن سنگینی می کرد خیره مانده بود فقط سکوت کرد. با سکوت صدرا چانه صبا کم‌کم از اثر بغض به لرزه افتاد ولی صدرا در آن تاریکی آن را نمی‌دید. سایه سکوت دوباره مثل بختک بر سرشان افتاده بود.

ـ از اون موقع تا حالا یک سال می گذره و همه چیز تموم شده. شما یک سال است که دیگه به نام خانوادگی آزرمی عادت کردید و همه چیز با قبل زمین تا آسمون تفاوت کرده. بهتره همه چیز رو فراموش کنید.

صبا از حرکت ایستاد و سعی کرد که جلوی ریختن اشک‌هایش را بگیرد. او که با حس انتقام‌جویی و اجبار پدرش به ازدواجی ناخواسته تن داده و غرور مردانه صدرا را جریحه‌دار کرده بود حالا مجبور بود شاهد جریحه‌دار شدن غرور خود باشد و دمی هم بر نیاورد.

با توقف صبا، صدرا هم ایستاد و روبه‌روی او قرار گرفت. درصدد یافتن چشم‌های صبا لحظاتی در تاریکی به او خیره شد و تکرار کرد: گفتم که فراموشش کنید. همه چیز تموم شده و رفته پی کارش.

صبا با بغض جواب داد: فراموشش کنم؟ چطوری فراموشش کنم؟ فکری که یک سال آزگار مثل خوره به جونم افتاده مگه به این راحتی‌ها فراموش می‌شه؟ من اگه حقیقت رو اون موقع می‌دونستم شاید به قیمت مرگ در برابر پدرم به این ازدواج تحمیلی تن نمی‌دادم و می‌ایستادم. ولی شک و تردید بی‌جایی که ذهنم رو مشغول کرده بود مجبورم کرد که... و در اینجا دیگر نتوانست حرف‌هایش را ادامه بدهد.

صدرا با وجودی که صورت صبا را به خوبی نمی‌دید از لرزش صدا به گریه صبا پی برد.

حرف‌های توأم با گریه صبا که از صمیم دل زده می‌شد او را منقلب کرد. لحن صدایش را کمی ملایم‌تر کرد و گفت: خواهش می کنم گریه نکنید. چیزی بوده که اتفاق افتاده و تموم شده رفته پی کارش. همین‌قدر که پی به اشتباهتون بردید برای من کافیه.

صبا با چشم‌های اشک‌آلودش به صدرا نگاه می‌کرد. چراغ سر در خانه‌ای که در کنار دیوارش ایستاده بودند روشن شد و بر صورتشان نور انداخت.نور لامپ با وجود پریده رنگی کافی بود تا طرح چشمهای صبا را که پشیمانی وتمنای شفقت به تمام معنای کلمه در آن موج می زدبرای او آشکار کند.صدرا دوباره در جادوی آن نگاه آشنا سحر شد

بدون آنکه از نگاه صبا چشم بردارد جواب داد: آخه منی که تمام اون مدت شب‌هام رو به فکر تو می‌خوابیدم و صبحام رو با فکر تو پا می‌شدم چطور می‌تونستم... و در اینجا حرفش را ناتمام گذاشت و سرش را پایین انداخت.

صبا مثل تشنه‌ای که هنوز سیراب نشده باشد با ولع تمام چشم به راه ادامه حرف‌های صدرا منتظر جرعه‌ای دیگر بود. اما صدرا پس از لحظاتی مکث این بار حرف‌هایش را به گونه‌ای ادامه داد که صبا حاضر بود از تشنگی بمیرد و جرعه‌ای از آن آب ننوشد.

ـ شرایط ما با قبل خیلی فرق کرده. تو دیگه همسر حبیب هستی و تعهدهای خاصی به زندگی جدیدت داری. منم باید به این شرایط احترام بگذارم و از محدوده خودم خارج نشم. تنها کاری هم که از دستم بر میاد اینه که براتون آرزوی خوشبختی کنم. البته به خوشبختی حبیب صددرصد مطمئنم چون تو رو توی زندگی‌اش داره ولی امیدوارم تو هم بتونی به همون درجه از عشق و علاقه توی زندگیت برسی.

کم‌کم نور نقره‌ای رنگ ماه از پشت ابرها سر بیرون آورد و هم‌زمان با خاموش شدن لامپ سر در حیاط بی‌درنگ با لمس مهتابی‌اش قامت هر دوشان را در برگرفت.

صبا از درون می‌لرزید. سرما و حس بودن در کنار صدرا و تلخی واقعیت‌ها او را از درون به لرزه انداخته بود. حال آشفته‌اش از دید صدرا پنهان نماند. به یاد گذشته کتش را درآورد و به آرامی بدون آنکه بدن صبا را لمس کند آن را روی شانه‌اش انداخت. این حرکت صدرا کافی بود تا به حس خوشی که در کلام صدرا نیافته بود، دست یابد. صبا غرق در لذت گرمی وجود صدرا که از طریق لمس کت او در وجودش ریخته شده بود همچنان ایستاده نه یارای قدم برداشتن داشت و نه دلش می‌خواست به خانه برود. فقط می‌خواست سرش را روی سینه صدرا پنهان کند و با حرارت بدن او ذره‌ای از وجود یخزده‌اش را گرم کند.

فاصله دو کوچه را بدون آنکه با رهگذر آشنایی مواجه شوند، طی کردند. صدای آرام آب جوی که از وسط کوچه می‌گذشت در گوش صبا به مرثیه جدایی بیشتر شباهت داشت تا صدایی آرام‌بخش. هنوز تا خیابان فاصله‌ای مانده بود ولی صبا می‌بایست از او جدا شود. در حالی که با نگاهش التماس می‌کرد که می‌خواهد همچنان در کنار صدرا بماند: صدرا! خواهش می‌کنم! از اینجا به بعد رو خودم باید برم.

یک بار دیگر کت صدرا را به شیوه قدیم نفس کشید. از روی دوشش برداشت و در حالی که با تمام وجود لمسش می‌کرد آن را به صدرا داد. و صدرا هم چشم در چشم‌های خیس صبا همین طور که کتش را از دست‌های او می‌گرفت پس از گذشت دو سال دست‌های یخ‌زده او را

با انگشت‌های تشنه‌اش لمس کرد.

صبا با نگاهی اندوهگین از او جدا شد و او را خاموش در وسط کوچه به رسم روزهای قدیم تنها گذاشت.

دور شدن صبا را در پیچ کوچه تا محو کامل تماشا کرد و زمانی که دوباره با حقیقت تلخ رفتن او به خود آمد آهسته‌آهسته به خانه برگشت. بدون آنکه لباس‌های بیرونش را در بیاورد روی مبل اتاق نشیمن نشست و به فکر فرو رفت. تمامی آن وقایع مثل رگباری بی‌امان به ذهن خسته‌اش هجوم آورده بود. هجومی بی‌رحمانه به طوری که وقتی پس از یک ساعت از جایش بلند شد تازه فهمید که با دیدن دوباره صبا مجددا سقوط کرده است. سقوط به انتهای دره‌ای که بالا کشیدن از آن دیگر چندان ممکن به نظر نمی‌رسید.

در وجود صدرا توفانی طغیان‌گر و مخرب به پا خاسته بود که سیلابش او را با خود به هر طرفی می‌کشاند. گرداب اسارت در دام عشق دوباره سخت به جریان افتاده بود و لحظه به لحظه او را بیشتر به درون خود می‌کشید. برای صدرا دیگر توانی برای مقابله نمانده بود. به همین خاطر هم از پا افتاده خود را به دست تقدیر سپرد.

وقتی صبا از نبودن حبیب در خانه مطمئن شد خسته و درمانده یک‌راست به اتاق خوابش رفت. بدون آنکه چراغی روشن کند در را بست و در آن تاریکی مطلق در حالی که نفس‌هایش به شدت سنگینی می‌کرد از پشت به در تکیه داد و اینجا بود که تازه فهمید با چه طرز فجیعی مجددا سقوط کرده است. سقوط به انتهای دره‌ای که درست مثل صدرا بالا کشیدن از آن برایش به هیچ عنوان ممکن نبود.

آن شب صبا ملتهب و بیقرار زمانی که در رختخواب دست‌های حلقه شده حبیب به دور کمرش را حس کرد برخلاف همیشه کوچک‌ترین مقاومتی نکرد. به رغم احساس گناه درونی در تمام طول مدت هم‌آغوشی‌اش با حبیب چشم‌هایش را بسته بود و خود را در آغوش کسی تجسم نمی‌کرد جز صدرا!

فصل بیست‌ودوم

یک ماه از دیدار دوباره صبا و صدرا گذشته بود. حبیب زودتر از معمول همیشه به خانه آمد. صبا در آشپزخانه مشغول خرد کردن سبزی بود و متوجه آمدن حبیب نشده بود. صبا را صدا کرد و هنوز جواب نشنیده یک راست به آشپزخانه رفت. لبخند بر لب از پشت سر به صبا نزدیک شد و همین‌طور که لب‌هایش را به گردن او نزدیک می‌کرد گفت: «برات یه خبر خوش دارم.» صبا با برگشتنش بوسه حبیب را نیمه‌کاره گذاشت و همین طور که به چهره هیجان‌زده او نگاه می‌کرد با کنجکاوی پرسید: چه خبری؟

حبیب که قیافه اسرارآمیزی به خود گرفته بود برای اینکه کنجکاوی او را بیشتر کند ابتدا جوابی نداد و فقط از سیب‌های کوچک شسته شده داخل آبکش روی سکوی آشپزخانه سیبی برداشت و ضمن آنکه آن را به دهانش می‌برد این بار با لحنی ویژه‌تر گفت: می‌خوام ببرمت مسافرت.

صبا وحشت‌زده به دست‌های نشسته حبیب که سیب را به دهانش برده بود نگاهی کرد و بی‌اختیار گفت: با دست نشسته؟

ـ ول کن بابا! به دست من چکار داری؟ مسافرت رو بچسب. می‌خوام ببرمت اصفهان.

بر خلاف تصور حبیب به نظر می‌رسید صبا از این پیشنهاد چندان به وجد نیامده است.

ـ به چه مناسبت؟

ـ همین‌طوری. بابا می‌خواد برای معامله یه باغ بزرگ اطراف اصفهان یه هفته‌ای بره اونجا. منم می‌خوام باهاش برم. یه هفته می‌ریم خونه هادی بعد هم یه هفته می‌ریم شیراز. تو هم که عاشق بهارای شیرازی. بهت قول می‌دم خیلی خوش بگذره. برای روحیه‌ات هم خیلی خوبه. یه آب و هوایی عوض می‌کنی.

صبا برای دقیقه‌ای به فکر فرو رفت.

ـ چی می گی؟ نظرت چیه؟

صبا همان طور که دست‌های آغشته به سبزی خرد شده‌اش را زیر شیر آب می‌شست در جواب لبخند کم‌رنگی به لب آورد و گفت: مسافرت خوبه. باشه بریم حرفی ندارم.

حبیب با جلب رضایت صبا همچنان که سیب نیمه گاززده‌اش را در دست داشت او را در آغوش کشید و گفت: بهت قول می‌دم این‌قدر بهت خوش بگذره که بگی برنگردیم تهران.

با وجودی که صبا با پیشنهاد حبیب موافقت کرده بود ولی چندان هم از این بابت ذوق‌زده نشده بود. مدتی می‌شد که تنهایی را بر هر چیز دیگری ترجیح می‌داد. به قدری گوشه‌گیر شده بود که دیگر صدای خانم تفرجی را هم درآورده بود. لذت برای او معنای بیگانه‌ای داشت، به همین منظور حبیب هم به رفتن به این سفر پافشاری می کرد.

هنوز دو سه روز از خبر مسافرت آنها نگذشته بود که مادر حبیب خودسر کوس همراهی با آن‌ها را به صدا درآورد و ظرف یک روز به عالم و آدم خبر رسید که خانم آزرمی به همراه عروسش عازم سفر است. با این خبر یک ذره تمایلی که در وجود صبا بود خشکید و تصمیم گرفت به هر طریقی از زیر بار این سفر شانه خالی کند. بیماری پدرش را که سه روزی بود سرما خورده بود بهانه کرد.

حبیب با توجه به سر زدن‌های صبا به خانه پدری که گاهی به کمتر از هفته‌ای یک بار می‌رسید، می دانست دلیل بهانه صبا چیست. از سوی دیگر، این جرأت را در خود نمی‌یافت که مادرش را از این سفر منصرف کند. اصرارهایش به صبا هم کارساز نبود. تجربه تلخ سفر قبلی‌شان به مشهد از دست و پا درد و ناله کردن‌های مادرش گرفته تا بدعنقی‌هایش و ... مزید بر علت شد تا در برابر خواسته صبا تسلیم شود.

فردای روزی که حبیب با بوسه‌ای بر گونه صبا به قصد اصفهان از او خداحافظی کرد صبا روی صندلی مشرف به حیاط در اتاق نشیمن زانو به بغل نشسته و چانه‌اش را به زانوهایش تکیه داده بود. موهای مشکی‌اش مثل رشته‌های براق ابریشم از دو طرف روی بازوهایش ریخته بود. از پشت پنجره نگاهش را به بیرون دوخته بود. کبوترها را می‌دید که آزادانه در گستره آبی آسمان پرواز می کردند. درخت‌ها که برگ‌هایشان در مسیر نسیم به رقص درآمده بودند نظرش را جلب کرده بودند. خاک باغچه را که مثل مادری پس از زایش از گل‌های نورسش پاسداری می کرد از نظر گذراند. به شمعدانی‌ها که زیر نور خورشید اردیبهشت‌ماه مثل گونه‌های عشاق سرخ‌تر از همیشه جلوه می کردند خیره شد. طاقت نیاورد و به حیاط رفت تا همه زیبایی‌های پشت پنجره را

از نزدیک لمس کند. خیلی وقت بود که با شمعدانی‌ها حرف نزده بود. همین طور که دامنش را جمع می‌کرد هم‌زمان موهایش را به پشت گوشش برد و لب باغچه نشست و از نزدیک به شمعدانی‌ها خیره شد. به آرامی با پشت انگشت گلبرگ‌های یکی از شمعدانی‌ها را نوازش داد و لطافت آن را با تمام وجودش حس کرد. به سمت درخت زردآلوی گوشه حیاط که شاخه‌هایش غرق زردآلوهای کوچک سبز و نارس بود رفت و به تنه آن تکیه داد و سخاوت آن درخت قدیمی را با سایه شاخ و برگ‌هایش بر روی سر احساس کرد. شور و شعف خاصی یافته بود. حس زنده ماندن و زندگی کردن، برخاستن و به اوج رسیدن، تکیه بر قدرتی بی‌پایان و نامرئی که حضورش را همیشه در اعماق قلبش باور داشت سر تا پای وجودش را فرا گرفته بود. وسط حیاط، کنار باغچه‌های پرگل ایستاد و دست‌هایش را به حالت پرواز گشود، سرش را به عقب خم کرد و صورتش را به آغوش آفتاب سپرد و هم‌زمان با بستن چشم‌هایش نفسی عمیق کشید. به یاد دوران کودکی دو دور، دور خود چرخید. حرارت مطبوع آفتاب اردیبهشت صورتش را با مهربانی نوازش داد و عطر شمعدانی‌ها ریه‌هایش را پر کرد. بعد از مدت‌ها سرخوشی حاضر نبود به راحتی آن را از دست بدهد. و مثل اینکه دوباره عاشق شده بود. قدری هم‌صحبت آفتاب و شمعدانی‌ها شد. سپس در حالی که آهنگی قدیمی را زیر لب زمزمه می‌کرد به اتاق برگشت.

در شهر شایع شده بود توفان سختی در راه است. همه جا مردم از این توفان قریب‌الوقوع صحبت می‌کردند ولی صبا وقوع آن را باور نداشت. آبی آسمان هم نشانی از توفان نداشت.

زنگ خانه به صدا درآمد. صبا حدس زد که مادرش برای دیدن او آمده. با وجودی که دو روز از رفتن حبیب می‌گذشت و صبا بیماری پدرش را برای نرفتن بهانه کرده بود اما به او سر نزده بود.

حدس صبا درست بود. از نگاه‌های مادرش فهمید آمده تا او را متقاعد کند که تنها نماند. مادر صبا با چادر رنگی گلدار که در زیر نور آفتاب طرحی از اندامش در آن پیدا بود لب باغچه کنار صبا نشست و با لحنی گلایه‌آمیز گفت: مادر دو روزه که شوهرت رفته مسافرت نباید یه توک پا بیای حالا به من نه به بابای مریضت سر بزنی و حالش رو بپرسی؟

صبا حرفی در جواب مادر نداشت و در حالی که که با تکه سنگ کوچکی روی کاشی‌های کنار پایش خط می‌انداخت فقط سکوت کرد.

ـ حتماً شنیدی که قراره توفان بیاد. پا شو بریم خونه ما. بابات هم خوشحال می‌شه. اینجا هم تنها نمی‌مونی. شنیدم توفان سختیه. لیلا خانوم همسایمون پشت همه شیشه‌هاشون رو پلاستیک زده که گرد و خاک تو نیاد. پا شو مادر وسایلت رو جمع کن. حبیب که نیست یه چند روز به یاد قدیما پیش ما بمون.

صبا با حرف مادرش برای لحظه‌ای تا مرز خاطرات تلخ خانه پدری رفت ولی به سرعت بازگشت چون طاقت یادآوری آن روزهای تنهایی را نداشت. سرزدن به خانه پدری از بعد از ازدواج نشاطی در او بر نمی‌انگیخت. در حقیقت طعم تلخ خاطرات دو سال قبل از ازدواجش آن‌چنان قوی بود که شیرینی تمام خاطرات سال‌های خوش کودکی‌اش را از بین می‌برد. صبا به دنبال بهانه‌ای می‌گشت تا از زیر بار رفتن شانه خالی کرده و در عین حال مادرش را هم دلخور نکند. به همین خاطر در جواب مادرش گفت: چشم! میام بهتون سر می‌زنم. ولی یه کم خرده کاری دارم باید حتماً اونا را انجام بدم.

مادر صبا در حالی که مستقیم در چشم‌های او نگاه می‌کرد با همان لحن گلایه‌آمیز گفت: مادر مثل اینکه یادت رفته یه عمر اونجا زندگی کردی. چرا این‌قدر دیر دیر به ما سر می‌زنی؟ مگه ما غیر از تو کیو داریم؟ آنقدر که به خانم تفرجی سر می‌زنی به من که مادرتم سر نمی‌زنی!

ـ نه مامان! به خدا این طوری هم که می‌گی نیست. اشتباه می‌کنی

ـ عزیز من! یک سال تمومه که عروسی کردید. بچه‌ام که نمی‌یاری. می‌گی الان زوده الان زوده. آخه پس من و بابات دلمون رو به چی خوش کنیم؟

لبخند تلخی بر لب‌های صبا نقش بست و در حالی که بازویش را دور شانه مادرش حلقه می‌کرد در چشم‌های مهربان مادرش خیره شد. چروک‌های اطراف چشم‌های مادر را تا آن لحظه به آن دقت ندیده بود. روی صورت مادرش خم شد و به آرامی گونه‌اش را بوسید و گفت: میام؛ قول می‌دم که بیام. توی دو سه روز آینده میام پیشتون.

مادر صبا با لبخند شیرینی که از اثر بوسه صبا روی لب‌هایش نشسته بود گفت: دو سه روز آینده یعنی چی؟ حبیب که نیست می‌خوای مثل بوف کور بشینی تو خونه که چی بشه؟ خرده کاریت چیه؟ خسته نشدی از این همه شستن و رفتن. یه کم به خودت استراحت بده. پس فردا می‌شی مثه لیلا خانوم که به خاطر وسواسیش و شست‌وشو از حالا آرتروز گرفته. پا شو بچم. سبزی گرفتم پاک کردم. می‌خوام برات آش رشته درست کنم. تو که هیچ وقت به آش نه نمی‌گی!

لبخند کم‌رنگی دوباره بر لب‌های صبا نشست. در آن تنهایی چیزی بود که صبا از ماندن در آن احساس راحتی می‌کرد. تنهایی اگر چه به قول مادرش، حبیب و بسیاری دیگر برایش خوب نبود ولی او را با خود به دوردست خاطرات قدیمی می‌برد. در آن سکوت و خاموشی اتاق‌ها در آن خیره شدن به حیاط از پشت پنجره چیزی بود که با وجود حزن و دلتنگی هم‌زمان حس آرامشی عمیق در تمام وجودش بر می‌انگیخت. دوباره از دادن جوابی صریح به مادرش طفره

رفت: میام؛ قول می‌دم بیام ولی نه امروز.

ـ فردا؟

ـ شاید پس‌فردا.

مادر صبا وقتی اصرار بیشتر را بی‌فایده دید در حالی که آماده رفتن می‌شد گفت: مادر! خودت می‌دونی. اونجا خونه خودته درش همیشه به روت بازه. هر وقت دلت خواست بیا به ما سر بزن. خواستی بیای قبلش بهم خبر بده آشه رو بار کنم.

و به دنبال این حرف بدون اینکه برای خوردن چای بماند آنجا را ترک کرد و صبا را با دنیای خودش تنها گذاشت.

گوشه‌گیری صبا خصوصاً بعد از ازدواجش هیچ وقت از دید پدر و مادرش پنهان نمانده بود. آنها می‌دیدند که شکاف افتاده بینشان روز به روز عمیق‌تر می‌شود.

مادر صبا راست می‌گفت. آنقدر که صبا به دیدن خانم تفرجی می‌رفت به مادر خودش سر نمی‌زد. هنوز خاطره دیوارهای بلند و اتاق سرد و بی‌روحش در ذهنش تازه بود به قدری که تحمل سردی و بی‌روحی خانه خود را بر یادآوری گذشته تلخ خانه پدری که زمانی بی‌شباهت به زندان نبود ترجیح می‌داد.

آن شب وحشت غریبی به جان صبا افتاده بود. به همین خاطر خیلی زود به تختخواب رفت و ملافه را تا زیر چانه‌اش بالا کشید. نور نقره‌ای رنگ ماه که از لای پرده نیمه کشیده به روی تختخوابش افتاده بود صورتش را از همیشه رنگ‌پریده‌تر جلوه می‌داد. برای مدتی به قرص ماه خیره شد و با آن نگاه نقره‌ای رنگ که انعکاس نور مهتاب در آن به خوبی می‌درخشید به گذشته بازگشت. به یک ماه پیش، زمانی که صدرا کتش را روی شانه‌های او انداخت. به لحظه‌ای که دست‌هایشان بعد از دو سال با هم تماس پیدا کرد. رشته افکار لذت‌بخش بودن در کنار صدرا ناگهان با یادآوری چهره و نام حبیب پاره شد و خیلی زود برای هزارمین بار حس شرم را جایگزین آن لذت بی‌پایان کرد. صبا بلافاصله ملافه را روی صورت رنگ‌پریده‌اش کشید. درست مثل اینکه از نگاه‌کردن به قرص ماه شرم داشت. هر زمان به صدرا فکر می‌کرد حس دوگانه شیرینی یاد او و تلخی از دست دادنش هم‌زمان به ذهنش هجوم می‌آورد و در نهایت در دلش چیزی نمی‌ماند جز احساس شرم و گناه. خود را در محکومیت می‌دید. محکومیتی بسیار ناعادلانه. محکوم به سوختن و ساختن.

بالاخره زمانی که صبا حس کرد از آشوب افکار پراکنده دارد به سر حد جنون می‌رسد برخاست و پرده را به روی قرص ماه کشید. تاریکی بر اتاق سایه انداخت. کورمال کورمال به

تختخواب برگشت و پس از ساعت‌های طولانی از این پهلو به آن پهلو شدن نیمه‌های شب به خواب رفت.

وقتی از خواب بیدار شد که خورشید تقریباً به وسط آسمان رسیده بود. اولین کاری که کرد پرده‌ها را کنار کشید و به آفتاب منتظر پشت پنجره اجازه ورود داد. آفتاب هم با هجومش به تمام اشیای کسل و خواب‌آلود اتاق نور سخاوت پاشید. وقتی در دستشویی مقابل آینه ایستاد آبی به صورتش بزند ناخودآگاه نگاهش به چهره‌ای افتاد که از درون آینه خیره به او نگاه می‌کرد. چقدر آن چهره آشنا به نظرش غریبه آمد. دیگر از سرخی‌ای که زمانی سایه‌روشن همیشگی آن گونه‌ها بود، اثری دیده نمی‌شد. برق شادی مدت‌ها بود که راهش را به آن چشم‌ها گم کرده بود. صبا از دیدن چهره درون آینه به وحشت افتاد. انگار چهره درون آینه او را سرزنش می‌کرد. سرزنش برای گرفتن برق شادی قدیمی از نگاهش و شاید برای به گودی نشاندن چشم‌هایش. صبا با وحشت نگاهش را از آینه گرفت و مشتی آب به صورتش زد ولی دوباره چشم در چشم آینه ایستاد. آن نگاه سرزنش‌آمیز همچنان به او خیره مانده بود. قطره‌های آبی که با آن صورتش را شسته بود در چند قطره اشکش در هم آمیخت و به پایین غلطید. نگاهش را ازآینه گرفت و به اتاق خواب برگشت. روی عسلی کوچک جلوی آینه نشست. کشوی میز توالتش را بیرون کشید و کیف کوچک لوازم آرایش‌اش را که برای مدت‌های مدیدی دست‌نخورده مانده بود، باز کرد. آن کیف کوچک به یادش آورد که زمانی با چه دقتی چشم‌هایش را که حتی بدون آرایش عقل و هوش از سر صدرا می‌برد آرایش می‌کرد ولی دوباره با یادآوری حبیب عرق شرم بر سر و رویش نشست. زنجیر محکم تعهد بر دست و پایش و حصارهای بلند زندگی زناشویی کمابیش تمام روزنه‌ها را بر روی تجسم تصور شیرین با صدرا بودن سد می‌کرد ولی هنوز یاد صدرا به هر طریقی که بود از لابه‌لای حصار روزنه‌ها می‌گذشت و او را به اسارت خود در می‌آورد. همان‌جا نشسته در برابر آینه تصمیم گرفت که به یاد گذشته چهره صبای چند سال پیش را زنده کند. ابتدا به گونه‌هایش کمی رنگ زندگی داد و سپس به چشم‌ها و لب‌هایش یک به یک رنگ زیبایی بخشید و در پایان با تماشای صورت خود حس سرخوشی یافت.

بعدازظهر به حیاط رفت تا دستی به سر و روی باغچه بکشد و کمی هم از نشاط و شادابی گل‌ها عبرت بگیرد. علف‌های هرزی را که در باغچه روییده بود کند و با هر علف هرزی که از خاک بیرون می‌کشید به جای گل‌ها نفس عمیقی می‌کشید و از تصور پایان دادن به زجر گل‌های باغچه لذت می‌برد.

آنقدر سرگرم گل‌ها و باغچه‌ها شده بود که ابتدا صدای در حیاط را نشنید ولی وقتی صدای

زنگ برای بار دوم به صدا درآمد از جا پرید و با همان دست‌های گلی و خاکی لحظه‌ای در را باز کرد که صدرا دیگر قصد برگشتن کرده بود. صبا غافل‌گیر در آستانه در ایستاد. لرزشی ناگهانی مثل جریان برق تمام وجودش را در برگرفت. صدرا که طبقی از گلدان‌های کوچک اطلسی در دست داشت با دستپاچگی سلام و احوالپرسی کرد و همچنان که این پا و آن پا می‌شد گفت برای دیدن حبیب آمده است. از آنجا که مدت‌ها می‌شد که حبیب و صدرا همدیگر را ندیده و در حقیقت روابطشان به کلی قطع شده بود تصمیم ناگهانی صدرا برای دیدن حبیب کمی عجیب و دور از انتظار به نظر می‌رسید. به همین خاطر وقتی صدرا متوجه تعجب صبا از تصمیم او برای دیدن حبیب شد برای او توضیح داد که پدر یکی از دوستان مشترکشان فوت کرده و آمده تا زمان مراسم ختم را شخصاً به حبیب اطلاع دهد و در ادامه هم اضافه کرد که رحیم‌خان برای باغچه‌ها تعداد زیادی اطلسی گرفته بوده و او هم چند تا از گلدان‌ها را برای باغچه آنها آورده است.

صبا در جواب صدرا که همین طور طبق گل در دست دم در حیاط ایستاده بود گفت: حقیقت‌اش حبیب برای چند روزی به اصفهان رفته. الان سه چهار روزی می‌شه و تا چند روز دیگه هم بر نمی‌گرد. ... همراه پدر و مادرش رفته. آقای آزرمی قرار بود باغی رو اونجا معامله کنه حبیب را هم با خودش برده.

ـ منو ببخشید! نمی‌دونستم حبیب تهران نیست و اگر نه اینجوری مزاحمتون نمی‌شدم و سپس با دستپاچگی اضافه کرد: حالا که حبیب نیست اگر چیزی نیاز داشتید کاری داشتید تعارف نکنید. به من بگید. اگه خریدی کاری بود به هر حال من هستم. براتون انجام می‌دم.

صبا با گونه‌هایی که به شدت گلگون شده بود با صدایی نجوا مانند گفت: چرا زحمت کشیدید؟ چه گلای قشنگی! و دست‌هایش را دراز کرد تا طبق گل را از صدرا بگیرد ولی صدرا گفت: نه! اجازه بدید من براتون تا کنار باغچه میارمشون، طبقش یه کم سنگینه.

صبا از مقابل صدرا کنار رفت و او را به داخل حیاط دعوت کرد.

صدرا همان طورکه با طبق گل‌ها وارد حیاط می‌شد نگاهی گذرا به اطراف انداخت و کنار اولین باغچه طبق را زمین گذاشت. چقدر حضور صدرا در آن لحظه برای صبا آرامش‌بخش و دلچسب بود. حالا دیگر صدرا طبق‌ها را زمین گذاشته و مأموریتش را به پایان برده بود و می‌بایست برود اما هنوز مقابل در نرسیده صبا به او تعارف کرد که برای صرف چای بماند. صدرا لحظه‌ای مکث کرد و به چشم‌های صبا که با ته آرایشی که داشت زیبایی صد چندان پیدا کرده بود خیره شد. درست مثل اینکه می‌خواست از روی نگاه‌های او بفهمد که دعوتش واقعاً از ته دل

بوده یا فقط به او تعارف کرده است. در نگاه صبا در آن لحظه چیزی بود که شک و تردید صدرا را کاملاً از بین برد. به همین دلیل با کمال میل دعوت صبا را پذیرفت. صبا برای اینکه صدرا را راهنمایی کند کمی جلوتر از او حرکت کرد و او هم در حالی که ناخواسته رایحه عطر ملایم صبا را با تمام وجود می‌بلعید پشت سرش راهی شد. لحظه‌ای که صدرا به چارچوب در اتاق نشیمن رسید فرش اتاق نظرش را جلب کرد. آن فرش همان فرشی بود که برای اولین بار آن دو را با هم آشنا کرده بود. حتی یک لک کوچک هم روی زمینه کرم آن نیفتاده بود. صبا با دیدن مکث صدرا لبخند شیرینی به لب آورد و گفت: خاطره این فرش این‌قدر برام زنده است که انگار همین دیروز بود.

ـ درست مثل روز اولشونه! حتی یه خال بهشون نیفتاده!

ـ خیلی مواظب بودم لک روشون نیفته. برام خیلی با ارزشند.

صدرا با لبخند در جواب فقط نگاهی به صورتش انداخت و روی مبل سبزرنگ راحتی کنار پنجره نشست.

صبا به بهانه شستن دست‌های گلی‌اش از صدرا عذرخواهی کرد و او را در اتاق تنها گذاشت. صدرا همچنان که از پشت پنجره به حیاط فرو رفته در سایه غروب نگاه می‌کرد با صدای بلند گفت: عجب حیاط باصفایی دارید! چقدر شمعدونی‌هاتون گل دادن!

صبا که در آینه دستشویی نگاهی گذرا به سر و وضعش می‌انداخت تا مطمئن شود در نگاه صدرا سر و رویش کاملاً مرتب باشد با صدای بلند جواب داد: حیاط ما پیش حیاط شما هیچه. البته حبیب هم بهشون می‌رسه. بعضی وقتا هم من دستی به سر و گوش باغچه‌ها می‌کشم.

صبا صدرا را به هوای آوردن چای مجدداً تنها گذاشت. صدرا اتاق نشیمن را از نظر گذراند. اتاقی بود در کمال سادگی ولی بسیار مرتب و تمیز. فرش کرم و لاکی بارنگ کرم دیوارها و پرده‌های تور سبز رنگ با گلدوزی کرم در حاشیه‌ها و بندهای ابریشمین ومبلی که روی آن نشسته بود آنقدر با هم هم‌خوانی داشتند که صدرا مانده بود صبا چطور و از کجا آن وسایل را با آن هماهنگی رنگ و طرح برای اتاق جور کرده است. روی دیوار روبه‌روی صدرا تابلوی نقاشی یک سبد گل نصب شده بود که ترکیب رنگ‌های زنده و شاد آن هر بیننده‌ای را به وجد می‌آورد. در نظر صدرا آن تابلو به طور قطع انتخاب صبا بود. چون تا آنجا که به خاطر داشت حبیب هیچ وقت علاقه چندانی به نقاشی و طراحی از خود نشان نداده بود.

درست از لحظه‌ای که صبا با پیراهن سفید رنگ آستین کوتاه که حاشیه‌هایش تماما با ابریشم سفید گلدوزی شده بود با سینی چای وارد اتاق شد صدرا ضعفی همه‌جانبه را در خود

احساس کرد. زانوهایش در برابر صبا سست شده بود تا حدی که حتی توان بلند شدن جلوی پای صبا را نداشت. تنها کلامی که توانست در آن شرایط بر زبان جاری کند، این بود: ممنونم. من زیاد نمی‌شینم باید برگردم مغازه.

صبا لبخندی به لب آورد و در حالی که خم می‌شد سینی چای را جلوی صدرا گرفت. با خم شدن صبا موهایش از پشت گوشش رها شده و به روی شانه‌هایش ریخت و عطر ملایمش دوباره صدرا را مست کرد طوری که دیگر نتوانست حرف رفتن را ادامه دهد. با دست‌هایی که به شدت سعی می‌کرد نلرزند فنجان چای را با نعلبکی‌اش از سینی برداشت و طبق عادت همیشگی‌اش دو حبه قند در چایش انداخت و همین‌طور که نگاهش را روی حباب‌هایی که به سرعت از دانه‌های قند جدا شده و مثل موجودات تازه رها شده از دام اسارت به سطح چای می‌آمدند متمرکز می‌کرد با صدایی نجوا مانند از صبا تشکر کرد.

صبا روی مبل مقابل صدرا نشست و از مغازه و بازار فرش پرسید از متوفی که صدرا به خاطرش آمده بود سوال کرد و از هوا و توفان ... حرف زد و صدرا بیشتر سعی می‌کرد شنونده باشد تا چیزی از آهنگ صدای دلربای او را از دست ندهد.

موها، گونه‌ها، لب‌ها و طرح اندام صبا دلی را که به ظاهر بعد از مدت‌ها داشت کم‌کم آرام می‌گرفت دوباره به تلاطم انداخته بود. صبا نمی‌دانست در آن لحظات کوتاه با دل آشوب‌زده صدرا چه کرده که طی نیم‌ساعت حاصل تمام زحمات یک‌ساله‌اش برای رام کردن دل سرکشش به باد فنا رفت و عاشق‌تر از همیشه به خانه برگشت.

صبا گیج و متحیر از عذرخواهی ناگهانی او و ترک سریع آنجا همان طور ایستاده پشت در خشکش زده بود. صبا فرصت نیافته بود از چهره صدرا که مثل کتابی خوانا سطر سطرش به راحتی در معرض دید بود چیزی بخواند. اضطراب و تشویش‌خاطر قدرت تمرکز برای خوانش را از او گرفته بود. صبا وقتی در مقابل در بسته حیاط به خود آمد ناخواسته بر خود لرزید چرا که از آن قسمت کوچکی از دل آشفته‌اش که به مشقت طی این یک سال برای خود نگه‌داشته بود هیچ اثری دیده نمی‌شد چون وقتی صدرا می‌رفت آن را با خودش برده بود.

دوباره امواج سهمگین خاطرات تلخ و شیرین بی‌امان به ساحل ذهن خسته‌اش کوبید. شب از راه رسیده بود. ساعت‌های عذاب‌آور بی‌خوابی او را این پهلو آن پهلو می‌کرد و در نهایت خسته از تلاش بیهوده برای یک لحظه چشم بر هم گذاشتن مثل روحی سرگردان از این اتاق به آن اتاق رفت و وقتی از راه پیدا کردن خواب به چشم‌های خسته‌اش ناامید شد بی‌صبرانه به انتظار صبح نشست و به خود دلداری داد که شاید فردا روزی متفاوت باشد.

صبح یک راست به سراغ پرده‌ها رفت تا بلکه دلمردگی‌اش را با نور خورشید درمان کند ولی وقتی پرده‌ها را کشید با کمال تعجب دید که لشکر ابرهای سیاه تمام صحنه آسمان را پر کرده و خورشید اردیبهشت‌ماه را به اسارت برده‌اند. اثری از خورشید دیده نمی‌شد. لحظه به لحظه بر تراکم ابرها افزوده می‌شد. به یاد توفانی افتاد که همه از آن صحبت کرده و او جدی نگرفته بود. ترس تمام وجودش را گرفت. چقدر مادرش التماسش کرده بود که نزدشان برود. تا حوالی ظهر هنوز مطمئن نبود که توفان به آن سختی باشد که همه می‌گفتند ولی بعدازظهر با تاریک‌تر شدن آسمان و تبدیل نسیم معصوم و ملایم صبح به شلاق سخت باد شدت و قدرت توفان برایش کاملاً مسجل شد. دیگر در خانه ماندن را جایز ندانست و تصمیم گرفت وسایلش را جمع کرده و به خانه پدرش برود. لباس‌های شسته روی طناب که با وزش باد مثل ارواح سرگردان از این طرف به آن طرف می‌رفتند نظرش را از پشت پنجره جلب کرد. با دیدن لباس‌ها طاقت نیاورد، بلافاصله به حیاط رفت و لباس‌ها را قبل از اینکه زحمت شستنشان به هدر برود از روی طناب جمع کرد و به داخل آورد. انگار روی زمین و زمان سایه خاکستری افتاده بود. صدای ناله باد لابه‌لای پنجره‌ها مثل زوزه یک گرگ گرسنه می‌پیچید و به وحشت صبای تنها لحظه به لحظه می‌افزود. بالاخره تصمیمش را گرفت. بلافاصله لباسی به تن کرده موهایش را به سرعت جمع کرد که در اثر باد آشفته نشود، کیف کوچکش را برداشت ولی به سمت خانه خانم تفرجی به راه افتاد. با هر یک قدم که برمی‌داشت مقاومت و سرسختی باد را در برابر بدنش بیشتر احساس می‌کرد. نسیم خنک صبح حالا به باد بی‌رحمی تبدیل شده بود که هر چیزی را با خود می‌برد. ابرهای سیاه، ابرهای خاکستری را به سرعت می‌راندند و بر خشم طبیعت لحظه به لحظه افزوده می‌شد. صبا دیگر واقعاً باور کرده بود که این شروع یک توفان سخت و مهیب است که می‌تواند خانمان‌برانداز باشد. وقتی اولین قطره‌های باران نیمه‌های راه روی گونه‌هایش چکید بر سرعت قدم‌هایش افزود. مردمی که در کوچه و خیابان بودند مثل دسته ملخ‌های آواره و سردرگم با سرعت هر چه تمام‌تر سعی می‌کردند خود را به سرپناهی برسانند و کوچه و خیابان یک به یک از عابران خالی می‌شد. در یک لحظه کوتاه از زیر سایه تاریک ابرهای سیاه همه جا روشن شد و به دنبال آن صدای غرش رعد در همه جا طنین انداخت. صبا وحشت‌زده شروع به دویدن کرد. صدای شلاق باران روی سقف خانه‌ها و پنجره‌ها و روی تن بی‌دفاع گل‌ها و درختان با صدای غرش رعد در هم آمیخته بود و خبر از شدت خشم طبیعت می‌داد. صبا با وجودی که از نفس افتاده بود ولی همچنان می‌دوید و در دل به خودش لعنت می‌فرستاد که چرا چتر با خود نیاورده است. خیلی زود با دیدن عابرانی که برای نگه‌داشتن چترهای پشت و رو شده

خود در اثر فشار باد تقلا می‌کردند دست از سرزنش خود کشید.

وقتی به سر کوچه اقاقیا رسید رگبار باران چنان او را مورد حمله قرار داده بود که از تمام پیکرش آب می‌چکید. لحظه‌ای سر کوچه ایستاد و دست خیسش را به دیوار آجری کنارش تکیه داد و خم شد تا نفسی تازه کند. تمام مسیر را یک بند دویده بود. کفش‌ها و جوراب‌هایش در ده سانت گل فرو رفته بود. دوباره همه جا برای لحظه‌ای مثل روز روشن شد و به دنبال آن صدای غرش رعد این بار بلندتر از قبل قلبش را لرزاند. دست‌هایش را روی گوش‌هایش گذاشت. تمام بدنش به ارتعاش درآمد. به شدت می‌لرزید و دست‌هایش را روی گوش‌هایش می‌فشرد تا صدای مهیب رعد و توفان را نشنود. موهایش آشفته و خیس شده بود و از آنها آب می‌چکید. از پا افتاده در برابر توفان ناگهان با صدایی آشنا که در لابه‌لای ناله باد به علت پوشاندن گوش‌هایش انگار از کیلومترها دورتر به گوش می‌رسید سرش را بلند کرد. صدا آن‌قدر برایش آشنا بود که محال بود آن را حتی در لابه‌لای همهمه و فریاد و از فرسنگ‌ها دورتر تشخیص ندهد. صدایی که همیشه با شنیدن آن گونه‌هایش گر گرفته و قلبش طپشی دوبرابر یافته بود.

در لابه‌لای رگه‌های باران قامت صدرا را دید که بارانی بلند سرمه‌ای‌رنگی به تن داشت و در مقابلش ایستاده و چترش را بالای سر او گرفته بود. با دیدن صدرا بلافاصله دست‌هایش را از روی گوش‌هایش برداشت و ناخودآگاه موهای خیس و پریشانش را به عقب برد که از آن وضع آشفته بیرون بیاید.

صدرا همچنان که با نگرانی به او نگاه می‌کرد، پرسید: صبا! توی این هوا این جا چه‌کار می‌کنی؟ این مسیر رو چطوری تا اینجا اومدی؟ خیس آب شدی!

صبا فقط به صدرا نگاه می‌کرد و همین طور می‌لرزید. صدرا بلافاصله بارانی‌اش را درآورد و آن را طبق عادت همیشه روی شانه‌های صبا انداخت و با لبخند گفت: «هیچ‌وقت یاد نگرفتی که با خودت چتر برداری.» در حالی که بازویش را پشت شانه صبا حلقه می‌کرد و با دست دیگر چتر را روی سرشان می‌گرفت ادامه داد: «بیا با من بریم خونه تا توفان آروم بگیره. این طوری سرما می‌خوری.»

صبا لحظه‌ای به چشم‌های صدرا نگاه کرد. اگر صبا در آن لحظه در چشم‌های صدرا کوچک‌ترین رد پایی از تردید می‌دید شاید گامی برنمی‌داشت. تماس بازوی صدرا از پشت سر آن‌چنان او را ناتوان کرده بود که دیگر نه یارای مقاومت در برابر خواسته او را داشت و نه می‌خواست مقاومت کند. بدون کوچک‌ترین اعتراضی شانه به شانه صدرا به راه افتاد و از مقابل

خانه خانم تفرجی گذشت و به همسایگی او رفت.

صدرا به سرعت با دست‌های خیسش دسته کلیدش را از جیب بارانی که صبا را در آن پیچیده بود بیرون آورد و با باز کردن در بلافاصله صبا را به داخل حیاط هدایت کرد. آن دو تمام طول حیاط را به سرعت طی کردند. صدرا مستقیماً صبا را به اتاق نشیمن برد. هر دو مثل موش آب کشیده شده بودند. صدرا تلاش کرد بخاری کوچک اتاق نشیمن را که برای برداشتنش از بعد از عید مدام امروز و فردا کرده بود روشن کند. ولی به جهت دستپاچگی و خیسی انگشتانش قادر به روشن کردن کبریت‌ها نبود. بالاخره بعد از کلی تقلا توانست بخاری را روشن کند. نور شعله بخاری به صورتش که با موهای خیس شده کنار بخاری زانو زده بود افتاد و به نیم‌رخش جذابیتی خاص بخشید. صبا کنار بخاری زانو زد و همین طور که دست‌هایش را به سمت حرارت آن دراز می‌کرد برای لحظاتی چشم‌هایش را بست ولی طولی نکشید که رعد و برق دیگری چشمانش را دوباره از هم گشود. صدرا همین طور که از صبا می‌خواست تا خودش را در کنار بخاری گرم کند برای آوردن حوله او را در اتاق تنها گذاشت. صبا همچنان که دست‌هایش را جلوی آتش مطبوع بخاری گرم می‌کرد با نگاهش تمام زوایای اتاق را از نظر گذراند. شاید می‌خواست بداند که چقدر رویاهایش با واقعیت مطابقت داشته و اتاقی که بارها ندیده در ذهنش به تصویر کشیده واقعی بوده است. در گوشه طاقچه اتاق یک ساعت قدیمی با قاب چوبی دید که با زیبایی و ظرافت خاصی کنده‌کاری شده بود. در گوشه دیگر طاقچه قرآن قدیمی یادگار مادر صدرا در روکش مخمل قرمز با ملیله‌دوزی‌های کرم‌رنگ توجهش را به حدی جلب کرد که بلافاصله به سمت آن رفت تا ملیله‌دوزی‌های آن را از نزدیک ببیند و لمس کند. همچنان که انگشتانش را به روی ملیله‌دوزی‌های جلد قرآن می‌کشید بی‌اختیار متوجه فرش زیر پایش شد. فرش زیبایی که کف اتاق را پوشانده بود آنقدر با ظرافت بافته شده بود که صبا ناخواسته روی آن زانو زد و دست‌های مرطوبش را روی خواب آن کشید. صدرا با یک حوله نسبتاً بزرگ سفیدرنگ وارد اتاق شد. صبا بارانی او را که از اثر خیسی لباس‌هایش از داخل کاملاً خیس شده بود از روی شانه‌هایش برداشت و با مظلومیت کودکانه‌ای گفت: ببخشید! بارونیت رو حسابی خیس کردم. در لحن عذرخواهی صبا حالتی بود که بی‌اختیار لبخند روی لب‌های صدرا نشاند. هنوز صدرا بارانی را کاملاً از دست صبا نگرفته بود که برق‌ها به کلی قطع شد و اتاق در تاریکی فرو رفت. روشنایی شعله بخاری آنقدر کم بود که آن دو نمی‌توانستند چهره یک‌دیگر را به وضوح ببینند ولی پس از گذشت دقایقی چشم‌هایشان به نور ضعیف بخاری و تاریکی اتاق عادت کرد به‌طوری که صدرا توانست وحشت را در چهره صبا وقتی برای آوردن شمع از

آشپزخانه او را دوباره در اتاق تنها می‌گذاشت، ببیند. طولی نکشید که با یک شمع بلند روشن در یک دست و بسته بزرگی از شمع‌های مشابه در دست دیگر به اتاق برگشت. با ورود صدرا به اتاق سایه همه چیز روی دیوار کش می‌آمد. با وجودی که هنوز زمان غروب آفتاب نرسیده بود با آن ابرهای سیاه و خاکستری دیگر امیدی به روشن شدن آسمان نبود و آن تیرگی رفته‌رفته پررنگ‌تر می‌شد تا سرانجام در سیاهی شب محو شود.

با روشن شدن اتاق در زیر نور شمع صبا همچنان که حوله را به دور خود پیچیده بود به سمت پنجره قدی رو به حیاط رفت و همین‌طور که به غوغای توفان پشت پنجره نگاه می‌کرد به آرامی گفت: «جرات نکردم تو این هوا خونه بمونم. گفته بودن که قراره توفان بشه ولی کی فکرش رو می‌کرد که این طوری باشه. بیچاره همسایه‌ها هر چی لباس شستن حتماً تا حالا از روی طناب‌ها افتاده» و ناگهان با نگرانی رویش را به سمت صدرا برگرداند و گفت: «آخ اطلسی‌ها، اطلسی‌های کنار باغچه رو به کلی فراموش کردم ببرم تو. کاش حداقل همون دیشب کاشته بودمشون. می‌ترسم همه گل‌هاشون زیر این باد و بارون بشکنه.» صدرا در حالی که به سمت صبا قدم برمی‌داشت، گفت: کاریه که شده. با این باد و توفان حتی اگر هم کاشته بودیشون حتماً می‌شکستند.

با نزدیک شدن صدرا، صبا رویش را دوباره به طرف پنجره برگرداند و برای لحظه‌ای با خود فکر کرد که چقدر در آن لحظه در کنار صدرا احساس آرامش می‌کند. درست مثل اینکه ترس و سرما هر دو با هم از وجودش رفته بود. صدرا یک قدم دیگر به صبا نزدیک شد و همین‌طور که از بالای شانه صبا از پنجره به حیاط نگاه می‌کرد گفت: توفان که داشت شروع می‌شد با خودم گفتم تنهایی ممکنه بترسی. به همین خاطر لباس پوشیدم بیام سمت خونتون که سر کوچه دیدمت.

صبا همچنان که پشت به صدرا داشت سرش را پایین انداخت و به آهستگی گفت: ممنونم که به فکر من بودی. گاهی اوقات تنهایی خیلی عذاب آوره.

صدرا در جواب صبا هیچ نگفت ولی در عوض با یک گام دیگر از پشت سر خود را به یک قدمی او رساند. صبا حرکت آرام او را از گوشه چشم دید و نزدیکی او را با تمام وجود احساس کرد. چقدر نزدیکی صدرا تحمل وحشت توفان را برایش آسان کرده بود. دیگر این صدای غرش باد و توفان نبود که ضربان قلبش را تسریع می‌کرد بلکه فقط و فقط حضور صدرا بود که در یک قدمی او ایستاده و متقابلاً می‌توانست صدای طپش‌های قلب خود را بشنود. برق دیگری صفحه آسمان را پر کرد و نور شدیدش را برای یک لحظه به چهره آن دو و تمام اشیای داخل

اتاق پاشید و به دنبال آن غرشی بلند با صدای مهیبش صورت وحشت‌زده صبا را در سینه صدرا پنهان کرد و قامت لرزان او را در آغوش صدرا افکند. آغوش گرم صدرا آشیانه امنی شد برای صبا که در آن لحظه مثل پرنده بی‌پناهی در دست باد می‌لرزید. صبا بلافاصله چشم‌هایش را بست و خود را به دست تقدیر سپرد. صدرا حوله خیس را از دور شانه او برداشت و بدن خیس او را سخت در آغوش کشید. حلقه آغوش صدرا در حالی که صبا خود را با تمام وجود به آن می‌فشرد هر لحظه تنگ‌تر و تنگ‌تر می‌شد. صبا با چشم‌های بسته تمام احساسات خود را به دست قوه لامسه سپرد. به‌طوری‌که با هر حرکت دستی و یا لمس سرانگشتی حس می‌کرد که قلبش هر آن سینه‌اش را خواهد شکافت. صبا همچنان که لذت را با ذره‌ذره سلول‌های تشنه بدنش می‌چشید سرش را به پهلو خم کرد و صدرا با لب‌هایش گردن سفید او را برای اولین بار در عالم واقعیت لمس کرد. صبا چشم‌هایش را باز کرد و هم‌زمان نگاهش در نگاه عاشق صدرا گره خورد. نگاهی که در آن چیزی دیده نمی‌شد جز عشق و عصیان!

لب‌های صدرا درست مانند تشنه‌ای در جست‌وجوی آب از پیشانی تا لب‌های او را غرق بوسه کرد و دوباره او را تنگ در آغوش فشرد.

در زیر نور کم‌رنگ شمع سایه هم‌آغوشی آن دو عاشق به روی دیوارها غوغای توفان را به فراموشی سپرده بود. آن دو در آغوش یک‌دیگر از شدت لذت و ناباوری مانند دو پرنده بی‌پناه در دست توفان به شدت می‌لرزیدند. صدرا در آن لحظات پر تب و تاب خود را در خواب عمیقی می‌دید که تمام رویاهای شبانه‌روزی‌اش را با حقیقت پیوند می‌داد و با هر پلک‌زدنی از پریدن از آن خواب شیرین واهمه داشت.

توفان طبیعت همچنان در بیرون غوغا می‌کرد و توفان عشق آن دو درون خانه. دست‌های تشنه صدرا روی تمام پستی و بلندی‌های بدن صبا می‌دوید و صبا درست مثل پرنده‌ای نو پرواز که خود را تماما به دست نسیم می‌سپارد تسلیم دست‌های گرم و عاشق او می‌شد.

سرانجام زنجیر قید و بندها از هم گسست و حصار تعهدها در هم شکست و صبا با بدنی لرزان پذیرای حرارت سوزنده بدن صدرا شد. آن دو برای دو ساعت در آغوش یک‌دیگر صدای نفس‌های به شماره افتاده‌شان را در اوج لذت هم‌خوابگی مثل آهنگی روح‌نواز می‌شنیدند و هنوز آن را باور نداشتند. آن دو در آن لحظات فقط به یک چیز فکر می‌کردند و آن گرما و لطافت آغوش دیگری بود و بس. در آن لحظه احساس گناه حتی جرات راه یافتن به ذهن آن دو را نداشت.

لحظه‌ها به دنبال هم تبدیل به دقیقه‌ها و دقیقه‌ها از پس هم تبدیل به ساعت‌ها شد. دو ساعتی

می‌شد که توفان فروکش کرده و شعله شمع مدت‌ها بود که خاموش شده و تاریکی ساعت‌ها بود که بدن‌های خیس و عرق‌آلودشان را احاطه کرده بود. دیگر صدای زوزه باد و توفان صدای نفس‌های آتشین آن دو را در خود گم نمی‌کرد. حالا تنها صدایی که به گوش می‌رسید صدای پاره‌شدن زنجیر از دست و پای عشق فروخورده سال‌های متمادی بود. صدای سر به عصیان گذاشتن احساسات سرپوش گذاشته شده بود. صدای فرو ریختن حصارها و پاره‌شدن طناب سخت قید و بندها و شعله‌ورشدن آتش نهفته شهوت سرکوب شده، صدای لذت هم‌آغوشی دو اسیر قانون تلخ بودن‌ها و نبودن‌ها، بایدها و نبایدها و به خواست دل افسارزدن‌ها.

لشکر ابرها کم‌کم شروع به عقب‌نشینی کرده و آسمان یواش یواش صافی و شفافیت‌اش را به دست می‌آورد. زمانی‌که آخرین ستاره‌های شب با زمین و آسمان وداع می‌کردند صبا سرش را روی سینه صدرا گذاشت و همچنان که با بخشی از موهایش سینه او را استتار کرده بود به ضربان‌های تند و پرشتاب قلب او گوش می‌داد. صدرا به قدری دست‌هایش را محکم به دور صبا حلقه کرده بود که انگار تمام نیروهای طبیعت جمع شده بودند تا صبای رویاهایش را از او پس بگیرند. در حالی که همچنان بدن عرق‌آلود و لطیف صبا را به سینه می‌فشرد موجی از اندوه افکارش را آشفته کرد. این بار جدا شدن از او را چطور تحمل کند؟ آن شب توفان‌زده و پر تب و تاب رو به پایان بود و تیک‌تیک ساعت نزدیک‌شدن لحظه‌های جدایی را با بی‌رحمی فریاد می‌کرد. در عوض صبا مثل کبوتری آرام گرفته در آشیانه گرمش در آغوش صدرا به خواب رفت. خورشید که آهسته‌آهسته دست سخاوتمندش را بر روی زمین کشید صبا مضطرب از خواب پرید و خیلی زود دریافت که توفان عشق دیشب کاملاً واقعی بوده است. گیج و سردرگم لباس‌هایش را پوشید. صدرا در نهایت خاموشی و سکوت ناامیدانه فقط او را نگاه می‌کرد چون خوب می‌دانست که وقتی صبا پایش را از آن در بیرون بگذارد دیگر برگشتی نخواهد بود. حالا دیگر تا بیکران آن چشم‌های عسلی اندوه نشسته بود. صدرا لباسش را به تن کرد و تمام قد در برابر صبا که مضطرب آماده رفتن بود ایستاد.

ای کاش می‌تونستم بگم نرو.

و صبا در جواب گفت: ای‌کاش می‌تونستم بمونم.

و به دنبال این حرف برای اینکه صدرا اشک‌هایش را نبیند برگشت و به سرعت مشغول پوشیدن کفش‌های گلی‌اش شد. صدرا مثل سایه‌ای سرگشته او را تا کنار حوض آب که سطح آن با برگ‌های سبز قتل عام شده توسط توفان دیشب پوشیده شده بود تعقیب کرد. صبا در کنار حوض ایستاد و صدرا نگاه التماس‌آمیزش را بر آن صورت درمانده و نگران دوخت. از یک

طرف تمام وجود صبا فریاد می‌کرد که می‌خواهم بمانم و از طرف دیگر تمام وجود صدرا یکپارچه التماس می‌کرد که بمان ولی هیچ‌کدام توان اینکه آن را بر زبان بیاورند، نداشتند. هر دو خوب می‌دانستند که رویای تب‌آلود شب گذشته به پایان رسیده و زمان دیگر زمان بیدار شدن و استشمام بوی واقعیت است. صبا به تنه درخت بید که انگار شاخه‌هایش را از روی همدردی با دل محزون آن دو تا زیر پایشان گسترده بود تکیه کرد و به تلخی گریست و صدرا بی‌تابانه سر او را روی سینه‌اش فشرد. زمانی که صبا آرام سرش را از سینه صدرا بلند کرد ناگهان نگاهش در آن سوی دیوار همسایه منجمد شد. خانم تفرجی در بالای پله‌های بالکن خم شده بود تا پیراهن شسته‌ای را که شب قبل از روی طناب بازیچه دست توفان شده و بین شاخه‌های درخت زردآلوی کنار دیوار گیر کرده بود بردارد که ناگهان نگاهش بر تنه درخت بید که حالا تکیه‌گاه آن دو بی پناه بود ثابت ماند. اشک‌هایی که مثل سیلاب از گونه‌های صبا جاری بود با دیدن او به یکباره متوقف شد. در همین لحظه صدرا که متوجه دگرگونی حال صبا شده بود برگشت تا رد نگاه او را دنبال کند و در انتها نگاهش به چهره خانم تفرجی ختم شد که بدون آنکه پیراهن اسیر شده در دست شاخه‌ها را بردارد بی‌درنگ با لبخند کم‌رنگی از دید آن دو ناپدید شد.

وقت رفتن بود. صدرا برای آخرین بار صبا را در آغوش کشید و آن لب‌های هوس‌انگیز را بوسید. برای آخرین بار ابریشم موهایش را نوازش کرد و صورتش را در لابه‌لای آن موهای شبق رنگ پنهان و بوی عطر آن را یک بار دیگر استشمام کرد. زمانی که پیوند انگشتان آن دو در آستانه در از هم گسست و طرح اندام صبا در خم کوچه محو شد صدرا چاره‌ای ندید جز اینکه به دامان خاطرات چنگ زده و ذهن آشوب‌زده‌اش را با شیرینی خاطرات آن شب پیوندی ابدی و ناگسستنی بزند.

همین طور که با روحیه‌ای در هم شکسته مسیر حیاط را به سمت خانه برمی‌گشت چشمش به باغچه‌ها افتاد. خشم توفان دیشب چه بلایی سر باغچه‌ها آورده بود. شمعدانی‌ها اکثرا از ساقه شکسته و گل‌های سرخ‌شان نیمه‌جان در شرف به خاک افتادن بودند. ساقه‌های شکسته را که فقط به مویی بند بودند با نوک انگشت به حال اول برگرداند ولی با کنار بردن انگشتش ساقه‌ها دوباره سر به زیر می‌شدند. ساقه‌های شکسته حالا دیگر با هیچ سر انگشتی به حال اول برنمی‌گشتند. صدرا باغچه را رها کرد و به تنه درخت بید که تا دقایقی پیش تکیه‌گاه صبا بود تکیه داد. زانوهایش کم‌کم سست شد و او را به زمین گلی نشاند. همان طور نشسته روی زمین گلی و چشم دوخته به ساقه‌های شکسته‌ای که درست مثل خودش به زمین افتاده بودند به یاد دوستی‌اش با حبیب افتاد. چهره حبیب با نگاه سرزنش‌آمیزش یک آن از ذهنش محو نمی‌شد.

صدرا مانده بود و آبی که ریخته شده، حریمی که شکسته شده و آتشی که کاملاً سوخته و از آن جز خاکستری بر جای نمانده بود. برای لحظاتی پلک‌هایش را روی هم گذاشت و زمانی که دوباره چشم‌هایش را باز کرد فهمید که حالا دیگر حقیقتاً به ته دره احساسات سقوط کرده و زمانی طولانی باید سپری شود که زخم‌های کاری ناشی از تقلای صعودش را التیام ببخشد. در حالی که با بغض نعش شمعدانی‌ها را از روی گل‌ها جمع می‌کرد زیر لب با خود گفت: «تو روی حبیب چطور نگاه کنم؟ دوری صبا رو چه جوری تحمل کنم؟ چه‌کار کنم خدایا! چه‌کار کنم؟» و این دقیقاً همان سوال‌هایی بود که هم‌زمان صبا در حالی که کنار نعش اطلسی‌های تارومار شده کنار باغچه زانو زده بود از خود می‌پرسید: «توی روی حبیب چطور نگاه کنم؟ دوری صدرا رو چطور تحمل کنم؟ چه‌کار کنم خدایا! چه‌کار کنم؟»

از فردای آن شب توفانی صدرا به دام شکنجه‌ای روحی و روانی افتاد. از یک طرف یادآوری لذت لمس حتی یک تار موی صبا را با شیرینی دو جهان عوض نمی‌کرد و از طرف دیگر طعم تلخ احساس گناه برای یک لحظه به او مجال لذت بردن از تصور رویای هم‌آغوشی با صبا را نمی‌داد. در بد شرایطی قرار گرفته بود. نه راه پس داشت و نه راه پیش. بین دو دیوار قطور تمایل و خودداری گیر افتاده بود. لحظه‌ای دست از ملامت کردن خود نمی‌کشید چون می‌دانست با اتفاق آن شب ناخواسته صبا را هم به بیراهه‌ای سنگلاخی کشانده که در انتها به بن‌بست ختم خواهد شد. عذاب وجدان مدام به او نهیب می‌زد که چطور از روی ضعف اجازه داده بود تا کار به اینجا بکشد و ندانسته صبا را از حصار تعهدهای خانوادگی‌اش این‌گونه بگذراند. صدرا به رغم تمایل قلبی‌اش برای دیدن دوباره او با خود فکر کرد که فقط یک اشتباه دیگر کافی است تا زندگی صبا را به کلی نیست و نابود کند.

صبا هم دست کمی از صدرا نداشت. با یادآوری لحظه به لحظه آنچه که رخ داده بود حس می‌کرد هر آن از سر حد جنون خواهد گذشت. حالا دیگر برای صبا که یک عمر تشنه در حسرت جرعه‌ای از جام محبت سوخته بود به‌دنبال مزمزه حرارت آن آغوش و تکیه‌گاه، تحمل تنهایی و به فراموشی سپردن همه چیز، شکنجه‌ای غیر قابل تحمل به نظر می‌رسید. سعی می‌کرد به خود بقبولاند که بالاخره قدرت لذتی که آن شب وجودش را در بر گرفته بود کار را به جایی خواهد رساند که مثل یک معتاد در اوج وسوسه خواستن بی‌تعلل خود را دوباره به هر طریقی که شده در آغوش صدرا افکند. اما واقعیت زندگی چیزی دیگر بود و صبا هم این را به خوبی می‌دانست.

سرانجام مسافرت ده روزه حبیب به پایان رسید. به قدری دلتنگ صبا شده بود که حس

می‌کرد اتوبوس حرکت نمی‌کند و طی کردن این مسیر تا ابد به درازا خواهد کشید.

ساعت ده شب بود که به منزل رسید. از هیجان نمی‌توانست کلید در منزل را از دسته کلیدش پیدا کند. وارد حیاط که شد پاورچین پاورچین حرکت کرد تا صبا را غافل‌گیر کند. چراغ‌ها خاموش بود و حکایت از این داشت که صبا خوابیده است. وارد اتاق خواب شد. کتش را روی صندلی گوشه اتاق گذاشت ملافه را به آرامی کنار زد و با هیجان هر چه تمام‌تر کنار صبا دراز کشید. صبا با وحشت از خواب پرید و خود را محبوس دست‌های حلقه شده حبیب یافت.

لب‌های حبیب مانع سخن‌گفتن صبا شد. عرق سردی بر بدن صبا نشست. از یک طرف ابراز احساسات حبیب در قالب آن بازوی حلقه شده ولبهایی که بی هدف بر هر نقطه ای از بدن صبا فرود می آمد احساس گناه را سخت در دلش افروخته بود واز طرف دیگر حرارتی که از هم آغوشی اش با حبیب به وجودش می ریخت در برابر حرارت هم آغوشی با صدرا هیچ بود وبه هیچ عنوان نمی توانست آن را از ذهنش بیرون کند.واز همه بدتر نمی‌توانست تظاهر به حس عاشقانه‌ای کند که هرگز در وجودش نسبت به حبیب پدید نیامده بود از این رو از درون بغض تل‌انبار شده‌اش را چنان فریاد کرد که تمام بندبند وجودش در سکوت به ارتعاش درآمد.

اشک‌هایش سرازیر شد و حبیب آن را به پای حس دلتنگی‌اش گذاشت و او را بیشتر در خود فشرد.

با بازگشت حبیب زندگی کم‌کم به روال عادی بازگشت. حبیب مدام از اتفاقاتی که طی این مدت افتاده بود و از اینکه صبا چطور با تنهایی ساخته و اوقاتش را گذرانده می‌پرسید ولی صبا چندان حرفی برای گفتن نداشت.

فقط به آمدن صدرا تا دم در منزل برای رساندن خبر فوت پدر دوست مشترکشان اشاره کرد و دربارهٔ شب توفانی هم جز حس وحشت و تنهایی و شکسته شدن شاخه‌ها و گل‌ها چیزی نگفت.

روال عادی زندگی حبیب وصبا درست سه هفته بعد از بازگشت حبیب بیشتر دوام پیدا نکرد.چرا که درست سر سه هفته صبا دریافت که جدائیش از صدرا درآن شب توفانی دائمی نبوده ووجودش ناخودآگاه با وجود صدرا پیوند خورده است.پیوندی محکم وناگسستنی.چون پاره ای از وجود صدرا پاره ای از وجود صبا شده بود.صبا به عشق آن موجود تازه حیات یافته در درونش به طرز عجیبی دوباره شوروهیجان زندگی پیداکرد.اواز همان ابتدا به تغییراتی دردرون خود پی برده بود.تهوع و سرگیجه در خواب و بیداری گریبانش را گرفته بود. هیچ کس از حال او خبر نداشت. دو ماه تمام به خوبی توانست علایم بارداریش را از دیگران پنهان کند چون در

طی سال‌های اخیر به خوبی آموخته بود که چگونه احساسات درونی‌اش را بروز ندهد.

حبیب تا حدودی متوجه رنگ پریدگی و ضعف صبا شده بود ولی تنها چیزی که به ذهنش خطور نمی‌کرد بارداری او بود. چون صبا برای بچه‌دار شدن همیشه می‌گفت زود است. به منزل آزرمی‌ها که می‌رفتند با کمی آرایش رنگ پریدگی گونه‌هایش را استتار می‌کرد. قضیه بارداری‌اش را حتی از مادر خود پنهان نگاه داشته بود. تنها کسی که همان ماه اول از بارداری صبا باخبر شد خانم تفرجی بود.

از فردای آن شب توفانی خانم تفرجی را ندیده بود و با وجود حس شرمندگی و خجالت از یادآوری تلاقی نگاهشان از پس دیوار تصمیم گرفت که هر طور شده به دیدن او برود تا بلکه راه چاره‌ای برای وضع غیر قابل تحمل خود پیدا کند. در یکی از روزهای گرم خرداد جلوی منزل خانم تفرجی نگاهش به درخت شاتوت حیاط صدرا که شاخه‌هایش از سر دیوار تا داخل کوچه پیش رفته بود افتاد. با وجودی که شاتوت‌ها هنوز کاملاً نرسیده بود ولی به شدت دلش می‌خواست دستش را دراز کند و ترشی یکی از آنها را مزمزه کند. چقدر دلش برای صاحب آن خانه تنگ شده بود و چقدر دلش می‌خواست تمام هستی‌اش را بدهد و یک بار دیگر خود را در آغوش گرم او ببیند. موجی از دلشوره شیرینی یادآوری آغوش صدرا را از یادش برد و او را به خود آورد. بیش از این سیر کردن در عالم رویا را جایز ندانست و انگشتش را روی زنگ فشار داد. با دیدن خانم تفرجی عرق شرم بر تمام بدن صبا نشست. خانم تفرجی با دیدن او درست مثل همیشه لبخندی بر لب آورد و او را به داخل دعوت کرد.

درست لحظه‌ای که خانم تفرجی با سینی چای مقابل صبا نشست متوجه تغییر حالت ناگهانی او شد ولی به روی خود نیاورد. صبا سعی می‌کرد بر حالت تهوعش که از استشمام بوی چای در او شدت گرفته بود غلبه کند و وقتی متوجه نگاه‌های کنجکاو خانم تفرجی شد با دستپاچگی گفت: چند وقته حال خوشی ندارم.

ـ چرا؟

ـ نمی‌دونم! خیلی سرگیجه دارم.

ـ رنگتم پریده. درست غذا نمی‌خوری؟

اما هنوز لحظه‌ای از طرح سؤالش نگذشته لبخند معنی‌داری روی لب‌هایش نشست و گفت: ببینم! نکنه خبریه؟ و وقتی سکوت صبا را دید در حالی که به شدت ذوق‌زده شده بود گفت: آره! خبریه! چشم ما روشن! و با گفتن این حرف صبا را تنگ در آغوش کشید و ادامه داد: ای خدا! باورم نمی‌شه که داری مادر می‌شی!

خانم تفرجی شانه‌های صبا را محکم گرفت و با خنده به صورت او نگاه کرد ولی وقتی سکوت صبا به درازا کشید خنده از روی لب‌هایش محو شد و رنگ از رخسارش پرید. بازوهای صبا را رها کرد و در حالی که سرش را به علامت نفی با ناباوری تکان می‌داد گفت: نه! امکان نداره.

صبا با گونه‌هایی که گلگون شده بود نگاهش را از صورت خانم تفرجی گرفت و در حالی که با انگشتش با حالتی عصبی روی فرش خط می‌کشید سرش را پایین انداخت. خانم تفرجی با دست چانه خوش حالت صبا را که هم‌زمان از شدت بغض می‌لرزید بالا آورد و چشم در چشمان درشت او که حالا دیگر اشک در آن حلقه زده بود دوخت و با شک و تردید گفت: حقیقت نداره! حقیقت داره؟

صبا دیگر طاقت نیاورد و در حالی که صورتش را با دست‌هایش می‌پوشاند در جواب فقط های های گریه سر داد.

خانم تفرجی بعد از دقایقی خیرگی به نقطه‌ای مبهم بدن نحیف او را که در اثر تغذیه نامناسب ناشی از ویار شدیدش ضعیف شده بود در آغوش گرفت و سر او را روی شانه‌اش تکیه داد و گذاشت تا حسابی گریه کند و سپس همچنان که موهایش را به آرامی نوازش می‌کرد زیر لب سعی کرد کمی او را آرام کند: غصه نخور دخترم! غصه نخور! کاریه که شده. عقلمون رو می‌ریزیم رو هم ببینیم چه‌کار می‌تونیم بکنیم. غصه نخور عزیزم!

صبا در آغوش مادرانه خانم تفرجی پس از چند دقیقه گریه آرام گرفت و وقتی کاملاً ساکت شد خانم تفرجی با من‌ومن از او پرسید: «ببینم حالا مطمئنی؟ مطمئنی که بچه مال...» و پس از لحظه‌ای مکث ادامه داد: خودت می‌دونی دیگه... مال صدراست.

صبا در حالی که تتمه قطرات اشک را از چشم‌هایش پاک می‌کرد با صدای تودماغی از اثر گریه جواب داد: هیچ وقت تو زندگیم از چیزی این‌قدر مطمئن نبودم.

ــ آخه چطور این‌قدر مطمئنی؟

صبا از روی شرم سرش را پایین انداخت و آهسته گفت: من با حبیب خیلی مواظب بودم. چون فعلاً قصد بچه‌دار شدن نداشتم.

ــ منظورت چیه؟ یعنی حالا با صدرا داشتی؟

صبا که اصلاً انتظار چنین سوالی از طرف خانم تفرجی را نداشت دوباره چاره را گریه دید.

خانم تفرجی پشیمان از طرح چنین سوالی دوباره صبا را در آغوش گرفت و با مهربانی گفت: ناراحت نشو عزیزم. من منظوری نداشتم. حالا خبر داره حامله‌ای؟

ـ کی؟

ـ حبیب، حبیب خبر داره حامله‌ای؟

صبا سرش را به علامت نفی تکان داد: نه، هنوز خبر نداره.

ـ می‌خوای بهش بگی؟

صبا با وحشت نگاهی به خانم تفرجی انداخت و گفت: مگه دیوونه شدم. اگه بفهمه معلوم نیست چه بلایی سر جفتمون بیاره!

ـ بچه جون! نگفتم حالا ماجرای صدرا رو بذاری کف دستش. فقط منظورم حامله بودنت بود. اول تا آخرش که بالاخره باید بفهمه.

ـ نمی‌دونم! بالاخره یه خاکی تو سرم می‌ریزم.

ـ ویارم داری؟

ـ ویار دارم؟ دارم می‌میرم. انگار همش دل و روده‌ام می‌خواد بیاد بالا. پدرم در اومده.

خانم تفرجی نگاه شفقت‌آمیزی به او افکند و گفت: دختر زبون بسته من! حالا می‌خوای نگهش داری؟

صبا با شنیدن این سؤال خانم تفرجی چشم‌هایش را پاک کرد و ضمن اینکه نگاهی جدی به صورت او می‌انداخت گفت: به قیمت دنیا هم حاضر نیستم از دستش بدم. حتی اگه بمیرم. این بچه باید سلامت به دنیا بیاد.

صبا آنقدر در حرفش مصمم و جدی بود که دیگر جای هیچ شک و شبهه‌ای برای خانم تفرجی باقی نگذاشت. اما قبل از اینکه خانم تفرجی بتواند حرفی بزند دوباره چشم‌هایش از اشک پر شد و با التماس گفت: نمی‌دونم چه‌کار کنم. دستم به دامنت! یه فکری بکن.

خانم تفرجی از سر همدردی و شفقت نگاهی به او انداخت و در حالی که سعی می‌کرد تا حد ممکن او را دلداری دهد در جواب گفت: غصه نخور دختر! کاریه که شده. اگه می‌خوای از همه پنهون بمونه باید علائم حاملگیت رو یه ماهه دیگه قایم کنی که کسی شک نکنه. اگه زنده بودم خودم برای زایمانت میام و به همه می‌گم بچه زودتر از موعد به دنیا اومده. چه می‌دونم نارس به دنیا اومده.

صدای هق‌هق گریه صبا دوباره بلند شد: ولی اگه بچه کامل باشه که قشنگ معلومه. معلوم نیست؟

ـ اگه مادرشوهر مارمولکت نفهمه بهت قول می‌دم هیچ‌کس دیگه نمی‌فهمه... حالا اصلاً از همه این حرفا گذشته تکلیف صدرا این وسط چی می‌شه؟ بالاخره حق داره بدونه یا نه؟

هق هق گریه: نمی‌دونم! فکرم به هیچ جا قد نمی‌ده. از یه طرف دلم پر می‌زنه بهش بگم ولی از یه طرفم می‌ترسم.

ـ بالاخره باید فکرات رو بکنی.

صدای گریه صبا این بار از قبل هم بلندتر شد.

خانم تفرجی که دلش حسابی به حال صبا و شرایطش سوخته بود دوباره او را بغل کرد: غصه نخور مادر! یه فکری می‌کنیم. فعلا صداش رو در نیار. یه جوری با هم حلش می‌کنیم.

ـ حبیب از حال و روزم یه چیزایی فهمیده. نمی‌دونم چقدر دیگه می‌تونم ازش پنهون کنم. و دوباره صدای های های گریه‌اش بلند شد.

خانم تفرجی برای اینکه بتواند لبخند روی لب‌های صبا بنشاند در حالی که خودش هم می‌خندید، گفت: «من نمی‌فهمم جد و آباد صدرا هر کدوم چندین و چند سال تو این خونه زندگی کردن خودشونو کشتن توی این همه سال تونستن یکی یه دونه درست کنن اونوقت صدرا چطوری تونسته یه شبه به این سرعت...» و وقتی خنده را روی لب‌های صبا دید دیگر ادامه نداد و ضمن اینکه سرش را تکان می‌داد فقط با لبخند خاص خودش گفت: بر شیطون لعنت!

بالاخره بعد از دو ماه آهسته برو آهسته بیا و رازداری و بهانه‌های سرماخوردگی و خواب‌آلودگی و پنهانی اق زدن سر توالت، خبر حاملگی صبا مثل بمب همه جا پیچید. از پدر و مادر حبیب و فامیل دور و نزدیک گرفته تا پدر و مادر صبا و فامیل‌هایشان همه از بارداری او باخبر شدند.

حبیب که از ذوق در آسمان پرواز می‌کرد و سر از پا نمی‌شناخت و صبا همچنان شب و روز با دلهره و دلشوره دست به گریبان بود. زجرآورترین لحظه‌ها برایش زمانی بود که حبیب دستش را روی شکم کوچک و برآمده او می‌کشید و با زبان کودکانه با آن حرف می‌زد هیچ‌کس نمی‌فهمید در دل او چه آشوبی برپاست. هیچ‌کس خصوصاً صدرا!

حبیب به دنبال خبر خوش پدرشدن قریب‌الوقوعش و به هوای اینکه صدرا در غیاب او یک بار برای دیدنش تا در خانه آمده، به طور غیرمنتظره‌ای تصمیم گرفت تا کدورت‌ها را رها کند. به همین دلیل یک روز سرزده به مغازه او رفت. صدرا با دیدن حبیب آنقدر متعجب شده بود که برای دقایقی بی‌حرکت بر جای ماند.

حبیب صدرا را در آغوش گرفت و ضمن اینکه از او می‌خواست که گذشته را فراموش کند و به دنیای رفاقت قدیمی بازگردد در لابه‌لای صحبت‌هایش با هیجان بسیار خبر بارداری صبا و پدر شدن قریب‌الوقوعش را به او داد. خبر به قدری ناگهانی بود که صدرا را به شدت غافل‌گیر

کرد و یک باره عرق سردی بر تمام بدنش نشاند. اما وقتی حبیب گفت که یک ماه بیشتر از بارداری صبا نمی‌گذرد با یک حساب سرانگشتی مطمئن شد که بارداری صبا هیچ ربطی به آن شب توفانی ندارد.

صدرا از یک طرف خوشحال بود که صبا در شرف چشیدن طعم شیرین مادری است و زندگیش رنگ و روی تازه‌ای به خود خواهد گرفت و از طرف دیگر اندوه غریبی قلبش را می‌فشرد چون استنباطش این بود که بعد از تولد نوزاد فاصله بینشان بیشتر و بیشتر خواهد شد به طوریکه شاید در ذهن صبا جز نامی از او باقی نخواهد ماند.

آن شب وقتی حبیب لابه‌لای حرف‌هایش به صبا گفت که صدرا از ماجرای بارداری او باخبر شده است تشویش و اضطراب مثل خوره به جانش افتاد. حاضر بود همه زندگی‌اش را می‌داد تا از واکنش صدرا مطلع شود. در ذهن واکنش‌های مختلف صدرا را از نظر گذراند چنان که گاهی لبخند روی لب‌هایش و گاهی وحشت در چشم‌هایش می‌نشاند. صبا تشنه شنیدن توضیح بیشتر بود ولی نه جرات پرسش از حبیب را داشت و نه آن را به صلاح می‌دانست.

فصل بیست‌وسوم

با ازدواج رحیم خان صدرا بار دیگر با عالم تنهایی در آن خانه بی‌در و پیکر دست به گریبان شد. دلتنگی و بی‌کسی هم‌چون گذشته گریبان او را گرفته بود چندان که بار دیگر به فکر فروش خانه افتاد. شش ماهی می‌شد که از رفتن رحیم‌خان می‌گذشت. باغچه‌ها و حیاط خانه مایوس از لمس دوباره دست‌های نوازشگر رحیم‌خان با ناامیدی انتظار خزان بی‌رحم را می‌کشیدند. بی‌آن که دیگر برایشان تفاوتی داشته باشد که امروز اسیر دست باد پاییزی شوند یا فردا! این بار دیگر پاییز با آمدنش علاوه بر برگ‌ها و باغچه‌های حیاط برگ‌های مانده به شاخه‌های صبر صدرا را هم تهدید می‌کرد تا جایی که با اولین قدم‌های سنگین پاییز تصمیم گرفت که این بار واقعاً خانه پدری را بفروشد. در طول این سال‌ها، این رحیم خان بود که شعله تمایل زندگی صدرا در خانه پدری را روشن نگه داشته بود. وقتی رحیم‌خان از تصمیم صدرا مطلع شد ابتدا تصور کرد صدرا شوخی می‌کند ولی وقتی فهمید که شوخی در کار نیست وحشت‌زده گفت: دیوونه شدی؟ مگه از روی جنازه من رد بشی که خونه رو بفروشی.

صدرا با تأسف در جواب گفت: «متاسفم رحیم‌خان! ولی دیگه برای من چاره‌ای نمونده.» و در حالی که با حسرت خاطره آن شب توفانی را به یاد می‌آورد ادامه داد: لذت‌بخش‌ترین لحظه‌هام رو توی همین خونه گذروندم ولی خودت خوب می‌دونی که لحظه‌های تلخ‌اش هم کم نبوده. حالا هم تنهایی‌اش داره دیوونه‌ام می‌کنه.

رحیم‌خان وقتی دید اصرار بی‌فایده است خواهش کرد لااقل چند روزی دست نگه دارد.

چند روز بعد در یک بعدازظهر پاییزی صدرا در حالی که صدای خش‌خش برگ‌های ریخته شده کف حیاط را که ناخواسته زیر پایش له می‌شدند می‌شنید در حیاط را باز کرد و در

نهایت تعجب چشمش به کامیون کوچکی افتاد که در آن کوچه نه چندان پهن بسیار بزرگ‌تر از آنچه بود به نظر می‌رسید.

عفت در کنار کامیون با چهره‌ای ذوق‌زده ایستاده بود و مراقب تخلیه اسباب و اثاثیه‌اش بود. رحیم‌خان بقچه سنگینی از رختخواب‌ها را روی دوشش انداخته بود و لبخند بر لب گفت: همونجا وای نستا بیا کمک!

رحیم‌خان بازگشته بود. این بار قرار بود عفت چراغ خانه را از همیشه پر نورتر و حرارتش را حتی در سرمای پاییز بیشتر کند. صدرا هم سرخوش با خود فکر کرد که حالابا نگهداشتن خانه می تواند خاطره لذت بخش بودن با صبا را تا ابد حفظ کند.

پاییز کم کم جای خود را به زمستانی سرد بخشید. زمستانی که هنوز نیامده بر شاخه‌های عریان در اوج غفلت خواب‌آلودگیشان جامه‌ای سپید پوشاند.

نه ماه بارداری صبا به سرعت گذشت و به تصور همه او تازه اواخر ماه هفتم را می‌گذراند. خصوصاً که شکم کوچک او به خوبی از برملا شدن رازش جلوگیری می‌کرد طوری که همه حتی مادر حبیب را هم به اشتباه انداخته بود.

یک هفته از موعد زایمان صبا می‌گذشت ولی از علایم درد و وضع حمل خبری نبود. صبا وحشت‌زده مدام از خدا می‌خواست هر چه زودتر از آن وضع رهایی یابد. از مدت‌ها قبل تمام وسایلی را که به نظرش و به سفارش خانم تفرجی ضروری به نظر می‌رسید آماده کرده بود. حبیب هم بی‌خبر از همه جا نگرانی‌های صبا را به پای هیجانات درونی‌اش می‌گذاشت و هر وقت چشمش به ملافه‌های اتو شده و حوله‌های تا شده و قنداق سفید کنار گذاشته شده می‌افتاد با خنده می‌گفت: ای بابا! حالا کو تا زایمان! این‌قدر دلت شور نزنه. این خرت و پرتا چیه. من برات کلی نقشه کشیدم می‌خوام ببرمت یکی از بهترین بیمارستان‌های تهران با بهترین تجهیزات پزشکی. چشم به هم بذاری این دو ماه هم تموم می‌شه.

بالاخره موعد زایمان فرا رسید. برف همه جا را پوشانده بود. صبا که همیشه عاشق شیر داغ بود داشت شیر می‌جوشاند که درد زایمان را حس کرد. دستش را به سکوی آشپزخانه گرفت و کمی دولا شد. همچنان که یک‌دستش را به کمرش گرفته بود سعی کرد کمرش را راست کند که شیر سر رفت. دستمالی برداشت تا شیر سررفته روی گاز را پاک کند که دردش بیشتر شد. به زحمت به سمت تلفن رفت و شماره خانم تفرجی را گرفت. با هر بوق بی‌جواب تلفن قطره‌های عرق از بالای ستون فقراتش به پشت کمرش می‌غلطید. بی‌نتیجه گوشی را گذاشت. نمی‌خواست به حبیب اطلاع دهد چون می‌دانست او را یک راست به بیمارستان خواهد برد. چند بار تماس

بی‌فایده با خانم تفرجی او را متقاعد کرد که با حبیب تماس بگیرد. شماره بنگاه را گرفت و با صدایی لرزان به حبیب گفت: فکر کنم دردام شروع شده.

حبیب گیج و سردرگم پرسید: درد چی؟

ــ حس می کنم بچه می‌خواد بیاد.

ــ چی داری می گی؟ حالا که وقتش نیست!

ــ نمی‌دونم دردا داره منو می کشه تو رو خدا یه کاری بکن.

هنوز جمله صبا به پایان نرسیده بود که کیسه آبش پاره شد و زیر پایش خیس شد.

التماس‌کنان در حالی که از درد به خود می‌پیچید گفت: تو رو خدا حبیب! یه کاری بکن کیسه آبم پاره شده.

حبیب کلمه‌ای از حرف‌های صبا سر در نمی‌آورد. فقط پس از لحظاتی مکث با دستپاچگی گفت: اومدم که ببرمت بیمارستان.

ــ نه! برای بیمارستان رفتن خیلی دیره تو رو خدا خانم تفرجی رو پیدا کن.

حبیب آنقدر دستپاچه شده بود که به کلی فراموش کرد شماره خانم تفرجی را در دفترچه تلفنش دارد و فقط با انگشت‌های لرزانش شماره صدرا را گرفت تا از صدرا بخواهد هر طور شده خانم تفرجی را پیدا کند. انتظار پشت بوق‌های بی‌جواب تلفن عذاب‌آور بود. حبیب آنقدر گوشی را نگه داشت که سرانجام صدرا نفس‌نفس زنان تلفن را برداشت. حبیب با التماس از او خواست که هر طور شده خانم تفرجی را پیدا کند. صدرا مات و متحیرمثل خود حبیب دستپاچه شده بودبه طوری که به جای کفش با دمپایی از درون برفهایی که تا مچ پاهایش می رسید خود را به در خانه خانم تفرجی رساندآن قدر در زد که همسایه‌ها سرک می کشیدند تا ببینند چه خبر شده اما از خانم تفرجی خبری نبود.

حبیب انگار که عالم و آدم تعقیب‌اش کرده باشند به سرعت خود را به منزل رساند. پله‌ها را سه تا یکی بالا رفت و صبا را دید که با گونه‌های برافروخته و سر و صورتی عرق کرده روی تخت به خود می‌پیچید. نمی‌دانست چه کند. سعی کرد زیر شانه‌اش را گرفته و او را بلند کند تا با تاکسی او را به بیمارستان ببرد. ولی در آن یخبندان تاکسی پیدا کردن هم آسان نبود. وحشت‌زده و دستپاچه به صبا نگاه کرد و گفت: بگو چکار کنم. هر چی تو بگی.

صبا دوباره روی تخت افتاد و همین طور که دست حبیب را محکم می‌فشرد گفت: خانم تفرجی رو خبر کن. خواهش می کنم.

ــ به صدرا گفتم خبرش کنه.

ـ پس به مامانم یا هانیه زنگ بزن. زود باش دارم می‌میرم.

حبیب دست و پایش راگم کرده بود. به طبقه پایین رفت و با دست‌هایی که می‌لرزید سعی کرد شماره خانه صرافی را بگیرد ولی از دستپاچگی شماره را از یاد برده بود طوری که مجبور شد شماره را از دفترچه تلفن پیدا کند. فقط توانست تلگرافی به خانم صرافی حالی کند که صبا در حال زایمان است. تلفن هانیه هم که دائما بوق اشغال می‌زد. از مادرش که به شدت سرما خورده بود خواست تا هانیه را هر طور شده خبر کند. زودتر از همه خانم صرافی خود را به آنجا رساند.

صدرا گیج و سردرگم پشت در با دمپایی‌هایی که برف آن‌ها را پوشانده بود این پا و آن پا می‌کرد. مدام تا سر کوچه می‌رفت و برمی‌گشت و آرزو می‌کرد که خانم تفرجی هرچه زودتر پیدایش شود. از شدت هیجان سرما را حس نمی‌کرد. در کمال ناباوری خانم تفرجی را دید که پیچیده در یک چادر مشکی از سر کوچه به خانه برمی‌گشت. صدرا بی‌صبرانه همینطور که روی برف و یخ سر می‌خورد به طرفش دوید و نفس‌نفس زنان شروع کرد به شرح دادن ماجرا. خانم تفرجی با شنیدن اسم صبا و کلمه بچه دیگر اجازه نداد صدرا حرفش را تمام کند. به سرعت برق وارد خانه شد. چادرش را همانجا کف اتاق رها کرد. طبق معمول پیراهن کرم و ژاکت سیاه‌رنگش را به تن کرد و شال گردن سیاهش را دو دور دور گردنش انداخت و با صدرا راهی منزل حبیب شد. در راه وقتی دید صدرا خیلی مضطرب است گفت:

ـ نگران نباش! صبا تا منو داره نباید غم داشته باشه.

ـ راستی اصلاً هیچ معلومه کجایی؟ از کی پشت در خونت یخ زدم. اگه نیومده بودی چه‌کار می‌کردیم؟ خدا می‌دونه چه بلایی سر صبای بیچاره می‌اومد.

ـ حالا که اومدم. ضمنا مگه شوهرمی که منو سین‌جین می‌کنی. تازه اگه می‌خواستم کسی بفهمه که چادر مشکی سرم نمی‌کردم. می‌کردم؟

صدرا لبخندی به لب آورد و گفت: ولش کن بابا فقط تندتر راه بیا.

همین که خانم تفرجی به آستانه در رسید خانم صرافی سراسیمه به طرفش دوید: دستم به دامنت یه کاری بکن. کیسه آبش پاره شده.

خانم تفرجی بادی به غبغب انداخت و قیافه‌ای جدی به خود گرفت، طوری که سیما دختر هانیه از ترس پشت سر مادرش قایم شد. با صدای خشنی رو به حبیب و صدرا کرد و گفت: مردا می‌مونن پایین. رو به مادر صبا کرد و گفت: اگه کسی هست پایین به کارا سروسامون بده شما می‌تونی با من بیایی بالا تو اتاق. خانم صرافی در حالی که آب دهانش را به سختی قورت می‌داد سرش را به علامت

مثبت تکان داد و پشت سر خانم تفرجی پله‌ها را دو تا یکی به سمت طبقه بالا طی کرد.

فصل بیست‌وچهارم

تولد ایمان درآن خانه ساکت وغم گرفته مثل طلوع خورشید بود بر تاریکی زمین.رنگ زندگی در آن خانه روز به روز شفاف تر می شد.با آمدن ایمان سکوت از خانه کوچ کرد وسردی افسردگی به سرعت جایش را به گرمی عشق بخشید.

کپی برابر اصل بود ولی نه با حبیب بلکه با صبا. چانه گرد، لب‌های قرمز، چشم‌ها و موها و ... عین صبا بود. با چاله‌ای که وقت خندیدن به لپ‌هایش می‌افتاد تو دل بروتر هم می‌شد. اما مادر همیشه معترض حبیب تا فرصتی می‌یافت آهی می کشید و می گفت: خاک تو سر من کنن با این اولادام. هیچ‌کدام بچه‌هاشون به خودشون نبرده.

اولین پاپا کردن‌هایش هم‌زمان بود با تولد یک سالگی‌اش و مامان و بابا اولین واژه‌هایی بود که آموخت. روز به روز شیرین‌تر و زیباتر می‌شد. حتی مادر حبیب که عادت نداشت علاقه‌اش را به نوه‌هایش بروز دهد نمی‌توانست واکنشی نشان ندهد. ایمان را با تمام وجود می‌پرستید.

حبیب هم از شدت خوشحالی در پوست خود نمی گنجید. ولی صبا همچنان با افکار خود دست به گریبان بود. حالا دل‌شوره‌اش هم چند برابر شده بود و می‌دانست حق مسلم صدرا است که از واقعیت آگاه شود اما نمی‌دانست تکلیفش چیست؟

صدرا به دنبال تولد ایمان گهگداری به آنها سری می زد وجویای احوالشان می شد.ایمان را در آغوش می گرفت وبه عشق صبا آن چهره هم سان را غرق بوسه می کرد. گاه هم دزدکی نگاه پرحسرتش را به چهره صبا می‌دوخت. از آن شب توفانی زمان زیادی گذشته بود و صدرا هنوز با خاطره به لحظه آن زنده بود اما چطور می‌توانست در حالی که خوشبختی صبا برایش از هر احساسی مهم‌تر بود احساسش را بروز دهد؟

صبا از هر فرصتی استفاده می‌کرد تا شرایط ارتباط صدرا و ایمان را بیشتر فراهم کند. گاهی دیدن خانم تفرجی را بهانه می‌کرد و گاهی هم سعی می‌کرد مسیرش را با فرش‌فروشی صدرا تنظیم کند.

عفت و رحیم‌خان هم که به ایمان علاقه‌مند شده بودند وسوسه داشتن فرزند در وجودشان شعله‌ور شد. هر چند پزشکان عفت را به دلیل بیماری قلبی از بارداری منع کرده بودند ولی ناغافل عفت باردار شد و ترس و خوشحالی هم‌زمان میهمان دل آن‌ها شد.

رحیم‌خان از پیش از ازدواج از بیماری قلبی عفت خبر داشت و حال سردرگم سر دو راهی مانده بود ولی سرانجام قرار شد تحت مراقبت‌های ویژه پزشکی بچه را نگه دارند.

صبا مسرور از بارداری عفت شرایط را بیش از پیش مهیا دید که بهانه خوبی است برای سرکشی بیشتر به خانم تفرجی و ابراز علاقه بیشتر به عفت. خبر بارداری عفت را که با شور و شعف خاصی برای حبیب بازگو کرد با واکنش نسبتاً سرد حبیب مواجه شد. مدتی بود که حبیب نسبت به رفت و شدهای بیش از حد صبا به منزل خانم تفرجی مشکوک شده بود و حالا می‌دید که زمینه‌های بیشتری برای رفت و شد همسرش به حوزه استحفاظی صدرا فراهم می‌شود، با این حال چندان به روی خود نیاورد.

رحیم‌خان آن‌قدر نگران حال عفت بود که برای لحظه موعود به طرز وسواس گونه‌ای همه چیز را آماده کرده و تدارک همه چیز را دیده بود به طوری که درست در یک بعدازظهر بهاری هم‌زمان با بلند شدن بوی بنفشه‌های باغچه خانه صدرا زمانی که عفت همین‌طور نشسته در کنار صبا لب حوض آب با اولین درد تلخ و شیرین مادری از جا پرید رحیم‌خان یک لحظه را هم از دست نداد و توانست ظرف چهل و پنج دقیقه قبل از اینکه دردها به اوج خود برسد او را به کمک صدرا و همراه صبا به بیمارستان برساند.

رحیم‌خان ایستاده در راهروی انتظار همان‌طور که از پشت سر به دیوار تکیه داده بود با خود فکر می‌کرد که شریک زندگی‌اش پشت آن درهای بسته دارد با مرگ دست و پنجه نرم می‌کند و او بدون آن‌که یارای انجام کاری داشته باشد فقط باید به امید یک معجزه چشم به عقربه‌های ساعتی بدوزد که هر ثانیه‌اش به بلندی یک‌ساعت می‌گذرد.

ـ همش تقصیر منه! لعنت به من! اگر بلایی سر عفت بیاد من هرگز خودمو نمی‌بخشم.

ـ به خدا توکل کن. عفت زن مقاومیه.

صدرا درست می‌گفت و رحیم‌خان هم این را به خوبی می‌دانست که اگر بنفشه استقامت را از خارهای بیابان آموخته بود، عفت آن را از کوه‌های استوار الهام گرفته بود. اگر رحیم‌خان

زمانی به یاد بنفشه با طبیعت آرام می‌گرفت با وجود عفت طعم آرامش را در اوج لحظه‌های سخت و دشوار زندگی می‌چشید و حالا باید با اضطراب و دلهره پشت درهای بسته به استقامت بی‌همتای عفت امیدوار باشد.

بالاخره انتظار به پایان رسید و پزشک معالج که بادی به غبغب انداخته بود و نمی‌توانست شادمانی‌اش را پنهان کند مژده تولد نوزاد را داد و با تبریکش لبخند را بر لب‌های همه جاری ساخت. سپس دستش را بر شانه رحیم‌خان گذاشت و گفت: خطر از بیخ گوش خانمت رد شد. حالش کمی بهتره. امیدوارم خدا کوچولوتون رو براتون نگه داره. ولی باید خیلی مراقب باشید این دفعه خدا یاری‌اش کرد. اگر مجدداً باردار بشه من هیچ تضمینی نمی‌تونم بکنم و بعید می‌دونم که قضیه به راحتی این دفعه تموم بشه. باید خیلی مواظبش باشی.

تمام نگاه رحیم‌خان در آن لحظه به چهره بی‌روح و لب‌های کبود عفت خیره مانده بود. با وجودی که نفس‌های عفت همچنان سخت بالا می‌آمد با دیدن همسرش لبخند را به زحمت روی لبانش نشاند. رحیم‌خان همین‌طور که دست‌های عفت را می‌بوسید با صدای صبا از پشت سر به خود آمد: رحیم‌خان! همیشه می‌گن دختر رحمته.

رحیم‌خان با لبخند شوق به آرامی زمزمه کرد: هم رحمته و هم نعمته.

رحیم خان نمی‌دانست لرزه‌ای که بر اندامش افتاده از فرط خوشحالی است یا نگرانی.

برق اشک در چشم‌های رحیم‌خان می‌درخشید. بوسه‌ای بر گونه نوزادش زد و گفت: بنفشه عزیز بابا! دختر قشنگ بابا!

فصل بیست و پنجم

صبا در نزدیک کردن ایمان به صدرا بیش از آنچه که تصور می‌کرد موفق شده بود. به طوری که ایمان در سه سالگی چنان عاشق صدرا بود که وقتی بغل او می‌رفت پایین آوردنش با خدا بود که البته این قضیه چندان برای حبیب خوشایند نبود. چون اگر تا آن‌موقع گاهی یادآوری علاقه‌مندی صبا به صدرا مار خفته حسادت را در وجودش بیدار می‌کرد حالا علاقه مفرط ایمان به صدرا حلقه چمبره آن را روز به روز تنگ‌تر و تنگ‌تر می‌کرد.

از آنجائیکه صبا همیشه رفت و آمدهایش به خانه عفت و یا خانم تفرجی را طوری تنظیم می‌کرد که قبل از رفتن صدرا به مغازه باشد صدرا هم فرصتی می‌یافت تا زمانی را با شیرین کاری ایمان بگذراند و به این ترتیب صبا می‌توانست موجبات نزدیکی ایمان و صدرا را از این طریق فراهم آورد.

از سن چهار سالگی عشق ایمان برای رفتن به خانه صدرا به خاطر بازی با دختر دو ساله رحیم خان صد برابر شد.

نزدیک شدن ایمان به صدرا شعف خاصی را در صدرا برمی‌انگیخت. تا جایی که می‌توانست علاقه‌اش را به ایمان بروز می‌داد. محال بود روز تولد ایمان را فراموش کند و برای تولد او حضور نداشته باشد.

ایمان از اواسط چهار سالگی علاقه عجیبی نسبت به نقاشی پیدا کرد به طوری که مدت‌ها به تنهایی در سکوت فقط با یک قلم و کاغذ وقت می‌گذراند و فقط زمانی صبا صدای او را می‌شنید که یا نوک مدادش شکسته بود و یا نقاشی‌اش به اتمام رسیده بود.

به تدریج که ایمان بزرگ‌تر شد نقاشی‌هایش رفته‌رفته از خطوط کج و معوج به خورشید و کوه و درخت و خانه و از همه مهم‌تر تصویر پدر و مادر تبدیل شد. تقریباً در تمام نقاشی‌های

ایمان تصویری از صبا و حبیب در حالی که خودش هم بین آنها ایستاده و دست‌هایشان را گرفته بود به چشم می‌خورد.

شش سال از تولد ایمان گذشته بود اما هم‌چنان صدرا خبر نداشت خونی که در رگ‌های ایمان جریان دارد خون سمایی است. صبا در طول این سال‌ها مدام با خود کلنجار رفته بود که به هر طریقی شده حقیقت را به او بگوید ولی هرچه زمان بیشتر می‌گذشت و ایمان بزرگ‌تر می‌شد گفتن حقیقت برایش به همان نسبت سخت‌تر می‌شد. بارها دست به قلم شده بود تا از طریق نامه تمام ماجرا را برای صدرا شرح دهد ولی هر بار بیشتر از پیش دلش لرزیده بود و کاغذهای خط‌خطی را مچاله کرده و گوشه‌ای رها کرده بود.

خانم تفرجی هر از گاهی سر صحبت را باز می‌کرد و به او می‌گفت اول تا آخر صدرا باید بداند! ولی حالا دیگر واهمه صبا بیشتر از این بود که صدرا او را به خاطر کتمان حقیقت طی این سال‌ها نخواهد بخشید.

روز تولد ایمان فرا رسیده بود و طبق معمول سال‌های قبل باید برایش جشن می‌گرفتند. ایمان از ذوق و شوق جشن و میهمانی و هدیه و ... سر از پا نمی‌شناخت. زمستان بی‌شباهت به زمستان شش سال قبل نبود. برف سپید همه جا را پوشانده وپنجره ها از داخل بخار گرفته بودودود غلیظ بخاری ها در آن هوای خاکستری رنگ از پشت بام خانه ها بر می خاست.

صبا از صبح مشغول تدارک جشن تولد بود و ایمان هم مرتب میان دست و پایش می‌پلکید و سوال می‌کرد. مامان این چیه؟ مامان اون چیه؟ چی داری درست می‌کنی؟ کیکم چه شکلیه؟ فکر می‌کنی عمو صدرا برام چی میاره؟ بهش تلفن بزن بگو اسباب بازی بیاره. چند تا شمع باید فوت کنم؟ و... و صبا هم با حوصله هرچه تمام‌تر به پرسش‌های او پاسخ می‌داد.

غروب شده بود و تقریباً همه میهمانان آمده بودند به جز صدرا. خانه غرق نور و شادی بود. صبا در انتظار صدرا مرتب به ساعت دیواری نگاه می‌کرد و با خود می‌گفت: صدرا که تا حالا هیچ‌کدوم از تولدهای ایمان را از دست نداده حالا چرا این‌قدر دیر کرده؟!

ایمان هم مرتب رو به صبا می‌کرد و می‌گفت: مامان! عمو صدرا کی میاد که کادوم رو بیاره و صبا در حالی که سعی می‌کرد آرامشش را حفظ کند می‌گفت: الان دیگه میاد عزیزم الان میاد.

وقت شام شده بود. اضطراب صبا لحظه لحظه تشدید می‌شد. هانیه از اتاق پذیرایی به آشپزخانه آمد و گفت: می‌خوای سفره رو بندازیم؟ همه گرسنشونه.

ـ غذا حاضره فقط یه کم دیگه صبر کنیم تا صدرا هم بیاد.

هانیه در حالی که به صورت صبا دقیق شده بود با تردید گفت: می‌خوای یه زنگ بزن ببین چرا این‌قدر دیر کرده.

با عجله به طرف تلفن رفت. لحظه‌ای که داشت با دستپاچگی شماره صدرا را می‌گرفت حبیب نگاهی از روی کنجکاوی به صبا انداخت و پرسید: به کی تلفن می‌کنی؟

صبا نتوانست موقع جواب‌دادن به حبیب در چشم‌های او نگاه کند به همین خاطر همان طور که گوشی تلفن را در دست داشت بلافاصله شروع به ورق زدن دفترچه کوچک تلفن کرد و بی‌آنکه به او نگاه کند در جواب گفت: می‌خوام ببینم منتظر صدرا باید بمونیم یا نه.

صبا از گوشه چشم به خوبی می‌توانست سنگینی نگاه حبیب را احساس کند ولی در آن لحظه نگرانی مهم‌تری داشت. صدای بوق‌های کش‌دار پشت خط دم به دم بر نگرانی‌اش می‌افزود ولی سعی می‌کرد به خود دلداری دهد که حتماً صدرا در راه است. حبیب وقتی مغلوب بی‌توجهی صبا نسبت به نگاه‌های معنی‌دارش شد او را تنها گذاشت و به اتاق پذیرایی برگشت. اما زمانی‌که ساعت نه ضربه نواخت با عصبانیت به آشپزخانه برگشت و با همان نگاه تند و معنی‌دار که این بار صبا نمی‌توانست از آن اجتناب کند با ناراحتی گفت: معطل چی هستی؟ همه گشنشونه. زودتر سفره رو بنداز دیگه!

صبا دیگر معطلی را جایز ندید و به سرعت مشغول پهن کردن سفره شد. ایمان دست‌بردار نبود و دم به دم سراغ عمو صدرایش را می‌گرفت و انتظار کادویش او را هم بی‌تاب کرده بود و صبا که از فرط دلشوره حال تهوع گرفته بود... بالاخره سفره جمع شد. شمع‌ها فوت شد. کیک بریده و کادوها باز شد. میهمان‌ها آخر شب یک به یک خداحافظی و آنجا را ترک کردند. ایمان بعد از رفتن میهمان‌ها یک راست به سراغ کادوهای باز شده رفت و با وجودی که از شدت خستگی چشم‌هایش را به زور باز نگه داشته بود همچنان با اسباب‌بازی‌هایش ور می‌رفت. صبا به زور او را به اتاقش برد، بوسه‌ای بر گونه‌اش نواخت و تا چشم‌های عسلی تیره‌رنگش به خواب نرفت از اتاق بیرون نیامد.

وقتی به طبقه پایین برگشت حبیب آماده رفتن به اتاق خواب بود. با دیدن صبا لحظه‌ای با ناراحتی به او خیره شد و سپس با لحن خشکی گفت: میای بخوابی یا نه؟

صبا دوباره جرات نگاه‌کردن در چشم‌های حبیب را از دست داده بود چون حس می‌کرد اگر در آن لحظه به او نگاه کند حبیب از روی نگاهش اوضاع درونش را خواهد فهمید به همین خاطر همچنان که خود را مشغول جمع‌وجور کردن وسایل نشان می‌داد زیر لب گفت: خیلی کار دارم باید جمع‌وجور کنم.

ـ بذارشون برای فردا.

ـ نمی‌شه. باید جمع بشه. ظرف‌ها تا فردا خشک می‌شن اون‌وقت شستنشون خیلی سخت می‌شه.

حبیب با همان نگاه تندی که بر اندام نحیف صبا انداخته بود گفت: من خسته‌ام می‌رم بخوابم فقط سر و صدا نکن.

صبا به خوبی می‌دانست که حبیب به عمق نگرانی او پی برده است. دیو خفته حسادت در وجود حبیب که مدتی می‌شد به مرحله خواب و بیداری رسیده بود از خواب بیدار شده و از سر شب مدام به او نهیب می‌زد و لحظه به لحظه بر خشم درونش می‌افزود ولی در انتها سعی کرد به خود بقبولاند که دارد اشتباه می‌کند و صبا فقط از روی رعایت احترام نسبت به صدرا میهمان‌ها را تا آن موقع گرسنه نگاه داشته و نه چیزی دیگر.

سکوتی که بر همه جا سایه انداخته بود به صبا فرصتی داد تا دلیل‌های مختلفی را برای نیامدن صدرا در ذهنش بتراشد.

آهسته و بی‌صدا به اتاق نشیمن رفت و در تاریکی اتاق روی صندلی کنار پنجره که تقریباً هفت سال پیش صدرا روی آن نشسته بود نشست. دست‌هایش را به آرامی روی دسته صندلی کشید. انگار بعد از گذشت این همه سال می‌توانست دوباره دست‌های او را لمس کند. از جا برخاست و به طرف پنجره رفت. از بخار نشسته پشت پنجره چشم‌انداز حیاط پیدا نبود. با دستش بخار را پاک کرد و پیشانی داغش را به پنجره سرد تکیه داد و به حیاط تاریک خیره شد. حیاط و باغچه‌های پوشیده از برف صبا را به سال‌های دور برد به زمانی که بعد از خواستگاری حبیب به تلخی گریسته بود. به آن شب توفانی که ایستاده تمام قد پشت پنجره خانه صدرا با هر تماس لب‌های او بر بدنش از درون لرزیده بود. به یاد دست‌های گرم او دست‌هایش را به آرامی روی بازوهایش کشید و چشم‌هایش را بست. سوزی سرد بی‌رحمانه از لای پنجره به گرمی رویاهای شیرینش شبیخون می‌زد. خاطرات گذشته مثل صحنه‌های فیلم یک به یک از مقابل چشمانش که خیره به برف‌های کف حیاط مانده بود می‌گذشت. انگار بستر برفی حیاط پرده وسیعی بود که تمام خاطرات تلخ و شیرین گذشته بر روی آن به نمایش در آمده بود.

به زمان حال برگشت. «خدایا چرا صدرا نیومد؟ نکنه فراموش کرده؟ نکنه اتفاقی افتاده؟» اما با سوال آخر دیگر طاقت نیاورد و یک راست به آشپزخانه رفت تا با جمع و جور کردن وسایل و شستن ظرف‌ها ذهنش را مشغول کند. سرانجام آهسته و آرام به اتاق خواب رفت و در کنار حبیب که غرق در خواب بود دراز کشید.

صبا صدای ایمان را بالای سرش می‌شنید که می گفت: «مامان! گشنمه! پاشو صبحونه بده» ولی چشم‌هایش سنگین‌تر از آن بود که به راحتی باز شود. اما همین که ایمان اسم صدرا را آورد که: «مامان! پاشو بریم کادوم رو از عمو صدرا بگیریم» مثل برق از جا پرید و دوباره موجی از اضطراب به دلش هجوم آورد.

سرما و یخبندان به صبا جرأت نداد از منزل خارج شود. به همین خاطر به تلفن متوسل شد. صدای بوق‌های کش‌دار تلفن زجرآورترین صدایی بود که از شب قبل یکسره در گوشش می‌پیچید. می‌دانست عفت و رحیم‌خان به شهریار رفته‌اند. به مغازه زنگ زد ولی آن‌هم بی‌نتیجه بود. به نظر می‌رسید هاشم هنوز مغازه را باز نکرده است. ناامید از همه جا این بار شماره خانم تفرجی را گرفت. بعد از احوالپرسی مختصری با نگرانی در باره صدرا پرسید. ولی خانم تفرجی اظهار بی‌اطلاعی کرد و از طرز صحبت صبا به دلشوره افتاد و تصمیم گرفت شخصاً به منزل صدرا سری بزنند. تا دقایقی بعد خانم تفرجی انگشت به زنگ مقابل در خانه صدرا ایستاده بود. چند کلاغ روی شاخه‌های بلند چنار پیر که حالا کاملاً عریان شده و پوششی جز پوشش نازک برف روی شاخه‌هایش نداشت نشسته بودند و سکوت برفی شاخه‌های به خواب رفته را با بی‌اعتنایی می‌شکستند. خانم تفرجی با دست چند بار به در حیاط کوبید و صدرا را با صدای بلند صدا کرد ولی وقتی جوابی نشنید با دلهره به خانه برگشت و همین طور که زیر لب می گفت «خدا کنه این پسره خنگ حداقل تلفن رو جواب بده» شماره مغازه را گرفت. با شنیدن صدای هاشم از پشت تلفن که با لکنت زبانش می گفت «ففرش ففروششی سسمایی بففرماییید» نفس راحتی کشید. ولی خیلی زود مأیوس شد. چون هاشم گفت از دیروز که صدرا مغازه را ترک کرده دیگر خبری از او ندارد. خانم تفرجی به دنبال صحبت بی‌نتیجه‌اش با هاشم شماره‌اش را به او داد تا اگر خبری از صدرا گرفت با او تماس بگیرد.

حالا دیگر دلشوره صبا با تلفن بی‌نتیجه خانم تفرجی صد برابر شده بود. لحظه‌ای آرام و قرار نداشت. از طرفی هم جرأت نمی‌کرد دلشوره‌اش را در حضور حبیب که برای ناهار به خانه آمده بود بروز دهد.

بعدازظهر وقتی خانم تفرجی سراسیمه تلفن را جواب داد صدای هاشم را به راحتی تشخیص داد.

ـ خخانننم تتفرررجی! آقا صدرا هممین چند دقیقه پیش به ممـا زنگ زد. آقا صدرا از بیممارسستان زنگ ممیزد.

ـ تو رو خدا بگو چه بلایی سر صدرا اومده.

لکنت زبان هاشم با هل شدنش بدتر شد: ممی بخخشیدا آقا صدرا از ممغازه برممی‌گشته تتتوی راه عین ننه آقای خخدا بیامرزم ککه چچچار سال پیش خخخورد زممین از ببس که زمم ینا سسرسری بوده...

خانم تفرجی که حسابی کلافه شده بود در دل فریاد کشید: ای جونت بالا بیاد که جونم رو بالا آوردی ولی فقط سه کلمه به زبان آورد: هاشم اصل مطلب.

ـ ببخخشید آقا صدرا خخوردن زممین پاششون شکسته.

هاشم آنقدر پشت تلفن تحت فشار بود که احساس می‌کرد دهانش کاملاً خشک شده و توان حرکت دادن زبانش را ندارد. ولی بالاخره هر طور بود به خانم تفرجی حالی کرد که صدرا زمین خورده و پایش از چند جا شکسته و شبانه به بیمارستان منتقل شده است. اما وقتی نوبت به اسم بیمارستان رسید هر قدر به ذهنش فشار آورد نتوانست اسم بیمارستان را به خاطر بیاورد: ننوک زبوننم بودا. روزگار خخوب برای آدم ححواس نمی‌ذاره.

خانم تفرجی همین طور که در دل به زمین و زمان ناسزا می‌گفت اسم چند بیمارستان را که می‌دانست به زبان آورد ولی هاشم با هر اسم جدید می‌گفت: «فکر کنم هممین بود یا ننه این نبود.» در نهایت وقتی طاقت خانم تفرجی طاق شد زیر زبانی با تشکر خشکی از هاشم خداحافظی کرد ولی هنوز چند دقیقه نگذشته تلفنش دوباره به صدا درآمد و این بار با شنیدن صدای صدرا از پشت خط نفس راحتی کشید.

ـ پسر! خدا رو شکر که خودت زنگ زدی. کجایی؟ چه بلایی سرت اومده؟

صدرا برای خانم تفرجی توضیح داد که شب گذشته برای گرفتن هدیه ایمان به بازار رفته و در راه برگشت روی یخ‌های پیاده‌رو به شدت سُر خورده و پای راستش شکسته و فورا به بیمارستان منتقل شده و چون باید عمل جراحی اورژانسی روی پایش صورت می‌گرفته قادر به تماس گرفتن با هیچ‌کس نبوده است و از صبح هم به دلیل اثر داروهای آرام‌بخش و مسکن نتوانسته با کسی تماس بگیرد. صدرا اضافه کرد که چون سابقه شاگرد حواس پرتش را داشته ترجیح داده برای محکم‌کاری هم که شده با خانم تفرجی تماس بگیرد.

وقتی خانم تفرجی از بابت صدرا خیالش اندکی راحت شد از نگرانی‌شان خصوصاً نگرانی صبا و اینکه چطور به هر دری زده تا از او خبری بگیرد صحبت کرد. صدرا با شنیدن نام صبا سراپا گوش شد و سپس خواهش کرد که به صبا اطمینان دهد که حالش خوب است و تا چند روز دیگر از بیمارستان مرخص خواهد شد.

صدرا همان طور دراز کشیده روی تخت بیمارستان از پنجره بزرگ کنار تختش به آسمانی

که از بالای دیوار آجری روبه‌رویش انگار تا بی‌نهایت کشیده شده بود نگاه کرد. آن گستره آبی آهسته‌آهسته می‌رفت تا در سرخی غروب محو شود. حتی یک لکه ابر در آسمان نبود. پاک و یکدست آغوش گشاده برای پرواز کبوترها. زیبایی آسمان سایه روشن برای لحظاتی او را به فکر فرو برد و با یادآوری اینکه ذهن صبا را از شب گذشته به خود مشغول کرده در درون احساس شعفی بی‌پایان کرد و ناخودآگاه لبخند کم‌رنگی بر لب‌هایش نشاند ولی فقط برای مدتی کوتاه چرا که تصور نگاه ملامت بار حبیب او را از سرزمین رویاها برای هزارمین بار رانده بود.

خانم تفرجی بلافاصله با صبا تماس گرفت. حال صبا دگرگون شد. نمی‌توانست سر پا بایستد. دستش را به دیوار گرفت و همانجا روی زمین نشست و اجازه داد اشک‌هایش به آرامی در سکوت بر روی گونه‌هایش بغلطد. فقط اسم بیمارستان کافی بود تا صبا را چنان به دلهره بیندازد که ادامه حرف‌های خانم تفرجی را که صدرا خوب است و تا چند روز دیگر مرخص می‌شود نشنود.

صبا دید تا برگشتن حبیب چند ساعتی وقت هست بدون اتلاف وقت لباس‌هایش را به تن کرد و لباس گرمی به ایمان پوشاند و همراه ایمان به سرعت در آن هوای سرد راهی منزل خانم تفرجی شد. با وجود برف و یخی که کف کوچه‌ها را پوشانده بود سعی می‌کرد تا جایی که می‌تواند تند تند قدم بردارد ولی وقتی صدای ایمان به حال اعتراض بلند شد که می‌گفت: «مامان یواش برو دارم خسته می‌شم.» از سرعت قدم‌هایش کاست.

ایمان را به خانم تفرجی سپرد و پس از گرفتن نشانی بیمارستان و اسم بخش دیگر منتظر گرفتن شماره تخت صدرا نماند.

از پشت شیشه تاکسی در حالی که شیشه بخار گرفته را با دستمال پاک می‌کرد با خود فکر کرد: خوش به حال دانه‌های برف چقدر آرام و بی‌دغدغه چقدر آهسته و با طمانینه به زمین می‌نشینند و هیچ کس و هیچ چیز نمی‌تواند آرامش‌شان را حین پایین آمدن بر هم بزند.

کف خیابان‌ها دوباره داشت با لایه‌های برف پوشیده می‌شد و با وجود التماس‌های مکرر صبا راننده تاکسی مجبور بود خیلی آهسته و با احتیاط رانندگی کند. بالاخره تاکسی مقابل بیمارستان توقف کرد و صبا قدم روی برف‌های تازه نشسته کف خیابان گذاشت. موجی از هوای سرد ریه‌هایش را پر کرد. هوا دیگر کاملاً تاریک شده بود. زمان به سرعت می‌گذشت و به او نهیب می‌زد که زمان برگشتن حبیب نزدیک می‌شود. در فاصله کوتاهی اگر شانس می‌آورد و حبیب زودتر به خانه برنمی‌گشت می‌بایست صدرا را ببیند. لحظه‌ای مقابل در ورودی

بیمارستان توقف کرد و نگاهش را به چراغ‌های روشن طبقات بیمارستان دوخت. سعی کرد فقط روی دیدن صدرا تمرکز کرده و هر فکر و خیال دیگری را از ذهنش بیرون کند. به محض ورود به بیمارستان بوی تند الکل مشامش را پر کرد. پزشکان با روپوش‌های سفید و پرستاران با پیراهن‌های سفید و کلاه‌هایی که بسیار مرتب روی موهایشان قرار گرفته بود مدام در رفت و آمد بودند. صبا معطل نماند و با شتاب از پله‌ها بالا رفت. بخش ارتوپدی به اندازه طبقه ورودی بیمارستان شلوغ نبود ولی صدای بلند پیج بیمارستان جبران خلوتی بخش را می‌کرد. نفس‌نفس زنان به طرف ایستگاه پرستاری رفت و از پرستار نسبتاً جوانی که پیراهن سفیدش از جلو تا پایین دکمه خورده و موهایش را بسیار مرتب پشت سرش جمع کرده و آرایش ملایمی به صورتش داشت نشانی اتاق صدرا را پرسید. پرستار نگاهی از روی کنجکاوی به صبا انداخت و با لبخندی از او پرسید که چه نسبتی با صدرا دارد. سؤال پرستار و طرز بیانش آن‌قدر برای صبا غیرمنتظره بود که اول یکه خورد ولی بلافاصله با دستپاچگی گفت: از دوستان نزدیکشون هستم.

ـ انتهای راهرو دست چپ.

گام‌های صبا با دیدن اتاق صدرا در انتهای راهرو کند شد. با هر یک قدم به سمت آن اتاق ضربان قلبش بیشتر می‌شد تا بالاخره جلوی در بسته رسید. با انگشت‌های لرزانش چند ضربه به در زد و وقتی صدای آشنای صدرا را از داخل اتاق شنید در را به آرامی باز کرد و مثل رویایی شیرین در مقابل چشمان بهت‌زده صدرا قرار گرفت. صدرا به محض دیدن صبا فکر کرد که خماری ناشی از اثر داروهای آرام‌بخش او را به دنیای شیرین خیالات برده ولی وقتی صبا روی لبه تخت در کنارش نشست و دست او را با دست‌های یخ‌کرده‌اش پوشاند مطمئن شد که رویایی در کار نیست و حضور صبا در آنجا کاملاً واقعی است. صدرا در آن لحظه نه پلک می‌زد و نه چیزی می‌گفت. فقط و فقط به صبا نگاه می‌کرد. صبا با نگرانی پای راست صدرا را که از بالای ران تا پایین گچ گرفته شده بود نشان داد و پرسید: هنوز خیلی درد می‌کنه؟

صدرا سرش را به علامت نفی تکان داد: نه! اصلاً درد نمی‌کنه.

صبا روی صورت صدرا خم شد و در حالی که در چشم‌های مشتاق او نگاه می‌کرد با صدایی نجوا مانند گفت: قول بده دیگه منو اینجوری به دل‌شوره نندازی! از دیشب تا حالا صد دفعه مردم و زنده شدم.

صدرا لبخندی به لب آورد و گفت: قول می‌دم.

ـ غذا خوردی؟ رنگت خیلی پریده! خیلی درد کشیدی مگه نه؟

صدرا به آرامی دست صبا را گرفت و آن را روی گونه‌اش گذاشت و گفت: هیچ وقت به

عمرم این‌قدر حالم خوب نبوده. سپس دست او را روی لب‌هایش نشاند و گفت: خدا می‌دونه چقدر دلم می‌خواد بمونی ولی تا حبیب دلواپس نشده بهتره برگردی. می‌دونه که اینجایی؟

صبا با خجالت سرش را پایین انداخت و بدون آنکه جوابی بدهد در سکوت نگاهش را به پای گچ گرفته صدرا دوخت.

ـ فکرش رو می‌کردم. هوا تاریک شده. توی این برف برگشتنت مشکل می‌شه. من اعتبارم نمی‌شه که تنهایی این همه راه رو تو این تاریکی برگردی. ایمان رو چکار کردی؟

ـ پیش خانم تفرجیه.

دقایقی بعد پرستار با یک سینی کوچک که داروهای صدرا را در آن چیده بود وارد اتاق شد و به صبا گفت که وقت ملاقات تمام است و صدرا باید استراحت کند. انگار دستور خروج از بهشت را به صبا می‌دادند. چاره‌ای ندید جز اینکه دستانش را از دست‌های صدرا بیرون بکشد و با حسرت او را تنها بگذارد.

موفق شد تا قبل از برگشتن حبیب خود را به خانه برساند. آن شب وقتی حبیب به خانه آمد آنقدر خسته بود که نای حرف‌زدن نداشت. صبا نمی‌دانست جریان را به او بگوید یا نه ولی بالاخره پس از سبک سنگین کردن‌های زیاد جریان را برای او بازگو کرد. حبیب همان‌طور که روی زمین دراز کشیده بود بازویش را از روی چشم‌هایش برداشت و همچنان که صبا از بیمارستان و عمل جراحی صدرا حرف می‌زد به طرز مرموزی به چهره او خیره شد. تغییر حالت صورت صبا از نگاه تیزبین حبیب پنهان نماند. سعی می‌کرد از روی نگاه‌های معذب و پلک‌زدن‌های مداوم و مکث‌های بین کلمات و لحن صدای صبا افکار و ذهنیاتش را بخواند. صبا هم با تمام قوا تقلا می‌کرد خودش را کنترل کند و اجازه ندهد احساسات درونش را بروز دهد. ولی انگار حبیب تیزتر بود.

حبیب با خلق‌تنگی دوباره با بازویش چشم‌هایش را پوشاند و با صدای گرفته‌ای گفت: الان که دیر وقته فردا می‌رم می‌بینمش.

صبا همچنان که به آرامی از کنار حبیب بلند می‌شد با صدایی آهسته گفت: باید همگی با هم بریم.

حبیب دوباره بازویش را از روی چشم‌هایش برداشت و همان‌طور که با اخم به صبا نگاه می‌کرد با لحن خشکی گفت: منظورت چیه که همگی باید بریم؟ شماها کجا می‌خواید بیایید؟ تو این سرما بچه رو کجا می‌خوای ببری؟

لحن حبیب آنقدر خشن بود که صبا دوباره جرات نکرد به او نگاه کند. همان‌طور که به

سمت آشپزخانه می‌رفت گفت: «صدرا به خاطر هدیه تولد ایمان این بـلا رو سـر خـودش آورده. وظیفمونه که همه با هم بریم عیادتش» و با این جمله دهان حبیب را بست. حبیب دیگر ادامه نداد ولی گره ابروهایش همچنان باز نشده تا آخر شب باقی ماند.

هوا تاریک شده بود که به بیمارستان رسیدند. ماه گه‌گـاه از لابـه‌لای پـرده خاکسـتری ابرهـا سرک می‌کشید و دوباره پشت آنها پنهان مـی‌شـد. صـبا از گـل‌فروشـی کنـار بیمارسـتان بهتـرین دسته‌گلی را که می‌توانست سفارش دهد خرید و از ترس اینکه مبادا نگاهش با نگاه‌های معنی‌دار حبیب تلاقی کند صورتش را پشت دسته‌گل پنهـان کـرد. آتـش حسـادتی کـه بـرای مـدت‌هـای طولانی در حبیب فروکش کرده بود طی چند ماه گذشته پرحرارت‌تر از همیشه زبانـه مـی‌کشـید. خصوصاً که توجهات اخیر صبا به صدرا دم به دم بر هیزم آن می‌افزود. آن آتـش حسـادت حـالا چنان شعله‌ور شده بود که انعکاس حرارتش در آینه نگاه حبیب، صبا را بر خود می‌لرزاند.

سکوت کش‌داری که در آن لحظه سایه‌اش بیشتر بر سر صبا سنگینی می‌کرد با صدای ایمان شکست: مامان می‌دی گل‌ها رو من بیارم؟

صبا با خود فکر کرد که ای کاش ایمان این تقاضا را از او نمی‌کرد چرا که دادن دسته‌گل به ایمان همان و تلاقی نگاه مضطربش با نگاه‌های خشمگین حبیب همـان. بـه همـین خـاطر از دادن دسته گل به ایمان در آن لحظه طفره رفت و با مهربانی در جواب ایمان گفت: آره عزیـزم! بـه در اتاق که رسیدیم می‌دم شما گل‌ها رو بیاری. یه کم سنگینه اگه از حالا بگیریشون خسته مـی‌شـی. قبول؟

ـ باشه.

دوباره سکوت حکم‌فرما شد. راهرو بخش خیلی خلوت شده و از آن برو بیاهای روز و سر و صداها خبری نبود. صبا سعی می‌کرد با نوک پا قدم بردارد که صدای کفش‌هایش آرامش بخش را به هم نزند.

ایمان در حالی که با دستش پالتو صبا را چسبیده بود و سعی می‌کرد همگام با او قدم بـردارد با دیدن عکس یک پرستار زیبا که با گرفتن انگشت در مقابل بینی و دهان علامت سکوت را القا می‌کرد پالتوی صبا را رها کرد و انگشتش را به تقلید از عکس به روی دهان و بینی‌اش گرفـت و در حالی که صبا را صدا می‌کرد با این علامت به او فهماند که هنوز راه رفتنش پرسروصدا است.

به ایستگاه پرستاری که رسیدند چشم صبا به پرستاری افتاد که شب گذشته از او سـراغ اتـاق صدرا را گرفته بود. عرق سردی روی بدنش نشست و صورتش را پشـت دسـته‌گـل پنهـان کـرد. صبر کرد تا این بار حبیب نشانی اتاق صدرا را از پرستار بگیرد.

پرستار نگاه کنجکاوش را از صبا که پشت دسته‌گل پنهان شده بود گرفت و با لبخندی از حبیب پرسید: برای ملاقات اومدید؟

ـ بله! برای ملاقات آقای سمایی اومدیم. صدرا سمایی.

ـ می‌دونید وقت ملاقات تا نیم ساعت دیگه تموم می‌شه؟

ـ سعی می‌کنیم کوتاهش کنیم.

ـ انتهای راهرو آخرین اتاق سمت چپ.

صبا پشت در بسته اتاق دسته‌گل را به ایمان داد و حبیب به آرامی چند ضربه به در نواخت و با شنیدن صدای ضعیف صدرا از داخل اتاق در را باز کرد و به دنبالش صبا و ایمان وارد شدند.

ایمان همین طور که دسته‌گل را به سختی حمل می‌کرد با وحشت نگاهش را روی پای گچ گرفته صدرا که روی دو بالش قرار گرفته بود و وزنه سنگینی از آن آویزان بود متمرکز کرد.

حبیب با لبخندی به تخت صدرا نزدیک شد و در حالی که روی صندلی کنار تخت می‌نشست دست صدرا را فشرد و گفت: رفیق! خدا بد نده. پریشب کلی منتظرت بودیم. چه بلایی سر خودت آوردی؟

صبا به آرامی به تختش نزدیک شد و به دنبالش صدای ایمان از پشت دسته‌گل که: «عمو صدرا! ببین برات چی آوردیم» دسته‌گل را دو دستی روی سینه صدرا گذاشت. صدرا لبخند به لب به ایمان اشاره کرد که به او نزدیک‌تر شود و ایمان هم همان طور چسبیده به تخت آرنج‌هایش را لب تخت گذاشت و خودش را روی صدرا خم کرد و همین طور که دهانش را به گوش صدرا می‌چسباند آهسته در گوش او چیزی گفت که صدرا با شنیدن آن با صدای بلند شروع به خندیدن کرد.

ایمان خجالت‌زده دست راستش را طبق عادت به دهانش برد و پشت پالتوی قهوه‌ای صبا قایم شد.

حبیب در حالی که دسته‌گل را از روی سینه صدرا برمی‌داشت گفت: این پسره چی می‌گه؟

صدرا دوباره رو به ایمان کرد و گفت: بیا! در نرو بیا تا نشونت بدم مگه نمی‌خواستی ببینیش؟ و سپس به کمد خاکستری رنگ کوچکی که کنار تخت قرار داشت اشاره کرد و ادامه داد: در این کمده رو باز کن.

ایمان بدون معطلی از پشت سر صبا به طرف کمد رفت و در را باز کرد و پلاستیکی که کادویی در آن جای گرفته بود بیرون آورد. ایمان بسته را که به دقت بسیار و با سلیقه فراوان کادو پیچ شده ولی از یک گوشه کاغذ کادویش پاره شده بود از داخل پلاستیک بیرون آورد و

با نگاهش از صدرا اجازه باز کردن خواست. با جواب مثبت صدرا دیگر برای ایمان نه زیبایی بسته مهم بود نه پارگی گوشه آن. برای تکه تکه کردن کاغذ کادو یک لحظه را هم از دست نداد. بسته بزرگ مداد رنگی چهل و هشت تایی و یک دفتر بزرگ نقاشی کادوی تولد ایمان بود. از ذوق برقی در چشم‌های ایمان درخشید. بهترین و زیباترین هدیه تولدش را عمو صدرا برایش تهیه کرده بود.

حبیب نگاهی تشکرآمیز به صدرا کرد و گفت: چرا این کار رو کردی؟ حتماً کلی پول پاش دادی و به دنبال او صبا هم بلافاصله از صدرا تشکر کرد و گفت: این بهترین هدیه‌ای است که می‌تونسته بگیره همیشه چشمش دنبال یک همچین چیزی بود.

ایمان ذوق‌زده به بغل صدرا پرید طوری که صدرا درد شدیدی از فشار ناگهانی روی بدنش حس کرد ولی به روی خودش نیاورد و همان طور خوابیده ایمان را که با لب‌های کوچکش صورتش را می‌بوسید بغل کرد.

حبیب برای لحظاتی به آن دو نگاه کرد. به‌راستی او تا آن لحظه هرگز چنین عکس‌العملی از طرف ایمان ندیده بود. به خاطر نداشت که تا آن لحظه ایمان آنگونه در آغوش او جا خوش کرده و صورتش را بوسیده باشد. نزدیکی صدرا و ایمان در آن لحظه به همراه توجهات بیش از حد صبا به او سم نیش حسادت را بیش از پیش در ذهنش تزریق می‌کردند.

حبیب دیگر طاقت دیدن آن صحنه را نداشت. دسته‌گل را برداشت و به بهانه پیدا کردن گلدان در بخش آنها را برای دقایقی تنها گذاشت.

ایمان که از شادی در پوست خود نمی‌گنجید با هدیه‌اش به سمت صندلی دیگری که در گوشه اتاق بود رفت و دیگر صدایی از او شنیده نشد.

به محض اینکه حبیب پایش را از اتاق بیرون گذاشت صبا به سرعت جایش را گرفت. صدرا حالا دیگر می‌توانست با خیال راحت مستقیماً به صورت صبا نگاه کند. اشکی که روی گونه صبا می‌غلطید چنان صدرا را تحت تأثیر قرار داد که دستش را دراز کرد و با انگشتش آن را پاک کرد.

نزدیکی فاصله صندلی تا تخت برای صبا کافی نبود به همین خاطر از روی صندلی بلند شد و درست مثل شب گذشته روی لبه تخت نشست.

ـ هنوز درد می‌کنه؟

صدرا سرش را به علامت منفی تکان داد.

صبا از موقعیت استفاده کرد و دست صدرا را به لب‌هایش برد و روی گونه‌اش گذاشت و به دنبال آن لبخند تلخی به لب آورد.

صدرا چشم‌هایش را بست و گذاشت احساساتش او را تا مرز خواسته‌های دور از دسترس و ناممکن ببرد.

حبیب که برای گرفتن گلدان کنار ایستگاه پرستاری منتظر ایستاده بود با صحبت‌های پرستاری که نشانی اتاق صدرا را به آنها داده و پشت به او داشت گوش‌هایش تیز شد.

ـ اسم کوچکش صدرا است. با اینکه خوش تیپه ولی بهش نمیاد متاهل باشه. اون خانمه که امشب با اون آقا و بچه کوچکش اومده دیشبم اینجا بود. ولی غیر از اون دیگه زن دیگه‌ای تا حالا برای عیادتش نیومده.

پرستاری که به حرف‌های همکارش گوش می‌داد با حرکت حبیب از پشت سر او و با ایما و اشاره به همکارش فهماند که دیگر حرفی نزنند.

پرستار با دیدن حبیب فوری خودش را جمع و جور کرد و با دستپاچگی پرسید: کاری داشتید؟

ـ نه! فقط منتظر همکارتون بودم تا برای این گل‌ها گلدون بیاره.

نفهمید چطور گلدان را از دست پرستار گرفت و چطور مسیر راهرو تا اتاق صدرا را طی کرد. فقط به تلخی با خود فکر می‌کرد: صبا دیشب اینجا بوده! صبا دیشب تنهایی بدون اینکه به من بگه اومده اینجا! صبا دیشب با صدرا توی این اتاق تنها بوده!

صبا هنوز دست صدرا را روی گونه‌اش نگه داشته و همچنان به چشم‌های بسته او نگاه می‌کرد. درست لحظه‌ای که صدرا چشم‌هایش را باز کرد حبیب را درآستانه در دید که گلدان در دست بی حرکت برجای ایستاده و با نگاهی دردناک به آنها خیره شده است. صبا که پشت به در داشت متوجه حضور حبیب در آستانه در نشد و همچنان داشت دست صدرا را روی گونه خود می‌فشرد. صدرا با دیدن حبیب بلافاصله دستش را از میان دست‌های صبا بیرون کشید و نگاهش را به طرف پنجره برگرداند. پاهای سست حبیب دیگر با دیدن این صحنه به فرمانش نبود. به آنها فرمان حرکت می‌داد ولی آنها به کلی فرمانش را نادیده می‌گرفتند.

صبا از حرکت ناگهانی صدرا دریافت که پشت سرش چه خبر است ولی کوچک‌ترین حرکتی نکرد. چون حس می‌کرد وضع بدتر خواهد شد. حبیب هر طور بود به خود مسلط شد و وارد اتاق شد و بدون آنکه کلمه‌ای بر زبان بیاورد گلدان پر از آب را روی میز گذاشته و دسته گلی را که صبا با چنان دقتی انتخاب کرده بود بی‌حوصله و بی‌دقت درون آن جای داد. سکوت عذاب‌آوری بر اتاق سایه انداخته بود. صبا به آرامی خودش را جمع وجور کرد و به آهستگی از روی تخت برخاست.

صدرا برای آنکه سکوت را بشکند از حبیب تشکر کرد و گفت: خیلی زحمت کشیدید که توی این هوا تا اینجا اومدید. اصلاً راضی به زحمتتون نبودم.

حبیب با لحن سردی زیر لب جواب داد: «زحمتی نبود. هرچی نباشه به خاطر هدیه ایمان این بلا رو سر خودت آوردی» و در حالی که دست ایمان را می‌گرفت که او را از روی صندلی جدا کند ادامه داد: «بهتره تو هم یه کم استراحت کنی. اگه بتونم فردا میام بهت سر می‌زنم» و سپس نگاه خشمگین‌اش را متوجه صبا که خاموش ایستاده بود کرد و با تاکید ادامه داد: تنها میام.

حبیب دست صدرا را فشرد و به سمت در اتاق رفت. ایمان هم صدرا را دوباره روی تخت بغل کرد ولی صبا فقط توانست با نگاه از او خداحافظی کند.

راننده تاکسی با مسافرهایی ساکت مواجه بود. حس کرد آقایی که در کنارش نشسته است مضطرب و ناراحت است. چند بار سعی کرد سر صحبت را با حبیب باز کند تا سکوت سرد داخل ماشین را بشکند ولی هر بار با جواب‌های تلگرافی و سرد حبیب روبه‌رو می‌شد که در اصل به او می‌فهماند که خفه شو و رانندگی‌ات را بکن. در تمام طول مسیر هیچ کلمه‌ای بین حبیب و صبا رد و بدل نشد.

آن شب بعد از اینکه صبا ایمان را به آغوش گرم رختخوابش سپرد به طبقه پایین برگشت ولی از حبیب خبری نبود. چند بار او را صدا کرد ولی جوابی نشنید. حبیب در اتاق نشیمن که در تاریکی فرو رفته بود و فقط قسمتی از آن با نور نقره‌ای رنگ ماه روشن شده بود روی صندلی راحتی غرق در افکارش به تاریکی پشت پنجره چشم دوخته بود و هنوز سیگارش تمام نشده داشت سیگار دیگری را روشن می‌کرد.

صبا که منتظر بحرانی جنجالی بود سعی کرد خونسردی‌اش را حفظ کند. به آستانه اتاق نشیمن برگشت و با صدایی ملایم گفت: حبیب! چرا توی تاریکی نشستی؟

ـ سکوت.

ـ حبیب؟

ـ سکوت.

ـ پس چرا حرف نمی‌زنی؟

حبیب بدون آنکه نگاهش را از دنیای تاریک بیرون برگرداند در حالی که دود غلیظ سیگارش را از دهانش بیرون می‌داد و با فندکش با حالتی عصبی روی دسته صندلی ضربه می‌زد با صدای گرفته‌ای گفت: هنوز دوستش داری مگه نه؟

صبا وحشت‌زده پرسید: چی داری می‌گی حبیب؟

ـ هنوز عاشقشی مگه نه؟

ـ حبیب! از چی حرف می‌زنی؟ عاشق کی هستم؟

حبیب به تندی از روی صندلی برخاست و رویش را به سمت صبا برگرداند.

ـ خودت را به حماقت می‌زنی؟ خودت خوب می‌دونی از کی حرف می‌زنم.

صبا با دیدن چهره حبیب بر خود لرزید. آن چهره، چهره حبیب نبود. حتی در آن سایه تاریک و روشن اتاق صبا به راحتی می‌دید که آن چهره، چهره مردی است با غروری جریحه‌دار شده. مردی زخم‌خورده با تیغ بران حسادت. مردی در آستانه سقوط به پرتگاه حقارت. در آن چشم‌ها نه اثری از مهر بود نه اثری از عشق نه اثری از ترحم و گذشت. درآن چشم‌ها تا بی‌نهایت خشم بود و خشم.

حبیب با دو قدم خود را به صبا رساند. رگ‌های گردنش متورم شده بود و پره‌های بینی‌اش از شدت عصبانیت باز و بسته می‌شد. پیراهن سفید صبا را چنگ زد و صبا را به سینه دیوار چسباند. نگاه صبا مانند نگاه آهویی در بند در نگاه ببری گرسنه گره خورد.

ـ حرف بزن لعنتی! هنوز که هنوزه بعد از این همه سال نتونستی فکرش رو از سرت بیرون کنی مگه نه؟

تمام وجود صبا می‌لرزید. قدرت تکلم از کفش رفته بود. آنچه را می‌دید باور نمی‌کرد. هرگز حبیب را این چنین خشمگین ندیده بود.

صدای خشمگین حبیب دوباره در گوش صبا طنین انداخت: یه نگاه به پشت سرت بنداز، یه نگاه به خودت و یه نگاه به پیش روت. من چی توی زندگی برات کم گذاشتم؟ صدرا چه‌کار کرده که من نکردم؟ اون چی بهت داده که من نتونستم بدم؟ غیر از اینه که همه زندگیم رو به پات ریختم و هر شب بدون استثنا با این فکر خوابیدم که شاید فردا بتونم دلت رو بیشتر به دست بیارم؟ تو در عوض چه‌کار کردی؟ ابراز محبتی که وجود خارجی نداره! و خودتم اینو خوب می‌دونی. تو خیال کردی من تفاوت نگاهی که به من می‌کنی و نگاهی که به صدرا می‌کنی رو نمی‌فهمم؟ تو خیال کردی من نمی‌دونم دیشب تنهایی رفتی دیدنش؟ خیال کردی نمی‌دونم توی اون اتاق لعنتی باهاش خلوت کردی؟

حبیب همچنان یقه پیراهن صبا را در دست گرفته و همان‌طورکه او را به دیوار می‌فشرد با صدایی که به فریاد بیشتر شباهت داشت گفت: «چند بار تا حالا بدنت رو با دستاش لمس کرده؟» و با گفتن این جمله انگار تمام نیروی خشمش در دست‌هایش متمرکز شده بود یقه پیراهن صبا را درید و شانه‌های سفیدش را عریان کرد. دست‌های حبیب مثل دست‌های موجودی جنون‌زده

شانه‌های صبا را لمس می‌کرد ولی نه لمسی با ظرافت.

حبیب آن دست‌ها را که در آن لحظه نه اثری از مهر در آنها بود و نه عاطفه با خشونت هر چه تمام‌تر بر تمام پستی و بلندی‌های بدن ظریف صبا می‌کشید و فریاد می‌زد:

ـ جواب بده لعنتی!

سیلاب اشک از گونه‌های صبا جاری بود. ولی تنها کلماتی که از دهانش شنیده می‌شد نام حبیب و ایمان بود: حبیب! به خاطر ایمان...

زانوهای صبا کم‌کم در برابر حبیب سست شد و یک‌ذره توانی که داشت از کفش رفت. صدای بلند و خشمگین حبیب در آن تاریکی مثل پتکی آهنین بر سرش فرود می‌آمد که ناگهان صدای گریه ایمان از طبقه بالا شنیده شد. حبیب یک لحظه به خود آمد. بازوهای صبا را رها کرد و دو قدم عقب رفت و نگاهش را به قامت صبا که از شدت سنگینی حرف‌ها و نگاه او خم شده بود دوخت. صبا در زیر نور ماه که در آن تاریکی اتاق بر بدنش تابیده بود به هنرپیشه‌ای شباهت داشت که می‌رود تا تلخ‌ترین صحنه از تلخ‌ترین نمایش زندگی‌اش را در معرض دید تماشاچیان بگذارد.

نگاه حبیب همچنان بر صبا خیره مانده و نفس‌هایش سنگین بود. برای لحظاتی به همان حال باقی ماند سپس آرام آرام عقب رفت و کتش را از بالای صندلی برداشت و یک بار دیگر به قامت شکسته صبا خیره شد و این بار در حالی که آهنگ صدایش را پایین می‌آورد با لحنی دردناک گفت: من هفت سال آزگاره که هی سعی می‌کنم به خودم بقبولونم که من این وسط بازنده نبودم. ولی اینو بدون این بازی هیچ وقت برنده‌ای نداشت. تو هم بازنده بودی چون هیچ وقت قدر عشق منو ندونستی. صدرا هم بازنده بود چون نتونست از چیزی دل بکنه که دیگه بهش تعلق نداشت و به دست آوردنش غیرممکن بود. حتی اون طفل معصومی هم که بالا تو اتاقش خوابیده بازنده است چون داره جایی بار میاد که هیچ‌کس برای عشق اون یکی پشیزی ارزش قایل نیست. من نهایت سعیم رو تو تمام این سال‌ها کردم تا به خودم بقبولونم که از اون آتیش محبتی که تنهایی با هزار زحمت توی این خونه لعنتی روشن کرده بودم هنوز یه حرارتی باقی مونده. غافل از اینکه تو مدت‌هاست با نفس سرد بی‌تفاوتی‌هات اونو خاموش کردی و برای لحظه‌ای فکر نکردی که دودش اول از همه به چشم خودت می‌ره و بعد هم به چشم اون طفل معصوم. بشین و با خودت فکر کن که تو این چند ساله تو این خونه چی رو ساختی و چی رو خراب کردی.

و به دنبال گفتن این حرف خانه را ترک کرد.

همچنان که سیل اشک از چشم‌های صبا سرازیر بود دو زانو به زمین نشست. موجی از سرما روی بدنش دوید و بدنش مور مور شد.

ایمان در میان گریه و بغض از پله‌ها پایین آمد. صدای بلند حبیب او را از خواب پرانده بود. صدایش از لابه‌لای هق هق در آن تاریکی پله‌ها بلند شد: مامان! مامان جون! مامان صبا! کجایی؟

صبا بلافاصله اشک‌هایش را پاک کرد و به سرعت به طرفش رفته و او را در آغوش گرفت: چیه عزیزم! گریه نکن. خواب بد دیدی؟

ایمان همچنان با هق هق در جواب گفت: صدای بابا حبیب میومد! صدای داد میومد! من می‌ترسم.

صبا تمام قوای خود را جمع کرد تا به خودش مسلط شود و جلوی لرزش صدایش را بگیرد. عزیز دلم! حتماً خواب دیدی. بیا برگردیم به اتاقت ببینی که چیزی نشده. ببین چقدر همه جا ساکته.

گریه‌های ایمان با صدای آرام‌بخش صبا یواش یواش متوقف شد. ایمان آخرین قطره اشک باقیمانده چشمش و آب بینی‌اش را که سرازیر بود با آستین لباسش پاک کرد و سپس دستش را به دهانش برد و مشغول جویدن ناخن‌هایش شد. صبا دست او را از دهانش بیرون آورده آن را بوسید و او را به اتاق خوابش برد. آن شب صبا برای دومین بار ایمان را به بستر گرمش سپرد و خسته و افسرده به اتاق خواب خود برگشت. بدون آنکه چراغی روشن کند لبه تخت نشست و به تلخی گریست. گریه‌ای آرام ولی تلخ و طولانی.

زمانی که حبیب پایش را از خانه بیرون گذاشت موجی از سرما بر تمام وجودش هجوم آورد. با خشم چنان قدم برمی‌داشت که صدای برف‌هایی که زیر پاهایش له می‌شدند را به خوبی می‌شنید. بی‌هدف مثل یک خواب‌گرد بدون آنکه بداند مقصدش کجاست فقط راه می‌رفت. نگاهی به آسمان انداخت. صورت نقره‌ای رنگ ماه کم‌کم در زیر انبوه ابرها از نظرش ناپدید شد و رفته‌رفته ابرهای تیره مثل خیل سربازان مهاجم تمام صفحه آسمان را پر کردند. به ندرت رهگذری دیده می‌شد. با سکوتی که بر فضای کوچه و خیابان حاکم شده بود انگار شهر به خوابی عمیق فرو رفته بود. تنها صداهایی که در آن لحظات به گوشش می‌رسید صدای جوی آب بود که هنوز با سماجت در برابر سرما مقاومت می‌کرد که نگذارد دست سرد هوا روح سیالش را منجمد کند و صدای وجدان درونش که به او نهیب می‌زد در برخورد با صبا زیاده‌روی کرده است.

بارش برف شروع شد. لایه نازکی از برف سطح خیابان‌ها را پوشاند. چقدر دل آسمان گرفته

بود. انگار بعد از آن نمایش تلخ، نور نقره‌ای رنگ ماه هم مثل چراغ صحنه در پایان نمایش به خاموشی گراییده بود. انگشت‌های دست و پای حبیب از سرما بی‌حس شده بود. تصویر صبا در کنار صدرا در حالی که دست‌های او را با ذره ذره وجودش لمس می‌کرد یک لحظه از جلوی چشمانش محو نمی‌شد. حبیب به خوبی برق شادی را که در نگاه صبا همیشه با دیدن صدرا می‌درخشید، دیده بود. حالت نگاه‌های صبا را به صدرا، دیده بود. شعف درونی صبا را از روی لرزش دستانش در حضور صدرا حس کرده بود و حالا تمام آن صحنه‌ها و تمام عقده‌های تل‌انبار شده دست به دست هم داده و با تیغ بران حسادت به تمام وجودش ضربات کاری وارد می‌آوردند.

حبیب دست‌های یخ زده‌اش را از جیب در آورد تا با بخار دهانش آنها را گرم کند یک‌باره یادش آمد که چطور با آن دست‌های پرقدرت که حالا از شدت سرما حسی در آن یافت نمی‌شد با خشونت بازوهای صبا را لمس کرده و اجازه داده بود تا آتش حسد حس تلخ و دردناک خشم را جایگزین لذت شیرین ناشی از آن تماس کند. مار سمی حسادت در آن لحظات تلخ چنان دور سایر احساساتش چنبره زده بود که هیچ حس دیگری جرات و توان سر بلند کردن نمی‌یافت. در آن سرما ساعت‌ها در کوچه پس کوچه‌ها و خیابان‌ها پرسه زد. دانه‌های ریز برف نشسته روی سرش انگار یک شبه او را ده‌ها سال پیرتر کرده بود. سرانجام پس از ساعت‌ها راه رفتن در برف و سرما و شکنجه روحی که به خود می‌داد در حالی که پاکت سیگارش به ته رسیده بود چاره‌ای نیافت جز برگشتن به خانه.

خسته، کلافه، تنها و افسرده با روحی یخ‌زده‌تر از انگشتانش نیمه‌های شب به خانه برگشت. برف دیگر کاملاً همه جا را سفیدپوش کرده بود. سکوت و تاریکی همه جای خانه را فراگرفته بود. از آنجا که چشم‌هایش به تاریکی عادت کرده بود بدون آنکه چراغی روشن کند به آهستگی از پله‌ها بالا رفت. اول مقابل اتاق ایمان توقف کرد. در اتاق را به آرامی گشود. ایمان در خوابی عمیق بود. برای دقایقی زیر نور چراغ خواب به چهره معصوم او خیره شد. چقدر در نظرش آن صورت خواستنی به صبا شباهت داشت. بار دیگر آرزوی همیشگی‌اش در او قوت گرفت که ای کاش اندکی هم به او شباهت داشت. حبیب به آرامی بدون آنکه او را بیدار کند پیشانی‌اش را بوسید و از اتاق بیرون رفت. لحظاتی مردد مقابل در اتاق خواب خودشان که کاملاً بسته بود ایستاد. چند بار دستش برای باز کردن در به طرف دستگیره دراز شد ولی قبل از اینکه آن را لمس کند دستش را کشید. مدتی پشت در این پا و آن پا شد ولی در نهایت دستگیره در را بدون کوچک‌ترین صدایی پایین آورد. صبا روی تخت دراز کشیده بود و در خواب از شدت

گریه هق‌هق می‌کرد. حبیب به آرامی در گوشه تاریک‌تر اتاق ایستاد و به تلخی به صبا که به پهلو خوابیده و نور کم‌رنگ چراغ‌خواب به صورت پریده‌رنگش تابیده بود خیره شد.

نگاه وحشت‌زده صبا یک لحظه از جلوی چشمانش محو نمی‌شد. چهره پریده‌رنگی که سال‌ها دین و دنیای دو مرد بود. ایستاده کنار تخت همچنان که نگاهش روی نیم‌رخ صبا ثابت مانده بود با خود فکر کرد چطور توانسته در حالی که همسرش را طی این سال‌ها می‌پرستیده فقط به تعداد انگشت‌های دستش او را خارج از رختخواب در آغوش کشیده و به او ابراز علاقه کلامی کرده باشد. تفاوت بزرگ حبیب و صدرا همین‌جا بود. صدرا همیشه عشق و علاقه‌اش به همه چیز را با تمام وجود بروز می‌داد ولی حبیب مثل کسی که سعی در پنهان کردن خصلت بدش می‌کند همیشه عشق و علاقه‌اش را از همه خصوصاً از صبا مخفی می‌کرد.

صدای هق‌هق صبا پتکی گران بر سرش بود. در همان حال که هنوز کت و شلوارش را به تن داشت روی صندلی گوشه اتاق نشست و همین طور که سرش را به پشتی صندلی تکیه می‌داد چشمانش را بست و با چشم‌های بسته سال‌ها به عقب برگشت. به دوستیش با صدرا، به دیوار دوستیی که از استحکام هیچ چیز به اندازه آن مطمئن نبود و با این حال توفان سرزده عشق به صبا با تلنگری کوچک آن دیوار محکم را تا بن فرو ریخته و نفس‌های حس تمایل به ترمیم آن را در زیر آوارش به شماره انداخته بود.

افکارش غرق در گرداب خاطرات گذشته به روزی کشیده شد که برای اولین بار خبر ازدواج قریب‌الوقوعش با صبا را به صدرا داده بود. یک باره حالت نگاه صدرا در لحظه شنیدن آن خبر در ضمیر ناخوآگاهش نقش بست و بر خود لرزید. چقدر حالت نگاه صدرا در آن زمان به نگاه چند ساعت قبل خودش حین دیدن صبا و صدرا به هم شبیه بود. به یاد عشق بی‌پایان صدرا به صبا افتاد و همین طور که عرق سردی بر تمام بدنش می‌نشست با خود اندیشید که اگر چشم واقع بینش سال‌ها پیش از این سوی خود را از دست نداده بود قطعاً با یادآوری عشق صدرا به صبا هرگز دست تمنا به سوی صبا دراز نمی‌کرد.

دوباره چشمانش را از هم گشود و پس از چند ثانیه از جایش برخاست. یک بار دیگر در تاریکی اتاق به شبح صبا روی تخت خیره شد و از اتاق بیرون رفت. در اتاق نشیمن مدت‌ها در سکوت و تاریکی در دام افکاری که ذهنش را پر کرده بود دست و پا زد. اما ساعتی بعد مصمم قلم و کاغذ در دست روی صندلی نشست و مشغول نوشتن شد. در آن لحظه حس خشمی در چهره‌اش نمایان بود که تماما قدرت قلمش را به اسارت خود درآورده و مثل رقیبی برتر با حس اندوه او در افتاده بود. وقتی نوشتن‌اش خاتمه یافت آثار خشم هم از چهره‌اش رخت بر بسته بود.

نامه نوشته شده را یک بار از اول مرور کرد و بعد از اینکه آن را در پاکت داخل کشوی میزش جا داد دوباره به اتاق خواب برگشت.

نفهمید چطور و چه وقت روی صندلی اتاق خوابش برد. فقط وقتی چشم‌هایش را باز کرد آفتاب پریده‌رنگ زمستان که از لای پرده به داخل اتاق افتاده بود با وجود بی‌رنگی به چشم‌های خسته‌اش رخنه کرد. نگاهی به اطرافش انداخت. اثری از صبا نبود. تخت مرتب شده و روتختی بدون کوچک‌ترین چروکی روی آن کشیده شده بود. همین‌که خواست از جایش برخیزد سردرد شدیدی او را سر جایش نشاند. چند دقیقه‌ای مکث کرد و سپس اتاق را ترک کرده و به طبقه پایین رفت. ایمان دفتر نقاشی‌اش را با مداد رنگی‌های محبوبش پخش آشپزخانه کرده و حسابی سرگرم نقاشی بود. صبا هم در حالی که پشت به حبیب داشت مشغول شستن ظرف‌های صبحانه بود. به آهستگی از پشت سر به صبا نزدیک شد و در حالی که کتش را در دست گرفته بود پشت سر او ایستاد و برای آنکه اعلام حضور کند گلویش را صاف کرد و با صدایی نجوا مانند گفت: از بابت دیشب متاسفم.

صبا نه برگشت و نه جوابی داد. فقط ظرفی که در حال آب کشیدنش بود در دستش بی‌حرکت ماند.

دقایقی به انتظار جواب ایستاد، چیزی نشنید. فقط از پشت سر متوجه شانه‌های صبا شد که به آرامی تکان می‌خورد و فهمید که اشک‌های صبا به او اجازه گفتن پاسخی را نخواهد داد. بدون ادای کلمه‌ای منزل را ترک کرد.

شب با دسته‌گلی پر از گل‌های رنگارنگ و شاداب به خانه آمد. صبا طبق معمول در آشپزخانه خودش را سرگرم کرده بود و ایمان هم طبق معمول مدادرنگی به دست به پیشواز حبیب آمد. زانو زد تا فرزندش را در آغوش بگیرد. چقدر بوسه‌ای که برگونه ایمان زد شیرین بود. چقدر ابراز علاقه و احساسش با همیشه متفاوت بود. پس از آنکه ایمان را سیر دل در آغوش فشرد به آشپزخانه رفت و همان طور که پشت سر صبا می‌ایستاد از صبا عذرخواهی کرد و گل‌ها را به او داد. صبا گل‌ها را با لبخندی تصنعی از او گرفت و خود را به آغوش تشنه حبیب سپرد.

صدرا تا بهبودی کامل در بیمارستان ماند. صبا با تجربه تلخی که از آن شب برفی در ذهنش برای همیشه حک شده بود با وجودی که اصرار داشت صدرا را دوباره ملاقات کند با تمام قوا با خود جنگید که از رفتن به بیمارستانی که اتاق صدرا در آن برایش حکم بهشت را داشت چشم‌پوشی کند. اتاقی که از آن بویی جز بوی الکل، کسالت و بیماری به مشام نمی‌رسید در نظر صبا بهشتی بود که بوی الکلش خوش‌رایحه‌ترین عطرها، منظره دیوارهای آجری پشت پنجره‌اش

زیباترین منظره‌ها و هوای محبوس و بسته‌اش تازه‌ترین هواها بود.

صدرا هم با تصور اینکه صحنه آن شب در بیمارستان، حبیب را از نردبان دوستی به طور قطع به پایین انداخته و نفس‌های دوستی ترمیم یافته‌شان دوباره به شمارش افتاده دور توقع بازگشت حبیب به بیمارستان را خط کشیده بود. ولی روز ترخیص با کمال تعجب حبیب را دید که شخصاً برای بردن او به بیمارستان آمده بود.

خانم تفرجی، صبا و ایمان در خانه صدرا جمع بودند و عفت با ورود صدرا، برایش اسفند دود کرد. از آنجا که رحیم‌خان جلوی در حیاط ایستاده بود حبیب با اکراه تمام وارد حیاط شد و مجبور شد با او سلام و علیکی زیر زبانی رد و بدل کند. حبیب خاطره روزی را که رحیم‌خان او را در کوچه به سینه دیوار چسبانده بود به خوبی به یاد داشت و از آن روز همیشه سعی کرده بود از برخورد با او اجتناب کند. در عوض رحیم‌خان خیلی معمولی و با رویی گشاده طوری که انگار هرگز اتفاقی بینشان نیفتاده با حبیب سلام و علیک مختصری کرد و به او خوش‌آمد گفت و بعد از آن تمام چهاردانگ حواسش متوجه صدرا شد. رحیم‌خان مدام راه می‌رفت و می‌گفت: بالاخره خونه از سوت و کوری در اومد و بنفشه دختر چهار ساله‌اش با هیجان عمو صدرا، عمو صدرا می‌کرد هر چند برای درآوردن لج ایمان به آن آب و تاب بیشتری می‌داد. حبیب با وجودی که زیاد از ماندن در آنجا راضی نبود به اصرار ایمان برای بازی با بنفشه و اصرار عفت که آنها را از قبل برای ناهار دعوت کرده بود مجبور شد به هر طریقی که هست با این مساله کنار بیاید. صبا هم به تصور اینکه حبیب تمام حرکات او را در حضور صدرا زیر ذره‌بین بدبینی خواهد گرفت مراقب برخوردهایش با صدرا در حضور حبیب بود به‌طوری که صدرا از طرف صبا دوباره شما خطاب می‌شد و افعال به کارگرفته شده‌اش در مکالمه‌های کوتاه‌شان دوباره جمع بسته می‌شد.

صدرا هم به نوبه خود سعی می‌کرد حریم خود را با احتیاط فراوان حفظ کند.

فصل بیست‌وششم

بوی رسیدن مهر تمام فضای شهر را آکنده بود. بوی مدرسه، بوی کیف، دفتر و کتاب‌های نو، دفترهای خط‌کشی شده، کیف‌هایی که به شکلی باورنکردنی لوازم‌التحریرها را منظم در خود جای داده بود. موهای کوتاه و ناخن‌های گرفته شده، روپوش‌های بدون لک و تمیز و یکدست اتو شده، چهره‌های هیجان‌زده و خواستنی بچه‌ها و صدای فریادهایی که اول ماه مهر سکوت غمناک حیاط مدارس را می‌شکست و به انتظار کسل‌کننده کلاس‌ها و تخته‌سیاه‌ها پایان می‌داد همه و همه خبر از آمدن ماه مهر می‌داد.

صبا از ماه‌ها قبل از رسیدن فصل مدارس سخت دچار کشمکش‌های روحی شده بود. از یک طرف به شدت احساس گناه می‌کرد که چنان خبر مهمی را تا آن لحظه از صدرا پنهان داشته و از طرف دیگر می‌خواست هر طور شده کاری کند که صدرا حداقل برای روز اول مدرسه پسرش حضور داشته باشد.

روز بازگشایی مدارس نزدیک می‌شد و صبا همچنان با چه کنم چه کنم‌های خود دست به گریبان بود. بعد از ظهر سه روز مانده به بازگشایی مدارس یک روز که هوا نه سرد بود و نه گرم و برگ‌ها قصد داشتند رفته رفته رنگ شرمساری به خود بگیرند صبا تصمیمش را گرفت و به تنهایی به مغازه صدرا رفت. صدرا همچنان که پشت میز نشسته و سخت مشغول رسیدگی به حساب و کتاب دفترهایش بود با استشمام یک رایحه دل‌نشین و آشنا سرش را بلند کرد و با خاطره سال‌ها پیش که صبا برای اولین بار به تنهایی قدم به مغازه او گذاشته بود خود را مواجه دید.

صبا پیراهنی به رنگ آبی ملایم با آستین‌های کوتاه به تن داشت. یقه پیراهنش به صورت چپ و راست روی‌هم آمده و کمر پیراهنش کمر باریک او را تنگ در آغوش گرفته و از جلو

به صورت پاپیون بسته شده بود و دامن کلوش پیراهنش تا روی زانو با هر حرکتش مثل امواج ملایم آب از این سو به آن سو می‌رفت. صدرا مسحورآن هاله آبی رنگ از پشت میزش به احترام صبا برخاست. صبا در حالی که بند کوتاه کیف کوچک سفید رنگش را با دو دست در مقابل دامنش گرفته بود و آن را به بازیگوشی دختر بچه‌ای به این طرف و آن طرف حرکت می‌داد پس از سلام و تعارف معمولی قضیه مدرسه رفتن ایمان را پیش کشید و با لحنی مضطرب از او خواهش کرد که به عنوان عموی ایمان و کسی که ایمان به شدت دوستش دارد روز بازگشایی مدارس فقط برای دقایقی به آنجا بیاید و در ظاهر ایمان را ولی در اصل مادر ایمان را خوشحال کند. صدرا از یک طرف از خواسته او همان طور که صبا انتظارش را داشت متعجب شد از طرف دیگر چون خواسته، خواسته صبا بود با جان و دل پذیرفت.

صبا دیگر نخواست بیش از این در باره خواسته‌اش توضیح دهد به همین خاطر وقتی از قرار آمدن صدرا و مسحور کردن دل مجنون او اطمینان حاصل کرد مغازه را ترک گفت.

صبا فکر همه جا را کرده بود و از چند هفته قبل آنقدر روی ایمان با جملاتی نظیر «چقدر آمدن عمو صدرا روز اول مدرسه خوب است و چقدر عمو صدرا از او عکس‌های رنگارنگ خواهد گرفت و چقدر از روی عکس‌ها می‌تواند نقاشی‌های قشنگ بکشد و چقدر عکس‌ها برایش یادگاری می‌ماند» کار کرد که بالاخره ایمان یک روز به حبیب رو کرد و گفت: بابا! به عمو صدرا بگو اول مهر بیاد مدرسمون.

حبیب سخت متعجب شد و برای لحظه‌ای نگاه مشکوکش را به صورت صبا که در دل می‌خندید انداخت ولی از آنجا که هیچ وقت توان نه گفتن به ایمان را نداشت قول داد که از عمو صدرا بخواهد روز اول مهر با آنها به مدرسه بیاید و از آنها عکس بگیرد و سپس زیر لب با دلخوری گفت: تا حالا نوبت مامانش بود حالا به بچه هم سرایت کرده!

روز اول مهر با حال و هوای روح‌بخش و پرهیاهویش از راه رسید. آن لبخندهای شیرین و گریه‌های سوزناک که جای خالی دندان‌های شیری را قاب گرفته بود تقریباً در چهره همه کلاس اولی‌ها دیده می‌شد. کلاس اولی‌هایی که بی‌غمی در نگاه‌هایشان موج می‌زد. هیچ‌کدامشان از جای خالی دندان‌های شیری‌شان خجالت زده نبودند و هیچ‌کدامشان خنده‌ها و گریه‌هایشان را به خاطر روز اول مدرسه به این دلیل پنهان نمی‌کردند.

ایمان از صبح روی پایش بند نبود. زودتر از همیشه بیدار شده و صبا و حبیب را که هنوز خواب بودند به زور تکان می‌داد که بلند شوند. به حدی هیجان‌زده بود که هنوز دست و صورت نشسته لباس‌های مدرسه‌اش را به تن کرده بود.

صبا صبحانه ایمان را داد و به اتفاق حبیب به طرف مدرسه به راه افتادند. کوچه‌ها و خیابان‌ها پر بود از بچه مدرسه‌ای‌هایی که کیف‌هایشان را به کول انداخته و دوان دوان و هیجان‌زده به مدرسه می‌رفتند.

به مدرسه که رسیدند صدرا را دیدند که بسیار مرتب و اتو کشیده آنجا ایستاده و انتظار آنها را می‌کشد. ایمان به محض دیدن صدرا به طرف او دوید.

ـ عمو صدرا! دوربینت رو آوردی؟

صدرا دستی روی موهای ایمان کشید و دوربینش را که با یک دست پشت سرش قایم کرده بود به او نشان داد. ایمان با هیجان دوربین را از صدرا گرفت کمی با آن ور رفت ولی با صدای بچه‌های کلاس اولی که در یک سمت حیاط از شدت سروصدا مدرسه را روی سرشان گذاشته بودند دوربین را به صدرا داد و به طرف بچه‌ها رفت و ظرف نیم‌ساعت آنقدر با بچه‌ها اخت شد که انگار مدت‌ها با آنها همبازی بوده و آنها را می‌شناخته است.

صدرا عکس‌های زیادی از آن جمع سه نفری انداخت. چقدر صبا دلش می‌خواست به تنهایی با صدرا و ایمان عکس یادگاری بیندازد. ولی نهایتاً به یک عکس چهارنفری هم که پدر یکی از بچه‌ها از آنها گرفت راضی شد.

بعدها که صدرا فیلم عکس‌ها را برای ظهور به عکاس‌خانه برد خواهش کرد که از هر عکس دو تا چاپ کنند که بتواند یک سری از عکس‌ها را به عنوان یادگاری برای خودش نگه دارد.

ایمان با تمام وجود مدرسه را دوست داشت و توانست ظرف مدت کوتاهی دوستان زیادی پیدا کند. اولین دوستی که پیدا کرد و از همان روز اول با هم اخت شدند پسر بانمکی بود به نام احمد با موهای مجعد مشکی و خنده‌های بی‌دندان که خنده یک لحظه از لب‌هایش محو نمی‌شد. بعدها که جای خالی دندان‌هایش پر شد بین دو تا دندان جلویی بالا فاصله افتاد. فاصله‌ای که برای همیشه باقی ماند ولی هرگز نتوانست مانع از نشان‌دادن خنده‌های شاد و از ته دلش شود.

برای ایمان زیباترین و بهترین ساعت مدرسه ساعت نقاشی بود. ساعتی که در آن انگار با هر حرکت مدادش روی کاغذ روح کودکانه‌اش اوج می‌گرفت. با هر خط و نیم خطی با هر رنگ و شکلی وجودش از غرور و رضایت آکنده می‌شد. نقاشی‌هایش که به پایان می‌رسید نگاهی به اثرش می‌انداخت و سرشار از غرور می‌شد. مانند نگاه پرغرور مجسمه‌ساز زبردستی که در انتها به ساخته دستش بنگرد و یا یک نویسنده توانا که با پایان کتابش به خود آفرین بگوید.

با وجودی که تمام اطرافیان تا آن‌موقع به استعداد و علاقه بیش از حد ایمان به هنر نقاشی پی برده بودند ولی معلمش گام آخر را در تشخیص استعداد بی‌نظیرش برداشت و ضمن تشویق او موضوع را با والدینش در میان گذاشت.

پاییز به چشم به هم زدنی گذشت و زمستان با سرمای همیشگی‌اش از راه رسید. آن سال کمتر کسی از آمدن زمستان خوشحال بود چون خبر افتاده بود که زمستان سختی در راه است. و حقیقتا چه زمستانی بود. آن زمستان سخت را در سطح یخ‌زده حوض خانه صدرا می‌شد دید. آن زمستان سخت را در بوته‌های یخ‌زده و ناخن‌های بنفش شده از شدت سرما و بخش‌های شکستگی بیمارستان‌ها می‌شد دید.

شروع زمستانی دیگر به آشوب‌های دل صبا سخت دامن می‌زد چون آمدن زمستان به معنی نزدیک شدن تولد ایمان بود و صبا دوباره به این فکر می‌افتاد که خدای بزرگ یک سال دیگر گذشت و او همچنان راز ایمان را از صدرا پنهان داشته است. انگار با گذشت هر سال ترس او از گفتن حقیقت بیشتر می‌شد. بالاخره یک روز از اواخر دی‌ماه در خلوت خود تصمیم گرفت به‌رغم تمام ترس و دلهره‌اش دل را به دریا بزند و همه چیز را در قالب یک نامه برای صدرا شرح دهد و این بار دیگر سعی داشت پای تصمیم‌اش بایستد.

بدون فوت وقت نگارش نامه را شروع کرد ولی قبل از اینکه سطر دوم را تمام کند انگشتانش از حرکت باز ماند. صبایی که همیشه عاشق نوشتن بود در آن لحظه خاص توان نگه داشتن قلم را در دستش نداشت. سرش را در میان دستانش گرفت و بقیه صفحه نامه با موهایش که به پایین ریخته بود پوشیده شد. پس از دقایقی کاغذ را مچاله کرد و کاغذ دیگری برداشت و دوباره شروع به نوشتن کرد. این بار تا مرز چهار خط پیش رفت و دوباره نامه را مچاله کرد. تا حوالی ظهر که باید ایمان را از مدرسه می‌گرفت روی زمین از کاغذهای نیم نوشته و مچاله شده پر شده بود.

یک هفته تمام کار صبا نوشتن نامه‌هایی بود که در آخر ناتمام می‌ماند و هیچ وقت به دست مخاطبش نمی‌رسید. بالاخره پس از یک هفته تمرین و مته به خشخاش گذاشتن و عوض و بدل کردن کلمات و به کار بردن کلماتی که حداقل به دل خودش می‌نشست نامه به پایان رسید. حالا دیگر نصف کار انجام شده بود و آنچه می‌ماند رساندن نامه به دست صدرا بود که صد برابر سخت‌تر از مرحله اول به نظر می‌آمد. حالا صبا مانده بود و نامه‌ای که نمی‌دانست چطور به دست صاحبش برساند.

در یکی از اولین روزهای بهمن‌ماه خبر فوت ناگهانی عموی حبیب حال و هوای خانه

آزرمی‌ها را به هم ریخت. آن شب در خانه حیدر آزرمی در عین ماتم‌زدگی بحث بر سر آن بود که همگی به اتفاق با ماشینی که حبیب به تازگی خریده بود و از همه جای آن به خصوص صندلی‌هایش بوی نویی به مشام می‌رسید برای مراسم تدفین و ختم راهی اصفهان شوند. سرانجام پس از بحث و گفت‌وگوی فراوان و شکستن بغض‌ها در لابه‌لای بحث‌ها و جاری شدن اشک‌ها به دنبالش تصمیم بر آن شد که فردای آن شب یعنی روز جمعه حوالی ساعت ۱۰ صبح همگی به سمت اصفهان حرکت کنند. صبا با همراه بردن ایمان به شدت مخالف بود. از یک طرف نمی‌خواست ایمان مدرسه‌اش را از دست بدهد و از طرف دیگر بردن او به آن محیط سرد و غمناک و دل‌مرده را اصلاً به صلاح نمی‌دید. حبیب در ابتدا با نظر صبا مخالفت کرد ولی بعد از کمی تأمل به این نتیجه رسید که حق با صبا است و بردن ایمان در آن شرایط به صلاح نیست. خانم صرافی به شدت سرما خورده و در بستر بیماری افتاده بود و نمی‌توانست در نبود آنها از ایمان مواظبت کند. بعد از بحث و بررسی‌های فراوان صبا تنها راه چاره را در سپردن ایمان برای دو سه روزی به دست خانم تفرجی دید که با مخالفت مادر حبیب روبه رو شد.

اما چون حبیب به جز خانم تفرجی و عفت راه چاره دیگری نمی‌دید با صبا موافقت کرد و در نهایت هم خانم تفرجی از طرف همه به جز خانم آزرمی تأیید شد.

همین که صدرا از خبر فوت عموی حبیب آگاه شد برای تسلیت گفتن به منزل آقای آزرمی رفت و وقتی از ماندن ایمان پیش خانم تفرجی مطلع شد به حبیب و صبا اطمینان داد که او هم به همراه خانم تفرجی مواظب ایمان خواهد بود.

صبا تا صبح با افکار پریشانش سخت دست به گریبان بود. از یک طرف فکر دوری از ایمان برای چند روز عذابش می‌داد و از طرف دیگر فکر رساندن نامه به دست صدرا به اضطرابش بیشتر دامن می‌زد. نهایتاً به این نتیجه رسید که شاید این بهترین زمان برای رساندن نامه به دست صدرا باشد چرا که چند روزی تا بازگشت آنها فرصت خواهد داشت که نامه را چند بار بخواند و به آن فکر کند و در صورت امکان او را از بابت کتمان حقیقت ببخشد.

صبا وسایل ایمان را که از شب قبل آماده کرده بود و در یک ساک دستی چیده بود برداشت و با ایمان راهی کوچه اقاقیا شد. حبیب خیلی اصرار کرد که در آن برف و یخ آنها را همراهی کند ولی صبا از حبیب خواست طی این فاصله از فرصت استفاده کرده و در جمع‌آوری وسایل پدر و مادرش کمک کند و ماشینش را برای مسافرت آماده کند.

صبا در طول مسیر با ایمان حرف زد و ضمن اینکه به سوال‌های مکرر او با حوصله جواب می‌داد به او سفارش کرد که در غیاب آنها بچه حرف گوش‌کنی باشد تا وقتی برمی‌گردد با یک

هدیه خوب او را غافل گیر کند.

به در منزل خانم تفرجی که رسیدند پشت در بسته ماندند. صبا متعجب با خود فکر کرد: یعنی کجا ممکنه رفته باشه؟ شاید خونه صدرا باشه.

حدس او درست بود. خانم تفرجی که برای صدرا ظرف بزرگی از حلیم برده بود در حیاط ایستاده و قصد برگشتن داشت که با دیدن آن دو دم در لبخندی به لب آورد و با ذوق گفت: مهمون کوچولوی منم اومد.

صدرا با دیدن صبا با عجله به طرف در رفت و صبا را به منزل خودش دعوت کرد.

قدری در حیاط پوشیده از برف که فقط راه باریکی برای عبور داشت ایستادند. درخت‌ها عریان‌تر از همیشه انگار ناامیدانه در انتظار بهار روزشماری می‌کردند. اثری از جوانه‌های خوش‌خبر با مژده بهار به روی شاخه‌ها نبود. آن شاخه‌ها خسته‌تر از همیشه همچنان در انتظار بهاری نامعلوم زیر بار برف به خوابی عمیق فرو رفته بودند و کلاغ‌های سیاه نشسته بر بالاترین شاخه‌ها با بی‌رحمی تمام آن شاخه‌های در خواب را به بیداری بی‌هنگام فرا می‌خواندند.

ایمان برای لحظه‌ای نگاهش را از صبا به خانم تفرجی از خانم تفرجی به صدرا و از صدرا دوباره به صورت صبا برگرداند و ناگهان بغضش ترکید و شروع به گریه کرد.

صبا با دیدن اشک‌های ایمان به شدت متاثر شد. دیدن آن صحنه برایش غیرقابل تحمل بود. همین طور که با انگشت‌هایش اشک‌های ایمان را پاک می‌کرد و با دستمال کاغذی آب بینی‌اش را که با اشک مخلوط شده بود می‌گرفت روی برف‌ها جلوی پای او زانو زد و ضمن اینکه او را تنگ در آغوش می‌فشرد گفت: عزیز دلم! توی راه چی بهت گفتم؟ خانم تفرجی و عمو صدرا (و با بردن نام صدرا نگاهش را متوجه صورت صدرا کرد) پیشتن. نمی‌گذارن بهت بد بگذره. ای کاش من می‌تونستم جای تو بمونم. پسر گلم! توی این راه طولانی تو ماشین خسته می‌شی. اونجا بهت خوش نمی‌گذره. مدرسه‌ات رو هم از دست می‌دی.

ـ خسته نمی‌شم. قول می‌دم. (و دوباره هق‌هق را سر داد.) منم ببر. از اونجا برگشتیم می‌رم مدرسه! مامان! به خدا به حرفت گوش می‌دم... منم ببر.

جملاتی که ایمان در لابه‌لای هق‌هق گریه بر زبان جاری می‌کرد خنجری بود به قلب صبا. صبا دیگر نتوانست جلوی اشک‌هایش را بگیرد.

صدرا با دیدن چشم‌های اشکی صبا وارد بحث شد. همانجا روی برف‌ها در مقابل ایمان زانو زد. در آن لحظه آنقدر به صبا نزدیک بود که تماس آستین پالتوی او را با بازویش می‌توانست به خوبی حس کند. بازوهای ایمان را گرفت و به آرامی تکان داد و سپس با لحنی ملایم گفت:

پسر! مگه مرد گریه می‌کنه؟ گریه مال دختر بچه‌هاست. بذار مامان اینا برن. ما کلی تفریح برای خودمون درست می‌کنیم. گوله برف بازی می‌کنیم. با بنفشه آدم برفی درست می‌کنیم. به بقیه دوستاتم می‌گیم بیان اینجا. تازه با همدیگه مسابقه نقاشی می‌گذاریم.

خانم تفرجی از کنار با نگاهی دردناک به آنها نگاه می‌کرد. از یک طرف به صبا فکر می‌کرد که چطور این بار اندوه را سال‌ها بر دل کشیده و از طرف دیگر به صدرا فکر می‌کرد که بعد از این همه سال هنوز نمی‌داند که جلوی پاره تنش روی آن برف‌های سرد زانو زده و در نهایت هم به ایمان فکر می‌کرد که با ذهنیت کودکانه‌اش معنی ایستادن بر سر دو راهی را نمی‌فهمد.

لحن صدرا در آن لحظه آنقدر پدرانه و آرام‌بخش بود که نه تنها اشک‌های ایمان را متوقف کرد بلکه به دل شکسته صبا هم آرامش بخشید.

در این موقع خانم تفرجی چند قدم به صبا نزدیک شد و دستش را روی شانه او گذاشت و در حالی که به او اطمینان می‌داد گفت: «عزیزم نگران نباش. چشم به هم بذاری برگشتی. دلت شور نزنه.» و سپس رو به ایمان کرد و ادامه داد: اینقده بهش خوش بگذره که نخواد دیگه پیشتون برگرده! حالا می‌بینی.

صبا از روی برف‌ها بلند شد و پایین پالتویش را که با برف آغشته شده بود تکاند و سپس ساک کوچک ایمان را به خانم تفرجی داد: تمام وسایلش تو اینه. کتاب و وسایل مدرسه‌اش هم توی کیف مدرسشه. سعی می‌کنم مدام تماس بگیرم. بازم ببخشید؛ اگه مامان مریض نبود زحمتش اینجوری گردن شما نمی‌افتاد. من دیگه باید یواش‌یواش برگردم. خدا به دادمون برسه. مادر حبیب تا اصفهان می‌خواد بغل گوش من گریه‌زاری کنه.

خانم تفرجی از چند روز پیش از صبا شنیده بود که تصمیمش را برای گفتن حقیقت به صدرا گرفته است. احتمال داد همان لحظه موعود باشد. برای اینکه آن دو را تنها بگذارد به ایمان پیشنهاد کرد در حیاط نمانند.

صبا یک بار دیگر ایمانش را در آغوش گرفت، پیشانی یخ‌کرده او را بوسید و سرش را از روی کلاه بافتنی‌اش نوازش کرد و با دلی غمگین رفتن آن دو را تماشا کرد. زمانی که خانم تفرجی و ایمان آن دو را در میان سپیدی برف‌ها تنها گذاشتند صبا لبخند تلخی به لب آورد و گفت: پسر خوبیه امیدوارم اذیتتون نکنه.

صدرا یک قدم به صبا که خودش را در پالتوی کلفت سیاه رنگش پوشانده بود نزدیک‌تر شد و دست‌های یخ‌زده او را با دست‌های گرمش پوشاند. آن دست‌های آشنا چنان حرارتی به

وجود صبا ریخت که سراپایش را با حرارت مطبوعش گرم کرد.

ـ اینقدر نگران نباش. ایمان مثل پسر خودمه. چون برای تو عزیزه برای منم عزیزه. چون تو دوستش داری منم دوستش دارم.

صبا دلش می‌خواست همانجا در همان سرما در میان آن انبوه یخ و برف چشم بسته می‌ماند و فقط به حرف‌های آرامش‌دهنده صدرا گوش می‌داد. انگار حرف‌های صدرا آبی بود بر آتش تشویش درونش.

ـ خوشحالم که اینطور فکر می‌کنی.

ـ غیر از این نباید انتظار داشته باشی.

صبا لحظه‌ای به همان حال دست در دست صدرا ایستاد و سپس دست‌هایش را از دست‌های مشتاق او بیرون کشید و از کیف سیاه‌رنگش یک پاکت سفید مهروموم شده با چسب بیرون آورد و همین‌طورکه آن را به طرف صدرا دراز می‌کرد گفت. : این نامه مال توست ولی خواهش می‌کنم الان نخونش. بذار وقتی ما رفتیم. شب بازش کن. سپس مکثی کرد؛ لب پایین‌اش را که از شدت سرما خشک شده بود گاز گرفت و در حالی که نگاه پرتمنایش را به چشم‌های متعجب او می‌دوخت ادامه داد: فقط می‌خوام بهم یه قولی بدی. قول بدی که بعد از خوندن نامه از من متنفر نشی و بلافاصله دست‌های صدرا را با دو دستش گرفت و ادامه داد: قول بده؛ خواهش می‌کنم.

ـ از تو متنفر بشم؟ دیوونه شدی؟ هیچ می‌فهمی چی می‌گی؟

صبا سرش را پایین انداخت و با صدایی آهسته گفت: «این نامه حاوی کلی حرف‌های نگفته از هشت سال پیش تا حالاست» و به دنبال این حرف دست صدرا را روی لب‌هایش نشاند و درست مثل آن شب ملاقات در بیمارستان آن را روی گونه‌اش گذاشت. صدرا متاثر از غم و اندوه گرانی که در آن چشم‌ها تا بی‌نهایت موج می‌زد نتوانست طاقت بیاورد و صبا را تنگ در آغوش کشید و همچنان که او را به سینه‌اش می‌فشرد دست صبا را روی قلبش گذاشت و در گوشش نجوا کرد: «جای تو ده ساله که اینجاست. باهاش شب‌ها خوابیدم، صبح‌ها بیدار شدم و روزها کار کردم. فکر می‌کنی به این راحتی‌ها از دستش می‌دم؟» و با گفتن این حرف پیشانی داغ‌اش را به پیشانی یخ کرده صبا تکیه داد.

صدرا یک بار دیگر به صورت صبا سیر دل نگاه کرد و در حالی که مشامش را از عطر موهایش پر می‌کرد شانه‌های او را که حالا دیگر واقعاً باید می‌رفت رها کرد.

صبا نگاهی از روی حق‌شناسی به او انداخت و زیر لب گفت: «ایمانم رو به دستت سپردم» و

سپس از درون برف‌های دست نخورده و یک‌دست که هیچ اثری از رد پا در آن دیده نمی‌شد با زانوهایی که می‌لرزید به سمت در حیاط رفت. در آستانه در یک بار دیگر آخرین نگاهش را به چهره صدرا که خاموش و متفکر بر جای مانده بود افکند و در پی آن با دلی اندوهگین از در بیرون رفت.

صدرا همچنان بی‌حرکت در حالی که نامه صبا را هنوز در دست می‌فشرد همانجا ایستاد. جمله «حرف‌های ناگفته از چند سال پیش» در گوشش زنگ می‌زد و دم به دم حس کنجکاویش را بیشتر تحریک می‌کرد. منظور صبا چه بود؟ اگر به صبا قول نداده بود که نامه را شب بخواند همانجا آنی پاکت نامه را باز می‌کرد. همین‌که آمد نامه را تا کرده و در جیب بگذارد متوجه شد که غیر از نامه چیزی شبیه به عکس درون پاکت است به‌همین خاطر آن را تا نخورده در دستش نگه داشت. رشته افکار صدرا با صدای قارقار کلاغ‌ها روی شاخه‌های عریان بید پاره شد. آهسته‌آهسته از میان برف‌های حیاط درست از مسیری که صبا انتخاب کرده بود، گذشت و سعی می‌کرد قدم‌هایش را درست در کنار جای پاهای صبا بگذارد. با وجودی که رحیم‌خان مسیری از حیاط را به سمت در پارو کرده و نمک پاشیده بود ولی صدرا مانند صبا مسیر دیگری را از میان برف‌ها انتخاب کرد. انگار می‌خواست مقاومت پاهایش را در برابر سرسختی برف‌های انبار شده روی زمین بسنجد و هم‌زمان با برداشتن قدم‌هایش در کنار جای پاهای صبا با خود فکر کرد که به راستی مسیر زندگی‌اش درست مانند همان مسیر برفی که حرکتش را از همیشه کندتر کرده بود سخت و ناهموار بوده است ولی با این وجود تا آن لحظه توانسته بود که آن مسیر ناهموار را با هر سختی طی کند.

با رفتن صبا صدرا یک راست به منزل خانم تفرجی رفت و آن دو را دید که در کنار بخاری نشسته و هر دو دست‌هایشان را به سمت آن دراز کرده بودند. انگار نه انگار که ایمان تا چند دقیقه پیش مثل ابر بهار می‌گریست. دنیای کودکی چقدر زود غصه را از یادش برده برد. هم‌زمان با ورود صدرا به اتاق، ایمان به طرفش دوید و با صدای شیرین و هیجان‌زده و نگاهی شیطنت‌آمیز که بعد از بند آمدن اشک‌هایش شفاف‌تر به نظر می‌رسید گفت: عمو صدرا! دستام گرم شد حالا بریم آدم برفی درست کنیم؟

صدرا با شنیدن صدای ایمان خنده را جایگزین چهره غمزده‌اش کرد و در حالی که موهای او را نوازش می‌کرد، گفت: «موافقی یک آدم برفی درست کنیم که هم قد درختا باشه؟ به شرطی که دستکش‌هات رو بپوشی.» ایمان بلافاصله بدون گفتن کلمه‌ای دستکش و کلاه و شال‌گردن قرمزش را که صبا برایش بافته بود از روی زمین برداشت و آماده رفتن شد.

نگاه خانم تفرجی برای یک آن به پاکت نامه‌ای که در دست صدرا بود افتاد. صدرا که متوجه نگاه او شده بود بلافاصله پرسید: چیه؟ تو از این موضوع چیزی می‌دونی؟
با وجودی که خانم تفرجی کاملاً حدس زده بود که صبا بالاخره تصمیمش را گرفته و حقیقت ماجرا را برای صدرا نوشته اما در جواب فقط شانه‌هایش را بالا انداخت و گفت: من چه می‌دونم؟
ـ صبا گفت شب بخونمش. نمی‌دونم چرا می‌خواست وقتی رفتند نامه رو بخونم!
خانم تفرجی نگاهش را به شعله‌های آتش بخاری دوخت و سکوت اختیار کرد.
صدرا و ایمان تمام بعدازظهر را در آن سرما به گلوله برف بازی و ساخت آدم برفی گذراندند و آن‌چنان سرگرم بازی بودند که اصلاً متوجه سرد شدن دست‌ها و نوک بینی‌شان نشدند. ایمان پس از آنکه دماغ آدم برفی را با هویجی که ازخانم تفرجی گرفته بود تکمیل کرد شال‌گردنش را از دور گردنش باز کرد و چون قدش به گردن آدم برفی نمی‌رسید از صدرا خواست او را بغل کند و هم‌زمان که شال‌گردن را دور گردن آدم برفی می‌انداخت با زبان شیرین کودکانه‌اش گفت: گمش نکنی ها! مامان صبام بافته.
صدرا پابه‌پای ایمان می‌دوید تا بالاخره ایمان رضایت داد حیاط را ترک کنند. هوا کاملاً تاریک شده بود. به محض اینکه ایمان را تحویل خانم تفرجی داد نامه‌اش را از روی طاقچه برداشت و به سرعت به خانه رفت. بدون اینکه لباس‌هایش را عوض کند و حتی جوراب‌های خیسش را در بیاورد یک راست به اتاق نشیمن رفت و روی صندلی کنار پنجره نشست و بدون لحظه‌ای اتلاف وقت پاکت نامه را گشود به محض اینکه نامه را از داخل پاکت بیرون آورد پنج قطعه عکس هم‌زمان از داخل پاکت به زمین افتاد. صدرا خم شد و عکس‌ها را جمع کرد و مشغول تماشای آنها شد. عکس اول تصویری از صبا بود که لبخند بر لب روی لبه حوض خانه پدری‌اش نشسته و در حالی که سرش را به یک طرف خم کرده بود موهایش روی بازوهای سفیدش را پوشانده بود. صدرا با وجودی که لبخند را روی لب‌های صبا می‌دید به راحتی می‌توانست رد پای غم غریبی را که در نگاه رو به دوربین او موج می‌زد دنبال کند. در کنار صبا ایمان در یک‌ونیم سالگی در حالی که فقط یک لاستیکی به تن داشت ایستاده بود و با لبخند شیرینی که به لب داشت لپ‌هایش چال افتاده بود.
عکس دوم تصویری از ایمان در سه سالگی بود که در میان برف‌های حیاط خانه‌شان ایستاده و در حالی که کلاه بافتنی رنگارنگی که تا روی گوش‌هایش را پوشانده بود به سر داشت گوشه شال‌گردنی که از سر کلاهش بود را طبق عادت در دهان کرده و با خجالت به دوربین نگاه

می‌کرد.

عکس سوم تصویر دیگری از ایمان بود که در سن چهار سالگی در فصل بهار داخل حیاط خانه‌شان گرفته شده بود و اطرافش پر از گل‌های شمعدانی و اطلسی پرورده دست صبا بود و با خنده‌ای شیطنت‌آمیز دندان‌های کوچک و ردیفش را به دوربین نشان می‌داد.

عکس دیگر از جشن تولد شش سالگی ایمان بود که صدرا به دلیل بستری بودن در بیمارستان آن را از دست داده بود. چهره ایمان در عکس چهره‌ای بود به شدت هیجان‌زده که با قدرت تمام داشت شمع‌های روی کیک‌اش را فوت می‌کرد و بالاخره آخرین عکس تصویر دیگری از ایمان در سن هفت سالگی بود؛ درست زمانی که اولین دندان شیری‌اش افتاده بود. ایمان در آن عکس با خنده‌ای جای خالی دندانش را همراه دندان شیری افتاده‌اش در یک دست و برگ قرمز شده‌ای از برگ‌های خزانی ریخته به زمین در دست دیگر به دوربین نشان می‌داد.

عکس‌های ایمان درست مانند آهنگ چهار فصل ویوالدی که زیبایی چهار فصل طبیعت را در هم آمیخته با احساسی بی‌مانند به زیباترین شکل ممکن به شنونده القا کرده و او را به اوج می‌برد صدرا را برای دقایقی از عالم واقعیت به دنیایی شگفت و تازه برد و هم‌زمان با هر تغییر چهره ایمان در سایه زیبایی فصل‌ها و گذر سرسام‌آور زمان خنده بر لبانش نشاند و او را تا اوج حسی غریب و بی‌مانند کشاند.

پس از آنکه مدت‌ها به عکس‌ها خیره شد و با هرکدام خندید و به فکر فرو رفت دوباره متوجه نامه صبا شد و با خود فکر کرد: چرا صبا این همه عکس از ایمان را ضمیمه نامه‌اش کرده؟ و سپس بلافاصله عکس‌ها را روی میز گذاشت و در سکوت اتاق مشغول خواندن نامه صبا شد.

صدرای عزیزم!

مدت‌ها بود که قصد داشتم چند خطی برایت بنویسم. منظورم از مدت‌ها یک روز و دو روز نیست. منظورم سال‌هاست. سال‌های طولانی.

این نامه را تا به حال بارها و بارها روی کاغذهای بی‌شماری نوشته‌ام و پاره کرده‌ام ولی خوشحالم که بالاخره موفق شدم این نامه را این بار بدون پاره کردن تمام کرده و به دستت برسانم. این نامه حاوی واقعیت‌هایی است که من هرگز توان رودررو گفتن‌اش را نداشتم. من سال‌ها با خودم کلنجار رفتم ولی در نهایت چیزی جز نامه‌های مچاله شده و عذاب وجدان نصیبم نشد. امیدوارم بتوانم با این دست‌های لرزان و چشم‌هایی که جز گریه کاری بلد نیست این نامه را به پایان ببرم وگرنه این نامه هم درست مثل بقیه نامه‌ها سرنوشتی به‌جز سردرآوردن از سطل زباله

نخواهد داشت.

صدرا جان! امیدوارم هشت سال پیش را به خاطر بیاوری. یک روز توفانی که به یک سرگشته خسته و تنها پناه دادی. حتماً آن روز یادت هست. خاطره‌اش آنقدر در ذهنم زنده است که فکر می‌کنم اگر دستم را دراز کنم می‌تونم به راحتی حرارت دستت را با تمام وجود احساس کنم. خاطره‌ای که سال‌ها باهاش زندگی کرده‌ام.

آن روز درست آخرین لحظه‌ای که موقع رفتن دستم را از دستت بیرون کشیدم با خودم گفتم: تمام شد، پیوندها پاره شد و من دوباره به تلخی تنهایی‌هام برگشتم؛ ولی سخت در اشتباه بودم. آن پیوند، پیوندی ناگسستنی و ابدی بود. چراکه پاره‌ای از وجود تو پاره‌ای از وجود من شد و من با گذشت هر یک روز یک قدم به تو نزدیک‌تر شدم. تمام عشق و ایمان من ایمان تو بود که به من توان زندگی بخشید.

نفس‌های صدرا با خواندن هر یک سطر سنگین و سنگین‌تر می‌شد. کلمات نوشته شده روی کاغذ در برابر چشمانش به دوران افتاده بود ولی همچنان سعی کرد با دست‌های لرزانش نامه را جلوی چشم‌هایش نگاه دارد و به خواندن ادامه دهد.

در آن واحد در کنار لذت بی‌منتهایی که از نزدیک بودنم به تو احساس می‌کردم اضطراب وحشتناکی به وجودم افتاد. امیدوارم این رو درک کنی که با شرایط زندگیم چاره‌ای ندیدم جز سکوت. به همین خاطر تاریخ بارداریم را تغییر دادم تا بلکه از چنگ سرزنش‌های این و آن رها شوم و البته خانم تفرجی هم در این میان با حمایت کامل پشت سرم ایستاد.

من با پنهان کردن حقیقت از تو گناهی نابخشودنی مرتکب شدم که فقط قلب مهربان تو می‌تواند لکه‌اش را از دامن وجدانم پاک کند. ولی این را هم بدان که چاره دیگری غیر از دم نزدن نداشتم.

من لحظه لحظه با تو در آینه چشم‌های ایمان زندگی کرده ام. یک روز، حتی یک روز نگذاشتم بدون یاد تو سر به بالش بگذارد. تو خودت خوب می‌دانی که ایمان درست مثل مادرش تو را با تمام وجود می‌پرستد.

سال‌های متمادی با وجدانم جنگیدم. هر شب و روز همه‌اش به دنبال پیدا کردن راه حلی برای فرار از این بن‌بست سخت تلاش کردم ولی هرچه بیشتر سعی کردم کمتر نتیجه گرفتم. بالاخره هم به این نتیجه رسیدم که توان گفتن حقیقت رویاروی را بعد از این همه سال به هیچ عنوان ندارم به همین خاطر تنها راه‌حل را در نوشتن نامه دیدم چرا که با شرم به قلم و کاغذ نگاه کردن بسیار راحت‌تر از شرمگین نگاه کردن در چشم‌های توست. من می‌دانم، خوب می‌دانم که

با نگفتن حقیقت مرتکب خطای بزرگی شده‌ام ولی چاره‌ای هم ندیدم به جز صبر کردن. روزها را ماه و ماه‌ها را سال کردن و همچنان گیج و سردرگم به دنبال راه‌حل گشتن. حتماً خوب می‌دانی که حبیب به هیچ عنوان از این موضوع خبر ندارد. در اصل هیچ کس به‌جز خانم تفرجی از جریان اطلاعی ندارد.

صدرا جان! اگرچه ایمان این چند سال را زیر سقفی به جز سقف خانه تو سپری کرده ولی تا جایی که توانستم نام و یاد تو را با ذره ذره زندگی روزانه‌اش پیوند زدم. می‌دانم که این حق مسلم را از تو دریغ کردم ولی با تمام وجود از تو خواهش می‌کنم که مرا ببخشی. ای کاش می‌توانستم هشت سال به عقب برگردم و ای کاش جرات امروزم را هشت سال پیش داشتم ولی حیف که زمان گذشته و دیگر برنمی‌گردد.

نامه را به این خاطر امروز به دستت دادم که چند روزی وقت داشته باشی و بتوانی به حرف‌هام فکر کنی و بتوانی مرا با دل مهربانت ببخشی. فقط دعا می‌کنم وقتی برمی‌گردم توی چشم‌هایت نگاه رافت ببینم نه نگاه خشم و غضب را. در آخر ایمان را اول به خدا و بعد به تو می‌سپارم.

صبای تو

همین که صدرا به آخر نامه رسید حس کرد کلمات نامه مثل امواج آب از این طرف به آن طرف می‌روند. گیج و سردرگم دقایقی به نامه خیره ماند و رفته رفته حالات نگاهش از کنجکاوی به خشم بدل شد. یک‌باره نامه را در دست‌هایش مچاله و آن را به گوشه اتاق پرت کرد. سینه‌اش به شدت سنگین شده بود. نفس‌هایش به زحمت بالا می‌آمد. حس می‌کرد هوای اتاق مسموم است و دارد خفه‌اش می‌کند. بی‌اختیار از روی صندلی برخاست و مثل یک خواب‌گرد بی‌اراده شروع به قدم زدن در طول و عرض اتاق کرد و هر بار فقط دیوار مقابل می‌توانست مسیرش را تغییر دهد و او را برگرداند. اتاق بیش از حد به نظرش کوچک می‌آمد. انگار دیوارها لحظه به لحظه به هم نزدیک‌تر و نزدیک‌تر می‌شدند و فضای اطراف او را تنگ‌تر و تنگ‌تر می‌کردند طوری که هر آن می‌خواستند او را مابین خود له کنند. همچنان که طول و عرض اتاق را با قدم‌های تند طی می‌کرد با خود می‌جنگید که به سمت نامه مچاله شده نگاه نکند ولی انگار هر چه بیشتر با خود می‌جنگید چشم‌هایش بیشتر از فرمانش سرپیچی می‌کردند. بالاخره هم نگاهش به سمت نامه متمایل شد. در بین چروک‌های نامه مچاله شده جمله نیمه پیدای «یک روز سر به بالین نگذاشت و به جز سقف خانه تو سپری کرده» به چشمش خورد.

بی‌اختیار به سمت نامه رفت و آن را باز کرد. اثر مچالگی در همه جای نامه دیده می‌شد. نامه را دوباره از اول اما این بار با احتیاط خواند. وقتی به آخر نامه رسید دوباره از اول شروع به خواندن کرد. بالاخره پس از چند بار خواندن نامه به طوری که تمام کلمات آن در ذهنش حک شده بود با خود فکر کرد: خدای من! بعد از این همه سال این بچه که من همیشه این‌قدر دوستش داشتم و توی خونه حبیب بزرگ شده مال منه! بچه منه! ولی بلافاصله با خود تکرار می‌کرد: نه! امکان ندارد. اگر این‌طور بود صبا این‌همه سال من رو در بی‌خبری نمی‌گذاشت.

سردرد عجیبی به شقیقه‌هایش فشار می‌آورد. یک لحظه فکر کرد: شاید دارم خواب می‌بینم. آخه صبا چطور تونسته این همه سال...؟ خدایا! دارم دیوونه می‌شوم.

سرپا در مقابل طاقچه ایستاد و با دو دستش لبه طاقچه را گرفت. سرش را روی بازوهایش تکیه داد و به حاشیه فرش زیر پایش خیره شد. طرح‌های ظریف حاشیه فرش درست مثل کلمات نامه مچاله شده در دستش از مقابل چشم‌هایش رژه می‌رفتند. کلمات نامه دوباره مثل یک مشت الفاظ بی‌مفهوم و در هم ذهنش را سخت آشفته کرده بود. گناه نابخشودنی... بخشش... پیوند ناگسستنی. احساس خفگی می‌کرد. دیگر بیش از این طاقت نیاورد. دست‌هایش را از روی لبه طاقچه برداشت و در بالکن را باز کرد و وارد بالکن شد تا بلکه سرما بتواند او را از کابوسی که در آن به سر می‌برد بیرون آورد. هوای سرد بیرون به صورت برافروخته‌اش هجوم آورد. در حالی که نامه را در دستش سخت می‌فشرد نرده‌های یخ‌زده بالکن را گرفت و به حیاط تاریک خیره شد. کف حیاط یک‌دست پوشیده از برف بود و آسمان به خاطر ابری بودن سیاهی قیرگون همیشگی را نداشت. اثری از ستاره‌ها در آسمان دیده نمی‌شد. انگشتانش که در آن لحظه با قدرت هر چه تمام‌تر نرده‌های یخ‌زده بالکن را می‌فشرد کاملاً سر شده بود. آن دست‌ها درست مثل ذهن مشوشش هر حسی را از دست داده بود.

دقایقی به آن حال باقی ماند. شبح سیاه درختان عریان حیاط با شاخه‌های از پا افتاده‌شان به زیر بار سنگین برف انگار به او التماس می‌کردند. درست مثل اینکه می‌خواستند مثل صبا دل آشفته او را به دست بیاورند تا بلکه با حرارت نگاه رأفت‌آمیزش از بهار زودهنگام بخواهد که به تنهایی و سرافکندگیشان پایان دهد. بیش از این تاب دیدن آن شاخه‌های منتظر و چشم به راه را نیاورد و بدون آنکه صدای رحیم‌خان و عفت را که تازه از شهریار برگشته بودند و درست از پایین پله‌ها به او سلام می‌گفتند بشنود به اتاق نشیمن برگشت. موهای خرمایی تیره ایمان و چشم‌های عسلی پررنگش، آن چانه گرد و کوچک و لب‌های قرمز و بینی که بی‌شباهت به بینی صدرا نبود فقط می‌توانست تلفیقی از دو چهره باشد چهره صبا و چهره او. بعد از ساعت‌ها

کم‌کم به خود آمد و با گذاشتن قطعه‌های پازل در کنار هم پنجره‌ای از واقعیت را به روی خود گشوده دید. پنجره‌ای که تا آن لحظه کاملاً به رویش بسته و پرده‌های ضخیم کتمان روی آن را پوشانده بود. چقدر بارها و بارها شنیده بود که ایمان فقط به صبا رفته است و هیچ شباهتی به حبیب ندارد. چقدر بارها و بارها فقط برای اینکه حبیب را خوشحال کند به او گفته بود که ایمان بعضی از حالات او را به ارث برده است.

دوباره نامه را باز کرد و آن را برای صدمین بار خواند به طوری‌که وقتی ساعت دیواری سه ضربه نواخت دیگر کلمه به کلمه آن را از حفظ شده بود.

رفته رفته با گذشت زمان عصبانیت صدرا از فکر کتمان حقیقت جای خودش را به اضطراب از آینده‌ای مجهول بخشید. حالا که صدرا می‌دانست ایمان پاره تنش است چطور می‌توانست واقعیت تلخ جدا شدن از او را بپذیرد. چطور می‌توانست اجازه دهد ایمان در زیر سقفی غیر از سقف خانه او زندگی کند.

خواب یک لحظه به چشم‌های بی‌قرار او راه پیدا نکرد. تمام طول شب چشم به ساعت دیواری و پنجره دوخته بود تا با روشن شدن هوا و آمدن صبح به خانه خانم تفرجی برود و ایمان را دوباره با دقت نگاه کند، لمس کند و بو کند. ساعت شش و نیم صبح دیگر طاقت نیاورد و به هم ریخته و مضطرب زنگ خانه خانم تفرجی را به صدا در آورد. قدری طول کشید تا خانم تفرجی در را باز کند.

خانم تفرجی با باز کردن در همچنان که لبه‌های ژاکتش را از جلو روی هم می‌آورد خواب‌آلوده نگاهی به صدرا کرد و گفت: این وقت صبح چه خبرته پسر؟ کی الان پا می‌شه که تو پا شدی؟

صدرا بدون گفتن کلمه‌ای وارد حیاط شد و یک‌راست به طرف پله‌ها رفت.

خانم تفرجی از پشت سر با لحنی اعتراض‌آمیز گفت: علیک سلام!

صدرا درست مثل کسی که طلسم شده باشد رویش را به طرف او برگرداند و گفت: می‌خوام ببینمش.

رنگ پریده صدرا در زیر نور زرد رنگ لامپ بالکن خانم تفرجی را به وحشت انداخت: پسر چته؟ مگه جن دیدی؟

ـ کجاست؟ می‌خوام ببینمش.

اگه دنبال ایمان می‌گردی خوابیده و تا صبح با مشت و لگدهاش پدر من بدبخت رو درآورده.

صدرا بدون گفتن کلمه‌ای دیگر به سرعت از پله‌ها که خانم تفرجی آنها را به هوای ایمان

حسابی پارو کرده و نمک پاشیده بود بالا رفت.

پتوی ایمان یک طرف و بالشش طرف دیگر و خودش دو متر دورتر از تشکش روی فرش خوابیده بود. به آرامی همانجا روی زمین کنارش دراز کشید. صورت ایمان با چشم‌های بسته آنقدر معصوم بود که اشک به چشم‌های او آورد. به آرامی به پهلوی راست دراز کشیده و با دست چپ ایمان را در آغوش گرفت و به حدی این کار را آهسته انجام داد که انگار می‌ترسید خواب سبک یک شاپرک را به هم بزند. خانم تفرجی که از شدت سرمای بیرون هنوز می‌لرزید در حالی که زیر پتویش می‌خزید لبخندی زد و زیر لب گفت: «ای بچه ذلیل بدبخت!» و با گفتن این حرف به سرعت زیر پتویش پنهان شد.

صدرا مدتی همان طور بی‌حرکت ماند، دست راستش به شدت خواب رفته بود ولی برایش کوچک‌ترین اهمیتی نداشت. حوالی ساعت هفت و ربع بود که خانم تفرجی ایمان را صدا کرد و به دنبال آن صدرا برخاست.

بالاخره بعد از چند بار صدا کردن، ایمان خواب‌آلوده چشم‌هایش را باز کرد. قدری چشم‌هایش را مالید و تا چشم‌های پف کرده‌اش به صدرا افتاد گفت: سلام عمو صدرا! یادت باشه قول دادی امروز بعد از مدرسه دوباره گوله برف بازی کنیم.

صدرا فقط به ایمان نگاه می‌کرد. نه حرف می‌زد و نه پلک می‌زد تا نهایتاً خانم تفرجی که حوصله‌اش سر رفته بود با اعتراض گفت: پا شو ببینم با اون قیافه‌ات بچمو می‌ترسونی!

صدرا در جواب هیچ نگفت کمی صبر کرد و زمانی که ایمان برای شستن دست و رویش به دستشویی رفت با قیافه‌ای جدی که هیچ اثری از لبخند در آن دیده نمی‌شد گفت: تو خبر داشتی مگه نه؟

خانم تفرجی سرش را پایین انداخت و سکوت کرد.

تو از اول از این ماجرا خبر داشتی! یک لحظه، برای یک ثانیه به ذهنتون نرسید که من هم آدمم! دل دارم؟ احساس دارم؟ تو و صبا چی با خودتون فکر کردید؟ تو همه چیز رو می‌دونستی. تو از همون روز اول در اینجا (همین طور که حرف می‌زد با دست به بالکن اشاره کرد و ادامه داد) سر این دیوار لعنتی همه چیز رو می‌دونستی.

خانم تفرجی که با دیدن حال و روز صدرا به شدت متاثر شده بود به آرامی جواب داد: برادر من! عزیز من! یه کم عاقلانه فکر کن. این مشکلی بود بین تو و صبا. آخه من سر پیاز بودم یا ته پیاز؟ وظیفه من نبود که این خبر رو به تو برسونم.

ــ آره! چطور با اون تئاتری که سر زایمان صبا بازی کردی که بچه نارسه و هفت ماهه به دنیا

اومده هم سر پیاز بودی هم ته پیاز؟

ـ آخه پسر! کلاهت رو قاضی کن. می‌خواستی چه‌کار کنم؟ بگم به‌به! بچه نه ماهه است و کامله فقط باباش حبیب نیست؟ دوست داشتی اینو بگم؟... دختر بیچاره هشت سال آزگاره که به هول و ولاست. این‌قدر این چند وقته عذاب وجدان کشیده که اگر تو هم بخوای بهش رو ترش کنی فکر نکنم دیگه دووم بیاره.

ـ از دیشب تا حالا دارم با خودم می‌گم گذشته که رفته و تموم شده ولی فردا و پس فردا چی؟ آینده پدری که هیچ وقت جرات نکنه به پسرش بگه پسرم! پدری که بشینه و ببینه که بچه‌اش کس دیگه‌ای رو پدر صدا می‌کنه چی می‌شه؟ خیال کردی خیلی آسونه که ببینی بچه‌ات، پاره تنت زیر سقف خونه کسی دیگه بزرگ بشه. تو اگه بچه داشتی الان درد دل منو بهتر می‌فهمیدی.

جواب خانم تفرجی در قبال صدرا فقط اندوهی بود که تا بیکران نگاهش موج زد. غم غریبی که ناخودآگاه با بغضی ناخواسته گلویش را به شدت فشرد ولی با این همه باز هم سکوت اختیار کرد و اجازه داد تا صدرا تمام عقده‌های دلش را خالی کند.

صدرا هم با برگشتن ایمان از دستشویی مکالمه‌اش را بیش از این ادامه نداد.

با وجودی که ناراحتی تمام وجود خانم تفرجی را در بر گرفته بود به محض برگشتن ایمان دوباره لبخند را به هزار زحمت روی لبانش نشاند و گفت: پا شو بیا کنار سفره ببین چه صبحونه‌ای برای پسرم آماده کردم. پا شو بیا جلو یه لقمه با بچه بخور.

صدرا کنار سفره نشست و استکان چایش را در سکوت سرکشید و سپس با صدای گرفته‌ای گفت: ایمان رو من می‌رسونم مدرسه.

هوای سرد صبح و برف‌های یخ‌زده کوچه قدم برداشتن را برای آنها بسیار مشکل کرده بود ولی هر دو دست در دست هم تمام مسیر منزل تا مدرسه را با احتیاط هرچه تمام‌تر طی کردند. مقابل در مدرسه صدرا خم شد و در حالی که لبخند بر لب سر ایمان را از روی کلاه بافتنی قرمزرنگی که به سر داشت نوازش می‌داد گفت: ساعت یک‌ونیم همین‌جا می‌بینمت. قبول؟

و پس از اینکه ایمان با حرکت سر جواب مثبت داد او را درآغوش فشرد و زیر لب گفت: مواظب خودت باش و پس از لحظه‌ای مکث اضافه کرد: پسرم!

فصل بیست‌وهفتم

رحیم‌خان بعد از صبحانه به خاطر آورد که دو روز پیش از رفتنش به شهریار، صدرا از او خواسته بود که هر وقت فرصتی کرد نگاهی به بخاری اتاق نشیمن که کمی دود می‌زد بیندازد. یک راست به خانه صدرا رفت که ضمن درست کردن بخاری نفتی، صدرا را هم ببیند و ته و توی قضیه آشفتگی شب گذشته او و در بالکن را در بیاورد. در راهرو باز بود، رحیم‌خان فکر کرد که صدراً منزل است و با یک در زدن وارد راهرو شد و همین طور که صدرا را صدا می‌کرد به اتاق نشیمن رفت. ولی اثری از صدرا ندید. چند بار صدرا را صدا زد ولی چون جوابی نشنید مطمئن شد که صدرا نیست. ابتدا تصمیم گرفت برگردد ولی بعد با خود فکرکرد حالا که تا آنجا رفته همانجا بخاری را هم درست کند. بعد از اتمام کار و شستن دست‌هایش چشمش به منظره حیاط از پشت پنجره قدی اتاق نشیمن افتاد. وسوسه شد که جلوتر رفته و منظره حیاط را از پشت شیشه اتاق تماشا کند. کف حیاط زیر لایه سپید برف مدفون شده و سطح حوض آب کاملاً یخ زده بود. در بالکن را باز کرد و در بالکن ایستاد. سوز سردی حرارت مطبوع داخل اتاق را مغلوب کرده و تمام وجودش را در برگرفت. چشمش به بنفشه افتاد که با هیجان دور آدم برفی که ایمان و صدرا درست کرده بودند می‌چرخید و با زبان کودکانه‌اش با آن حرف می‌زد. بنفشه را بدون آنکه خودش بداند سیر دل تماشا کرد و وقتی به خود آمد که سرما کاملاً به تمام اتاق رخنه کرده بود. در بالکن را بست و از پشت پنجره کنار آمد ولی همین‌که قصد رفتن کرد چیزی ناخواسته توجهش را جلب کرد و کنجکاوی‌اش را برانگیخت. عکس‌های ایمان روی طاقچه اتاق او را وسوسه کرد که به طرف طاقچه رفته و آنها را تماشا کند. بعد از تماشای عکس‌ها چشم‌اش به کاغذی افتاد که آثار مچالگی در آن مشهود بود. با وجودی که دوست نداشت

فضولی کند حس کنجکاویش گل کرده بود. همین که خواندن نامه را به پایان برد نامه بی‌اختیار از دستش افتاد. شوکه شده از نامه صبا وسط اتاق نشیمن خشکش زده بود.

همیشه کمابیش از حال و هوای دل صدرا و راز دل او باخبر بود. از همان روزی که صدرا صبا را به حبیب باخته بود از آشوب دائمی دل او به خوبی آگاهی داشت. درخشش برق شادی در نگاه صدرا حین شنیدن نام و یا دیدن صبا را هرگز فراموش نمی‌کرد. آن نامه حالا پرده از رازی برداشته بود که هر وقت رحیم‌خان با دقت به ایمان نگاه می‌کرد بلافاصله از کشیده شدن ذهنش به آن همیشه احساس شرمندگی کرده بود. وقتی به خود آمد که گوش‌هایش از خجالت خواندن نامه گر گرفته بود. جواب سوال‌هایش را تمام و کمال گرفته و حالا تنها چیزی که ذهنش را به خود مشغول کرده بود مظلومیت صدرا بود در برابر سختی‌های راه سنگلاخی زندگی‌اش که انگار می‌خواست تا ابد همان طور سنگلاخی بماند. نامه را سر جایش قرار داد و بی‌معطلی از آنجا خارج شد.

صدرا پس از رساندن ایمان به مدرسه دوباره بی‌اختیار دچار اضطراب و تشویش شد. حالا که به حقیقت امر پی برده بود چطور می‌توانست جدا شدن از ایمان را تحمل کند؟ اگر خانواده حبیب از این قضیه مطلع می‌شدند زندگی صبا قطعاً از هم متلاشی می‌شد و همین امر می‌توانست منجر به متلاشی شدن زندگی ایمان هم شود.

آن روز مدت زمانی را که صدرا در مغازه گذراند مدام با این افکار در هم و برهم دست به گریبان بود. مشتریانش با او حرف می‌زدند ولی صدایشان را نمی‌شنید. نگاهش به قالی‌های زیبای آویخته به دیوار بود ولی طرح آنها را نمی‌دید. انگار آن طرح‌های زیبا با دیوار ترک خورده پشت آن‌ها هیچ تفاوتی نداشت. ایمان زندگی صدرا را زیر و رو کرده بود.

ظهر اولین کسی که برای بردن بچه‌اش جلوی در مدرسه ایستاده بود صدرا بود. ایمان را با خود به منزل برد. مثل مادری مهربان ناهارش را کشید و با ولع هر چه تمام‌تر در حالی که بشقاب خودش همچنان دست نخورده و چشم‌هایش خیره به دهان پر او مانده بود به تماشای غذا خوردنش نشست.

ـ عمو صدرا! چرا خودت غذا نمی‌خوری؟

ـ می‌خورم پسرم! می‌خورم.

ـ عمو صدرا! امروز نقاشی بیست شدم. عکس آدم برفی که با هم درست کردیم کشیدم. تازه عکس مامانو هم که منو با خودش نبرد توش کشیدم.

ـ ناهارت رو که خوردی بیار نقاشیت رو ببینم.

بعد از ناهار ایمان نقاشی‌اش را به صدرا نشان داد تصویری از یک آدم برفی خندان با دماغ هویجی بزرگ بود که در یک طرفش ایمان و صدرا ایستاده بودند و کمی دورتر صبا در آستانه یک در، در حالی که دستش را به علامت خداحافظی بالا گرفته بود دیده می‌شد. تنها رنگ شادی که ایمان در نقاشی‌اش به کار برده بود رنگ نارنجی دماغ آدم برفی بود. تصویر صبا، صدرا و خود ایمان در نقاشی با رنگ سیاه کشیده شده بود. درختان لخت حیاط و مرز بدن آدم برفی تماما به رنگ سیاه بود. صدرا متحیر از این همه جزئیات و احساسات دقایقی به نقاشی خیره شد.

ـ عمو صدرا! دوسش نداری؟

ـ چرا عمو خیلی قشنگه. دارم فکر می‌کنم من اگه جای معلمت بودم به جای بیست بهت صد می‌دادم.

به دنبال این حرف خنده شیرینی جای خالی دندان‌های ایمان را به نمایش گذاشت که ناگهان لبخند را از روی لب‌های صدرا پاک کرد چون به یاد آورد وقتی اولین دندان شیری ایمان افتاده او حضور نداشته و آن لحظات را ندیده و در آینده هیچ خاطره‌ای از آن در ذهن نخواهد داشت.

بعد از ناهار وقتی پدر و پسر آماده می‌شدند که برای گلوله برف بازی به حیاط بروند صدای زنگ تلفن آنها را متوقف کرد. صدای صبا از پشت تلفن برای اولین بار خون را در رگ‌های صدرا منجمد کرد. صدرا حقیقتاً نمی‌دانست چه بگوید و یا چه عکس‌العملی نشان دهد. از پشت خط در کنار صدای صبا هنوز صدای گریه و شیون به گوش می‌رسید. صبا سعی می‌کرد بلند صحبت کند ولی همچنان صدایش در لابه‌لای شیون‌ها گم می‌شد.

ـ سلام صدرا خان! حالتون چطوره؟

لحن صحبت کردن صبا حکایت از آن داشت که احتمالا حبیب یا کسی از افراد فامیل کنار او ایستاده است و حرف‌های او را به خوبی می‌شنود.

صدرا نمی‌دانست چطور باید برخورد کند و یا با چه لحنی باید صحبت کند. آیا می‌بایست مثل معمول همیشه حرف می‌زد و یا ناراحتی‌اش را در لحن سردش موقع حرف زدن نشان می‌داد. بالاخره باید به یک طریقی اعتراض‌اش را نشان می‌داد. به همین خاطر در جواب خیلی سرد و خشک فقط گفت: سلام.

ـ می‌بخشید که زحمت ایمان به گردن شما و خانم تفرجی افتاده.

با همان لحن سرد: زحمتی نیست.

ـ خیلی بعد از رفتن من بهانه گرفت؟
ـ نه! خانم تفرجی زود سرش را گرم کرد. بعد هم با درست کردن آدم برفی سرش گرم شد.
ـ امیدوارم زیاد اذیت نکنه.
سکوت.
صبا تا آن لحظه هرگز صدای صدرا را به آن سردی نشنیده بود. با وجودی که انتظار چنین برخوردی از طرف او را داشت از برخورد صدرا به شدت متاثر شد. حبیب گوشی را از صبا گرفت و بعد از احوالپرسی مختصری با صدرا خواست با ایمان صحبت کند.
صدرا به آرامی ایمان را صدا کرد و گفت: «بیا پسرم! بابا حبیبه می‌خواد باهات صحبت کنه» و با این حرف بار دیگر آرزو کرد که ای کاش جای حبیب بود. البته این بار برای آنکه ایمان او را بابا صدا کند.
حبیب و ایمان چند جمله‌ای رد و بدل کردند و سپس صدرا از روی هیجان صدای ایمان و شروع باران اشکش فهمید که صبا گوشی را گرفته است.
ـ مامان کی میای؟ ... چرا منو با خودت نبردی؟ ... نمی‌خوام برم مدرسه.
جایی بین اشک و هق‌هق، صبا به ایمان چیزی گفت که به اشک‌های او پایان داد. لحظه‌ای سکوت کرد و سپس با تردید پرسید: «راست می‌گی؟»
ـ قول می‌دم.
و با گفتن این حرف گوشی را دوباره به صدرا داد.
آن دو مجدداً پشت خط تنها شدند. به نظر می‌رسید حبیب دیگر کنار صبا حضور ندارد چون حالا دیگر خیلی آزادانه‌تر صحبت می‌کرد.
ـ من امیدوارم بتونم فردا برگردم ولی حبیب نمی‌گذاره تنها بیام.
صدرا دوباره با همان لحن بی‌روح در جواب گفت: «اگه نگرانیت فقط ایمانه نگرانیت بیجاست. ایمان با من می‌مونه» و سپس با لحن طعنه‌آمیزی ادامه داد: البته اگر برخلاف هشت سال گذشته بتونی به من اطمینان کنی!
سکوت سنگینی پشت خط تلفن برقرار شد. صدرا فقط صدای نفس‌های سنگین صبا را می‌شنید.
ـ تو و شوهرت تا هر وقت که نیازه بمونید. این طوری برای من و ایمان هم بهتره.
با وجودی که صبا کاملاً به صدرا حق می‌داد ولی لحن صدرا دل او را سخت شکست. صبا

خوب می‌دانست که مدت کوتاه یکی دو روز برای هضم خبری به آن اهمیت کافی نبوده است. ولی امیدوار بود عشق صدرا تقلیل نیافته باشد و مطمئن بود صدرا هیچ‌گاه او را از خانه دلش بیرون نمی‌اندازد.

ـ من متاسفم. صدرا! خیلی متاسفم. اگر این‌قدر متاسف و پشیمون نبودم هیچ وقت برای گفتن حقیقت دست به دامن قلم و کاغذ نمی‌شدم.

صدرا در این لحظه نگاهی به ایمان انداخت و وقتی مطمئن شد که به حرف‌های او توجهی ندارد در جواب گفت: تأسف تو چه دردی برای من دوا می‌کنه؟ من موندم و لحظه‌هایی که هیچ‌کدوم رو به خاطر نمیارم. خودت قضاوت کن تو کدوم دوران کودکی ایمان من حضور داشتم؟ من به هیچ‌کدوم از لحظه‌های کودکی‌اش تعلق ندارم. این بچه هیچ وقت بین خاطرات کودکی و شاید نوجوانی‌اش منو به یاد نخواهد آورد. چون تو با کتمان حقیقت هیچ وقت بهش اجازه ندادی و نخواهی داد...

صبا در حالی که با بغض نشسته در گلویش می‌جنگید به آهستگی پرسید: آخه چه کار دیگه‌ای از دست من می‌اومد؟ من چه چاره دیگه‌ای داشتم؟

صدرا به خوبی می‌توانست صدای گریه آرام صبا را در لابه‌لای حرف‌هایش بشنود ولی برای اولین بار هیچ تلاشی برای توقف گریه‌اش نکرد و این بهایی بود که صبا به خوبی می‌دانست باید بپردازد. ولی امیدوار بود کدورتی که صدرا از او به دل گرفته با همین مکالمات تلفنی حل و فصل شده و از بین برود و وقتی که برمی‌گردد دیگر اثری از آن خلق‌تنگی‌ها باقی نماند و او برای صدرا دوباره همان صبای قدیمی باشد. صدرا هم خاطر جمع بود به رغم حرف‌های سرد و لحن خشکش هنوز بیش از پیش شیفته اوست. خصوصاً که حالا حاصل چندین سال عشق پرشورش با صبا همانجا چند قدم آن طرف‌تر در بالکن ایستاده بود و فارغ از تمام غم‌های روزگار با گلوله‌های کوچک برفی‌اش بدن لخت درختان زمستانی حیاط را نشانه رفته بود.

حالا دیگر رابطه آن دو به مسیری دیگر کشیده شده بود. مسیری که صدرا با وجود فراز و نشیب‌های فراوان حاضر بود با رضایت خاطر خطر کرده و سختی‌هایش را با جان و دل بپذیرد. از طرفی به زبان راندن این حقیقت را در این شرایط هنوز کمی زود می‌دانست چون با وجود لذت حس نزدیکی‌اش به صبا همچنان آن را در محدوده ذهنیات غیرقابل بیان حبس کرده بود و در جواب صبا که هنوز با گریه می‌گفت: «امیدوار بودم که منو به خاطر اشتباهم ببخشی» فقط به جوابی کوتاه و نه چندان امیدبخش بسنده کرد و گفت: نمی‌دونم صبا! واقعاً نمی‌دونم چی بگم.

من واقعاً حرفی برای گفتن ندارم.

با شنیدن این حرف، صبا این بار واقعاً به گرداب ناامیـدی افتـاد و ایـن ذهنیـت در او شـکل گرفت که شاید سخت در اشتباه بوده و شاید صدرا هرگز او را به خاطر کتمان حقیقت نبخشد.

پس از مکالمه که با خداحافظی نه‌چندان گرمی پایان گرفت صبا به بهانه دل‌تنگی بـرای ایمان گوشه خلوتی پیدا کرد تا عقده دلش را حسابی خالی کند و صدرا هم در حین برف‌بازی با ایمان خود را سرزنش می‌کرد که چرا در برخورد با صبا زیاده‌روی کرده است.

حبیب با برگشتن صبا به تنهایی مخالفت کرد و قرار بر آن شد که دو روز دیگر بماننـد و بعـد هر دو با هم به تهران برگردند. صدرا از یک طرف دوست داشت زمـان بیشـتری را بـا ایمـانش بگذراند و از طرف دیگر می‌خواست هر چه زودتر صبا را دوباره ببیند. این بار نه فقط به عنوان عشق همیشگی‌اش بلکه به عنوان مادر فرزندش.

دو روز دیگر از خلوت پدر و پسر با هم گذشت. صدرا دیگر به طور کامل وسایل او را به منزل خود برده بود و ایمان تقریباً تمام اوقاتش را با او می‌گذراند. خانم تفرجی هـم در حاشیه از دیدن آن دو با هم لذت می‌برد.

در آخرین شب خلوت پدر و پسر آن دو در حالی که در کنار بخاری دمـر پهلـوی هـم دراز کشیده و روی کاغذهای سفید تمرین نقاشی می‌کردند و ایمان استادانه به صدرا می‌گفت که چه رنگ‌هایی را انتخاب کند صدای تلفن خلوتشان را به هم زد.

همان‌طور که صدرا حدس زده بود آن صدای آشنا متعلق به کسی نبود به جز صبا.

به نظر می‌آمد کسی در کنارش نیست. چون صـدای دیگـری بـه جـز صـدای او بـه گـوش نمی‌رسید و صدا کاملاً رسا و واضح و بدون اضطراب شنیده می‌شد.

ـ صدرا جان! سلام. ببخش من هی مزاحمت می‌شم. ایمان حالش خوبه؟

ـ سلام. ما خوبیم. ایمان اینجا پیش منه. داشتیم با هم نقاشی می‌کشیدیم.

دیگر اثری از آن سردی و خشکی در لحن کلام صدرا دیده نمی‌شد. خصوصاً که ایمان در یک متریش نشسته و کاملاً حرف‌هایش را می‌شنید.

ـ دلم خیلی شور می‌زد. شنیدم تهران هوا خیلی سردتر شـده. همـش نگرانـم نکنـه یـه وقـت سرما بخوره.

ـ نگران نباش. مثل یه مرد غذاش رو می‌خوره. مثل یه پسر خوب درس‌هایش رو می‌خونه. هر وقت هم که بیرون می‌ره کاملاً مجهز می‌ره. تو چطوری؟ حبیب خوبه؟

ـ ما هم بد نیستیم. حبیب و برادرش با هم رفتن بیرون. منم از فرصت استفاده کردم و تا اداره

مخابرات اومدم. خونه هادی خیلی به مخابرات نزدیکه. اومدم اینجا که با خیال راحت بدون ترس و دلهره صحبت کنیم.

ــ کی بر می‌گردید؟

ــ حبیب می گه همین امشب برگردیم ولی من مایلم صبح حرکت کنیم. اگه صبح حرکت کنیم با این وضع هوا فکر کنم حوالی غروب برسیم.

ــ حتماً وقتی برگشتید ایمان رو با خودتون می‌برید.

صبا اندوه را از لحن حرف‌های صدرا حس کرد. سکوتی ممتد پشت خط برقرار شد. حقیقتاً جوابی برای صدرا نداشت.

در این لحظه صدرا نگاهی به ایمان که دوباره غرق در کاغذ نقاشی‌اش شده بود انداخت و همین طور که تن صدایش را پایین می‌آورد ادامه داد: تکلیف من این وسط چی می‌شه؟ من باید بشینم تو حاشیه بزرگ شدنش رو از دور تماشا کنم؟ همان طور که توی حاشیه نشستم و زندگی تو و حبیب رو تماشا کردم؟

صبا نمی‌دانست چه بگوید. وضعیت نابسامانی بود. حالا که صدرا به واقعیت امر پی برده بود چطور می‌توانست دوری ایمان را تحمل کند. مانند هر پدر دیگری دوست داشت فرزندش را هر زمان که اراده کند در آغوش بگیرد و ببوسد. مثل هر پدری می‌خواست لقب بابا داشته باشد نه عمو.

ــ صبا! واقعاً حق پدری من این وسط چی می‌شه؟ باید با هم بشینیم و حضوری صحبت کنیم. تلفنی نمی‌شه تصمیم گرفت. صبا جان! می‌دونم این حرفا ناراحتت می‌کنه. ولی منم تو بد شرایطی‌ام. منم می‌خوام جزیی از لحظه‌های زندگی‌اش باشم. تقدیر، تو رو از زندگیم گرفت. نمی‌خوام این بلا دوباره در باره ایمان سرم بیاد.

من از تمام دنیا فقط (در اینجا بغضی که سخت گلویش را می‌فشرد به زحمت فرو خورد و ادامه داد) ایمان رو دارم. تو رو که به حبیب باختم نمی‌خوام ایمان رو هم ببازم.

ــ بذار برگردم می‌شینیم با هم حرف می‌زنیم. منم به خدا خسته شدم. از بلاتکلیفی از نگرانی مدام؛ از آینده ایمان.

شدت فشار روحی که صبا تحمل می‌کرد به خوبی از لابه‌لای حرف‌هایش پیدا بود. به همین خاطر صدرا نخواست موضوع را بیش از این ادامه دهد و بلافاصله بحث را عوض کرد تا بیش از این به زخمش نمک نپاشد. مخصوصاً که محیط دور و اطرافش به اندازه کافی غمناک و دردآور بود.

ـ از این حرفا بگذریم. حالت چطوره؟

صبا آه بلندی کشید و گفت: ای... منم بد نیستم. فقط دلم می‌خواد هر چه زودتر برگردم.

ـ بهتره مواظب خودت باشی ایمان خیلی چشم به راهته. کلی دلش برات تنگ شده. منم بی‌صبرانه منتظرم که بیای. این‌دفعه می‌خوام با دیدی متفاوت نگاهت کنم.

انگار تمام غم و غصه‌های دنیا با همین یک جمله ساده از دل صبا بیرون رفت. چون فقط همین یک جمله کافی بود که به او اثبات کند صدرا راستی راستی او را بخشیده است.

آن شب صبا از شدت هیجان دیدن دوباره ایمان و صدرا پلک بر هم نگذاشت. چه حس لذت‌بخشی بود که بعد از گذشت هشت سال بتواند آزادانه، بدون عذاب وجدان و دلهره در چشم‌های پدر فرزندش نگاه کند.

صدرا بعد از مکالمه تلفنی‌اش با صبا دوباره با ایمان مشغول نقاشی شد. ایمان در حین رنگ کردن نقاشی‌اش سرش را بلند کرد و چند بار بو کشید و ذوق زده پرسید: عمو صدرا اگه گفتی بوی چی میاد؟

ـ بوی قرمه سبزی. اونم چه قرمه سبزیی!

ـ فکر می‌کنی از کجا میاد؟

ـ فکر کنم از خونه بنفشه اینا میاد مگه نه؟

هنوز جمله صدرا تمام نشده صدای خانم تفرجی از پشت در راهرو بلند شد. بابا پس کجایید؟ عفت از کی سفره انداخته. مردیم از گشنگی! اگه تا پنج دقیقه دیگه نیایید قرمه سبزی بی قرمه‌سبزی!

ایمان از جا پرید: پا شو عمو صدرا پا شو! دیر بریم برامون هیچی نمی‌ذارن ها!

بعد از صرف شام برای آنکه خانم تفرجی بتواند خصوصی با صدرا صحبت کند همراه آنها به منزل او رفت. صدرا بعد از خواندن داستان مفصلی برای ایمان از یکی از کتاب‌های قصه‌اش که حوصله خانم تفرجی را حسابی سر برده بود ایمان را خواباند و به اتاق نشیمن برگشت.

خانم تفرجی که سخت انتظار صدرا را می‌کشید به محض ورود او به اتاق از روی کنجکاوی از صدرا پرسید: حالا که از همه چیز با خبر شدی تصمیمت چیه؟

ـ نمی‌دونم. باید بیشتر فکر کنم.

ـ دختر بیچاره! نمی‌دونی این همه مدت چه خون دلی خورده و چه عذاب وجدانی کشیده. من تنها همراهش بودم. من می‌دونم چی کشیده. در تمام این مدت همه هم و غمش این بود که این موضوع را چطوری بهت بگه و تازه همش ترسش از این بود که مبادا یه وقت بعد از فهمیدن

قضیه بهش پشت کنی.

ــ بهش پشت کنم؟ زده به سرت؟ درسته که این خبر بعد از این همه سال منو شوکه کرده. ولی چطور ممکنه منی که این‌همه مدت صبا رو با تمام وجود دوست داشتم حالا که فهمیدم مادر بچمه بهش پشت کنم. من هشت سال تمومه که توی دنیای مجازی که برای خودم ساختم دارم با یاد و فکرش زندگی می‌کنم و اونقدر به این طرز زندگی عادت کردم که گاهی اوقات متوجه تلخی‌های دنیای واقعی دور و برم نمی‌شم.

خانم تفرجی با این حرف صدرا لبخندی به لب آورد و گفت: ای‌والله جوون! خوشم اومد. هیچ می‌دونی تو اولین مردی هستی که می‌بینم این طوری بعد از این همه سال به یک زن ابراز علاقه می‌کنه؟ تو این دوره و زمونه مرد اینجوری خیلی کم پیدا می‌شه. تا یاد دارم مادربزرگ خدا بیامرزم برای پدربزرگم همیشه حکم یه کلفت دست به سینه رو داشت. شب‌ها بساط کیفش رو فراهم می‌کرد. روزها هم می‌شد کلفتش. دریغ از یه دفعه گفتن زن دستت درد نکنه. هر وقت هم که می‌خواست صداش بزنه به اسم پسر بزرگش اکبر صداش می‌کرد. انگار عارش می‌اومد یه وقت کسی بشنوه که اون اسم زنش رو صدا کرده. خونه پدر و مادر خودمم همچین دست کمی از خونه بابابزرگم نداشت. بابام دو تا زن داشت. خیلی هم حق و انصاف رو در موردشون رعایت می‌کرد چون جفتشون رو اندازه هم کتک می‌زد. انگار که از رعایت حق همسری به طور مساوی فقط همین یکی رو یاد گرفته بود. اگه خدا می‌خواست و سر کیف بود مادرم می‌شد ضعیفه. اگه هم سر کیف نبود که تقریباً نود درصد مواقع پیش می‌اومد اسم مادر خدا بیامرزم می‌شد زن شلخته. منم وقتی پام رو تو خونه سید کریم شوهر خدا بیامرزم گذاشتم و برای اولین بار شنیدم که شوهرم منو به اسم کوچیک صدا می‌کنه فکر کردم یه جای مخش ایراد داره. خدا بیامرزدش. اگرچه هیچ وقت ازش ابراز علاقه زبونی نشنیدم ولی رفتارش رو همیشه به حساب علاقه‌اش می‌گذاشتم. ولی تو یکی دیگه نوبری. فکر کنم مخ تو یکی دیگه جدی جدی ایراد داره.

ــ چرا؟ چون به صبا گفتم دوستش دارم؟

ــ نه! چون ماشین عشقت ترمز نداره.

خانم تفرجی با گفتن این حرف لبخندی زد و در حالی که از سر جایش بلند می‌شد که به خانه برگردد گفت: پا شو پاشو بچه! برو بگیر بخواب خدا یه عقل درست و حسابی به تو بده یه پول و پله درست و حسابی‌ام به من. پا شو خدا آخر و عاقبت هممونو به خیر کنه.

نیمه‌های شب صدرا با صدای گریه ایمان از خواب پرید. ایمان در خواب با صدای بلند صبا

را صدا می‌کرد. صدرا تلاش کرد او را از خواب بیدار کند ولی بی‌فایده بود. به همین خاطر او را به همان حالت خواب در جایش نشاند و بازوهای کوچکش را آرام آرام نوازش کرد. بالاخره چشم‌های اشک آلودش را از هم باز کرد. قلبش به شدت می‌زد. لحظه‌ای به دور و برش نگاه کرد. از تاریکی اتاق به وحشت افتاد و دوباره گریه را از سر گرفت. صدرا ایمان را بغل کرد و با صدای مهربانش در حالی که موهایش را نوازش می‌کرد گفت: گریه نکن پسرم! حتماً خواب بد دیدی. چیزی نیست. من پیشتم عزیزم. گریه نکن... گریه نکن.

در آهنگ صدای صدرا چیزی بود که ایمان را بلافاصله آرام کرد و او را دوباره خواباند. برای ساعتی ایمان را به همان حالت در آغوشش نگه داشت. انگار می‌ترسید با کوچک‌ترین حرکتش خواب سبک او را به هم زده و او را بیدار کند. ولی وقتی از سنگینی خوابش مطمئن شد او را سر جایش خواباند. برای دقایقی همان طور که سر پا کنار ایمان ایستاده بود در آن سایه روشن اتاق به او خیره شد. هر چند اتاق تاریک بود و جزئیات صورت او را نمی‌توانست ببیند ولی همان فرم خوابیدن و اندام کوچکش زیر پتو کافی بود تا ذهن صدرا را دوباره به خود مشغول کند.

آخرین روز خلوت پدر و پسر هم از راه رسید و اولین چیزی که موقع بیدار شدن از خواب فکر صدرا را پر کرد وحشت جدایی از ایمان بود. دو حس متضاد غم و شادی دوباره آشوب را میهمان دل او کرد. حس شادی برای دیدن دوباره صبا و حس غم برای جداشدن از ایمان و رها شدن دوباره در دنیای بی‌کسی.

آن روز در راه بازگشت از مدرسه ایمان به صدرا گفت: عمو صدرا! چرا تو نمی‌آیی پیش ما و با ما زندگی کنی؟ عموی یکی از همکلاسی‌هایم باهاشون زندگی می‌کنه. چرا تو نمیایی. تازه خاله تفرجی هم می‌تونه بیاد. تو خونمون برای همه جا هست.

صدرا از یک طرف از حرف‌های بانمک ایمان خنده‌اش گرفته بود و از طرف دیگر اشک در چشمانش نشسته بود.

اگه من بیام خونتون آدم برفیمون توی حیاط برای همیشه تنها می‌مونه و از غصه آب می‌شه.

ـ نمی‌شه آدم برفی‌مون رو هم ببریم؟

ایمان از زاویه دید کودکانه‌اش می‌خواست تمام چیزهای خوب را یک جا داشته باشد. غافل از اینکه قانون طبیعت همیشه به مراد بشر نیست و همه چیز را هیچ وقت یک‌جا به آدم تقدیم نمی‌کند و سال‌ها تجربه زندگی نیاز بود تا ایمان آرام آرام با قانون تلخ سرنوشت آشنا شود.

ایمان و صدرا بعد از مدرسه یک راست به منزل خانم تفرجی رفتند چون قرار بود ناهار را

با هم بخورند. در میان راه ایمان این پا و آن پا می‌شد و وقتی صدرا علت آن را پرسید آهسته در گوشش گفت: عمو صدرا! خیلی جیش دارم. باید برم توالت. نزدیک منزل خانم تفرجی بودند. سرعتشان را زیاد کردند و زنگ زدند ولی کمی طول کشید تا خانم تفرجی در را باز کرد. ایمان سلام نکرده مثل گلوله دوید و کیفش را همان طور روی برف‌ها پرت کرد و همین طور که روی برف‌ها سر می‌خورد به سرعت از پله‌ها بالا رفت و از دید صدرا که با لبخند او را تعقیب می‌کرد پنهان شد. صدرا همین طور که به حرکات ایمان می‌خندید و سرش را تکان می‌داد وارد حیاط شد ولی زمانی که چشمش به خانم تفرجی افتاد خنده روی لب‌هایش خشکید. چهره خانم تفرجی با رنگی پریده چشمانی قرمز و پف کرده بینی‌ای که به واسطه پاک کردن‌های مداوم با دستمال به شدت قرمز شده و لب‌هایی سفید به رنگ گچ او را به وحشت انداخت.

ـ این چه قیافه‌ای که برای خودت درست کردی؟

خانم تفرجی با آن نگاه خونرنگ نگاه در نگاه صدرا سکوت اختیار کرده بود. در آن چشم‌ها اندوهی گران موج می‌زد. اندوهی که صدرا هیچ وقت درآن چشم‌ها سراغ نداشت. ضربان قلب صدرا لحظه به لحظه تندتر می‌شد. اضطرابی شدید به جانش افتاد. با ترس و وحشت پرسید: چی شده خانم تفرجی؟ اتفاقی افتاده؟

خانم تفرجی بازوی صدرا را گرفت و او را که از تعجب هاج و واج مانده بود از آستانه در به داخل حیاط هدایت کرد و در حالی که صدایش می‌لرزید شروع به صحبت کرد صدرا جان! حول و حوش ساعت شیش‌ونیم صبح خانم صرافی با من تماس گرفت.

خانم تفرجی برای لحظه‌ای سکوت کرد و سپس سرش را رو به آسمان گرفت و چشم‌های مضطرب و اندوهبارش را به صفحه وسیع و خاکستری رنگ آسمان دوخت و گفت: «خدایا! چطور بگم؟» و اشک‌هایش بی‌اختیار جاری شد. صدرا بازوی او را گرفت و او را محکم تکان داد و در حالی که سعی می‌کرد مستقیم به چشم‌های او نگاه کند گفت: حرف بزن. بگو چی شده؟

دیدن آن حالات از کسی که همیشه برای صدرا الگوی صبر بود و همیشه در سخت‌ترین شرایط به بهترین نحو ممکن خود را کنترل می‌کرد و در برابر سختی‌ها می‌ایستاد او را نگران می‌کرد. اندکی طول کشید تا خانم تفرجی توانست خود را جمع و جور کند و در حالی که سعی می‌کرد خود را کنترل کند با صدایی که هنوز لرزشش نیفتاده بود گفت: حبیب و صبا دیشب از اصفهان به سمت تهران حرکت کردند و نیمه‌های شب توی جاده تصادف کردند.

صدرا بی‌حرکت و رنگ پریده به دهان خانم تفرجی خیره ماند.

ـ صدرا جان!

گریه‌های خانم تفرجی دوباره شدت گرفته و امانش نمی‌داد. فقط توانست در لابه‌لای هق‌هق بگوید: هر دو فوت شدند.

صدرا با ناباوری لحظه‌ای به صورت او که از شدت گریه خیس بود خیره شد. انگار کابوس می‌دید. چندین بار پلک زد تا از کابوس وحشتناک خود را نجات دهد. غافل از آنکه خوابی در کار نیست.

زانوهایش سست شد. هوای اطرافش آنقدر سنگین بود که نمی‌توانست نفس بکشد. احساس تنگی نفس می‌کرد. انگار آسمان خاکستری بالای سرش، خانم تفرجی، درخت‌ها و دیوارها همه و همه به دوران افتاده بود. بی‌اختیار با دست بینی و دهانش را که از بغض می‌لرزید پوشاند و نگاه تب‌دارش را به گوشه گوشه آسمان برای یافتن حتی یک لکه، یک نقطه باز، یک نقطه صاف دوخت و مایوس از یافتن حتی منفذی که از درون آن به خدایش التماس کند دست‌هایش به لرزه افتاد و بی‌اختیار دو زانو روی توده‌های برف نشست. بغضی دردآور در گلویش چنگ انداخت و حلقه ناخوانده اشک در چشمانش نشست.

صدرا در آن روز آن ساعت آن دقیقه و آن لحظه از پا افتاد. از پا افتادنی که اثر طعم تلخش حتی با عسل لبخند چشم‌های عسلی تیره ایمان از بین نرفت.

وقتی فهمید دست بی‌رحم تقدیر چه بر سرش آورده با دو دست چشم‌هایش را پوشاند و درست مثل کودکی خردسال گریه را سر داد.

خانم تفرجی در حالی که خود با گوشه آستین اشک‌هایی را که بعد از ساعت‌ها ریزش مداوم سیلابش کمی فروکش کرده بود پاک می‌کرد بازوی صدرا را گرفت و با بغض و هق‌هق گفت: صدرا جانم! یه کم به خودت مسلط شو الان ایمان برمی‌گرده. منو ببخش. به خدا اصلاً دوست نداشتم این خبر ناگوار رو من بهت بدم. ولی چاره چیه. هر چی به رحیم‌خان التماس کردم گفت دلش رو ندارم که بهش بگم. تف به این دنیا که به اندازه سر سوزنی نه وفا داره نه ارزش داره. پا شو پا شو صدرا جان! ایمان بچم الان میاد از تو پنجره نگاه می‌کنه.

گریه‌های صدرا آنقدر دردناک بود که خانم تفرجی فکر کرد اگر جلوی آن‌ها را بگیرد صدرا همان‌جا از شدت غصه دق خواهد کرد.

سوز گریه‌های صدرا که سعی می‌کرد صدایش را پایین بیاورد ولی موفق نمی‌شد چشمه تازه خشکیده اشک خانم تفرجی را دوباره پر آب کرد و آن را مثل سیلی دوباره روی گونه‌هایش جاری ساخت.

روی برف‌ها زانو زد و مثل مادری دلسوز او را مثل کودکی بی‌پناه و سرگشته درست مثل روزی که صبا را برای دلداری بعد از شنیدن خبر بارداری‌اش در آغوش گرفته بود در آغوش گرفت و زیر لب تکرار کرد: متاسفم صدرا جان! متاسفم. گریه کن. گریه کن سبک می‌شی.

صدرا و خانم تفرجی در آن سرمای زیر صفر روی برف‌های سرد و بی‌رحم کف حیاط که حس را کاملاً از پاهایشان گرفته بود گریه کردند. ایمان از پشت پنجره مات و مبهوت به آن دو نگاه می‌کرد و با ذهن کودکانه‌اش مفهوم گریه‌های آن‌ها را نمی‌فهمید. بالاخره هم طاقت نیاورد و بسیار محتاطانه و آهسته در حالی که ناخن‌هایش را می‌جوید به حیاط برگشت. برای لحظاتی پشت سر آن دو که همچنان روی برف‌ها زانو زده بودند در سکوت ایستاد و وقتی صبرش تمام شد گفت: خاله تفرجی! چرا با عمو صدرا دارید گریه می‌کنید؟

صدرا با شنیدن صدای ایمان فوری اشک‌هایش را پاک کرد و به خود آمد. تمام توانش را جمع کرد که به خودش مسلط شود. از روی برف‌ها برخاست ولی بغض دوباره امانش نداد و وقتی شکست، ایمان را هم به گریه انداخت. خانم تفرجی به سرعت روی پاهایش ایستاد و در حالی که به آرامی قربان صدقه ایمان می‌رفت او را با خود به اتاق برد تا صدرا بتواند خوب با دل شکسته‌اش خلوت کند.

صدرا مدتی تنها در آن هوای سرد گریه کرد و سپس بی‌اختیار به خانه خود برگشت. صدای کلاغ‌های نشسته روی شاخه‌های عریان و سرافکنده بید سکوت غمگین حیاط را در هم می‌شکست. به محض ورود به حیاط رگبار خاطرات تمام وجودش را زیر و رو کرد. به درخت بید که رسید زانوهایش طاقت نیاورد و و رادرست مثل فردای آن شب توفانی به جای خاک روی برف‌ها به زمین زد.

دوباره از پا افتاد. دوباره چشم‌های گریان تب‌دار و ملتمس‌اش را ناامیدانه به آسمان دوخت. ولی دوباره به‌جز توده ابرهای خاکستری زمستان و شاخه‌های لخت بید که در اوج بی‌برگی هنوز سخاوتمندانه شاخه‌هایش را بر فرازش گسترده بود هیچ ندید. در آن لحظه سرگشته و بی‌پناه فقط به دنبال خدا می‌گشت. شاید می‌خواست به او گله کند و یا سفره دل دردمندش را برایش باز کند. ولی هر چه تلاش کرد او را نیافت. صدرا خدایی را که دور تا دور و سرتاسر او را گرفته بود ندید. خدایی را که می‌توانست از ورای شاخه‌ها و ابرها از ورای آن تیرگی‌ها و اشک‌ها ببیند و درک کند. خدایی که حقیقتا در آن سپیدی برف‌ها و شاخه‌های نشسته به انتظار بهار به وضوح قابل دیدن بود.

ساعت‌ها بی‌اختیار بی‌آنکه اصلاً به سرما فکر کند همچنان روی برف‌ها نشسته بود. انگار

می‌خواست خاطرات تمام سال‌های دور گذشته را از اول ورود صبا به زندگیش مرور کند. صبا مثل نسیمی فرح‌بخش در عصری خزانی به زندگی یکنواخت صدرا وزیده بود و حالا در شبی زمستانی دامن سیال‌اش را از فراز آسمان امیدها و رویاهای او که هرگز به حقیقت نپیوسته بود جمع کرده و در نهایت او را با دنیایی از غم و اندوه تنها گذاشته بود.

آسمان رو به تاریکی می‌رفت. صدرا به خود آمد و زیر لب گفت: باختم! یک بار دیگه صبا رو به حبیب باختم!

سرما تا مغز استخوانش رسوخ کرده بود ولی داغ نشسته بر قلبش آنقدر کشنده بود که حس سرما را کاملاً از یادش برده بود. رحیم‌خان تمام حالات و رفتار صدرا را از پشت پنجره زیر نظر گرفته بود ولی نه دل رویارویی با صدرا را داشت و نه می‌خواست خلوتش را به هم بزند. بعد از گذشت یکی دو ساعت نگران او شد و با اصرار عفت به سمت درخت بید که صدرا به پایش افتاده بود رفت. نگاه صدرا به ظاهر بر چهره رحیم‌خان متمرکز شده بود ولی در اصل او را نمی‌دید. رحیم‌خان کمی جلوتر رفت مقابل صدرا روی برف‌ها زانو زد و با دو دست بازوهای او را به آرامی گرفت و گفت: صدراجان! دیگه بسه. می‌خوای خودت رو تو این سرما بکشی؟ بیا بریم تو.

صدرا بدون توجه به اینکه با چه کسی دارد حرف می‌زند به سادگی به رحیم‌خان گفت: حتی نتونستم برای آخرین بار بغلش کنم، بوش کنم و ازش برای همیشه خداحافظی کنم. صدرا درآن لحظه آنقدر از خود بی‌خود و مستاصل بود که اهمیت نمی‌داد با چه کسی دارد اینطور از صبا صحبت می‌کند. برای او در آن لحظه رحیم‌خان و یا مادر حبیب ودیگران فرقی نداشتند.

رحیم‌خان برادرانه صدرا را در آغوش گرفت و گفت: «بیا صدرا جان! بیا بریم تو یه کم گرم بشی. تمام بدنت یخ کرده. لباسهات پاک خیس خیسه بیا بیا بریم.» بالاخره با همراهی رحیم‌خان صدرا رضایت داد که از آنجا برخیزد. کشان‌کشان خودش را به اتاقش رساند و از رحیم‌خان خواهش کرد تنهایش بگذارد. اشک‌های صدرا تا حدودی متوقف شده بود و حالتی کاملاً متفاوت در چهره‌اش نشسته بود و همین امر رحیم‌خان را می‌ترساند اما چاره‌ای هم جز اطاعت نداشت. رحیم‌خان همچنان نگران از حال و روز او و در حالی که اتاق را ترک می‌کرد رویش را یک بار دیگر به سمت او برگرداند و گفت: صدرا جان! زندگی پیچیده شده با سختی‌ها و پستی و بلندی‌ها ولی اینو بدون هر وقت به سر بالایی‌هاش رسیدی همیشه یکی هست زیر شونت رو بگیره. در خونه ما همیشه بروت بازه اونجا شونه‌هایی هست که بتونی بی‌دغدغه و بی‌منت بهشون تکیه کنی.

صدرا با چشم‌های خون گرفته‌اش فقط به رحیم‌خان نگاه کرد و چیزی نگفت.
همان‌طور که به دیوار تکیه داده بود بی‌آن که لباس‌های خیسش را عوض کند نشست و به گل‌های سبز و کرم قالی خیره شد و با آن‌ها به آن شب توفانی عزیمت کرد. رنگ آن گل‌های چقدر شبیه رنگ لباس صبا در آن شب توفانی بود. آن دو رنگ سبز و کرم که حالا بغض به گلوی صدرا آورده و او را با صورت به زمین انداخته بود همان دو رنگ مورد علاقه صبا بود. اشک‌های صدرا حسابی آن گل‌های قالی را آبیاری کرد. به هر طرف که رو می‌کرد خاطره‌ای از صبا می‌یافت. گوشه گوشه اتاق نشیمن با یاد و خاطره او پیوند خورده بود. آن پنجره قدی که در آن شب توفانی برایش حکم دروازه بهشت داشت حالا به نظرش به دروازه جهنم بیشتر شبیه بود. خاطره پشت خاطره دوباره صدرا را به قعر دره اندوه افکند.
حوالی ساعت نه شب خانم تفرجی دست ایمان به دست نزد صدرا آمد. صدرا با دیدن آن دو با ناراحتی رو به خانم تفرجی کرد و پرسید: «برای چی با این حال و روز من ایمان رو اینجا آوردی؟» ایمان با شنیدن حرف صدرا سرش را پایین انداخت و در حالی که انگشتانش را به دهان گرفته بود پشت سر خانم تفرجی قایم شد. خانم تفرجی که حالا به خودش مسلط شده بود بدون اینکه لرزشی در صدایش باشد، گفت: به اندازه کافی وقت برای غصه خوردن و اشک ریختن داشتی ایمان رو آوردم که کمکت کنه کمی عاقلانه فکر کنی و از عالم احساسات بیرون بیایی.
صدرا با عصبانیت گفت: این بچه می‌خواد برام چکار کنه؟ می‌خواد زندگی از دست رفته‌ام رو بهم برگردونه؟
ـ نه! ولی جلوی افکار احمقانه‌ات رو می‌گیره. بهت امید زندگی می‌ده. به چشم‌هاش نگاه کن پر از شور زندگیه. همین برات کافی نیست؟
ـ برید! می‌خوام تنها باشم.
ـ شرمندت.
سپس به آرامی شانه‌های ایمان را که هنوز پشت دامنش پنهان شده بود و هاج و واج به رفتارهای آن دو چشم دوخته بود گرفت و گفت: پسر گلم! عمو صدرا یه کم ناراحته قول می‌دی تا فردا مواظبش باشی؟
ایمان در حالی که با سر جواب مثبت می‌داد همزمان دوباره انگشتانش را به دهان برد تا تلافی تمام ترس و دلهره‌هایش را روی انگشت‌ها و ناخن‌هایش در بیاورد.
خانم تفرجی آن دو را تنها گذاشت. صدرا سر از حرف‌ها و کارهای او در نمی‌آورد. فقط

دندان‌هایش را از شدت عصبانیت به هم می‌فشرد. عصبانیت از اینکه درست لحظه‌ای که می‌خواست تنها باشد و با خود خلوت کند خانم تفرجی ایمان را به عنوان همدم لحظه‌های تلخش نزد او آورده بود. لحظه‌هایی که حتی با شیرینی لبخندهای ایمان شیرین نمی‌شد.

در سکوت، دقایقی به هم خیره شدند. در نهایت صدرا مغلوب نگاه معصوم ایمان شد و نگاهش را از نگاه او گرفت.

صدرا متوجه نشده بود که از لحظه ورود خانم تفرجی اشک‌هایش متوقف شده و جای خود را به نگاهی سرد و بی‌روح و بی‌حالت داده بود به‌طوری که ایمان با دیدن نگاه‌های غریبه او از حرف زدن و سوال کردن وحشت داشت. کمی بعد صدرا با لحن خشکی سکوت را شکست و پرسید: غذا خوردی؟

ـ بله عمو صدرا!

ـ پس بهتره بری بخوابی.

صدرا مثل یک رباط بدون راندن کلمه‌ای جای ایمان را در اتاق دیگر پهن کرد و با لحنی خالی از هر نوع احساس گفت: بیا جات آماده است. بیا بگیر بخواب.

ایمان کوچک‌ترین اعتراضی نکرد و حرفی نزد و در سکوت کامل در رختخوابش دراز کشید. صدرا بی‌قرار منتظر بود تا چشمان ایمان روی هم رفته و به خواب برود. به محض اطمینان از خوابیدن ایمان لحظه‌ای درنگ نکرد. با راه حلی آنی که به ذهنش خطور کرده بود خواست دردهایش را شاید برای چند ساعتی التیام ببخشد. راه‌حلی که با وجود پیامدهای ناگوارش در نظرش وسوسه‌انگیز آمد. اما تکرار موذیانه وسوسه‌هایش مثل خوره آنقدر به جانش افتاد که به کلی عواقب پس از آن را همچون گذشته نادیده گرفت.

بی‌اختیار در اوج وسوسه‌ای ناگهانی از میان یخ و برف یک راست به سمت در حیاط رفت. پس از مدت‌ها بالیدن به توانایی خودداریش از توجه به تمایلات سرکش قدیمی در آن لحظه تسلیم این واقعیت شد که گذر سال‌ها به جای فرسودن قدرت وسوسه درونیش قدرت مقاومتش را در برابر آن وسوسه‌های ویرانگر فرسوده است و حالا احساس می‌کرد اگر جرعه‌ای از آن آب حیات ننوشد همانجا دق خواهد کرد. در تمام این سال‌ها بارها پس از تصور شکست‌ناپذیری‌اش در برابر وسوسه رها شدن در عالم بی‌خیالی لحظه‌ای , به زانو درآمده و با خود عهد کرده بود که بار دیگر شکست‌ناپذیر به راحتی خواهد توانست از خود مقاومت نشان دهد و بر ضعف خود غلبه کند.اما حالا به زانو درآمده در مقابل تمنای غرق شدن در دریای فراموشی با چنان عجله‌ای برای رسیدن به در حیاط قدم برمی‌داشت که چندین بار روی برف‌ها

سر خورد اما درست زمانی که به در حیاط رسید شبحی از گوشه تاریک‌تر کنار در نمایان شد و دست یخ‌زده او را که بی‌اختیار به سمت دستگیره در دراز شده بود محکم گرفت. رحیم‌خان بود.

رو در روی هم قرار گرفتند. ابتدا از دیدن رحیم‌خان در آنجا وحشت کرد و یکه خورد اما بدون گفتن کلمه‌ای دوباره دستش را به طرف دستگیره در دراز کرد ولی هنوز دست‌هایش با دستگیره در تماس نگرفته بود که دوباره دست‌های پرقدرت رحیم‌خان بازویش را چسبید.

در حالی که تقلا می‌کرد بازویش را از دست رحیم‌خان آزاد کند با عصبانیت گفت: چه‌کار می‌کنی؟ دستم رو ول کن.

ـ مگر از روی جنازه من رد بشی تا از این در بری بیرون.

ـ ولم کن. از سر راهم برو کنار.

ـ گفتم که مگه از روی جنازه من رد بشی.

صدرا لحن آمرانه‌اش را به لحنی ملتمسانه تغییر داد: رحیم‌خان! خواهش می‌کنم از سر راهم برو کنار. حالم اصلاً خوش نیست.

ـ منم چون حالت خوش نیست اینجا از کی تو این سرما کشیک وایسادم. می‌دونستم بالاخره سر و کله‌ات پیدا می‌شه.

صدرا که التماس را بی‌فایده دید رحیم‌خان را هل داد و او را از سر راهش کنار زد. ولی همین‌که سردی دستگیره در را لمس کرد رحیم‌خان او را از پشت سر گرفت و به عقب کشاند ولی در اثر یخ زدگی زمین هر دو سر خورده وافتادند.رحیم خان بلافاصله از جایش برخاست و قامتش روی صدرا سایه انداخت. پیدا بود خیلی عصبانی است. صدای خشمگین‌اش در گوش صدرا پیچید: آخر و عاقبت آدمای ترسو و بزدلی مثل تو سر در آوردن از روی تخت تیمارستانه. مردی که جلوی سختی‌ها و مشکلاتش نتونه وایسه مرد نیست. گیرم رفتی و اون زهرماری‌ها رو خریدی و با اون شیشه‌های لعنتی خودت رو خفه کردی! آخرش که چی؟ تکلیف اون طفل معصومی که توی اون اتاق (و با دست به خانه صدرا اشاره کرد) خوابیده چی می‌شه؟ سپس بدون اینکه منتظر جواب صدرا بماند بازوی او را که هیچ اراده‌ای از خود نداشت محکم گرفت و او را از روی زمین بلند کرد و به دنبال خود روی برف‌ها به سمت خانه کشاند. رحیم‌خان او را به کنار رختخواب ایمان کشاند و از پشت روی زمین هل داد. طوری‌که صدرا تعادلش را از دست داد و به زمین افتاد.

ـ خوب به صورت این طفل معصوم نگاه کن. این بچه با چه امیدی به تو تکیه کنه؟ این بچه چی رو باید از تو یاد بگیره؟ بزدلی و ترسویی رو؟ یا بی‌عرضگی و ضعف رو؟ چی می‌خوای به

این بچه یاد بدی؟ یاد بدی که موقع سختی ببازه و زمین بخوره؟ یاد بدی که حتی زحمت بلند شدن هم به خودش نده و خودش رو بلند نکنه؟... با این وضع اگه این بچه رو توی کوچه و خیابون ول کنی وضعش بهتره تا زیر دست تو بمونه.

صدرا با حرف‌های رحیم‌خان یک آن به خود آمد و نگاهش را خیره به صورت رحیم‌خان دوخت.

رحیم‌خان در آن لحظه اهمیتی نمی‌داد که صدرا بفهمد او از تمام جریان خبر دارد یا نه. در آن لحظه برای رحیم‌خان تنها بیدار کردن صدرا از خواب ضعف و از پاافتادگی مهم بود و بس. به همین خاطر هم بسیار جدی رودرروی صدرا گفت: آره من از تمام ماجرا خبر دارم. اما به خاطر ترک این عادت لعنتی‌ات حاضرم از من متنفر بشی.

سپس در حالی که به ایمان اشاره می‌کرد ادامه داد: خوب به صورتش نگاه کن. فقط خوب نگاه کن. ببین چطور شور زندگی از چهره‌اش می‌باره! من دیگه حرفی نمی‌زنم. یک نگاه به این صورت معصوم باید بهتر از حرفای من از خواب بیدارت کنه.

صدرا درمانده و از خود بی‌خود یک آن نگاه تب‌دارش را به صورت ایمان که در همان لحظه سرش را در خواب به سمت آن دو برگرداند، دوخت. چراغ خواب اتاق به صورت معصوم ایمان نور کم‌رنگی انداخته و صورتش را با سایه‌های شکل گرفته در چهره‌اش از نور چراغ مظلوم‌تر از هر زمان دیگری نشان می‌داد.

رحیم‌خان در حالی که سعی می‌کرد با صدایش بچه را از خواب بیدار نکند دوباره به حرف آمد: هیچ به ذهنت خطور نکرد که چرا خانم تفرجی این طفل معصوم رو آورد که شب اینجا بمونه؟

صدرا همان طور نشسته در کنار رختخواب ایمان صورتش را با دستانش پوشاند و مثل یک کودک خردسال دوباره گریه را سر داد. گریه‌ای آهسته و بدون صدا ولی بسیار جانسوز طوری که با آن تمام وجود رحیم‌خان را لرزاند. هوای اتاق دوباره برایش سنگین شده و توان نفس کشیدن را از او گرفته بود. با وجودی که رحیم‌خان از دیدن حال و روز صدرا به شدت منقلب و متاثر شده بود ولی تأثر را در چهره‌اش نمایان نکرد. چون می‌دانست اگر قرار است برای او تکیه‌گاهی باشد بهتر است تکیه‌گاهی باشد سطبر نه لرزان.

رحیم‌خان یک گام دیگر به او نزدیک شد. زیر شانه‌اش را گرفت و او را بلند کرد: بلند شو صدرا جان! بلند شو بچه رو بیدار می‌کنی. بیا بریم بیرون. رحیم‌خان صدرا را کنار بخاری اتاق نشیمن نشاند. حرارت بخاری را زیاد کرد و نگاه شفقت‌آمیزش را به چهره اندوه‌بار و افسرده او

دوخت و هم‌زمان با خود گفت: خدایا! این بچه مستحق این همه عذاب نبود...

چنان در دل با خدا حرف می‌زد که انگار صدای خرد شدن استخوان‌های طاقت صدرا را زیر بار این همه مصیبت به وضوح می‌شنید.

صدرا را در حالی که با چشم‌هایی که دیگر اشکی برای ریختن نداشت و به شعله‌های نارنجی رنگ بخاری خیره شده بود اندکی تنها گذاشت و کمی بعد با یک لیوان چای و جوشانده‌ای آرام‌بخش که عفت به آن اضافه کرده بود برگشت. لیوان چای را به دست یخ‌کرده صدرا که حالا دیگر بی‌اراده فقط اطاعت می‌کرد، داد و تا زمانی که مطمئن شد صدرا تمام چای را سر کشیده و کم‌کم پلک‌هایش سنگین شده در کنارش ماند. بالشی آورد و او را همانجا کنار بخاری خواباند و پتویی را که برایش آورده بود، رویش انداخت. چشم‌های صدرا همان طور خیره به شعله‌های بخاری کم‌کم سنگین شد تا اینکه به تدریج از آن شعله‌های نارنجی رنگ در چشمانش هیچ اثری نماند. رحیم‌خان لبخند رضایتی به لب آورد و در حالی که به آرامی سر او را نوازش می‌کرد با صدایی غمگین زمزمه‌وار گفت: صدرا جان! به خدا توکل کن. خدا درد و درمان را با هم می‌ده.

خانم تفرجی صبح زود آمد تا ایمان را به مدرسه ببرد. ولی با کمال تعجب دید که عفت از قبل او را بیدار کرده و صبحانه‌اش را داده و او لباس پوشیده آماده است که با رحیم‌خان به مدرسه برود. ایمان هنوز نمی‌دانست چه اتفاقی افتاده. از روز گذشته تا آن لحظه گیج و سردرگم فقط رفتارهای عجیب و غریب و گریه و زاری‌های آنها را با ذهن کودکانه‌اش حلاجی کرده بود و آنقدر وحشت‌زده و مضطرب بود که جرات سوال کردن بیشتر در این رابطه را به خود نمی‌داد.

بعد از رفتن ایمان خانم تفرجی یک راست به اتاق نشیمن رفت و صدرا را دید که در کنار بخاری همچنان خواب است. بدون سروصدا به دیوار تکیه داد و به صورت او خیره شد. داغ از دست رفتن حبیب و صبا و وضع اسفناک صدرا دوباره اشک به چشمانش آورد ولی باید مقاومت می‌کرد. روز گذشته به محض سپردن ایمان به صدرا همانجا جلوی در تمام بغض‌های فرو خورده‌اش شکسته بود و آن‌چنان تلخ گریسته بود که انگار پاره تنش را از دست داده است.

خانم تفرجی دقایقی به همان حال ماند تا توانست بر قطره‌های ناخوانده اشک غلبه کند. اشک‌هایش را پاک کرد و به آرامی به سمت صدرا رفت. دلش می‌خواست اجازه دهد که او در همان عالم رویا در سایه فراموشی واقعیت‌های تلخ بماند ولی باید او را بیدار می‌کرد. به آرامی کنارش نشست و با ملایمت دستش را روی شانه او که گه‌گاه از اثر گریه‌های طولانی شب گذشته‌اش با هق‌هق تکان می‌خورد گذاشت و آهسته او را صدا کرد. صدرا با سردرد شدیدی

چشم‌هایش را گشود. برای لحظه‌ای بی‌حرکت ماند و سپس سراسیمه سر بلند کرد و با چشم‌های ورم کرده و به خون نشسته‌اش به اطرافش نگاه کرد. همین که چشم‌اش به خانم تفرجی افتاد تمام غم‌های دنیا با یادآوری قصاوت تقدیر به دلش یورش برد و دوباره سر به روی بالش نهاد.

خانم تفرجی دوباره با ملایمت شانه‌های او را تکان داد: صدرا جان! می‌دونم که لحظه‌های سختیه. می‌دونم که روزهای سخت‌تر در پیشه ولی رسم زندگی اینه. با حقیقت زندگی نمی‌شه جنگید. من جنگیدم و هر بار بدون استثناء شکست خوردم. پا شو پا شو صدرا جان باید از مراسم خاک‌سپاری و ختم بیشتر خبر بگیریم. من دیشب بعد از اینکه ایمان را آوردم اینجا رفتم خونه آقای صرافی. حال و روزشون از اون چیزی که فکر می‌کردم به مراتب بدتر بود. نتونستم زیاد اونجا دووم بیارم. خانم صرافی که اصلاً حال و روز خوشی نداشت خود صرافی هم که آنقدر شوکه بود که نتونستم دو کلمه باهاش حرف بزنم. خانواده حبیبم دیشب سراسیمه به تهران برگشتند. پا شو صدرا جان! یه نفر این وسط باید عاقلانه فکر کنه.

صدای آرام خانم تفرجی کم‌کم او را به خود آورد. در اوج یادآوری وقایع ناگوار برای یک آن پی برد که تنها نیست و مسؤولیت یادگار صبا به گردن اوست. خواه ناخواه مجبور بود که بر احساسات درونش غلبه کند و تا زمانی که ایمان در چارچوب اولویت‌های زندگی‌اش قرار داشت چاره‌ای جز پیشه‌کردن صبر و استقامت نمی‌دید. حرف‌های شب گذشته رحیم‌خان مدام در ذهنش تکرار می‌شد. صدرا دیگر تنها نبود که بتواند برای غم و غصه‌هایش راه‌حل‌های ساده و آنی پیدا کند. ایمان حالا تمام زندگی صدرا بود. دیگر پناه بردن به بطری‌های مدهوشی و بی‌هوشی معنی نداشت حتی اگر وسوسه‌هایش ذهن او را به جنون می‌کشید.

مفصل با هم حرف زدند. اشک ریختند و یاد خاطرات گذشته کردند و در نهایت متوجه سخت‌ترین مسؤولیت‌شان در آن شرایط دشوار شدند که چگونه واقعیت را به ایمان بگویند.

صدرا به رغم میل باطنی تصمیم گرفت هر طور شده در آن شرایط حق دوستی را به‌جا آورده و به خانه حیدر آزرمی برود و ضمن گفتن تسلیت از مراسم تدفین و ختم خبر بگیرد. هنوز تا برگشتن ایمان یک ساعتی مانده بود. رحیم‌خان به او اطمینان داد که نگران ایمان نباشد و او ایمان را از مدرسه تحویل خواهد گرفت. قدم‌های صدرا با نزدیک شدن به خانه حیدر آزرمی سست‌تر و سست‌تر می‌شد. سر کوچه که رسید با دیدن پارچه سیاه رنگی که بر سر در خانه آقای آزرمی آویخته شده بود قلبش فرو ریخت. صدای شیون و ناله‌هایی که از خانه آزرمی به گوش می‌رسید پتکی گران بر سرش بود. همین که چشمش به چهره تکیده آقای آزرمی افتاد بغض گلویش را فشرد. آقای آزرمی که هنوز لباس سیاه مرگ برادرش را از تن بیرون نکرده داغی

بزرگ‌تر بر دلش نشسته بود، با دیدن صدرا به طرف او آمد و او را در آغوش گرفت و دوباره سیلاب اشک‌هایش جاری شد و پی در پی تکرار کرد: صدرا جان! بوی حبیب رو برام آوردی.

صدرا احساس خفگی می‌کرد ولی سعی داشت تا حد امکان به جای تازه کردن داغ آنها مرهمی بر دل داغدارشان باشد. به هر طرف که رو می‌کرد نشانی از حبیب می‌یافت و با هر خاطره درد فرو خوردن بغض را در گلویش بیشتر احساس می‌کرد. به یاد حرف خانم تفرجی افتاد که این وسط یکی باید عاقلانه فکر کند. در آن میان نه خانواده صرافی و نه خانواده آزرمی هیچ‌کدام در شرایطی نبودند که بتوانند حتی به برگزاری مراسم فکر کنند. صدرا تصمیم گرفت پیش‌قدم شده و همراه دو سه نفر از نزدیکان و همسایه‌های بنگاه آزرمی ترتیب تمام کارها را بدهد.

حالا تمام هم و غم صدرا چگونگی بازگو کردن واقعیت برای ایمان بود.

صدرا و خانم تفرجی آن روز بعد از بازگشت ایمان از مدرسه در کنارش نشستند و آرام آرام اتفاق ناگوار رخ داده را در قالب جملات ساده و قابل فهم برایش شرح دادند. ایمان هم با ذهن کودکانه‌اش حرف‌هایی را که می‌شنید تجزیه و تحلیل می‌کرد.

«مامان صبا و بابا حبیب به یک مسافرت طولانی رفته‌اند و آنقدر اونجا می‌مونند که من هم برم پیششون. مامان صبا و بابا حبیب به جایی سفر کردن که اسمش بهشت است. مامان صبا و بابا حبیب هر روز منو می‌بینند و به خوابم میان.»

ایمان به ظاهر واقعیت را بسیار راحت‌تر از آنچه تصور می‌کردند پذیرفت. ولی گذشت زمان کم کم خلاف آن را به آنها اثبات کرد.

سرانجام سخت‌ترین و غم‌انگیزترین روز زندگی صدرا فرا رسید. روزی سرد و گرفته و تاریک. انگار دست و پای خورشید را به زنجیر کشیده و روی آن را با پرده‌های سیاه پوشانده بودند. همه جا و همه چیز یخ‌زده بود حتی خاک.

صدای شیون و ناله و گریه یک لحظه قطع نمی‌شد. صدرا در حالی که پالتوی بلند مشکی به تن کرده بود با چهره‌ای غم گرفته و دلی داغدار دست بر شانه ایمان پشت سر او ایستاده بود و در دل مدام به خود تلقین می‌کرد: به خاطر ایمان، به خاطر ایمان، فقط به خاطر ایمان.

به خاطر ایمان باید از تمام غم و غصه‌هایی که باعثش قصاوت دست بی‌روح تقدیر بود، می‌گذشت. باید می‌گذشت و چاره‌ای هم جز این نداشت.

لحظه‌ای که پیکر صبا و حبیب را در آن هوای نفرین شده خاکستری برای همیشه به خاک یخ‌زده می‌سپردند ایمان دو قدم به جلو برداشت. دست‌هایش را با دستکش‌های قرمز رنگی که

صبا برایش بافته بود پوشانده بود و دو پاکت را محکم در دست داشت. مرد مسنی که صورتش از شدت سرما به سرخی می‌زد وبا دست‌هایی پینه بسته بیل به دست گرفته بود تا خاکی را که با قلب یخ‌زده‌اش همچنان در خوابی سنگین بود بیدار کند با نزدیک شدن ایمان سرش را بلند کرد. ایمان در حالی که پاکت‌ها را به سوی او دراز می‌کرد با صدایی که به سختی شنیده می‌شد، گفت: برای مامان صبا و بابا حبیب کشیدم.

مرد قبر کن که در ظاهر هیچ احساسی در چشم‌هایش دیده نمی‌شد لحظه‌ای مردد به صورت کوچک ایمان که از سرما مثل دستکش‌هایش سرخ شده بود نگاه کرد. ایمان این بار با بغض دوباره تکرار کرد: «مال مامان صبا و بابا حبیبه. می‌خوام با خودشون ببرن» و صدرا به دنبال این حرف ایمان، رو به مرد سرش را به علامت تایید تکان داد. مرد قبر کن دو پاکت را بی‌چون و چرا از دست ایمان گرفت.

مادر حبیب که از شدت شیون و ناله صدایش در نمی‌آمد با دیدن این حرکت ایمان با همان صدای گرفته شروع کرد به جیغ زدن و ریختن برف و خاک روی سرش.

ایمان که با دیدن حرکات او وحشت کرده بود صورتش را با پالتوی گرم صدرا پنهان کرد و دست‌هایش را روی گوش‌هایش گذاشت. قبر کن هر یک از پاکت‌ها را در یک قبر انداخت و در حالی که دو قطره اشکش روی زمین سرد می‌چکید روی قبرها را با پشته پشته خاک پر کرد. خانم تفرجی که چند قدمی دورتر ایستاده بود و به آرامی اشک می‌ریخت مدام سعی می‌کرد با گوشه روسری سیاه کوچکی که به سر داشت چشم‌هایش را پاک کند.

صدای شیون و ناله لحظه به لحظه بلندتر می‌شد تا اینکه ایمان دیگر طاقت نیاورد و با گریه در حالی که گوشه پالتوی صدرا را می‌کشید گفت: عمو صدرا! تو رو خدا دیگه بریم. از اینجا بریم.

از زمانی‌که ایمان از این اتفاق ناگوار باخبر شده بود رفته رفته سکوت اختیار کرده و خیلی به ندرت کلامی بر زبان می‌آورد. برای مدت‌ها به نقطه‌ای مبهم خیره می‌ماند و یا صورتش را با بالشش پنهان می‌کرد. انگار کابوسی که او را نیمه شب از خواب پرانده بود در مقابل چشم‌هایش به واقعیتی تلخ مبدل شده بود. حالا دیگر صدرا جای خالی دندان‌های شیری ایمان را فقط با گریه‌هایش می‌دید. اشتهایش را به کلی از دست داده بود و اصلاً غذا نمی‌خورد. از آن خنده‌های شیرین همیشگی دیگر اثری نبود. دیگر حتی با بنفشه دختر رحیم‌خان هم بازی نمی‌کرد. رنگ‌های تیره را در نقاشی‌هایش بیشتر به کار می‌گرفت. دیگر اثری از صبا و حبیب در نقاشی‌هایش دیده نمی‌شد و ناخن جویدن‌هایش به حدی رسیده بود که صدرا آثار خون را بین

مرز گوشت و ناخن‌هایش خصوصاً شب‌ها در خواب می‌دید. صدای گریه‌ها و ناله‌های ایمان نیمه‌شب‌ها در اثر کابوس‌های متعدد به اوج خود رسیده بود و حالا این صدرا بود که به خاطر این وضع , گریه‌ها و غصه‌هایش را به شدت پنهان می‌کرد. صدرا خرد شده از درون در حالی که سنگینی بار تمام غم‌های دنیا را بر دلش حس می‌کرد سعی داشت لحظه به لحظه او را دلداری دهد. به همین خاطر اجازه نداد که به جز مراسم تدفین در هیچ یک از مراسم ختم شرکت کند.

پدر و مادر حبیب و آقا و خانم صرافی سپاس‌گزار خانم تفرجی و صدرا بودند که طی این مدت ایمان را تحت مراقبت داشتند. چون حقیقتاً با شرایط روحی آنها ماندن ایمان پیش‌شان اصلاً به صلاح نبود.

در تمامی مراسم ختم خانم تفرجی صبورانه در منزل ماند تا مراقب ایمان باشد ولی ایمان با وجود تمام توجهات و مراقبت‌های او و صدرا تاب نیاورد و بالاخره در بستر بیماری افتاد. صدرا با نهایت مراقبت از او پرستاری کرد. شب تا صبح بر بالین او می‌نشست که مبادا تبش بالا برود و یا حالش بدتر شود.

صدرا همچنان سعی می‌کرد برای ایمان کوهی استوار و پر صلابت باشد تا از همین دوران کودکی درس استقامت و بردباری را بیاموزد. به همین خاطر به سختی لبخند به لب می‌نشاند و شب‌ها وقت خواب عکسی را که صبا به همراه نامه‌اش به او داده بود در آغوش می‌گرفت، با آن حرف می‌زد، با آن می‌خندید و با آن اشک می‌ریخت.

کم‌کم با پرستاری صدرا ایمان بهبود یافت ولی همچنان برای دل خونین صدرا هیچ مرهم و دارویی پیدا نمی‌شد. شاید فقط داروی زمان می‌توانست مرهم دردهای او باشد که آن هم مدت زیادی را می‌طلبید.

سرانجام روزی که صدرا از آن سخت وحشت داشت فرا رسید. آقای آزرمی به اتفاق همسرش با چهره‌های تکیده و سیلی‌خورده از دست روزگار نزد صدرا آمدند و خواستند ایمان را حاضر کند تا با خود ببرند.

ایمان در آستانه در محکم به صدرا چسبیده بود و گریه‌کنان می‌گفت: من مامان صبا و بابا حبیبم رو می‌خوام. من بدون آنها جایی نمی‌رم.

بغض گلوی صدرا را می‌فشرد. به آقا و خانم آزرمی التماس کرد اجازه دهند ایمان چند روز دیگر آنجا بماند. ولی مادر حبیب رضایت نداد و در جواب گفت که هرچه زودتر او را ببرند به نفع همه است.

چقدر صدرا دلش می‌خواست با تمام وجود فریاد بزند که ایمان تمام هستی من است! وجود من است! پاره تن من است! ولی صدایش از موانع حریم‌ها و حرمت‌ها عبور نمی‌کرد.

رفتن دلخراش ایمان را در حالی که به شدت در مقابل پدربزرگ و مادربزرگش مقاومت می‌کرد به نظاره نشست. ایمان رفت و صدرا دل شکسته‌تر از همیشه همانجا در آستانه در تا محو کامل ایمان در انتهای کوچه برجای ماند. بر خلاف انتظار خیلی مصمم به حیاط برگشت و در کنار درخت بید ایستاد. تمام وجودش را به دست سرما سپرد. چشم‌هایش را بست تا از لابه‌لای ذهن مشوش و آشفته‌اش راه‌حلی برای به دست آوردن یادگار صبا بیابد. اما درست لحظه‌ای که در اوج بلاتکلیفی چشمش را باز کرد نگاهش درست مثل هشت سال قبل در آن سوی دیوار متوقف شد. خانم تفرجی داشت از سر دیوار به حال و روز دگرگون او نگاه می‌کرد.

فصل بیست‌وهشتم

سه هفته از فوت ناگهانی حبیب و صبا گذشته بود ولی غم و غصه صدرا هنوز به تازگی روز اول بود شاید هم بدتر. به هر حال روزهای اول ایمان را در کنار خود داشت. اما حالا دو هفته‌ای می‌شد که ایمان را ندیده بود. هر وقت چشمش به بقایای آدم برفی توی حیاط می‌افتاد حالش دگرگون می‌شد. شب‌ها مجنون‌وار با یکی از پیراهن‌های ایمان که آنجا مانده بود حرف می‌زد. روزها هم که مخاطب درد دلش نامه و عکس صبا بود. نامه را روی سینه‌اش می‌گذاشت و از اینکه زمانی آن را مچاله کرده بود شرمگین بود. مدتی بود که مغازه هم نرفته بود. از وقتی که صبا دامن سبزش را از آسمان زندگی‌اش جمع کرده بود به ندرت تلفن‌هایش را جواب می‌داد. تا اینکه یک روز خانم تفرجی با عصبانیت به او گفت: «شاید تلفن راجع به ایمان باشه.» و باعث شد که حداقل به تلفن‌هایش پاسخ دهد.

روزبه‌روز گونه‌هایش استخوانی‌تر و چشم‌هایش بیشتر به گودی می‌نشست. شب و روز با خود کلنجار می‌رفت که چاره‌ای برای برون‌رفت از این بن‌بست بیابد. می‌خواست هر طور شده ایمان را صاحب شود و حداقل یک دلخوشی برای ادامه زندگی‌اش داشته باشد. ولی هرچه بیشتر سعی می‌کرد کمتر نتیجه می‌گرفت.

درمانده و مستاصل به این دل‌خوش کرده بود که هر روز صبح و ظهر نزدیک مدرسه ایمان به انتظار بایستد تا دورادور با دیدن او کمی از آتش حسرت دلش را فرو بنشاند.

سرانجام یک روز انگار گوش فلک ندای دل صدرا را شنید و دست تقدیر قرعه شانس را به نامش رقم زد.

در آن بعدازظهر سرد زمستانی که آسمان صاف بود و لکه‌ای ابر در آن دیده نمی‌شد،

چشم‌های صدرا مدام به آسمان خیره می‌شد. اگرچه خورشید می‌تابید ولی انگار خاصیت گرم کردن زمین را به کلی از دست داده بود. صدرا در بالکن ایستاده بود و به حیاط لخت و بی‌برگ که زمستان همه هستی و نیستی‌اش را به تاراج برده بود نگاه می‌کرد. در گوشه بالکن به شاخه‌های درخت گردو که حالا از طبقه دوم ساختمان هم بالاتر زده بود نگاه کرد. درست روزی را به خاطر آورد که با پدرش بیست و پنج سال پیش نهال جوان و کوچک آن را نزدیکی‌های عید کاشته بود. پدرش حین کاشتن نهال به او گفته بود که اگر از آن حسابی مواظبت کند روزی خواهد آمد که شاخه‌هایش از سقف عمارت هم بالاتر خواهد زد. چقدر خاطره آن روز برایش زنده بود. صدرا هنوز حالت چهره پدرش را درآن لحظه خاص به یاد داشت و حالا پس از گذشت این همه سال شاخه‌های آن نهال کوچک سر به فلک کشیده بود. صدرا انگشت‌اش را روی شاخه‌های برف گرفته درخت گردو کشید. لایه نازکی از برف از روی آن کف بالکن ریخت. زمانی که صدرا خوب به شاخه‌ها دقیق شد جوانه‌های منتظر را دید که انگار برای آمدن بهار لحظه‌شماری می‌کردند. آن جوانه‌های سبز چقدر در برابر سرما مقاوم بودند! آن جوانه‌ها درست مثل پیام‌آوران امید بوی بهاری را به مشام صدرا رساندند. صدرا همچنان غرق در رویای شیرین رویش جوانه‌ها با صدای در حیاط به خود آمد. رحیم‌خان که همان لحظه به حیاط آمده بود در را باز کرد و صدرا از روی بالکن با کمال تعجب حیدر آزرمی را در آستانه در دید. صدرا نفهمید که چطور خودش را دم در رساند. آقای آزرمی با چهره تکیده و گرفته‌اش که انگار طی یک ماه گذشته ده سال پیرتر شده بود سراپا پوشیده در لباس مشکی در حالی که به رسم همیشه تسبیح سنگی سبز رنگش را در دست داشت در آستانه در به انتظار ایستاده بود. با دیدن صدرا لبخند پریده‌رنگی به لب آورد و گفت: «سلام صدرا جان!» صدایش گرم و پدرانه بود. انگار با از دست دادن حبیب به چشم فرزندی عزیز به صدرا نگاه می‌کرد.

ـ صدرا جان! ببخشید که مزاحمت شدم. دفعه قبل من و زنم حال و روز خوشی نداشتیم. نتونستیم اونطور که باید و شاید از زحماتت چه از بابت نگه‌داری ایمان چه از بابت برگزاری مراسم تشکر کنیم.

سپس در حالی که به شدت به خود فشار می‌آورد تا جلوی اشک‌های ناخواسته‌ای را که اصلاً به فرمانش نبود، بگیرد دست لرزانش را در جیب بغل کتش فرو برد و از داخل آن پاکت سفیدی بیرون آورد وآن را به طرف صدرا دراز کرد: بیا صدرا جان! این نامه مال شماست. دیروز داشتیم خونه حبیب رو جمع و جور می‌کردیم اینو توی کشوی مدارکش پیدا کردیم. چون

روش اسم تو رو نوشته گفتم حتماً مال شماست.

حیدر آزرمی به دنبال این حرف روی شانه صدرا دست گذاشت و ادامه داد: پسرم! بازم ممنونم. باورم نمی‌شد که ایمان این‌قدر بهانه‌ات رو بگیره. بچه درست غذا نمی‌خوره.

در اینجا حیدر آزرمی آه بلندی کشید و همین طور که به آسمان نگاه می‌کرد، افزود: من و زنم دیگه مثل کاسه شکسته‌ایم. هنوز سنگینی داغ برادر تو دلم سبک نشده بود که حبیبم رفت و به دنبال این حرف دیگر نتوانست جلوی اشک‌هایش را بگیرد.

صدرا نامه حبیب را در جیب شلوارش گذاشت. واقعاً نمی‌دانست با وجود زخم درون سینه خودش چطور پدر حبیب را دلداری دهد. فقط توانست بگوید: امیدوارم خدا بهتون صبر بده. این تنها چیزیه که می‌تونم از خدا بخوام. آقای آزرمی من رو هم مثل حبیب بدونید. اگه کاری داشتید تو رو خدا تعارف نکنید. حتماً به من بگید.

پدر حبیب اشک‌هایش را با دستمال پارچه‌ای سفیدی که درست مثل تسبیح‌اش جزء محتویات دائمی جیب کتش بود پاک کرد و زیر لب گفت: هی دنیا! قسمت ما هم این بود. با تقدیر نمی‌شه جنگید. صدرا جان! خدا خودش درد و درمون رو با هم می‌ده. اگه داغ می‌ده صبرش رو هم می‌ده. به هر صورت ببخش پسرم!

از صدرا خداحافظی کرد و قامت درهم شکسته‌اش را آرام آرام به روی برف‌های کوچه کشاند و پس از دقایقی از نظر ناپدید شد.

صدرا لحظه‌ای به حرف‌های آقای آزرمی فکر کرد: «اگه داغ می‌ده صبرش رو هم می‌ده.»

این حرف در نظرش کاملاً بی‌معنی و مفهوم آمد. با خودش فکر کرد: داغ صبا دیگه با هیچ مرهمی خوب شدنی نیست. حتی مرهم صبر و زمان.

نامه حبیب آنقدر صدرا را کنجکاو کرده بود که طاقت نیاورد و همانجا در هوای سرد آن را باز کرد و شروع به خواندن کرد:

دوست و برادر عزیزم صدرا جان

مدت مدیدی بود که می‌خواستم یه چند خطی برات بنویسم. ولی همیشه به یه نحوی از نوشتنش طفره می‌رفتم. تا اینکه بالاخره در کمال تعجب امروز تونستم نامه‌ای را که نوشتنش مدت‌ها طول کشید، تموم کنم. البته تا اینجا فقط نصف مأموریتم رو انجام دادم و نصف دیگه‌اش زمانی انجام می‌شه که نامه به دستت برسه. دلم می‌خواد نامه رو با دقت بخونی و بهش فکر کنی و اونوقت اگه خواستی می‌شینیم دوتایی در موردش بیشتر صحبت می‌کنیم. شاید از این طریق سوءتفاهم‌ها تا حدودی برطرف بشه و ما دوباره بتونیم به اون درجه از دوستی قدیمی

برسیم که زمانی همه بهش غبطه می‌خوردند.

صدرا جان شاید این نامه بیشتر حالت یک اعتراف‌نامه داشته باشه تا نامه یک دوست برای یک دوست. اعتراف به چیزایی که من تا این لحظه نتونستم رودررو بازگو کنم.

تو که خودت خوب منو می‌شناسی. من درست نقطه مقابل توام. تو همیشه خدا احساسات و عواطفت رو بی‌پرده بروز می‌دی ولی من هیچ وقت نتونستم این کار رو بکنم. چون واقعیتش با چنین تفکری بار نیومدم و این بار هم روش. به جای اینکه بیام جلو و حرف دلم رو بزنم به این کاغذ و قلم متوسل شدم. تازه باورت نمی‌شه که حتی نوشتنش هم برام سخته. چون اگه سخت نبود خیلی زودتر از اینها این نامه به دستت می‌رسید.

صدرا جان من سال‌های دوری رو به خاطر میارم که از برادر به هم نزدیک‌تر بودیم. اونقدر نزدیک که من همیشه با اطمینان به خودم می‌گفتم که مو لای درز دوستیمون نمی‌ره. ما هیچ وقت چیزی رو از هم پنهون نداشتیم. به طوری که اونقدر که من به تو اعتماد می‌کردم و حرف دلم رو می‌زدم به پدر و مادر و برادر و خواهر خودم نمی‌کردم. چند سالی به همین منوال گذشت. تا بالاخره با ورود صبا به زندگی هر دومون اون چیزی که نباید اتفاق می‌افتاد افتاد و دیوار بتون آرمه دوستیمون به راحتی یه دیوار کاه گلی ریخت پایین. تا جایی که دیگه رفت و آمدهامون به کلی قطع شد.

صدرا جان خدای بالای سر شاهده که چقدر شکرآب شدن دوستیمون برام گرون تموم شد ولی این بهایی بود که من در ازای به دست آوردن صبا می‌بایست می‌پرداختم.

البته این رو هم بگم که از بابت ازدواج با صبا هرگز خودم رو سرزنش نکردم. ولی این رو هم بدون که ته دلمم همیشه از به هم خوردن رابطمون واقعاً افسوس خوردم.

زمان گذشت تا ایمان به دنیا اومد. با به دنیا آمدن ایمان حس کردم که می‌شه روابط از هم پاشیده قدیمی رو تا حدودی ترمیم کرد. به همین خاطر تمام تلاشم رو کردم تا هر طور شده با وصله پینه روابطمون رو به همون نزدیکی روابط قبل برگردونم. که البته باید اعتراف کنم که در این زمینه چندان موفق نبودم. چون خودت خوب می‌دونی که ما هنوزم که هنوزه نتونستیم به صمیمیت دوستی قدیممون برسیم. که البته امیدوارم این نامه بتونه یک کمی این مشکل رو حل کنه.

برگردم به موضوع به دنیا آمدن ایمان. با به دنیا آمدن ایمان و بزرگ‌تر شدنش یه حس غریبی از نزدیکی بیشتر من به تو جلوگیری می‌کرد. درست مثل حسی که قبل از ورود صبا به زندگیم در وجودم نسبت به تو ایجاد شد. نمی‌دونم چه اسمی می‌شه روی این حس گذاشت.

حس حسادت یا حس غبطه خوردن؟ چون همیشه می‌دیدم که تو همه چیزای خوب رو یکجا با هم داری. حس اینکه چرا صدرا می‌تونه کسی مثل صبا رو داشته باشه و من که بزرگ‌ترم هنوز نتونستم همچین کسی رو تو زندگیم پیدا کنم. و البته این حس دوباره سال‌ها بعد به سراغم اومد.

البته صدرا جان اینجا لازمه کمی هم از خودم دفاع کنم که بدونی من اونقدرها هم بی‌شرم نبودم که با حیله‌گری بخوام صبا رو از تو بگیرم. در اصل شرایط اون موقع کاملاً متفاوت بود و از شواهد امر این طور بر می‌اومد که تو دیگه صبا رو فراموش کردی و به یه زندگی جدید فکر می‌کنی. اینجا بود که من پا پیش گذاشتم و شانس خودم رو امتحان کردم. شاید اگر اون موقع به عشق و علاقه‌ات به صبا صددرصد مطمئن بودم هیچ وقت چنین کاری نمی‌کردم.

شاید الان که داری این جملات رو می‌خونی با خودت بگی که من با این مهملاتم دارم خودم رو تبرئه می‌کنم. ولی حقیقتاً من وقتی به اشتباه خودم و علاقه بی‌حد و مرز تو به صبا پی بردم که کار از کار گذشته بود وخودم سخت شیفته صبا شده بودم طوری‌که بیرون کردن فکرش از ذهنم دیگه غیر ممکن بود.

حالا به هر صورت اتفاقیه که افتاده و من بهت حق می‌دم که درست مثل رحیم‌خان من رو نامرد خطاب کنی.

دوباره برمی‌گردم به قضیه ایمان و بزرگ شدنش. داشتم می‌گفتم که کم‌کم بزرگ‌تر شدن ایمان اون حس غریب رو دوباره در وجودم ایجاد کرد. چرا؟ چون با بزرگ‌تر شدن ایمان حس می‌کردم انگار علاقه‌اش داره روز به روز به تو بیشتر و بیشتر می‌شه و در عوض از من که پدرشم روز به روز بیشتر فاصله می‌گیره. و البته علتش رو هم خیلی خوب می‌دونم. چون همون طور که قبلاً هم اشاره کردم تو هیچ وقت با بروز احساسات مشکل نداشتی و مسلمه که بچه جایی کشیده می‌شه که محبت بیشتر ببینه. گاهی اوقات اونقدر ایمان رو به تو نزدیک می‌بینم که با خودم می‌گم اگه یه وقت من نباشم تنها کسی که می‌تونه شایستگی بزرگ کردن ایمان رو داشته باشه و ایمان پیشش دووم بیاره فقط و فقط تویی و اگر ایمان زیر دست تو بزرگ می‌شد قطعاً خوشبخت می‌شد. به هر صورت این واقعیتیه که ازش گریزی نیست و من هم دیگه باهاش کنار اومدم. بیانش خیلی سخته ولی باید اعتراف کنم که من بارها و بارها تلاش کردم به تقلید از تو ایمان رو به خودم نزدیک کنم ولی هنوز که هنوزه تو رو صد پله جلوتر می‌بینم. به هر صورت که خودم خوب می‌دونم که چقدر ایمان دوستت داره. تا جایی که گاهی حس حسادتم تحریک می‌شه. همون طور که حس حسادتم گاهی نسبت به تو و صبا تحریک می‌شه. مثلاً درست مثل اون شب توی بیمارستان. تا قبل از اون ماجرا من همیشه با خودم می‌گفتم که دیگه جدی جدی

آتش علاقه بین شما دوتا خاموش شده مخصوصاً بعد از به دنیا آمدن ایمان دیگه جای هیچ شکی برام نبود تا اینکه اون شب توی بیمارستان صحنه نشستن صبا در کنار تو روی تخت خلافش رو بهم ثابت کرد. تازه اونجا فهمیدم که چقدر احمق بودم که ندیدم اون آتش نه تنها خاموش نشده بلکه روز به روز شعله‌ورتر شده. اون شب جنونی آنی به سراغم اومد و بعد از مشاجره مفصلی با صبا که در تمام طولش اون فقط اشک ریخت با یک قلم یک ساعت تمام عقده‌هام رو روی یه کاغذ ریختم. در حقیقت در اون لحظه اون تنها حس خشم بود که قلمم رو روی کاغذ حرکت می‌داد به طوری که در آخر نوشته‌هام که کلمه به کلمه‌اش با خشم آلوده بود حس آرامش پیدا کردم. یا به قولی حس کردم که با اون نوشته‌های تند دلم تا حدی خنک شد. و البته حق هم داشتم. برای یه لحظه خودت رو بذار جای من و اون صحنه توی بیمارستان رو پیش خودت مجسم کن. اونوقت ببین حق رو به من می‌دی یا نه.

درسته که تو و صبا زمانی همدیگر رو می‌خواستید ولی صبا باید اینو بفهمه که شرایطش در حال حاضر با اون موقع فرق می‌کنه و توی زندگیش به همسر و بچه‌اش تعهدایی داره. و البته می‌دونم که تو هم این رو درک می‌کنی.

البته این رو هم بگم که بعد از مدت‌ها سبک سنگین کردن و دیدن محبتی که همیشه به ایمان می‌کنی از اون نوشته‌ها از خودم خجالت کشیدم و به جاش تصمیم گرفتم دلم رو به دریا بزنم و این بار با نوشتن این نامه اعترافی رو که الان چند ساله زبانی می‌خوام بکنم و نتونستم حداقل به صورت کتبی بگم. اعتراف کنم که از بابت تمام سختی‌هایی که توی زندگیت از بابت من متحمل شدی معذرت می‌خوام. الان که خوب فکر می‌کنم می‌بینم با وجودی که من صبا رو از تو گرفتم تو هنوز با دل مهربانی که داری با تمام وجود به ایمان محبت می‌کنی. و من گذشته از حس حسادتی که ذکر کردم به شدت دچار حس شرمندگی می‌شم چرا که می‌بینم هنوز اونقدر با معرفتی که ایمان من رو درست مثل بچه خودت می‌دونی. هر چی نباشه هنوز فراموش نکردم که چطور برای گرفتن کادوی جشن تولد ایمان مجبور شدی چند روز تو بیمارستان بخوابی.

من حقیقتاً این رو از صمیم دل می‌گم که اگه واقعاً یه وقت نباشم تنها کسی که در غیاب من لیاقت و شایستگی بزرگ کردن ایمان رو داره فقط و فقط تویی نه کس دیگه. حتی کسایی که باهاش رابطه خونی دارن. واقعاً یه نگاه به دور و برمون بنداز الحق و والانصاف کی تو دور و بریای ما رابطه‌ای که تو با ایمان داری داره؟ البته ناگفته نمونه که همه واقعاً دوسش دارن. چون ذاتا بچه شیرین و تو دل بروییه و اصلاً کی پیدا می‌شه و کی اصلاً جرات می‌کنه که ایمان من رو

دوست نداشته باشه «می‌دونی که بچه به باباش می‌بره مخصوصاً تودل برویش!» این رو برای شوخی گفتم. ولی واقعاً اون نزدیکی و علاقه‌ای که ایمان به تو داره نه به پدر و مادر من و نه به پدر و مادر صبا داره. حتی به عمه و عموش هم نداره. پس ببین تا چه حد بهت نزدیکه.

صدرا جان! اگه تو این نامه در مورد رابطه تو و ایمان حرف از حس حسادت زدم دلیل نمی‌شه که رابطه‌ات رو به کلی با ایمان من قطع کنی. وجود یه نفر مثل عمو صدرا توی زندگی ایمان لازمه. چون اونوقت می‌تونه کنار چیزای خوبی که از بابا، مامانش یاد می‌گیره خیلی از خصلتای خوب دیگه رو هم از عمو صدراش یاد بگیره. جدی جدی هیچ تا حالا دقت کردی که ایمان پیش تو هیچ وقت احساس غریبی نمی‌کنه؟ باور کن اگه یه ماهم پیش تو بمونه هیچ احساس دلتنگی نمی‌کنه. چون تو همیشه مثل یک پدر براش سنگ تموم گذاشتی و می‌خوام بدونی که در گذشته ممکن بود که به این رابطه حسودی کنم ولی الان دیگه نظرم کاملاً فرق کرده و هر چی که بتونه ایمان من رو خوشحال کنه از ته دل من رو هم خوشحال می‌کنه. لابد الان با خودت می‌گی این دیگه چقدر بچه ذلیله مگه نه؟ چکار کنیم دیگه ماییم و همین یه دونه شازده بایدم دست و پامون دائم براش بلرزه. به هر حال که امیدوارم این رابطه همیشه اینطور بمونه. هر چی نباشه ما زمانی از برادر به هم نزدیک‌تر بودیم و طبیعیه که اگر بخوایم دوباره به اون درجه از دوستی برسیم چنین رابطه‌ای در ایجاد اون صمیمیت قدیمی خیلی کمک می‌کنه.

صدرا جان! دیگه کم‌کم نامه رو به پایان می‌برم. اگر زمانی جربزه اون رو داشتم که نامه رو به دستت برسونم و تو هم تونستی نامه رو بخونی بهش فکر کن تا بعدا سر صبر بشینیم و صحبت کنیم. به هر حال با این نامه می‌خواستم با یه تیر دو نشون بزنم یعنی هم از بابت اتفاقات گذشته ازت معذرت‌خواهی کنم و هم از بابت محبت‌های بی‌دریغت به ایمان ازت تشکر کنم. خدا رو چه دیدی شاید اگه نشستیم و با هم رودررو صحبت کردیم یه معجزه‌ای بشه که من بتونم زبونی هم این حرفا رو بهت بزنم.

دوست همیشگی تو حبیب

نامه حبیب که تاریخ نوشتنش به تقریباً یک‌ماه قبل از فوت او برمی‌گشت در دو صفحه کامل با خطی ریز ولی بسیار مرتب روی کاغذی بی‌خط نوشته شده بود. نه غلط املایی داشت و نه خط‌خوردگی. با انشایی روان و خوب نوشته شده بود طوری‌که صدرا با خود گفت: هیچ وقت فکر نمی‌کردم دست به قلم حبیب این‌قدر خوب باشه. حبیب نامه را آنقدر مرتب و با دقت نوشته بود که به نظر می‌رسید اول آن را چکنویس و سپس روی آن کاغذها پاکنویس کرده است.

صدرا نامه حبیب را دوباره و دوباره و دوباره خواند.

نامه حبیب به حدی افکار صدرا را به هم ریخته بود که اصلاً توان تمرکز نداشت. همانجا در همان هوای سرد زیر شاخه‌های سرافکنده بید در کنار حوض آب که با یخ نیمه شکسته پوشیده شده بود ایستاد و چشم به لبه‌های تیز یخ‌های شکسته حوض دوخت تا شاید با تصور تیزی آن لبه‌ها افکار ضد و نقیضی که در ذهنش دور می‌زد را پاره کند. رحیم‌خان هنوز از پشت درخت‌های عریان چشم از صدرا بر نداشته بود. با وجودی که به شدت دلش می‌خواست بداند حیدر آزرمی آنجا چه‌کار داشت ولی جرات به خود نمی‌داد که بیش از این کنجکاوی کند خصوصاً که هنوز از خواندن نامه صبا بدون اطلاع صدرا شرمگین بود. رحیم‌خان پس از کمی مکث پشت درختان وقتی حس کرد که دارد پایش را از گلیمش فراتر می‌گذارد به‌رغم میل درونی‌اش او را تنها گذاشت.

صدرا در تمام عمرش این همه اتفاقات عجیب و غریب ندیده بود و طبیعی بود که هضم آنها طی یک ماه برایش مشکل بود. با خواندن نامه حبیب به شدت دچار احساس شرمندگی و تأسف شده بود. شرمندگی از بابت اینکه در زمان حیات حبیب نتوانسته بودند به آن صمیمیت قدیمی دست یابند و حالا برای بازگرداندن آن دوستی قدیمی بسیار دیر بود. نامه حبیب تمام گذشته‌های تلخ را برایش زنده کرده بود. گذشته‌ای که غلبه بر تلخی‌های آن برای او سال‌ها به طول انجامیده بود. از طرفی هم آن نامه از جهاتی برایش بسیار مسرت‌بخش بود. شاید نامه حبیب می‌توانست صدرا را تا حدودی در حل مشکلی که سه هفته تمام خواب و خوراک را از او گرفته بود یاری کند. شاید دیگر نیازی نبود برای گرفتن سرپرستی ایمان ماجرای پدر و پسری‌شان را برملا کند. از سوی دیگر با هر مرور دوباره نامه تعجب صدرا بیشتر و بیشتر می‌شد که چطور دست تقدیر نامه حبیب را درست در چنین زمانی به دست او رسانده بود. متعجب از شیوه تقدیر با خود فکر می‌کرد که حقیقتاً چطور بدون وجود نامه حبیب می‌توانست اصلاً سر رشته کلاف سردرگم قیمومیت ایمان را بیابد و دربارهٔ آن سخنی بگوید و چطور برای گرفتن قیمومیت ایمان با جماعتی در افتد.

حالا می‌توانست سر صحبت را به هر طریقی باز کرده و موضوع ایمان را طبق نظر مساعد حبیب وسط بکشد و گران‌بهاترین یادگار صبا را به زیر بال و پر خودش بگیرد و با اشتیاق شاهد بزرگ شدنش باشد. گاهی هم دلشوره به جانش می‌افتاد که نکند با مخالفت آقای صرافی و خانم آزرمی مواجه شود. با این وصف طی این مدت برای اولین بار شور و هیجانی لذت‌بخش را در وجودش احساس کرد. نور امیدی که در آن لحظه به قلبش تابیده بود تمام یخ‌های سردرگمی‌اش را آب کرد طوری که از مساله قیمومیت ایمان فراتر رفت و درست مثل پیشگویی

ماهر که تمام آینده را در گوی شیشه‌ای می‌بیند و می‌خواند تمام مراحل بزرگ شدن ایمان را نزد خودش به تصویر کشید.

به خاطر رعایت احترام خانواده آزرمی و صرافی تصمیم گرفت تا بعد از مراسم چهلم صبر کند ولی از شدت هیجان و شگفتی با خود فکر کرد اگر ماجرا را با کسی در میان نگذارد کارش به جنون خواهد کشید. به همین جهت خانم تفرجی را برگزید.

فردای آن روز یک راست به خانه خانم تفرجی رفت و برعکس همیشه که فقط جلوی در می‌ایستاد بی‌تعارف وارد حیاط شد. چهره خانم تفرجی بسیار خسته و تکیده به نظر می‌رسید. با رفتن صبا از همیشه تنهاتر شده بود. گاهی اوقات عصرها اگر بر حسب اتفاق صدای زنگ به صدا درمی‌آمد برای لحظه‌ای حس می‌کرد صبا به دیدنش آمده است.

با وجودی که از درون خرد شده بود سعی می‌کرد تا حد امکان ناراحتی و غصه‌اش را خصوصاً جلوی صدرا بروز ندهد و فقط در لحظات تنهایی با دل سوخته‌اش خلوت کند و به یاد لبخندهای صبا اشک بریزد. آن روز هم وقتی در مقابلش صدرا ظاهر شد سعی کرد آثار اندوه را از چهره‌اش بزداید. هرچند چشم‌هایش ملتهب‌تر از آن بود که بتواند حال ضمیرش را پنهان کند.

با سینی چای وارد اتاق شد و مستقیم در چشم‌های صدرا نگاه کرد و گفت: چته پسر!؟ قیافه‌ات داد می‌زنه یه خبراییه.

صدرا به زحمت تمام، لبخندی را که راه لب‌هایش را با رفتن صبا برای مدت‌ها گم کرده بود بر سر جایش نشاند و با هیجانی که صدایش را می‌لرزاند گفت: نمی‌تونی باور کنی که چه اتفاقی افتاده.

خانم تفرجی کنجکاوانه نگاهی به صدرا انداخت و گفت: من از بیست سوالی خوشم نمیاد. می‌خوای بگی چی شده یا نه؟

صدرا این بار بدون راندن کلمه‌ای بر زبان پاکت نامه حبیب را به او نشان داد.

خانم تفرجی با کنجکاوی نگاهی به پاکت انداخت و پرسید: این دفعه از کی نامه گرفتی؟

ــ نمی‌تونی باور کنی.

خانم تفرجی نامه را از دست صدرا قاپید و همین طور که برای یافتن نامی به پشت پاکت نامه نگاه می‌کرد با بی‌صبری گفت: حرف بزن بابا. نصفه عمر شدم. کی برات نامه داده؟

ــ حبیب.

ــ حبیب؟ حالت خوشه؟

ــ حالم خوش خوشه. باور کن نامه از طرف حبیبه.

خانم تفرجی لبخندی زورکی به لب آورد و با طعنه گفت: چیه؟ از اون دنیا برات نامه داده؟

ــ نه بابا! از قرار نامه رو یک ماهی قبل از فوتش نوشته بوده. می‌دونم تو هم به اندازه من تعجب کردی مگه نه؟ ولی باور کن آقای آزرمی دیروز آوردش در خونه. گفت که از توی کشوی مدارک حبیب پیداش کرده.

خانم تفرجی با وجودی که ژاکت کلفتی به تن داشت از سرما بدنش به مور مور افتاد. همین طور که بازوهایش را می‌مالید بی‌صبرانه پرسید: حالا توی نامه چی نوشته؟

ــ خودت بازش کن و بخونش.

خانم تفرجی دوباره با تردید نگاهی به صدرا انداخت و پرسید: مطمئنی؟

ــ آره! ما که دیگه چیزی از هم پنهون نداریم. همه‌اش رو بخون. بلند بخون می‌خوام منم بشنوم.

خانم تفرجی یک لحظه را هم از دست نداد و در حالی که دست‌هایش می‌لرزید شروع به خواندن کرد. صدرا از روی تغییر تن صدای او و مکث‌هایش در بعضی قسمت‌ها به خوبی پی به شدت حیرت او برده و حسابی هم سرگرم شده بود.

وقتی خانم تفرجی نامه را به پایان برد حس کرد مورمور تنش بیشتر شد. با تردید در چشم‌های صدرا خیره شد: یعنی تو اینو باور می‌کنی؟

ــ چرا باور نکنم؟ دست‌خط و امضا و تمام محتویات نامه داد می‌زنه که فقط حبیب می‌تونسته یه همچین نامه‌ای رو بنویسه. تازه آقای آزرمی گفت که توی میز کار حبیب پیداش کرده. لای وسایل شخصی‌اش. اصلاً غیر از حبیب کی دیگه می‌تونه یه همچین چیزایی رو روی کاغذ بیاره؟

خانم تفرجی دوباره به نوشته‌های نامه دقیق شد و گفت: راست می‌گی. من دست‌خط حبیب رو دیدم. بعد از تولد ایمان یه نامه تشکر و یه چک بانکی برام فرستاد. دست‌خط و امضای حبیبه. حالا می‌خوای چکار کنی؟

ــ نمی‌دونم. عقلم به جایی قد نمی‌ده. گفتم شاید بهتر باشه تا بعد از چهلم به احترام پدر و مادر حبیب صبر کنم و بعد چهلم یواش یواش قضیه نامه رو پیش بکشم.

ــ به نظرم کار درستی می‌کنی. یه کم صبر کنی بهتره. آقای آزرمی رو فکر کنم زود بشه رام کرد و شک دارم که با خواسته حبیب مخالفتی کنه ولی از زنش اصلاً چشمم آب نمی‌خوره. راضی کردن اون فقط با خداست. باید حسابی خودت رو برای دفاع از حق پدریت بدون اینکه دیگران رو به شک بندازی آماده کنی. حتماً خودتم خوب می‌دونی که این فقط یه نامه ساده

است و وصیت‌نامه قانونی نیست که فقط صرفاً بخوای با استناد بهش اونا رو راضی کنی. می‌فهمی که چی می گم. باید قبل از اینکه کار به مراحل قانونی بکشه یه جورایی توی خونواده حلش کنی و گر نه من شک دارم قانون اصلاً طرفت رو بگیره.

صدرا سرش را به علامت تایید تکان داد: می‌دونم. ولی همین هم خودش غنیمته. نمی‌دونم پدر و مادر صبا راجع به این قضیه چی فکر می کنن.

ـ می‌خوای من باهاشون صحبت کنم؟

صدرا لحظه‌ای به خانم تفرجی نگاه کرد و سپس گفت: نه! نمی‌خوام شما رو دوباره درگیر این قضایا کنم. باید بشینم یه کم فکر کنم. یه راهی برای راضی کردنشون پیدا کنم. در مورد خونواده صرافی قضیه برعکسه. فکر نمی کنم خانم صرافی با این قضیه مشکلی داشته باشه. این آقای صرافیه که شک دارم رضایت بده.

خانم تفرجی از پنجره نگاهی به بیرون انداخت. آسمان رو به غروب به ناگاه موجی از دلتنگی را در وجودش برانگیخت. تصویر پشت پنجره او را همیشه یاد لحظه رفتن صبا از خانه‌اش می‌انداخت. زمانی که صبا به ناگاه از جا می‌پرید و می گفت: آخ هوا داره تاریک می‌شه. باید زودتر برگردم.

غروب‌ها همیشه تنهایی را برای خانم تفرجی به ارمغان آورده بود و حالا با دیدن آن صحنه، حقیقت تلخ از دست رفتن صبا برای همیشه دوباره برایش زنده شد و دوباره بغض را در گلویش نشاند.

خانم تفرجی برای اینکه اجازه ندهد صدرا اشک را در چشم‌هایش ببیند بدون آنکه نگاهش را از آسمان که حالا دیگر از رنگ نارنجی به بنفشی می‌زد بگیرد زمزمه‌وار گفت: خدا رو چه دیدی؟ شاید راضی شد. من دلم روشنه.

بعد از مراسم چهلم زمانی که از سوز و گداز داغ آزرمی‌ها کمی کاسته شده بود صدرا تصمیمش را گرفت. حالا دیگر زمان آن رسیده بود که به عزم و اراده یک کوه برای بازگرداندن عزیزترین یادگار صبا قدم پیش بگذارد و آنچه را که برای مدت‌ها فکرش را به خود مشغول کرده بود با برنامه‌ای حساب شده با حیدر آزرمی در میان بگذارد. به همین خاطر با قدم‌های محکمی که لحظه به لحظه او را به رسیدن به حق پدریش نزدیک می کرد با هیجان و اضطرابی وصف ناپذیر راهی بنگاه آقای آزرمی شد. در تمام طول راه مدام دستش را روی جیب کتش می گذاشت که از وجود نامه حبیب مطمئن شود.

حیدر آزرمی پشت میز کارش نشسته و با تلفن مشغول صحبت بود. به محض دیدن صدرا

برای ادای احترام از جایش نیم‌خیز شد و با دست صندلی کنار میز را به او نشان داد. چهره‌اش تکیده و خسته به نظر می‌رسید. با وجودی که چهلم هم گذشته بود پیراهن مشکی‌اش را از تن در نیاورده بود. صدرا در سکوت به آرامی روی صندلی نشست و دوباره ناخودآگاه جیب کتش را لمس کرد. دلشوره‌ای که در وجودش به پا خاسته بود بار دیگر دگرگونش کرد ولی به خاطر ایمان باید تمام سختی‌ها را به جان می‌خرید.

پس از تعارفات معمول که به دلیل اضطرابش کمی بیش از تعارفات معمولی به درازا کشیده بود با من و من کم‌کم موضوع نامه حبیب را وسط کشید.

زمانی که صدرا بخش‌هایی از نامه حبیب را که به ایمان مربوط می‌شد به حیدر آزرمی نشان می‌داد او مات و مبهوت با تعجب چشم به کلمات درج شده در نامه پسرش دوخته و سکوت اختیار کرد. حیدر آزرمی بخش‌های مورد نظر را با نیم نگاهی به بخش‌های دیگر در سکوت خواند. خطوطی که در مقابل چشم‌های او رژه می‌رفتند حقیقتاً دست‌خط حبیب فرزندش بود که با کلامی رسا صدرا را آن هم نه فقط در یک جا بلکه در چندین قسمت از نامه‌اش برای سرپرستی ایمان از هر کسی ارجح‌تر خوانده بود. دقایقی سکوت کرد و به فکر فرو رفت. صدرا لحظه‌ای چشم از صورت پدر حبیب بر نمی‌داشت. با اضطرابی که در آن لحظه در وجودش موج می‌زد حس می‌کرد با گذشت هر لحظه خزان ناامیدی برگ‌های امیدواری دلش را بیشتر تهدید می‌کند تا جایی که دیگر برگی به شاخه‌ها نخواهد ماند و با صدای اعتراض حیدر آزرمی از آن رویای شیرینی که خود را در آن با خوش‌باوری غرق کرده خواهد پرید. حیدر آزرمی سخت به فکر فرو رفته بود. از یک طرف ایمان عزیزترین یادگار حبیب را می‌دید که می‌توانست با ماندنش و خنده‌های شیرینش ذره‌ای از سوز داغ درونشان را بکاهد و از طرف دیگر علاقه عجیب صدرا به ایمان و بالعکس و اختلاف سنی کمتر آنها این فکر را که تا آن لحظه به هیچ عنوان به ذهنش خطور نکرده بود در ذهنش القا می‌کرد که شاید حق با حبیب بوده و صدرا بهترین کسی است که قابلیت مراقبت از ایمان را دارد. از طرفی فکر سپردن سرپرستی ایمان به صدرا عجیب و دور از انتظار می‌آمد. هضم قضیه سپردن ایمان به مردی جوان در حالی که هیچ گونه رابطه خونی با ایمان نداشت برایش سنگین بود.

آقای آزرمی ایستاده بر سر دو راهی نگاهی به صدرا انداخت ولی این بار صدرا نتوانست به طور مستقیم در چشم‌های او نگاه کرده و حرف دلش را بزند. به همین خاطر سرش را پایین انداخت و همین طور که با استکان خالی چایش بازی می‌کرد به آرامی لب به سخن گشود: آقای آزرمی! شما که غریبه نیستید و خوب می‌دونید که من و حبیب یه زمانی از برادر به هم

نزدیک‌تر بودیم. با وجودی که بعد از ازدواج حبیب از هم دلخوری‌هایی پیدا کرده بودیم ولی من همیشه حبیب رو از ته دل دوست داشتم. خدا می‌دونه وقتی که نامه حبیب رو خوندم هر یک کلمه‌اش نیشتری بود که تو قلبم فرو می‌رفت. با رفتن حبیب حسرت ادای دین دوستی که نسبت بهش احساس می‌کردم سخت به دلم موند. می‌بینید که دستم بسته است و متاسفانه حبیب دیگه پیش ما نیست که من بخوام پا پیش بذارم و برای احیای اون دوستی قدیمی قدمی بردارم. من سال‌های سال بود که دنبال راهی برای اثبات دوستیم به حبیب می‌گشتم. حبیب برای من همیشه چیزی فراتر از یک دوست بود. تا اینکه نامه حبیب رو برام آوردید. من بارها و بارها و بارها نامه رو خوندم. طوری که الان سطر سطرش رو از حفظم. نامه حبیب یک ذهنیت رو در من ایجاد کرد. ذهنیت اینکه حبیب با نامه‌اش داره فرصتی بهم می‌ده تا اون صمیمیت و رفاقت قدیمی رو احیا کنم. آقای آزرمی! اگر نامه حبیب رو با دقت بخونید به منظورم پی می‌برید. من حس می‌کنم که این آخرین شانس منه که بتونم دینم رو به حبیب ادا کنم. من می‌تونم با تقبل کردن (در اینجا نفس عمیقی کشید و پس از مکث کوتاهی ادامه داد) مسؤولیت ایمان دینم رو به حبیب ادا کنم. شما که خوب می‌دونید من ایمان رو مثل بچه خودم دوست دارم. البته این رو هم خدمتتون عرض کنم که من اصلاً قصد جسارت ندارم. چون به هر حال شما بزرگ ایمان هستید و امیدوارم سایه‌تون سال‌های سال بالای سر این بچه بمونه ولی اگه رضایت بدید و به من منت بگذارید طبق گفته‌های حبیب توی نامه‌اش من حاضرم با جون و دل این مسؤولیت رو بپذیرم. آقای آزرمی! می‌خوام من رو مثل حبیب بدونید. البته آقا و خانم صرافی هم به همین نسبت حق دارند که در جریان امر قرار بگیرند و نظر اون‌ها هم شرطه. اون‌ها هم حق دارن که نامه حبیب رو بخونن و بدونن که این بیشتر از اینکه خواسته دل من باشه خواسته دل حبیبه.

در این جا صدرا کمی مکث کرد تا پاسخی از آقای آزرمی بشنود ولی وقتی دید سکوت او دارد به درازا می‌کشد ادامه داد: آقای آزرمی! شاید اگه نامه‌ای در کار نبود من هیچ وقت همچین جسارتی نمی‌کردم. چون می‌دونم با بودن سایه‌ای مثل شما بالای سر ایمان این بچه حقیقتاً مرد زندگی بار خواهد اومد. ولی حالا که پای نامه حبیب در میونه من وظیفه خودم می‌دونم که این جسارت رو بکنم و از صمیم دل بگم که خواسته حبیب خواسته منم هست و من با خواسته حبیب به شدت احساس مسؤولیت می‌کنم. و از جون و دل به این خواسته احترام می‌گذارم.

حیدر آزرمی غافل‌گیر از متن نامه حبیب و حرف‌ها و پیشنهادهای صدرا نمی‌دانست چه بگوید. تلفن بنگاه زنگ می‌زد ولی انگار صدای زنگ تلفن را نمی‌شنید. حیدر آزرمی سخت به

فکر فرو رفته بود. صحبت‌های صدرا و متن نامه حبیب آنقدر برایش دور از انتظار بود که در آن زمان کوتاه به هیچ عنوان نمی‌توانست به آن فکر کرده و تصمیم بگیرد. تازه نظر او تنها ملاک نبود و می‌بایست موضوع را با همسرش و خانواده صرافی در میان بگذارد. به همین خاطر بعد از دقایقی دست و پازدن در فکر و خیالی مشوش وقتی دید به هیچ نتیجه‌ای نمی‌تواند برسد در جواب صدرا گفت: صدرا جان! همین قدر که از روی لطف صمیمانه به ما یه همچین پیشنهادی می‌کنی خودش دنیایی ارزش داره. اصلاً در علاقه تو به ایمان و ایمان به تو جای هیچ بحثی نیست. ولی حقیقتش تصمیم‌گیری در مورد این قضیه در این شرایط کمی سخته. البته اینو بگم که به نظر من هم حبیب توی نامه‌اش واضح و رک و پوست کنده خواسته قلبیش رو مطرح کرده و درش هیچ شکی نیست ولی به این راحتی‌ها هم نمی‌شه تصمیم گرفت. به هر صورت این تنها من نیستم که این وسط نقش دارم. آقا و خانم صرافی هم به همون اندازه در این قضیه دخیلند که من و زنم. ما باید بشینیم سرصبر فکرامون رو روی هم بریزیم تا بتونیم بهترین شرایط رو برای زندگی آینده ایمان فراهم کنیم.

ـ البته آقای آزرمی! نظر شما هر چی باشه قابل احترامه. شما همیشه به مصلحت‌اندیشی و خردمندی بین دوست و آشنا معروف بوده و هستید و همون طور هم که خودم گفتم مسلما آقا و خانم صرافی باید در جریان امر قرار بگیرند. من با آوردن این نامه اینجا فقط می‌خواستم شما را از خواسته قلبی حبیب که خواسته قلبی منم هست باخبر کنم و بگم که از صمیم دل حاضرم طبق خواسته مستقیم حبیب چنین مسؤولیتی رو با جون و دل بپذیرم.

ـ پسرم! قطعاً همین طوره که می‌گی. ولی اجازه بده ما روی این مسأله بیشتر فکر کنیم و یه روز یه جلسه مشورتی بذاریم تا متفقا به یه نتیجه عاقلانه برسیم.

جمله «یه روز جلسه مشورتی بذاریم» که از طرف آقای آزرمی مطرح شده بود برای صدرا برابر بود با انتظاری کشنده. یه روز مبهمی که حیدر آزرمی از آن سخن گفته بود آنقدر به نظر صدرا دور آمد که نتوانست سرسری از کنارش بگذرد. به همین خاطر بلافاصله از آقای آزرمی خواست تا تاریخ یه روز مبهم را مشخص کند. حیدر آزرمی پس از کمی مکث جواب داد: سه روز دیگه. پنجشنبه بیا منزل ما بلکه تا اون موقع با صرافی هم صحبت کرده باشم بعد با هم می‌شینیم و یه تصمیمی می‌گیریم.

آن شب بعد از صرف شام حیدر آزرمی بعد از بارها چرخاندن تسبیحش و بالا و پایین کردن صحبت‌های صدرا بالاخره دل را به دریا زد و با احتیاط تمام سر صحبت پیرامون نامه حبیب و حرف‌های صدرا را باز کرد.

همان طور که انتظار می‌رفت با هر کلامی که از دهان حیدر آزرمی خارج می‌شد اخم‌های مادر حبیب بیشتر در هم فرو می‌رفت تا نهایتاً به درجه‌ای رسید که حیدر آزرمی حرفش را تمام نکرده سکوت اختیار کرد.

غرغرهای مادر حبیب مثل رگباری بر سر حیدر آزرمی فرود می‌آمد. ولی او همچنان در برابر اعتراض‌های کنایه‌آمیز همسرش سکوت اختیار کرد و هیچ نگفت. بالاخره وقتی خانم آزرمی دید همسرش میلی به ادامه مشاجره ندارد از نفس افتاد و دقیقه‌ای زبان به دهان گرفت.

بعد از این که مادر حبیب تخلیه شد همسرش با لحن آرامی به حرف آمد: حالا که غرغرات رو خوب کردی بشین یه کم عاقلانه به این قضیه نگاه کن. کلاهتو قاضی کن ببین چی برای آینده ایمان بهتره. فکر کن. بعد بی طرف قضاوت کن. ببین در مورد آینده ایمان چی فکر می‌کنی. حالا که می‌دونی حبیب یه همچین نامه‌ای نوشته فکر می‌کنی صدرا می‌تونه از پسش بر بیاد؟

ـ صدرا از پسش بر بیاد؟ زده به سرت مرد؟ آدم عاقل مگه بچه‌ای که از گوشت و خونشه میاد دو دستی تقدیم غریبه‌ها می‌کنه؟

ـ گفتم بی‌طرف قضاوت کن. غریبه کیه؟ از کی تا حالا صدرا غریبه شد؟ اون یه عمر با ما نون و نمک خورده. من و تو که خوب می‌شناسیمش. اگه نامه حبیب در کار نبود بله منم می‌گفتم معنی نمی‌ده ایمان رو از خودمون جدا کنیم. ولی این جور که توی نامه‌اش چندین بار تکرار کرده من می‌ترسم روی خواسته‌اش پا بذارم.

ـ نه! تو اصلاً انگار پاک زده به سرت. من حرفمو گفتم. ایمان از اینجا تکون نمی‌خوره. والسلام نامه تمام! از حالا به بعد هم فقط خودتو خسته می‌کنی. یه کلمه گفتم نه یعنی نه!

ـ زن! آخه مگه فقط دست توئه؟ خونواده صرافی هم شرطند. اونا هم باید نظر بدن.

خانم آزرمی با شنیدن اسم صرافی چنان قهقهه‌ای سر داد که شوهرش را ترساند: باشه. باشه. اگه صرافی رضایت داد منم رضایت می‌دم. فقط برو ببینم چه جوری می‌خوای رضایت اون یه دنده رو بگیری. تو اگه بری ماجرای قیمومیت ایمان از طرف صدرا رو براش تعریف کنی یه شبانه روز بهت می‌خنده. حالا می‌گی نه برو امتحان کن. و با گفتن این حرف اتاق را ترک کرد و شوهرش را با ذهنی آشفته تنها گذاشت.

تا صبح از این پهلو به آن پهلو شد. کسی که به عنوان بزرگ فامیل همه روی حرفش حساب می‌کردند بار دیگر آماج طعنه‌ها و تمسخرهای همسرش قرار گرفته بود. از یک طرف از صلاحیت صدرا نسبت به هر کس دیگری در این مورد اطمینان داشت و از طرفی با خود فکر

می‌کرد اگر سپردن ایمان به صدرا تصمیمی اشتباه باشد یک عمر از گوشه و کنایه‌ها و طعنه‌های همسرش در امان نخواهد بود. نوشته‌های حبیب یک لحظه از ذهنش بیرون نمی‌رفت «اگه یه وقت من نباشم تنها کسی که می‌تونه شایستگی بزرگ کردن ایمان رو داشته باشه فقط و فقط تویی و اگر ایمان زیر دست تو بزرگ می‌شد قطعاً خوشبخت می‌شد.» «وجود یه نفر مثل عمو صدرا توی زندگی ایمان لازمه» «تو همیشه توی زندگی براش سنگ تموم گذاشتی»

صبح زود در گرگ و میش هوا وقتی حیدر آزرمی سر سجاده نماز نشست در اوج دودلی و درماندگی نگاهش را به سقف اتاق دوخت و از ته دل زیر لب گفت: خدایا! خودت راه خیر و صلاح رو پیش رومون بذار. به خودت توکل کردم.

در بنگاه فکر سرپرستی ایمان تمام فکر و ذهن حیدر آزرمی را به خود مشغول کرده بود. بارها و بارها با خود فکر کرد: اگه نامه‌ای از حبیب در میان نبود این‌قدر در دل احساس گناه نمی‌کردم ولی حالا با اون نامه چطور می‌تونم روی خواسته بچه‌ام پا بذارم. پس فردا جواب خدا رو چی بدم. خدایا خودت کمک کن.

بعدازظهر دیگر طاقت نیاورد و با وجودی که کنایه‌های شب گذشته همسرش توی دلش را خالی می‌کرد راهی مغازه آقای صرافی شد تا با او هم مشورتی کرده و بار سنگین این مسؤولیت را به تنهایی بر دوش نکشد، هر چند از نظر آقای صرافی قبل از پیش کشیدن بحث به خوبی آگاه بود.

مواجهه آن‌ها صحنه غم‌انگیزی را رقم زد. هنوز لباس‌های عزا را از تنشان بیرون نیاورده بودند. شاید با این کار می‌خواستند قصوری را که در زمان حیات فرزندانشان در حق آنها کرده بودند جبران کنند. ولی دیگر نه حبیبی در کار بود و نه صبایی.

حیدر آزرمی با تعارف آقای صرافی در کنار او نشست و همان طور که عرق‌های پیشانیش را پاک می‌کرد ماجرای نامه حبیب را با او در میان گذاشت.

بر خلاف تصور حیدر آزرمی، آقای صرافی نه به صراحت مخالفتی کرد و نه حرف‌های او را به باد تمسخر گرفت. تا انتهای صحبت‌های حیدر آزرمی فقط و فقط سکوت کرد.

آقای صرافی از مدت‌ها قبل به خوبی به علاقه دوجانبه ایمان و صدرا پی برده بود. علاقه‌ای که در برخی موارد سخت حیرت او را بر می‌انگیخت و تنها توجیهی که می‌توانست برای آن داشته باشد این بود که تنها عامل خلق چنین رابطه‌ای فقط و فقط صبا می‌توانسته باشد و بس.

آقای صرافی برای دقایقی بعد از اتمام حرف‌های حیدر آزرمی سکوت کرد. در آن لحظه صرفاً به آنچه که مد نظر آقای آزرمی بود نمی‌اندیشید بلکه تنها چیزی که فکرش را سخت به

خود مشغول کرده بود شرم از جدایی افکندن بین دخترش و صدرا بود که صبا را وادار کرده بود در تمام طول این سال‌ها برای جبران آن جدایی تلخ برای نزدیک شدن بیشترش به صدرا ایمان را هم با خود همقدم کند تا جایی که در نبود او ایمان به تنها کسی که از همه بیشتر احساس نزدیکی می کرد صدرا بود و بس.

آقای صرافی بعد از دقایقی بالاخره لب به سخن گشود: آقای آزرمی! در وابستگی ایمان به صدرا که هیچ شکی نیست. این رو منم می‌دونم زنمم می‌دونه. شما هم می‌دونید. ولی فکر نمی‌کنید سپردن سرپرستی این بچه به صدرا که هیچ رابطه خونی باهاش نداره یه کم عجیب و غریب باشه!

ـ این چیزیه که منم خیلی بهش فکر کردم ولی مسأله اینه که این دقیقاً چیزیه که حبیب بهش اشاره کرده. اون به صراحت گفته که در غیابش فقط صدرا لیاقت بزرگ کردن ایمان رو داره نه حتی کسایی که باهاش ارتباط خونی دارن.

ـ آقای آزرمی! ما شاید بتونیم با شناختی که از صدرا داریم این قضیه رو توجیه کنیم ولی مسأله اینه که آیا دوست و آشنا هم می‌تونن؟ آیا غریب‌ترها هم می‌تونن؟

آقای صرافی! من متوجه فرمایشتون هستم. ولی وقتی عمیق به قضیه نگاه می کنم می‌بینم من و زنم و یا شما و خانم صرافی سن و سالی ازمون گذشته. با این اختلاف سنی زیاد آیا می‌تونیم خواسته‌های این بچه رو اونطور که حبیب و صبا آرزو داشتن بر طرف کنیم. ایمان عزیزترین یادگار صبا و حبیبه. روی تخم چشم من و زنم جا داره. ولی وقتی می‌بینم چقدر با صدرا اخته و با چه ذوقی به هوای دختر رحیم‌خان هم که شده دوست داره اونجا بمونه به شک و تردید می‌افتم. راستش با خودم می گم اگه صدرا این مسأله رو پیشنهاد نکرده بود من اصلاً حرفشم نمی‌زدم. ولی به نظر میاد که صدرا هم از خداشه که ایمان رو ببره پیش خودش. نمی‌دونم والله عقلم به جایی قد نمی‌ده. از یه طرف زنم مخالفه از یه طرف خودم موندم سر دو راهی. نمی‌دونم چکار کنم.

آقای صرافی دوباره با حرف‌های حیدر آزرمی به فکر فرو رفت. حل و فصل موضوعی به این مهمی کار راحتی نبود و حقیقتاً به زمان بیشتری نیاز داشت به همین خاطر به حیدر آزرمی پیشنهاد کرد که بیشتر روی قضیه فکر کنند تا با در نظر گرفتن همه جوانب به نتیجه‌ای منطقی دست یابند.

پنجشنبه‌ای که آقای آزرمی وعده داده بود از راه رسید و صدرا طبق قراری که با او گذاشته بود سر ساعت زنگ منزلشان را به صدا درآورد. هانیه ایمان را برای چند روزی نزد خودش برده

بود از این رو به غیر از حیدر آزرمی و همسرش کس دیگری منزل نبود.

صدرا بعد از کمی مقدمه‌چینی با طمأنینه سر صحبت را باز کرد و قضیه سرپرستی ایمان را سر بسته وسط کشید. ولی خیلی زود با پرسش حیدر آزرمی غافل‌گیر شد:

ـ صدرا جان! خودت چی فکر می‌کنی؟ تقبل مسؤولیت یک بچه در این سن برای یک مرد تنها اونهم بچه‌ای که مال کس دیگه‌ایه به این راحتی‌هام که فکر می‌کنی نیست. بزرگ کردن یه بچه وظیفه سنگینیه که یه نفری به سختی می‌شه از پس اون بر اومد. من به خواسته حبیب احترام می‌گذارم ولی مسأله اینه که آیا تو واقعاً توان قبول یه همچین مسؤولیتی رو داری یا نه؟

حرف‌های حیدر آزرمی در گوش صدرا انعکاسی دوباره می‌یافت. با خود فکر می‌کرد چقدر دردناک است که آدم مجبور باشه برای به دست آوردن قیمومیت فرزند واقعیش که حق مسلم اوست خود را به در و دیوار بزند و هزار و یک جور دلیل و برهان بیاورد.

به آقای آزرمی که هنوز تردید در چشم‌هایش موج می‌زد نگاه کرد و گفت: آقای آزرمی! می‌دونم که ایمان برای شما پرارزش‌ترین یادگار حبیبه و تحمل دوریش براتون خیلی سخته. ولی من حقیقتاً ایمان رو مثل بچه خودم دوست دارم. توی تموم اون روزهای سخت حضور کوچیکش توی اون خونه دراندشت برای من یه نعمت بود. انگار که همون نگاهش به تنهایی به آدم امید زندگی می‌ده و تازه از تمام این حرف‌ها گذشته حالا که می‌بینم این واقعاً خواسته قلبی حبیب بوده هرگز نمی‌تونم نادیده بگیرمش و بی‌توجه از کنارش بگذرم. حبیب روی دوستی و برادری من حساب کرده. به صراحت ازم خواسته که رابطه نزدیکم با ایمان رو به همون شکل حفظ کنم. شرط رفاقت هم همینه که به خواسته اون هر چی که باشه احترام بگذارم. از طرفی هم فکر نمی‌کنم ایمان از من بدش بیاد.

حیدر آزرمی لبخند تلخی به لب آورد و در حالی که سرش را تکان می‌داد گفت: از تو بدش بیاد؟ بچه اینقده دوستت داره و اون مدت اینقده بهت عادت کرده بود که نگو و نپرس.

صدرا با لحنی هیجان‌زده در جواب گفت: ببینید آقای آزرمی! منم به همون اندازه این بچه رو دوست دارم. تازه ایمان این چند وقته خیلی به بنفشه عادت کرده. اگر هم احیانا نگران کمتر دیدنش هستید من ضمانت کتبی می‌دم که هر وقت اراده کردید خودم بیارمش تا ببینیدش.

آقای آزرمی به دنبال حرف‌های صدرا نگاهش را متوجه همسرش کرد تا نظر او را بپرسد. خانم آزرمی تا آن لحظه به طرز عجیبی سکوت اختیار کرده بود ولی نگاه‌ها و حالات صورتش حکایت از نارضایتی کامل او می‌داد. خشمی که در نگاهش زبانه می‌کشید به شدت همسرش را ترسانده و صدرا را نگران کرده بود. بالاخره خانم آزرمی لب به سخن گشود و به صراحت

مخالفت خود را اعلام کرده و گفت: آقا صدرا! شما یه چیزی می‌گید! در و همسایه چی می‌گن؟ نمی‌گن پدر و مادر بی‌عرضه‌اش لیاقت نگه‌داشتن یه دونه بچه اونم بچه یتیم رو نداشتن؟ مگه من مردم ایمان، بچه حبیبم، پاره تنم رو بدم دست غریبه‌ها؟

صدرا با تمام وجود سعی می‌کرد خونسردیش را حفظ کند و از کوره در نرود ولی شنیدن کلمه غریبه‌ها از زبان مادر حبیب خونش را حسابی به جوش آورده بود و نتوانست سکوت کند: خانم آزرمی! کلمه غریبه‌ها یه کمی بی انصافی و کم لطفیه. همون طور که گفتم من ایمان رو درست مثل بچه خودم دوست دارم. نه اون برای من غریبه است و نه من برای اون.

خانم آزرمی بلافاصله حرف صدرا را قطع کرد و گفت: حالا غریبه یا غیر غریبه. این کار اصلاً به صلاح نیست. مردم هم چهارچشمی منتظرن ببینن ما چکار می‌کنیم. مگه آدم دور از جون مغز خر خورده که نوه‌اش را بسپره دست رفیق پسرش تا بزرگش کنه؟

عرق سردی بر بدن صدرا نشست. همان طور که حدس زده بود راضی کردن مادر حبیب به آن سادگی‌ها نبود و از همه بدتر می ترسید که با رک گویی و لحن ناخوشایند او هر آن از کوره در برود. قبل از اینکه صدرا بخواهد حرفی بزند آقای آزرمی دوباره وارد بحث شد و با لحنی خشن رو به همسرش کرد و گفت: زن! صد هزار مرتبه گفتم ما برای مردم زندگی نمی‌کنیم. مگه آدم عاقل اساس و صلاح زندگیش رو روی حرف این و اون می‌ذاره؟ مردم حرف زیاد می‌زنن. من و تو باید عقل تو کلمون باشه و به حرف مفت دیگران اهمیت ندیم.

ـ من این حرفا حالیم نیست. من راضی نیستم ایمان از این خونه بره. مگه من مرده باشم بذارم این بچه غیر از من زیر دست کس دیگه‌ای بزرگ بشه.

و سپس در حالی که با عصبانیت از جایش بلند می شد ادامه داد: آقا صدرا! ایمان نوه ماست، با ما هم می‌مونه. بیشتر از اینم هی خودتون رو خسته نکنین.

صدرا نگاه دردناکش را به نگاه برافروخته خانم آزرمی دوخت. در تمام مدت دوستیش با حبیب هیچ وقت نتوانسته بود ارتباطی صمیمانه با خانم آزرمی برقرار کند. برخوردهای او که همیشه به نظرش غیر منطقی و خودخواهانه می‌آمد در آن لحظه در نظرش دیگر از مرز خودخواهی فراتر رفته بود. آرزو می کرد ای کاش توان آن را داشت تا محکم در مقابلش بایستد و اولین کسی باشد که او را سر جایش می‌نشاند. با این وجود اجازه نداد تا عصبانیت افسار گسیخته راه منطق را بر روی ذهن مشوشش ببندد و به همین خاطر با وجود تمایل بسیار شدیدش در دادن پاسخی محکم به او سکوت اختیار کرد.

آقای آزرمی تصور می کرد که هر آن ممکن است صدرا از کوره در برود و همه چیز با

تلخ‌کامی به پایان برسد ولی با دیدن نجابت به خرج دادن‌های صدرا در برابر همسرش حسابی شرمنده شد و بیش از این نتوانست رفتار توهین‌آمیز همسرش را تحمل کند. از این رو درست مثل همسرش با عصبانیت از جا برخاست و در حالی که تسبیح به دست در اتاق را به او نشان می‌داد گفت: «بسه دیگه. عقده‌هات رو خالی کردی؟ خیالت راحت شد؟ حالا از اتاق برو بیرون» و سپس در حالی که دوباره در کنار صدرا می‌نشست زیر لب غرغرکنان گفت: زندگی دیگه برامون نذاشته. ای تف به این زندگی!

با شرایط موجود بیش از این ماندن در آنجا را به صلاح ندید و با قلبی در هم فشرده از درد دوری ایمان که حالا برایش از آب و هوا هم برای زنده ماندن مهم‌تر بود دست خالی به خانه برگشت.

آقای آزرمی با عصبانیت به اتاق نشیمن برگشت. خانم آزرمی دوباره به اتاق برگشته بود و با اخم‌های درهم به پشتی بالای اتاق تکیه داده و سخت انتظار شوهرش را می‌کشید تا عقده‌های دلش را که هنوز کاملاً تخلیه نشده بود تا ذره آخر بر سر او خالی کند.

آقای آزرمی در حالی که سعی می‌کرد خشمش را روی مهره‌های تسبیحی که زیر انگشتانش به شدت تحت فشار بود خالی کند رو به همسرش کرد و گفت: خیالت راحت شد؟ اهانتهات رو به جوون مردم کردی؟

خانم آزرمی با حالتی تحقیرآمیز با دست به شوهرش اشاره کرد و با لحنی تحقیرآمیزتر گفت: برو بابا! توام معلوم نیست چته!

ـ من معلوم نیست چمه؟ تو معلوم نیست چته. آخه زن! تو چطور می‌تونی با صدرایی که یه عمر با ما رفت وآمد داشته و نون و نمک ما رو خورده اینجوری حرف بزنی؟ چطور می‌تونی روی خواسته بچت اونم بچه‌ای که دیگه پیش ما نیست حرف بزنی؟ اصلاً مگه دست من و توست؟ این نامه حبیبه امضاش پاش خورده. داره می‌گه صدرا تنها کسیه که شایستگی بزرگ کردن بچه‌اش رو داره. تو این وسطه چی می‌گی؟

خانم آزرمی در حالی که تن صدایش را بالا می‌برد در جواب گفت: «حبیب اگه عقل و بار درستی داشت حاضر نمی‌شد اینجوری بچه‌اش رو به غریبه‌ها بسپره.» و سپس به طور ناگهانی رفتارش صد وهشتاددرجه تغییر کرد و همچنان که با مخلوطی از گریه و ناله تن صدایش را تغییر می‌داد گفت: «پسرم، بچه‌ام انگار تو خواب بهش الهام شده بود» و سپس دستش را محکم روی پاهایش زد و با همان حال گریه‌زاری ادامه داد: «ای مادر! چرا خوابت رو برام تعریف نکردی؟» نگاهش را به سقف دوخت و با صدایی که هر لحظه بلندتر می‌شد اضافه کرد: «ننه! کجایی ببینی

غریبه‌ها بچت رو بردن» و به دنبال این حرف گریه را دوباره از سر گرفت.

آقای آزرمی که حالا بعد از چندین و چند سال زندگی زیر یک سقف با همسرش کاملاً به خلق و خوی او واقف شده بود با گریه و زاری‌های همسرش سرش را تکان داد و در حالی که سعی می‌کرد صدایش را بلند نکند همین طور که روبه‌روی او می‌نشست گفت: غریبه چیه زن؟! جوون مردم با ما نون و نمک خورده. توی اون شرایط سخت و ناگوار از ایمان مثل تخم چشاش مواظبت کرده. بچم ایمان این‌قدر دوستش داره که دیگه به منو تو نمی‌گه خرتون به چند من. تازه وایسا ببینم تو از کی تا حالا حوصله بچه‌داری پیدا کردی که ما خبر نداشتیم؟ هانیه بدبخت یه ربع بچه‌هاش رو پیشت می‌ذاشت اخمات می رفت به هم. هی می‌گفتی کی میاد توله‌هاش رو ببره!

خانم آزرمی نگاه تندی به شوهرش انداخت و گفت: خوبه! تو هم کم چرت و پرت بگو. اولا که ایمان با همه بچه‌های دیگه فرق می‌کنه. دوما تو بالا بری پایین بیای صدرا غریبه است. اصلاً معلوم نیست برای چی هی سنگ این بچه رو به سینه می‌زنه! بی‌مال و منالم نیست که بگم چشمش دنبال ارث و میراث بچمه!

ـ زن! استغفار کن. کم دری وری بگو. هنوز وقتش نشده گناهات رو بشوری؟ از این همه مردن درس عبرت نگرفتی؟ اقلا با این کار ثواب گناه روزی که برای پسر مردم حرف درآوردی رو بشور.

ـ آره دیگه توام تا تقی به توقی می‌خوره حکایت صد سال پیش را وسط می‌کشی. اگه بد بود استخاره خوب نمی‌اومد.

حیدر آزرمی با ناباوری به دهان همسرش چشم دوخته بود. حرف‌هایی را که می‌شنید باور نمی‌کرد. به همین خاطر رو به سقف کرد و دست‌هایش را به حالت دعا بلند کرد و گفت: خدایا! خودت آخر و عاقبت ما رو ختم به خیر کن. همین یه داغ بس بود. از گناهای ما بگذر.

اما دوباره پس از کمی مکث رویش را به همسرش کرد و این بار با لحنی آرام‌تر و نصیحت‌گونه گفت: زن! حالا که محبت این بچه به دل صدرا افتاده و از خداشه که کفالت ایمان را قبول کنه و پسرتم رضایتش رو تو نامه اظهار کرده تو کارش نه نیار. بله! اگه حبیب تو این نامه ننوشته بود منم مخالفت می‌کردم ولی حالا که این‌قدر رک و پوست‌کنده همه چیز رو نوشته دیگه چی می‌گی؟ منم از خدامه که ایمان رو روی تخم چشام نگه دارم. ولی آخه من پیرمرد و تو پیرزن با این سن و سال چطور می‌تونیم جوابگوی خواسته‌های این بچه باشیم و اونو بفهمیم؟ اصلاً می‌تونیم ایمان رو برای یه سال بسپریم دستش ببینیم می‌تونه از عهده‌اش بر بیاد یا نه بعدا یه

تصمیم نهایی می گیریم.

خانم آزرمی با خشم برخاست و گفت: به تو هم می گن مرد؟ مردم، در و همسایه چی می گن؟ می گن نگاشون کن عرضه نگه‌داری بچه یتیم خودشون رو هم نداشتن.

آقای آزرمی دیگر این بار واقعاً از کوره در رفت و مثل اسفند روی آتش از جا پرید: گور بابای مردم! هی می گه مردم مردم! اگه می‌خواستم به حرف مردم زندگی کنم می‌شدم حکایت ملا نصرالدین! لااله الاالله! ببین دم غروبی چه جوری خلق آدم رو تنگ می کنی. و با گفتن این حرف همچنان که ذکر لا اله الاالله را نه به خاطر گفتن ذکر که به خاطر نشان دادن عصبانیتش زیر لب تکرار می کرد و سرش را تکان می‌داد از اتاق بیرون رفت.

خانم تفرجی فردای آن روز پیش صدرا رفت تا ببیند آیا صدرا موفق به جلب رضایت آزرمی‌ها شده است یا نه. ولی وقتی صدرا را آنطور دل‌شکسته و پریشان دید به عمق فاجعه پی برد.

با نگاهی حاکی از حس همدردی با صدرا که با وضع اسفناکی سرش را بین دست‌هایش می‌فشرد گفت: حالا می‌خوای چکار کنی؟

ـ نمی‌دونم. حقیقتش عقلم به جایی قد نمی‌ده.

سپس با خشم در حالی که دندان‌هایش را به هم می‌سایید ادامه داد: کاش می‌تونستم جلوش وایسم.

ـ جلوی کی؟

ـ مادر حبیب.

ـ چرا جلوش در نیومدی؟

ـ به احترام آقای آزرمی. به احترام داغدار بودنش. هر کاری کردم نتونستم چیزی بگم.

خانم تفرجی با بی‌حوصلگی سرش را تکان داد و گفت: ای بابا! این محتاط‌بازی‌های تو منو کشته.

ـ محتاط‌بازی چیه؟ من نمی‌تونم جلوی زن شصت ساله صدام رو بلند کنم.

ـ چطور زن شصت ساله می‌تونه هر چی از دهنش در میاد حوالت کنه؟

ـ این اخلاقشه. اگه منم دم به دمش بدم اونوقت هیچ فرقی با اون ندارم.

ـ این اخلاقشه. بله چون تو و امثال تو مخصوصاً اون آزرمی بدبخت اینجوریش کردید. همه همیشه جلوش کوتاه اومدن. اونم تا خواسته تازونده.

ـ حالا می گی چکار کنم. بلند شم برم در خونه مردم آبروریزی کنم و سرو صدا راه

بندازم؟

ـ تو اگه از این کارا بلد بودی من چم بود؟ بله اگه واقعاً می‌خوای بچه‌ات رو زیر پر و بال خودت بگیری به قیمت آبروریزی هم که شده باید این کار رو بکنی. زنیکه دیوونه انگار داغ دلش فیوزای مخش رو پرونده!

صدرا با لحنی درمانده و ناامید گفت: گیرم اینا هم راضی شدن. تکلیف خانواده صرافی چی می‌شه؟ کی می‌تونه حالا بیاد صرافی رو راضی کنه؟ آقای آزرمی گفت که قضیه وصیت‌نامه حبیب رو با آقای صرافی در میون گذاشته ولی اونم به نظر همچین راضی نمیاد و هیچی نگفته. نمی‌دونم. واقعاً فکرم به جایی قد نمی‌ده.

ـ تو غصه صرافی رو نخور. راضی کردن اون با من.

صدرا وحشت‌زده به خانم تفرجی نگاه کرد و گفت: نه! نه! نمی‌خوام دوباره رابطه‌ات باهاشون سر بدبختی‌های من شکرآب بشه. خودم باید بشینم سر صبر یه فکری کنم.

خانم تفرجی با لحنی محکم و جدی گفت: دارم بهت می‌گم راضی کردن اون با من! تو به این کارا کار نداشته باش. من صرافی رو بهتر می‌شناسم، اون حداقل هنوز یکی دو تا از سیم‌های مخش سالمه. اگه برای مادر حبیب اصرار نمی‌کنم برای اینه که سیم‌های اون همشون اتصالی داره من اگه بخوام وساطت کنم وضع بدتر می‌شه و از سر لجبازی با منم که شده اون یه ذره شانسی رو که داری ازت می‌گیره.

نمی‌دانست چه بگوید. فقط دیواری بلند در پیش رو می‌دید که نه شکافی برای عبور در آن بود و نه توان بالا کشیدن از آن را داشت. تسلیم خانم تفرجی شد و جلب رضایت صرافی‌ها را بر عهده او گذاشت و بار دیگر در نهایت درماندگی در ذهن آشوب‌زده‌اش به جست‌وجوی راهی برای خروج از این دام تو در تو گشت.

خانم تفرجی به هوای سر زدن به خانم صرافی که به همراه همسرش روزهای بسیار سخت و دشواری را در سوگ تنها فرزند از دست رفته‌شان می‌گذراندند راهی منزل آنها شد. روابط از هم گسیخته و شکرآب شده او با آقای صرافی که با از دست رفتن صبا تا حدودی وصله پینه شده بود هنوز آن‌قدر گرم و صمیمی نبود که آقای صرافی از دیدار ناگهانی او برداشت یک دلجویی و احوالپرسی ساده بکند. به همین خاطر به شدت کنجکاو شده بود تا سر از ملاقات غیر منتظره او در بیاورد و همین امر سبب شد که در منزل بماند.

چهره تکیده آقا و خانم صرافی در همان نگاه اول موجی از حس اندوه را در وجود خانم تفرجی برانگیخت. ولی نخواست با پیش کشیدن خاطرات گذشته‌اش با صبا و اشک و ناله داغ

آنها را تازه کند. برای ادای دینی که به گردن خود می‌دید به آنجا رفته بود. می‌دانست باید محکم در برابر آنها ظاهر شود و هر طور شده به احساسات به غلیان افتاده‌اش فرمان ایست بدهد.

خانم صرافی با دیدن خانم تفرجی و یادآوری علاقه فوق‌العاده‌ای که صبا به او داشت به گریه افتاد. آقای صرافی هم با وجودی که سعی می‌کرد در برابر او ضعف از خود نشان نداده و خوددار باشد خطوط چهره‌اش کافی بود تا خبر از حال زار درونش دهد.

بعد از سلام و احوالپرسی مختصری یک راست سراغ اصل مطلب رفت و مستقیماً از آن دو پرسید: هیچ به سرپرستی ایمان فکر کردید؟ می‌خواید با آینده ایمان چه کار کنید؟

خانم صرافی در لابه‌لای گریه‌ای که بند آمدنش با خدا بود گفت: من که از خدامه ایمان رو بیاریم پیش خودمون. من و صرافی این چند ساله این‌قدر تنهایی کشیدیم که نگو؛ خدا می‌دونه که اگه ایمان بیاد پیش ما روی چشمام بزرگش می‌کنم.

آقای صرافی که با قیافه‌ای در هم و جدی تا آن لحظه سکوت کرده بود به حرف آمد: بله! من و تو از خدامونه که ایمان را بیاریم پیش خودمون ولی قانون یه همچین اجازه‌ای بهمون نمی‌ده. قانون کفالت ایمان رو به آزرمی می‌ده نه به ما. و سپس غرغرکنان زیر لب ادامه داد: فقط من موندم این بچه زبون بسته چه جوری می‌خواد زیر دست اون زن بار بیاد. و به دنبال گفتن این حرف عینکش را از چشم برداشت و با دو انگشت برای پاک کردن اشکی که هنوز نچکیده بود چشم‌هایش را فشرد.

خانم تفرجی نگاهی به آن دو انداخت و پرسید: شما که از نامه حبیب خبر دارید. در باره نوشته‌های حبیب چی فکر می‌کنید؟

خانم صرافی در حالی که با تعجب به او نگاه می‌کرد، پرسید: نامه حبیب؟! کدوم نامه؟

آقای صرافی اخم‌هایش را در هم کشید و رو به همسرش کرد و گفت: هیچی بابا! حبیب چند وقت پیشا یه نامه برای صدرا نوشته بوده که حالا بعد از مردن حبیب پیداش کردن.

سپس نگاهش را متوجه خانم تفرجی کرد و با لحنی کنایه‌آمیز ادامه داد: آخه چطور همچین چیزی ممکنه که آدم یه هو تو همچین شرایطی اونم چه می‌دونم چند روز قبل مردنش بیاد یه همچین نامه‌ای بنویسه و اونوقت بیاد تو نامه پیشنهاد بده که اگه یه وقتی مرد بچه‌اش رو نه به پدر و مادر خودش و نه به پدر و مادر زنش، نه به عمو و چه می‌دونم عمه به دوستش بسپره؟

ــ می‌خوای چی بگی؟ می‌خوای بگی صحت نداره؟ آقای آزرمی دست‌خط و امضا حبیب رو تایید کرده.

خانم صرافی که گریه‌هایش کمی فروکش کرده بود به آرامی بدون اینکه جرات نگاه

کردن به همسرش را داشته باشد زیر لب گفت: همچین بی‌ربطم نیست. من دیدم که این بچه چقدر صدرا رو دوست داره. صدرا هم به نظرم واقعاً بچه رو دوست داره. ولی یه کم باعث تعجبه.

ـ خانم صرافی! کجاش عجیبه؟ حبیب احتمالاً در طول این مدت تمام برخوردهای صدرا و ایمان را زیر نظر داشته و با خودش گفته در نبود من کی از صدرا بهتره. تازه سوء تفاهم نشه ولی صدرا خیلی از شماها جوونتره.

و سپس با لحن کنایه‌آمیزی رو به آقای صرافی گفت: حداقل بچه رو بیشتر می‌فهمه و درک می‌کنه و به خواسته‌هاش احترام می‌گذاره.

آقای صرافی با اینکه به علاقه دوجانبه ایمان و صدرا مطمئن بود و دو روز پیش از این هم پیش حیدر آزرمی به آن اعتراف کرده بود به خاطر یک‌دندگیش خصوصاً در برابر خانم تفرجی حاضر بود بمیرد و تسلیم خواسته او نشود. به همین خاطر رفتاری کاملاً متفاوت نسبت به آنچه به حیدر آزرمی نشان داده بود از خود بروز داد.

نگاه تندی به خانم تفرجی انداخت و با بدخلقی در جواب گفت: به نظر من این کار اصلاً نه درسته نه به صلاحه.

خانم تفرجی رو به خانم صرافی کرد و پرسید: نظر شما چیه؟

ـ هر چی صرافی بگه.

خانم تفرجی پوزخندی زد و گفت: برای یه بارم که شده توی زندگیت حرف دلت رو بزن. خدا این مخ رو تو کله آدما گذاشته که باهاش تصمیم بگیرن نه اینکه بذارن دیگران براشون تعیین تکلیف کنن.

آقای صرافی در حالی که با عصبانیت برمی‌خاست تا مجلس را ترک گوید با همان لحن عصبی گفت: خانم تفرجی! اومدید اینجا از ما دلجویی کنید یا اومدید داغ من و زنم رو تازه کنید؟

خانم تفرجی بی‌آن‌که تنش از حرف‌های صرافی بلرزد در چشم‌های خشمگین آقای صرافی نگاه کرد و گفت: من کاملاً شرایط شما رو می‌فهمم. خیلی متاسفم که شما از آمدن من به اینجا اینطور برداشت کردید. من می‌فهمم که از دست دادن اولاد خیلی سخته.

آقای صرافی اجازه نداد تا خانم تفرجی حرفش را تمام کند و با لحنی مرکب از فریاد و ناله گفت: تو از درد ما هیچی نمی‌فهمی. تو کجا بچه داری که درد از دست دادنش رو بفهمی. اظهار نظر کردن رو بگذار به عهده اهلش.

خانم تفرجی بر خلاف تصور خانم صرافی در قبال آقای صرافی این بار از کوره در نرفت. در عوض به پشتی صندلی‌اش تکیه داد و همین طور که لبخند تلخی بر لبانش نشسته بود بسیار آرام در جواب گفت: من واقعاً متاسفم که این‌جوری باعث سوءتفاهم شدم. من خودم رو موظف می‌دونم که از حق دفاع کنم.

ـ چه حقی؟ اون پسره چه حقی توی زندگی بچه من داره؟ آره! یه زمانی من یه غلطی کردم و گفتم که در باره صدرا اشتباه فکر می‌کردم. ولی آنقدر بدبخت نشدم که برای جبران اشتباهم در باره صبا بیام بچم رو دو دستی بهش تقدیم کنم. بچه‌ای که اصلاً نمی‌دونه طرف رو چی باید صدا کنه. حبیبم معلوم نیست موقع نوشتن نامه مست بوده یا به مخش زده بوده.

ـ این چه پدر کشتگی‌ای که تو با صدرای بیچاره داری؟ دیدن این همه مهر و محبت و عاطفه از طرف صدرا به ایمان هنوز براتون کافی نیست؟ یادت رفته به خاطر تولد ایمان با پای شکسته چند روز بیمارستان خوابید؟ چطور این چیزا رو نمی‌بینی؟ تو چطور راضی می‌شی پاره تنت زیر دست اون زن بار بیاد؟ زنی که حوصله خودش رو هم نداره؟

ـ هر چی باشه خونش که توی رگ‌های بچه می‌گرده. هیچ رابطه‌ای نمی‌تونه با رابطه خونی برابری کنه.

خانم تفرجی سرش را تکان داد و با خنده‌ای عصبی گفت: من هرچی می‌گم تو دوباره حرف خودت رو می‌زنی!

ـ بله حرف خودم رو می‌زنم! اصلاً به تو چه مربوطه که قیمومیت ایمان به کی می‌رسه؟ این یه مساله خانوادگیه. تو چرا خودت رو با اون صدرا نخود آش کردید. به شماها چه؟

کاسه صبر خانم تفرجی دیگر لبالب شده بود و هر آن در شرف سرریز شدن بود که همان جمله آخر آقای صرافی کار را تمام کرد.

ـ به من ممکنه مربوط نباشه ولی به صدرا خیلی هم مربوطه.

ـ پاشو جمش کن ببینم صدرا... صدرا... صدرا. خسته شدم از بس اسم این پسره رو از تو شنیدم. هی یاد گرفتید تو کاری دخالت کنید که هیچ ربطی بهتون نداره. من خودم می‌دونم چه جوری با آزرمی کنار بیام. ایمان هم به جای اینکه تو خونه خاله‌زاده خر بابای چه می‌دونم دیگران بزرگ بشه یا میاد خونه ما یا خونه آزرمی می‌مونه. والسلام.

خانم تفرجی با چهره‌ای برافروخته و چشم‌هایی که به جای آثار همدردی حالا دیگر فقط آتش خشم در آنها زبانه می‌کشید برخاست و رو در روی آقای صرافی ایستاد و به او خیره شد. به طوری که صدای اعتراض آقای صرافی بلند شد.

ـ چیه؟ چرا منو اینجوری نگاه می کنی؟ حقیقت تلخه دیگه.

خانم تفرجی همان طور چشم در برابر چشم صرافی بسیار جدی و محکم پرسید: حقیقت؟ تو از حقیقت چی می‌دونی؟ یه نگاه به پشت سرت بنداز. کدوم دفعه چشم‌هاتو روی حقیقت باز کردی؟ تو همیشه توی زندگیت چشم‌هاتو به روی حقیقت بستی. حقیقت داشتن دختری به اسم صبا. حقیقت احساساتش که توی خونه تو به هیچ گرفته شد. حقیقت عشقش که توی خونه تو لگدمال شد. حقیقت صدای گریه‌هایی که به جای گوش‌های تو، تو گوش‌های در و دیوار اتاقش بلند شد. حقیقت محبتی که توی خونه تو ازش دریغ شد. آره با خودت بگو که من با بی‌رحمی اومدم اینجا تا یه درد دیگه به دردرداتون اضافه کنم ولی اگر توی خودت یه جو مردونگی و غیرت می‌بینی چشم‌هات رو روی تنها حقیقت باقیمونده نبند.

آقای صرافی در حالی که از شدت خشم تمام بدنش می‌لرزید و در منزل را به خانم تفرجی نشان می‌داد فریاد زد: از خونه من برو بیرون!

خانم تفرجی لبخند تلخی به لب آورد و بدون گفتن کلمه‌ای سرش را تکان داد و همین که خواست آنجا را ترک کند صدای ضعیف خانم صرافی او را از رفتن باز داشت: صبر کن خانم تفرجی! صبر کن. منظورت از تنها حقیقت باقیمونده چی بود؟

خانم تفرجی ابتدا نگاهش را به صورت خانم صرافی دوخت، کمی مکث کرد و نفس عمیقی کشید و سپس رو به آقای صرافی کرد و در حالی که صدایش می‌لرزید، گفت: تو هم می‌خوای حقیقت را بدونی؟ حقیقت رشته پدر و فرزندیه که با یک تصمیم اشتباه دیگه تو برای همیشه قطع می‌شه. رشته پدر و فرزندی رو که تو هیچ وقت نتونستی برای خودت حفظ کنی حداقل از ایمان دریغ نکن.

حرف‌های خانم تفرجی این بار پتک سهمگینی بود بر سرشان و هر دوی آنها را ناخواسته روی صندلی‌هایشان نشاند.

خانم صرافی با دست‌هایی که می‌لرزید از سر ناباوری دهانش را پوشاند و مجسمه‌وار به خانم تفرجی خیره ماند. آقای صرافی عینکش را از چشم برداشت و نگاه مات و متحیرش در نقش‌های در هم قالی زیر پایش غرق شد و از خود بی‌خود ناگهان حس کرد تمام نیرو و توان بدنش در سینه‌اش جمع شده و با هر یک نفس از وجودش بیرون می‌رود. طوری که اصلاً متوجه افتادن عینکش از دستش نشد.

خانم تفرجی دوباره روی صندلی نشست و دو دستش را لابه‌لای موهایش فرو برد و به زن و شوهر فرو رفته در شوکی ناگهانی خیره شد.

سکوت حاکم بر اتاق به قدری سنگین بود که صدای تیک تیک ساعت روی طاقچه به بلندی صدای ضربات پتک آهنگری به گوش می‌رسید. خانم صرافی سرش را پایین انداخت و با هر دو دست صورتش را پوشاند. ولی بر خلاف تصور این بار گریه را از سر نگرفت.

آقای صرافی با درماندگی نگاه تیره و تارش را بدون عینک به صورت مبهم خانم تفرجی دوخت. درست مثل اینکه ترجیح می‌داد خانم تفرجی را بعد از آشکار شدن حقیقت تیره و تار ببیند چون از نگاه کردن مستقیم در آن چشم‌ها واهمه داشت. آقای صرافی از نگاه کردن در آن چشم‌هایی که واقعیت را در نظرش به تلخ‌ترین شکل ممکن فریاد می‌کرد سخت واهمه داشت. غافل از اینکه سنگینی بار حقیقت بر او آنقدر زیاد بود که انکار کردن آن با همان دید تار هم غیرممکن بود.

خانم تفرجی متاثر از آنکه مجبور شده بود حقیقت را در چنان شرایطی برای پدر و مادری داغدار فاش کند به آهستگی دوباره لب به سخن گشود: آقای صرافی! من واقعاً متاسفم. ولی همون طور که گفتم فقط از حق دفاع می‌کنم حتی اگر قیمتش به این گرونی باشه. شما صبا رو با بی‌رحمی از صدرا گرفتید. ازتون خواهش می‌کنم اشتباهتون رو دوباره تکرار نکنید. اجازه ندید که یک‌دندگی باعث بشه ایمان رو هم ازش بگیرید. بعد از مرگ صبا، صدرا فقط و فقط با وجود ایمان تونست خودش رو سر پا نگه داره. اگه ایمان رو از دست بده طوری خرد می‌شه که با هیچ نیرویی دیگه توان بلند شدن رو پیدا نمی‌کنه. حالا که موقعیت به این خوبی برای رسیدن این پدر و پسر به هم فراهم شده و خداخواهی بوده که حبیب به طور اتفاقی چنین نامه‌ای بنویسه شما دیگه سنگ جلوی پاش نندازید و سعی کنید اقلا با این کار اشتباه گذشته رو جبران کنید.

آقای صرافی همچنان بی‌حرکت از اثر شوک ناگهانی با نگاه تارش فقط هاله‌ای از طرح مبهم صورت خانم تفرجی را می‌دید و نمی‌دانست که در آن تصویر چه چیزی موج می‌زند غم یا شادی، خشم یا رأفت! با هزار مکافات سعی کرد از جایش بلند شود ولی زانوهای سستش او را دوباره سر جایش نشاند. برای لحظه‌ای با خود گفت: تمام عمرم به زندگی درست مثل همین لحظه با دیدی تیره و تار نگاه کردم غافل از اینکه عینک واقع‌بینی‌ام سال‌ها قبل از چشم‌هایم افتاده بوده و من اصلاً نفهمیدم، نفهمیدم، نفهمیدم!

بار دیگر لحظه‌ها با سکوت توأم شد. خانم تفرجی از جا برخاست و بلاتکلیف به آن دو نگاه کرد. نمی‌دانست باید بماند یا آنها را تنها بگذارد؛ که بالاخره آقای صرافی تکلیفش را روشن کرد و با صدایی که می‌لرزید این بار بسیار آرام‌تر و محترمانه گفت: خانم تفرجی ما رو می‌بخشید! ولی ازتون خواهش می‌کنم من و همسرم رو تنها بگذارید! و با این حرف از جا بلند

شد تا او را به طرف در هدایت کند.

با رفتن خانم تفرجی آقای صرافی تلو تلو خوران در حالی که حد و مرز اشیا را به خوبی تشخیص نمی‌داد و به این طرف و آن طرف می‌خورد به طرف صندلی همسرش برگشت. بغض فروخورده خانم صرافی با رفتن خانم تفرجی شکست و مثل درمانده‌ای که سخت به دنبال یک پشتیبان و تکیه‌گاه می‌گردد با آن چشم‌های بارانی به صورت تکیده همسرش چشم دوخت و برای اولین بار در زندگی مشترکش چیزی را که سال‌های سال در حسرتش سوخته بود درست در لحظه احتیاج در آغوش همسرش جست‌وجو کرد. آقای صرافی در مقابل همسرش که حالا از روی صندلی دو زانو روی زمین نشسته و مثل بید می‌لرزید زانو زد و با همان تیرگی چشم‌هایش همسرش را در آغوش گرفت و سر او را به سینه خود چسباند. به خود آمد و با درک یک حقیقت محض بر خود لرزید. با وجودی که در آن لحظه عینکی بر چشم نداشت همسرش را از تمام لحظات دیگر زندگی‌اش بهتر می‌دید.

شب شد. آقای صرافی طی یک تماس تلفنی کوتاه از خانم تفرجی خواست که از دیدارشان به صدرا چیزی نگوید. سه روز بعد پس از سردرگمی‌ها و فکر و بحث و جدل و شب‌نخوابی‌ها، آقای صرافی تصمیم گرفت شخصاً به مغازه صدرا برود و رودررو با او صحبت کند. این مدت کافی بود تا از رفتارها و برخوردهای صدرا با ایمان و برخی شباهت‌های آن دو با هم و سوالاتی که بارها حول محور ایمان و صدرا همیشه برایش بدون جواب مانده بود و همچنین صحبت‌های خانم تفرجی به حقیقت امر پی ببرد؛ دریابد آنچه از زبان خانم تفرجی شنیده است صحت دارد.

قبل از اینکه راهی مغازه صدرا شود ابتدا راهش را به طرف بنگاه آقای آزرمی کج کرد و ضمن عذرخواهی از تاخیر در تماسش با او ماجرای قیمومیت ایمان را وسط کشید و در برابر چشم‌های بهت‌زده آزرمی پیشنهاد کرد شاید بهتر باشد ایمان برای دور شدن از محیط غم گرفته خانه پدربزرگ‌ها و مادربزرگ‌ها مدتی به صورت امتحانی با صدرا زندگی کند. به این ترتیب صدرا هم امتحان خود را پس خواهد داد و در ادامه برای توجیه موافقتش فقط به نامه حبیب استناد کرد و مستقیماً گفت که اگر حبیب صدرا را برای سرپرستی ایمان از هر کس دیگری بهتر می‌دانسته حتماً دلیلی محکم و قانع‌کننده داشته و باید به خواسته حبیب احترام گذاشت و در صورت توافق صدرا حتماً طبق خواسته حبیب عمل کرد. و در نهایت هم در پایان حرف‌هایش وقتی مطمئن شد مأموریتش را با موفقیت به پایان برده آقای آزرمی را در همان بهت و حیرتی که سایه‌اش را هنوز از سر او جمع نکرده بود تنها گذاشت و یک راست به مغازه صدرا رفت.

صدرا در مغازه تنها بود. هاشم برای تحویل فرش یکی از مشتریان رفته بود و مجتبی هم به

دلیل بیماری مادرش نیامده بود. همین که آقای صرافی در چارچوب در مغازه ظاهر شد صدرا شگفت‌زده و مضطرب از جا پرید و به سرعت از پشت میز به سمت او رفت و ضمن دست دادن و خوش‌آمد گویی صندلی کنار میز را جابه‌جا کرد و به او تعارف کرد که بنشیند. داغداری آقای صرافی از پیراهن و کت و شلوار مشکی و چهره غم گرفته او به خوبی هویدا بود. او مثل همیشه بسیار جدی به نظر می‌رسید ولی در خطوط چهره‌اش رد پای اندوه بیشتر به نظر می‌آمد.

با دستمال سفیدی که از جیب کتش بیرون آورد عرق‌های پیشانی‌اش را پاک کرد و در حالی که معلوم بود نمی‌داند چطور سر صحبت را باز کند در حال بازی با خودکاری که روی میز بود با صدایی گرفته گفت: صدرا خان! مدت زیادی می‌شد که می‌خواستم رودررو مثل دو تا مرد با هم صحبت کنیم. ولی حالا به هر دلیلی هیچ وقت این موقعیت دست نمی‌داد تا امروز که بالاخره قصد کردم بیام اینجا.

صدرا با کنجکاوی به چشم‌های او دقیق شد و گفت: خواهش می‌کنم! بفرمایید آقای صرافی!

من در گذشته ممکنه خطاهای زیادی کرده باشم ولی خدای بالای سر گواهه که همیشه قصدم خیر بوده و همیشه طالب خوشبختی صبا بودم. حالا چه درست چه نادرست واقعاً قصدی به جز این نداشتم. با خودم فکر می‌کردم وصلت تو و صبا اشتباهه و دخترم بدبخت می‌شه. تمام سعی‌ام رو هم کردم که این وصلت سر نگیره. چه‌کار کنم یه دونه دختر که بیشتر نداشتم. دست و پامون مدام براش به تکون بود. البته از شما چه پنهون این حرف‌ها همه‌اش یه مقدمه و پیش درآمده. گذشته که گذشته و منم اینجا نیومدم که طلب مغفرت و بخشش کنم چون از دید خودم در آن زمان قصدم همیشه خیر و صلاح صبا بوده و بس و نمی‌خوام حالا با وجود داغ صبا که خودش بدترین شکنجه روزگاره گذشته رو هی مدام علم کنم و بکوبمش توی سر خودم و زنم. علت اصلی اینجا آمدنم به آینده مربوطه نه به گذشته. صبای من که دیگه رفته (در اینجا حلقه اشک در چشم‌هایش نشست ولی مثل همیشه سعی کرد جلوی چکیدنش را بگیرد که از نگاه صدرا پنهان نماند.) و دیگه هیچ وقت برنمی‌گرده. ولی یادگاری که ازش به جا مونده، (در اینجا به چشم‌هایش اشاره کرد و ادامه داد اینجا جا داره. آدم هم توی زندگی یه اشتباه را دو بار تکرار نمی‌کنه. اگه صبای من توی زندگیش خیلی خوشی نکرد اقلاً باید مطمئن بشم که جبرانش رو برای پسرش بکنم.

به اینجا که رسید کیفش را از جیب شلوارش درآورد و به عکسی از ایمان که سه سال پیش در کیفش جای داده بود، خیره شد و آهسته انگشتش را روی عکس کشید و به دنبال آن آه

بلندی از ته دل کشید و همین طور که آهسته زیر لب قربان صدقه عکس ایمان می‌رفت آن را به لب‌هایش برد و بوسید. رفتارش آنقدر در نظر صدرا غیر منتظره و عجیب می‌آمد که حالش را سخت دگرگون کرده بود. صدرا هرگز این روی آقای صرافی را ندیده بود. بروز احساسات خالصانه‌اش به ایمان این‌قدر عجیب بود که صدرا چیزی را که می‌دید باور نمی‌کرد. آقای صرافی بعد از بوسیدن عکس کیفش را به طرف صدرا دراز کرد و در حالی که عکس را نشان می‌داد پرسید: تا حالا این عکس ایمان رو دیده بودی؟

صدرا با حسرت نگاهی به آن عکس سیاه و سفید که تصویری شیرین از چهار سالگی ایمان با لپ‌های چال رفته و در حال خنده بود انداخت و سرش را به علامت منفی تکان داد. آقای صرافی با لبخندی که گویی از یادآوری یک خاطره شیرین بر لبانش نقش بسته بود گفت: اون روز رو خیلی خوب یادمه. به صبا گفتم ایمان رو بده با خودم ببرم بیرون. اونم آماده‌اش کرد و دو تایی با هم رفتیم پارک. براش سر راه بستنی خریدم. همین‌طوری که داشت بستنی‌اش رو می‌خورد توی راه چشمم به یه عکاسی افتاد. با خودم بردمش ازش عکس بندازم چون نصف بستنی‌اش مونده بود و من به خاطر عکس اونو ازش گرفته بودم زد زیر گریه ولی وقتی بهش قول دادم که اگه توی دوربین بخنده بلافاصله بعد از عکس بستنی‌اش رو بهش برمی‌گردونم به هوای بستنی‌اش قشنگ‌ترین لبخند رو توی دوربین زد. سه ساله که عکسش تو کیفمه. خیلی دوسش دارم.

صدرا لبخندی به لب آورد و در جواب گفت: ایمان شیرین‌ترین بچه‌ای است که من تا حالا تو عمرم دیدم. خیلی بچه با احساس و مهربونیه.

آقای صرافی زیر لب زمزمه کرد: بالاخره بچه به بابا و مامانش می‌بره.

صدرا در جواب فقط نگاهی به او انداخت و سکوت اختیار کرد.

آقای صرافی دوباره خودکار را در دست چرخاند و با من و من گفت: حقیقتش دلیل اومدن من به اینجا فقط ایمانه. همون طور که گفتی ایمان بچه پر احساسیه. از دست دادن پدر و مادر توی این سن براش خیلی سخته. داغونش می‌کنه. از طرف دیگه هم آلاخون والاخون شدن بچه از این خونه به اون خونه اصلاً به صلاح نیست. من از خدامه که ایمان رو ببرم پیش خودم. من یه روز این بچه رو نبینم می‌خوام دق کنم. ولی شک دارم آزرمی‌ها رضایت بدن. از طرفی هم موندنش تو خونه آزرمی‌ها رو اصلاً به صلاح نمی‌دونم. با اون زنی که آزرمی داره بچه آواره کوچه و خیابون بشه بهتره تا اونجا! مشکل دیگه هم اختلاف سنی زیاد من و خانمم و همین طور آقا و خانم آزرمی با ایمانه. ماها خودمون رو هم بکشیم نمی‌تونیم تمام نیازهای ایمان رو برآورده

کنیم.

آقای صرافی به اینجا که رسید نگاهش را از صدرا گرفت و به طرف پنجره مغازه برگرداند و با لحنی حسرت‌زده زیر لب گفت: ما اون موقع که جوونتر بودیم نیازهای صبا رو نتونستیم برآورده کنیم. شک دارم تو این سن بتونیم نیازهای ایمان رو برآورده کنیم. بالاخره بچه بزرگ می‌شه ولی به یه جایی می‌رسه که نه اون حرف ما رو می‌فهمه نه ما حرف اونو.

صدرا کاملاً متوجه حاشیه‌رفتن‌های آقای صرافی شده بود ولی صبورانه به انتظار نشسته بود تا ببیند آیا آرزویی که حتی در خواب هم امکان برآورده شدنش کم بود بالاخره به یک جایی می‌رسد یا نه. آقای صرافی بالاخره به نقطه‌ای رسید که صدرا بی‌تابانه به انتظارش نشسته بود.

ـ حقیقتش من توی این مدت هر قدر دور و اطرافم رو نگاه کردم کسی رو پیدا نکردم که بتونه اونجور که صبا همیشه می‌خواست ایمان رو بزرگ کنه. تا اینکه یاد ایامی که مراسم خاکسپاری و غیره رو تموم کردیم افتادم. اون مدتی که ایمان پیش شما مونده بود من به‌جز در کنار صبا و حبیب هیچ وقت ایمان را آنقدر در آرامش ندیده بودم. با وجودی که اون موقع بدترین شرایط موجود بود. صدرا خان! من خیلی وقته که متوجه علاقه ایمان به شما شدم و البته فکر می‌کنم صبا در خلق چنین رابطه‌ای به شدت موفق بوده. و البته این علاقه و رابطه عاطفی از دید هیچ کس پنهان نمونده حتی حبیب چون در غیر این صورت اونقدر واضح توی نامه‌اش از اون صحبت نمی‌کرد. حقیقتش من با آقای آزرمی صحبت کردم. چندین و چند بار نامه حبیب رو بالا و پایین کردیم و هر بار به اتفاق به یه نتیجه رسیدیم. به این ترتیب (کمی مکث) البته این نظر شخصی منه و آقای آزرمی هم در این باره باهام هم‌عقیده است ولی نظر شما و دیگران هم محترمه. به عقیده من تنها کسی که می‌تونه از عهده بزرگ کردن ایمان بر بیاد (دوباره مکثی کرد، سرش را پایین انداخت و ضمن اینکه با انگشتش روی شیشه میز خط‌های نامریی می‌کشید ادامه داد) تنها شمایید. صدرا خان! البته این فقط یه پیشنهاده. من می‌دونم که بالاخره شما هم برای خودتون زندگی دارید و مشغله‌های فراوون. ولی من فقط خواستم نظرم رو بگم و البته مطمئن صددرصد هستم که اگر الآن صبا اینجا حضور داشت همین حرف منو می‌زد و می‌گفت بهترین سرپرست برای ایمان شمایید.

آقای صرافی به هیچ عنوان نمی‌خواست صدرا متوجه شود که از واقعیت پدر و فرزندی آنها مطلع است. فقط قبولی سرپرستی ایمان را با هزارویک جور دلیل و برهان و زمینه‌چینی به صدرا پیشنهاد کرد. از طرفی صدرا باور نمی‌کرد که با آن همه دلهره و اضطرابش از بابت راضی کردن صرافی‌ها خود شخص صرافی با پای خودش به مغازه بیاید و چنین پیشنهادی را به او بکند. حالا

دیگر صدرا با وجود نامه حبیب و واکنش و حرف‌های آقای صرافی یواش یواش داشت چیزی به اسم معجزه را باور می‌کرد و به قدرت آن ایمان می‌آورد. صدرا از فرط خوشحالی نمی‌دانست چه بگوید. از یک سو سعی می‌کرد کمی به خودش مسلط باشد تا آقای صرافی به چیزی شک نکند و از سوی دیگر نمی‌دانست چگونه هیجان به پا خاسته از درونش را مهار کند. برای لحظاتی سرش را پایین انداخت و نفس عمیقی کشید و سپس با صدایی که از شدت هیجان می‌لرزید در جواب گفت: آقای صرافی! من واقعاً از لطف شما ممنونم. ایمان چون برای صبا عزیز بوده برای منم عزیزه. اگه ایمان پیش من بمونه من به شما قول می‌دم که هرگز از تصمیمتون پشیمون نشید.

آقای صرافی به خوبی لرزش صدای صدرا را حس کرد و برق هیجان را در نگاه او دید. به راستی چه کسی غیر از یک پدر حقیقی می‌توانست بعد از آن همه تلاش برای پنهان کردن احساساتش در برابر ایمان چنین عکس‌العملی از خود بروز دهد. آقای صرافی که با شنیدن توافق صدرا به پایان مأموریت خود رسیده بود در حالی مغازه را ترک کرد که دیگر به پیوند خونی ایمان و صدرا صددرصد ایمان آورده بود. لبخند بر لب و خشنود از گامی که برداشته بود صدرا را با رویای شیرین بزرگ کردن ایمان تنها گذاشت.

صدرا به این نتیجه رسید که حضور آقای صرافی در آنجا بدون نقش خانم تفرجی به هیچ وجه ممکن نبوده است از این رو در راه بازگشت به منزل مقابل منزل خانم تفرجی توقف کرد و نزد او قضیه آمدن آقای صرافی به مغازه را وسط کشید. ولی جالب اینجا بود که خانم تفرجی با قیافه‌ای کاملاً جدی و بی‌تفاوت در جواب صدرا فقط گفت: نمیدونم! حتماً صرافی خواب‌نما شده!

هانیه برای مدت بیشتری مراقبت از ایمان را برعهده گرفت تا آبها از آسیاب بیفتد و تکلیف او معلوم شود. صدرا هم به احترام آزرمی‌ها با وجودی که دلش برای آوردن ایمان پرپر می‌زد کمی دیگر به آنها فرصت داد تا روی پیشنهاد او و خواسته حبیب بیشتر فکر کنند. این شرایط تا روز عید تداوم داشت. تا اول عید دست نگه‌داشت.

درست روز اول فروردین حوالی ساعت ۱۱ بهترین کت و شلوارش را پوشید و در مقابل آینه ایستاد. همین طور که آستین‌هایش را صاف می‌کرد خاطرات گذشته مثل آب پشت سدی شکسته به ذهنش رخنه کرد. خاطره سال گذشته که بعد از سال تحویل برای عید دیدنی به منزل آزرمی‌ها رفته بود و صبا زیباتر از همیشه در لباس حریر سبز رنگ در را به روی او باز کرده بود و برق شادی در چشمانش موقع باز کردن در و هیجانی که مستقیماً همانجا قلب صدرا را لمس

کرده بود و ایمان که دوان دوان و با ذوق بچه‌گانه‌اش در حالی که خود را بغل او می‌انداخت می‌گفت: عمو صدرا! عیدت مبارک. و حالا آماده می‌شد که چهره صبا را نه در عالم واقعیت که در یک قاب شیشه‌ای نشسته به گوشه طاقچه خانه آزرمی‌ها ببیند. صدرا آماده می‌شد که نه برای تبریک عید بلکه برای نو عید صبای رویاهایش به آنجا برود.

صدرا قصد کرده بود تا علاوه بر به‌جا آوردن وظیفه خود ایمان را برای همیشه با خود به خانه ببرد. خانه‌ای که بعد از رفتن ایمان دوباره در لاک افسردگی سال‌های دورش فرو رفته بود حالا می‌رفت تا دوباره شاهد فریادهای کودکانه و پژواک خنده‌هایی شیرین در تمام زوایا و گوشه و کنارش باشد.

همان طور که صدرا حدس می‌زد منزل آزرمی‌ها پر از همسایه و دوست و قوم و خویشان دور و نزدیک بود که برای نوعید آمده بودند. آن روز بر خلاف سال‌های گذشته هانیه در را به روی صدرا گشود و با چشم‌های تر عید را به او تبریک گفت. ایمان که از لابه‌لای آن همه سروصدا صدای صدرا را به خوبی تشخیص داده بود دوان دوان خود را طبق عادت هر سال در آغوش صدرا افکند و عید را با زبان کودکانه‌اش به او تبریک گفت.

صدرا برای مدتی در کنار آقای آزرمی نشست تا میهمانان یکی یکی آنجا را ترک کردند و بالاخره صدرا ماند و آقا و خانم آزرمی و هانیه که در آشپزخانه مشغول جمع کردن ظرف‌ها بود.

فرصت را غنیمت شمرد و سر صحبت را با یادآور شدن خواسته حبیب به آنها باز کرد و از آنها خواهش کرد اجازه دهند تا ایمان را با خود ببرد.

مادر حبیب طبق معمول ریاست جلسه را برعهده گرفت. از زمین و آسمان عذر و بهانه تراشید تا با خواسته صدرا مخالفت کند.

صدرا بسیار مصمم و جدی ولی در نهایت احترام خطاب به مادر حبیب گفت: خانم آزرمی! همین طور که می‌دونید این خواسته قلبی حبیب بوده و خواسته حبیب به تنهایی می‌تونه خواسته من و شما و هر کس دیگری رو کاملاً تحت‌الشعاع خودش قرار بده.

ـ خواست شما رو شاید. ولی خواسته ما به اندازه خواست حبیب مهمه. بعدم آقا صدرا! مگه شهر هرته که بچه رو از خونواده درجه یکش جدا کنن و بدن دست غریبه‌ها. ایمان نوه ماست با ما هم می‌مونه. چه نسبتی با شما داره؟ بچه دوستت بوده. به قانونم که باشه حق قیمومیت بچه به پدربزرگ و مادربزرگش می‌رسه. بچه بی‌کس و کار که نیست!

صدرا تمام سعی‌اش را می‌کرد تا خونسردی‌اش را حفظ کند ولی در برابر مادر حبیب اصلاً کار ساده‌ای نبود. نفس عمیقی کشید و با متانت در حالی که سعی می‌کرد عصبانیت مغلوبش

نکند گفت: خانم آزرمی! همون طور که خودتون هم گفتید شهر هرت نیست و مملکت قانون داره. تا بوده همیشه این خواسته متوفی بوده که حرف اول را می‌زده و اولویت داشته. حالا که این خواسته حبیبه بگذارید به خواسته‌اش عمل کنیم و بذارید حبیب هم سر آسوده به بالین بگذاره. من تمام مسؤولیت وکالت ایمان و خرج و مخارج آن را با جون و دل به عهده می‌گیرم. در ضمن آقای صرافی هم چند وقت پیش دم مغازه اومد و اصلاً خودش این پیشنهاد رو به من داد. می‌بینید که خانواده صرافی هم با این کار کاملاً موافقند.

از آنجا که مادر حبیب اغلب خلق و خوی مجادله داشت فقط انتظار از کوره در رفتن صدرا را می‌کشید تا بتواند از موقعیت برای به کرسی نشاندن حرفش استفاده کند. ولی صدرا که با خلق و خوی او کاملاً آشنا بود مراقب رفتارش بود و همین سیاست حفظ آرامش از جانب صدرا خون مادر حبیب را به جوش آورده بود. از این رو در جواب صدرا دوباره از کوره در رفت و با لحنی که شوهرش را هم به شدت عصبانی کرد گفت: حالا تو چرا تو این هیرو ویری چسبیدی لنگ بچه ما؟ اون صرافی هر چند وقت یه بار خواب‌نما می‌شه و یه چیزی می‌پرونه. اینکه دلیل نمی‌شه همه به حرف اون باشند.

اینجا بود که دیگر طاقت حیدر آزرمی تمام شد و با صدای بلند بر سر همسرش فریاد زد: بسه دیگه! تا اینجاش هم زیاده‌روی کردی. نمی‌خوام یک کلمه دیگه بشنوم. تصمیم حبیب هر چی هست باید بهش احترام گذاشت. اینو می‌فهمی یا نه؟

مادر حبیب در حالی که با تغیر برمی‌خاست صدایش را بلندتر کرد و گفت: من نمی‌فهمم! از ایمان به تو چی می‌ماسه که حالا برای بردن بچم از گرده ما پایین نمیای و همش واسه ما ایمان ایمان می‌کنی!

حیدر آزرمی دیگر در این لحظه واقعاً کنترلش را از دست داد و با فریادی که شیشه‌ها را هم به لرزه انداخت گفت: دهنت رو می‌بندی یا خودم پا شم ببندمش؟ هی صبر می‌کنم صبر می‌کنم؟ صبر و تحملم حدی داره.

هانیه مضطرب از آشپزخانه به اتاق آمد و بازوی مادرش را گرفت و سعی کرد او را از اتاق بیرون ببرد. ایمان و سیما که با شنیدن سر و صداها از حیاط به راهرو آمده بودند هر دو در چارچوب در ایستاده بودند و وحشت‌زده به مشاجره آنها گوش می‌دادند. مادر حبیب این بار بیشتر از اینکه عصبانی شده باشد ترسیده بود. این اولین بار بود که شوهرش با این شدت در حضور دیگران در برابرش می‌ایستاد. باور نمی‌کرد که بعد از یک عمر یکه تازی و قدرت‌نمایی با یک فریاد همسرش آن‌چنان در برابر صدرا خرد و حقیر شود. کسی که یک عمر به خرد و

حقیر کردن دیگران عادت کرده بود حالا داشت طعم قربانی شدن زیر تیغ برنده خفت و خواری را می‌چشید و آن هم چه طعم تلخی!

بیش از این نتوانست آماج تیر ترکش‌های عصبانیت همسرش باشد. به سرعت اتاق را ترک کرد و با اندام درشتش در حین خروج از اتاق چنان تنه‌ای به سیما زد که او را همانجا در چارچوب در نقش بر زمین کرد.

حیدر آزرمی که برای اولین بار طعم شیرین حس ابهت را چشیده بود رو به صدرا کرد و از بابت رفتار ناخوشایند همسرش عذرخواهی کرد: شرمنده روت صدرا جان! از وقتی داغ حبیب رو دیده مخش تکون خورده. تو رو خدا حرفاش رو به دل نگیر.

صدرا با تمام وجود سعی کرد لبخند به لب بیاورد ولی نتوانست. حرف مادر حبیب مثل پتکی سنگین بر سرش فرود آمده بود. صدرا به هیچ عنوان از لحن مادر حبیب و بی‌احترامی او نسبت به خودش ناراحت نبود. تمام نگرانی صدرا از لکه‌دار شدن اسم صبا آن هم بعد از آن زندگی غم‌بار بود.

بی‌آن‌که ایمان را با خود ببرد با خشم و عصبانیت آنجا را ترک کرد.

چند روزی سپری شد. صدرا در حل مشکل و چاره‌اندیشی مستأصل شده بود. در این اثنا آقای صرافی سری به مغازه حیدر آزرمی زد و از او خواست با یک جلسه مشورتی خانوادگی تکلیف سرپرستی ایمان را مشخص کنند. طبق توافق خانواده آزرمی جلسه مشورتی فردای همان روز در خانه آقای آزرمی بدون حضور صدرا تشکیل شد. پیشنهاد آقای صرافی مبنی بر واگذاری سرپرستی ایمان به صدرا آنقدر برای خانم آزرمی شگفت‌آور بود که برای دقایقی مات و متحیر فقط به دهان او چشم دوخته بود و سکوت اختیار کرده بود.

خانم آزرمی با دیدن موافقت آقای صرافی غافلگیر شده بود و خود را در مخالفت با این قضیه تنها می‌دید. در نهایت از آنجا که به جز خانم آزرمی همه موافق بودند قرار بر این شد تا رسما سرپرستی ایمان را برای مدت یک سال به صورت امتحانی به صدرا بسپارند.

حوالی ظهر فردا صدرا با خاطری ناآرام در پی یافتن راه‌حلی از داخل مغازه به آسمان صاف و یک‌دست چشم دوخته بود که با حضور آقای آزرمی در مغازه‌اش مواجه شد. با حضور آقای آزرمی و لبخندی که بر لب داشت رویای شبانه‌روزی صدرا محقق شد.

در راه بازگشت به منزل گام‌هایش را چنان محکم برمی‌داشت که گویی عزم و اراده‌ای قوی در پاهایش جمع شده بود. به محض ورود به منزل یک‌راست به اتاق زیرزمینی رفت و از زیر تخت جعبه نسبتاً بزرگی را که حاوی چندین بطری بود بیرون کشید. آن بطری‌ها را درست

روزی که آقا و خانم آزرمی ایمان را از آنجا برده بودند دور از چشم رحیم‌خان خریده و زیر تخت اتاق زیرزمینی پنهان کرده بود. برای لحظاتی به بطری‌ها خیره شد.

چهره مصمم صدرا نشان از تغییر رویه‌ای برگشت‌ناپذیر داشت. پس از دقایقی مکث و اطمینان از تصمیمی که گرفته است جعبه را بغل زد و از اتاق زیرزمینی بیرون آمد. برای لحظاتی به گوشه گوشه حیاط که از نوید رویش و شروعی دوباره سرمست بود نگاه کرد و یک آن با ذهنیت یک شروع جدید، دیگر لحظه‌ای تأخیر را هم جایز نداست و همچنان که با همان اراده محکم به سمت خانه رحیم‌خان می‌رفت او را بلند صدا کرد. رحیم‌خان که تازه سر سفره ناهار نشسته بود برخاست و در را به روی او بازکرد. صدرا برای لحظاتی در سکوت به رحیم‌خان نگاه کرد و سپس همچنان که لبخندی پیروزمندانه بر لب داشت جعبه بطری‌ها را همانجا جلوی پای رحیم‌خان روی زمین گذاشت.

رحیم‌خان هاج و واج نگاهی به صدرا انداخت و با قیافه‌ای حیرت‌زده پرسید: اینا چیه؟

صدرا نفسی عمیق کشید. درست مثل اینکه می‌خواست آخرین ذرات باقیمانده از آن ضعف قدیمی را با بازدمش یکجا تماما بیرون دهد در پاسخ گفت: رحیم‌خان! من دیگه با این بطری‌ها کاری ندارم. مختاری هر بلایی که می‌خوای سرشون بیاری.

و پس از کمی مکث همین طور که سرش را پایین می‌انداخت با صدایی آهسته نجوا کرد: من دیگه تنها نیستم که بخوام دنبال راه‌حل مقطعی برای مشکلاتم بگردم. تو این خونه یا جای ایمانه یا این بطری‌های لعنتی.

به دنبال این حرف سرش را بالا آورد. چشم در چشم رحیم‌خان دوخت و ادامه داد: فقط می‌خوام ازت یه سوال کنم.

رحیم‌خان آب دهانش را به زحمت قورت داد. خیلی خوب می‌دانست لحظه‌ای که همیشه از آمدنش سخت وحشت داشت فرا رسیده و باید چشم در چشم صدرا دوخته و حقیقت را بازگو کند. از این رو در سکوت فقط به انتظار سوال صدرا نشست.

ـ رحیم‌خان! اون شب نحس رو به خاطر میاری که منو از دم در حیاط تا پای رختخواب ایمان کشوندی؟ تو اون شب برادری رو در حق من تموم کردی. جمله‌ات هنوز توی گوشمه!: «این بچه چیرو می‌خواد از تو یاد بگیره؟»

رحیم‌خان سرش را پایین انداخت. درآن لحظه توان نگریستن در چشم‌های صدرا را نداشت. صدرا ادامه داد: رحیم‌خان! سرت رو بالا بگیر. این چیزی نیست که به خاطرش بخوای سرت رو پایین بندازی.

و پس از کمی مکث ادامه داد: همون طورم که اون شب خودت گفتی تو همه چیز رو در مورد ایمان می‌دونستی. فقط می‌خوام بدونم که چطور و از کجا می‌دونستی؟

رحیم‌خان همچنان خاموش و سرافکنده در حالی که معذب بود از جایش تکان نمی‌خورد.

پس از لحظاتی که به سکوت گذشت صدرا با لبخند تلخی دوباره لب به سخن گشود: رحیم‌خان! من می‌دونم که تو با نامه صبا همه چیز رو فهمیدی. درست نمی‌گم؟

رحیم‌خان همچنان سر به زیر انداخته حرفی نمی‌زد.

ـ اون روز وقتی من برگشتم خونه و دیدم که بخاری درست شده متوجه شدم که وقتی من نبودم اومدی اونجا و بخاری رو درست کردی ولی بلافاصله از روی عکس‌های ایمان روی طاقچه کنار نامه صبا حدس زدم که تو احتمالا هم عکس‌ها رو دیدی و هم نامه رو خوندی. چون خیلی خوب یادم بود که عکس مشترک صبا و ایمان رو روی همه عکس‌ها گذاشته بودم ولی وقتی برگشتم خونه دیدم که عکس صبا زیر همه عکس‌های دیگه گذاشته شده. البته فقط حدس می‌زدم و مطمئن نبودم تا اون شب که منو با خودت تا پای تخت ایمان کشوندی. اونجا بود که با اون حال زار کنار رختخواب ایمان شکم به یقین مبدل شد.

عرق خجالت روی پیشانی رحیم‌خان نقش بست. صدرا به آرامی دستش را روی شانه او گذاشت و گفت: رحیم‌خان! من اصلاً ازت گله‌ای ندارم. چون شاید اگر این قضیه رو در باره ایمان نمی‌دونستی اونجور محکم جلوم وای نمیستادی و جلومو نمی‌گرفتی. تو با وجودی که نامه شخصی من رو خوندی ولی در عوض بهم درسی دادی که شاید بدون تو وقتی یادش می‌گرفتم که دیگه خیلی دیر شده بود. حالا هم دارم از ته دل می‌گم. حتی فکر وجود ایمان توی این خونه خود به خود اون ضعف اراده رو از بین می‌بره. منم می‌خوام یه شروع دوباره رو تجربه کنم. یه شروع دوباره با ایمان و برای این کار به وجودت نیاز دارم.

در اینجا لبخند تلخی به لب آورد و ادامه داد: حتی اگه به خاطرش مجبور باشم بذارم نامه‌های شخصی منو بخونی.

برقی فراموش نشدنی در چشم‌های رحیم‌خان درخشید برقی که اگر چه درخشش‌اش با حس شرمی که در وجودش موج می‌زد تحت‌الشعاع قرار گرفته بود ولی هنوز آنقدر قدرتمند بود که به خوبی خبر از یک حس غرور در وجودش می‌داد. حس غرور از بابت دیدن اراده‌ای که این بار بدون کاستی محکم و پا برجا افقی را که او سال‌های سال در انتظار دیدنش سوخته بود در برابر چشمانش نمودار می‌کرد. رحیم‌خان برادرانه صدرا را در آغوش گرفت و در حالی که صدایش می‌لرزید گفت: صدرا جان! نمی‌دونم چی بگم. من نمی‌بایست نامه خصوصی تو رو

می‌خوندم. اگر هم تا به حال پیشت اعتراف نکردم به خاطر این بوده که از روت خجالت می‌کشیدم. ولی حالا که خودت پیش قدم شدی و منو از کارم شرمنده کردی چیزی رو که مدت‌هاست می‌خواستم در کنار این اعتراف بهت بگم می‌گم و اونم اینه که ایمان خیلی خوشبخته که پدری مثل تو داره. من به آینده روشن ایمان زیر دست تو اطمینان دارم.

آن روز صدرا همان طور که با آقای آزرمی قرار گذاشته بود سر ساعت چهار بعدازظهر زنگ منزل آزرمی‌ها را به صدا درآورد. ایمان آماده با چمدان وسایلش از نیم ساعت قبل در کنار در ورودی انتظار او را می‌کشید. مادر حبیب از قبل خداحافظی‌اش را در اتاق با ایمان کرده بود که دیگر مجبور نباشد از اتاق بیرون بیاید. موقع رفتن، حیدر آزرمی به صدرا نزدیک شد و گفت: من با آقای صرافی هم صحبت کردم. صدرا جان! مسوولیت خطیری رو داریم روی شونه‌ات می‌ذاریم. من از بابت ایمان خیالم کاملاً راحته. چون می‌دونم داره جایی می‌ره که عشق و محبت حرف اول رو می‌زنه.

و به دنبال این حرف دستش را روی شانه صدرا گذاشت و اضافه کرد: صدرا جان! ایمان رو به تو و تو رو به خدا می‌سپرم.

فصل بیست‌ونهم

ایمان جزء مسلم و جدانشدنی زندگی صدرا شد. حالا باید نقش پدرانه و مادرانه را به خوبی ایفا می‌کرد. از تهیه غذا تا مدرسه بردن و آوردن و شستن لباس‌ها و اتو زدن و... همه و همه را با طیب خاطر و ذوق و شوق هر چه تمام‌تر انجام می‌داد.

هر پنجشنبه بعدازظهر وسایل ایمان را آماده می‌کرد و او را نزد پدر و مادر صبا می‌برد که شب را با آنها بگذراند و خودش یک راست روانه مزار حبیب و صبا می‌شد. سنگ قبرها را حسابی می‌شست و به گل رزهایی که غنچه‌های نیمه‌بازشان صدرا را همیشه یاد لب‌های صبا می‌انداخت و بوته‌هایی که تازه کاشته بود حسابی می‌رسید.

صبح جمعه نوبت آزرمی‌ها بود. ایمان را از منزل صرافی یک راست به منزل حیدر آزرمی می‌برد. غروب‌های جمعه قدم‌زنان به پارک می‌رفتند و امکان نداشت برای ایمان ساندویچ دلخواهش را نگیرد.

پابه‌پای ایمان می‌دوید و در بازی‌های کودکانه و مورد علاقه‌اش بدون توجه به تفاوت سنی‌اش او را همراهی می‌کرد. حالا دیگر تمام دین و دنیای صدرا ایمان بود و بس. به طوری که پس از گذشت یک سال حتی خانم آزرمی هم به شایستگی صدرا برای سرپرستی ایمان (البته فقط در حضور همسرش) اعتراف کرده بود. به این ترتیب ایمان برای همیشه تحت سرپرستی صدرا در آمد.

خانم تفرجی گاهی به آن‌ها سرکشی می‌کرد و برایشان غذایی درست می‌کرد و به لباس شستن و لباس دوختن و اتو زدن‌های صدرا می‌خندید و به شوخی می‌گفت: ای بچه ذلیل!

هر چند توجهی که خانم تفرجی به ایمان می‌کرد دست کمی از توجه صدرا نداشت. تمام بچه‌های محل به عشق و محبت پدرانه‌ای که بر سر ایمان سایه افکنده بود غبطه می‌خوردند.

یک روز که ایمان با بچه‌های محل مشغول بازی بود احمد، دوست و همکلاسی ایمان، که در شیطنت همتا نداشت سنگی به طرف ایمان پرت کرد و پیشانی ایمان شکست. با گریه ایمان خانم تفرجی سراسیمه به کوچه دوید و حسابی حق احمد را کف دستش گذاشت.

ـ آهای! کدوم کره خری سر پسرم رو شکسته؟ اگه جرات داره بیاد جلو تا حالیش کنم.

احمد هم با وجودی که از خانم تفرجی می‌ترسید برای اینکه روی بچه‌های دیگر را کم کند و به همه ثابت کند که از همه شجاع‌تر است یک قدم به جلو برداشت و گفت: من زدم.

ـ که تو زدی هان؟ تو خیلی غلط زیادی کردی دست روی ایمان من بلند کردی.

و در حالی که گوش احمد را می‌پیچاند گفت: کره خر! خوبه منم بزنم سرتو بشکنم؟

هنوز خانم تفرجی گوش احمد را در دست داشت که احمد همانجا مقابل چشم تمام بچه‌های محل خودش را خیس کرد و از آن به بعد لقب احمد شاشو تا چندین سال روی او ماند. از آن پس هیچ‌کس جرأت از گل کمتر گفتن به ایمان را نداشت حتی احمد هم که با وجود دوستی‌اش با ایمان تا آن موقع گاه نیمه حسادتی به او داشت و همه بچه‌های محل به شدت از او حساب می‌بردند آنقدر به ایمان نزدیک شد و دوستی‌شان محکم شد که سال‌ها بعد با یادآوری آن خاطرات می‌خندیدند.

احمد با ایمان اخت شده بود و هر روز برای بازی به منزل آنها می‌آمد و دو تایی آنقدر سروصدا راه می‌انداختند که صدای رحیم‌خان در می‌آمد. بنفشه دختر رحیم‌خان که دو سه سالی از آن‌ها کوچک‌تر بود دورادور بازی آنها را با حسرت تماشا می‌کرد و آرزو می‌کرد که ای‌کاش از او هم دعوت کنند. البته احمد تا حدودی به رفتارهای بنفشه و غرورش پی برده بود و حس شیطنت گه‌گاه او را وسوسه می‌کرد تا سر به سر او بگذارد.

در یکی از روزهای گرم تابستان که شاتوت‌های حیاط در اوج رسیدگی بود احمد با اصرار زیاد از ایمان خواست که از درخت بالا بروند و شاتوت‌هایی که روی شاخه‌های بالاتر در اوج قرمزی و رسیدگی خودنمایی می‌کردند را از شاخه بچینند. ایمان که می‌دانست صدرا به هیچ عنوان با بالا رفتن از درخت موافق نیست، از این کار اکراه داشت. ولی شیطنت احمد گل کرد و او را ریقو و ترسو خطاب کرد طوری که ایمان را تحریک کرد که از درخت بالا برود. آن دو لای شاخه‌های درخت مشغول خوردن شاتوت بودند و سر و صدای زیادی هم به راه انداخته بودند. بنفشه با پیراهن سفید و دامنی پرچین که عفت به تازگی برایش دوخته بود نزد آن‌ها آمد و از لای شاخه‌ها به آن دو خیره شد. ایمان گفت: بنفشه میای بالا؟

بنفشه هم با حاضر جوابی گفت: من میمون نیستم از درخت برم بالا.

ـ خاک تو سرت کنن. برای چی بهش می گی بیاد بالا؟

سپس به پایین نگاهی انداخت و ادای بنفشه را با دهان کجی درآورد.

بنفشه به دنبال دهان کجی احمد چشم هایش را بست وزبانش را تا آنجا که می توانست برای احمد بیرون آورد وبدون نگاه کردن به عکس العمل احمد که از شدت عصبانیت گوشهایش هم به سرخی سررویش شده بودرویش را برگرداند.ولی همینکه خواست از آنها فاصله بگیرد احمد با دوتا از شاتوتهای آبدار پیراهن سفید اورا مورد هدف قرار داد.به محض اینکه چشم های وحشت زده بنفشه به آن لکه های درشت زرشکی رنگ روی لباسش افتاد گوش خراش ترین جیغی را که می توانست بکشد کشید ودر لابلای گریه وهق هق برای احمد خط ونشان کشید که به بابا رحیم میگم بیاد بکشدت.

احمد در حالیکه از گریه انداختن بنفشه به شدت به هیجان آمده بود دستش را به شاخه بالاتر گرفت و گفت: می خواستی مواظب باشی میمونا از روی درخت چیز پرت می کنن.

زمانیکه بنفشه دوان دوان به سمت خانه شان می رفت احمد بلافاصله به ایمان گفت: ایمان! بزن بریم که الآن رحیم خان میاد پدرمون و در میاره.

ایمان که از این حرکت احمد به شدت ناراحت شده بود و طبع صلح‌جویی داشت از او خواست تا کار را به جای باریک‌تر نکشیده از بنفشه عذرخواهی کنند.

ـ من برم از اون دختره ننرمعذرت‌خواهی کنم؟ می‌خواست زبون‌درازی نکنه. حقش بود.

بگو مگوی ایمان و احمد بالا گرفت و با کتک کاری از درخت پایین آمدند. رحیم‌خان با عصبانیت به طرف آن‌ها آمد و احمد رادر حالیکه مشتش را گره کرده بود واز فاصله بین دندانهای جلویش خون می آمد از روی سینه ایمان بلند کرد. بینی خونین ومالین ایمان هم دست کمی از دهان احمد نداشت.

رحیم خان آمده بود تا تلافی گریه های بنفشه را بر سر احمد دربیاورد.ولی با دیدن سروروی آنها فقط به داد وبیداد اکتفا کرد: چه مرگتونه؟مگه سگ هارید؟وسپس نگاهی به احمد انداخت وادامه داد: مخصوصا تو کره خر اگه یه دفعه دیگه ببینم بنفشه رو اذیت کردی حقت رو می ذارم کف دستت.چشم های وحشت زده احمد برای یک آن به صورت بنفشه که پشت یکی از درختهای گیلاس قایم شده بودافتاد.آن چشم هایی که تا دقایقی پیش اشک می ریخت حالا با برق رضایت وپیروزی به درخشش افتاده بود.با این تفاصیل بنفشه هنوز راضی نشده بود وزمانیکه نگاه انتقام جویش در نگاه وحشت زده احمد گره خورد یکبار دیگر با بی رحمی تمام زبانش را بیرون آورد.

احمد از شدت عصبانیت گوش‌هایش سرخ شده بود ولی با حضور رحیم‌خان جرات نمی‌کرد در آن لحظه عکس‌العملی از خود نشان دهد. از طرفی هم سعی می‌کرد در مقابل بنفشه غرورش را حفظ کند و گریه نکند. ایمان همین طور که سرش را پایین انداخته بود با التماس پشت بند هم می‌گفت: «رحیم‌خان! ببخشید. غلط کردیم! تو رو خدا به عمو صدرا نگو.» احمد لباسش را تکاند و با عجله آنجا را ترک کرد و در راه بالاخره به اشک‌هایی که به زور نگه داشته بود اجازه داد تا لکه‌های خون و شاتوت روی صورتش را با خود بشوید.

چند روز بعد احمد و ایمان و بنفشه هر سه در حیاط مشغول بازی گرگم به هوا بودند. رحیم‌خان همان طور که از پشت درخت‌ها آن‌ها را زیر نظر داشت با خود گفت: دنیای کودکی عجب دنیای ساده و بی‌غل و غشیه. دنیایی که با وجود شیطنت‌های بچه‌گانه نفرت و کینه معنایی نداره.

فصل سی‌ام

زخم‌های دل صدرا بعد از گذشت سه سال از درگذشت صبا و حبیب هنوز به طور کامل رویه نبسته بود. همچنان عصرهای پنجشنبه راهی مزار آن‌ها می‌شد و غم‌ها و عقده‌های فروخورده‌اش را تسکین می‌داد.

بوته‌های گل رزی را که آنجا کاشته بود هم‌چنان گل می‌دادند و دست نوازش‌گر خود را هم‌چنان بر سرشان می‌کشید.

ایمان تا ده سالگی هر هفته برای صبا و حبیب نامه می‌نوشت و از صدرا می‌خواست که هر پنجشنبه نامه‌هایش را سر مزار ببرد. صدرا هم هر نامه جدیدی را که می‌برد پاکت قدیمی را برمی‌گرداند و مثل جواهری گران‌بها در صندوقچه‌اش حفظ می‌کرد.

کم‌کم با ۱۱ سالگی ایمان انگار شرایط سیاسی جامعه هم تا حدودی در حال تغییر و تحول بود. تغییر و تحولی که شاید در آغاز چندان جدی نمی‌نمود. ولی دیری نگذشت که آن‌چنان فراگیر شد که اعتراف به آن حتی از طرف اشخاصی نظیر رحیم‌خان هم اجتناب‌ناپذیر بود. طرز حرف زدن‌های مردم، صحبت‌ها و پچ‌پچ‌هایی که از گوشه و کنار شهر به گوش می‌رسید و... خبر از تحولی عظیم در سطح جامعه می‌داد. پچ‌پچ‌هایی ابتدا از درون خانه‌ها برخاست و به مرور به فضای بیرون کشیده شد. منزل رحیم‌خان هم از این قاعده مستثنی نبود. رحیم‌خان که با هر گونه تغییر و تحول سیاسی در جامعه مخالف بود شنیدن نارضایتی مردم از گوشه و کنار چندان به مذاقش خوش نمی‌آمد. شبی نبود که رحیم‌خان بعد از انجام کارهایش رادیوی موجی کوچکش را دم گوشش نگذارد و مدام به بنفشه و عفت فرمان هیس هیس و ساکت باشید ندهد. و در آخر هم از فرط عصبانیت دندان‌هایش را روی هم فشار می‌داد و می‌گفت: آخه یکی نیست

بگه چتونه؟ خوشی زده زیر دلتون؟ سرتون رو بندازین پایین زندگی‌تون رو بکنین. مملکت داره روز به روز پیشرفت می‌کنه همه جای دنیا ارج و قربمون بجاست. دیگه چی می‌گید؟ همچین انگار به آخوندا بدهکارن. لااله الاالله. درست نمی‌گم صدرا؟

و صدرا که بی‌طرف بود جوابی برای غرغر کردن‌های رحیم‌خان نداشت و فقط با لبخندی شانه‌هایش را بالا می‌انداخت و می‌گفت: نمی‌دونم چی بگم رحیم‌خان! من هیچ وقت تو زندگیم اهل سیاست نبودم و نیستم ولی از زندگی فعلیم هم هیچ گلایه‌ای ندارم.

بی‌طرفی صدرا و بی‌توجهی‌های او به سیاست و تحولات روز فقط به خاطر ایمان بود. از آنجا که ایمان در زندگی او بیش از هر چیز دیگری اهمیت داشت سعی می‌کرد از کنار اخبار و رویدادها به آرامی بگذرد. نمی‌خواست پای سیاست به ذهن کودکانه ایمان کشیده شود. خانه صدرا بر خلاف خانه رحیم‌خان جزء معدود خانه‌هایی بود که بوی حرف‌های سیاسی هیچ وقت در آن به مشام نمی‌رسید. ایمان جسته گریخته از گوشه و کنار، حرف‌هایی از تحولات سیاسی جامعه و نارضایتی مردم می‌شنید ولی فقط می‌توانست آن را با اندیشه کودکانه خود حلاجی کند.

بچه‌ها که در معرض مستقیم بحث‌ها و اندیشه‌های سیاسی بودند برای آنکه پیش سایر هم‌کلاسی‌ها خودی نشان دهند پای بحث‌های سیاسی را از میان آنچه که در منزل شنیده بودند با زبانی کودکانه در مدرسه وسط می‌کشیدند و همراه سایر بچه‌های دیگر جملات را کنار هم می‌چیدند تا بلکه از میان آنها چیزی سر در بیاورند. اما هنوز بسیاری از مسایل برایشان غریبه و ناآشنا می‌آمد. حتی از اصطلاحاتی مثل زندان، شکنجه، حکومت، ساواک و... درک درستی نداشتند.

صدرا با گذشت زمان و رخنه سوال‌های سیاسی به منزل به تحولات ذهنی و بلوغ فکری ایمان پی برد. با وجودی که نگرانی‌اش روز به روز بیشتر می‌شد به این نتیجه رسید که به‌رغم نارضایتی‌اش باید سعی کند با صبر و حوصله به تمام سوال‌های ایمان که تمامی نداشت جواب دهد تا حس کنجکاوی او را از این بیشتر تحریک نکند.

یکی از شب‌های گرم تابستان که عطر اطلسی‌ها و شب‌بوها تمام حیاط خانه صدرا را پر کرده بود رحیم‌خان و صدرا زیر درخت بید کنار حوض آب روی تختی که دوتایی با هم درست کرده بودند نشسته و گرم صحبت بودند. ایمان و بنفشه هم نوبتی سوار دوچرخه ایمان که هنوز به خاطر نو بودنش برق می‌زد می‌شدند و با فریادهایشان حیاط را روی سرشان گذاشته بودند. رحیم‌خان طبق معمول همیشه بحث سیاسی روز را به میان کشیده بود و چون در آن لحظه با بحث‌هایش حمایت و تایید کامل از صدرا نمی‌گرفت به شدت عصبی شده بود به‌طوری که سر

بچه‌ها داد کشید که: چه خبرتونه خونه رو رو سرتون گذاشتین؟

صدرا با دیدن عصبانیت رحیم‌خان لبخندی زد و گفت: بابا این‌قدر سخت نگیر. بالاخره هر کسی یه عقیده‌ای داره. مردم باید آنقدر آزاد باشن که بتونن حرف دلشون رو بزنند.

ـ بله! بیان بزنن. ولی پاشون رو هم از گلیمشون درازتر نکنن. با منطق بیان جلو. نه اینکه شبونه اراجیف بندازن تو خونه‌های مردم و چه می‌دونم روی دیوارا دری وری بنویسن. تو هی می گی حرف دلشون رو بزنن. نه اصن وایسا ببینم گیرم که حکومت الان رو هم سرنگون کردن کی می‌خواد بیاد جای این دولت و حکومت رو بگیره؟ یه مشت خرابکار که نگاهشون اونور مرزه یا یه مشت آخوند دوزاری روضه‌خون؟ نه جونم نه شوروی و انگلیس دلشون به حال این مملکت سوخته و نه با روضه‌خونی و سینه‌زنی اقتصاد این مملکت می‌چرخه. به جز دو سه نفر انگشت‌شمار کی عرضه راه بردن این مملکت رو داره؟ تو خیال می کنی حکومت عوض بشه وضعمون بهتر می‌شه؟ این خط اینم نشون ببین امروز چه روزیه. من مرده و شما زنده.

رحیم‌خان آنقدر گرم بحث کردن با صدرا بود که اصلاً متوجه صدای در حیاط نشد تا اینکه ایمان و بنفشه از دم در آنها را صدا کردند. رحیم‌خان به سرعت دمپایی‌هایش را پوشید و دوان دوان به سمت در رفت و به محض دیدن فریدون که دو ظرف حلوای نذری در یک سینی بزرگ مسی در دست داشت لبخند روی لب‌هایش نشست: به‌به! آقا فریدون! یه دو سه سالی می شد دیگه برامون نذری نمی‌آوردی.

ـ خیلی گرفتار بودم رحیم‌خان! می‌رم دانشگاه سرم خیلی شلوغه ولی امروز گفتم هر طور شده بیام کمک دست مادربزرگم نذری‌ها رو پخش کنم. سهم شما و آقا صدرا و خانم تفرجی رو اختصاصی گذاشتم.

رحیم‌خان همین طور که ظرف‌های حلوا را از داخل سینی بر می‌داشت چشمش به دو برگ کاغذ تا شده سفید رنگ افتاد که در زیر بشقاب‌های حلوا پنهان شده بود. رحیم‌خان با سر به کاغذها اشاره کرد و پرسید: اینا چیه؟

فریدون سرش را پایین انداخت و گفت: دو تا برگه است یکی برای شما و یکی هم برای آقا صدرا، آوردم که مطالعه‌اش کنید.

رحیم‌خان حلواها را به دست ایمان و بنفشه داد و یکی از کاغذها را باز کرد. صدرا که تازه به آنها پیوسته بود ضمن سلام و علیکی با فریدون از روی شانه رحیم‌خان شروع به خواندن برگه چاپی کرد. صورت رحیم‌خان با خواندن هر یک جمله برافروخته‌تر و صورت فریدون با دیدن چهره رحیم‌خان هر لحظه پریده‌رنگ‌تر می‌شد. تا اینکه رحیم‌خان خواندن نوشته را به پایان برد و با خشم نگاهی به فریدون

انداخت و گفت: منع جووناى مردم رو مى‌كرديم تو هم كه اراجيف پخش كن شدى؟

فريدون همين‌طوركه سرش را به زير انداخته بود آهسته گفت: رحيم‌خان! اراجيف نيست؛ واقعيته.

ـ پا شو جمش كن ببينم ... واقعيته واقعيته... اينا يه مشت درى ورى و حرف مفته كه جوونا از زور بيكارى مى‌شينن مى‌نويسن.

صدرا با بالا رفتن صداى رحيم‌خان سرش را از در نيمه باز حياط بيرون كرد و به اين طرف و آن طرف نگاهى انداخت كه چشمش به خانم تفرجى افتاد كه كاغذ به دست با عجله به آن سمت مى‌آمد. بلافاصله با ديدن صدرا پرسيد: اين پسره فريدون اينجاست؟ و وقتى صدرا به علامت مثبت سرش را تكان داد بلافاصله وارد حياط شد. به محض ديدن فريدون بازوى او را گرفت و به زور او را از جلوى در به كنارى آورد. فريدون وحشت‌زده از حركات او هاج و واج مانده بود و نمى‌دانست چه‌كار كند. خانم تفرجى در حالى كه بسيار جدى در چشم‌هاى او نگاه مى‌كرد با لحن تندى گفت: ببينم! غير از خونه من و صدرا كجا ديگه از اين كاغذا دادى؟

فريدون آب دهانش را به سختى قورت داد و گفت: دو تا خونه ديگه كه باهاشون آشنام. چطور مگه؟

ـ چطور مگه؟! بچه! از جونت سير شدى؟ يه رحم به جوونيت بكن. اين ادا اطوارا چيه؟

ـ ادا اطوار چيه خانم تفرجى؟ اين راهيه كه هر كس عاشق آزادى باشه توش خطر مى‌كنه.

ـ نخير! اين راهيه كه هركس قصد خودكشى داره توش خطر مى‌كنه.

ـ بالاخره نرخ گفتن حرف حق گرونه خانم تفرجى.

ـ چيه؟ اون وقت جون تو و امثال تو ارزونه؟ به فكر خودت نيستى اقلا به فكر مادر بدبخت باش.

ـ خانم تفرجى! من مطمئنم اگر مادرم زنده بود كار منو تاييد مى‌كرد.

رحيم‌خان وارد بحث شد و رو به خانم تفرجى كرد و گفت: اى والله... خوشم اومد. با كج‌خلقى رويش را به طرف فريدون برگرداند و گفت: سن و سالتم كم نيست با يه پس گردنى ادبت كنم.

خانم تفرجى به محض اينكه اين حرف را شنيد به او چشم غره‌اى رفت و گفت: خوبه توام... حالا من يه چيزى گفتم تو چرا بل مى‌گيرى؟ و سپس با لحن ملايم‌ترى خطاب به فريدون گفت: عزيز من! منم جاى مادرت. اين كارا آخر و عاقبت نداره. پس فردا مى‌گيرنت مى‌ندازنت تو هلفتونى.

ـ آخه مشکل همین جاست خانم تفرجی! چرا باید آدما رو برای گفتن حرفشون... نظرشون بندازن تو هلفتونی؟

رحیم‌خان لبخند تمسخرآمیزی به لب آورد و گفت: حرفشون و نظرشون اگه شروور نباشه زندان نمی‌رن.

خشم در گلوی فریدون چنگ انداخت و با صدایی لرزان گفت: هیچ می‌دونید چند تا از دوستای من الان که داریم با هم حرف می‌زنیم توی زندونن؟ خدا می‌دونه چه شکنجه‌هایی را دارن تحمل می‌کنن.

رحیم‌خان دوباره از کوره در رفت: حتماً دوستاتم مثل خودت مغز خر خوردن. والا... آدم عاقل که خودش رو دستی دستی روونه هلفتونی نمی‌کنه!

صدرا که تا این لحظه فقط شنونده‌ای خاموش بود دیگر سکوت را جایز ندانست: اینجا جای جر و بحث نیست. صداتون می‌ره بیرون. کسی متوجه می‌شه. فریدون جان! اگه خانم تفرجی و رحیم‌خان حرفی می‌زنن به خاطر خودته که اینجوری خودت رو به خطر نندازی. یه وقت گوش به گوش می‌رسه اون وقت میان می‌گیرنت. حداقل احتیاط کن.

خانم تفرجی با عصبانیت رو به صدرا کرد و گفت: چی چی رو احتیاط کن! توام کارش رو تایید می‌کنی؟

ـ من کار کسی رو تایید نمی‌کنم. من و تو هر چی بگیم این اعتقادیه که فریدون داره. به زور که نمی‌شه عقیده دیگران رو تغییر داد. حالا که عقیده‌اش اینه حداقل جانب احتیاط رو بگیره.

ایمان و بنفشه با وجود علاقه زیاد به حلوا، ظرف‌های حلوا را دست نخورده روی زمین گذاشته و سخت به بحث‌های آن‌ها گوش می‌دادند. فریدون بیش از این ماندن در آنجا را جایز ندانست. در حیاط را باز کرد و رویش را برگرداند و همین طور که با دست به ایمان و بنفشه اشاره می‌کرد، گفت: «از ما که گذشته. حداقل بذارید نسل فردا توی هوای آزادی نفس بکشند» و با گفتن این حرف آنجا را ترک کرد. رحیم‌خان سرش را از روی تأسف تکان داد و گفت: «یه مشت کره خر جوونای مردم رو از راه به در می‌کنن. عاقبتشم این می‌شه.» و سپس با لحنی تمسخرآمیز جمله فریدون را زیر لب تکرار کرد: نسل فردا توی هوای آزاد نفس بکشن... ببینم هوای آزادی که آخوندا با این اراجیفاشون براتون می‌سازن چه بوی گندی می‌ده!

فصل سی‌ویکم

سرانجام سال ۵۷ از راه رسید. سال شانه به شانه رفتن‌های هدف‌دار و بی‌هدف. سالی که تصور تحول و دگرگونی به سرعت یک بیماری واگیردار و مسری به تمام ایران سرایت کرد و تحول‌گرایی فراگیر شد.

تزیین دیوارها شعارهای کج و معوج نوشته شده با اسپری سیاه بود. هم‌زمان با پرشدن دیوارها از شعار، ضربان قلب جوانان و نوجوانان به دنبال هیجان تعقیب و گریزها صد چندان می‌شد. اعلامیه‌های کاغذی سنگفرش خیابان‌ها بود و حتی از پچ‌پچ کودکان بوی سیاست به مشام می‌رسید.

تابستان که تازه هوا داشت یواش یواش رو به خنکی می‌رفت صدرا و رحیم‌خان هر دو در زیر نور چراغ حیاط مشغول ور رفتن به باغچه‌ها بودند. ایمان و بنفشه هم طبق معمول لب حوض نشسته و با دست‌هایشان که تا آرنج داخل آب بود آرامش آب حوض را به هم می‌زدند. کف حیاط از شدت زیادی شاتوت‌هایی که به زمین ریخته بود هنوز به سیاهی می‌زد. با وجودی که مدت‌ها بود که دیگر شاتوتی به شاخه‌ها نمانده بود هنوز رحیم‌خان با وجود غرغرهای عفت که «با کف کفشاتون این شاتوتا را کم به همه جا بمالید» برای شستن حیاط هی امروز و فردا می‌کرد.

به جز صدای چلپ چلپ آب حوض صدای دیگری نمی‌آمد که ناگهان صدای شلیک چند گلوله سکوت شب را ناغافل شکست. صدا آنقدر نزدیک بود که انگار از پشت دیوار خانه می‌آمد. صدرا و رحیم‌خان با شنیدن صدای گلوله دست از کار کشیدند و صدای چلپ چلپ آب هم قطع شد. ایمان و بنفشه هر دو وحشت‌زده از جا پریدند. این اولین بار بود که صدای

شلیک گلوله را آن هم از فاصله‌ای نزدیک می‌شنیدند. به همین خاطر هیچ ذهنیتی از علت و منشا آن صدای ناهنجار نداشتند. چند ثانیه بعد صدای فریادهای پی‌درپی و صدای ترمز اتومبیل‌ها از فاصله کمی دورتر ضربان قلب آن دو را چندین برابر کرد طوری‌که این بار ایمان و بنفشه هر دو وحشت‌زده به سمت صدرا و رحیم‌خان دویده و هر یک خود را در آغوش پدرانشان انداختند.

صدرا به خاطر گلی بودن دستش با آرنج ایمان را بغل گرفت و گفت: نترس پسرم! چیزی نیست. از این سر و صداها زیاده بیا بریم تو. صدرا همین‌طورکه حرف می‌زد می‌توانست کاملاً لرز بدن ایمان را در حالی که سخت به او چسبیده بود احساس کند. رحیم‌خان هم بنفشه را بغل گرفته و سعی می‌کرد او را که از ترس به شدت می‌لرزید آرام کند. در این گیرودار صدای مشت‌های محکمی که به در حیاط کوبیده می‌شد آنها را متوقف کرد. آن دو در حالی که وحشت‌زده به هم نگاه می‌کردند مردد مانده بودند که در را باز کنند یا نه. ولی صدای آن مشت‌های محکم که یک لحظه قطع نمی‌شد و صدای فریادی که به دنبال آن شنیده شد که: «باز کنید. تو رو خدا درو باز کنید.» آن دو را از تردید بیرون آورد. صدرا بلافاصله از ایمان خواست که با بنفشه به خانه رحیم‌خان رفته و پیش عفت بمانند. و سپس همراه رحیم‌خان سراسیمه به طرف در دویدند.

با باز شدن در حیاط به دلیل تاریکی کوچه فقط شبح یک انسان در مقابل چشم آن دو ظاهر شد. شبح سیاه در حالی که خم شده بود و با دست دیوار آجری را گرفته بود به سمت روشنایی ضعیف جلوی در حرکت کرد. با کمال تعجب فریدون را دیدند که تمام وزنش را روی پای چپش انداخته و با نگاه التماس‌آمیزش منتظر دستی بود که در را به رویش باز کند.

فریدون که گلوله خورده بود برای اینکه ردی از خودش بر جا نگذارد پاچه شلوارش را داخل جورابش کرده و لنگان لنگان تا کوچه اقاقیا دویده بود و خانه صدرا را به خاطر وسعتش برای مخفی شدن انتخاب کرده بود. به محض اینکه صدرا و رحیم‌خان متوجه پای زخمی فریدون شدند زیر بغلش را گرفته و او را که از شدت درد و خونریزی دیگر حتی نای ناله‌کردن هم نداشت داخل حیاط آورده و در را بستند.

نگاه وحشت‌زده آن دو از صورت فریدون به پای زخمی او و از پای زخمی او به صورت رنگ‌پریده‌اش برمی‌گشت. صدرا وحشت‌زده گفت: پسرا! چه بلایی سر خودت آوردی؟

و رحیم‌خان به دنبالش گفت: بالاخره کار خودتو کردی؟

نفس‌های فریدون حسابی سنگین شده و به شماره افتاده بود. تمام پیشانیش از شدت عرق خیس شده و برق می‌زد. یک آن از شدت درد چشم‌هایش را به هم فشرد و با التماس گفت:

خواهش می‌کنم! هر آن ممکنه سر برسن. به من پناه بدید. منو یه جا قایم کنید!
رحیم‌خان نگاهی به صدرا انداخت و گفت: ببریمش تو اتاق زیرزمینی؟
ـ پله‌ها رو چه کار کنیم؟ پایین رفتن از پله‌ها مکافاته.
ـ یه جوری می‌بریمش. تازه اگه ردشو گرفته باشن اونجا آخرین جاییه که ممکنه بگردن.
صدرا که با دیدن آن همه خون یک جا و حال و روز فریدون دستپاچه شده بود مضطرب گفت: هرچی تو بگی. فقط عجله کن.
عفت همین طور که ایمان و بنفشه را به خود می‌فشرد رد آنها را تا دم پله‌های زیرزمینی دنبال کرد. فریدون را به آرامی و با احتیاط روی تخت خواباندند. پیراهنشان خونی شده بود. بلافاصله عفت دو تا از پیراهن‌های رحیم‌خان را برایشان آورد. با وجود سفارش‌های فراوان عفت، ایمان و بنفشه یواشکی از پله‌ها پایین آمده و با ترس چشم از فریدون برنمی‌داشتند. عفت در حالی که پیراهن‌ها را به رحیم‌خان می‌داد با تغیر به آن دو که رنگشان سخت پریده بود تشر زد که: مگه نگفتم بالا بمونید. زود برید بالا ببینم!
پیراهن برای صدرا کوچک بود. رحیم‌خان همچنان که دکمه‌های پیراهنش را می‌بست به محض دیدن صدرا لبخندی به لب آورد و گفت: چکار کنیم دیگه ما هم از آقامون قد کوتاهش رو ارث بردیم دیگه.
صدرا بلافاصله آستین‌های پیراهنش را بالا زد و گفت: تو هم که هر چی کم و کسری داری می‌ذاری گردن بابای خدا بیامرزت!
فریدون با چشم‌های بسته و صورتی که از شدت درد درهم رفته بود ناله‌کنان گفت: الانه که سر برسند. الانه که سربازها سر برسند. برای شما هم دردسر درست می‌شه به خدا چاره‌ای نداشتم. خدایا خودت رحم کن. خودت کمک کن.
از درد به خود می‌پیچید ولی هنوز به زحمت صدایش شنیده می‌شد: اگه بریزن اینجا برای شما‌م دردسر درست می‌کنند.
رحیم‌خان در حالی که از تخت فاصله می‌گرفت گفت: «آدم وقتی حرف حساب به خرجش نره آخر و عاقبتش این می‌شه» ولی با چشم غره صدرا بلافاصله ادامه داد: کاریه که شده. بذار فکر کنیم ببینیم چه خاکی تو سرمون بریزیم.
نگاه صدرا روی محل اصابت گلوله ثابت مانده بود. به نظرش خونریزی محل اصابت گلوله لحظه به لحظه بیشتر می‌شد. به خاطر آورد در چند فیلم در سینما دیده محل خون‌ریزی را محکم می‌بندند. با آستین پیراهن خونیش بالای محل گلوله‌خورده را محکم بست و چنان گره‌ای به آن

زد که ناخودآگاه صورت مادر حبیب با گره چادر نمازش در ذهنش مجسم شد. سپس به رحیم‌خان گفت: «شما پیش‌ش بمون من برم ببینم توی حیاط جای لکه خونی نمونده باشه» و با این حرف پله‌ها را دو تا یکی بالا آمد. بالای پله‌ها چشمش به ایمان افتاد که در حال جویدن ناخن‌هایش سعی می‌کرد خود را از دید صدرا پنهان کند. دریافت ایمان دوباره به عادتی که او دو سال پیش با زحمت از سرش انداخته بود، روی آورده است. آن دندان‌های بی‌رحم دوباره به جان انگشتان کوچکش افتاده و ناخن‌های تازه در آمده‌اش را با اضطراب می‌جویدند. صدرا ابتدا عصبانی شد ولی صحنه ناخن جویدن او آنقدر به نظرش مظلومانه آمد که نتوانست او را دعوا کند. در حالی که دو دستش را می‌گرفت بدون اینکه کوچک‌ترین اشاره‌ای به ناخن جویدن او کند از او برای چندمین بار خواست پیش عفت و بنفشه بماند.

با دلهره به زمین چشم دوخت. نور چراغ در آن قسمت از حیاط کم بود و بخش وسیعی از کف حیاط از قبل با رنگ شاتوت‌ها نقاشی شده بود. صدرا نزدیک در که رسید رویش را به سمت اتاق زیرزمینی برگرداند. انبوه شاخ و برگ‌های درخت‌های گیلاس در مقابل خانه رحیم‌خان ورودی اتاق زیرزمینی را به خوبی استتار کرده بود. پشت پنجره‌های کوچک اتاق زیرزمینی هم که تقریباً هم سطح حیاط بود با گلدان‌های بزرگ اقاقی پوشیده شده بود. حالا تنها قسمت روشن در آنجا محوطه نزدیک در حیاط بود. صدرا دوباره با دقت تمام آن قسمت را بررسی کرد. دست دست کردن‌های رحیم‌خان برای شستن کف حیاط چندان هم بد نبود. تمام کف حیاط از جلوی در تا چند متری از هر طرف به سیاهی می‌زد طوری که پیدا کردن چندین لکه خون به جا مانده کف حیاط را بسیار مشکل می‌کرد. بالاخره با دقتی که صدرا به خرج داد لکه‌های خونی را در حیاط یافت. ناگهان با صدای بلند قدم‌هایی تند از داخل کوچه که لحظه به لحظه نزدیک و نزدیک‌تر می‌شد قلبش فرو ریخت. با شنیدن ضربه‌های محکمی که به در حیاط می‌خورد عرق سردی بر بدنش نشست. حس می‌کرد می‌تواند صدای طپش‌های قلبش را بشنود. لکه‌های خون مثل دو چشم حیوانی درنده به او زل زده بودند. با وجودی که آن لکه‌ها به سختی قابل رویت بودند ولی در آن لحظه در نظر صدرا با گذشت هر یک ثانیه مثل لکه‌های جوهر افتاده روی کاغذ کاهی بزرگ‌تر و بزرگ‌تر و پررنگ‌تر و پررنگ‌تر می‌شدند. صدرا زیر لب گفت: «خدایا! خودت رحم کن» و بلافاصله کف دمپایی‌هایش را روی دو لکه خون کشید تا رنگ آنها را در رنگ سیاه کف حیاط محو کند و سپس با قدم‌هایی لرزان به سمت در رفت. مردد و دو دل پشت در نمی‌دانست که باید در را باز کند یا نه که ناگهان صدای خشنی از پشت در فریاد زد: اگه درو باز نکنید می‌شکنیم‌اش می‌آییم تو.

صدرا یک لحظه چشم‌هایش را بست. نفس عمیقی کشید و سعی کرد قیافه‌ای آرام به خود بگیرد. انگار که اصلاً اتفاقی نیفتاده است. سپس همین طور که با دست‌های لرزانش در را باز می‌کرد گفت: اومدم بابا اومدم چه خبره؟

به محض باز شدن در چشم صدرا به دو سرباز افتاد. یکی از آن دو که بیست سالی بیشتر نداشت به نظر سرباز وظیفه می‌آمد و دیگری مرد میان‌سالی بود که از درجه روی سر شانه‌هایش به نظر می‌رسید گروهبان کادر باشد. سرباز جوان نفس نفس می‌زد. به نظر می‌رسید مسیری طولانی را دویده باشد. پوتین‌هایی که به پا داشت کثیف و خاکی شده بود و این فکر را تداعی می‌کرد که روز سختی داشته و به دنبال تظاهرکنندگان از این کوچه به آن کوچه دویده است.

گروهبان با دیدن صدرا اسلحه‌اش را روی سینه او گرفت و با لحن خشنی پرسید: کجا قایمش کردید؟

صدرا قیافه‌ای متعجب به خود گرفت و جواب داد: کیو کجا قایم کردیم؟ از چی حرف می‌زنید؟

ـ هی! بهتره خودت رو به نفهمی نزنی. دارم در مورد خرابکاری حرف می‌زنم که از دست ما فرار کرد و تو این کوچه یه هو گم و گور شد.

سپس رو به سرباز جوان کرد و گفت: «باید تو یکی از این سه چهار تا خونه اطراف باشه» و دوباره نگاهش را به صدرا دوخت و این بار با لحنی طعنه‌آمیز ادامه داد: «آدم باهوشیه بین خونه‌ها من مطمئنم اینجا رو انتخاب کرده. خونه به این بزرگی پر از دار و درخت. چرا که نه» و سپس با لحنی خشن به صدرا تاکید کرد: تو این خونه ممکنه شتر با بارش گم بشه ولی من پیداش می‌کنم زیر سنگم که رفته باشه درش میارم. نمی‌تونه قسر در بره.

ـ آخه از کجا این‌قدر مطمئنید که اومده اینجا! شاید این آدمی که می گید تو یه خونه دیگه قایم شده باشه. شاید اصلاً از اون سر کوچه در رفته باشه.

گروهبان در حالی که با نوک اسلحه‌اش صدرا را از سر راهش کنار می‌زد دو سه قدم جلوتر رفت. به جز لامپ جلوی در داخل حیاط، صدرا باقی چراغ‌ها را خاموش کرده بود و حیاط با آن همه درخت‌های سر به فلک کشیده در تاریکی مطلق فرو رفته بود. حتی تشخیص حوض آب و ساختمان اصلی در آن تاریکی مشکل بود. همین طور که پشت به صدرا داشت و به تاریکی درختان و حیاط که در ظلمت شب پیچیده شده بودند نگاه می‌کرد گفت: تیر خورده. نمی‌تونه زیاد بدوه. ما هم تا اونجا که می‌تونسته بره کوچه رو گشتیم. حالا دیگه کمتر خودت رو به خریت بزن. به جای سوال‌ها و حرفای بی سروته بگو کجا قایمش کردی و خودتو از شر گرفتاری‌های بعدش نجات بده.

گروهبان از جیبش چراغ قوه نسبتاً کوچکی را که بر خلاف اندازه‌اش قوی و پر نور بود در آورد و ضمن اینکه با آن حیاط را از آن فاصله وارسی می‌کرد با همان لحن خشن گفت: «می‌دونی پناه دادن به یه خرابکار چه جرم سنگینیه؟ خیلی خوش‌شانس باشی سال‌ها باید تو هلفتونی آب خنک بخوری.» و دوباره رو به سرباز کرد و فریاد زد: هر طور شده باید پیداش کنیم. جناب سروان و باقی گروه دیدن که ما دنبالش کردیم و تیرش زدیم. اگه پیداش نکنیم هم برامون مسؤولیت داره هم واسمون خیلی بد می‌شه.

ـ احتمالا اسلحه هم داره. مطمئنم که یکی از اون دونه درشتاشونه. تموم سوراخ سمبه‌های این خونه لعنتی رو بگرد. الدنگا یاد گرفتن یکسره اراجیف پخش کنن. به خیالشون رسیده که مملکت صاحاب نداره.

سرباز جوان که از بزرگی خانه و حیاط سخت مات مانده بود با لحنی اعتراض‌آمیز زیر لب گفت: قربان! خونه به این بزرگی گشتنش تا فردا صبحم تموم نمی‌شه.

ـ به جای وراجی به کارت برس. مطمئنم همین جاها یه جایی قایمش کردن. با اون پای زخمی‌اش هیچ گور دیگه‌ای نمی‌تونه رفته باشه.

سرباز جوان یک لحظه با دیدن شاتوت‌های له شده کف حیاط به تصور اینکه خون دیده است فریاد زد: قربان انگار اینجا خون ریخته. گروهبان بلافاصله به سمتی که سرباز اشاره کرده بود رفت و با چراغ قوه‌اش روی لکه مذبور نور تاباند و پس از دقیقه‌ای با نارضایتی گفت: خون نیست شاتوته. خوب چشاتو واکن ببین ردی ازش می‌بینی یا نه!

ـ قربان! آخه با این نور کم خیلی سخته این درخته هم شده قوز بالا قوز.

ـ کم غر بزن. کارتو بکن. مگه ندیدی جناب سروان داشت دنبالمون می‌اومد. می‌خوام قبل از اینکه برسه کت بسته تحویلش بدیم. یکیشون به دام افتاده تو بی‌عرضه هم اگه به جای فس فس کردن بری دنبال این یکی حتماً پیداش می‌کنیم. بجنب من همین‌جا جلوی در وای می‌ستم که اگه خواست فرار کنه بگیرمش.

ـ قربان! ممکنه از دیوار بکشه بالا. این خونه که در و پیکر نداره!

ـ حرف‌ها می‌زنی ها! منو باش با کی اومدم دنبال این فراری! آخه احمق! اون با پای تیر خورده‌اش چه جوری می‌خواد از دیوار بکشه بالا؟

اضطرابی وحشتناک تمام وجود صدرا را در بر گرفته بود. با صدایی که سعی می‌کرد از لرزشش جلوگیری کند گفت: من واقعاً نمی‌دونم شماها چی می‌گید و دنبال کی می‌گردید. آخه این وقت شب توی خونه من چی می‌خواید؟

ــ گفتم که خودت رو به نفهمی نزن با هالو که طرف نیستی.

صدرا با ناامیدی برای لحظه‌ای سرش را رو به آسمان گرفت و به گستره تاریک بالای سرش خیره شد. در همان لحظه جایی بین شکاف ابرها ماه با رنگ پریده‌اش خود را بیرون کشید. همان شکاف ابرها و خودنمایی ماه نوری از امید را به قلب صدرا تاباند. انگار بعد از سال‌های طولانی با دیدن آن لکه بی‌ابر در آسمان تاریک به دوران کودکی برگشته بود. انگار صدای مهربان و امیدبخش مادرش را می‌شنید که می‌گفت: وقتی هوا صافه آدم راحت‌تر می‌تونه با خدا حرف بزنه. چون چیزی بینشون حائل نیست که نذاره صداشون به گوش هم برسه.

صدرا همچنان خیره به آسمان نیمه‌ابری از خدا می‌خواست که به فریدون رحم کند. سپس رو به گروهبان کرد و گفت: باور کنید اشتباه می‌کنید کسی اینجا نیست.

ــ به زودی معلوم می‌شه. در ضمن اگه راست می‌گی چرا این‌قدر به تته پته افتادی؟ دست و پات چرا این‌قدر می‌لرزه؟

گروهبان درست می‌گفت. صدرا هنوز نتوانسته بود بر لرزش دست‌هایش غلبه کند ولی باز روحیه‌اش را نباخت و در جواب گفت: با این وضعی که شماها ریختید تو خونه من هر کس دیگه‌ای بود سکته می‌کرد. شما نظامی‌ها عادت دارید شبا با تفنگاتون بخوابید. ما همینجوریشم از تفنگ وحشت داریم. اون کجا یه دونه پرش رو روی سینمون بذارن و تهدیدمون کنن. تازه شانس آوردید همینجا پس نیفتادم بمونم رو دستتون!

گروهبان با کج‌خلقی نگاهی به صدرا انداخت و گفت: «شیرین‌زبونی دیگه بسه. برو یه گوشه وایسا مزاحم کار ما هم نشو» و زیر لب با غرغر ادامه داد: احمق معلوم نیست چه غلطی می‌کنه. جوونای نادون خوشی زده زیر دلشون. گشنگی نکشیدن ببینن چه مزه‌ای داره. یکی نیست یادشون بیاره که این مملکت چه بدبختی‌هایی دیده که حالا به اینجا رسیده. انگار یادشون رفته که کچلی و وبا و بدبختی یه زمانی از در و دیوار این مملکت می‌ریخت. حالا هم که یکی پیدا شده به داد این مملکت برسه یه مشت بچه مسلمون نادون و جوجه کمونیست وطن فروش و چریکی و کوفت و زهرماری فیلشون یاد هندوستان کرده. سرتونو بندازید پایین مثل آدم زندگیتون رو بکنید. قدر نشناسا معلوم نیست چه مرگشونه.

گروهبان یک لحظه زبان به دهان نمی‌گرفت تا اینکه با شنیدن صدای قدم‌هایی که به در نزدیک می‌شد بلافاصله سکوت اختیار کرد و هم‌زمان با صدرا به طرف در نگاه کرد. اما ظرف چند ثانیه خودش را جمع و جور کرد و همچون ستونی محکم خبردار شد.

افسری که حول و حوش پنجاه وپنج سال داشت با قیافه‌ای بسیار جدی و ظاهری بسیار

آراسته و مرتب با لباس فرم که انگار همان لحظه از اتوشویی تحویل گرفته بود و چکمه‌هایی که حتی در آن نور ضعیف بر خلاف پوتین‌های سرباز از شدت تمیزی برق می‌زد وارد حیاط شد. کلاهی که به سر داشت چنان بر چشم‌هایش سایه انداخته بود که به چهره‌اش ابهت خاصی می‌بخشید. موهای جوگندمی‌اش از دو طرف بنا گوش از زیر کلاه بیرون زده بود.

گروهبان همچنان مثل مجسمه‌ای بی‌حرکت خبردار ایستاده و دست راستش را مثل یک تکه چوب خشک به حال سلام نظامی بالا آورده و نگاهش را به یک نقطه دوخته بود.

افسر در حالی که دست‌هایش را از پشت کمرش به هم قلاب کرده بود به گروهبان آزاد باش داد و چند قدم جلوتر آمد. نور کم‌رنگ لامپ که به صورتش افتاد تا حدودی اجزای صورتش را مشخص می‌کرد. سبیل‌های خاکستری و مرتب شده پشت لبش به صورتش مردانگی خاصی بخشیده بود. با وجود سایه لبه کلاهش، صدرا می‌توانست برق تیزبینی و هشیاری را در چشم‌های پر ابهتش ببیند. در آن چهره چیزی بود که صدرا را ناگهان به فکر فرو برد.

افسر تمام زوایای حیاط را از نظر گذراند و سرش را تکان داد. سپس خطاب به گروهبان گفت: هنوز پیداش نکردید؟

ـ در حال تفتیش هستیم قربان.

در این لحظه صدرا با لحنی التماس‌آمیز گفت: باور کنید من که گفتم کسی که دنبالش می‌گردید اینجا نیست.

افسر نگاه جدیش را برای لحظاتی روی صورت صدرا متمرکز کرد و به دنبال آن دوباره زوایای حیاط را در سکوت از نظر گذراند. پس از دقایقی نگاهش دوباره بر صورت پریده‌رنگ صدرا متمرکز شد. آن چشم‌های تیزبین و آن صورت با جذبه ذهن صدرا را به خود مشغول کرده بود. در آن چشم‌ها و چهره چیزی بود که صدرا را سخت کنجکاو کرده بود. اگر چه در آن تاریکی تشخیص جزئیات صورت افسر امکان‌پذیر نبود ولی همان قدر هم که معلوم بود حسی غریب در وجود او بر انگیخته بود. حسی شبیه حس یادآوری خاطرات دور.

برای صدرا در آن لحظه با ذهن مشوشی که داشت تمرکز بسیار دشوار بود ولی کنجکاوی‌اش هم به او اجازه سرسری گذشتن از کنار خاطرات دور که حالا نور کم‌رنگ یادآوری آن را سایه روشن کرده بود، نمی‌داد. در نهایت این افسر بود که با دیدن تقلای بیهوده او لب به سخن گشود.

لبخند کم‌رنگی بر لب‌های افسر که همچنان نگاهش را به صورت صدرا دوخته بود نقش بست و گفت: صدرا سمایی. صدرا سمایی تنها پسر عزیز رسول سمایی!

صدرا این بار سعی کرد با دقت بیشتری به افسر نگاه کند. صحنه‌هایی از گذشته‌های دور مدام در ذهنش به صورت لحظه‌ای تاریک و روشن می‌شد. ولی هنوز برای ارضای حس کنجکاوی‌اش کافی نبود.

افسر وقتی سکوت صدرا را دید با همان لبخند ادامه داد: صدرا سمایی جوونی که شب و روزش پای تخت پدر و مادر مریض‌اش یکی بود.

صدرا بالاخره توانست آن چهره سایه روشن را در صندوقچه ذهنش با چهره‌ای قدیمی تطبیق دهد. افسر قدمی به صدرا نزدیک‌تر شد و کلاهش را از سر برداشت. نور لامپ حالا کاملاً به صورتش پاشیده بود و اجزای صورتش را از آن فاصله کم به خوبی در معرض دید صدرا قرار داده بود.

ـ چیه جوون؟ منو به یاد نمیاری؟ منم کریم انتظامی.

صدرا با حیرت و تعجب تکرار کرد: کریم انتظامی؟

چهره‌ای که صدرا از آقای انتظامی تازه به خاطر آورده بود تا آن حد شکسته نبود. تا جایی که صدرا به خاطر می‌آورد در لابه‌لای موهای مشکی او حتی یک تار موی سفید هم پیدا نمی‌شد. موهای یک‌دست سیاه کریم انتظامی خیلی زودتر از آنچه می‌بایست سفید شده بود. صدرا تا یاد داشت اطراف چشم‌های پر جذبه او هیچ وقت چروکی ندیده بود. ولی حالا که دقت می‌کرد می‌دید که با وجود تغییراتی که گذر زمان در چهره او پدید آورده نه تنها ذره‌ای از ابهتی که همیشه در او سراغ داشت کم نشده بلکه خیلی هم بر آن افزوده است. مجدداً بهت‌زده از این برخورد غیر منتظره یک بار دیگر نام کریم انتظامی را تکرار کرد: آقای انتظامی؟!

ـ بالاخره شناختی هان؟یادش به خیر! این خونه و این حیاط؛ بوی گل و بوته‌ها؛ چه دورانی بود. شاید یادت بیاد که من و رسول دوستای خیلی قدیمی بودیم. سال‌ها نون و نمک هم رو خوردیم. همچین که پام رو تو حیاط گذاشتم تمام اون لحظه‌های خوش قدیمی برام زنده شد. با وجودی که تاریکه ولی می‌بینم چندان چیزی تغییر نکرده! اون موقع‌ها یادمه که جون علیداد بود و این باغچه‌ها. چه دورانی بود!

نگاه کریم انتظامی همچنان که زوایای حیاط را از نظر می‌گذراند روی درخت شاتوت متوقف ماند و گفت: «یاد اون شاتوتای آبدار به خیر» و با گفتن این حرف درست مثل اینکه خاطره لگدمال شدن شاتوت‌ها در ذهنش تداعی شده باشد نگاهش به کف حیاط درست محوطه زیر درخت شاتوت متمایل شد.

صدرا که مسیر نگاه او را تعقیب کرد نگاهش روی دو لکه بزرگ خون که تا آن لحظه از

دیدش پنهان مانده بود خشک شد. قطرات درشت عرق از زیر پیراهن کوتاهش درست از پشت گردن روی یک خط صاف تا پایین کمرش به پایین غلطید. سروان انتظامی در چند قدمی لکه‌های خون ایستاده بود. چطور آن دو لکه به آن بزرگی تا آن لحظه از دید صدرا پنهان مانده بود؟ سروان انتظامی آهسته به سمت قطرات خون گام برداشت. با دیدن آن دو قطره خون لبخندی تلخ بر لب‌هایش نشست و لکه‌های خون زیر کفش‌های براقش گم شد. او که همچنان نگاهش را به کاشی‌های رنگین شده کف حیاط دوخته بود پس از دقایقی سکوت که صدرا به هیچ عنوان جرات شکستن آن را نداشت دوباره به حرف آمد: من همیشه حسرت داشتن فرزندی مثل تو رو داشتم. من همیشه به پدرت غبطه می‌خوردم.

سروان انتظامی دستمال سفیدی را از جیبش بیرون آورد و ضمن اینکه عرق پیشانی‌اش را با آن پاک می‌کرد نگاه حزن‌آلودش را از کاشی‌ها به صورت صدرا برگرداند و نگاه در نگاه او که مات و متحیر فقط سرا پا گوش بود، ادامه داد: رسول با داشتن همسری مثل ملیحه و پسری مثل تو واقعاً خوشبخت بود.

سروان انتظامی بدون توجهی دیگر به آن لکه‌های خون دوباره به سمت صدرا برگشت. دستش را روی شانه او گذاشت و ضمن اینکه آن را می‌فشرد با لبخندی گفت: جوون! خاطرات تلخ و شیرین گذشته رو برام زنده کردی. ولی بلافاصله لحن حرف زدنش تغییر کرد و با لحنی جدی‌تر ادامه داد: «دوران خطرناکیه جوون! بیشتر مراقب باش» و سپس رو به سربازی که همچنان مجسمه‌وار سر جایش خشکش زده بود، کرد و آمرانه گفت: زود باشید. بیشتر از این وقتتون رو اینجا تلف نکنید. حتماً تا حالا فرار کرده. بی‌عرضه‌ها!...

ـ قربان هنوز داریم می‌گردیم.

ـ نشنیدی چی گفتم؟ وقتی آقای سمایی می‌گه اینجا نیست یعنی اینجا نیست. جل و پلاستون رو جمع کنید راه بیفتید. حتماً تا حالا حسابی از اینجا دور شده.

گروهبان با لکنت زبان گفت: «بله قربان! هرچی شما بفرمایید» و با این حرف بلافاصله به سمتی که سرباز وظیفه را برای تفحص فرستاده بود رفت و فرمان توقف جست‌وجو را داد. سرباز وظیفه با شنیدن دستور آنقدر خوشحال شد که بدون لحظه‌ای فوت وقت به گروهبان پیوست.

سروان انتظامی هنگام ترک خانه صدرا یک بار دیگر برگشت و نگاهی حسرت‌آلود به تمام زوایای حیاط افکند و زیر لب گفت: با خودم عهد کرده بودم که بعد از فوت رسول و ملیحه دیگه هیچ وقت به این خونه قدم نگذارم. سپس در حالی که کلاهش را بر سر می‌گذاشت با چشم‌هایی که دوباره به زیر سایه لبه کلاه فرو رفته بود به صدرا نگاه کرد و با لحنی حسرت‌آلود

گفت: هرگز این چشم‌ها رو فراموش نمی‌کنم؛ درست مثل... و بقیه حرفش را خورد و پس از کمی مکث مجدداً تکرار کرد: به حرف‌هام فکر کن. قبلاً هم گفتم روزگار خطرناکیه!

صدرا پس از رفتن آنها برای دقایقی فریدون را از یاد برد و میخکوب بر جای ایستاد. در آن مدت کوتاه حادثه‌های پشت سرهم به قدری زیاد رخ داده بود که هضمش از عهده صدرا خارج بود. پس از دقایقی بلافاصله با یادآوری فریدون با عجله خود را به اتاق زیرزمینی رساند. فریدون همچنان بی‌رمق روی تخت افتاده و زیر پایش خون جاری شده بود. رحیم‌خان بـه محض دیدن صدرا مثل دانه اسفند روی آتش از جا پرید و وحشت‌زده پرسید: چی شد؟ هنوز اینجان؟ این بچه همه خون بدنش رفت.

ـ نه نه! خدا خیلی رحم کرد. خطر رفع شده.

ـ ای خدا خیرت بده. داشتیم از دلشوره تلف می‌شدیم.

ـ رحیم‌خان! من باید برم خانم تفرجی رو بیارم. اون از این چیزا سر در میاره بلکه بتونه یه کاری بکنه.

ـ چه خبره بابا مگه سرآوردی؟ اومدم... در رو از جا کندی.

صدرا وحشت‌زده مختصر توضیحی داد: زود باش! اگه زودنرسیم از دست میره!

ـ پسره خر! بالاخره کار خودشو کرد. خدایا! خودت رحم کن.

و با گفتن این حرف بی‌درنگ کیف وسایلش را از داخل اتاق برداشت و همراه صدرا راهی اتاق زیرزمینی شد.

لحظه‌ای خشکش زد. انگار دیدن آن همه خون حالش را دگرگون کرده بود. کم‌کم زانوهای خانم تفرجی سست شد و دست‌هایش به لرزش افتاد و همین طور که زیر لب می‌گفت: خدای بزرگ! خودت رحم کن دستش را به لبه تخت گرفت تا مانع از زمین خوردنش شود. رفتار خانم تفرجی آنقدر به نظر صدرا غیرمنتظره آمد که از او پرسید: خانم تفرجی حالت خوبه؟ تو یه هو چت شد؟

با وجودی که خانم تفرجی به دیدن خون عادت داشت ولی انگار تحمل این صحنه از توانش خارج بود. جلوی تخت زانو زد و همین طور که بغض گلویش را می‌فشرد گفت: آخه شما جوونا چی تو کلتونه؟ چرا این جوری خودتون رو به خطر میندازین. انگار ننه باباهای بدبختتون شماها را از تو جوب آب پیدا کردن.

صدرا که هنوز از شدت دلشوره سر جایش بند نمی‌شد بی‌صبرانه وسط حرف او پرید: حالا که وقت این حرف‌ها نیست. یه کاری بکن.

خانم تفرجی نگاهش را طوری به سقف دوخت که انگار خدا را روی سقف می‌دید و زیر لب زمزمه کرد: خدایا! خودت رحم کن. سپس آستین‌هایش را تا بالای آرنج بالا زد. پاچه شلوار فریدون را که کاملاً در خون خیس خورده بود با دست‌های لرزانش بالا زد و رو به رحیم‌خان کرد و گفت: بپر برو ظرف آب و حوله و یه کم پارچه تمیز بیار. سپس از کیفش بقچه کوچکی را بیرون آورد و به محل گلوله خورده دقیق شد و دوباره غرغر کردن را از سر گرفت: جوون دیوونه کله شق!

حال و روز فریدون آنچنان همه را به خود مشغول کرده بود که هیچ یک متوجه حضور آهسته و بی‌سروصدای ایمان و بنفشه نشدند. آن دو در حالی که سعی می‌کردند خود را پشت در از دید دیگران پنهان کنند هر از گاهی از پشت در سرک می‌کشیدند تا دیدن هیچ صحنه‌ای را از دست ندهند.

گره ابروهای خانم تفرجی کم کم از هم باز شد و سرش را به فریدون نزدیک کرد و با لحنی متفاوت‌تر از چند لحظه قبل ضمن اینکه پیشانی خیس او را نوازش می‌کرد، گفت: پسرم یه کم درد داره. می‌تونی تحملش کنی؟

فریدون که چاره دیگری نداشت فقط با حرکت سر جواب مثبت داد. چهره معصوم فریدون به خانم تفرجی اجازه نداد که اخم‌هایش را باز نگه دارد و خیلی زود دوباره با کج‌خلقی گفت: عوضش دردش یه خوبی داره. جوونایی مثل تو رو که کلشون بوی قرمه سبزی می‌ده سر عقل می‌آره.

رفتار عجیب و غریب خانم تفرجی و تغییر مداوم لحن کلامش صدرا را گیج کرده بود. معلوم نبود عصبانی است یا غمگین. نگران است یا خشمگین. لحظه‌ای لحن کلامش طعنه‌آمیز و تند بود و لحظه‌ای دلسوز و مادرانه با وجودی که سعی می‌کرد احساسات را کنار بگذارد و تمام فکر و ذهنش را روی زخم پای فریدون متمرکز کند اما دستخوش احساسات شده بود و ناخواسته قطرات اشک با قطرات درشت عرق نشسته بر صورتش در هم آمیخت. خانم تفرجی مغلوب اشک‌هایی که اصلاً به فرمانش نبودند چشم‌هایش را بست و سعی کرد تا حداقل بر لرزشی که با دست‌هایش کاملاً بیگانه بود غلبه کند ولی همین که چشم‌های ترش را دوباره باز کرد ناگهان نگاهش در دو نگاه مضطرب در کنار در که وحشت‌زده به صورتش دوخته شده بود گره خورد. خانم تفرجی بلافاصله به صدرا که پشت به در داشت و تا آن لحظه ایمان و بنفشه را ندیده بود رو کرد و گفت: بچه‌ها را بپایید.

صدرا با عصبانیت رویش را به طرف بچه‌ها برگرداند و نگاه تندی به هر دویشان انداخت

ولی قبل از اینکه کلمه‌ای از دهانش خارج شود ایمان دیگر طاقت نیاورد و در حالی که رنگ از رخسارش پریده بود همانجا در چارچوب در استفراغ کرد. صدرا بی‌معطلی با یکی از حوله‌ها سر و صورت او را پاک کرد و او را بغل گرفت و همراه بنفشه از پله‌ها بالا برد.

با رفتن بچه‌ها صدرا و رحیم‌خان دوباره به اتاق برگشتند. خانم تفرجی حوله تمیزی را که در دست داشت روی زخم کشید تا خون‌ها را از روی آن پاک کرده و بتواند محل زخم را بهتر ببیند و با دست دیگر پنس فلزی را از بین وسایل‌اش برداشت و زیر لب گفت: «خدایا! به امید تو.» پنسی که در دست خانم تفرجی بود بی‌رحمانه در عمق زخم جابجا می‌شد و با هر برخورد پنس به دیواره داخلی زخم شوکی بر فریدون وارد می‌آمد. حالا دیگر لرزش دست‌های خانم تفرجی کاملاً از بین رفته و فقط به بیرون آوردن گلوله فکر می‌کرد. بالاخره در حالی که فریدون از شدت درد و خونریزی از هوش رفته بود گلوله را که حالا دیگر کاملاً به رنگ خون درآمده بود از لابه‌لای گوشت و خون بیرون کشید و در حالی که عرق پیشانی‌اش را پاک می‌کرد آن را در یک پیاله استیل در بقچه‌اش انداخت و سپس به چهره خیس از عرق فریدون خیره شد و این بار بدون کوچک‌ترین مقاومتی اجازه داد اشک‌هایش به آرامی بچکند.

صدرا که با از هوش رفتن فریدون به شدت وحشت کرده بود با نگرانی گفت: دیگه صداش در نمی‌آد. نکنه طوری‌اش شده؟

خانم تفرجی اشک‌هایش را پاک کرد و نبض فریدون را از روی مچ دستش گرفت و گفت: از زور درد و خونریزی بی‌هوش شده. باید هر طور شده بهش سرم بزنیم.

رحیم‌خان هاج و واج نگاهی به خانم تفرجی انداخت: این وقت شب سرم کجا پیدا می‌شه؟

ـ زیاد جوش نزن. من سه تا بطری خونه دارم. اول زخمشو می‌بندم بعد می‌رم میارمشون. اقلا الان که از هوش رفته دیگه درد بخیه خوردن رو نمی‌فهمه. یه مسکنم نداشتم به این مادرمرده بدبخت بزنم که این‌قدر درد نکشه.

خانم تفرجی محل زخم را کاملاً تمیز کرد و با سوزن مخصوصی که همراه با نخش در بسته‌بندی کوچک سفید رنگی قرار داشت شروع به بخیه زدن محل زخم کرد و با هر سوزنی که وارد پوست و گوشت فریدون می‌شد آهی از ته دل می‌کشید و زیر لب تکرار می‌کرد: «آخه چرا خودتو به این روز انداختی؟ چرا به فکر خانواده بدبختت نبودی؟»

بالاخره با تمام شدن کار بخیه و بسته شدن زخم که انگار تمام انرژی و توان خانم تفرجی را گرفته بود خونریزی بند آمد. فریدون همچنان بی‌حرکت بود.

صدرا مجدداً با نگرانی پرسید: چه‌کارش کنیم؟ پس چرا هنوز به هوش نیومده؟

ـ یواش یواش به هوش میاد. من می‌رم سرم‌ها را بیارم.

و در حالی که از اتاق بیرون می‌رفت رو به صدرا کرد و گفت: راستی می‌دونی اگه پاش رو نبسته بودی ممکن بود جون سالم به در نبره؟ اگه این کار رو نکرده بودی ممکن بود زنده نمونه. هوای این مادرمرده رو بگیرید تا من زود برگردم.

با رفتن خانم تفرجی صدرا به بدن بی‌حرکت فریدون نزدیک شد. پانسمان پایش تمیز بود و اثری از خونریزی دیده نمی‌شد.

آنقدر نگران حال فریدون بود که تا آن لحظه متوجه کاپشن نازک و تیره‌ای که فریدون در آن هوای گرم به تن کرده و زیپش را تا بالا بسته بود نشد. به نظر می‌آمد که چیزی زیر کاپشن‌اش پنهان کرده است چون ناحیه سینه و شکمش برآمده بود. نگاهی از روی تعجب و کنجکاوی با رحیم‌خان رد و بدل کرد و سپس زیپ کاپشن او را پایین کشید تا هم نفس کشیدن او را راحت‌تر کرده باشد و هم جوابی برای ارضای حس کنجکاوی خود پیدا کند. حدسش درست بود. تعداد زیادی اعلامیه علیه حکومت شاه.

خانم تفرجی که به خاطر پیدا نکردن رگ حسابی کلافه شده بود با بی‌حوصلگی گفت: این طوری نمی‌شه. دستت رو بردار ببینم چه خاکی می‌تونم تو سرم بریزم. سپس بلافاصله یک لنگه از جوراب‌های مشکی که به پا داشت در آورد و آن را بالای آرنج فریدون چنان محکم بست که رحیم‌خان با اعتراض گفت: خیلی محکم بستی الان دستش قطع می‌شه!

ـ به درک! بذار قطع شه! عوضش یاد می‌گیره بیشتر مواظب باشه!

بالاخره خانم تفرجی با سختی فراوان و چند بار سوزن زدن به دست فریدون موفق شد رگ نازکی پیدا کرده و سرم را تزریق کند.

صدرا حیرت‌زده از مهارت و سرعت خانم تفرجی نگاه تحسین‌آمیزی به او انداخت و گفت: ای‌والله بابا تو دیگه کی هستی! این چیزا رو از کجا یاد گرفتی؟

ـ تو هم اگه زنای زائو رو دستت به خونریزی می‌افتادن تو این کار استاد می‌شدی. من اگه نتونم یه زخم ببندم و یه سرم بزنم که نمی‌تونم با خیال راحت برم بالا سر زن زائو. خیال کردی همه زنا تر و تمیز می‌زان؟

ـ باشه! بازم کارت عالی بود.

ـ هنوز خطر به طور کامل رفع نشده. نتونستم اون طور که باید و شاید استریل و تمیز کار کنم احتمال عفونت پاش خیلی زیاده هر طور شده یه دکتر باید ببیندش. والا اگه زخمش عفونی بشه اون وقت باید خر بیاری باقالی بار کنی. من یه دکتر خوب می‌شناسم. خیلی هم قابل اعتماده.

بهش می گم فردا بیاد ببیندش.

خانم تفرجی همین طور که حرف می‌زد دستش را در کاسه آبی که کنار تخت گذاشته و همچنان دست نخورده مانده بود برد و شروع به پاشیدن آب به صورت فریدون کرد. از هم باز شدن چشم‌های فریدون خانم تفرجی را بار دیگر دستخوش احساسات کرد.

فریدون برای لحظاتی گیج و سردرگم یک به یک چهره‌های نگران آنها را از نظر گذراند. درد شدیدی داشت. همین طور که سعی می کرد حالت نیم‌خیز به خود بگیرد پرسید: چی شد؟ نفهمیدن من اینجا قایم شدم؟

صدرا به آرامی جواب داد: نه! نگران نباش. همه چیز به خیر گذشت. خطر برطرف شده.

فریدون که از شدت ضعف هنوز نیم‌خیز نشده سرش دوباره روی بالش افتاده بود با ناله گفت: «من زندگیم رو مدیون شماهام. جون شما رو هم به خطر انداختم. خدا عوضتون بده» چانه‌اش به لرزه افتاد و قطرات اشک از چشم‌هایش سرازیر شد.

صدرادر حالیکه حس همدردی از کلامش می بارید گفت: جوون! جونت رو مدیون خانم تفرجی هستی. هم گلوله رو از پات درآورد هم زخمت رو پانسمان کرد.

فریدون نگاه ترش را به طرف خانم تفرجی که همین طور خاموش و متفکر لب تخت نشسته بود برگرداند و بریده بریده گفت: خانم تفرجی! دستتون درد نکنه. من باعث زحمت همتون شدم.

خانم تفرجی با نگاه حزن‌آلودش به او زل زد. انگار می‌خواست تمام اجزای صورتش را با جزئیات کامل به خاطر بسپارد. سپس دلسوزانه گفت: پسر! خدا خیلی بهت رحم کرد. با اون همه خونریزی که تو کردی خطر از بیخ گوشت گذشت. تازه هنوز کامل کاملم رفع نشده. من از کارهای شما جوونا سر در نمیارم. نمی‌فهمم چتونه. آخه نمی گی مادر بدبختت و تازه عروس بیچاره‌ات تا حالا نصف عمر شدن؟

لبخند کم‌رنگی در اوج درد بر لب‌های فریدون نشست: خانم تفرجی! شما که می‌دونی مادرم عمرش رو داده به شما.

ولی یک‌مرتبه لبخند به کلی از لب‌هایش محو شد و با نگرانی ادامه داد: ولی فکر کنم زنم تا حالا خیلی نگران شده باشه!

صدرا اعلامیه‌ها را به فریدون نشان داد و پرسید: پسر! جونت رو برای این کاغذا اینجور به خطر انداختی؟

ـ همین کاغذها کلید آزادی من و شما و دوست‌های در بندمه. کسایی که جیره روزانشون

مشت و لگد و باتومه. کسایی که جرمشون خواستن یک ذره آزادیه. کمترین حق یک فرد به عنوان یک انسان.

در اینجا رحیم‌خان با بی‌حوصلگی گفت: بفرما. دوباره دری‌وری‌های صدتا یه غاز شروع شد.

صدرا حرف رحیم‌خان را نشنیده گرفت و دوباره پرسید: پسر! آخه به چه قیمت؟

ـ چه چیزی از این بالاتر که آدم خودش رو فدای آزادی وطن و مردمش بکنه؟ قیمتش هرچی باشه بازم ارزشش رو داره.

خانم تفرجی دوباره وارد بحث شد: هر چی تو کله شماها می‌گذره کار ندارم. ولی اقلا مواظب خودتون باشین خودتونو الکی به کشتن ندید. جر و بحثم دیگه بسه. بهتره استراحت کنی تا من فردا دکتر حجتی رو بیارم اینجا معاینه‌ات کنه. شاید لازم بشه دارو بخوری. سپس رو به صدرا و رحیم‌خان کرد و ادامه داد: شماهام بهتره برید بخوابید من بالا سرش می‌مونم. نگران نباشید.

دلشوره دوباره به جان فریدون افتاد و با نگرانی گفت: تلفن هم خونه نداریم که اقلا تلفنی به زنم خبر بدم. حتماً تا حالا کلی دلواپس شده.

ـ تقصیر خودشه! اگه گوشت رو گرفته بود و گفته بود حقی نداری از خونه پات رو بیرون بذاری بری اعلامیه پخش کنی الان این مکافات‌ها رو نه تو داشتی نه اون.

فریدون با لحنی جدی در جواب گفت: فریبا با من هم عقیده است. ما هر دو با هم قدم تو این راه گذاشتیم.

ـ پس حالا جفتتون با هم بخورید.

صدرا که کم‌کم حوصله‌اش از یکی به دو کردن آنها سر رفته بود برای اینکه جریان را خاتمه بدهد به فریدون قول داد فردا صبح اول وقت پیش فریبا برود و از بابت سلامتی او خیالش را راحت کند.

خانم تفرجی آن شب تا صبح بر بالین فریدون بیدار ماند. همین که حس می‌کرد پلک‌هایش سنگین می‌شود برمی‌خاست و کمی راه می‌رفت. کمی نبض او را می‌گرفت و کمی به صورت رنگ پریده او که آرام به خواب رفته بود خیره می‌ماند. اما زمانی‌که اولین اشعه‌های خورشید از پنجره‌های کوچک بالای دیوار با زاویه به داخل اتاق تابید مغلوب سنگینی پلک‌هایش شد و به خواب رفت.

یک ساعت نگذشته بود که سرش از روی بازویش لیز خورد و از خواب پرید. با چشم‌هایی

که از شدت بی‌خوابی قرمز شده و می‌سوخت تمام زوایای اتاق را از نظر گذراند. چشمش به فریدون افتاد که با انداختن وزنش بر روی پای چپ پای پنجره‌های اتاق که حتی دستش به آنها نمی‌رسید، ایستاده بود و به گلدان‌های اقاقی که مثل سربازان گارد جلوی پنجره را پوشانده و فقط به قسمتی از نور آفتاب اجازه تابیدن به داخل اتاق می‌دادند نگاه می‌کرد. از نیمرخ به رنگ پریدگی شب قبل به نظر نمی‌آمد. خانم تفرجی پرسید: حالت اونقدر خوب شده که از جات پاشی؟

فریدون لبخند به لب با نگاهی حق‌شناسانه رویش را کاملاً به طرف او برگرداند: به لطف شما خیلی بهترم. دردم خیلی کم شده.

ـ الان خیلی زوده که از جات پاشی. یه فشار کوچیک به پات کافیه تا دوباره خونریزی‌اش شروع بشه.

ـ نگران نباشید! بادمجون بم آفت نداره.

ولی هنوز جمله‌اش تمام نشده بود که سرگیجه و ضعف بر وجودش غالب شد. خانم تفرجی بلافاصله از جا پرید و صندلی کنار دیوار را که غرق خاک بود و زیر پایه‌هایش تار عنکبوت بسته بود به طرف او کشاند و ضمن اینکه زیر شانه او را می‌گرفت او را با احتیاط روی صندلی نشاند و دوباره همان نگاه ملامت‌بار را حواله او کرد: حرف به خرج شما جوونا که نمی‌ره. اگه می‌رفت این حال و روزتون نبود.

رحیم‌خان و صدرا با وسایل صبحانه وارد اتاق شدند. رحیم‌خان صبح زود برای گرفتن نان سنگک تازه نیم ساعتی داخل صف ایستاده بود و تا بیدار شدن آنها با عفت تمام وسایل صبحانه را آماده کرده بود. صدرا همانجا کف اتاق قالیچه‌ای را که مدت‌های مدیدی می‌شد که لوله شده در گوشه اتاق قرار داشت و بوی نفتالین از آن به مشام می‌رسید، پهن کرد و وسایل صبحانه را روی سفره چید.

موقع صرف صبحانه صدرا جریان آمدن سروان انتظامی و رفتن سربازها را برای فریدون شرح داد. با شنیدن اسم سروان انتظامی چای در گلوی خانم تفرجی شکست و به سرفه افتاد و در جواب صدرا که با کنجکاوی از او می‌پرسید که مگر او را می‌شناسد گفت: سروان انتظامی زمانی خیلی اینجا برو بیا داشت. مگه یادت نمیاد چقدر با پدر خدا بیامرزت رفیق بود. با وجودی که خیلی ابهت و جذبه داره ولی خیلی مرد مهربون و خیریه. البته من خیلی وقته که ندیدمش ولی تو که باید زود می‌شناختیش؟ فکر می‌کنم خونشون هم زیاد از این محل دور نباشه.

ـ هم هوا خیلی تاریک بود هم اون خیلی شکسته شده بود. ولی وقتی شناختمش تمام

خاطره‌های بچگی برام زنده شد. دیشب خیلی مردونگی کرد. من حاضرم قسم بخورم که اون قشنگ متوجه لکه‌های خون شده بود ولی پاشو روشون گذاشت که گروهبانه نبینه.

ـ بیا! بفرما ببین. مردونگی رو ببین! بازم شما جوونا هی غر بزنید و بگید ارتشیا اینجور ساواکیا اونجور.

ـ رحیم‌خان! این سروان انتظامی یک در هزاره. همه که مثل این نمی‌شن. بعضی‌هاشون واقعاً رحم ندارن.

رحیم‌خان سرش را تکان داد و بقیه استکان چایش را در سکوت سرکشید.

بعد از صرف صبحانه ایمان و بنفشه هر کدام از یک طرف به فریدون نزدیک شدند. ایمان با نگاهی وحشت‌زده به پانسمان پای او اشاره کرد و پرسید: جاش خیلی درد می‌کنه؟

ـ نه تا وقتی که دوباره یادم انداختی و سپس دستش را روی موهای ایمان کشید و با لبخند گفت: شوخی کردم. دیگه درد نمی‌کنه.

ـ دیشب چی؟ دیشب خیلی درد می‌کرد؟

ـ یه کمی. ولی با کمک تو و پدرت و خانم تفرجی خوب خوب شد.

ایمان با شنیدن کلمه پدرت نگاهش را لحظه‌ای متوجه صدرا کرد و سپس مجدداً رویش را به طرف فریدون برگرداند: عمو صدرا بابام نیست. عمومه. بابا حبیب و مامان صبام رفتن بهشت.... یعنی مردن. تازه خانوم تفرجی هم خاله راستکیم نیست ولی من بهش میگم خاله تفرجی. همسایه دیوار به دیوارمونه.

فریدون نگاهش را متوجه خانم تفرجی کرد و گفت: آره! می‌دونم و سپس بی‌مقدمه پرسید: راستی خانم تفرجی! شما بچه به دنیا میارین؟

ـ چی؟

ـ منظورم اینه که قابله هستید؟

ـ آره! چطور مگه؟

ـ هیچی. دیشب توی هوشیاری و بیهوشی از لابه‌لای حرفاتون شنیدم.

قبل از اینکه خانم تفرجی فرصت حرف زدن پیدا کند ایمان با هیجان گفت: منو خاله تفرجی به دنیا آورده.

گرفتگی چهره خانم تفرجی با حرف‌های ایمان از بین رفت. فریدون که از حرف ایمان به خنده افتاده بود دستش را به طرف ایمان دراز کرد و گفت: راستی ما هنوز خودمون رو درست و حسابی به هم معرفی نکردیم. اسم من فریدونه.

ــ می‌دونم.

ــ اسم تو چیه؟

ــ اسمم ایمانه.

ــ چه اسم قشنگی. اگه من یه روز پسر دار بشم اجازه می‌دی اسمش رو مثل تو ایمان بذارم؟

ایمان کمی به فکر فرو رفت و سپس بدون کوچک‌ترین حرفی با حرکت سر جواب مثبت داد.

فریدون متوجه بنفشه شد که به خاطر بی‌توجهی کمی آزرده خاطر به نظر می‌رسید از این رو ناچار شد تمام سلسله مراتبی را که برای ایمان طی کرده بود برای او هم طی کند.

کنجکاوی ایمان چنان گل کرده بود که فریدون را سخت به باد سوال‌های بی‌پایانش گرفته بود: چه جوری فرار کردی؟

ــ از تاریکی هوا استفاده کردم. تاریکی هوا به دادم رسید. اگه هوا روشن بود حتماً مثل بقیه دوستام گرفتار می‌شدم.

ــ چرا دوستات فرار نکردن؟

ــ چرا فرار کردن. ولی به اندازه من خوش‌شانس نبودن که آدمای مهربونی مثل شما به دادشون برسه.

ــ الان دوستاتون کجان؟

فریدون لحظه‌ای مکث کرد. سرش را پایین انداخت و به پانسمان زخمش برای چند ثانیه‌ای خیره شد و زیر لب گفت: نمی‌دونم! و با گفتن این حرف با خودش فکر کرد که واقعاً چقدر خوش‌شانس بوده که سر از خانه صدرا در آورده و اگر خانم تفرجی به دادش نرسیده بود چه بسا تا حالا مرده بود. اگر صدرا در را به رویش باز نکرده و با رحیم‌خان به او پناه نداده بودند خدا می‌دانست که چه سرنوشتی در انتظارش بود.

فریدون دوباره به ایمان که همچنان منتظر چشم به دهان او دوخته بود نگاه کرد و گفت: بعضی از دوستام تو زندانند.

ــ شما تا حالا زندان بودید؟

ــ نه! ولی اصلاً جای خوبی نیست. تا حالا به قفس کبوترها نگاه کردی؟ دیدی چقدر براشون تنگ و کوچیکه؟ زندان برای آدما مثل قفس برای کبوترها می‌مونه.

فریدون با گفتن این جمله دو دستی شانه‌های ایمان را گرفت و مستقیم در چشم‌هایش که در روشنایی روز کمی روشن‌تر به نظر می‌رسید نگاه کرد و گفت: پسرا! تو نباید از این چیزها

حرف بزنی و فکرت رو با این چیزها مشغول کنی. تو فقط باید به چیزهای خوب فکر کنی. حرف‌های خوب بزنی و چیزهای خوب بشنوی. بیا دیگه در باره این چیزها حرف نزنیم. قبول؟ و با این حرف انگشت کوچکش را در انگشت ایمان حلقه کرد و ادامه داد: از حالا به بعد فقط حرف‌های خوب می‌زنیم.

صدرا در اتاق زیرزمینی به مکالمات آن دو فقط گوش می‌داد و برای بر حذر داشتن ایمان از بیان آنچه در ذهنش می‌گذشت کوچک‌ترین تلاشی نمی‌کرد. شاید فکر می‌کرد ذهن کنجکاو او فقط با بیان سوال‌هایش سیراب می‌شود و مخالفت او با آن پرسش‌ها جز اینکه باعث بیشتر دامن زدن به حساسیت او شود سود دیگری نخواهد داشت. از این رو صبورانه فقط به حرف‌های آنها گوش کرد.

پس از گفت‌وگوی آنها عصای یادگاری پدرش را که هنگام بیماریش از آن استفاده می‌کرد برای فریدون آورد تا با کمک آن بهتر بتواند راه برود. سپس آدرس خانه فریدون را از او گرفت تا شخصاً خبر سلامتی فریدون را به همسرش برساند. خانم تفرجی هم از این فرصت استفاده کرد و به قصد دیدن دکتر حجتی آنها را تنها گذاشت.

یک‌ساعت بعد خانم تفرجی به همراه دکتر حجتی به آنجا برگشت. دکتر پس از معاینه کامل و باز کردن پانسمان و وارسی زخم پای فریدون به آنها اطمینان داد که خطر برطرف شده و زخم بسیار ماهرانه بسته شده است. سپس نسخه‌ای از داروهای مسکن و آنتی بیوتیک برای او نوشت و توصیه کرد هرچه سریع‌تر مصرف داروهایش را شروع کند.

از آنجا که منزل فریدون جنوب شهر تهران بود تا منزل صدرا فاصله بسیار زیادی داشت. این اولین بار بود که صدرا به آن منطقه می‌آمد. از ظاهر منطقه و کوچه‌ها برمی‌آمد که ساکنان آنجا را بیشتر قشر کم‌درآمد تشکیل می‌دهند. همچنان که صدرا به منزل فریدون نزدیک‌تر می‌شد سر و صدای بچه‌های قد و نیم قدی که داخل کوچه مشغول بازی بودند بیشتر و بیشتر می‌شد. محله‌ای که فریدون در آن زندگی می‌کرد برخلاف محله آرام صدرا بسیار شلوغ و پر سر و صدا بود. از سر و صدای بچه‌ها و فحش‌های رکیکی که لابه‌لای بازی حواله یک‌دیگر می‌کردند گرفته تا صدای بوق بی‌وقفه ماشین‌ها و موتورسیکلت‌ها و غیره هیچ‌کدام مجالی نمی‌دادند که آن منطقه روی آرامش به خود ببیند. زن‌ها را می‌دید که برخی با چادرهای رنگی و برخی بدون چادر روی پله‌های مقابل در حیاط نشسته و ضمن اینکه بچه‌های داخل کوچه را می‌پاییدند، سخت مشغول حرف‌زدن بودند. نمای بندهای رخت داخل بالکن‌ها پر از لباس‌های شسته و پهن شده با گیره‌های کوچک چوبی و گیره‌های پلاستیکی رنگ و وارنگ حسابی توجهش را جلب

کرده بود. چیزهایی که می‌دید برایش تازگی داشت. از مقابل تجمع زنانه که می‌گذشت متوجه قطع شدن گفت‌وگوهای زنان و نگاه‌های سنگین آنان برای برانداز کردن یک غریبه در آن محل می‌شد. شلوغی کوچه‌ها و سروصدای بچه‌ها و تجمع زنان همگی باعث شده بود تا برای دقایقی علت حضورش در آن محله را فراموش کند. بالاخره وقتی پرسان پرسان به منزل فریدون رسید با ناامیدی پشت در بسته ماند و پس از چند بار به صدا درآوردن زنگ در و ایستادن و متحمل شدن نگاه‌های کنجکاو و عجیب و غریب همسایه‌ها مجبور شد بدون دیدن همسر فریدون باز گردد.

با بازگشت بی‌نتیجه صدرا فریدون سخت دچار نگرانی و دلهره شد. فقط خدا می‌دانست که فریبا با آن حال و روز در جست‌وجوی یافتن همسرش چه جاهایی را که نگشته و آواره چه کوچه و خیابان‌هایی که نشده بود.

حوالی بعدازظهر فریدون که حس می‌کرد ذره‌ای از نیروی تحلیل رفته‌اش را بازیافته با سماجت تمام خانم تفرجی را از رو برد و به کمک عصا و شانه صدرا پله‌های سنگی اتاق زیرزمینی را بالا آمد و بالای پله‌ها گرمی خورشید شهریور را با تمام وجود حس کرد. حیاط در آن عصر تابستانی با آنچه که او شب گذشته دیده بود زمین تا آسمان فرق می‌کرد. شب قبل از حیاط فقط سیاهی شب را دیده بود که مثل چادری قیرگون سراپای او را احاطه کرده بود و حالا این خورشید بود که از لابه‌لای برگ‌ها مانند حریری زربفت او و تمام آنچه که در حیاط بود در بر داشت. فریدون آهسته تا لب حوض پیش رفت و به آرامی در حالی که تمام وزنش را روی عصا می‌انداخت لب حوض نشست. سطح آب آنقدر صاف بود که فریدون تصویر خود را در آینه آبی حوض به خوبی می‌دید. صدرا هم کنار حوض نشست و همین‌طور که به درخت شاتوت اشاره می‌کرد، گفت: هیچ می‌دونی این درخت با اون میوه‌های له شده‌اش ناجی زندگیت بود؟ ... سرخی شاتوت‌های کف حیاط نگذاشت رد لکه‌های خونی رو که از پات چکیده بود، ببینند. اگر رد خون رو گروهبان و سربازش گرفته بودن یک راست می‌آمدن سراغت.

فریدون نگاهش را به پهنای آسمان آبی که مثل چتری بالای سرشان گسترده شده بود دوخت و زیر لب گفت: گاهی اوقات باید معجزه رو باور کرد.

چهره فریدون بعد از گذشت چند سال همچنان معصومیت بچه‌گانه‌اش را در قالب صورتی مردانه‌تر

حفظ کرده بود. فریدون بیست و هفت

ساله که سال سوم رشته حقوق را در دانشگاه تهران می‌گذراند جوانی باهوش و بااستعداد

بود تا حدی که در دانشگاه زبانزد تمام اساتید و دانشجویان شده بود. به دنبال جریانات سیاسی حاکم در جامعه به جمع شبکه مخالف رژیم حکومتی شاه پیوسته و فعالیت‌های سیاسی خود را از درون دانشگاه شروع و به بیرون دانشگاه گسترش داده بود.

به عنوان تنها فرزند خانواده سال‌ها با پدربزرگ و مادربزرگش زندگی کرده بود. هیچ وقت به جز جریان مرگ مادرش هنگام به دنیا آوردن او کلمه‌ای در باره مادرش نه از پدر و نه از پدربزرگ و مادربزرگش نشنیده بود و هیچ تصور و تجسمی از مادرش نداشت.

دوران طفولیتش را نزد پدربزرگ و مادربزرگ و تحت تأثیر تعصبات شدید مذهبی پشت سر گذاشت. شش ساله بود که پدرش با زنی که صاحب دو فرزند بود، ازدواج کرد. نزد نامادری راحت نبود و آب خوش از گلویش پایین نمی‌رفت. همه در خانه جدید به او به چشم یک وصله ناجور یا سربار خانواده نگاه می‌کردند. تا اینکه مادرخوانده‌اش یک روز آب پاکی را روی دست‌های پدر فریدون ریخت و علنا به او گفت که یا جای فریدون در آن خانه است یا جای او. فریدون با وجود اکراه پدر دوباره به پدربزرگ و مادربزرگ سپرده شد. اختلاف سنی زیاد بین آنها فریدون را روز به روز منزوی‌تر می‌کرد تا جایی که برای رهایی از تمام سرخوردگی‌ها و تنهایی‌ها، خردشدن‌ها و تحقیرشدن‌ها بیشتر وقتش را با کتاب‌های درسی‌اش می‌گذراند. تمام دوران کودکی فریدون به جای آنکه زیر پر و بال گرم پدر و مادر سپری شود بین دو خانه سپری شد که به هیچ‌کدام تعلق نداشت. کم کم به دوران جوانی رسید. تنهایی‌اش را در تمام طول آن سال‌ها با کتاب و درس پر کرده بود. همین باعث شد به عنوان یکی از بهترین‌ها وارد دانشگاه شود. طولی نکشید عاشق و دلباخته فریبا یکی از هم‌کلاسی‌هایش شد و به فاصله کمتر از شش ماه با او ازدواج کرد. هر چند فریبا در طی یک سالی که از ازدواجشان می‌گذشت کمبود عشق و محبت فریدون را تا آنجا که امکان داشت، جبران کرده بود خلأیی در زندگی فریدون بود که حتی فریبا هم به رغم تمام تلاشش توان پر کردن آن را نداشت.

زیر بار ناملایمات زندگی آنقدر آبدیده شده بود که مشکلات پیش پا افتاده زندگی به چشمش نمی‌آمد. در نوزده سالگی به‌رغم ثروت پدری با کار و تلاش بسیار هر چند با درآمد کم به استقلال مالی رسید. هرچند عموهایش تمام سرمایه‌ای که پدر فریدون برایش به ارث گذاشته بود را به باد فنا دادند ولی فریدون مقاوم‌تر از هر زمان دیگری توانست با پشتکار فراوان گلیم خود را از آب بیرون بکشد.

بعد از ورود به دانشگاه از طریق تشکلات دانشجویی به شکل گسترده‌تری در جریان شرایط حاکم در جامعه قرار گرفت و چون همیشه عاشق آزادی در سایه مذهب بود ظرف مدت

کوتاهی روح آزادی‌خواهی در او قوت گرفت و در مدت کوتاهی به عنوان یکی از رهبران تشکل‌های مخفی در دانشکده انتخاب شد و رفته‌رفته اندیشه‌های تشکل سیاسی‌شان را از دانشگاه به محیط بیرون کشاند. بسیاری از دوستانش در پی جریانات سیاسی حاکم در طی این سه سال به زندان افتاده و یا از دانشگاه اخراج شده بودند. اما او مصمم‌تر سعی می‌کرد تا راه ناتمام دوستانش را آنقدر ادامه بدهد تا به هدف برسد. به عقیده او هیچ فریادی به رسایی فریاد خون و هیچ پیامی به واضحی پیام خون نبود. فریدون با قد و قامتی بلند و اندامی توپر با موهای قهوه‌ای تیره که از دو طرف پیشانی در این سن و سال کم عقب‌نشینی کرده بود و پوستی گندم‌گون و چهره‌ای که با ته‌ریش مرتب شده همچنان معصومیت‌اش غیرقابل انکار بود همراه با عصایی که حالا تکیه‌گاهش محسوب می‌شد از شب گذشته تا آن لحظه چنان ذهن جمع را به خود مشغول کرده بود که همگی آن روز خانه‌نشین شده و روال روزمره زندگی خود را به کلی فراموش کرده بودند. خصوصاً ایمان و بنفشه که از کنار او جنب نمی‌خوردند.

صدرا با دیدن نگرانی بیش از حد فریدون تصمیم گرفت تا یک بار دیگر بعدازظهر آن مسیر طولانی را طی کرده و به منزل آن‌ها سری بزند. وقتی با قدم‌های محکم به سمت خانه فریدون می‌رفت شور و شعفی وصف‌ناپذیر تمام وجودش را در بر گرفته بود. چقدر پیام‌آور اخبار خوش بودن در نظرش لذت‌بخش بود.

این بار چشم‌هایش را بست و امیدوار انگشت را روی زنگ فشار داد. در حیاط باز شد. صدرا فریبا را از روی چشم‌های سرخ شده و ورم کرده‌اش شناخت. فریبا با شنیدن خبر سلامتی فریدون ابتدا شوکه شده برای دقیقه‌ای به صدرا خیره شد ولی خیلی زود دیوانه‌وار دست‌های صدرا را که سعی می‌کرد به زور از دست‌های او بیرون بکشد غرق بوسه کرد. حال صدرا با دیدن آن صحنه منقلب شد و برای یک آن با خود فکر کرد که اگر کسی خبر سلامتی یا زنده بودن صبا را به او می‌داد چه عکس‌العملی از خود نشان می‌داد.

فریبا با شنیدن خبر سلامتی فریدون فرصت را از دست نداد. لباس‌اش را عوض کرد و به همراه صدرا برای دیدن فریدون بی‌توجه به نگاه‌های سنگین زنان در و همسایه و پچ‌پچ‌های درگوشی آنها راهی شد.

دیدار فریبا و فریدون برای صدرا صحنه‌ای دیدنی بود. فریبا به محض ورود به حیاط به طرف فریدون که کنار حوض آب نشسته بود، دوید. فریبا بدون کوچک‌ترین توجهی به اطراف دست‌هایش را دور گردن فریدون حلقه کرد و سخت گریست به طوریکه همه را تحت تأثیر قرار داد. فریدون نیز سر فریبا را از روی روسری سیاه‌رنگش نوازش می‌کرد و سعی داشت او را

دلداری داده و کمی آرام کند. با این حال بیست و چهار ساعت بی‌خبری و دلشوره و اضطراب بلایی بر سر فریبا آورده بود که پیدا بود قرار نیست به این زودی‌ها آرام شود. آنقدر اشک ریخت که خانم تفرجی دیگر طاقت نیاورد و خودش را پشت درخت‌های آلبالو پنهان کرد تا اشک‌هایش را که اصلاً به فرمانش نبودند از دید آنها پنهان کند. هرچند از نگاه تیزبین صدرا پنهان نماند.

خانم تفرجی را هیچ‌گاه به این شکل دستخوش احساسات ندیده بود. برای او خانم تفرجی سنبل زنی بود که در اثر سختی‌های زندگی روحیه لطیف زنانگی را از دست داده بود و به همه چیز با عینک واقع‌بینی نگاه می‌کرد. اشک‌های او را فقط وقتی دیده بود که خبر ناگوار فوت صبا و حبیب را با دردناک‌ترین عذاب‌ها به اطلاع او رسانده بودند. همیشه گفته بود: «گریه زاری مال زنای بزدل و بی‌عرضه است. اگه عرضه دارن به جای آبغوره‌گیری حرف دلشون رو بزنن. اگه راست می‌گن به جای نشستن یه گوشه و زار زدن و نالیدن جلوی حرف زور وایسند.» و حالا صدرا سر از اشک‌های او که پنهان کردنش هم دیگر فایده‌ای نداشت در نمی‌آورد. انگار دیگر اهمیتی نمی‌داد کسی او را با آن وضع ببیند یا نبیند. درست مثل اینکه با خودش می‌گفت: به درک! بذار ببینن خوب منم آدمم.

دستور اکید پزشک و اجبار خانم تفرجی چهار روز دیگر فریدون را خانه‌نشین کرد و از اتاق نمور زیرزمینی به یکی از اتاق‌های اصلی خانه منتقل شد. با وجود اصرارهای زیاد صدرا و خانم تفرجی فریبا مرتب در رفت و آمد نزد فریدون بود. خانم تفرجی هم طی این مدت یک پا منزل خود داشت و پای دیگر منزل صدرا تا به خوبی از فریدون مراقبت کند.

زخم فریدون با مراقبت‌های ویژه و همه‌جانبه کم کم رو به بهبود گذاشت و روز خداحافظی فرا رسید. فریدون تکیه داده به عصایی که صدرا به طور موقت به او داده بود ابتدا در مقابل ایمان خم شد. صورتش را تا سطح صورت ایمان پایین آورد و پرسید: «بالاخره اگه پسردار شدم اسمش رو ایمان بذارم یا نه؟» و ایمان با لبخندی برای دومین بار جواب مثبت داد. فریدون پیشانی ایمان و بنفشه را بوسید. صدرا و رحیم‌خان را برادرانه در آغوش کشید و از صمیم قلب از زحمات عفت تشکر کرد و در نهایت رویش را به سمت خانم تفرجی که با چهره‌ای غمگین به او نگاه می‌کرد، برگرداند و گفت: من در تمام طول زندگی هیچ وقت طعم محبت مادر را نچشیدم ولی اگر طعم مهر مادری ذره‌ای شبیه چیزی باشه که در این چند روز چشیدم باید بگم که حاضرم تمام زندگیم رو بدم تا بتونم دوباره به اون لذت محبت برسم.

خانم تفرجی صورت فریدون را بین دست‌های زبرش گرفت و همین طور که مستقیم در

چشم‌های او نگاه می‌کرد، گفت: «هر وقت از دست روزگار خسته شدی بدون که در خونه من به روی تو و خانمت همیشه بازه و کسی اونجا هست که سعی کنه مثل یه مادر آغوشش رو برای موقع‌هایی که خسته و تنهایید باز کنه.» سپس به آرامی پیشانی فریدون را بوسید و به دنبال آن درست مثل حرکت آهسته صحنه‌ای از یک فیلم غمناک دست‌هاش را به آرامی کشید تا ذره ذره آن صحنه را به خاطر بسپارد و همچنان که اشک‌هایش را قبل از چکیدن پاک می‌کرد گفت: برید به امان خدا.

صدرا هاج و واج از رفتارهای عجیب و غریب خانم تفرجی بی‌صبرانه منتظر بود تا از علت رفتارش سر در بیاورد. اما همین که در بسته شد خانم تفرجی ایستاده پشت در بسته، قدرت زانوهایش را از دست داد و همچنان‌که دستش را به در تکیه داده بود سستی زانوهایش او را در حالی‌که از اعماق دل های‌های می‌گریست مستاصل و درمانده پشت در به روی زمین کشاند. زانو زده بر خاک در حالی‌که پیشانی‌اش انگار بر آن در چوبی سجده می‌برد از شدت گریه با تمام وجود می‌لرزید.

صدرا بلافاصله از رحیم‌خان و عفت خواست تا بچه‌ها آنجا نمانند و سپس در کنار خانم تفرجی نشست و به آرامی بازویش را گرفت و با نگرانی پرسید: چی شده؟ یه هو چت شد؟

خانم تفرجی در میان هق‌هق گریه در جواب گفت: می‌خوام تنها باشم. خواهش می‌کنم! می‌خوام تنها باشم.

صدرا مبهوت‌تر از قبل بازویش را رها کرد و او را همان طور که خواسته بود با حال زارش تنها گذاشت.

از کنار حوض آب که می‌گذشت مثل اینکه متوجه چیزی شده باشد برگشت و یک بار دیگر به او نگاه کرد. درست دیده بود. خانم تفرجی پیراهن کرمی را که برای زایمان صبا به تن داشت پوشیده بود.

خانم تفرجی برای دقایقی از خود بی‌خود همانجا آهسته گریه کرد و زمانی به خود آمد که دیگر اشکی برای ریختن برایش نمانده بود. خسته و اندوهگین در حالی که گویی بار سنگین خاطرات تلخ گذشته‌اش را با خود یدک می‌کشید به خانه‌اش برگشت.

فصل سی‌ودوم

صدرا یک لحظه آرام و قرار نداشت. طول و عرض اتاق را با نگرانی قدم می‌زد. فکرش به جایی قد نمی‌داد. ایمان هم با سوال‌های پی در پی‌اش بر نگرانی او می‌افزود.

تمام روز به انتظار نشست تا خانم تفرجی حسابی با خودش خلوت کرده و بتواند بر عواطف و احساساتی که عنانش کاملاً از دستش در رفته بود غلبه کند. از مغازه یک راست به خانه خانم تفرجی رفت تا هم سری به او بزند و هم ته و توی ماجرا را در بیاورد.

در حیاط را باز دید. همین طور که خانم تفرجی را از دم در صدا می‌زد وارد حیاط شد. صدایی نشنید. تنها صدایی که می‌آمد صدای گنجشک‌هایی بود که لابه‌لای شاخه‌ها بال می‌زدند و بی‌قرار از این شاخه به آن شاخه می‌پریدند. طول حیاط را طی کرد. از پله‌ها بالا رفت. با خود گفت: «زمستان‌ها وقتی یخ و یخبندان می‌شود این پله‌ها می‌تواند خیلی خطرناک باشد. یک لیز خوردنش کافی است تا آدم را تا آخر عمر از پا بیندازد» به فکر خانم تفرجی بود که چطور توانسته طی این سال‌ها تنها باشد و خم به ابرو نیاورد. زیبایی و طراوت حیاط و باغچه و گل‌هایی که به عقیده خود خانم تفرجی انگشت کوچک گل‌های باغ صدرا نمی‌شدند بدون دستی که مراقبت دائم‌اش را هیچ وقت از سر آنان دریغ نمی‌کرد ممکن نبود. دست‌هایش در اثر اصطکاک مصائب روزگار آن‌چنان زبر و خشن شده بود که گاهی از صدای مالش پوست زبرش با ملافه تمام بدنش مورمور می‌شد.

وارد اتاق شد. خانم تفرجی را دید که زانوهایش را بغل گرفته و به پشتی مخملی قهوه‌ای رنگی که گل‌های برجسته کرم رنگ داشت تکیه کرده بود. سرش را آنقدر پایین آورده بود که بینی و دهانش پشت بازوهایش پنهان شده و نگاهش به نقطه‌ای مبهم خیره مانده بود. با ورود

صدرا نه حرکتی کرد و نه نگاهش را از آن نقطه مبهم گرفت. موهایش از پشت گوش‌هایش پایین ریخت و تلاشی برای عقب‌زدن دوباره‌شان نکرد.

به آرامی به او نزدیک شد و کنارش دو زانو نشست. از نیم‌رخ نگاهش کرد و وقتی هیچ عکس‌العملی از جانب او ندید گفت: در حیاط باز بود. منم اومدم تو.

سرش را از روی بازوهایش بلند کرد و نگاهش در نگاه شفقت‌آمیز صدرا گره خورد. در چشم‌هایش تا بیکران دریای اندوه موج می‌زد. اندوهی گران که تمام احساسات پنهان او را دستخوش امواج سنگین‌اش کرده بود و به این زودی‌ها قصد آرام شدن نداشت.

پس از لحظاتی که به سکوت گذشت نگاهش را از صدرا گرفت و بی‌مقدمه به حرف آمد: دیدی بالاخره بعد از این همه سال تونستم با تمام وجود لمسش کنم، ببوسم‌اش، بوش کنم.

بیست وپنج سال آزگار،باورت می‌شه؟ بعد ازبیست وپنج سال تونستم تو عالم واقعیت دوباره لمسش کنم و ببوسمش.

صدرا حیرت‌زده فقط چشم به دهان او دوخته بود.

ـ بیست وپنج سال انتظار و دربه دری می‌ارزید به یک لحظه بوسیدن پیشونی‌اش.

و با گفتن این حرف دوباره سکوت کرد.

صدرا که تا آن لحظه صبورانه به انتظار نشسته بود تا بلکه خود خانم تفرجی حرفی بزند که به کنجکاوی‌هایش خاتمه دهد، تحملش تمام شد و با همان حیرت و تعجب گفت: از چی حرف می‌زنی؟! بابا! یه جوری حرف بزن ما هم بفهمیم!

ـ دارم از انتظاری حرف می‌زنم که به بلندی یه عمره و هیچ وقت تموم نمی‌شه. از خواب و خیالی حرف می‌زنم که یه عمر باهاش دلمو فقط خوش کرده بودم و یهو توی خونه تو، تو عالم بیداری لمسش کردم.

صدرا مات و حیرت‌زده پرسید: داری از چی حرف می‌زنی؟ از فریدون این طوری حرف می‌زنی؟

ـ آره! دارم از فریدون می‌گم. فریدون شهیدی که تمام بچگی‌اش رو با فکر بی‌مادری سپری کرده. نوجوانی‌اش در حسرت داشتن یه مادر دلسوز سوخته و جوانی‌اش هم در حالی می‌گذره که هیچ وقت حس آرامش از وجود سایه یه مادرو نه به خاطر میاره و نه درک می‌کنه.

ـ منظورت چیه؟ بابا! درست حرف بزن ببینم چی می‌گی.

خانم تفرجی دوباره نگاهش را به صورت صدرا دوخت. چقدر چروک‌های پیشانی و اطراف چشم‌هایش از آن فاصله نزدیک به نظر صدرا عمیق‌تر می‌آمد.

ـ تقریبا سی سال پیش یک دختر بخت برگشته به جرم اینکه رو دست پدر و مادرش مونده به زور به عقد و ازدواج مرد چهل وپنج ساله دراومد. مردی از خانواده‌ای مرفه و ثروتمند. خانواده‌ای که به قول خیلی‌ها می‌تونستند نصف شهر رو بخرند و بفروشند. دختر بیچاره آنقدر بی‌تجربه و بی‌دست و پا بود که هنوز نمی‌فهمید به چه مصیبتی گرفتار شده. اون دختر بدبخت از شب متنفر بود. از خوابیدن با مردی که به سن و سال پدرش بود، متنفر بود. همه بهش به چشم یه عروسک بی‌اراده و بی‌دست و پا که فقط به درد کلفتی و خاموش کردن آتش شهوت مردی که ۲۵ سال ازش بزرگ‌تر بود و سال مرگ زن دومش تازه تموم شده بود نگاه می‌کردند. دختر بدبخت به جز گریه اون‌هم تو تنهایی و چهاردیواری خونه کار دیگه‌ای بلد نبود. دو سال بعد از تحمل زندگی تو جهنم تحقیرها و دشنام شنیدن‌ها فهمید که حامله شده. انگار توی آن لحظه تموم دنیا توی سرش خراب شد. بدبختی خودش کم بود یکی دیگرو هم داشت به جمع بدبخت‌ها اضافه می‌کرد. زندگی توی یه اتاق کوچیک زیر سنگینی نگاه‌های دیگران و شنیدن زخم زبون از هر کس و ناکس که هر کدومشون دل سنگ رو خون می‌کرد، به هیچ گرفته شدن‌ها و تودهنی خوردن‌ها موقع اظهار نظر در باره زندگی خودش همه و همه دست به دست هم داد که درست یک ماه بعد از به دنیا آمدن بچه‌اش تصمیم بگیره در پناه یک شب تاریک بی‌خبر اون خونه نکبت رو همراه بچه کوچکش ترک کنه. اما سر یک هفته آنچه نباید می‌شد، شد و خانواده شوهرش خیلی زود پیداش کردند. بماند که چه تهمت‌ها و ناسزاها حواله‌اش کردن ولی از همه بدتر نوزاد یک‌ماهه‌اش رو باخت. اونو به خانواده‌ای باخت که مادرش رو مثل یه تیکه دستمال مصرف شده و مچاله شده دور انداختند.

حلقه اشک دوباره بی‌اختیار در چشم‌های خانم تفرجی نشست و همچنان که بغض در گلویش چنگ می‌انداخت، ادامه داد: فریدونم رو از من گرفتن. حتی اجازه دیدن دوباره و در آغوش گرفتن و بوسیدنش رو هم از من دریغ کردن. من رو لکه ننگ خانواده‌شون می‌دونستند. شش ماه آزگار خوراکم شب و روز گریه بود. له‌له می‌زدم که برای یک دقیقه یک دقیقه هم که شده فریدونم رو بغل کنم. بوش کنم. شش ماه بعد یه روز پدر فریدون در خونه پدرم سبز شد و دور از چشم پدر و مادرش پول هنگفتی را برای خفه کردن من و چشم‌پوشی از حق داشتن بچم به پدرم داد. اون‌طوری که می‌گفت من اگر خودم رو هم می‌کشتم قانون بازم بچه رو به من نمی‌داد و این پول فقط برای این بود که دیگه سراغی از بچم نگیرم. اون پول قیمت خفه شدن من و فراموشی فریدونم بود. پول کثیف‌شون رو گوشه اتاق پرت کردم و اون شب تا صبح پیشونیم رو به دیوار نمور و ترک برداشته اتاق چسبوندم و اشک ریختم. یک ماه بعد دیگه

دوری از فریدون آنقدر بهم فشار آورد که تصمیم گرفتم با یه کم پولی که جمع کرده بودم و پولی که پدر فریدون برام آورده بود یک خونه کوچیک تو اون حوالی یعنی چند تا خیابون پایین‌تر بخرم تا گه‌گاه بتونم به بهانه‌های مختلف فریدونو ببینم. کلفت خونه پدربزرگ فریدون مرضیه خانوم خدا رحمتش کنه چه زن نازنینی بود؛ همین چند ماه پیش فوت کرد. هر وقت فرصتی گیر می‌آورد موقع‌هایی که مادربزرگ فریدون خونه نبود یواشکی فریدون را می‌آورد ببینمش. خدا بیامرزدش. همیشه می‌گفت: «اگه خانم جان بفهمه روزگارم رو سیاه می‌کنه» و راست هم می‌گفت. اگه اون یه وقت بو می‌برد خدا می‌دونه چه بلایی سر من و مرضیه خانم بدبخت می‌آورد. مادر حبیب همیشه خدا یه جورایی منو یاد مادربزرگ فریدون می‌اندازه هر دو تاشون عین هم تو خرابی ذات نوبرند.

خلاصه دو سال همین طور یواشکی دور از چشم خانواده‌اش فریدون رو می‌دیدم تا اینکه یه روز پدرش از قضیه مطلع شد... به پاش افتادم، التماسش کردم که بگذاره فریدون رو ببینم ولی مثل زندان‌بانی که از شکنجه زندانی‌اش لذت می‌بره گفت: «همین‌قدر که به پدر و مادرش نگفته کلی در حقم لطف کرده و مادری مثل من همون بهتر که برای فریدون مرده باشه... اگر یک بار دیگر اون حوالی پیدام بشه کاری می‌کنه که مرغای آسمون به حالم زار بزنن.

«چند ماه بعد پدر فریدون دوباره زن گرفت. کاری که توش حسابی خبره شده بود. مال و منال باباش کاری کرده بود که از هیچ کسی جواب نه نشنوه. با ازدواج مجددش فریدون رو هم با خودش به خونه جدید برد. خودم رو به آب و آتیش زدم تا بالاخره تونستم آدرس خونه جدید فریدون رو از مرضیه خانوم بگیرم. با اینکه راهش خیلی دور بود تقریباً هر روز می‌رفتم اون حوالی سر کوچه با چادر چاقچو می‌ایستادم تا هر طور شده ببینمش. گاهی وقت‌ها موفق می‌شدم برای یک لحظه وقتی با باباش بیرون می‌ره ببینمش. ولی خیلی وقت‌ها هم دست از پا درازتر و ناامید برمی‌گشتم.

چقدر حرف‌های خانم تفرجی به گوش صدرا آشنا می‌آمد. انگار با هر توضیح او صدرا خودش را در آن صحنه حاضر می‌دید. به انتظار ایستادن‌ها و این پا و آن پا شدن‌ها، پشت دیوار پنهان شدن‌ها و حسرت به دل برگشتن‌ها برایش دردی مشترک و آشنا بود.

آهی به دردناکی تمام غم و غصه‌های گذشته‌اش از ته دل کشید و ادامه داد: وقتی فریدون به سن مدرسه رسید وضع خیلی بهتر بود. چون حداقل می‌دونستم سر چه ساعتی دم در مدرسه باشم که بتونم ببینمش. هفت هشت ساله بود که بچم مجبور شد دوباره با پدربزرگ و مادربزرگش زندگی کنه چون زن پدرش نمی‌تونست وجود بچه رو تو اون خونه تحمل کنه.

البته از یک جهت هم خوشحال بودم که دوباره بهم نزدیک شده از یه طرف هم براش غصه می‌خوردم که از این خونه به اون خونه آلاخون والاخون شده. اختلاف سنی زیادی که بین فریدون و پدربزرگ و مادربزرگش بود خیلی نگرانم می‌کرد چون خوب می‌دونستم که آنها به هیچ وجه حرف همدیگر رو نمی‌فهمند.

من هیچ وقت نفهمیدم چطور همه از اون خانواده‌ای که شیطون رو درس می‌دادند به عنوان یه خانواده بسیار مذهبی یاد می‌کردند. البته دلیل عمده‌اش این بود که مردم عقلشون به چشمشون بود. پدربزرگ فریدون که هر وقت می‌خواست از خونه بره بیرون مهر و آب را با هم گل می‌کرد و حسابی به پیشونیش می‌مالید تا خوب جا بردارد که همه اثر سجده‌های شبانه‌روزی‌اش رو ببینند. موقع مسجد رفتن هم که همیشه ردیف اول جا می‌گرفت. موقع انفاق کردن به مستحق می‌گذاشت به جای دو تا چشم صد تا چشم ببینش. هر وقت برای ساخت مسجد کمک می‌کرد همیشه سعی می‌کرد با پولش در و پنجره برای مسجد بسازند که بده اسمش رو به عنوان واقف روی آهن‌های در و پنجره با خط خوش حک کنند. هر وقت هم کسی با مادربزرگ فریدون کار داشت می‌گفت یا تازه از سر سجاده بلند شده یا تازه سر سجاده نشسته. حلوا و شله‌زرد و آش نذری‌شون هم که تو در و همسایه همیشه به راه بود. چقدر مسلمون جلوه کردن تو چشم مردم راحت و ساده بود. چقدر فریب دادن مردم ساده‌لوح آسون بود. تا جایی که مردم کوچه و بازار اونو مثل پسر پیغمبر می‌دونستند. کسی که در کار خیر همیشه پیش قدمه و اصلاً مردم دوستی و ضعیف نوازی با گوشت و خونش عجین شده و صد البته اگه کسی نتونه با همچین خانواده‌ای سر سازگاری داشته باشه به طبع کرم از خودشه.

درست تو گیرودار آلاخون والاخونی بچه بیچاره‌ام بود که سید کریم خدا بیامرز اومد خواستگاریم و پدر و مادرم هم برای بار دوم بدون بحث و گفت‌وگو این بار به دلیل اینکه زن طلاق گرفته حرف دهن این و اونه و هر چی زودتر شوهر کنه بره زودتر از سر زبونا می‌افته شوهرم دادند. دوره قابلگی رو هم خیلی قبل از اینکه با سید کریم عروسی کنم دیدم که بتونم زودتر خرج و مخارج خودم رو در بیارم. ازدواج سیدکریم تا حدودی منو به مراد دلم که نزدیکی بیشتر به فریدون بود، رسوند. چون همین خونه که الان توش هستم فقط چند تا کوچه با خونه اونا فاصله داشت. سیدکریم زیاد راضی نبود که من کار قابلگی کنم به همین خاطر این‌قدر زیر گوشش خوندم تا راضی شد. خدا رحمتش کنه چقدر زود دلش نرم می‌شد. چقدر دلش می‌خواست بچه‌دار بشه ولی من اینو ازش دریغ کردم. دوست نداشتم یه بچه دیگه رو مثل فریدونم بدبخت کنم هرچند کسی چه می‌دونست شاید این بار فرق می‌کرد. ناگفته نمونه

فریدون زندگی مرفهی داشت. ولی جای اصلی‌ترین چیز که با هیچ‌کدوم از ثروت‌های دنیا برابری نمی‌کنه یعنی اون عشق و محبت مادری تو زندگی‌اش خالی بود. البته بماند که بعد از فوت پدر و پدربزرگ فریدون عموهاش سهم الارث بچه بیچاره رو هاپالی هاپو کردن و بچه بیچاره الان چند ساله که روی پای خودش ایستاده. ولی حالا به هر حال...

وقتی فریدون به سن دبیرستان رسید هر روز با چادر مشکی سر راه مدرسه‌اش می‌ایستادم. البته سعی می‌کردم دورادور ببینمش. همه به بچه گفته بودن که مادرش موقع زایمان مرده و بچه بیچاره هم جدی جدی باور کرده بود. از مرضیه خانوم شنیده بودم که عصرای پنجشنبه می‌ره کلاس خطاطی. منم درست مثل تو که به هوای بوی صبا هر پنجشنبه سر مزارش می‌ری هر پنجشنبه به هوای بوی فریدون یک ساعتی اونجا به انتظار می‌موندم تا کلاسش تموم بشه. دلیل اینم که قبلاً پنجشنبه‌ها با چادر چاقچو می‌رفتم بیرون و تا غروب برنمی‌گشتم همین بود.

سید کریم ذات‌الریه داشت و فوت کرد من موندم و این دیوارها، من موندم و این باغچه‌ها و شاخه‌ها من موندم و آرزوهای جوانی به باد رفته و حسرت دیدن عزیزی که از دو سه سالگی‌اش هرگز نتونستم در آغوشش بگیرم و بهش بگم که مادرش هنوز زنده است...

چانه‌اش را به زانوهایش تکیه داد. دیگر اثری از اشک در چشم‌هایش نبود و توفان آن دریای اندوه به سکون نشسته بود. نگاهی که حالا در آن چشم‌ها دیده می‌شد نگاه همان زن محکم و سرسختی بود که مثل کوه پا برجا و استوار سخت‌ترین توفان‌ها و مهیب‌ترین گردبادها ذره‌ای جابه‌جایش نمی‌کرد. دیگر اثری از لرزش در صدایش نبود و دیگر چانه‌اش از بغض نمی‌لرزید. به قالب سرسخت خود بازگشته بود.

صدرا به انتظار شنیدن ادامه حرف‌های او با حیرت تمام چشم از دهان او برنمی‌داشت. خانم تفرجی هم که ولع او را در شنیدن ادامه فصل‌های تلخ زندگی‌اش می‌دید بیش از این او را منتظر نگذاشت و ادامه داد: موقعی که دوران دبیرستان فریدون تمام شد دیگه نمی‌دیدمش. شاید سالی یک بار آن هم با آوردن نذری. نذری‌هایی که ظرف‌هایش رو که دست فریدون بهش خورده بود می‌بوسیدم و نذری‌های توش رو هم یک راست می‌ریختم توی سطل آشغال و به جای فاتحه ناله و نفرین نصیب‌شون می‌کردم. وقتی از مرضیه خانوم شنیدم که فریدون ازدواج کرده نمی‌دونی چه حالی شدم چون فریدون با ازدواجش از این محل رفت با وجودی که تا اون موقع هم خیلی به‌ندرت فریدون رو می‌دیدم ولی بودنش تو این محل یه جوری بهم آرامش می‌داد آرامش از اینکه حس می‌کردم هنوز بهم نزدیکه ولی بعد از ازدواجش وقتی از این محل اسباب‌کشی کرد اون یه ذره امید برای دیدنش هم تو وجودم از بین رفت. خودت خوب

می‌دونی که ناامیدی با آدم چکار می‌کنه. حس کردم همه چیز رو باختم. درست چند ماه پیش بود که مرضیه خانم با بیماری کزاز فوت کرد. شنیدم تیغ گل رزای حیاط بعد از این همه سال مراقبت و نگه‌داری ازشون حتی به دست‌های ترک خورده‌اش هم رحم نکردند و دستمزدش رو این‌جوری دادن. بالاخره لذت زندگی همین‌جور مفت و مسلم به دست آدم نمیاد. عطر و رنگ زیبا کنارش سوزش و درد هم داره. بگذریم... خلاصه با فوت مرضیه خانم مدتی می‌شد که از فریدون خبر نداشتم تااون روز که اعلامیه به دست اومد در خونه ات وبعد هم همین چند روز پیش که بااون وضع با پای گلوله خورده توی خونه تو دیدمش. فقط خدا می‌دونه این چند روزه چی به سرم اومده. فشارهای جمع شده طی بیست وهفت سال گذشته یهو ظرف این چهار روز منو از پا درآورد.

لبخند تلخی روی لب‌هایش نشست و همین طور که در چشم‌های صدرا که دیگر آثار حیرت از آنها رفته بود و نگاهی توام با حس همدردی جایش نشسته بود چشم دوخته بود ادامه داد: تو باید خوب بفهمی که من چی می‌گم. انگار که ایمان روبروت نشسته و می‌خوای بهش بگی که چقدر دوستش داری، بهش بگی که پاره تنته بگی که خون سمایی تو رگهاش می‌گرده ولی نمی‌تونی. درست مثل اینکه صدات تو گلوت خفه شده. مثل اینکه یه دست بی‌رحم انگشتاش رو رو دهنت گرفته و اجازه نمی‌ده نطق بکشی.

حرف‌های خانم تفرجی خصوصاً مقایسه آخرش با وضعیت فعلی ایمان صدرا را در افکاری دور و دراز غرق کرد. واقعاً حکایت آن دو چقدر به هم شبیه بود. اما بین این دو حکایت یک تفاوت عمده وجود داشت. تفاوت بین دو انتظار کشنده. انتظاری که برای صدرا فقط به اندازه یک بار آب شدن برف‌ها روی شاخه‌ها و در آمدن جوانه‌ها طول کشید ولی برای خانم تفرجی هنوز بعد از ۲۷ بار زدن جوانه‌ها بر شاخه‌های درختان حیاط همچنان می‌رفت که تا عریانی دیگری از شاخه‌ها ادامه پیدا کند که تا بعد چه پیش بیاید.

صدرا پس از دقایقی تامل سکوت را شکست و با لحنی که آثار همدردی از آن می‌بارید گفت: نمی‌خوای بهش بگی که چقدر دوستش داری؟ بگی که یه عمر خون دل خوردی؟ من همسایه دیوار به دیوارتم و هیچ وقت نفهمیدم که بار این همه خاطرات تلخ رو یه عمره که داری به تنهایی می‌کشی.

خانم تفرجی با شنیدن این حرف صدرا نگاه تندی به او انداخت و گفت: هیچ وقت! می‌خوای زندگی بچه رو به هم بریزم؟ اون با این فکر که از اول مادر نداشته و مادرش مرده بزرگ شده! خوش ندارم یه غصه تازه به غصه‌هاش اضافه کنم.

ـ آخه آخرش که چی؟ بالاخره که باید بدونه. بعد از این همه سال این حق مسلمشه که مادری رو که یه عمر ازش دور بوده بشناسه. این حق اونه. دست تو که نیست. باهاش حرف بزن. بهش بگو. غمی که به قول خودت اینهمه سال تو دلت پنهون کردی بریز بیرون.

دوباره آن لبخند تلخ میهمان لب‌های خانم تفرجی شد و نگاه ملامت‌بارش را به صورت او دوخت و با لحنی طعنه‌آمیز گفت: تو که لالایی بلدی چرا خوابت نمی‌بره؟ مگه تو به ایمان گفتی که پدرشی؟ یه نگاه به خودت بکن. بچه هنوز که هنوزه داره عمو صدات می‌کنه.

ـ قضیه من و ایمان فرق می‌کنه. ایمان بچه است ولی فریدون مرده. الان تو این سن درک واقعیت برای ایمان خیلی سخته.

ـ بچه بچه است چه ده ساله چه سی ساله. فرقی نمی‌کنه. گفتن من دیگه دردی رو دوا نمی‌کنه. جز اینکه ذهن فریدون بیچاره رو مشغول کنه و ناراحتش کنه هیچ فایده دیگه‌ای نداره. تازه اگه از من می‌شنوی تا ایمان بچه است حقیقت رو بهش بگو. منتظر نمون که به سن فریدون برسه تا بهش بگی چون اون وقت دیگه خیلی دیره.

خانم تفرجی از زمین و آسمان برای صدرا دلیل و برهان می‌آورد ولی در اصل در اعماق قلبش فقط به یک دلیل از بیان حقیقت واهمه داشت. واهمه از اینکه بعد از این همه سال فریدون با شنیدن حقیقت همچنان به او به چشم یک غریبه نگاه کند و هرگز او را به عنوان مادر واقعی‌اش نپذیرد و حالا اگر برای او که سالهای سال

فقط در رویاهایش با فریدون حرف زده و خندیده و گریه کرده بود و او را در آغوش گرفته و بوسیده و از دهانش کلمه مادر شنیده بود چنین اتفاقی می‌افتاد با نابود شدن آن کاخ رویایی که همان هم برایش غنیمت بود دیگر تمام امیدش به زندگی را از دست می‌داد.

صدرا که دیگر جوابی برای عذر و بهانه‌های او نداشت نگاهش را از پنجره به آسمانی که داشت با خورشید وداع می‌کرد و به رنگ سایه روشن صورتی و بنفش درآمده بود دوخت و با اندوهی غریب دوباره یاد عمو صدرا گفتن‌های ایمان افتاد و با لحنی زمزمه‌وار همان طور که چهار زانو در کنار خانم تفرجی نشسته بود گفت: اگه حبیب هم اون نامه رو برای من ننوشته بود خدا می‌دونه که داستان من و ایمان هم بی‌شباهت به داستان تو و فریدون نمی‌شد. نمی‌دونم بدون اون نامه تکلیف من و ایمان چی می‌شد!

و با گفتن این حرف مثل اینکه توان دیدن عزیمت خورشید در آن غروب دلگیر را نداشته باشد سرش را پایین انداخت.

خانم تفرجی همین طور که هنوز چانه‌اش را به زانوهایش تکیه داده و دامن سیاه بلندش را از زیر پشت زانوهایش جمع کرده بود سرش را به طرف او متمایل کرد و به نیم‌رخش دقیق شد. صدرا که از گوشه چشم متوجه نگاه‌های سنگین او شده بود رویش را به طرف او برگرداند. خانم تفرجی برای لحظه‌ای درست مانند اینکه بخواهد حرفی بزند دهانش را باز کرد ولی بلافاصله حرفش را فرو خورد و دهانش را بست.

صدرا با این حرکت او بلافاصله پرسید: چیه؟ چرا منو اینجوری نگاه می‌کنی؟

سرش را تکان داد و نگاهش را از صدرا گرفت: هیچی! همین‌طوری.

ـ نه! می‌خواستی یه چیزی بگی.

ـ نه! خیال می‌کنی.

ـ نه به خدا می‌خواستی یه چیزی بگی! یالا بگو ببینم چی می‌خواستی بگی؟

پس از لحظه‌ای سکوت این بار با تردید پرسید: هیچ واقعاً فکرش رو می‌کردی که حبیب چنین نامه‌ای رو برات بنویسه و این‌قدر کارت رو آسون کنه؟

ـ حقیقتش نه! اصلاً فکر نمی‌کردم. اون نامه راستی راستی یه معجزه بود. من بارها و بارها بهش فکر کردم و به این نتیجه رسیدم که واقعاً معجزه بود که خدا نوشتن اون نامه رو به دل حبیب بندازه که من بتونم با استناد به اون بدون مکافات ایمان رو بزرگ کنم.

همان طور زانو به بغل سرش را پایین آورد. موهایش که کمی قبل دوباره پشت گوش‌هایش برده بود مجدداً رها شد و روی شانه‌هایش ریخت و به دنبال آن صورتش را از دید صدرا پنهان کرد. سپس آهنگ صدایش را از آن هم که بود پایین‌تر آورد و گفت: گاهی اوقات با خودم فکر می‌کنم که اگر حبیب از فردای خودش خبر داشت آیا از ته دل راضی می‌شد که قیمومیت ایمان رو به تو بسپره؟

ـ منظورت چیه؟ حالا از فردای خودش خبر نداشته باشه توی اون نامه که چند بار روی این قضیه تاکید کرده بوده. به نظر تو این خودش کافی نیست؟

ـ نمی‌دونم! امیدوارم این طور که تو می‌گی باشه.

صدرا با تعجب دوباره از نیم‌رخ چشم به چهره نیمه‌پنهان خانم تفرجی در زیر موهایش دوخت و پرسید: منظورت چیه؟ مگه تو خودت نامه رو ندیدی؟

دوباره رو به صدرا کرد و بار دیگر دهانش برای گفتن چیزی باز شد ولی باز هم چیزی نگفت.

حالا دیگر صدرا به اوج کنجکاوی رسیده بود و ذره‌ای از رفتارهای خانم تفرجی سر در

نمی‌آورد. صدرا با تحکم از خانم تفرجی خواست که سرش را که دوباره پایین انداخته بود بلند کرده و در چشم‌های او نگاه کند.

خانم تفرجی در حالی که نمی‌توانست آن جدیت همیشگی را به چهره‌اش بازگرداند به سختی در چشم‌های صدرا نگاه کرد.

ــ تو در باره نامه حبیب چی می‌دونی؟ چرا هی تا می‌آیی حرفی بزنی حرفتو می‌خوری؟

ــ من چه می‌دونم!

ــ طفره نرو حرف بزن.

ــ حرفی ندارم.

ــ چرا! خیلی خوبم حرف داری. من تو رو می‌شناسم. این قیافه داره داد می‌زنه که تو چیزی رو داری از من پنهان می‌کنی. من تا نفهمم از این جا نمی‌رم. تو در باره نامه حبیب چی می‌دونی؟

پس از لحظاتی سکوت مثل اینکه صدایش از کیلومترها دورتر به گوش صدرا برسد به آهستگی نجوا کرد: نامه حبیب به اون طولانی‌ای که تو خوندی نبود و با گفتن این حرف دوباره سرش را پایین انداخت. ولی از گوشه چشم حس می‌کرد که صدرا دارد با ناباوری او را نگاه می‌کند و البته ممنون موهای خاکستری رنگش بود که نیم‌رخش را در برابر دید صدرا استتار کرده بود و از تلاقی نگاهش با نگاه‌های سنگین صدرا جلوگیری می‌کرد. حدس خانم تفرجی درست بود. صدرا با قیافه‌ای مات و حیرت زده به او زل زده بود تا هر طور شده از حرف‌های بی‌سروته او سر در بیاورد. اما وقتی با نگاه موفق نشد با لکنت زبان گفت: منظورت چیه که نامه حبیب به اون طولانی‌ای نبود؟ من از نامه‌ای حرف زدم که پدر حبیب برایم آورده بود.

ــ خوب می‌دونم کدوم نامه رو می‌گی. بله! حبیب برات نامه نوشته بود تا کدورت‌های قدیمی رو پاک کند. بخش‌هایی که به صبا مربوط می‌شد رو هم تماما خود حبیب نوشته بود ولی قسمت‌هایی که مربوط به ایمان بود رو به جز یه قسمت کوچیک هیچ‌کدومش رو حبیب ننوشته بود. و سپس در حالی که به زحمت آب دهانش را قورت می‌داد با همان صدای نجوا مانند بدون اینکه جرات نگاه کردن به صدرا را داشته باشد ادامه داد: اون بخش‌های نامه رو من نوشتم.

صدرا با شنیدن این جمله یکباره عقب نشست و پشت‌اش با دیوار گچی پشت سرش برخورد کرد. به گوش‌هایش اعتماد نداشت. از پنهان بودن چهره خانم تفرجی پشت آن حصار خاکستری احساس کلافگی می‌کرد. دقیقه‌ای بی‌حرکت تکیه به دیوار ماند و سپس دو زانو خودش را روی فرش روبه‌روی او کشاند. بازوهای او را محکم گرفت و تکان داد و او را مجبور کرد که مستقیم

در چشم‌هایش نگاه کند و حقیقت را بگوید.

خانم تفرجی حالا دیگر مغلوب صدرا شده بود. او بیش از این نتوانست نگاهش را از صورت صدرا بگیرد. نفس عمیقی کشید و با اعتماد به نفسی کامل چشم در چشم صدرا گفت: بذار امروز که روز برملا شدن سر و سرهاست بهت بگم. اون بخش‌های نامه حبیب رو که مربوط به ایمان می‌شد همه رو من نوشتم. تو خیال کردی من می‌تونستم بذارم بلایی که بیست وهفت سال پیش سر خودم اومده بود سر تو هم بیاد؟ با وجودی که چندان هم به نتیجه‌اش امیدوار نبودم ولی با خودم گفتم شاید این تنها راه باشه و یا حداقل کمکی باشه که با نگه داشتن راز صبا بتونی ایمانت رو پس بگیری. با شناختی که از بابای حبیب داشتم می‌دونستم که اگه بدونه که حبیب حتی ذره‌ای از بابت سپردن ایمان به تو راضی بوده هر چقدر هم که براش سخت باشه باز به خاطر خواسته حبیبی که دیگه از دستش رفته بالاخره به این کار رضایت می‌ده. حیدر آزرمی مرد خداپرستیه و تو کاراش برعکس زنش وجدان داره.

لحظه‌ای که خبر فوت صبا و حبیب رو شنیدم یه لحظه آروم و قرار نداشتم. این تنها راه‌حلی بود که به مغزم خطور کرد.

صدرا با ناباوری برخاست و بی‌قرار و مضطرب شروع به قدم زدن طول و عرض اتاق کرد. توان تکلم و نیروی جسمی‌اش را هم‌زمان از دست داده بود. هوای اتاق روی سینه‌اش سنگینی می‌کرد. مجدداً به سمت او برگشت. دو زانو روبه‌رویش نشست و دوباره شانه‌های او را محکم گرفت و با لحنی وحشت‌زده گفت: هیچ می‌فهمی چی داری می‌گی؟ آخه تو کی به نامه حبیب دسترسی داشتی؟ بعدم اون دست‌خط کاملاً دست‌خط حبیب بود.

تقریباً یه ماهی قبل از اون مسافرت مرگبار یه‌روز که صبا اومده بود اینجا بهم گفت که حبیب برای تو یه نامه نوشته. البته از قرار معلوم نامه رو پنهونی بدون اینکه به صبا بگه نوشته بوده ولی صبا به طور اتفاقی نامه رو توی میز مدارک حبیب پیدا می‌کنه و از اونجایی که روی پاکت چیزی ننوشته بوده نامه رو می‌خونه.

اون روز صبا از محتویات نامه برایم گفت و اینکه نمی‌دونه چه وقت حبیب قصد داره نامه رو به دستت برسونه. گذشت تا اینکه تو همون ایامی که صبا با نامه خودشم سردرگم مونده بود روز آخری که از اینجا می‌رفت سربسته ازش پرسیدم که بالاخره حبیب نامه رو داده یا نه؟ صبا گفت که فقط نامه خودش رو آورده بوده و نامه حبیب اون روز صبح هنوز توی کشوی میز کارش بوده. درست مثل اینکه هنوز با خودش کلنجار می‌رفته که نامه رو بهت بده یا نده. خودت که حبیب رو خوب می‌شناختی همین هم که تونسته بود اون نامه رو بنویسه خودش بعید به نظر

می‌رسید. خلاصه بعدشم صبا اضافه کرد که شاید اینجوری بهتر باشه که صدرا دو تا نامه رو در آن واحد نخونه. به هر حال زمانی که اون اتفاق نحس افتاد. من مثل دیوونه‌ها به مشکل ایمان و آلاخون والاخون شدنش خیلی فکر کردم. اونطور که صبا از متن نامه قبلاً برام گفته بود می‌دونستم که اصل نامه حول و حوش شما سه نفر دور می‌زنه ولی نمی‌دونستم که آیا می‌شه از طریق این نامه کاری کرد یا نه. دو شبانه روز تموم نشستم با خودم فکر کردم که چه‌کار می‌تونم بکنم. تا اینکه یه روز تو همون ایامی که ایمان پیشمون بود به هوای اینکه می‌خوام از خونه حبیب برای ایمان لباس بیارم رفتم اونجا کلید خونه رو هم صبا قبل از رفتنش بهم داده بود که اگه احیانا توی مدتی که اصفهانند ایمان چیزی نیاز داشت از خونه براش بردارم. خلاصه که اون روز یه راست رفتم سراغ کشوی وسایل حبیب و نامه رو همون طور دست نخورده اونجا پیدا کردم. البته کلی گشتم تا پیداش کردم چون توی کشوش کلی نامه و پاکت نامه بود و چون روی پاکت هم اسمی ننوشته بود نمی‌دونستم کدوم به کدومه. نامه رو آوردم خونه و خوندمش. با خوندن نامه مثل برق فکری به ذهنم زد. اول فکر کردم شاید از طرف حبیب وصیت‌نامه‌ای بر اساس همین نامه تنظیم کنم ولی چون از جزئیات مال و منال و دارایی حبیب خبر نداشتم صلاح ندیدم این کارو بکنم. چون کسی یا وصیت نمی‌کنه یا اگه می‌کنه تکلیف همه چیز رو توش مشخص می‌کنه. تازه نوشتن وصیت‌نامه خیلی ضایع بود چون هر کی حبیب رو نمی‌شناخت بابا مامانش خوب می‌شناختنش. من و تو هم می‌دونیم حبیبی که همیشه می‌گفت «دیروز که رفته. فردا رو هم کسی ندیده امروز و بچسب و خوش باش» آدمی نبود که اهل وصیت‌نامه‌نویسی باشه.

خلاصه کار دیگه‌ای که به ذهنم رسید این بود که نامه حبیب رو همون طور حفظ کنم و از اون بخش کوچیکی که به ایمان اشاره کرده یه بخش با آب و تاب و درست و حسابی در بیارم.

درست مثل اینکه با دیدن وحشت و حیرت صدرا سرگرم شده باشد بدون از دست دادن آرامش و خونسردی‌اش در برابر او که مثل آتشفشانی غران بی‌قرار بود گفت: اصلاً برام مهم نیست که از دستم ناراحت بشی یا نشی. من پیش وجدانم هنوزم که هنوزه رو سفیدم. درسته که دست بردن تو نامه...

و در اینجا صدرا با عصبانیت حرفش را قطع کرد و گفت: منظورت جعل نامه مرده است دیگه! نه؟

ــ به قول تو جعل نامه مرده. درسته که کار خطاییه ولی منم برای خودم دلایلی داشتم و تنها راه چاره رو برای حفظ نام صبای بیچاره و رسیدن تو به ایمانت توی دست‌کاری نامه حبیب دیدم.

ـ آخه تو چطور تونستی؟ اصلاً چطور حتی به ذهنت خطور کرد که این کارو بکنی؟

ضمن گفتن این جملات دوباره برخاست. توان یک‌جا نشستن را نداشت. دستش را لای موهایش کرده بود و همین طور که بدون آرام و قرار با قدم‌های تند طول و عرض اتاق را قدم می‌زد مدام می‌گفت: نمی‌فهمم!... آخه چطور یه همچین چیزی ممکنه؟

خانم تفرجی همچنان خونسرد با همان لحن آرام شروع به توضیح کم و کیف قضیه کرد.

ـ سه چهار روز طول کشید تا متن قسمت مورد نظر رو نوشتم.

ـ آره جون خودت! من نوشتن‌های تو رو دیدم. نه دست‌خط درست و حسابی داری نه انشای درست و حسابی. یادت رفته صبا همیشه به خاطر نوشتنات دستت می‌انداخت.

ـ به جای قدم زدن اینجوری تو اتاق قبل از اینکه من سرگیجه بگیرم بیا بشین تا باقی ماجرا رو برات بگم. به اونجا هم می‌رسیم.

صدرا با خلق‌تنگی و عصبانیت روی فرش درست روبه‌روی او نشست و منتظر شد. خانم تفرجی که زانوهایش خسته شده بود به صدرا گفت که کمی آن‌طرف‌تر بنشیند تا بتواند پاهایش را دراز کند. صدرا با همان نگاه خشمگین همین طور که خودش را روی فرش جابه‌جا می‌کرد چشم از دهان او برنمی‌داشت.

ـ گفتم که سه چهار روزی طول کشید تا نامه رو تموم کردم. وقتی کار نوشتنم تموم شد رفتم پیش حشمت قهرمانی.

ـ حشمت قهرمانی دیگه کیه؟

ـ صبر کن بابا! دارم می‌گم! مگه هفت ماهه به دنیا اومدی؟... حشمت قهرمانی یه ننه آمرزیده‌ای که اون موقع دفتر ثبت اسناد رسمی داشت و با سید کریم خدا بیامرز قبلاً‌ها خیلی دوست بود. آخه یه دفعه به خاطر جعل مدارک کارش به کلانتری کشیده بود و سیدکریم ریشش رو گرو گذاشته بود تا آزادش کنند. جسته گریخته یه چیزایی شنیده بودم که بعضی وقتا جعل مدرک هم می‌کنه ولی هیچ وقت باورم نمی‌شد. تا اینکه یه دفعه یکی از شاهکارهاش رو دیدم. البته بیشتر نامه‌های جعلی‌اش اجازه‌نامه زن اول برای گرفتن زن دوم برای نصف مردای شهر بود. مردایی که شلوارشون دو تا می‌شد دست به دامن حشمت قهرمانی می‌شدند و ازش می‌خواستن اجازه‌نامه زن اول رو بدون اینکه روح زن بیچاره خبر داشته باشه براشون جعل بزنه. خلاصه وقتی دید از بابت جعل شناسنامه و جعل سند خونه و جعل چی می‌دونم شناسنامه مرده و سند زمین و کارت سربازی و غیره و غیره بیشتر پول در میاد تا ثبت واقعی مدارک دیگه حسابی افتاد تو کار جعل اسناد و مدارک. کاروبارش هم حسابی سکه شد. تا اینکه یه روز یکی از زنایی

که به تجدید فراش شوهرش بو برده بود سر از کار حشمت قهرمانی درآورد و خلاصه کار به شکایت و کلانتری و این حرف‌ها کشیده شد... بعد از اون قضیه هم یه یک سالی دفترش رو جمع کرد و از خط کار جعل برای همیشه بیرون اومد. چون می‌دونستم به زن سید کریم محاله نه بگه دست به دامنش شدم. اول قبول نمی‌کرد. می‌گفت ما همه چیز جعل می‌زنیم ولی دیگه تو کار مرده‌ها دخالت نمی‌کنیم. خلاصه با عز و التماس و سرفیدن یه پول هنگفت با هزار غر و پر و دری‌وری و منت راضی شد که این کار رو بکنه.

دیدن صورت مات‌زده صدرا با چشم‌هایی که انگار آنچه را می‌دید باور نمی‌کرد برای خانم تفرجی همچنان سرگرم‌کننده بود. خصوصاً که می‌دید صدرا از شدت بی‌اعتمادی به چشم و گوشش به سختی پلک می‌زند مبادا کلمه‌ای که می‌شنود با حرکات دهان او مطابقت نداشته باشد.

ـ بالاخره بعد از یک هفته گربه رقصونی بهم خبر داد که برم پیشش و نامه رو ازش بگیرم. راست یا دروغ می‌گفت عین یه هفته طول کشیده بوده تا دونه دونه کلمه‌ها رو طبق دست‌خط حبیب روی کاغذ بنویسه. البته نوشته‌های منو کاملاً دست‌کاری کرده بود. چون تا روز اول نوشته‌هام روکه باید به نامه اضافه می‌کرد بهش نشون دادم گفت: ننه آمرزیده این نامه رو جلو بچه بذاری بهت می‌خنده.

خودت خوب می‌دونی که وضع نوشتن من خیلی خرابه و همیشه صبا با اون طبع قشنگی که تو نوشتن داشت بهم می‌خندید. آه!... یاد صبا به خیر. بگذریم. خلاصه بعد از کلی منت گذاشتن اون و منت‌کشی من و دست‌کاری تمام جمله‌ها نامه رو بهم نشون داد. جل الخالق از این همه استعداد! اونقدر دست‌خط‌ها و امضاها به هم شبیه بود که اگه حبیب خدا بیامرز هم نامه رو می‌دید جدی جدی باورش می‌شد که نامه رو خودش نوشته. حشمت قهرمانی طوری تونسته بود ترتیب نامه رو بده که برگ اول همون اصل نامه و دست‌خط خود حبیب بود و صفحه دوم صفحه‌ای بود که خودش تنظیم کرده بود. وقتی نامه رو دیدم گفتم ای والله واقعاً پولی که گرفتی حلالت باشه. بعد هم نامه رو گذاشت توی پاکت و اسم تو رو پشتش نوشت که اگه یه وقت آزرمی‌ها دیدنش بدونن که متعلق به توست، بعدشم گفت: تو رو به خیر ما رو به سلامت. شتر دیدی ندیدی.

هنوز که هنوزه هر وقت منو می‌بینه می‌گه وقتی مردم باید بیای جواب نکیر و منکر رو خودت بدی. حالا انگار که بین اون همه نامه و مدرک جعلی فقط برای نامه حبیب قراره اون دنیا خرش رو بچسبند.

خلاصه یه روز به هوای آوردن لباس و چند تا وسیله برای ایمان رفتم خونه حبیب خدا بیامرز

و نامه رو همونجا که پیدا کرده بودم توی کشوی مدارکش گذاشتم. بقیه‌اش رو هم که خودت می‌دونی.

خانم تفرجی به این جا که رسید بی‌حوصلگی از لحن کلامش می‌بارید: نمی‌دونم در باره من چی فکر می‌کنی. ولی برام زیادم مهم نیست. من این کار رو برای دل خودم کردم. دلم نمی‌خواست زجری که من از دوری فریدون کشیدم تو از دوری ایمان بکشی. نمی‌خواستم ببینم که ایمان تو مثل فریدون من از این خونه به اون خونه آلاخون والاخون بشه و با پدربزرگ و مادربزرگی زندگی کنه که پنجاه شصت سال از خودش بزرگ‌ترن و اصلاً حرفاشو نمی‌فهمند.

در کمال ناباوری به حرف‌های او گوش می‌داد. به قدری یکه خورده بود که نمی‌دانست چه بگوید. فقط به خانم تفرجی زل زده بود. طوری که حوصله خانم تفرجی سر رفت و گفت: چیه؟ چرا منو اینجوری نگاه می‌کنی؟ به من نگو که از دستم ناراحتی یا من اشتباه کردم. چون اگه به خاطر اون نامه نبود باید مثل بیست سال پیش من سر کوچه‌ها می‌ایستادی تا بتونی یه دقیقه ایمان رو ببینی. اگه خوب بشینی فکر کنی می‌بینی همچین هم برات بد نشد والا! الان باید دنبال کون آزرمی‌ها می‌دویدی که اجازه بدن ایمانو ببینی. تازه اگه مادر حبیب نمی‌پرسید به تو چه که اومدی ایمان رو ببینی. هیچ کس مثل من اون زن عجوزه رو نمی‌شناسه. اوه اوه شیطون به گردش!... حالا پا شو برو خونه یا هر جای دیگه که می‌خواستی بری. به اندازه سی سال از جیک و بوک زندگی من سر در آوردی. دیگه چیزی ندارم بهت بگم. در ضمن یادت باشه هر وقت تو به ایمان گفتی که باباشی منم به فریدون می‌گم که مامانشم. حالا برو درم پشت سرت ببند می‌خوام بگیرم بخوابم.

صدرا سردرگم آنجا را ترک کرد. حرف‌های خانم تفرجی مثل گردبادی از کلمات ضدونقیض در مغزش گردوخاک به راه انداخته بود. در تمام این مدت حتی یک لحظه به ذهنش هم خطور نکرده بود که پای کسی غیر از حبیب در نوشتن آن نامه در میان باشد. صدرا همیشه نامه حبیب را معجزه‌ای باور نکردنی می‌دانست و حالا تازه فهمیده بود که آن معجزه در اصل با ذهن خلاق خانم تفرجی و دست توانمند حشمت قهرمانی خلق شده بود و بس.

آن شب تا صبح لحظه‌ای خواب به چشم‌های صدرا راه نیافت. تمام طول شب از این پهلو به آن پهلو شد. به اتاق ایمان رفت و پایین تختش روی فرش بدون پهن کردن تشک دراز کشید و نگاهش را به تمام هستی و نیستی‌اش دوخت که زیر ملافه معصومانه خوابیده بود.

فصل سی‌وسوم

حالا که خانم تفرجی پرده از روی حقایق برداشته بود صدرا به دنبال کشمکش‌های بی‌وقفه ذهنش تصمیم گرفت به نحوی تلافی کند. اگرچه احتمال می‌داد که این کار خیلی برایش گران تمام شود ولی تصمیمش را گرفته بود. نمی‌توانست بی‌تفاوت بنشیند و خیره شدن حسرت‌بار خانم تفرجی را به شاخه‌هایی که سرمست از پایان انتظار دوباره با به شکوفه نشستن‌شان به او فخر می‌فروختند ببیند.

هوا کم‌کم رو به خنکای غروب می‌رفت. صدرا آسوده از اینکه رحیم‌خان و همسرش منزل‌اند و ایمان تنها نیست و با بنفشه سرگرم بازی است راهی منزل فریدون شد. نسیم ملایمی که از مقابل می‌وزید با نوازش دادن صورتش تا حدودی از شدت اضطراب درونی‌اش می‌کاست و با حرکت دادن ملایم برگ‌های درختان در نظرش او را به آرامش فرا می‌خواند. تا منزل فریدون فاصله زیادی بود از این رو صدرا وقت زیادی داشت تا به چگونگی بیان واقعیت به فریدون بیندیشد.

انگشتش آماده بود تا زنگ در را فشار دهد که تازه متوجه لرزش بی‌اختیار انگشتانش شد. این چندمین باری بود که پشت آن در نقش پیام‌آوری مضطرب را بازی می‌کرد. تعلل بیشتر را جایز ندانست و زنگ در را به صدا درآورد. فریبا در حالی که موهایش را که از جلوی روسری خاکستری‌اش بیرون زده بود زیر لبه آن پنهان می‌کرد با رویی گشاده از او استقبال و او را به منزل دعوت کرد. منزل فریدون اگرچه چندان بزرگ و مجلل نبود ولی بر خلاف نمای بیرونی‌اش تمیز و مرتب و لبریز از حرارت عشق بود.

فریدون که از داخل اتاق صدای صدرا را شناخته بود به رسم روزهای گذشته سنگینی بدنش

را روی پای چپش انداخته و به کمک عصایش برای خوشامدگویی به صدرا تا دم در رفت و دوستانه او را به اتاق پذیرایی دعوت کرد.

اتاق پذیرایی به دلیل کوچکی بیشتر به اتاق نشیمن شباهت داشت. دیوارهای سفید گچی اتاق که رنگی را به روی خود تجربه نکرده بودند در چندین جا با ترک‌های طولی تزیین شده بودند. اتاق ساده با موکت قهوه‌ای رنگ نازکی که پرزهایش به زور دیده می‌شد پوشیده شده و در وسط هم فرشی سه متری سرمه‌ای اما دستباف ولی نه چندان ظریف پهن بود که جلب توجه می‌کرد.

با دیدن وضع ساده زندگی فریدون ناخودآگاه یاد حرف خانم تفرجی افتاد که چطور عموهای او سهم ارث او را بالا کشیده بودند. با این همه پس از یک زندگی مرفه حالا چه راحت توانسته بود به این زندگی ساده عادت کند. دوباره تمام زوایای اتاق را از نظر گذراند.

در یک گوشه اتاق میز کوچک گردی نظر صدرا را جلب کرد که روی آن با پارچه ترمه ظریفی به رنگ سبز و قهوه‌ای تیره پوشیده شده و روی آن یک جفت شمعدان نقره‌ای رنگ و آینه‌ای به همان ظرافت خودنمایی می‌کرد. اما چیزهایی که بیش از همه توجهش را جلب کرده بود دو قاب خاتم‌کاری شده‌ای بود که هر کدام در یک گوشه طاقچه اتاق قرار داشت. دو قاب از اشعار مولانا که به خط زیبای نستعلیق نوشته شده بود. به قدری محوشان شده بود که فراموش کرد برای چه کاری رفته است.

ـ اینها دست‌خط خودمه.

صدرا نگاه تحسین‌آمیزی به فریدون انداخت و گفت: آفرین به این همه هنر! چنین اشعاری رو باید هم با چنین خط زیبایی نوشت.

بعد از تعریف و تمجید از هنر فریدون همانجا زیر طاقچه نشست و به بالش کنار دیوار تکیه داد. با دیدن قاب‌ها موضوع خوبی را برای بازکردن صحبت پیدا کرده بود و طولی نکشید وارد بحث شعر و شاعری و خط و خطاطی و ادب و هنر... شدند. فریدون از طبع شعرش گفت و صدرا از او خواست تا بعدا یکی از سروده‌هایش را برای او بخواند. موضوع را به پای فریدون و زخمش کشاند و بعد هم از فعالیت‌های سیاسی او پرسید و وقتی که دیگر حرفی برای گفتن نیافت تشویش و اضطراب موذیانه بار دیگر راه خود را به سرتا پای وجودش باز کرد. فریدون با پرسش از حال رحیم‌خان و ایمان و خانم تفرجی به کمکش شتافت.

بعد از اینکه استکان چایش را سرکشید گفت: راستی اون روز که با ایمان صحبت می‌کردی گفتی هیچ وقت مادرت رو ندیدی آره؟

فریدون همین‌طورکه سعی می‌کرد پای چپش را دراز کند تا راحت‌تر بنشیند جواب داد: «بله! مادرم سر زایمان عمرش را داد به شما» با این جمله آهی کشید و با لحنی حسرت‌آلود ادامه داد: همیشه آرزو می‌کردم مثل بچه‌های دیگه لبخندهاشو، مهربونی‌هاشو حتی اخم کردن‌هاش و عصبانی‌شدن‌هاشو می‌دیدم. ولی چه می‌شه کرد قسمت ما هم این بود.

ــ هیچ خاطره‌ای، یادگاری، چیزی از مادرت نداری؟

ــ هر وقت می‌اومدم در باره مادرم سوال کنم با اخم و تخم روبه‌رو می‌شدم. هیچ وقت هیچ کس کلمه‌ای از مادرم به زبان نمی‌آورد. درست مثل اینکه مادرم براشون یه وصله ناجور بوده باشه. تنها کسی که به نظر می‌رسید مادرم رو خیلی دوست داشته مرضیه خانوم خدمتکار خونه پدربزرگم بود که گاهی اوقات اونم یواشکی از خوبی‌های مادرم برایم می‌گفت. اونم چند ماه پیش عمرش رو داد به شما.

فریبا با ظرفی از انگورهای سرخ یاقوتی و سیب‌های کوچک و خوش‌عطر گلاب که حسابی وسوسه گاز زدن را ایجاد می‌کردند، وارد اتاق شد. نگاه صدرا ناخواسته روی خوشه‌های متراکم و بدون منفذ انگور خیره مانده بود. انگار سعی می‌کرد منفذی لابه‌لای آن دانه‌های به هم چسبیده پیدا کند، همان طور که سعی می‌کرد منفذی در ذهن مضطربش برای شیوه بیان حقیقت بیابد. فریدون با تعجب پرسید: چی شده صدراخان! یاد این موضوع افتادید؟ ایمان بهانه مادرش رو می‌گیره؟ تو رو خدا یه وقت نگذارید خاطره پدر و مادرش زیر گرد و غبار فراموشی زمان نیست و نابود بشه که اون وقت دیگه مثل من هیچ وقت نمی‌تونه حتی اونها رو تجسم کنه.

صدرا در دل گفت: مگه من بمیرم بذارم اسم صبا از یاد ایمان بره و سپس خیره در نگاه فریدون گفت: چقدر دوست داشتی الان یه نفر از در می‌اومد و می‌گفت که مادرت زنده است و به شدت دوستت داره؟

فریدون با ناباوری لبخندی به لب آورد و گفت: ای صدراخان! کار ما دیگه از این قصه‌پردازی‌ها گذشته. این خواب و خیال‌ها مال دوران مدرسه بود. گذشت زمان به آدم یاد می‌ده که واقع‌بین باشه.

صدرا سرش را پایین انداخت و استکان چایش را که در آن فقط کمی تفاله چای باقی مانده بود مثل فالگیرها وارسی می‌کرد.

فریدون کم‌کم داشت از سکوت صدرا و اضطرابی که در چهره همیشه آرامش موج می‌زد دچار نگرانی می‌شد، با تردید پرسید: صدرا خان! چیزی شده؟ اتفاقی افتاده؟

ــ اتفاقی نیفتاده! ولی من در اصل برای انجام یه مأموریت اینجا اومدم. مأموریتی که انجامش

برام کمی سخته ولی به شیرینی عاقبتش می‌ارزه.

ـ منظورتون رو نمی‌فهمم صدرا خان!

فریبا هم نگران شده بود. یعنی صدرا چه حرفی برای گفتن داشت که به خاطرش سرزده به آنجا آمده بود؟ حس کنجکاوی، نگاه‌های منتظر آن دو را روی دهان صدرا متمرکز کرده بود و هر دو بی‌صبرانه به انتظار نشسته بودند تا صدرا به حرف بیاید.

صدرا نفس عمیقی کشید و در حالی که انگشت‌هایش را در هم قلاب می‌کرد و به برآمدگی آبی رنگ رگ‌های دستش نگاه می‌کرد، گفت: نمی‌دونم این کاری که دارم می‌کنم درسته یا غلط. ولی حداقل این رو می‌دونم که پیش وجدانم شرمنده نیستم.

خاطرم هست که چند سال پیش یک زن خیرخواه و نازنین مسببی شد تا یه بنده خدایی قیمومیت فرزندش رو که ازش جدا کرده بودند به خوبی و خوشی و بدون دردسر به دست بیاره. اون زن در اوج درماندگی و ناامیدی مسببی شد که به زندگی یکنواخت یه آدم مایوس پایان بده در حالی که خودش این زجر رو سال‌های ساله که داره تحمل می‌کنه. سال‌های ساله که داره تنهایی و درد دوری رو تحمل می‌کنه.

در اینجا صدرا برای لحظاتی مکث کرد و سپس چشم در چشم فریدون ادامه داد: فریدون جان! این زن رو تو هم می‌شناسی.

نگاه مات و متحیر فریدون به صورت صدرا دوخته شده بود: من متوجه منظورتون نمی‌شم!

ـ فریدون جان!... فریدون جان! مادر شما هیچ وقت نمرده. اون زنده است. خانم تفرجی رو که خاطرت هست. همون زنی که تا صبح پای تختت نشست و گلوله رو از پات درآورد. زخمت رو پانسمان کرد. اون زن بیچاره و تنها مادرته. مادر واقعیت. کسی که تو رو به دنیا آورده.

فریدون برای لحظه‌ای روی عصایی که کنار پایش روی زمین گذاشته بود فشار آورد و با کمک آن به عقب نشست. رنگ از چهره‌اش پریده و لب‌هایش کاملاً بی‌رنگ شده و هاج و واج مانده بود. فریبا هم دست‌کمی از او نداشت. او هم متعجب و شوکه شده در حالی که سینی استکان‌های خالی در دستش مانده بود بی‌اختیار همانجا در گوشه اتاق نشست.

فریدون همچنان در سکوت با ناباوری در چشم‌های صدرا نگاه می‌کرد. انگار می‌خواست صحت و سقم حرف‌های او را از حالات نگاهش بفهمد. ولی پس از لحظاتی بالاخره با لب‌هایی خشک به حرف آمد: چنین چیزی امکان نداره. از محالاته. پدر من هیچ وقت یه همچین چیزی رو از من پنهون نمی‌کرد و دروغی به این بزرگی نمی‌گفت. خانم تفرجی حتماً خیالاتی شده. اگه چنین چیزی واقعاً صحت داشت پدرم سال‌ها پیش بهم گفته بود.

فریدون آنقدر عصبی بود که صدرا را نگران کرد. صدرا حالت نشستن‌اش را از چهارزانو تغییر داد و همین طور که دو زانو می‌نشست خود را کمی به فریدون نزدیک‌تر کرد و گفت: من یه عمره که با این زن همسایه‌ام و اونو می‌شناسم. اون هیچ وقت از این موضوع به من حرفی نزده بود. تا فردای روزی که تو از خونه من رفتی. من تمام این سال‌ها هیچ وقت اونو تا این حد از خود بی‌خود ندیده بودم. این زن به محکمی کوهه ولی پای گلوله‌خورده تو اونو درهم شکست. من هرگز ندیدم که اون به آسونی اشک بریزه ولی بعد از رفتنت اون روز ابر بهار به گردش! مادر تو با وجود طرد شدن از خانواده پدرت هیچ وقت تو رو فراموش نکرد. هر روز خدا فرقی نمی‌کرده که از آسمون سنگ بباره یا آتیش سر ساعت سر راه مدرسه‌ات برای سال‌ها حتی اگه شده برای دیدن یک لحظه‌ات به انتظار می‌ایستاده.

در این لحظه نگاه فریدون روی ترنج فرش متمرکز شد و به فکر فرو رفت: یعنی اون زن چادری که هر روز خدا سر کوچه می‌ایستاده مادر من بوده؟

ـ اون زن بیچاره بیست وپنج سال در حسرت لمس یه تار موت می‌سوخته و می‌ساخته. هیچ می‌دونی بعد از رفتن تو چی به من گفت؟ بعد از اون همه بی‌قراری اولین جمله‌ای که گفت این بود که بیست وپنج سال انتظار می‌ارزید به بوسیدن پیشونیت.

دانه‌های درشت عرق کم‌کم روی پیشانی فریدون نمایان می‌شدند. سرش را بین دست‌هایش گرفت و با ناباوری گفت: آخه چطور چنین چیزی ممکنه؟

این سوال فریدون، صدرا را به یاد شبی انداخت که نامه صبا را برای اولین بار خوانده بود. آن سوال دقیقاً سوالی بود که صدرا آن شب از خودش پرسیده بود ولی بالاخره آن را باور کرده بود.

ـ ببین جوون! بالا بری پایین بیایی خانم تفرجی مادرته. زن بخت برگشته حتی خبر نداره من اینجام. تموم این مدت دمش رو بالا نیاورده که مبادا یه وقت روال زندگیت به هم بخوره و چه می‌دونم به قول خودش یه وقت آسیب روحی ببینی. این‌طور که خودش برای من تعریف کرد گویا تا دو سالگی مرضیه خانم دور از چشم مادربزرگت یواشکی تو رو پیشش می‌برده. ولی بعد از اینکه پدرت می‌فهمه دیگه همون حق کوچیک رو هم ازش می‌گیرن. درست تا همون سال آخر دبیرستان هم هر روز سر راه مدرسه‌ات می‌ایستاده.

اون شب توی خونه من وقتی روی تخت بی‌هوش شدی آنقدر حالش خراب بود که من اصلاً از کاراش سر در نمی‌آوردم. چون هیچ وقت اونو به این حال و روز ندیده بودم. خانم تفرجی زنی نیست که به این راحتی‌ها اجازه بده کسی گریه‌اش رو ببینه. انگار سختی‌ها و

مشکلات روزگار فولاد آبدیده‌اش کرده. ولی علاقه و محبت مادری که این حرف‌ها سرش نمی‌شه. من هم همه چیز رو از زیر زبونش بیرون کشیدم. همون طورم که گفتم اصلاً از اومدن من به اینجا کوچک‌ترین اطلاعی نداره. اصلاً ممکنه از دست منم خیلی ناراحت بشه و شاید هم هیچ وقت منو نبخشه که به قول خودش باعث آسیب روحیت شدم. ولی قبلاً هم گفتم پیش وجدان خودم رو سفیدم.

چشم‌های فریدون به دسته گل‌های آبی رنگ قالی خیره مانده بود ولی انگار آنها را نمی‌دید. افکارش فرسنگ‌ها با قالی و اتاق و آنجا فاصله داشت. صدای صدرا را می‌شنید ولی یک کلمه‌اش را نمی‌فهمید.

ـ پس بی‌خود نبود که مرضیه خانم با وجود دوری مسیر هیچ وقت نذری خانم تفرجی را فراموش نمی‌کرد و همیشه آن را فقط به من می‌داد تا براش ببرم.

فریدون با لمس دست صدرا روی شانه‌اش ناگهان به خود آمد و در حالی که آثار درماندگی و سردرگمی در نگاهش موج می‌زد به چشم های صدرا خیره شد. صدرا شانه او را فشرد و گفت: باورش کن همون طور که اون تموم این سال‌ها باورت داشته! همون طور که من همیشه باورش داشتم و دارم. هیچ‌کس اونو اونطور که من می‌شناسم نمی‌شناسه. برای مادرت گریه فقط یا با مرگ می‌آد یا با زندگی و فراموش نکن که تو براش سرتا پا زندگی هستی. اینو واقعاً از صمیم قلب می‌گم. خانم تفرجی زنی نیست که دستش بلرزه، چشماش بباره و دوزانو از پا بیفته ولی اون روز بعد از رفتن تو من تموم این حالت‌ها رو یک‌جا درش دیدم. لمس یه تار موی تو، دیدن لبخند تو، چه می‌دونم بوسیدن پیشونی تو زن بیچاره رو از پا انداخت.

صدرا خود آنقدر دستخوش احساسات و هیجانات درونی شده بود که متوجه فریبا که همچنان در گوشه اتاق آرام آرام اشک می‌ریخت، نشد.

فریدون دستش را به دیوار گرفت و با تکیه به عصایش از جا بلند شد و آهسته و لنگان‌لنگان به طرف پنجره رفت. آرنجش را به دیوار کنار پنجره تکیه داد و انگشت‌هایش را روی چشم‌هایی که آهسته‌آهسته از اثر اشک تر می‌شد کشید. نگاه مبهمش را به دیوار آجری همسایه که تنها چشم‌انداز پنجره اتاق بود، دوخت. برای لحظه‌ای حس کرد چقدر دلش می‌خواهد آن دیوار بد ترکیب را فرو بریزد و به آفتابی که پشت آن در شرف غروب بود نگاه کند. ای کاش می‌توانست از تمام حریم‌هایی که او را محدود کرده و از تمام موانعی که سر راهش قرار گرفته بودند عبور کند و مثل کبوتری آزاد به مدینه فاضله‌ای که از سال‌های دور در ذهنش ترسیم کرده و ذره‌ذره‌اش با عشق مادری که همیشه در حسرتش سوخته بود عجین شده بود، برسد. فریبا

به آرامی به فریدون نزدیک شد و همین‌طور که دستش را بر شانه او می‌گذاشت سرش را به شانه او تکیه داد. فریدون هم سر فریبا را تکیه‌گاهی برای آن سری که پر از اندیشه‌ها و افکار درهم بود یافت و هر دو با چشم‌های اشک‌آلود و تر به دیوار روبه‌رو خیره شدند. در نگاه فریدون در آن لحظه خشم و اضطراب و عشق و امید پیچیده در هم درست مانند امواجی سهمگین به ساحل خیس ناباوریش می‌کوبید ولی در عوض در نگاه فریبا فقط امواج شادی بود که همچنان تا ساحل امید پیش می‌رفت.

دیوار همسایه همچنان مانند سدی در برابر تنور رو به افول خورشید ایستاده بود. فریدون و فریبا هر دو در یک لحظه اشعه‌ای از آخرین نور بنفش خورشید را دیدند که از لابه‌لای روزنه‌های باز دیوار آجری به چشم‌هایشان می‌تابید. دیواری که تا آن زمان به آن به چشم سایه‌ای سرد و سنگین که اتاقشان را هنگام غروب در تیرگی ناامیدی فرو می‌برد و در آن هیچ روزنه‌ای یافت نمی‌شد نگاه می‌کردند. آن روزنه کوچک همانجا به آن دو ثابت کرد که خورشید را از پشت حصارهای ضخیم و بلند هم می‌توان دید حتی اگر شده از داخل روزنه‌ای کوچک و ناچیز.

فصل سی‌وچهارم

خانم تفرجی سرمست از یادآوری خاطرات چهار روزه‌اش در کنار فریدون در حالی که ترانه‌ای قدیمی را که همیشه زمان نوزادی فریدون زیر گوشش زمزمه می‌کرد به لب داشت پشت پنجره باز رو به حیاط ایستاده و در آن صبح دل‌انگیز شاخه به شاخه شدن‌های گنجشک‌ها را تماشا می‌کرد. آفتاب هنوز به مرحله کسالت‌آور ظهر نرسیده بود و هنوز تتمه نسیم خنک صبحگاهی در لابه‌لای برگ‌ها می‌پیچید. آنقدر همه جا ساکت بود که صدای چلپ چلپ حوض آب خانه صدرا که از دست ایمان و بنفشه آرامشش را به کلی از دست داده بود به گوش می‌رسید. همچنان غرق شده در عالم دور و درازش صدای زنگ در حیاط او را از خلوت رویاهایش به عالم واقعیت‌ها کشاند. در را که باز کرد زمان برایش از حرکت ایستاد و به همراهش انگار عقربه‌های تمام ساعت‌های دنیا هم‌زمان از گردش ایستادند. تاب و توان از کفش رفت و زانوهایی که داشت قوت همیشگی‌اش را باز می‌یافت دوباره سست شد. خانم تفرجی مات و مبهوت از صورت فریدون به صورت فریبا و از صورت فریبا به صورت فریدون نگاه می‌کرد. فریبا با دسته‌گلی پر از غنچه‌های رز سرخ که طراوت از سر و رویشان می‌بارید لبخند بر لب در مقابلش ایستاده بود و فریدون هم در حالی که به عصایش تکیه کرده بود با همان چهره معصومانه مشتاقانه نگاهش را به او دوخته بود.

به شدت غافل‌گیر شده بودوتوان راندن کلمه ای بر زبان نداشت. فریدون با وجودی که سخت احساساتی شده بود با لبخندی بر لب که برای مادرش به قیمت دنیا و آخرتش بود با صدایی لرزان گفت: نمی‌خوای دعوتمون کنی بیایم تو؟

مات و مبهوت از مقابل در کنار رفت و وارد حیاط شدند. ورود به خانه مادری آن هم بعد از

بیست وهفت سال برای فریدون این‌قدر رویایی بود که فکر کرد دارد خواب می‌بیند. قبل از اینکه فریبا فرصت کند دسته‌گل را به خانم تفرجی بدهد فریدون مثل کودکی خردسال خودش را در آغوش مادرش افکند. حقیقتاً عشق مادری با آن زن محکم و شکست‌ناپذیر چه کرده بود که در آن لحظه زبانش به لکنت افتاده و انگار جان از تمام بدنش رفته بود. همان طور ایستاده با ناباوری در حالی که فرزندش را همچنان در آغوش داشت سرش را به آسمان بلند کرد. آسمان آبی و شفاف با اشک‌هایی که در چشم‌هایش حلقه بسته بود کدر می‌نمود.

ناله‌های فریدون که در بغل مادر زار زار می‌گریست او را به خود آورد. همچنان که دست‌هایش را دور گردن فریدون حلقه کرده بود پا بلندی می‌کرد تا بتواند پیشانی او را ببوسد که فریدون سرش را پایین آورد.

فریبا با چشم‌هایی که از اشک شوق لبریز بود در حاشیه ایستاد و در سکوت به تماشای پیوندی که بیست وهفت سال پیش با بی‌رحمی از هم گسسته شده بود، نشست. خانم تفرجی انگار با همان بوسه اول از پیشانی فرزندش تمام توان از دست رفته‌اش را دوباره بازیافت. آن‌چنان دستخوش احساسات و هیجانات درونی شده بود که اگر کسی می‌دید باور نمی‌کرد این همان زنی است که با اشک فلک هم اشکش در نمی‌آمد. همچنان که صورت فریدون را غرق بوسه می‌کرد با بغض زیر لب تکرار کرد: می‌دونم می‌دونم دوباره دارم خواب می‌بینم و فریدون در جواب گفت: نه مادرجان! این دیگه خواب نیست هر دومون بیدار بیداریم.

هراس خانم تفرجی ازسالهای سال انتظار و تنهایی کاری کرده بود که راضی نمی‌شد حلقه تنگ آغوشش را باز کند. مثل اینکه تمام دنیا برای جدا کردن دوباره فرزندش از او بسیج شده بودند و او با قدرت تمام می‌خواست او را همچنان در آغوشش حفظ کند. فریبا ساکت و خاموش هنوز با آن دسته‌گل در دست‌هایش با چشم‌های اشک‌آلودش به آنها نگاه می‌کرد. فریدون مادرش را متوجه فریبا کرد و گفت: بیا مادر! زن خوشکلم رو که دیدی. با نگاهی به چهره ملیح فریبا برق چشم‌هایش صد چندان شد و آغوش فریدون را رها کرد تا بتواند فریبا را در آغوش بکشد و هم‌زمان زیر لب تکرارکرد: دخترم! دختر گلم! و دوباره سرش را رو به آسمان آبی گرفت و از ته دل از لابه‌لای پرده اشک گفت: خدایا! قربون بزرگیت و به دنبال آن صورت فریبا را غرق بوسه ساخت.

فریدون می‌خواست به اندازه بیست وهفت سال برای مادرش حرف بزند و مادرش می‌خواست به اندازه بیست وهفت سال او را نگاه کند و به حرف‌هایش گوش دهد.

از مرضیه خانم شنیده بود که فریدون عاشق قرمه‌سبزی است. بوی قرمه‌سبزی که تمام محل

را برداشته بود لبخندی بر لب‌های فریدون نشاند و به مادرش گفت: پس بی‌خود نبود روز آخری که خونه صدرا بودم برام قرمه‌سبزی درست کردی. می‌دونستی چه خبره هان؟
ـ تو همه عمر منی. قرمه‌سبزی که سهله. تو جون بخواه.

چقدر شنیدن این جملات برای فریدون لذت‌بخش بود. جملاتی که همیشه از بچگی آرزوی شنیدن‌شان را داشت. حسرت بیست و هفت سال شنیدن قربان صدقه‌های مادرانه روی دلش سخت سنگینی می‌کرد و حالا چقدر به واقعیت پیوستن رویای نگاه‌های مهربانی که فقط در خواب می‌دید و بوسه‌های مهربانی که فقط در خواب بر صورتش می‌نشست و آغوشی که گرمایش را فقط در خواب احساس می‌کرد شیرین بود.

فریدون بدون کوچک‌ترین مقاومتی گذاشت مادرش به اندازه تمام این سال‌ها مثل یک پسر بچه ده ساله قربان صدقه‌اش برود و تمام توجهاتش را به او معطوف کند و مدام او را ببوسد و در آغوش بگیرد.

خانم تفرجی آن روز بعد از سال‌ها برای اولین بار به چهره خود در آینه دقیق شد. دست روزگار چقدر بی‌رحمانه و با چه عجله‌ای طراوت و شادابی جوانی‌اش را دزدیده بود. آن خطهای عمیق که در کنار چشم‌ها و دو طرف لب‌هایش افتاده بود هر یک به گونه‌ای حکایت از سختی‌ها و فراز و نشیب‌های روزگار داشت. پس از دقایقی خیره شدن به صورت شکسته‌اش در آینه موهایش را که تارهای خاکستری‌اش به مراتب بیشتر از تارهای سیاهش بود پشت سرش جمع کرد. چقدر با همین یک تغییر اندک صورتش جوان‌تر به نظر می‌آمد. سراغ کمد لباس‌هایش رفت و از مجموع پنج دست لباسی که چهارتایشان تیره بود تنها پیراهن کرم رنگی را که برای تولد ایمان پوشیده بود و برای فریدون هم ناآشنا نبود به تن کرد.

به فریبا اجازه نداد کاری بکند. تمام وسایل ناهار را آورد و جمع کرد. سیب‌های گلاب معطر را دانه‌دانه برایشان قاچ کرد. زردآلوهای رسیده را باز کرد و هسته‌هایشان را در آورد. پوست کرکی هلوها را به چه دقتی از روی آن‌ها کند و آن‌ها را قاچ کرده در بشقاب چید بعد هم به پشتی تکیه کرد و برای دقایقی به فریدون خیره شد. درست مثل اینکه می‌خواست تمام لحظه لحظه‌های زندگی فریدون در طی سال‌ها دوری از او را در آینه نگاه مشتاق او ببیند. وقتی خوب سیر دل به آن زوج جوان نگاه کرد و تصویر اجزای صورتشان را یک به یک با چشم‌های گرسنه‌اش بلعید لبخندی زد و گفت: «کار، کار صدرا است مگه نه؟» فریدون هم تمام ماجرا را شرح داد.

دو ماه بعد فریدون و فریبا به اصرار زیاد خانم تفرجی به آنجا نقل مکان کردند. با آمدن آن

دو زوج جوان در و دیوارها و پنجره‌ها و آن حیاط و باغچه همه از کسالت تنهایی بیرون آمدند و در گوش دیوارهای ساکت و خاموش پژواک خنده‌هایشان پیچید. خانه‌ای که سال‌های سال جز خاموشی و گه‌گاه آهنگ غمناک و آرام تنهایی هیچ نشنیده بود حالا از صدای خنده و شادی پر شده بود طوری که صدرا و ایمان گاهی کنار دیوار مشترک‌شان از صدای خنده آنها لذت می‌بردند و به خنده می‌افتادند.

حالا دیگر چهره خانم تفرجی با چهره چندین ماه پیشش زمین تا آسمان فرق کرده بود. چهره‌اش حالا بازتر، لب‌هایش خندان‌تر و موها و وضع ظاهرش مرتب‌تر از هر زمان دیگری به نظر می‌رسید. از همه مهم‌تر لباس‌های تیره‌اش با سلیقه فریبا جای‌شان را به لباس‌های روشن داد. این تغییرات به حدی بارز بود که از دید کسی پوشیده نماند. ایمان یک روز با تعجب به صدرا گفت: «عمو صدرا! همه موهای خاله تفرجی سیاه شده. به خدا خودم دیدم!» و صدرا در جواب او فقط خندید.

زمستان آن سال در نظر فریدون به سرعت در حال گذر بود. در یک روز سرد بهمن‌ماه فریدون و فریبا در حیاط به شاخه‌های لخت درخت‌ها نگاه می‌کردند و جوانه‌هایی که انگار تازه سر از بستر خواب درآورده بودند توجه‌شان را جلب کرد. فریدون با ذوق جوانه‌های نورس را نشان مادرش داد و گفت: «مادر! ببین چقدر جوانه‌ها امسال زود درآمدند. انگار تا آخر زمستون راستی راستی چیزی نمونده» و فریبا در کنار او انگشت‌هایش را به آرامی روی آن جوانه‌های نورس کشید و گفت: «راست می‌گی! هیچ سالی به این زودی در نمی‌اومدند» و خانم تفرجی با لبخندی پر معنی در جواب گفت: پسرم! تا بهار دیگه چیزی نمونده. چشم به هم بذاری این درخت‌ها غرق شکوفه شدن.

چندی بعد بهار طبیعت آبستن با بوی تحول سرزده تمام خاک ایران را در بر گرفت.فریاد شوق از هر کوچه وخیابانی شنیده می شد.شکلات وآب نبات بود که همراه گل به زیر پای مردم ریخته می شد.همه سرخوش ومست از این تغییر ناگهانی خود را در آستانه تعبیر رویاهای رنگارنگشان می دیدند.ریه های جامعه پر از هوای آزادی ,ذهن خسته وآشفته کشور پر از ندای اخوت وهمدلی وآسمان وطن محل جولان کبوترهای آزاد ورها شده بود.دلها چنان به هم نزدیک شد که انگار همه برادر وخواهر خونی یکدیگرند.بهار آن سال خیلی زودتر از موعد فرا رسید ولی بهاری که آمده بود تا برای همیشه بماند خیلی زود قصد سفر کردوتابستان نیامده جای خود را به خزان تفرقه سپرد.

بخش دوم

فصل سی‌وپنجم

همپای بزرگ‌تر شدن ایمان، قیام پنجاه وهفت خاطرات نصف و نیمه‌ای را برای او به یادگار گذاشت. پای گلوله‌خورده فریدون جزئی از خاطرات فراموش‌نشدنی کودکی او بود. هم‌چنان که یاد و خاطره خون‌های ریخته شده در ذهن کودک و پیر و جوان هرگز در زیر گردوخاک فراموشی مدفون نشد. خون‌هایی که بهای آزادی و آزادگی بود. خون‌هایی که قرار بود مژده آزادگی را برای نسل‌های آینده به ارمغان بیاورد. مژده التیام بال‌های شکسته پرواز!

ایمان با خاطره آن خون‌های پاک آخرین برگ فصل کودکی را بست و به دوره نوجوانی رسید. در حالی‌که چندین سال بعد خون‌ریزی و کشته‌شدن دیگر خاطره نبود بلکه واقعیت زمانه بود. بخشی جدانشدنی از زندگی روزمره بچه‌های نسل بعد بود!

بعد از انقلاب پنجاه وهفت تمام کسانی که برای مدت کوتاهی در یک جبهه شانه به شانه هم سرود آزادی سر داده بودند کم‌کم از هم فاصله گرفتند و گذشت زمان پاره‌ای از آن‌ها را رودرروی یک‌دیگر قرار داد. رفته رفته مشت‌هایی که سال پنجاه و هفت رو به آسمان بر بام‌ها گره شده بود بر سر هموطن فرود می‌آمد. واژه برادر به دشمن تغییر معنی داد و خون مفهوم بی‌ارزشی داشت که باید ریخته می‌شد. برادر در مقابل برادر، همکلاسی در برابر همکلاسی و همسایه در مقابل همسایه. هنوز کشمکش‌های داخلی در شرف اوج گرفتن بود که خاک وطن به زیر چکمه دشمن رفت.

کم‌کم زنجیر اتحاد از هم گسسته شد و دود غلیظ خودسری‌ها هوای تازه آزادی را به شدت مسموم کرد و کبوترها از نفس افتاده و مسموم از این هوای سنگین و خفه یک به یک به روی زمین افتادند.

فریادهای زنده‌باد آزادی به فریادهای مرگ و ذلت‌خواهی برای هم‌نوع تبدیل شد و آسمان کشور با ناباوری شاهد به خاک و خون کشیده شدن سرمایه‌های جامعه به‌طور هم‌زمان در مرزهای کشور و قفس‌های تنگ درون زندان‌ها بود. فصل، فصل پرشدن سینه‌کش صحرا از گل‌های پرپر شده و سوز و گداز آتش حسرت دل‌های مادران داغ‌دیده بود. فصل خشکیده شدن چشمه‌های اشک همسران به خاک سیاه نشسته.

سایه سیاه رعب آهسته‌آهسته با حیله‌گری به طرز مرموزی آفتاب حق‌گویی را گردن زد و وحشت و دروغ، فرصت‌طلبی و ریا مثل غده‌ای سرطانی به جان وطن چنگ انداخت.

هنوز دو سال از پاگیری نهالی که سال پنجاه و هفت به دست آزادی‌خواهان کاشته شد، نگذشته بود که حکام عراق با بستن آب به روی شاخه‌های عطشانش ریشه را تا مرز خشکی سوق دادند. نهال سر خم کرده با خون جوانان و نوجوانانی که بعضی‌شان حتی معنی کلمه جنگ را نمی‌فهمیدند آبیاری شد و کمی جان گرفت و کشور کم‌کم به نیروی خون حیاتی دوباره یافت.

هشت سال جنگ ویرانگر تیشه به ریشه نهالی که هنوز به ضرب خون بر جا ایستاده بود، زد و زمانی که تبر جنگ خسته از آن همه ضربات عاقبت ناکام به زمین افتاد، شبح سیاه تفرقه و سرکوب تبر افتاده به خاک را به دست گرفت و تازه‌نفس این بار به جان ریشه اصلی افتاد.

رشته سست شده اعتمادها دیگر کاملاً از هم گسیخت. اصلاحات در جامعه به لطیفه‌ای بی‌نمک تبدیل شد. قیمت خون انسان‌ها تا قیمت یک گلوله رها شده از اسلحه رذالت تقلیل یافت. فریاد جوانانی که نگران آینده کشور بودند در گلو خفه شد و حنجره فریادهای عدالت‌خواهی به خون نشست.

دیدن تابوت‌های بدون جنازه و چرخاندن آن‌ها در هر شهر و دیاری نمایش جمعه‌های مردم بود. همه جا پر بود از شهید گمنام و برادر و فرزند و پدر مفقودالاثر. دیدن قبرستان‌های آباد شده در سینه‌کش صحرا و پهن کردن بساط پیک‌نیک عصرهای پنجشنبه سر مزار مردگان تفریح پایان هفته بود.

نسلی از مردم ایران در چنین شرایطی به بلوغ رسید. نسلی که رؤیت ریخته شدن خون و استشمام بوی آن دیگر برایش خاطره نبود بلکه پاره‌ای از واقعیت زندگی بود.

درست در بحبوحه باز شدن مدارس که بچه‌ها سر از پا نمی‌شناختند جنگی ویران‌گر شروع شد. جنگی خانمان‌سوز که هضم آن برای عموم مردم دشوار بود تا چه رسد به کودکان و نوجوانان که هیچ سابقه و ذهنیتی از مفهوم جنگ و پیامدهای ناشی از آن نداشتند. خاموشی، اضطراب، انفجار، رگبار ضد هوایی در ابتدا به بازی‌های کوکانه شبیه بود. ابتدا تصور می‌شد دو سه روزی بیشتر به طول نینجامد. امّا حقیقت چیز دیگری بود. پس از هشت سال آنچه بر جای مانده، چیزی جز ویرانی، آوارگی، داغ همسر و پدر و برادر و انتظاررهایی از قفس تنگ اسارت نبود. بدترین و تلخ‌ترین صفحات تاریخ ایران رقم خورد. هیچ یک از خانواده‌ها و افراد ایرانی به نوعی از مصایب و بلایای آن بر کنار نبود.

اثرات مخرب جنگ مثل شبحی سیاه و بی‌رحم بر سرتاسر خانه‌های ایران سایه افکند. خانه‌ای نبود که در آن صحبت از جنگ خانمان‌سوز نباشد. خانه خانم تفرجی هم از این قاعده مستثنی نبود. از یک طرف فریدون بشدت بر رفتن به جبهه و جنگ پافشاری می‌کرد و از طرف دیگر مادرش و فریبا التماس می‌کردند که فکر جبهه را از سرش بیرون کند. ولی فریدون فکرهایش را کرده و تصمیم‌اش را گرفته بود.

خانم تفرجی مدام مادرانه در گوشش می‌خواند: حالا که به خاطر انقلاب فرهنگی درست نیمه‌کاره مونده برو سر یه کاری به زندگیت سروسامون بده. بیا و فکر جنگ رو از سرت بیرون کن. تو قبل از انقلاب خدمتات رو به این مملکت کردی حالا نوبت بقیه است. بیا به زن و زندگیت بچسب.

وقتی هم که حرف‌های خانم تفرجی به جایی نمی‌رسید التماس‌های فریبا شروع می‌شد. ولی اگر این التماس‌ها در سنگ اثر می‌کرد در فریدون هم اثر می‌کرد.

فریدون مادر و همسرش را عاشقانه دوست داشت ولی فکر باختن آب و خاک مادری به بیگانه به شکل وسواس‌گونه‌ای مثل خوره به جانش افتاده بود و یک لحظه راحتش نمی‌گذاشت. به همین دلیل هدفش را بر التماس‌های مادر و همسرش مقدم می‌دانست. بالاخره یک روز فریبا و خانم تفرجی لبخند بر لب با همدیگر گفتند: این دفعه دیگه رأی‌اش زده می‌شه.

به منزل که رسید متوجه برق خاصی در نگاه‌های فریبا و مادرش شد. اثری از گرفتگی و غم در قیافه‌های‌شان دیده نمی‌شد. لبخند از لب‌هایشان نمی‌افتاد. طاقت نیاورد و پرسید: چه خبره؟ از روی لبخنداتون معلومه که یه خبراییه!

فریبا در حالی که از شدت هیجان در پوست خود نمی‌گنجید نگاهی به خانم تفرجی انداخت و خانم تفرجی با لبخند معنی‌داری گفت: ببینیم این دفعه می‌تونیم حریف توی یه دنده بشیم یا نه.

فریدون کنجکاو از یکی به دیگری نگاه کرد و گفت: چیه؟! آیه از آسمون نازل شده که جنگ رفتن تکلیف من نیست؟

و فریبا در جواب خندید و با اشتیاق فراوان گفت: نه! رحمت نازل شده که داری بابا می‌شی و جنگ رفتن رو دیگه باید از سرت بیرون کنی.

فریدون یک آن شوکه شده به آن دو نگاه کرد. باور نمی‌کرد چیزی را که شنیده حقیقت داشته باشد.

فریبا دستی به شکمش کشید و گفت: باورت می‌شه یه موجود کوچولو بتونه این‌قدر حال آدمو زیر و رو کنه؟ باورت می‌شه؟

لبخند آهسته بر لب‌های فریدون نشست و سپس خنده شوق در چهره‌اش نمایان شد. بی‌اختیار برخاست و فریبا را در آغوش گرفت و با ناباوری تکرار کرد: راست می‌گی؟ کی؟ چند وقته؟ چرا زودتر نگفتی؟

ـ زودتر نگفتم؟! من و مادر خودمونم تازه یه ساعته که فهمیدیم. یه کمی شک کرده بودم ولی مطمئن نبودم. آخه هیچ علائمی از حاملگی تو خودم احساس نمی‌کردم. تا اینکه مادر بهم پیشنهاد کرد آزمایش بدم تا مطمئن بشم. امروزم جواب آزمایش رو گرفتم که مثبت بود.

خوشحال و هیجان‌زده همان طور که فریبا را در بغل داشت صورت او را غرق بوسه کرد. خانم تفرجی برخاست و با خنده گفت: «بقیه‌اش رو بذار وقتی من رفتم» و سپس رو به فریبا که از هیجان صورتش سرخ شده بود کرد و گفت: ببینم چه کار می‌کنی ها. همچین رأی‌اش رو بزن که دیگه اسم جنگ منگ نیاره.

آن شب فریدون یک لحظه به فریبا اجازه نداد که آغوشش را ترک کند. انگار می‌خواست با درآغوش داشتن مدام او حس نزدیکی‌اش به کودکش را که نطفه‌ای بیش نبود با تمام وجود تجربه کند.

بارداری فریبا آن‌چنان ذهن او را به خود مشغول کرده بود که دو سه هفته‌ای بحث جنگ و جبهه را کنار گذاشت و تمام توجهاش را معطوف فریبا کرد. ولی مدتی بعد درست لحظه‌ای که فریبا او را با مشت‌ها و دندان‌های به هم فشرده شده نشسته در مقابل صفحه تلویزیون که صحنه‌هایی از جنگ را نشان می‌داد، دید فهمید که هیچ چیز جلودار فریدون برای رفتن به جنگ نیست حتی بارداری همسرش.

فریدون دوباره به قالب سر سختی‌اش بازگشته بود. فکر تجاوز دشمن به آب و خاک مادری او را به مرز جنون کشانده بود. با وجودی که از تنها گذاشتن فریبا عذاب وجدان داشت ولی

کشش خاک او را از تمام مرزها و تعلقات خاطر گذراند و دفاع از سرزمین‌اش را بر تمام علایق فردی ترجیح داد و در نهایت با سماجتی که قبلاً به پایش گلوله نشانده بود دهان مادر و همسرش را بست.

در یکی از آن روزهای سرد پاییزی که هوا به شدت گرفته و بارش برف به تازگی آغاز شده بود، فریدون در حالی که قطرات اشک فریبا و مادرش بدرقه راهش بود خانه را به قصد جبهه و جنگ ترک کرد.

آن روز بعدازظهر با وجودی که رحیم‌خان سرمای سختی خورده بود خود را موظف دانست که از بستر بیماری برخیزد. چندین لایه ژاکت بافتنی روی هم پوشیده و کلاه سرمه‌ای رنگ بافتنی به سر کرده بود و دم در حیاط همین‌طور که از سرما از این پا به آن پا می‌شد منتظر بود تا از فریدون خداحافظی کند. صدرا و ایمان هم به همراه فریبا و خانم تفرجی حاضر شده بودند تا او را تا پای اتوبوسی که او را به سوی سرنوشتی مبهم می‌برد بدرقه کنند. بوی اسفندی که عفت در یک منقل کوچک دود کرده بود تمام حیاط و کوچه را برداشته بود.

فریدون که لباس رزمش را از قبل به تن کرده بود دم در از رحیم‌خان که او را برادرانه در آغوش می‌فشرد خداحافظی کرد. رحیم‌خان با صدای تودماغی‌اش حین خداحافظی در گوش فریدون با لبخندی گفت: اگه دو سال پیش اون قرتی‌بازی‌ها رو درنمی‌آوردی و گلوله نمی‌خوردی الان مجبور نبودی بری زیر آتیش خمپاره! و فریدون در جواب فقط به یک لبخند کم‌رنگ روی لبانش اکتفا کرد.

پس از خداحافظی با عفت و رحیم‌خان همگی با ماشین صدرا که به تازگی خریده بود به سمت محل اتوبوس‌های حامل رزمندگان حرکت کردند.

نزدیک اتوبوس‌هایی که کنار جدول خیابان پشت سر هم به ترتیب قطار شده بودند خانم تفرجی قرآن کوچکی را که در کیف داشت بیرون آورد و از فریدون خواست که از زیر آن رد شود و در حالی که اشک می‌ریخت و سعی می‌کرد چادر مشکی‌اش را که به پیشنهاد فریدون از شش ماه پیش به سر کرده و هنوز جمع و جور کردنش را یاد نگرفته بود جمع کند، در گوش او گفت: برو به سلامت! به خدا سپردمت.

فریبا هم همان طور که خود را حسابی در چادر مشکی‌اش پوشانده بود سعی کرد لحظاتی را در آغوش فریدون سر کند مثل اینکه می‌خواست بوی پیراهن او را برای همیشه به مشامش بسپارد ولی خیلی زود با احساس نگاه‌های سنگین افرادی که برای بدرقه آن اطراف ایستاده بودند ناخواسته از آغوش فریدون جدا شد.

فریدون، صدرا و ایمان را یک به یک صمیمانه در آغوش فشرد و سپس خطاب به ایمان گفت: تو که یه بار کمک دست بابات فرشته نجات من بودی حالا می‌تونی تا من برمی‌گردم هوای مامان و فریبا را داشته باشی؟ و ایمان مشتاقانه سرخوش از اینکه مسؤولیتی مردانه به او محول شده است، جواب داد: حتماً عمو فریدون! حتماً.

برف‌پاکن‌های اتوبوس‌های پارک شده کنارخیابان به دلیل بارش برف زود هنگام مدام از این سو به آن سو می رفتند. پرچم‌های پیش به سوی کربلا از دو طرف جلوی اتوبوس‌ها دیده می‌شد که در دست باد و منظره ریزش ملایم برف دائما چین می‌خوردند. گاهی صاف می‌شدند و گاهی هم رو به پایین می‌افتادند. خانواده‌ها در زیر چشم‌های پرحسرت و گرفته آسمان با عزیزان‌شان وداع می کردند به امید دیداری دوباره.

مادران، پدران، همسران، برادران و خواهران هریک عزیزان‌شان را به دست تقدیر می‌سپردند و جز اشک و آیت‌الکرسی چیزی نداشتند که بدرقه راهشان کنند. بعضی از رزمندگان با سربندهای قرمز و سبز با شعار یاحسین که تمام پیشانی‌شان را پوشانده و پشت سرشان گره خورده بود قرآن‌ها را می‌بوسیدند و تک‌تک سوار اتوبوس می‌شدند. آنهایی که صندلی‌شان کنار پنجره قرار داشت بخار پنجره‌ها را تندتند پاک می کردند و پیشانی و کف دست‌های‌شان را به شیشه می‌چسباندند تا در آخرین لحظه‌ها یک بار دیگر با نگاه از عزیزانشان که همچنان در پیاده‌روی برفی با چشمان تر ایستاده بودند، خداحافظی کنند.

ایمان کنجکاوانه به رزمندگان و خانواده‌هایشان چشم دوخته بود. با کمال تعجب در میان آنها نوجوانانی همسن و سال خود دید که چقدر شجاعانه بدون هیچ ترس و واهمه‌ای از میدان نبرد، لبخند به لب با پدران و مادران دل‌خونشان خداحافظی می کردند.

فریدون برای آخرین بار قرآن را بوسید و از زیر آن رد شد و همین طور که به سمت اتوبوس می‌رفت با دست برای فریبا و مادرش بوسه فرستاد. موهای صدرا و ایمان از برف سفید شده بود. محو تماشای سربازهای عاشق وطن بودند و آنها را تحسین می کردند.

اتوبوس‌ها با احتیاط یکی‌یکی از جدول خیابان فاصله گرفتند و در تصویر ریزش دانه‌های برف محو شدند. فریبا از کیفش شیشه در بسته‌ای را که پر از آب و گلبرگ‌های گل رز بود در آورد و در حالی که هنوز اشک به چشم داشت آن را روی مسیر حرکت چرخ‌های اتوبوس در خیابان ریخت و به آرامی زیر لب گفت: برو به امان خدا.

نزدیکی‌های منزل، ایمان سکوت زجرآور و بغض‌آلودی را که در ماشین سایه انداخته بود، شکست و بدون مقدمه به صدرا گفت: عموصدرا! دیدی خیلی از اون رزمنده‌ها هم سن و سال

من بودند. یعنی منم می‌تونم برم جبهه؟

صدرا که با سوال ناگهانی ایمان حسابی غافل‌گیر شده بود لحظه‌ای مکث کرد و سپس با لحنی جدی گفت: وظیفه جناب‌عالی در حال حاضر فقط مدرسه رفتن و درس خوندنه تا بعد خدا چی بخواد.

ذهن صدرا مدت‌ها مشغول پرسش ایمان بود. حتی تصور یک شب دوری از ایمان و نشستن یک زخم کوچک به بدنش او را دیوانه می‌کرد چه برسد به اینکه بخواهد صحنه جبهه رفتن و کم شدن یک تار مو از سر او را تجسم کند. صدرا هنوز خاطره اولین باری را که به تنهایی سر مزار صبا و حبیب رفته بود از یاد نبرده بود. همان روزی که در حین کاشتن بوته‌های رز سرخ به صبا قول داده بود که ایمان را روی چشم‌هایش بزرگ کند و او را آن‌طور که شایسته است، بار بیاورد و حالا ضمن تحسین بردباری پدران و مادرانی که فرزندانشان را آنگونه به دست سرنوشت سپرده بودند با خود می‌اندیشید که اگرچه همیشه در زندگی‌اش سعی کرده الگوی صبر و مقاومت برای دیگران باشد اما در این یک مقوله کم‌طاقت‌ترین پدر عالم است.

دو سه هفته‌ای از اعزام فریدون می‌گذشت. خانم تفرجی یکی از اتاق‌های طبقه بالا را با کمک فریبا خالی کرد و ظرف یک‌ماه اتاقی تدارک دید که بی‌شباهت به مهد کودک نبود. هر روز برنامه خرید داشت. انواع اسباب‌بازی و تخت و تشک بچه و لباس‌های قد و نیم‌قد گرفته تا شیشه و پستانک و لاستیکی و غیره را در اتاق تدارک دید. طوری که وقتی یک روز مادر فریبا برای دیدن دخترش آمد با دهان باز به اتاق بچه نگاهی کرد و گفت: خانم تفرجی! آخه رسمه که سیسمونی رو خانواده عروس تهیه کنه.

و خانم تفرجی هم در جواب با لبخندی پاسخ داد: من به این چرت و پرتا اعتقادی ندارم. نوه نوه است و این مامان بزرگ و اون مامان بزرگ هم هیچ فرقی نمی‌کنه.

شور و هیجان بچه‌ای که در راه بود تا حدی از دلتنگی‌های خانم تفرجی از بابت دوری از فریدون می‌کاست، فریبا هم شگفت‌زده از این همه شور و شوق سعی می‌کرد تا حدی جلوی ولخرجی‌های مادرشوهرش را بگیرد اما مادرشوهرش در جواب مثل بچه‌های ذوق‌زده که چشم‌هایشان از شدت هیجان برق می‌زند، می‌گفت: اگه من برای مغز بادومم سنگ تموم نذارم پس برای کی بذارم؟

پس از سه هفته انتظار اولین نامه فریدون رسید. فریبا با دیدن دست‌خط فریدون و عبارت‌هایی که نشان از احساسات درونی و دلتنگی بی‌حد و حسابش داشت به گریه افتاد. نامه را غرق بوسه کرد و آن را به سینه‌اش فشرد. خانم تفرجی هم دست‌کمی از او نداشت. با وجودی

که تمام این سال‌ها دوری فریدون را تحمل کرده بود انگار دیگر آن صبر و طاقت قدیم را نداشت و جای آن را بی‌قراری مفرط برای دیدن دوباره‌اش پر کرده بود. تا جایی که به جز مواقع ضروری برای اینکه تلفن فریدون را از دست ندهد از منزل خارج نمی‌شد.

در نامه‌های فریدون نه کلمه‌ای از شکایت به چشم می‌خورد نه حرفی از خستگی. ولی حس دلتنگی به شدت از سر و روی نامه‌هایش می‌بارید.

پس از دو ماه توانسته بود یک بار برای مرخصی کوتاه مدتی که آن هم برای مادر و همسرش غنیمت بود به خانه برگردد. ولی با بازگشت مجددش به جبهه انگار صبر و قرار آنها را هم با خود برده بود، چون بعد از آن مرخصی کوتاه‌مدت درد دوری فریدون برایشان ده برابر شده بود.

فریبا کم کم ماه هفتم بارداری را به پایان می‌برد و شکمش به طرز محسوسی بالا آمده بود و نفسش را می‌برید به طوری که موقع بالا رفتن از پله‌ها باید چند بار می‌ایستاد تا نفسی تازه کند. ایام خانه‌تکانی عید بود و همه سخت مشغول گردگیری و فرش‌شویی بودند. فریبا هم تصمیم گرفته بود تا دستی به سر و روی خانه بکشد ولی با مخالفت شدید خانم تفرجی روبه‌رو شد.

ـ ولی آخه مادر! پرده‌ها را دوده گرفته. باید بشورمشون. می‌خوام خونه برای آمدن فریدون آماده باشه.

ـ اولا دوده گرفته که گرفته. فدای سرت. دوما اگه قراره چیزی رو برای آمدن فریدون آماده کنی خودت رو آماده کن. کار خونه همیشه هست. در ضمن فریدون از در وارد بشه یک راست نمی‌ره سراغ پرده‌های خونه!

برای فریبا خیلی سخت بود که ظرف این چندین ماه فقط توانسته بود برای ده روز حرارت وجود فریدون را در کنارش لمس کند و حالا مجدداً با امروز و فردا کردن‌های فریدون برای گرفتن مرخصی دوباره در انتظاری کشنده و طاقت‌فرسا رها شده بود. طبق قولی که فریدون در آخرین مکالمه تلفنی‌اش به آنها داده بود تاکید کرده بود قطعاً حوالی عید به تهران باز خواهد گشت.

فریبا با وجود مراقبت‌های ویژه خانم تفرجی، خسته از دلتنگی، انتظار، رؤیای گرمی دست‌های فریدون دوران بارداری را به سختی سپری می‌کرد.

تا عید چند روزی بیشتر باقی نمانده بود. تقریباً همه جوانه‌ها تازه‌نفس از خوابی طولانی سر بیرون آورده بودند ولی همچنان از فریدون خبری نبود.

در غروبی از آخرین روزهای ماه اسفند که هوا به شدت متغیر شده و بارانی سیل‌آسا بر سر

و روی شهر باریدن گرفته بود فریبا برای آوردن لباس‌هایی که روی بند رخت هنوز خشک نشده دوباره خیس می‌شدند به حیاط رفت. خانم تفرجی مشغول خواندن نماز بود و متوجه فریبا که با آن شرایط به حیاط رفته بود، نشد.

سر تا پای فریبا خیس شد. همچنان که به سرعت گیره‌ها را از روی لباس‌ها برمی‌داشت و آنها را از روی طناب می‌کشید صدای توقف چرخ‌های یک اتومبیل در کوچه در لابه‌لای صدای شلاق باران توجه‌اش را جلب کرد. انگار اتومبیل دقیقاً پشت در حیاط ایستاده بود. قلبش فرو ریخت. یک آن همه چیز جز فریدون در ذهنش به فراموشی سپرده شد. دیوانه‌وار تمام لباس‌های خیسی را که جمع کرده بود رها کرد و به سرعت به طرف در رفت و در را باز کرد.

نور چراغ‌های اتومبیل که در چند قدمی پارک شده بود مانع دیدش شد. سعی کرد با حائل کردن دستش جلوی تابش مستقیم نور زننده چراغ ماشین را بگیرد که دستی مردانه دور کمرش حلقه شد و در حالی که بدن خیس‌اش را در آغوش می‌کشید او را به داخل حیاط برگرداند و در را بست. برآمدگی شکم فریبا به حلقه آغوش فریدون اجازه نمی‌داد از آنچه بود تنگ‌تر شود ولی در عوض لب‌های فریدون مُهر سکوتی بود بر لب‌های فریبا که می‌خواست فریاد شوق سر دهد. فریبا زیر آن باران سیل‌آسا خود را به دست‌ها و آغوش تشنه‌ای که ماه‌ها منتظر لمس حتی یک تار موی او بود، سپرد. انگار زمان از حرکت ایستاده بود. دوری، دلهره و دلواپسی بلایی بر سر فریبا آورده بود که تصور می‌کرد اگر خود را از آغوش فریدون بیرون بکشد از خواب شیرین خواهد پرید و دوباره لحظه‌های تلخ انتظار او را به همنوایی با تیک‌تیک کسل‌کننده ساعت فرا خواهند خواند.

نماز خانم تفرجی به پایان رسید و متوجه شد فریبا به حیاط رفته به سرعت در راهرو را باز کرد که از او بخواهد برگردد که با دیدن فریدون با همان لباس‌های رزم که روز خداحافظی چندین بار آنها را بوییده بود و بدن خیسی که از همه جایش آب می‌چکید زانوهایش سست شد و زیر رگبار باران در حالی که دستش را به چارچوب آهنی در گرفته بود دو زانو روی کاشی‌های خیس کف حیاط مقابل در نشست و گریه شوق را سر داد و زیر لب گفت: خدایا! صد هزار مرتبه شکر.

نور ضعیف لامپ حیاط که به صورت فریدون تابیده بود چهره‌اش را متفاوت‌تر از همیشه نشان می‌داد. ریش‌هایش بلند شده بود ولی معصومیت کودکانه‌اش را از دست نداده بود و هنوز برای آن دو زن بی‌قرار همان فریدون دوست‌داشتنی و عزیز بود.

خانم تفرجی بعد از تازه کردن دیدار و به اندازه کافی بوسیدن و بوییدن و بغل کردن فریدون که

از بدو ورود آغوش‌اش را عادلانه بین مادر و همسرش تقسیم کرده بود او را روانه حمام کرد.

فریدون آنقدر حرف برای گفتن داشت که حتی در حمام هم لحظه‌ای آرام نگرفت و از پشت در بسته یک بند با مادر و همسرش حرف زد.

مرخصی دو هفته‌ای فریدون به چشم بر هم زدنی گذشت. درست مثل به خواب رفتن در یک شب و دیدن رویایی شیرین و بیدار شدن صبح فردای آن. فریدون باید می‌رفت و مادر و همسرش می‌بایست دوباره پیه چشم‌انتظاری‌های بی‌پایان را به تنشان می‌مالیدند. این بار دیگر شاخه‌ها با رفتن فریدون در چشم انتظاری با فریبا و مادرش همراهی نمی‌کردند. در عوض سخاوتمندانه حاصل تمام آن چشم‌انتظاری‌هایشان را بدرقه راه فریدون کرده بودند.

فریبا حالا دیگر تقریباً پا به ماه بود و حسابی احساس سنگینی می‌کرد. چهره‌اش تغییر چندانی نکرده بود و حتی پوست صورتش شفاف‌تر و روشن‌تر و گردتر از همیشه به نظر می‌رسید. تنها تغییر چشمگیری که در او دیده می‌شد شکم برآمده‌اش بود که حالا به اوج بزرگی خود رسیده و خواب را به چشمانش حرام کرده بود.

هر روز به شاخه‌های پربرگ درختان که با سکون و آرامش‌شان انگار او را دلداری می‌دادند خیره می‌شد و با وجودی که فریدون طی تماس تلفنی به او قول داده بود که هر طور شده برای زایمان او خود را خواهد رساند با این‌همه از خود می‌پرسید: یعنی می‌شه فریدون برای به دنیا اومدن بچه خودش رو برسونه؟

دو هفته‌ای به تاریخ تخمینی وضع حمل فریبا مانده حوالی بعدازظهر خانم تفرجی برای خرید از منزل خارج شد و فریبا پای تلویزیون نشسته و غرق تماشای صحنه‌های مستند جنگ بود که از تلویزیون پخش می‌شد. دردی ناگهانی و لحظه‌ای تمام بدنش را خیس عرق کرد. سعی کرد دردش را نادیده بگیرد ولی دقایقی بعد دوباره به سراغش آمد. وحشت تمام وجودش را در برگرفت. از یک طرف با نبود فریدون این تصور را به خود القا می‌کرد که این درد زایمان نیست و موقع زایمانش فریدون حتماً اینجا خواهد بود و این فقط دردی زودگذر است، از طرف دیگر تشدید لحظه به لحظه دردها به او نهیب می‌زد که نه، موعد زایمان است چه او بخواهد چه نخواهد. دولا دولا خود را تا دم بالکن رساند و از بالای دیوار به حیاط صدرا نگاهی انداخت و همین که چشمش به بنفشه که برای گرفتن پروانه‌ای کمین کرده بود خورد با ناله‌اش او را متوجه خود کرد. خواست تا مادرش را خبر کند. عفت با شنیدن صدای فریاد بنفشه دستپاچه به حیاط آمد. صدرا هم که مهیای رفتن به مغازه بود با صدای وحشت‌زده بنفشه سراسیمه به حیاط آمد و فریبا را در بالکن دید که نایی در بدن نداشت. بلافاصله ایمان را صدا کرد و همان طور که او را

کنار دیوار روی شانه‌هایش بلند می‌کرد از او خواست که از سر دیوار وارد بالکن خانه خانم تفرجی شده و در حیاط را برای او و عفت باز کند. ایمان که هنوز سفارش فریدون را موقع رفتن به جنگ از خاطر نبرده بود به چابکی با کمک صدرا از دیوار بالا کشید و در حیاط را به روی آنها باز کرد. عفت و صدرا هر دو سراسیمه به طرف فریبا دویدند.

عفت دستپاچه نگاهی به صدرا انداخت و گفت: باید هرچه زودتر برسونیم‌اش بیمارستان و سپس با اشاره فریبا روسری و مانتوی او را از روی چوب‌لباسی برداشت و همین طور که مانتوی او را روی شانه‌اش می‌انداخت، گفت: آقا صدرا! چه جوری از پله‌ها ببریمش پایین؟

صدرا که خود به سختی سعی می‌کرد خونسردی‌اش را حفظ کند گفت: «فریبا خانم! من زیر شونتون رو می‌گیرم و با کمک عفت خانوم از پله‌ها می‌ریم پایین فقط باید یه کم طاقت بیارید» و فریبا خیس عرق از شدت درد فقط سرش را به علامت توافق تکان داد. بالاخره به زحمت فریبا را تا دم ماشین رساندند. درست لحظه‌ای که صدرا به کمک عفت فریبا را عقب ماشین می‌نشاند سر و کله خانم تفرجی که چادرش را به دندان گرفته و با دست‌هایش سه پلاستیک میوه را حمل می‌کرد از سر کوچه پیدا شد. سراسیمه میوه‌ها را رها کرد و انگورها و سیب‌هایی که با دقت برای فریبا جدا کرده بود در کوچه پخش شد. با التماس نگاهی به صدرا انداخت ولی قبل از اینکه حرفی بزند صدرا گفت: زود باش سوار شو زودتر ببریمش بیمارستان!

صدرا، عفت و خانم تفرجی مضطرب و نگران در اتاق انتظار منتظر شنیدن خبری از فریبا بودند. بالاخره بعد از سه ساعت چشم انتظاری مژده به دنیا آمدن نوزاد رنگ را به رخسارشان برگرداند. خانم تفرجی و عفت سراسیمه خود را به اتاق فریبا رساندند.

صدای گریه نوزاد که از آغوش فریبا به گوش می‌رسید حلقه اشک را با چشم‌های خانم تفرجی آشنا کرد. با قدم‌هایی لرزان نزدیک شد و ملافه را از گوشه صورت نوه‌اش پس زد. فریبا هم از عدم حضور فریدون در کنارش آن هم در حساس‌ترین شرایط زندگی با دیدن اشک‌های خانم تفرجی تاب نیاورد و بی‌صدا گریه را سر داد.

خانم تفرجی اشک‌های خود را پاک کرد و همین‌طور که نوزاد را از فریبا می‌گرفت، گفت: بخند دخترم! الان لحظه خندیدنه نه گریه کردن. بذار پسر کوچولوم وقتی چشماش را باز می‌کنه اولین چیزی که ببینه خنده باشه نه گریه.

کمی بعد صدرا به اصرار خانم تفرجی که می‌گفت: بیا نوه خوشکلمو ببین وارد اتاق شد. فریبا همین طور که روسری‌اش را درست می‌کرد با گشاده‌رویی گفت: بفرمایید صدرا خان! تو رو خدا ببخشید که این‌قدر به زحمت افتادید.

ـ اختیار دارید! تا باشه از این زحمت‌ها باشه. قدمش مبارک! و ملافه را به آرامی از گوشه صورت نوزاد که در آغوش مادربزرگش آرام گرفته کنار زد و همچنان که نگاهش را به آن صورت معصوم می‌دوخت، پرسید: هیچ اسمی برایش در نظر گرفتید؟

و فریبا با لبخند و غروری مادرانه گفت: ایمان.

دو شب از زایمان فریبا گذشته بود که تلفن خانه خانم تفرجی به صدا درآمد. با صدای زنگ تلفن قلب فریبا فرو ریخت و یک‌مرتبه نام فریدون را به زبان آورد. فریبا با وجودی که هنوز در بستر بود نفهمید چطور خود را به تلفن رساند. صدای گرم فریدون بعد از سه هفته جانی دوباره به او بخشید. ولی بغضی که در گلویش نشسته بود توان حرف‌زدن را برای لحظاتی از او گرفت. خانم تفرجی وقتی صدای تلفن را شنید با وجودی که مطمئن بود فقط فریدون در آن وقت شب با آنها تماس می‌گیرد جلوی خودش را گرفت که بلافاصله بالا نرود و به آن زن و شوهر فرصت بدهد تا آزادانه با هم صحبت کنند.

زمانی که فریبا بالاخره توانست بر لرزش صدایش مسلط شود و خبر به دنیا آمدن ایمان را به او بدهد برای لحظاتی سکوت تنها چیزی بود که بین آن‌ها رد و بدل می‌شد. طوری که فریبا ابتدا تصور کرد ارتباط‌شان قطع شده است ولی وقتی صدای نفس‌های سنگین فریدون را از پشت خط شنید متوجه شد فریدون از شنیدن خبر آنقدر شوکه شده که حقیقتاً زبانش بند آمده است. حال و هوای جبهه و وقایع و صحنه‌های دلخراشی که هر روز آنجا دیده بود و دلتنگی ناشی از دوری خانواده چنان به او فشار آورده بود که با شنیدن مژده فریبا اشک‌هایش به راحتی سرازیر شد. چقدر دلش می‌خواست در آن لحظه در کنار فریبا می‌بود و او را تنگ در آغوش می‌گرفت و می‌بوسید. و صورتش را لابه‌لای موهای فریبا پنهان می‌کرد و رایحه ملایم موهایش را با تمام وجود نفس می‌کشید. فریدون با چشم‌های اشک‌آلود در حالی که هنوز گوشی تلفن را به دست داشت به آسمان خیره شد. آسمان صاف و تا بیکران پر از ستاره بود. انگار تمام ستاره‌ها به آن یک نقطه هجوم آورده و فقط همان یک قسمت از آسمان را پر کرده بودند. اشک‌هایش برای لحظاتی دیدش را تار کرد ولی به سرعت آنها را با آستین خاک‌آلوده پیراهن رزمش پاک کرد. فریبا مضطربانه با طولانی شدن سکوت او پرسید: چرا اینقدر ساکتی؟ چرا حرفی نمی‌زنی؟ و فریدون در جواب گفت: می‌خوام لذت پدر شدن را با ذره ذره وجودم احساس کنم.

در آن شب پر ستاره، فریدون تا حدودی از مرز دلتنگی‌ها فاصله گرفت. انگار ستاره‌ها در آن شب به قلبش نور امید تابانده بودند. آسمان جبهه در آن شب برایش زیباترین آسمانی بود که به عمرش دیده بود. سکوت ترسناک بیابان در آن شب خیال‌انگیزترین و مهیج‌ترین سکوتی بود

که تا آن موقع تجربه کرده بود. زمانی که چشم‌هایش پهنای آسمان آذین شده با درخشش ستاره‌ها را در می‌نوردید برای یک لحظه با خود فکر کرد که حالا یک دلیل قاطع دیگر برای سلامت برگشتن به خانه دارد و آن قولی بود که آن شب به فریبا و پسرش داده بود.

با بی‌قراری هر چه تمام‌تر طبق قولی که به فریبا داده بود به خانه برگشت. از شادی در پوست خود نمی‌گنجید. دیدن نوزادش او را از هیجان به لرزش درآورده بود. خود را خوشبخت‌ترین پدر دنیا می‌دانست. بی‌صبرانه می‌خواست ایمان را در آغوش بگیرد ولی حوصله کرد پس از شستن گرد و غبار جبهه این کار را بکند. از این پس آغوشاش بین سه نفر تقسیم می‌شد.

با به دنیا آمدن ایمان، صدرا شور و شعفی را که از خانم تفرجی می‌بارید می‌توانست به خوبی حس کند. هرگز خانم تفرجی را تا آن حد شاد و خوشحال ندیده بود. مثل اینکه می‌خواست سختی تمام آن سال‌های دوری از فریدون را با نوه‌اش جبران کند.

با این وصف، خوشحالی‌ها و ذوق و شوق‌های فریبا و خانم تفرجی پنج ماهی بیشتر به طول نینجامید. فریدون بر خلاف تصور همسر و مادرش دوباره ساز رفتن به جبهه را کوک کرده بود. خانم تفرجی تصور می‌کرد فریدون به خاطر نوزادش فکر جبهه را از سر بیرون کرده است ولی پی برد که اشتباه کرده است. خانم تفرجی درست از روزی که فریدون با اعلامیه‌های پنهان‌شده‌اش در زیر ظرف‌های حلوای نذری در خانه‌اش سبز شده بود به همه چیز پی برده بود. گلوله نشسته بر پای فریدون و یا یکه بدوهای مکرر او و رحیم‌خان همه و همه بیانگر حقیقتی بود که تا آن زمان برای خانم تفرجی حکم حدس و گمان داشت.

خوب می‌دانست عقاید سفت و سخت مذهبی در ذهن مستعد فریدونی که نزد پدربزرگ و مادربزرگش با تعصباتی خاص بار آمده بود یک شبه حاصل نشده است. با اعتقادات ساده مذهبی فریدون مخالف نبود. آنچه او را به وحشت می‌انداخت رخنه تعصبات خشک به آن اعتقادات پاک و ساده بود. تعصباتی که یک اعتقاد ساده را آهسته‌آهسته از جاده منطق به بیراهه افراط می‌کشاند. بیراهه‌ای که در آن رد پای پافشاری به پای آرمان‌ها تا سر حد مرگ به چشم می‌خورد.

خانم تفرجی و فریبا با التماس کردن‌هایی که خود به بیهودگی آنها اطمینان داشتند سعی می‌کردند جلوی رفتنش را بگیرند ولی فریدون دوباره تصمیم‌اش را گرفته بود چون حالا بعد از گذشت ماه‌ها پی برده بودکه حقیقتاً بخشی از قلبش را هنگام بازگشت به خانه در خاک جبهه جا گذاشته است.

کشش آن خاک او را به سوی خود می‌خواند. با وجودی که می‌دانست ممکن است با

رفتنش برگشتی نباشد نیرویی مقتدرانه به او فرمان حرکت می‌داد و سرانجام گوش به فرمان، مسخ شده از قدرت جاذبه آن خاک دوباره آماده عزیمت شد.

این بار ریزش برگ‌های پاییزی بود که مادر و همسر فریدون را با اندوهشان همراهی می‌کردند.

تنهایی و سکوت همنشین دوباره خانم تفرجی و فریبا شد.

آن شب در راه بازگشت به خانه بغض فرو خورده خانم تفرجی اجازه همنشینی اشک با گونه‌هایش را نداد ولی فریبا آهسته‌آهسته اشک ریخت. صدرا در حالی که بغض در گلو داشت ایمان فریدون را تا دم ماشین در آغوش گرفت و ایمان خودش با چشم‌هایی که به بی‌نهایت‌های دور می‌نگریست سعی می‌کرد با ذهن نوجوانش معنی کلمات جنگ، تجاوز، خونریزی، خرابی، داغ، اشک، گلوله، موشک، خاک، آزادی و وطن را هضم کند.

ایمان در تنهایی اتاقش به فکر فرو رفته بود. با تمام وجود سعی می‌کرد معنی حس قدرت‌پرستی را بفهمد ولی راه به جایی نمی‌برد: آخه این قدرت‌پرستی چیه که به خاطرش این‌همه خون باید ریخته بشه؟ چرا آدما نباید بتونند در حالی که آزادانه فکر می‌کنند و عقاید هم رو محترم می‌دونند در کنار هم زندگی کنند؟

فصل سی‌وششم

حس غربت و دلتنگی این بار به گونه‌ای دیگر ناخواسته در دلش سایه انداخت. تا زمانی که پیش خانواده بود حس می‌کرد صدای فریادهای خاک وطن به زیر چکمه‌های دشمن بیگانه او را به سوی خود می‌خواند و حالا حس می‌کرد که این صدای گریه‌های ایمان و گریه‌های آرام مادرش و فریبا است که او را به سوی خود می‌خواند. با غروبی که پاورچین پاورچین از راه می‌رسید خاک بیابان می‌رفت تا خاطرات تلخ آن روزش را به بستر خاموشی بسپارد. سکوت آن شب چقدر برایش حزن‌آور بود. با اینکه فقط یکروز از جداییش از خانواده می‌گذشت حس می‌کرد دلش برای صدای فریبا و خنده‌های ایمان و قربان صدقه رفتن‌های مادرش تنگ شده است. نمی‌دانست آینده برایش چه رقم خواهد زد ولی خوب می‌دانست که فرداهای پیش رو پیچیده با مشقت و سختی خواهد بود. خوب می‌دانست از آن پس صداهایی که خواهد شنید موسیقی گوش‌نواز و مناظری که خواهد دید مناظر زیبا و فرحبخش نخواهد بود. خیلی خوب می‌دانست از حالا به بعد دوباره سنگ، بالشش و زمین ناهموار، تشکش خواهد بود. خوب می‌دانست که زخم پاهای عرق‌کرده‌اش در پوتین و خشکی و ترک لب‌هایش از تشنگی، و سوزش صورت آفتاب سوخته‌اش و مور مور شدن بدنش از سرمای شب‌های بیابان و زخم دردناک آرنج‌هایش به خاطر سینه‌خیز رفتن‌ها روی زمین ناهموار لحظه‌ای رهایش نخواهند کرد. ولی این را هم خوب می‌دانست که حداقل در این راه تنها نخواهد بود. هزاران هزار فریدون دیگر پا به پای او این راه‌های سخت و ناهموار را طی کرده و خشونت هوای بیابان را که درست مثل یک بیمار روانی مدام تغییر رویه می‌داد تحمل کرده بودند. فریدون تنها نبود.

از همان بدو ورود که پوتین‌هایش با خاک خاموش که سینه‌اش را سخاوتمندانه به زیر پای

او و هم‌رزمانش گسترده بود آشنا شد با همان درد دلتنگی بی اختیار بر خاک زانو زد و مشتش را با خاک بیابان که در اثر عزیمت خورشید خنک شده بود پر کرد و به آن خیره شد. چه تفاوتی بین این خاک و خاک حیاط خانه بود؟ فریدون هرچه بیشتر نگاه کرد کمتر تفاوتی بین این دو خاک یافت. همچنان که خاک از لابه‌لای انگشتانش به زمین می‌ریخت با خود گفت: «خاک وطن هر کجا باشه خاک خونه است و آدم تو خونه خودش هیچ وقت احساس غربت نمی‌کنه.» سعی کرد درد دلتنگی را در آن غروب خاموش از دل بیرون کند. با خود عهد کرد که همچنان ریشه در خاک مغلوب توفان نشود و بماند تا به ایمانش درس رشادت و عشق به خاک وطن بدهد.

دو ماهی از عزیمت فریدون به جبهه می‌گذشت. فریدون همچنان تلاش می‌کرد با دیدن هم‌رزمانش و با الهام گرفتن از روحیه خستگی ناپذیرشان سختی روزها و بیخوابی شب‌ها و دوری از عزیزانش را صبورانه تحمل کند. همین که حس دلتنگی قلبش را می‌فشرد به هم‌رزم شصت ساله‌اش با موهایی سپید که خانواده ده نفری چشم انتظارش بودند نگاه می‌کرد. همین که گرمای هوا و سرمای بیابان اذیتش می‌کرد به هم‌رزم دیگرش که هجده سال بیشتر نداشت نگاه می‌کرد و با خود می‌گفت: اگه اون می‌تونه تحمل کنه چرا من نتونم؟

با صبر و حوصله تمام سختی‌ها را به جان می‌خرید. به ویژه که صمیمی‌ترین دوست هم‌رزمش که در همان شرایط اسفناک قرار داشت هرگز لب‌هایش را به گله و شکایت باز نکرده و در بدترین شرایط همچون کوه استوار می‌نمود.

صادق جوانی هم‌سن فریدون بود با هیکلی درشت و قدی بلند که عشق‌اش فوتبال بود و تا فرصتی دست می‌داد و اوضاع جبهه آرام‌تر بود بساط گل کوچک راه می‌انداخت. گه‌گاه موقع استراحت هم‌سنگری‌ها دوره‌اش می‌کردند و از او می‌خواستند بعضی از تکنیک‌های بازی فوتبال را به آنها یاد بدهد. اما برای فریدون دوره کردن صادق دلیلی کاملاً متفاوت داشت. همیشه شانه به شانه صادق بود نه به خاطر علاقه‌اش به فوتبال و نه به خاطر یادگرفتن تکنیک‌های آن. در حقیقت علاقه چندانی به فوتبال نداشت. نزدیکی فریدون به صادق در اصل به خاطر درجه بالای صبر و طاقت او بود که در سخت‌ترین شرایط با لبخند به دیگران روحیه می‌داد و با چنان حرارتی با علاقه و هیجان از بازی و تیم و فوتبال حرف می‌زد که انگار نه انگار شب قبل از شدت سوزش تاول‌های ترکیده انگشت‌های پایش یک لحظه چشم روی هم نگذاشته و انگار نه انگار پاهای عرق سوز شده‌اش و زخم‌های آرنج‌هایش تا دقایقی قبل امانش را بریده بوده است. صبر و استقامت صادق همیشه تحسین فریدون را برمی‌انگیخت. به همین خاطر در اوج خستگی و

از پا افتادگی هرطور بود او را پیدا می‌کرد و مثل رباطی که باتریش احتیاج به شـارژ شـدن داشـته باشد باطری صبر و طاقتش را دوباره با هم‌صحبتی با او شارژ می‌کرد.

یافتن مسعود دوست و هم‌کلاسی قدیمی‌اش در آن بحبوحه کارزار جان دوباره‌ای بـود کـه توانست درد تنهایی و دوری از خانواده را تا حدودی تسکین دهد.

مسعود همان کسی بود که در شب تیر خوردن فریدون با دسته بزرگی از اعلامیـه‌هـایش بـه چنگ ماموران افتاده و برای چند ماهی روانه زندان شده بود.

ابتدا او را نشناخت. دیگر آن مسعود قدیمی نبود. جوان پرشوری که زمانی در دانشگاه نظر همه دخترهای دانشکده را به خود جلب می‌کرد با تیپ و قیافه‌اش، حالا بـا شـانه‌هـای افتـاده و چشم‌های به گودی نشسته و موهایی که در آن سن از قسمت بناگوش کمی خاکستری شده بود شباهتی به مسعودی که زمانی از برادر به فریدون نزدیک‌تر بود، نداشت.

شاید اگر مسعود پیش‌قدم نمی‌شد و فریدون را غافل‌گیر نمی‌کرد چه بسا فریدون او را به جا نمی‌آورد.

تنها ظاهر او نبود که تغییر کرده بود؛ خلـق وخـوی شـاد و سـرزنده او هـم بـا گذشـت زمـان حسابی تغییر کرده بود. کم‌حرف و ساکت شده بود. دیگر از آن شوخی‌ها و قهقهه‌هایش خبری نبود. از لبخندی که فریدون همیشه روی لب‌های او سراغ داشت اثری دیـده نمـی‌شـد و در چشم‌هایش کرانه اندوه تا بیکران جاری بود.

فریدون از آن همه تغییر ناگهانی و یکجا سر در نمی‌آورد و تا حد امکان سعی مـی‌کـرد بـا پیش کشیدن خاطرات قدیمی او را به حرف بیاورد. وقتی دیـد در انجـام ایـن امـر چنـدان موفـق نیست به صادق متوسل شد و با خود فکر کرد روحیه‌ای که صادق دارد سنگ را هم به حرف می‌آورد چه برسد به مسعود. صادق ظرف دو روز توانست کمی از آن ابرهـای دلمردگـی را از آسمان دل مسعود کنار بزند. در غروبی که کم‌کم از تکاپوی رزمندگان کاسته مـی‌شـد و بیابـان سرسام گرفته از صدای سفیر گلوله و موشک و خمپاره می‌رفت تا در پناه سـایه شـب کمـی آرام بگیرد فریدون سر تا پا غرق خاک خسته به دیوار سنگر تکیه داده و به مسعود که چهره‌اش لحظه به لحظه بیشتر در سایه غروب فرو می‌رفت نگاه می‌کرد. آن دو از پا افتاده از نبرد بی‌امان آن روز از شدت خستگی دیگر حتی نای برخاستن از بستر خاکی بیابان را نداشـتند تـا حـدی کـه راضـی بودند همانجا روی همان سنگ و خـار و خاشـاک بـرای سـاعت‌هـا بـه خـواب برونـد. فریـدون می‌توانست اشکی را که در چشم‌های مسعود حلقه زده بود، ببیند. دیگر نتوانست سکوت کند. بـا بی‌صبری پرسید: بالاخره می‌خوای بگی چه بلایی سرت اومده یا نه؟!

مسعود همان طور که زانوهایش را بغل گرفته بود کمی به فریدون نگاه کرد و با دیدن نگاه منتظر او کم کم به حرف آمد. برای فریدون توضیح داد که هنوز از ضربه روحی ناشی از مرگ مادرش بیرون نیامده شش ماه پیش برادر نوزده ساله‌اش به دلیل همراه داشتن اعلامیه‌های مخالف رژیم در زندان اوین به جوخه اعدام سپرده شده است.

نگاه منتظر فریدون قبل از زبان گشودن مسعود این تصور را در ذهن او القا کرده بود که بعد از مدت‌ها کسی را یافته تا سفره دلش را برایش باز کند و آنچه را که مدتی است روحش را از درون می‌فرساید بیرون بریزد. مسعود همچنان که بغض در گلو داشت رودرروی فریدون دردمندانه گفت: هیچ می‌دونی جرم برادرم چی بود؟ جرمش همون جرمی بود که من براش تو اون شرایط به قول خودمون خفقان زده قبل از انقلاب رفتم زندان! فریدون! بدجوری خوردیم! چی شد اون وعده وعیدا؟ مگه قرار نبود بوی آزادی تو هوای انقلابمون موج بزنه؟ چطور شد که توی هوای آزادی مجازات داشتن اعلامیه جوخه اعدام شد؟ خدا رو شکر که مادر بدبختم زنده نبود که داغ برادرم رو ببینه.

مسعود کمی مکث کرد و سپس ادامه داد: می‌دونی فریدون! من یه جورایی خودمم رو هم مقصر می‌دونم. اگر قبل از انقلاب اونجوری تو خط مبارزات سیاسی نمی‌افتادم و مثل یه هالو اونجوری اعلامیه پخش نمی‌کردم اون طفل معصوم هم پاشو جای پای من نمی‌ذاشت و دل به حرفای این گروه سیاسی و اون گروه سیاسی نمی‌داد و جونشو سر این راه نمی‌ذاشت.

بر خلاف انتظار مسعود فریدون سکوت کامل اختیار کرده و حرفی نمی‌زد. حتی با وجودی که غروب بین نگاه‌هایشان رفته رفته سایه می‌انداخت نگاهش را هم از مسعود گرفته بود. فریدون حرف‌های مسعود را به وضوح می‌شنید ولی آنچه را که مسعود برای گرفتنش به حرف آمده بود یعنی حس همدردی از او دریغ می‌کرد. یواش یواش فهمید که بین اعتقادات محکم و ناگسستنی‌شان چه شکاف عمیقی افتاده است. فریدون به حرف‌های مسعود اعتقادی نداشت و همین تضاد عقیده مهر سکوت بر لبانش نشانده و جهت نگاهش را از تلاقی با نگاه جست‌وجوگر مسعود منحرف کرده بود.

سکوت فریدون رفته رفته داشت طاقت مسعود را طاق می‌کرد. با لحنی اعتراض‌آمیز گفت: چیه فریدون؟ تو واقعاً هیچ حرفی برای گفتن نداری؟ من و تو قبل از انقلاب جونمون رو برای چی به خطر انداختیم؟ هان؟ برای این؟ چقدر شعار استقلال آزادی دادیم؟ اینه استقلال؟ اینه آزادی؟

فریدون بالاخره به حرف آمد و گفت: مسعودجان! من واقعاً متاسفم که برادرت کشته شده

اینو از صمیم دل می گم ولی ما هم بهای سنگینی پرداخت کردیم که انقلاب به ثمر رسید. برای نگه داشتنش هم باید بهای سنگین پرداخت کنیم.

مسعود با چشم‌های گشاد شده از تعجب سعی می کرد در چشم‌های در سایه فرو رفته فریدون نگاه کند: بهای سنگین پرداخت کنیم؟ داری شوخی می کنی؟ اگه قرار بود این جوری بهای سنگین پرداخت کنیم هفتاد سال سیاه انقلاب نمی کردیم. هیچ می‌فهمی چی داری می گی؟ انقلاب کردیم که برای زدن حرف حق زندان نریم. با این وضع داریم برای زدن حرف حق جون می‌دیم.

ـ ببین مسعود جان! این انقلاب دقیقاً همون چیزیه که من و تو براش خون دادیم. از واقعیت فرار نکن. حالا که به اینجا رسیده اگه جلوی مخالفاش نایستیم که شیرازه‌اش از هم پاشیده می‌شه. ما باید هر طور شده حفظش کنیم حتی اگه کم و کسری داشته باشه.

ـ کم و کسری؟ تو اسم کشتن آدما و خفه کردن همونهایی که برای این انقلاب اون‌همه بدبختی کشیدن رو کم و کسری می‌ذاری؟

ـ مسعود جان! من اصلاً دلم نمی‌خواد در این رابطه بحث کنم. می‌دونم دیدن داغ برادر سخته ولی اونم باید می‌دونست که الان زمان تفرقه‌افکنی نیست. زمان اتحاده.

ـ اتحاد؟ اتحاد با چی؟ اتحاد با کی؟ فریدون چه بلایی سرت اومده؟ چشمات رو باز کن ببین چه بلایی داره سر مملکتمون میاد. تمام ملی گراهایی را که می‌خواستند عزت این آب و خاك رو زنده کنن خفه کردن. به هیچ گروه و فرقه‌ای اجازه نطق کشیدن نمی‌دن. آخه این چه حکومتیه که تو داری ازش دفاع می کنی؟ عزت ایران و ایرانی به چی بود؟ به اینکه در عین آزاد بودن پرچم افتخار ایرانی بودنش رو به اهتزاز در بیاره. یه نگاه به دور و برت بکن. به اسم مذهب، ایران و ایرانی رو بردن به مسلخ و قربونیش کردن. شعارشون چیه دین رو بچسب ایران به درك! چند سال دیگه این طوری پیش بره دیگه چیزی از ایران نمی‌مونه که بخوایم بهش افتخار کنیم. من همیشه گفتم و می گم عقیده تا زمانی مقدسه که سایه عقل بالای سرش باشه. رفتن عقل زیر سایه عقیده یعنی فاجعه. فاجعه‌ای که الان داره این مملکت رو به بیراهه می کشونه. من اصلاً نمی‌فهمم تو چت شده. اون فریدونی که من می‌شناختم حرف بی‌منطق هیچ وقت توی کتش نمی‌رفت.

فریدون با این حرف مسعود نگاه تندی به او انداخت و پرسید: حرف بی‌منطق؟! تو که نظرت در باره انقلاب اینه اصلاً توی جبهه چه کار می کنی؟ برای چی اومدی اینجا؟

ـ گفتم از انقلاب بیزارم نه از خاك وطنم. تو خیال کردی من برای خوشامد این حکومت

اینجا اومدم؟ تف به این زندگی که ذره‌ای ارزش نداره. من اینجا اومدم که از خاک وطنم دفاع کنم. تازه خدا رو چه دیدی بلکه این وسط یه تیری ترکشی بخورم و تاوون اشتباه بزرگی رو که کردم پس بدم. حداقل اگه بمیرم دیگه این‌قدر خودم رو برای اشتباهم که به خاطرش برادرم رفت لای خاک سرزنش نمی‌کنم.

مسعود فقط به امید دیدن ذره‌ای همدردی از طرف فریدون بحث را آغاز کرده بود ولی هرگز تصور نمی‌کرد که طی سه سال آن‌قدر اعتقاداتشان از هم فاصله گرفته باشد. اعتقاداتی که با وجود عدم تشابه، هدفی مشترک را در گذشته دنبال می‌کرد و زمانی آنها را سخت به هم نزدیک کرده بود با تغییر جهت شاید حالا می‌رفت تا آن دو را سخت از هم جدا کند.

به اعتقاد مسعود باورهای فریدون که در خانواده‌ای مذهبی بار آمده بود درست از بعد از انقلاب از باورهای سیاسی مذهبی ساده و معقول انگار ناخواسته و تدریجی به جاده تعصب کشیده شده بود و مسعود حس می‌کرد بوی تعصب را از واژه واژه حرف‌های او می‌تواند استشمام کند.

با این وصف فریدون در کنار تعصب شدیدی که به اعتقادات سیاسی و مذهبی‌اش داشت همچنان مسعود را مانند برادری عزیز دوست داشت و به هیچ عنوان نمی‌خواست دوستی‌اش را آن هم حالا که بعد از گذشت سه سال او را یافته بود بر سر اعتقادات منحصر به فردش از دست بدهد. هر کس دیگری جای مسعود آن طور بحث حکومت را در مقابلش پیش می‌کشید چنان او را آماج تهاجم دفاعی خود می‌کرد که فرد مقابل یا از حرف خود برمی‌گشت و یا دهانش را برای همیشه می‌بست. ولی موضوع مسعود کاملاً متفاوت بود.

مسعود دو سال دوره دانشگاه را تا زمان زندانی شدنش با فریدون گذرانده بود. شجاعت‌اش همیشه مورد تحسین فریدون بود. به طوری که با فعالیت‌های قبل از انقلابش فریدون را حتی با آن سر نترسش همیشه به حیرت وامی‌داشت. صمیمیت مسعود و فریدون با همان سلسله فعالیت‌های زیرزمینی‌شان چنان محکم شد که هیچ چیز نمی‌توانست بینشان کوچک‌ترین شکافی بیندازد. به ویژه که در آن دوران یگانگی هدفشان به منزله سیمانی محکم در لابه‌لای آجرهای دوستی‌شان بود که ظرف سه سال آن‌ها را روی هم چیده بودند و حالا درد غربت و جدایی مسعود از کسانی که به او عشق می‌ورزیدند او را واداشته بود تا سر از آنجا درآورد و این خطرناک‌ترین داروی ممکن برای درمان افسردگی روحی‌اش بود. حالا بعد از گذشت سه سال کف‌گیر روحیه آزادی‌خواهی مسعود داشت کم‌کم به ته دیگ می‌خورد و سرخوردگی‌اش از عدم تحقق آنچه که به خاطرش سختی کشیده و زندان رفته بود داشت کم‌کم او را از پا

می‌انداخت. علت حضور مسعود در آنجا در کنار عشق به خاک مادری سرزنش کردن لحظه به لحظه خود به دلیل بودن و زنده ماندن و حس پوچی و بی‌هدفی از زندگی پیچیده با اندوه و دردش بود و از دیدگاه او هر چه صحنه‌ها فجیع‌تر بهتر و هرچه زخم‌هایش عمیق‌تر بهتر و هر چه دردهایش شدیدتر بهتر. بعد از مدت‌ها که با این روحیه و طرز فکر روانه جبهه شده بود با پیدا کردن فریدون انگار دنیا را به دست آورده بود. اما با همان برخورد اول احساس کرد که فریدون با اعتقاداتش دارد بر روی رود پرخروش عقده‌های درونی او سد بی‌تفاوتی می‌بندد.

همین که فریدون متوجه روحیه متزلزل مسعود شد به سرعت عقب‌نشینی کرد و سعی کرد با عوض کردن بحث کدورتی را که در دل مسعود ایجاد کرده بود از بین ببرد. فریدون به هیچ وجه راضی به از دست دادن رفاقتش حتی به قیمت اختیار کردن سکوت به جای دفاع از تعصبات بی برو برگردش نبود به همین دلیل با دیدن وضع مسعود که لحظه لحظه رخدادهای جنگ مثل اسیدی روح متزلزلش را می‌خورد بلافاصله عقب‌نشینی کرد. مسعود هم با وجودی که آن حس همدردی را که در آن لحظه سخت محتاجش بود از جانب فریدون نچشیده بود به همان سرعتی که تار رنجیده خاطری به دور خود تنیده بود به همان سرعت هم خود را از درون آن بیرون کشید.

فریدون که حالا در تاریکی مطلق شب فرو رفته بود با یک خیز خود را به مسعود رساند و ضمن اینکه او را دوستانه بغل می‌کرد از او خواست تا تمام بحث‌هایی را که بینشان رد و بدل شده فراموش کنند و برای یک بار هم که شده در کنار هم سیاست را کنار گذاشته و به دوستی قدیم فکر کنند. بالاخره با کشاندن بحث به دانشگاه و خاطرات قدیمی سرانجام فریدون موفق شد لبخند را بر لب‌های مسعود بنشاند.

مسعود و فریدون با وجود تضاد اندیشه همچنان به شیوه قدیم پا به پای هم جنگیدند. عقب رفتند، زخمی شدند، اشک ریختند و خندیدند ولی هرگز از پا نیفتادند. خاک بیابان انگار مقاومت پاهایشان را صد برابر کرده بود. زخم‌های آرنج‌ها و سر زانوهایشان که در اثر سینه‌خیز رفتن‌ها ماندگار شده بود از یادشان رفته و سوزش چشم‌هایشان از فرط بی‌خوابی امری طبیعی شده بود.

با وجود اینکه فریدون با ماه‌ها جنگیدن در آن شرایط سخت و نامساعد پولاد آبدیده شده بود ولی هنوز هر وقت صدای خنده‌ها و گریه‌های ایمان در گوش ذهنش می‌پیچید دوباره به قالب نرم همان فریدون احساساتی و دلتنگ برمی‌گشت که فکر بوسه‌ای از گونه ایمانش و یا لمس تار مویی از فریبایش و حس آغوش گرم مادرش او را تا مرز جنون می‌کشاند. فریدون

همیشه سعی کرده بود تا درد دوری خانواده را با نگاه کردن به عکسی که از فریبا و مادرش همیشه در جیب داشت کمی تسکین دهد. تا اینکه یک روز در پاکت نامه‌ای که فریبا برایش فرستاده بود عکس جدیدی از مادرش، فریبا و ایمان بود که حالش را حسابی دگرگون کرد. چقدر چهره ایمان تغییر کرده بود. دندان‌های جلوی تازه درآمده و آن خنده شیرین در مقابل دوربین برایش کاملاً جدید بود. برای یک لحظه با خود فکر کرد زمانی که اولین دندان شیری ایمان درآمده مانند روز تولدش حضور نداشته است. در چشم‌هایش که هنوز از فرط خستگی و بی‌خوابی و گرد و خاک بیابان می‌سوخت، اشک نشست.

مسعود با دیدن حال زار او با لحنی بسیار جدی گفت: عزیز من! تو خدمتات رو به خاکت و وطنت کردی. حالا نوبت خدمت به خونوادته. منو که می‌بینی هیچ‌کس رو ندارم که چشم انتظارم باشه. همه خاک ایران خونمه زمینش تشکمه و آسمونش لحافمه. فرقی نمی‌کنه که امروز برگردم یا یه سال دیگه یا اصلاً هرگز برنگردم. تو زن و زندگی داری. اون بچه کوچیک چه گناهی کرده که از حالا باید طعم بی‌بابایی بچشه؟ به حرف‌هام گوش کن.

این بار دیگر حتی مقایسه دو خاک با یک‌دیگر هم نتوانست از درد دلتنگی فریدون بکاهد. انگار با هر یک روز که از سن ایمان می‌گذشت تحمل و طاقت فریدون هم برای دیدن خانواده تحلیل می‌رفت. سرانجام فریدون پس از چند روز چشم دوختن به عکس خانواده‌اش و چند روز فکر کردن و سبک سنگین کردن صحبت‌ها و توصیه‌های مسعود بالاخره تصمیم به بازگشت گرفت. این بار برخلاف قبل که سرزده برگشته بود تماس گرفت و خبر آمدنش را اطلاع داد.

دو شب مانده به بازگشت فریدون به تهران با مسعود و صادق حوالی ساعت یازده شب کنار سنگرشان نشسته بودند. دو سه روزی می‌شد که از شدت آتش‌بارهای دشمن به طرز محسوسی کاسته شده بود و صدای انفجارهای مهیب و گوش‌خراش کمتر به گوش می‌رسید. آسمان ابری بود و سایه سیاهش هم‌آغوش شده با سیاهی شب حسابی بر نور کم‌رنگی که از داخل سنگر می‌تابید غلبه می‌کرد و به همین خاطر از یک‌دیگر چیزی به جز شبحی سیاه‌تر از سیاهی اطراف نمی‌دیدند. سکوت غریبی بر منطقه حکم‌فرما شده بود. برای مدت‌ها بود که فریدون سکوتی اینچنین در جبهه ندیده بود. گوش‌های آنان به حدی به شنیدن صدای انفجارهای مهیب عادت کرده بود که سکوت آن شب به نظرشان بسیار عجیب و شگفت‌انگیز می‌آمد. آنها همان طور نشسته روی خاک‌های بیابان در حالی که هر یک سلاح‌هایشان را در کنارشان گذاشته بودند از خاطرات روزهای قدیمی‌شان صحبت می‌کردند و می‌خندیدند.

مسعود که در حال نشسته زانوهایش را بغل گرفته بود به حال طعنه به فریدون گفت: پسرا! من

هیچ‌کس رو تا حالا به عمرم ندیدم که مثل تو این‌قدر از کون شانس آورده باشه.

فریدون که روی خاک ناهموار از پهلو دراز می‌کشید خندید. خنده‌ای بلند که تمام بدنش را تکان داد و به دنبال آن صادق هم به خنده افتاد.

مسعود با دیدن خنده آن دو ادامه داد: باور کن جدی می‌گم. اون از دانشگاه که بین اون همه خوش‌تیپ که چشم‌شون دنبال فریبا بود تو یکی قاپش رو دزدی. بعدم که عین آخر فیلمای هندی مامانت رو پیدا کردی. قبل انقلابم که مثل من بدبخت زندان نرفتی ببینی یه من ماست چقدر کره می‌ده.

فریدون با همان حال خنده در جواب گفت: عوضش گلوله که خوردم.

پاشو جمش کن بابا اونم از خوش‌شانسیت بود که تیر خورد به ساق پات! اگه من بدبخت بودم تیره یه راست می‌خورد یه جایی که آدم اصلاً روش نکنه بگه تیر خورده.

و دوباره هر سه شروع به خندیدن کردند طوری که سکوت بیابان این بار با صدای خنده‌شان شکست. بعد از مسعود صادق از خاطراتش که چطور به فوتبال علاقه‌مند شد و چقدر سریع به عنوان یکی از ستاره‌های تیمش شناخته شده بود و چطور درس و دانشگاه را به عشق فوتبال کنار گذاشته بود، تعریف کرد.

صادق همچنان گرم صحبت بود که صدای انفجار مهیبی در فاصله‌ای نه چندان دور زمین را زیر پایشان لرزاند. سکوت خیال‌انگیز بیابان به ثانیه‌ای جای خود را به غرش گوشخراش انفجارهای پی‌درپی داد. صدای معاون فرمانده که فریاد می‌زد: «برید تو سنگراتون پناه بگیرین» در لابه‌لای غرش گوشخراش ناشی از اصابت گلوله و خمپاره گم می‌شد. تکاپوی رزمندگان و صدای انفجارها خبر از حمله ناغافل دشمن می‌داد.

مسعود در حالی که انعکاس شعله‌های آتش در چشمانش زبانه می‌کشید با خشم گفت: می‌دونستم پست‌فطرتا بیکار نمی‌شینن. سپس رو به فریدون و صادق کرد و گفت: شما برید پناه بگیرید. من میرم جلو. صادق در حالی که اسلحه‌اش را به شانه‌اش می‌انداخت گفت: منم باهات میام.

اما همین که فریدون خواست با آنها همراهی کند مسعود دستش را روی سینه او گذاشت و با لحنی آمرانه گفت: «تو همین جا می‌مونی تو سنگر پناه می‌گیری دو روز دیگه می‌خوای برگردی خونه می‌زنی خودتو ناقص می‌کنی» و با گفتن این حرف همراه صادق به سرعت فریدون را با تاریکی اطرافش تنها گذاشت.

هم‌زمان با دور شدن آن دو صدای تیربارها و فریادهای رزمندگان بلندتر و بلندتر می‌شد.

فریدون همچنان ایستاده در کنار سنگر نگاهش را به کانون سروصدا دوخته بود که ناگهان با صدای غرش مهیبی سیاهی شب شکافته و منطقه مثل روز روشن شد و به دنبالش زمین زیر پایش لرزید. فریدون برای یک آن احساس کرد که از شدت بلندی صدای انفجار گوشش کر شده است. حالا دیگر از تاریکی شب در آن منطقه هیچ خبری نبود چون شعله‌های آتش در آن تاریکی به همه جا نور پاشیده بود. فریدون در زیر نور آتش از آن فاصله تکاپوی رزمندگان را به وضوح می‌دید و صدای فریادها، انفجارها و رگبارها بلندتر و به فواصل کمتر به گوشش می‌رسید. فریدون بیش از این تاب نیاورد سلاحش را به دست گرفت و به رغم سفارش مسعود و صادق به سمت نور و صدا شروع به دویدن کرد. ولی نه دویدن با هیجان کسی که در اوج تاریکی به سمت نور می‌دود بلکه دویدن با اضطراب کسی که از تاریکی پس از روشنایی به وحشت افتاده است. با هر گامی که جلو می‌رفت آسمان و محیط اطرافش با شعله‌های سرکش آتش روشن و روشن‌تر می‌شد. صدای قدم‌های تند فریدون بر روی بوته‌های خار و سنگ و خاک بیابان در صدای فریادها و انفجارها به کلی گم شده بود. صحرای محشر شده بود. اگر کسی به چشم‌های فریدون نگاه می‌کرد می‌توانست انعکاس نارنجی رنگ آن شعله‌های سرکش آتش را که با شعله‌های خشم درهم آمیخته بود و سخت زبانه می‌کشید به وضوح ببیند. بی‌محابا فقط به طرف نور و صدا می‌دوید ولی نتوانست به مقصد برسد چرا که آسمان ابری بالای سرش در یک آن سفید شد و زمین زیر پایش شکافت و برق سفیدی ناگهان چشم‌هایش را زد و به فاصله کمتر از یک ثانیه سوزش شدیدی در پای راستش پیچید. گردوغبار تمام حلق و بینی‌اش را پر کرد و به دنبال آن احساس کرد که ناگهان به عمق یک دره ژرف سقوط کرده است و یکباره همه جا در نظرش تاریک شد. تمام صداها قطع شد و همه چیز برایش به سکون رسید حتی زمان.

قادر نبود چشم‌هایش را باز کند. پلک‌هایش به شدت سنگینی می‌کردند. انگار دو وزنه سنگین به پلک‌هایش بسته بودند. سعی می‌کرد پلک بزند ولی بی‌فایده بود. صداهای اطرافش خیلی کمتر از قبل شده بود. دیگر از سروصدای رزمندگان و انفجارهای پی‌درپی خبری نبود. گردوغبار دیگر بینی‌اش را اذیت نمی‌کرد که احساس خفگی کند. گوش‌هایش را تیز کرد که صدای مسعود را بشنود ولی از بین تمام همهمه‌های اطراف نمی‌توانست صدای او را تشخیص دهد. یک لحظه حس کرد کسی از فرسنگ‌ها دورتر اسمش را با صدای بسیار ضعیفی صدا می‌کند. هر قدر تلاش کرد جواب بدهد نتوانست دهانش را باز کند. انگار لب‌هایش را به هم دوخته بودند. در گیرودار تلاش بیهوده برای حرف‌زدن حس کرد زیر بدنش خالی می‌شود و

مثل ذره‌ای بی‌وزن در هوا به صورت معلق در می‌آید. به دنبال آن ابرهای سفیدی را زیر پاهای معلق در هوایش حس کرد. در حالی که به شدت سعی می‌کرد تعادلش را که کاملاً از دستش خارج شده بود حفظ کند یواش‌یواش روی ابرها شروع به راه رفتن کرد.

ناگهان صدای نخراشیده‌ای در گوشش طنین انداخت و او را از بالای ابرها با سرعت به پایین کشید و به دنبال سقوطش به ناگاه درد شدیدی که داشت نفسش را بند می‌آورد در پای راستش پیچید. وزنه‌ها از روی پلک‌هایش هنوز برداشته نشده بود.

صداهای نخراشیده کم‌کم در گوشش ملایم‌تر می‌شد. ناخودآگاه دستش را که انگار به اندازه تمام وزن بدنش سنگین شده بود به طرف ساق پای راستش که هنوز تیر می‌کشید برد و یکدفعه صورت مهربان مادرش در زمینه تاریک چشم‌هایش ظاهر شد که با ناراحتی می‌گفت: شما جوونای کله شق فکر مادرای بدبختتون رو نمی‌کنین... تا حالا هزار مدل مختلف بچه بیرون آورده بودم یا با دست یا با پا یا با کون ولی تا به حال گلوله بیرون نیاورده بودم.

سپس به دنبال آن انگار صدای صدرا را شنید که می‌گفت: جواب نمی‌ده! نکنه طوریش شده؟ چقدر مجروح آوردن. چقدر خون از بدنش رفته. این یکی انگار وضعش بهتره!

فریدون همچنان سعی می‌کرد پلک‌های به هم دوخته شده‌اش را از هم باز کند و بگوید که صدایشان را می‌شنود ولی بی‌فایده بود. برای لحظاتی به نظرش آمد که دوباره سکوت برقرار شده و چهره خانم تفرجی محو و همه جا یکباره تاریک شده است. سوزش پای فریدون مثل خطوط تلفن جبهه مدام قطع و وصل می‌شد. آهسته‌آهسته انگار کسی وزنه‌های روی پلک‌هایش را بلند کرد و بالاخره با سختی توانست چشم‌هایش را باز کند. همه چیز از سیاهی به سفیدی مبدل شد. اتاق، سقف، دیوارها و پرده‌های کشیده شده همه چیز سفید بود. مبهوت، نگاه نیمه‌تارش را به اطراف دوخت. پرستاری که سرتا پا لباس‌هایش سفید بود با دیدن فریدون که چشم‌هایش را باز کرده و به هوش آمده بود به طرفش آمد.

ـ آقای شهیدی؟ فریدون شهیدی؟

در حالی که حس می‌کرد وزنه پلک‌هایش حالا به زبانش وصل شده است به زور جواب داد: بله!

ـ حالتون چطوره؟

با خماری سعی کرد بگوید پایش خیلی درد می‌کند ولی نمی‌توانست جمله‌اش را کامل کند. حالا دیگر صداها در گوشش واضح‌تر و تصاویر در نگاهش شفاف‌تر و درد پایش شدیدتر شده بود. انگار اثر داروهای مسکن داشت از بین می‌رفت.

این بار صدای پرستار با وضوح بیشتری شنیده شد: آقای شهیدی! خدا خیلی بهتون رحم کرده.

دوباره با خماری پرسید: من کجام؟ اینجا کجاست؟

ـ شما رو دو شب پیش آوردن اینجا. چیزی به خاطر نمیارید؟

ـ نه! من چطور اومدم اینجا؟

ـ گویا عراقی‌ها ناغافل به محل استقرار نیروهاتون حمله کردن. از قرار یکی از خمپاره‌های دشمن نزدیک شما زمین خورده. خون زیادی از پاتون رفته بوده ولی خیلی شانس آوردید چون توی اون شرایط زیر آتیش دشمن گویا چند تا از رزمنده‌های دیگه تونسته بودن زود از اون منطقه خارجتون کنند.

ـ من چیز زیادی به خاطر نمیارم.

ـ آقای شهیدی! شما در اثر موج انفجار و جراحت زیاد بی‌هوش شده بودید. پای راستتون پر از ترکش‌های خمپاره شده بود. باور کنید شما خوش‌شانس‌ترین مجروحی بودید که ما دیدیم. خیلی از رزمنده‌های مجروح متاسفانه به خاطر جراحت‌های زیاد و نبود کمک کافی همونجا زیر آتیش دشمن شهید شدند.

ـ وضع پام خیلی خرابه آره؟

ـ ترکش‌های سطحی را تا اونجا که امکان داشت بیرون آوردیم ولی هنوز کلی ترکش دیگه تو پاتون مونده که باید به تهران منتقل بشید. الان هم توی یکی از بیمارستان‌های اهواز هستید.

ـ من تا کی باید اینجا بمونم؟

ـ متاسفانه به خاطر تراکم زیاد مجروحین نمی‌تونیم شما رو زیاد اینجا نگه داریم هر لحظه به تعداد مجروحا اضافه می‌شه. امیدوارم بتونیم هرچه زودتر منتقلتون کنیم.

فریدون که حالا تقریباً خواب از سرش پریده و هوشیارتر شده بود لحظه‌ای به فکر فرو رفت. تمام اتفاقات سیل‌آسا به ذهنش هجوم آورد. اگر طبق گفته پرستار دو شب از زمان آن حادثه وحشتناک می‌گذشت پس آن روز می‌بایست پنج‌شنبه باشد یعنی درست روزی که باید به تهران برمی‌گشت. ناگهان با به خاطر آوردن نگاه‌های منتظر فریبا و مادرش و تصور دلشوره و اضطرابی که با بی‌خبر ماندن از وضعیت‌اش به جانشان می‌افتاد دچار حال تهوع شد. عهدی را که با خود بسته بود به خاطر آورد.

اول با خودش فکر کرد شاید بهتر باشد که به منزل تلفن کند و از حالش آنها را مطلع سازد:

با شنیدن صدام حداقل خیالشون راحت می‌شه و مطمئن می‌شن که زنده‌ام.

پرستار دیگری پوشیده در مانتو شلوار و مقنعه سفید پرده‌ای را که هم‌رنگ لباس‌هایش بود و آثار خون خشک شده روی آن دیده می‌شد کنار زد. آن پرده تخت کناری را از تخت فریدون جدا می‌کرد. می‌خواست به مجروح تخت کناری داروی مسکن تزریق کند. ولی از او نه صدای ناله‌ای بلند می‌شد و نه شکایتی از درد شنیده می‌شد. پرستار ملافه سفیدی را که روی مجروح کشیده شده بود پس زد تا به پاهایش نگاهی بیندازد. همین که فریدون کمی چرخید و نیم‌رخ او را دید موجی از اندوه قلبش را فشرد و به دنبال آن اشک در چشم‌هایش حلقه زد. مجروح با سر باند پیچی شده در حالی که پای راستش از زانو به پایین قطع شده و محل قطع‌شدگی با باند سفیدی پوشیده شده بود بی‌حرکت، آرام و خاموش روی تخت دراز کشیده بود. چشم‌هایش کاملاً باز بود و به سقف سفید رنگ اتاق که در بعضی نقاط در اثر نم دادن رنگش ریخته و لکه‌های زرد به جای آن نشسته بود خیره نگاه می‌کرد. با همان نگاه اول صادق هم‌رزمش را که تا آخرین لحظه‌ها در کنارش بود و با آن پاهای چالاک از او فاصله گرفته بود، شناخت. همان صادق فوتبالیست آن پای پرقدرت که زمانی محکم‌ترین ضربه‌ها را در زمین به توپ می‌زد و در میدان جنگ به چالاکی از این طرف به آن طرف می‌دوید چقدر زود از حرکت ایستاده بود. آن پای پرقدرت که زمانی زیباترین گل‌ها را در دروازه حریف جا داده بود حالا خود در زمین حریف به جای مانده بود. چقدر زود شعله‌های سرکش رویای قهرمان شدنش در مسابقاتی که بعدها قرار بود در آن شرکت کند به خاکستر ناامیدی تبدیل شده بود. اشک‌های فریدون که روی گونه‌هایش جاری شده بود از دو طرف روی بالشش چکید. لحظه‌ای با انداختن وزنش روی آرنج‌هایش سرش را بلند کرد و به پای راست خود که باندپیچی شده بود، خیره شد. انگشتان پایش را که هنوز از اثر مواد ضدعفونی رنگی بود، حرکت داد و دوباره سرش روی بالش افتاد. با دیدن وضع صادق دردهای خود را فراموش کرده و به فکر فرو رفت. جنگ چقدر بی‌رحمانه به امید و آرزوهای جوانی پایان داده بود. آن سقف گچی چه بی‌رحمانه جلوی نگاه صادق تا بیکران‌ها را گرفته بود. فریدون بالش را از زیر سرش برداشت و با آن صورتش را پوشاند تا تلخ‌ترین فریادهایش را در تاروپود الیاف بالشش خفه کند. دیگر هیچ چیز جلودار آن سیلاب اشک نبود. زمانی که فریدون حسابی عقده‌های تل انبار شده دلش را خالی کرد، دوباره نگاهش را به طرف صادق برگرداند ولی این بار چشم‌های صادق دیگر به سقف خیره نبود چون داروهای مسکن او را از هوش برده بود. این بار نوبت فریدون بود که در سکوت به سقف اتاق خیره شود. درست مثل اینکه تمام صحنه‌های تلخ و اندوهبار جنگ روی آن سطح سفید به

نمایش درآمده بود. چشم دوخته به سقف گچی اتاق ناگهان به یاد مسعود افتاد. آن شب مسعود و صادق هر دو با هم از او جدا شده بودند. یعنی چه اتفاقی می‌توانست برای او افتاده باشد. عرق سردی ناگهان بر تمام بدن فریدون نشست: نکنه بلایی سرش اومده؟ نکنه گرفتار شده؟ نکنه اون موقع به کمک من نیاز داشته؟

طاقت فریدون طاق شده بود. از یک طرف درد پایش داشت کلافه‌اش می‌کرد و از طرف دیگر دلهره از بی‌خبری از وضع مسعود او را تا مرز جنون می‌برد. به همین خاطر به محض دیدن پرستار او را صدا کرد و مشخصات مسعود را به او داد و از او پرسید که آیا چنین مجروحی با آن مشخصات را دیده یا نه. پرستار با تأسف سرش را تکان داد و اظهار بی‌اطلاعی کرد ولی به فریدون قول داد که لیست اسامی مجروحان را برایش بررسی کند. طبق گفته پرستار آن شب حادثه، بسیاری از رزمنده‌ها شهید شده و عده‌ای مجروح و بسیاری هم اسیر شده بودند.

دلشوره امانش را بریده بود: «خدایا! خودت رحم کن. یه وقت بلایی سر مسعود نیومده باشه» و دوباره بی‌اختیار به یاد آن شب تابستانی افتاد که چطور خودش از دست ماموران جان سالم به در برد ولی در عوض مسعود گرفتار شد. فریدون برای ساعتی همچنان با افکار درهم و برهمش دست به گریبان بود که پرستار دوباره بالای سرش حاضر شد و گفت نام مسعود در بین مجروحان نیست و دیگر اینکه به طور قطع آن‌روز به همراه چند مجروح دیگر به تهران منتقل خواهد شد.

فریدون سردر گم از تضاد و دوگانگی احساسات درونش نمی‌دانست که باید از بابت دیدن دوباره خانواده خوشحال باشد و یا از بی‌خبری از وضع مسعود و دیدن وضع صادق غمگین.

بعدازظهر آن روز بدون اینکه بتواند با صادق که در اثر داروهای مسکن خوابیده بود حرفی بزند همراه چندین مجروح دیگر به تهران منتقل شد. پیش از ترک بیمارستان در حالی که هنوز نمی‌دانست شرایطش را چطور برای مادر و همسرش شرح دهد با منزل تماس گرفت. با شنیدن صدای مادرش سعی کرد محکم و رسا با او صحبت کند که زیاد دلواپس نشود. فریدون از این که مادرش ابتدا به تلفن جواب داده بود خیالش تا حدودی راحت شد چون می‌دانست صبر و تحمل او از فریبا بیشتر است. فریدون آرام آرام همان طورکه جریانات پیش آمده را برای مادرش شرح می‌داد مدام تاکید می‌کرد که زخمش سطحی است و حالش خوب است. اشک‌های بی‌پایان فریبا حتی با دلداری‌های مادر فریدون که خوره نگرانی سخت به جانش افتاده بود تا زمانی که او را با چشم خود در بیمارستان ندید قطع نشد.

فریدون به محض استقرار در یکی از بیمارستان‌های تهران بلافاصله دوباره با منزل تماس

گرفت تا آدرس بیمارستان و شماره تخت و اتاق را به آنها بدهد. هنوز یک ساعت از تماس فریدون با خانه نگذشته فریبا و خانم تفرجی همراه صدرا خود را به بیمارستان رساندند.

فریبا خم شده روی تخت در حالی که چادر مشکی‌اش را با کش روی سرش بند کرده بود دست‌هایش را دور گردن فریدون حلقه کرده و با اشک‌هایش سر و گردن فریدون را خیس کرد. بعد هم نوبت مادرش بود که صورت او را غرق بوسه‌های مخلوط شده با اشک کند. دو بیمار دیگری که روبه‌روی فریدون روی تخت خوابیده بودند با دیدن آن صحنه احساساتی شده و ناخواسته اشک در چشم‌هایشان حلقه بسته بود. بعد از خانم تفرجی نوبت به ایمان رسید. صدرا که ایمان را در بغل داشت چند قدم جلو رفت و او را روی سینه فریدون گذاشت که فریدون بتواند فرزندش را در آغوش گرفته و ببوسد. ایمان لحظاتی به چهره ناآشنای پدر خیره شد و همین طور که صدرا او را به طرف فریدون خم می‌کرد از پدر رو برگرداند و خود را محکم به صدرا چسباند. با پدرش غریبی می‌کرد. دیدن آن صحنه چقدر برای فریدون سخت و دشوار بود. فریدون هر طور بود برای ثانیه‌ای توانست ایمان را که گریه غریبی سر داده بود در آغوش گرفته و ببوسد.

صدرا بعد از اینکه ایمان را به آغوش مادربزرگش سپرد همراه ایمان خود که حالا برای خودش مردی شده بود به ترتیب دست فریدون را فشردند. صدرا همین‌طور که به پای باندپیچی شده او اشاره می‌کرد گفت: مرد حسابی! دوباره همون پا؟

ـ چه می‌شه کرد! خدا هم به این پای ما گیر داده. خودش سومی‌اش رو به خیر کنه.

اثرات گردوخاک هنوز در موهای کم پشت فریدون دیده می‌شد. ریش‌هایش آنقدر بلند شده بود که آثار معصومیت همیشگی در صورتش را کم‌رنگ کرده بود. لطافت بدنش جای خود را به زبری ناشی از سنگ و خاک و خار داده بود و ترک‌خوردگی و خشکی لب‌هایش هنوز با وجود بلندی ریش و سبیلش به وضوح قابل دیدن بود. ظاهر فریدون در آن لحظه روی تخت بیمارستان با زبان بی‌زبانی خبر از روزهای سخت و طاقت‌فرسایی می‌داد که او آگاهانه و بی‌گلایه متحمل شده بود.

در طی مدتی که فریدون در بیمارستان بستری بود پایش تحت چند عمل جراحی قرار گرفت که با هر یک از آنها فریبا نصف عمر می‌شد. در نهایت هم پس از چندین عمل همچنان بعضی از تکه‌های ترکش قابل بیرون آوردن نبودند و به همین خاطر بعد از مدت‌ها به اعضای جدانشدنی از سایر قسمت‌های بدنش تبدیل شدند.

تقریباً دو سه روز به ترخیص فریدون از بیمارستان مانده یکی از مجروحینی که با صادق

آشنایی داشت به فریدون خبر داد که صادق از یک بیمارستان دیگر به بیمارستان آنها منتقل شده و در همان بخشی که فریدون بستری است، بستری شده است. فریدون با اینکه با کمک عصا قادر به سرپا ایستادن بود ولی از یکی از پرستاران خواست که او را با صندلی چرخ‌دار نزد صادق ببرد چون دوست نداشت در مقابل صادق سر پا بایستد.

به محض اینکه نگاه صادق به فریدون افتاد آرام لبخندی تلخ بر لبانش نشست و دستش را به سمت او دراز کرد. فریدون همان طور نشسته روی ویلچیر خودش را تا کنار تخت او رساند و سپس با دو دست زبر و خشن‌اش دست‌های خشن‌تر صادق را فشرد. آثار ترک روی انگشت‌های صادق به خوبی دیده می‌شد. ترک‌هایی که به نظر می‌رسید هر آن ممکن است سر باز کند. ترک‌هایی که نگاه به آنها همیشه به فریدون درس مقاومت داده بود. فریدون همچنان که دست‌های صادق را در دست داشت پیشانی‌اش را روی دست‌های او قرار داد و در حالی که صورت‌اش را از صادق پنهان می‌کرد تا او اشک‌هایش را نبیند با بغض گفت: چه بلایی سر خودت آوردی؟

برای فریدون صادق همان صادق قدیم بود. صادقی که همیشه آرامش از چهره‌اش می‌بارید و همیشه به هم‌رزمانش درس بردباری و استقامت می‌داد و با حرف‌هایش به روح افسرده و ناامید آنها روحیه می‌بخشید. مثل همیشه اثری از تزلزل در صدای او نبود. دستش را از میان دست‌های فریدون بیرون آورد و با همان آرامش همیشگی در حالی که سر فریدون را نوازش می‌کرد گفت: با تقدیر که نمی‌شه جنگید. می‌شه؟ قسمت منم این بود. باقی‌اش هم خدا بزرگه. سرت رو بلند کن.

فریدون آهسته سرش را بلند کرد و با چشم‌های ترش در چشم‌های او که اثری از اشک در آنها نبود نگاه کرد. ولی بلافاصله با یادآوری شدت علاقه او به فوتبال و آرزوی عضو شدنش در تیم ملی نتوانست جلوی خودش را بگیرد و ...

وقتی با نوازش دست‌های صادق آرام گرفت یک‌مرتبه به یاد مسعود افتاد و از صادق در باره او پرسید. ولی صادق با تأسف جواب داد که یک جایی در آن میدان آتش و خون از مسعود جدا شده و بعد هم با اصابت خمپاره و قطع شدن پایش همه جا جلوی چشمش سیاهی می‌رود.

همان ملاقات کوتاه با صادق آن‌چنان روی فریدون اثر گذاشت که با خود گفت: اگر صادق تونسته به این راحتی دوباره به خودش مسلط بشه و با درد ناامیدی بجنگه و مغلوب نشه چرا من نتونم با درد این پا و یه مشت ترکش ناقابل کنار بیام.

سرانجام فریدون پس از مدتی طولانی از بیمارستان مرخص شد. قبل از ترخیص‌اش از

بیمارستان برای خداحافظی یک بار دیگر پیش صادق رفت و دوباره دست‌های خشن او را که با وجود زبری هنوز شور امید را به او منتقل می‌کرد در دستش فشرد و سپس با گرفتن آدرس و شماره تلفن او یک بار دیگر او را که هنوز توان بلند شدن نداشت برادرانه در آغوش کشید و همراه خانواده‌اش و صدرا به خانه برگشت.

انگار آن محله آشنا، هوای آشنا، درخت‌ها و برگ‌های آشنا به او خوشامد می‌گفتند. آخرین بار که منزل را به قصد جبهه ترک کرده بود همان برگ‌های آشنا به تبعیت از او که خانه را ترک می‌گفت یک به یک شاخه‌ها را ترک می‌گفتند و حالا که بازگشته بود همان شاخه‌های تنها بازگشت او را با غنچه‌های نورسشان جشن می‌گرفتند. رایحه بهار در مشامش به او یادآور می‌شد که چقدر از خانواده دور بوده است.

فریدون این بار آمده بود که بماند. فضای حاکم در جبهه و خط مقدم ظرف آن ماه‌های متمادی بدون آنکه فریدون خود بداند از او انسان دیگری ساخته بود. هیچ‌کس از صحنه‌های دلخراشی که او در میدان نبرد دیده و لمس کرده بود، خبر نداشت. فریدون آنها را مانند راز مگو در سینه حبس کرده بود. هیچ‌کس نمی‌دانست دلیل سردردهای کشنده و ناگهانی که به سراغش می‌آمد غرش‌های متوالی موشک و خمپاره و برق انفجار و دیدن بدن‌های قطعه‌قطعه شده هم‌رزمانش بوده است.

هیچ‌کس نمی‌دانست آن چشم‌ها چه دیده و آن گوش‌ها چه شنیده و آن دست‌هایی که حالا صدای مالشش با لباس و ملافه در اثر زبری دل مادرش را ریش می‌کند چطور بدن‌های قطعه‌قطعه شده هم‌رزمانش را لمس و جمع‌آوری کرده است.

چشم‌هایی دیده بود که رو به بی‌نهایت همچنان خیره متوقف مانده بودند. پاهایی دیده بود که در اوج پیش رفتن به ناگاه از حرکت باز مانده بودند. دست‌هایی را دیده بود که باز شده به روی آسمان بر خاک افتاده بودند. خون‌هایی را دیده بود که برای پاسداری از خاک وطن روی همان خاک جاری شده بود. با کوله‌باری از خاطرات تلخ آمده بود که بماند.

لحظه‌ای از ایمان جدا نمی‌شد و هر بار که ایمان را سخت به سینه می‌چسباند در گوش مادرش نجوا می‌کرد: حالا می‌فهمم این همه سال چی کشیدی! واقعاً که حالا تازه دارم می‌فهمم!

فصل سی‌وهفتم

نه ماه از بازگشت فریدون از جنگ به سرعت گذشت. فریدون به تشویق فریبا و مادرش تصمیم گرفته بود تا دانشگاه نیمه‌کاره مانده‌اش را هر طور شده تمام کند.

در یکی از غروب‌های سرد دی ماه که از مطالعه روزانه خسته شده بود تصمیم گرفت برای پیاده‌روی بیرون برود و همزمان از فریبا خواست لباس گرمی به ایمان بپوشاند که او را هم با خود ببرد. زخم‌های پای فریدون کاملاً خوب شده بود و دیگر به راحتی می‌توانست بدون تکیه به عصا روی پاهایش بایستد. ترکش‌های به جا مانده در پایش دیگر حکم میهمان ناخوانده نداشتند و حالا آنقدر خودمانی شده بودند که فریدون کوچک‌ترین دردی از حضورشان در پایش احساس نمی‌کرد.

فریدون همین طور که دست ایمان را گرفته و به آهستگی او قدم برمی‌داشت از منزل خارج شد. به جز دو سه نفری عابر پیاده کس دیگری در کوچه دیده نمی‌شد. هنوز گامی بر نداشته نگاهش در انتهای کوچه ثابت ماند. در آن گرگ و میش هوا فردی آشنا که از سر کوچه به طرف آنها می‌آمد فریدون را بر جای خود میخکوب کرد. اگرچه سایه روشن غروب بر همه جا به ویژه بر آن چهره سایه افکنده بود ولی فریدون به تشخیص آن قد و قامت و چهره حتی در ظلمات شب هم عادت داشت و به خوبی می‌توانست آن را تشخیص دهد. قلب فریدون ناگهان طپشی دوچندان یافت و از شدت حیرت و هیجان دچار لکنت زبان شد. مسعود با لبخند خاصی که حین صحبت کردن در باره خوش‌شانسی فریدون همیشه به لب می‌آورد به فریدون نزدیک می‌شد و فریدون همچنان میخکوب شده برجا نمی‌دانست چه بگوید یا حتی با کشش دست ایمان برای راه افتادنش قدمی به جلو بردارد. مسعود رودرروی فریدون مات زده، متوقف شد و

او را در آغوش گرفت. چشم‌های هر دو از فرط شادی تر شده بود. او که تا همان لحظه مدام فکر می کرد مسعود یا جانش را از دست داده یا به اسارت درآمده حالا او را سلامت و بدون کوچک‌ترین خراشی ایستاده درست در مقابلش یافته بود. مسعود بعد از اینکه فریدون را در آغوش گرفت نگاهی به پای او انداخت و گفت: خیالم راحت شد پسر! با اون جراحتی که تو برداشته بودی با خودم گفتم حتماً اون شب آخر چشمت زدم. ولی حالا می‌بینم چشمم اونقدرها هم شور نیست.

فریدون همچنان مات و مبهوت به مسعود نگاه می کرد: تو از کجا می‌دونی؟

مسعود که تازه متوجه ایمان شده بود بدون اینکه جواب فریدون را بدهد روی آسفالت کوچه در مقابل ایمان زانو زد و همین طور که او را بغل می کرد، گفت: پس اون مرد کوچولویی که خواب و خوراك رو از بابات گرفته بود تویی! هان؟

سپس به آرامی بوسه‌ای بر گونه‌اش زد و دوباره او را که غریبی می کرد و سعی داشت خودش را از بغل مسعود بیرون بکشد زمین گذاشت. فریدون دوباره بی‌صبرانه پرسید: مسعود! بگو ببینم این همه مدت کجا بودی؟ از کجا می‌دونستی من مجروح شدم؟ من که از اوضاع اون شب هیچ خبر ندارم!

مسعود لبخند تلخی به لب آورد: اون شب توی جبهه رو که خاطرت هست؟ همون شبی که من و صادق تنهات گذاشتیم. اون همهمه‌ها و صداها به خاطر پاتك دشمن بود که ناغافل حمله کرده بودند. یه کم جلوتر من و صادق از هم جدا شدیم. صادق جلو رفت. یه چیزی توی دلم بهم می گفت که تو آروم نمی‌شینی و دم آخریه یه کاری دست خودت می‌دی. برگشتم که بیام خبرت کنم که چه اتفاقی افتاده. بعد از کمی دویدن توی همون مسیری که رفته بودم تو اون تاریکی پیدات کردم که زخمی و بیهوش روی خاك افتاده بودی. اول کلی فحشت دادم که به حرفم گوش نکردی بعدم با هر بدبختی بود با کمك دو سه تا از بچه‌ها کشون کشون از اون منطقه آوردیمت عقب. فقط خدا می‌دونه چقدر از بچه‌ها مجروح شده بودند. چند نفر داوطلب شدند پیش مجروحا بمونن تا نیروهای کمکی برسه. تو همین گیر و دار یکی از بچه‌های داوطلب گفت صادق رو دیده که روی زمین افتاده بوده ولی به خاطر آتیش سنگین عراقی‌ها نتونسته عقب بیاردش. دلم طاقت نیاورد. تورو همونجا به بچه‌ها سپردم و برگشتم تا بلکه بتونم صادق رو پیدا کنم.

مسعود در اینجا همین طور که سرش را تکان می‌داد با لحنی که حکایت از اندوهی گران داشت ادامه داد: خوش به حالت که آن شب رو به چشم ندیدی. حس می کنم همون شب به

تنهایی به اندازه چندین سال پیرم کرد. یگان‌های توپخونشون تو همه محورا همراه خمپاره اندازاشون رو سرمون آتیش می‌ریختن و نیروهاشونم پیش‌روی می‌کردن.

ـ ولی آخه اون مناطق که مین‌گذاری شده بود؟

ـ از قرار گروه‌های اطلاعات شناساییشون از قبل تموم میادین مین رو شناسایی کرده بودند چون بلافاصله با بمباران اون منطقه نیروهای مهندسی رزمی‌شون مشغول پاکسازی شده بودند... وقتی برگشتم حس می‌کردم از زمین و هوا داره آتیش می‌باره. سنگرها و خاکریزها هیچی از دستشون سالم نمونده بود. باورکن مرگ رو قشنگ جلوی چشام دیدم. همونجا زیر آتیش دشمن به طور اتفاقی صادق رو پیدا کردم ولی با چه حالی!

به اینجا که رسید صدایش به لرزش افتاد. کمی مکث کرد تا بتواند بر بغض سنگینی که به گلویش سخت فشار می‌آورد غلبه کند.

ـ صادق رو بالاخره پیدا کردم ولی با چه حال و روزی. پای راستش قطع شده بود و از شدت خونریزی زیر پاش دریاچه خون درست شده بود. وقتی صداش کردم هیچ جوابی نداد. از شدت خونریزی بیهوش شده بود. از هر طرف تو سرمون آتیش می‌بارید. هنوز که هنوزه خودمم نمی‌دونم چه جوری تونستیم از اون مهلکه جون سالم به در ببریم.

با عقب‌نشینی ما نیروهای مهندسی رزمی‌شون اون مناطق رو سیم خاردار کشیدن و زمین‌ها رو مین‌گذاری کردند به همین خاطرم بعد از اون حمله لعنتی با عقب‌نشینی بچه‌ها تا چند وقت نمی‌شد بدن‌های قطعه‌قطعه شده شهیدا رو از زیر آتیش دشمن خارج کنیم.

مسعود در ادامه حرف‌هایش برای فریدون تعریف کرد که چطور بدن فرمانده گردانشان را که پنج سالی از آنها جوان‌تر بود فقط از روی پلاک گردنش شناسایی کرده بودند. اشک‌های شوق فریدون از بابت دیدن مسعود حالا دیگر به اشک اندوه مبدل شده بود. آهسته زیر لب گفت: چقدر همه غبطه شجاعت فرمانده گردان رو می‌خوردند. یادم میاد یه روز بهش گفتم: پسر! آخه تو به این جوونی و زیرکی باید آینده مملکت رو بسازی واقعاً حیفه اینجا خودت رو به کشتن بدی و او با لبخند در جوابم گفت: آخه اگه این خاک دست دشمن بیفته که دیگه مملکتی باقی نمی‌مونه که من آینده‌اش رو بسازم.

دو ساعتی بود که دم در ایستاده و گرم گفت‌وگو بودند. ایمان بغل فریدون حسابی کلافه شده بود و گریه می‌کرد. فریبا به محض اینکه از داخل حیاط صدای گریه ایمان را شنید بلافاصله در حیاط را باز کرد و با دیدن مسعود چنان یکه خورد که گریه ایمان را به کلی فراموش کرد. فریبا طبق صحبت‌های فریدون به تنها چیزی که فکر نمی‌کرد حضور مسعود در آن موقع جلوی

در حیاط بود. او که مسعود را صحیح و سالم می‌دید آنقدر خوشحال شده بود که می‌خواست از فرط شادی گریه کند. حضور مسعود جلوی در فریبا را به سال‌های دانشگاه برد. به سال‌های فعالیت‌های سیاسی.

گذشت زمان از او یک مرد افتاده ساخته بود. چهره مسعود در نظر فریبا خیلی شکسته‌تر از آنچه فکر می‌کرد، آمد. روی پوست صاف و یک‌دست‌اش که همیشه تمیز و اصلاح شده بود لکه‌های قهوه‌ای رنگ جا خوش کرده بود. خطوط کنار چشم‌هایش که به نظر فریبا غریبه می‌آمد به شدت عمیق شده و موهای یک‌دست مشکی‌اش از قسمت بناگوش خاکستری شده بود.

مسعود با دیدن فریبا لبخندی به لب آورد و گفت: چطوری همکلاسی؟ شوهر کله شقت رو بالاخره موندگار کردی ها!

اشک ناخواسته در چشم‌های فریبا حلقه زد. انگار آنچه را که با چشم می‌دید باور نمی‌کرد.

فریدون در جواب کنایه مسعود گفت: من کله شقم! تو چی این همه مدت با اون شرایط سخت جنگ.

مسعود اجازه نداد فریدون حرفش را تمام کند و در جوابش گفت: «من یه مرد تنهام. نه مادری دارم مثل تو مدام قربون صدقه‌ام بره نه زنی دارم که چشم به راهم باشه و غصه‌ام رو بخوره.» سپس در حالی که ایمان را که حالا دیگر با دیدن فریبا ساکت شده بود از بغل فریبا می‌گرفت دوباره او را بوسید و با لحن بچه‌گانه‌ای به او گفت: وروجک! توام اگه شانست نصف شانس بابات باشه کارت درسته درسته.

فریدون سرش را پایین انداخت و نگاهش را به آسفالت کف کوچه دوخت و زیر لب گفت: راست می‌گی. من همیشه خوش‌شانس بودم!

وقتی فریبا با دقت به چشم‌های مسعود نگاه کرد پشت برق شادی که از دیدار مجددشان در آنها می‌درخشید اندوهی غریب دید. اندوهی که هیچ وقت در آن چهره بشاش و گشاده‌رو سراغ نداشت. انگار داشت واقعاً او را از پا درمی‌آورد. مسعود اگر لبخندی بر لب داشت لبخندی کم‌رنگ‌تر از آفتاب دم غروب یک روز برفی بود. آفتابی که از پشت ابرهای متراکم ناامیدی به سرعت پایین و پایین‌تر می‌رفت. مسعود برای فریبا و فریدون تعریف کرد که به دلیل سردردهای مزمن و وحشتناکی که گه‌گاه به سراغش می‌آمده نمی‌توانسته بیش از این در جبهه بماند. به همین خاطر از جبهه به خانه‌ای که دیوارها و پنجره‌های بسته و ساکتش انتظارش را می‌کشیدند بازگشته بود.

یک ماهی طول کشید تا فریدون توانست از برخوردهایش با مسعود به عمق و شدت بیماری افسردگی او پی ببرد. مسعود در آن دام ناگسستنی دست و پا می‌زد و هر چه بیشتر تلاش می‌کرد بیشتر فرو می‌رفت. روز و شب خودش را در چهاردیواری خانه‌اش حبس می‌کرد. یادآوری مداوم خاطرات قدیمی از برادر کوچکش از یک طرف و صحنه‌های خونین جبهه از طرف دیگر یک لحظه او را راحت نمی‌گذاشت. حتی زمانی که در اثر خستگی مفرط چشم‌هایش روی هم می‌رفت آن صحنه‌های حزن‌آلود در زمینه تاریک ذهنش شفاف‌تر از همیشه دوباره جان می‌گرفت و ظاهر می‌شد و به دنبال آن موجی از سردردهای کشنده امانش را می‌برید. حالا بعد از یک‌ماه فریدون کاملاً فهمیده بود که برای مسعود آبی آسمان و سیاهی شب، زمین سبز و زمین خشک و روز و شب همه و همه هیچ تفاوتی نمی‌کند و خنده در آن چهره فرسوده دیگر جایی ندارد. در حقیقت رفتن مسعود به جبهه سرآغاز از پا افتادن روحیه‌ای بود که از قبل در هم شکسته شده و هر آن در شرف فرو ریختن بود. فریدون خوب فهمیده بود آن دو خط عمیق در دو طرف دهان مسعود که روزبه‌روز عمیق‌تر می‌شد با خنده به آن حال در نیامده است.

فریدون سعی داشت بیشتر به مسعود سر بزند. گاهی ایمان را هم با خود می‌برد چون می‌دانست که قیافه با نمک ایمان همیشه لبخند روی لب‌های او می‌نشاند. فریدون تا می‌توانست مسعود را تشویق می‌کرد که دانشگاهی را که نیمه‌تمام رها کرده بود به پایان ببرد چون از علاقه مسعود به رشته‌اش کاملاً با خبر بود و حس می‌کرد درس و دانشگاه می‌تواند در بهبودی وضع روحی و روانی او بسیار موثر باشد. با تمام تلاش‌های فریدون وضعیت مسعود نه تنها رو به بهبود نرفت بلکه روز به روز بدتر هم شد به طوری که دیگر هیچ‌یک از تلفن‌هایش را جواب نمی‌داد و در را برای هیچ‌کس باز نمی‌کرد. فریدون هم بیکار نمی‌نشست و وقتی برای دیدنش می‌رفت آنقدر انگشت‌اش را روی زنگ در فشار می‌داد تا مسعود را از شدت عصبانیت تحریک کرده و دم در می‌کشاند.

با تخریب روز به روز روحیه مسعود، فریدون دیگر صبر را جایز ندانست و هر طور بود او را نزد روانپزشک برد.

پزشک معالج مسعود با چند جلسه گفت‌وگو بیشترین علت مشکلات روحی روانی و جسمی او را دو سالی دانست که در جبهه گذرانده بود. برای فریدون توضیح داد که فوت مادر و به دنبال آن برادر مسعود کم‌کم زمینه را برای بیماری او مهیا کرده و دو سال جبهه و جنگ مثل جرقه‌ای به انبار باروت این اژدهای خوابیده را بیدار کرده است.

تجربیات تلخ مسعود حالا آن‌چنان او را تحت فشار روحی گذاشته بود که گه‌گاه افکارش

را به سمت خودکشی می‌کشاند. مدتی برای راحت شدن از شر زندگی که در نظرش پوچ و واهی می‌آمد به جبهه رفته بود اما حال که سرنوشت با او همراهی نکرده و هدفش در آن سرزمین آتش و خون عملی نشده بود در خیال خودش می‌خواست با دست خود به تمام بدبختی‌هایش پایان دهد و هر چه سریع‌تر بهتر. ذهن آشفته مسعود به‌طور خستگی‌ناپذیری درگیر بود و مدام به او نهیب می‌زد که نه او ارزش زنده ماندن را دارد و نه زندگی ارزش بودن و با پایان گرفتن زندگی‌اش به راحتی از شر تمام دردها و غصه‌های روزگار خلاص خواهد شد.

از سویی فریدون که جان خود را مدیون فداکاری مسعود می‌دانست نمی‌توانست بنشیند و دست روی دست بگذارد و شاهد از بین رفتن تدریجی او آن هم با این وضع فجیع باشد. با خودش عهد کرد که مثل برادری دلسوز تا بهبودی کامل او در کنارش بماند. با وجودی که ناامیدی در تمام وجود مسعود ریشه دوانده بود ولی آدمی هم نبود که بیماری‌اش را کتمان کند و جایی در انتهای قلبش امیدی برای رها شدن از این وضع اسف‌بار او را وادار می‌کرد که داروهایش را مرتب بخورد و البته با نظارت مستقیم فریدون جرات سر باز زدن از خوردن داروهایش را هم نداشت.

در یکی از اولین روزهای فروردین‌ماه که رایحه بهاری زمین و زمان را معطر کرده و آهنگ ملایم رویش گوش طبیعت را می‌نواخت مسعود روی تخت رو به پنجره بسته رو به حیاط دراز کشیده و به بیرون نگاه می‌کرد. چشم‌هایش باز رو به شاخه‌های پرجوانه درختان و بوته‌های درون آن حیاط کوچک و نقلی بود ولی انگار آن سبزی فرح‌بخش را نمی‌دید و آن آهنگ موزون رویش را نمی‌شنید. آسمان صاف بود و فقط لکه ابر کوچکی در آن دیده می‌شد ولی چشم‌های مسعود به جز آن یک لکه ابر انگار چیز دیگری از آسمان را نمی‌دید. روی توری پشت پنجره پروانه بزرگی با بال‌های رنگارنگش نشسته بود که یک آن توجه مسعود را به خود جلب کرد. نگاه بی‌تفاوت مسعود از آن لکه ابر بر روی پروانه متمایل شد و افکارش برای لحظاتی از تصور پوچی و بیهودگی ناخواسته به زیبایی پروانه نشسته روی توری منحرف شد. نسیم ملایمی که می‌وزید بال‌های بسته پروانه را به ملایمت تکان می‌داد ولی پروانه همچنان مقاوم در برابر نسیم جای خود نشسته بود. مسعود همان طور که بی‌حال روی تخت دراز کشیده بود سرش را از روی بالش بلند کرد و همچنان به تماشای مقاومت پروانه در برابر آن نسیم صبحگاهی ادامه داد. مدتی به پروانه خیره شد. انگار سخت منتظر دیدن لحظه تسلیم شدن پروانه بود. درست مثل اینکه می‌خواست بداند چطور طاقت آن موجود ظریف در برابر نسیم طاق خواهد شد و تا کی می‌تواند آن طور ثابت و ساکن دوام بیاورد. حرکت ملایم بال‌های بسته پروانه به این طرف و آن

طرف حاکی از بیشتر شدن قدرت نسیم بود. اما بر جا ماندن پروانه هم حکایت از مقاومت آن موجود زیبا در برابر نیروی نسیم داشت. چشم‌های مسعود از خیرگی به آن نقطه ثابت می‌سوخت ولی نمی‌خواست پلک بزند که مبادا دیدن صحنه مغلوب شدن پروانه را از دست بدهد. سوزش چشم‌هایش لحظه به لحظه بیشتر می‌شد ولی پروانه همچنان مقاوم از جایش تکان نمی‌خورد.

مسعود بیش از این طاقت نیاورد و از تخت پایین آمد. برای لحظه‌ای با خود فکر کرد: ببین یک پروانه کوچک چطور ظرف چند دقیقه تونست منو از تخت پایین بکشه در حالی که اراده خودم این همه مدت نتونسته منو از جا بلند کنه.

مسعود به آهستگی یک شکارچی که به طعمه خود نزدیک می‌شود خود را به کنار پنجره رساند. می‌ترسید حتی نفس کشیدنش پروانه را فراری دهد. انگشت‌اش را به آرامی روی شیشه پنجره درست محلی که پروانه نشسته بود، کشید. انگار می‌خواست با لمس آن نقطه ذره‌ای از مقاومت آن موجود ظریف را به روح از پا افتاده‌اش منتقل کند.

پروانه برای لحظه‌ای همچنان نشسته بر جا بال‌هایش را باز کرد و دنیایی از رنگ در مقابل چشم‌های مسعود گسترده شد. رنگ‌هایی که تا آن لحظه در نظرش هیچ تفاوتی با هم نداشتند و به هیچ عنوان حسی را در وجودش برنمی‌انگیختند حالا یکباره شعف خاصی را در وجود دلمرده مسعود شعله‌ور کرده بودند. لحظاتی بعد آن صفحه رنگارنگ با بسته شدن بال‌های پروانه به یکباره محو شد. زیبایی آن مخلوق کوچک به حدی بود که از آن نگاه بی‌تفاوت نگاهی تحسین‌آمیز ساخته بود. لحظاتی بعد آن اسوه کوچک مقاومت دوباره بال‌هایش را گشود و این بار واقعاً آماده پرواز شد. پروانه در آن لحظه نه به خاطر مغلوب شدن در برابر باد بلکه به خاطر پر کشیدن به سوی هدفی معلوم آماده پرواز شده بود و آن هدفی نبود به جز تعقیب جفتش که به انتظار او روی بوته گل‌های لاله عباسی بی‌قرار بال بال می‌زد.

با شروع دوره‌های درمانی مسعود و نظارت دقیق فریدون علائم بهبودی کمابیش در مسعود بروز کرده و همین باعث دلگرمی فریدون شده بود. فریدون برای اینکه اجازه ندهد تا مسعود احساس تنهایی کند گه‌گاه ایمان را با خود به دیدن مسعود می‌برد یا از مادرش و فریبا می‌خواست که همراه او بعضی اوقات سری به او بزنند و گاهی هم از او بخواهند که به خانه‌شان برود. با وجودی که به نظر می‌رسید حال و روز مسعود کمی رو به بهبودی گذاشته ولی هنوز گاه‌گداری آن ابرهای تیره به سراغ آسمان دلش می‌آمد و لبخند را برای دو سه روز از چهره‌اش می‌دزدید. فریدون دوباره به فکر چاره افتاد و پس از مدت‌ها فکر کردن تصمیم گرفت این بار کاری‌ترین حربه‌اش را به کار بگیرد. به همین خاطر درست زمانی که با عریان شدن شاخه‌ها و

کوتاه شدن روزها و ابری شدن آسمان از زمین و زمان غم می‌بارید در یک غروب دلگیر پاییزی وقتی فریدون از تلفن کردن به مسعود و جواب نشنیدن از طرف او به کلی ناامید شد به همراه یک دوست راهی خانه‌ای شد که سال‌ها رنگ شادی به خود ندیده بود.

فریدون همچنان پشت در چشم به انتظار مسعود ایستاده بود تا در را به رویشان باز کند.

ـ شاید خونه نیست.

ـ نه حتماً خونه است.

ـ ببینم تو زودتر از رو می‌ری یا مسعود.

ـ هست بابا خونه است فقط این‌قدر باید انگشتت رو روی زنگ فشار بدی که دیگه نتونه تحمل کنه و از زور عصبانیت مجبور بشه در را باز کنه.

هنوز حرف فریدون تمام نشده بود که در باز شد و مسعود با چشم‌هایی که معلوم نبود از فرط بی‌خوابی قرمز شده بود یا از فرط گریه در آستانه در ظاهر شد. نگاه بی‌تفاوت مسعود ابتدا روی صورت فریدون متمرکز شد ولی لحظه‌ای بعد یک‌مرتبه نگاهش به چهره همراه او خیره ماند و ظرف دو ثانیه لبخندی را که برای مدتی با لب‌های مسعود بیگانه شده بود بر روی لب‌های او نشاند. همراه فریدون در حالی که سنگینی بدنش را روی عصایش انداخته بود دستش را به طرف مسعود دراز کرد و گفت: چطوری همسنگر؟

مسعود که گلویش از شدت بغض به هم فشرده شده بود میهمان ناخوانده‌اش را بدون گفتن کلمه‌ای در آغوش گرفت. فریدون با لبخند رضایتی که بر لب داشت، گفت: فکر نکنم دیگه احتیاج به معرفی داشته باشید.

صادق ظرف شش ماه پس از قطع شدن پایش در جبهه با برگشتن به خانه پدری در نیشابور کم کم به زندگی جدید عادت کرده بود. درست مثل کودکی که موقع راه رفتن بارها به زمین می‌خورد تا بالاخره بتواند بایستد یا مثل جوجه پرنده‌ای که چند بار سقوط می‌کند تا پرواز بیاموزد با طفره و تقلای بسیار اما با روحیه شکست‌ناپذیرش آموخته بود که چطور با پای مصنوعی‌اش تعادل خود را حفظ کرده و بدون مشکل با کمک عصا راه برود. صادق یاد گرفته بود که نگذارد برای همیشه زمین‌گیر باشد. آموخته بود که بدون پا هم می‌توان آرزوهای به نظر دست‌نیافتنی را دنبال کرد. حضور صادق در آن غروب سرد و تاریک پاییزی برای یک دیدار ساده نبود. حضور صادق در آنجا به دعوت فریدون حضور یک استاد خبره و باتجربه در کلاس صبر و استقامت، شکست‌ناپذیری و تسلیم نشدن بود. کلاس عشق به زندگی و تعقیب آرزوهای به ظاهر دور از دسترس ولی در اصل آرزوهای تحقق‌یافتنی بود. تنها سوالی که این وسط می‌ماند

این بود که آیا شاگرد این کلاس اصلاً تمایلی به یاد گرفتن درس جدید دارد یا نه.

فریدون خیلی زود دریافت که دعوتش از صادق به آنجا بهترین درمانی بوده که می‌توانسته روی مسعود اثر مثبت بگذارد. شور و شوق زندگی در آن غروب سرد چنان در وجود او که تا آن لحظه حتی حوصله ده دقیقه مکالمه روزمره و معمولی را هم نداشت جان گرفت که درست مثل یک شاگرد تشنه آموزش و فراگیری به درس استقامتی که صادق در قالب زندگی پرمشقت خود به او داد با جان و دل گوش کرد.

شش ماه برای فائق آمدن به آن همه مشکلات پیش رو زمان بسیار کوتاهی بود ولی نشدنی نبود و همین می‌توانست برای مسعود بهترین درس باشد به طوری که هرگز از ذهن‌اش بیرون نرود. شخصیت صادق آن روز پروانه پشت پنجره را به یاد مسعود آورد. اگرچه پای صادق از رفتن ایستاده بود ولی همچنان رویای قهرمان شدن را در سرش می‌پروراند. رویای قهرمان شدن بچه‌هایی که درست همان رویای قدیمی او را در سر می‌پروراندند و حالا با آموزش صادق تا اوج قله‌های رویاهای تحقق یافته صعود می‌کردند. صادق آن لحظه به مسعود یاد داد که اگرچه پایش از حرکت باز مانده ولی نفس‌هایش همچنان باقی است و حیات همچنان ادامه دارد چه با پا باشد چه بدون پا!

حضور صادق در آن غروب پاییزی زمینه‌ای شد تا همراه با مصرف داروهای تجویز شده و جلسات روان‌درمانی کم‌کم از تراکم ابرهای افسردگی در آسمان دنیای محصور مسعود کاسته شود و دوباره شور و شوق زندگی در وجودش جانی دوباره بگیرد. کوررنگی مسعود نسبت به حیات و زندگی کم‌کم بهبود یافت و دوباره یاد گرفت که باید از فضای محبوس و مرده خانه تنهایی‌هایش به بیرون قدم بگذارد و اجازه بدهد که نور زندگی از پشت پنجره‌های بسته و پرده‌های قطور و تاریک دل‌مردگی‌اش به سیاه‌چال تاریک لحظه‌هایش بتابد. به این ترتیب مسعود تدریجا از بستر افسردگی بیرون آمد و لبخند دوباره روی لب‌هایش جایی برای خود باز کرد. حالا دیگر حال مسعود آنقدر خوب شده بود که بتواند با تشویق و همکاری فریدون دانشگاهش را تمام کرده و مثل فریدون در اداره دادگستری مشغول به کار شود.

فصل سی‌وهشتم

دوران بلوغ ایمان به قدری سریع سپری شد که از تصور خود صدرا هم خارج بود. سرعت بزرگ شدن ایمان در نگاه صدرا مثل خوابیدن شب با تصور شاخه‌های عریان و بیدار شدن صبح با دیدن جوانه‌های نو روی همان شاخه‌ها بود. ایمان حالا آنقدر بزرگ شده بود که برای صحبت‌کردن با صدرا نیاز نداشت سرش را بالا بگیرد. فقط کافی بود به روبه‌رویش در چشم‌های صدرا که حالا دقیقاً هم‌سطح چشم‌های خودش بود، نگاه کند. حالا دیگر صدرا از کبوتر چاهی‌هایی که زمانی دوستانه لب بالکن می‌نشستند و منتظر خرده‌نان‌هایی که ایمان برایشان می‌ریخت، می‌شدند اثری نمی‌دید. چرا که صدای دورگه ایمان که سخت برایشان غریبه می‌آمد آنها را فراری می‌داد. ایمانی که حتی موقع دست و صورت شستن هم به آینه نگاه نمی‌کرد حالا دیگر مدت‌ها وقتش را صرف خیره شدن به جوش‌های غرور روی بینی و پیشانی‌اش می‌کرد و گاهی هم اندازه بینی‌اش را با دقت و وسواسی خاص سانت می‌گرفت.

از لحاظ بدنی کپی کاملی از صدرا بود. همان قد بلند، همان اندام موزون، همان انگشت‌های کشیده به طوری که هر که از پشت سر آن دو را می‌دید فقط از روی تفاوت رنگ موهای‌شان آنها را از هم تمیز می‌داد. چهره‌اش ترکیب کاملی از چهره زیبای صبا در قالب صورتی مردانه بود. با جذابیتی که با وجود آن جوش‌های غرور و بینی که بزرگ‌تر از معمول به نظر می‌رسید به هیچ وجه قابل انکار نبود. ترکیب همان ترکیب بود. پوست روشن، لب‌های توپر، چانه گرد، دندان‌های مرتب و چشم‌هایی که از سیاهی چشم‌های صبا روشن‌تر و از روشنی چشم‌های صدرا تیره‌تر بود. گاهی صدرا دزدکی به چهره او خیره می‌شد و خاطره صبا دوباره در ذهنش جان می‌گرفت. خاطره‌ای که با آن سال‌های متمادی را گذرانده بود. خاطره‌ای که با آن گاهی حس

می‌کرد اگر دستش را دراز کند می‌تواند به راحتی موهای صاف و براق صبا را لمس کند و یا چشم‌هایش را ببندد و رایحه دل‌انگیز موهایش را با تمام وجود استشمام کند. شباهت مادر و فرزندی به حدی زیاد بود که صدرا برای اینکه خود را در اوج اندوه ناشی از خاطرات تلخ گذشته دلداری دهد با خود می‌گفت: صبای من هنوز زنده است فقط در قالبی دیگر در کنار من است.

توجهات بی‌حد و مرز صدرا نسبت به ایمان گاهی به چنان درجه‌ای می‌رسید که خود ایمان را هم دچار شگفتی می‌کرد، به طوری که با خودش می‌گفت: آخه چطور ممکنه عمو صدرا در حالی که حتی عموی واقعی‌ام هم نیست و فقط رفیق بابا حبیب بوده این‌قدر منو دوست داشته باشه و گاهی از جون برام مایه بذاره.

حتی خانم آزرمی هم به سنگ تمام گذاشتن صدرا برای ایمان البته فقط جلوی همسرش اعتراف می‌کرد.

ایمان از علت این همه علاقه و توجه سر در نمی‌آورد ولی کنجکاوی هم نمی‌کرد. چرا می‌بایست علاقه و توجه بی‌شائبه‌ای را که از آن به شدت هم لذت می‌برد زیر سوال ببرد؟

از آنجا که ایمان نمی‌توانست در برابر این همه مهر صدرا بی‌تفاوت بماند سعی می‌کرد با درس‌خواندن و سر به راه بودنش ذره‌ای از زحمات او را جبران کند.

ایمان در کنار درس و مدرسه همچنان به نقاشی عشق می‌ورزید. طراحی‌های ایمان بعد از ورود به دبیرستان حال و هوای دیگری پیدا کرده بود. هر زمان که پای صحبت‌های فریدون از خاطرات جنگ می‌نشست موضوع طراحی‌هایش خود به خود به سمت جنگ کشیده می‌شد و با تجسم صحنه‌هایی که هرگز از نزدیک ندیده بود و فقط از زبان فریدون شنیده بود در ذهن خلاقش، آنها را به همان حالت بر روی کاغذ و بوم می‌آورد. گاهی هم طبیعت نظرش را جلب می‌کرد و از آنجا که درست مثل پدر و مادرش روحیه لطیفی داشت زیبایی‌های طبیعت را در قالب طرح‌هایی رنگارنگ به تصویر می‌کشید.

در سال‌های آخر دبیرستان کم‌کم مدادرنگی و دفتر نقاشی جای خود را به بوم و پاستل و زغال دادند. به همین خاطر آن دست‌های هنرمند همیشه رنگی یا زغالی بود.

صدرا پیوسته حرکت هنرمندانه دست‌ها و انگشتان رنگی و زغالی ایمان به روی بوم و کاغذ و این همه استعداد خدادادی و علاقه وافر به این هنر ارزشمند را تحسین می‌کرد.

با وجودی که دوران دبیرستان دوران پرکاری برای ایمان محسوب می‌شد ولی روابط و دوستی صمیمانه‌اش با احمد را به هیچ عنوان تحت‌الشعاع قرار نداده بود و طبق روال گذشته

تقریباً هر روز همدیگر را می‌دیدند. نزدیکی آن دو به هم به حدی بود که ایمان به خاطر اینکه بتواند با احمد همکلاس شود در دوران دبیرستان مجبور شد تا در رشته ریاضی و فیزیک که سخت مورد علاقه احمد بود ثبت‌نام کند. چهار سال دبیرستان را در یک مدرسه، یک کلاس و پشت یک میز گذراندند. دبیرها با وجود پچ‌پچ‌های مدام آن دو یا نامه‌نگاری‌های‌شان سر کلاس درس به آن‌ها زیاد سخت نمی‌گرفتند. چون احمد همیشه نابغه کلاس بود و با وجود شیطنت‌ها و حواس‌پرتی‌هایش سر کلاس همیشه بهترین نمره‌ها را می‌آورد. ایمان هم جزء شاگردان بسیار خوب کلاس محسوب می‌شد به ویژه که نظم و ترتیب و وقت‌شناسی را هم حسابی از صدرا به ارث برده بود به طوری که احمد همیشه سر به سرش می‌گذاشت و می‌گفت: بدبخت! واقعاً افت داره که کسی نمره انضباط توی مدرسه پسرونه بیست بگیره. باید از خودت خجالت بکشی.

بگو مگوهای ایمان و احمد در مدرسه جالب بود. احمد با استعداد خاصی که در زمینه ریاضی داشت همیشه برای ایمان کرکری می‌خواند و ایمان هم در عوض با استعداد فوق‌العاده‌اش در هنر و نقاشی جواب کرکری‌های او را می‌داد. آنها هر دو با آرزوهایی کاملاً متفاوت قدم به دوران پرشور جوانی گذاشته بودند.

به همان نسبت که به مرور زمان روابط دوستی احمد و ایمان محکم‌تر می‌شد به همان میزان هم بنفشه از جمع سه نفره کودکانه‌شان کم‌کم فاصله می‌گرفت. بنفشه هم بزرگ شده و همراه گذر زمان غرور دخترانه‌اش به بالاترین درجه خود رسیده بود. ایمان و احمد هم به این موضوع پی برده بودند. رفت‌وشدهای احمد به منزل صدرا طبق معمول قدیم همچنان به راه بود با این تفاوت که دیگر از آن بازی‌ها و سر به سرگذاشتن‌های کودکانه سه نفره خبری نبود.

دنیای شیرین کودکانه جای خود را به دنیای پر شر و شور جوانی داده بود.

دیگر ظاهر شدن بنفشه به طور اتفاقی در حیاط درست زمانی که احمد به منزل صدرا می‌آمد از سر کنجکاوی کودکانه نبود. در حضور احمد مثل یک دختربچه حرف شنو با بی‌تفاوتی موهایش را ساده پشت سرش با یک کش معمولی نمی‌بست. حالا دیگر موهایش بی‌برو برگرد روی شانه‌هایش ریخته می‌شد و بفهمی نفهمی گه‌گاهی هم دور از چشم مادرش از کیف لوازم آرایش او سرمه‌دانش را کش می‌رفت و اگر زمانی مادرش با اخم و تخم و نارضایتی در چشم‌هایش که در اثر کشیدن سرمه زیبایی‌اش چند برابر شده بود نگاه می‌کرد با لحنی معصومانه می‌گفت: دوستام می‌گن سرمه برای تقویت چشم خیلی خوبه شما و بابا رحیم که دوست ندارید من عینکی بشم!

و خلاصه به هر ترتیبی بود سر و ته قضیه را هم می‌آورد. احمد هم در تحریک کردن بنفشه

در این امر بی‌تقصیر نبود چون همیشه ترجیح می‌داد با ایمان در حیاط بمانند حتی اگر باران روی سرشان می‌بارید. مدتی می‌شد رفت و آمدهایش را سر ساعت خاصی تنظیم می‌کرد که رحیم‌خان حضور نداشته باشد چون از میزان حساسیت رحیم‌خان روی دخترش کاملاً آگاه بود و خوب می‌دانست که در حضور او کسی جرات چپ نگاه کردن به دخترش را ندارد.

بنفشه هم با گوش ایستادن پشت پنجره به محض شنیدن صدای احمد که خود به خود از لحظه ورود به منزل صدرا تنش بالا می‌رفت به هر بهانه‌ای که بود خود را به حیاط می‌رساند و مغرورانه به‌طور اتفاقی در معرض دید آنها به ویژه نگاه‌های تشنه احمد قرار می‌گرفت. جالب اینجا بود که اصلاً همدیگر را تحویل هم نمی‌گرفتند و اگر بر حسب اتفاق مکالمه‌ای بین‌شان رد و بدل می‌شد سرشار بود از گوشه و کنایه‌هایی که خنده و تعجب ایمان را بر می‌انگیخت.

در یکی از روزهای اول خردادماه بود که احمد به هوای درس خواندن با ایمان نزد او آمد. بنفشه که از پشت پنجره متوجه آمدن احمد شده بود خودش را از سر تا پا جلوی آینه قدی اتاقش برانداز کرد و موهایش را که پشت سر بسته بود باز کرد و دور شانه‌هایش ریخت و وقتی از ظاهر آراسته خود راضی شد برای اینکه برای به حیاط رفتن بهانه‌ای پیدا کند نگاهی به دور و برش انداخت. چشمش از پنجره به لباس‌های روی بند رخت داخل حیاط افتاد و بلافاصله به هوای جمع کردن لباس‌هایی که عفت از صبح ده بار از او خواسته بود تا رنگشان را آفتاب نبرده جمع‌شان کند به حیاط رفت. با وجودی که احمد را دید به روی خود نیاورد و وانمود کرد که اصلاً او را ندیده است و در حالی که مغرورانه به سمتی دیگر نگاه می‌کرد به طرف بند رخت رفت و به آهستگی مشغول جمع‌آوری لباس‌ها شد. احمد که کاملاً متوجه کم‌محلی بنفشه شده بود با شیطنت خاص خودش به سمت او رفت و در حالی که لبخند معنی‌داری بر لب داشت بدون سلام و علیک گفت: می‌خوای کمکت کنم؟ این‌جوری که تو داری این لباسا رو جمع می‌کنی تا فردا صبح طول می‌کشه.

بنفشه مغرورانه نگاهی به احمد انداخت و در جواب گفت: «لازم نکرده» و با این حرف دوباره رو چرخاند و مشغول برداشتن ملافه بزرگی شد که عفت موقع پهن‌کردن لباس‌ها کرست بنفشه را تقریباً زیر آن پنهان کرده بود که در معرض دید نباشد و بنفشه از این موضوع خبر نداشت. با کشیدن ملافه از روی بند با ژست خاص خودش کرستش روی کفش احمد افتاد. در یک آن صورت هر دوی‌شان به سرخی لبو شد ولی نه به دلایل یکسان. احمد از شدت خنده و بنفشه از شدت خجالت. بنفشه نفهمید چطور کرستش را از روی کفش احمد برداشت و بدون اینکه بقیه لباس‌ها را جمع کند با سبد نیمه پر شده‌اش بدون اینکه یارای نگاه کردن به صورت

احمد را داشته باشد دوان‌دوان به خانه برگشت. کمی بعد احمد که هنوز در حیاط منتظر ایمان بود در حالی که بقیه لباس‌هایی را که از روی بند جمع کرده بود در دست داشت در خانه رحیم‌خان را به صدا درآورد. بنفشه با وجودی که هنوز قرمزی گونه‌هایش از فرط خجالت از بین نرفته بود طاقت نیاورد و خودش در را باز کرد. احمد همان طور که مستقیم در چشم‌های زیبای بنفشه نگاه می‌کرد لبخندی به لب آورد و گفت: «دستت زیادی پر بود نتونستی بقیه لباس‌ها را ببری. من برات باقی‌اش رو جمع کردم» و به دنبال شنیدن صدای ایمان که او را صدا می‌کرد بدون گفتن کلمه‌ای دیگر بنفشه را با بقیه لباس‌های خشک شده در دست تنها گذاشت.

فصل سی‌ونهم

در سال چهارم دبیرستان حجم درس‌های ایمان به اوج خود رسید. آن سال برای ایمان سالی بسیار پرکار و پرزحمت بود. طوری که همیشه با کمبود وقت مواجه بود. با این همه برنامه هفتگی‌اش برای دیدن پدربزرگ‌ها و مادربزرگ‌هایش همچنان به قوت خود باقی بود. صدرا هرگز اجازه نداده بود که نام صرافی و آزرمی در ذهن ایمان کم‌رنگ شود. حتی اگر ایمان حوصله رفتن به خانه صرافی‌ها و یا آزرمی‌ها را نداشت صدرا به زور و اجبار او را روانه می‌کرد. هرچند آنها هم به هیچ عنوان نمی‌گذاشتند به او بد بگذرد و ایمان در تمام مدت چیزی جز محبت و قربان صدقه رفتن بیش از حد از طرف آنها نمی‌دید. به ویژه مادر حبیب که شدت علاقه‌اش به ایمان مثال‌زدنی بود.

او به طرز عجیبی ایمان را با همه وجودش دوست داشت. جایی را که ایمان قدم می‌گذاشت با تمام وجود می‌پرستید به طوری که حس حسادت نوه‌های دیگر حسابی تحریک می‌شد. ایمان هم متقابلاً به همان اندازه به او علاقه داشت و نام مامان بزرگ خوشکلم هیچ وقت از زبانش نمی‌افتاد حتی حالا که به سن جوانی رسیده بود.

از اواسط تابستان رنگ چهره مادر حبیب رو به زردی گذاشت و روز به روز از وزنش کاسته شد. برای دو هفته‌ای همه فکر می‌کردند که این یک ناخوشی گذرا است و خیلی زود رو به بهبود خواهد رفت.

ضعف عمومی و خستگی و کسالت مدام او را که هیچ‌گاه پیش از آن یک جا بند نمی‌شد حسابی از پا انداخته بود. ضعف جسمی خانم آزرمی به حدی شدید بود که ایمان هر هفته بیش از پیش متوجه تحلیل رفتن توان و بنیه او می‌شد. ایمان می‌دید که چطور صورت گرد

مادربزرگش هر هفته کوچک‌تر و لاغرتر می‌شود. حالا دیگر وقتی هم که چادر نمازش را زیر گلویش گره می‌داد از آن گونه‌های فربه خبری نبود.

برای دو ماهی حال مادر حبیب با دوا و دکتر کمی رو به بهبود گذاشت ولی دوباره با شروع پاییز انگار قدرت بدنی او هم درست مثل برگ‌های خزانی شروع به ریختن کرد.

آقای آزرمی برای درمان حال همسرش از بیمارستان بردن و دادن دارو گرفته تا بیدار نشستن کنار تختش از هیچ تلاشی فروگذار نبود.

چهره‌ای که در حضور ایمان هیچ وقت خنده از لبانش محو نمی‌شد و گونه‌های سرخش سرخی دانه‌های انار را همیشه برای او تداعی می‌کرد حالا چنان زرد و تکیده شده بود که چیزی جز تصویر یک برگ خزان‌زده در شرف سقوط از شاخه زندگی را برایش ترسیم نمی‌کرد.

صدرا با دیدن نگرانی ایمان به خاطر فرزندش هم که شده و برای دلداری دادنش مدام برای احوالپرسی به منزل آقای آزرمی می‌رفت. ولی هر بار به طرز عجیبی متوجه می‌شد که مادر حبیب از نگاه مستقیم به او اجتناب می‌کند.

اواسط پاییز وقتی دوا و دارو دیگر جوابگوی درمان بیماری او نبود پزشکان تنها راه چاره را رفتن او به زیر تیغ جراحی دانستند و به آقای آزرمی توصیه کردند که عمل جراحی بر روی دستگاه گوارش همسرش باید هر چه سریع‌تر انجام بگیرد.

با شنیدن اسم عمل جراحی مادر حبیب طبق عادت قدیم ساز مخالفت را کوک کرد و از رفتن زیر تیغ سر باز زد. دیگر نه التماس‌های شوهرش به خرجش می‌رفت و نه خواهش و تمناهای هادی و نه اشک‌های بی‌پایان سیما و هانیه. و با یکدندگی در جوابشان مدام می‌گفت: بدن منه! اختیارش رو دارم. نمی‌خوام زیر دست دکترا قصابی بشم.

آقای آزرمی ناامید و مستاصل از همه جا یک روز موضوع عمل جراحی و طفره رفتن و مخالفت همسرش را با صدرا و ایمان در میان گذاشت. هنوز یک روز از درددل آقای آزرمی با ایمان و صدرا نگذشته مادر حبیب در مقابل چشم‌های حیرت‌زده همه بعد از صحبت کوچکی که با ایمان کرده بود پذیرفت که تحت عمل جراحی قرار بگیرد. اول آذرماه درست روزی که مادر حبیب به اتاق عمل منتقل می‌شد همان طور دراز کشیده روی برانکار دست ایمان را که با چشم‌های تر کنار تختش ایستاده بود به لب‌هایش برد و گفت: ایمان جان! تو همه عمر منی نمی‌دونم چه کار خوبی به درگاه خدا کردم که خدا تو رو به من و آزرمی داده.

و در جواب او فقط بارش چشم‌های ایمان شدت گرفت. منظره برگ‌های پاییزی کف حیاط بیمارستان در آن صبح گرفته موجی از اندوه را به قلب ایمان ریخت که حتی دست پر مهر صدرا

روی شانه‌اش هم نتوانست از شدت آن بکاهد.

عمل جراحی مادر حبیب که قرار بود ساعت‌ها به طول انجامد با کمال تعجب ظرف مدت کوتاهی به پایان رسید و مادر حبیب در حالی که یواش‌یواش از عالم بی‌هوشی بیرون می‌آمد به بخش منتقل شد.

همه، پزشک جراح را جلوی در اتاق عمل دوره کرده و چشم دوخته به دهان او منتظر توضیحات او در مورد نتیجه عمل شدند.

پزشک جراح نگاهش را از صورت یکی به صورت دیگری دوخت. دیدن آن چهره‌های منتظر و نگران اصلاً برای پزشک تازگی نداشت.

با وجود این که پزشک معالج سعی می‌کرد به ساده‌ترین زبان ممکن مشکل مادر حبیب را برای آن جمع تشریح کند آقای آزرمی و هانیه از شدت اضطراب و بی‌قراری یک کلمه از حرف‌های او سر در نیاوردند. پزشک جراح هم با کمی مقدمه‌چینی با زبان بسیار ساده آب پاکی را با لحنی تأسف‌بار روی دست همگی ریخت. او خیلی راحت برای آنها توضیح داد که بیماری سرطان خانم آزرمی بیش از حد پیشرفت کرده و تقریباً بیشتر روده‌های او را درگیر کرده است و به همین دلیل چاره‌ای جز بستن شکم او بدون دست زدن به روده‌ها را نداشته است.

با تمام شدن حرف‌های جراح برای لحظاتی سکوت بین آن جمع حکم‌فرما شد طوری که پزشک هم در تأسفشان شریک شد.

هانیه با چشم‌های اشکبارش آن سکوت تلخ را شکست و با التماس گفت: آقای دکتر! پس آخه حالا تکلیف مادر چی می‌شه؟ باید چکار کنیم؟

پزشک از بالای عینکش یکی‌یکی آنها را از نظر گذراند و با لحنی که همدردی و ناامیدی از آن می‌بارید در جواب گفت: شاید با شیمی‌درمانی بتونید براش کمی زمان بخرید ولی متاسفانه هیچ درمان قطعی وجود ندارد.

سه روز بعد آقای آزرمی ناچار شد همسرش را به واسطه اصرارهای دم به دم او به منزل ببرد. شیمی‌درمانی یا هرگونه درمان دیگری را قویا رد کرد و درست روزی که به خانه بازگشت در حالی که روی تخت دراز می‌کشید با همان لحن یک‌کلامی همیشگی‌اش گفت: «من عمرم رو کردم. عمری طولانی. اگه دیدید زیر تیغ رفتم به خاطر ایمانم رفتم. حالا می‌خوام یه کم خودم رو برای سفرم آماده کنم. تو زندگیم هم اونقده تقاص پس دادم که زیاد از اون دنیا نترسم. اگه قراره بمیرم می‌خوام تو خونه خودم بمیرم» و سپس همین طور که از پنجره به آسمان نگاه می‌کرد غمی بزرگ در نگاهش موج زد که از دید همسرش پنهان نماند و زیر لب گفت: «فقط

یه کار دیگه مونده که اگه اونو انجام بدم اون وقت سرم رو راحت می‌ذارم زمین» و با گفتن این جمله همه را از اتاق بیرون کرد و گفت: می‌خوام بخوابم همه بیرون!

ایمان هر روز حوالی غروب به او سر می‌زد. کنار تختش می‌نشست دست‌هایش را نوازش می‌کرد. فقط او بود که می‌توانست آبمیوه‌هایش را به خوردش بدهد. به عقب صندلی تکیه می‌کرد و به آن چشم‌هایی که حتی در اوج بی‌فروغی عشق در آنها موج می‌زد خیره می‌شد.

زمستان با سوز و سرمایش از راه رسید. یکی از آن روزهای برفی حوالی ظهر صدرا در مغازه با یکی از مشتریانش گرم صحبت بود که متوجه حیدر آزرمی شد که در چارچوب در مغازه ایستاده و منتظر اجازه ورود او بود. صدرا با دیدن او بلافاصله از مشتری‌اش عذرخواهی کرد و به سرعت به استقبال او رفت. چهره غم گرفته آقای آزرمی صدرا را به ده سال پیش برد درست روزی که نامه حبیب را برایش آورده بود. در حالی که سعی می‌کرد بغضش را فرو دهد به صدرا گفت همسرش خیلی اصرار دارد او را ببیند و دقایقی با او صحبت کند. صدرا سخت به دلشوره افتاد: یعنی مادر حبیب چه حرفی می‌تونه برای گفتن داشته باشه؟

آن روز بعدازظهر صدرا کت و شلوار سرمه‌ای رنگی که تازه از اتوشویی تحویل گرفته بود به تن کرد و پالتوی بلند مشکیش را روی آن پوشید و همین طور که سر آستین‌هایش را مرتب می‌کرد مقابل آینه قدی ایستاد. موهای سفیدی که کمابیش بناگوشش را خاکستری کرده بود نظرش را جلب کرد. گذر زمان نه تنها چیزی از جذابیت آن چهره نکاسته بود بلکه بر آن هم افزوده بود. نگاه صدرا در آینه دوباره افکارش را سال‌ها به عقب برد. به خاطرات آشنایی‌اش با حبیب، خاطره فراموش‌نشدنی عاشق‌شدنش، خاطره از دست‌دادن صبا، خاطره گرفتن قیمومیت ایمان، خاطره بحث و جدل‌هایش با مادر حبیب. آنقدر در افکار دور و دراز قدیم غرق شده بود که به کلی فراموش کرده بود برای انجام چه کاری آماده شده است. ولی چهار ضربه‌ای که همان لحظه ساعت دیواری نواخت به او یادآوری کرد که وقت رفتن است.

پدر حبیب با همان چهره غم‌زده درست مثل اینکه سنگینی بار تمام دنیا را به تنهایی به دوش می‌کشد با چشم‌هایی که خستگی از آنها می‌بارید در را به روی صدرا باز کرد و در حالی که سعی می‌کرد به زور لبخندی به لب بیاورد او را به داخل دعوت کرد. آقای آزرمی رفت تا حضور او را به همسرش خبر دهد. صدرا که از این ملاقات احساس خوبی نداشت در راهرو به انتظار ایستاد.

حیدر آزرمی مستقیم به بستری که بوی مرگ از آن استشمام می‌شد نزدیک شد و آهسته زیر گوش همسرش زمزمه کرد که صدرا برای دیدنش آمده است. نام صدرا چشم‌های بسته مادر

حبیب را از هم گشود. با زحمت فراوان سرش را از روی بالش بلند کرد و نگاه بی‌فروغش را در جست‌وجوی صدرا به سمت در برگرداند. قامت بلند صدرا در حالی که هنوز پالتوی پشمی‌اش را به تن داشت و هنوز در راهرو به انتظار ایستاده بود از لای در نیمه باز دیده می‌شد. مادر حبیب با حرکت سر به همسرش فهماند که او را صدا کند. او هم به محض اینکه صدرا را به داخل اتاق هدایت کرد از اتاق بیرون رفت و در را پشت سرش بست. مادر حبیب نگاه خسته‌اش را به چهره گرفته صدرا دوخت و سعی کرد حالت نیمه نشسته به خود بگیرد ولی ضعف امانش نداد و همان‌طور که نیم‌خیز شده بود دوباره در بستر افتاد. لبخند تلخی به لب آورد و در حالی که سرش را تکان می‌داد، گفت: آدمیزاد یک عمر به قدرتش می‌نازه و آخر سر به جایی می‌رسه که توان روندن یه پشه از خودش رو هم نداره. چقدر بشر ضعیفه! ولی جای بدبختیه که دم دمای آخر اینو می‌فهمه.

بیماری سرطان حالا آنقدر پیشرفت کرده بود که از آن صورت گرد و فربه جز استخوان گونه و دو حفره که چشم‌های بی‌فروغش در ته آن نشسته بود چیزی باقی نمانده بود. هرگز او را آنقدر از پا افتاده و ناتوان ندیده بود. به آرامی به تخت مادر حبیب نزدیک شد. مادر حبیب سلام و احوالپرسی صدرا را که حس همدردی از آن می‌بارید جواب گفت و صندلی چوبی کنار تختش را که در اثر نشستن‌های مکرر طی سالیان سال پارچه‌اش تقریباً نخ‌نما شده بود به او نشان داد و با اشاره سر از صدرا خواست که بنشیند.

صندلی را به آرامی کنار تخت کشید و همین طور که روی آن می‌نشست نگاهش را به آن چشم‌های بی‌فروغ دوخت.

مادر حبیب در حالی که از شدت تنگی نفس به سختی حرف می‌زد لبخند تلخی به لب آورد و بریده بریده بدون مقدمه گفت: همیشه شنیده بودم خدا صبرش زیاده ولی اگه بخواد یه زمانی انتقام بگیره انتقامش خیلی سخته. اینو فقط شنیده بودم ولی هیچ وقت فکر نمی‌کردم که اون انتقام این‌قدر سخت باشه. داغی که ده سال پیش به دلم نشست هنوز که هنوزه رویه نبسته. ولی با این همه تقاص پس داده هنوز که هنوزه فکر می‌کنم حسابم کامل تصفیه نشده. اقلا حالا که دارم نفسای آخرم رو می‌کشم می‌خوام تصفیشون کنم که اون دنیا دیگه جلومو نگیری.

صدرا در حالی که به علامت نفی سرش را تکان می‌داد دهانش را باز کرد تا بگوید که هیچ دلخوری از او به دل ندارد ولی مادر حبیب دست استخوانیش را که تمام رگ‌هایش بیرون زده بود جلوی دهان او گرفت و همین طور که او را به سکوت دعوت می‌کرد ادامه داد: «پسر جون! به خودت زحمت نده که با من همدردی کنی. فکر کنم هر چی سرم اومده مستحقش بودم.»

خانم آزرمی به اینجا که رسید دیگر نتوانست در چشم‌های صدرا نگاه کند و به همین خاطر برای ادامه حرف‌هایش نگاهش را به سقف گچی اتاق دوخت.

ـ یه باریه که بیست ساله رو دلم سنگینی می‌کنه.بیست ساله که اونو با خودم همه جا کشیدم. بیست ساله که هی سعی کردم خودم رو به خاطرش تبرئه کنم. ولی دیگه خسته شدم. دیگه تحملش رو ندارم. حتماً داری با خودت می‌گی حالا که پاش لب گوره یاد طلب مغفرت افتاده مگه نه؟

صدرا در حالی که همچنان با اندوه فراوان به او نگاه می‌کرد، گفت: خانم آزرمی! این حرف رو نزنید. گله‌ای در کار نیست. من هنوزم که هنوزه شما رو مثل مادر خودم می‌دونم. هر چند شما هیچ وقت باور نکردید که منم می‌تونم براتون مثل حبیب باشم.

مادر حبیب دوباره رویش را به طرف صدرا برگرداند و با علامت دستش او را دوباره به سکوت دعوت کرد و با نفس‌های بریده‌بریده گفت: پسر! بذار حرفام تموم شه اون وقت اگه هنوز منو مادر خودت دونستی حسابه.

صدرا دوباره سراپا گوش شد.

ـ بیست سال پیش که من و آزرمی صبا رو برای تو خواستگاری کردیم حتماً یادت میاد. (مادر حبیب دوباره تاب نگاه‌های کنجکاو صدرا را نیاورده و در حال صحبت چشمش را به سقف دوخته بود) چقدر اون شب همه چیز به خوبی و خوشی پیش رفت. برقی که اون روز توی نگاه صبا بود و خنده‌ای که روی لباش بود یک آن از یادم نمی‌ره. اما اون لحظه حس حسادت همچین تو دلم گل کرد که نتونستم ببینم که تو با دختری به برازندگی صبا ازدواج کنی و حبیبم که از تو بزرگ‌تر بود بدون سر و همسر و بدون زن و زندگی بمونه. به همین خاطر کاری را که نباید بکنم، کردم...

در اینجا لحظه‌ای مکث کرد. برای یک لحظه سکوتی سهمگین در اتاق حکمفرما شد. یک لحظه‌ای که برای صدرا به اندازه یک ساعت کش‌دار و طولانی گذشت. صدرا بیقرار و وحشت‌زده فقط منتظر ادامه حرف‌های او بود.

آهی از ته دل کشید و ادامه داد: فردای اون شب قلم و کاغذ رو برداشتم و خیلی راحت با اون نامه زیرابتو زدم. خدا می‌دونه چه چیزایی که در باره تو ننوشتم. (در اینجا دوباره همان لبخند تلخ بر لبانش نشست) می‌دونی! زدن زیرابت اصلاً کار سختی نبود. چون صرافی اونقدر دهن‌بین بود که دیگه زحمت تحقیق هم به خودش نداد.

مادر حبیب در این لحظه از شدت تنگی نفس به سرفه افتاد. سرفه‌های پیاپی امانش نمی‌داد

که حتی نفسی تازه کند. صدرا با دست‌های لرزانش از پارچ آبی که روی میز بغل دستش بود لیوان بلوری کنار آن را پر کرد و در حالی که زیر سر او را بلند می‌کرد لیوان را به دهان خشکیده او نزدیک کرد. دست‌های صدرا به حدی می‌لرزید که کمی از آب لیوان روی پتوی مادر حبیب ریخت. خانم آزرمی با همان یک جرعه آب نفسی تازه کرد و ضمن اینکه با نگاه از او تشکر می‌کرد ادامه داد: چیزی را که نباید می‌گفتم به صرافی گفتم.

صدرا مات و متحیر به صورت او خیره نگاه می‌کرد ولی در آن صورت تکیده هیچ چیزی نمی‌دید. چهره مادر حبیب در آن لحظه درست مثل صفحه‌ای سفید از یک دفتر بی‌خط بود. هیچ چیزی در آن صفحه خوانده نمی‌شد. صدرا نمی‌دانست در آن صورت و آن نگاه دنبال چیست؟

چیزهایی را که صدرا از زبان مادر حبیب شنیده بود به نظرش غیر قابل باور می‌آمد. صدرا به هیچ وجه نمی‌توانست باور کند که حالا بعد از بیست سال مادر حبیب دارد به اینکه باعث و بانی بدبختی‌های یک عمر او بوده اعتراف می‌کند. اعتراف به اینکه چطور با بی‌رحمی صبا را از او گرفته بود.

سردرد وحشتناکی به سراغش آمد که در شقیقه‌هایش به شدت می‌کوبید. از شدت سردرد دچار حالت تهوع شده بود. نمی‌دانست چه‌کار کند و یا چه بگوید. قدرت تفکر را به کلی از دست داده بود. با ناباوری دوباره در صورت مادر حبیب خیره شد. حالا که مادر حبیب داشت به گناه بزرگی که سال‌ها قبل مرتکب شده بود اعتراف می‌کرد هیچ کاری از دستش ساخته نبود جز اینکه در آن چهره به دنبال اثری از حس ندامت بگردد. ولی وقتی ناامید شد درآن چهره درصدد جست‌وجوی حس غرور برای تمسخر احساسات یک مرد سرخورده برآمد. صدرا احساس می‌کرد مادر حبیب با آن صورت ناخوانا حتی با آن حال نزار هنوز در دل احساسات او را به تمسخر گرفته است. اما مادر حبیب در آن لحظه خیلی خسته‌تر از آن بود که بتواند احساساتش را بروز دهد. او در آن لحظه آنقدر از پاافتاده بود که حتی همان اعترافش را هم با بی‌حوصلگی تمام به انجام رسانده بود.

صدرا برای لحظه‌ای به پشتی صندلی‌اش تکیه کرد و دکمه بالای پیراهن‌اش را باز کرد تا راحت‌تر بتواند نفس بکشد. در تمام طول این سال‌ها شخصیت و هویت کسی که پیش صرافی با آبروی او بازی کرده بود همواره برایش به صورت یک معمای حل نشدنی باقی مانده بود و حالا مادر حبیب به راحتی در یک جمله پاسخ تمام سوال‌های چندین و چند ساله‌اش را داده بود.

ـ حالا هر چی می‌خوای در باره من فکر کنی بکن. آبیه که ریخته شده و دیگه نمی‌شه جمعش کرد. کسی که یه عمر باعث و بانی بدبختیات بوده اینجا تو رختخواب افتاده. حالا که یه پام لب گوره

می‌خوام قبل مردنم تمام حسابم رو تصفیه کنم چون طاقت ندارم این بارو با خودم ببرم اون دنیا.

با وجودی که می‌دانست چقدر تشنه و محتاج بخشایش صدرا است در آن لحظه ناخواسته همچنان در پرده اظهار ندامت می‌کرد و مستقیماً کلمه‌ای در این رابطه بر زبان نمی‌آورد. به طوری که صدرا حس کرد که او می‌خواهد بخشش را بدون التماس کردن فقط پیچیده در لفافه الفاظی که چندان هم بوی نیازمندی و درماندگی از آن به مشام نمی‌رسید طلب کند.

اما صدرا هم در آن لحظه یکدنده‌تر از او فقط به انتظار نشست. انتظار برای دیدن خرد شدن غروری که مادر حبیب سال‌های سال مثل تاجی در بالای سرش دو دستی حفظ کرده بود که مبادا زمانی زیر پا بیفتد.

صدرا از طفره رفتن او در گفتن دو کلمه «منو ببخش» به شدت عصبانی شده بود. خشم چنان جلوی چشم‌هایش را گرفته بود که مادر حبیب را به وحشت انداخت.

صدرا این بار با صدای گرفته‌ای که دیگر اثری از حس همدردی در آن نبود، پرسید: از من چی می‌خوای؟ می‌خوای من چه‌کار کنم؟

لحظه‌ها به سرعت می‌گذشت و تیک‌تیک ساعت انگار سخت به مادر حبیب نهیب می‌زد که وقتش تمام است و چاره‌ای جز تسلیم ندارد. چاره‌ای نداشت جز اینکه در برابر یک مرد به زانو در بیاید و سرانجام هم آن تاج غرور را با اکراه از سرش برداشت و زیر پایش خرد کرد. اما خیلی زود فهمید که خرد کردن غرورش آنقدرها هم که فکر می‌کرد سخت نبود. در حالی که صدایش انگار از ته چاه شنیده می‌شد، گفت: «می‌دونم نمی‌تونی به خودت بقبولونی که منو ببخشی ولی فکر کردم شاید به خاطر کسی که از همه بیشتر دوست داری منو به خاطر خطاهای گذشتم ببخشی. کسی که جونت براش در می‌ره. ایمان رو می‌گم. حداقل به خاطر ایمان اشتباه منو ببخش.» با تمام شدن جمله‌ای که حتی فکر کردن به آن برای مادر حبیب عذابی الیم بود چه برسد به گفتنش، احساس آرامش تمام وجودش را فرا گرفت. درست مثل اینکه آن بار سنگین که سال‌ها بر سینه‌اش سنگینی کرده بود یکباره برداشته شده بود. نگاه مادر حبیب که با وجود بی‌فروغی‌اش هنوز تیزبینی‌اش را از دست نداده بود در صورت صدرا خیره شد تا بلکه اثری از ترحم و بخشش در آن ببیند.

چقدر صورت صدرا به نظرش خوانا آمد. چهره صدرا در نگاه مادر حبیب صفحه‌ای آمد که با کلمه خشم شروع می‌شد، با کلمه خشم ادامه پیدا می‌کرد و با کلمه خشم به پایان می‌رسید.

به وحشت افتاد. رنگ صورتش یکباره مثل گچ سفید شد. دست استخوانی‌اش را از زیر پتو بیرون آورد و آن را روی دست صدرا که بی‌رحمانه دسته چوبی صندلی را می‌فشرد گذاشت و

نگاه التماس‌آمیزش را که صدرا تا دقایقی پیش به دنبالش بود و آن را نمی‌یافت به صورت او دوخت و گفت: صدرا! تو رو خدا حتی اگه به خودت ندیدی که منو ببخشی خواهش می‌کنم در این باره به ایمان هیچی نگی نمی‌خوام بعد از مردنم بیاد سر قبرم به جای فاتحه تف و لعنت حوالم کند... تو رو به جون ایمان که هم عزیز دل منه و هم برای تو عزیزه ...

و سرفه دیگر امانش نداد که جمله‌اش را تمام کند. وقتی سرفه‌هایش قطع شد صدرا دستش را از زیر دست او بیرون کشید و بلافاصله از روی صندلی بلند شد و همان طور ایستاده نگاهی به صورت رنگ پریده مادر حبیب که همچنان منتظر شنیدن کلمه‌ای از دهان او بود، انداخت. انگار اثر خشم داشت کم‌کم در چشم‌هایش عقب‌نشینی می‌کرد و امواج اندوه مثل مد دریا در شب همچنان به جای آن پیش می‌رفت. مادر حبیب هنوز نتوانسته بود اثری از همدردی و بخشش در آن چشم‌ها بیابد. صدرا بلافاصله نگاهش را از صورت او گرفت و به طرف پنجره رفت و از پشت آن به غروب زمستانی آسمان نگریست. لکه‌ای ابر در آسمان دیده نمی‌شد. صدای ضعیف مادر حبیب که انگار از فرسنگ‌ها دورتر شنیده می‌شد به گوشش خورد که با ناامیدی می‌گفت: پسر! حرفی برای گفتن نداری یا دلی برای بخشیدن؟ کدومش؟ دیگه وقتی برام نمونده ها.

دل صدرا داشت یواش یواش با شنیدن صدای او نرم می‌شد و تقریباً تا حدودی آماده شده بود که او را که با آن وضع رقت‌بار به او التماس می‌کرد، ببخشد ولی یک آن به یاد منظره آخرین خداحافظی صبا در حیاط خانه‌اش افتاد که سراپا در لباس مشکی مضطربانه به او می‌گفت که دیگر وقتی ندارد و باید برود و سپس آخرین نگاه او را حین خداحافظی که در آن عشق و اندوه با هم موج می‌زد به خاطر آورد و به دنبالش موجی از کینه گوشه‌گوشه قلبش را با هجومی ناگهانی تسخیر کرد. زمین و زمان دوباره در نظرش به دوران افتاد. آخرین نگاه معصومانه صبا دم در حیاط چنان در ذهنش زنده شد که به ثانیه‌ای رحم و عاطفه و بخشش را به کلی از دلش سترد و چشم‌هایش به خون نشست. آن چشم‌های عسلی دیگر به هیچ عنوان گیرایی همیشگی را نداشت چون دوباره آتش خشم شعله‌ورتر از قبل داشت در آن زبانه می‌کشید.

فقط یک نگاه به صورت صدرا برای خانم آزرمی کافی بود که دهانش را از سر ناامیدی ببندد. صدرا دوباره به آسمانی که رفته‌رفته رنگ شب به خود می‌گرفت نگاه کرد و آن شب سرد زمستان را به یاد آورد که دیوانه‌وار به عالم مستی پناه برده بود تا مثل یک داروی مسکن درد روح زخم‌خورده‌اش از بابت خطای عمدی مادر حبیب را بینداز. حالا بعد از بیست سال مجموع تمام ناکامی‌هایش سر به عصیان گذاشته و آن زخم‌های چرکین دوباره سر باز کرده بود.

پیشانی داغ‌اش را به شیشه سرد پنجره چسباند و کمی از نیروی خشمش را در مشت گره

کرده‌اش خالی کرد و همین طور مثل مجسمه بر جایش ایستاد. صدای ناامید مادر حبیب یک بار دیگر: اگه یه وقت حرفی برای گفتن داشتی در خونه بروت بازه ولی اینو هم بدون که فردا ممکنه خیلی دیر باشه.

چقدر این جمله او در نظر صدرا آمرانه آمد. دیگر نمی‌توانست آنجا بماند. پیشانی‌اش را از پنجره جدا کرد و با دو گام بلند شتابان خود را به در اتاق رساند و بدون گفتن کلمه‌ای در حالی که در اتاق را به روی چشم‌های پرحسرت مادر حبیب می‌بست از اتاق خارج شد.

با رفتن صدرا بغضی که مادر حبیب در تمام مدت حضور او پنهان کرده بود گلویش را سخت فشرد. از خدا می‌خواست که صدرا در قبال ظلمی که در حقش شده بود سر او فریاد می‌کشید و تمام عقده‌هایش را خالی می‌کرد. ترجیح می‌داد صدرا به او می‌گفت که از او متنفر است و یا نمی‌تواند او را ببخشد تا اینکه در قبال او سکوت کرده و هیچ نگوید. سکوت پرمعنای صدرا بیش از پیش او را شرمگین کرده بود.

هنوز دقیقه‌ای از رفتن صدرا نگذشته مادر حبیب حس کرد که آن وزنه سنگین دوباره به جای اولش برگشته است.

صدرا مادر حبیب را در برزخ انتظار رها کرد و به منزل بازگشت. آنچنان در افکارش غرق بود که متوجه آمدن ایمان از بیرون نشد. از ایمان خواست شامش را خودش گرم کرده و به تنهایی بخورد. در آن هوای سرد به بالکن رفت و از پشت نرده‌های بالکن به تاریکی شب و درخشش ستاره‌ها خیره شد. به نظرش آمد ستاره‌های آسمان برای بخشش مادر حبیب به او التماس می‌کنند. فکر کرد شاخه‌های لخت درختان به طرفش دراز شده و از او تمنای بخشش دارند. قلب صدرا درست مثل نوک انگشتان و بینی‌اش هرگونه حسی را از دست داده بود. بیست سال زندگی‌اش در آن تاریکی حیاط زیر نور کم‌رنگ ماه و ستاره‌ها مثل پرده سینما جلوی چشم‌هایش به نمایش درآمده بود. بیست سال تلخ و شیرین که هم‌زمان گاهی اشک به چشم‌هایش می‌آورد و گاهی لبخند بر لبانش می‌نشاند. گاهی دندان‌هایش را به هم می‌فشرد و گاهی مشت‌هایش را گره می‌کرد و در نهایت در پایان آن نمایش بیست ساله بی‌اختیار حس کرد که از پا افتاده است و تمام سختی‌های روزگار در آن لحظه بعد از این همه سال استقامت او را به زانو درآورده است.

صدرا تمام طول شب را فکر کرد و بالاخره وقتی پرده شب درست مثل پرده نمایش برای شروع یک صحنه جدید کنار رفت و روشنایی خورشید دوباره همه جا را فرا گرفت کم کم به این نتیجه رسید که گذشته برگشت‌پذیر نیست و اگر بخواهد انتقام تمام عالم را هم از مادر

حبیب بگیرد صبا دوباره برایش زنده نخواهد شد. از سویی می‌دید که او بعد از این‌همه سال تا حدودی تقاص‌هایش را به طرق مختلف پس داده است و تازه لذتی که در عفو و بخشش است هیچ وقت در انتقام پیدا نخواهد شد. تصمیم‌اش را گرفت و حوالی بعدازظهر همراه ایمان به خانه آزرمی‌ها رفت.

این بار از همان لحظه که وارد اتاق شد تمنای بخشش را در چشم‌های به گودی نشسته او دید. طی بیست وچهار ساعت گذشته چقدر صفحه صورت مادر حبیب خواناتر شده بود و چقدر سریع به حس ندامت خو گرفته بود. به نظر می‌رسید نفس‌های او بیش از پیش به شماره افتاده است ولی به امید بخشش صدرا گوش‌هایش را تیز کرده و چشم‌هایش را به زور باز نگه داشته بود.

روی همان صندلی قدیمی نشست ولی سعی کرد این بار با دسته‌های آن مهربان‌تر باشد. همین طور که سرش را پایین می‌انداخت شمرده‌شمرده گفت: من تمام شب را تا صبح فکر کردم و با خودم کلنجار رفتم. شاید اگر چند سال پیش به این قضیه پی می‌بردم و یا اگر صبا هنوز زنده بود هیچ وقت دلم راضی نمی‌شد که ببخشمت. ولی حالا بیست سال آزگار از آن ماجرا می‌گذره. نه من می‌تونم زمان رو به عقب ببرم نه صبا دیگه برای من زنده می‌شه. تا حالا هم که برات مسجل شده کاری رو که در حقم کردی اصلاً روا و عادلانه نبود.

در اینجا سرش را بلند کرد و در حالی که به جای صورت مادر حبیب به دیوار کنار تختش نگاه می‌کرد زمزمه‌وار و اندوهگین تکرار کرد: صبا دیگه هیچ وقت برای من زنده نمی‌شه.

مادر حبیب با صدایی بریده بریده گفت: یعنی می‌خوای بگی منو بخشیدی و از حقت گذشتی؟

این بار صدرا برای چشیدن لذت عفو باید حتماً در چشم‌های مادر حبیب نگاه می‌کرد و هم‌زمان که سرش را به علامت تایید تکان می‌داد گفت: همین‌طوره.

ـ یعنی تو اون دنیا دیگه جلومو نمی‌گیری؟

و صدرا این بار با لبخند کم‌رنگی گفت: نه اون دنیا باهات کاری ندارم. فکر کنم هم تو به اندازه کافی از دست روزگار کشیدی هم من.

اشک کم‌کم در چشم‌های مادر حبیب حلقه زد. دست استخوانی‌اش را روی دست صدرا گذاشت و گفت: خدا خیرت بده پسرم! سینه‌ام سبک شد. باور کن انگار راحت‌تر می‌تونم نفس بکشم. آخیش! امشب با خیال راحت سرمو رو بالش می‌گذارم.

صدرا نیم‌ساعتی در کنار او ماند و وقتی خوابش برد برخاست ولی لحظه خروج از اتاق با

صدای زمزمه‌وار او از حرکت ایستاد. مادر حبیب انگار در خواب مدام تکرار می‌کرد: حلالـم کن مادر! حلالم کن!

آخرین نگاه اشک‌آلود مادر حبیب که آثار شرم و قدرشناسی با هم در آن موج می‌زد حکایت از شکسته شدن طلسمی داشت که سال‌ها بر سر او سایه انداخته بود.

ایمان یک ساعتی کنار بالین‌اش کشیک داد و سپس حوالی غروب هر دو آنجا را ترک کردند.

ظهر فردا وقتی حیدر آزرمی غمگنانه خبر فوت همسرش را به صدرا داد در کنار حس اندوه به طور هم‌زمان حس رضایت خاطر تمام وجودش را در برگرفت. رضایت خاطر از اینکه به موقع قبل از آنکه خیلی دیر شده باشد او را از ته دل بخشیده بود و حقیقتاً آن بخشش چقدر برایش لذت‌بخش بود.

خبر فوت مادر حبیب ایمان را متأثر کرد. زنی که به تندی اخلاق معروف بود هر وقت پای ایمان به میان می‌آمد به طرز عجیب و اسرارآمیزی مهربان‌ترین مادربزرگ دنیا می‌شد حالا با رفتنش تمام خاطرات شیرین گذشته‌اش را در ذهن ایمان زنده کرده بود. ساعت‌ها با اشک‌های بی‌صدا پشت در بسته اتاقش با خود خلوت کرد.

اواخر اسفندماه آن سال زمانی که جوانه‌ها روی شاخه‌های عریان هم‌صدا آهنگ رویش سر می‌دادند صدرا بوته گل محمدی را که پر از غنچه‌های باز نشده بود بالای مزار مادر حبیب کاشت. بعدها گل‌های خون‌رنگ آن بوته چنان عطرشان را سخاوتمندانه همه جا می‌پراکندند که هر کس بوی عطر آنها را می‌شنید بی‌اختیار راهش را به آن طرف کج می‌کرد و بر مزارش فاتحه می‌خواند.

فصل چهلم

سایه شوم جنگ همچنان بر سر مردم سنگینی می‌کرد. مـرگ، خـون‌ریـزی، خـاک، دشـمن واژه‌هایی بودند که همچون گردبادی ذهن دانش‌آمـوزان را جـدای از درس و مشـق بـه آشـوب می‌کشاند. اغلب دانش‌آموزها مشق جنگ می‌نوشتند و عشق بـه خـاک وطـن زمزمـه آن‌هـا بـود. ایمان هم از این شرایط بر کنار نبود.

سال چهارم برایش سالی پر مشقت بود. چراکه اضـطراب فـوق‌العـاده او از کنکـور و تحمـل درد از دست دادن مادربزرگی که همیشه عشق در نگاهش موج زده بود، تمرکـز روی آن حجـم سنگین درسی را به شدت دشوار می‌کرد. چقدر دلش برای لمس دست‌های مهربان او و لب‌هایی که در حضورش خنده از روی آنها محو نمی‌شد تنگ شده بود.

دوران دبیرستان ایمان با کارنامه‌ای درخشان از رشته ریاضی و فیزیک بالاخره به پایان رسید. ایمان و احمد بعد از سال‌ها در کنار هم بودن و پشت یک میز نشستن فصلی را پشت سرگذاشتند که انگار به چشم به هم زدنی گذشته بود. اما مهم‌تـرین چیـز برایشـان عبـور از فصـل تردیـدهای نوجوانی و قدم گذاشتن به فصل اهداف حقیقی بود. اهدافی که تحققشان برایشان اهمیت فراوانی داشت.

با آرزوهایی کاملاً متفاوت ولی اشتیاقی یکسان قدم به دوران پرشور جوانی گذاشتند.

احمد که از سال‌ها قبل دوست داشت بعد از اخذ دیپلم وارد رشته الکترونیک شود حـالا بـه مرحله‌ای رسیده بود که گاهی اوقات خود را در کلاس‌های دانشـگاه و یـا در حـال قـدم زدن در محوطه آن تصور می‌کرد.

آرزوی ایمان هم برای ورود به رشته هنر و نقاشـی کـه از همـان دوران کـودکی در ذهـنش

ریشه دوانده بود، با تشویق‌های روزافزون صدرا به واقعیت نزدیک می‌شد.

تب و تاب کنکور با پایان گرفتن سال چهارم دبیرستان بین فارغ‌التحصیلان دبیرستانی در سرتاسر کشور شدت می‌گرفت و دانش‌آموزان مضطرب در انتظار رسیدن روز موعود لحظه‌شماری می‌کردند. ایمان و احمد تا رسیدن به آستانه آرزوهایی که طی سال‌های متمادی در سر پرورانده بودند چند قدمی بیشتر فاصله نداشتند. فقط کافی بود همان چند قدم را بردارند و به تمام رویاهای شیرین‌شان جامه عمل بپوشانند.

هیجان و تب و تاب کنکور به حدی زیاد شده بود که از دانش‌آموزان به والدین و تمام افراد خانواده سرایت کرده بود و صدرا هم از این قاعده مستثنی نبود.

صدرا آن روز ایمان را زودتر از همیشه صدا کرده و صبحانه بسیار مفصلی را هم برایش تهیه دیده بود. اما ایمان از شدت دلشوره سرگیجه گرفته بود. چندان که جز یک لقمه چیزی از گلویش پایین نرفت.

صدرا که دم در حیاط به انتظار او ایستاده بود بی‌اختیار یاد خاطره اولین روز مدرسه ایمان افتاد. از آن روز دوازده سال می‌گذشت ولی خاطره‌اش آنقدر در ذهن صدرا زنده بود که حتی می‌توانست تمام جزئیات پیراهن صبا و سایه روشن رنگ آن را که با حرکت آرام چین و شکن‌های دامنش در زیر نور آفتاب مهرماه تغییر رنگ می‌داد در ضمیر تاریک ذهنش ببیند. ایمان را دید با دندان‌های شیری افتاده با لبخندی که یک آن از روی لب‌هایش محو نمی‌شد. حبیب را دید که عشق پدری‌اش را در برق رضایتی که در چشم‌هایش می‌درخشید خلاصه کرده بود. به قدری محو خاطره شده بود که وقتی ایمان صدایش کرد برای لحظه‌ای فکر کرد که همان ایمان هفت ساله با صدای شیرین کودکانه‌اش او را صدا می‌زند. به خود که آمد اولین چیزی که نظرش را جلب کرد رنگ پریدگی و اضطراب ایمان بود. همان‌جا در آستانه در روبه‌روی او ایستاد و با دو دست شانه‌هایش را محکم گرفت. درست مثل اینکه می‌خواست با آن دست‌های پرقدرت قوت قلب را مثل جریانی یکسره از خودش به او منتقل کند و سپس با لحنی که آرامش از آن می‌بارید گفت: پسرم! آینده مال توست. آینده تو دست‌های توست. اگر به اون معتقد باشی و براش زحمت بکشی مطمئن باش که به دستش میاری. فقط باید خودت رو باور کنی. استعدادهات رو دست کم نگیر. اعتماد به نفس داشته باش.

به درخت‌های گیلاس سمت خانه رحیم‌خان اشاره کرد و ادامه داد: اون گیلاس‌ها رو ببین که از شاخه‌ها آویزونند. نگاه کن که چطور از آن کوچکی به اینجا رسیدند. فکر می‌کنی بدون زخم‌های دست رحیم‌خان اونها الآن روی شاخه‌ها بودند. پای این درخت‌ها عرق ریخته شده که

حالا داره ثمر می‌ده. این تلاش و زحمته که مرد رو می‌سازه. هر قدر بیشتر زحمت بکشی شیرینی ثمره‌اش بیشتر می‌شه. من اینو توی تو می‌بینم. یا امسال یا ده سال دیگه. من از حالا دارم آینده رو تو دستات می‌بینم. به خودت مسلط شو و با این فکر که داری می‌ری تا امتحانت رو حتماً قبول بشی برو سر جلسه بعد می‌بینی که دلهره خودش یواش یواش از دلت می‌ره. حرف‌های صدرا چنان قوت قلبی به ایمان داد که هنوز از در خانه بیرون نرفته حس کرد ضربا ن قلبش به حالت عادی برگشته است.

حوزه امتحان مملو بود از دانش‌آموزانی که با هزاران امید و آرزو به آنجا آمده بودند. جوانانی که همگی خوشبختی را انگار فقط در رفتن به دانشگاه می‌دیدند و بس. دانش‌آموزانی که عده بسیار زیادی از آنها قبول نشدن را آخر دنیا و متلاشی شدن آرزوهای جوانی و سرافکندگی خانه و خانواده می‌دانستند.

صدرا با دیدن آن همه جوان آماده کنکور در آنجا شوکه شده بود و تازه این یک حوزه از صدها حوزه امتحانی دیگر بود. درست از لحظه‌ای که ایمان قدم به حوزه امتحانی گذاشت تمام حرف‌های دلگرم‌کننده صدرا را با دیدن آن‌همه دانش‌آموز و تصور رقابتی تنگاتنگ به فراموشی سپرد و دوباره اسیر تشویش و دلهره شد. چقدر دلش می‌خواست حوزه امتحانی‌اش با احمد یکی بود تا او با شوخی‌هایش اضطراب را از یاد او می‌برد. یک نگاه به صورت رنگ‌پریده و لب‌های سفیدرنگ ایمان صدرا را مجبور کرد تا برخلاف سایر پدر و مادرها که آنجا را ترک می‌کردند قید مغازه را بزند و همانجا در حیاط مدرسه به انتظار بنشیند. آن هم انتظاری سخت و طولانی.

درهای حوزه که بسته شد دانش‌آموزان هر کدام سر صندلی‌های شماره‌گذاری شده خود نشسته و آماده آزمون شدند. علائم دلهره مثل علائم مشخص یک بیماری واگیردار در دست‌های یخ‌کرده و قلب‌هایی که به شدت می‌تپید، دهان‌های خشک‌شده و چشم‌های منتظر وجه مشترک تمام کنکوری‌ها بود. با شروع آزمون دیگر فرصتی برای افکاری خارج از محدوده سوال‌های امتحانی نماند. به محض توزیع دفترچه‌های امتحانی سکوت بر سالن سایه انداخت طوری که اگر مداد از دست کسی به زمین می‌افتاد صدایش در تمام سالن می‌پیچید.

ایمان با همان نظر اول به سوالات، قوت قلب از دست رفته‌اش را به دست آورد. آنقدر سوال‌ها در نظرش راحت و آسان می‌آمد که نمی‌دانست چطور آن دایره‌های تو خالی را پر کند.

همه سرها روی برگه‌ها خم شده بود و دقیقه‌ها به سرعت ثانیه‌ها سپری می‌شد. تقریباً اواسط امتحان بود که حس غریبی تمام وجود ایمان را در برگرفت. برای یک آن حس کرد تمام صندلی‌های سالن به حرکت درآمده و دیوارها حالت کج و معوج به خود می‌گیرند. سقف سالن

شروع به جابه‌جا شدن و چرخیدن کرد. تمام خون بدنش یک مرتبه به صورتش هجوم آورد و گر گرفت و بلافاصله عرق سردی بر تمام بدنش نشست. در یک لحظه احساس بی‌وزنی مطلق کرد و یک‌مرتبه نیرویی نامرئی او را در حالی که توان کاملاً از سرتاسر بدنش بیرون رفته بود به پایین صندلی و کف سالن کشاند و به دنبال آن همه چیز در تاریکی مطلق فرو رفت.

ایمان همان طور که همه جا هنوز در نظرش تاریک می‌آمد سعی کرد برخیزد و مدادش را از روی زمین بردارد ولی درست مثل رباطی که باتریش تمام شده باشد همان طور بی‌حرکت برجا ماند. وقتی کم‌کم توانست چشم‌هایش را باز کند خودش را دید که روی کاشی‌های سرد کف یک کلاس خالی دراز کشیده و چهار تن خم شده و با نگرانی او را نگاه می‌کنند. ایمان از صورت یکی به صورت دیگری نگاه کرد و یک‌مرتبه با به خاطر آوردن جلسه امتحان از جا پرید و پشت سر هم تکرار کرد: «امتحانم... امتحانم... سوالام... دفترچه‌ام.» یکی که کت و شلوار خاکستری رنگی به تن داشت و در کنار ایمان زانو زده بود به آرامی دستش را روی سینه ایمان که حالت نیم‌خیز به خود گرفته بود گذاشت و با لحنی پدرانه گفت: «پسرم! عجله نکن. اول بگذار حالت سر جاش بیاد.» ایمان دوباره وحشت‌زده به چهره‌های ناآشنا که نگاه‌های ترحم‌آمیزشان را به صورتش دوخته بودند نگاه کرد و با التماس گفت: «تو رو خدا! امتحانم. بذارید برم منو کجا آوردید؟» فرد دیگری که در سمت دیگر ایمان زانو زده بود و با موهای خاکستری رنگش از همه مسن‌تر به نظر می‌رسید آهسته گفت: آروم باش پسرم! سر جلسه حالت بد شد ما هم آوردیمت اینجا. الحمدالله انگار یه کم حالت بهتر شده.

ایمان سوزش شدیدی را سمت چپ پیشانی‌اش حس کرد و ناخودآگاه دستش را روی پیشانی‌اش که از عرق کاملاً خیس شده بود، کشید و برآمدگی ناشی از ضربه وارد آمده به پیشانی‌اش را زیر انگشت‌هایش حس کرد و هم‌زمان به خاطر آورد که چطور سر جلسه امتحان دچار سرگیجه شده است. لحظه‌های با ارزش امتحان داشت به سرعت برق از کف ایمان می‌رفت. با وحشت در حالی که دست ممتحن را از روی سینه‌اش کنار می‌زد سعی کرد به سرعت روی پاهایش بایستد و با بغضی که گلویش را می‌فشرد پشت سر هم تکرار کرد: امتحانم ... وقتم داره می‌ره. بگذارید برم. امتحانم... وقتم رفت.

ممتحنی که ایمان دستش را کنار زده بود این بار دستش را روی شانه ایمان گذاشت و با لحنی تأسف‌بار گفت: پسرم! هنوز حالت جا نیومده. هنوز داری تلوتلو می‌خوری. خیلی از زمان امتحان رو از دست دادی الان دیگه دارن کم‌کم دفترچه‌ها رو جمع می‌کنن.

به محض شنیدن خبر جمع‌آوری دفترچه‌ها سقف و دیوارهای آن کلاس خالی چرخید و

انگار با تمام وزنش بر سر ایمان فرود آمد. انگار همه چیز برای او تمام شد و دنیا به آخر رسید. حاصل چهار سال زحمت و تلاش و رویاهای طلایی دود شد و به هوا رفت. بغض همچنان با سماجت گلویش را می‌فشرد. تمام غصه‌هایش به یک طرف با به خاطر آوردن صورت مشتاق صدرا اندوهی گران‌تر را روی سینه‌اش احساس کرد و زیر لب با ناامیدی گفت: جواب عمو صدرا رو چی بدم؟ تمام امیدهای اونو هم نقش بر آب کردم.

سردرگم، غمگین و درمانده روی کاشی‌ها نشست و همان طور که زیر تخته‌سیاه کلاس به دیوار تکیه داده بود زانوهایش را بغل گرفت. چه ساعت‌ها و روزهایی را که پشت آن صندلی‌ها ننشسته و به امید آینده‌ای روشن برای خودش خیال‌بافی نکرده بود. چه روزهایی که زنگ‌های تفریح با گچ‌های رنگی روی دیوارهای سالن اجتماعات مدرسه زیباترین طرح‌ها را نکشیده بود و لقب پیکاسوی مدرسه را دائم از احمد نشنیده بود. همان‌طور زانوی غم به بغل گرفته با صدای یکی دیگر از ممتحنین که برایش کیک و آبمیوه آورده بود به خود آمد: بیا پسرم! بیا اینو بخور. حتماً فشار خونت اومده پایین یا قند خونت افتاده. صبحانه نخورده بودی؟

ایمان بدون آنکه لب‌هایش را برای پاسخی باز کند فقط به او نگریست و سپس بدون اینکه مقاومتی کند لب‌هایش را به نی پاکت آبمیوه نزدیک کرد. طعم آن آبمیوه در دهانش بدمزه‌ترین و تلخ‌ترین آبمیوه‌ای آمد که تا به حال به عمرش خورده بود. نیم ساعتی را به همان حال در آن کلاس خالی و بی‌روح گذراند و وقتی اطمینان پیدا کرد که می‌تواند روی پاهایش بایستد از جا برخاست.

سیل دانش‌آموزانی که امتحان را به پایان برده بودند تمام سالن و راهروها و حیاط مدرسه را پر کرده بود. صدای همهمه جوان‌ها در گوشش می‌پیچید. درست مثل آدم‌هایی که در خواب راه می‌روند تمام طول راهرو و حیاط مدرسه را در اوج تفکر فراموش شدگی و قربانی بودن در دست بی‌رحم تقدیر و محکومیت به آینده‌ای مبهم و نامعلوم طی کرد. پاهایش انگار متعلق به بدن او نبود و انگار با اکراه او را روی زمین می‌کشاندند. نگاهش در آن لحظه با نگاه یک نابینا هیچ تفاوتی نداشت. در آن شرایط نه چیزی می‌دید و نه چیزی می‌شنید. تنها صدایی که مدام در گوشش طنین می‌انداخت و مدام او را سرزنش می‌کرد این بود که: «ای بیچاره! همه امتحانشون رو با موفقیت تموم کردن و توی بی‌عرضه درست مثل دختربچه‌ها حالت به هم خورد و غش کردی و شانست رو مفت و مسلم از دست دادی.» ایمان چنان در عالم سرزنش و خودکم‌بینی خودش غرق شده بود که وقتی یاد حرف‌های آن روز صبح صدرا افتاد تمام نصایح او در نظرش یک مشت عقاید موهوم و مهمل آمد.

صدرا که تمام مدت در حیاط بی‌صبرانه به انتظار ایمان این پا و آن پا شده بود با اتمام آزمون و هجوم بچه‌ها به حیاط با چشم‌های جست‌وجوگرش فقط به دنبال صورت خندان ایمان می‌گشت. اما وقتی پس از نیم ساعت جست‌وجو چشمش به قیافه غم گرفته او که با تمام چهره‌های دیگر فرق می‌کرد افتا با همان نگاه گذرا از حال و روزش آگاه شد.

به ایمان که غرق در عالم خود با تنه این و آن از این‌طرف به آن طرف می‌رفت نزدیک شد و به آرامی دستش را روی شانه او گذاشت. ایمان به محض دیدن صورت مهربان و منتظر صدرا نفهمید که چطور اختیارش را از دست داد و همین طور که سرش را روی شانه او می‌گذاشت مثل کودکی هفت ساله که از رفتن به مدرسه و جدایی از مادر متنفر است بغض‌اش ترکید و گریه را سر داد. اشک‌های ایمان در آن لحظه به حدی واقعی بود که نه‌تنها از سر شانه کت صدرا گذشت بلکه تا اعماق قلبش هم رسوخ کرد.

برای ایمان در آنجا فقط و فقط یک شانه محکم مهم بود که سرش را روی آن بگذارد و عقده دلش را خالی کند. وجود یک دیوار ستبر مهم بود که بتواند تکیه‌گاهی برای آن لحظه از پا افتادگی‌اش باشد. و چه بسا اگر در آن شرایط آن را نمی‌یافت از شدت غصه دق می‌کرد. هر چند سال‌ها بعد با یادآوری خاطره آن روز همیشه عرق شرم روی پیشانی‌اش می‌نشست.

با تمام سختی‌ها و عذاب‌هایی که برای ایمان داشت آن روز گذشت ولی چند ماهی طول کشید تا ایمان شرایط به وجود آمده را بپذیرد و به خود بقبولاند که زندگی همیشه سرپایینی نیست و گاهی سربالایی‌هایش چنان نفس‌گیر است که تا چند بار از آن نیفتی نمی‌توانی با موفقیت به قله آن برسی. صدرا هم هرگز به او اجازه نمی‌داد که فکر شکست را به مخیله‌اش راه دهد و برایش از این اتفاق به عنوان یک تجربه یاد می‌کرد و او را به تلاش مجدد تشویق می‌کرد. گه‌گداری هم رحیم‌خان برای اینکه به قول خودش به او دلداری دهد، می‌گفت: پسر! اگه همه بخوان برن دانشگاه که مملکت درش تخته می‌شه. مملکت برق‌کش نمی‌خواد؟ لوله‌کش نمی‌خواد؟ باغبون و چه می‌دونم بقال و قصاب نمی‌خواد؟ ول کنید بابا این دانشگاه رفتنو. مگه ما دانشگاه نرفتیم، مردیم؟

روزی که بالاخره نتایج رتبه‌های کنکور اعلام شد احمد با رتبه دورقمی‌اش سر از پا نمی‌شناخت. از یک طرف دلش پر می‌زد که این خبر را به ایمان بدهد از طرفی هم با وجودی که می‌دانست ایمان از صمیم دل برایش خوشحال خواهد شد به خاطر تجربه تلخ او در امتحان فکر کرد شاید بهتر باشد سکوت کند.

ایمان آنقدر برای آگاهی از رتبه احمد بی‌قرار بود که وقتی تا ظهر از او خبری نشد خودش

یک راست به منزلشان رفت. چهره بشاش مادر احمد دم در حکایت از اخباری خوش داشت. وقتی احمد رتبه‌اش را به ایمان نشان داد ایمان از فرط خوشحالی او را بغل کرد و گفت: ایوالله! دیدی پسر بالاخره به آرزوت رسیدی آقای مهندس!

و احمد در جواب به لبخندی بیشتر اکتفا نکرد. حالا که خیال احمد از بابت ایمان راحت شده بود دلش پر می‌زد که به هر طریقی که شده بنفشه را از نتیجه کنکورش باخبر کند و به قولی پز رتبه بالایش را به او بدهد. به همین خاطر در صدد مقدمه‌چینی این کار برآمد ولی از آنجایی که ایمان دستش را خوانده بود با خنده به او گفت: چیه؟ چرا منو اونجوری نگاه می‌کنی؟ من به این کارها کاری ندارم. خودت بهش بگو.

ـ آخه خره! من یک کاره برم در خونشون بگم رتبه‌ام اومده چهل‌وپنج؟ بهم می‌خنده.

ـ خوب بخنده! خیلی هم دلش بخواد. رتبه چهل‌وپنج خیلی هم پز دادن داره.

ـ اون زبون دراز رو که می‌شناسی خودم بهش بگم دو تا بارم می‌کنه.

ـ خوب بکنه! مگه تو کم بارش می‌کنی؟

ـ خفه شو بابا توام! بیا امروز عصری با هم بریم بیرون بعدش من میام خونتون. تو سر صحبت رو باز کن اون وقت خودم بهش می‌گم.

حوالی غروب بنفشه کنار باغچه شیلنگ به دست مشغول آب دادن گل‌ها بود که احمد و ایمان وارد حیاط شدند. به بنفشه نزدیک شدند و بعد از سلام و علیک مختصری احمد با آرنج یواشکی به پهلوی ایمان زد که سر صحبت را باز کند. ایمان که از رفتار احمد به خنده افتاده بود با هیجان گفت: بنفشه !هیچ می‌دونی امروز رتبه‌ها رو دادن؟

بنفشه از روی چهره هیجان‌زده احمد و خنده‌های دونفری‌شان به زیرکی حدس زده بود که صحبت ایمان به کجا ختم خواهد شد و با وجودی که کنجکاو بود سر از رتبه احمد در بیاورد قیافه‌ای متفاوت به خود گرفت و گفت: من که کنکوری نبودم از کجا بدونم؟

ـ آره! امروز رتبه‌ها رو دادن. حدس بزن رتبه احمد چند اومده.

بنفشه لبخند شیطنت‌آمیزی به لب آورد: من نمی‌دونم ولی اگه رتبه‌اش خراب اومده بود الآن اینجا واینستاده بود.

ایمان ذوق‌زده گفت: رتبه‌اش چهل‌وپنج اومده! چهل‌وپنج!

بنفشه که اصلاً انتظار شنیدن نتیجه‌ای به این خوبی را نداشت ابتدا جا خورد ولی به سرعت خودش را جمع و جور کرد و با تمسخر نگاهی به احمد انداخت و گفت: حتماً مصححه چشماش چپ بوده!

احمد که از لحن صحبت بنفشه حسابی دلخور شده بود با عصبانیت گفت: اولاً که جوابای کنکور رو با کامپیوتر تصحیح می کنند نه با مصحح. در ضمن بگذار نوبت خودت بشه ببینم تو چه گلی به سر رحیم‌خان می‌زنی!

ـ من بچه خرخون نیستم.

ـ آره فکر کنم تو فقط بتونی برای رشته ارزن پاک کنی در غوزآباد قبول بشی. ولی نصیحت منو قبول کن و برو دنبال خیاطی اقلا اون به دردت می‌خوره! تازه مامانم شاگرد خیاطی می گیره می‌تونم سفارشت رو بهش بکنم.

چهره بنفشه برافروخته شده بود. ایمان حس کرد هر آن ممکن است از شدت عصبانیت منفجر شود. نگاه تندی به هر جفتشان انداخت و با ناراحتی گفت: اِ... بس کنید شما هم دیگه شورشو درآوردید. مدام عین سگ و گربه به پروپاچه هم می‌پیچید.

احمد با همان لحن تمسخرآمیز در جواب ایمان گفت: اگه بعضی‌ها پاچه ما رو ول کنن ما با پاچه‌شون کار نداریم.

بنفشه دیگر نتوانست آنجا بایستد. در حالی که لب‌ها و چانه‌اش از بغض می‌لرزید با چشم‌های اشک‌آلودش نگاه ملامت‌باری به احمد انداخت و سپس همان طور شیلنگ آب را در باغچه رها کرد و بدون اینکه شیر آب را ببندد با دلخوری به خانه رفت.

ایمان نگاه سرزنش‌آمیزی به احمد انداخت و گفت: خیالت راحت شد؟ کرمات رو خوب ریختی؟

ـ به من چه؟ اون اول شروع کرد. من که مثل آدم پیش تو وایساده بودم.

ـ آره منتهی حرفات مثل حرف آدمیزاد نبود.

ـ نگه تا نگم!

ـ فکر کنم خیلی ناراحتش کردی. آخه خره! تو هنوز نفهمیدی دخترها چقدر حساسند؟ مثل توی هالو که پوست‌کلفت نیستند که هر چی بخوای بارشون کنی.

ـ حساسه؟ یاد بگیره زبون درازی نکنه.

ـ باید یه جوری از دلش در بیاری.

ـ همین حالا! به من چه! چطور اون هر چی دلش می‌خواد به من می گه!

ـ احمد! اون یه کلمه خرخون بهت گفت که تازه باید خیلی هم بهش افتخار کنی. تو چی به اون گفتی؟ رشته ارزن پاک کنی؟ اینو دیگه از کجات درآوردی؟

احمد که کم‌کم داشت از حرف‌هایی که به بنفشه زده بود شرمنده می‌شد با خلق‌تنگی

گفت: حالا تو هم هی تکرارش کن. حالا ما یه چیزی گفتیم...!

آخرین نگاه اشک‌آلود بنفشه و لب‌هایش که از فرط بغض می‌لرزید در ذهن احمد نقش بست و در حالی که از بابت حرف‌هایی که دقایقی پیش به بنفشه گفته بود سخت پشیمان شده بود در دل خود را سرزنش کرد و گفت: خاک بر سرت کنن. آدم با کسی که دوستش داره این‌جوری حرف می‌زنه؟

وقتی بنفشه به اتاقش برگشت در برابر چشم‌های کنجکاو عفت نتوانست اشک‌هایش را که بی‌اختیار می‌چکید، پنهان کند. عفت در آن لحظه خوب می‌دانست که بنفشه به تنها چیزی که نیاز دارد تنهایی است.

با وجودی که خود را در تحریک احمد برای تلافی کردن حرف‌هایی که به او گفته بود مقصر می‌دانست ولی با جملات آخر احمد سخت رنجیده بود. احمد خبر نداشت که بنفشه به خاطر علاقه شدیدش به خیاطی که از دو سال پیش شکل گرفته بود از چند ماه پیش در کلاس‌های مادر احمد ثبت‌نام کرده و یکی از بهترین و هنرمندترین شاگردان مادرش محسوب می‌شد.

صف‌های طولانی در مقابل گیشه‌های روزنامه‌فروشی و قیافه‌های مضطرب و هیجان‌زده جوانان منتظر دیدن داشت. برگه‌های روزنامه در آن لحظات برایشان حکم مرگ و زندگی را رقم زد. احمد با چهره برافروخته از هیجان که در دو قدمی دروازه سرزمین آرزوهایش ایستاده بود از این قاعده مستثنی نبود و همراه ایمان در صف از این پا به آن پا می‌شد تا بالاخره انتظار طولانی به پایان رسید و روزنامه چروک شده و نیمه‌پاره در اثر چنگ‌زدن‌های این و آن به دستشان رسید. احمد در حالی که صدایش از هیجان می‌لرزید روزنامه را به ایمان داد و گفت: «من نمی‌تونم نگاه کنم. تو نگاه کن بعد کد قبولی رو بگو تا من با دفترچه چک کنم» و همین طور که کد رشته الکترونیک دانشگاه شریف را زیر لب تکرار می‌کرد چشم‌هایش را بست و منتظر شد. ایمان به سرعت صفحه‌ای را که اسم فامیلی‌ها با حرف کاف شروع می‌شد، آورد. نام‌های خانوادگی مثل رژه مورچه‌ها از جلوی چشم‌هایش می‌گذشتند. احمد کنعانی، احمد کنعانی، احمد کنعانی. چشم‌های ایمان به اسم فامیلی کنعانی افتاد و سپس متوجه شش احمد کنعانی که پشت سرهم ردیف شده بود، افتاد. ولی هر شماره شناسنامه را که ایمان می‌خواند شماره احمد نبود طوری که آخر سر مشغول خواندن کد رشته‌های قبولی شد. ولی با هر یک کد که ایمان می‌خواند، احمد می‌گفت: این رشته من نیست. دوباره بگرد و دوباره یک احمد کنعانی دیگر با کدی ناآشنا!

احمد آنقدر بی‌طاقت شده بود که روزنامه را از دست ایمان چنگ زد و گفت: «بده ببینم بابا توام چشات باباغوریه» و به سرعت ستون اسم‌ها را از نظر گذراند و وقتی با نظر اول آنچه را که می‌خواست پیدا نکرد دوباره گشت و دوباره...

احمد ده‌ها بار ستون اسامی را از بالا به پایین و از پایین به بالا مرور کرد ولی احمد کنعانی که در رشته الکترونیک قبول شده باشد، نیافت. شماره‌ها را یکی یکی با کدهای دفترچه تطبیق داد ولی هیچ‌کدام از آن‌ها رشته‌های انتخابی او نبود. ناامید، گیج و متحیر همراه ایمان به خانه بازگشت. ایمان مدام در راه او را دلداری می‌داد و می‌گفت «حتماً اشتباه شده. من مطمئنم اشتباه چاپی بوده. فردا می‌ریم دنبالش ببینیم چی شده.» و احمد در کمال ناامیدی فقط سرش را تکان می‌داد.

مادر احمد به امید شنیدن خبر خوش قبولی پسرش از کنار تلفن جنب نمی‌خورد. ولی وقتی طاقتش طاق شد در حیاط را باز کرد و دم در به انتظار احمد ایستاد. وقتی چشماش به قیافه گرفته و درهم احمد افتاد لبخند از روی لب‌هایش محو شد.

وقتی ایمان از نتایج کنکور بنفشه را مطلع کرد بنفشه فقط سکوت کرد و هیچ نگفت. اما از لبخند رضایتی که ایمان تصور می‌کرد با شنیدن این خبر بر لب‌های او نقش ببندد، خبری نبود. بنفشه کمی به ایمان نگاه کرد و خیلی ساده پرسید: چرا؟

و ایمان در جواب گفت: نمی‌دونم.

ـ حتماً احمد خیلی ناراحته. آره؟

ـ بیشتر از اونی که فکرش رو بکنی.

بنفشه با سکوتی که اختیار کرده بود به اتاقش رفت و ایمان را حیرت‌زده از رفتار عجیبش تنها گذاشت.

نمی‌خواست اشک‌هایش را ایمان ببیند.

دو هفته بعد از اعلام نتایج کنکور احمد با تحقیق و پرس‌وجو و اعتراض فراوان بالاخره فهمید که از تحقیقات دانشگاهی رد شده است. دیگر به این در و آن در زدن‌های او و هر روز برای دیدن این و آن راه‌های طولانی و پرترافیک را طی کردن و التماس کردن‌ها و منت هرکس و ناکسی را کشیدن هیچ سودی نداشت. خود را دید که بی‌رحمانه در حالی که یک قدم بیشتر با قله موفقیت فاصله نداشت به قعر دره شکست سقوط کرده است. یک ماه بعد در حالی که داشت یواش‌یواش مثل ایمان به وضع موجود عادت می‌کرد از یک منبع موثق مطلع شد که باعث و بانی شکستش در کنکور کسی نبوده جز همسایه روبه‌رویشان.

همسایه‌ای که در جواب پرسش‌های مامور تحقیقات گفته بود که: «احمد نماز معمولی‌اش رو نمی‌خونه چه برسه به اینکه نماز جمعه بره. تو هیچ کدوم از راهپیمایی‌ها تا حالا دیده نشده. انتخابات هم اصلاً شرکت نمی‌کنه برید شناسنامه‌اش رو ببینین اگه جای یه اثر انگشت پیدا کردین!» و مامور تحقیقات هم در جواب گفته بود: دانشگاه‌های ایران جای افراد یاغی و بی‌دین و ایمان نیست.

دو جوان پرشور پر از استعدادهای آماده شکفتن پر از آرزوهای دور و دراز برای آینده‌ای روشن حالا افسرده و ناکام با دنیایی از حسرت تلخ‌ترین روزها و ماه‌های عمرشان را سپری می‌کردند. وضع احمد بدتر بود. همیشه با ناامیدی به ایمان می‌گفت: تو هنوز شانس برآورده شدن آرزوهات رو داری. ولی برای من دیگه همه چیز تموم شده. نه پول دارم برم خارج و خواسته‌هام رو اونجا عملی کنم نه دوباره می‌تونم کنکور شرکت کنم چون دوباره ردم می‌کنن.

خوب می‌دانستند عدم پذیرش‌شان در دانشگاه برابر است با رفتن به سربازی اجباری و سربازی اجباری در آن بحبوحه جنگ به معنی رفتن بی‌چون و چرا به جبهه و جنگ.

اسم سربازی به تنهایی برای صدرا دیوانه‌کننده بود چه برسد به آنکه کلمه جنگ هم به آن افزوده می‌شد. برای معاف کردن ایمان از سربازی خود را به آب و آتش زد. روزی نبود که به این منظور از منزل خارج نشود و راهی این اداره و آن اداره و سازمان نشود. به هر کس و ناکسی رو انداخت و هر روز دست از پا درازتر خسته از آن روی‌های ترش که انگار لبخندزدن به روی مرجوعین را فعل حرام می‌دانستند به خانه برمی‌گشت. حاضر بود تمام هستی و نیستی‌اش را بدهد تا جلوی سربازی رفتن او را بگیرد ولی در تمام این مدت جواب منفی می‌شنید و بس. گاهی هم که بیش از حد دست به دامن مسؤولان می‌شد در جواب می‌شنید: پدرآمرزیده! اینکه اصلاً اسم فامیلی‌اش هم با تو فرق می‌کنه و پسرت نیست چرا این‌قدر جوش می‌زنی؟ تازه اگرم هم اسم خودت بود کاری نمی تونستی بکنی. مملکت قانون داره زمان جنگ دیگه استثنا و غیراستثنا سرش نمی‌شه. همه باید برن سربازی.

ایمان با وجود ترس و دلهره خودش سعی می کرد تا حدودی صدرا را تسلی بدهد و می‌گفت: عمو صدرا! غصه نخور چشم به هم بذاری تموم شده و برگشتم. عوضش می‌رم یه کم پوستم کلفت می‌شه.

اما فکر کم شدن یک تار مو از سر ایمان خواب و خوراک را از صدرا گرفته بود. شبی نمی‌آمد که کابوس جنگ و زخمی شدن ایمان یا اسیر شدن او را در خواب نبیند. چاره‌ای نداشت جز قبول واقعیت و نفرین کردن به جنگی که حالا آنقدر طولانی شده بود که به نسل دوم رسیده بود.

بالاخره روز جدایی از راه رسید و صدرا تسلیم تقدیر شد. ایمان سه روز باقیمانده تا اعزامش را یک به یک بین کسانی که به او عشق می‌ورزیدند تقسیم کرد. یک روز کامل را با آقا و خانم صرافی گذراند. روز دوم را تماماً پیش حیدر آزرمی ماند و روز سوم را هم تا آخرین لحظه به صدرا اختصاص داد. صدرا تمام وسایل شخصی ایمان را تهیه کرده و لباس‌های او را اتو زده بود. تا جایی که دیگر صدای ایمان در آمد: «هی منو بد عادت کن. اونوقت می‌رم اونجا پدرم در میاد» و صدرا هم جز لبخندی تلخ جواب دیگری برای او نداشت.

سه ماه دوره آموزشی برای ایمان که دست‌پرورده صدرا بود و از گل کمتر نشنیده بود با افتادن در قعر جهنم تفاوتی نداشت. . نگهبانی‌های سخت و طولانی و سینه‌خیزهای پی‌درپی زیر آفتاب داغ و خواب نفله شده دم صبح و غذای پر از کافور و کلاغ‌پرهای تمام‌نشدنی لای گل و شل زیر باران با او چنان کرده بود که با پایان دوره آموزشی احساس کرد از جهنم به بهشت برین منتقل شده. هر چند این تصور هم برایش خیلی زودگذر بود چون بلافاصله پس از آن دوره عازم جایی شد که در کنار کنجکاوی‌هایش همیشه از آن وحشت داشت.

پیش از اعزام به خانه احمد سری زد تا از او و مادرش خداحافظی کند اما زمانی که از احمد شنید که او هم به زودی عازم جنگ خواهد شد و با سفارش یکی از اقوامش احتمال دارد محل خدمت‌اش را به جایی که ایمان اعزام می‌شود انتقال دهد نور امید به دلش تابید و خشنود شد که حداقل تنها نیست.

فصل چهل‌ویکم

موهایش تازه درآمده بود که به جبهه اعزام شد. از آن سو دل آسمان هم همچون دل صدرا گرفته بود. پهنه بیکران آسمان با توده‌های متراکم ابرهای خاکستری و به هم فشرده پوشیده بود. صدرا با چشم‌هایی که بارش اشک را در خود نهفته داشت به آسمان نگاه کرد تا شاید اثری از خورشید یا گوشه کوچکی از آسمان آبی را ببیند ولی دریغ از روزنه‌ای باز به سوی خدا. ناامید سرش را پایین انداخت و این بار با چشم‌های بسته و تصور آسمانی روشن در دل دعا کرد و از صمیم قلب با دلی مملو از غم و اندوه از خدا خواست که ایمانش را، امانت گران‌بهای صبا را صحیح و سالم به او برگرداند. ایمان هم که حال و روز صدرا را می‌دید سعی می‌کرد با تبسم‌هایش کمی به او قوت قلب دهد. با وجودی که ایمان از قبل جداجدا از همه اقوام خداحافظی کرده بود ولی همه برای بدرقه‌اش آمده بودند.

صدرا با چشم‌هایی که برق اشک آنها را شفاف‌تر کرده بود خاموش و متفکر کناری ایستاده بود. فریدون، فریبا، خانم تفرجی و ایمان که حالا دیگر می‌توانست روی پاهای خودش بایستد در یک سمت ایستاده و رحیم‌خان و عفت و بنفشه و احمد با کمی فاصله از بنفشه در سمت دیگر ایمان منتظر بودند. خانم تفرجی طبق عادت قدیمی‌اش مدام آیت‌الکرسی می‌خواند و به سر و هیکل ایمان فوت می‌کرد. ایمان سرخوش از این‌همه محبت و توجه با لبخندش که همیشه خاطره لبخندهای صبا را برای صدرا زنده می‌کرد مقابل پدر ایستاد. صدرا شانه‌های ایمان را گرفت و با چشم‌های ترش در چشم‌های ایمان خیره شد و همچنان که بغض لب‌هایش را می‌لرزاند او را به سینه خود چسباند. گرمای آغوش صدرا که در یک روز توفانی پناهگاه امنی برای صبا شده بود در آن روز گرفته و ابری پناهگاهی برای یادگار او شد. صدرا همچنان که

عشق و ایمانش را در آغوش می‌فشرد چانه‌اش را به سر ایمان که بین بازوهای صدرا جا خوش کرده بود، چسباند و زمزمه‌وار گفت: تو رو به امانت دست خدا می‌سپارم.

ایمان سرش را که از سینه صدرا برداشت بدون آنکه خود بداند با چشم‌های او تا بیکران عشق پدری رفت و حس کرد که چقدر او را با ذره ذره وجودش از کودکی دوست داشته و حالا چه بیشتر...

با رفتن ایمان رحیم‌خان به صدرا نزدیک شد و دستش را روی شانه او که با چهره‌ای گرفته و بغض‌آلود اگر رهایش می‌کردی تا ابد همانجا می‌ایستاد، گذاشت و گفت: بسپارش به خدا.

و صدرا بدون آنکه نگاهش را از نقطه مبهمی که بر آن خیره شده بود، بگیرد نجواکنان گفت: به امانت فرستادمش. خدا خودش می‌دونه که تو دستش امانته.

با وجودی که صدرا از شروع دوره آموزشی ایمان تنها شده بود آن شب حیاط خانه به نظرش از همیشه تاریک‌تر آمد. ماه و ستاره‌ها انگار همگی به یغما رفته بودند. درخت‌های حیاط با شاخه‌های لخت‌شان معلوم نبود دست تکدی‌شان را این بار به سوی چه کسی دراز کرده بودند. آن شب خانه صدرا از هر زمانی خالی‌تر و تنهاتر به نظر می‌رسید. با وجودی که رحیم‌خان به او اصرار کرده بود که آن شب شام را در کنار آنها باشد صدرا قبول نکرده بود. فقط می‌خواست تنها بماند. خوب می‌دانست درد فراق ایمان با رفتن به جبهه با دورهٔ آموزشی او کاملاً متفاوت است. آن شب مثل روحی سرگردان و بی‌قرار از این طرف به آن طرف می‌رفت و در نهایت در نقطه‌ای از اتاق نشیمن که سالها پیش شیرین‌ترین لذت عالم را در آغوشش مزمزه کرده بود، آرام گرفت.

برای غلبه بر نگرانی‌هایش به زمان نیاز داشت. هر کجای خانه که رو می‌کرد جای خالی ایمان را می‌دید. از گوشه‌گوشه حیاط و خانه برایش خاطره می‌بارید. شب‌ها وقتی دلش تنگ می‌شد، دفترهای نقاشی ایمان را باز می‌کرد و تک‌تک طراحی‌های او را از نظر می‌گذراند و وقتی خستگی بر او غلبه می‌کرد همانجا در اتاق ایمان روی تخت او دراز می‌کشید. آن‌چنان برای دریافت نامه‌های ایمان بی‌قرار بود که هر روز صبح به محض بیدار شدن با وجودی که می‌دانست پست‌چی صبح به آن زودی نامه نمی‌آورد به سراغ در حیاط می‌رفت تا شاید نامه‌ای لای در باشد.

از روزی که ایمان تهران را به قصد جبهه ترک کرد شمارش معکوس صدرا برای زمان مرخصی ایمان شروع شد و با گذشت هر یک روز خود را به دیدن دوباره ایمان نزدیک و نزدیک‌تر می‌دید. اولین نامه ایمان یک‌ماه بعد از اعزامش به جبهه به دست صدرا رسید. نامه‌ای

بسیار مختصر و مفید. در نامه چیز چندانی از اوضاع جبهه و جنگ به چشم نمی‌خورد و تنها به کلماتی نظیر خوبم و می‌گذرد و ای بد نیست اشاره شده بود. همان نامه کوتاه برای صدرا به اندازه تمام دنیا ارزش داشت. صدرا صبورانه همراه با شاخه‌هایی که برای رسیدن بهار لحظه‌شماری می‌کردند به انتظار نشسته بود چرا که اولین مرخصی ایمان هم‌زمان با شروع فصل بهار و ایام عید بود. بهار آن سال با حضور ایمان زیباترین بهار عمر صدرا بود. هر چند از بدو مرخصی ایمان با دلهره رفتن دوباره‌اش آب خوش از گلویش پایین نمی‌رفت ولی همان یک هفته هم برایش غنیمت بود.

با اتمام مرخصی یک هفته‌ای ایمان که برای صدرا به چشم به هم‌زدنی گذشت روزهای تلخ انتظار بار دیگر از راه رسید. روزهایی که دوباره صدای زنگ تلفن هر بار او را از جا می‌پراند و غروب‌ها او را برای اینکه تلفن ایمان را از دست ندهد خانه‌نشین می‌کرد.

دو هفته‌ای از عزیمت دوباره ایمان به جبهه می‌گذشت که یک‌روز احمد سرزده نزد صدرا آمد.

برای خداحافظی آمده بود چون خیلی زود او هم راهی جایی می‌شد که ایمان از مدت‌ها قبل رفته بود. به اصرار احمد در حیاط روی تخت کنار حوض نشستند. وقتی صدرا برای آوردن بساط پذیرایی به خانه رفت احمد بلافاصله برخاست و با نگاهی گذرا گوشه گوشه حیاط را از نظر گذراند و با تکان خوردن شاخ و برگ‌های بوته‌های رزی که رحیم‌خان روی چشم‌هایش آنها را پرورش داده بود به آن سمت رفت. با احتیاط یکی از شاخه‌ها را کنار زد و بنفشه را در حالی که پیراهن زردرنگی با آستین‌های کوتاه به تن داشت و موهای بلندش را از دو طرف بافته بود پشت بوته‌ها غافل‌گیر کرد و جواب گونه‌های برافروخته و اخم ظاهری بنفشه را با لبخند داد. بنفشه وانمود می‌کرد که متوجه حضور احمد در آنجا نشده ولی احمد خیلی خوب می‌دانست که بنفشه با آن تیزی و زرنگی‌اش محال است که صحبت‌های او و صدرا را نشنیده باشد.

دقایقی صبورانه با بنفشه که طبق عادت همیشگی‌اش سعی داشت مغرورانه ساز بی‌تفاوتی‌اش نسبت به او را کوک کند صحبت کرد و سپس با شنیدن صدای صدرا با نگاه از بنفشه که دو غنچه نیمه باز رز سفید و قرمز در دست داشت خداحافظی کرد وبنفشه هم دور شدن او را تا محو کامل قامت بلندش در پشت شاخه‌ها و بوته‌ها تماشا کرد. بعد بنفشه با صدای در حیاط که پشت سر احمد بسته شده بود از جا پرید. با غنچه‌های نیمه‌باز خمار در دستش نیم‌ساعتی به همان حال ایستاد و سپس در حالی که اشک از روی گونه‌هایش جاری بود با عجله مقابل نگاه مادر به اتاقش رفت.

عفت همه چیز را می‌دانست. او از همان دوران نوجوانی بنفشه به همه چیز پی برده بود. بارها مکالمه آن دو را دورادور تماشا کرده بود و با هر یک بار که بگومگوهایشان بالا می‌گرفت بیش از پیش اطمینان حاصل می‌کرد. مادری بود که به راحتی تفاوت سرخی گونه‌های دخترش را می‌فهمید. فرق سرخی از عصبانیت، سرخی از خجالت و سرخی از عشق را به راحتی در بنفشه از هم تمیز می‌داد. اشک‌های بنفشه را روز اعلام نتایج کنکور که هیچ ربطی به او نداشت، دیده بود. از دقت وسواس‌گونه بنفشه در خیاطی برای تحت تأثیر قرار دادن مادر احمد به خوبی آگاه بود. برقی که با حضور احمد همیشه در چشم‌های بنفشه می‌درخشید چطور می‌توانست از دید او پنهان بماند. عفت همه چیز را فهمیده بود و حالا به دنبال خداحافظی احمد برای رفتن به جنگ و دیدن دوباره چشم‌های تر بنفشه قلبش در هم فشرده شده بود. بنفشه را با آن دو غنچه رز که شبنم اشک‌هایش روی آن نشسته بود پشت پنجره اتاقش غافل‌گیر کرد و فقط در یک جمله گفت: عزیز دلم! اون غنچه‌ها رو بذار توی آب، اونا به امید اشک زنده نمی‌مونن به امید آب زنده می‌مونن.

حدود سه هفته بعد از اعزام احمد به جبهه صدرا نامه‌ای کاملاً متفاوت با نامه‌های قدیمی ایمان دریافت کرد. از نامه‌های قبلی‌اش بسیار طولانی‌تر بود و از متن آن بوی شوق و شعف به مشام می‌رسید. آن‌طور که از متن نامه بر می‌آمد روحیه ایمان تغییر کرده بود. همان طور که آشنای احمد قول داده بود احمد توانسته بود به گردان ایمان بپیوندد.

صدرا از اینکه می‌دید ایمان حداقل دوستی را در کنار خود دارد که می‌تواند از دلتنگی‌ها و غصه‌هایش بکاهد خوشحال بود.

احمد با وجود شکست سختی که در زندگی خورده بود هنوز پر از شور و نشاط جوانی بود و شوخ طبعی‌اش را همچنان حفظ کرده بود. حالا بعد از گیر کردن پشت غربیل تنگ تحقیقات ورودی دانشگاه به جای نشستن پشت میزهای دانشگاه در یک سنگر کوچک خاکی با ایمان همنشین شده بود که همان هم برای خود عالمی داشت. اما وقتی بین آن دو صحبت دانشگاه به میان می‌آمد ایمان به خوبی می‌دید که چشم‌های احمد به دوردست‌ها خیره شده و حالت چهره‌اش تغییر می‌کند. گاهی هم ایمان برای نشاندن دوباره لبخند روی لب‌های او سر به سرش می‌گذاشت و می‌گفت: «بدبخت مگه حالا به ضرب سهمیه رزمندگان خودت رو تو دانشگاه بچپونی» و احمد هم با خنده تلخی در جواب می‌گفت: نه بابا! خیلی سخت‌تر از این حرفاست. فکر کنم تا شهید نشم تو دانشگاه رام نمی‌دن.

تا قبل از پیوستن احمد به ایمان هیچ‌کس نمی‌دانست که ایمان چه روزهای سختی را پشت

سر می‌گذارد.

ایمان از جبهه و جنگ شکایتی نداشت اما از فرمانده گردانشان دل‌خوشی نداشت. حاضر بود زیر سخت‌ترین آتش‌های دشمن باشد و اسیر گیر دادن‌های فرمانده گردان نشود. فرمانده گردان مردی بود تقریباً چهل ساله به نام حاج فتحی.

حاج فتحی هیکلی فربه و قدی نسبتاً کوتاه داشت و ابروهایی که گره‌اش با هیچ لبخندی باز نمی‌شد و چشم‌هایی که به همه چیز از زاویه شک و تردید می‌نگریست.

تمام افراد گردان به شدت از او حساب می‌بردند.

بین رزمندگان شایع بود: خدا نکنه یکی سرباز عراقی دستش بیفتد یکی آدم بی‌نماز، اون وقت دیگه هیچی حالی‌اش نیست.

افسردگی ایمان تا پیش از آمدن احمد بیشتر از بابت همین فرمانده گردان بود. گاهی آماج متلک‌پرانی‌های حاج فتحی هم می‌شد که سربسته با گوشه و کنایه می‌گفت: اینجا تحفه‌هایی هم پیدا می‌شن که به ضرب اردنگی اومدن جبهه ولشون کنی می‌خوان مثل یه مشت بچه ننه برگردن. اینا مایه شرم آقا امام زمانند.

ایمان نمی‌خواست خاطر صدرا را از شرایط موجودش مشوش کند از این رو هیچ وقت در نامه‌هایش و یا مکالمات تلفنی‌اش گله و شکایتی نمی‌کرد. شرایط سخت را تحمل می‌کرد و دم نمی‌زد. کسانی هم بودند که ایمان را دلداری داده و سعی می‌کردند لحظات او را کمی قابل تحمل‌تر کنند.

در بین هم‌رزمان ایمان جوانی بود که به طور داوطلب از یکی از روستاهای دورافتاده کشور به جبهه آمده بود. چهره ساده و روستایی او به دل ایمان می‌نشست. البته این سادگی فقط به چهره او خلاصه نمی‌شد. سادگی از افکار و حرف‌های او می‌بارید ولی شنیدن همان حرف‌های ساده و بی‌ریا که با لحن ساده و بی‌تکلفش ادا می‌شد برای ایمان دنیایی داشت. گاهی اوقات که ایمان از رفتار حاج فتحی به ستوه می‌آمد و ناراحت می‌شد با معصومیت و سادگی در گوش ایمان نجوا می‌کرد: آقا ایمان! حرف‌های حاجی را به دل نگیری ها. مرد بدی نیست... آقا ایمان! شنیدی می‌گن امام زمان باهاش حرف می‌زنه؟ به خدا راست می‌گم. یکی از برادرها می‌گفت: پریشب همین طور که حاجی توی جاش دراز کشیده بوده تو جاش نور دیده. خوش به سعادتش.

و ایمان که هاج و واج به حرف‌های او گوش می‌داد در جواب گفته بود: حتماً داشته با چراغ قوه توی جاش دنبال چیزی می‌گشته.

ـ آقا ایمان! فکر نکنم نور چراغ قوه بوده. برادرها می‌گن نورش همچین یه کم سبز بوده.

مظفر با صورتی که پوستش در اثر کشاورزی زیر برق آفتاب کاملاً تغییر رنگ داده بود و دست‌هایی که در این سن کم از شدت کارهای سخت و طولانی پینه بسته بود به دل ایمان می‌نشست. حضورش او را سرگرم می‌کرد. جوانی بود که تمام عمرش را در سخت‌ترین شرایط گذرانده بود و فقر و نداری مثل سایه‌ای جدانشدنی همواره او را تعقیب کرده بود اما در نهایت سادگی‌اش به ایمان درس استقامت می‌داد. گاهی زخم‌های دستش سر باز می‌کرد و ایمان می‌گفت باید آنها را ببندد و او با همان لهجه شیرین روستایی و لبخندی بر لب می‌گفت: آقا! ایمان ولمون کن مگه زخم شمشیره. ما پوستمون کلفت‌تر از این حرف‌هاست.

مظفر فرزند ارشد یک خانواده هشت نفره بود که پدرش را سال‌ها قبل به دلیل افتادن از تراکتور و ضربه مغزی سر زمین کشاورزی از دست داده بود و تمام مسؤولیت خانواده بر دوش ناتوانش افتاده بود. مظفر در نگاه ایمان درست مانند سنگ‌های کف رودخانه که در اثر جریانات تند و ملایم آب به مرور زمان صاف و صیقلی می‌شوند در برابر ناملایمات زندگی که یک عمر از درودیوار برایش باریده بود کاملاً صاف و صیقلی شده بود و دیگر حتی با سخت‌ترین شرایط هم خم به ابرو نمی‌آورد. به هر روی برای ایمان نمادی از سادگی و بی‌غل و غشی بود که در هر شرایطی می‌توانست خستگی را از تن او بیرون کند.

یک روز که ایمان و مظفر از هر دری گرم صحبت بودند ایمان علت جبهه آمدن او را پرسید. مظفر در جواب با همان نگاه ساده و بی‌ریا گفت: آقا ایمان! اولش که به خاطر مملکت و انقلابمون اومدیم جبهه. اومدیم بلانسبت به این صدامی‌ها نشون بدیم مملکتمون همچین هم بی‌صاحب نیست.

ـ آخه پسرا تو اگه کشته بشی کی دیگه می‌تونه به خانوادت رسیدگی کنه؟ ناسلامتی تو الان مرد خونه‌ای.

ـ آقا ایمان! ما مثل سگ هفت تا جون داریم. به این سادگی‌ها دم به تله نمی‌دیم. تازه اگه شهید بشم هم خودم می‌رم بهشت هم بنیاد شهید به خانواده‌ام می‌رسه. نمی‌گذاره گرسنه بمونند. اینجوری با یه تیر دو نشون می‌زنم. یکی از مردهای دهمون پارسال خدا رحمت کرده شهید شد امسال مادرش رو بنیاد شهید فرستاد مکه. من اگه صد سال دیگه‌ام کار کنم ننه‌ام خواب مکه رفتن رو هم نمی‌بینه. اقلا اینجوری می‌تونه به آرزوش برسه.

ایمان مات و متحیر به دلایلی که از نظر خود مظفر کاملاً منطقی بود، گوش می‌کرد. مظفر اصلاً شوخی نمی‌کرد. جدیت از کلامش می‌بارید. اما وقتی دید ایمان هنوز با دلایل او قانع نشده

است در ادامه گفت: آقا ایمان! حاج فتحی همیشه می‌گه شهید شدن لیاقت می‌خواد... تازه آقا ایمان! خدا همه کس رو نمی‌بره. حالا کو تا ما! تا حاج فتحی و امثال اون موندن که نوبت به ما نمی‌رسه. تازه اگه هم لیاقت پیدا کردم و شهید شدم ننم ممکنه اولش غصه بخوره ولی بعد وقتی بفرستنش مکه از دلش در میاد. تازه حسین داداش کوچیکم همیشه خدا دوست داشت یه موتور گازی داشته باشه شاید بتونه اونو از بنیاد شهید بگیره.

ایمان فقط با چشم‌های از حدقه درآمده از شدت تعجب به مظفر که در نهایت سادگی و بی‌تکلفی آن جملات را بر زبان می‌راند نگاه می‌کرد. آیا واقعاً چیزی که می‌شنید، حقیقت داشت؟ مظفر از رفتن به پیشواز مرگ چنان حرف می‌زد که انگار می‌رفت تا با آن قفل قفس فقر و نداری را که خانواده‌اش در آن اسیر بودند باز کند. ایمان مدام با خود می اندیشید که آخر چنین طرز تفکری چطور توانسته در ذهن جوانی که دنیایی از آرزوها را در پیش رو دارد شکل بگیرد؟ ایمان لحظه به لحظه به عمق سادگی مظفر بیشتر پی می‌برد. ذهن مظفر درست مثل یک کاغذ سفید بی‌خط آماده رنگ‌آمیزی بود و مهم نبود که آن رنگ سرخ باشد یا سبز، زرد باشد یا آبی ، سفید باشد یا سیاه و حاج فتحی خوب به این قضیه پی برده بود.

با پیوستن احمد به گردان ایمان گیردادن‌های حاج فتحی به ایمان چند برابر شد. چون به قول خود حاج‌فتحی گل بود به سبزه نیز آراسته شده بود. حاج فتحی ایمان را از سر ناچاری به هر حال تحمل می‌کرد اما چشم دیدن احمد را نداشت. چرا که احمد بی‌محابا جلوی همه هر بد و بیراهی را که می‌خواست به حاج فتحی می‌گفت و در نهایت حرف‌هایش را با دعا برای آرزوی شهادت عاجل فرمانده گردان به پایان می‌برد و البته همیشه دو سه نفری هم پیدا می‌شدند که برای حاج فتحی خبر ببرند و همین خود به خود آتش کینه را در دل حاج فتحی شعله‌ورتر می‌کرد. شایع بود تعدادی از رزمندگان به خاطر اخلاق تند و غیرقابل تحمل حاج فتحی گردان‌شان را تغییر داده و به جای دیگر منتقل شده بودند ولی کسی برای خواسته دو سرباز صفر تره خرد نمی‌کرد و هر دو محکوم به ماندن و تحمل کردن بودند.

در آن شرایط سخت و طاقت‌فرسا ایمان در صبر و بردباری نقطه مقابل احمد بود. او که صبر و شکیبایی را از صدرا به ارث برده بود سعی می‌کرد تا همیشه در سخت‌ترین شرایط با صبوری از کنار مشکلات بگذرد ولی در عوض احمد با وجودی که طبع شوخش در اکثر مواقع خنده را روی لب‌هایش می‌کاشت ولی خیلی زود هم از کوره در می‌رفت و اهل کوتاه آمدن نبود طوری که گاهی اوقات اگر ایمان افسارش را نمی‌کشید چه بسا که در برابر حاج فتحی از مرز نبایدها فراتر می‌رفت.

حاج فتحی با وجودی که خلق و خوی ناسازگار و اخلاق تندی داشت در میدان جنگ رزمنده‌ای تمام‌عیار بود. ترس به هیچ عنوان در وجودش جایی نداشت. تمنّای وسواس‌گونه پیوستن به لقاءالله با او چنان کرده بود که از سینه سپر کردن در برابر آتش دشمن ابایی نداشت. علاوه بر این حاج فتحی تمام آن مناطق را مثل کف دست‌اش می‌شناخت و اطلاعات رزمی‌اش آنقدر غنی بود که همیشه همه روی تاکتیک‌های نظامی‌اش حساب می‌کردند و در خیلی از مواقع طبق آن عمل می‌کردند. با این خصوصیاتش شکایت باقی رزمندگان را از بابت اخلاق تندش کاملاً خنثی می‌کرد. در آن میدان نبرد کسی به غرور جریحه‌دار شده یک سرباز اهمیتی نمی‌داد.

تفکر نوشیدن شهد شهادت و قدم گذاشتن به در دروازه بهشت چنان تمام ذهن حاج فتحی را تحت سیطره خود درآورده بود که از هل دادن رزمندگان دیگر به صف شربت‌نوشان شهادت هم ابایی نداشت و با مظفر و امثال او چنان کرده بود که گاهی در برابر بهت احمد و ایمان برای روی مین رفتن و تکه‌تکه شدن برای بازکردن راه سایرین با هم دعوا می‌کردند.

احمد و ایمان در سکوت شب که گه‌گاه با صدای انفجار یا پرتاب منور و یا گاهی با صدای رزمندگان در فاصله‌های دور شکسته می‌شد همین که فرصتی به دست می‌آوردند با یاد روزهای قدیم کودکی و خاطرات شیرین آن، خستگی روحی و بدنی را از تنشان بیرون می‌آوردند. احمد با طبع شوخش گاهی چنان ایمان را به خنده می‌انداخت که اشک از چشم‌هایش سرازیر می‌شد.

در یکی از روزهای سخت و طاقت‌فرسای جبهه احمد و ایمان پا به پای هم از صبح خیلی زود همراه سایر رزمندگان ساعت‌ها مشغول کندن خندق برای پناه گرفتن از دیدبانی دشمن بودند. برق آفتاب بالای سرشان و فعالیت زیاد، حسابی عرقشان را درآورده بود. ولی با دست‌های خسته و ترک‌خورده انگار از لمس خاک سرزمین مادری که برای پاسداری‌اش به هر خطری تن داده بودند همچنان نیرو می‌گرفتند. دم‌دم‌های غروب آفتاب دیگر حسابی رسشان کشیده شده و نایی برایشان نمانده بود. همه در سنگرها ولو شدند. چند روزی بود که ایمان قصد داشت برای صدرا نامه بنویسد.

همین طور که ایمان کاغذ و قلمش را در زیر نور کم سنگر آماده می‌کرد مظفر نزدش آمد و از آنجا که سواد درست و حسابی نداشت از او خواهش کرد تا چند خطی هم از طرف او برای مادرش بنویسد.

ایمان تکه کاغذی که داشت از وسط نصف کرد و همین طورکه آن را به زانوهایش تکیه می‌داد از مظفر خواست که هر چه می‌خواهد بگوید تا برایش بنویسد. هر چند جملاتی که مظفر

می‌گفت در نهایت سادگی بود و در بعضی جاها هم ایراد انشایی داشت ولی ایمان هیچ‌کدام از عبارات را تغییر نداد و نامه را همان طور که مظفر گفته بود کلمه به کلمه برایش نوشت. پس از اتمام نگارش نامه مظفر در حالی که به نوشته‌های نامه که برایش جز خطوطی در هم و برهم چیز دیگری نبود نگاه می‌کرد آن را روی چشم‌هایش گذاشت و سپس نامه را بوسید و گفت: «آقا ایمان! اجرت با امام حسین. دستت درد نکنه. ننم وقتی این نامه رو ببینه کلی ذوق می‌کنه»

احمد در حالی که روبه‌روی ایمان نشسته و با تکه سنگی خطوط مبهمی روی خاک می‌کشید رو به ایمان کرد و گفت: ایمان! جان تو من قبلاً این حاج فتحی تحفه رو یه جا دیدم. غلط نکنم از اون عتیقه‌های در و محل خودمونه.

ـ فکر می‌کنی. قیافه مثل قیافه حاج فتحی تو این مملکت فراوونه.

ـ باور کن راست می‌گم. از همون روز اول که دیدمش شناختم‌اش. باور کن یکی از اون آنتن‌های محل خودمونه.

ـ نمی‌دونم! من که تا حالا ندیده بودمش.

ـ می‌خوای یه کم سر به سرش بذارم؟

ـ تو هم مثه اینکه سرت درد می‌کنه ها!

ـ جان تو پسر اگه یه ترکش به شیکم این حاج فتحی بخوره تا یه سال خوراک جونورای بیابون تامینه. بدبخت بیچاره زنش؛ دلم براش می‌سوزه.

ایمان سرش را از روی نامه بالا آورد و با خنده گفت: چرا؟

ـ چرا؟ خاک تو سر خرت کنن. شکم‌اش رو ندیدی؟ با این شکمی که این بابا داره زن بدبخت‌اش رو حتماً تا حالا چند بار پرس کرده!

نوشتن نامه ایمان آن شب دو ساعت طول کشید. لودگی احمد آنقدر او را به خنده انداخته بود که در آخر نامه حس کرد تمام خستگی آن روز از بدنش بیرون رفته است.

چند روزی می‌شد که از شدت آتش در جبهه‌ها کاسته شده بود. و اثری از تردد و تحرکات مشکوک دشمن به چشم نمی‌خورد. رزمنده‌ها به این نتیجه رسیده بودند که بعد از حمله‌هایی که به نیروهای دشمن داشته‌اند طول خواهد کشید تا دشمن تجدید قوا کند. اما سکوت جبهه آتش زیر خاکستر بود.

هنوز خورشید از پشت ستیغ کوه بیرون نیامده با تک دشمن مواجه شدند. عراقی‌ها آن‌ها را هدف توپ و خمپاره قرار داده بودند. رزمنده‌ها سلاح به دست پروانه‌های سرگشته‌ای بودند که سردرگم این سو و آن سو می‌کردند. صدای فریادهای خشن حاج فتحی که هر آن ممکن بود

حنجره‌اش را پاره کند و از پشت بی‌سیم تقاضای نیروهای کمکی می‌کرد به گوش می‌رسید. احمد و ایمان سردرگم سلاح در دست مثل باقی رزمندگان به فرمان حاج فتحی عقب‌نشینی می‌کردند. صدای انفجار لحظه‌ای قطع نمی‌شد. خاکی که چندی پیش با آن همه رشادت و از خود گذشتگی از زیر چکمه دشمن بیرون آمده بود دوباره داشت با تک دشمن به زیر چکمه‌های آنان له می‌شد. نیروهای عراقی که تصور یک لشکر شکست‌خورده را به رزمندگان القا کرده بودند با ترفندی موذیانه رزمندگان را دور زده و این بار از مسیری که انتظارش را نداشتند به آنها حمله‌ور شده بودند. ایمان و احمد نفس‌نفس‌زنان پشت تلی از خاک پناه گرفتند. ایمان با دوربین شکاری که در کوله‌پشتی‌اش داشت به محل استقرار نیروهای دشمن نگاهی انداخت. تانک‌های دشمن لحظه به لحظه به منطقه آنها نزدیک‌تر می‌شدند. آتش سنگین نیروهای عراقی از زمین و آسمان بر سرشان می‌بارید. انفجارهای پی‌درپی خمپاره‌ها و توپ‌ها که در نزدیکی آنها رخ می‌داد منطقه را در هاله‌ای از گردوغبار فرو برده بود. ایمان تا آن لحظه آن همه ادوات سنگین دشمن را آن هم بعد از شکست سنگینی که به آن‌ها وارد کرده بودند یک‌جا ندیده بود. برای آن دو کاملاً مسجل شده بود که با وجود آن امکانات وسیع و سلاح‌های سنگین دشمن ایستادن در آن منطقه و مقاومت کردن بدون نیروهای کمکی خودکشی محض است.

تانک‌های عراقی با پیشرویشان از روی سنگرهایی که با دست‌های زخمی و خسته رزمندگان درست شده بود عبور می‌کردند. صدای حاج فتحی که دیوانه‌وار همچنان فرمان عقب‌نشینی می‌داد در لابه‌لای صدای گوش‌خراش انفجار و آتش و خمپاره گم می‌شد. چند تن از رزمندگان در آن بحبوحه آتش و خون داوطلبانه از حاج فتحی خواستند که آنجا بمانند و مقاومت کنند تا بقیه نیروها بتوانند عقب‌نشینی کنند. نزدیک شدن لحظه به لحظه دشمن وقت زیادی برای حاج فتحی نگذاشته بود و هر چه سریع‌تر باید تصمیم می‌گرفت. یا باید تمام نیروها با هم مقاومت می‌کردند و متحمل تلفات جانی بسیار سنگین می‌شدند و یا عده کمتری می‌ماندند و خود را قربانی نجات جان دیگران می‌کردند. حاج فتحی ایستاده بر سر دو راهی چاره‌ای ندید جز اینکه با پیشنهاد داوطلبان موافقت کند. آن روز خونین وحشتناک‌ترین و دلخراش‌ترین روزی بود که ایمان به عمرش دیده بود. رزمندگان داوطلب که برای مقابله با توفان هم قسم شده بودند در مقابل نگاه‌های بهت‌زده ایمان و احمد مثل گل‌های پرپر شده روی خاک می‌افتادند. آن صحنه‌های دلخراش خشم و خون را یک‌جا در چشم‌های آن دو نشانده بود. آن دو در آن هوای غبار گرفته که از بوی خاک و باروت و خون آکنده بود چشم در چشم هم دوختند و در یک آن هر دو با هم از یک‌دیگر پرسیدند: بمونیم؟ و هر دو در یک آن گفتند: بمونیم.

ایمان که در اولین روز ورودش به جبهه با خود عهد کرده بود که هرگز کسی را آماج تیر اسلحه‌اش قرار ندهد وقتی هم‌رزمان غرقه به خون و تکه تکه شده خود را دید چنان خون جلوی چشم‌هایش را گرفت که اسلحه‌اش را رو به دشمن گرفته و بی‌محابا شلیک می‌کرد.

یکی از همسنگری‌ها ایمان که سابقه آسم شدید داشت تیر خورده بود و حال خفگی داشت و قادر به نفس کشیدن نبود. صدای خس‌خس نفس‌هایش در کنار ایمان او را از حرکت باز داشت. ایمان و احمد از دو طرف در کنارش روی خاک زانو زده و هر یک از یک سمت زیر بغلش را گرفته و سعی کردند به سرعت او را تا حد امکان از تیررس دشمن دور کنند. همسنگری در حالی که خون زیادی ازبدنش رفته بود به جیب شلوار رزمش اشاره کرد و احمد بلافاصله اسپری تنفسی او را که همیشه در جیب‌اش داشت بیرون آورد و به دست‌های لرزان و خون‌آلودش داد. نفس‌هایش آنقدر سخت بالا می‌آمد که ایمان خود احساس خفگی کرد. صداهای تیر و فریاد و خمپاره همچنان در پشت سرشان غوغا می‌کرد. همسنگریشان را به محل امن‌تری رساندند و مسیری را که آمده بودند بازگشتند ولی در مسیر بازگشت از هم جدا افتادند.

در آن صحرای محشر هر یک جداگانه بغض در گلو نشسته با ناباوری سعی می‌کردند به این باور برسند که در کابوسی هولناک به سر می‌برند و به زودی از آن خواهند پرید.

نبرد تا حوالی عصر به طول انجامید و سرانجام پهنه آسمان که تمام روز شاهد آن‌همه خون و خون‌ریزی و جانفشانی بود خود آهسته‌آهسته به خون نشست. گردوغبار جبهه تا حدودی فرو نشسته و تصویر نشای لاله‌های سرخی که سرتاسر آن را پوشانده بود شفاف‌تر می‌شد. ایمان با زانوهایی لرزان و چشم‌هایی گریان چنان آهسته گام برمی‌داشت که مبادا رویای آن لاله‌های تازه به خواب رفته را بر هم بزند. با قامتی در هم شکسته و روحیه‌ای در هم شکسته‌تربا چشم هایی که حالا به بارشی بی امان افتاده بود هم‌رزمی‌ای را دید که اسلحه در یک دست با صورت معصومش به خاک افتاده و دست دیگرش دو سه قدمی آن سوتر افتاده و در خون خود می‌غلتید. هم‌رزمانی را دید که بدن له شده‌شان حالا بخشی از خاک بیابان شده بود.. چهره‌های به خون نشسته و لب‌های فرو بسته، دست‌های خونین گشوده به روی آسمان و چشم‌هایی که در بی‌نهایت افق ثابت شده و پاهایی که از ضرب ترکش خمپاره‌ها از حرکت باز ایستاده و قطعه قطعه بدن‌هایی که برای پاسداری از آب و خاک وطن روی خاک افتاده بودند همه را یک به یک به نظاره نشست. همچنان که چشم‌هایش را بی‌فایده با آستین خاک‌آلود لباس رزمش پاک می‌کرد یک آن با دیدن چهره‌ای آشنا از حرکت باز ایستاد. چهره‌ای که همچنان خیره به افق با لبخندی بر لب در حالی که نامه خیس خورده در خونی را که شب قبل برایش نوشته بود هنوز

در جیب لباس رزمش داشت انگار دقایقی قبل به آفتاب بدرود گفته بود. قطرات اشک دوباره بی‌اختیار بر گونه‌های ایمان دوید. دو زانو در کنار قامتی که حتی به خاک افتادنش هم در نهایت سادگی بود به خاک نشست. انگشت‌های لرزانش را روی چشم‌هایی که برق گیرایش همیشه به دلش نشسته بود، کشید و چشم‌هایش را که رو به قلمرو آفتاب تا بی‌نهایت آرزوها ثابت شده بود، بست. با خود فکر کرد کاش می‌توانست تمام آن بدن‌های قطعه‌قطعه شده را در آغوش بگیرد و از زیر چکمه‌های دشمن که می‌آمدند تا ساعتی دیگر آن خاک آبستن با جوانه‌های عشق و ایثار را به لرزه بیندازند بیرون بیاورد. می‌خواست تمام خشمش را فریاد کند و فریادش را گلوله‌ای کند تا سینه این‌همه بی‌رحمی و قصاوت را از هم بشکافد. ولی خوب می‌دانست که چهره کریه جنگ فقط طالب خون است و آن‌همه خون‌های ریخته شده بر زمین هنوز برای سیراب کردن عطش‌اش کافی نیست.

در حالی که پیکرهای خفته به روی خاک بیابان را ناخواسته زیر باران آتش دشمن تنها می‌گذارد مجبور به عقب‌نشینی شد. وقتی افراد باقیمانده از گردان به محل امنی رسیدند هر یک با بدنی خسته و روحیه‌ای درهم کوبیده با چهره‌های غم گرفته و سر و صورت غبار نشسته در گوشه‌ای خزیدند.

ایمان هم در حالی که زانوهایش را طبق عادت بغل گرفته بود در گوشه‌ای نشسته و به افقی که حالا کاملاً در خون نشسته بود خیره شد. سرتاسر آسمان را آخرین تلألو خورشید فراگرفته بود. غمی جانکاه گستره بیابان را در آن غروب به خون نشسته پوشش داده بود. گه‌گاه صدای باد در چین و شکن پرچم‌های باقی‌مانده از گردان سکوت تلخ منطقه را می‌شکست. ایمان همان طور که زانو به بغل نشسته بود، دست در جیبش کرد و قلم و کاغذی را که شب قبل در جیبش گذاشته بود بیرون آورد و در آن نور کم با بغضی که لب‌ها و چانه‌اش را می‌لرزاند تمام احساسات سر به عصیان گذاشته درونش و خشم و نفرتش نسبت به جنگ و علاقه و عشقش به خاک مادری و فداکاری هم‌رزمانش را یک جا روی همان یک تکه کاغذ ریخت. گاهی قطره‌های اشک جلوی دیدش را پرده می‌کشید ولی همچنان مصمم با آن دست‌های خلاق که قلم احساسات‌اش را بر روی صفحه سفید کاغذ می‌دواند به کشیدن ادامه داد. شاید اگر به اندازه تمام احساسات درونش کاغذ داشت تا تمام شدن جوهر خودکارش دست از کشیدن برنمی‌داشت.

همچنان غرق در عالم خود بود که با صدای خشنی درست بالای سرش به خود آمد. حاج فتحی بود که انگار در آن شرایط هولناک فقط دنبال کسی می‌گشت که عقده‌های دلش را بر

سرش خالی کند و چه کسی از ایمان بهتر! وقتی چشم حاج فتحی به ایمان افتاد راهش را به سوی او کج کرد و تیغ بران صدایش را درست وسط رشته افکار ایمان فرود آورد: «هم‌رزمات به خاک و خون کشیده شدن و اونوقت تو الدنگ اینجا نشستی نقاشی می کنی! گفته بودن شهادت لیاقت می‌خواد؛ بی‌خود نیست تو و اون دوست بی‌عرضه و از خدا بی‌خبرت یه آخ هم نگفتین و یه خراشم برنداشتین!» و با گفتن این حرف منتظر جواب ایمان نماند و در حالی که زیر لب به زمین و زمان بد و بیراه می گفت از ایمان فاصله گرفت و دور شد.

حرف‌های حاج فتحی دیگ خشم ایمان را که از قبل با دیدن آن صحنه‌های دردناک حرارت دیده بود حسابی به جوش آورد ولی به روی خودش نیاورد و فکر کرد حداقل از لابه‌لای بد و بیراه‌های او خبر سلامتی احمد را شنیده و خود همین یک خبر یواش یواش فتیله زیر آن دیگ به جوش آمده را پایین کشید.

نقاشی‌اش را با دقت تا کرد و در جیب شلوارش گذاشت و درصدد پیدا کردن برادر گمشده‌اش احمد برآمد. هنوز چادر سیاه شب کاملاً بر سرآن دشت غم گرفته نیفتاده بود که در آن گرگ و میش هوا احمد را با سر و صورت خاکی و چشم‌های سرخ شده و تر، خسته و درمانده در کنار یکی از چادرها زانوی غم به بغل گرفته پیدا کرد. هنوز کلاه‌خودش را که با آن بندهای آویزان از بغل گوش‌هایش به او قیافه رقت انگیزی بخشیده بود به سر داشت.

ایمان و احمد به همراه افراد باقی‌مانده از گردان در مناطق مختلف پخش شدند. از این که دوباره با هم بوده واز دست اخلاق تند حاج فتحی خلاص شده بودند روزی صد بارخدارا شکر می کردند.

انتقال به گردان جدید فصل تازه‌ای از روزهای سخت جنگ را به روی آنان گشود. سختی و مشکلات جنگ همچنان به قوت خود باقی بود ولی چیزی که حالا برایشان کاملاً فرق داشت فرمانده گردان جدید بود که از لحاظ جنگ‌آوری و شجاعت چیزی از حاج فتحی کم نداشت ولی از نظر اخلاقی درست نقطه مقابل او بود.

محمد جوانی سی وسه چهار ساله بود که با افتخارآفرینی‌های بی‌شمارش از ابتدای جنگ تا آن موقع همه او را به نام محمد دلاور می‌شناختند. بسیار خاکی و بی‌ریا بود و هیچ‌گاه ادعای فرماندهی نداشت. شیوه محمد برای روحیه دادن به رزمندگان با شیوه حاج فتحی زمین تا آسمان تفاوت داشت. تمام هم‌رزمانش درست مثل اینکه برادر خونی‌اش باشند به یک میزان برایش اهمیت داشتند. لبخند هیچ وقت در جمع هم‌رزمانش راه لب‌هایش را گم نمی کرد و اگر کسی را

در ناراحتی، نگرانی و یا افسردگی می‌دید آنقدر با او شوخی می‌کرد تا بالاخره خنده را روی لب‌های او می‌نشاند. در بین بچه‌های گردان شایع بود که خنده‌های او کاملاً مسری است و وقتی به دیگران سرایت می‌کند ترس و دلهره را از دل‌هایشان می‌شوید و با خود می‌برد و حالا احمد با آن طبع شوخ و گاهی لودگی‌هایش با پیوستن به آن گردان انگار که از قحطی فرار کرده و سر سفره‌ای رنگارنگ نشسته باشد یکسره دم به دم فرمانده می‌داد و گاهی اوقات اشک همدیگر را از شدت خنده در می‌آوردند. طبیعی بود که احمد ظرف یک هفته چنان جای خودش را در دل فرمانده باز کرد که همه به او لقب احمد نوچه داده بودند. به ویژه که در هدف‌گیری تانک‌های دشمن هم لنگه نداشت و تیله‌بازی و تیرکمان بازی دوره کودکی‌اش حالا در میدان جنگ حسابی به دردش خورده بود و همین به تنهایی همیشه تحسین محمد را برمی‌انگیخت. جدیتی که محمد در زمان حمله و جنگیدن داشت بی‌نظیر بود. استعداد بالای رزمی‌اش و هوش و ذکاوتی که موقع کشیدن طرح‌ها و نقشه‌های جنگی داشت تحسین همه را برمی‌انگیخت طوری که فرماندهان رده بالاتر گاهی برای اجرای عملیات‌های گوناگون با او مشورت می‌کردند و از نظراتش بهره‌مند می‌شدند. احمد و ایمان همچنان شانه به شانه هم روزهای سخت جنگ را پشت سر می‌گذاشتند. با فرماندهی محمد چند پیشروی پیاپی داشتند که تلافی تک‌های قبلی دشمن را درآورده بود و شعله خشم و کینه رزمنده‌ها و از آن جمله ایمان و احمد را نشانده بود.

دوران سربازی ایمان رو به اتمام بود و کوله‌بار تجربیات‌اش در طی این مدت دیگر حتی ذره‌ای جای خالی نداشت. در یکی از شب‌های آرام و پرستاره جبهه، ایمان و احمد روی خاک‌های خنک بیابان نشسته و زانو به بغل از گذشته و آینده و روزگار سخت نبرد صحبت می‌کردند. احمد در حالی که به آسمان پرستاره خیره شده بود به ایمان که در تاریکی فقط شبحی از او دیده می‌شد رو کرد و گفت: پسر! بیا قرار بگذاریم هر کدوممون که شهید شد بیاد به خواب اون یکی و بگه اون دنیا چه خبره. جدی می‌گم. ببینیم اون دنیا که این‌قدر حاج فتحی خودش را براش جر می‌داد و جوونای بدبخت را تشویق به شهادت می‌کرد چه خبره.

ایمان پوزخندی زد و گفت: بدبخت! حاج فتحی این‌همه آرزوی شهادت داشت ولی آخرش یه آخ هم نگفت.

ـ بابا دلت خوشه. اون همش فیلم و پرده‌بازی بود. مردن برای همسایه خوبه. امثال حاج فتحی تا همه رو تو گور نکنن جون به عزرائیل نمی‌دن. عزرائیلم ماها رو مظلوم گیر میاره.

ـ یعنی واقعاً کسی منفورتر از حاج فتحی پیدا می‌شه؟

ـ آره. روح حاج فتحی وقتی شب‌ها به خوابم می‌آد. من موندم زن بدبخت‌اش چه جوری

راضی می‌شه باهاش بره تو رختخواب.

و به دنبال این حرف قهقهه سر داد. ولی خیلی زود ساکت شد. ایمان که از سکوت ناگهانی احمد متعجب شده بود نگاهش را به شبح احمد که با تکه‌سنگی خطوطی مبهم و درهم و برهم روی خاک می‌کشید، دوخت.

ـ چیه؟ چته؟ به چی فکر می‌کنی؟

احمد در حالی که سنگ را در آن تاریکی بی هدف به دوردست پرتاب می‌کرد جواب داد: «هیچی! به چیز خاصی فکر نمی‌کردم» دروغگوی ماهری نبود به ویژه که آن تن صدا را ایمان در مواقع خجالت‌زدگی او که بسیار به ندرت پیش می‌آمد، شنیده بود.

ـ آره جون خودت! من تو رو می‌شناسم. وقتی پاش بیفته یه دقیقه زبون به دهن نمی‌گیری. تو این تاریکی قشنگ معلومه که فکرت یه جای دیگه است.

احمد دوباره زانوهایش را بغل گرفت و به آسمان خیره شد و با ذوقی بچه‌گانه گفت: ایمان! یادش به خیر چقدر تو حیاطتون بازی می‌کردیم. آنقدر سر و صدا راه می‌انداختیم که آخر سر رحیم‌خان با شیلنگ آب می‌گذاشت دنبالمون. یادت می‌آد؟ اون وقت بنفشه هم کلی به ریش ما می‌خندید. یادش به خیر!

جمله آخر را با چنان آه و حسرتی گفت که ایمان بوی غربت و دلتنگی را از آن کاملاً حس کرد. حس کرد چیزهایی از حرف‌های احمد دارد دستگیرش می‌شود بلافاصله چراغ قوه کوچکی را که همیشه در جیبش داشت بیرون آورد و نورش را مستقیماً روی صورت احمد انداخت. گونه‌های احمد زیر نور چراغ قوه به زردی می‌زد و ریش‌هایش که حالا صورتش را پوشانده بود تغییرات چهره‌اش را لو نمی‌داد. ولی در آن چشم‌های جمع شده از نور چراغ قوه چیزی بود که ایمان تا آن لحظه ندیده بود. ایمان که از مدت‌ها قبل به علاقه احمد به بنفشه که همیشه به عجیب‌ترین شیوه‌ها بروز می‌کرد پی برده بود با لحنی که شیطنت از آن می‌بارید به احمد یک‌دستی زد و گفت: پس اینو بگو. دلت گیر کرده و عاشق شدی.

احمد با لبخند تلخی جواب داد: خفه شو!

ـ نه! بی‌خود نیست هر وقت حرف رحیم‌خان و بنفشه میاد خفه‌خون می‌گیری. بالاخره اون دعوا و مرافعه‌هاتون که همش فیلم و پرده‌بازی بود کار خودش رو کرد.

ـ اون چراغ قوه لعنتی رو خاموش کن چشمم درد گرفت.

ـ نه! تا اعتراف نکنی خاموشش نمی‌کنم. یا همین جا اعتراف می‌کنی یا فردا زنگ می‌زنم به رحیم‌خان.

ـ به چی اعتراف کنم؟ دیوونه شدی؟

ـ خره! من اگه بعد از این همه سال تو رو نشناسم برای لای جرز دیوار خوبم. به یه چیزایی بو برده بودم ولی حالا دیگه کاملاً مطمئن شدم.

ـ خفه شو بچه. کم دری وری بباف به هم.

ـ دری وری؟ راست می‌گم. خیال کردی نمی‌فهمم هر وقت اسمت میاد لپ‌های بنفشه گل می‌ندازه و خودشو می‌زنه به اون راه که مثلاً با تو لجه؟

ایمان به خوبی می‌دانست چطور احمد را مغلوب کند. به همین خاطر با گفتن جمله آخرش همچنان با چراغ قوه روشن به انتظار عکس‌العمل احمد نشست و انتظارش هم یک ثانیه طول نکشید. احمد بلافاصله با چرخش ناگهانی سرش به سمت ایمان و گفتن دو کلمه «راست می‌گی؟» جواب ایمان را داد.

ایمان مثل بچه‌ای که در مسابقه تیله‌بازی اول شده باشد با هیجان گفت: دیدی؟ دیدی؟ دیدی گفتم بنفشه دلتو برده؟ قیافت حالا دیدن داره. کاش دوربین داشتم همین جا از صورتت عکس می‌گرفتم. با این قیافه و ریش و پشم بلندت فکر کنم اگه بنفشه بیچاره عکست رو ببینه فرار کنه.

احمد به سمت شبح ایمان خیز برداشت و او را مثل حریف ضربه فنی شده روی خاک‌های بیابان خواباند و گفت: عنتر! منو مسخره می‌کنی؟

ـ مسخره چیه؟ دارم جدی می‌گم.

احمد یقه پیراهن رزم ایمان را با یک چنگ گرفته و در حالی که دست دیگرش را به حال مشت بالای سر ایمان گرفته بود، گفت: چیه؟ دوست داشتن جرمه؟

ـ نه! دوست داشتن جرم نیست. دوست داشتن نور چشمی رحیم‌خان جرمه.

احمد به آرامی از روی سینه ایمان بلند شد و در حالی که خاک‌های شلوارش را می‌تکاند به آهستگی گفت: من به رحیم‌خان چه‌کار دارم؟

ایمان با کمک آرنج‌هایش روی زمین به حال نیم‌خیز درآمد و گفت: «بع! اختیار داری. وقتی اسم بنفشه رو می‌بری همه سروکارت دیگه با رحیم‌خانه. اعتراف کن بچه به عاشقیت اعتراف کن». سپس سرش را تکان داد و با خنده ادامه داد: پسرا! جان تو فکر نمی‌کردم اون زبون‌درازی‌های بنفشه یک روز اینجوری کار خودشو بکنه.

ـ کم چرت و پرت بگو.

ـ پسر! باور کن بنفشه هم دلش گیر کرده.

احمد درست مثل اینکه به گوش‌هایش اعتماد نداشته باشد بی‌درنگ پرسید: از کجا می‌دونی؟

ـ از کجا می‌دونم؟ برای اینکه هر وقت اسم جناب‌عالی میاد لپ‌های بنفشه خانوم گل میندازه تازه شنیدم بنفشه خانوم بهترین شاگرد مامانته.

احمد لحظه‌ای مات و متحیر به چهره ایمان که پشت نور چراغ قوه کاملاً نامرئی بود، خیره ماند و با ناباوری پرسید: مگه بنفشه کلاس خیاطی می‌ره؟

ـ بله! از خاله عفت شنیدم کارش حرف نداره.

سرخوشی ناگهانی تمام وجود احمد را در برگرفت و پس از لحظاتی مکث رو به ایمان کرد و گفت: گوساله! پس چرا تا به حال صداشو در نیاورده بودی؟

ـ می‌خواستم ببینم خود بی‌عرضت کی می‌فهمی.

لبخندی که بر لب‌های احمد جا خوش کرده بود گویی قصد برخاستن نداشت. ایمان آن شب آنقدر سر به سر او گذاشت که احمد بالاخره تسلیم شد و مثل یک زندانی در اتاق تاریک و روشن بازجویی به عشقش اعتراف کرد.

تا نیمه‌های شب زیر آسمان پرستاره حرف زدند و احمد با اصرار زیاد ایمان تا حدودی سفره دلش را باز کرد و از علاقه‌اش به بنفشه گفت ولی وقتی نوبت به ایمان رسید تیر احمد به سنگ خورد چون ایمان حرفی برای گفتن نداشت. ایمان عشق و عاشقی را فقط و فقط متعلق به کتاب‌های قصه می‌دانست و بس.

سختی‌های جبهه و جنگ بعد از این‌همه مدت اثراتش را یواش‌یواش بروز می‌داد. هر چند نتوانسته بود روی عادت شوخ طبعی احمد تأثیر زیادی بگذاردولی از ایمان ایمان دیگری ساخته بود. ایمان که صدرا هرگز نگذاشته بود ذره‌ای از تلخی‌های زندگی را بچشد و همیشه سپر بلایش بود و به چیزی جز قلم و کاغذ دست نزده بود حالاچنان تغییر کرده بودکه اتکا به نفس‌اش و تغییر رفتارش، خودش را هم به تعجب واداشته بود.آن دست های لطیف حالا آنقدر خشن وزخمی شده بود که حتی خودش را هم به وحشت می انداخت. پوست روشن‌اش آفتاب سوخته شده بود. رختخواب نرمش خاک جبهه و بالش‌اش از جنس سنگهای سخت بیابان بود. لب‌هایش که همیشه خاطره لطافت لب‌های صبا را برای صدرا زنده می کرددر اثر خشکی هوا ترک خورده وخونی بود.

اما حالامردی آبدیده، ورزیده و استوار و با اراده‌ای محکم و عزمی راسخ در عرصه پر فراز و نشیب زندگی آماده ساختن آینده‌ای روشن برای خود بود.

چند روزی می‌شد که به نظر می‌رسید ساعت‌ها بررسی تاکتیک‌ها و استراتژی‌های متعدد و سبک سنگین کردن پیشنهادها و مقایسه توان نیروهای خودی و نیروهای دشمن و اطلاعات ارزشمندی که با کمک نیروهای عملیات شناسایی از صف‌آرایی و موقعیت جغرافیایی و رزمی دشمن به دست آمده بود عملیات را به مرحله اجرا نزدیک می‌کند. ایمان و احمد از اینکه می‌دیدند فرصتی یافته‌اند تا بار دیگر انتقام بغض‌های فروخورده و بدن‌های به جا مانده زیر آتش دشمن را بگیرند احساس شعفی خاص می‌کردند. عقده‌ای که از دیدن آخرین نگاه مظفر گلوی ایمان را گرفته بود همچنان گلویش را می‌فشرد. با وجود این که برای شروع عملیات بی‌تابی می‌کرد وقتی عملیات آغاز شد و رودروی دشمن می‌جنگید با خود اندیشید: «چرا؟ آخه چرا؟ این سربازها هم جوونایی هستند مثل خود من و احمد؛ به اجبار و زور رودرروی هم ایستادیم. اینها هم پدر و مادر و همسری دارند که چشم براهشونه.» از طرف دیگر خوب می‌دانست که جنگ خانمان‌سوز است و این حرف‌ها سرش نمی‌شود.

در آن عملیات با رشادت قوای خودی و با وجود مقاومت شدید نیروهای عراقی دشمن فرسنگ‌ها به عقب رانده شد.

ایمان و احمد مصمم و مطمئن پابه‌پای رزمندگان می‌تاختند. پیروزی را در چشم‌های تک‌تک همسنگرانشان می‌دیدند. عشق به خاک وطن با وجود سه روز پیشروی و بی‌خوابی و نبردی بی‌امان انگار بر استواری گام‌هایشان می‌افزود. با وجودی که تعداد دیگری از هم‌رزمان ایمان و احمد طی آن سه روز جان خود را از دست دادند ولی کامشان از پیروزی حاصل شده شیرین بود.

ایمان از حوالی ساعت دو صبح روز سوم دیگر اثری از احمد ندیده بود. احمد به خاطر استعداد فوق‌العاده‌اش در هدف‌گیری همراه و همپای فرمانده سخت مشغول شکار تانک‌های دشمن بود. در حین نبرد مدام چشم‌چشم می‌کرد تا بلکه اثری از احمد بیابد ولی در آن پستی و بلندی و وسعت منطقه کار آسانی نبود. تا اینکه یکی از هم‌رزمانش که سوار بر موتور گرد و خاک بسیاری به پا کرده بود به ایمان نزدیک شد و سراغ احمد را گرفت.

ـ ایمان! احمد رو ندیدی؟

ـ نه! منم دارم دنبالش می‌گردم.

ـ پلاکش رو دیشب توی سنگر پیدا کردم می‌خوام برسونمش دستش ولی پیداش نمی‌کنم. حتماً تا حالا کلی دنبالش گشته.

ـ نمی‌دونم! شاید تو با موتور زودتر بتونی پیداش کنی.

ـ اون احمدی که من می‌شناسم با اون آرپی‌جی‌اش حتماً تا حالا کلی جلو رفته.

ـ تا زمانی که پیش محمده خیالم راحته.

جوان موتورسوار پلاک احمد را به گردنش انداخت و در حالی که با گردوخاک فراوان از ایمان فاصله می‌گرفت، فریاد زد: اگه دیدیش بهش بگو که پلاکش دست منه.

حوالی بعد از ظهر که از شدت درگیری‌ها و آتش‌بارها کمی کاسته شد ایمان مصرانه درصدد یافتن احمد برآمد اما نگرانی‌اش زمانی اوج گرفت که یکی از رزمندگان به او گفت فکر می‌کند احمد را دیده که تیر خورده است.

ایمان همان طور که با نگرانی سردرگم سلاح به دست به دور و اطراف خود می‌نگریست، نمی‌دانست جست‌وجویش برای یافتن احمد را از کجا شروع کند. به یکی از دوستانش به اسم پیام که در جبهه با هم آشنا شده و بیشتر کار تهیه گزارش‌های مستند از خط مقدم را برعهده داشت و چند باری هم از دلقک‌بازی‌های احمد برای خنده فیلم گرفته بود، برخورد. پیام با دم و دستگاه فیلمبرداری‌اش در حال بازگشت از مرکز درگیری‌های شدید قوای خودی و دشمن در جلوترین نقطه خط مقدم بود که ایمان از دور صدایش زد. ایمان به سمت او دوید و نفس‌نفس زنان سراغ احمد را گرفت.

پیام لبخندی زد و گفت: این رفیق کله خرابت آخرش یه کاری دست خودش می‌ده. تقریباً دو سه ساعت پیش دیدمش با آرپی‌جی روی شونش داشت می‌رفت جلو دیگه صدای محمدم دراومده بود. دورادور ازش یه کم فیلم گرفتم. پسر! این بشر عجب نشونه‌گیری داره. هیچ‌کدوم از نشونه‌گیری‌هاش خطا نمی‌ره.

ـ ولی آخه بچه‌ها می‌گفتن زخمی شده.

ـ نمی‌دونم! من که دیدمش سالم سالم بود.

ضربان قلب ایمان با شنیدن هر خبر جدید و ضد و نقیض لحظه به لحظه بیشتر می‌شد. از اینکه پیام به او گفت تا چه عمقی پیش رفته و به قلب نیروهای دشمن زده سخت به دلشوره افتاد. طاقت نیاورد و اسلحه به دوش سعی کرد به‌رغم آتش سنگین دشمن در آن مناطق با احتیاط به سمت جلو حرکت کند. یک ساعتی زیر باران گلوله و ترکش خمپاره و آتش رگبار دشمن پیش رفت ولی خیلی زود با فریادهای معاون فرمانده گردان دریافت که به دلیل خطر محاصره باید به عقب برگردند. نیروهای تازه‌نفس عراقی از راه رسیده و با نبرد سنگینی که در خطوط مقابل در جریان بود پیشروی بیشتر حماقت محض بود. پشت تخته‌سنگی روی تپه‌ای سنگر گرفت و از پشت شکاف سنگ نسبتاً بزرگی به مردابی که آرامش آبش از شدت بارش گلوله و

آتش به هم خورده بود، نگاه کرد. نی‌های مرداب در اثر اصابت ترکش از ساقه شکسته و روی سطح آب افتاده بودند. ولی این تنها نی‌های شکسته نبود که نظر ایمان را به خود جلب کرده بود. در آن مرداب بدن‌های پاره پاره‌ای بود که با برهم زدن آرامش مرداب خود به آرامشی ابدی رسیده بودند و مثل همان ساقه‌های شکسته نی بر سطح آب مرداب افتاده بودند.

احساس خفگی می‌کرد. هوای اطرافش که با معجونی از باروت و خاک و دود درهم آمیخته بود توان نفس‌کشیدن را از او گرفته بود. چشم‌اش به معاون فرمانده گردان خورد که در حال سینه‌خیز با حرکت دست به بقیه می‌فهماند که به عقب برگردند. امیدش را برای یافتن احمد از دست داده بود. در حال عقب‌نشینی به اجبار به هر بر خاک افتاده‌ای که می‌رسید با ترس و دلهره به صورتش دقیق می‌شد. صحنه‌های تکراری انگار تمامی نداشت. دیدن بدن‌هایی که انگار تا آخرین لحظه و آخرین قطره خونشان خاک وطنشان را در آغوش گرفته بودند برای ایمان دیگر تازگی نداشت.

کشته شده‌های عراقی هم کم نبودند و در جای‌جای بیابان به خاک افتاده دیده می‌شدند. به یکی از سربازان کشته شده عراقی که رسید به هوای آنکه از نیروهای خودی است رویش را به سمت خود برگرداند. سرباز جوانی که شاید به زحمت بیست وسه ,چهار سال داشت. لحظه‌ای نگاهش روی مشت به هم فشرده سرباز کشته شده عراقی متوقف ماند. وقتی به آرامی مشت او را باز کرد عکس کوچکی را که در خون خیس خورده بود دید. با دست‌های لرزان عکس را برداشت و خون روی آن را که هنوز تازه بود پاک کرد تصویر دو کودک دو و چهار ساله بود که شیرین‌ترین لبخندها را حتی زیر اثر به جا مانده از خون پدر هنوز بر لب داشتند. حالش دگرگون شد. عکس را دوباره در دست سرباز عراقی که چشم‌هایش نیمه‌باز مانده بود، گذاشت و به آرامی چشم‌های نیمه‌باز او را بست و با ناامیدی مسیر آمده را بازگشت.

این بار درصدد یافتن فرمانده گردان برآمد. در آن لحظه سخت به دنبال شانه‌ای برای تکیه کردن و دست گرمی برای همدردی کردن می‌گشت و تنها کسی که در آن لحظه همه را با هم داشت کسی نبود جز فرمانده گردان ولی او را هم نیافت. تنهاتر از تنها گوشه‌ای اختیار کرد و در سایه تاریک شب کز کرد و طبق معمول زانو به بغل با سکوت سنگین شب همنوا شد.

دو هفته بعد بی‌اطلاع از وضع احمد، بغض در گلو در حالی که یاد او با آن موهای مجعد و دندان‌های فاصله‌دار جلو و خنده‌های دوست‌داشتنی‌اش لحظه‌ای از نظرش دور نمی‌ماند سرافکنده و مغموم باید به خانه بازمی‌گشت.

شور و شوق بازگشت به خانه را از دست داده بود. اگرچه آن خاک را ترک می‌گفت اما

پاره‌ای از قلبش را در آن جا می‌گذاشت. روز آخر وقتی که داشت با جبهه وداع می‌کرد مشتی خاک از زمین برداشت و مقابل چشمانش گرفت و در حالی که بغض گلویش را به شدت می‌فشرد، خطاب به آن گفت: «برای عشق تو چه پدر و مادرهایی که داغدار نشدند؛ چه بچه‌هایی که بی‌پدر و چه همسرهایی که بیوه نشدند. چه خون‌هایی که ریخته نشد و چه مظفرها و احمدهایی که رفتند و چه اعتقادات و باورهای احمقانه‌ای که باعث و بانی این همه جنایت نشد!» با چشم‌های تار شده از حلقه اشک دید که آن خاک تشنه چطور با سرعت دانه‌های اشکش را در خود فرو برد. با ارزش‌ترین چیزی را که در آن لحظه با خود داشت یعنی نقاشی‌اش را از جیبش در آورد و خاک را در آن ریخت و بعد از آنکه گوشه‌های نقاشی‌اش را به آرامی و احتیاط روی هم آورد آن را در جیبش قرار داد و با چشم‌هایی تر با گستره بیابان وداع کرد.

فصل چهل‌ودوم

در خانه صدرا ولوله عجیبی برپا بود. تمام چراغ‌ها روشن، صدای تاپ تاپ قدم‌ها در پله‌ها یک لحظه قطع نمی‌شد. همه چیز برای یک ورود و یک بازگشت آماده و مهیا بود.

ایمان تاریخ دقیق آمدنش را از قبل به صدرا اطلاع داده بود ولی با اصرار زیاد از او خواسته بود که برای پیشوازش نروند. چون از ساعت رسیدنش اطلاع دقیقی نداشت. فقط می‌دانست که حوالی شب می‌رسد.

صدرا همان طور که مضطرب و هیجان‌زده طول و عرض حیاط را قدم می‌زد به یاد شبی افتاد که ایمان متولد شد. از آن زمان سال‌ها می‌گذشت. سال‌هایی که با گذشت هر یک روزش عشق و علاقه او هم نسبت به تنها فرزندش بیشتر و بیشتر شده بود.

درخت‌های حیاط به دست رحیم‌خان چراغانی شده و به تاریکی حیاط تلألو خاصی بخشیده بودند. با وجودی که خانم تفرجی مدام به صدرا می‌گفت: «بابا! کم قدم رو برو، سرگیجه گرفتم.» ولی خودش از شدت هیجان دل در دلش نبود. خانم و آقای صرافی، حیدر آزرمی، هانیه و شوهرش و سیما و سینا فرزندانشان که حالا هر کدام دو تا بچه داشتند همراه فریدون، فریبا و ایمان هفت ساله همگی برای آمدن ایمان لحظه‌شماری می‌کردند.

با وجودی که عفت و بنفشه مثل بقیه به ظاهر خوشحال بودند ولی انگار پشت لبخندهایشان اندوهی گران خوابیده بود.

جایی میان آن همه ولوله و شلوغی صدرا برای لحظه‌ای دست از قدم‌رو برداشت و رو به آسمان کرد. چشم دوخته به شفافیت آسمان، طوری که فقط خود و خدای خودش بشنود، گفت: خدایا! از اینکه امانتی رو که به دست سپردم بهم سالم برگردوندی شکرت شکرت!

ایمان، در راه بازگشت حس کرد چقدر دلش برای همه چیز و همه کس تنگ شده است. تصور رایحه خوش شمعدانی‌ها و محبوبه شب چقدر دلنشین بود. تجسم حس دست‌های مهربان صدرا بر سر و شانه‌هایش چه شیرین بود. طعم شاتوت‌های نوبر در کام خاطرات قدیمی چقدر لذت‌بخش بود. از زمان رفتن‌اش به سوی سرنوشتی نامعلوم درخت‌های حیاط دو بار عریان شده بودند و کف حیاط از زمان رفتن‌اش دو بار با برگ‌های خزانی رنگارنگ شده بود. بارهای درخت شاتوت از زمان رفتن‌اش دو بار بین همسایه‌ها پخش شده بود. درخت‌های گیلاس و هلو و سیب از زمان رفتن‌اش دو بار شکوفه کرده و به ثمر نشسته بود و حالا در آستانه ورود او انتظار شاخه‌ها هم برای به ثمر نشستن برای سومین بار رو به انتها بود.

بالاخره انتظارها به پایان رسید و اتومبیلی جلوی در توقف کرد. ایمان با دیدن آن‌همه چراغانی و شلوغی به وجد آمد. صورت مهربان و مشتاق صدرا اولین تصویر خوشایندی بود که به استقبالش رفت. ساک دستی‌اش را رها کرد و خودش را در آغوش باز صدرا افکند. پیدا بود اشک شوق در چشم‌های صدرا حلقه زده است. با وجودی که ایمان بارها به مرخصی آمده بود ولی این بار برای صدرا خیلی تفاوت داشت. چون دیگر دلهره بازگشت‌اش به جنگ را نداشت تا شیرینی حضورش را برای او تلخ کند. ایمان را با تمام وجودش می‌بویید. بوی بدن عرقی ایمان در آن لحظه برایش خوش‌ترین رایحه عالم بود. بعد از اینکه مدتی ایمان را در آغوش فشرد صورت او را بین دست‌هایش گرفت و به صورت او خیره شد ولی ناخواسته اندوهی غریب یکباره در چشم‌هایش نشست و بدون گفتن کلمه‌ای دوباره او را در آغوش فشرد.

هیچ‌کس مثل فریبا و خانم تفرجی حال صدرا را در آن لحظه درک نمی‌کرد. آن دو خوب می‌دانستند که چقدر طعم پایان انتظار در کام صدرا شیرین است.

ایمان با دیدن تمام کسانی که همیشه از صمیم قلب به آنها عشق ورزیده بود، آن‌قدر هیجان‌زده و ذوق‌زده شده بود که نمی‌دانست کدام‌یک را اول باید در آغوش بگیرد. دیری نپایید که با دیدن بنفشه که زیر درخت بید ایستاده بود لبخند شوق روی لبانش خشکید. غمی سنگین زهری تلخ را به کام لحظه‌های شیرین‌اش چشاند. خاموش در چشم‌های اندوهگین بنفشه خیره شد. چشم‌های بنفشه داد می‌زد که در اوج ناامیدی هنوز به امید خبری دارد به چشم‌های ایمان نگاه می‌کند. اما ایمان چیزی برای گفتن نداشت. ظاهر بنفشه گواهی می‌داد که همه چیز را می‌داند ولی بی‌صبرانه منتظر است تا ایمان حس خوش انکار او را به واقعیتی محض مبدل کند. چقدر دلش می‌خواست مثل بهار که به انتظار جوانه‌های بسته پایان می‌دهد با خبری خوش به انتظار دردناک بنفشه پایان می‌داد ولی نگاه اندوه‌بار ایمان مثل زمستانی سخت و طولانی جوانه

لبخند امید را روی لب‌های بنفشه با دست‌های بی‌رحم کولاک ناامیدی خشکاند. بنفشه همان جا زیر درخت بید بی‌درنگ سکوت تلخ ایمان را با چشم‌های ترش تفسیر کرد. تفسیری تلخ که برخلاف تمایلش واقعیت محض بود. واقعیتی که روی باور انکار او و از هرگز بازنگشتن احمد خط بطلان می‌کشید. ایمان همین طور که به سمت بنفشه قدم برمی‌داشت با صدای رحیم‌خان متوقف شد: «ایمان جان! از هم‌سنگرت چه خبر؟ این خبری که تو در و همسایه پیچیده صحت داره؟» سوال رحیم‌خان نه تنها نگاه بنفشه و عفت را روی دهان ایمان متمرکز کرد بلکه آن جمع پر سروصدا را در سکوت مطلق فرو برد.

ایمان از صورت یکی به دیگری نگاه کرد و با صدایی لرزان پرسید: چه خبری تو در و همسایه پیچیده؟

از هیچ کس صدایی برنیامد. همه فقط با قیافه‌های اندوهگین‌شان به او نگاه می‌کردند. بغض گلوی ایمان را فشرد و دوباره تکرار کرد: گفتم تو در و همسایه چه خبری پیچیده؟

رحیم‌خان از اینکه به طور ناگهانی این سوال را درست در شرایطی که همه برای ورود او مشغول شادمانی بودند مطرح کرده بود، شرمنده شد و سرش را پایین انداخت. صدرا اصلاً نمی‌خواست خبر ناگواری را که چندی پیش در باره مفقودالاثر شدن احمد به مادرش داده بودند در آن لحظه به ایمان بدهد. می‌خواست صبر کند تا خستگی راه از تن او بیرون بیاید و بعدا او را از ماجرا باخبر کند. ولی سوال نابهنگام رحیم‌خان تمام نقشه‌های صدرا را نقش برآب کرد. حالا دیگر کسی در آن شرایط توان راندن کلمه‌ای بر زبان نداشت. رحیم‌خان سرافکنده زیر لب گفت: «لعنت به دهنی که بی موقع باز بشه» و سپس به ناچار مجبور شد تا خبر مفقودالاثری احمد را به او بدهد. رحیم‌خان فکر کرده بود ایمان که تازه از جبهه برگشته باید اخبار موثق‌تری از وضع احمد داشته باشد. ولی حالا می‌دید که اطلاعات ایمان هم چیزی بیشتر از اطلاعات آنها نیست.

ایمان با صدایی که با وجود تلاش زیادش هنوز می‌لرزید زیر لب گفت: احمد توی میدون یک جنگجوی تمام‌عیار بود. هیچ‌کس شجاعت احمد رو نداشت.

میهمانی، سوت و کور خاتمه یافت. در تمام مدت میهمانی که ایمان توسط فامیل و آشنا دوره شده بود بنفشه صبورانه به انتظار ماند تا بالاخره آخر شب وقتی همه آنجا را ترک کردند توانست فرصتی تنها با ایمان خلوت کند. بی‌معطلی و بی‌حاشیه و بدون مقدمه‌چینی از ایمان خواست تا آنچه را که تا لحظه آخر از احمد می‌داند برای او بازگو کند. عرق سردی بر بدن ایمان نشست. با همان صدای لرزان و بغض در گلو تمام ماجرای آخرین روزی را که با احمد

گذرانده بود و ماجرای بی‌خبر ماندن از او و نبرد سنگینی که رشته ارتباط‌شان را از هم پاره کرده بود تعریف کرد و بنفشه در نهایت سکوت فقط گوش کرد. ایمان در ادامه حرف‌هایش اضافه کرد: امیدوار بودم که من از شماها در مورد احمد خبری بگیرم. ولی نه خبر اینطوری!

نفس عمیقی که بنفشه کشید مبدل به آهی دردناک شد و در پی آن گفت: باورش هنوز که هنوزه برام سخته. نمیتونم به خودم بقبولونم که دیگه هیچوقت...

و در اینجا بغضی که تا آن لحظه به زحمت آن را نگه داشته بود ترکید و اشک‌هایش مثل چشمه ای دوباره به جوش افتاده از چشم‌هایش سرازیر شد. چهره غم‌زده بنفشه ایمان را به یاد شبی انداخت که احمد در جبهه با شرمی خاص که اصلاً در مرامش نبود حکایت عشق‌اش به بنفشه را در تمام طول این سال‌ها تعریف کرده بود و حالا در کمال تأسف می‌دید رشته عشق نوپایی که می‌توانست هزار و یک امید و آرزو را در پی داشته باشد چطور با بی‌رحمی از هم دریده شده و هر سر آن در دام جدایی ابدی گرفتار آمده است.

بنفشه با آستین پیراهنش اشک‌هایش را پاک کرد و همچنان که سعی می‌کرد به خود مسلط شود در ادامه حرف‌هایش گفت: مادر احمد، بنده خدا خیلی بیقراری می‌کنه. مدام از من می‌پرسید ایمان کی برمی‌گرده بلکه تو با خبری خوش براش از راه برسی. عکس احمد روی طاقچه اتاقش دائم جلوی چشمشه و انگار با هر یک بار که بهش نگاه می‌کنه سوی چشم‌هاش کمتر و کمتر می‌شه.

هیچ خبر داشتی که مادر احمد کلاس‌های خیاطی‌اش رو جمع کرده. بنده خدا... یادته که چشم‌هاش از قدیم ضعیف بود، از وقتی هم احمد به جبهه رفت از شدت گریه وضع چشماش خیلی بدتر شد و دیگه درست و حسابی نمی‌تونست خیاطی کنه. حالا هم که دیگه وضع چشاش داره روز به روز بدتر می‌شه هر وقت می‌بینم‌اش دلم براش ریش می‌شه. نمی‌دونم بنده خدا تا کی می‌تونه با این بلاتکلیفی دووم بیاره.

ایمان برای لحظاتی سکوت کرد و سپس با سوال غیرمنتظره‌اش بنفشه را غافل‌گیر کرد: تو چی؟... تو می‌تونی دووم بیاری؟

بنفشه با سوال ایمان در چشم‌های او دقیق شد و خیلی زود فهمید که ایمان همه چیز را می‌داند. چشم‌های تر بنفشه در آن لحظه رساتر از زبانش جواب سوال ایمان را داد.

بنفشه پس از لحظاتی سکوت که خود دنیایی حرف نگفته بود با آهی جانسوز گفت: می‌دونستم که دیگه هیچ وقت نمی‌بینم‌اش. هیچ وقت. و بدون آنکه کلمه‌ای دیگر بر زبان بیاورد پشت درخت‌ها از دید ایمان ناپدید شد.

با اطلاعی که ایمان از شرایط مادر احمد به دست آورد تا چند روز نه جرأت کرد با منزلشان تماس بگیرد و نه به آنجا سری بزنند. ولی بالاخره با اصرارهای زیاد صدرا ناچار شد برای همدردی به خانم کنعانی سری بزنند.

دلشوره‌ای عجیب داشت دلش را زیر و رو می‌کرد. مدام با خود می‌گفت: خدایا چطور با زن بیچاره روبه‌رو بشم؟ بهش چی بگم؟ اونی که همیشه جونش بود و احمدش حالا چطور می‌تونه این مصیبت رو تحمل کنه؟ خدایا با چه رویی برم بهش تسلیت بگم؟ خدایا من که تا حالا بدون حضور احمد هیچ وقت خونشون نرفتم تک و تنها به زن بیچاره چی بگم؟

در حیاط باز بود. مادر احمد در حالی که بلوز و دامن مشکی به تن و روسری کوچک مشکی رنگی به سر داشت کنار باغچه‌ای که غرق گل‌های کوکب و رز بود ایستاده و با شیلنگ قرمز رنگی که لنگه‌اش را رحیم‌خان در حیاط‌شان داشت با فشار کم آب، باغچه‌ها را آب می‌داد. چون پشت به در ایستاده بود ایمان را نمی‌دید. چقدر مادر احمد لاغر شده بود. وقتی نیم‌رخ استخوانی او را دید برای یک لحظه شوکه شد. مدت‌ها بود که او را ندیده بود. از آن صورت گرد فقط استخوان‌های گونه مانده بود. عینک قطوری که به چشم داشت برای ایمان تازگی داشت. ایمان پس از لحظاتی مکث جلوی در حیاط چند ضربه به در نواخت. مادر احمد با شنیدن صدای در رویش را برگرداند ولی در نظر اول ایمان را نشناخت. ایمان شنیده بود که وضع چشم‌های او چندان مساعد نیست ولی دیگر فکر نمی‌کرد که چشم‌هایش آنقدر ضعیف شده باشد که چهره او را حتی از پشت آن عینک قطور تشخیص ندهد. ایمان به وضوح دید احمدی که همیشه روشنایی چشم‌های مادرش بود حالا چطور روشنایی را از زندگی مشقت‌بار مادرش گرفته است.

سرافکنده دو قدم به جلو برداشت و گفت: خانم کنعانی! منم ایمان. دوست احمد.

با شنیدن صدای ایمان شیلنگ آب از دست مادر احمد رها شد و روی کاشی‌های کف حیاط افتاد و همین طور که دست‌هایش را به سمت صورت ایمان دراز می‌کرد با دو قدم خود را به او رساند و سرش را با دو دست گرفت و پیشانی او را بوسید و گفت: «ایمان جان! بوی احمدم رو آوردی» و به دنبال این حرف عینکش را بالا زد و با گوشه روسری اشک چشم‌هایش را پاک کرد.

وقتی ایمان از احوال احمد جویا شد سیلاب اشک دوباره از گونه‌های استخوانی مادر احمد سرازیر شد و در لابه‌لای هق‌هق گریه گفت: «ایمان جان! چشم به راهت بودم تا بلکه تو یه خبری از احمدم بیاری. تو رو خدا اگه چیزی می‌دونی بگو. احمد من شهید شده؟ بهم بگو. این

بی‌خبری از وضع احمد داره دویوونم می‌کنه. آخه چطور ممکنه از بدن احمد نازنینم هیچیش نمونده باشه» و دوباره گریه را از سر گرفت. عضلات صورت ایمان از شدت ناراحتی کاملاً منقبض شده بود و به سختی به خودش فشار می‌آورد که جلوی مادر احمد گریه نکند چون می‌دانست که گریه وضع او را از اینکه هست بدتر می‌کند و بند آوردن گریه‌هایش دیگر با خدا خواهد بود. مادر احمد وقتی جوابی از ایمان نشنید توضیح داد که چندی پیش یک سرباز جوان خبر مفقودالاثری احمد را به او داده و گفته است که متاسفانه هیچ نشانی از احمد به دست نیاورده‌اند و احمد هم جزء شهدای مفقودالاثری است که در آن منطقه عملیاتی جسدشان پیدا نشده است.

ایمان در نهایت تأسف همین طور که صدایش می‌لرزید تمام ماجرایی را که برای بنفشه تعریف کرده بود برای او هم بازگو کرد و جریان جا گذاشتن پلاک احمد و اینکه یکی از هم‌رزمان‌شان دنبال احمد می‌گشته که آن را به دستش برساند همه را برای او شرح داد. نور امید برای لحظه‌ای در دل مادر احمد درخشید ولی به همان سرعتی که منور شده بود به همان سرعت هم به خاموشی گرایید و با ناامیدی گفت: من فقط دارم خودم رو گول می‌زنم. احمدم دیگه هیچ وقت برنمی‌گرده. آخرین بار که صداش رو شنیدم یک ماه پیش بود. آخرین بار که دست‌خطش رو دیدم همین یک دقیقه پیش بود. نامه‌ای که سه هفته پیش به دستم رسید و شب و روز می‌خونمش و می‌بوسمش. می‌بینی ایمان جان! این دنیا یک ذره نه رحم و مروت داره نه وفا. همیشه سر سجاده به درگاه خدا دعا می‌کردم که داغ بچه نصیبم نکنه چون طاقت این یکی رو ندارم ولی روزگار مگه این حرفا سرش می‌شه.

سپس آهی جانسوز از اعماق دلش کشید و باغچه‌ها را به ایمان نشان داد و گفت: می‌بینی ایمان جان! این گل‌ها که من دیگه تار می‌بینمشون همشون دست پرورده احمدند. وقتی آخرین بار می‌رفت جبهه گفت: هر روز آبشون بده یه وقت خشک نشن. به هر طرف خونه که می‌چرخم برام یه خاطره است. گاهی اوقات تو اتاق نشستم یه هو فکر می‌کنم احمد داره صدام می‌زنه.

در این لحظه رویا خواهر احمد که بعد از شنیدن خبر مفقودالاثر شدن احمد از مشهد به تهران آمده بود با شنیدن صدای مادرش به حیاط آمد. او هم درست مثل مادرش سر تا پا لباس سیاه پوشیده بود و غم از سر و صورتش می‌بارید. رویا با دیدن ایمان لبخند تلخی به لب آورد و حرف مادرش را تکرار کرد: ایمان خان! با خودت بوی احمد رو آوردی.

ایمان دیگر طاقت ایستادن در آنجا و دیدن وضعیت اسف‌بار خانم کنعانی را نداشت. خانه احمد را در آن غروب دلگیر در حالی ترک کرد که تمام روزنه‌های امیدش برای شنیدن دوباره

صدای احمد و دیدن دوباره آن چهره بشاش که حرارت عشق و زندگی از آن می‌بارید بسته شده بود. افسرده غرق در خاطرات غم‌انگیز در حالی به خانه برمی‌گشت که نگاه‌های منتظر بنفشه یک لحظه از جلوی چشم‌هایش محو نمی‌شد. مثل آدم‌های مست از هر طرف به آنچه که سر راهش بود، برخورد می‌کرد و صداهای اعتراضی را که از این طرف و آن طرفش بلند می‌شد که: «اوی! جلوی چشماتو نگاه کن. مگه کوری؟ مگه خوابی؟ مگه مستی؟ درست راه برو.» هیچ کدام را نمی‌شنید. مثل یک عروسک کوکی مسیر آمده را با سردرگمی و بی‌ارادگی تمام برگشت و یک راست به اتاقش رفت و تمام عقده‌های دلش را روی بالشی که در آن سال‌های کودکی هیچ وقت از دست مشت و لگدهای احمد در حین بازی در امان نبود و دائم به این طرف و آن طرف پرتاب می‌شد، خالی کرد.

حدود یک ماه بعد ایمان لب حوض آب نشسته بود و روی صفحه آبی رنگ آب خاطرات غمبار جنگ را مرور می‌کرد. صدرا سراسیمه از مغازه به خانه برگشت و از همان دم درحیاط پشت سر هم فریاد زد ایمان تموم شد، جنگ تموم شد، قطعنامه رو امضا کردند.

نگاه ایمان بر چهره ذوق‌زده صدرا خیره ماند. لحظه‌ای با خود گفت: بعد از این‌همه کشت و کشتار، بعد از هشت سال ویرانی و قتل‌عام جوانان و مردم بی‌گناه، بعد از هشت سال بدبختی و دربه‌دری مردم بی‌دفاع، بعد از هشت سال خون دل خوردن و سرخوردگی و عقب ماندن جامعه بالاخره جنگ بر سر هیچ، جنگی که شروعش و ادامه‌اش اشتباه محض بود به آخر رسید. ولی ای کاش احمد بین ما بود و از شنیدن خبر پایان جنگ خوشحال می‌شد و این درست چیزی بود که هم‌زمان در ذهن بنفشه می‌چرخید: بالاخره تموم شد ولی افسوس که خیلی دیر تموم شد. گل‌هایی که نباید پرپر می‌شدند، پرپر شدند و سیر نزولی پیشرفت جامعه پرشتاب‌تر از همیشه مملکت رو، رو به قهقرا برد و دیگه چه فایده آب که از سر گذشت چه یک وجب چه ده وجب.

اما واکنش رحیم‌خان با شنیدن خبر پذیرش قطعنامه واکنشی کاملاً متفاوت بود.

رحیم‌خان نه تنها هنوز از زمان انقلاب نتوانسته بود خود را با شرایط سیاسی کشور وفق دهد بلکه روز به روز هم کینه‌اش نسبت به انقلاب و شرایط حاکم بر جامعه بیشتر شده بود و روزی نمی‌آمد که مخالفت و نارضایتی‌اش را علنا اما در محدوده خانه و خانواده مطرح نکند. گاهی اوقات هم پیش می‌آمد که از این مرز فراتر می‌رفت و آنقدر با فریدون بر سر جنگ و سیاست و بدبختی‌های علنی مردم و جامعه بحث و جدل می‌کرد که اگر صدرا همیشه پادرمیانی نمی‌کرد کارشان به جاهای باریک می‌کشید. رحیم‌خان همیشه از شرایط جامعه ناراضی بود تا درجه‌ای

که اگر احیانا پیشرفتی هم در جامعه دیده می‌شد به چشمش نمی‌آمد. از ابتدای انقلاب عادت کرده بود از دریچه منفی به تغییرات جامعه بنگرد.

حالا هم که رحیم‌خان به علاقه شدید بنفشه به احمد پی برده بود یک دلیل دیگر به دلایل نارضایتی‌اش افزوده شده بود و چون تاب دیدن صورت غمگین دخترش را نداشت هر بار که آثار اندوه را در چهره او می‌دید در دل به باعث و بانیان جنگ لعنت می‌فرستاد و جد و آبادشان را هم بی‌نصیب نمی‌گذاشت. از این رو به محض شنیدن خبر آتش‌بس و امضای قطعنامه به جای ذوق‌کردن برای پایان جنگ در حالی که دندان‌هایش را روی هم فشار می‌داد فقط گفت: ای لعنت به قبر بابای یکی به یکی‌تون!

فصل چهل‌وسوم

طی آن دو سالی که ایمان بهترین دوران جوانی‌اش را به جای گذراندن در کلاس و دانشگاه و تعقیب آرزوهای دور و دراز در خاک و خون سپری کرده بود صدرا کم‌کم به این نتیجه رسیده بود تا طلسم راز نهفته درون سینه‌اش را بشکند و بالاخره به ایمان بگوید که او در تمام طول این سال‌های متمادی در زیر سایه واقعی پدر زندگی کرده است. ولی با بازگشت ایمان و وضع روحی او که به دنبال اثرات مخرب جنگ و از دست دادن دوستش به شدت متزلزل شده بود تصمیم گرفت مدتی صبر کند.

ایمان دو سه ماهی بعد از بازگشتش از جنگ تصمیم گرفت غبار از چهره آرزوهای مدفون شده به زیر گرد ناامیدی بتکاند و آن راهی را که همیشه عاشق طی کردنش بود دنبال کند. از این رو یک بار دیگر اضطراب ناشی از نشستن بر سر جلسه کنکور را تجربه کرد ولی این بار آنقدر مصمم بود که درست وقتی همه دانش‌آموزان و داوطلبان کنکور از فرط دلهره ناخن می‌جویدند او دورنمای ورود به دانشگاه و خلق آثاری جدید را با هیجان در ذهنش به تصویر می‌کشید و بالاخره همان طور که پدر و پسر هر دو پیش‌بینی می‌کردند با رتبه بسیار عالی در رشته هنر وارد دانشگاه شد.

از آنجا که ورود به دانشگاه هنر سال‌های سال رویای شب و روز ایمان بود از لحظه لحظه‌های رفتن به دانشگاه و کلاس با تمام وجود لذت می‌برد.

هنوز از ورودش به دانشگاه چیزی نگذشته بود که استادان و دانشجویان هم‌کلاسی به دانش و استعداد خارق‌العاده او پی بردند. طولی نکشید که آثار و طراحی‌های ایمان آزرمی به عنوان برجسته‌ترین های دانشگاه انتخاب شد و همه از دختر و پسر دانشجو در آن دانشگاه به هنر و خلاقیت او غبطه می‌خوردند.

انگشت‌ها و دست‌های توانای ایمان فریاد احساسات درونی او بود. هر خط و انحنایی که روی کاغذ و بوم می‌آورد و هر رنگی که صفحات خالی را با درخشششش تزیین می‌کرد حامل پیامی از ذهن خلاق و قدرت بی‌حد و مرز او بود. اولین نمایشگاه آثار هنرمندانه‌اش در همان دوران دانشجویی دایر شد و آوازه شهرتش به گوش تمام دانشجویان و دانشگاهیان رشته هنر رسید.

فکر موفقیت‌های روزافزون ایمان از زبان خودش که با شور و اشتیاق فراوان برای صدرا بیان می‌کرد در گوش صدرا ترنمی دلنشین بود و حس غرور خاصی در وجودش برمی‌انگیخت. از اینکه توانسته بود یادگار صبا را آن‌طور که شایسته بوده بار بیاورد و این را بارها و بارها حیدر آزرمی و آقای صرافی تایید کرده بودند برخود می‌بالید. حتی یک بار آقای صرافی در حالی که با افتخار دست بر شانه ایمان می‌گذاشت خطاب به او و صدرا گفته بود: اگر توی زندگیمون یک تصمیم درست و حسابی گرفتیم این بوده که تو رو به دست صدرا سپردیم. جوون به این برازندگی کی دیده؟ کاش صبا زنده بود و می‌دید.

صدرا در همان سال اول دانشگاه طبقه زیرین خانه را به کارگاه ایمان تبدیل کرد. خیلی زود آن فضای باز و پر از خاطرات قدیمی پر شد از کاغذ و بوم‌های نقاشی و رنگ و قلم‌مو. بوی قدیمی چوب در آن اتاق جای خود را به بوی رنگ و روغن بزرک و تینر بخشید طوری‌که صدرا همیشه به ایمان می‌گفت: من نمی‌دونم تو چه جوری ساعت‌ها این پایین می‌مونی؟ من نیم ساعت هم اینجا دووم نمیارم. از شدت بوی رنگ سرگیجه می‌گیرم. و ایمان به شوخی با لبخند خاص خودش جواب می‌داد: داداش! ما دیگه پاک معتاد شدیم، با این بوها حال می‌کنیم.

آن اتاق قدیمی برای ایمان حکم پنجره‌ای باز به روی دنیای رنگارنگ احساساتش داشت. پنجره‌ای باز برای دست دراز کردن و قاب گرفتن لحظه‌های طلایی صعود. صعود به قله‌های کشف نشده، قله‌هایی که تا دو سال پیش در نگاه او فتح نشدنی و صعب‌العبور بود و حالا با صدای بلند او را به سوی خودش می‌خواند. قله‌هایی که احمد با وجود استعداد فوق‌العاده‌اش هرگز موفق به فتح آنها نشد. استعدادی که هیچ وقت فرصت شکوفا شدن پیدا نکرد و حالا با گذشت مدت‌ها از مفقودالاثر شدن احمد محال بود زمانی ایمان از جلوی دانشگاه شریف بگذرد و متأثر نشود.

به سرعت دو سال از پایان جنگ گذشت و مردم آهسته‌آهسته از منگی ناشی از ضربات کاری جنگ خارج شدند.

یک‌روز بعدازظهر ایمان در بالکن ایستاده بود و به سبزی درخت‌های حیاط نگاه می‌کرد. به

شاخه‌های پربار درخت گردو که روی بالکن خم شده بودند و فقط کافی بود ایمان دستش را دراز کند تا از روی شاخه‌ها گردوی تازه بچیند. بوی گردوهای سبز و تازه ایمان را به سال‌های دور بچگی برد. سال‌هایی که با احمد برای اولین‌بار طعم گردوی تازه چیده شده از شاخه را چشیده بود. خاطره تجربه سیاه شدن دست‌های‌شان از اثر پوست سبز گردو که برای چند روزی مانده بود و با هیچ آب و صابونی پاک نمی‌شد. خاطره روزی که احمد با شیطنت به بنفشه که تجربه‌ای از پوست گرفتن گردوی تازه نداشت گردوی سبز تعارف کرد و به او گفت اگر آن را با دست پوست بکند و بعد پوست سبز آن را حسابی به دست‌ها و صورتش بمالد پوستش را حسابی سفید و شفاف می‌کند و سبزگی پوستش را از بین می‌برد و بنفشه بی‌تجربه هم هرچه را که احمد گفته بود موبه‌مو در خفا و دور از چشم او انجام داده و در نهایت با گرفتن نتیجه عکس و ماندگار شدن اثر سیاهی روی پوستش جیغ‌زنان پیش رحیم‌خان رفته بود و رحیم‌خان هم چنان گوش مالی به او داده بود که تا یک ماه حوالی خانه صدرا پیدایش نمی‌شد. ایمان با یادآوری آن خاطرات شیرین کودکی و خیره‌شدن به شاخه‌هایی که در نگاه او در هر فصلی از سال می‌توانستند دست‌مایه‌ای زیبا برای تابلوهایش باشند طرحی جدید را در ذهنش به تصویر می‌کشید. درست لحظه‌ای که ایمان چشمانش را بست تا با بوی گردوهای تازه دوباره به گذشته‌ها برگردد صدای زنگ تلفن او را به زمان حال برگرداند. مادر احمد بود. دو هفته‌ای می‌شد که ایمان مادر احمد را ندیده بود. گفت وضع چشم‌هایش خیلی بدتر شده و دیگر قادر به دیدن نیست و جز سایه‌های سیاه چیزی نمی‌بیند و همه چیز برایش تیره و تار شده است. مادر احمد درحالی‌که صدایش می‌لرزید به ایمان گفت که بعد از دو سال ونیم اشک ریختن و بی‌قراری کردن به خاطر از دست دادن احمدش تازه داشت زخم‌های قلبش رویه می‌بست که دو روز پیش به او خبر دادند که پلاک خونین احمد را پیدا کرده و به عنوان تنها اثر باقیمانده از پیکر احمد روز جمعه قرار است همراه با ده‌ها شهید دیگر که فقط خدا می‌داند از پیکر آنها چه چیزی یافته بودند در شهر بگردانند و بعد هم برای خاکسپاری روانه بهشت‌زهرا کنند. مظلومیت احمد و مادرش دل ایمان را چنان به درد آورد که آن شب یک لحظه آرام و قرار نداشت. صدرا هم از یک طرف دلش به شدت برای مادر احمد می‌سوخت که دوباره داغ دلش بعد از دو سال و نیم تازه شده و از طرف دیگر با خود می‌گفت حداقل تکلیف‌اش یکسره شده و دیگر با چشم‌هایی که حالا هیچ کجا را نمی‌بیند به سیاهی در که دیگر هرگز به دست احمد باز نمی‌شود خیره نمی‌ماند.

روز جمعه موعود فرا رسید. ایمان روز قبل با خودش فکر کرده بود که شاید بهتر باشد قضیه

خاکسپاری احمد را به بنفشه اطلاع دهد که اگر خواست در مراسم شرکت کند. بنفشه از شنیدن خبر شوکه شد و بدون آنکه بتواند حرفی بزند دستش را به دیوار گرفت و با چشم‌های اشک‌بار به زمین نشست. آن تتمه امیدی را که با هزار زحمت در ته دل برای بازگشتن دوباره احمد نگه داشته بود به دقیقه‌ای نیست و نابود شد. امیدهای بر باد رفته برای چندمین بار بنفشه را به زمین کوبیده بود. دردی که تنها دارویش زهر تلخ صبر بود.

بنفشه زودتر از صدرا و ایمان در حالی که سراپا مانتو و شلوار و روسری سیاه پوشیده بود با چشم‌های قرمز و تر خیره مانده به شاخه‌های پر بار درخت شاتوت دم در به انتظار ایستاده بود. شاید در آن لحظه با تماشای شاتوت‌های سرخ خاطرات کودکی ذهنش را مشغول کرده بود و یا شاید هم به آینده‌ای مبهم و مجهول فکر می‌کرد. هر چه بود به حدی غرق افکارش بود که ایمان بعد از دو بار صدا زدن مجبور شد بازوی او را تکان دهد تا او را به خود بیاورد.

بالاخره صدرا به همراه ایمان و بنفشه برای تشییع و تدفین پلاک احمد به همراه شهدای دیگر که بعد از سه سال تابوت‌های خالی‌شان به معرض نمایش عموم قرار گرفته بود راهی شدند. جمعیت زیادی آمده بود. مثل اینکه مردم برای تماشای بزرگ‌ترین نمایش سال جمع شده بودند. کودکان خردسال زیادی دست پدر یا مادرهاشان را محکم گرفته و با چشم‌های وحشت‌زده و کنجکاو به تابوت‌هایی که به دلیل خالی بودن به راحتی روی شانه‌ها حمل می‌شدند، خیره نگاه می‌کردند.

داغ مادران که تازه داشت بعد از دو سه سال التیام می‌یافت دوباره به تازگی روز اول شده بود. همان اشک‌ها، همان ضجه‌ها، همان بیقراری‌ها و همان بغض‌ها... منظره رقت‌باری بود. مادر احمد در حالی که چشمش جایی را نمی‌دید همان طور که به شانه برادرش تکیه کرده و در کنار رویا تنها دخترش ایستاده بود سخت بی‌قراری می‌کرد. صدرا و ایمان و بنفشه با قلب‌هایی که از شدت اندوه در هم فشرده شده بود به او نزدیک شدند و از صمیم قلب به او تسلیت گفتند. آن صحنه آنقدر برایشان دلخراش بود که طاقت ایستادن بیشتر و دیدن اشک‌هایی را که از چشمه تازه خشکیده اشک مادران دوباره سرریز کرده بود نداشتند. در تمام مدت چرخاندن تابوت‌ها دور شهر و تمام مراسم خاکسپاری چهره خندان احمد یک لحظه از مقابل چشم‌های ایمان محو نمی‌شد. چه لحظه‌ها، دقیقه‌ها، ساعت‌ها و روزهایی که با هم نگذرانده بودند. فکرش را که می‌کرد، می‌دید که تنها عاملی که شرایط سخت جنگ را برایش قابل تحمل کرده بود حضور احمد در کنارش بود و حالا تابوت خالی‌اش می‌رفت تا زیر خروارها خاک دفن شود.

آن روز بعد از اتمام نمایش خاکسپاری تابوت‌هایی که جز مشتی استخوان و در بعضی فقط

پلاک چیز دیگری یافت نمی‌شد ایمان با خودش عهد کرد که مادر احمد را تنها نگذارد و مدام به او سر بزنند. و اگر کاری داشت برایش انجام دهد و بر سر عهدش هم ماند. هفته‌ای سه روز به او سر می‌زد. سر یک ساعت خاص هم می‌رفت که انتظار آمدنش را داشته باشد. تمام خریدهایش را برایش انجام می‌داد و اگر احیانا جایی می‌خواست برود مثل یک راننده شخصی دربست در اختیارش بود. خواهر احمد که در مشهد زندگی می‌کرد خیلی به مادرش اصرار کرده بود که از تهران به مشهد نقل مکان کرده و با آنها زندگی کند ولی او قبول نکرده و در جواب فقط گفته بود: این خونه برام پر از خاطره است هر جاش که می‌رم با اینکه چیزی نمی‌بینم ولی صدای قشنگش همیشه تو گوشمه تازه گل‌هایی رو که کاشته و به من سپرده مگه می‌شه تنها گذاشت؟

با این همه مهم‌ترین علتی که نمی‌خواست دل از آن خانه بکند کورسوی امیدی بود که حتی بعد از خاکسپاری تابوت خالی احمد به زحمت در دلش روشن نگه داشته بود. شب‌ها چراغ حیاط را روشن می گذاشت که اگر احمدش برگردد چراغی برایش روشن باشد و بداند که کسی هست که هنوز در انتظار او چشم نابینایش به در خشک شده است.

شش ماه طول کشید تا زخم‌های دوباره سر باز کرده دل مادر احمد به هم بیاید و کم‌کم التیام پیدا کند. دیگر همه چیز برای او در تاریکی مطلق فرو رفته بود. هر روز دستش را روی طاقچه می کشید تا قاب عکس احمد را روی آن پیدا کند و آن را سخت به سینه‌اش که آه حسرت جای خالی در آن باقی نگذاشته بود، می‌فشرد و دیوانه‌وار با آن حرف می‌زد، با آن می‌خندید و با آن می گریست.

در اوج جوانی همسرش را در یک سانحه رانندگی از دست داده و دو فرزند به جا مانده‌اش را با خون دل بزرگ کرده بود. مدت‌ها گذشت تا توانست با ارثیه پدری و پس‌اندازهای خودش و همسرش خانه کرایه‌ای را که در آن می‌نشستند خریداری کند. با فوت همسرش که کارمند حقوق بگیری نبود هیچ حق و حقوقی به او و فرزندانش نمی‌رسید. ناچار بود خرج زندگی را از راه خیاطی و گرفتن سفارش برای لباس عروس که در آن خبره شده بود تأمین کند. لباس عروس‌هایی که در زیبایی و هنرمندی بی‌نظیر بودند. هر لباس عروسی را که می‌دوخت سعی می‌کرد با خیره شدن به سفیدی‌شان و آرزوی سفیدبختی عروس‌ها ذهنش را از فکر سیاه‌بختی خودش منحرف کند. خانم کنعانی همیشه به صبوری شهره خاص و عام بود و به هیچ کس جز خدا اتکا نداشت.

بهترین سال‌های جوانی‌اش را بدون آنکه شانه‌ای برای آرامش و یا سینه‌ای برای تکیه به آن

در اوج لحظه‌های خستگی‌اش داشته باشد و بدون داشتن هم‌صحبتی که سکوت شب‌هایش را بعد از خواباندن بچه‌ها بشکند به تنهایی سپری کرده بود. بعضی شب‌ها آنقدر تنهایی به او فشار می‌آورد که با قاب عکس شوهرش حرف می‌زد.

با تمام مشقت‌ها و مشکلات زندگی‌اش سوخت و ساخت و دم برنیاورد و خرسند به این بود که فرزندانش را به سرانجامی دلخواه برساند.

همه به خوبی می‌دانستند که جان خانم کنعانی به جان دو فرزندش بند است. بچه‌ها هم به همان نسبت به مادرشان علاقه داشتند و برایش احترام خاصی قایل بودند. هیچ‌کس حتی ایمان باورش نمی‌شد که احمد بچه‌ای به آن شیطانی و تخسی در پیشگاه مادر سر به راه‌ترین، خوب‌ترین و مهربان‌ترین بچه دنیا می‌شد.

با بزرگ شدن بچه‌ها خوشحال بود که حداقل تحمل آن همه سختی‌ها و تلاش‌هایش دیگر به ثمر نشسته است. اما با ازدواج رویا دختر بزرگش و نقل مکان او به مشهد رفته‌رفته بر تراکم ابرهای سیاه دلمردگی در آسمان بی‌هیجان زندگی‌اش افزوده شد. ابرهایی که با تراکم‌شان باران چشم‌هایش را روز به روز بیشتر می‌کرد و کم‌کم همان گریه‌های آرام در خلوت شبانه و چشم انداختن مداوم به سوزن و نخ و پارچه کار خودش را کرد و چشم راستش به شدت ضعیف شد.

با کم شدن سوی چشم راست‌اش کار خیاطی برایش مشکل شده بود ولی هنوز با فشار زیاد به چشم چپش و عینکی که پزشک برایش تجویز کرده بود روز و شب به پارچه‌های سپیدبختی دیگران سوزن می‌زد. بیشتر دوخت و دوزش را می‌گذاشت برای زمانی که احمد خانه نبود چون او با کار کردن مادرش با آن وضع نامناسب چشم‌هایش مخالف بود و اگر می‌فهمید واکنش نشان می‌داد.

مادر احمد تمام وسایل کارش را در زیرزمین که بی‌شباهت به انباری نبود قایم کرده و روی آن‌ها را با پتو پوشانده بود و صبح‌ها وقتی احمد به مدرسه می‌رفت به سرعت مشغول کار دوخت و دوزش می‌شد و گاهی هم نیمه‌شب‌ها دور از چشم احمد پاورچین پاورچین به زیرزمین می‌رفت تا هر طور شده بتواند کارهای نیمه‌تمام دیگران را به اتمام برساند.

احمد با وجودی که مادرش را می‌پرستید هر وقت که با ایمان بود تا جایی که می‌توانست صحبتی از او به میان نمی‌آورد چون می‌ترسید مبادا با تعریف و تمجیدهایش از او دل ایمان را که بدون دست نوازشگر مادر بزرگ شده بود، بشکند ولی ایمان از رفتارهای محبت‌آمیزشان به خوبی از رابطه نزدیک و عشق و علاقه بین آن دو کاملاً آگاه بود.

اگر چه دست روزگار سال‌ها پیش یک حلقه از زنجیر چهار حلقه‌ای‌شان را دزدیده و

سومین حلقه که خواهر احمد بود به دست تقدیر از آنها جدا افتاده بود ولی دو حلقه باقی‌مانده همچنان محکم به هم پیوند خورده و جداکردنشان از هم غیر ممکن می‌نمود. ولی در نهایت واقعیت تلخ از دست رفتن احمد با بی‌رحمی آخرین پیوند دو حلقه را از هم گسست.

ایمان وضعیت اسف‌بار خانم کنعانی را به وضوح به چشم می‌دید. می‌دید که چگونه در حالی که چشم‌هایش جایی را نمی‌بیند با حرکت دست‌هایش روی صورت ایمان و تیز کردن گوش‌هایش برای تشخیص صدای او تمام قوایش را جمع می‌کند. می‌دید که چطور آن زن تنها با قاب عکس پسرش درست مثل اینکه آن قاب چشم و گوش و احساس داشته باشد رو در رو حرف می‌زند، می‌خندد و می‌گرید. هر بار با دیدن این صحنه‌های دلخراش با خود آرزو می‌کرد که ای‌کاش می‌توانست زمان را به عقب برگرداند و ای‌کاش آنقدر توان می‌داشت که بتواند دل خدا را به رحم بیاورد و آن حلقه جدا شده را دوباره به اصلش بازگرداند. اما وقتی به خود می‌آمد درمی‌یافت اگر قرار باشد دل خدا به رحم بیاید هیچ چیزی ترحم‌انگیزتر از اشک‌های سوزناک یک مادر نیست و قدرتی که در آن اشک‌ها نهفته است در هیچ کدام از دست‌های دراز شده به طرف پروردگار یافت نمی‌شود.

ایمان سعی داشت به مادر احمد القا کند اگر فرزندش نیست هنوز کسانی هستند که او را فراموش نکرده و در تاریکی‌ها می‌توانند نور دیدگانش باشند.

در یکی از روزهای گرم خردادماه که مادر احمد کنار مونس همیشگی‌اش رادیو نشسته بود و به آن گوش می‌داد، اعلام شد تعداد زیادی از اسرای ایرانی به زودی به آغوش وطن باز می‌گردند. با وجودی که خانم کنعانی پلاک خونین احمد را دیده و چندی پیش تابوتش را به خاک سپرده بود با شنیدن این خبر تمام وجودش پر از امید شد و فرصت را از دست نداد. در حالی که از فرط هیجان می‌لرزید بلافاصله با تلفنی که صدرا برای راحتی او برایش تهیه کرده و شماره‌های برجسته داشت با ایمان تماس گرفت و از ایمان خواست زمان رسیدن اسرا را برایش پرس‌وجو کند تا به پیشواز برود بلکه احمد هم به طرز معجزه‌آسایی در جمع آن اسرای آزاد شده باشد. ایمان با وجودی که می‌دانست این کار آب در هاون کوفتن است ولی دلش نیامد که به مادر احمد نه بگوید چون خوب می‌دانست که او دست و پا زنان به هر شاخه خشک امیدی که پیدا کند چنگ می‌زند تا بلکه به شکلی معجزه‌آسا یکی تاب تحمل سنگینی غم‌هایش را داشته باشد.

ایمان با جست‌وجوی فراوان دریافت اولا تعداد اسرا خیلی بیشتر از آنچه که تصور می‌کردند، بوده و ثانیاً اسامی تمام اسرا را از قبل به خانواده‌هایشان اعلام کرده‌اند و جداگانه به

هر خانواده‌ای تاریخ و ساعت تقریبی آمدنشان را اطلاع داده‌اند. با این وصف وقتی اصرار مادر احمد را دید دلش طاقت نیاورد و در چند نوبت پیاپی مادر احمد را تا پای اتوبوس‌های حامل اسرا برد.

هر بار که اتوبوس‌های اسرا از راه می‌رسید و خانواده‌ها با دسته‌های گل و اشک شوق از آنها استقبال می‌کردند ایمان از حالات چهره مادر احمد می‌فهمید که خیلی خوب می‌داند که احمد در بین آنان نیست ولی می‌خواهد با شنیدن فریادهای شوق پدران، مادران و همسران و همه و همه تصویر زیبایی از رویاهایی که هرگز به وقوع نخواهد پیوست و هرگز با چشم نخواهد دید را در ذهن خسته‌اش از انتظاری نافرجام حک کند.

چقدر مادر احمد دلش می‌خواست با چشم‌هایش می‌توانست صحنه پایانی انتظارهای چند ساله و روشن شدن چشم‌های مادران را می‌دید ولی افسوس!

ایمان تا جایی که می‌توانست لحظه‌لحظه آن صحنه‌ها را با جزئیات کامل مثل یک راوی پرهیجان برای او گزارش می‌داد و به تصویر می‌کشید و جالب اینجا بود که آن صحنه‌های تکراری درست مثل قصه‌های تکراری در گوش یک کودک هنوز برای خانم کنعانی سرشار از جذابیت بود.

سرانجام مادر احمد بعد از بارها و بارها پای اتوبوس‌های بدون احمد ایستادن و مثل آدم‌های روزه‌دار که از تماشای ناهار خوردن بچه‌هایشان هم شکنجه می‌شوند و هم لذت می‌برند شاهد پایان انتظارهای چندین و چند ساله دیگران بودن رضایت داد که دیگر برای پیشواز اسرا نرود و بیش از این خود را شکنجه نکند. حالا دیگر حقیقتاً باور کرده بود که احمد هرگز برنمی‌گردد. به این ترتیب چراغ امید در دل مادر احمد درست مثل چراغ‌های حیاط کوچک خانه‌اش کم‌کم خاموش شد. دیگر آن چشم‌هایی که جایی را نمی‌دید جهت‌شان ناامیدانه از رو به آسمان بودن به رو به زمین و خاک برای یافتن راهش بر حسب عادت تغییر کرد. او همیشه در لحظات تلخ دل‌شکستگی سر به آسمان بلند کرده بود. ابری و صاف برایش هیچ فرقی نمی‌کرد. ولی حالا دیگر چیزی برای باختن نداشت. در اوج لحظه لحظه‌های تاریک ناامیدی با بغضی در گلو نگاه تیره و تارش را از آسمان می‌گرفت و به زمین که در نگاهش هیچ تفاوتی با شب سیاه نداشت، خیره می‌ماند.

مادر احمد در آخرین روزی که پای اتوبوس‌های اسرای آزاد شده رفت از مرز یأس و نا امیدی گذشت و در آن سوی مرز با نگاهی تارتر از همیشه بالاخره کوه استوار وجودش از پا افتاد.

فصل چهل‌وچهارم

اگرچه اثرات مخرب جنگ مثل یک شوک ناگهانی از همان ابتدا گریبانگیر مردم شده بود و حالا بعد از مدت‌ها که از پایان جنگ می‌گذشت هنوز به قوت خود باقی بود اما در میان برخی از مردم مثل یک بیماری مرموز که ناغافل ریشه می‌دواند موریانه‌وار آهسته‌آهسته به ریشه اصلی خانه و خانواده رخنه کرده و بعد از مدت‌ها جویدن ریشه آرام آرام علائم خود را در اوج ناباوری بروز می‌داد.

مسعود نمونه‌ای از میلیون‌ها نفری بود که در زیر بار شوک ناگهانی ناشی از بلای خانمان‌سوز جنگ کمرش به شدت خم شده بود و حالا بعد از مدت‌ها همچنان سخت دست و پا می‌زد تا خود را از آن گرداب هولناکی که از سال‌ها قبل ناخواسته به عمق آن کشیده شده بود بیرون بکشد؛ اما فریدون که بعد از بازگشتش از جبهه مدت‌ها تلاش کرده بود تا شانه محکمی برای لحظات افسردگی مسعود باشد و از این بابت هم به خود می‌بالید هنوز در نیافته بود که خود او جزء آن دسته قربانیانی است که فرسودگی تدریجی و خورده شدن ریشه‌های محکم خانه و خانواده‌اش را به دست موریانه باورهای متعصبانه نمی‌بینند. باورهایی که در همان دوران کودکی و نوجوانی زمینه‌اش آماده و مهیا شد و ابتدای انقلاب بذرش کاشته شد و در طول سال‌های جنگ به مرور چنان آبیاری شده و چنان به رگ‌های آن تزریق شده بود که ریشه‌هایش با هیچ تبری بریدنی نبود. حتی با تبر اعتراض همسرش.

و حالا خودرایی فریدون که ثمره تلخ و کال آن درخت تنومند باورهای تعصب‌گرایانه بود، کم‌کم داشت به اوج بالندگی خود نزدیک می‌شد با این تفاوت که طعم آن میوه ناخواسته با رسیدنش روز به روز تلخ‌تر و تلخ‌تر می‌شد.

فرسودگی روحیه پر حرارت و پر انرژی فریدون که زمانی به استقامت و صبر شهره بود به حدی تدریجی بود که شاید یکی، دو سال پس از جنگ در نظر دیگران چندان خودی نشان نداده بود. ولی کسی که لحظه‌های زندگی‌اش را در زیر یک سقف سال‌ها در کنارش گذرانده بود کاملاً متوجه این تغییرات در خلق و خوی و رفتار فریدون شده بود. فریبا به وضوح می‌دید که به مرور زمان از خوش‌صحبتی‌های فریدون در جمع کاسته شده و بر سکوت و به فکر فرو رفتن‌هایش روز به روز افزوده می‌شود. دیگر از آن ابراز عشق و علاقه‌های آنچنانی او نسبت به فریبا چندان خبری نبود. در آغوش گرفتن‌ها و بوسیدن‌های ایمان به شکل محسوسی کمتر و کمتر شده بود و به همین خاطر رشته ارتباط ایمان به همان نسبت با پدرش روزبه‌روز سست‌تر و سست‌تر و گرایش‌اش به فریبا بیشتر و بیشتر می‌شد. فریدون صبح‌ها که عازم محل کار می‌شد تاکید می‌کرد که حتی الامکان با اداره تماس نگیرند و خود او هم حتی برای یک بار هم که شده با منزل تماس نمی‌گرفت چون به شکل وسواس گونه‌ای در جواب اعتراض فریبا همیشه می‌گفت: تلفن اداره مال بیت‌المال است و از نظر شرع درست نیست برای مصارف شخصی استفاده شود. حتی در موارد ضروری!

فریدون از تمام روابط خوش قدیمی‌اش دور شده بود و در لاک افکاری که بی‌نشان از بیماری مزمنی نبود فرو رفته بود.

روزها را در محیط کار می‌گذراند و وقتی به منزل برمی‌گشت سرش را ساعت‌ها با روزنامه گرم می‌کرد و پس از آن هم شش‌دانگ حواسش جلب اخبار تلویزیون می‌شد. گاهی ایمان بارها و بارها او را صدا می‌زد و وقتی جوابی نمی‌شنید از سر ناامیدی به فریبا پناه می‌برد. دیگر حتی فریبا هم با پوشیدن لباس‌های زیبا و آرایش‌های زیباتر نمی‌توانست توجهش را که زمانی عاشقانه او را می‌پرستید جلب کند. مدت زمانی که فریدون بر سر سجاده می‌گذراند روزبه‌روز کش‌دارتر و تعداد آیه‌های قرآنی که می‌خواند روزبه‌روز بیشتر می‌شد و به همان نسبت از مکالمات روزمره‌اش با فریبا که در تمام این سال‌ها صبورانه و عاشقانه در کنارش زیر یک سقف زندگی کرده بود روز به روز کاسته می‌شد. ایمان دیگر یواش‌یواش داشت طعم بوسه‌های محبت‌آمیز او را به دست فراموشی می‌سپرد و جای خالی آغوش پدرانه را با گرمی آغوش فریبا پر می‌کرد.

فریبا پس از مدت‌ها کلنجار رفتن با خود و صبر کردن سعی داشت به خود بقبولاند که این حالات گوشه‌گیری و کم‌حرفی و بی‌توجهی فریدون موقتی خواهد بود ولی رفته رفته به این نتیجه رسید که گذر زمان نه تنها این مشکل بزرگ را که مثل خوره به جان بدنه اصلی

زندگی‌اش افتاده درمان نکرده بلکه بر شدت آن هم افزوده است. دیگر حتی کار به جایی رسیده بود که فریبا جسته و گریخته در باره مشکل بزرگ فریدون و تغییر حالات و رفتارش با مسعود صحبت می‌کرد. اگرچه مسعود سعی می‌کرد که فریبا را دلداری دهد و او را به آینده خوش‌بین کند ولی خیلی خوب هم فریدون را می‌شناخت و می‌دانست که اگر پای اعتقادات او در میان باشد تمام دهان‌ها باید بسته شود چون او به هیچ عنوان تحمل به زیر سوال رفتن اعتقاداتش را ندارد و اگر با کسی سر بحث را باز کند اول تا آخر برنده خود او خواهد بود چون آن‌چنان بر عقایدش پافشاری می‌کرد که طرف مقابل مجبور می‌شد کوتاه بیاید و حرفش را پس بگیرد. البته به‌جز رحیم‌خان که کله‌شق‌تر از او اصطکاک عقایدشان را آنقدر تشدید می‌کرد که نتیجتا تبدیل به حرارت و آتش خشم می‌شد.

سرانجام کاسه صبر فریبا لبریز شد و تصمیم جدی گرفت تا رودررو مشکلاتی را که این مدت عذابش می‌داده با او در میان بگذارد.

یک روز از ایمان خواست تا نزد مادربزرگش رفته و تا صدایش نکرده به طبقه بالا نیاید سپس سر صحبت را با فریدون که خودش را در ستون‌های روزنامه‌اش غرق کرده بود باز کرد. فریبا از تنهایی‌هایش برای او گفت. از اینکه چقدر دلش برای فریدون قدیمی که همیشه شانه‌ای محکم و ستبر برای لحظات تنهایی و خستگی‌اش بود، تنگ شده است. از اینکه این فریدون جدید را نمی‌شناسد. از اینکه چقدر تمام روز بی‌صبرانه به انتظار آمدن او می‌نشیند و وقتی انتظارش به پایان می‌رسد جز نگاهی تهی از هر احساسی و سری پر از مشکلات درهم و برهم که راه را بر هرگونه حس عشق و ابراز علاقه سد کرده است، چیزی نمی‌بیند.

فریبا از جای خالی محبت پدری در زندگی ایمان برایش گفت. از اینکه چقدر ایمان محتاج نوازش دست‌های اوست.

فریدون به هیچ عنوان متوجه این تغییرات رفتاری در وجود خودش نشده بود چندان که در ابتدا تمام ادعاهای فریبا را انکار کرد و آنها را مشتی فکر و خیال موهوم و باطل خواند ولی شب وقتی که در حال تفکر پیرامون حرف‌های فریبا در جایش دراز کشید به خاطر آورد از آخرین باری که حرارت بدن فریبا را در کنار خود عاشقانه حس کرده و از آن با تمام وجود لذت برده آن‌قدر زمان گذشته است که دیگر حتی زمان آن را هم به خاطر نمی‌آورد. دریافت که گله‌های فریبا از او کاملاً بی‌جا هم نبوده است.

فریبا را از پشت در آغوش گرفت و سعی کرد تمام حس تلخ تنهایی را که طی این مدت او را رنج می‌داده از دلش بیرون کند. فریبا هم که تشنه‌تر از همیشه پس از مدت‌ها دوباره داشت

گرمی آغوش همسرش را تجربه می‌کرد، حس خوش قدیمی را در خود زنده یافت. حسی که با آن نزدیکی‌اش به فریدون را با ذره ذره وجود لمس کرد و به همین خاطر تصمیم گرفت تا رازی را که دو ماه در گفتنش تردید می‌کرد بالاخره بر زبان بیاورد.

وقتی فریدون با خبر بارداری فریبا آن هم بعد از گذشت دو ماه غافل‌گیر شد تازه پی برد که چقدر از فریبا دور شده و فاصله گرفته است. آن شب به طرز معجزه‌آسایی تبدیل به همان فریدون قدیمی شد. پس از دقایقی آن حس خوش قدیمی که فریبا طعم آن را از یاد برده بود سرتاسر وجودش را در برگرفت چرا که خود را در آغوش همان فریدون قدیمی یافت. فریدونی که این بار با شنیدن خبر بارداری او به جای بی‌توجهی، تمام وجود فریبا را غرق بوسه کرد و تا صبح اجازه نداد که حتی لحظه‌ای آغوشش را ترک کند.

حرف‌ها و گله‌گذاری‌های آن شب فریبا برای فریدون حکم آبی داشت که به صورت کسی در خواب پاشیده شده باشد ولی نه برای مدت طولانی چرا که ظرف چندماه فریدون دوباره به حالت قبلی بازگشت.

رفتار فریدون دیگر حتی برای خانم تفرجی غیرقابل تحمل بود. خانم تفرجی ابتدا تصور می‌کرد خبر بارداری فریبا روی فریدون اثر بگذارد و روحیه او را به شکل سحرآمیزی تغییر دهد ولی خیلی زود فهمید که سخت در اشتباه بوده است.

گاهی اوقات که رفتار فریدون بیش از حد عذابش می‌داد از او نزد صدرا گلایه می‌کرد: پسره خر! حالا یادش افتاده هر روز برام جانماز آب بکشه. فکر زن پا به ماهش و ایمان رو نمی‌کنه. یکسره برام یاد گرفته دولا و راست بشه. اون نمازی که آدم به خاطرش از زن و بچه‌اش بزنه به چه دردی می‌خوره؟ هی گفتم خدا کنه هیچیش به خونواده باباش نره که دعام برعکس شد. هر چی جانماز آبکشی بوده از اون بابا بزرگش به ارث برده. حالا تازه باید برم خدا رو صد هزار مرتبه شکر کنم اقلا مثل اون از روی ریا و حقه‌بازی اینقده خدا و پیغمبر نمی‌کنه.

وقتی هم صدرا در جواب درددل‌های او می‌گفت «صبر داشته باشه شاید زمان این مشکل را حل کند» با ناامیدی جواب می‌داد: دلت خوشه! اگه می‌خواست درست بشه تا حالا درست شده بود. روز به روز که بهتر نمی‌شه هیچی داره بدترم می‌شه. فقط یاد گرفته هی مصلحت کشور و مصلحت نظام کنه. فقط کافیه جلوش یک کمی بگی خونه گرونه، گوشت گرونه، مرغ گیر نمیاد، اون وقت در جوابت می‌گه: مگه ما برای شیکم انقلاب کردیم؟ پسره پاک مغز خر خورده. دلم برای زن بدبختش می‌سوزه. از وقتی به اون جنگ لعنتی رفت انگار موجی شده باشه زده به سرش. منتها من نمی‌دونم موجش چرا این‌قدر دیر گرفتش. قبل از تموم شدن اون جنگ

لعنتی مثه آدم داشت زندگی‌اش رو می‌کرد. از وقتی هم تو اون اداره لعنتی مشغول شده از این رو به اون رو شده نمی‌دونم اونجا چیز خورش کردن یا مخشو شستشو دادن.

صدرا به خوبی بوی نگرانی را از حرف‌های خانم تفرجی حس می‌کرد. او تا آن لحظه ندیده بود که خانم تفرجی راجع به فریدون این‌گونه حرف بزند. مساله بسیار جدی بود چون توصیفاتی که از زبان مادر او می‌شنید زمین تا آسمان با خصوصیات آن فریدون قدیمی تفاوت داشت.

کم‌کم فریبا به روزهای آخر بارداری‌اش نزدیک می‌شد. اگرچه فریدون قلبا نگران حال و روز فریبا بود ولی بدون اینکه خودش بداند در عمل واکنش چندانی بروز نمی‌داد و از این رو لبه تیغ تنهایی که بر دل فریبا می‌نشست با گذشت هر یک روز با سوهان بی‌توجهی‌های غیرعمدی فریدون تیزتر و تیزتر می‌شد.

در یکی از آن روزهای سرد زمستانی فریدون طبق معمول به اداره رفته بود و تا حوالی سه، چهار بعدازظهر به خانه برنمی‌گشت. حوالی ساعت دو بعدازظهر بود و رحیم‌خان و صدرا که تازه از مغازه برگشته بود در حیاط گرم گفت‌وگو بودند.

صدرا همین طور که با دست یکی از شاخه‌های لخت درخت سیبی را که ایمان با کمک او سال‌ها قبل کاشته بود لمس می‌کرد متوجه برآمدگی‌های کوچکی در زیر انگشتانش شد. از نزدیک به شاخه نگاهی کرد و متوجه جوانه‌های کوچکی شد که خواب‌آلوده از بستر خشک شاخه به تازگی سر برآورده بودند. درست لحظه‌ای که صدرا آمد تا جوانه‌ها را به رحیم‌خان نشان دهد صدای مشت‌هایی محکم از پشت در توجه‌شان را از آن قاصدان عجول بهاری به سمت قاصد مضطربی که پشت در روی پایش بند نمی‌شد منحرف کرد.

وقتی رحیم‌خان در را باز کرد با تعجب ایمان پسر فریدون را دید که نفس‌نفس زنان می‌گفت: «عمو صدرا تو رو خدا بیا» و بعد از لحظه‌ای مکث که بتواند نفسی تازه کند ادامه داد: مامان تفرجی می‌گه باید مامانم رو ببریم بیمارستان. بابا فریدون نیست هر چی اداره زنگ می‌زنم می‌گن جلسه مهم داره. زود باش عمو صدرا!

صدرا بدون فوت وقت همراه ایمان راهی شد. فاصله دردهای فریبا کمتر و کمتر می‌شد و زمان زایمان نزدیک و نزدیک‌تر. صدرا بدون معطلی سوئیچ را برداشت و با کمک خانم تفرجی فریبا را که از شدت درد تمام چهره‌اش قرمز شده بود سوار ماشین کرده و با سرعت هرچه تمام‌تر به بیمارستان رساندند.

صدرا تمام مدت در راهروی بخش به انتظار ایستاد تا اگر احیانا خانم تفرجی به کمکش احتیاج داشت و یا وسیله‌ای می‌خواست برای او تهیه کند. ایمان هم از کنار صدرا تکان

نمی‌خورد. از قیافه‌اش پیدا بود که سخت ترسیده و نگران حال مادرش است. صدرا لبخند به لب خم شد و شانه‌های ایمان را به آرامی گرفت و گفت: ایمان جان! هیچ می‌دونی که از حالا به بعد برادر بزرگ‌تری؟ تو دیگه برای خودت مردی شدی. می‌دونی برادر بزرگ‌تر یعنی چی؟

ایمان بدون جواب فقط مضطرب به چشم‌های صدرا نگاه کرد.

ـ برادر بزرگ‌تر یعنی کسی که خواهر و برادرا بهش تکیه می‌کنند. یعنی کسی که آنقدر قدرت داره که اجازه نده برادر و خواهرش هیچ وقت بترسن و احساس تنهایی کنند، برادر بزرگ‌تر یعنی محافظ یعنی پشتیبان. حالا فکر می‌کنی برای برادر بزرگ بودن آماده‌ای؟

ایمان این بار به علامت مثبت سرش را تکان داد و صدرا همچنان لبخند بر لب ادامه داد: حالا اگه چشم‌هات رو ببندی ترس و دلهره به کلی از دلت می‌ره بیرون و جاشو حس مردونگی می‌گیره. می‌خوای امتحان کنی؟

ایمان بلافاصله چشم‌هایش را بست و بعد از یک دقیقه وقتی چشم‌هایش را باز کرد حس غرور جای آن ترس قدیمی را گرفته بود.

یک‌ساعت بعد خانم تفرجی در حالی که از شدت هیجان و خوشحالی صورتش سرخ شده بود لبخند بر لب به طرف آن دو آمد. روی صورت ایمان خم شد و او را بوسید و گفت: خدا یه داداش کوچولوی خوشکل عین خودت بهت داده. می‌خوای ببینیش؟

ایمان در حالی که از شادی در پوست خود نمی‌گنجید بی‌صبرانه گفت: بریم! زود باش بریم.

خانم تفرجی در حالی که لبخند کاملاً از روی لب‌هایش محو شده بود از صدرا پرسید: تونستی بالاخره باهاش تماس بگیری؟

ـ متاسفانه تو اتاقش نبود برای همکارش توضیح دادم چی شده و آدرس بیمارستانو هم دادم. الان دیگه یواش یواش باید پیداش بشه.

نیم‌ساعت بعد فریدون که سراسیمه در جست‌وجوی صدرا راهروها را می‌گشت با دیدن صدرا در انتهای سالن انتظار دوان‌دوان و مضطرب به طرف او دوید. با رنگی پریده و دست‌هایی لرزان از حال فریبا پرسید و صدرا هم به او اطمینان خاطر داد که مادر و فرزند هر دو در سلامتند. هنوز پنج دقیقه از آمدن فریدون نگذشته سر و کله خانم تفرجی پیدا شد و همین طور که نگاه خشمگین‌اش را حواله چهره رنگ‌پریده فریدون می‌کرد با خلق‌تنگی گفت: به تو هم می‌گن مرد؟ هیچ معلومه تا حالا کجا بودی؟ اگه یه بلایی سر زن بدبختت می‌اومد می‌خواستی چکار کنی؟

فریدون با صدایی لرزان جواب داد: مادر! خواهش می کنم! گرفتار بودم. به محض اینکه پیام صدرا رو گرفتم نمی‌دونی چه جوری خودمو تا اینجا رسوندم. تو رو خدا بگو حالشون چطوره؟ حالشون خوبه؟

خانم تفرجی به سردی جواب داد: آره! جفتشون شکر خدا سالمند. از صدرا تشکر کن که به موقع ما رو رسوند بیمارستان.

صدرا برای اینکه کمی از کج‌خلقی خانم تفرجی بکاهد به شوخی گفت: اگه منم نبودم خودت که بلد بودی چکار کنی. تا تو رو دارن هیچ غصه‌ای نباید داشته باشن.

خانم تفرجی خنده‌ای زورکی به لب آورد و به فریدون گفت: دکتر می‌خواست فریبا را ببیند. ایمان پشت در اتاق وایساده و از اونجا تکون نمی‌خوره. ما هم باید یه کم صبر کنیم تا بیان صدامون کنن. فریدون همراه مادرش روی صندلی کنار دیوار نشست. نگاه آن دو برای لحظه‌ای متوجه مردی شد که یک گلدان پر از برگ‌های سبز براق و شاداب در دست داشت و آن را به پرستاران هدیه می کرد. به نظر می‌رسید که به تازگی مژده یک ورود و یک حیات نو به زندگی‌اش را دریافت کرده است. او لبخند بر لب گلدان را در کنار ایستگاه پرستاری جای داد. چشم فریدون و مادرش به برگ‌های سبز داخل گلدان افتاد. برگ‌هایی که انگار با طراوت‌شان پیام حیات و زندگی را با آهنگی دلنشین مژده می‌دادند. آن دو همچنان غرق شده در رنگ سبز آن برگ‌های شاداب با صدای پرستاری که داشت اسم فریدون را صدا می‌زد به خود آمدند: آقای شهیدی کیه؟ همراه شهیدی می‌تونه بیاد زائوشو ببینه.

فریدون به آهستگی از جا بلند شد.

ـ پرستار!

ـ آقای شهیدی شمایید؟

ـ بفرمایید! می‌تونید برید خانومتون رو ببینید. قدمش مبارک باشه!

فریدون با زانوهایی لرزان به طرف اتاقی که فریبا در آن بستری بود قدم برمی‌داشت و در حالی که خود را سرزنش می کرد با خود گفت: این بار هم نتونستم توی اوج اون لحظه‌های سخت درد کنارش باشم.

وقتی در آستانه در اتاق قرار گرفت با دیدن لبخندی که بر لب‌های فریبا نشسته بود بیش از پیش احساس شرمندگی کرد. فریدون دستپاچه خود را به تخت رساند و دست فریبا را به لب‌هایش برد و بوسید. فریدون بی‌توجه به ایمان که با دقتی وصف‌ناپذیر تمام حرکات پدر را انگار با ذره‌بین زیر نظر داشت، ملافه سفید را از روی نوزاد کنار زد و حیرت‌زده از آن همه

شباهت یکجا در آن صورت کوچک یکه خورد. صورت نوزاد کپی کاملی از چهره فریدون بود. به آرامی و احتیاط جوجه نوزادش را که آرام به خواب رفته بود در آغوش گرفت و گفت: «تو رو خدا نگاش کن! با خوابیدنش انگار یه عالمی رو خواب می‌کنه» و سپس با چنان عشقی به نوزادش خیره شد که ایمان یک لحظه آرزو کرد ای کاش پدرش به جای آن نوزادی که هنوز معنی کلمه عشق و محبت را نمی‌داند او را با چنان مهری در آغوش می‌گرفت و نگاه می‌کرد و یا بر پیشانی‌اش بوسه می‌زد.

خانم تفرجی با یادآوری اینکه صدرا هنوز در راهرو به انتظار ایستاده است بلافاصله او را صدا کرد. اولین چیزی که به محض ورود به اتاق توجه صدرا را جلب کرد ایمان بود که در گوشه اتاق ساکت ایستاده بود و با نگاهی حسرت‌آلود به پدرش و نوزاد تازه از راه رسیده، می‌نگریست.

صدرا آهسته به فریدون نزدیک شد و در حالی که ملافه را از گوشه صورت نوزاد همان طور در بغل فریدون کنار می‌زد زیر لب به او فهماند که هوای ایمان را بگیرد.

فریدون با اشاره صدرا مثل اینکه تازه از خوابی سنگین برخاسته باشد یک مرتبه متوجه ایمان شد که داشت خیره به آنها نگاه می‌کرد. همین که صدرا نوزاد را در آغوش گرفت ۲۵ سال پیش یعنی شب تولد ایمان برایش تداعی شد. هم‌زمان فریدون هم به طرف ایمان رفت و روی صورتش خم شد و پس از آنکه پیشانی‌اش را بوسید از او پرسید: داداش کوچولوت رو از نزدیک دیدی؟ می‌خوای بغلش کنی؟

و ایمان هیجان‌زده گفت: «آره! می‌خوام بغلش کنم» و در کنار صدرا ایستاد. صدرا لبخند مهرآمیزی به ایمان زد و با احتیاط نوزاد پیچیده در ملافه را در بغل ایمان گذاشت و سپس رو به فریبا و فریدون کرد و پرسید: براش اسم انتخاب کردید؟

فریبا لبخندزنان به فریدون نگاهی کرد و با غرور گفت: سهراب. اسمش رو سهراب می‌ذاریم.

فصل چهل‌وپنجم

اتوبوس حامل اسرای آزاد شده داشت به تهران وارد می‌شد. مرد مسنی که تک و توک موی سیاه لابه‌لای انبوه موهای سفیدش دیده می‌شد رو به بغل دستی‌اش کرد و با هیجان گفت: کی باورش می‌شد که یه روز دوباره بتونی به شهر و خونت برگردی؟ هی دنیای بی‌ارزش! جوون هیچ می‌دونی چند ساله پسرمو ندیدم؟ آخرین بار که ازش خداحافظی کردم و بوسیدمش می‌رفت کلاس دوم راهنمایی. الان دیگه باید واسه خودش مردی شده باشه! دلم پر می‌زنه ببینم چه قیافه‌ای شده.

ـ تو راه که می‌اومدیم گفتید اول جنگ اسیر شدید. آره؟

ـ آره همون سال اول. اینم شانس ما بود دیگه. توی این همه سال هیچ خبری ازشون نداشتم. نه تلفنی نه نامه‌ای نه راه ارتباطی. انگار که اصلاً وجود خارجی توی اون اردوگاه لعنتی اسرا که چه عرض کنم اصلاً توی این دنیا نداشتم. اون بیچاره‌ها هم همین‌طور. هیچ خبری ازم نداشته و ندارن. حتی نمی‌دونن دارم برمی‌گردم. خودت دیدی که اسامی خیلی‌ها رو تازه توی مرز به لیست صلیب سرخ اضافه کردن. تو هم شرایط منو داشتی. مگه نه؟

ـ آره! منم درست همین شرایط رو داشتم. اون لعنتیا برای اینکه آمار درستی از اسرا ندن خیلی از اسامی‌ها رو اعلام نکردن.

ـ دم مرز چند بار سعی کردم با خونه تماس بگیرم حتماً تا حالا هزار باره فکر کردن مردم. نمی‌دونم شاید از اون خونه قدیمی‌مون رفتن. باورکن الان اگه بچه‌هام رو ببینم ها هیچ‌کدوم رو نمی‌شناسم.

ـ چند تا بچه داری؟

ــ یه پسر و اون یکی هم نمی‌دونم دختره یا پسره. چون وقتی اسیر شدم خانمم حامله بود. هنوز فکر می‌کنم دارم خواب می‌بینم. خوابی که هر شب تو اون خراب شده دیدم و هر بار بدون استثنا با حسرت ازش پریدم.

شدت هیجان مرد مسن از برق قطره اشکی که در چشم‌هایش می‌درخشید کاملاً مشهود بود. جوان بغل‌دستی همین طور که از پشت شیشهٔ غبار گرفته اتوبوس به خیابان‌ها نگاه می‌کرد، گفت: به نظر من که فقط سه سال اسیر بودم شهر خیلی عوض شده به نظر شما حتماً زیرورو شده.

ــ جوون! باورت نمی‌شه الان اگه تو شهر ولم کنن گم می‌شم. همه چیز به نظرم غریبه و جدید میاد. اصلاً انگار نه انگار یه زمانی تو این شهر زندگی می‌کردم.

سپس رویش را دوباره به سمت جوان بغل دستی‌اش برگرداند و گفت: تو چی پسرم؟ خیلی کم‌حرفی. انگار خیلی ذوق‌زده نیستی. چرا؟ توی مرز تونستی با خونواده‌ات تماس بگیری و غافلگیرشون کنی؟

جوان نگاهش را که در آن لحظه به ظاهر به خیابان شلوغ دوخته شده و در اصل در جایی فراتر از شهر و خیابان سیر می‌کرد از پنجره گرفت. سرش را پایین انداخت و به دست‌هایش که روی زانوهایش گذاشته بود، خیره شد. به دست‌های پینه بسته‌ای که از شدت کار و زحمت مثل سوهان زبر شده و از شدت خشکی بغل ناخن‌هایش ریش‌ریش شده و در بعضی جاهایش خون خشک شده بود. به رگ‌های آبی پشت دستش که حکایت از زحمات سخت و شبانه‌روزی داشت. آن دست‌ها به تنهایی سمبلی بود از مقاومت در برابر سختی‌ها! آن دست‌ها دیگر دست‌های سه چهار سال پیش نبود. آن دست‌ها همانقدر تغییر کرده بود که صاحب آنها!

جوان همین طور که به انگشت‌هایش نگاه می‌کرد در جواب مرد مسن گفت: نه! نتونستم با کسی تماس بگیرم. یعنی با خونه تماس گرفتم ولی کسی جواب نداد.

ــ زن و بچه داری؟

ــ خوشبختانه نه.

ــ چرا خوشبختانه؟

جوان لبخند تلخی به لب آورد و گفت: خوب بود حالا زن و بچه داشتم و سه سال در انتظارم تو بلاتکلیفی می‌موندن و خون دل می‌خوردن؟

و با گفتن این حرف همان لبخند تلخ هم از لبانش محو شد و با صدایی که از شدت ضعیفی انگار از ته چاه در می‌آمد، گفت: «مادر بیچارم. فقط خدا می‌دونه تا حالا چی کشیده! حتماً اونم تا حالا هزار باره فکر کرده من مردم» و سپس در حالی که حلقه اشک آهسته‌آهسته دیدش را تار

می‌کرد ادامه داد: خدا، فقط خدا می‌دونه چه بلایی سرش اومده! قطره اشک بدون اینکه گونه‌اش را لمس کند به روی دستش چکید و به آرامی از لای انگشتانش به روی شلوارش غلطید و الیاف پارچه شلوارش را پشت سر گذاشت و حرارت آن دوباره با حرارت بدنش در هم آمیخت. جوان همین طور که رد قطره اشک را از لحظه چکیدن با نگاهش دنبال می‌کرد زیر لب این بیت شعر مولانا را زمزمه کرد:

هر کسی کـو دور مانـد از اصـل خـویش   بـاز جویـد روزگـار وصـل خـویش

مرد مسن توام با حس همدردی که در نگاهش موج می‌زد دستش را روی شانه جوان گذاشت و گفت: خوشحال باش پسرم! خدا بزرگه! وقتی مصیبت می‌ده صبرش رو هم می‌ده. دیگه چیزی نمونده. پس اگه جای من بودی چی می‌گفتی؟ ده سال دوری از بچه و همسر و وطن. ده سال جون کندن زیر برق آفتاب و زیر بارون. ده سال آزگار کتک خوردن و فحش شنیدن و تحقیر شدن. ده سال صبر کردن و دم نزدن. خدا بزرگه پسرم! خدا بزرگه!

لب‌های جوان از شدت بغض به لرزش افتاد و هم‌زمان طعم شور خون را در دهانش مزمزه کرد و فهمید که لثه‌هایش دوباره به خون‌ریزی افتاده‌اند. دستمالی که در جیب شلوارش داشت، خونی را که از حد فاصل بین دندان‌های جلویش جاری بود، پاک کرد. طعم خون دیگر برایش ناآشنا نبود. شش ماهی می‌شد که به طعم شور خون که از لثه‌هایش جاری می‌شد عادت کرده بود. دستمال را برای دقایقی روی لثه دندان‌های بالا فشار داد و همان طور در سکوت نگاهش را در هوای دوده گرفته شهر غرق کرد.

لحظه‌ای که اتوبوس حامل اسرا به مقصد رسید قلب احمد فرو ریخت. حالا بعد از سه سال آزگار ثانیه‌شماری برای دیدن این لحظات گیج و مات بر جای مانده بود و نمی‌دانست که باید چه انتظاری داشته باشد. لب مرز که رسیده بودند مردد و دودل با دست‌های لرزانش شماره خانه را گرفته بود و بعد از چند زنگ وقتی جوابی نشنیده بود بلافاصله گوشی را سر جایش گذاشته بود. حتی یک بار هم دستش برای گرفتن شماره خانه ایمان دراز شد ولی بعد از گرفتن دو شماره اول دستش بی‌اختیار پایین افتاده بود. احمد حال خود را نمی‌فهمید. با تجسم صورت مهربان مادرش و چهره دلنشین بنفشه که به خاطرشان عین سه سال را سوخته و ساخته بود اضطراب و تردید مثل خوره به جانش افتاد و دلشوره تمام وجودش را در بر گرفت. مگر این همان لحظه‌ای نبود که به عشق از راه رسیدنش گران‌بهاترین وسیله‌ای را که همیشه روی چشم‌هایش حفظ کرده بود یعنی کلید در خانه را با هر یادآوری به سینه‌اش چسبانده بود. مگر

این همان لحظه‌ای نبود که برای رسیدن به آن دل در دلش بند نمی‌شد؟ اما حالا که انتظارش به پایان رسیده بود این چه حس غریبی بود که مانع آوردن لبخند شوق بر روی لب‌هایش می‌شد.

سه سال بی‌خبری! سه سال دوری! در طی این سه سال هر اتفاقی می‌توانست افتاده باشد. احمد می‌ترسید. سه سال ناامیدی و حسرت در چنگال بی‌رحم اسارت چنان به او فشار آورده بود که نمی‌دانست درآن لحظه باید از خوشحالی هیجان‌زده باشد یا از نگرانی.

اگر اتفاقی برای مادرم افتاده باشه چی؟ اگه تو این مدت بنفشه ازدواج کرده باشه چی؟ با چه امیدی به خونه برگردم؟ مامان که آن‌چنان اهل بیرون رفتن از خونه نیست پس چرا وقتی من تلفن زدم جواب تلفن رو نداد؟ خدایا! نکنه بلایی سرش اومده باشه؟ حس خوش بازگشت را زیر رگبار پرسش‌ها و دلشوره‌هایی از این دست گرفته بود و یک لحظه امانش نمی‌داد.

احمد با دیدن خیل جمعیتی که با دسته‌های گل در آن غروب آفتاب جمع شده بودند یاد لحظه‌ای افتاد که دم مرز رسیده بودند. خیل عظیمی از خانواده‌ها که از آمدن عزیزان‌شان خبر گرفته بودند برای پیشواز آمده بودند و بسیاری از خانواده‌ها هم با چشم‌های حسرت‌بار به امید نشان یا خبری در کنار شاخه‌های گل عکس عزیزان‌شان را بالا گرفته بودند. این بار هم احمد با دیدن چنین صحنه آشنایی یکه خورد. تقریباً تمام خانواده‌های اسرا از بازگشت عزیزان‌شان خبر گرفته و برای پیشواز آمده بودند. ولی احمد که تا آن زمان، شهادتش در نظر همه مسجل شده بود انگار اصلاً وجود خارجی نداشت. درست مثل کسی که بعد از مرگ شناسنامه‌اش باطل شده و همه فقط به عنوان یک خاطره از او یاد می‌کنند.

احمد به محض پیاده شدن از اتوبوس با دقت به اطرافش چشم دوخت تا شاید بتواند صورتی آشنا در لابه‌لای آن همه چهره هیجان‌زده پیدا کند. همانجا ایستاد و صحنه در آغوش کشیدن‌ها، اشک‌ها و لبخندها و فریاد شوق سردادن‌ها را در ذهن خسته و مشوش‌اش قاب گرفت. مرد مسن که تمام راه را با احمد همسفر بود و فقط همان اواخر سفر توانسته بود او را به حرف بگیرد دستش را روی شانه احمد گذاشت و گفت: غصه نخور پسرم! سرزده وارد شدن حال و هوای دیگه‌ای داره! بیا بریم غافلگیرشون کنیم.

ولی هنوز جمله‌اش تمام نشده در میان خیل جمعیت کسی از پشت سر با صدایی بسیار رسمی و بلند گفت: جناب سرتیپ هوشمند!

احمد و مرد مسن هر دو با هم برگشتند. مردی که پشت سر آنان ایستاده بود سراپا پوشیده در یونیفورم نیروی هوایی در نهایت احترام به مرد مسن نزدیک شد و حلقه گل زیبایی را دور گردن او انداخت و سپس با سلام نظامی از سر راه کنار رفت و همان طور خبردار ایستاد. با کنار

رفتن افسر نیروی هوایی یک خلبان بسیار جوان سراپا پوشیده در لباس سرهمی سبزرنگ درحالی‌که پلاکاردی را حمل می‌کرد که روی آن نوشته بود. «بازگشت عقاب تیزپرواز سرتیپ خلبان آزاده محمد هوشمند را به آغوش وطن و خانواده تبریک می‌گوییم.» به او نزدیک شد و درست در مقابلش قرار گرفت.

احمد نگاهی به مرد مسن که برق اشک در چشمانش می‌درخشید، انداخت و سپس نگاهش را به خلبان جوان ونامی که روی سینه اش زده بود دوخت و در یک آن همه جا در نظرش با حلقه ناخواسته اشک تار شد. روی سینه خلبان جوان نوشته شده بود احسان هوشمند.

صحنه درآغوش گرفتن پدر و فرزند بعد از ده سال چقدر برای احمد دیدنی و تکان‌دهنده بود. جوانی که رویاهای کودکی‌اش حالا در دوران جوانی به تحقق پیوسته بود حالا آغوش بازی را که ده سال در خواب و رویا در آن آرام گرفته بود گشوده در مقابل خود یافته بود. احمد با دیدن آن صحنه برای یک‌ربعی موقعیت و شرایط خود را کاملاً فراموش کرد.

پس خانواده مرد مسن بالاخره از آمدن او با خبرشده بودند! پس کسی ظرف مدتی که آنها با اتوبوس به تهران بازمی‌گشتند خانواده او را از بازگشت‌اش باخبر کرده بود. خلبان آزاده پس از اینکه پسرش را سیر دل در آغوش گرفت یک‌مرتبه نگاه اشک‌آلودش از بالای شانه او درست در یک نقطه روبه‌رویش متوقف ماند. آن چروک‌هایی که دور چشم همسرش نشسته بود با وجودی که برایش غریبه می‌آمد چیزی از جذابیت صورت او نکاسته بود. آن خنده‌ها و گریه‌های آشنا حالا به‌طور هم‌زمان تمام پهنای صورت همسرش را خیس کرده بود با این‌همه او که ده سال صبر کرده بود این بار هم کناری ایستاد و با وجودی که دلش پر می‌زد تا بوی پیراهن او را با تمام وجود نفس بکشد ولی باز هم صبر کرد و در عوض دخترش را روانه آغوش پدر کرد. در نگاه دختربچه ده ساله عشق و شرم با هم موج می‌زد. چون در برابر خود مردی را می‌دید که سال‌ها فقط عکس او را بابا خطاب کرده بود و فقط از ورای یک قاب چوبی با او سخن گفته بود. خلبان هوشمند با قدم‌های لرزان خود را به دخترش رساند و همانجا خم شد و با تمام وجودش او را در آغوش کشید. چقدر گرمای آغوش پدر مطبوع و دلنشین بود. آغوشی که اگر در گذشته طعم آن را چشیده بود، تحمل سال‌های دوری را برایش بسیار دشوارتر می‌کرد. خلبان هوشمند بعد از آنکه دخترش را برای اولین‌بار سیر دل در آغوش گرفت و بر پیشانی و سرش بوسه زد تمام قد با فاصله کمی در مقابل همسرش ایستاد ولی نتوانست قدمی به جلو بردارد چون با لبریز شدن کاسه تحمل همسرش او از قبل خود را به آغوش او افکنده بود. بوی آشنای عطر قدیمی همسرش که همیشه عاشق آن بود و با رویا و خاطره آن ده سال شب‌ها

را روز و روزها را شب کرده بود تمام مشامش را پر کرد و او را واداشت تا حلقه آغوشش را بیش از پیش تنگ کند.

احمد همچنان که به شدت از تماشای این صحنه‌ها تحت تأثیر قرار گرفته بود یکباره به خود آمد و دوباره دلشوره تمام وجودش را فرا گرفت. با خود فکر کرد اگر خانواده همسفرش بر خلاف تصور او از آمدنش با خبر شده‌اند پس حتماً به مادر او هم خبر آمدنش را رسانده‌اند ولی چرا کسی برای پیشواز او نیامده؟

احمد بعد از یک ساعت ذوق پایان انتظار دیگران را کردن و بعد از اینکه دست همسفرش را صمیمانه فشرد در حالی که یک کیف دستی پارچه‌ای کوچک که گوشه آن پاره شده بود در دست داشت و حلقه گلی که نفهمیده بود توسط چه کسی دور گردنش افتاده بود در آن هوایی که حالا کاملاً تاریک شده بود راهی خانه شد.

هر چقدر به خانه نزدیک‌تر می‌شد ضربان قلبش شدت بیشتری می گرفت. راننده تاکسی از سر و قیافه و حلقه گل کاملاً متوجه شد که او تازه از اسارت برگشته است. به همین خاطر با لبخندی از آینه ماشین به صورت احمد که عقب تاکسی نشسته بود نگاهی انداخت و گفت: به لقب جدیدت عادت کردی؟

ـ منظورتون چیه؟

ـ نمی‌دونی؟ به شماها دیگه می گن آزاده. دیگه از حالا به بعد باید به اسم آزاده عادت کنی.

احمد لبخندی به لب آورد و حرفی نزد. نزدیکی‌های خانه وقتی از تاکسی پیاده شد در نهایت شرمندگی پولی برای پرداخت کرایه تاکسی در وسایلش نیافت. راننده به او رو کرد و گفت: مگه من بمیرم از کسی که جونش رو برای من و امثال منو و مملکتش کف دستاش گذاشته پول بگیرم. این دست‌ها رو باید بوسید. برو به امان خدا! برو به سلامت پسرم!

احمد در حالی که هنوز از حرف راننده تاکسی لبخند به لب داشت بوی آشنای کوچه و محله را با تمام وجود نفس کشید. درست مثل اینکه ضربان‌های قلبش به قدم‌هایش مرتبط باشد هر چقدر قدم‌هایش تندتر می‌شد ضربان قلبش هم بالاتر می‌رفت. دهانش کاملاً خشک شده بود و کف دست‌های ترک‌خورده و زبرش حسابی عرق کرده بود. از سر کوچه که پیچید به جز دو سه نفری رهگذر که سرشان را پایین انداخته و با شتاب از کنارش می گذشتند، کسی را ندید. چراغ های سردر خانه‌ها آنقدر پریده رنگ بود که چندان از تاریکی کوچه نمی‌کاست. با وجودی که هنوز سرشب بود ولی کوچه مثل کوچه ارواح انگار در تاریکی و سکوت فرو رفته

بود. همانجا سر کوچه برای لحظه‌ای کیف دستی‌اش را زمین گذاشت و در حالی که از شدت هیجان از درون می‌لرزید آن هوای گرم و خفه‌کننده را یک بار دیگر با تمام وجود نفس کشید ولی هنوز نفسش را بیرون نداده نفسش همانجا در سینه بند آمد. با ناباوری نگاهش روی تابلوی شهرداری که روی دیوار سر کوچه نصب شده و نام کوچه روی آن نوشته شده بود، خشک شد. تابلوی مستطیل شکل سفید با آرم شهرداری بالای آن و نامی که یک‌روز قرار بود در صفحات روزنامه کنکور سراسری حک شود و حالا روی آن تابلوی مستطیل شکل با خط خوش حک شده بود «کوچه شهید مفقودالاثر احمد کنعانی».

دقایقی با ناباوری به تابلو نگاه کرد. زانوهایش به شدت سست شد. انگار یک نیروی نامرئی دست و پایش را محکم گرفته و مانع می‌شد که حتی یک قدم به جلو بردارد. درآن لحظه حال خود را نمی‌فهمید. نمی‌دانست باید خوشحال باشد یا ناراحت. نمی‌دانست باید بخندد یا گریه کند. یک لحظه چهره مادرش را در لحظه‌ای که خبر کشته شدن او را دریافت کرده برای خود تجسم کرد. به یاد چشم‌های ضعیف مادرش افتاد. صحنه‌های بی‌قراری او در کنار خواهرش را مجسم کرد. همانجا از شدت ناراحتی و اضطراب به طور ناگهانی دچار سرگیجه و حال تهوع شد. دستش را به دیوار آجری گرفت و بلافاصله دولا شده و همانجا در کنار دیوار حالش به هم خورد و به دنبال آن سوزش وحشتناکی تمام گلویش را پرکرد. بعد از اینکه کنار دیوار استفراغ کرد کمی حالش جا آمد و توانست روی پاهایش بایستد. دهانش را با دستمالی که در جیب داشت پاک کرد. سرش را بلند کرد و دوباره به تابلوی شهرداری خیره شد. حالا دیگر واقعاً نمی‌دانست چطور به خانه برود. از لذتی که با شنیدن خبر بازگشتش به خانه در اردوگاه اسرا تمام وجودش را پرکرده بود دیگر هیچ اثری نبود. چطور می‌توانست با این وضع با مادرش روبه‌رو شود. حس می‌کرد کفش‌هایش به اندازه صد کیلو سنگین شده و پاهایش توان حرکت دادن آنها را به جلو ندارد. با هر مکافاتی که بود بدنی را که از شدت اضطراب می‌لرزید به روی زمین کشاند تا به در خانه رسید. خانه همان خانه قدیمی و نقلی بود و هیچ تفاوتی نسبت به قبل در آن به چشم نمی‌خورد. همان در آهنی با دستگیره نقره‌ای رنگ پهن که روی آن طرح دو ماهی کنار هم ولی در جهت مخالف یک‌دیگر به صورت برجسته کنده‌کاری شده بود و در بعضی جاها در اثر گذر زمان رنگش ریخته بود. احمد همیشه از دوران بچگی خودش و بنفشه را به آن دو ماهی تشبیه می‌کرد که اگرچه در جهت مخالف همند ولی در عین حال خیلی هم به هم نزدیکند. لحظه‌ای مکث کرد سپس انگشتش را به طرف زنگ در حیاط برد تا آن را فشار دهد ولی بدون آنکه آن را لمس کند انگشتانش لرزان به پایین افتاد. پیشانی داغش را به دری که با وجود گرمی

هنوز به مراتب از پیشانی‌اش خنک‌تر بود تکیه داد و دستش را روی دستگیره در درست از نقطه‌ای که دو ماهی به هم پیوند خورده بودند گذاشت. برای لحظاتی به همان حال بی‌حرکت ایستاد و بالاخره تصمیم‌اش را گرفت. کلید در حیاط را که در طی این مدت روی چشم‌هایش نگه‌داری کرده بود از دور گردن برداشت و آن را در قفل در چرخاند و بعد از سه سال دوری قدم به سرزمین رویاهای دوران اسارتش گذاشت. چراغ حیاط خاموش بود و تنها نور ضعیف لامپ مهتابی از پنجره اتاق به سمت حیاط می‌تابید. گوش‌هایش را تیز کرد ولی به‌جز صدای عذاب‌آور کولر صدای دیگری نشنید. به آرامی به در راهرو نزدیک شد. با خودش فکر کرد چقدر وحشتناک است که آدم بعد از سه سال از غربت به خانه خودش برگردد ولی جرات نکند که خودش را به کسی نشان دهد. لحظه‌ای که جلوی در راهرو رسید صدای ضعیف دایی‌اش را شناخت که داشت با مادرش صحبت می‌کرد. چقدر دلش حتی برای صدای دایی‌اش تنگ شده بود. چقدر دلش برای شنیدن صدای مهربان مادرش تنگ شده بود. می‌خواست همانجا بایستد و به اندازه سه سال به تمام آن صداها گوش کند. احمد همین طور پشت در بسته راهرو بی‌حرکت ایستاد و در حالی که چشم‌هایش را بسته بود فقط گوش می‌کرد که یک‌دفعه متوجه شد انگار صداها نزدیک‌تر و واضح‌تر می‌شوند. انگار دایی احمد آماده رفتن بود. بلافاصله در سایه درخت سیب گوشه حیاط پنهان شد.

دایی احمد در راهرو را باز کرد و در حالی که پشت کفش‌هایش را بالا می‌کشید گفت: نمی‌خواد بیای بیرون. می‌خوری زمین. من درو پشت سرم می‌بندم. مواظب خودت باش. پس فردا میام دوباره بهت سر می‌زنم.

احمد همین طور که همچنان دودل بود که از داخل سایه درخت بیرون بیاید و خودش را نشان بدهد یا نه یک‌مرتبه مادرش را از زاویه دید که در چارچوب در ظاهر شد. با وجود نور کم داخل حیاط احمد با همان نگاه اول متوجه شد که آن اندام سرحال حالا در آن لباس‌های گشاد گم شده است: یعنی این مامانه؟ نه! پس چرا این طوری شده؟ چرا اینقده لاغر شده؟

سپس با کمال تعجب متوجه شد که دیگر آن عینک قطور را به چشم ندارد. برای لحظه‌ای لاغری مادرش را فراموش کرد و با خوشحالی به او چشم دوخت: «یعنی چشماش خوب شده؟» که ناگهان با دیدن حرکت دست مادرش به روی دیوار برای پیدا کردن کلید برق و با احتیاط قدم گذاشتن‌اش به داخل حیاط دنیا جلوی چشم‌هایش تیره و تار شد و خیلی زود فهمید که مادرش دیگر به کلی بینایی‌اش را از دست داده است. طوری که تنها راهنمایش آن دست‌ها و انگشتان است. زمین و زمان به یک‌باره بر سر احمد خراب شد. به شدت احساس خفگی می‌کرد.

دکمه بالای پیراهنش را باز کرد تا راحت‌تر نفس بکشد. با نگاهی که از اشک تار شده بود دایی‌اش را دید که سرش را رو به آسمان گرفته و می‌گفت: آبجی! آسمون ابر ابره. بی‌خود نیست این‌قدر هوا دم داره برو تو عزیزا برو یه کم استراحت کن. دیگه بیرون نیا یه وقت خدای نکرده می‌خوری زمین! من درو پشت سرم می‌بندم.

احمد در سایه درخت سیب چند قدم عقب رفت و وقتی دیوار آجری پشت سرش را احساس کرد بی‌اختیار و بی‌صدا روی زمین نشست. تمام وقایعی که طی سه سال در آن سال‌های غربت و دوری برایش رخ داده بود یک به یک از مقابل چشم‌هایش گذشت و به دنبالش کابوس همیشگی که سه سال تمام گریبانگیرش شده بود دوباره بی‌رحمانه به جانش افتاد و برای صد هزارمین بار آرزو کرد که ای‌کاش آن روز آخر در جبهه فرمانده‌اش محمد سپر بلایش نشده بود.

آن روز حمله که نیروها تا قلب دشمن پیش رفته بودند احمد در حالی که از ایمان جدا شده بود فقط و فقط به پیش رفتن فکر می‌کرد و بس. اما زمانی به خود آمد که همراه چند تن دیگر از هم‌رزمانش تمام گردان را پشت سر گذاشته و از آنها خیلی فاصله گرفته بود. صدای فریادهای محمد فرمانده گردان را که از آنها می‌خواست بیش از آن جلو نروند انگار نشنیده بود. آنجا بود که صحنه دلخراش به خاک افتادن چند تن از هم‌رزمانش را درست مثل کبوترهای بال و پر شکسته دید و ناگهان به خود آمد که چه اشتباه بزرگی کرده‌اند. آن چند نفر از هم‌رزمان احمد یکی بعد از دیگری مثل پروانه‌های سرگشته درست در مقابل چشم‌های وحشت‌زده او به خاک می‌افتادند. احمد نه راه پس داشت و نه راه پیش. چطور می‌توانست هم‌رزمانش را زیر آتش دشمن با آن وضع فجیع تنها بگذارد. خون جلوی چشمانش را گرفته بود که در این لحظه صدای فرمانده گردان با فاصله از پشت سر در گوشش طنین انداخت که با فریاد به احمد که مستاصل بر سر جایش خشکش زده بود، می‌گفت: «احمد! برگردید. چه‌کار می‌کنید؟ به خاطر خدا برگردید. احمد! به بچه‌ها بگو برگردند. الان محاصره می‌شیم.» احمد با فرمان محمد مجبور بود که به عقب برگردد و به طور هم‌زمان به دو سه نفر باقی‌مانده که کمی جلوتر از او پیش رفته بودند فهماند که باید برگردند. در آن صحرای محشر هر کس از گوشه‌ای می‌دوید و صدای شلیک گلوله و رگبار و خمپاره یک لحظه قطع نمی‌شد. در آن گرد و خاکی که به پا خاسته بود احمد حس جهت‌یابی‌اش را برای مدتی کاملاً از دست داد و نفهمید که چطور از قافله عقب ماند.

سردرگم در حالی که به دور خود می‌چرخید در اوج بارش آتش دشمن یک آن سوزشی

ناگهانی در پای راستش احساس کرد. سوزش آنقدر ناگهانی و سریع بود که ابتدا تصور کرد حشره‌ای نیشش زده است ولی وقتی دستش را به سمت ساق پایش برد تا محل سوزش را لمس کند دستش را آغشته به خون دید. بوته‌ای که کنار پایش از بین شکاف دو سنگ کوچک سر برآورده بود از خون او رنگین شده بود. مثل اینکه گل‌های کوچک سرخ روی آن بوته شکفته بود. در لابه‌لای صدای آتش‌بارها و انفجارهای پی‌درپی فریادهای محمد را شنید که از پشت خاک‌ریزی که درست در مقابلش بود به او التماس می کرد که برگردد ولی او همچنان بر جا از حرکت بازمانده و قدرت برداشتن گامی به جلو را نداشت. زانوهایش کم‌کم سست شد و او را همانجا به خاک نشاند. محمد همین طور که مسیر را به باقی رزمندگان نشان می‌داد به‌رغم التماس‌های افراد باقی‌مانده از گردان که از او می‌خواستند خودش هم برگردد با عجله و احتیاط به سمت احمد شروع به دویدن کرد و وقتی به احمد رسید با دیدن پای مجروح شده او اسلحه‌اش را روی شانه‌اش انداخت و بلافاصله روی او خم شد تا زیر شانه‌اش را بگیرد و او را بلند کرده و از تیررس دشمن نجات دهد. درست لحظه‌ای که دست آغشته به خون احمد به دور شانه فرمانده‌اش حلقه شد و محمد خواست او را از روی خاک بلند کند ناگهان از حرکت ایستاد. احمد با وحشت به چشم‌های فرمانده گردان که رو به افق خیره مانده بود نگاه کرد. صورت آفتاب‌سوخته محمد حالا مثل گچ سفید شده بود و رنگ لب‌هایش که همیشه با حرف‌های احمد به خنده باز می‌شد کاملاً پریده بود. احمد درد پای مجروح‌شده‌اش را به کلی فراموش کرد چون پارگی شاهرگ گردن فرمانده‌اش در اثر اصابت ترکش به نظرش صدها بار بدتر و وحشتناک‌تر آمد. فرماندهی که تا آن لحظه به چابکی یک آهو در آن صحرای بیکران از این سو به آن سو دویده بود به یک‌باره از حرکت ایستاده و درجا زمین و زمان در نظر احمد به سکون رسید. پاهای محمد با آن همه چالاکی از توان افتاده بود. محمد دو زانو به زمینی افتاد که همیشه عاشقانه آن را پرستیده بود. احمد با انگشت‌هایش که به شدت می‌لرزید با نگاهی که وحشت در آنها موج می‌زد روی گردن فرمانده‌اش را فشار می‌داد که جلوی خونی را که مثل فواره به بیرون می‌جهید بگیرد ولی خون همین طور از لابه‌لای انگشتانش فوران می‌کرد. حالا نوبت احمد بود که با آن پای مجروح با یک دستش گردن فرمانده را در حالی که او را به روی زمین ناهموار و سخت می‌خواباند نگه دارد و با دست دیگرش همچنان روی فواره خون فشار بیاورد. وقتی احمد دستش را از زیر سر فرمانده کشید تا به آرامی سرش را روی زمین بگذارد آخرین لبخند محمد روی لب‌های چون گچ سفیدش نشست و نگاه احمد در آخرین نگاه او گره خورد. نگاهش به نگاه کبوتری اسیر می‌مانست که به در بازمانده قفس چشم دوخته بود و

مهیای پرواز بود. وقتی آن چشم‌ها با دست‌های آغشته به خون احمد بسته می‌شد سایه‌های سیاه سربازان دشمن بر سر او و پیکر به خواب ابدی فرورفته فرمانده به او فهماند که در قفس تنگ اسارت به رویش باز شده و حالاحالاها از آن گریزی نیست.

احمد سه سال تمام روزهای بلند اسارت را با یادآوری مداوم صحنه دردناک عروج فرمانده‌اش به شب می‌رساند و تمام آن شب‌های غربت‌زده را با احساس گناه از مرگ فرمانده به صبح پیوند می‌زد. سه سال احساس گناه دائمی، احمد را حسابی از پا درآورده بود. سرزنش‌های مداوم درونی مثل خوره روح او را به شدت فسرده بود و اکنون بعد از سه سال در سایه آن درخت سیب قدیمی که زمانی شیرین‌ترین لحظه‌های زندگی‌اش را در کنار آن گذرانده بود، داشت تلخ‌ترین خاطرات زندگی‌اش را مرور می‌کرد. عذاب وجدان پرقدرت‌تر از هر زمان دیگری به جانش چنگ انداخته بود و آرزو می‌کرد که ای‌کاش فرمانده‌اش هرگز به یاری‌اش نشتافته بود و ای‌کاش آن ترکش گلوله به جای گردن محمد گردن او را نشانه رفته بود.

دایی احمد در حیاط را پشت سرش بست و رفت و احمد ماند و مادری که در تاریکی مطلق فرو رفته بود. احمد با وجودی که هنوز زانوهایش از شدت ضعف و اضطراب می‌لرزید از روی زمین برخاست. آهسته با قدم‌هایی لرزان و نامطمئن به سمت مادرش که کورمال کورمال دستش را برای پیدا کردن دستگیره در راهرو به روی آن می‌کشید، رفت. با حرکت احمد از کنار درخت سیب، شاخه‌های پایین آن به حرکت در آمد و با صدای آهسته برخورد شاخ و برگ‌ها با بدن احمد یک آن گوش‌های مادرش تیز شد. مادر احمد برای لحظه‌ای بی‌حرکت برجا ماند و با صدایی که لرزش وحشت در آن موج می‌انداخت پرسید: «کی اونجاست؟» و وقتی جوابی نشنید این بار با صدایی بلندتر و وحشت‌زده‌تر دوباره گفت: گفتم کی اونجاست؟

احمد در دو قدمی مادرش ایستاده بود. آن چهره همیشه مهربان چقدر به نظرش خسته و تکیده و غم گرفته آمد. غبار تنهایی نشسته به روی صورت مادرش چقدر خطوط سطحی آن چهره را عمیق‌تر کرده بود. آثار وحشت هر لحظه در چهره مادر احمد بیشتر می‌شد. احمد دیگر طاقت نیاورد و با صدایی لرزان گفت: «مامان جون! منم احمد» و با گفتن این حرف تا آمد یک قدم به جلو بردارد مادرش وحشت‌زده و پریده رنگ دو قدم عقب رفت. احمد دستش را دراز کرد تا شانه او را لمس کند و هم‌زمان گفت: مامان جون نترس منم! احمدم!

خانم کنعانی با ترس و لرز و دستپاچگی دست‌هایش را برای پیدا کردن دستگیره در به سرعت روی آن می‌کشید. می‌خواست خود را از گرداب جنونی که به خیال خود در آن گرفتار شده بود بیرون بکشد که دوباره صدای التماس احمد در گوشش پیچید. مامان! نترس! تو رو خدا

نترس! منم! احمدم! همین الان برگشتم. مادر احمد در حالی که سرش را رو به آسمان گرفته بود با وجودی که جز سیاهی مطلق چیزی نمی‌دید به خدایی که حس می‌کرد یک جایی آن بالا دارد او را نگاه می‌کند التماس کرد و گفت: خدایا! چشم‌هام رو ازم گرفتی. حداقل عقلم رو ازم نگیر.

احمد دیگر طاقت نیاورد و در حالی که از دیدن درماندگی مادرش بغض گلویش را می‌فشرد دست‌هایش را دور بدن لرزان او که در سیاهی دست و پا می‌زد حلقه کرد. لرزش بدن مادرش آنقدر شدید بود که بدن او را هم به لرزه انداخت. احمد در حالی که مادرش را تنگ درآغوش می‌فشرد و با دست‌های زبر و خشن‌اش سر او را نوازش می‌کرد این بار به آهستگی با لحنی آرام زیر گوش او زمزمه کرد: منم، مادر جون!... عزیز دلم... منم نترس تو رو خدا نترس! منم، از اسارت برگشتم.

صدای آشنای احمد به لرزش بدن مادرش پایان داد. گوش‌هایش درست می‌شنید. صدا صدای آشنای احمد بود ولی چون چشم‌هایش نمی‌دید هنوز باور نمی‌کرد. حالا یک راه بیشتر نداشت. باید حسی را که از گوش‌هایش هم بیشتر به آن اطمینان داشت به کار می‌گرفت. بلافاصله انگشت‌هایش را روی سر احمد کشید. چقدر آن موهای مجعد که بارها و بارها بر آنها بوسه زده بود زیر انگشت‌هایش آشنا آمد. دست‌هایش را پایین آورد و آنها را روی صورت احمد کشید. ریش‌های احمد که تا یاد داشت همیشه اصلاح شده و مرتب بود زیر انگشت‌هایش غریبه آمد. همچنان ایستاده در آغوش فرزندش درصدد جست‌وجوی دست‌های او برآمد اما وقتی آن دست‌ها را لمس کرد هیچ اثری از لطافت همیشگی دست‌های احمد در آنها نیافت. آن دست‌های زبر و خشن هیچ شباهتی به دست‌های احمد او نداشت. گیج و سردرگم هنوز نمی‌توانست به حضور احمد اطمینان کند.

صدا و موها همان صدا و موهای قدیمی بود ولی دست‌ها و صورتش در زیر انگشت‌های جست‌وجوگر مادرش کاملاً متفاوت می‌آمد. لحظه‌ای دست‌هایش بی‌حرکت بر گونه‌های احمد ماند و ناگهان مثل اینکه چیزی را به خاطر بیاورد به سرعت انگشت سبابه‌اش را روی لب‌های احمد کشید و زمانی که احمد لب‌هایش را از هم گشود بلافاصله دندان‌های جلویی او را با انگشت سبابه‌اش لمس کرد. درست لحظه‌ای که از فاصله کوچک و همیشگی بین دندان‌های جلویی او اطمینان یافت بغض‌اش ترکید. احمدش را به سینه چسباند و زیر لب هی تکرار کرد: «می‌دونم، می‌دونم دارم خواب می‌بینم ولی ای خدا حالا حالاها بیدارم نکن.» احمد موهای خاکستری رنگ مادرش را نوازش کرد. نگاه تاریک مادرش دوباره از زمین به سمت آسمان رو

کرد. انگار تمام ستاره‌های آسمان از ورای آن ابرهای متراکم نورشان را به آسمان دلش بخشیده بودند. مدتی به همان حال در حیاط ماندند. مادر احمد جرأت تکان خوردن از سر جایش را نداشت، چون می‌ترسید با کوچک‌ترین حرکتی حباب آرزوهای دیرینه‌اش بترکد.

مادر احمد در آن لحظه خود را خوشبخت‌ترین زن عالم می‌دید و احساس می‌کرد که در تمام شادکامی‌های عالم از بدو خلقت تا آن لحظه به رویش باز شده است. تمام خوشحالی‌اش را با اشک‌های آرامش که نه از چشم‌ها بلکه از اعماق قلبش می‌چکید بروز داد. لب‌هایش هم بیکار نماندند و سرتا پای احمدش را غرق بوسه کردند. آنقدر احساس خوشبختی با وجودش بیگانه و چشم‌اش ترسیده بود که خیال می‌کرد اگر در آن لحظه فریاد شوق سر دهد و همه را از خوشبختی‌اش که خود هنوز بر آن باور نداشت با خبر کند، طولی نخواهد کشید که همه چیز را خواهد باخت و دوباره به سیاهچال تیره‌بختی‌اش سقوط خواهد کرد. به همین خاطر به جای فریاد شوق کشیدن از ته حلق، فریاد شوقش را از ته دل کشید که صدای درونی آن تمام وجودش را که یک عمر از سر ترس و وحشت تنهایی به ارتعاش در آمده بود این بار از سر حس بیگانه خوشبختی به ارتعاش در آورد.

معلوم نبود در دلش چه می‌گذرد. آنقدر دستپاچه بود که نمی‌دانست چه کند. می‌خواست چادرش را سر کند و در خانه تک‌تک همسایه‌ها را بزند و همه عالم و آدم را از خوشبختی که بی‌خبر آن شب شاید از سر اشتباه در خانه‌اش را کوبیده بود با خبر کند. می‌خواست این بار تمام نیرو و توانش را به جای دستانش فقط در حنجره‌اش جمع کرده و آن را مبدل به فریاد شوقی کند که زمین و آسمان را به هیجان بیاورد. ولی احمد قبل از اینکه او بخواهد کسی را با خبر کند با التماس او را از این کار منصرف کرد. احمد فقط می‌خواست با مادرش تنها باشد. فقط می‌خواست تک و تنها بوی آغوش پر مهر او را به اندازه سه سال دوری استشمام کند. می‌خواست زیر دست نوازشگر او در حالی که فقط صدای مهربان او گوش‌هایش را می‌نوازد به خواب رود بدون هرگونه سروصدای دیگری. احمد در آن لحظه اصلاً دل و دماغ هجوم در و همسایه و دوست و آشنا را نداشت و فقط با التماس گفت: مامان! تو رو خدا کسی رو صدا نکن. بذار فقط خودم و خودت باشیم. نه کس دیگه. برای خبر کردن همسایه‌ها وقت زیاد داری ولی حالا نه.

ــ پس بذار اقلا به رویا و داییت زنگ بزنم .

ــ نه مادر! خواهش می‌کنم! فقط خودم و خودت. فقط من و تو.

احمد با وجودی که از فرط بی‌خوابی طی یک هفته گذشته داشت از پا در می‌آمد به تنها

چیزی که فکر نمی‌کرد خواب بود.

مادر احمد آن شب برای او از ایمان و صدرا و کمک‌های بی‌دریغ‌شان طی این سال‌ها حکایت کرد. از اینکه چطور ایمان او را هر بار به پای اتوبوس‌های حامل اسرا می‌برده و پا به پای او تا آخرین لحظه آنجا می‌ایستاده و عکس قاب گرفته او را بالا نگه می‌داشته؛ از روز تشییع تابوت خالی او که فقط پلاک خونی‌اش در آن بود، از همه و همه گفت. در لابه‌لای حرف‌هایش هم اشاره کوچکی به حضور بنفشه در مراسم خاک‌سپاری کرد و وقتی با بردن نام بنفشه متوجه سکوت ناگهانی احمد شد لبخندی به لب آورد و دیگر ادامه نداد. احمدش را از هرکس دیگری بهتر می‌شناخت و می‌دانست آن احمد پر سر و صدا و پرهیاهو چطور موقع خجالت سکوت اختیار می‌کند و حرفی نمی‌زند. احمد هم با دیدن لبخند معنی‌دار مادرش بلافاصله حرف را به دوران جنگ و اسارت برگرداند و تا حد امکان سعی کرد وقایع دلخراش و نامطبوع آن را قلم بگیرد.

بزرگ‌ترین سوالی که مثل یک معمای حل نشدنی همچنان در ذهن مادر احمد باقی بود حکایت پلاک خونین او بود. وقتی خانم کنعانی در مورد حکایت پلاک پرسید احمد در جواب لبخندی به لب آورد و گفت: ببین این پلاک ناقابل چه جوری ما رو شهید کرد و خاک کرد و شناسناممون رو باطل کرد.

سپس برای مادرش توضیح داد که تقریباً یک هفته‌ای از ناحیه گردن دچار آفتاب سوختگی شدید شده بوده و زنجیر پلاکش به شدت گردنش را اذیت می‌کرده و به همین خاطر درست شب قبل از عملیات موقعی که دراز می‌کشد تا کمی استراحت کند پلاکش را از گردنش درمی‌آورد و بالای سرش می‌گذارد و بعد از آن به کلی آن را فراموش می‌کند. روز عملیات یکی از هم‌رزمانش پلاک او را پیدا می‌کند و با پرس‌وجو از باقی رزمندگان درصدد پیدا کردن احمد برمی‌آید ولی متاسفانه همان روز روی مین می‌رود و در حالی شهید می‌شود که پلاک احمد با او باقی می‌ماند. احمد کل ماجرا را از یکی از هم‌رزمانش که بعدها به اسارت درآمده و با او در یک اردوگاه به سر می‌بردند، شنیده بود. احمد هم نمی‌دانست که آن منطقه به دلیل استقرار نیروهای دشمن برای مدت‌ها قابل تفتیش برای یافتن اجساد شهدا نبوده و بعدها پس از بازپس‌گیری منطقه نیروهای خودی توانسته بودند بقایای اجساد شهدا که دیگر چیزی از آنها باقی نمانده بود را پیدا کنند و از این رو تنها چیزی را که از احمد به دست آورده بودند در تابوتی گذاشته و همراه بقایای استخوان‌های به دست آمده در تابوت‌های جداگانه به خاک سپرده بودند.

مادر و فرزند تازه به هم رسیده آن شب ساعت‌ها در کنار هم از هر دری سخنی گفتند. در

تمام طول شب مادر احمد دست‌های او را محکم چسبیده بود که مبادا مثل یک ماهی از دست‌هایش لیز بخورد و یا مثل حباب یک باره محو شود.

بالاخره بعد از ساعت‌ها حرف و صحبت از هر دری توان احمد کم‌کم تحلیل رفت و دیگر نتوانست چشم‌هایش را باز نگه دارد و مادرش هم از روی خستگی صدای او به زور او را روانه رختخواب کرد. زمانی که مادر احمد دیگر کم‌کم احساس کرد احمد به خواب رفته بلافاصله گوشی تلفن را برداشت تا حداقل رویا را از آمدن احمد باخبر کند. ولی آنقدر دستپاچه شده بود که دائم شماره‌ها را اشتباه می‌گرفت تا بالاخره بعد از چهار بار شماره گرفتن ارتباط برقرار شد. اما وقتی شروع به حرف زدن کرد به حدی صدایش می‌لرزید که رویا را در آن طرف خط حسابی به وحشت انداخت. طوری‌که رویا با دستپاچگی تندتند می‌پرسید: ماما! چی شده؟ چت شده؟ چرا صدات می‌لرزه؟

خانم کنعانی که حالا دیگر فکر می‌کرد اگر راز آمدن احمد را تا یک دقیقه دیگر در سینه نگه دارد دق خواهد کرد در لابه‌لای خنده و گریه خبر آمدن احمد را به دخترش داد.

رویا ابتدا به شدت ترسید و با خودش فکر کرد که انگار مادرش واقعاً مشاعرش را از دست داده و از شدت تنهایی و فکر و خیال مشکل روانی پیدا کرده است. به همین خاطر فقط سعی کرد مادرش را آرام کند و به او بفهماند که آمدن احمد یک خواب و خیال ساخته ذهنش بیشتر نیست که بدتر باعث عصبانیت مادرش شد. خانم کنعانی برای اینکه حقیقت حرفش را به رویا حالی کند صدایش را بالاتر برد و احمد که هنوز با وجود خستگی از فرط هیجان در اتاق کناری نتوانسته بود به خواب برود با بلندشدن صدای مادرش اول سرش را تکان داد و با لبخندی زیر لب گفت: ببین تونست یه دقیقه آروم بشینه! و سپس به طرف مادرش رفت و در حالی که سرش را می‌بوسید گوشی تلفن را از او گرفت و مشغول سر به سر گذاشتن رویا شد. هنوز چند کلمه از دهان احمد خارج نشده صدای جیغ رویا از آن طرف خط بلند شد. رویا از فرط خوشحالی فقط یک نفس جیغ می‌زد. طوری‌که احمد گوشی تلفن را از گوشش جدا کرد و آن را کمی آن طرف‌تر گرفت و با حالت شوخی به مادرش که از شدت ذوق نمی‌دانست چه کار کند، گفت: مامان جون! آخه بیکار بودی؟ آخه شوهر بدبخت رویا چه گناهی کرده که از مشهد تا اینجا باید یه بند این دختر جیغ جیغوت رو تحمل کنه؟ رویا همچنان از پشت خط با جیغ و فریاد می‌گفت: اومدم! به خدا همین الان راه می‌افتیم.

با وجودی که مادر احمد بر خلاف دخترش زیاد اهل شلوغ بازی و ایجاد سروصدا نبود بازگشت احمد را چیزی ورای یک اتفاق معمولی می‌دانست. برای او آمدن احمد معجزه‌ای

باورنکردنی بود که باید بدون فوت وقت به گوش همه عالم و آدم می‌رسید. ولی پرسش این بود که آیا احمد هنوز چنین آمادگی‌ای را داشت؟ او که سه سال تمام در انزوای خود فقط صحنه‌های تاریک را در ذهنش مجسم کرده بود آیا می‌توانست به این سرعت لاک انزوایش را شکسته و با همان لبخندهای قدیمی که لحظه‌ای از لبانش جدا نمی‌شد و حالا به کلی با او بیگانه شده بود به آن دنیای قدیمی قدم بگذارد. احمد همه چیز را در نهایت سکوت می‌خواست. لمس دست‌های مادرش و گرمی آغوش او را در سکوت می‌خواست. در طی این سه سال آن‌چنان با تنهایی انس گرفته بود که فکر پر شدن آن خانه با غریو شادی دیگران بیشتر از اینکه هیجان را در او برانگیزد به خاطر شکستن عادت سه ساله‌اش او را زجر می‌داد و شاید هم شلوغی و سر و صدای دور و برش و شنیدن فریاد شوق آنها دم به دم به او یادآور می‌شد که چطور می‌تواند در حالی که بسیاری از هم‌سنگرانش راهی سفری بی‌بازگشت شدند او بازگشت خود را این‌گونه جشن بگیرد و حتی لحظه‌ای به آنان که هرگز دستی بر حلقه در خانه خود نخواهند زد فکر نکند. از طرفی هم می‌دانست که مادرش در طی این مدت چه کشیده و چقدر این لحظات را در رویاهایش ناامیدانه متصور شده است با عذاب وجدان به مادرش التماس کرد که پیش از اینکه تمام عالم و آدم را خبر کند کمی به او فرصت دهد. خصوصاً که با خود فکر می‌کرد اگر قرار باشد کسی خبر سلامتش را به بنفشه برساند چرا به جای در و همسایه خود او نباشد. چون غافل‌گیر کردن بنفشه به تقلید از دوران کودکی، خودش می‌توانست برایش کلی هم صفا داشته باشد.

دمادم صبح که خورشید دامن آفتابی‌اش را همه جا پهن می‌کرد احمد توانست چهره تکیده مادرش را بدون آنکه نگران متوجه شدن مادرش از نگاه‌های ترحم‌آمیز او شود به وضوح ببیند و پی به عمق شکستگی و تکیدگی او ببرد. اما زمانی که خورشید حسابی بالا آمد خستگی دیگر امانش نداد و پس از یک دوش مختصر از خوردن صبحانه صرف‌نظر کرد و خوابیدن را بر خوردن ترجیح داد و بعد از سه سال نرمی بالش و تشکش را دوباره با ذره ذره وجودش حس کرد.

حوالی عصر وقتی احمد از خواب بیدار شد با سفره رنگینی که مادرش با آن چشم‌های نابینا برایش پهن کرده بود تلافی سال‌های گرسنگی و حسرت غذای خانه کشیدن را درآورد.

بعد از خوردن غذایی مفصل به طرف پنجره رفت و به حیاط چشم دوخت. چقدر دلش برای گل‌های شمعدانی و لاله عباسی باغچه تنگ شده بود. چقدر درخت سیب کنار باغچه پر شاخ و برگ شده بود. بوته کوچک یاسی که پای دیوار درست چند روز قبل از جبهه رفتنش با سفارش

خاص رحیم‌خان برای مادرش که همیشه عاشق گل یاس بود کاشته بود حالا تا بالای دیوار رفته و غرق گل‌های معطر شده بود. درخت مویی که زمانی به زور یکی دو خوشه انگور کشمشی می‌داد حالا غرق انگورهای رسیده و زرد بود که فقط با یک نگاه به آن حبه‌ها یادآوری حس شیرینی‌اش تا ته گلویش را می‌سوزاند. به آسمان نگاه کرد. صاف صاف، یک‌دست یک‌دست! و به ناگاه شعفی خاص تمام وجودش را پر کرد. شعفی دلپذیر به خاطر ایستادن در مقابل پنجره‌ای باز و رو به افقی روشن. احساس می‌کرد اگر آن دیوارها و خانه‌ها مانع نبود همان طور با پای برهنه تا بی‌نهایت روشنایی افق می‌دوید. تمام شور و احساساتش را در مشت‌اش جمع کرد و مشت‌اش با نیرویی خارق‌العاده از آن همه شوق و شعف شروعی دوباره به هم فشرده شد. آن مشت سنبل یک شروع بود، یک تولد دوباره!

اگرچه پنج سال از بهترین سال‌های عمرش را در خاک و خون و انزوای اسارت طی کرده بود ولی در آن لحظه گذشته را رها کرد و با آن مشت گره شده فقط آینده را دید. آینده‌ای روشن و شفاف که فقط نام او را با صدایی بلند فریاد می‌کرد.

برای دیدن دوباره ایمان و شاید مهم‌تر از او بنفشه دل در دلش نبود. نمی‌دانست چطور با ایمان مواجه شود و خبر آمدنش را به او برساند. مادر احمد ذوق‌زده خواست اجازه بدهد تا با او تماس تلفنی بگیرد و خبر آمدن او را بدهد ولی احمد برای دیدن ایمان دنبال شور و هیجان بیشتری می‌گشت. مادر احمد به خاطر آورد که ایمان معمولاً پنج‌شنبه‌ها حوالی ساعت چهار چهارونیم سری به آنجا می‌زند و تا نیم‌ساعت دیگر می‌بایست سروکله ایمان پیدا شود: به احتمال قوی ایمان طبق معمول پنج‌شنبه‌ها تا نیم‌ساعت دیگه میاد اینجا. وقتی اومد میارمش تو بعد یواش‌یواش بهش می‌گیم.

و سپس با لحنی گلایه‌آمیز ادامه داد: آخه مادر جون نمی‌ذاری! وگرنه من الان همه دنیا رو خبر کرده بودم. آخه ناسلامتی بعد از سه سال بی‌خبری اومدی. اگه می‌ذاشتی الان هزار باره همسایه‌ها تموم کوچه رو چراغونی کرده بودند.

ــ آخه مادر عزیز من! قربون اون شکلت برم! هنوزبیست وچهار ساعتم نیست که من اومدم. می‌خوای شلوغ‌بازی درآری یه هو گروگر آدم بریزه اینجا؟ همون رویا که فهمیده به محض رسیدنش همه رو خبر می‌کنه. فقط امیدوارم نصف شب برسه که اقلا زیاد سروصدا نکنه.

حدود ساعت چهار بعدازظهر وقتی زنگ در به صدا درآمد مادر احمد از جا پرید و گفت: باور کن خودشه. ایمانه. همیشه سر همین ساعت میاد که من انتظار اومدنش را داشته باشم. تو برو تو اتاق که یه هو شوکه نشه. من یواش‌یواش بهش می‌گم و سپس خودش با هیجانی بی‌مانند در

را برای ایمان باز کرد.

احمد از پشت پنجره باز اتاقش صدای ایمان را می‌شنید که می‌گفت: خانم کنعانی! مزاحمتون نمی‌شم. باید برم؛ فقط اومدم ببینم اگه خریدی، کاری دارید براتون انجام بدم.

ولی مادر احمد با چهره ذوق‌زده و خندانش به شدت اصرار می‌کرد که بیاید تو. ایمان تسلیم شد و پشت سر خانم کنعانی به اتاق پذیرایی رفت. چهره بشاش مادر احمد ایمان را کنجکاو کرده بود. به یاد نداشت که در تمام طول سال‌های آشنایی‌اش با احمد او را این‌قدر خوشحال و ذوق‌زده دیده باشد: خانم کنعانی شکر خدا بزنم به تخته امروز خیلی سر حالید!

ـ چرا که نباشم. بذار پدر بشی اون وقت حال ما والدین رو می‌فهمی.

ایمان که سر از حرف خانم کنعانی در نیاورده بود همچنان با تعجب و حیرت منتظر توضیحات بیشتر بود. خانم کنعانی بعد از اینکه به ایمان تعارف کرد که بنشیند همین طور که دستش را به دیوار گرفته و به آشپزخانه می‌رفت با سوالش ایمان را غافل‌گیر کرد: ایمان جان! تو به معجزه اعتقاد داری؟

ایمان که از سوال ناگهانی و بی‌مقدمه او یکه خورده بود کمی مکث کرد و سپس جواب داد: متاسفانه نه.

خانم کنعانی خنده‌ای کرد و گفت: پسر! تو هم هی سختش می‌کنی.

ـ شرمنده خانم کنعانی! چه‌کار کنم اعتقاد ندارم دیگه.

خانم کنعانی از داخل آشپزخانه صدایش را کمی بلندتر کرد و گفت: اگه بگم دیشب معجزه شده و خدا احمدم رو بهم برگردونده چی؟ بازم اعتقاد پیدا نمی‌کنی؟

ایمان بدون تامل در جواب سوال عجیب و غریب خانم کنعانی گفت: بازم باور نمی‌کنم.

ـ چی؟ اومدن احمد رو باور نمی‌کنی یا معجزه شدن رو؟

ـ هیچ‌کدومو خانم کنعانی! هیچ‌کدومو!

دوباره صدای خنده مادر احمد بلند شد. دو دقیقه بعد مادر احمد در حالی که سینی‌ای با سه لیوان شربت آلبالو در دست داشت به اتاق برگشت و همین‌طورکه نگاه تاریکش را به سمتی که ایمان نشسته بود برمی‌گرداند، گفت: باورکن ایمان جان! خدا بالاخره دلش برام سوخت و احمدم رو بهم برگردوند.

ایمان همین طور که برمی‌خاست تا سینی شربت را از دست او بگیرد نگاه ترحم‌آمیزی به صورت بشاش او انداخت و در دل گفت: زن بیچاره داره پاک مشاعرش را از دست می‌ده! ببین تنهایی و سختی روزگار چه به سرش آورده! انگار عقل و حافظه‌اش را پاک پاک از دست داده!

متوجه شد که به جای دو لیوان شربت سه لیوان در سینی است. ایمان که کاملاً گیج شده بود به آرامی پرسید: خانم کنعانی! مهمون دارین؟

و خانم کنعانی با لبخندی که روی لب‌هایش آمده بود تا برای همیشه بماند جواب داد: آره ایمان جان! مهمونی که برای جفتمون عزیزه!

ایمان همچنان سر پا سینی شربت به دست بهت زده به مادر احمد نگاه می‌کرد و کلمه‌ای از حرف‌های او سر در نمی‌آورد که ناگهان نگاهش در چارچوب در خشک شد. احمد با ظاهر شدنش در چارچوب در چنان ایمان را در جای خود میخکوب کرد که ایمان متوجه افتادن سینی شربت از دستانش و ریختن آن روی فرش نشد.

احمد در حالی که به محکمی و استواری دوستی‌اش با ایمان به طرف او قدم برمی‌داشت لبخند به لب گفت: چطوری همسنگر قدیمی!؟ مگه اومدن خواستگاریت؟ این‌جوری که عروس بدبخت هول می‌کنه. اون وقت باید روی دست عمو صدرات بترشی!

ضربه شوک آنقدر کاری بود که ایمان متوجه بریدگی کف پایش با تکه لیوان شکسته زیر پایش نشد. فقط هاج و واج با دهان باز با ناباوری نزدیک شدن احمد را تماشا می‌کرد. احمد همان احمد بود. فقط بعد از سه سال در این سن و سال کم تک و توک رگه‌های خاکستری در لابه‌لای موهای مجعدش دیده می‌شد. احمد به ظاهر همان احمد بود با همان طبع شوخش که از راه نرسیده آن را به سمت ایمان نشانه رفته بود. احمد همان احمد بود فقط در ظاهر به اندازه ده سال شکسته‌تر. درست مثل اینکه هر روز اسارت یک سال بر او گذشته بود. ایمان همچنان میخکوب در جا فقط به احمد چشم دوخته بود. حس می‌کرد این روح اوست که سبک‌بال در مقابلش قرار گرفته و اگر دستش را دراز کند می‌تواند به راحتی از آن عبور کند.

با وجودی که دیدن قیافه ایمان با آن حال برای احمد بسیار سرگرم کننده بود ولی دلش نیامد بیش از این او را در انتظار نگه دارد به همین خاطر بازوی او را گرفت و او را به کنار دیوار دور از خرده‌های شیشه کشید و همین طور که دست‌هایش را روی بازوی او که بهت‌زده کوچک‌ترین حرکتی نمی‌کرد می‌گذاشت، گفت: چت شده رفیق!؟ روح که ندیدی! آدم واقعی دیدی.

وقتی دست احمد را روی شانه‌اش حس کرد تازه فهمید که با روح سیال مواجه نبوده و خود احمد است که واقعاً برگشته و حالا تمام قد در برابرش ایستاده است. صحنه تابوت احمد و خاکسپاری آن و اشک‌ها و ناله‌ها در ضمیر نه چندان پنهان ذهنش به دوران افتاد. یک مرتبه حلقه اشک چشم‌هایش را پر کرد و از گوشه‌های آن سرازیر شد. همه چیز آنقدر ناگهانی رخ داده بود

که هیچ‌یک به فکر جمع‌کردن شیشه‌خرده‌ها نبودند. ایمان فقط ایستاد و تماشا کرد. تماشا کرد کسی که تا لحظه‌ای پیش در نظرش زیر خروارها خاک خوابیده بود حالا با دم عیسایی حیات دوباره پیدا کرده و سربلند در مقابلش ایستاده و می‌آید تا لحظه‌ای دیگر حتی او را در آغوش بگیرد. ایمان همچنان که فکر می‌کرد در عالم خواب و رویا به سر می‌برد احمد را برادرانه درآغوش گرفت. چقدر مادر احمد دوست داشت که آن صحنه را با چشم ببیند ولی به شنیدن صدای آن دو و لحن حرف‌زدن‌ها و لرزش صداهایشان و به تصویرکشیدن آن در ذهنش هم قانع بود. کاری که طی این سه سال در آن حسابی استاد شده بود. ایمان هنوز توان حرف‌زدن نداشت و فقط گوش می‌داد. انگار هنوز واقعی‌بودن دست‌دادن‌ها و بغل‌کردن‌ها را باور نکرده بود. احمد با لبخند آشنای همیشگی‌اش گفت: خوب واسه خودتون ما رو شهید کردید، خاک کردید و کوچه رو هم به اسمم کردید! فردا می‌رم کلمه شهید مفقودالاثرش رو پاک می‌کنم و جاش می‌نویسم سردار دلاور.

ایمان فقط لبخند به لب آورد و همچنان سکوت کرد. این بار نوبت ایمان بود که احمد را از فرط خوشحالی و هیجان در آغوش بفشارد. طولی نکشید که دو دوست قدیمی سخت گرم گفت‌وگو و صحبت شدند. احمد از دوران اسارت و چگونگی اسیر شدنش و شهید شدن محمد و سختی‌های دوران اسارت سخن‌ها گفت و ایمان مثل شنونده‌ای خاموش فقط گوش می‌کرد و با حرف‌های او گاه لبخند به لب می‌آورد و گاه اشک در چشمانش حلقه می‌بست.

با وجودی که احمد سعی می‌کرد از غمگینی خاطراتش بکاهد ولی هنوز شنیدنشان آنقدر دردناک بود که مادرش بیش از این تاب نیاورد و با التماس از او خواست که موضوع بحث را عوض کند. ایمان هم از فرصت استفاده کرد و تصمیم گرفت با شیطنت خاص خودش تلافی سر به سر گذاشتن احمد را در بیاورد.

ــ داداش یک سال دیر آزاد شدی. بنفشه خانوم رو بردن!

لبخند از روی لب‌های احمد محو شد و رنگش پرید و با صدایی لرزان پرسید: بنفشه ازدواج کرده؟

ایمان با دیدن آن چشم‌های وحشت‌زده و آن قیافه درمانده نتوانست بیش از این او را اذیت کند و با همان شیطنت قاه‌قاه خندید.

ــ قه قه و زهرمار! منو مسخره می‌کنی؟

و ایمان که از خنده ریسه رفته بود گفت: حال کردی؟ جدی جدی باورت شد.

ــ سر هر چی می‌خوای شوخی کنی شوخی کن، ولی سر بنفشه حق نداری شوخی کنی.

ـ چیه! به غیرتت برخورد؟

لبخندی که روی لب‌های مادر احمد نشسته بود حکایت از آن داشت که از علاقه پسرش به بنفشه کاملاً آگاه است. پیش از رفتن احمد به سربازی به احساسات و عواطف متقابل بین آن دو پی برده بود و همه چیز را می‌دانست.

احمد با دیدن لبخند معنی‌دار مادرش سرش را پایین انداخت و از ایمان پرسید: حالش چطوره؟

ـ غصه نخور. اون حالش خوبه. اگه بفهمه که تو اومدی بهترم می‌شه. فقط یه جوری باید بهش خبر بدیم غش نکنه.

مادر احمد با خنده این بار وارد بحث شد: اگه بخوای من خودم همین الان پا می‌شم خبرش می‌کنم.

احمد وحشت‌زده مادرش را نگاه کرد و ایمان با خنده گفت: خانم کنعانی! همه مزه‌اش به اینه که احمد غافلگیرش کنه. باید بشینیم کلی نقشه بکشیم.

ـ پس بی‌خود نبود نذاشتی کسی رو خبر کنم. ترسیدی گوش به گوش بش برسه. من از کار شما جوونا سر در نمیارم.

ایمان به کلی قرارش با صدرا را برای رفتن به عیادت هاشم که یک هفته‌ای بود سخت مریض شده و در رختخواب افتاده بود فراموش کرده بود.

صدرا که می‌دانست قرار بوده سری به خانم کنعانی بزنند و زود برگردد بلافاصله با آنجا تماس گرفت.

ایمان وقتی گوشی را گرفت به گفتن اینکه اتفاقی افتاده که باید حضوری با او در میان بگذارد اکتفا کرد ولی برای اینکه صدرا را هم در نگرانی نگه ندارد اضافه کرد: اتفاق خوبی افتاده عمو صدرا! اتفاق خوب!

ایمان به سرعت و نفس‌زنان خود را به خانه رساند و پله‌ها را دو تا یکی بالا رفت. از این که تنها کسی بود که از بازگشت احمد اطلاع داشت در پوست خودش نمی‌گنجید. چهره هیجان‌زده او آن‌چنان صدرا را کنجکاو کرده بود که بلافاصله با دیدن ایمان فقط پرسید: چی شده؟

ایمان نفس‌نفس‌زنان در حالی که دهانش به شدت خشک شده بود نگاه ترش را به صورت بهت‌زده صدرا دوخت و گفت: احمد برگشته! باورت می‌شه؟ احمد برگشته!

صدرا برای لحظاتی مات و متحیر فقط به ایمان نگاه کرد و سپس در حالی که بغض و اشک و لبخند یک جا در چهره‌اش موج می‌زد ایمان را از فرط خوشحالی بغل کرد.

چه کسی باور می‌کرد که احمد بعد از این همه مدت بی‌خبری و در حالی که دیگر همه از رفتن بی‌بازگشتش مطمئن شده بودند این طور ناگهانی به خانه و کاشانه‌اش برگردد؟

صدرا آن‌چنان از خبر بازگشت احمد شوکه شده بود که قضیه عیادت هاشم را به کلی فراموش کرد. بیشتر خوشحالی صدرا به خاطر روشن شدن دل مادر احمد بود چون می‌دید که بعد از کشیدن سختی‌های فراوان برای اولین بار یک بار دنیا به کامش گشته است. دنیایی که تا آن زمان جز طعم تلخ مصیبت هیچ طعم دیگری به او نچشانده بود.

صدرا لابه‌لای صحبت‌هایش با ایمان از بنفشه پرسید و اینکه احمد چطور می‌خواهد خبر آمدنش را به او بدهد و اینکه چرا از دیشب تا حالا هیچ‌کس خبر نشده است.

ایمان ذوق‌زده همچنان که یک لحظه آرام و قرار نداشت در جواب خندید و گفت: شما که احمد رو می‌شناسی؛ بر عکس خواهرش زیاد اهل شلوغ بازی و این حرفا نیست.

ـ شلوغ‌بازی یعنی چی؟ مادر بدبختش چشم‌هاش رو برای چی از دست داده؟ یادت رفته تو از سربازی که برگشتی رحیم‌خان همه جا رو چراغونی کرده بود و به همه عالم و آدم خبر داده بود؟ این بچه که دور از جونش از بستر مرگ پا شده. مادر بیچاره‌اش حق نداره یه کمی ذوق کنه؟

ـ عمو صدرا! منم راستش نمی‌فهمم. خودش می‌گه هنوز آمادگیش رو نداره.

ـ آمادگیش رو نداره یعنی چی؟ پس کی می‌خواد بذاره دیگران بفهمن؟

ـ فکر می‌کنم می‌خواد بذاره اول بنفشه بفهمه. نمی‌خواد بذاره گوش به گوش بش برسه. از دیروز تا حالا برای روبه‌رو شدن با بنفشه کلی نقشه کشیده.

صدرا در حالی که با لبخند سرش را تکان می‌داد در جواب گفت: من هیچ وقت سر از کارای شما جوونا در نمیارم.

ایمان همین طور که با صدرا حرف می‌زد از پنجره اتاق نشیمن به حیاط فرو رفته در سایه روشن غروب نگاه کرد سرش را به شیشه چسباند تا حیاط را بهتر ببیند. زیر نور کم‌رنگ لامپ حیاط بنفشه را دید که روی تخت کنار حوض نشسته و زانوهایش را بغل گرفته و سرش را از یک طرف روی آنها تکیه داده بود.

زیر لب گفت: بنفشه رو ببین کنار حوض زانوی غم بغل گرفته. اگه بفهمه چقدر خوشحال می‌شه؟ و سپس برگشت و با لبخند نگاه معنی‌داری به صدرا انداخت. اما صدرا تا آخر نگاه ایمان را خواند و بلافاصله گفت: اونجوری منو نگاه نکن. نه! اگر احمد می‌خواد خودش بگه تو حق نداری چیزی به بنفشه بگی.

ـ آخه عمو صدرا!

ـ آخه نداره! بذار خودش هر جور که دوست داره خبرش کنه.

ایمان به تخت کنار حوض که رسید آرام در کنار بنفشه نشست. سعی داشت آرامش او را که خیره به انعکاس نور نقره‌ای مهتاب روی صفحه سیاه آب حوض در عالم دور و درازش غرق شده بود بر هم نزند.

بنفشه بدون اینکه سرش را بلند کند یا مستقیم در چشم‌های ایمان نگاه کند به حرف آمد: تمام گوشه گوشه این حیاط از بچگی برام یه خاطره است. این حوض آب، این کاشی‌ها، این گل‌ها. انگار همش یه خواب و خیال بود. انگار به یه چشم به هم‌زدنی گذشت. چقدر خوشحال بودیم. انگار هیچ غصه‌ای تو دنیا نداشتیم. چقدر بی‌غل و غش بودیم.

ایمان با خنده به بنفشه تنه‌ای زد و گفت: مطمئنی؟ من از خودم مطمئنم ولی تورو نمی‌دونم.

بنفشه نگاه سرزنش‌آمیزش را به ایمان دوخت و با لبخند تلخی گفت: احمدم کم تقصیر نداشت. اگه اون کرم نمی‌ریخت منم تلافی نمی‌کردم.

سپس دوباره چانه‌اش را به بازوهایش که دور زانوهایش محکم حلقه شده بود تکیه داد و چون نمی‌توانست بدون سرخ شدن گونه‌هایش از احمد حرف بزند نگاهش را دوباره از ایمان گرفت و آن را روی صفحه مهتابی آب دوخت و ادامه داد: اون پیرهن سفیده که مامان عفت برام دوخته بود یادته؟

ـ منظورت همونه که احمد شاتوتیش کرده بود؟

ـ آره. هیچ وقت لکش پاک نشد و من دیگه هیچ وقت نتونستم بپوشمش ولی بعد از این همه سال هنوز دارمش. چند بار مامان می‌خواست بندازدش دور ولی وقتی دید که چقدر دوسش دارم دیگه جرأت نکرد طرفش بره.

ـ خیلی دوسش داشتی؟

ـ مثل جون برام عزیز بود. چون وقتی برای اولین بار پوشیدمش بابا رحیم گفت: شدی مثل شاهزاده خانوما. منم از ذوقم درش نیاوردم که تو و احمد منو باهاش ببینید.

ایمان درست مثل بنفشه زانوهایش را بغل گرفت و گفت: چقدر منو احمد خر بودیما؟

ـ این طوری نگو. احمد که دیگه پیش ما نیست. نباید در موردش این طوری حرف بزنی.

ـ چطوری حرف بزنم؟ چرا تو حق داری بگی کرم می‌ریخت. من حق ندارم بگم خر بود؟ هر چی بگم حقشه.

ـ می‌دونستی روزی که برای جبهه عازم می‌شد اومد اینجا تا از عمو صدرا خداحافظی بگیره! عمو صدرا دعوتش کرد که بیاد تو. توی حیاط تمام نگاهش طرف خونه ما بود. من از توی پنجره

دیدمش و به هوای ور رفتن به گل‌ها اومدم تو حیاط. البته خودمو زدم به اون راه که ندیدمش.

ـ از بس که موذی بودی.

بنفشه دوباره لبخند تلخی به لب آورد و ادامه داد: کنار باغچه بغل اون بوته رز نشسته بودم. وقتی عمو صدرا رفت براش شربت بیاره اونم از فرصت استفاده کرد و تا متوجه شد که من اومدم تو حیاط به سرعت اومد پیشم. یه کمی به گل رزا نگاه کرد و بعد گفت: بنفشه تو پیش این گل‌ها نشستی الان از خجالت می‌میرن... منم مغرورانه نگاهش کردم و گفتم برای چی؟ اونم طبق عادت همیشگی‌اش با شوخ طبعی‌اش جواب داد: آخه قشنگی‌شون به پای تو نمی‌رسه کم میارن! چون با لبخند این حرف رو زد عصبانی شدم فکر کردم طبق معمول داره سر به سرم می‌ذاره. از جام پا شدم و روبروش وایسادم اومدم به خیال خودم جوابی بهش بدم که خودش کیف کنه که یه دفعه یه چیزی تو نگاهش دهنم رو بست. توی نگاهش یه چیزی بود که تا اون موقع هیچ وقت ندیده بودم. انگار یه چیزی مثل یه جریان داغ با اون نگاه از سرم تا نوک پاهام رو سوزوند. فقط نگاهم کرد. بعد دولا شد از روی بوته رز قرمزا یکی از قشنگ‌ترین غنچه‌ها را که تازه یه کوچولو نیمه باز شده بود با دست کند ولی تیغش به دستش رفت و جاش یه کوچولو خون اومد. اول چیزی نگفت ولی بعد همین طور که گل رو به دستم می‌داد با لبخند گفت: انگار هرچی خوشکل‌تر و خوش‌عطرتر باشن تیغشونم بیشتره. مگه نه؟ بعد بلافاصله پشت سرش گفت: اگه رحیم‌خان بفهمه از بوته‌های رزش گل کندم تیکه بزرگم گوشمه... منم همین‌طور گیج و مات و قرمز شده از خجالت همونجا ساکت وایسادم. احمد دوباره با لبخند پرسید: هیچ جوابی نداری بهم بدی؟ یه برو به سلامتی؟ دلم تنگ می‌شه‌ای؟ مواظب خودت باشی؟... حس می‌کردم لپ‌هام آتیش گرفته. اصلاً نمی‌تونستم حرفی بزنم. یه کمی مکث کرد بعد این دفعه روی بوته رز سفیدا خم شد و یه رز سفید چید و گفت: ما که کتکه رو از بابات خوردیم اینم روش. بعد با انگشتاش چونه‌ام رو بالا آورد. دیگه لبخندی روی لباش نبود. همین طور که توی چشم‌هام نگاه می‌کرد انگشتام رو باز کرد و اون رز سفید رو بغل رز قرمز توی دستم گذاشت و انگشتام رو روی اونا بست. بعد دستش رو آورد و موهام رو تا پشت گوش‌هام کنار زد.

ایمان به خوبی متوجه لرزشی که در صدای بنفشه افتاده بود شد. لرزشی که حکایت از تر شدن دوباره چشم‌هایش داشت.

ـ ولی همون موقع عمو صدرا برگشت تو حیاط و احمد با دستپاچگی بدون گفتن کلمه‌ای ازم فاصله گرفت.

ایمان قطره اشکی را که بنفشه با هزار مکافات نگه داشته بود که نچکد دید که روی

گونه‌اش می‌غلطید و برای اینکه بتواند در آن شرایط لبخند را بر لب‌های او بنشاند بلافاصله گفت: ببین! این احمد کره خر این غلطای زیادیش رو که به آدم نمی‌گفت!

بنفشه با ناباوری به ایمان نگاه کرد و گفت: ایمان! این چه طرز حرف زدنه؟ تو حق نداری در مورد احمد اینجوری حرف بزنی.

ـ چه جوری؟ کره خرش ایراد داره یا غلط زیادیش؟

ـ همه‌اش ایراد داره.

سپس به سرعت چشم‌هایش را با پشت دستش پاک کرد و با بی‌حوصلگی ادامه داد: اصلاً من نمی‌فهمم چرا این چیزا رو دارم برای تو می‌گم! اصلاً تو سر پیاز بودی یا ته پیاز؟

ایمان لحظه‌ای مکث کرد و در جواب گفت: ببخشیدا! ناسلامتی من و تو با هم بزرگ شدیما! اگه برای من نگی می‌خوای برای کی بگی؟

بنفشه که از باز کردن ناگهانی سفره دلش پیش ایمان خجالت‌زده و پشیمان شده بود، گفت: هر چی گفتم فراموش کن. اصلاً همه رو از خودم درآوردم.

ایمان با لبخند شیطنت‌آمیزی به او تنه زد: آره ارواح عمت!

بعد از دقایقی سکوت، ایمان دوباره به حرف آمد: بنفشه! می‌گن یه نفر که مفقودالاثر بوده همین چند تا کوچه پایین‌تر همین پریروز بی‌خبر از اسارت برگشته.

ـ منظورت چیه؟

ـ به خدا راست می‌گم. بیچاره چند سال اسیر بوده. هیچ کس هم خبر نداشته و حالا برگشته.

ـ کم دری وری و چرت و پرت بگو.

ـ دری وری چیه؟ باور کن! می‌گم خدا رو چه دیدی؟ شاید یه وقت احمدم همین جوری برگرده.

ـ تو مثه اینکه بدت نمیاد منو اذیت کنی؟

ـ اذیت چیه؟ می‌خوای ببرمت در خونشون تا حرفمو باور کنی؟

ـ لازم نکرده. هر کی از این شانسا داشته باشه من یکی ندارم.

ـ حالا به فرض محال اگر یه وقت اینجوری برمی‌گشت چکار می‌کردی؟

بنفشه دوباره به فکر فرو رفت و پس از دقیقه‌ای سکوت در جواب گفت: نمی‌دونم شاید بهش می‌گفتم که دوستش دارم و خیلی خوشحالم که برگشته.

ـ فقط همین؟

ــ زهر مار! پس دیگه چی بگم؟

ــ آره بابا! از تو مغرور یه دنده همین یه جمله هم غنیمته. خدا رو چه دیدی یه وقت دیدی احمدم یه روز برگرده. اون تابوت خالی هیچی رو ثابت نمی‌کنه.

برقی فراموش نشدنی با شنیدن این جمله ایمان در چشم‌های بنفشه درخشید. ولی به سرعت محو یک شهاب زیبا درآسمان شب به خاموشی گرایید. سرش را پایین انداخت و زیر لب زمزمه کرد: باید از زندگی من فیلم بسازند و اسمش رو بذارن آدمای حسرت به دل و آرزوهای ناممکن.

ــ کار نشد نداره. یه وقت دیدی اومد. خدا رو چه دیدی؟

ــ احمد دیگه هیچ وقت برنمی‌گرده. هیچ وقت!

صبر و تحمل ایمان برای گفتن خبر بازگشت احمد کم‌کم رو به اتمام بود اما تنها چیزی که او را تا آن لحظه از این کار منع کرده بود سفارش صدرا بود. با وجودی که ایمان دلش پر می‌زد که بنفشه را غافل‌گیر کند ولی باز هم صبر کرد. شوکه‌کردن بنفشه حق مسلم احمد بود و ایمان نمی‌توانست لذت دیدن چهره غافلگیرشده بنفشه را حین شنیدن خبر از او بگیرد.

حدود ساعت ده شب صدای برخورد مشت‌های محکم به در حیاط، احمد و مادرش را به وحشت انداخت. احمد به سرعت به طرف در حیاط رفت ولی هنوز در را باز نکرده تا آمد به صدای جیغ رویا از آن فاصله نزدیک عادت کند سنگینی او که خود را در آغوشش پرت می‌کرد یک آن نفس‌اش را بند آورد. رویا اصلاً به حال خود نبود. معلوم نبود دارد اشک می‌ریزد یا می‌خندد. هیجان‌زده یک لحظه آرام و قرار نداشت همان طور در آغوش احمد بالا و پایین می‌پرید و دست‌هایش را آنقدر محکم دور گردن او حلقه کرده بود که تا احمد نگفت: «گردنم شکست» حلقه آن را شل نکرد. شوهر رویا در حالی که از شدت شوق برق اشک در چشم‌هایش می‌درخشید حلقه گلی را که به خاطر زودباش زودباش گفتن‌های رویا با عجله از گلفروشی خریده بود همین طور که دور گردن او می‌انداخت او را برادرانه درآغوش گرفت. یکی دو رهگذری که در آن وقت شب از کوچه می‌گذشتند سخت محو تماشای بالا و پایین پریدن‌ها و دست‌زدن‌های دیوانه‌وار رویا شده بودند که احمد با لبخند به آنها نگاهی انداخت و گفت: به دل نگیرید! این خواهر ما اهل شلوغ بازیه و سپس با عجله در حیاط را بست.

رویا قیافه‌ای متعجب به خود گرفت و از شدت هیجان با صدایی بلند گفت: اهل شلوغ بازیه؟ کدوم آدم خریه که بعد سه سال داداش مرده‌اش از گور پا بشه و شلوغ بازی در نیاره. همه باید تا حالا فهمیده باشند.

احمد همچنان که سرش را تکان می‌داد و می‌خندید به شوهر رویا تنه‌ای زد و گفت: تو با این هوچی چه جوری سر می‌کنی؟

هنوز حرف احمد تمام نشده دوباره در زدند. خواهرش هنوز از گرد راه نرسیده با سروصدایش همسایه‌ها را از آمدن او باخبر کرده بود. صدای فریاد شوق همسایه دیوار به دیوار خانم کنعانی بلند شد و ظرف نیم‌ساعت خبر بازگشت احمد مثل بمب در آن وقت شب در تمام کوچه پیچید.

از فردای آن روز دسته‌دسته برای دیدن احمد به خانه آنها می‌رفتند. بعضی از آنها را احمد تا آن لحظه به عمرش ندیده بود و اصلاً نمی‌شناخت. به این فکر افتاد که به احتمال قوی تا عصر خبر آمدنش به گوش بنفشه خواهد رسید. تصمیم گرفت تا نقشه‌ای را که برای مواجهه با بنفشه کشیده بود هر چه سریع‌تر عملی کند.

پیش از ظهر بود که زنگ خانه صدرا به صدا در آمد. رحیم‌خان که چند وقت بود از پادرد رنج می‌برد در حالی که بیشتر وزنش را روی پای چپش می‌انداخت لنگان لنگان به طرف در رفت و وقتی در را باز کرد با کمال تعجب جعبه سفیدی دید که پشت در حیاط گذاشته شده و با نخ جعبه شیرینی محکم بسته شده بود. رحیم‌خان هر چقدر این طرف و آن طرف را نگاه کرد به جز دو رهگذر در انتهای کوچه کسی را ندید. جعبه را از روی زمین بلند کرد و با کنجکاوی زیر و روی آن را برانداز کرد که ناگهان با کمال تعجب چشمش به اسم بنفشه که روی آن نوشته شده بود، افتاد. رحیم‌خان بنفشه را از همان جلوی در با صدای بلند چند بار صدا کرد و گفت: «بیا باباجان! این بسته مال تو. پشت در گذاشته بودنش.» بنفشه با دیدن جعبه به اندازه خود رحیم‌خان کنجکاو شده بود. جعبه را کمی بالا و پایین کرد تا بلکه سر نخ بیشتری از روی آن پیدا کند. جعبه بر خلاف بزرگی بسیار سبک به نظر می‌رسید. رحیم‌خان همان طور منتظر ایستاده بود تا بنفشه همانجا در جعبه را باز کند ولی بنفشه جعبه اسرارآمیز را یک راست به اتاقش برد تا پشت در بسته با خیال راحت در آن را باز کند.

با دست‌های لرزان و کنجکاوش جعبه را باز کرد و با کمال تعجب پیراهن سفیدی را دید که مرتب و با دقت در پلاستیکی پیچیده شده بود. بی‌درنگ پیراهن را از پلاستیک بیرون آورد و با چشم‌های گرد شده از تعجب زیر و روی آن را برانداز کرد. چقدر پارچه پیراهن به نظرش آشنا آمد. آن پارچه را قبلاً جایی دیده بود ولی هر چه فکر کرد به خاطر نیاورد کجا آن را دیده است. در عین سادگی مدل، بسیار زیبا و تمیز دوخته شده بود. پیراهن را جلویش گرفت و در مقابل آینه قدی اتاقش ایستاد. پیراهن تا روی زانوهایش را می‌پوشاند. خاطره آن پیراهن سفید با

لکه شاتوت برایش زنده شد. فرقش این بود که چندان شباهتی به آن پیراهن کودکانه نداشت. تنها وجه مشترک دو پیراهن زیپی بود که در پشت آنها دوخته شده بود. همین که خواست پیراهن را تن کند متوجه کاغذی شد که از داخل جعبه روی فرش افتاده بود. بی‌درنگ کاغذ تا شده را باز کرد: یک هدیه کوچک به جبران شیطنت‌های بچه‌گانه برای بنفشه عزیز که بتواند به جای یک بار صدها بار بپوشد.

بنفشه مات و مبهوت کاغذ را بارها و بارها زیر و رو کرد و در نهایت به این نتیجه رسید که پیراهن را ایمان به خاطر حرف‌های دیروزش برایش فرستاده است تا از خاطرات قدیمی هیچ تلخی به جا نماند. با خودش فکر کرد چطور ممکن است ایمان در این فاصله زمانی کوتاه چنین پیراهنی را تهیه کرده باشد. یک بار دیگر خود را در آینه برانداز کرد و صحنه‌ای را به خاطر آورد که مو بر تنش سیخ شد. آن پارچه سفید را یک روز در کلاس خیاطی خانم کنعانی دیده بود و برای آموزش آن مدل خاص مادر احمد همان‌روز اندازه بنفشه را جلوی سایر شاگردانش گرفته و طریقه کشیدن الگو و بریدن پارچه را به آنها یاد داده بود. به خاطر آورد که آن‌روز موقع اندازه‌گیری خانم کنعانی چقدر سعی کرده بود شکمش را تو بدهد که اندازه کمرش باریک‌تر نشان داده شود و از بابت این کار هم نفسش برای لحظاتی بند آمده بود.

در حالی که دست‌هایش می‌لرزید زیپ پیراهن را باز کرد و آن را پوشید. چقدر زیپ پیراهن راحت بالا رفت و چقدر کمر پیراهن برایش آزاد و راحت ایستاده بود و چقدر به او می‌آمد. جلوه پوست گندمگون بنفشه در آن پیراهن سفید چندین برابر شده بود. یقه قایقی شکل پیراهن گردن خوش‌فرم بنفشه را چنان در آغوش گرفته بود که دیگر نیازی به گردن‌بند و جواهر برای زینت دادن گردنش نداشت. جنس مرغوب پارچه با طرح‌های درشت رز که به خاطر نوع الیاف پارچه به رنگ سایه و روشن سفید در آمده بودند اندام موزون او را در برگرفته بود. عفت که دیگر بیشتر از این نتوانست پشت در اتاق طاقت بیاورد با کنجکاوی وارد اتاق شد و نگاه متعجب و تحسین‌آمیزش به قامت دخترش خیره ماند.

ــ قضیه چیه مادر؟! این از کجا اومده؟! کی برات اینو فرستاده؟!

ــ نمی‌دونم. ولی فکر می‌کنم از طرف ایمانه. آخه دیروز با هم یاد اون پیرهن سفید بچگیم که احمد شاتوتیش کرده بود افتادیم.

ــ ایمان که دو قدم اونور حیاطه. چرا باید اینو پشت در حیاط بذاره؟

بنفشه شانه‌هایش را بالا انداخت و گفت: چه می‌دونم؟!

عفت به هیچ عنوان نمی‌توانست قبول کند که ایمان این کار را کرده باشد. به خوبی از

روابط خواهر و برادری ایمان و بنفشه مطمئن بود. بارها رفتارهای ایمان را زیر نظر گرفته بود و در آن چیزی جز یک دوستی ساده ندیده بود.

بنفشه خوب می‌دانست که مادرش قانع نشده است. ولی جواب قانع‌کننده‌تر دیگری هم نداشت. هر بار هم که ناخواسته فکرش متوجه احمد می‌شد بلافاصله به خود نهیب می‌زد که حماقت را کنار بگذارد و از افکار باطل و بیهوده و امیدهای واهی دست بردارد. تنها راهی که برای بنفشه باقی مانده بود این بود که شاید ایمان از این قضیه باخبر باشد و جواب این معما را بداند. بی‌صبرانه به انتظار آمدن ایمان نشست. حوالی ساعت دوازده ونیم وقتی ایمان به منزل رسید بنفشه سراسیمه به طرفش دوید و در مورد پیراهن از او سوال کرد. ایمان با سوال بنفشه مثل هنرپیشه‌ای حرفه‌ای شانه‌هایش را بالا انداخت و گفت: من از کجا بدونم؟

ـ پس آخه کی اینو فرستاده؟ جز تو و احمد کسی از این ماجرا خبر نداشته!

ـ خوب شاید احمد فرستاده!

ـ دوباره دری وری بافتی؟ راستش رو بگو.

ـ به خدا کار من نیست. ولی باور کن شاید احمد برگشته و می‌خواد اینجوری غافلگیرت کنه!

طاقت بنفشه با شنیدن این جمله ایمان طاق شد و اشک در چشم‌هایش حلقه بست و در حالی که با بغض می‌گفت شکایتت رو به عمو صدرا می‌کنم به اتاقش برگشت.

بعدازظهر همان روز که همه از شر گرمای کلافه‌کننده آفتاب به خانه‌ها پناه می‌بردند عفت از بنفشه خواست تا لباس‌های روی بند را قبل از اینکه آفتاب رنگشان را ببرد جمع کند. رحیم‌خان هم که تازه از چرت بعد از ناهارش برخاسته بود پشت سر بنفشه به حیاط رفت. این عادت همیشگی رحیم‌خان بود که به دنبال چرت بعدازظهرش که هیچ وقت ترک نمی‌شد به حیاط می‌رفت و کمی کنار باغچه‌ها زیر سایه درخت‌ها و یا تخت کنار حوض می‌نشست.

بنفشه قبل از اینکه به سمت بند رخت برود به طرف باغچه رزها رفت و کنار آن نشست و در حالی که ترانه‌ای قدیمی زیر لب زمزمه می‌کرد انگشتش را به آهستگی روی غنچه‌های نیمه‌باز قرمز و سفید می‌کشید و آنقدر آهسته این کار را می‌کرد که انگار می‌ترسید خواب آن غنچه‌های خمار را بر هم بزند. غنچه‌هایی که تا دو سه روز دیگر می‌رفتند تا در اوج بیداری به شکوفایی زودگذر خود برسند. بنفشه همچنان که زیر لب آواز می‌خواند در اندیشه بود: ای کاش عمر انتظار آدما مثل عمر گل‌ها کوتاه بود. بعد تصحیح کرد: نه! نه! این تشبیه خیلی ناامیدانه است. کاش انتظار آدما به سرعت شکفتن غنچه‌ها تموم می‌شد. بعد دوباره فکر کرد: ولی انتظار برای

چی؟ چرا آدما همیشه منتظرن؟ چرا زندگی تماما یه انتظاره؟ انتظاری سخت و طولانی!

بنفشه همچنان غرق در افکار دور و درازش با صدای ضربه‌های محکمی که به در حیاط می‌خورد به خود آمد. رحیم‌خان در حالی که بشقاب پر از طالبی‌های قاچ شده‌اش را به دست گرفته و کنار باغچه‌ها کیف تماشای گل‌های دست‌پرورده‌اش را می‌کرد گفت: بنفشه! بابا! برو در و باز کن ببین کیه اینجوری در می‌زنه.

در حیاط را باز کرد. پسر بچه ده یازده ساله‌ای پشت در بود با دسته‌گل بسیار زیبایی از غنچه‌های قرمز و سفید رز در دست با من و من پرسید: بنفشه خانوم شمایید؟

ـ بله!

ـ این گل‌ها مال شماست. بنفشه با تعجب پرسید: از کجا؟ از طرف کی؟

ولی پسر بچه فقط سری تکان داد. بنفشه در حالی که دسته‌گل را از پسر بچه می‌گرفت و می‌آمد تا سوالش را دوباره تکرار کند متوجه کارت کوچکی شد که لای دسته‌گل بود. همان دست خط آشنای دیروزی توجهش را جلب کرد. روی کارت فقط یک جمله نوشته شده بود: این گل‌های زیبا تقدیم به گلی که در کنار قشنگی‌اش یک عالمه تیغ داره.

آنقدر غرق دسته‌گل و نوشته روی کارت بود که متوجه رفتن پسر بچه نشد. وقتی به خود آمد در جست‌وجوی یافتن پسرک سرش را از لای در بیرون آورد. نگاهش در مسیر انتهای کوچه ماند. احمد با چهره‌ای نامطمئن و مردد آنجا ایستاده بود. بنفشه همان طور بدون روسری و با آستین کوتاه دم در ایستاده و پلک نمی‌زد. احمد همچنان مردد با گام‌هایی لرزان به بنفشه که در چارچوب در مجسمه‌وار خشکش زده بود، نزدیک می‌شد. دسته‌گل از دست بی‌جان بنفشه افتاد. حالا دیگر احمد تمام قد در مقابل او ایستاده بود و با همان نگاه آشنا که بنفشه در چشمانش سراغ داشت به او نگاه می‌کرد. رنگ‌پریدگی بنفشه با وجود گندمگونی پوست صورتش کاملاً مشخص بود. احمد همچنان که به صورت مات و مبهوت بنفشه نگاه می‌کرد با دستپاچگی پرسید: می‌تونم بیام تو؟

بنفشه با شنیدن صدای احمد به خود آمد و بدون آنکه یارای گفتن کلمه‌ای داشته باشد از سر راه او کنار رفت تا احمد بتواند وارد حیاط شود. همچنان گیج و مبهوت به احمد نگاه می‌کرد. درست مثل اینکه زمین و زمان با همان اولین نگاه او از حرکت ایستاده و با سکونش نگاه بنفشه را هم روی چهره احمد با خود متوقف کرده بود. بنفشه هم درست مثل بقیه کسانی که بازگشت بی‌خبر و ناگهانی احمد را تجربه کرده بودند گمان می‌کرد که دارد خواب می‌بیند و فردا که از خواب بیدار می‌شود زندگی واقعی منهای احمد را از سر خواهد گرفت.

احمد دسته گل را از روی زمین برداشت و آنها را چند بار فوت کرد. سپس همین طور که وارد حیاط می‌شد آنها را به طرف او گرفت و با لبخندی که مثل نگاهش برای بنفشه غریبه نبود گفت: مواظب تیغاشون باش خیلی تیزن!

صدا صدای احمد بود. چهره چهره احمد بود. قد و قامت قد و قامت احمد بود. اگرچه از آخرین دیدارشان خیلی لاغرتر به نظر می‌رسید. لبخند آشنایی که فاصله کوچک بین دندان‌های جلویی احمد را نشان می‌داد، موهای مجعد و ... همه از معجزه‌ای خبر می‌داد که به یک باور شیرین ختم می‌شد. برای لحظه‌ای لبخند روی لب‌های بنفشه نقش بست و ظرف چند ثانیه تبدیل به بغضی شد. کمی بعد بغض فرو خورده‌اش ترکید و سوزش آن چشم‌هایش را پر کرد. احمد همانجا روی پله‌ها با یک گام نامطمئن دیگر به بنفشه نزدیک شد و انگشت‌هایش را که به شدت می‌لرزید لابه‌لای موهای بنفشه برد و نرمی موهایش را با تمام وجودش لمس کرد. اما دوباره با تردید دستش را پایین آورد. این بار بنفشه با دو دست، دست لرزان احمد را گرفت آن را روی گونه‌اش گذاشت و با چشم‌هایی که از شدت اشک همه جا را تار می‌دید به جست‌وجوی نگاه احمد پرداخت. بنفشه آنقدر دست‌خوش احساسات بود که متوجه پدرش که کنار باغچه ایستاده و بشقاب طالبی به دست دهانش باز مانده بود و طالبی‌های جویده را قورت نداده بود، نشد. بنفشه در آن لحظه فقط یک چیز می‌دید و آن رویایی ناممکن بود که در عالم رویایی ممکن به وقوع پیوسته بود. در برابر خود احمدی را می‌دید که دیوار شیشه‌ای غرور نشکستنی دخترانه او را با یک نگاه و لبخند بعد از چندین و چند سال فرو ریخته و تمام ذرات به جا مانده‌اش را در برابر حضور ناگهانی‌اش محو و نابود کرده بود. رحیم‌خان که شوکه شده در آن لحظه به چارچوب در خیره مانده بود پس از لحظاتی به خود آمد و بدون آنکه به آن دو نزدیک شود عقب‌عقب رفت و پشت درختان گیلاس از نظر پنهان شد. رحیم‌خان حضور احمد را در آن لحظه بی‌آن که چیزی بگوید باور کرد. مثل باور یک کافر به حقیقت وجود خالق در لحظه دیدن معجزه خلقت. برای رحیم‌خان همان یک نگاه کافی بود تا به معجزه‌ای که چیزی جز پایان خوشایند انتظار تنها دخترش نبود در همان چارچوب در پی ببرد. احمد به محض لمس گونه‌های بنفشه دیگر صبر کردن را جایز ندانست و همانجا بنفشه را در آغوش کشید و اهمیتی نداد کسی ببیند یا نبیند. بنفشه هم مقاومتی نکرد و مانند پرستویی که با یافتن جفتش به نهایت آرامش برسد در آغوش احمد آرام گرفت و احمد گرمی اشک‌های او را نه از روی سر شانه پیراهنش که با تمام وجود حس کرد. بنفشه دسته گل رز را به سینه‌اش چسباند و هم‌زمان که لبخندی بر لبانش می‌نشست گونه‌ها و چانه احمد را لمس کرد که مطمئن شود جسم واقعی احمد در مقابلش ایستاده نه روح

او. احمد با ملایمت دست بنفشه را در دست گرفت و با لبخندی دوباره گفت: به خدا واقعی واقعی‌ام. احمد واقعی‌ام! از اسارت برگشتم.

اشک‌های بنفشه دوباره سرازیر شد: آخه چطور ممکنه؟ پس اون مراسم؟

ـ مراسم چی؟ خاک‌سپاری؟

ـ اون مراسم خاک‌سپاری. اون اسم جدید کوچتون. اونا چی؟ آخه چرا؟ چرا هیچ‌کس ازت خبر نداشت؟ چرا حداقل آمدنت رو اطلاع ندادی؟ می‌دونی مادر بیچارت تا حالا چی کشیده؟

و احمد با شیطنت در جواب پرسید: تو چی؟

همین دو کلمه کافی بود تا با سرخی شرم گونه‌های بنفشه را رنگ‌آمیزی کند. یاد آن غرور همیشگی دخترانه برای لحظه‌ای به مخیله‌اش رخنه کرد ولی نگاه و لبخند احمد در آن لحظه درست مثل پادزهری قوی اثر آن ذهنیت را کاملاً خنثی کرد. بنفشه پس از درنگی کوتاه در حالی که سرش را پایین می‌انداخت جوابی را که احمد انتظار شنیدنش را می‌کشید به لب آورد: فقط خدا می‌دونه که این چند وقته چی کشیدم!

رحیم‌خان از شدت کنجکاوی و تحیر نتوانست بیشتر از این طاقت بیاورد و در حالی که سینه‌اش را با صدای بلند صاف می‌کرد از پشت درخت‌ها بیرون آمد و به طرف آن دو که همچنان از مقابل در بسته حیاط تکان نمی‌خوردند، رفت. بنفشه با دیدن پدرش بلافاصله از احمد فاصله گرفت و شرمگنانه سرش را پایین انداخت. نگاه رحیم‌خان از صورت دخترش به احمد و بالعکس برگشت و سرانجام روی صورت احمد متوقف ماند. احمد شرم‌زده سرش را پایین انداخت و سلام گفت.

رحیم‌خان بدون دادن جواب سلام احمد به یک قدمی او نزدیک شد و پس از زیر و بالا کردنش او را درآغوش گرفت. دست‌هایش را پدرانه روی موهای مجعد او کشید و بر پیشانی او بوسه زد و با بغضی در گلو گفت: پسرم! خوش‌آمدی! چقدر با آمدنت دل مادرتو شاد کردی. سپس نگاهش را به آسمان دوخت و گفت: خدایا! صدهزار مرتبه شکرت، شکرت.

بنفشه ناباورانه به برخورد پدرش با احمد نگاه می‌کرد. رحیم‌خانی که اگر کسی نگاه مستقیم به چهره دخترش می‌انداخت، زمین و زمان را به هم می‌دوخت حالا در برابر ابراز علاقه احمد سکوت اختیار کرده و حتی از این هم فراتر رفته و او را پدرانه در آغوش گرفته بود. با دیدن این صحنه، برقی فراموش‌نشدنی به ناگهان در چشمان بنفشه درخشید برقی که خبر از پایان عمر آن نا امیدی و انتظار جان‌فرسا می‌داد.

تمام چیزهایی را که احمد در زمان اسارتش رویایی می‌دانست اکنون به نظاره حقیقت آن‌ها نشسته بود. چه شب‌هایی که در غربت و انزوا با چشم حسرت به ستاره‌های آسمان نظر ندوخته بود و چه روزهایی که در اوج لحظه‌های سرخوردگی و تنهایی پرواز کبوتران سفید را در آسمان بیکران تماشا نکرده بود و چه لحظه‌هایی که بی‌صبرانه به انتظار رسیدن فردایی روشن ننشسته بود و حالا پس از سال‌ها با وجود زمین خوردنی که برخاستنش سه سال تمام طول کشیده بود با تمام قوا از جا برخاسته و می‌رفت تا در امتداد و مسیر نقطه شروع تا مرز حقیقت‌یافتن آرزوهای ناممکن یک نفس بدود. گویی حاصل سال‌های اسارت این بود که چشم و گوشش برای یافتن لحظه‌های طلایی باز شود. لحظه‌هایی که در آن هر ناممکنی ممکن می‌شود و هر شک و تردیدی از میان می‌رود. احمد آمده بود که شروع کند. شروعی تازه با طرز فکری متفاوت. شروعی تازه برای تحقق آرزوهای دیروز در گذر فردا و فرداها.

از همان بدو ورود و از همان لحظه‌ای که با مشت گره کرده در کنار پنجره ایستاد تولد خود را در انعکاس شیشه پنجره دید و بر آن شد تا با سرعتی خارق‌العاده از دست رفتن سال‌های طلایی عمرش را جبران کند.

از زیرزمین خانه شروع کرد. کتاب‌های درسی خاک گرفته در زیرزمین هیجان پنج شش سال پیش را در او زنده کرد. هیجانی که پس از یک سال او را به جایی رساند که پنج شش سال پیش باید در آنجا می‌بود. این بار کسی مانع ورودش به دانشگاه نشد.

فصل چهل‌وششم

صدرا از دریچه زمان که می‌نگریست بهانه‌ای برای مخفی نگه داشتن حقیقت بیش از این نداشت. نه ایمان دیگر بچه بود و نه جنگی در کار بود. بازگشت احمد هم افسردگی‌های روحی ایمان را کاملاً از بین برده بود.

مدتی می‌شد که نحوه باز گفتن این راز نهفته تمام ذهن صدرا را به خود مشغول کرده بود. وقت خواب چشم‌هایش را می‌بست و برای نحوه بازکردن سر صحبت با ایمان و بیان آنچه که تا آن زمان آشکار شدنش را جایز نمی‌دانست نقشه‌ها می‌کشید.

خانم تفرجی هم از این تصمیم او به خوبی اطلاع داشت چون صدرا از قبل به او ندا داده بود که همین روزها می‌خواهد طلسم این راز مگو را بشکند و همه چیز را برای ایمان بازگو کند.

ایام مدارس در شرف آغاز بود و بوی ماه مهر به مشام می‌رسید و شور و ولوله‌ای در دانش‌آموزان و دانشجویان بر پا بود. برگ‌ها کم کم به آستانه تغییر جامه‌های سبزشان نزدیک می‌شدند. احمد اولین سال دانشگاه را با شعف بسیار شروع کرده بود. ایمان وارد اولین سال از دوره کارشناسی ارشدش می‌شد ولی شور و شعفش هنوز به تازگی اولین سال ورودش به دانشگاه بود. طی سه ماه تابستان هم بیکار ننشسته بود و با مهارت جادویی انگشت‌هایش صفحات یک‌دست سفید بوم را مبدل به مناظری چشم‌نواز و طرح‌هایی رنگارنگ کرده بود.

آن روز بعدازظهر دل در دل صدرا نبود. در مغازه مدام با خودش فکر می‌کرد که شنیدن کلمه پدر به جای عمو بعد از این همه سال از زبان ایمان چقدر لذت‌بخش خواهد بود. کلمه‌ای که یک عمر در انتظار شنیدنش سوخته بود.

طی چند روز اخیر سعی کرده بود سر صحبت را به طریقی باز کند ولی هر بار ناموفق‌تر از

بار قبل با بن‌بست روبه‌رو شده و سکوت اختیار کرده بود. ولی با خودش عهد کرد هر طور شده آن شب چشمهایش را ببندد و دل به دریا بزند و حقیقت را برملا کند. در راه بازگشت به منزل چشمش را به آسمان دوخت. آسمان پرستاره آن شب در زیر پوشش متراکم ابرها پنهان شده بود. چه رازی در آن ابرهای تیره و متراکم نهفته بود که هر وقت صدرا به آنها نگاه می‌کرد حس اضطراب و افسردگی هم‌زمان میهمان ناخوانده دلش می‌شد. آخرین روزی را که صبا در آغوشش گم و از زاویه دیدش برای همیشه محو شد به یاد آورد. خاطره تجربه دوری ایمان از او موقع رفتن به جنگ و باختن صبا به حبیب برایش زنده شد. حس خفته اندوه و تنهایی و غربت در وجودش بیدار شد. زنجیر تمام احساسات رام شده از هم گسسته شد و دلشوره گریبان وجودش را گرفته بود.

به منزل که رسید کتش را به چوب لباسی آویزان کرد و ایمان را چند بار صدا کرد ولی جوابی نشنید. فکر کرد که حتماً با احمد بیرون رفته است. روی صندلی کنار پنجره نشست تا خستگی‌اش را بیرون کند. سرش را به پشتی صندلی تکیه داد و به پنجره خیره شد ولی چیزی جز انعکاس تصویر خود در پنجره ندید. دقایقی چشمهایش را بست و صحنه مکالمه‌اش با ایمان را به تصویر کشید ولی هر وقت به لحظه عکس‌العمل ایمان می‌رسید در می‌ماند چون بیش از همه نگران واکنش ایمان بود.

بر خلاف تصور صدرا، ایمان در کارگاه نقاشی‌اش حسابی سرگرم بود و چون در اتاق گوشه‌ای زیرزمین مشغول جست‌وجو بود و چراغ اصلی پایین را روشن نکرده بود، صدرا متوجه حضورش در زیرزمین نشد.

از دو سه ساعت قبل ایمان خود را در اتاق انتهایی کارگاهش حبس کرده و حسابی مشغول کار روی یکی از تابلوهای جدیدش بود. غرق در عالم طرح و رنگ‌آمیزی تابلو، به یاد طرحی افتاد که چندین سال پیش در جبهه کشیده و به بهانه آن حاج فتحی تمام عقده‌های دلش را بر سر او خالی کرده بود. مثل شاعری که گه‌گاه با مرور اشعار قدیمی‌اش برای شعری نو الهام می‌گیرد با خود فکر کرد که با الهام از آن طرح شاید بتواند به اثر جدیدش رنگ و طرحی تازه و خاص ببخشد. ولی هر چه فکر کرد نتوانست به خاطر بیاورد که آن را کجا گذاشته و یا با آن چه‌کار کرده است. گشتن برای یک کاغذ کوچک در آن سالن بزرگ و اتاق کناری مثل گشتن برای یک سوزن در انبار کاه بود. ولی چون برای یافتن آن مصمم بود با جدیت مشغول گشتن شد. ابتدا گوشه‌گوشه سالن را به هم ریخت و وقتی چیزی را که دنبالش می‌گشت، نیافت به اتاق کوچک کناری که بیشتر حالت انباری پیدا کرده بود، رفت. صدرا وسایلی را که چندان مورد

نیاز ایمان نبود در اتاق کناری چیده بود. تمام کاغذها و دفترها و کتاب‌ها را زیر و رو کرد ولی دریغ از برگه کاغذی که به دنبالش بود. چیزهایی پیدا کرد که سال‌های سال از نظرش دور مانده و به کلی آنها را فراموش کرده بود و حالا با کمال تعجب می‌دید که چطور صدرا آنها را برایش به دقت جمع‌آوری کرده است. در نهایت تعجب اولین جعبه بزرگ مدادرنگی‌اش را یافت که صدرا برای ششمین سال تولدش سال‌ها قبل در بیمارستان به او هدیه کرده بود. بی‌اختیار لبخند روی لب‌هایش نشست. با وجودی که تمام آن مدادرنگی‌ها به ته رسیده بودند ولی صدرا آنها را نگه داشته بود. آن جعبه مدادرنگی، ایمان را با خود به سال‌های دور کودکی برد و نیم‌ساعتی ذهنش را مشغول کرد. سپس در میان خرت و پرت‌ها عکس‌های اولین روز مدرسه و کلاس اولش را یافت. عکس‌هایی که با حبیب و صبا انداخته و در تمام آنها دهان خندان و بی‌دندانش و موهای بسیار کوتاهش به چهره‌اش شیطنتی خاص بخشیده بود.

داشت فراموش می‌کرد دنبال چه چیزی می‌گشته است. متوجه کمد چوبی قدیمی شد که تقریباً پشت در باز اتاق پنهان شده بود. برایش عجیب بود که طی این همه سال با وجودی که چندین بار آن کمد قدیمی را دیده هیچ وقت در باره آن کنجکاوی نکرده و در آن را باز نکرده است.

دستگیره ظریف کمد را که رنگ طلایی‌اش براقی و شفافیت‌اش را از دست داده بود گرفت و آن را به طرف خود کشید ولی در کمد باز نشد. در کمد قفل بود و کلیدی هم نبود. با دست، گرد و خاک بالای کمد را برای کلید جارو کرد ولی آن را نیافت. هر چه از باز کردن در ناامیدتر می‌شد حس کنجکاوی‌اش برای وارسی آن بیشتر و بیشتر می‌شد.

چند بار سعی کرد با فشار و کشیدن در کمد به سمت خودش آن را باز کند ولی بی‌فایده بود. قدری به این طرف و آن طرف نگاه کرد تا شاید راهی برای باز کردن آن بیابد ولی فایده‌ای نداشت. یاد کشوی مدارک صدرا افتاد که چند تا دسته کلید قبلاً در آن دیده بود. نیم‌ساعتی قبل از آمدن صدرا یک راست به سراغ کشوی مدارک صدرا در طبقه بالا رفت و از میان دسته‌کلیدها آنهایی را که بیشتر به کلید قفل در کمد شبیه بود انتخاب کرد و به سرعت پله‌ها را دو تا یکی به سمت کارگاهش پایین آمد. بالاخره یکی کارگر افتاد و در کمد با صدای ناله‌ای از هم باز شد. نگاهی گذرا به طبقات مختلف کمد انداخت ولی چیز خاصی که برای فرو نشاندن عطش کنجکاوی‌اش کافی باشد به چشمش نخورد. در طبقه بالای کمد قرآن قدیمی و دست‌نویس نفیسی بود که در یک جاقرآنی مخمل قرمز با ملیله‌های کرم رنگ قرار گرفته بود. درست مانند قرآنی که در طاقچه اتاق بالا بارها دیده بود. ایمان با نگاه هنری، به طرح زیبای جلد

قرآن نگاه کرد و اولین صفحه آن را بازکرد و با تعجب بسیار متوجه شد که قرآن سفره عقد پدر و مادر صدرا بوده است. قرآن را با احتیاط سر جایش قرار داد. در آن طبقه چند مجسمه قدیمی بود که از برخی گوشه‌ها لب پر شده بودند.

در طبقه دوم فقط عصای قدیمی و آشنایی که متعلق به پدر صدرا بود و چندین سال پیش به فریدون امانت داده شده بود به اضافه یک جانماز و یک رحل چوبی کنده‌کاری شده قدیمی که در لابه‌لای قسمت‌های کنده‌کاری شده آن کمی گرد و خاک نشسته بود جلب نظر می‌کرد. در طبقه وسطی کمد جعبه چوبی نسبتاً بزرگی بود که پر بود از عکس‌های قدیمی و ایمان هرگز آن‌ها را ندیده بود. در کنار آن، سه ترمه زیبای تا شده در سه رنگ سبز و زرشکی و کرم به چشم می‌خورد. با کمال تعجب متوجه شد طبقات کمد کاملاً تمیز است و اثری از گرد و غبار روی آن طبقات چوبی و وسایل درون آنها نیست. مثل اینکه کسی به طور مداوم آن طبقات را گردگیری و تمیز کرده باشد. متوجه جعبه چوبی قدیمی دیگری که خیلی بزرگ‌تر از جعبه عکس‌ها بود در طبقه پایین کمد شد. سعی کرد در آن جعبه را که از چوب گردو ساخته شده و سرتاسر آن به شکل ظریف و هنرمندانه‌ای کنده‌کاری شده بود باز کند ولی تیرش به سنگ خورد. در آن جعبه هم قفل بود. لابه‌لای کلیدها را گشت و تنها کلیدی را که به نظرش به قفل جعبه می‌خورد از دسته‌کلیدها جدا کرد و بی‌درنگ در آن جعبه جادویی را باز کرد. با باز شدن در جعبه دهان ایمان به نشانه حیرت برای دقایقی باز ماند. تمام نقاشی‌هایش از شش سالگی بسیار مرتب و دقیق دسته‌بندی شده آنجا بود. طراحی‌های سال‌های آخر دبیرستان که با وسواس خاصی گلچین شده بود نظرش را جلب کرد. نگاهی گذرا به آن نقاشی‌ها از ابتدا تا انتها تصویر تکامل انسان‌ها را برایش مجسم می‌کرد چون آن نقاشی‌ها هم به همان ترتیب با گذشت سال‌ها به طرز محسوسی از سادگی به شاهکارهای هنری تکامل یافته بود. محتویات آن جعبه فقط به نقاشی‌های ایمان خلاصه نمی‌شد. در زیر دسته بزرگ نقاشی‌ها یک عکس قدیمی از مادرش پیدا کرد که تا به آن روز ندیده بود. تصویری از صبا که در یک صبح تابستانی لب حوض حیاط خانه صدرا گرفته شده بود. صبا در حالی که موهای ابریشمی‌اش را به روی شانه‌اش ریخته بود لب حوض آب نشسته و ایمان هم در سن دوسه سالگی لخت در کنار حوض در حالی که فقط یک لاستیکی به پا داشت ایستاده و لبخند بانمکش را حواله دوربین کرده بود. ایمان در آن عکس که حالا بعد از این همه سال شفافیت‌اش را باخته بود در نگاه مادرش عشق و اندوه را با هم دید. لبخندی که درآن عکس ۲۴ سال تمام روی لب‌های صبا مانده بود در نگاه ایمان مخلوطی بود از تلخی و شیرینی. تا آن لحظه به هیچ‌یک از عکس‌های مادرش با چنان دقتی نگاه

نکرده بود. چقدر چهره صبا به نظرش زیبا آمد. بغضی در گلویش چنگ انداخت و به خاطر آورد که چقدر دلش برای مادرش تنگ شده است. تمام خاطرات باقی‌مانده از صبا مثل شروع بارانی تند بر زمینی تشنه بی‌امان در ذهنش فرود آمد. یاد دست‌ها، لبخندها، لب‌ها و چشم‌های مهربان مادرش و صدای دلنشین او درست مثل یادآوری یک خواب خوش قدیمی دلش را گرم کرد. انگشت‌هایش را به آرامی درست مثل اینکه می‌خواهد از ورای آن عکس کاغذی صورت مادرش را لمس کند به روی چهره صبا کشید و بی‌اختیار آن را به لب‌هایش نشاند. سرانجام در ادامهٔ جست و جو نقاشی مورد نظرش را پیدا کرد. روی نقاشی هنوز کمی از اثرات خاک جبهه دیده می‌شد. انگار کسی از ترس صدمه زدن به آن اثر به عمد گذاشته بود که کمی از آن گرد روی نقاشی باقی بماند. در کنار آن نقاشی یک کیسه کوچک سبز رنگ بود که در آن با نخ سفیدرنگی بسته شده بود. کنجکاوی‌اش اجازه نداد تا باز نکرده از کنارش بگذرد. محتویات درون کیسه دوباره آثار تعجب و حیرت را در چهره ایمان نمایان ساخت. خاکی که درون نقاشی‌اش با خود از جبهه آورده بود در آن کیسه بود. خوب می‌دانست که این همه توجه و نظم از جانب صدرا بوده است ولی معنی آن‌همه توجه و دقت را نمی‌فهمید. صدرا بدون آنکه به ایمان بگوید تمام آن نقاشی‌ها و حتی مشت خاک داخل کاغذ را با دقت بسیار حفظ کرده بود و حالا تمام آن کاغذها دریچه‌ای شده بود به سوی گذشته پر خاطره‌ای که داشت شفافیت‌اش را تا آن لحظه کم‌کم در ذهن او از دست می‌داد. همچنان که با نگاه تحسین‌آمیزش کیسه سبز رنگ را در جعبه قرار می‌داد پاکتی نظرش را جلب کرد. عطش کنجکاوی ایمان مثل تشنه‌ای که آب دریا را برای رفع تشنگی‌اش می‌نوشد لحظه به لحظه بیشتر می‌شد. با خودش گفت حتماً این هم یکی دیگه از اون اسناد باارزش و دیدنی قدیمیه و بلافاصله در آن را باز کرد. کاغذی چروک شده و قدیمی که به‌رغم چروک‌های روی آن با دقت تا شده بود در پاکت بود. کاغذ را که روی آن پر از کلمات به هم چسبیده بود از هم باز کرد و بی‌اختیار مشغول خواندن شد.

اگر صدرا در آن لحظه که روی صندلی نشسته بود در مقابل پنجره‌ای که به هیچ کجا باز نبود و جز انعکاس تصویرش هیچ چیز دیگری به او نشان نمی‌داد می‌دانست که ایمان تا کجا پیش رفته با سر خود را به آنجا می‌رساند و با التماس او را از خواندن نامه صبا منع می‌کرد ولی افکار صدرا همچنان خیره به انعکاس تصویر خود در پنجره رو به رو به جایی سفر کرده بود که ایمان کمی زودتر به آنجا رسیده بود. جایی که سد محکم رازهای پنهانی به یکباره از مقابل جریان پرخروش و قدرتمند حقیقت برداشته شده و جریان بی‌امان آن داشت ایمان را قبل از رسیدن صدرا با خود می‌برد.

زمانی که ایمان به انتهای نامه صبا رسید آنچه که نباید اتفاق می‌افتاد و صدرا همیشه از آن وحشت داشت اتفاق افتاد. نامه صبا با وجود مراقبت‌ها و توجهات دائمی صدرا به دست ایمان افتاده بود. حالا دیگر ایمان به بدترین شکل ممکن به حقیقت پی برده بود. خواندن هر یک سطر نامه ابروهای او را بیشتر در هم می‌کرد طوری که وقتی به پایان نامه رسید آن گره ابروها با هیچ دستی قابل باز شدن نبود.

حس کرد سرش به شدت سنگین و سینه‌اش به شدت تنگ شده است. یارای نفس کشیدن نداشت. چند قدم عقب رفت و بی‌اختیار روی زمین نشست. خشم تمام وجودش را فرا گرفت و لرزش دست‌هایش را به گره باز نشدنی یک مشت تبدیل کرد. برای یک لحظه آنچه را که خوانده بود انکار کرد. «نه امکان نداره! اگه عمو صدرا پدر من بود تا حالا هزار باره بهم گفته بود!.» دست‌خط صبا او را به شک انداخت. ایمان دوباره با توفان تضادهای افکارش به تلاطم افتاد. «پس آخه اگه حقیقت نداره چطور مادرم راضی می‌شده چنین حرف دروغی را بنویسه؟»

دوباره و سه باره، و چهار باره نامه را از ابتدا تا انتها خواند و هر چه بیشتر در عمق نامه فرو می‌رفت شک و تردیدش نسبت به صحت آن کمتر و کمتر می‌شد. تمام شواهد را ارزیابی کرد. فقط کافی بود نگاهی به دور و برش بیندازد تا دریابد که ایمان برای صدرا فراتر از فرزندخوانده بوده است. «پس این همه توجهات و علاقمندی‌های عمو صدرا به من در تمام طول این سال‌ها به دلیل محبت و عشق پدری بوده است!»

ایمان در حال شوک انگار روی مرز خواب و بیداری ایستاده بود. نمی‌دانست چه کند. «پس یعنی طی این سال‌ها حبیب هرگز پد رمن نبوده!» رفته‌رفته جواب تمام معماهای همیشگی ایمان یکی‌یکی جایش را در ذهن او باز کرد. «پس دلیل تمام به فکر فرو رفتن‌های عمو صدرا وقتی اسم مامان میاد و سرخاک رفتن‌های هر هفته تو سرما و گرما و باد و توفان همینه!» ایمان همان طور که نامه صبا را در دستش می‌فشرد حس کرد کمرش دیگر تحمل نگه‌داشتن بدنش را حتی در حال نشسته ندارد. عقب‌عقب خودش را به کنار دیوار خنک رساند و کمرش را به آن تکیه داد و دوباره در افکاری درهم و برهم غرق شد: تمام طول این سال‌های طولانی حقیقت به این مهمی را از من پنهان کرده‌اند. چرا؟ چرا صدرا تا حالا به من نگفته که من پسر واقعی‌اش هستم؟ تنها فرزندش هستم؟ چرا هیچ‌کس خبر نداره؟ یعنی از بابت اینکه بگه من بچشم خجالت می‌کشیده؟ یا می‌ترسیده مردم تعریف و تمجیدهاشون رو که: ببین چه مردیه که با جون و دل از بچه مردم نگه‌داری کرده پس بگیرن؟ و بگن از روی اجبار و به خاطر عذاب وجدان بچه بدبختشو رو پیش خودش برده؟ و یا بزرگ کردن من همه‌اش و همه‌اش به خاطر عشقش به

مامان بوده نه به خاطر علاقه‌اش به خود من! شاید اگر این‌قدر عاشق مامان نبوده هرگز منو پیش خودش نمی‌آورد!

خیلی خوب می‌دانست که آن تصورات که حالا مثل گردابی بی‌وقفه در ذهنش می‌چرخید به هیچ عنوان حقیقت ندارد. چون اگر صحت داشت صدرا آنقدر در زندگی برای ایمان از جان مایه نمی‌گذاشت. در آن لحظه خاص سخت تشنه بود. تشنه برای اثبات مظلومیت‌اش که چه ظلم بزرگی با پنهان‌کردن حقیقت از او در حقش روا شده است. می‌خواست کاری کند که در آن لحظه دلش به حال خودش بسوزد. از این رو آنقدر افکار موهوم و باطل به هم بافت که در انتها از شدت تصور مظلومیت خود اشکش درآمد و واقعاً باورش شد که اگر صدرا او را زیر بال و پر خود گرفته فقط به خاطر عشقی که به صبا داشته و دینی که نسبت به او احساس می‌کرده، بوده است نه چیزی بیشتر. ایمان که تا درنگی پیش با نگاهی تحسین‌آمیز به آن همه توجه و علاقه صدرا در نگه‌داری یادگارهایش می‌نگریست به سرعت همه را فراموش کرد و اجازه داد خشمش مثل آتش به انبار پنبه به جان احساسات و عواطفش بیفتد و تا آخرین ذره آن را در آن شرایط خاص بسوزاند و خاکستر کند. حالا او مانده بود و راز برملا شده و صدرا که از همه جا بی‌خبر در طبقه بالا خیره در انعکاس تصویر خود از سفر گذشته‌های دور تازه برگشته و به بی‌نقص بودن نقشه‌ای که برای بیان حقیقت کشیده بود می‌اندیشید.

پس از مدتی تکیه به دیوار دادن و فکر و خیال و منفی بافی تمام حق‌ها را به جانب خود دید و تمام تقصیرها را متوجه صدرا. در امتداد کشمکش‌های درونی از حس ترحم به حس همدردی و از حس همدردی به حس تنهایی و از حس تنهایی به حس افسارگسیخته خشم رسید. در حالی که نامه صبا را که یک بار توسط خود صدرا به اندازه کافی مچاله و چروک شده بود در مشتش بی‌رحمانه می‌فشرد با دندان‌هایی به هم فشرده و چهره‌ای شعله‌ور شده از آتش خشم از زیرزمین بیرون آمد و از پله‌های راهرو بالا رفت. صدرا خسته از خیره شدن به انعکاس تصویر خود درون پنجره چشم‌هایش را بست ولی خیلی زود با شنیدن صدای قدم‌های ایمان در راهرو و باز شدن در آن‌ها را باز یافت. ظرف یک ثانیه لبخندی که بر لب‌هایش با دیدن قامت ایمان در چارچوب در نقش بسته بود محو و ناپدید شد. چهره‌ای ناشناس به نظرش آمد. چهره‌ای که هرگز به خود اجازه نداده بود با آن آشنا شود. چهره‌ای برافروخته با چشم‌هایی که شعله‌های خشم در آن زبانه می‌کشید در چارچوب در ایستاده بود. صورتی که تمام ماهیچه‌هایش منقبض شده و معصومیت بچه‌گانه از درونش رخت بربسته بود. در حالی که سرش را از پشتی صندلی جدا می‌کرد و با نگرانی در چشم‌های ایمان می‌نگریست وحشت‌زده پرسید: ایمان! چی... ولی هنوز جمله‌اش تمام

نشده چشمش به نامه صبا در مشت به هم فشرده او افتاد. یک آن زمین و زمان بر سر صدرا خراب شد. آنچه نباید اتفاق می‌افتاد، افتاده بود. کاسه آب مقدسی که صدرا یک عمر با خون دل آن را محافظت کرده بود حالا شکسته و آبش بر زمین ریخته بود. او که سال‌ها با وسواسی عذاب‌آور با خود کلنجار رفته بود تا کم‌دردسرترین راه را برای بیان حقیقت بیابد در آن لحظه می‌دید که چطور ایمان به بدترین شکل ممکن به حقیقت پی برده است. ایمان در آن لحظه اصلاً به حال خود نبود. نامه مچاله شده صبا را که حالا به راحتی در اثر مچالگی مجدد قابل پرت شدن بود جلوی پای صدرا انداخت و با عصبانیت تمام فریاد زد: این چیه؟

صدرا به آرامی روی زمین خم شد و در حالی که نامه صبا را که درست مثل ایمانش در تمام طول این سال‌ها روی چشم‌هایش حفظ کرده بود از روی زمین برمی داشت با صدایی آرام که سعی می کرد با آن ایمان را هم آرام کند، گفت: ایمان جان! برات همه چیز رو توضیح می‌دم بیا بشین.

ـ چی رو توضیح می‌دی؟ اگه می‌خواستی توضیح بدی تا حالا توی این همه سال برام توضیح داده بودی!

در حالی که صدایش از شدت عصبانیت می‌لرزید ادامه داد: چی می‌خوای بگی؟ چی داری که بگی؟ می‌خوای بگی که من تمام این سال‌ها پسرت بودم ولی دمشو بالا نیاوردی؟ می‌خوای بگی تو همه این سال‌ها فقط و فقط از سر ترحم منو نگه داشتی؟ و یا به خاطر اینکه مردم انگشت به دهن بمونن که عجب آدم خیریه که بچه دوستش رو داره بزرگ می کنه؟

می‌خوای بگی که فقط و فقط به خاطر عشق لعنتیت به مادر من، نه به خاطر خود من بهم لطف کردی و منو نگه داشتی؟ می‌خوای بگی که به خاطر ادای دینت به مادرم به خاطر اینکه در حالی که زن بابا حبیب بوده در آن واحد با تو هم رابطه داشته و تو رو از بذل و بخشش‌هاش بی‌نصیب نمی‌گذاشته منو آوردی پیش خودت؟

ایمان درآن لحظات اصلاً به حال خود نبود که بداند چه حرف‌هایی از دهانش خارج می‌شود. فقط می‌دانست که الان این حق را دارد که هر چه دوست دارد به زبان بیاورد. خود را قربانی ماجرا می‌دانست و در آن موقعیت فقط می‌خواست به صدرا بفهماند که در این وسط به شدت مظلوم واقع شده و همه خصوصاً صدرا احساساتش را به هیچ گرفته‌اند.

صدرا با نهایت صبوری و متانت در حالی که سعی می کرد آرامش‌اش را حفظ کند به حرف‌های ایمان گوش می‌داد ولی زمانی که ایمان پایش را از گلیم خود فراتر گذاشت و پای صبا را آن هم به آن وضع پیش کشید و در مقابل نگاه ناباورانه صدرا با آن لحن به مادرش اهانت

کرد طاقت نیاورد و حسابی از کوره در رفت و با یک حرکت خود را مقابل ایمان رساند و با تمام خشم و غضب‌اش به خاطر اهانت ایمان به صبا برای اولین بار در تمام عمرش دستش را روی ایمان بلند کرد و چنان کشیده‌ای به صورت او زد که پوست روشن گونه‌اش به ثانیه‌ای سرخ شد و خون از بینی‌اش سرازیر شد. کشیده صدرا انگار ایمان را از یک خواب سنگین بیدار کرد. ایمان یک آن به خود آمد و لحظه‌ای که نگاهش در نگاه صدرا گره خورد بر خود لرزید. او هم در تمام این سال‌ها صدرا را به چنان حالی ندیده بود. صدرا با صبوری اجازه داده بود تا ایمان درست یا نادرست حرف دلش را بزند و به او کاملاً حق می‌داد که عصبانی باشد ولی وقتی پای صبا با آن وضع به میان آمد کاسه صبرش لبریز شد. تحمل بی‌احترامی در حق صبا را نداشت. به ویژه که از دهان ایمان خارج شود.

ـ تو آزادی هر چی می‌خوای در مورد من بگی. من مقصرم و می‌پذیرم. پنهان‌کردن واقعیت از تو کاری اشتباه و احمقانه بود ولی هیچ حقی نداری در باره مادرت این طور حرف بزنی. من یک عمر احترام صبا رو با جون و دل حفظ کردم و پاک‌تر از صبا به عمرم سراغ نداشتم و ندارم. اجازه نمیدم توی خونه من یا هر خراب شده دیگه‌ای به صبا بی‌احترامی بشه.

سپس در حالی که آن بغض قدیمی در گلویش چنگ می‌انداخت با صدایی لرزان‌تر از قبل ادامه داد: به روح مادرت قسم! بعد از اون تو بهترین چیزی بودی که توی زندگیم اتفاق افتاد ولی اگه یک بار فقط یک بار دیگه کوچک‌ترین بی‌احترامی به صبا که من با تمام وجودم می‌پرستیدم بکنی دیگه هرگز اسمت رو هم نمیارم.

ایمان در حرف‌های صدرا فقط حرف دل دید و بس. تا آن لحظه هرگز صدرا را به آن جدیت ندیده بود. عشق بی‌منتهای پدرش به صبا را برای اولین بار بی‌پرده در چشم‌های تر شده او دید.

در حالی که سعی می‌کرد جلوی خون‌ریزی بینی‌اش را بگیرد سرش را پایین انداخت. خون بینی‌اش روی گل‌های کوچک کرم‌رنگ فرش می‌چکید و رنگی دیگرگون می‌یافت هم‌چنان که رنگ خشم صدرا هم با دیدن بینی خون‌آلود ایمان رنگ پشیمانی به خود می‌گرفت.

ایمان دیگر ایستادن در آنجا را جایز ندانست. نه به خاطر شدت عصبانیت بلکه به خاطر شدت خجالت از حرف‌هایی که زده بود. با چهره‌ای که از یک طرف با کشیده خشم و از طرف دیگر با کشیده شرم گلگون شده بود به سرعت اتاق را ترک کرد و صدرا را با دیوار فروریخته رازهای درونش تنها گذاشت. صدرا در وسط اتاق محاصره شده با دو حس پشیمانی از بابت دراز کردن دستش به روی ایمان و بازگو نکردن حقیقت مدت‌ها پیش از این دقایقی بی‌حرکت

برجا ماند سپس به طرف طاقچه رفت و خسته و مستاصل سرش را روی دست‌هایش که لبه طاقچه را می‌فشرد، تکیه داد. درست نقطه‌ای که در آن شب توفانی صبا دست‌هایش را تکیه داده بود تا خود را در آغوش او غرق کند. یادآوری حرف‌های ایمان قلبش را به آتش می‌کشید و مثل پتکی گران بر سرش فرود می‌آمد. در آن لحظه جای خالی صبا را از هر زمان دیگری بیشتر احساس کرد.

یک ساعت بعد با صدای به هم خوردن در راهرو دریافت ایمان منزل را ترک کرده است.

صدرا آن شب تا صبح در آن اتاق نشیمن، زندگی سی سال گذشته‌اش را مرور کرد. چه روزهای تلخی را که از زمان فوت صبا تا آن لحظه پشت سر نگذاشته بود. درد دوری صبا طی این سال‌ها او را پیر کرده و از پا انداخته بود. ولی به عشق حضور ایمان در کنارش با همه آن دردها کنار آمده بود.

ایمان پس از ترک منزل با روحیه‌ای درهم کوبیده ابتدا چرخی در خیابان زد و سپس به اولین جایی که پس از خانه خود در آن احساس آرامش و راحتی می‌کرد یعنی خانه خانم تفرجی رفت. خانم تفرجی متعجب از حضور ایمان آن هم با آن وضع و هیات در آن وقت شب او را به منزل دعوت کرد. چقدر نگاه ایمان برایش آشنا آمد. آن نگاه را با تمام جزئیات و حالاتش بیست سال پیش در یک صبح زود سرد زمستانی دیده بود. خانم تفرجی با دیدن حال ایمان بلافاصله پی برد که او آن وقت شب در آنجا چه می‌کند و در اصل اولین جملهای که قرار بود از دهان او خارج شود را به خوبی پیشگویی کرد: خوب پسرم! معلوم می‌شه بابا جونت بالاخره همه چیز رو برات تعریف کرده.

زخمه خشم دوباره آن تارهای به سکون نشسته در حنجره ایمان را به ارتعاش درآورد و لرزشی فراموش‌نشدنی در صدایش انداخت: برام تعریف کرده؟! دلت خوشه! اگه قرار بود تعریف کنه این همه سال وقت داشت و تا حالا تعریف کرده بود. خودم فهمیدم. نامه مادرمو دیدم. فکر کردی چه حالی میده بعد از این همه سال بفهمی که یه عمر دروغ شنیدی و حقیقت ازت پنهون بوده؟... هان؟

با تمام شدن حرف ایمان رنگ به رخسار خانم تفرجی نماند. اصلاً پیش‌بینی نمی‌کرد که ایمان به این شکل از قضیه مطلع شود: اینقدر دست دست کردی تا بچه بالاخره طوری که نباید بفهمه فهمید.

با این وجود کنترل خود را از دست نداد و همین طور که دستش را روی شانه ایمان می‌گذاشت و او را به نشستن دعوت می‌کرد، گفت: پسرم! جوش نزن. بیا یه دقیقه بشین من برات

تعریف می‌کنم. عزیز من! هیچ می‌دونی پدر بیچارت چندین و چند ساله که دنبال فرصتی می‌گرده تا کل ماجرا رو برات تعریف کنه؟ تا بچه بودی می‌گفت فهم این مساله برات سنگینه. دوران دبیرستان و کنکور به خاطر درس و امتحان می‌ترسید ذهنت رو درگیر این قضایا کنه و از درست عقب بیفتی. بعد از امتحان کنکورت دوباره به خاطر ناراحتی‌ات از اتفاقی که سر جلسه برات افتاد دست نگه داشت تا یه کم وضع روحیت بهتر بشه. بعدم که قضیه سربازی و جبهه رفتنت و بعدم قضیه احمد پیش اومد و باز همون فکر همیشگی که زمان هنوز مناسب نیست و چه می‌دونم روحیه‌ات تحمل شنیدن چنین خبری رو نداره بهش اجازه نداد.

ـ اینا همه‌اش بهانه است! اگه می‌خواست بگه تا حالا گفته بود.

ـ من تموم این مدت شاهد بودم که چه عذابی کشیده؛ از یه طرف با جون و دل می‌خواست همه چیز رو برات بگه از یه طرفم می‌ترسید که با گفتن‌اش ناراحتت کنه و یا ترکش کنی. دیگه آخر سر هفته پیش اومد پیشم و گفت که دیگه خسته شده و تصمیم گرفته هر طور شده ماجرا رو برات تعریف کنه. نمی‌دونم چرا تو این دو سه روزه بهت نگفت که حالا اینجوری خودت از قضیه باخبر بشی.

ایمان از روی خشم نگاهی به خانم تفرجی انداخت ولی تا آمد بگوید که: گیرم صدرا مقصر تو چرا تا حالا چیزی نگفتی؟ خانم تفرجی فکرش را خواند و با قیافه‌ای حق به جانب: هی بچه! اونجوری منو نگاه نکن! پای منم وسط نکش! این قیافه رو بیست سال پیش دیدم. یه بار همون بیست سال پیش به بابات هم گفتم. من نه سر پیاز بودم نه ته پیاز. الانم دارم به خودت می‌گم. این مشکلی بود که باید بین خودت و بابات حل می‌شد. من چرا باید مثل نخود آش خودمو قاطی می‌کردم؟

اندکی سر درگریبان فرو برد و سکوت کرد و سپس با صدایی آهسته ادامه داد: وقتی هفت هشت ساله بودی تازه فهمید که پدرت بوده. صبا توی اون نامه که تو پیدا کردی همه چیز رو براش شرح داده بود. منتها بچه جون! یه ذره از بابات یاد بگیر. خیلی راحت می‌تونست بذاره عصبانیت جلوی چشماش رو بگیره و هم تو رو فراموش کنه و هم مادرتو ولی این کار رو نکرد. صدرا جونش برای تو در میره. منتها من نمی‌دونم توی کله‌شق چرا تا حالا نفهمیدی. شما بچه‌های قدرنشناس این‌جوری حق بابا ننه‌هاتون رو می‌ذارید کف دستشون!

ـ آخه بابا به منم این وسط یه حقی بده! من گیج و سردرگم موندم! پس تکلیف احساساتی که یه عمر به بابا حبیب داشتم چی می‌شه؟ من یه عمر با تفکر یتیم بودن زندگی کردم. یک عمر تفکر بدون پدر و مادر زندگی‌کردن در حالی که در تمام طول این سال‌ها یک کلمه از دهنش

در نیومد بگه که بچه! تو یتیم نیستی پدر داری و پدرتم منم. فکر می‌کنی چه حالی می‌ده یه بچه هر روز و شب در حالی که بابایی بالای سرشه حسرت بابا داشتن دیگران رو بخوره . خیال می‌کنی چه حالی می‌ده که یک عمر نگاه‌های ترحم‌آمیز مردم رو ببینی و بشنوی که آخی! بچه طفل معصوم نه بابا داره نه مامان! من با نگاه‌های ترحم‌آمیز دیگران بزرگ شدم. یک عمر حقیقت یتیم بودن رو باور کردم و سعی کردم بهش عادت کنم. خودتو یه دقیقه بذار جای من.

ـ پسر عزیزم! اولم بهت گفتم صدرا خیلی اشتباه کرد و می‌بایست خیلی زودتر از اینها بهت می‌گفت ولی کاریه که شده. اون بدبخت به اندازه کافی تو زندگی‌اش سختی کشیده تو دیگه سخت‌ترش نکن. پاشو برو خونه از دلش درآر.

ـ چی رو از دلش در بیارم؟ اون باید از دلم در بیاره. جای انگشتاش رو ببین.

خانم تفرجی دستش را روی صورت ایمان که اثر کم‌رنگی از سیلی صدرا بر آن بود کشید و گفت: چه کارش کردی که دستش رو روت دراز کرده؟

ـ هیچی!

ـ تو غلط کردی! حتماً یا کاری کردی یا چیزی گفتی! من بابات رو می‌شناسم. اونی که این‌قدر صبرش زیاده که یه عمر تونسته اون هاشم فس فسو رو تو مغازه تحمل کنه محاله الکی دستش رو روت دراز کنه.

ایمان در حالی که با خجالت سرش را پایین می‌انداخت حرفی را که در باره مادرش جلوی صدرا زده بود بدون آنکه یارای نگاه‌کردن به خانم تفرجی را داشته باشد به زبان آورد. هنوز حرف ایمان تمام نشده بود که خانم تفرجی گفت: بچه! فکر امشب خونه رفتنو از سرت بیرون کن. همین‌جا بمون. تعجبمه فقط تو گوشت زده. اگه خاطرتو این‌قدر نمی‌خواست با این چیزی که تو در مورد مادرت گفتی تا حالا تیکه بزرگت گوشت بود.

ـ مگه چی گفتم؟ حقیقت رو گفتم!

ـ پسر! مواظب حرف زدنت باش. مثل اینکه هنوز از رو نرفتی! خوب گوشاتو باز کن ببین چی می‌گم. مادر تو پاک‌ترین و مهربون‌ترین زنی بود که من به عمرم سراغ داشتم. تو جریان زندگی اونا رو نمی‌دونی. پس الکی قضاوت نکن. در ضمن این دفعه جلوی پدرت قسر در رفتی دفعه دیگه اگه کلمه‌ای نامربوط راجع به صبا از دهنت در بیاد هیچ وقت اسمت رو هم نمیاره.

ـ بیا! بفرما! ببین می‌گم منو فقط به خاطر مادرم نگه داشته! اون وقت بگو نه!

ـ بچه کم چرت و پرت بگو. من مطمئنم که توی دنیا هیچ چیزی برای بابات عزیزتر از تو نیست. منتها نمی‌دونم تو چرا اینقده ننه من غریبم در میاری. باید بیاد خودشو جلوت قیمه‌قیمه

کنه که توی کله خر بفهمی چقدر دوستت داره؟ دیگه دری وری گفتن بسه. امشب همین جا بمون. شام خوردی؟

ـ اشتها ندارم. خیلی خسته‌ام. می‌خوام بخوابم.

ـ فردا می‌ری از دلش در میاری. بیا بریم جات رو بندازم بگیری بخوابی.

خانم تفرجی جای ایمان را پهن کرد ولی تا حوالی صبح به اصرار ایمان قصه غم‌انگیز زندگی صبا و صدرا را مثل مادر بزرگی که با حوصله بسیار هنگام خواب نوه‌هایش برایشان قصه می‌گوید تعریف کرد. با این تفاوت که نه آن داستان شیرین بود و نه ایمان با شنیدن آن به خواب رفت.

وقتی صدرا در آستانه در اتاق ایمان ایستاد و دید تختش از دیشب دست نخورده، حس کرد قلبش دارد از کار می‌افتد. دستش را روی چارچوب در گذاشت و سرش را به آن تکیه داد و با اندوهی گران اتاقی را که بارها دکورش را همپای بزرگ شدن ایمان تغییر داده بود از نظر گذراند. زندگی‌اش را با ایمان در آینه زمان مرور کرد. چه شب‌هایی که ایمان را در بستر بیماری مادرانه یا پدرانه برایش فرقی نکرده بود تا صبح پرستاری کرده بود... خوابیدن‌هایش را روی تخت ایمان زمانی که در جبهه بود به یاد آورد... بوسه زدن‌های شبانه‌اش را به سر و روی ایمان در خواب به خاطر آورد... در آغوش کشیدن‌هایش را به عشق عطر و بوی صبا در یاد خود زنده کرد. اما حالا همه آن‌ها با نبود ایمان در نظرش به خاطره‌ای شیرین که شاید هیچ وقت تکرار نمی‌شد تبدیل شده بود. صدرا بیش از این سکوت دیوارها را نتوانست تحمل کند. لباسش را عوض کرد و به حیاط رفت. همین طور که از کنار باغچه‌ها می‌گذشت چشم‌اش به اولین دو برگ پاییزی افتاد که در لابه‌لای برگ‌های سبز دیگر آمدن خزان را درگوش هم پچ‌پچ می‌کردند و با خود گفت: تا یک‌ماه دیگر این شاخه‌ها لخت لخت شده و شروع به لحظه‌شماری برای یک شروع تازه می‌کنند. ولی من چی که زندگی‌ام تا به حال همیشه مثل یک شاخه آفت‌زده‌ای بوده که یک سال به زور گل داده و از حالا به بعد در حسرت حتی یک برگ باید بسوزه و بسازه؟

بعد از آنکه نگاهی حسرت‌آلود به پنجره‌های کارگاه ایمان انداخت راهی مغازه شد ولی آنجا هم به حال و هوای همیشگی خود نبود. هاشم که انگار گذر سال‌ها کمی لکنت زبانش را دوا درمان کرده بود مدام سعی می کرد با جوک‌های بی‌نمکش او را از عالم غصه بیرون بیاورد ولی موفق نمی‌شد. آخر سر به صدرا گفت: «آقا صدرا! امروز صبح کلی از زنه غروپر شنیدم گفتم ممیام ممغازه یه کم دلم وا می‌ششه. شما هم که از وقتی اوممدی ما رو بیشتر یاد ققرضامون

می‌اندازی.» و صدرا هم به سختی سعی کرد لبخندی به لب بیاورد و تا ظهر همانجا نگهش دارد.

طرف‌های ظهر با عجله خود را به منزل رساند تا ببیند ایمان برگشته یا نه. کسی در خانه نبود. یادش افتاد که ایمان آن روز تا بعدازظهر کلاس دارد و تا عصر برنمی‌گردد. به حیاط برگشت و یک راست به سمت همان دو برگی که زودتر از تمام برگ‌های دیگر به دام خزان افتاده بودند رفت و با ناراحتی آن دو را از روی شاخه چید و آنها را در باغچه انداخت و زیر لب گفت: «بذار برگ‌های دیگه هنوز به یه امیدی دلشون خوش باشه» و به سرعت از منزل خارج شد و راهی تنها جایی شد که در آن لحظه با سکوتش می‌توانست آرامش کند. وقتی به خود آمد خود را کنار مزار حبیب و صبا یافت. صدرایی که هرگز اجازه نمی‌داد ذره‌ای خاک روی لباس‌هایش بنشیند خیلی بی‌تفاوت همانجا روی زمین خاکی کنار مزار صبا و حبیب نشست و همین طور که زانوهایش را بغل می‌گرفت به اطرافش نگاهی انداخت. نسیم خنک مهرماه حالا دیگر جای خود را به بادی سرد بخشیده بود. بادی که در وجود آخرین رزهای نیمه‌باز و دست‌پرورده صدرا نفوذ می‌کرد و با تهدید پاییزی‌اش بدن نحیفشان را به لرزه می‌انداخت. ابرها در هم و گرفته و آسمان هر آن در شرف باریدن بود. شاید برای هم‌دردی با رزهای بی‌پناه و یا حس تنهایی صدرا. بهشت زهرا را از همیشه خلوت‌تر یافت. از انبوه جمعیتی که همیشه عصرهای پنجشنبه در آن حوالی موج می‌زد خبری نبود. از عمر قطعه‌های مزارها سال‌های سال می‌گذشت و نهال‌های اطراف آن‌ها حالا دیگر تبدیل به درختان سر سبزی شده بودند که انگار طعم سوز پاییز را خیلی زودتر از درخت‌های خانه صدرا چشیده بودند. شاید سکوت و تنهایی آن منطقه امید ادامه حیات را از آن برگ‌ها گرفته بود و دیگر برایشان فرقی نمی‌کرد که امروز به خاک بیفتند یا فردا!

سرش را روی زانوهایش گذاشت و کمی به فکر فرو رفت و نفهمید چطور همانجا از شدت خستگی و بی‌خوابی شبانه در همان حال نشسته نیم‌ساعتی چرتش گرفت. بیدار که شد نگاهی به اطرافش انداخت. چهره تکیده پیرزنی که مقنعه سیاه‌رنگی زیر چادر مشکی‌اش به سر داشت و در کنار قبر صبا و حبیب ایستاده و داشت فاتحه می‌خواند نظرش را جلب کرد. پیرزن خواندن فاتحه‌اش را به پایان برد و با صدرا سلام و تعارفی رد و بدل کرد و گفت: خدا رحمتشون کنه.

صدرا متعجب همان طور که نشسته بود از او تشکر کرد. پیرزن با انگشت به چندین قبر دورتر اشاره کرد و گفت: اونجا قبر شوهرمه. اومده بودم فاتحه‌ای بخونم که شما رو دیدم. من هر هفته پنجشنبه‌ها شما رو اینجا سر خاک می‌بینم. منم هر هفته میام ولی این بار به جای پنجشنبه، سه‌شنبه اومدم و با تعجب شما رو هم امروز اینجا دیدم. چقدر وسط هفته خلوت‌تره. پنجشنبه‌ها از شلوغی آدم خفه می‌شه.

صدرا بی‌آن که حرفی زند با حرکت سر سخن او را تایید کرد. پیرزن کمی من و من کرد و ادامه داد: راستش رو بخواید من می‌خواستم از تون حلالیت بطلبم.

صدرا با تعجب به چهره تکیده زن نگاه کرد و پرسید: برای چی؟

ـ حقیقتش رو بخواید من از این بوته‌های رز تا حالا چندبار برای قبر شوهرم گل چیدم می‌خواستم راضی باشید. این گل‌ها این‌قدر معطروشاداب اند که آدم وسوسه می‌شه ازشون بچینه. البته همیشه به جاش فاتحه خوندم. ولی می‌خواستم بگم که بدونید و از دستم راضی باشید.

صدرا لبخندی به لب آورد و گفت: مساله‌ای نیست. اشکال نداره. نگران نباشید.

ـ خیالم راحت شد.

ـ شوهرتون حتماً خیلی وقته که فوت شدن.

ـ آره یه بیست ودوسالی می‌شه. قبل از انقلاب توی کار ساختمون‌سازی بود که یه روز آجر از دست یکی از کارگرا از بالا می‌افته روی سرش و خون‌ریزی مغزی می‌کنه و بعدم منو با سه تا بچه تنها گذاشت.

ـ خدا رحمتشون کنه! حداقل حالا که بچه‌ها بزرگ شدن می‌تونن جبران نبود شوهرتون رو بکنند.

پیرزن لبخند تلخی به لب آورد و گفت: شوهر من بعد از مرگش انگار که احساس گناه کنه که منو با بچه‌ها تنها گذاشته چند سال بعد دو تا از بچه‌ها رو با خودش برد.

صدرا با شگفتی و تعجب به پیرزن نگاه کرد و گفت: منظورتون چیه؟

پیرزن آهی از ته دل کشید و همانجا به شیوه صدرا روی زمین خاکی نشست. چادر مشکی‌اش غرق خاک شده بود ولی معلوم بود برایش اهمیتی ندارد. کمی آن را تکاند و گفت: اول تا آخر که باید هممون به خاک بریم.

چشم‌های حیرت‌زده صدرا به او فهماند که هنوز منتظر شنیدن پاسخ است.

ـ هنوز دو سال از انقلاب نگذشته بود که پسر بزرگم به زندان افتاد و حول و حوش سال شصت خبر اعدامش رو بهم دادن. من موندم و دو پسر دیگه. پسر سومم هم برای سربازی رفت توی جبهه و خبر مفقودالاثری‌اش رو برام آوردن. حالا هم من موندم و پسر وسطیم... انگار خدا دلش یه جورایی برام سوخت و این یکی رو حداقل برام نگه‌داشت. بدن هیچ‌کدوم از بچه‌ها رو تحویلم ندادن. خدا می‌دونه هر کدوموشون کجای این زمین خدا دفن شدن.

صدرا غم و غصه‌های خودش را فراموش کرده بود و همچنان با نگاهی دردناک به صورت تکیده او می‌نگریست.

ـ فقط قبر شوهرم رو بلدم. اینه که هر هفته به هوای اینکه همشون اینجا پیش همند میام اینجا. خوابشون رو زیاد می‌بینم. چه‌کار کنم دیگه منم دلم به این خوشه. دیگه اشک ریختن هم فایده نداره. چون دیگه اشکی برای ریختن ندارم. گاهی وقتا می‌گم خوش به حال شوهرم که اول از همه رفت. کاش من به جای اون بودم.

پیرزن آهی عمیق کشید و نگاهش را به آسمانی که سایه ابریش را بر سرشان انداخته بود دوخت و گفت: کسی که اون بالاست جای حق نشسته. فقط یه کمی بیش از حد صبرش زیاده. وقتی زندگی خیلی بهم فشار میاره چشمام رو می‌بندم و با خودم می‌گم به کسایی فکر کن که بیشتر از من عزیز از دست دادن. اون وقت یه کم آروم می‌گیرم و سپس جمله‌ای بر زبان آورد که صدرا بیست سال پیش از حیدر آزرمی شنیده بود. «خدا وقتی داغ می‌ده صبرش رو هم باهاش می‌ده» و با گفتن این حرف در حالی که برمی‌خاست چادرش را تکاند و گفت: «هر وقت از دست روزگار دلتون به درد اومد با خودتون فکر کنین که خیلی از آدما هستن که دردشون صدبرابر درد شماست و هنوز تحمل می‌کنند. این یه کم بهتون قوت قلب می‌ده. من رو می‌بخشید که خلوتتون رو بهم زدم. مطمئنم اینا (درحالی که به قبر حبیب و صبا اشاره می‌کرد) هم برای شما خیلی عزیز بودند که براشون هر هفته میایید اینجا. خدا رحمتشون کنه» و با گفتن این حرف به طرف قبر شوهرش برگشت. صدرا مات و مبهوت از حرف‌های آن زن که به نظرش به استواری یک کوه و محکمی سنگ خارا آمد در حالی که غصه ایمان را از یاد برده بود برخاست و سه غنچه تازه باز شده بوته‌های مزار را که تا چند روز دیگر با شدت بادهای خزانی رو به عریانی می‌رفتند چید و به سمت قبر شوهر پیرزن برد و در حالی که گل‌ها را به او می‌داد گفت: تنها دعایی که می‌تونم براتون بکنم اینه که خدا صبرتون بده.

پیرزن با نگاهی قدرشناسانه گل‌ها را از دست صدرا گرفت و یکی‌یکی آنها را کنار هم روی مزار شوهرش چید و گفت: «امیدوارم هرچی از خدا می‌خوای خدا بهت بده» و صدرا فقط لبخندی تلخ به لب آورد و همچنان که به سمت مزار صبا و حبیب برمی‌گشت زیر لب گفت: امیدوارم!

آسمان خاکستری داشت رفته‌رفته تیره می‌شد و سکوتی عمیق بر آنجا سایه انداخته بود. فقط گه‌گاه صدای ناله باد در لابه‌لای برگ‌های وحشت‌زده از تهاجم خزان می‌پیچید و سکوت را درهم می‌شکست. کم‌کم قصد رفتن کرد. برخاست و آخرین توجهاتش را نثار بوته‌های رز کرد. برگ‌های زردی را که تک و توک روی شاخه‌های رز نشسته بودند چید. تیغی به انگشت‌اش فرو رفت. کتش را گشت ولی دستمالی برای پاک کردن قطره خون دستش نیافت. از پشت سر دستمالی به او تعارف شد. ایمان بود که سرافکنده بی‌آن که به چشم‌های صدرا بنگرد شرمگنانه گفت: پدر! دستت داره خون میاد؛ بیا با این پاکش کن.

صدرا قدری بهت‌زده برجای ماند و سپس بی‌توجه به دستمال، ایمان را تنگ در آغوش گرفت. ایمان درست مثل کودکی در آغوش پدری تازه از سفری طولانی بازگشته خود را به آغوش صدرا می‌فشرد و اولین بار دست نوازش پدرانه را تا عمق وجود خود حس کرد. چه سال‌هایی که صدرا در آتش حسرت شنیدن واژه پدر از زبان فرزندش سوخته بود و حالا در کنار مزار صبا برای اولین بار آن را از زبان ایمانش می‌شنید.

ایمان سر به زیر در حالی که نگاهش را به مزار مادرش دوخته بود گفت: پدرا می‌خوام که منو ببخشی! من دیشب از شدت عصبانیت از کنترل خارج بودم. از بابت حرف‌های دیشبم معذرت می‌خوام. اون حرفا اصلاً سزاوار شما نبود.

صدرا سر ایمان را که هنوز پایین بود بر سینه‌اش فشرد و در زیر گوش او نجوا کرد: تو تمام عمر و زندگی منی. تو تمام جون منی. تو عزیزترین یادگاری هستی که صبا می‌تونست برام بذاره. سپس رو به آسمان کرد و نگاهش را در پی یافتن قدرتی وصف‌ناپذیر در پشت آن ابرهای متراکم به آن گستره خاکستری رنگ دوخت. باران اشک به آهستگی مثل بارشی بر زمینی خشک و منتظر روی صورتش جاری شد و هم‌زمان به پژمردگی جوانه‌های امید در ذهن خسته‌اش پایان داد. با چشم‌هایی که حالا به همنوایی آسمان از اشک پر شده بود، گفت: «فقط خدا می‌دونه اون روزی که تو رو برای همیشه به خونه آوردم چقدر احساس خوشبختی کردم. یک لحظه حتی یک لحظه این فکر رو به ذهنت راه نده که برای من سربار بودی. من بدون وجود تو بعد از مرگ صبا نمی‌تونستم کمرم رو راست کنم» و ایمان در آن لحظه بوی صداقت را از حرف‌های صدرا استشمام کرد.

آن شب ایمان از گفت‌وگویش با خانم تفرجی برای صدرا حکایت کرد و گفت به خاطر دیدن او از رفتن به کلاس‌های بعدازظهرش صرف‌نظر کرده و وقتی از پیدا کردن او ناامید شده خانم تفرجی به او گفته که مزار صبا تنها جایی است که می‌تواند او را بیابد. صدرا هم آن شب کتابچه دلش را برای ایمان گشود و سطر سطر آن را برایش خواندن گرفت.

دو هفته بعد درست روزی که ایمان به اصرار خود به دفتر ثبت احوال رفت و نام فامیلی‌اش را رسما از آزرمی به سمایی تغییر داد دیگر اثری از آن دو برگ زردی که صدرا چیده و در باغچه انداخته بود دیده نمی‌شد. حالا تمام کف حیاط و باغچه‌ها با انبوه برگ‌های رنگین پوشیده شده بود. آن برگ‌های رنگارنگ حالا درست در سخت‌ترین شرایط تهاجم خزان دوباره به هم پیوسته بودند!

مدتی طول کشید تا دوستان، اساتید و هم‌دانشگاهیان ایمان به فامیل جدید او عادت کردند. ولی یک سال بعد دیگر کسی ایمان آزرمی را نمی‌شناخت.

فصل چهل‌وهفتم

«چقدر زمان زود گذشت! به یه چشم به هم زدنی رفت. انگار همین چند وقت پیش بود که به دنیا اومد. انگار همین دیروز بود که وقتی فریدون با بدن زخمی از جنگ برگشت بهش غریبی می‌کرد. ای خدا چقدر کت و شلوار بهش میاد! قربون جفتشون برم. عزیزای دل من کی دوماد می‌شن؟ یعنی می‌شه من دومادیشونو ببینم؟... بچم چند وقته که خیلی ساکته و تو خودشه. چقدر جای لبخندی که یه زمانی از لب‌هاش جدا نمی‌شد خالیه؟»

خانم تفرجی در عالم خیال کنار یکی از درخت‌های حیاط خانه صدرا که غرق در نور بود ایستاده بود و به سهراب و ایمان می‌نگریست. هر دو با کت و شلوار مشکی از بالای دیوار بالکنی با ژستی همسان آرنج‌هایشان را روی دیوار تکیه داده و به سمت حیاط همسایه خم شده بودند و لحظه‌ای چشم از حیاط سراسر چراغانی شده خانه صدرا بر نمی‌داشتند.

چقدر با هم صمیمی بودند. ایمان همیشه نقش برادر بزرگ‌تر را به خوبی ایفا کرده بود و سهراب هم از شدت وابستگی مثل سایه پا به پای ایمان حرکت می‌کرد. سهراب با هیجان بی‌صبرانه می‌خواست به خانه صدرا برود ولی ایمان در بیمارستان به دنبال حرف‌های صدرا با خود عهد کرده بود که به معنی تمام کلمه برای او برادر بزرگ‌تر باشد و چقدر هم در این کار موفق شده بود. چرا که سهراب حالا دیگر از شدت وابستگی همیشه مثل سایه‌ای او را تعقیب می‌کرد. عشق برادرانه‌ای که با وجود اختلاف سنی نه چندان کم بین آن دو حکمفرما بود همیشه تحسین همگان خصوصاً مادربزرگشان را بر می‌انگیخت. آن شب هم خانم تفرجی در زیر آن درخت با همان عشق و علاقه همیشگی لحظه‌ای نگاه تحسین‌آمیزش را از آن دو برنمی‌داشت. در نگاه مادربزرگ لبخند هیجان یک لحظه از روی لب‌های سهراب که بی‌صبرانه می‌خواست

هرچه زودتر به خانه صدرا برود محو نمی‌شد. ولی در عوض مدت‌ها بود که لب‌های ایمان خیلی به ندرت رنگ لبخند به خود می‌دید. به نظر می‌آمد روز به روز برق شادی با چشم‌ها و رنگ لبخند با لب‌هایش بیشتر غریبی می‌کند و همین امر بر نگرانی مادربزرگ می‌افزود: «چرا اخلاق ایمان دارد تغییر می‌کند و چرا فریدون اصلاً متوجه این مساله نیست!»

خانم تفرجی از مدت‌ها قبل به گوشه‌گیری و سکوت اختیار کردن‌های ایمان پی برده بود. خوب می‌دانست در نظر ایمان توجهات خاص پدر به سهراب و به همان میزان کم‌توجهی‌هایش نسبت به او کم‌کم به صورت عادت درآمده است.

بارها اوضاع را به فریدون گوشزد کرده بود ولی در نهایت تنها نتیجه‌ای که حاصل می‌شد تغییر رویه فریدون برای حداکثر دو سه روز بود که آن هم بیشتر تعجب ایمان را برمی‌انگیخت تا خشنودی او را. بی‌تفاوتی‌های فریدون در قبال ایمان فقط به این دلیل بود که فکر می‌کرد ایمان دیگر بزرگ شده و نیازی به دست نوازش و بوسه‌های پدرانه ندارد. همان چیزهایی که جایش در دوران کودکی خود فریدون به شدت خالی بود. چند بار هم در جواب اعتراض‌های فریبا گفته بود: چه خبره بابا این‌قدر شلوغش می‌کنید حالا خیال کردی بابای من همیشه منو بغل می‌کرد و نوازش می‌داد؟ حالا ما بدون ناز و نوازش بزرگ نشدیم؟ گلیم خودمون رو از آب بیرون نکشیدیم؟... ایمان باید محکم بار بیاد مثل یک مرد. اگه من سهراب رو ناز و نوازش می‌کنم به خاطره اینه که هنوز بچه است. من توجهم به ایمان رو با حرف و منطق مردونه نشون می‌دم. اگه شماها متوجه نمی‌شید تقصیر من چیه؟

اما آنچه ایمان را رنج می‌داد و روز به روز در لاک انزوای خود فرو می‌برد تنها بی‌توجهی‌های پدر نبود. بلوغ فکری زودهنگام او و میزان درک و فهمش از شرایط موجود و قدرت بالای تحلیلگری او باعث شده بود که افکار کودکانه قبل از موعد مقرر از ذهن او رانده شود و او به شدت تحت تأثیر قرار گیرد.

همین بلوغ فکری بود که او را از پدر دورتر می‌کرد و اختلاف نظر را بین پدر و پسر عمیق‌تر می‌کرد.

حالا ایمان به مرحله‌ای از تشخیص و تحلیل رسیده بود که در بسیاری از موارد دیدگاهی کاملاً متفاوت از پدر داشت. فریدون هم در برابر او جبهه می‌گرفت و تحمل شنیدن اعتقاداتی مغایر با عقایدش را نداشت. مخصوصاً که آن اختلاف عقیده را از طرف کسی می‌دید که با او در زیر یک سقف زندگی کرده و تازه بیست وهفت هشت سالی هم از او کوچک‌تر بود.

ایمان از همان دوران کودکی همیشه به میزان قابل توجهی با هم‌سن و سالانش فرق داشت.

هیچ‌کس هیاهو و شرارتی را که در کودکی و نوجوانی وجه مشترک اکثریت قریب به اتفاق بچه‌هاست در او نمی‌دید. در عوض عطش فراگیری و مطالعه، تمام وجود او را در برگرفته بود به طوری که درسیزده چهارده سالگی بار اطلاعاتی ایمان به حدی بود که همه را شگفت‌زده می‌کرد.

با همان خلق و خوی آرام ولی کنجکاو قدم به سن نوجوانی گذاشته بود. برای مدت‌ها در به در به دنبال یافتن الگویی بی‌نقص برای خود می‌گشت تا در شکل‌گیری شخصیت‌اش برای او راهنمایی قابل باشد ولی هر چه به اطرافش نگاه می‌کرد آن را نمی‌یافت. به پدر نگاه می‌کرد که چطور ساعت‌ها خود را در ستون‌های روزنامه و یا بر سر سجاده و صفحات قرآن غرق می‌کند و روز به روز از تعداد کلمات مکالمات روزمره‌اش با پسرش کاسته می‌شود. فریدون به جز نصایح پدرانه که همیشه به نحوی در نهایت به مبحث دین و ایمان منتهی می‌شد حرف دیگری برای ایمان نداشت. مدت‌ها طول کشید تا سرانجام ایمان دریافت که اول تا آخر خودش باید سازنده شخصیت نهایی خود باشد.

ایمان فریدون که با شور و اشتیاق به جا مانده از دوران کودکی به نوجوانی رسیده بود کم‌کم با دیدگاهی متفاوت رفته‌رفته در حالی دوران نوجوانی را پشت سر می‌گذاشت که آن شور و هیجان قدیمی‌اش نم‌نمک رنگ می‌باخت. آسمان روشنی که خورشید آرزوهای دور و دراز آن زمانی به اعتقاد او هرگز غروب نمی‌کرد کم‌کم می‌رفت که با ابرهای سیاه سرخوردگی، یأس و ناامیدی پوشیده شود. ایمانی که با چشم‌های باز و پرامید قدم به دوران نوجوانی گذشته بود حالا در حالی رفته‌رفته به انتهای آن نزدیک می‌شد که با چشم‌های بسته فردایی را می‌دید که خورشید حیات بخشش در کسوف کامل فرو رفته بود و امید زیادی به روشنی دوباره آن نمی‌رفت. از سویی به باور فریدون این افکار و عواطف برای سن ایمان بسیار زود بود. از نظر فریدون، ایمان آنقدر بزرگ و عاقل شده بود که دیگر نیازی به ابراز احساسات و علاقه پدر نداشته باشد ولی هنوز آنقدر بزرگ نشده بود که بخواهد راه فکری‌اش را علنی از راه فکری پدر جدا کند و حق فکر کردن به چیزی که مورد تایید پدر نیست، داشته باشد.

در خانه‌ای که از اول همیشه بوی سیاست می‌داد ایمان با وجود سن و سال کمش به هیچ عنوان با سیاست بیگانه نبود. ایمان به یاد نداشت که شبی عادت شنیدن اخبار از تلویزیون و یا روزنامه خواندن پدرش ترک شود. از آنجا هم که خودش از بچگی کنجکاو بود و به تاریخ علاقه فراوان داشت ناخودآگاه به دنیایی کشیده شده بود که شاید هم‌سن و سالانش به ندرت به آن راه می‌یافتند. با وجودی که ایمان این علاقه به سیاست و تاریخ را از پدر به ارث برده بود

ولی دیدگاهش نسبت به سیاست و وضع جامعه سنخیتی با دیدگاه فریدون نداشت و همین امر گه‌گاه منجر به بحث و جدل‌های جزئی بین پدر و فرزند می‌شد و حالا فریدون باید سعی می‌کرد به او بفهماند که اصلاً عقاید سیاسی از هر نوعی هنوز برای سن او زود است چه برسد به آنکه بخواهد با عقایدی متضاد در برابر پدر عرض اندام کند.

ایمان با رسیدن به دوران بلوغ و نوجوانی در چنین جو خانوادگی با سری پرشور و پر از آرزوهای بی‌پایان خود را می‌دید که مردانه در برابر پنجره‌ای رو به افق روشن فردا ایستاده و اگر دستش را دراز کند می‌تواند آن را به روی همه بگشاید ولی به مرور زمان این سوال در ذهنش شکل گرفت که تا کی قادر خواهد بود این اسب سرکش را در پی تحقق آرزوهای طلایی همچنان تازه‌نفس به دنبال خود بکشاند.

و حالا چقدر آن چهره متفکر ذهن مادربزرگ را به خود مشغول کرده بود. مادربزرگی که آرزو می‌کرد ای‌کاش می‌توانست سایه ابرهای اندوه غریب را از چشم‌های ایمانش بزداید.

آن شب در خانه صدرا ولوله افتاده بود. چراغ‌های روشن صدای تپ‌تپ قدم‌ها روی پله‌ها که لحظه‌ای قطع نمی‌شد حکایت از شروع و آغاز دیگری داشت.

دیدنی‌تر از همه مادر احمد بود که برای جبران کمبود برق شادی در نگاهش درخشش لبخند را با اقتدار همچنان روی لب‌هایش نگه داشته بود.

زیبایی بنفشه با پوستی گندمگون در سپیدی خیره‌کننده پیراهن عروسی‌اش چقدر به دل مادرش عفت و از او مهم‌تر احمد می‌نشست. تمام گل‌ها و درخت‌های دست‌پرورده رحیم‌خان در آن حیاط باصفا با نگاهی رشک‌آمیز به تک گلی که بیشترین توجه و مراقبت رحیم‌خان را در تمام طول این سال‌ها به خود اختصاص داده بود می‌نگریستند. آسمانی که لکه‌ای ابر در آن دیده نمی‌شد حالا آذین بسته شده به تلالو ستارگان پیوندی را که سال‌ها پیش در زیر درخت شاتوت پیر در ظاهر از هم گسسته ولی در اصل محکم‌تر گره خورده بود پس از چندین سال جشن می‌گرفت. ایمانِ صدرا در کنار درخت محو داماد بود که در آستانه تحقق زیباترین آرزوهایش سربلند ایستاده است. دست احمد که درست یک‌روز پس از بازگشتش از اسارت در کنار پنجره قدی اتاق به نشانه اراده‌ای محکم به مشتی گره کرده مبدل شده بود حالا به پنجه‌ای باز برای به چنگ آوردن روشنایی فردا و فرداها بدل گشته بود.

ایمان همانطور ایستاده به احمد می‌نگریست که به سرعت گذر نور ستاره آرزو از آسمان تاریک فرداهای مبهم تمام افق‌های پیش رویش را تا اینجا درنوردیده بود و حالا در آستانه تحقق یافتن آخرین آرزوهای باقیمانده با همان پنجه باز انگشت‌های ظریف بنفشه را پیوسته لمس

می‌کرد تا هم از بیدار بودن خود اطمینان حاصل کند و هم از تحقق یافتن آرزوهایی که در تمام دوران اسارت به حقیقت پیوستنش مانند دست یافتن به دوراز دسترس‌ترین ستاره در آسمان آلوده انتظارات واهی بود.

از چهار سال پیش که در رشته الکترونیک دانشگاه شریف پذیرفته شده بود دیگر قدم‌زدن در محوطه دانشگاه و استشمام بوی چمن‌های تازه کوتاه شده محوطه و شنیدن همهمه دانشجویان در راهرو و نشستن در کلاس فرو رفته در سکوت محض به احترام استاد به‌رغم شیطنت‌های ذاتی او یک خواب و رویا نبود.

ورودش به دانشگاه تا حدود زیادی فشارهای روحی و روانی را که طی سال‌های جبهه و اسارت متحمل شده بود جبران کرد و حالا پس از فارغ‌التحصیلی مهم‌ترین آرزویش جامه عمل می‌پوشید.

بلافاصله پس از فارغ‌التحصیلی احمد، مادرش به همراه صدرا یک شب را برای خواستگاری بنفشه از رحیم‌خان انتخاب کرد. در همان شب بعد از تمام شدن حرف‌ها و قرارها وقتی مادر احمد بنفشه را در آغوش می‌گرفت با لمس پیراهنی که بنفشه به تن داشت آن را شناخت و در حالی که لبخند رضایت‌بخشی بر لب‌هایش نشسته بود در گوشی گفت: رنگ سفید همیشه به شما برازنده بوده. این پیراهن خاطره روزهایی که با هزار امید می‌دوختمش رو برام زنده کرد.

بنفشه هم متقابلاً لبخندی بر لب آورد و گفت: این پیراهن خاطرات قدیمی را برای من هم زنده می‌کنه. خاطراتی که طعم تلخ روز اولش حالا برام از عسل شیرین‌تر شده.

مراسم عقد و عروسی که به اصرار صدرا در منزل او برگزار شد اگرچه در نهایت سادگی بود ولی شبی به یاد ماندنی برای همه میهمانان بود.

ایمانِ فریدون در آن گرما به اجبار پدر کت مشکی به تن داشت و سهراب هم به تقلید از او به هیچ قیمتی حاضر نبود کتش را در بیاورد. اگر سهراب می‌توانست فکر برادرش را بخواند قطعاً تمام هیجان عروسی را از دست می‌داد ولی به همان تماشای قایم‌باشک بازی و گرگم به هوا و آب پاشیدن بچه‌ها از حوض به این طرف و آن طرف از سر دیوار اکتفا کرد. سهراب با هیجان کودکانه آرزو داشت که آن سوی دیوار مثل سایر کودکان فریاد شادی سر می‌داد ولی حضور ایمان در آنجا ایجاب می‌کرد که پا به پای برادر آنجا بایستد.

ایمان نه به مراسم عروسی توجهی داشت و نه به صدای فریادهای شادی و هلهله. در آن لحظه به دامادی احمد نمی‌اندیشید بلکه به اسارت سه ساله احمد می‌اندیشید. به عقب افتادن آرزوهای دیرین جوانی او؛ به جنگ می‌اندیشید که با خاطرات لحظه لحظه‌های کودکی‌اش

عجین شده بود. شاتوت‌های له شده کف حیاط برایش صحنه‌های خونین جنگ را که بارها و بارها از تلویزیون دیده و هنوز بعد از چند سال از ذهنش پاک نشده بود تداعی می‌کرد. بیش از آن که به زیبایی شب و ستاره‌های آسمان بنگرد سیاهی شب را می‌دید که بر همه جا سایه انداخته بود. برای یک لحظه با خود فکر کرد: اگه زمانی خورشید برای همیشه خاموش بشه و دیگه هیچ وقت بیرون نیاد و شب موندگار بشه چه فاجعه‌ای به بار میاد؟

ولی بلافاصله با خودش فکر کرد: ممکنه یه مدت برای مردم سخت باشه ولی بهش عادت می‌کنن. همون طور که به هشت سال جنگ عادت کردن.

غرق در افکار دور و درازش بنفشه را در لباس سفید دید. سفیدی لباس بنفشه رشته تمام افکار اندوه‌بار او را از هم درید. در ذهن ایمان به یکباره طرحی سپید نشست. طرحی سپید که فکر سیاهی شب و غیبت خورشید را کاملاً از فکرش زدود. پیراهن سپید بنفشه ایمان را دوباره به حیاط غرق در نور همسایه برگرداند و همراهش لبخندی کمیاب به روی لب‌های او نشاند. در این حال رو به سهراب کرد و گفت: بیا ما هم بریم داداش کوچولوی من! ببین عروس داره میاد. الان همه شیرینی‌ها رو می‌خورن. بزن بریم.

در این میان صدرا از روی بالکن اتاق نشیمن تمام زوایای حیاط را از نظر می‌گذراند و به صدای خنده‌ها، شادی‌ها و همهمه‌ها گوش می‌داد با و با چهره‌ای خندان و رضایت‌مندانه با خود فکر می‌کرد: کی باورش می‌شد که این خونه خاموش و تنها یه روز این‌طور از غریو شادی آکنده بشه؟ یعنی ممکنه که ایمان من هم یه روز همین‌جا تو همین خونه و زیر همین آسمون و درخت‌ها جشن بگیره؟

صدرا همین طور غرق در افکار دور و دراز خود با صدای ایمان از پشت سرش که می‌پرسید: «به چی فکر می‌کنی؟» به خود آمد.

صدرا بدون آنکه نگاهش را از حیاط پر هیاهو بگیرد گفت: داشتم فکر می‌کردم کی می‌شه که من دومادی تو رو ببینم!

و ایمان با لبخندی در جواب گفت: هیچ‌وقت! من تا آخر عمر بیخ ریشت می‌مونم!

آن شب در پایان مراسم وقتی احمد به صورت مادرش نگاه کرد با خود گفت: چقدر دیدن لبخند رضایت بعد از این سال‌ها روی لب‌های مامان شیرینه. خدایا کاری کن که همیشه مادرم رو سر حال و خوشحال ببینم.

فصل چهل‌وهشتم

سال هفتادوشش ایمانِ فریدون به شکل قابل توجهی باز شدن جوانه‌های بلوغ فکری بر شاخه‌های بی‌تفاوتی جامعه را حس می‌کرد. بلوغی که انگار از درون خود او شروع شده بود. ایمان به سن قانونی رای دادن رسیده بود و حس می‌کرد که می‌تواند با انتخاب کاندیدای مورد نظرش برای ریاست‌جمهوری با دست‌هایش مثل هزاران هزار نوجوان و جوان دیگر آینده‌ای روشن برای کشورش رقم بزنند و این نقش کمی نبود. از نظر ایمان سال هفتادوشش سال بیدار شدن شور و شعف خفته‌ای بود که برای سال‌های متمادی کاملاً به دست فراموشی سپرده شده بود. به عقیده او انگار تمام مردم ایران یکپارچه با تلنگری ناگهانی از خواب یکنواختی زندگی روزمره بلند شده و دریافته بودند که انگار هنوز روزنه امیدی هست. از نظر اکثریت قریب به اتفاق مردم ایران آن سال، سال شکوفا شدن دوباره غنچه‌های بازنشده پژمرده پیشرفت و افتخار بود.

دوم خرداد بود و صف‌های طویل در گرمایی طاقت فرسا و چهره‌های هیجان‌زده برای رقم زدن سرنوشت نامعلوم کشور؛ ایمان هم از این قاعده مستثنی نبود.

در یکی از آخرین روزهای اردیبهشت در حالی که سه چهار روز به انتخابات ریاست‌جمهوری مانده بود ایمان با دو ظرف حلوایی که خانم تفرجی درست کرده بود در حیاط خانه صدرا را به صدا درآورد. رحیم‌خان و صدرا در حیاط مشغول کاشتن گل‌های اطلسی بودند و سخت هم درگیر بحث پیرامون مشکلات جامعه شده بودند. پس از این‌همه سال که از انقلاب می‌گذشت هنوز داغ بزرگی که از سر جریان انقلاب ایران در دل رحیم‌خان مانده بود بهبود نیافته بود و او بیش از پیش بدبین به فرجام جامعه همچنان با خشم از نحوه اداره حکومت سخن

می‌گفت. از طرفی هم با وجودی که صدرا هیچ وقت اهل سیاست و سیاست‌بازی و جر و بحث در باب سیاست نبود گاهی سکوت را جایز نمی‌دید و همیشه می‌گفت: جوامع همیشه با انتقادهای سازنده پیشرفت می‌کنند. جامعه‌ای که دهن منتقدین‌اش رو به زور ببنده هیچ وقت به هیچ جا نمی‌رسه.

به اعتقاد رحیم‌خان صدرا بیش از اندازه خوش‌بین بود. برای رحیم‌خان از بعد از انقلاب جامعه رو به زوال گذاشته و دیگر هیچ امیدی به بهبود اوضاعش نمی‌رفت و اگر کسی حرف تغییر و تحول و اصلاحات به میان می‌آورد فقط خودش را خسته می‌کرد چون دلیل‌اش همیشه این بود که خانه از پای بست ویران است.

اما به اعتقاد صدرا تلاش برای ایجاد تغییرات و انجام اصلاحات هنوز می‌توانست ریشه‌های خشک جامعه را با امید به فرداهای بهتر و پیشرفت و افتخار آبیاری کند و همین امر باعث اختلاف‌نظر شدید بین رحیم‌خان و صدرا می‌شد. از صدرا که: باید در ایجاد تغییرات و اصلاحات قدم پیش گذاشت و مسالمت‌آمیز ابراز عقیده کرد حتی اگر مجبور باشیم که پای صندوق رای بریم و کسی رو انتخاب کنیم که یه کم سرش به بدنش می‌ارزه و بهش امیدی می‌ره و از رحیم‌خان که: بابا دلت خوشه! مگه من مغز خر خورده باشم در حالی که اصلاً اصل و اساس این حکومت رو قبول ندارم پاشم برم رای بدم.

رحیم‌خان در را باز کرد و دست‌های خاکی‌اش را به هم مالید و گفت: پسر! از کجا می‌دونستی من چند وقته هوس حلوا کردم؟ بیا تو پسرم. بیا تو.

و همین طور که ظرف‌ها را از دست ایمان می‌گرفت در را با پا پشت سرش بست و رو به صدرا که به سمت آنها می‌آمد، کرد و گفت: بیا ببین همسایه چی ساخته!

ـ سلام عمو صدرا!

ـ سلام ایمان جان! چند وقته کم‌پیدایی مثل اینکه سرت خیلی شلوغه آره؟

ـ یه کمی عمو صدرا! با برو بچه‌ها مشغول تبلیغات انتخاباتیم.

ـ تا حالا چند نفر رو به رای دادن راضی کردی؟

ـ عمو صدرا! تا جایی که من می‌دونم انگار کسی نیست که نخواد بره رای بده.

ـ چطور؟

ـ شما که بهتر می‌دونین. فقط کافیه یه نگاه به دور و برتون بندازین. مردم از وضع موجود راضی نیستن. همشون انگار یه جورایی دنبال تغییرند.

رحیم‌خان در حالی که دست شسته تکه بزرگی از حلوا را برمی‌داشت و به دهانش می‌برد

گفت: آخه بچه‌جون! تو رو چه به این حرفا؟ تو هم با این سن و سال انگاری سرت درد می‌کنه. الحق که مثه بابات کله‌ات بو قرمه‌سبزی می‌ده!

ایمان نگاه ملامت‌باری به رحیم‌خان انداخت و گفت: چرا؟ مگه من سن و سالم چشه؟! من که دیگه بچه نیستم. اگه بچه بودم که حق رای دادن نداشتم. یه نفرم یه نفره. تازه آینده این مملکت مال من و هم سن و سالای منه. این طوری هم که بوش میاد تا این مملکت یه تکون اساسی نخوره نمی‌شه به آینده‌اش امیدی بست.

رحیم‌خان با دهان پر در حالی که می‌خندید با لحنی تمسخرآمیز گفت: مگه مملکتمون چشه؟ امثال بابا جونت انقلاب کردن و به اینجا رسوندنش.

ایمان نگاهی جدی به رحیم‌خان انداخت و گفت: بله امثال بابام انقلاب کردن و حالا من و امثال من باید جورش رو بکشیم. باید بپرسید مملکتمون چش نیست! من دو سه روز دیگه پا به سن جوونی می‌گذارم. چی دارم که دلم رو بهش خوش کنم؟ تنها تفریحم چسبیدن به کتاب و مدرسه است. اون از تلویزیونمون که دائم یا مارش عزا پخش می‌کنه یا آخونده داره درس اخلاق می‌ده. از خونه پاتو می‌گذاری بیرون صد نفر بهت گیر می‌دن که چرا پاتو کج گذاشتی. چرا آستینت کوتاهه. یه دقیقه می‌ری بیرون همه جا موج می‌زنه از جوونای بیکار که سردرگم نمی‌دونن وقتشون رو چطور بگذرونن. با وضع این جوونا تا چند وقت دیگه فاتحه این مملکت خونده است.

صدرا سکوت اختیار کرده و فقط به حرف‌های ایمان گوش می‌کرد. رحیم‌خان هم که تقریباً نصف ظرف حلوا را خالی کرده بود دوباره با دهان پر به حرف آمد: حالا از کجا می‌دونی که وضع این مملکت با این انتخاب تغییر کنه؟ چند سال آزگاره فقط وعده و وعید شنیدیم. افراد جدید با سر کار اومدنشون ما رو هم سر کار گذاشتن. بهتر که نشد هیچی روز به روزم داره بدتر می‌شه. همه‌شون سروته یه کرباسند. بچه جون! خونه از پای بست ویرونه. اگه امثال بابا فریدونت اونجوری خوشی زیر دلشون نزده بود و انقلاب نکرده بودن حالا وضعمون این نبود.

هیجان دوباره لرزشی محسوس در صدای ایمان انداخت: رحیم‌خان! اگه کسی نره رای بده پس چطور انتظار داری وضع جامعه تغییر کنه و این مملکت تکونی بخوره؟ رای دادن همه مردم این بار حداقل این پیام رو می‌رسونه که مردم طالب تغییرند.

رحیم‌خان آخرین لقمه حلوایش را به سختی قورت داد و دهانش را برای گفتن حرفی باز کرد ولی خیلی زود منصرف شد و سکوت اختیار کرد.

صدرا در حالی که لبخند بر لب داشت نگاه تحسین‌آمیزی به ایمان انداخت و گفت: فریدون

باید خیلی به خودش افتخار کنه که پسری مثل تو داره که با این سن و سال این‌قدر دلش برای مردم‌اش و وطن‌اش می‌تپه. اگه همه جوونا مثل تو فکر کنن دیگه توی روشنی آینده این کشور جای هیچ شک و شبهه‌ای باقی نمی‌مونه. ماها باید بیاییم از شماها یاد بگیریم.

ایمان لبخندی تلخ به لب آورد و گفت: عمو صدرا! من و بابا حرف همدیگرو نمی‌فهمیم. اون به هیچ وجه با عقاید من موافق نیست. همین دیروز با هم جر و بحثمون شد. می‌گه این مردمو تا دیروز باید با اردنگی مجبور می‌کردی پاشن برن رای بدن حالا همه واسه من طالب اصلاحات و تغییر شدن و دم از رای دادن می‌زنند. البته روی صحبتش با منم بود. اصلاً خوش نداره که من برای کاندیدای مورد علاقه‌ام تبلیغ کنم.

ـ پسرم! تو که پدرت رو خوب می‌شناسی. به نظر من عقیده هر کسی براش محترمه. سعی کن کمتر باهاش جر و بحث کنی. تو هیچ وقت نمی‌تونی عقاید پدرت رو تغییر بدی. اینو دیگه تا حالا باید فهمیده باشی.

ـ می‌دونم عمو صدرا! می‌دونم. من سعی می‌کنم کوتاه بیام ولی انگار اصلاً از جر و بحث کردن خوشش میاد. چون هی سعی می‌کنه بدتر کشش بده.

ـ مادرت چی می‌گه؟

ـ هیچی. اونم زیاد با بابا هم‌عقیده نیست ولی سر به سرش هم نمی‌گذاره. همیشه ساکت می‌مونه و حرفی نمی‌زنه. فقط مامان تفرجی از پسش بر میاد. به همین خاطر جلوی مامان تفرجی هیچ وقت بحث و جدل نمی‌کنه.

صدرا دوباره لبخندی به لب آورد و چون دست‌هایش گلی بود ایمان را با آرنج بغل کرد و گفت: غصه نخور پسرم! من یکی که بهت افتخار می‌کنم. کاری ندارم دیگران چی می‌گن. بذار هر چی می‌خوان بگن. هر کاری که فکر می‌کنی به نظرت درسته انجام بده. اگه به چیزی واقعاً ایمان و اعتقاد داری باید مثل یه مرد تا آخر پاش بایستی. شعار دادن تنها فایده‌ای نداره. منم دلم روشنه. بالاخره ایران یه روزی اون اقتدار و فرهنگ تباه شده‌اش رو دوباره به دست میاره. من دلم روشنه. منم می‌رم رای می‌دم.

و سپس نگاهش را در همان حال متوجه رحیم‌خان که در سکوت به مکالمه آن دو گوش می‌داد کرد و گفت: رحیم‌خان هم باهام میاد. هر دومون می‌ریم رای می‌دیم. و سپس با خنده ادامه داد: درسته رحیم‌خان؟

و رحیم‌خان با بی‌میلی با حرکت سر حرف صدرا را تایید کرد.

با به روی کار آمدن رییس‌جمهور جدید خوش‌بینی مردم به اصلاحات و تغییرات اساسی

روز به روز بیشتر شد. ایمان هم از سویی هیجان‌زده از آغاز تغییرات جرأت نشان دادن شور و شعف به پدرش را نداشت و ناچار بود با شور و شوق فراوان هیجانش را جلوی صدرا بروز دهد و آنقدر با حرارت حرف می‌زد که صدرا را هم به هیجان می‌آورد.

اما دیری نپایید که هیجان ملت فروکش کرد و در پی آن حرارت صدای ایمان حین صحبت کردن از آینده و ایران و نسل جوان هم کم‌کم از بین رفت و جای خود را به سردی ناامیدی بخشید و به این ترتیب کاخ رویایی ساختن آینده‌ای روشن و باز و برگرداندن اقتدار و فرهنگ غنی آبا و اجدادی به ایران که یک روز با دیدن یک عکس تبلیغاتی بر دیوار در ذهن ایمان و ایمان‌ها ساخته شده بود پس از گذشت سه سال چنان فرو ریخت که گرد و غبار ناشی از این ویرانی نشسته بر سر و روی ایمان و ایمان‌ها دیگر حتی با باران بی‌امان وعده و وعیدهای تازه و به نظر عملی شدنی هم شسته نمی‌شد. آخرین سوسوی نور امید در دل‌ها آرام آرام مثل شمعی رو به پایان رو به خاموشی رفت و طرح اصلاح‌طلبی و پیشرفت مملکت با وجود پشتوانه یک ملت به شدت به بن‌بست رسید و داغ زندگی آزاد در جامعه‌ای مدنی و روشنفکر چنان بر دل ایمان و ایمان‌ها باقی ماند که گذشت سال‌ها نه تنها ذره‌ای از سوزشش نکاست بلکه روز‌به‌روز هم بر شدت آن افزود.

فصل چهل‌ونهم

یک سال به فارغ‌التحصیلی ایمان از دوره کارشناسی‌ارشد مانده به خاطر استعداد زیاد و معلومات بالایی که داشت به عنوان جوان‌ترین استاد در دانشگاه هنر مشغول به کار شد. شغل استادی در رشته‌های نقاشی و طراحی شغلی بود که او همواره آرزویش را در سر پرورانده بود. آرزوی انتقال آنچه که در ذهن خلاقش گذشته و می‌گذشت به جوانانی که با دنیایی از شور و علاقه تازه قدم به راهی گذاشته بودند که او طی سال‌های متمادی طی کرده بود.

ایمان طی همان یک سال اول چنان محبوبیتی کسب کرد که اکثریت قریب به اتفاق دانشجویان از او به عنوان یکی از بهترین و ارزشمندترین اساتید دانشگاه یاد می‌کردند. خصوصاً که در کنار کار استادی به عنوان یک هنرمند آثار ارزشمندش همیشه مورد تحسین دانشجویانش قرار می‌گرفت.

ایمان با وجود داشتن خلق و خوی آرام و صبر و بردباری که از صدرا به ارث برده بود همیشه در یک مورد به شدت به دانشجویانش سخت می‌گرفت به‌طوری که همه شاگردانش در این یک مورد بیش از حد از او حساب می‌بردند و آن‌هم چیزی نبود جز رعایت نظم کلاس و به موقع حاضر شدن و غیبت نداشتن دانشجویان سر کلاس‌هایش. شعار ایمان همیشه و به‌طور مداوم برای دانشجویان از همان بدو ورود به دانشگاه این بود که منشا همه ناکامی‌ها و به بن‌بست‌خوردن‌ها نداشتن نظم و ترتیب و برنامه مشخص برای به هدف رسیدن است و اگر دانشجویان از همان سال اول به آن بی‌اهمیت بوده و انضباط را سرلوحه کارشان قرار ندهند در آینده‌ای نه‌چندان دور سخت به بن‌بست خورده و به هیچ کجا نمی‌رسند.

ایمان به رغم سخت‌گیری‌هایش به دانشجویان هرگز هم اجازه نمی‌داد که کلاس‌های

درسش حالت خشک و کسل‌کننده پیدا کند و به همین خاطر به جای یک بند صحبت کردن به تنهایی و سر بردن حوصله دانشجویانش گه‌گاه با توسل جستن به عکس و فیلم و اسلاید و کشیدن پای خود دانشجویان به بحث‌های شنیدنی و جالب در رابطه با مباحث مربوط به کلاس فضای کلاس را از سرزندگی و شور و هیجان آکنده می‌کرد.

با شروع سال تحصیلی هفتادوهفت سه سالی می‌شد که ایمان در دانشکده مشغول به کار شده و دیگر چم‌وخم‌های کار استادی را تا حدودی فرا گرفته بود. حالا دیگر کسی در دانشگاه پیدا نمی‌شد که ایمان را نشناسد و از مجرد بودن او بی‌خبر باشد.

قضیه تجرد ایمان تا آن سن برای تمام دانشجویان خصوصاً دانشجویان دختر به صورت یک معمای بزرگ درآمده بود.

صدرا هم از مدت‌ها قبل نگران ازدواج ایمان بود و گه‌گداری هم در این رابطه با او صحبت کرده بود ولی هر بار با کمال تعجب می‌دید که چطور ایمان از ادامه بحث طفره می‌رود و هیچ گونه تمایلی به تشکیل خانواده و زندگی زناشویی از خود بروز نمی‌دهد. هر زمان که افکار صدرا درگیر این قضیه می‌شد با خود فکر می‌کرد که شاید مرور زمان او را سر عقل بیاورد و بالاخره به دام عشق گرفتار شود ولی زمان همچنان می‌گذشت و هنوز از ابراز تمایل ایمان به ازدواج هیچ خبری نبود. دیگر کار به جایی رسیده بود که صدای خانم تفرجی هم در آمده بود و جلوی ایمان به صدرا می‌گفت: من نمی‌فهمم چرا این بچه این یه چیزش به تو نرفته! نه به تو با اون عاشق‌پیشگیت که پاشنه در خونه صرافی رو از جا می‌کندی نه به این پسره به این بی‌بخاری که این‌قدر از عاشقی و زن گرفتن فراریه. نمی‌کنه اقلا یه ذره از اون احمد یاد بگیره که چطوری قاپ بنفشه رو دزدید.

چون ایمان به انتخاب همسر و عاشقی فکر نمی‌کرد زشت و زیبا، پول‌دار و بی‌پول برایش فرقی نداشت. همیشه فکر می‌کرد که باید از ناکامی عشق پدر درس عبرت بگیرد و بداند که عشق و عاشقی ورای خط قرمز عبور اوست.

صدرا طاقت نیاورد و یک روز موضوع ازدواج را به طور جدی وسط کشید و وقتی دید که ایمان دوباره دارد طفره می‌رود و می‌خواهد موضوع بحث را عوض کند حسابی به او تشر زد و خیلی جدی از او جواب رک و پوست‌کنده خواست. ایمان هم در عوض آب پاکی روی دست‌های پدر ریخت و برای اولین بار با قاطعیت در جواب گفت: پدر عزیز من! من به عشق و عاشقی هیچ اعتقادی ندارم این حرفا رو بریز دور. عشق مایه بدبختیه. یه نگاه به خودت بنداز. تموم بدبختی‌های زندگیت و غصه‌هات و روزهای تاریک زندگیت که ماشالله هزار ماشالله کم

هم نیست همه به خاطر عشق لعنتیی که به مامان داشتی. اگه از اون اول دور مقوله عشق و عاشقی رو قلم می‌گرفتی تا حالا این‌قدر مصیبت تو زندگیت نکشیده بودی.

صدرا با شنیدن جواب رک و پوست‌کنده ایمان با لحنی بسیار جدی گفت: درسته من تو زندگیم سختی زیاد کشیدم. مصیبت هم زیاد داشتم ولی هنوزم بعد از این همه سال حتی خاطره لذت لمس یه تار موی مادرت رو با دنیا عوض نمی‌کنم.

با تمام شدن این جمله صدرا، ایمان بلافاصله قیافه‌ای حق به جانب گرفت و با لحن پیروزمندانه‌ای در جواب گفت: ببین، حالا دیدی. این دقیقاً همون چیزیه که من ازش حرف می‌زنم. ببین عشق و عاشقی باهات چه‌کار کرده که هنوز این‌جوری حرف می‌زنی. آدم عاشق هیچ وقت نمی‌تونه عاقلانه فکر کنه. چرا می‌خوای خودمو اسیر این بدبختیا کنم؟ من با نقاشی‌هام حال می‌کنم. با تابلوهام. با یاد دادن به شاگردام. هر وقت تنهایی اذیتم کنه با قلم‌مو و بومم خودم رو سرگرم می‌کنم. آنقدر که من با قلم‌مو و بومم روراستم با هیچ کس و هیچ چیز دیگه نمی‌تونم باشم. هر وقت بخوام احساساتم رو بروز بدم با همین دستا و انگشتا می‌ریزمشون روی کاغذ و بوم. اگه تو عشق و علاقه رو با انگشتات با لمس موهای مامان حس می‌کردی من با انگشتام با لمس قلم و بومم حس می‌کنم. اینا همه زندگی منه. تازه هر وقت هم ازشون خسته بشم مدتی می‌گذارمشون کنار و هر وقت که بخوام دوباره میرم سراغشون. بدون دردسر و مکافات و بدبختی، راحت و پاکیزه. در اینجا ایمان لبخندی به لب آورد و ادامه داد: تازه اگه زن بگیرم وقتی ازش خسته بشم نمی‌تونم که همینجوری بذارمش کنار. می‌تونم؟

ـ سوال اینه که اصلاً چرا باید از زنت خسته بشی؟ تو اگه با چشم باز و علاقه ازدواج کنی هیچ وقت از زن و زندگیت خسته نمی‌شی.

ـ نمی‌دونم. من هر وقت که یاد روزگار شما می‌افتم مو به تنم سیخ می‌شه.

ـ اگه به خاطر عشق من و صبا نبود الان تو رو هم نداشتم.

ـ راحت در عوض آقا بالا سر نداشتی. تازه به جاش شاید اگه با یکی دیگه ازدواج می‌کردی برات به جای یکی ده تا بچه می‌آورد.

صدرا درآن لحظه آنقدر نفرت از عشق را در چشم‌ها و کلام ایمان دید که ادامه بحث را بیهوده دانست و برای مدتی دیگر پای آن را هم به میان نکشید. در عوض مردد و نگران از آینده او، کناری نشست و اجازه داد تا زمان بالاخره او را سر عقل بیاورد.

مهتاب عطایی یکی از دانشجویان ایمان بود که از حال و هوای دیگر دخترهای کلاس کاملاً فارغ بود. مهتاب با وجود استعداد زیادی که در رشته هنر و نقاشی داشت پس از گذشت دو سه

ماه از شروع کلاس‌ها به عنوان یکی از بی‌نظم‌ترین دانشجویان دانشگاه شناخته شده بود. تعداد کلاس‌هایی که از دست می‌داد آنقدر زیاد بود که استادان خیلی راحت می‌توانستند درسش را حذف کنند ولی با التماس و خواهش‌های مکرر و دلیل‌تراشی‌هایی نظیر بیماری مادر و بیماری پدر و غیره دل اساتید به رحم می‌آمد و اغلب بی‌نظمی‌هایش را نادیده می‌گرفتند. اما از حساسیت ایمان به سر وقت بودن دانشجویان به خوبی مطلع بود و تا حد امکان تمام تلاش‌اش را می‌کرد که به موقع در کلاس‌های او حاضر شود و تاخیر و غیبت نداشته باشد.

مهتاب تنها کسی بود که سکوتش در کلاس دلیلی کاملاً متفاوت با سایر دانشجویان داشت. جسمش در کلاس نشسته و افکارش کیلومترها از آن چهاردیواری فاصله می‌گرفت. حضور مهتاب درست مثل اشیای بی‌جان کلاس بود. چشم‌های او خیره به چهاردیواری کلاس و هر چه که در آن بود، می‌ماند ولی چیزی نمی‌دید.

در یکی از روزهای وسط هفته تلاش زیادی کرد تا به موقع در کلاس ایمان حاضر شود ولی باز هم بی‌فایده بود. نیم‌ساعتی می‌شد که کلاس شروع شده بود. درست در نیمه‌های بحث ایمان بود که صدای خشک در انضباط حاکم بر کلاس را بر هم زد و مهتاب در مقابل چشم‌های متعجب تمام دانشجویان و نگاه خشمگین ایمان وارد کلاس شد. با نفس نفسی که می‌زد معلوم بود مسافتی طولانی را دویده است. ایمان که با ورود مهتاب رشته بحث‌اش کاملاً پاره شده بود نگاهی به ساعت‌اش انداخت و با صدایی گرفته گفت: خانم عطایی! نیم‌ساعت از شروع کلاس می‌گذرد و شما حالا در کلاس رو باز کردید و بدون هیچ عذر و بهانه‌ای انتظار دارید سرتون رو بندازید پایین و سر جاتون بشینید و استاد هم حرفی نزنه؟

سرخی چهره مهتاب از شرم با وجود سایه لبه چادر و مقنعه‌اش که طبق معمول حسابی جلو کشیده شده و همیشه روی چشم‌ها و ابروهایش را می‌پوشاند کاملاً مشهود بود. در حالی که جرأت نگاه کردن به ایمان را نداشت سرش را پایین انداخت و با خجالت فراوان گفت: ببخشید استاد! شرمنده‌ام. دیگه تکرار نمی‌شه.

ــ خانم عطایی! فکر کنم این پنجمین باره که من این جمله دیگه تکرار نمی‌شه را از شما می‌شنوم.

مهتاب با لحن التماس‌آمیزی گفت: استاد! من واقعاً متاسفم.

ایمان با ناراحتی همین طور که سرش را تکان می‌داد با حرکت دستش صندلی خالی‌ای را که مهتاب اغلب روی آن می‌نشست به او نشان داد. مهتاب در حالی که عرق شرم تمام بدنش را از زیر مانتو و چادر خیس کرده بود روی صندلی کنار تنها دوست صمیمی‌اش الهام نشست. طبق

معمول جسم مهتاب روی صندلی نشست و بلافاصله روح بیقرارش همراه با افکار آشفته‌اش به سرعت نور فرسنگ‌ها از کلاس فاصله گرفت.

قد و قامتی کشیده داشت با چشم‌هایی گیرا و ابروهای بلند قهوه‌ای تیره که زیبایی آن همیشه در زیر سایه لبه مقنعه و چادرش گم می‌شد. پوستی روشن و صورتی که یک سالی می‌شد که از حالت گردی به حال زاویه‌دار در آمده بود. با وجودی که بینی‌اش چندان قلمی نبود در عوض لب‌های خوش‌فرم و چشم‌های گیرای‌ش آنقدر به چهره‌اش جذابیت بخشیده بود که بدون سایه چادر و مقنعه سرها را برای دومین بار برگرداند. تجربه‌ای که بعد از ازدواجش هرگز تکرار نشده بود. صورت ملیح‌اش بعد از ازدواج مثل ماه پنهان شده پشت ابری سیاه پوشیده می‌شد تا جایی که دیگر کمتر کسی متوجه جذابیت و ملاحت او در زیر پوشش چادر و مقنعه‌اش می‌شد. آن چشم‌ها آنچنان در سایه فرو رفته بود که نه برق شادی در آن دیده می‌شد و نه زبانه‌های آتش خشم. آن شبح چشم‌ها و مژه‌های بلندش با نگاهی گذرا به چشم نمی‌آمد از سویی آنقدر چشم‌های زیبای در معرض دید، فراوان بود که دیگر کسی زحمت دقیق شدن در چهره نیمه‌پنهان مهتاب را به خود نمی‌داد.

یک سالی می‌شد که ازدواج کرده بود. در بین دانشجویان شایع بود که همسرش آنقدر ثروت دارد که می‌تواند نصف بازار تهران را یک‌جا بخرد. اما هرگز از زندگی زناشویی‌اش کلمه‌ای بر زبان نمی‌آورد و اکثر مکالمه‌هایش فقط به سلام و تعارفات معمولی ختم می‌شد.

الهام تنها کسی بود که تا حدودی از زندگی زناشویی مهتاب آن‌هم به طور جسته و گریخته خبر داشت. شوهر مهتاب را این گونه توصیف می‌کرد: مردی با قامتی متوسط و موهای جوگندمی، ریش‌های کاملاً مرتب و همیشه با کت و شلوار اتو کشیده و پیراهن سفیدی که همیشه آن را تا آخرین دکمه بالا می‌بندد. چهره‌ای کم‌ابیش جذاب با نگاهی که جدیت از آن می‌بارد.

الهام رفته رفته به تغییرات رفتاری مهتاب کاملاً پی برده بود. شباهتش به قبل کم کم از بین می‌رفت. از خنده‌های ته دل و شیرین‌اش فقط خاطره‌ای برجای مانده بود. افسردگی مزمنی در چهره‌اش نمایان بود. استخوان‌های گونه‌اش بیرون زده بود. خوب می‌دانست حواس‌پرتی‌ها و گوشه‌گیری‌های مهتاب بی‌ارتباط به مسایل زناشویی او نیست. خصوصاً که از اعتقادات افراطی همسرش و شکاکیت‌ها و سوءظن‌های پی‌درپی او به مهتاب آگاه بود.

یک روز بارانی در راه بازگشت از میهمانی یکی از دوستانش به منزل با اتومبیل محمود تصادف کرد. جذابیت و شادابی چهره‌اش دل را از هر بیننده‌ای می‌ربود. محمود در همان دیدار

اول عاشق و دلباخته او شد و به یک هفته نکشیده به خواستگاریش رفت.

تازه در رشته نقاشی که آرزوی همیشگی‌اش بود در دانشگاه هنر قبول شده بود و به تنها چیزی که فکر نمی‌کرد مقوله ازدواج بود. اما پدر مهتاب که تا آن موقع با بی‌گدار به آب زدن‌های مکررش در تجارت تمام ثروتش را باخته و از هر طرف تحت فشار طلبکاران و نزول‌خواران بود در همان روز اول خواستگاری به محض اطلاع از ثروت بی‌حساب محمود و بروبیاهای او در دم و دستگاه‌های دولتی یک لحظه هم تردید را در شوهر دادن دخترش به دل راه نداد. مهتاب ساعت‌ها گریست و به پدرش التماس کرد تا از تصمیمش برگردد ولی گوش پدر مهتاب به این حرف‌ها بدهکار نبود و آنچه می‌دید فقط ثروت محمود و آینده‌ای طلایی و تضمین شده برای مهتاب بود. مدام می‌گفت: بعد از چند ماه می‌فهمی که خیرت رو می‌خواستم و چقدر خوشبختی. خوشبختی فقط یک بار در خونه آدمو می‌زنه.

در اوایل دوران نوجوانی مادرش را از دست داده بود و تمام دوران نوجوانی‌اش تا آن موقع را بدون داشتن مادری دلسوز در غربت دیوارهای اتاقش گذرانده بود اما حالا نبود مادرش را از هر زمان دیگری بیشتر احساس می‌کرد. بالاخره پدر مهتاب آنقدر بر ازدواج دخترش اصرار ورزید که به محض رضایت اجباری مهتاب حتی زحمت پرس‌وجو و تحقیقات در مورد محمود را هم به خود نداد و به اعتقاد خود، مهتاب را خیرخواهانه به خانه بخت فرستاد. حجب و حیای محمود آن‌چنان بر دل پدر مهتاب نشسته بود که دیگر جای هیچ شک و شبهه‌ای برای او باقی نگذاشته بود و پرس‌وجو و تحقیقات را فقط اتلاف وقت برای وصلت هر چه سریع‌تر دخترش تلقی می‌کرد از این رو طی سه چهار ماه دخترش را با چشم‌هایی اشک‌بار و دلی غمزده روانه خانه بخت کرد.

خانه‌اش زیبا بود ولی دیوارهای آن همه از جنس دیوارهای سخت زندان. چند ماه اول زندگی آنقدرها هم که تصور می‌کرد بد نبود. آن ابراز عشق و علاقه‌های محمود و هدایای رنگارنگ که به پایش می‌ریخت و جمله‌های عاشقانه که زیر گوشش زمزمه می‌کرد کم‌کم مهتاب را قانع می‌کرد که حق با پدرش بوده و ازدواجش آنقدرها هم که فکر می‌کرده اشتباه نبوده است و مدام با خود می‌گفت: «مگه یک دختر تو زندگی مشترک غیر از عشق و محبت چی می‌خواد؟ عشق و محبت که باشه در همه چیز رو یواش یواش به روی خونه باز می‌کنه.» به همین خاطر با وجودی که از اول عاشق و دلباخته محمود نبود ولی سعی می‌کرد به خودش تلقین کند که دیر یا زود با زندگی در کنار شوهرش آهسته‌آهسته به آن درجه از عشق و علاقه هم خواهد رسید.

روال زندگی زناشویی مهتاب و محمود پس از چند ماهی رفته رفته رو به تغییر گذاشت. دیگر از سر ساعت خانه برگشتن‌های محمود خبری نبود. گاهی می‌شد که محمود بدون اطلاع مهتاب تا دیروقت بیرون از خانه می‌ماند و مهتاب را ساعت‌ها با دلشوره و اضطراب تنها می‌گذاشت. گاهی هم به‌طور ناگهانی و سرزده وسط روز به آهستگی مثل دزدی ماهر در خانه را باز کرده و یواشکی با نگاه‌های جست‌وجوگرش مهتاب را چنان غافل‌گیر می‌کرد که مهتاب از شدت ترس حس می‌کرد هر لحظه ممکن است دچار حمله قلبی شود. کار به جایی رسیده بود که در حضور محمود مهتاب به هیچ عنوان حق جواب دادن به تلفن را نداشت و اگر کسی به اشتباه شماره منزل آنها را می‌گرفت روزگار مهتاب سیاه بود.

هر روزی که می‌گذشت مهتاب بیشتر از روز قبل تغییرات رفتاری محمود را حس می‌کرد. عصبانیت و بدخلقی‌های او به ویژه بعد از میهمانی‌ها و یا زمانی که مهتاب از بیرون به منزل برمی‌گشت نشان از شکاکیت وسواس‌گونه محمود داشت ولی با این همه هنوز یک دلخوشی یعنی رفتن به دانشگاه در وجود مهتاب نمرده بود که آن هم با اضطراب و نگرانی سرشته بود. چون همیشه وحشت داشت که محمود او را تعقیب کند و یا زمانی ببیند که لبه مقنعه و چادری که بعد از ازدواج او را تقریباً به طور کامل از نظرها پنهان کرده بود میلی‌متری عقب برود و یا مرد نامحرمی در محوطه دانشگاه با او سلام و علیکی رد و بدل کند و یا حتی به گوشش برسد که او سر کلاس از استاد سوالی کند و صدایش را مرد نامحرم بشنود. دیگر به لبریز شدن کاسه صبر و تحمل مهتاب چیزی نمانده بود که محمود کم‌کم ساز مخالفت با دانشگاه رفتن مهتاب را کوک کرد.

رفتار محمود با دو عملکرد متضاد از یک طرف بر تصورات غلط مهتاب مبنی بر بهبود اوضاع نور حقیقت پاشیده بود و از طرف دیگر آسمان رویاهای طلایی او را در تاریکی مطلق فرو برده بود.

تنها دلخوشی‌اش از بدو ازدواج دانشگاه بود که وقتی واردش می‌شد قلبش از شدت هیجان می‌لرزید. حتی تصور نشستن در کارگاه نقاشی و غوطه در طراحی و هنر و یااز خیره‌شدن به یک بوم ساده تا منتهای دنیای رنگ‌ها رفتن او را فارغ از هر تصور دیگری به اوج می‌برد. عشق مهتاب به دست گرفتن قلم‌مو و ترکیب رنگ‌ها و بیرون آوردن بوم‌ها از یکنواختی کسالت‌آور سفیدی بود. ولی حالا با وجود مانعی به اسم محمود خود را در آستانه از دست دادن آنچه که برایش هستی و نیستی بود، می‌دید.

مخالفت محمود با دانشگاه رفتن او تکلیف مهتاب بر سر دو راهی مانده را روشن کرد و او

را مجبور به ترک محمود کرد.

وقتی وسایلش را جمع می‌کرد تا محمود را برای همیشه ترک کند چشم‌ها و نگاه خشن محمود او را با تمام قوا به عقب راند.

صبح اول وقت آماده برای ترک منزل بود که محمود را تمام قد ایستاده در مقابل خود دید. نگاه و صورت محمود از همیشه خشن‌تر به نظر می‌رسید.

با لحنی بسیار جدی از محمود خواست تا از سر راهش کنار رود ولی محمود با لحنی که در آن شوخی نبود گفت: یک قدم دیگه بردار تا همین جا قلم پاتو خرد کنم.

حرف محمود را جدی نگرفت و با عصبانیت تکرار کرد: گفتم از سر راهم برو کنار. به اندازه کافی منو از خودت متنفر کردی. تو این خونه جایی برای من نیست. من از اولم به اتاق کوچیک خونه پدریم قانع بودم. منو به زور به خونت آوردی. حداقل بذار به میل خودم و بدون سروصدا از خونت برم.

هنوز تصور می‌کرد که با حرف و منطق محمود را نرم کرده و خیلی راحت می‌تواند او را وادار کند که از سر راهش کنار برود و بگذارد که او در کمال آرامش و بی‌سروصدا خانه‌اش را ترک کند اما محمود با دو قدم بلند خود را به مهتاب رساند و چادری را که خود به اجبار از اول ازدواج بر سر مهتاب کرده بود از سرش پایین کشید و چنان او را به عقب هل داد که مهتاب ناغافل با شانه به دیوار برخورد کرد. دردی شدید تمام وجودش را در برگرفت. فریادهای محمود کم‌کم در گوشش تبدیل به صدایی نخراشیده و مبهم شد و سرگیجه‌ای ناگهانی او را از پا انداخت. چشم‌هایش را که باز کرد چهره خشن محمود را دید که مثل بختک روی صورتش سایه انداخته بود. محمود همین طور که یقه مانتوی مهتاب را در دست داشت او را به باد ناسزا گرفته بود. مهتاب برای لحظه‌ای تلاش کرد که خود را از دست‌های پرقدرت محمود نجات دهد ولی ضعف تمام وجودش را فراگرفته بود. حس و توان برخاستن با آن درد شدید را در خود نمی‌دید. جایی در لابه‌لای کشمکش‌ها و فریادها، صدای محمود برای دقایقی در گوش مهتاب خاموش شد ولی خیلی زود در حالی که مشتی کاغذ به صورتش پرت می‌شد بلندتر از قبل به گوشش رسید. محمود همین‌طورکه یک مشت کاغذ را به طرف مهتاب پرت می‌کرد، فریاد زد: بدبخت! این چک و سفته‌هاییه که از بابات دارم فقط کافیه یکی‌اش رو بذارم اجرا بعد بابا جونت باید بره هلفتونی حالا حالاها آب خنک بخوره. حالا بازم بگو می‌خوام طلاق بگیرم.

تتمه نا و توانی که داشت با شنیدن کلمه زندان و اجرای چک‌های پدرش از وجودش رفت و همانجا دست از تقلا کشید. بالاخره محمود کار خود را کرد. یعنی درست لحظه‌ای که مهتاب

با هزار مشقت داشت خود را تا حدی از باتلاق زندگی مرگبارش بیرون می‌کشید با چماق تهدید این بار چنان او را دوباره با سر به قعر باتلاق فرستاد که حالاحالاها جرات و توان بیرون آمدن از آن را نداشته باشد. اگر پای پدر مهتاب در میان نبود مهتاب به قیمت مرگ هم به ماندن در آن شرایط رضایت نمی‌داد. ولی حالا مساله برای او کاملاً فرق می‌کرد. حالا دیگر دست مهتاب زیر سنگ ترفندهای محمود گیر کرده بود و می‌بایست به خاطر پدر هم که شده به تحمل آن زندگی تن در دهد.

یکی، دو هفته‌ای می‌شد که مهتاب از درس و دانشگاه به دور افتاده بود. محمود او را تهدید کرده بود که اگر بخواهد از وضع موجودش شکایت کند و یا حرف طلاق را بزند با قدرتی که دارد چنان بلایی سر خودش و خانواده‌اش می‌آورد که مرغان هوا به حالشان زار بزنند. به ناچار، طی یک هفته سکوت اختیار کرده و در ظاهر وانمود می‌کرد که پذیرفته تا با شرایط جدیدش بسازد ولی در اصل سخت در فکر یافتن راه‌حلی اساسی برای نجات خود بدون درگیر کردن پدرش بود. دندان روی جگر گذاشتن برای او کار ساده‌ای نبود. در آن زندان با دیوارهایی که از بیرون خوش آب و رنگی‌اش نگاه‌های مردم کوچه و محل را به خود جلب می‌کرد حکم یک عروسک کوکی پیدا کرده بود. عروسکی که هنگام فریاد زبان و حنجره فریادش بسته بود و هنگام دفاع توان دفاعی‌اش کاملاً مختل شده بود. عروسک خیمه‌شب بازی بود که فقط به خاطر کشیده نشدن پای پدرش به میان هر وقت محمود می‌خواست دست‌هایش بالا و پایین می‌رفت و هر وقت محمود اراده می‌کرد سرش به زیر می‌افتاد. عروسکی که مهر سکوت بر لب‌هایش خورده بود و بی‌اراده از این سو به آن سو می‌رفت. بی‌اراده به رختخواب محمود کشانده می‌شد و بی‌اراده از آن رانده می‌شد. مهتابی که روزگاری آزاد بود و مستقل حالا دیگر چنان به دام اسارت گرفتار آمده بود که تمام امیدهایش را از دست داده و رهایی را چون افسانه‌ای دست‌نیافتنی در آینده‌ای که هرگز نمی‌آمد، می‌دید.

به خاطر تهدیدهای محمود برای مدتی مهر سکوت به لب زد و حرفی از مشکلات زندگی نزد پدرش نزد اما زمانی که از شدت فشار تحقیرهای محمود سخت به تنگ آمد تلفنی شمه‌ای از رفتارهای محمود را برای او بازگو کرد ولی در جواب متوجه سکوت ممتد پدر پشت خط تلفن شد و وقتی در نهایت پدرش سکوت را شکست و گفت: «دخترم! باهاش راه بیا. زندگی بالا و پایین داره. توی خونواده ما طلاق یعنی ننگ. یعنی خفت و خواری. باهاش راه بیا دخترم. باهاش راه بیا». تمام امیدهایش ناامید و در نهایت صدای اعتراض‌اش تبدیل به سکوتی تلخ و زجرآور شد.

بعد از دو هفته وقتی محمود حس کرد مهتاب درسش را گرفته و سخت رام او شده است و دیگر جرات مقاومت را ندارد شدت فشارهایش را کم کرد و یک شب هم که مهتاب را با قلبی مالامال از نفرت و انزجار به تختخوابش کشانده بود زیر گوش مهتاب که از شدت تنفر تمام بدنش مورمور شده بود نجوا کرد که اگر همیشه به همین نحو مطیع خواسته‌های او باشد شاید بگذارد دوباره به دانشگاه برود.

هنوز چند روزی از بازگشت مهتاب به دانشگاه نگذشته بود که محمود متوجه تغییر روحیه او شد و به خاطر ذهن شکاکش درصدد برآمد تا لذت دانشگاه رفتن را چنان به کام مهتاب تلخ کند که خود مهتاب به او التماس کند که دیگر می‌خواهد قید درس و دانشگاه را بزند. نقشه کشید که با پیش گرفتن رویه‌ای جدید در کنار خوار و خفیف کردن او بین همکلاسی‌ها و هم‌دانشگاهی‌ها و اساتید از او زهرچشم گرفته و در نهایت او را وادار به رها کردن درس و دانشگاه کند. چیزی که از اول می‌خواست به همه بفهماند که مهتاب طبق خواسته خودش دانشگاه را رها کرده نه به اجبار او.

مثل روزهای دیگر هم‌چون اسیری آماده برای رهایی لباس‌هایش را عوض کرد و مقنعه‌ای که به روی دریای اندوه چشم‌هایش سایه می‌انداخت همراه چادر مشکی که تمام وجودش را به اسارت خود درآورده بود پوشید و آماده رفتن شد. محمود از آنجا که ساعت دقیق کلاس‌های مهتاب را از خود او بهتر می‌دانست، صبر کرد و موقع رفتن مهتاب آنقدر وقت تلف کرد که مهتاب دیر به کلاسش برسد.

طبق نقشه محمود، آن روز مهتاب وقتی به کلاس رسید که نیم ساعت از شروع کلاس گذشته بود. مهتاب با ورود به کلاس می‌بایست نگاه‌ها و خنده‌های تمسخرآمیز همکلاسی‌ها را از یک طرف و نگاه‌های معنی‌دار و غرزدن‌های استاد را از طرف دیگر تحمل کند. پشت در کلاس که رسید از شدت اضطراب و خجالت کف دست‌هایش عرق کرده بود و نمی‌دانست با چه رویی در کلاس را باز کرده و وارد کلاس شود. اضطراب و خجالت‌اش وقتی چند برابر شد که صدای ایمان را از پشت در تشخیص داد. طبق برنامه کلاسی که مهتاب داشت آن روز صبح اولین کلاس با استادی دیگر بود ولی حالا با کمال ناامیدی صدای استادی را می‌شنید که نسبت به اساتید دیگر بیشتر به مساله حضور و غیاب حساسیت نشان می‌داد.

لحظه‌ای مردد ایستاد. دستش را بارها به سمت دستگیره برد ولی هر بار هنوز آن را لمس نکرده دستش را فوری می‌کشید. با ناراحتی و اضطراب با خود گفت: «خدایا! چه‌کار کنم؟ این دفعه دیگه استاد سمایی سر کلاس راهم نمی‌ده.» ولی بعد از دقایقی این پا و آن پا کردن بالاخره

تصمیمش را گرفت. چشم‌هایش را بست و دستگیره در را به آرامی چرخاند. به محض باز شدن در، کلاس در سکوت مطلق فرو رفت. مهتاب ایستاده در آستانه در سنگینی نگاه‌های تمام همکلاسی‌ها و از همه بدتر ایمان را به خوبی حس کرد. ایمان که با دیدن مهتاب صحبت‌اش را قطع کرده بود به چهره رنگ پریده مهتاب با عصبانیت نگاهی انداخت و با لحنی تمسخرآمیز گفت: خانم عطایی! پیشرفت کردید! بعد از چندین بار غیبت کردن و سر کلاس نیومدن امروز فقط نیم‌ساعت دیر کردید! قطره‌های عرق شرم از بالای ستون فقرات مهتاب روی یک خط صاف به پایین می‌دوید ولی مهتاب جز آب شدن از خجالت نه کاری می‌توانست بکند و نه حرفی برای گفتن داشت به همین خاطر فقط سرش را پایین انداخت. شدت عصبانیت ایمان و خجالت مهتاب به حدی بود که هیچ‌کدام از دانشجویان جرأت خندیدن به مهتاب را به خود ندادند. ایمان همچنان خیره به چهره مهتاب که حالا از شدت خجالت رنگ گلگون شرمساری به خود گرفته بود منتظر جواب شد. مهتاب همچنان سرافکنده با صدایی لرزان گفت: استاد! من واقعاً شرمنده‌ام. فکر نمی‌کردم با شما کلاس داشته باشیم.

چرا؟! یعنی اگه من نباشم سر کلاس اساتید دیگه دیر رفتن اشکال نداره؟

نگاه‌های سنگین دانشجویان از یک طرف و نگاه‌های سنگین استاد از طرف دیگر زهر نیش حقارت را آهسته‌آهسته در تمام وجود مهتاب پخش کرد ولی زمانی که حس حقارت در او به حد اشباع رسید طاقت نیاورد و گفت: متاسفم استاد! از اینکه کلاستون رو به هم زدم معذرت می‌خوام.

به طرف در برگشت که از کلاس بیرون برود ولی ایمان همانجا او را متوقف کرد و با دلخوری گفت: خانم عطایی! شما منو از رو بردید! بفرمایید سر جاتون بشینید.

آن روز در راه بازگشت به خانه در حالی که در عین عذاب وجدان از شدت خشم دندان‌هایش را به هم می‌فشرد و از درون می‌لرزید زیر لب گفت: دیگه بسه. دیگه بسه. دیگه تمومش می‌کنم. دیگه بی‌عرضگی و ساکت نشستن بسه.

مهتاب تمام آن شب را به کشیدن نقشه برای شکایت از محمود و درخواست طلاق گذراند و با وجودی که هر بار در کنار شیرینی تصویر فرح‌بخش رهایی خود از اسارت محمود تلخی تصویر دردناک روانه شدن پدرش به زندان را حس می‌کرد دم دم‌های صبح به این نتیجه رسید که باید یک راه‌حلی قانونی برای برون‌رفت از این مخمصه زجرآور وجود داشته باشد و باید هر طور که شده کار را یکسره کند. چون به هیچ وجه نمی‌خواست محمود به این قضیه پی ببرد صبح روز بعد سر کلاس به الهام التماس کرد که ته و توی راه و رسم قانونی درخواست طلاق و غیره را هر طور شده برایش در بیاورد.

الهام که مهتاب را همچون خواهری دلسوز دوست داشت ظرف چهل وهشت ساعت تمام راه و چاه و لیست مدارک مورد نیاز و سیر قانونی تشکیل پرونده طلاق و حتی نحوه لباس پوشیدن و نحوه برخورد با مقام مسؤول و غیره و غیره را برای او پیدا کرد. مهتاب چند روزی وقت نیاز داشت تا مدارک مورد نیازش را با سختی فراوان و به کمک الهام تکمیل کند. بالاخره وقتی همه چیز جهت اقدام برای درخواست طلاق آماده و مهیا شد یک روز قصد کرد که از دانشگاه مستقیماً به دادگاه خانواده مورد نظرش رفته و ترتیب تمام کارها را بدهد. وقتی به دنبال غرغرها و کج‌خلقی‌های محمود جلوی در دانشگاه پیاده شد برای نیم ساعتی در محوطه داخلی دانشگاه به انتظار ایستاد تا مطمئن شود محمود از آنجا رفته است. محمود آنقدر از او زهر چشم گرفته بود که همیشه گمان می‌کرد که هر کجا قدم برمی‌دارد یا مسیری را طی می‌کند مدام تحت تعقیب است. وقتی از دانشگاه خارج شد با هر چند قدم که برمی‌داشت یک بار به عقب برمی‌گشت تا مطمئن شود کسی او را تعقیب نمی‌کند. وقتی مقابل در دادگاه خانواده رسید برای لحظه‌ای نفس در سینه‌اش حبس شد. احساس کرد دهانش به شدت خشک شده است. عرقی که کف دست‌ها و تمام بدنش نشسته بود خبر از آشوبی که در دلش بر پا بود، می‌داد. برای لحظاتی چشم‌هایش را بست و نفسی عمیق کشید و کمی به خود دلداری داد و زیر لب گفت: محکم باش! داری می‌ری حقت رو بگیری. مملکت اونقدرها هم بی‌دروپیکر نیست که کسی بخواد با زنش مثل یک برده رفتار کنه.

همین طور که با پایین چادرش خاک نشسته روی پله‌های ساختمان وابسته به اداره دادگستری را جارو می‌کرد چشم‌اش به تصویر ترازویی افتاد که در بالای سر در اداره به عنوان سمبل رعایت عدل و داد سال‌های سال نگاه امیدوار کسانی را که برای دادخواهی به آن ساختمان قدم می‌گذاشتند به خود معطوف کرده بود. تصویر ترازو در چشم‌هایش قوت قلب را برای لحظاتی جای اضطراب نشاند. بر اساس اطلاعاتی که از الهام گرفته بود ابتدا به واحد مشاوره سری زد و وقتی به طور خیلی مختصر مشکلش را با وکیل مورد نظر در میان گذاشت یقین پیدا کرد که شکایت‌اش در نهایت به نتیجه‌ای مثبت خواهد رسید.

بالاخره بعد از کلی از این اتاق به آن اتاق ارجاع داده شدن و تنظیم دادخواست و انواع مختلف کاغذبازی، تمامی مدارک مهتاب تکمیل شد و همراه پرونده به اتاق یکی از مسؤولان ارجاع داده شد تا ضمن بررسی و تایید مدارک و اطمینان از تکمیل آنها در نهایت پرونده به یکی از شعبه‌های دادگاه ارسال شود.

به همراه پوشه و پرونده‌ای که برای تکمیل‌اش سه ساعت تمام از این اتاق به آن اتاق دویده

بود این بار برای بررسی بیشتر پرونده به یک اتاق در گوشه راهرو راهنمایی شد. مردی تقریباً به سن و سال خود محمود پشت میز نشسته بود و در حالی که با تلفن مشغول صحبت بود با دست صندلی را به مهتاب نشان داد. مهتاب همان طور پرونده به دست به آرامی روی صندلی نشست و نگاهی گذرا به اطراف اتاق انداخت و سپس نگاهش را به میز کار آن مقام مسؤول دوخت. روی میز پر شده بود از انبوه کاغذ و بخشنامه و پرونده و غیره. بی‌نظمی و نامرتبی میز به چشم می‌آمد. با خود فکر کرد چطور یک نفر می‌تواند از این همه کاغذ درهم و برهم سردر بیاورد. از استکان چای روی میز که هنوز بخار از روی آن بلند می‌شد معلوم بود که آبدارچی دقایقی قبل آن را روی میزش گذاشته است. نگاه مهتاب دوباره به اطراف چرخید و روی ساعت دیواری گردی که روی دیوار مقابل نصب شده بود، متوقف ماند. ساعت ده دقیقه به دوازده را نشان می‌داد و کار مهتاب هنوز پا در هوا به جایی نرسیده بود. آقای شیخی پس از دقایقی مکالمه تلفنی خود را خاتمه داد.

ـ بفرمایید خانم! امرتون رو بفرمایید! من وقتم خیلی تنگه باید برای نماز جماعت خودم رو برسونم.

مهتاب در آن لحظه به آتشفشانی شباهت داشت که هر لحظه در شرف فوران است ولی کارش گیر و دستش زیر سنگ بود. یک راست رفت سر اصل مطلب و پرونده را مقابل او گذاشت.

آقای شیخی با نوک خودکارش با بی‌حوصلگی پرونده را باز کرد و با لحنی تمسخرآمیز گفت: دوباره پرونده طلاق! فقط خدا می‌دونه که چه بلایی سر این جوونا اومده که تا تقی به توقی می‌خوره تقاضای طلاق و جدایی از همو می‌کنن.

مهتاب در حالی که به شدت سعی می‌کرد از کوره در نرود، گفت: تقی به توقی می‌خوره؟ آقای محترم! شما از زندگی دیگران چی می‌دونید که راحت پشت میزتون نشستید و ندونسته قضاوت می‌کنید؟

آقای شیخی لبخندی به لب آورد و در جواب گفت: می‌بخشید خانم! شما با توپ پر اومدید اینجا اشکال نداره. من منظوری نداشتم فقط می‌خوام بگم که این روزها آمار طلاق و این حرفا خیلی بالا رفته. جوونا باید یه کم تو زندگی گذشت از خودشون نشون بدن.

ـ گذشت؟! گذشت در برابر چی؟ در برابر کی؟ گذشت در برابر تحقیر و له شدن زیر دست و پای مردی که خستگی‌اش رو یه عمر با خرد کردن دیگران از تن درآورده؟ گذشت در برابر کسی که به زنش به شریک زندگی‌اش به چشم یه برده نگاه می‌کنه که هر وقت خواست

بزنه توی سرش و هر وقت خواست به طرز چندش‌آوری ناز و نوازشش کنه؟ برده‌ای که فقط به اراده اون نفس بکشه و هیچ وقت لب‌هاش به گله و شکایتی باز نشه؟

آقای شیخی همچنان نشسته پشت میز در حالی که نگاهش را به پرونده و نامه مهتاب دوخته بود در سکوت به حرف‌های او گوش می‌داد. حرف‌های مهتاب او را تحت تأثیر قرار داد. طوری که با تمام شدن حرف‌های مهتاب که فقط برگی از کتاب اسارت یک زن بود به حرف آمد و گفت: البته من مسؤول بررسی نهایی پرونده نیستم و فقط موظفم از تکمیل پرونده‌تون مطمئن بشم. ولی اینطور که می‌گید شوهرتون مریضه. کاملاً معلومه که بیماری روانی داره و این توی پیش بردن موردتون خیلی می‌تونه کمکتون کنه. سپس نگاهی به امضا و اسم فامیلی مهتاب در پایین نامه انداخت و ادامه داد: قانون از خانم‌های بی‌دفاعی مثل شما خانم عطایی حمایت می‌کنه.

مهتاب که با حرف‌های آقای شیخی دوباره امیدوار شده بود چشم از دهان او برنمی‌داشت و منتظر وعده‌های امیدوارکننده دیگر بود که به یکباره متوجه شد نگاه آقای شیخی در یک نقطه از پرونده خیره مانده است. نگاه آقای شیخی چندین و چند بار از پرونده به صورت مهتاب و از صورت مهتاب به روی پرونده برگشت و در حالی که آثار تعجب و وحشت در چهره‌اش به خوبی آشکار بود نگاهش روی چهره مهتاب متوقف ماند و پرسید: خانم عطایی! اسم شوهرتون چیه؟

ـ محمود هدایتی.

ـ ببینم! منظورتون حاج محمود هدایتیه؟!

مهتاب که دوباره نیش دردناک ناامیدی را داشت یواش یواش حس می‌کرد در حالی که سرش را تکان می‌داد، جواب داد: من نمی دونم منظور شما کدوم حاج هدایتیه. ولی شوهر من همونیه که اسمش روبروتونه و در ضمن بله از قرار توی اداره دادگستری دوست و آشنا کم نداره.

آقای شیخی وحشت‌زده پرسید: خانم عطایی! می‌دونید دارید چه‌کار می‌کنید؟! اگه من جای شما باشم از شکایتم صرف‌نظر می‌کنم و از همون راهی که اومدم برمی‌گردم. هیچ می‌دونید تو همین اداره چند نفر جیره خور حاج آقا هدایتیند؟ اگه بفهمه که من با شما در این مورد صحبت کردم دودمانم رو به باد فنا می‌ده. شما هم بیشتر از این وقتتون رو تلف نکنین.

سپس با لحن دلسوزانه‌ای آهنگ صدایش را پایین آورد و گفت: خانم عطایی! این همه زن در این مملکت با این مشکلات هر روز دست و پنجه نرم می‌کنن و به دلایل عدیده دم نمی‌زنند. شما هم سعی کنید کمی تحملتون رو بالا ببرین. بسپاریدش به خدا.

مهتاب با شنیدن این حرف از کوره در رفت و با عصبانیت نگاهی به برچسب کوچکی که روی میز بود و نام سعید شیخی رویش نوشته شده بود، انداخت و گفت: آقای شیخی! چی دارید می‌گید؟ بسپاریدش به خدا یعنی چی؟ شما خودتون می‌تونید یک لحظه هم این همه تحقیر و خفت رو تحمل کنید؟

ـ می‌بخشید خانم عطایی! من زن نیستم. جایگاه مردها با زن‌ها در کشور ما متفاوته.

مهتاب با ناباوری چشم به دهان او دوخته بود.

ـ خانم عطایی! مثال ساده‌اش را عرض می‌کنم. در کشور ما وقتی یه دختر جوان می‌خواد ازدواج کنه نظر مادرش اهمیتی نداره ولی این نظر پدرشه که حجته. چرا فکر می‌کنید در قانون اسلام زن نمی‌تونه قاضی بشه؟ برای اینکه نه درکش رو داره و نه می‌تونه این مسؤولیت خطیر رو به عهده بگیره برای اینکه خانوم‌ها زود احساساتی می‌شن. نمی‌تونن تصمیم عاقلانه بگیرن. خانم عطایی! در دین ما زن بدون اجازه شوهر حق نداره پاش رو از خونه بیرون بگذاره. یعنی کاری که الان شما کردید.

ـ آقای شیخی! این در دین مبین اسلامتون اومده که زن رو به باد کتک و ناسزا بگیرید و باهاش مثل یه برده رفتار کنین؟

ـ خانم عطایی! یک‌سری قوانین در دین اسلام هست که شما از اونها اطلاعی ندارید. حالا به هر حال هر چی که باشه سعی کنید مدارا کنید و طبق میلش رفتار کنید. اون وقت می‌بینید حاج آقا آنقدرها هم که تصور می‌کنین بد نیست و نقاط مثبت زیاد داره. خانم عطایی! عینک بدبینی رو از چشمتون بردارید. می‌خوام بدونید که همه هم دشمن شما نیستند. دین ما میان‌بر زیاد داره. برای زنان هم ارزش بسیار زیادی قائله فقط باید راهش رو پیدا کنین. اگر الان هم نصیحت بنده رو بپذیرید و تشریف ببرید منزل زیباترین لباستون رو بپوشید و با رو و رایحه خوش وقتی به خونه برمی‌گرده از او استقبال کنید اون وقت می‌فهمید که به خرج دادن عطوفت در قبال زن در دین ما چه جایگاهی داره. سپس همچنان نشسته روی صندلی با دست در را به مهتاب نشان داد و گفت: بفرمایید! بفرمایید خانم عطایی! زندگی رو این‌قدر سخت نگیرین زندگی این‌قدرها هم که شما سخت می‌گیرین، نیست. بفرمایید پرونده رو هم بردارید با خودتون ببرید.

مهتاب با نگاهی دردناک و در کمال ناباوری به مردی که با آرامش خیال پشت میزش نشسته بود و به او راه و چاه خوشبختی را نشان می‌داد خیره مانده بود. حرف‌هایی را که در چهاردیواری بسته آن اتاق در آن اداره دادگستری شنیده بود، نمی‌توانست حلاجی کند. مات و بی‌هدف از اداره بیرون آمد. لبه چادرش این بار موقع پایین آمدن از پله‌ها چندین بار به دور

پاهایش پیچید. دو سه باری نزدیک بود، زمین بخورد. با قامتی شکسته و روحی شکسته‌تر سرگشته و حیران در خیابان شلوغ و پر رفت‌وآمد گام بر می‌داشت. ولی انگار هیچ صدایی نمی‌شنید و هیچ چیزی از اطراف نمی‌دید. جمله «با بهترین لباس‌ها با رو و رایحه خوش از او استقبال کنید» پی‌درپی در گوش‌اش می‌پیچید. نفهمید مسیر اداره دادگستری تا خانه را چگونه طی کرد. نمی‌دانست چقدر پیاده راه رفته. فقط از درد کف پاهایش احساس کرد که مسیری طولانی را بدون آنکه خود بداند پیاده طی کرده است. وقتی به منزل رسید برای مدتی با همان مانتوی بیرون روی تخت دراز کشید و نگاهش را به سقف اتاق دوخت. اول با خودش فکر کرد که اگر محمود بفهمد که به جای دانشگاه به دادگاه خانواده رفته چه عکس‌العملی نشان خواهد داد. سپس نگاه و چهره عصبی محمود جلوی چشم‌هایش همان طور خیره به سقف نقش بست. آن طرح چهره که یک آن صفحه سفید و یکدست سقف اتاق را در نگاه مهتاب استتار کرد یک لحظه چنان اضطرابی به دلش انداخت که بی‌اختیار و بلافاصله چشم‌هایش را بست تا بلکه تاریکی زمینه نگاهش آن طرح را نیست و نابود کند. خسته‌تر از آن بود که بخواهد به عکس‌العمل محمود فکر کند. فقط با خود فکر کرد که آنقدر رفتار خشونت‌بار از محمود دیده که عکس‌العمل این بارش هم دیگر برایش تازگی نخواهد داشت.

وقتی از آشفتگی افکارش حسابی به تنگ آمد به سراغ جعبه داروها رفت و مسکنی قوی پیدا کرد تا به ضرب آن بتواند ساعتی را در دنیای شیرین فراموشی سر کند.

آن شب برخلاف تصور مهتاب محمود به منزل نیامد. وقتی هراسان از خواب پرید خودش را با همان مانتویی که به تن داشت روی تخت یافت. برای لحظاتی گیج و مبهوت به اطرافش نگاهی انداخت. نمی‌دانست که صبح است یا عصر. از لای پرده اتاق خواب اشعه پر نور آفتاب تا جلوی پنجره اتاق پیش رفته بود. پس از گذشت دقایقی با نگاه به ساعت فهمید که نه صبح است و از بعدازظهر روز گذشته تا آن موقع خواب بوده است. چقدر دلش می‌خواست که هرگز از آن خواب عمیق بیدار نمی‌شد.

اولین کلاس درس آن روز ساعت یازده صبح شروع می‌شد و مهتاب فرصتی پیدا کرد تا به سرعت آماده رفتن شود ولی هنوز در حیاط را باز نکرده بود که با ورود نابه‌هنگام محمود در وسط راهرو میخکوب شد.

محمود در حالی که لبخندی به لب داشت با همان لحن آشنای تحقیرآمیز همیشگی‌اش به مهتاب گفت: کجا با این عجله؟ قرار ملاقاتت دیر شده؟

مهتاب نگاهی پر نفرت به محمود انداخت و خودش را جمع و جور کرد و همین طور که در

دل به خود اعتماد به نفس می‌داد و «می گفت جلوش بایست.» «محکم باش.» با صدایی گرفته گفت: از سر رام برو کنار.

لبخند محمود حالا مبدل به خنده‌ای عصبی شده بود. از همان خنده‌ها که همیشه تخم وحشت در دل مهتاب می‌پاشید. در حالی که خودش را به مهتاب نزدیک می کرد، گفت: تازگی‌ها خیلی شجاع شدی. دل و جرأت پیدا کردی! سپس با یک حرکت چادر و مقنعه او را از سرش کشید و موهای مهتاب را که از روی شانه‌هایش ریخته بود از عقب در چنگ گرفت و در گوش‌اش گفت: «شنیدم دیروز خیلی شجاعت به خرج دادی و به جای دانشگاه رفتی یه جای دیگه. نمی‌خوای برام بگی کجا رفته بودی؟» و به طور همزمان با ادای هر یک کلمه بر قدرت دست‌هایش دم به دم می‌افزود: می‌دونی تکلیف زنی که بدون اجازه شوهرش جایی بره چیه؟

درست مثل یک آهوی به دام افتاده در برابر خشونت محمود به شدت تقلا می کرد.

ـ هان! چیه؟ زبونتو موش خورده؟ جواب بده! دیروز کجا رفته بودی؟ خیال کردی منم مثه تمام مردای بی‌عرضه‌ای که تا حالا تو زندگیت دیدی از سر و سر زنم خبر ندارم؟ خیال کردی نمی‌دونم دیروز رفتی جلوی در دادگستری؟ شنیدم حقتم تمام و کمال گرفتی. مگه نه؟

سرگیجه شدیدی تمام وجود مهتاب را در بر گرفت. فقط می‌خواست در آن لحظه سرش را روی بالشی بگذارد و دیگر هیچ نفهمد و نشنود. از رفتار دیوانه‌وار محمود به شدت عصبی شده بود. سعی کرد به عقب برگردد و با دست‌هایش موهایش را از چنگ محمود بیرون بیاورد ولی در همین کشمکش‌ها آرنج محمود درست در گوشه چشم راستش فرود آمد و برای لحظه‌ای همه چیز در نظرش تیره و تار شد. محمود که از ضعف جسمی مهتاب و از حال رفتن او یک‌مرتبه به وحشت افتاده بود با خود فکر کرد شاید در برخورد با او زیاده‌روی کرده. مهتاب را به حال خود رها کرد و به طبقه بالا رفت. افتاده روی زمین نیمه هوشیار بین مرز ضعف و بیداری بی‌مقدمه و به‌طور ناگهانی به یاد اولین کلاس فردایش افتاد. جریانی داغ برای لحظه‌ای تمام وجودش را در برگرفت. فردا می‌بایست هر طور شده به موقع به کلاس استاد سمایی برسد حتی اگر مجبور باشد خودش را به آب و آتش بزند.

دانشگاه و کلاس آن روز را بار دیگر از دست داد. آن روز تا شب هیچ حرفی بین مهتاب و محمود رد و بدل نشد و منزل دوباره در سکوتی تلخ فرو رفت.

فردای آن روز وقتی مهتاب صورتش را در آینه دید متوجه لکه کبودی شد که در انتهای گونه و گوشه چشم راستش جا خوش کرده بود. لحظه‌ای انگشت‌هایش را روی آن کشید و درد آن را به همراه درد تنهایی و بی کسی و له‌شدگی زیر قدم‌های سنگین تحقیر حس کرد. محمود

آن روز صبح با دیدن آن لکه کنار چشم مهتاب زحمت مخالفت با دانشگاه رفتن او را به خود نداد. شاید فکر می‌کرد مهتاب با آن لکه کبود پای چشمش جایی نخواهد رفت. ولی اشتباه می‌کرد. مهتاب با دقت هر چه تمام‌تر لکه کبود را تا می‌توانست زیر لبه مقنعه‌اش پنهان کرد و بعد از رفتن محمود به سمت دانشگاه به راه افتاد. آن روز مهتاب توانست به موقع خود را به دانشگاه برساند و وقتی وارد کلاس شد و دید که استاد سمایی هنوز به کلاس نیامده نفس راحتی کشید و اصلاً به خنده‌ها و پچ‌پچ‌های همکلاسی‌هایش که این بار نسبت به سر موقع آمدنش می‌خندیدند توجهی نشان نداد. خیلی آرام سر جای همیشگی‌اش قرار گرفت. الهام با دیدن مهتاب لبخندی به لب آورد و گفت: خوشحالم امروز تونستی به موقع بیایی. اگه امروز دیر می‌کردی دیگه فکر کنم حسابی صداش درمیومد و کفری می‌شد.

دقایقی بعد ایمان وارد کلاس شد و هم‌زمان با ورودش نگاهی گذرا به کلاس انداخت. با دیدن مهتاب لبخندی روی لب‌هایش نشست ولی چیزی نگفت.

آن روز ایمان به دنبال ادامه بحث‌های جلسات قبل در مورد تاریخچه هنر نقاشی چند اسلاید از آثار مختلف نقاشی از قرن‌های پانزدهم و شانزدهم ایتالیا را که در چندین جلسه قبل فرصت نکرده بود به نمایش بگذارد، انتخاب کرده بود تا برای دانشجویان به نمایش بگذارد. ایمان به طور مختصر به مقتضای وقت کلاس در باره هر کدام از آثار، توضیحات مختصری را برای دانشجویان ارایه کرد و به دنبال نمایش اسلایدها موضوع را به سیر تحول نقاشی در قرن نوزدهم که در جلسه قبل نیمه‌کاره مانده بود اختصاص داد. جایی میان صحبت‌های ایمان الهام به ناگهان متوجه اثر کبودی کنار چشم مهتاب که از زیر مقنعه‌اش بیرون زده بود، شد و آهسته در گوش مهتاب گفت: چشمت چی شده؟

مهتاب با دستپاچگی بلافاصله لکه کبود را زیر لبه مقنعه‌اش پنهان کرد و دستپاچه‌تر گفت: چیزی نیست! خورده لب پنجره. هنوز حرف مهتاب تمام نشده بود که نگاه ایمان با دلخوری به صورت مهتاب خیره ماند. ایمان که رشته صحبت دوباره از دستش خارج شده بود به آرامی دو قدم به صندلی الهام و مهتاب نزدیک شد و با صدایی آهسته گفت: خانم عطایی! شما دیر اومدنتون یه دردسر. زود اومدنتون هم یه دردسر دیگه. خواهش می‌کنم اگه موضوعی شنیدنیه بگید ما همه می‌شنویم.

مهتاب به دنبال حرف ایمان فقط سرش را پایین انداخت و با صدای ضعیفی که به زحمت شنیده می‌شد طبق معمول همیشه فقط گفت: متاسفم استاد!

حالا دیگر رشته کلام به کلی از دست ایمان خارج شده بود به همین خاطر هم به جای ادامه

بحث تصمیم گرفت تا چند اثر مربوط به قرن نوزدهم را که از قبل گلچین کرده بود در کلاس به نمایش بگذارد.

یکی از نقاشی‌های منتخب ایمان از قرن نوزدهم مزرعه گندم با کلاغ‌ها اثر معروف ونگوگ بود که ایمان با دقتی خاص برای آن جلسه انتخاب کرده بود. زمانی که ایمان آن اثر به یادماندنی را در تاریکی کلاس برای دانشجویان به نمایش می‌گذاشت از دانشجویان خواست که با دقت تمام و با دیدی هنرمندانه به اثر نگاه کرده و هر یک برداشت‌شان را از آن اثر در کلاس مطرح کنند. زمانی که دانشجویان مشغول مداقه در اثر ونگوگ بودند ایمان در گوشه سایه روشن کلاس ایستاده و عکس‌العمل دانشجویانش را یک به یک از نظر می‌گذراند. با به نمایش درآمدن تصویر تمام توجه مهتاب ناخودآگاه به سوی اثر کشیده شد. آن آسمان تاریک انگار یک حس افسردگی خفته را در مهتاب بیدار می‌کرد. مهتاب ذره ذره اثر را از نظر گذراند. سیاهی و درهم پیچیدگی آن آسمان یکباره تمام وجود مهتاب را مسخ کرد. چقدر آن تاریکی آسمان به تاریکی لحظه‌های تنهایی‌اش شبیه بود. مهتاب در ذهنش طرح آن کلاغ‌های سیاه را که به نظرش می‌رسید به سمت تاریکی دوردست آسمان کشیده می‌شدند مثل روح خسته‌ای می‌دید که به سوی فردایی تاریک‌تر در حرکت است. فردایی نامعلوم و سیاه.

وقتی ایمان متوجه دقت فوق‌العاده مهتاب روی اثر شد از او خواست که همان طور که به اثر نگاه می‌کند برداشت‌اش را برای کلاس توضیح دهد.

مهتاب محو شده در غربت آن گندم‌زار با خواسته ایمان به طور ناگهانی غافل‌گیر شد. ولی خیلی زود سعی کرد به خود مسلط شود و با شک و دودلی آنچه که در ذهن‌اش از اثر ونگوگ می‌گذشت بی‌پرده بر زبان آورد.

به آسمان تاریک و به هم پیچیده که سیاهی‌اش کم‌کم می‌رفت تا بی‌رحمانه به مزرعه گندمی که به اراده باد بی‌اختیار به سوی تیرگی‌اش کشیده شده بود، پایان دهد و به کلاغ‌های سیاهی که با وجود سیاهی مطلقشان در نظر مهتاب همچنان به سمت دوردست‌های تاریک با انتهای نامشخص در حرکت بودند و همین طور به راهی که سردرگم از میان گندم‌زار درست مثل مسیر کلاغ‌ها به نقطه‌ای مجهول ختم می‌شد اشاره کرد و گفت: چنین طرحی با چنین انتخاب رنگ می‌تونه حاکی از وحشت و یا اضطراب فکری و درونی خالق اثر باشه. می‌گن که این اثر تقریباً در آخرین روزهای زندگی ونگوگ کشیده شده. یعنی نزدیک به زمانی که به زندگی‌اش پایان داده. اگر گندم‌زار رو در نظر نگیریم شاید به سختی بشه تشخیص داد که آیا کلاغ‌ها دارن نزدیک می‌شن یا دور ولی با توجه به مسیری که باد گندم‌زار رو جهت داده به نظر

میاد که کلاغ‌ها هم در مسیر باد و به عمق تاریکی در پروازند. همین مسیر پرواز کلاغ‌ها رو به تاریکی به اعتقاد من می‌تونه بیانگر وحشت از آینده‌ای تاریک و مبهم باشه. یا ترس از تاریکی مردن و یا احساسی ناشی از یک ذهن مضطرب و آشفته. اون مسیر درون گندمزار با اون پیچ و تابش می‌تونه یه جور حس سردرگمی را القا کنه. چرا که انتهاش نامشخص و مجهوله. به نظر می‌رسه ونگوگ با انتخاب رنگ‌های خاص این نقاشی تماما احساسات درونی‌اش رو روی بوم ریخته. من نقاشی‌های دیگه‌ای از ونگوگ دیدم. البته این یکی رو ندیده بودم ولی به نظر می‌رسه تداخل رنگ که توی آثار نقاشان دیگه دیده می‌شه در آثار ونگوگ خیلی کمتره. درست مثل مرز سیاهی و آبی تیره آسمون که به صورت رگه‌های کوتاه و قطور کنار هم بدون تداخل در همدیگه کشیده شده‌اند.

توضیحات مهتاب که انگار با احساسات درونی خودش آمیخته بود آنقدر برای دانشجویان و خود ایمان جالب بود که موقع صحبت‌های او کلاس در سکوت مطلق فرو رفته و همه با کمال تعجب و با دقت خاص به حلاجی ذهن مهتاب از این اثر زیبا و غم‌انگیز ونگوگ گوش می‌کردند. توضیحات مهتاب درست مثل نوری که به یک صفحه تاریک بتابد خیلی از بخش‌های اثر را که برخی از دانشجویان اصلاً به آن توجه نکرده بودند روشن کرده بود.

ایمان با نگاه تحسین‌آمیزش چشم به دهان مهتاب دوخته و با اشتیاق به اظهارنظر او و برداشتش از این اثر با وجودی که برای اولین بار آن را می‌دید و دور از حقیقت نبود گوش می‌کرد.

اثر ونگوگ به دنبال ابراز عقیده مهتاب آن‌چنان بحث‌برانگیز شد که باقی‌مانده وقت کلاس فقط پیرامون همین یک اثر گذشت.

زمانی که کلاس به پایان رسید و دانشجوها تک‌تک از کلاس بیرون می‌رفتند ایمان همین طور که جزوه‌هایش را جمع و جور می‌کرد و داخل کیف چرمی‌اش می‌گذاشت و به پرسش‌های چند نفر از دانشجویان که دوره‌اش کرده بودند جواب می‌داد متوجه مهتاب که آماده بیرون رفتن از کلاس بود شد و بلافاصله گفت: خانم عطایی! چند لحظه بمونید.

مهتاب به درخواست ایمان بدون گفتن کلمه‌ای به سمت صندلی‌اش برگشت. زمانی که تقریباً همه دانشجویان کلاس را ترک کردند مهتاب به میز ایمان نزدیک شد و با صدایی آهسته در حالی که از این پا به آن پا می‌شد، پرسید: استاد! با من کار داشتید؟

ـ بله خانم عطایی! لطفا یکی از صندلی‌ها رو بکشید جلو که بنشینید.

مهتاب صندلی پشت سرش را به میز ایمان نزدیک کرد و با خجالت به صورت ایمان چشم دوخت و منتظر شد.

ـ خانم عطایی! شما خوب می‌دونید که برای من وقت‌شناسی و منظم بودن دانشجوهام خیلی مهمه. این مساله رو بارها و بارها به همه و خود شما تذکر دادم. از طرفی استعداد و علاقه شما رو به هنر نقاشی واقعاً تحسین می کنم. واقعاً حیفه که شما با این همه علاقه و استعداد کلاسهاتون رو این طوری از دست بدید. من امروز واقعاً از ابراز عقیده‌تون در مورد اثر ونگوگ لذت بردم. دید شما نسبت به این اثر دیدی هنرمندانه بود. من یاد ندارم که تا حالا شاگردام اینطور در بحث کلاس شرکت کرده باشن. با همون ابراز عقیده شما کلاس چنان انرژیی گرفت که من به ندرت توی کلاسهام دیده بودم. خانم عطایی! اگه مشکلی هست که قابل برطرف شدنه چرا سعی نمی کنید که راهی براش پیدا کنید. ظرف همین دو سه هفته گذشته غافلید چقدر از کلاسهاتون رو از دست دادید؟ اینها همه روی نتیجه امتحاناتون اثر می گذاره. من اینو به عنوان کسی که واقعاً دلش براتون می‌سوزه می گم. اساتید دیگه هم به همین ترتیب. یکی، دو بار از غیبت‌ها و تاخیراتون چشم‌پوشی می کنند. ولی وقتی می‌بینند داره تبدیل به یه عادت می‌شه از درس‌ها و واحدها می‌اندازنتون. در ضمن استعداد و ذهن خلاق خیلی مهمه ولی هیچ وقت کافی نیست. تئوری هم به همون نسبت اهمیت داره که کار عملی داره. متوجه حرفام هستید؟

مهتاب هیچ حرفی برای گفتن نداشت. عرق شرم دوباره بر تمام بدنش نشست. سرش را پایین انداخت و گفت: استاد! قبلاً هم بهتون گفتم واقعاً شرمنده‌ام.

ـ خانم عطایی! به جای شرمنده بودن سعی کنید راه‌حلی برای مشکلتون پیدا کنید.

مهتاب سرش را مجدداً بلند کرد و همین طور که با خجالت فراوان به ایمان نگاه می کرد با دستش از زیر چادر سعی کرد کش چادرش را درست کند ولی مقنعه‌اش با حرکت دستش به عقب رفت و به دنبال آن لبه بالای مقنعه‌اش به عقب کشیده شد و سایه همیشگی که روی چشم‌هایش را می‌پوشاند کاملاً از بین رفت. با کنار رفتن آن سایه تاریک چشم‌های زیبای مهتاب درست مثل یک تابلوی زیبا که پرده از روی آن برداشته می‌شود و در مقابل دید بیننده یک باره ظاهر می‌شود در مقابل چشم‌های ایمان ظاهر شد. نگاه ایمان یک لحظه در نگاه شرمگین مهتاب متوقف ماند. در آن چشم‌ها چیزی بود که ایمان تا آن لحظه ندیده بود. چطور امکان داشت که چنین تصویری تا آن لحظه از نگاه دقیق ایمان پنهان مانده باشد! ایمانی که تا آن لحظه کوچک‌ترین جزئیات نهفته در مجهول‌ترین آثار هنرمندان جهان از چشمان کنجکاو و زیبایی دوستش پنهان نمانده بود چطور می‌توانسته در آن چشم‌های زیبا هر جلسه نگاه کند و پی به زیبایی و جذابیت آن نبرد. ایمان همچنان محو تماشای کشف جدید خود متوجه یک طرح مجهول به رنگ کبود در گوشه چشم راست مهتاب شد. طرح مجهولی که تا دقایقی پیش زیر

سایه مقنعه‌اش به کلی از دید او پنهان مانده بود و حالا همان طرح مجهول درست مثل اثر یک قلم‌مو به صورت یک رگه پهن و قطور بدون درآمیختن در رنگ اصلی چهره مهتاب درست مثل مرز آبی تیره و سیاهی آسمان اثر ونگوک در گوشه چشم مهتاب نشسته بود. حالا دیگر چشم‌های تیزبین استاد زیبایی آن چشم‌ها را به فراموشی سپرده و فقط نگاهش بر آن طرح کبود گوشه چشم شاگردش متمرکز شده بود. نگاه خجالت‌زده مهتاب رد نگاه تیزبین استادش را گرفت و آن را متمرکز بر نقطه‌ای یافت که با چه دقتی صبح به زیر مقنعه‌اش پنهان کرده بود. شرمساری از چهره‌اش نمایان بود. ایمان از پشت میزش به طرف مهتاب آمد و با دقت بیشتر به آن نقطه‌ای که حالا مهتاب دوباره زیر لبه مقنعه‌اش پنهان کرده بود خیره شد و بدون تردید در درست یا نادرست بودن سوالش پرسید: خانم عطایی! کنار چشمتون چی شده؟

مهتاب همین طور که لغزش دانه‌های عرق را از روی ستون فقراتش حس می‌کرد لحظه‌ای در صورت کنجکاو ایمان نگاه کرد. ولی آیا واقعاً می‌توانست آن حقیقت تلخ را بر زبان بیاورد. کمی مکث کرد و سپس دروغی را که در جواب الهام گفته بود ناشیانه‌تر از قبل تحویل ایمان داد: دیروز اومدم پنجره رو باز کنم گوشه آهنی پنجره خورد کنار چشمم.

و آنقدر در دروغ گفتن‌اش ناشی‌گری به خرج داد که هنوز جمله‌اش تمام نشده از روی نگاه ایمان فهمید که او به هیچ عنوان خریدار دروغ بزرگش نبوده است و به همین خاطر بلافاصله بعد از گفتن آن جمله دیگر نتوانست به صورت ایمان نگاه کند و سرش را پایین انداخت.

ایمان که متوجه اضطراب مهتاب شده بود، نمی‌خواست بیش از این او را تحت فشار قرار دهد. به همین خاطر بقیه جزواتش را بلافاصله جمع و جور کرد و داخل کیف‌اش گذاشت و در حالی که از کلاس بیرون می‌رفت به مهتاب که هنوز روی صندلی نشسته بود، گفت: خانم عطایی! به حرف‌هام فکر کنید. یک راهی برای مشکلتون پیدا کنید و سپس از کلاس بیرون رفت و او را در کلاس خالی با صندلی‌های خالی‌تر و سکوت دیوارها و پنجره‌ها تنها گذاشت.

چند دقیقه بعد از آنکه ایمان کلاس را ترک کرد مهتاب بازوهایش را روی میز روی هم گذاشت و صورتش را روی آنها پنهان کرد و به تلخی گریست. گریه‌ای به تلخی سم نیش حقارت که آهسته‌آهسته داشت روح خسته‌اش را از پای می‌انداخت.

در راه بازگشت زندگی مشترکش با محمود را از لحظه آغاز تا آن موقع مروری کرد و در نهایت با خود گفت مرگ یک بار شیون هم یک بار هر بلایی سرم بیاد از موندن تو این جهنمی که برام ساخته بدتر نیست. دیگه این بار حسابی جلوش درمیام و نمی‌گذارم بهم زور بگه.

آن روز تا بازگشت محمود به خانه صحنه مقابله‌اش با او و ایستادن در برابر رفتار خشن‌اش را به تصویر کشید و همچنان با تجسم آن صحنه‌ها مشت‌هایش گره می‌شد و تمام عضلات بدنش منقبض شده و دندان‌هایش از شدت خشم به هم ساییده می‌شد. تا جایی که تا زمان رسیدن محمود به خانه دیگر مبدل به ماده ببری خشمگین شده بود که هر لحظه آماده حمله است. ولی انگار دست تقدیر برایش موذیانه نقشه‌ای دیگر کشیده بود.

از شدت سردرد که از دو طرف شقیقه‌هایش را می‌کوبید با همان لباس‌های بیرون روی تخت دراز کشید. در آن لحظه حاضر بود تمام عمر و هستی‌اش را بدهد و در عوض حتی اگر شده برای نیم‌ساعت به یک آغوش مهربان و یا شانه‌ای قدرتمند پناه ببرد. شانه‌ای که اشک‌هایش را در خود فرو ببرد و آغوشی که تکیه‌گاه روح خسته‌اش باشد. آن دست‌های یخ‌زده به شدت طالب حرارت یک دست مهربان بود. مهتاب غرق در رویای شیرین لمس دست‌هایی مهربان و آغوشی گرم از صدای باز شدن در خانه و بسته شدن محکم آن به دنیای تلخ واقعیت‌ها برگشت. محمود پله‌ها را دوتا یکی به سمت اتاق خواب طی کرد و در نیمه باز اتاق را نه با دست که با لگدی محکم از هم گشود. چشم‌های محمود را خون گرفته بود. در اوج حمله‌ای روانی از در وارد نشده به طرف مهتاب خیز برداشت. نگاه‌های محمود که در حالت عادی وحشت به تن مهتاب می‌انداخت حالا با خشمی که درآن موج می‌زد قدرت هر عکس‌العملی را از او گرفته بود. مهتاب نیمه‌خیز روی تخت از جا پرید. در آن لحظه چهره محمود با همیشه فرق داشت. آن چهره، چهره‌ای بود که مهتاب حتی در اوج خشم و عصبانیت او تا آن لحظه هرگز ندیده بود و نمی‌توانست تصور کند که تا چه اندازه می‌تواند خطرناک باشد. مهتاب نیمه‌خیز با همان مانتوی بیرون در حالی که موهایش روی شانه‌هایش ریخته بود روی تخت بی‌حرکت برجا ماند. محمود با چند قدم بلند خود را به او رساند و یقه مانتوی او را در مشتش گرفت و او را از روی تخت پایین کشید و با فریاد گفت: حالا دیگه کارت به جایی رسیده که با مرد نامحرم خلوت می‌کنی؟

مهتاب سرخ شده از شدت عصبانیت با صدایی که خشم در آن لرزشی محسوس انداخته بود در میان فریادهای محمود گفت: منظورت چیه؟ چته؟ چی داری می‌گی؟ مرد نامحرم کیه؟

محمود بازویش را زیر گلوی مهتاب فشار داد و او را به سینه دیوار چسباند و با همان فریاد در گوش مهتاب گفت: خیال کردی منم مثه مردای بیوام که نمی‌فهمن زنشون چه غلط زیادی می‌کنه؟ خیال می‌کنی خبر ندارم امروز تو کلاس با استادت چه غلطی می‌کردی؟ پرونده تو و اون مرتیکه عوضی زیر دست منه و دوباره بازویش را زیر گلوی مهتاب که تقلا می‌زد تا با دست‌هایش آن را از زیر گلویش بردارد با شدت بیشتر فشار داد و دوباره تکرارکرد: چه غلطی

می‌کردین؟ هان؟ چی به هم گفتین؟ حرف بزن و گرنه دانشکده رو توی سر خودتو و اون استاد بی‌همه چیزت خراب می‌کنم.

محمود در آن لحظه سخت منتظر دیدن آثار وحشت در چشم‌های مهتاب و سرازیر شدن باران اشک او بود. دیدن ضعف مهتاب همیشه یکی از لذت‌بخش‌ترین سرگرمی‌های محمود بود. اما مهتاب برخلاف انتظار او نه گریه کرد و نه التماس فقط با طفره و تقلا سعی کرد خود را از دست‌های پر قدرت محمود بیرون بکشد اما به ناگاه با ضربه ناغافل مشت محمود به صورتش نقش بر زمین شد. خون از بینی‌اش جاری شد ولی همچنان نه از گریه خبری بود و نه از عجز و التماس. محمود در آن لحظه در نگاه مهتاب به دنبال رد پایی از حقارت و ناتوانی می‌گشت ولی مهتاب در اوج حس خردشدگی و تحقیر با زیرکی آنچه را که محمود سخت انتظارش را می‌کشید از او دریغ می‌کرد و در عوض تیرهای زهرآلود نفرت را از چله نگاه خشمگین‌اش حواله محمود می‌کرد. نفرت و خشمی که به‌رغم تقلای محمود برای تفسیر وارونه آن به رسایی یک فریاد غرور او را آماج تهاجم خود قرار داده بود. با وجودی که درد شدیدی تمام وجود مهتاب را پر کرده بود ولی همچنان خم به ابرو نیاورده و ذره‌ای ضعف از خود بروز نمی‌داد تا اینکه محمود به حربه‌ای دیگر متوسل شد و گفت: فردا که اومدم آبروت رو تو دانشگاه جلوی همکلاسی‌هات و اون استاد خرت بردم اونوقت می‌فهمی یه من ماست چقدر کره می‌ده.

محمود انگشت روی نقطه حساسی گذاشته بود. چیزی که همیشه مهتاب از آن وحشت داشت. یعنی سر و صدا و آبروریزی. اما مهتاب مصمم بر مقاومت در برابر محمود با وجودی که تصور رویارویی محمود و ایمان در دلش تخم وحشت پاشیده بود هیچ واکنشی در برابر او نشان نداد. مهتاب خسته‌تر از آن بود که بخواهد کام عقده‌های تل انبار شده محمود را با عجز و لابه خود شیرین کند به همین خاطر با بی‌تفاوتی در جواب گفت: برام مهم نیست برو هر غلطی می‌خوای بکنی بکن!

محمود با جواب قاطع مهتاب لحظه‌ای مکث کرد و سپس در حالی که می‌گفت «یه حالی از خودت و استادت بگیرم که به پام بیفتین»، مهتاب را در تاریکی اتاق با حسرتی زجرآور تنها گذاشت.

مهتاب ابتدا به این نتیجه رسید که باید فکر سر کلاس رفتن را حالا حالاها از سر بیرون کند. ولی دقایقی بعد ناگهان یاد کلاس ایمان افتاد و بی‌اختیار نگاه مستقیم ایمان در چشم‌هایش را در ذهنش مرور کرد و حس کرد تمام خون بدنش یکجا به صورتش هجوم آورده است. بلافاصله صورتش را روی بالش‌اش پنهان کرد و پس از مدت‌ها لذتی غریب در اوج درد بی‌کسی تمام

وجودش را فرا گرفت که به کوتاهی گذر یک شهاب روح دردمندش را ترک کرد و به دنبالش عرق شرم بر تمام بدنش نشاند اما ناگهان با درد شدید گونه‌اش به خود آمد و با خود گفت فکر دانشگاه رفتن را با چنین سر و وضعی باید برای مدتی از سر بیرون کنم.

فردای آن روز ایمان در راه دانشگاه مدام در این فکر بود که چقدر حرف‌های روز گذشته‌اش در مهتاب اثر کرده و آیا آن روز به موقع سر کلاس حاضر خواهد شد یا نه. ولی درست لحظه‌ای که وارد کلاس شد و چشمش به صندلی خالی مهتاب افتاد فهمید که مشکل مهتاب خیلی جدی‌تر از این حرف‌ها است.

دو ساعت کلاس طبق روال معمول سپری شد. در انتهای کلاس زمانی که دانشجویان یکی‌یکی آماده بیرون رفتن از کلاس بودند الهام را صدا کرد و از او خواست چند دقیقه‌ای در کلاس بماند و بدون مقدمه از او در مورد غیبت‌های مهتاب پرسید. الهام در ابتدا با من و من سعی کرد از دادن جواب طفره برود ولی وقتی نگاه جدی و نگران ایمان را دید دیگر طاقت نیاورد و برای او شمه‌ای از زندگی مهتاب را شرح داد.

ایمان با شنیدن حرف‌های الهام که فقط یک از هزار بود تازه به عمق فاجعه‌ای که مثل خوره روز به روز روح مهتاب را می‌فرسود پی برد.

ایمان نخواست بیش از این از الهام پرس‌وجو کند. به همین خاطر ضمن تشکر از او در حالی که افکارش به شدت درگیر مشکل مهتاب شده بود به او گفت که می‌تواند برود. همچنان غرق در افکاری که با حرف‌های الهام به شدت آشفته شده بود از کلاس بیرون آمد ولی به محض بیرون آمدن از کلاس به صورت دستی نامه‌ای را دریافت کرد که به واسطه آن به حراست دانشگاه فرا خوانده شده بود و می‌بایست بعد از کلاسش راس ساعت دو بعدازظهر به حراست دانشگاه سری می‌زد. در نامه حراست در مورد احضار ایمان هیچ گونه توضیحی نوشته نشده بود و ایمان حقیقتاً نمی‌دانست که حاج شهری مسؤول حراست چه حرفی برای گفتن به او دارد و برای چه او را احضار کرده است.

رأس ساعت مقرر به دفتر حراست مراجعه کرد ولی با کمال تعجب در اتاق را قفل یافت. نگاهی به اطرافش انداخت و وقتی چشمش به آبدارچی که با یک سینی پر از استکان‌های خالی چای از داخل راهرو می‌گذشت افتاد او را صدا کرد و در مورد مسؤول حراست پرسید. آبدارچی برای ایمان توضیح داد که حاج شهری هر روز از ساعت دوازده تا یک برای ادای نماز به نمازخانه می‌رود و بعد از آن هم برای صرف ناهار می‌رود و هیچ وقت سر ساعت مشخصی برنمی‌گردد. ایمان روی صندلی داخل راهرو به انتظار نشست. ساعت تقریباً دوو‌چهل و‌پنج دقیقه

شده بود و هنوز از حاج شهری خبری نبود. سخت نگران کلاسش بود که قرار بود سر ساعت سه شروع شود. تا آن لحظه هرگز دیر سر کلاس‌هایش حاضر نشده بود و از همه بدتر دانشجوها هم از دیر آمدن او بی‌اطلاع بودند. قصد برگشتن کرد ولی همین‌که از جایش برخاست حاج شهری را دید که از انتهای راهرو داشت به سمت او می‌آمد.

حاج شهری مردی بود میان‌سال با موهای جوگندمی. بیشتر صورتش با ریش خاکستری رنگ پوشیده شده بود. پیراهن کرم رنگی که به تن داشت را روی شلوارش انداخته و با یک جفت دمپایی قهوه‌ای کفش ملی در حال چرخاندن تسبیح قهوه‌ای رنگش و ادای ذکر به صورت زمزمه‌وار به ایمان نزدیک شد. وقتی مقابل ایمان رسید نگاهی به ایمان انداخت و گفت: به‌به آقای سمایی!

ایمان با عصبانیت نگاهی به ساعتش انداخت و گفت: آقای شهری! طبق نامتون قرار ما ساعت دو بود نه حالا. الان تقریباً یک ساعته که من اینجا منتظرم.

حاج شهری قیافه حق به جانبی به خود گرفت و گفت: آقای سمایی! برای شما که تا حالا هیچ وقت گذارتون به نمازخونه نیفتاده قابل درک نیست که بدونید ما هم سرمون شلوغه. خیلی از مشکلات برادران و خواهران دانشجو در نمازخونه مطرح می‌شه و تک به تک باید رفع و رجوع بشه.

و با گفتن این حرف دست در جیب شلوارش برد و با کلیدی که از آن بیرون آورد در اتاق حراست را باز کرد و به ایمان تعارف کرد که وارد اتاق شود. سپس یک راست پشت میز کارش رفته و دمپایی‌هایش را زیر میز کارش جفت کرد و چهار زانو روی صندلی پشت میز نشست و با دستی که تسبیح‌اش از آن آویزان بود به ایمان اشاره کرد و گفت: بفرمایید بنشینید آقای سمایی! بفرمایید.

ایمان به آرامی روی صندلی که در مقابل میز قرار داشت، نشست و در سکوت منتظر ماند که ببیند برای چه به آنجا احضار شده است.

حاج شهری کمی روی صندلیش جابه‌جا شد.

ایمان که حوصله‌اش حسابی سر رفته بود با لحن خشکی به حرف آمد و پرسید: آقای شهری! می‌خواهید بفرمایید من برای چی اینجا هستم؟

ــ صبر داشته باشید آقای سمایی! صبر داشته باشید! همه چیز به زودی مشخص می‌شه. آقای سمایی! من می‌خوام خیلی رک و پوست‌کنده باهاتون صحبت کنم. فکر می‌کردم تا حالا دیگه باید فهمیده باشید برای چی این‌جا احضار شدید.

ـ متاسفم آقای شهری! من به هیچ عنوان از علت آمدنم به اینجا خبر ندارم.

ـ آقای سمایی! به عنوان یک استاد دانشگاه از شما و امثال شما انتظار بیش از اینها می‌ره... جناب آقای سمایی! من و شما به برکت دین مبین اسلام در یک کشور اسلامی و ولایی زندگی می‌کنیم. کشوری که لنگه‌اش در هیچ کجای دنیا پیدا نمی‌شه.

ایمان با لحنی طعنه‌آمیز بلافاصله گفت: قطعاً همین‌طوره.

حاج شهری طعنه ایمان را نشنیده گرفت و همین طور که دستش را به ریش‌هایش می‌کشید ادامه داد: شما به عنوان استاد دانشگاه یعنی کسی که دانشجویان را باید در سایه مکتب اسلام پرورش بده اینجا وظیفه حساس و خطیر استادی رو پذیرا شدید. باید اطمینان خاطر حاصل کنید که تمام شاگرداتون در سایه دین پرورش پیدا کنند.

ایمان از حاشیه رفتن حاج شهری به شدت کلافه شده بود و هر آن نزدیک بود از کوره در برود. به همین خاطر با بی‌حوصلگی گفت: می‌خواید بگید چی شده یا نه؟ من هنوز سر از حرفاتون در نیاوردم.

ـ وقتی کسی در مسیر اهداف عالیه اسلامی قدم برندارد باید هم متوجه نشه. آقای سمایی! به ما اطلاع دادن که شما در کلاس‌های درستون صور قبیحه و خلاف شرع به نمایش می‌گذارید. تصاویری به دانشجوهاتون نشون می‌دید که حس شهوت رو در اونها بیدار می‌کنه و آنها رو تحریک می‌کنه. هیچ به آخر و عاقبت این قضیه فکر کردید؟ نشان دادن استغفرا... تصاویر شهوانی در دانشگاه‌های اسلامی خلاف شرع و عرف است.

ایمان در حالی که با ناباوری چشم به دهان حاج شهری دوخته بود با لحنی شگفت زده پرسید: آقای شهری! منظورتون از صور قبیحه چیه؟ من هنوز سر از حرف‌های شما در نمیارم.

ـ آقای سمایی! خودتون رو به اون راه نزنید. دیروز به ما گزارش دادن که بعضی از تصاویر و اسلایدهایی که در مقابل چشم دانشجویان عضب دختر و پسر به نمایش گذاشتید تصاویر خلاف عرف از زن و مرد نامحرم بوده.

ایمان با چشم‌های از حدقه درآمده همچنان به حرف‌های حاج شهری گوش می‌کرد ولی باور نمی‌کرد چیزی را که می‌شنود حقیقت داشته باشد. به همین خاطر در جواب گفت: منظورتون از زن و مرد نامحرم کیه آقای شهری؟

ـ آقای سمایی! هنوزم که دارین خودتون رو به اون راه می‌زنین. مگه این شما نبودید که دیروز نقاشی از همون خانمی که لبخندش خیلی معروفه و با سینه باز عکسش کشیده شده سر کلاس نشون دادین. هیچ می‌دونید نشون دادن همون سینه باز به جوانان عضب چقدر کفاره

داره؟ شما ناسلامتی در یک کشور اسلامی زندگی می کنید. رواج لاابالی گری از شأن شما به دوره. یا چه‌می‌دونم نشون دادن همون مدرسه‌ای که زن و مرد نامحرم تو همدیگه وول می‌خورن! با نشون دادن این نقاشی چی رو می‌خواید ثابت کنید؟ که دانشجوهای دانشگاه‌های اسلامی ما هم یاد بگیرن این طوری تو هم وول بخورن؟ ما داریم خودمون رو می کشیم زن و مرد رو توی دانشگاه‌ها از هم جدا کنیم اونوقت شما چیز یاد این دانشجوها می‌دید؟

ایمان از شدت عصبانیت چنان برافروخته شده بود که هر آن حس می کرد دیگ خشمش الان است که فوران کند. در حالی که سرش را با ناباوری و تأسف تکان می‌داد و سعی می کرد تا حد امکان به خود مسلط شود، گفت: پس منظورتون از زن نامحرم پرتره مونالیزای داوینچی و نقاشی مدرسه آتن رافائله؟... آقای شهری! شما که از هنر نقاشی و آثار هنرمندان جهان سررشته‌ای ندارید ابراز عقیده رو به کسانی محول کنید که حداقل در این زمینه یک دانش مختصری دارند.

حاج شهری با شنیدن جواب ایمان با عصبانیت از روی صندلیش بلند شد و گفت: آقای سمایی! وظیفه من دادن تذکر بود. متاسفانه اگر مواردی رو که گفتم رعایت نکنید مجبوریم از برادران هنرمندی برای کار استادی دعوت کنیم که شؤونات اسلامی رو دستور کار خودشون قرار می‌دن.

ایمان متقابلاً با عصبانیت جواب داد: شؤونات اسلامی رو چطور دستور کار خودشون قرار می‌دن؟ سر پرتره مونالیزا مقنعه می کنن؟ یا توی مدرسه آتن بین زن و مرد پارتیشن می کشن؟

در این لحظه حاج شهری تن صدایش را کمی پایین‌تر آورد و با لحن نرم‌تری گفت: اگر می‌خواید آثار هنرمندان را به دانشجوهاتون نشون بدید چه اشکال داره قسمت‌های لخت و خلاف شرعش رو بپوشونید که هم خدا راضی باشه هم خلق خدا. تازه اصلاً چرا به جای هنرمندان غربی و از خدا بی‌خبر آثار هنرمندان و نقاشان اسلامی رو به نمایش نمی‌گذارید؟ آقای سمایی! حرفام رو جدی بگیرید. من اهل شوخی نیستم. در ضمن بدونید هر چی سر کلاس بگذره به ما گزارش می‌شه. حالا دیگه خود دانید.

ایمان دیگر حتی یک لحظه آنجا ماندن را جایز ندانست و قبل از اینکه آتشفشان خشمش سرریز کند و حرفی بزند که برایش دردسرساز شود بلافاصله اتاق حراست را ترک کرد. مسیر بازگشت به کلاس را نفهمید چطور طی کرد. به زمین و زمان ناسزا می گفت. مدام با خود فکر می کرد: انگار حماقت بشر گاهی حد و مرز نمی‌شناسه. یعنی تمام مشکلات ایران حل شده و تنها درد جامعه سینه باز مونالیزا یا کاترین مقدس رافائله؟ آن‌چنان با فکر حرف‌های حاج شهری

دست به گریبان بود که حس می‌کرد اگر نتواند ذهنش را از حرف‌های او منحرف کند، کارش به جنون می‌کشد. سعی کرد به خود مسلط شود و حداقل برای رفتن به کلاس آرامش خود را حفظ کند. اما وقتی به کلاس رسید که ساعت از چهار هم گذشته بود و اکثر دانشجویان به تصور منحل شدن کلاس جلسه را ترک کرده بودند.

با منحل شدن کلاس‌اش قصد منزل کرد ولی انگار تقدیر آن روز برایش تدارک دیگری دیده بود.

آن روز برخلاف همیشه که موقع قدم زدن در فضای سبز محوطه دانشکده تمام توجهش محو درخت‌ها و برگ‌ها و شاخه‌ها و چمن‌ها می‌شد همچنان که به سمت اتومبیل‌اش می‌رفت کمترین توجهی به اطرافش نکرد. همان طور غرق در عالم خود گه‌گاه سر راه زیر لب جواب سلام دانشجویانی که با او سلام و تعارف می‌کردند را می‌داد که ناگهان با فشار یک دست روی سینه‌اش از حرکت ایستاد و هنوز به خود نیامده دست به طرف یقه‌اش رفت و آن را با قدرت محکم گرفت و قبل از اینکه ایمان بتواند کوچک‌ترین واکنشی از خود نشان بدهد از پشت با تنه سخت درختی که در کنارش قرار داشت برخورد کرد. همه چیز سریع اتفاق افتاد و لحظاتی طول کشید تا ایمان بفهمد چه اتفاقی افتاده است. زمانی ایمان به خود آمد که یقه‌اش همچنان در دست فردی ناشناس بود و چشم‌های خشمگین او مثل چشم‌های یک گرگ گرسنه به صورتش دوخته شده و عده زیادی از دانشجویان اطراف با دیدن صحنه بر سر جایشان میخ‌کوب شده بودند.

ایمان با عصبانیت دستش را بالا آورد که یقه‌اش را از میان دست‌های محمود هدایتی بیرون بیاورد.

ـ آقا چته؟ چه خبرته؟

محمود با یک حرکت بازویش را زیر گلوی ایمان که به تنه درخت چسبیده بود فشار داد و با لحنی عصبی گفت: اگه یه دفعه فقط یه دفعه دیگه از صد متری دور و بر زن من رد بشی اونوقت دیگه این دست‌ها آنقدر زیر گلوت فشار میارن که تا آخر عمر لالمونی بگیری و نتونی یک کلمه دیگه حرف زیادی بزنی. فقط یک بار، یک‌بار دیگه بفهمم با مهتاب حرف زدی بلایی به سرت میارم که مرغای هوا به حالت زار زار کنن.

ایمان مات و مبهوت از حرف‌های محمود هدایتی همین که اسم مهتاب را شنید جواب تمام معماهای مجهول و حل نشدنی پیرامون او که در تمام این مدت در ذهنش شکل گرفته بود را پیدا کرد. یک نگاه به آن چهره خشمگین برای ایمان کافی بود که بفهمد مهتاب در چه شرایطی

به سر می‌برد.

با فشار یقه‌اش را از دست محمود بیرون آورد و بازوی او را پس زد و با صدایی که از شدت عصبانیت می‌لرزید، گفت: حیوونا هم حتی چنین رفتاری که تو با همسرت داری با جفتشون ندارن.

ـ مرتیکه! خیال کردی شهر هرته که بتونی به زن مردم چپ نگاه کنی و با زن مردم خلوت کنی؟

ـ اگه شهر هرت نبود که تو و امثال تو زنتون رو با برده اشتباه نمی‌گرفتید.

ـ زن منه هر بلایی که بخوام سرش میارم. تو و امثال تو هم گه می‌خورید دخالت کنید.

ایمان دهان به دهان شدن با محمود هدایتی را از شأن خود به دور دید. به همین خاطر دست او را که تبدیل به مشت شده بود و می‌خواست صورت ایمان را نشانه بگیرد از مچ گرفت و آن را به عقب هل داد و گفت: از سر راهم برو کنار. دانشجویانی که آنجا حضور داشتند به طرفداری ایمان شوهر مهتاب را دوره کردند و او هم وقتی اوضاع را وخیم‌تر از آنچه که تصور می‌کرد دید مقابله بیش از این را جایز ندانست و بلافاصله از معرکه‌ای که صحنه‌پردازش خودش بود، گریخت.

از آن لحظه به بعد افکار ایمان از رئیس حراست و حرف‌هایش کاملاً منحرف و متوجه وضع نابسامان مهتاب شد. حرف‌های الهام و کبودی گونه و کنار چشم مهتاب که با ناشی‌گری آن را به لبه پنجره ربط داده بود و غیبت‌ها و تاخیرهای پی‌درپی او همه خبر از وضعیت اسفبار زندگی او می‌داد و با هر یادآوری قلب ایمان را درهم می‌فشرد.

محمود هدایتی به دلیل شکاکیت‌اش به مهتاب یکی از دانشجویان دانشگاه را که از قبل می‌شناخت مامور کرده بود که تمام رفت و آمدها، حرکت‌ها و حرف‌های مهتاب را کاملاً زیر نظر بگیرد از این رو کوچک‌ترین حرکتی از جانب مهتاب از دید او پنهان نمی‌ماند. به همین خاطر قضیه گفت‌وگوی کوتاه و مختصر ایمان و مهتاب وقتی به گوشش رسید حس حسادتش را چنان برانگیخت که تصمیم گرفت آن روز از جلسه مهم اداره بزند و در محوطه دانشگاه مدت‌ها وقت بگذارد تا دورادور کسی را که به قول خودش با همسرش خلوت کرده ببیند. نقشه محمود در ابتدا نقشه‌ای کاملاً متفاوت بود. او فقط به قصد دیدن دورادور ایمان آنجا آمده بود ولی وقتی چشمش به قد و قامت ایمان و جذابیت و شور جوانی او افتاد حس حسادتش تحریک شد و نفهمید چه‌کار می‌کند و به سمت ایمان حمله‌ور شد.

آن روز محمود در راه خانه در حالی که از شدت عصبانیت دندان‌هایش را روی هم می‌فشرد با خودش گفت: چنان بلایی به سرش میارم که دیگه فکر دانشگاه رفتن رو از کله‌اش

برای همیشه بیرون کنه.

آن شب وقتی محمود به منزل رسید حرفی از دیدارش با ایمان بر زبان نیاورد و فقط با دیدن کبودی واضح و آشکار چهره مهتاب لبخندی به لب آورد و با خود گفت: فردا که به زور با این سر و قیافه فرستادمت دانشگاه خودت به پاهام می‌افتی که دیگه قید اون خراب شده رو بزنی.

صبح روز بعد محمود با دیدن آثار کاملاً آشکار کبودی در صورت مهتاب او را وادار به رفتن به دانشگاه با همان وضع اسف‌بار کرد. محمود دقیقاً انگشت روی حساسیت مهتاب گذاشته بود و با خود فکر می‌کرد اگر او را به زور با آن شکل و شمایل و قیافه راهی دانشگاه کند در مقابل دانشجوها و اساتیدش آنقدر خجالت‌زده و خرد و حقیر می‌شود که برای همیشه دیگر فکر کلاس و درس را از سرش بیرون خواهد کرد.

وقتی مهتاب در مقابل آینه دستشویی سعی می‌کرد آثار کبودی صورتش را با دقت زیر لبه مقنعه‌اش پنهان کند یاد کلاس ایمان افتاد که آن روز تشکیل می‌شد و ناخودآگاه تمام بدنش گر گرفت. یادآوری نگاه مستقیم ایمان در چشم‌هایش ضربان قلبش را به شدت تند کرد ولی هنوز لحظه‌ای از آن حس حرارت مطبوع نگذشته بی‌اختیار دستش را روی گونه‌اش گذاشت و دوباره اشک در چشم‌هایش حلقه زد. حاضر بود بمیرد و ایمان او را به آن شکل و قیافه نبیند ولی می‌دانست این آخرین شانس‌اش برای دیدن دوباره ایمان و نشستن سر کلاس اوست و بعد از این جلسه دیگر هرگز ایمان را نخواهد دید و صدایش را نخواهد شنید.

آن روز دیگر حتی سایه سیاه چادر و مقنعه که زمانی از آن به عنوان پوشش زیبایی‌های بدن زن یاد می‌شد و حالا به پوشش آثار ستم بر بدن زن تغییر نام داده بود، هم خاصیت خود را از دست داده بود و توان پنهان کردن آن همه آثار کبودی را نداشت. حالا دیگر آن کبودی گوشه چشم مهتاب که در نگاه ایمان مثل یک پیام مجهول در یک اثر نفیس بود تبدیل به پیامی واضح و آشکار شده بود. پیامی آشکار از مظلومیت موجودی به اسم زن و به جرم زن بودن!

با چشم‌هایی که به جای اشک خون می‌بارید در حالی که فکر حضورش در کلاس در مقابل دید همه با آن شکل و قیافه تخم اضطراب در دلش می‌پاشید روانه دانشگاه شد. از لحظه ورودش به کلاس مسیر تمام نگاه‌ها و حرکت سرها به سمت او برگشت. نگاه مشتاق ایمان روی چهره مهتاب متوقف شد. بر خلاف تصور مهتاب صورت او در نگاه ایمان در آن لحظه با وجودی که آثار طراوت و تازگی آن کاملاً مبدل به رگه‌های تیره و بنفش افسردگی و شوربختی شده بود اثر نیلوفر آبی مونت را تداعی می‌کرد. اثری که در عین تیرگی در هم رنگ‌ها در نهایت زیبایی بود.

تمام کلاس در سکوت مطلق فرو رفته بود. سکوتی تلخ و زجرآور. سکوتی که درد مظلومیت و غم ناشی از تحقیرشدگی و سرخوردگی موجودی به اسم زن را با بلندترین صدا فریاد می‌کرد.

تمام بدن مهتاب مخصوصاً صورت کبودش از شدت شرم و خجالت داغ و خیس از عرق شرم شده بود. ایمان سعی می‌کرد آن سکوت زجرآور را بشکند ولی هر چه تلاش کرد موضوعی برای بحث پیدا نمی‌کرد. به کلی بحث کلاس را فراموش کرده بود. دو دقیقه‌ای که به بلندی دوساعت به نظر می‌آمد همچنان به سکوت گذشت تا بالاخره فکری از ذهن ایمان گذشت. به خاطر آورد که در ادامه بحث تکامل هنر نقاشی غربی هنوز چند اسلاید مانده بود که به کلاس نشان نداده بود و حالا می‌توانست بهترین زمان برای تاریک کردن کلاس و نشان دادن اسلایدها و منحرف کردن ذهن دانشجویان از وضع اسف‌بار مهتاب باشد. از یکی از دانشجویانی که به پنجره نزدیک بود خواست تا پرده را تاریک کرده و خود اسلایدها را آماده نمایش کرد. به محض اینکه کلاس در تاریکی فرو رفت مهتاب نفس عمیقی کشید. در آن لحظه تاریکی برایش حکم آزادی از زیر فشار ذره‌بین این و آن بود. مهتاب که تا آن لحظه جرأت بالا نگاه کردن را نداشت از تاریکی کلاس استفاده کرد و با چشم‌هایی که به شدت می‌سوخت به اسلایدهایی که روی دیوار مقابل نمایش داده می‌شد خیره شد.

ایمان سعی می‌کرد تا جای امکان روی هر نقاشی توضیحات بیشتری بدهد تا نمایش اسلایدها طولانی شود و تا آخر کلاس آن تاریکی که تنها دلخوشی مهتاب در آن لحظات بود ادامه پیدا کند.

درست زمانی که نوبت به اسلاید نقاشی جیغ اثر ادوارد مونک نقاش نروژی رسید نگاه مهتاب روی اثر خشکید. خطوط منحنی نقاشی با رنگ‌های مخلوط، چهره هراسان و مضطرب، آسمان خون‌رنگ و زمین و زمان که به نظر با شتابی سرسام‌آور در جریان بود روح مهتاب را مسخ کرد. مهتاب در آن تصویر زندگی و مرگ، عشق و غم و ترس و تنهایی را با هم یکجا دید. آن تصویر مهتاب را از محدودیت کلاس فراتر برد. با دیدن آن تصویر در اصل خود را دید که با شتاب زمان با آن فشارهای سخت و کشنده زندگی با سرعتی دیوانه‌کننده به لبه مرز جنون کشیده می‌شد. در آن لحظه می‌خواست تمام درد و اندوهی را که برای مدت‌ها در سکوت تا آن لحظه روحش را فرسوده بود تبدیل به فریادی از حنجره خشک عقده‌های تل‌انبار شده کند ولی فریادی رساتر از سکوت نمی‌یافت.

مهتاب آن‌چنان در اثر مانک غرق شده بود که ابتدا متوجه بازشدن پرده‌ها و روشن شدن

کلاس نشد.

با روشن شدن کلاس اولین نقطه‌ای که ایمان با نگاهش جست‌وجو کرد چشمان مضطرب و ناامید مهتاب بود که همچنان روی آن اسلاید که حالا به دلیل تابیده شدن نور کم‌رنگ‌تر به نظر می‌آمد خیره مانده بود. به محض اینکه مهتاب به خود آمد نگاهش را متوجه صورت ایمان کرد و به محض تلاقی نگاهش با نگاه ایمان حرارتی تلخ و شیرین تمام وجودش را فرا گرفت. حرارتی شیرین از حرارت نگاه ایمان و حرارتی تلخ از حرارت سوزنده شرم از آن چهره کبود و بلافاصله ناخودآگاه با دست نیمه کبودتر صورتش را پوشاند.

دقایقی بعد ایمان خاتمه کلاس را اعلام کرد و دانشجویان یک به یک مشغول بیرون رفتن از کلاس شدند. مهتاب با دلی در هم فشرده و حسرت زده از یادآوری اینکه آخرین حضورش در کلاس ایمان و شاید آخرین دیدارش با او رو به اتمام است وسایلش را جمع کرد و آماده رفتن شد. ولی هنوز از در کلاس بیرون نرفته با صدای ایمان متوقف ماند. دوباره آن جریان داغ یکپارچه تمام وجودش را فرا گرفت. کف دست‌هایش عرق نشست و ضربان قلبش چندین برابر شد و سستی غریبی را در زانوهایش حس کرد. با وجودی که دلش پر می‌زد تا لحظه‌ای بیشتر در کلاس ایمان بماند اصلاً نمی‌خواست ایمان برای یک لحظه با آن چهره رودرروی او آن هم از آن فاصله نزدیک بایستد. سخت غافل‌گیر شده بود. از جیب مانتواش دستمال کاغذیی درآورد تا عرق پیشانی‌اش را که از زیر لبه مقنعه‌اش را خیس کرده بود پاک کند. حالا ایمان مانده بود و مهتاب و یک کلاس خالی و نور آفتاب که از بیرون بی‌صبرانه با بالا رفتن پرده‌ها به داخل کلاس هجوم آورده بود.

ایمان یکی از صندلی‌های ردیف اول کلاس را به مهتاب نشان داد و از او خواست که بنشیند و خودش سرپا در مقابل مهتاب ایستاد و بدون مقدمه رفت سر اصل مطلب: خانم عطایی! صورتتون چی شده؟

مهتاب همچنان سر به زیر سکوت اختیار کرد.

ـ خانم عطایی! با شما هستم سرتون رو بگیرید بالا.

مهتاب شرم زده در حالی که با خود فکر می‌کرد به درک! اون که از اول کلاس این صورت لعنتی رو دیده دیگه چی رو ازش قایم کنم آرام آرام سرش را بالا آورد. دوباره نگاه ایمان روی تداخل آن رنگ‌های بنفش و زرد تیره و روشن صورت او متمرکز شد و دوباره بدن مهتاب را از عرق شرم خیس آب کرد.

ـ خانم عطایی! نمی‌خواید جواب بدید صورتتون چی شده؟ راستش رو بگید. چون دیگه

امروز فکر نمی‌کنم لبه پنجره تونسته باشه اینجوری روی صورتتون جا بذاره.

مهتاب همچنان سکوت اختیار کرده بود ولی ایمان به خوبی می‌توانست حلقه اشکی را که لحظه به لحظه وسعتش بیشتر و بیشتر می‌شد در آن چشم‌های قرمز و متورم ببیند.

ایمان یکی دیگر از صندلی‌ها را پیش کشید و در مقابل مهتاب نشست و دوباره به آن چشم‌هایی که به تازگی تمام وجود او را مسخ کرده بود خیره شد. دیگر جذابیت و طراوت و برق شور و نشاط جوانی راهش را به آن چشم‌ها گم کرده بود. تا بود در آن چشم‌ها تا بی‌نهایت رد پای سردرگمی، یأس و سرخوردگی بود. در آن چشم‌ها تا بی‌نهایت رد پای تنهایی و غربت ردپای وحشت از باز نشدن قفلی باز نشدنی بر در بلند قفس اسارت بود.آن آثار کبودی بر پیشانی و گونه و کنار چشم مهتاب درست مثل آثار نقاشی‌های معروف حس ایمان را برمی‌انگیخت با این تفاوت که حس برانگیخته شده چیزی جز حس خشم نبود.

ایمان صندلی‌اش را به مهتاب نزدیک‌تر کرد و گفت: خانم عطایی! چرا تحملش می‌کنید؟ اون موجودی که من دیروز دیدم رو فقط باید توی قفس نگه‌داشت.

مهتاب با شنیدن این جمله ایمان حس کرد که نا و توان به کلی از تمام وجودش رفته. با اضطراب و نگرانی به ایمان خیره شد. پس محمود بالاخره کار خودش را کرده بود و برای آبروریزی به دانشگاه آمده بود.

ایمان بلافاصله متوجه شد که مهتاب از ملاقات دیروز شوهرش با او خبر ندارد ولی حقیقت را به مهتاب گفت: شوهرتون دیروز سری به دانشگاه زد.

مهتاب بلافاصله با صدایی لرزان پرسید: چیزی بهتون گفت استاد؟ بهتون بی‌احترامی کرد؟

ـ هیچی. یه مشت حرف مزخرف و درگیری لفظی. خانم عطایی! ادامه دادن زندگی تو همچین جهنمی دیوونگیه. چرا تا حالا باهاش موندین؟

نگاه مهتاب برای لحظاتی در نگاه ایمان خیره ماند. سپس صورت کبودش را با دست‌های کبودترش پوشاند. صورت ایمان از فشار خشم به شدت منقبض شده بود و دلش آنقدر از مظلومیت مهتاب به درد آمده بود که اگر در آن لحظه همانجا محمود را می‌دید امانش نمی‌داد و با همان دست‌ها خفه‌اش می‌کرد.

اما وقتی مهتاب دست‌هایش را از روی صورتش برداشت ایمان بر خلاف تصورش اثری از گریه ندید. مهتاب نفس عمیقی کشید و سپس برای ایمان از زندانی گفت که مدت‌ها است سایه دیوارهای بلندش مثل بختک روی سرش افتاده است. ایمان همچنان چشم به صورت مهتاب دوخته بود بدون آنکه بفهمد که آن چشم‌ها با وجود سایه افسردگی بر آنها دوباره او را مسخ

کرده‌اند. ایمان آنقدر غرق در حرف‌های مهتاب شده بود که اصلاً متوجه گذشت زمان نشد. دانشجویان کم‌کم به کلاس برمی‌گشتند و دیدن آن دو در آن شرایط صورت خوشی نداشت. خصوصاً که ایمان ظرف چند روز گذشته طعم تلخ نگاه‌های زهرآلود را از گوشه و کنار چشیده بود و خوب می‌دانست که نگاه‌هایی تمام رفتار و حرکات او را زیر نظر دارد. با ورود اولین دانشجویان به کلاس در حالی که جزواتش را جمع می‌کرد و داخل کیفش می‌گذاشت به مهتاب گفت: خانم عطایی! من متاسفم ولی خودتون هم باید همت کنید. اگه می‌خواید از این وضع اسف‌بار نجات پیدا کنید باید کاری کنید. مطمئنم کسانی پیدا می‌شند که به شکایتتون رسیدگی کنند.

مهتاب در حالی که از روی صندلی‌اش برمی‌خاست لبخند تلخی به لب آورد و گفت: اگر به این سادگی‌ها که شما می‌گید بود یک لحظه هم این وضع اسف‌بار رو تحمل نمی‌کردم. من یک قربانی‌ام. قربانی تصمیم یک بزرگ‌تر و قربانی قانون در این جامعه. استاد! فراموش نکنید که توی چه جامعه‌ای زندگی می‌کنید. جامعه‌ای که زن درش حق قاضی شدن نداره. جامعه‌ای که می‌گه زن بدون اجازه شوهرش حق بیرون رفتن از خونه رو نداره. جامعه‌ای که نه تنها داشتن چهار همسر رو برای مرد جایز می‌دونه از زن به عنوان کشتزار مرد یاد می‌کنه که هر چه بخواد در اون بکاره و هر چی بخواد از اون برداشت کنه. جامعه‌ای که چشمش رو به روی خلقت زن می‌بنده. جامعه‌ای که با قانون مزخرفش به زن توصیه می‌کنه که بعد از تحقیر شدن و زیر مشت و لگد له شدن با لباس زیبا و عطر خوش از زندان‌بانش استقبال کنه که بگه دستت درد نکنه که می‌گذاری نفس بکشم.

ـ خانم عطایی! چرا وکیل نمی‌گیری؟ از دستش شکایت کن. اونقدرا هم که فکر می‌کنید سخت نیست.

ـ آقای سمایی! مساله من به این سادگی‌ها هم که شما فکر می‌کنید، نیست. خیال کردید که من مثل یک عروسک بی‌دست و پا نشستم و گذاشتم تو سرم بزنه. اون روزی که به دادگستری شکایت بردم تازه معنی عدل و عدالتی رو که در جامعه برقراره فهمیدم. عدل تو این مملکت یعنی محکومیت زن تا قیام قیامت. یعنی محکومیت زن به سوختن و ساختن. به تحقیر شدن و دم نزدن. به زیر مشت و لگد له شدن و سر بلند نکردن. عدل در این جامعه یعنی بردگی زن. هر وقت سرم رو بلند کردم تا جلوش بایستم پای پدرم رو وسط کشید. با اون همه دوست و آشنای دولتی و غیردولتی و پولی که در این راه خرج می‌کنه کی حاضر می‌شه خلاف میلش حرفی بزنه. اون اداره‌ای که قراره از حق مظلوم دفاع کنه فقط با دیدن اسم اون توی پرونده آب پاکی

رو خیلی پیش‌تر از اینها روی دست‌هام ریخت. آقای سمایی! دستتون رو از آتیش دور نگیرید.

ایمان در برابر حرف‌های مهتاب سکوت کرد چون حرفی برای گفتن نداشت. فقط با خودش فکر کرد یعنی بی‌عدالتی می‌تونه تا این حد فرا بره؟ که با یادآوری مکالمه‌اش با حاج شهری با خود گفت: تا افرادی با چنین طرز تفکراتی جامعه را اداره می‌کنند بیش از این هم نمی‌توان توقع داشت.

مهتاب در برابر سکوت ایمان فقط لبخند تلخی به لب آورد و بلافاصله وسایلش را جمع کرد و دیگر برای باقی کلاس‌ها هم نماند و از آنجا مستقیم به منزل رفت.

آن شب حرف‌های مهتاب یک لحظه از ذهن ایمان دور نمی‌شد. اثر مکالمات ایمان با مهتاب از همان روز اول درست مثل علائم بیماری که بعد از دوره نهفتگی بروز می‌کند تازه داشت یواش‌یواش بروز می‌کرد. موقع صرف شام آنقدر در افکارش غرق شده بود که صدرا سر میز سه بار او را صدا کرد تا بالاخره متوجه چهره کنجکاو پدر شد.

صدرا در حالی که نگاه کنجکاوش را به صورت او دوخته بود پرسید: ایمان چیزی شده؟
ایمان بلافاصله با دستپاچگی جواب داد: نه! نه! چیزی نشده.
ـ حواست پرته پرته! کجایی؟
ـ نمی‌دونم.
ـ بشقاب غذات رو هنوز دست نزدی!
ـ نمی‌دونم! اشتها ندارم.
ـ تو دانشگاه مشکلی پیش اومده؟
ـ نه چیزی نیست حل می‌شه.

صدرا که کاملاً متوجه طفره رفتن ایمان از جواب دادن شده بود نمی‌خواست بیش از این اصرار کند و سعی کرد تا حریم او را حفظ کرده و به او فشار نیاورد. ولی هنوز دو دقیقه نگذشته بود که ایمان با سوالش تعجب صدرا را چندین برابر کرد: پدر قانون در مورد حق زن و مرد چطور حکم می‌کنه؟ یعنی اگر مردی حق همسرش رو زیر پا بگذاره کتکش بزنه و حبسش کنه و چه می‌دونم تحقیرش کنه قانون در موردشون چه جوری حکم می‌کنه؟

صدرا ابتدا کمی مکث کرد و سپس در جواب گفت: فکر می‌کنم طبق قانون زن می‌تونه شکایت کنه و حقش رو بگیره. اگه بخواد می‌تونه طلاق بگیره. البته شنیدم اگه مرد راضی به طلاق نباشه جداشدن خیلی برو بیا و دنگ و فنگ داره و ممکنه خیلی طول بکشه ولی اگه زن بتونه ثابت کنه که شوهرش اذیتش می‌کنه شاید بتونه تو مدت کمتری به حقش برسه.

در اینجا صدرا همچنان چشم دوخته به صورت ایمان با تعجب و کنجکاوی پرسید: حالا چی شده یاد حق طلاق و این حرفا افتادی؟

ایمان در حالی که با قاشقش با حالتی عصبی روی میز خط می‌کشید سرش را پایین انداخت و گفت: هیچی! همین‌جوری.

صدرا موشکافانه به صورت ایمان دقیق شد. تغییر رنگ چهره ایمان و نگاه مضطرب‌اش و آن دستپاچگی که همیشه برای صدرا تابلو بود به او می‌گفت که چیزی او را رنج می‌دهد ولی از بیان آن طفره می‌رود. یک بار دیگر شانس‌اش را برای به حرف آوردن ایمان امتحان کرد ولی ایمان فقط به یک جواب مفید و مختصر اکتفا کرد: یکی از دانشجوهای دانشکده مثل اینکه با شوهرش مشکل داره. شوهرش یه حیوون به تمام معناست.

دقت و تعجب صدرا با آن همه طفره رفتن از جواب درست و حسابی و حرف‌های تلگرافی لحظه به لحظه بیشتر می‌شد. ایمان هم به خوبی نگاه‌های سنگین صدرا را روی خودش احساس کرده و جرأت نگاه کردن در چشم‌های کنجکاو پدرش را نداشت و همچنان سرش را پایین گرفته بود.

صدرا طی چند روز گذشته متوجه حواس‌پرتی و کم حرفی ایمان شده بود ولی به نظرش چیزی که قابل سوال کردن باشد، نیامده بود ولی حالا دیگر می‌خواست بداند در ذهن ایمان چه می‌گذرد. در نمی‌یافت که مشکل خانوادگی یکی از دانشجویان دانشکده چه ربطی به ایمان دارد چون معمولاً رابطه شاگرد و استادی به درس و کتاب خلاصه می‌شد نه به مسائل خانوادگی دانشجویان. مخصوصاً برای ایمان که هرگز به خودش اجازه سوال کردن و دخالت در زندگی خصوصی دیگران را نمی‌داد. مخصوصاً اگر این دیگران دانشجویان خودش بودند.

فردای آن روز ایمان بدون آنکه علت را بداند از لحظه ورود به دانشگاه انتظار دیدن مهتاب را می‌کشید. اگر چه پیدا کردن مهتاب با چادر مشکی که حالا به خاطر کبودی‌های صورتش بیشتر هم رویش را می‌پوشاند مثل پیدا کردن سوزن در انبار کاه بود ولی ناامید نشد و از لحظه ورود به محوطه سبز دانشگاه تا راه رفتن در راهرو و پله‌ها و پاگرد آنها درصدد یافتن مهتاب حتی اگر شده برای یک لحظه برآمد ولی بی‌فایده بود. ایمان حتی مسیر رفتنش را به سمت کلاسی که اکثر کلاس‌های مهتاب در آن برگزار می‌شد کج کرد و به محض رسیدن به مقابل کلاس از لای در نیمه باز نگاه جست‌وجوگرش را برای لحظه‌ای به سمت صندلی مهتاب دوخت ولی آن صندلی خالی درست مثل خیلی از روزهای دیگر موجی از ناامیدی را در وجودش برانگیخت. ایمان با هر لحظه تجسم مهتاب و آخرین مکالمه‌اش با او حالت گر گرفتگی عجیبی

را در تمام وجودش احساس می کرد و به دنبال آن با خود می گفت: چته؟ چه مرگته؟ به خودت مسلط شو. مهتاب هم مثل دخترای دیگه مثه دانشجوهای دیگه. چرا این‌قدر بهش فکر می کنی؟ و در ادامه برای اینکه خود را توجیه کند دوباره با خودش می گفت: مهتاب هم مثل بقیه است و من فقط به خاطر موقعیت‌ش دلم به حالش می‌سوزه و نه چیزی بیشتر.

ولی تمام این تفکرات و کلنجار رفتن‌ها توجیه دقیقه‌ای بود چرا که پس از گذشت دقیقه‌ای دوباره همان حس گر گرفتگی و اشتیاق مفرط برای دیدن دوباره مهتاب حتی اگر شده برای یک لحظه امانش را می‌برید.

فردا و فرداهای بعد پشت سرهم آمدند و رفتند و ایمان ناامیدتر از روز قبل دیگر هیچ اثری از مهتاب نمی‌دید. مهتاب بعد از آن آخرین مکالمه‌اش با ایمان دیگر سر هیچ کلاس دیگری حاضر نشده و صندلی خالی او روز به روز برآشفتگی ذهن ایمان می‌افزود. خصوصاً که فصل امتحانات هم کم‌کم نزدیک می‌شد.

آن چشم‌ها، یک لحظه از ذهن ایمان محو نمی‌شد. آن چشم‌ها در همان اولین روز مکالمه رودررو ایمان را مسخ کرده بود. در آن چشم‌ها، در آن نگاه معصوم و ناامید در آن نگاه هراسان و مضطرب در آن حالت چانه و لب‌ها که با بغض به لرزش افتاده بود چیزی بود که شب و روز ایمان را یکی کرده و خواب و خوراک را از او ربوده بود.

دیگر تمام امیدش را برای دیدن دوباره مهتاب از دست داده بود. کم‌کم مسیر نگاه جست‌وجوگرش از لابه‌لای همه دانشجوها با ناامیدی به زمین زیر پایش کشیده شد.

دو سه روزی به شروع امتحانات ترم مانده ایمان برای انجام کاری اداری مابین کلاس‌هایش به امور اداری دانشگاه سری زد و بعد از انجام کار نگاهی به ساعتش انداخت. تا شروع کلاس بعدی هنوز یک‌ساعتی مانده بود. تصمیم گرفت سری به کتابخانه دانشگاه بزند و به سکوت آنجا نه برای مطالعه بلکه برای سروسامان دادن به افکار آشفته‌اش پناه ببرد ولی هنوز دو قدم برنداشته هاله‌ای تیره‌رنگ در آن راهروی خالی فقط با نگاهش به او فرمان توقف داد. زانوهای ایمان به شدت سست شده بود و یارای برداشتن گامی به جلو نداشت. مهتاب پیچیده در آن سیاهی همیشگی چادر به سمت او می‌آمد. به نظر می‌رسید مهتاب برای انجام کار مهمی گذارش پس از این‌همه مدت غیبت از کلاس و درس به امور اداری و دانشجویی افتاده است. قدم‌های مهتاب با نزدیک شدن به ایمان سست‌تر و سست‌تر وآهسته و آهسته‌تر می‌شد تا اینکه مقابل ایمان رسید. مهتاب این بار با چادرش رویش را نپوشانده بود و لبه مقنعه‌اش از همیشه عقب‌تر رفته و بلندی پیشانی او را با آن چشم‌هایی که برای مدت‌ها ایمان را طلسم کرده بود کاملاً در مقابل نگاه تشنه

ایمان قرار می‌داد. دیگر اثری از کبودی در صورت مهتاب دیده نمی‌شد. ایمان با آن لبخند جادویی و آن سرخی شرمگینی که گونه‌های مهتاب را سایه روشن کرده بود میخکوب شده بر جا توان راندن کلمه‌ای بر زبان نداشت. فقط توانست آهنگ ملایم صدای مهتاب را بشنود که با شرم می‌گفت: سلام استاد!

و ایمان فقط در جواب دو کلمه به زبان آورد: خانم عطایی!!

مهتاب تلاشی برای درست کردن مقنعه و پایین کشیدن لبه مقنعه‌اش نکرد و فقط سرش را پایین انداخت. آن مژه‌های خوابیده به سمت پایین و آن چهره‌ای که ایمان برای مدتی در لابه‌لای هزاران چهره دیگر جست‌وجو کرده بود حال او را سخت دگرگون کرد ولی با هر مکافاتی که بود به خودش مسلط شد و گفت: خانم عطایی! شما کجا هستید؟ هیچ می‌دونید چقدر از کلاساتون رو از دست دادید؟

مهتاب بیش از این نتوانست با تمایلاتش بجنگد به همین خاطر نگاه تشنه‌اش را به نگاه مهربان و مشتاق استادش دوخت و جواب داد: بله استاد می‌دونم. به خاطر همینم الان اینجام.

ـ چرا؟

ـ اومدم انصراف تحصیلی بدم.

ـ از چی انصراف بدی؟

ـ از اومدن به دانشگاه.

همین چهار کلمه کافی بود که چهره ایمان را از شدت ناراحتی برافروخته کند: دیوونه شدی؟

ـ نه استاد! چاره دیگه‌ای ندارم.

ـ مگه می‌شه؟ بعد از این‌همه زحمت با این همه علاقه و استعداد؟

ـ چاره‌ای ندارم. قبل از اینکه بندازنم بیرون سنگین‌تره که خودم انصراف بدم.

ایمان نگاهی به اطرافش انداخت و وقتی کسی را در راهرو ندید یک قدم دیگر به مهتاب نزدیک شد و گفت: من اجازه نمی‌دم این کار احمقانه رو بکنی.

اما خیلی زود حرفش را اصلاح کرد و گفت: منظورم اینه که قویا پیشنهاد می‌کنم که روی تصمیمتون تجدیدنظر کنید.

مهتاب همچنان به ایمان چشم دوخته بود. نگاه جدی ایمان هنگام ادای جملات آخرش انگار تا اعماق قلبش رسوخ کرد. پس از مدت‌ها با تمام وجود حس کرد که وجودش و حضورش برای کسی اهمیت دارد. کسی که خواسته قلبی او را درک می‌کند و به آن بها

می‌دهد. مهتاب تشنه فقط منتظر بود. منتظر جرعه‌ای آب که ایمان با حرف‌هایش به کام تشنه او بریزد. مهتاب فقط منتظر باران مهری بود که بر خشکسالی سرزمین آرزوها و امیدهای بر بادرفته‌اش ببارد. ایمان هم درست مانند آنکه خواسته قلبی مهتاب را از روی آن نگاه‌های پر تمنا بخواند ادامه داد: به این همه استعداد و علاقه می‌خوای پشت پا بزنی؟ می‌خوای چی رو ثابت کنی؟ که چقدر ضعیفی و حاضری در برابر حرف زور از تمام خواسته‌هات صرف‌نظر کنی؟

ـ چاره دیگه‌ای ندارم.

ـ چرا فکر می‌کنی چاره دیگه‌ای نداری؟

ـ نمی‌دونم! فکرم دیگه به جایی نمی‌رسه. با آمار غیبت‌ها و تاخیرام با از دست دادن امتحانام راه دیگه‌ای برام نمونده.

ایمان همان طور که به کرانه‌های اندوه در چشم‌های مهتاب نگاه می‌کرد پس از لحظاتی مکث گفت: حداقل به جای انصراف یه ترم دو ترم مرخصی بگیر. با این زحمت دانشگاه اونم رشته مورد علاقه‌ات قبول شدی. این‌قدر زود از دستش نده.

برقی ناگهانی در چشم‌های مهتاب درخشید ولی به سرعت گذر یک شهاب نورانی خاموش شد: فکر نمی‌کنم دیگه فرقی بکنه.

ـ چرا فرقی نکنه؟ می‌تونی بگی به دلیل مسائل و مشکلات خانوادگی می‌خوام دو ترم مرخصی بگیرم. منم سعی می‌کنم سفارشت رو بکنم.

آثار اضطراب دوباره در چشم‌های مهتاب ظاهر شد: اون اگه بفهمه که من به جای انصراف مرخصی گرفتم قیامت به پا می‌کنه. اون می‌دونه که من برای انصراف اومدم.

ـ چرا باید بفهمه؟ مجبور که نیستی بهش بگی. فقط بهش بگو انصراف دادی همین. تا بعد راهشو پیدا کنی. چرا می‌خوای به علایقت اینجوری پشت پا بزنی؟

چقدر حرف‌های ایمان برای مهتاب دلگرم‌کننده بود.

ایمان به ساعتش نگاهی انداخت. تا کلاس بعدی هنوز چهل دقیقه‌ای وقت داشت. به مهتاب پیشنهاد کرد که برای تقاضای مرخصی همراهی‌اش کند که بتواند سفارش‌های لازم را انجام بدهد.

مهتاب هم با کمال میل پیشنهاد ایمان را پذیرفت ولی مسؤول رسیدگی به امور دانشگاهی در بخش انصراف و مرخصی تحصیلی در آن لحظه در دفتر کارش حضور نداشت و ایمان به دلیل داشتن کلاس نمی‌توانست مدت زمان زیادی آنجا بماند و می‌بایست برود.

کلاس ایمان کمتر از نیم ساعت دیگر تشکیل می‌شد ولی پاهای ایمان اجازه برداشتن گامی

به جلو را نمی‌داد. شاید این آخرین باری بود که مهتاب را می‌دید. نمی‌توانست به همین راحتی با وجود عجله‌ای که داشت به این سرعت از کنار او بگذرد. ایمان سخت به دنبال راهی می‌گشت تا از طریق آن زمان ماندنش را بیشتر کند ولی آن چشم‌ها که حالا بی‌پرده و بدون هیچ سایه تاریکی با او حرف می‌زد قدرت تفکر را هم از او گرفته بود.

زمان به سرعت می‌گذشت. ایمان اگر می‌خواست به راحتی می‌توانست مقام مسؤول را که از اتفاق یکی از دوستان ایمان بود، پیدا کرده و به سرعت کار مهتاب را راه بیندازد از طرفی می‌بایست ترتیبی دهد که حتی برای یک بار دیگر هم که شده دوباره او را ببیند. به همین خاطر عدم حضور مقام مسؤول را به فال نیک گرفت و به مهتاب پیشنهاد کرد تا فردا حوالی ساعت یازده صبح سری به دانشگاه بزند تا ایمان بتواند طی دو ساعت وقت خالی مابین کلاس‌هایش او را برای درخواست مرخصی و سفارش‌های لازم همراهی کند. زمان برای ایمان در آن لحظه به سرعت می‌گذشت و مجبور بود فقط با نگاهی حسرت‌آلود از مهتاب خداحافظی کند ولی این بار نوبت مهتاب بود که او را درست در چارچوب در متوقف کند. مهتاب فرم‌های درخواستش را همان طور روی میز اتاق رها کرد و به دنبال ایمان از اتاق بیرون رفت. گونه‌های او کاملاً به سرخی می‌زد. مهتاب هنوز تشنه بود. تشنه جمله‌ای و یا حتی کلمه‌ای دیگر از زبان ایمان. در حالی که با نگاهی حق‌شناس به ایمان نگاه می‌کرد، گفت: استاد! از اینکه به خاطر من وقت گذاشتید نمی‌دونم چطوری ازتون تشکر کنم.

ایمان لبخندی به لب آورد و در جواب گفت: خواهش می‌کنم! وقت زیادی نگذاشتم. امیدوارم فردا بتونید تمومش کنید.

ـ چرا! خیلی زحمت کشیدید. من واقعاً ممنونم.

ایمان بی‌آنکه لحظه‌ای نگاهش را از صورت مهتاب بردارد پس از لحظاتی مکث با لحن خاصی پرسید: هیچ تغییری توی وضع زندگیتون ایجاد شده؟

و مهتاب در حالی که نگاهش را به کاشی‌های راهرو می‌دوخت با سر جواب منفی داد.

ایمان در سکوت دوباره به مهتاب خیره شد. حالا دیگر نه ایمان حرفی برای گفتن داشت نه مهتاب.

فقط تنها چیزی که ایمان در آن لحظه توانست بر زبان بیاورد این بود که: امیدوارم کار مرخصی‌تون زودتر درست بشه.

و با گفتن این حرف به امید اینکه حداقل فردا دوباره می‌تواند مهتاب را ببیند برای رسیدن به کلاسش با عجله از مهتاب خداحافظی کرد و در حالی او را در آن راهرو تنها گذاشت که

ندانسته روح تشنه شاگردش را تا مرز جنون کشانده بود.

آن روز مهتاب تمام مسیر برگشت را به این فکر کرد که چطور بدون برانگیختن حس شک و تردید در محمود فردا سر ساعت به قراری که با ایمان گذاشته بود، برود. مهتاب هر طور بود باید یک بار دیگر ایمان را می‌دید. حتی اگر شده به قیمت مرگ!

آن روز وقتی محمود به خانه برگشت اولین سوالی که از مهتاب کرد این بود: کار انصراف تموم شد؟

و مهتاب با هنرپیشگی خارق‌العاده و بدون نقص بدون آنکه صدایش بلرزد برای محمود توضیح داد که برای بردن یک سری از مدارک فردا باید مجدداً سری به دانشگاه بزند و ممکن است کارش کمی طول بکشد به همین خاطر سعی خواهد کرد تا فردا اول وقت به دانشگاه برود و بعد از انجام کارهای اداری‌اش خیلی مختصر از دوستان همکلاسی‌اش برای همیشه خداحافظی کند.

آن شب مهتاب دراز کشیده در رختخواب صحنه روبه‌رو شدنش با ایمان را بارها و بارها مرور کرد. ذهن خستگی‌ناپذیرش انگار با هر یادآوری نگاه ایمان عطشی مضاعف می‌یافت. عطش برای تجزیه و تحلیل لحظه به لحظه دیداری که برایش مثل گذراندن دقایقی در بهشت برین بود.

روح مهتاب آنقدر تشنه بود که با رسیدن به جریان پرخروشی که از نگاه ایمان سرچشمه می‌گرفت حاضر بود حتی به قیمت غرق شدن در آن با تمام وجود خود را به آن بسپارد.

یادآوری لحظه به لحظه تن کلام ایمان زمانی که به او می‌گفت: «دیوونه شدی؟ و یا من اجازه نمی‌دم این کار احمقانه رو بکنی.» دم به دم بر شعله‌های آتشی که از مدت‌ها قبل در وجودش مشتعل شده بود می‌افزود. شعله‌های سرکشی که سوزشش برایش سراسر لذت بود. لذتی بی‌مانند که تا آن لحظه هرگز به عمرش نچشیده بود و حالا درست مانند معتادی بی‌قرار برای سیراب کردن حس اعتیاد فقط برای تکرار صحنه‌های آن روز لحظه‌شماری می‌کرد.

مهتاب خواب‌زده از شدت هیجان درون تا صبح از این پهلو به آن پهلو شد. صبح بی‌صبرانه فقط به انتظار نشست تا محمود پایش را از منزل بیرون بگذارد. موقع حاضر شدن زمانی که به تصویر خود در آینه نگاه کرد در نهایت تعجب دید که یأس و سرخوردگی از کرانه‌های نگاهش رخت بر بسته و جای آن برق تمنای دیدن دوباره ایمان نشسته است. درست مثل اینکه از قبل خود را به آن جریان پرخروش سپرده بود و همچنان که آن جریان تند داشت او را با خود می‌برد حتی ذره‌ای برای نجات تقلا نمی‌کرد.

مهتاب برای آخرین بار نگاهی به سر تا پای خود کرد. لبه مقنعه سیاهش جلو کشیده نشده بود و نمی‌توانست بر شعله‌های هیجانی که در چشم‌هایش زبانه می‌کشید، سایه بیندازد. ایمان باید هر طور که بود او را به بهترین وجه ممکن می‌دید.

روح بی‌قرار مهتاب از ساعت نه ونیم صبح در راهروی دانشگاه که تا دقایقی دیگر به دالان بهشت تبدیل می‌شد یک لحظه آرامش نداشت.

از سوی دیگر زمانی که لحظه موعود از راه رسید و چشم ایمان به مهتابی افتاد که دیگر در پشت ابرهای سیاه پنهان نبود روح تب‌دارش یکباره با دیدن همان هاله سیاه رنگ تا خنکای سایه درختان بهشتی رفت.

بار دیگر ایمان زانوهای سست را به تجربه نشست و قدم‌هایش را لحظه به لحظه آهسته و آهسته‌تر کرد. او که هرگز خواب درافتادن به گرداب عشق را نمی‌دید از مدت‌ها پیش در بیداری ناخواسته با دیدن مهتاب نیمه پنهان در پشت ابرهای اسارت به دام گرداب جنون افتاده بود ولی این بار دیگر با دیدن قرص کامل آن ناتوان دست از تقلا کشید.

گونه‌های مهتاب با دیدن ایمان تبدیل به گلی از آتش شد. ایمان به محض دیدن او لبخندی به لب آورد و ضمن سلام و علیکی نیمه رسمی از مهتاب پرسید که مدارکش را با خود آورده یا نه و سپس همراه او به اتاق مسؤول امور دانشجویی رفت. ایمان جریان را برای دوستش شرح داد و او هم به ایمان قول داد که از هیچ گونه کمکی دریغ نخواهد کرد و کار مهتاب را درست خواهد کرد.

کار اداری مهتاب دیگر به پایان رسیده بود و برخلاف تمایل آن دو وقت، وقت رفتن بود.

مهتاب خوب می‌دانست که وقتی ایمان به انتهای راهرو برسد همین که در پاگرد پله‌ها از دیدش ناپدید شود دیگر هرگز او را نخواهد دید و صدایش را نخواهد شنید. بغض گلویش را فشرد ناامیدانه با خود جنگید که جلوی اشک‌هایی را که بی‌اختیار در چشم‌هایش جمع شده بگیرد ولی توان اشک‌ها خیلی بیشتر از آن بود که مهتاب بتواند در مقابل‌شان مقاومت کند.

دیدن آن اشک‌ها از چشم‌هایی که مدت‌ها ایمان را طلسم کرده بود برای ایمان خیلی تاثرآور بود. اشک‌های مهتاب بی‌اختیار قطره قطره روی گونه‌های گلرنگ‌اش می‌دوید. ایمان دستمال تمیزی به مهتاب داد و زیر لب گفت: متاسفم! واقعاً متاسفم!

ایستادن را جایز ندانست و با رفتنش مهتاب را هم روانه سرزمین سرد و سیاه تنهایی‌اش کرد. همین که ایمان در پاگرد پله‌ها قرار گرفت تن لرزه‌ای شدید بر جان مهتاب افتاد. با همان چشم‌های اشکبار زیر لب گفت: تموم شد. دیگه نمی‌بینم‌اش. دیگه هیچ وقت نمی‌بینم‌اش.

سپس آهسته دستش را به دیوار گرفت. حس می‌کرد هوا سنگین شده و دوخت مقنعه‌اش از زیر چانه دارد خفه‌اش می‌کند. چشم‌هایش را برای لحظه‌ای بست ولی چیزی جز نگاه مشتاق ایمان در صفحه تاریک ذهنش نقش نبست. برای لحظاتی بی‌اختیار به دستمالی که ایمان به او داده بود خیره شد و در حالی که حس گناه داشت عرقی سرد بر تمام بدنش می‌نشاند دستمال را روی قلبش فشرد. همانجا سقوط کرد؛ سقوط به عمق دره‌ای که مدت‌ها بی‌تعادل بر لبه آن ایستاده بود و حالا ایمان فقط با یک تلنگر کوچک او را به عمق آن کشانده بود. دره‌ای عمیق که مهتاب نه توان بالا کشیدن از آن را داشت و نه می‌خواست از آن بالا بکشد.

ایمان با قدم‌هایی که به اکراه برمی‌داشت لحظه به لحظه از مهتاب دورتر و دورتر می‌شد. برای لحظه‌ای در پاگرد پله‌ها توقف کرد و چشمانش را بست و نگاه مهتاب در ذهنش نقش بست. آن گاه بود که دریافت چنان به دام چشم‌های مهتاب گرفتار آمده که دیگر هیچ راه گریزی از آن نیست.

فصل پنجاهم

ایمانِ فریدون در حالی قدم به دوران جوانی می‌گذاشت که ابرهای سیاه سرخوردگی و یأس و ناامیدی به جا مانده از اواخر دوران نوجوانی آسمان پرشور و هیجان قدیمی‌اش را کم‌کم رو به تاریکی می‌برد.

دیگر از آن اعتقادات پاک و روحانی که زمانی تنها دلگرمی ایمان در سخت‌ترین لحظات زندگی‌اش محسوب می‌شد، خبری نبود. مدت‌ها بود که جانمازش روی طاقچه اتاقش دست نخورده مانده و لای قرآنی که هدیه فریدون در سال‌ها پیش بود، باز نشده بود. در آستانه افتادن به دام هولناک شک و تردید و در شرف از دست دادن ایمان و باورش چشم‌هایش را بسته بود. چشم‌هایی که از دو سال پیش کم‌کم سوی لازم برای رویت آسمان روشن فردا را از دست داده بود دیگر حتی با عینک خوش‌بینی هم آن سوی از دست رفته را به دست نمی‌آورد. او که دو سال پیش در افتادن قریب‌الوقوع جوانان به دام مخوف افسردگی و پوچ‌گرایی را به صدرا و رحیم‌خان هشدار داده بود حالا خودبر لبه همان پرتگاه ایستاده بود. از نظر ایمان همه چیز دیگر تمام شده بود خصوصاً عمر کوتاه اصلاحات در جامعه. دیگر کمتر کسی صدای ایمان را می‌شنید. حتی صدرا!

سکوت ایمان به جایی رسیده بود که سهراب که همیشه تلاش می‌کرد پا جای پای ایمان بگذارد و حرکات او را تکرار کند به طرز قابل توجهی کم حرف شده بود. روابط ایمان و فریدون هم دست‌کمی از سردی حال درونی ایمان نداشت. روابطی که بیشتر به یک سلام و علیک معمولی خلاصه می‌شد تا روابط گرم پدر و فرزندی. فریبا دیگر از گوشزد کردن‌های مداوم به فریدون خسته شده بود و دیگر حوصله شنیدن جواب فریدون را نداشت که همیشه

می‌گفت: «ایمان خودش این طوری می‌پسنده. دلش می‌خواد از همه کناره بگیره من نمی‌تونم به زور ازش بخوام بیاد با جمع قاطی بشه.»

فریبا نمی‌توانست از کنار بی‌توجهی و بی‌اهمیتی فریدون به روابطش با ایمان بی‌تفاوت بگذرد و همچنان در نهایت ناامیدی سعی می‌کرد فرش نخ‌نما شده پیوند خانوادگی‌شان را با خامه پوسیده حرف و صحبت و نصیحت رفو کند.

خانم تفرجی هم از شرایط موجود خشنود نبود و مقصر اصلی را فریدون می‌دانست که از اول بنیاد محکم صمیمیت پدر و فرزندی را زیرسازی نکرده بود و حالا با کوچک‌ترین مشاجره‌ای تمام ستون‌های متزلزلش گام به گام به فرو ریختن نزدیک‌تر می‌شد.

با این همه روابط سهراب و ایمان با وجود اختلاف سنی زیاد به همان زیبایی و گرمی همیشگی مانده بود و روز به روز هم بر حرارت و گرمی‌اش افزوده می‌شد.

کم‌حرفی و گوشه‌گیری سهراب به تبعیت از ایمان یواش یواش فریدون را نگران می‌کرد. واهمه‌اش از این بود که مبادا عقاید ایمان هم‌چون رفتارش بر او اثر بگذارد. البته دور از انتظار هم نبود، چون همیشه در اوج تلخی‌های روحی دوران جوانی‌اش به روی سهراب خندیده بود و ضعفی در برابر او از خود نشان نداده بود و مفهوم برادر بزرگ‌تر بودن را که اولین بار صدرا به او القا کرده بود به خوبی دریافته بود و همیشه سنگ صبور سهراب بود در حالی که حسرت مهر پدری را همیشه در وجود خودش حس می‌کرد.

وحشت فریدون زمانی به اوج خود رسید که ایمان قدم به محیط بازتری به نام دانشگاه گذاشت. محیط دانشگاه زاویه دید ایمان به حقایق جامعه را روز به روز بیشتر می‌کرد. ایمان دیگر تنها نبود و افکارش که زمانی به خاطر تعصبات فریدون محصور شده در قالب یک ذهنیت فردی فرو رفته بود و اجازه ذره‌ای فراتر رفتن و شکستن حصار محدودیت‌ها را نداشت حالا از پیله سخت درون‌گرایی به درآمده و مثل آبی جاری شده فقط به دنبال منشا و سرچشمه یک رنگی عقاید در محیطی به مراتب بازتر و فراخ‌تر می‌گشت. به اعتقاد ایمان هیچ کس بهتر از نسل جوان و قشر تحصیل کرده نمی‌توانست به آشکاری و وضوح دردهای مزمن جامعه را ببیند. دردهای مزمنی که به اعتقاد او در شرایط فعلی به جای یافتن منشا اصلی آن برای درمان قطعی با تزریق مداوم وعده و عیدهای لحظه‌ای در رگ‌های جامعه درست مثل اثر سریع و کوتاه‌مدت دارویی مسکن بر دردی شدید به‌طور موقت و کوتاه‌مدت تسکین می‌یافت.

با ورود ایمان به دانشگاه هر زمان که فریدون به دانشگاه و جو دانشجویی فکر می‌کرد دوران دانشجویی خودش در ذهنش تداعی می‌شد و با یادآوری پافشاری‌اش بر روی اعتقادات و

عقایدش که تا پای مرگ هم حاضر به دست کشیدن از آنها نبود و یادآوری آنکه ایمانش هم در نشان دادن سرسختی و تعصب نسبت به عقاید و باورهایش دست کمی از خود او نداشت لرزه به تمام وجودش می‌افتاد و حالا در مقابل چشم‌های بهت‌زده‌اش سهراب مدام با لبخند تکرار می‌کرد: «منم مثه داداش ایمان می‌خوام برم دانشگاه علوم سیاسی بخونم و وقتی داداش ایمان رئیس‌جمهور بشه منم می‌شم وزیرش اونوقت ایران رو آنقدر بزرگ و قشنگ می‌کنیم که هر خارجی آرزو کنه کاش یه ایرانی بود» و ایمان هم با تأسف سرش را تکان می‌داد و در جواب زیر لب می‌گفت: شتر در خواب بیند پنبه‌دانه گهی لپ لپ خورد گه دانه دانه.

و فریدون هم با نشنیده گرفتن جواب ایمان در جواب سهراب می‌گفت: «پسرم! الانش هم خیلی‌ها غبطه مملکت ما رو می‌خورن» و ایمان هم بعد از اینکه برای لحظاتی نگاهی دردناک به صورت پدر می‌انداخت به دنبالش با لبخندی تلخ بدون گفتن کلمه‌ای اتاق را ترک می‌کرد و سهراب هم به دنبالش. این مضمون نمایش تلخی بود که در خانه فریدون هرگز از روی اکران برداشته نمی‌شد و فریبا و خانم تفرجی هم همواره محکوم به تماشای آن بودند.

ایمان به‌رغم مخالفت‌های فریدون در رشته علوم سیاسی یعنی رشته‌ای که همیشه مورد علاقه‌اش بود مشغول تحصیل شد. ورود به محیط دانشگاه برای ایمان که به دلیل جهش تحصیلی یک سالی از تمام هم‌کلاسی‌هایش کوچک‌تر بود درست مثل قدم گذاشتن به فصل جدیدی از داستان غمناک جوانی حیف شده او بود. با ورودش به دانشگاه به این باور رسید که تنها نیست و درد او درد نادری مختص عده‌ای انگشت‌شمار نیست. به اعتقاد ایمان درد او درد مشترکی بود که درست مثل یک بیماری واگیردار به جان تمام نسل جوان ایران افتاده بود. بیماری واگیرداری که طبق باور او فرمول داروی درمانش به دست پزشک نالایق و بی‌کفایتی افتاده بود که به هیچ عنوان نه آگاهی و دانش و نه صلاحیت کنار هم چیدن آن فرمول را داشت.

فصل پنجاه‌ویکم

تغییر حالات و رفتار ایمان در تمام این مدت از دید تیزبین صدرا پنهان نمانده بود. هر چند صدرا این تغییرات را ابتدا زودگذر و ناپایدار تصور می‌کرد ولی کم‌کم حواس‌پرتی‌های او صدرا را نگران می‌کرد. صدرا بعد از اینکه مدتی رفتار ایمان را بدون آنکه خود او بفهمد زیر ذره‌بین گرفت بالاخره به این نتیجه رسید که تنها یک عامل می‌تواند این شرایط را برای ایمان فراهم کرده باشد و آن شکسته‌شدن طلسم ایمان و عاشق شدن اوست.

خود ایمان سر از این همه تغییر و آشفتگی ذهنی‌اش در نمی‌آورد یا شاید نمی‌خواست به خودش بقبولاند که تجسم مداوم آن چشم‌ها و حالت آن لب‌ها و یا وسواس برای دیدن دوباره آنها و یا تکرار پی‌درپی آن صدای ملایم در گوشش همه و همه علائم شایع بیماری حاد عاشقی است.

غروب همان روزی که ایمان برای آخرین بار مهتاب را دید صدرا به علت خستگی مفرط زودتر از همیشه از مغازه به خانه آمد. سایه روشن نارنجی غروب از لابه‌لای درخت‌ها به اتاق نشیمن می‌تابید. روی صندلی همیشگی‌اش کنار پنجره قدی نشست و مثنوی مولانا را روی زانوهایش باز کرد و مشغول خواندن شد. ولی هنوز چند دقیقه‌ای نگذشته دست از خواندن کشید. عینک‌اش را برداشت و به پنجره خیره شد. پنجره‌ای رو به سایه روشن درخت‌ها که حالا زیر نور نارنجی رنگ خورشید به سیاهی می‌زدند. غرق در افکار گوناگون با شنیدن صدای پای ایمان از راهرو که تازه به خانه برگشته بود به خود آمد. به چارچوب در که رسید او را صدا زد و از او خواست که به او ملحق شود. ایمان از همه جا بی‌خبر به صندلی صدرا نزدیک شد: سلام پدر. چرا توی تاریکی نشستی؟ تو این تاریکی چه جوری کتاب می‌خونی؟

ـ همین نور کم برای خوندنم کافیه. من هنوز دارم صورتت رو به خوبی می‌بینم. تازه یه چیز دیگه هم دارم می‌بینم. دارم خوب می‌بینم که توی اون چشم‌ها اضطراب و ناراحتی موج می‌زنه. بیا بشین کارت دارم.

ایمان نگاه کنجکاو و مضطرب‌اش را به صدرا دوخت و در حالی که صندلی خالی کنار دیوار را جلو می‌کشید منتظر شد تا ببیند پدرش چه حرفی برای گفتن دارد. صدرا نگاه موشکافانه‌اش را به صورت ایمان دوخت و همچون فال‌گیرها به خطوط و حالت‌های صورت ایمان خیره شد. سپس در حالی که دسته عینک‌اش را روی لب‌هایش می‌فشرد گفت: من خیلی منتظر شدم که خودت بیایی و همه ماجرا را برام تعریف کنی. ولی هر چی بیشتر صبر کردم کمتر نتیجه گرفتم. حالا می‌خوای حرف بزنی یا نه؟

ایمان با دستپاچگی گفت: چی رو تعریف کنم؟ در مورد چی صحبت کنم؟

لبخندی پرمعنی روی لب‌های صدرا نشست: دیگه طفره رفتن فایده نداره. من با اون چشم‌ها غریبه نیستم. بعد از این همه سال اگه پسرمو نشناسم به درد لای جرز دیوار می‌خورم. فکر کردی تا حالا متوجه حواس‌پرتی‌هات و توی عالم هپروت رفتنات نشدم؟ خیال کردی نمی‌دونم چند وقته خواب و خوراک نداری؟ این صورت تابلو، دروغ نمی‌گه. حالا می‌خوای حرف بزنی یا نه؟

گونه‌های ایمان با هر یک جمله صدرا بیشتر گر می‌گرفت. سرش را پایین انداخت. آرنج‌هایش را روی زانوهایش تکیه داد و دست‌هایش را لای موهایش فرو برد و برای دقایقی سکوت اختیار کرد. دو سه دقیقه‌ای به سکوت گذشت تا بالاخره ایمان به حرف آمد و آهسته و با احتیاط ماجرای زندگی مهتاب را برای صدرا شرح داد.

صدرا مابین حرف‌های ایمان از جا برخاست. کتاب و عینکش را روی میز گذاشت و به سمت پنجره رفت. آرنجش را به شیشه پنجره تکیه داد و به حیاطی که تا دقایقی دیگر در سیاهی مطلق فرو می‌رفت خیره شد. سایه سیاه درخت‌ها در آن انتهای غروب انگار با زغال روی یک بوم نارنجی رنگ کشیده شده بود. خیره به تیرگی حیاط که هر لحظه فراگیرتر می‌شد از جایش تکان نمی‌خورد و ایمان هم ممنون از تاریکی اتاق همچنان ادامه می‌داد. نمی‌خواست حرف‌های ایمان را قطع کند به همین خاطر در سکوت گوش به صدای لرزان ایمان سپرده بود. ایمان از شرایط زندگی مهتاب، از مکالمات رودررو با او و احساساتش چه در زمان حضور مهتاب و چه عدم حضور او حرف‌ها زد و آنقدر حرف‌هایش ادامه پیدا کرد که هر دو تقریباً در تاریکی مطلق فرو رفتند.

حرف زدن در تاریکی به مراتب برای ایمان راحت‌تر از حرف زدن در روشنایی اتاق بود. به

این ترتیب دیگر لازم نبود با اضطراب و نگرانی در حال حرف زدن به صورت پدرش نگاه کند. زمانی که حرف‌های ایمان به پایان رسید صدرا با صدای گرفته‌ای از ایمان خواست تا برق را روشن کند. با روشن شدن چراغ نور آن برای لحظه‌ای چشم‌های ایمان را زد. پلک‌هایش را لحظه‌ای جمع کرد تا بتواند به نوری که حالا پرده از روی سیاهی همه چیز برداشته بود عادت کند. هم‌زمان که به طرف صندلی‌اش برمی‌گشت یک آن چشم‌اش به انعکاس چهره صدرا که هنوز رویش به سمت حیاط بود روی شیشه پنجره افتاد. در انعکاس مبهم چهره پدر نه اثری از همدردی دید نه اثری از لبخند و یا اثری از مهر. در آن چهره، فقط خشم نمایان بود. خشمی که در نگاه صدرا با برگشتن رویش به طرف ایمان صدبرابر شد. حالا دیگر برافروختگی صورت صدرا کاملاً مشخص شده و از آن مهر پدرانه که همیشه در نگاهش تا بی‌نهایت موج می‌زد هیچ نشانه‌ای نبود. در آن چشم‌ها شعله‌های خشم بود که زبانه می‌کشید. خشمی که بر تمام بدن ایمان رعشه انداخت. صدرا با صدایی که در گوش ایمان قطعاً فریاد بود گفت: دیوونه شدی؟ چه بلایی سرت اومده؟ عاشق نشدی، نشدی حالا هم که شدی انگشت گذاشتی روی زنی که شوهر و زندگی داره؟

ــ کدوم زندگی؟ چه شوهری که از یه حیوون بدتره؟

ــ به عقد مرد دیگه هست یا نه؟ من از خدام بود که یک روز عاشق شدنتو ببینم ولی نه این جوری. اگه قرار باشه عاشق زن مردم بشی می‌خوام هفتاد سال سیاه عاشق نشی. اصلاً تو به چه حقی با این دختره قاطی شدی که تا اینجا بخوای پیش بری؟ تو به چه حقی چطور به خودت اجازه دادی که اصلاً بهش فکر کنی؟

سرگیجه تمام وجود ایمان را فرا گرفت. ضعف از بابت بی‌خوابی و بی‌اشتهایی او را از پا انداخته بود و حالا مخالفت قاطعانه صدرا حتی برای دیدن و یا حرف زدن او با مهتاب در حالی که به هیچ وجه انتظارش را نداشت او را به شدت تحت فشار قرار داده بود.

صدرا با دو گام بلند خود را به ایمان رساند و در مقابل صندلی او روی زمین زانو زد و بازوهای ایمان را گرفت و در حالی که آنها را به آرامی تکان می‌داد و سعی می‌کرد تن صدایش را پایین بیاورد با لحنی دلسوزانه گفت: پسرم! تموم دنیا رو بگردی هیچ‌کس رو پیدا نمی‌کنی که به اندازه من خوبیت رو بخواد. ولی باور کن ادامه این وضع عاقبت نداره. سپس در حالی که برق اشک در چشم‌هایش می‌درخشید ادامه داد: یه نگاه به زندگی من بکن و از اون درس بگیر. من می‌دونم که عاشق زن مردم بودن با مرد چکار می‌کنه. تازه زمانی که من عاشق صبا شدم هنوز شوهر نداشت. عاشق شدن تو یکی دیگه نوبره.

سپس همین طور که بازوهای ایمان را رها می کرد، ادامه داد: بیا پسرم! تا دیر نشده فکر این دختره رو از سرت بیرون کن. تا هنوز کار به جاهای باریک نکشیده. تا هنوز خودتو بیش از این آلوده این عشق بی‌آخر و عاقبت نکردی. این طوری که تو از شوهر این دختره حرف می‌زنی هر کاری از دستش بر میاد. یه وقت یه کاری دست جفتتون می‌ده.

لحن صدرا با فریاد خشم شروع شده و حالا به لحنی التماس‌آمیز تغییر کرده بود. ولی از روی نگاه‌های ایمان به وضوح می‌خواند که نصایح‌اش اگر به دیوار اثر دارد به او هم اثر خواهد کرد. سعی کرد ناامید نشود. به التماس کردن ادامه داد. به خوبی می‌دانست التماس آب در هاون کوبیدنی بیشتر نیست ولی چه کار دیگری از دستش ساخته بود؟ تمام زجرها و سختی‌هایی که چندین و چند سال از ناکامی‌اش از آن عشق آتشین کشیده بود دوباره در مقابل چشم‌هایش جان گرفت. تمام لحظات تلخ با تمام جزئیات آنقدر در ذهنش زنده بود که انگار همین دیروز اتفاق افتاده بود و حالا تکرار آن بدبختی‌ها را به مراتب بدتر در انتظار ایمانش می‌دید. حاضر بود به هر قیمتی شده جلوی رشد عشقی را که تازه جوانه زده بود، بگیرد و از این رو وقتی دید التماس‌هایش کارگر نیفتاده و کوچک‌ترین اثری بر ایمان ندارد او را تهدید کرد. تهدید به اینکه بین پدر و عشق به مهتاب یکی را انتخاب کند.

ایمان بی‌تعادل ایستاده بر قله انتخاب که از هر دو طرف به دره‌ای عمیق ختم می‌شد از وحشت چشم‌هایش را بسته بود. قدرت تفکر به شدت از او سلب شده و در شرایط سختی به سر می‌برد. چطور می‌توانست فکر آن چشم‌ها و نگاه‌ها را که انگار با جوهری پاک نشدنی در ضمیر ناخودآگاهش حک شده بود از سر بیرون کند؟ چطور می‌توانست مهتابی را که اسمش، صدایش و حضورش ضربان قلبش را چندین برابر می‌کرد به فراموشی بسپارد؟ از سوی دیگر خود صدرا به خوبی می‌دانست که راهی غیرمنصفانه پیش پای او قرار داده است ولی با ناامیدی تمام سعی می‌کرد به خود بقبولاند که هنوز جای امیدی هست.

آن شب صدرا بدون گرفتن نتیجه‌ای یا شنیدن آره یا نه از طرف ایمان ناامید به رختخواب رفت. خود ایمان هم زمانی‌که روی تخت دراز کشید دست به گریبان با افکار درهم و برهمش در نهایت به این نتیجه رسید که حالا با سر در دام عشقی که همیشه از آن حذر کرده بود، افتاده و هیچ راه خروجی از آن ندارد.

فردای آن روز صدرا که از سکوت دردناک ایمان به ستوه آمده بود سری به منزل همسایه زد. خانم تفرجی با لبخند در را به روی صدرا باز کرد و گفت: به‌به! چه عجب همسایه! یادی از ما کردی!

صدرا خنده‌ای زورکی به لب آورد و گفت: داری سر به سرم می‌ذاری؟ ما که هر روز داریم همو می‌بینیم؟

خانم تفرجی با خنده صدرا را به منزل دعوت کرد ولی صدرا روی همان پله دوم نشست و گفت: نمی‌تونم زیاد بمونم. همین‌جا خوبه. همین‌جا می‌شینم.

ـ می‌خوای بشینی تو حیاط؟

ـ آره عجله دارم. باید برم.

چهره متفکر صدرا حس کنجکاوی خانم تفرجی را حسابی برانگیخته بود. به همین خاطر همین طور که دستش را به نرده پله‌ها گرفته و در مقابل صدرا ایستاده بود، گفت: چته بابا؟ مگه کشتیات غرق شده؟

صدرا نگاهی به او انداخت و در حالی که سرش را تکان می‌داد با ناراحتی گفت: کاش کشتیام غرق شده بود.

ـ چرا؟ مگه چی شده؟

صدرا با عصبانیت جواب داد: هیچی! پسره برام عاشق شده.

لبخند شادی روی لب‌های خانم تفرجی نشست و با هیجان گفت: الهی قربونش برم! مرد حسابی این دیگه غصه داره؟

ـ آره غصه داره. اگه عاشق زن شوهردار بشه آره که غصه داره.

لبخند لب‌های خانم تفرجی برای لحظه‌ای محو شد. در صورت جدی و عصبانی صدرا دقیق شد و سپس یکباره به خنده افتاد. خنده‌ای بلند با قهقهه‌هایی بلندتر. صدرا در حالی که عصبانیتش هر لحظه بیشتر می‌شد با صدایی گرفته پرسید: به چی می‌خندی؟ کجاش خنده داره؟ بگو ما هم بخندیم.

صورت خانم تفرجی از شدت خنده حسابی قرمز شده بود و به هیچ عنوان نمی‌توانست جلوی خودش را نگه دارد. تا جایی که خنده‌هایش گرفتگی صورت صدرا را هم از بین برد و به جایش لبخند کم‌رنگی روی لب‌های او نشاند: چته بابا مگه من چی گفتم که این‌قدر برات خنده داره؟

خانم تفرجی به سرفه افتاده بود. به حدی که صدرا دو ضربه آرام پشت کمرش زد.

خانم تفرجی بعد از اینکه سینه‌اش را صاف کرد و مطمئن شد دیگر می‌تواند خودش را کنترل کند به صورت صدرا نگاه کرد و گفت: من کم‌کم دیگه به شک افتاده بودم که نکنه این پسره پسر تو نیست. ولی امروز واقعاً مطمئن شدم. این پسره کپیه خودته. حتی عاشق شدنشم به خودت رفته.

صدرا معترضانه جواب داد: کجا عاشق شدنش به من رفته؟ من وقتی عاشق صبا شدم اون هنوز شوهر نداشت.

لبخند از روی لب‌های خانم تفرجی محو شد و در حالی که حالتی جدی به خود می‌گرفت گفت: بعد که ازدواج کرد چی؟ حاضر شدی برای یه لحظه فقط یه لحظه فکرش رو از سرت بیرون کنی؟

صدرا با این حرف خانم تفرجی سرش را پایین انداخت و در حالی که به کاشی‌های حیاط چشم می‌دوخت با لحنی نالان جواب داد: هیچ‌وقت. حتی برای یه لحظه.

نگاه صدرا روی کاشی‌های حیاط گم شد و او را با خود سی سال به عقب برد و درست لحظاتی را به خاطرش آورد که موهای شبق رنگ صبا برای اولین‌بار با دست‌هایش آشنا شد و به دنبال شیرینی آن حس خوش، لحظه‌ای را به خاطر آورد که طرح اندام او در سر درحیاط برای همیشه مثل آخرین ستاره صبح به کلی محو شد و تمام آن شیرینی لحظه‌ای جای خودش را به طعم تلخ زهر ناکامی بخشید و به دنبال یادآوری آن تلخ‌کامی قدیمی شعله خشم به نگاهش که تا دقایقی پیش با یادآوری گذرای خاطرات قدیمی‌تر شده بود هجوم آورد. صدرا دوباره چشم در چشم‌های خانم تفرجی دوخت و گفت: نمی‌ذارم. به خدا نمی‌ذارم. این پسره داره دستی دستی خودشو بدبخت می‌کنه. یه مدت بگذره از کله‌اش می‌افته. اصلاً مگه خودش نمی‌گفت عشق و عاشقی رو باور نمی‌کنه همون بهتر که هیچ وقت عاشق نشه.

ـ حالا چه جوری عاشق زن شوهردار شده؟

ـ داستانش مفصله.

خانم تفرجی دستش را روی شانه صدرا گذاشت و گفت: هر وقت تو توی خودت دیدی که بعد از سی سال صبا رو فراموش کنی ایمان هم یاد می‌گیره از عشقش چشم پوشی کنه.

ـ هیچ معلومه چی داری می‌گی؟ داری عشق ایمان رو به یه زن شوهردار تایید می‌کنی؟!

ـ من هیچی رو تایید نمی‌کنم. همیشه با خودم می‌گفتم پدر به این عاشق‌پیشگی پسر به این بی‌عرضگی ولی حالا فهمیدم که الحق والانصاف پسر خودته. عاشق شدنشم مثل عاشق شدن خودت خرکیه. یه دندگیشم الحمدلله به باباش رفته. این می‌دونی یعنی چی؟ یعنی داری خودتو خسته می‌کنی.

ـ می‌گی چی؟ بذارم دستی دستی خودشو بدبخت کنه؟ شوهر دختره معلوم نیست از کدوم خراب‌شده‌ای اومده. ایمان می‌گه پدر دختر بیچاره رو درآورده.

صدرا لحظه‌ای مکث کرد. آرنج‌هایش را روی زانوهایش گذاشت و در حالی که

دست‌هایش را لابه‌لای موهای جوگندمی‌اش فرو می‌برد آهی کشید و ادامه داد: من از کارای این پسره سر در نمیارم. این همه دختر جوون باید عدل انگشت بذاره رو اینکه شوهر داره.

ـ نمی‌دونم والا! کار دل این حرفا سرش نمی‌شه.

صدرا سرش را بالا گرفت و با اعتراض در چشم‌های خانم تفرجی نگاه کرد و گفت: نه تو مثل اینکه راستی راستی داری کار اشتباه این پسره رو تایید می‌کنی.

ـ تایید نمی‌کنم. ولی همون طور که گفتم کار دل این حرفا سرش نمی‌شه.

ـ قبل از اینکه دلش گرفتار بشه نباید چشاشو باز کنه طرفشو ببینه؟ چرا باید این‌قدر ضعیف باشه؟ اون همه هارت و پورتش که چه می‌دونم به عشق و عاشقی اعتقاد ندارم و نمی‌خوام به سرنوشت تو دچار بشم همین بود؟ اون مرتیکه شوهر دختره دیوونه‌اس. می‌ترسم یه کاری دستش بده. یه دفعه تو دانشگاه جلوشو گرفته.

چشم‌های خانم تفرجی از تعجب گشاد شد: یعنی تا این حد پیش رفته که شوهره فهمیده؟

ـ نه بابا! شوهره شکاکه. یکی براش خبر برده ایمان یه کلمه باهاش حرف زده و اونم مثل روانی‌ها پا شده رفته دانشگاه.

ـ توکل به خدا کن. حالا از کجا می‌دونی عاشقه؟ شاید دلش برای دختره سوخته؟

ـ آدمی که فقط دلش بسوزه اینجوری از خواب و خوراک نمیفته. من بچمو خوب می‌شناسم.

ـ اینقده حرص و جوش نخور. حالا چرا دختره گیر یه همچین آدم عوضی افتاده؟ چرا جدا نمی‌شه؟

ـ چه می‌دونم! از قرار شوهرش همه جا نفوذ داره. خصوصاً تو اداره دادگستری. مثل اینکه یه دفعه دختره بدبخت تقاضای طلاق داده. ولی چنان بلایی به سرش آورده که دیگه صداش در نیاد.

با شنیدن اسم اداره دادگستری خانم تفرجی تبسمی کرد و گفت: اگه اون تو اداره دادگستری آشنا داره فریدونِ منم برا خودش اونجا برو بیایی داره. به این خلق و خوی تندش نگاه نکن. دلش خیلی نازکه. اگه بفهمه همچین جونوری با پارتی پدرِ زن بدبختشو در میاره همچین حالشو بگیره که نفهمه از کجا خورده. حداقل حزب‌اللهی بودن این پسره خر یه سودی هم باید داشته باشه.

با وجودی که خانم تفرجی بر خلاف تصور صدرا آنقدر خوش‌بینانه به قضیه نگاه می‌کرد خود صدرا به هیچ وجه قانع نشده بود و با تمام وجود به دنبال راهی می‌گشت که از گرفتار شدن

بیشتر دل عاشق ایمان جلوگیری کند.

در نهایت صدرا پس از ساعت‌ها فکر کردن و به دنبال راه چاره گشتن تصمیم گرفت با احمد در این رابطه صحبت کند و به واسطه اینکه آن دو حرف همدیگر را بهتر می‌فهمند از احمد بخواهد تا ایمان را کمی نصیحت کند.

احمد هم بعد از مکالمه طولانی‌اش با صدرا وقتی شدت و درجه نگرانی او را دید قول داد که حتماً در اولین فرصت با ایمان حرف بزند.

احمد طبق قولی که به صدرا داده بود یک عصر جمعه از ایمان خواست تا برای پیاده‌روی و هواخوری با او همراه شود. برعکس انتظار احمد به حرف آوردن ایمان اصلاً کار سختی نبود. چون خود ایمان قبل از هر چیزی باب صحبت پیرامون آشفتگی‌های ذهنی اخیرش را پیش کشید.

ایمان از دامی که با سر در آن گرفتار آمده بود برای احمد حرف زد. از سردرگمی‌هایش از اینکه قادر نیست فکر مهتاب را لحظه‌ای از ذهنش بیرون کند از اینکه چقدر مشتاق است اگر شده حتی برای یک لحظه دوباره او را ببیند و صدایش را بشنود. ایمان آن‌چنان با آشفتگی روحی ولی با صداقت سفره دلش را برای احمد گشود که در انتهای حرف‌هایش احمد به این نتیجه رسید که فراموش کردن مهتاب برای ایمان امری محال اندر محال است.

صدرا از مذاکره بی‌نتیجه احمد با ایمان ناامید نشد.

تنها دل‌خوشی باقی‌مانده صدرا این بود که راه ارتباطی ایمان و مهتاب در حال حاضر کاملاً قطع شده و احساسات ناگهانی ایمان به همان سرعتی که به جوش افتاده به همان سرعت هم فروکش خواهد کرد.

یک هفته‌ای از آخرین ملاقات ایمان و مهتاب می‌گذشت ولی ذهن ایمان روز به روز آشفته‌تر می‌شد. کار به جایی کشید که ایمان تنها راه‌حل را در دیدن دوباره مهتاب حتی اگر شده برای یک بار دیگر دید.

مدت‌ها بود که ایمان در کنار گرفتاری‌های فکری تصمیم داشت نمایشگاهی از آثارش که طی چندین سال آنها را کشیده بود، بر پا کند. در حقیقت با راه‌اندازی نمایشگاه می‌خواست آخرین شانس‌اش برای دیدن دوباره مهتاب را امتحان کند. در اوج ناامیدی به دنبال راهی گشت تا خبر برپایی نمایشگاه را هر طور شده به گوش مهتاب برساند به همین خاطر در همان آخرین روزهای دانشگاه یک روز بعد از کلاس تصمیم گرفت با یک تیر دو نشان بزند و با کشیدن الهام به کناری ضمن جویا شدن از احوال مهتاب و گرفتن خبری از او از الهام بخواهد که خبر برپایی

نمایشگاه را به مهتاب برساند تا در صورت علاقه به آنجا سری بزنند.

وقتی از الهام در مورد وضعیت فعلی مهتاب پرسید الهام سرش را به علامت تأسف تکان داد و گفت تغییر چندانی در وضع زندگی مهتاب ایجاد نشده و او همچنان در آن وضع اسف‌بار به سر می‌برد. هم‌چنین اضافه کرد با تغییر رویه مداوم محمود که یک روز مهتاب را می‌پرستد و یک هفته با او مثل یک برده رفتار می‌کند مهتاب را تا مرز دیوانگی کشانده است. خصوصاً حالا که دیگر تنها امید و علاقه‌اش را هم که آمدن به دانشگاه بوده کاملاً از دست داده است.

در نهایت از الهام خواست که به مهتاب اطلاع دهد تا در صورت امکان از نمایشگاه بازدید کند و به این ترتیب خود بی‌صبرانه به انتظار روز نمایشگاه نشست.

دو روز مانده به افتتاح نمایشگاه ایمان فریدون که از طریق مادربزرگش از جریان نمایشگاه باخبر شده بود همراه دوست و همکلاسی دانشگاهی‌اش فرشید سری به ایمان زد و به او پیشنهاد کرد که در افتتاح نمایشگاه به او کمک کنند.

ایمان هم با کمال میل پیشنهاد آن دو را پذیرفت و لیستی از کارهایی را که آنها می‌توانستند برای نمایشگاه انجام دهند در اختیارشان قرار داد. ایمان و فرشید عین دو روز را همراه رسول یکی از دانشجویان سال گذشته ایمان به فراهم آوردن مقدمات نمایشگاه گذراندند به طوری که روز افتتاح همه چیز مرتب و منظم بدون کوچک‌ترین مشکلی آماده ورود بازدیدکنندگان بود.

از همان لحظه افتتاح نمایشگاه ایمان در حالی که دل در دلش نبود از صبح پا به پای رسول و ایمان و فرشید درگیر کارهای مختلف بود. نورپردازی گالری، نحوه چیدن و ترتیب نصب آثار و حتی انتخاب موسیقی ملایمی که طی زمان برپایی نمایشگاه به گوش می‌رسید همه به سلیقه خود ایمان طراحی شده بود. ایمان مضطرب و پریشان با دست‌هایی یخ کرده نزدیک در ورودی گالری ایستاده بود و به بازدیدکنندگان خوشامد می‌گفت و با ورود هر بازدیدکننده قلبش به طور هم‌زمان فرو می‌ریخت تا اینکه تنها راه نجات خود از آن وضع آشفته را شرکت در بحث و گفت‌وگوهای دانشجویانش و پاسخ دادن به پرسش‌های آنها دید.

صدرا تمام حالات ایمان را می‌فهمید ولی به روی خود نمی‌آورد و فقط با دقت هر چه تمام‌تر به نقاشی‌هایی که بارها دیده بود خیره می‌شد. هر چند در کنار دقت در آثار، اغلب تک‌تک افرادی را که به آنجا می‌آمدند از نظر می‌گذراند تا کنجکاوی بیش از حدش را برای دیدن کسی که توانسته بود طلسم نشکستنی ایمان را این‌گونه بشکند ارضا کند. ولی کم‌کم وقتی که زمان نمایشگاه رو به اتمام می‌رفت با نگاه مضطرب و منتظر ایمان که ناامید همچنان به در دوخته شده بود خیلی زود فهمید که مهتاب هنوز نیامده است. ساعت نمایشگاه تقریباً رو به اتمام

بود و شمع بی‌فروغ امید ایمان کم‌کم رو به خاموشی می‌رفت.

صدای تیک‌تیک ساعت که در آن لحظات در لابه‌لای همهمه و سروصدای بازدیدکنندگان و موسیقی به گوش کسی نمی‌رسید در گوش ایمان مثل ضربات پتک صدا می‌کرد.

صدرا تمام حال و روز ایمان را تحت نظر داشت. از یک طرف دلش برای ایمان می‌سوخت چون خیلی خوب معنی چشم‌انتظاری و چشم به در دوختن را می‌فهمید. مزه تلخ حسرت کشیدن و ناامیدی در کام صدرا مزه‌ای بیگانه نبود و از طرف دیگر از نیامدن مهتاب تا حدودی خرسند بود چون تصور می‌کرد ایمان با قطع ارتباطش با مهتاب دیر یا زود تمام تصورات پوچ و واهی را از سر بیرون خواهد انداخت.

پنج روز پیاپی از افتتاح نمایشگاه به سرعت گذشت و ایمان ناکام از ملاقات دوباره مهتاب در پایان روز ششم فقط می‌خواست هر طور شده هر چه سریع‌تر گالری را ترک کند. از عذاب چشم‌انتظاری به تنگ آمده بود. آن روز هم در تمام طول مدت نمایشگاه چشم‌های منتظر او ناامیدانه به در دوخته شده بود تا شاید رویایش برای دیدن دوباره مهتاب به حقیقت بپیوندد.

با پایان یافتن روز ششم نمایشگاه، صدرا خاموشی تدریجی برق امید را به وضوح در چشم‌های ایمان دید. تمام بازدیدکننده‌ها سالن را ترک کرده بودند و فقط رسول شاگرد ایمان باقی‌مانده بود تا با انجام چند خرده‌کاری گالری را برای آخرین روز آماده کند. ایمان آن روز آن‌چنان در افکار دور و دراز خود غرق بود که تا پایان ساعت نمایشگاه متوجه غیبت فرشید و ایمان نشد. قرار بود آن شب چند نفر از دوستانشان را هم برای بازدید از نمایشگاه با خود بیاورند ولی تا آن لحظه هیچ خبری از آنها نبود. با وجودی که ایمان دلش می‌خواست هر چه سریع‌تر آنجا را ترک کند اما نیم‌ساعتی بیشتر با صدرا به انتظارآن دو نشستند تا اگر احیانا سروکله‌شان پیدا شد به در بسته نخورند. ایمان با یادآوری قول و قرارهای دیروز فرشید و ایمان کمی نگران شده بود. آنها با چنان قاطعیتی از آمدنشان به نمایشگاه حرف زده بودند که فقط یک اتفاق مهم می‌توانست دلیلی بر عدم حضورشان در گالری باشد. بالاخره بعد از گذشت نیم‌ساعت وقتی صدرا و ایمان از آمدن آنها ناامید شدند نمایشگاه را به قصد منزل ترک کردند.

در راه بازگشت صدرا و ایمان ساکت بودند. ایمان طبق معمول غرق در افکار دوردراز خود بود و صدرا هم به وضعیت و شرایط روحی ایمان فکر می‌کرد. گرمای هوا و ترافیک شهر و صدای بوق ماشین‌ها مدام افکار پدر و پسر را به هم می‌ریخت. اواسط راه بود که ایمان حس کرد ترافیک شهر به طرز بی‌سابقه‌ای سنگین شده است. انگار ماشین‌ها از جای خود ذره‌ای تکان نمی‌خوردند. ایمان لحظه‌ای سرش را از پنجره ماشین بیرون آورد ولی تا چشمش کار می‌کرد

نور قرمز و زرد چراغ اتومبیل‌هایی بود که پشت سرهم انگار تا بی‌نهایت قطار شده بودند. صدرا برای لحظاتی به چهره راننده‌هایی که مثل آنها در آن ترافیک سنگین گیر افتاده و در سایه روشن نور ضعیف خیابان فرو رفته بودند نگاه کرد. بی‌صبری، خستگی و عصبانیت و بی‌حوصلگی وجه مشترک تمام چهره‌ها بود. ایمان گرفتار در آن ترافیک سنگین سرش را از پنجره بیرون کرد و به راننده اتومبیل مقابل که بعد از گرفتن خبری داشت به سمت اتومبیل‌اش برمی‌گشت، گفت: ببخشید آقا! تصادف شده؟

راننده سرش را به علامت نفی تکان داد و در جواب گفت: نه! ولی راه کاملاً بسته است. از قرار عده زیادی جلوتر تجمع کردن. اگه صدای این بوقای لعنتی بذارن صدای اعتراضشون رو از اینجا می‌تونیم بشنویم.

ایمان ماشین را خاموش کرد و همراه صدرا پیاده شد. خیل عظیم جمعیت معترض تا حدی قابل رویت بود و صدای اعتراضشان از آن فاصله همهمه‌وار شنیده می‌شد. راننده مقابل که دوباره همراه صدرا و ایمان جلو رفته بود مردی بود میانسال در حالی که از شدت دود و آلودگی هوا چشم‌هایش می‌سوخت عینکش را برداشت و همین طور که با دستمالی چشم‌هایش را پاک می‌کرد خطاب به صدرا و ایمان گفت: هنوز غیرت تو این مملکت نمرده.

صدرا متعجب به مرد مسن نگاه کرد و گفت: چرا؟ مگه چه خبر شده؟!

ـ ظاهرا دفتر یکی دوتا از روزنامه‌ها رو بستن و دانشجوها هم بهانه‌ای پیدا کردن تا عقده‌هاشون رو خالی کنند. شنیده بودم که قراره اعتراض کنند. گاهی وقتا به خودم افتخار می‌کنم که توی دانشگاه به یه همچین جوونایی درس می‌دم. جوونایی که بی‌تفاوتی براشون مایه ننگه.

ـ حق با شماست. همین جوونا گاهی با یه حرکتشون چنان چشم آدم رو باز می‌کنن که تجربه سی چهل ساله باز نمی‌کنه.

ـ هنوز نایی برامون مونده که به شکستن ناحق قلمامون اعتراض کنیم. آقا باورتون نمی‌شه چقدر این صحنه برام آشنا است. بیست ودوسه سال پیش تو همین خیابون خودمو می‌بینم که همراه همکلاسی‌هام از ته دل کلمه آزادی رو فریاد کردیم.

مرد مسن به اینجا که رسید در حالی که سرش را تکان می‌داد زیر لب گفت: زهی خیال باطل!

ـ متاسفانه حقیقت همیشه تلخه و درجه تحمل حقیقت توی جامعه ما خیلی کمه.بیست ساله که هممون یاد گرفتیم دستمون رو بذاریم رو حلقمون و خودمونو سانسور کنیم. بازم گلی به گوشه جمال این دانشجوها.

ایمان بادیدگاه خاص خودش گفت: تو مملکتی که دروغ با کلاه شرعی تقیه به نفع به اصطلاح مصالح کشور مثل نقل و نبات پخش می‌شه چه انتظاری داری که به روزنامه‌نگارا آزادی قلم بدن. پدر جان! قلم آزادی اگه قبل از انقلاب تتمه جوهری توش بود بعد از انقلاب کاملاً خشک شد. روزنامه‌های حکومتی که خود گویند و خود خندند. از صبح تا شب اکثرشون با جوهر دروغ چاپ می‌شن. این مردم بیچاره دیگه نمی‌دونن چی رو باور کنن.

دانه‌های درشت عرق روی پیشانی مرد مسن نشسته بود. با همان دستمالی که چشم‌هایش را پاک کرده بود پیشانی‌اش را پاک کرد و زیر لب گفت: به نسل جوونمون خیانت کردیم. خدا از ما بگذره.

در اینجا ایمان نگاهی به مرد مسن انداخت و گفت: خدا بگذره؛ جوونا هیچ وقت نمی‌گذرن!

رفته‌رفته راه عبور اتومبیل‌ها داشت باز می‌شد که صدرا و ایمان دوباره سوار ماشین شدند. صدرا در حالی که آرنجش را روی شیشه نیمه‌پایین کشیده ماشین تکیه می‌داد عینک‌اش را از چشم برداشت و با ناراحتی و افسوس به برگ‌های درخت‌ها که از شدت دوده و آلودگی هوا حتی زیر نور چراغ‌های خیابان هم به سیاهی می‌زدند و نای سربلند کردن در آن هوای غبارآلود و تب‌زده را نداشتند نگاهی انداخت و زیر لب گفت: نسل فنا شده و جوونی بر باد رفته! حیف!

و ایمان در جواب گفت: حیف! واقعاً حیف!

در آخرین روز نمایشگاه دیگر حتی ذره‌ای تمایل و اشتیاق در وجود ایمان برای نشان دادن آثارش به بازدیدکنندگان پیدا نبود و فقط دعا می‌کرد که هر چه زودتر به پایان برسد. صدرا دقیقاً همان‌گونه که با خود عهد کرده بود درست مانند پشتوانه‌ای ستبر به جز دو روز در باقی روزهای نمایشگاه شرکت کرده و لحظه به لحظه به او افتخار کرده بود.

در آخرین ساعت نمایشگاه آهسته از روبه‌رو به ایمان نزدیک شد. دستش را روی شانه او گذاشت و لبخند بر لب گفت: پسرم! من واقعاً بهت افتخار می‌کنم. کی باورش می‌شد که اون دستای کوچولو بتونه یه روزی خالق چنین آثار زیبایی باشه؟

دست‌های گرم صدرا و لبخندهای پر مهرش که همواره موجی از آرامش را در پراضطراب‌ترین لحظه‌های ایمان به وجودش ریخته بود در آن لحظه داشت یک بار دیگر دل ناامیدش را به آرامش فرا می‌خواند. ایمان متقابلاً لبخندی بر لب آورد و پدر را در آغوش کشید اما درست در همان لحظه نگاهش از بالای شانه او بر چارچوب در خیره ماند. جریانی داغ تمام وجودش را پر کرد و با پخش شدنش ضربان قلبش ده برابر شد. صدرا با وجودی که صورت

ایمان را نمی‌دید ولی با شوک ناگهانی بدن او و خشک شدن مجسمه‌وارش فهمید که پشت سرش خبرهایی است. آغوش ایمان را رها کرد و برگشت تا به پشت سرش نگاهی بیندازد. بالاخره ساحری که با چشم‌هایش ایمان را طلسم کرده بود از راه رسیده بود. صدرا از روی حالت چهره ایمان به خوبی دریافت که همان مهتابی است که ایمان از اولین روز نمایشگاه به‌خاطر دیدنش چشمانش به در خشک شده بوده است. ایمان رد آن هاله سیاهرنگ را که آفتاب شب و روزش را در خود محصور کرده بود، گرفت. صورت مهتاب در نگاه ایمان درست مانند پنهان شدن و در آمدن ماه از پشت ابر پشت سر بازدیدکنندگان دیگر محو و آشکار می‌شد. ایمان لحظه‌ای نگاهش را از آن مسیر برنمی‌داشت. با زانوهایی که انگار دیگر تحمل بدن او را نداشت و با پاهایی که در نظرش به شدت سنگین شده بود آهسته آهسته خودش را به آن سمت کشاند تا توانست در یک لحظه مهتاب را درست پشت سر یکی از بازدیدکنندگان غافل گیر کند. مهتاب در دو قدمی ایمان در حالی ایستاده بود که دیگر نه می‌توانست قدمی بردارد و نه می‌توانست حرفی بزند. فقط از گرگرفتگی صورتش فهمید که احتمالا گونه‌هایش به سرخی دانه‌های انار شده است. نگاهش را در نگاه شرمگین ولی مشتاق مهتاب دوخت. آن چشم‌ها حالا با ته آرایشی که داشت ایمان را دوباره مسحور خود کرده بود.

مهتاب با صدایی که حتی از آن دو قدمی هم به زور شنیده می‌شد گفت: سلام استاد!

ایمان با دستپاچگی تمام در جواب گفت: خانم عطایی! اصلاً فکر نمی‌کردم که بتونید بیایید.

مهتاب با لبخندی جواب داد: بالاخره یه جوری راهشو پیدا کردم.

صورت مهتاب شفافیت خود را دوباره به دست آورده بود و دیگر از آن رگه‌های کبود روی گونه و کنار چشم او خبری نبود. حالا دیگر کم‌کم به جای سایه مقنعه سایه اضطراب بر آن چشم‌ها افتاده بود. احساس گناه از بابت متأهل بودنش به شدت عذابش می‌داد. ولی با سنگینی نگاه‌های مشتاق ایمان صبر و طاقتش تمام شد و از ورای حس سنگین گناه نگاه تشنه‌اش را دوباره در جست‌وجوی یافتن چشمه محبت و عشق به صورت استادش دوخت.

آن نگاه سیراب نشدنی برای هزارمین بار تمام وجود ایمان را مسخ کرد. ایمان یک قدم دیگر به جلو برداشت و با صدایی نجوا مانند گفت: اصلاً امید نداشتم بیایی. حالت چطوره؟

ـ خوبم! مرسی.

ـ کار مرخصیت چی شد؟

مهتاب لبخندی پیروزمندانه به لب آورد و در جواب گفت: بالاخره بعد از سه روز دوندگی و کاغذبازی درست شد. اما خیلی زود لبخند از روی لب‌هایش محو شد و غمی عمیق در

نگاهش به تلاطم افتاد و ادامه داد: البته تا حالا بویی نبرده. ولی اگه بفهمه فقط خدا می‌دونه چی بلایی سرم میاره. دلم خیلی برای دانشکده و کلاس و درس تنگ شده. اون کلاس درس و دانشگاه برام بهشت روی زمین بود. ولی هیچ وقت نتونستم ازش لذت ببرم چون همیشه وحشت اینو داشتم که هر لحظه ممکنه بیاد وسط کلاس جلوی دانشجوهای دیگه و شما آبروریزی کنه.

ـ امروز چطوری اومدی؟

ـ دو روزه که رفته مأموریت. نمی‌دونم کی برمی‌گرده. چون اصلاً بهم نگفت.

برام بپا گذاشته که رفت و آمدامو کنترل کنه. الانم با هزار بدبختی دست به سرش کردیم. الهام حواسش رو پرت کرد منم با چادر روم رو گرفتم و تا سرش گرم بود به سرعت از خونه زدم بیرون. به خاطر همینم یه کم دیر رسیدیم.

ـ باورم نمی‌شه که به خاطر نمایشگاه من این‌قدر به خودت زحمت دادی و خودتو به دردسر انداختی.

حس شعفی وصف‌ناپذیر با شنیدن کلمه خودت از زبان ایمان تمام وجود مهتاب را تسخیر کرد. احساسی که مدت‌ها در حسرتش سوخته بود. روح مهتاب آنقدر تشنه محبت بود که با همان یک کلمه ایمان انگار تمام دنیا را به دست آورده است. مهتاب در جواب ایمان لبخند ملیحی به لب آورد و گفت: به قیمت دنیا هم حاضر نبودم از دستش بدم.

این بار نوبت ایمان بود که با شنیدن این جمله از زبان مهتاب خود را در اوج آسمان و بر فراز ابرها ببیند. نگاهی به اطرافش انداخت و پرسید پس الهام کجاست؟

ـ داره دنبال پارکینگ می‌گرده منو زودتر فرستاد تا دیر نشده بیام تو.

دقایقی بعد وقتی الهام وارد گالری شد در جست‌وجوی مهتاب نگاهش را به اطراف دوخت و وقتی آن دو را دید بلافاصله به طرفشان آمد و بعد از سلام و احوالپرسی مختصری با ایمان دست مهتاب را گرفت و برای دیدن تابلوها او را به دنبال خود کشاند و ایمان را که با نگاه مسیر فاصله گرفتن آنها را دنبال می‌کرد تنها گذاشت. ایمان سحر شده با حضور مهتاب غرق در عالم خود با صدای گرفته پدر به خود آمد: چقدر دیگه از وقت نمایشگاهت مونده؟

ایمان به خوبی می‌توانست نارضایتی را در چهره پدر ببیند. نگاه پدر که یک عمر پیام آرامش را برای او به ارمغان آورده بود این بار داشت تخم اضطراب در وجودش می‌پاشید. چهره صدرا درست مثل دفتری خوانا به ایمان فهماند که اصلاً با این وضع و شرایط موافق نیست و به هیچ وجه رفتار ایمان را تایید نمی‌کند. صدرا خیلی خوب می‌دانست که اگر شرایط به همین منوال ادامه پیدا کند ایمان در گرداب عشقی بی‌فرجام، ناکام غرق خواهد شد و به همین دلیل

می‌بایست هر طور شده از ادامه این وضع جلوگیری کند.

صدرا با همان صدای گرفته پرسید: اون دختره که ازش حرف می‌زدی همین دختر چادریه بود؟

ایمان با حرکت سر جواب مثبت داد.

ـ من می‌خوام باهاش صحبت کنم.

ایمان نگاهی وحشت‌زده به صدرا انداخت و التماس‌کنان گفت: نه پدر! خواهش می‌کنم. به خاطر من!

ـ من نمی‌تونم اجازه بدم بیشتر از این یک قدم دیگه جلوتر بری. همین جا باید تمومش کنی. می‌فهمی چی می‌گم؟... یک بار دیگه هم قبلاً بهت گفتم. من یه عمر با خون دل بزرگت کردم نمی‌تونم بگذارم دستی اینجوری خودتو بدبخت کنی. حالا که خودت کاری نمی‌کنی خودم مجبورم پا پیش بگذارم.

ایمان درمانده و مستأصل فقط ملتمسانه به پدرش چشم دوخته بود و حرفی نمی‌زد. مکالمه ایمان و صدرا با نزدیک شدن دو نفر از بازدیدکنندگان به آنها و تمجید از کارهای ایمان قطع شد.

صدرا از جایش تکان نخورد و صبر کرد تا صحبت ایمان تمام شود تا دوباره بحث را از سر بگیرد ولی این فرصت را نیافت چون این بار مهتاب و الهام هر دو با هم به آنها نزدیک شدند. با نزدیک شدن مهتاب لذتی توام با وحشت سراسر وجود ایمان را پرکرد و بلافاصله با دستپاچگی مهتاب و الهام را به او معرفی کرد. صدرا نگاه جدی‌اش را به صورت مهتاب دوخت. چهره شیرین مهتاب با همان نگاه اول بر دل صدرا نشست ولی قضیه متاهل بودن او صدرا را در همان حد متوقف کرد. نمی‌توانست به خودش بقبولاند که ایمان بعد از این‌همه مدت روگرداندن از عشق و عاشقی حالا عاشق یک زن شوهردار شده باشد.

از سوی دیگر هم مهتاب می‌توانست تا حدودی از روی نگاه‌های صدرا همه چیز را بفهمد. به همین خاطر لحظه به لحظه بر سرخی گونه‌هایش افزوده می‌شد.

در لحظاتی که الهام ایمان را به حرف گرفته و در مورد تابلوها از او سوال می‌کرد صدرا با نگاهی دیگر به صورت مهتاب دوباره سی سال به عقب برگشت. شبی را به خاطر آورد که صبا را از منزل خانم تفرجی تا منزل حبیب همراهی کرده بود. صبا آن موقع زنی متأهل بود ولی صدرا به قیمت دنیا هم حاضر نبود از او دل بکند. آن شب توفانی را به خاطر آورد. شبی که یادآوری لحظه لحظه‌اش دین و دنیای صدرا شده بود. خاطره لمس حتی یک تار موی صبا حس

حرارت و گرمی بدن صبا و حلقه تنگ آغوش‌اش دوباره برایش زنده شده بود. صدرا هنوز بعد از سی سال تمام آن لحظه‌ها را با جزئیات تمام به خاطر داشت و هرگز حاضر نشده بود یک آن حتی برای یک آن لحظات بودن با صبا را با تمام دنیا عوض کند و حالا ایستاده در مقابل ایمان از او می‌خواست که چشم‌هایش را ببندد و خیال مهتاب را یک شبه از سر بیرون کند.

غوطه‌ور در خاطرات گذشته‌های دور با آهنگ ملایم صدای مهتاب که به او می‌گفت: «شما حتماً به استاد خیلی افتخار می‌کنید» به خود آمد.

و در جواب لبخند کم‌رنگی به لب آورد و گفت: همین طوره.

زمان نمایشگاه کم‌کم رو به پایان بود و الهام به خاطر انجام کاری مجبور بود نمایشگاه را ترک کند و چون قرار بود مهتاب را سر راهش به خانه برساند مهتاب هم مجبور بود هم‌زمان آنجا را ترک کند ولی مهتاب راضی به این کار نبود. با التماس نگاهی به الهام انداخت و گفت: من هنوز همه آثار رو ندیدم!

الهام در گوش مهتاب با خنده گفت: اگه به خاطر دست به سر کردن اون بپای بی‌عرضه شوهرت نبود خیلی بیشتر وقت داشتیم و می‌تونستیم همه رو ببینیم.

ایمان با تمام وجود می‌خواست مهتاب را حتی اگر شده برای چند دقیقه‌ای بیشتر نگه دارد. وارد بحث شد و پیشنهاد کرد که مهتاب بماند و چند اثر باقیمانده را با او ببیند و سپس با آژانس به منزل برگردد.

مهتاب از یک سو در مقابل نگاه‌های سنگین صدرا جرات نمی‌کرد که خیلی رک و پوست‌کنده بگوید که واقعاً می‌خواهد بماند از سویی هم به قیمت دنیا حاضر نبود مصاحبت با ایمان را به این سادگی از دست بدهد. هر طور بود پیشنهاد ایمان را با جان و دل پذیرفت.

با رفتن الهام، ایمان، مهتاب و صدرا تنها شدند. چند بازدیدکننده هم بود. دلشوره دوباره سخت به جان ایمان افتاد. هر آن ممکن بود صدرا باب صحبت را باز کند به همین خاطر دوباره نگاه التماس‌آمیزش را به صورت پدر دوخت. بر خلاف تصورش صدرا با دیدن آن چهره وحشت‌زده فقط لبخندی کم‌رنگ به لب آورد و گفت: من خیلی خسته‌ام. برمی‌گردم خونه. تو حتماً حالاها کار داری. هر وقت کارت تموم شد خودت بیا خونه.

آژانس جلوی در نمایشگاه بود و ایمان صدرا را تا دم ماشین بدرقه کرد اما قبل از اینکه صدرا سوار ماشین شود ایمان او را در آغوش گرفت و در گوش او نجوا کرد: به خدا خیلی دوستت دارم. مرسی که به مهتاب چیزی نگفتی.

صدرا در جواب فقط نگاه معنی‌داری به او انداخت و بدون اینکه حرفی بزنند در حالی که

آن لبخند کم‌رنگ دوباره سر جایش نشسته بود سرش را با تأسف تکان داد و سوار ماشین شد.

بیشتر بازدیدکنندگان نمایشگاه را ترک کرده بودند. ساعت نمایشگاه رو به اتمام بود و آخرین بازدیدکنندگان قبل از ترک آنجا یکی یکی دفتر ایمان را امضا می‌کردند. اما مهتاب هنوز تمام آثار را ندیده بود. به هر اثر که می‌رسید با دقت به آن خیره می‌شد و آن را تجزیه و تحلیل می‌کرد. انگار می‌خواست تمام آنچه را که در لحظه خلق اثر در ذهن ایمان می‌گذشته از روی طرح و رنگ تابلو بخواند. آخرین بازدیدکننده هم نمایشگاه را ترک کرد و ایمان دوباره به مهتاب نزدیک شد و با هیجان پرسید: تمام نقاشی‌ها رو دیدی؟

ـ نه! دیدن تمام این تابلوها خیلی وقت می‌خواد.

لبخندی به لب آورد و با هیجانی کودکانه از مهتاب خواست که با او آخرین اثرش را تماشا کنند. آن اثر را طی هفت روز در اوج آشفتگی‌های ذهنی و روحی و بی‌خوابی‌های شبانه‌اش کشیده بود. مهتاب برای دقایقی بر زمین میخ‌کوب شد و نفسش را در سینه‌اش حبس کرد. نگاه مهتاب همان طور روی آخرین تابلوی ایمان خیره مانده بود. لحظاتی بعد صفحه تابلو برایش تار شد چون حلقه اشک جلوی دیدش را گرفته بود. انگار نیرویی نامرئی از چهار گوشه آن تمام وجود مهتاب را احاطه کرد و هم‌زمان او را با خود به دنیایی ناشناخته برد. دنیایی سرشار از لذت که حرارت آفتابش تمام یخ‌های افسردگی‌اش را آب کرد. دنیایی که مهتاب مدت‌ها دربه‌در به دنبالش گشته بود و حالا آن را در آینه ذهن ایمان یعنی همان بوم مربعی در مقابل چشمانش یافته بود.

نگاه مهتاب با مسیر آفتاب و نگاه پرنده سفید در اثر درآمیخت. پرنده سفیدی که یک بال افراشته‌اش از زمین کنده و بال کبود دیگرش در اوج افراشتگی همچنان اسیر زمین خاکی و نگاهش بر روشنایی آفتاب نیمه‌پنهان از پشت ابر ثابت مانده بود. بال‌های افراشته‌اش هر لحظه آماده کندن بود. انگار روشنایی آفتاب با قدرتی نامرئی بال‌های کبود را به سمت خود می‌کشید و با حرارتش به تردیدی که در نگاه کبوتر موج می‌زد پایان می‌بخشید.

با تابلوهای دیگر ایمان تفاوت‌های زیادی داشت. ترکیب رنگ‌های تابلو که به طرز ماهرانه‌ای در هم محو شده بود فقط شامل سه رنگ خاکستری تیره، خاکستری روشن و سفید بود. ایمان با همین سه رنگ طرحی روشن و آشکار خلق کرده بود. طرحی که با وجود پیام آشکارش برای مهتاب هنوز در ذهن خیلی از بازدیدکننده‌ها چیزی بیشتر از تصویر یک پرنده نبود.

نگاه مهتاب همچنان با دقت بر تابلو خیره مانده بود. به آهستگی یک گام به تابلو نزدیک شد

و دوباره نگاهش را با نگاه پرنده در هـم آمیخت و در امتـداد همـان مسـیر بـر روشـنایی آفتـاب متمرکز کرد و پس از مدتی که در سکوت به آن خیره شد رو به ایمان پرسید: برای این اثر اسـم انتخاب کردید؟

و ایمان با همان حالت هیجان‌زده پاسخ داد: پرنده و آفتاب.

مهتاب دوباره رو به تابلو کرد و چند گامی به عقب رفت و این بار از فاصله‌ای دورتـر بـه آن نگاه کرد. انگار آن آفتاب، آن بال‌های کبود، آن نگاه مردد و حتی آن اسارت خاک با او حرف می‌زد. بار دیگر به تابلو نزدیک شد و ایستاده در مقابل آن انگشتش را به طرف تابلو برد. درست زمانی که نوک انگشت مهتاب روشنایی آفتاب را کـه از لای ابرهـا بـه صـورت پرنـده تابیـده بود لمس کرد لرزشی غریب بر تمام بدنش افتاد. انگار که تمـام آن حـرارت و روشـنایی مثـل یـک جریان تند و پرفشار از سرانگشت او در سراسر وجودش جاری شـد. بـدون اینکـه نگـاهش را از روی اثر بردارد گفت: خیلی قشنگه. فکر می‌کنید بتونه بالاخره بپره؟

و ایمان با لبخندی در جواب گفت: فکر نمی‌کنم، مطمئنم که می‌پره.

صحبت ایمان و مهتاب با نزدیک شدن رسول به آن‌ها ناتمام ماند. رسول کـه از ابتـدای افتتـاح نمایشگاه خودش را دربست در اختیار استادش قرار داده بود به ایمان پیشنهاد کرد که باقی کارها را به عهده او و دوستش بگذارد و به منزل برگردد.

ایمان که به شدت احساس خستگی و تشنگی مـی‌کـرد یـاد فلاسـک چـای افتـاد کـه صـدرا برایش در آبدارخانه کوچک کنار سالن گذاشته بـود. از ظرف شیرینی کـه در گـالری بـرای پذیرایی از بازدیدکنندگان گذاشته شده بود به مهتاب شیرینی تعارف کرد و همراه مهتاب بـرای نوشیدن چای به آبدارخانه رفت. از مهتاب خواست روی تنها صندلی دراتاق آبدارخانه بنشیند و سپس از داخل کابینت دو لیوان برداشت و آنها را تا نصفه چای کرد و یکی را به مهتاب داد.

در آن اتاق کوچک که تنگی‌اش برای مهتاب به وسعت بهشت می‌نمود سکوتی حاکم شد. ایمان از پشت به کابینت تکیه داد و نگاهش را به چهره خجالت‌زده مهتاب دوخت. دیگر از سایه سیاه مقنعه که در نگاه ایمان همیشه یکی از زیباترین خلقت‌های خدا را می‌پوشاند خبری نبـود. این بار مهتاب به جای آن مقنعه سیاه روسری حریر کرم رنگی بـا گـل‌های رز سـبز رنـگ بـه سرکرده بود که رنگ روشن زمینه آن چشم‌های او را به طرز وصف‌ناپذیری درشت‌تر، جذاب‌تر و زیباتر از همیشه جلوه می‌داد و جنس حریرش باعث می‌شد مـدام از زیـر چـادر مشـکی او لیـز بخورد و به دنبال آن پیشانی بلند و موهای قهوه‌ای تیره‌اش که تضادی زیبا بـا پوسـتش داشـت پدیدار شود. تمام زیبایی‌هایی که در زیر آن سایه سیاه برای مدت‌ها از چشم ایمان پنهان مانده

بود حالا در آن اتاق کوچک و در زیر آن نور کم‌رنگ یکباره مثل تلالوی ماه بیرون آمده از پشت ابر در مقابل چشم‌هایش جلوه‌گری می‌کرد. ایمان همچنان غرق در آن چهره دوست‌داشتنی متوجه رگه کبودی در انتهای گونه راست مهتاب شد که به دلیل کم‌رنگ بودن از فاصله دور قابل رویت نبود ولی حالا با لیز خوردن روسری او مثل تداخل دو رنگ سرد و گرم خودنمایی می‌کرد.

ایمان لیوان چایش را روی کابینت گذاشت و نوک انگشت‌های تشنه‌اش را روی گونه مهتاب کشید و به آرامی لمس یک گلبرگ به دست نسیمی ملایم پوست لطیف‌اش را با ذره ذره وجودش لمس کرد. حس سرکوب شده به ثانیه‌ای با لمس سرانگشتانش سر به عصیان گذاشت. نگاه مهتاب دیگر این بار از خجالت پایین نیفتاد بلکه مثل یک زمین تشنه در جست‌وجوی باران پهنه آسمان چشم‌های پرتمنای ایمان را درنوردید و دیوانه‌وار انگشت‌های ایمان را که آلوده به حس گناه آماده پس رفتنی زودهنگام بود با دستش گرفت و آن را دوباره روی گونه خود جای داد و این‌بار چشم‌هایش را بست و اجازه داد تا باران اشک‌هایش آن انگشت‌های تشنه را با ترنم عشق سیراب کند. ایمان که تا آن زمان از لذت و درد توأمان عشق هرگز چیزی نچشیده بود، طاقت از کف داده بود. چقدر دلش می‌خواست همان جا مهتاب را در آغوش بگیرد و ذره ذره وجود او را با ذره ذره سلول‌های بدنش لمس کند و تا ابد به همان حال باقی بماند. زمین خشک و باران نخورده دل ایمان دیگر تاب تحمل نداشت. بوی باران شنیده بود و برای ریزش آن سخت لحظه‌شماری می‌کرد. با انگشت‌هایش چانه مهتاب را به آرامی بالا آورد. نگاه شاگرد یک بار دیگر در نگاه استاد گره خورد و هم‌زمان توان به کلی از زانوهای ایمان رفت و با همان یک نگاه حرارتی چون مطبوع‌ترین حرارت‌ها در اوج یک زمستان سرد و طولانی به وجودش هجوم آورد. درست لحظه‌ای که خواست الفبای عشق را مثل یک کودک تازه زبان باز کرده از بر در گوش مهتاب بخواند صدای ضربات انگشت رسول روی در او را به خود آورد. رسول پرسید حالا که ایمان و فرشید که قرار بود تابلوها را با وانت عموی فرشید ببرند نیامده‌اند می‌تواند تعدادی از آن‌ها را خودش ببرد؟...

تاریکی هوا و تیک‌تیک ساعت طعم شیرین نزدیکی به ایمان را با طعم تلخ اضطراب آلوده کرد و دوباره ترس و دلهره تمام وجودش را فرا گرفت و یک آن با وحشت از خود پرسید نکنه محمود سرزده برگشته باشه؟

ایمان که متوجه نگرانی او شده بود بی‌درنگ دلداری‌اش داد و گفت: نگران نباش من می‌رسونمت.

با این پیشنهاد انگار دنیا را به او داده بودند ولی ترس از بازگشت محمود و حتی یادآوری نام او لذت پیشنهاد ایمان را سرکوب می‌کرد. ایمان با کمک رسول تعدادی از تابلوها از جمله تابلوی پرنده و آفتاب را با احتیاط در اتومبیل جا داد و از مهتاب خواست که سوار ماشین شود.

چقدر نشستن در کنار ایمان آن هم در فاصله‌ای به آن نزدیکی برایش لذت‌بخش بود. چقدر حس حضور ایمان در کنارش شیرین بود ولی شکنجه مداوم حس گناه از بابت متاهل بودنش آن لذت بی‌مانند را بر او حرام می‌کرد. برخلاف خواسته قلبی‌اش با التماس از ایمان خواست تا او را دو سه کوچه‌ای دورتر پیاده کند تا در حوالی منزل کسی او را در حال پیاده شدن از ماشین یک غریبه نبیند.

برای مهتاب لحظه بسیار تلخی بود. به میل خودش می‌خواست تا ابد همانجا در کنار ایمان بماند ولی می‌دانست که تفاوت دنیای واقعیت‌ها با دنیای رویاهایش از زمین تا آسمان است.

نور کم‌رنگ چراغ‌های خیابان چهره مضطرب مهتاب را سایه روشن کرده بود. ایمان در سکوتی تلخ به مهتاب خیره شد. چادر مشکی مهتاب از روی سرش سر خورده و پایین افتاده بود و موهای خوش‌حالتش که از پایین روسری به خوبی پیدا بود حلقه‌حلقه روی شانه‌هایش را پوشانده بود. مژه‌های بلندش که از شرم رو به پایین خوابیده بود با حرکت دست ایمان لابه‌لای موهایش دوباره بالا آمد. انگشت‌های لرزان ایمان رشته‌های موهای او را آرام لمس می‌کرد طوری که انگار می‌ترسید با تماس یکباره آنها از خواب و رویای شیرین بپرد.

مهتاب در آن لحظه نه تنها در مقابل حرکت انگشت‌های ایمان کوچک‌ترین مقاومتی نکرد بلکه چشم‌هایش را بست تا در آن لحظه فکر محمود را از ذهنش بیرون کرده و جای آن را با شیرینی لذت لمس آن دست‌های عاشق پر کند. لذتی که طعم شیرین‌اش در کام او خیلی غریب می‌آمد.

وقتی ایمان به خود آمد ضعف خود را به خوبی در انگشت‌های لرزانش حس کرد و در حالی که خم می‌شد تا رایحه آن تارهای براق را نفس بکشد جلوی خودش را گرفت چون حس کرد تا همان جا هم پایش را از گلیمش فراتر گذاشته است. انگشت‌هایش برای لحظه‌ای روی موهای مهتاب متوقف ماند و سپس به پایین افتاد و به مهتاب فهماند که وقت وقت رفتن است. مهتاب با ناشی‌گری روسری‌اش را که در اثر سر خوردن کاملاً عقب رفته بود، جلو کشید و پس از آنکه سعی کرد چادر مشکی‌اش را که هیچ وقت جمع کردنش را یاد نگرفته بود، جمع و جور کند به ایمان رو کرد و گفت از اینکه راهت رو به خاطر من دور کردی ممنونم و در حالی که بغض گلویش را می‌فشرد دستگیره در را باز کرد و از ماشین خارج شد. به محض خارج شدن

مهتاب از ماشین ایمان مثل اینکه چیزی را به یاد آورده باشد شیشه را پایین کشید و همین طور که از او می‌خواست کمی صبر کند از داخل داشبورد ماشین قلم و کاغذی را بیرون آورد و در آن نور ضعیفی که از چراغ خیابان به داخل ماشین می‌تابید مشغول نوشتن شد. مهتاب همچنان مضطرب کنار ماشین به انتظار ایستاده بود. صدای حرکت آرام آب جوی کنار خیابان برای لحظه‌ای از اضطراب درونش کاست ولی بلافاصله صدای بوق ماشین‌های گیر افتاده در ترافیک سنگین شهر به آرامش از راه نرسیده پایان داد. ایمان به سرعت از ماشین پیاده شد و همین طور که در کنار مهتاب می‌ایستاد بدون اینکه نگاهش را از صورت رنگ پریده مهتاب بگیرد نوشته‌ای به مهتاب داد و گفت: «هر وقت، در هر شرایطی احساس نیاز یا کمک کردی معطلش نکن. این شماره تلفن همراه منه و این هم آدرس خونه است هر موقعی از شب و روز فرقی نمی‌کنه.» بعد دست مهتاب را گرفت و همین طور که کاغذ را کف دستش می‌گذاشت و انگشت‌های او را روی آن می‌بست ادامه داد: «قول می‌دی که خجالت و تعارف رو کنار بگذاری و هر وقت کمک نیاز داشتی به این شماره زنگ بزنی؟» و مهتاب با صدایی که به زور شنیده می‌شد جواب داد: قول می‌دم.

مهتاب آدرس و شماره تلفن ایمان را به سرعت داخل کیف‌اش گذاشت و با نگاه از ایمان خداحافظی کرد و او را در کنار ماشین‌اش زیر نور پریده‌رنگ چراغ خیابان در حالی که با حسرت دورشدنش را تماشا می‌کرد، تنها گذاشت.

به محض اینکه مطمئن شد از معرض دید ایمان دور شده کاغذ را از کیفش درآورد و در حالی که به سمت منزل می‌دوید آن را به سینه‌اش چسباند و بی‌اختیار اشک‌هایش جاری شد. وقتی به منزل رسید اول از کوچه نگاهی به پنجره‌ها انداخت. چراغ‌های منزل همه خاموش بود و به جز دو سه نفری رهگذر معمولی کس دیگری در کوچه دیده نمی‌شد. حتی دیگر از بپای محمود هم در کوچه خبری نبود. نفس راحتی کشید و با واردشدنش به خانه در را به آرامی بست و یک راست به طبقه بالا رفت. در تاریکی اتاق خواب با همان مانتوی بیرون روی تخت دراز کشید. چشم‌هایش را بست و از حس لذت و شرم توأمان لمس دست‌های ایمان صورتش را در بالش‌اش پنهان کرد. لحظاتی در چین و شکن‌های ملافه تخت غوطه خورد و سپس تمام وجودش از یادآوردی حس خوشایند نزدیکی و تماس‌اش با ایمان ملتهب شد و به دنبال آن تمام بدنش گر گرفت ولی خیلی زود با یادآوری چهره محمود که نابه‌هنگام به تمام افکار دلنشین‌اش هجوم آورده بود عرقی سرد بر تمام بدنش نشست و حس زجرآور گناه درست مانند دستی بی‌روح و سرد قلب هیجان‌زده‌اش را در خود فشرد. آن لحظات پر تب و تاب و گر گرفتگی

برای مهتاب به قدری لذت‌بخش بود که با هر یادآوری لمس سرانگشت ایمان حاضر بود همه هستی‌اش را بدهد و زمان را ساعتی به عقب ببرد. حالا در چین و شکن‌های ملافه ایمان را می‌دید و التهاب دست‌هایش را که بعد از مدت‌ها تحمل سرمایی سخت و طولانی داشت روح یخ‌زده‌اش را با حرارتی مطبوع و لذت‌بخش آهسته‌آهسته آب می‌کرد. با همان گرگرفتگی با هر بار تجسم پوشاندن صورت تب‌دارش روی سینه ایمان صورتش را بیشتر و بیشتر روی بالش‌اش می‌فشرد و به‌طور هم‌زمان با تیر کشیدن قلبش از یادآوری نزدیکی‌اش به ایمان با خود می‌گفت: خدایا! دوری‌اش رو چطور تحمل کنم؟ چه‌کار کنم خدایا! چه‌کار کنم؟!

ایمان هم دقایقی در کنار ماشین ایستاد و به سایه مهتاب در آن تاریکی تا محو کامل چشم دوخت و وقتی مطمئن شد دیگر از او اثری نمانده با کوله‌باری از حسرت راهی منزل شد.

در راه بازگشت، از مواجه شدن با صدرا دچار اضطرابی سخت شده بود. می‌دانست به محض دیدن او دوباره ساز مخالفت را کوک کرده و به محض ورودش به منزل باران نصایح پدرانه را همراه سرزنش و ملامت بر سرش فرو خواهد ریخت. به محض رسیدن به منزل سعی کرد از جلوی در اتاق نشیمن به سرعت رد شود ولی صدرا که سخت انتظارش را می‌کشید همانجا غافلگیرش کرد.

ـ کارای نمایشگاه تموم شد؟

ـ بله پدر! رسول گفت که باقی کارها رو انجام می‌ده.

ـ از ایمان و فرشید خبری نشد؟

ـ نه! تا اون موقع که من اونجا بودم که خبری ازشون نبود!

و با گفتن این حرف همین که دوباره قصد رفتن به اتاقش را کرد با صدای صدرا دوباره متوقف شد: حداقل می‌خواستی دختر بیچاره رو برسونی خونه‌اش که تو این تاریکی نخواد تنها برگرده.

لحظه‌ای مکث کرد و به صورت جدی پدر با تردید نگاهی انداخت و زیر لب جواب داد: رسوندمش پدر! رسوندمش.

صدرا بیش از این مکالمه را ادامه نداد و دوباره به جای قبلی‌اش کنار پنجره بازگشت. سرش را از عقب به پشتی صندلی تکیه داد و دوباره خود را در دریای خاطرات دور غرق کرد. طی یک ماه اخیر بیشتر از هر زمان دیگری خاطره صبا در دلش زنده شده بود. برای لحظه‌ای چشم‌هایش را بست و در دل به خدا التماس کرد که ای کاش ایمان به سرنوشتی که او محکومش شده بود دچار نشود.

تمام وجود ایمان مثل دلش آب شده بود. در اتاق قدیمی ناخواسته به دام گردابی افتاد که یک عمر از آن حذر کرده بود. گردابی که به عقیده او پدرش خیلی پیش‌ترها به دامش افتاده بود و جز مصیبت چیز دیگری برایش به ارمغان نیاورده بود و حالا خود را می‌دید که خواسته یا ناخواسته به همان گرداب دچار شده است. با این تفاوت که دست و پا زدنش در آن بیش از حد تصور و انتظار برایش لذت‌بخش بود. گردابی که شاید اگر طعم به دام افتادنش در آن را سال‌ها پیش‌تر چشیده بود خیلی زودتر از اینها خود را در آن غرق کرده بود.

مثل یک شبح سرگردان تب‌زده از این اتاق به آن اتاق می‌رفت. نیم‌ساعتی در بالکن ایستاد تا بلکه هوای آزاد قدری از گر گرفتگی وجودش بکاهد ولی به محض اینکه چشمش به حیاط آرام گرفته زیر نور مهتاب افتاد ذهنش با گردباد تکراری یک نام دوباره به گرد و خاک یأس و ناامیدی افتاد. بیش از چند دقیقه‌ای نتوانست در بالکن دوام بیاورد و وقتی طاقتش طاق شد به اتاقش برگشت و در آن تاریکی که با باریکه‌ای از نور مهتاب روشن شده بود روی تخت نشست و سرش را بین دو دستش فشار داد. مهتاب برای او حکم یک اثر نفیس داشت که فقط از پشت شیشه حریم‌های اجتماعی حق نگاه کردن به آن را داشت و نه بیشتر.

نشسته هم نتوانست طاقت بیاورد و این بار به طرف پنجره رفت و سرش را از پهلو به پنجره تکیه داد و به ماه خیره شد. همچنان که چشم به ماه دوخته بود در عین دوری و بعد مسافت برای لحظه‌ای خود را به ماه بسیار نزدیک دید. شبیه حس دوگانه‌ای که نسبت به مهتاب داشت. در عین دوری از او حس غریب نزدیکی ته دلش را روشن کرده بود.

در فکر و خیالاتش غرق بود و متوجه صدای زنگ نشد. وقتی به خود آمد که از لای پنجره باز صداهای مبهمی از حیاط به گوشش رسید. گوش‌هایش را کمی تیز کرد و به زحمت توانست صدای خانم تفرجی را تشخیص بدهد. سرش را از پنجره بیرون آورد و گوش‌هایش را تیز کرد. صدای خانم تفرجی نگران به نظر می‌رسید. از حرف‌هایی که بین صدرا و خانم تفرجی رد و بدل می‌شد چیزی نمی‌فهمید. فقط شنید که خانم تفرجی می‌گفت: نمی‌دونیم کجا رو بگردیم. کجا زنگ بزنیم.

صدای صدرا کمی واضح‌تر به گوشش می‌رسید که می‌گفت: من و ایمان دیروز تمام وقت تو نمایشگاه بودیم. قرار بود با فرشید بیان ولی هر چی منتظر شدیم نیامدن.

ایمان، نگران بی‌درنگ به آنها پیوست. چهره نگران خانم تفرجی ایمان را به وحشت انداخت. چیه خاله تفرجی! چی شده؟!

صدرا به آرامی جواب داد: نگران ایمانند... از دیروز که از خونه بیرون رفته تا حالا برنگشته.

خانم تفرجی به دنبال حرف صدرا اضافه کرد: فریبا هر کجا که به نظرش می‌اومده زنگ زده. سابقه نداشته این بچه این جوری بی‌خبر بذاره بره. داریم هممون دیوونه می‌شیم. ایمان جان! خیلی هم از نمایشگاه تو حرف می‌زد می‌گفت با فرشید قراره بیان نمایشگاهت! هی خدا خدا می‌کردم بلکه اونجا اومده باشه.

ـ نه! دیشب قرار بود بیاد! اصلاً بهم گفته بود که قراره دو سه تا دیگه از دوستاش رو هم با خودش بیاره. منم خیلی منتظرش شدم هم امشب هم دیشب... حالا به دوستش فرشید زنگ زدید؟

ـ آره فریبا! دیشب با خونشون تماس گرفت. آقای سمیعی بابای فرشید گفت که اونجا هم نیستند. انگار هر جا رفتن با هم رفتن چون اونا هم بی‌خبر بودن. امروزم هر چی بهشون زنگ زدیم جواب ندادند.

ـ نمی‌دونم! عقلم دیگه به جایی قد نمی‌ده. این بچه این‌قدر گوشه‌گیر و منزوی شده که نگو. فریبا بیچاره داره دق می‌کنه.

ـ باباش چی می‌گه؟

ـ نمی‌دونم! حرفی که نمی‌زنه. تا همین یه ساعت پیش بیرون بوده از وقتی هم که اومده گره اخماش باز نمی‌شه. قیافه‌اش داد می‌زنه که دل نگرانه ولی نمی‌دونم چرا به روی خودش نمیاره.

ـ خاله تفرجی! حرص و جوش نخور. من می‌رم دنبالش. دیشب دانشجوها طرفای خیابون کارگر و کوی دانشگاه تجمع کرده بودن. من و پدر که دیشب از نمایشگاه برمی‌گشتیم اونورا خیلی شلوغ پلوغ بود. احتمال داره که با بچه‌های دیگه اونجا رفته باشه. من می‌رم تا بلکه ازش یه خبری بگیرم.

خانم تفرجی نگاهی از سر حق‌شناسی به او انداخت و گفت: خیر از عمرت ببینی عزیزم!

ـ منم باهات میام. دو نفری بریم بهتره.

ـ نه پدر جون! شما بمون خونه. معلوم نیست اونجا چه خبره. اینجا هیچی حساب کتاب نداره. منم احتیاط می‌کنم.

خانم تفرجی دو دستی صورت ایمان را گرفت و در حالی که پا بلندی می‌کرد هم‌زمان سر ایمان را پایین آورد پیشانی‌اش را بوسید و گفت: مادر! بذار اقلا من باهات بیام.

ایمان با لبخند جواب داد: داری شوخی می‌کنی؟ شما بشین خونه از اون قل هوالله هات که همیشه فوت می‌کنی فوت کن تا من برگردم.

ـ این پست فطرتا دیگه حال قل هو الله خوندنو هم ازمون گرفتن. مسلمونی‌شون تو سرشون بخوره.

صدرا همچنان که خانم تفرجی را دلداری می‌داد او را تا خانه‌اش همراهی کرد و وقتی به خانه برگشت ایمان را دید که به سرعت آماده رفتن شده بود.

ـ مواظب خودت باش پسرم! احتیاط کن!

ـ نگران نباش پدر! سعی می‌کنم زود برگردم. شما برو بخواب منم یه جوری میام که سر و صدا نکنم.

ـ خواب کجا بوده؟ منتظرت می‌مونم تا برگردی.

ایمان که تا آن لحظه با دیدن وضع روحی خانم تفرجی وضع نابسامان روحی خود را فراموش کرده بود به محض نشستن پشت فرمان ماشین با دیدن نور پریده رنگ مهتاب دوباره به دام چشم‌های جادویی مهتاب و آن لمس ظریف گرفتار شد. برای لحظاتی پیشانی داغش را به فرمان تکیه داد ولی دقیقه‌ای بعد وقتی قامت پدر را از آینه ماشین دید که همچنان در چارچوب در حیاط ایستاده بود به خود مسلط شد و بدون آنکه بداند برای یافتن ایمان از کجا باید شروع کند به راه افتاد.

فصل پنجاه‌ودوم

هیچ کس از بلوایی که در دل فریدون بر پا بـود، خبـر نداشت. از صبح از اداره مرخصی گرفته و در به در هر جایی را که به ذهنش می‌رسید گشته بود. ولی برای اینکه به مادرش و فریبا ثابت کند که ایمان را به حال خود رها کرده و به خاطر اختلاف عقیـده‌شان دیگر بـا او کاری ندارد از جست‌وجویش به آن‌ها چیزی نگفت.

وقتی خسته و ناامید هیچ ردی از ایمان نیافت با مسعود و صادق تمـاس گرفـت. مسعود به محض شنیدن خبر گم شدن ایمان به یاد اعتراضات دانشجویی شب قبل افتاد. مسعود و صادق هر دو به خوبی از جریان وقایع شب قبل در حوالی کوی دانشگاه باخبر بودند. برادر صادق هم یکی از دانشجویان معترض شب گذشته بود و طبق گفته‌های او شرایط به مراتب از آنچه که جسته و گریخته به گوش مردم رسیده بود وخیم‌تر به نظر می‌رسید.

صادق برای اینکه دل فریدون را زیاد به شور نیندازد جزیی و مختصر به جریان شب گذشته که فریدون هم چندان از آن بی‌خبر نبود اشاره‌ای کرد و پیشنهاد داد که از هم‌کلاسی‌ها یـا دوستان صمیمی‌اش در این رابطه پرس‌وجو کنند.

وقتی مسعود و صادق از فریدون اسامی دوستان ایمان را پرسیدند عـرق خجالـت بـر پیشـانی فریدون نشست. در طی این سال‌ها آهسته‌آهسته و تدریجی چنان از ایمانش جدا افتاده بود کـه جز نام فرشید اسم دیگری از دوستان او را به خاطر نمی‌آورد و تازه آدرس منزل او را هـم بلـد نبود.

هر سه بدون داشتن سر نخی برای یافتن ایمان نمی‌دانستند که باید از کجا شروع کنند. در نهایت پس از ساعت‌ها جست‌وجوی بی‌نتیجه صادق با برادرش تمـاس گرفـت تـا اسامی

بیمارستان‌هایی را که احتمال می‌رفت دانشجویان زخمی را به آنجا برده باشند از او بگیرد تا غروب تقریباً تمام بیمارستان‌ها را در جست‌وجوی یافتن ایمان شهیدی گشته بودند ولی همچنان هیچ خبری از ایمان نبود.

فریدون حوالی ساعت هشت شب خسته، بی‌حوصله، عصبی و نگران در حالی به منزل برگشت که ته قلبش کمی امیدوار بود که ایمان در غیاب او به منزل برگشته باشد. اما وقتی وارد منزل شد با همان نگاه اول به چهره مادرش که در مقابل سفره سبزی بی‌حرکت با دست‌های گلی به نقطه‌ای مبهم خیره شده بود و فریبا که در گوشه اتاق با چشم‌های اشکی نگاهش را به سقف دوخته و زیر لب دعا می‌کرد پی برد که هنوز خبری از ایمان نشده است.

خانم تفرجی با ناراحتی پرسید: هیچ معلومه تا حالا کجا بودی؟ بچم ایمان هنوز برنگشته. یه کاری بکن. آخه تو ناسلامتی پدرشی. این همه دوست و آشنا تو این اداره و اون اداره داری! نباید بگردی ببینی آخه چه بلایی سر بچه‌ات اومده؟

فریدون که از در به در گشتن بیهوده در هوای گرم و خفه‌کننده و از شدت خستگی حسابی عصبی شده بود با شنیدن گلایه مادرش از کوره در رفت و با رنگی پریده فریاد زد: انتظار دارید چه‌کار کنم؟ برم دونه دونه در زندان‌ها رو بگردم یا کشوی سردخونه‌ها رو دونه دونه بکشم بیرون؟

اشک‌های فریبا با شنیدن این حرف‌ها متوقف شد. نگاهی ملامت‌بار به فریدون انداخت و گفت: کدوم پدری راجع به بچه‌اش این طوری حرف می‌زنه که تو حرف می‌زنی؟

ـ کدوم بچه عاقلی حرف‌ها و نصیحت‌های پدر و مادرشو زمین می‌گذاره که ایمان خودسر تو می‌گذاره؟ وقتی حرف حساب به خرجش نمی‌ره باید ولش کرد به امان خدا بره هر غلطی که دلش می‌خواد بکنه.

خانم تفرجی طاقت شنیدن حرف‌های فریدون را نداشت. از پای سفره سبزی بلند شد و همین طور که با دست گلی‌اش به سینه‌اش اشاره می‌کرد به فریدون گفت: اگه منم بیست سال پیش تو رو با اون پای گلوله خورده به امون خدا رها می‌کردم الان این طوری صدات رو بلند نمی‌کردی و این‌قدر با بی‌تفاوتی از بچم حرف نمی‌زدی.

ـ قضیه من با ایمان کاملاً فرق می‌کرد. من برای آزادی وطنم خودم رو به خطر انداختم ولی ایمان دنبال یه مشت بچه سوسول برام حالا اصلاح‌طلب شده و حرف‌های گنده‌تر از دهنش می‌زنه. آخه به این بچه چه مربوطه که کدوم روزنامه بازه و کدوم بسته شده! رفته دانشگاه که درس بخونه یا از این قرتی بازیا درآره؟ حالا بخورن. این براشون درس عبرت بشه که بفهمن

مملکت قانون داره!

فریبا نتوانست در برابر حرف‌های او ساکت بنشیند و نگاه در نگاه او گفت: از کدوم قانون حرف می‌زنی؟ تو برای کدوم آزادی جونت رو به خطر انداختی؟ آزادی رو تو چی می‌بینی؟ توی خفه کردن مردم؟ توی زدن توی سر جوونا؟ توی اجازه ندادن به روزنامه‌نگارا که حرف بزنن؟ کجای دنیا اسم اینو آزادی می‌گذارن؟

فریدون که از شدت عصبانیت چهره‌اش قرمز شده بود مجدداً صدایش را بلند کرد و سر مادر و همسرش فریاد زد: حالا همه برای من سیاسی شدن. تو این مملکت خیلی هم آزادی هست. فقط توان شنیدن حرف مفت رو نداریم. هرکسی بیراهه بره باید جلوش گرفته بشه تا درس عبرتی بشه برای دیگران.

خانم تفرجی همین طور که دندان‌هایش را از عصبانیت به هم می‌فشرد به طرف فریدون خیز برداشت و با همان دست گلی یقه پیراهن فریدون را در مشتش گرفت و در حالی که از شدت خشم صدایش می‌لرزید، گفت: تا حالا هر روز سر سجاده به خدا سجده شکر می‌کردم که اجازه داد جونت رو نجات بدم و دوباره زیر بال و پر تو بگیرم ولی به خدای احد و واحد قسم اگه یه بار فقط یه بار اینجوری در مورد ایمانم که از جونم برام عزیزتره حرف بزنی دیگه اسمت رو نمیارم.

قیافه خانم تفرجی درآن لحظه آن‌چنان در نگاه فریدون بیگانه آمد که سخت او را به وحشت انداخت. هرگز مادرش را تا آن درجه از عصبانیت ندیده بود. چشم‌های مادرش که با امواجی خشمگین در چشم‌های او دوخته شده بود آن‌چنان او را ترسانده بود که فقط توانست مشت مادرش را که هنوز یقه پیراهن او را با انگشتان گلی در خود می‌فشرد به آرامی کنار بزند و در برابر او سکوت اختیار کند.

فریبا با تمام وجود می‌لرزید.

سهراب که از شنیدن فریادهای مادربزرگ و پدرش به آرامی پای پله‌های حیاط کز کرده بود سعی می‌کرد با تمام هوش و حواسش دریابد که چرا آنها به جای ریختن فکرهایشان روی همدیگر برای یافتن ایمان که هدف مشترک هر سه‌شان بود اینطور به بحث و جدل پرداخته و از حل مشکل اصلی فاصله گرفته‌اند.

سرانجام سکوت فریدون در برابر مادرش به بحث و جدل‌ها خاتمه داد و سکوتی سنگین بر اتاق حکم‌فرما شد. خانم تفرجی سفره سبزی‌ها را پاک کرده و نکرده جمع کرد و به آشپزخانه برد و فریبا هم بعد از انداختن نگاهی ملامت‌بار به فریدون از او رو برگرداند و به اتاق ایمان

رفت. دلشوره به جانش چنگ انداخته بود. خدایا! این بچه کجا رفته؟ چرا تماسی نگرفته؟ یعنی چه بلایی سرش اومده؟ خدایا به خودت سپردم. خدایا! خودت رحم کن.

تنها کسی که بر سر سفره شام نشست سهراب بود که با نگرانی از چهره درهـم و متفکـر پدرش به چهره غم گرفته مادرش و از چهره مادرش به چهره بسیار جدی و ناخوانای مادربزرگ نگاه می‌کرد و هر لقمه را سخت‌تر از لقمه قبلی قورت می‌داد. در آن لحظه در ذهن سهراب گردابی از سوالات گوناگون به چرخش افتاده بود ولی یک نگاه به چهره اطرافیانش کـافی بـود که به او بفهماند که الان موقعیت مناسبی نیست که دهانش را باز کرده و حرفی بزند.

حوالی ساعت نه ونیم شب خانم تفرجی دیگر طاقت نیاورد و بی‌آن که با فریدون در میـان بگذارد به منزل صدرا رفت و دست به دامان او و ایمان شد.

وقتی برگشت سکوت مطلق حاکم بر خانه که گـه‌گـاه بـا صـدای گریـه آرام فریبا شکسـته می‌شد خاطره سکوت دائمی سی سال پیش را که مثل طلسـمی نشکسـتنی تمـام خشـت‌هـا و آجرهای خانه را در برگرفته بود برایش زنده کرد.

سهراب آن شب زودتر از هر شب دیگری به رختخواب رفت و پتویش را تا نـوک دماغش بالا کشید و وحشت‌زده به سقف سیاه اتاقاش چشم دوخت ولی هنوز دقیقه‌ای نگذشـته او هـم دیگر طاقت نیاورد. بغضاش شکست و در تاریکی اتاق به گریه افتاد. تا آن لحظه هرگز برای چنین مدت طولانی از برادرش دور نیفتاده بود. جای خالی ایمان او را به هق‌هق انداخت.

فریبا در کنار پنجره باز اتاق ایمان همان طور چشم‌دوخته به سیاهی حیاط با غمی جانکاه که هر آن می‌خواست سینه‌اش را بشکافد، ایستاده بود. با وجود باز بودن پنجره اتاق هنوز از شـدت گرما احساس خفگی می‌کرد. اثری از نسیم در لابه‌لای برگ درخت‌های حیاط دیـده نمی‌شـد. قطره‌های درشت عرق یکی‌یکی از زیر موها و پشت گردنش در کمرش می‌غلتیـد. لحظـه‌ای بی‌حرکت ماند. گوش‌هایش را تیز کرد و نگاهش را مثل نگاه دقیق عقابی از میـان تاریکـی بـه سمت در حیاط جهت داد. صدای باز شدن قفل، در آن سکوت شب که گـه‌گـاه بـا صـدای محزون جیرجیرک‌ها شکسته می‌شد در گوشش طنین انداخت. ابتدا تصور کرد خیالاتی شـده ولـی ثانیه‌ای بعد خاطره شنیدن صدای چرخ‌های یک اتومبیل در یک شب بارانی که هجده سال پیش قلبش را از طپش بازداشته بود برایش زنده شد و حالا این صدای باز شدن قفل در بود که این بار به قلبش فرمان ایست می‌داد.

دو، سه ثانیه‌ای طول کشید تا فریبا فرمان حرکت را دریافت کند و به دنبال آن دیوانه‌وار بـا پای برهنه خودش را به حیاط رسانده و به سمت در دوید. فریدون با شنیدن صـدای پـای فریبـا و

حرکت دیوانه‌وار او از جا پرید و از بالای پله‌ها مسیر دویدن او را با نگرانی دنبال کرد. فریبا درست شنیده بود. قامت بلند ایمان که حالا به دلیل افتادگی و دولا شدن چندان بلند به نظر نمی‌آمد در آستانه در ظاهر شده بود. قلب فریبا دوباره با دیدن سر باند پیچی شده ایمان به همراه دست شکسته‌اش که به گردنش آویزان بود فرمان ایست گرفت. فقط دیوانه‌وار بدون توجه به احساس درد ایمان او را در آغوش می‌فشرد و سر باندپیچی شده‌اش را غرق بوسه می‌کرد. رطوبت دانه‌های درشت عرق که از شدت درد و گرما زیر باند روی پیشانی ایمان نشسته بود طعم شوری به دهان فریبا می‌داد. فریبا در آن تاریکی به خوبی چهره در هم فرورفته از شدت درد ایمان را نمی‌دید ولی بوی او را که از کیلومترها دورتر هم برایش آشنا بود با تمام وجود نفس می‌کشید.

خانم تفرجی هم که از صدای فریادهای شوق فریبا سراسیمه به بالکن دویده بود به محض دیدن ایمان در آغوش مادرش زانوهایش سست شد و دو زانو کف بالکن نشست و هم‌زمان اشک‌هایش با گونه‌هایش هم‌بستر شد. فریبا محو تماشای ایمان ابتدامتوجه حضور پدر فرشید درآستانه در نشد. چون روسری نداشت دستپاچه شد ولی درآن لحظه همراهی ایمان را از پوشاندن موهایش واجب‌تر دید. ضمن سلام و علیکی با آقای سمیعی که از یک طرف زیر شانه ایمان را گرفته بود به سرعت زیر شانه دیگر ایمان را گرفت و او را تا دم پله‌ها آورد. ایمان به راحتی نمی‌توانست راه برود. تمام وزنش را روی پای چپش انداخته بود.به پایین پله‌ها که رسیدند نور لامپ بالکن به صورت ایمان افتاد. لکه سیاه روی باند دور سرش حالا در زیر نور لامپ کاملاً مشخص بود. چشم راست ایمان متورم و آثار خون‌مردگی در اطرافش قابل رویت بود. وقتی ایمان از پایین پله‌ها سرش را بالا آورد تا طول مسیری را که باید با آن حال نزار طی می‌کرد تخمین بزند نگاهش در نگاه اندوهگین پدر افتاد. از هیچ‌کدام صدایی برنخاست. فریدون خیره مانده به چهره زردرنگ ایمان صحنه بیست وسه سال پیش خود را در اتاق زیرزمینی خانه صدرا که از شدت درد و خون‌ریزی در شرف بی‌هوش شدن بود به خاطر آورد و لحظه‌ای بعد درست مثل فریبا پا برهنه از پله‌ها پایین آمد و به فریبا اشاره کرد که شانه ایمان را رها کند تا خودش را بپوشاند. وقتی فریدون و آقای سمیعی ایمان را به اتاق آوردند چهره زرد او در زیر نور پررنگ لامپ که دیگر برای آقای سمیعی تازگی نداشت همه را به وحشت انداخت. لباس‌های او از شدت عرق کاملاً خیس شده و به خون‌های خشک شده روی لباسش تازگی می‌بخشید. خانم تفرجی سراسیمه از اتاق تشکی را که هنوز بوی عطر پودر لباسشویی از آن به مشام می‌رسید پهن کرد و همین طور که فریدون و آقای سمیعی او را روی آن می‌خواباندند بالشی را

که ایمان از بچگی به خاطر نرمی‌اش عاشق آن بود زیر سرش جای داد.

فریبا با چشم‌های اشک‌بار به صورت ایمان خیره شد. چشم‌های ورم کرده و کبود او و سر باند پیچی شده و خون‌آلود او دلش را به آتش می‌کشید. چه بلایی بر سر صورتی که مادر و مادربزرگ روزی صدبار قربان صدقه‌اش می‌رفتند، آمده بود؟ موهای پرپشت تیره و پیشانی بلند ایمان زیر باند پیچیده شده دور سرش پنهان شده بود. آثار کبودی از اطراف چشم او تا روی فک مردانه‌اش پیش رفته بود و زخم‌های کوچک و بزرگ در اطراف بینی و دهانش به وضوح دیده می‌شد ولی چانه‌اش که بی‌شباهت به چانه فریبا نبود تقریباً دست نخورده مانده بود. ایمان همچنان که با دهان خشک شده و لب‌هایی که رنگ خود را کاملاً باخته بود از شدت درد به خود می‌پیچید به سختی روی تشک دراز کشید. خانم تفرجی به آرامی در کنار ایمان زانو زد و دکمه‌های پیراهن او را باز کرد. تنها رنگی که بدنش را پوشانده بود کبودی بود. خانم تفرجی در حالی که صدایش از عصبانیت و خشم می‌لرزید گفت: کدوم پست‌فطرتی این بلا رو سرت آورده؟

ایمان بریده بریده جواب داد: «مادرجون! من تنها نبودم» و سپس در حالی که اشک در چشم‌هایش حلقه می‌زد، ادامه داد: «دوستام، همکلاسی‌هام، بچه‌ها...» و دیگر نتوانست جمله‌اش را تمام کند. فریدون ساکت و خاموش فقط به او نگاه می‌کرد. انگار می‌خواست با نگاهش همدردی و سرزنش را یکجا به او القا کند ولی از آنجایی که اصلاً به این کار وارد نبود حس سرزنش بر حس همدردی‌اش غلبه کرد و با نگاهش فقط و فقط یک پیام را به ایمان القا کرد و آن چیزی جز ملامت نبود. درست مثل اینکه با نگاهش می‌خواست به او بفهماند که مقصر اصلی کسی جز خود او و همکلاسی‌هایش نیست. اما ایمان در مقابل نگاه‌های سرزنش‌آمیز پدر سعی کرد جلوی اشک‌هایش را نگه دارد. انگار نمی‌خواست در مقابل او ضعفی از خود بروز دهد. انگار می‌خواست همانجا به او ثابت کند که در راه هدف و آرمانش از سنگ محکم‌تر و از کوه استوارتر است. فریدون پیام او را به وضوح از چهره‌ای که با وجود درهم رفتگی از درد بی‌شباهت به چهره بیست وسه سال پیش خود او نبود، خواند و از این رو سکوت کرد. نه او را سرزنش کرد و نه تشویق.

پدر فرشید که پس از مدت‌ها که از دوستی پسرش با ایمان می‌گذشت برای اولین بار فریدون را می‌دید به آرامی به او نزدیک شد و بعد از اینکه خودش را معرفی کرد، گفت: آقای شهیدی! من واقعاً از بابت اینکه از ایمان بی‌خبر موندید متاسفم حقیقت‌اش به خاطر وضع بچه‌ها و شلوغ پلوغی‌ها جرأت نکردم تماس تلفنی بگیرم. گفتم شاید شما رو هم تو دردسر بندازم. از

دیروز تا حالا دو بار ریختن تو خونمون و همه جا رو زیر و رو کردن. خوشبختانه بچه‌ها پیش پسر بزرگم بودن. به خاطر وضعیت بد فرشیدم آنقدر درگیر بودم که نتونستم حضوری بیام بهتون خبر بدم. خیلی دلم می‌خواست ایمان را بیشتر نگه می‌داشتیم تا حالش یه کم بهتر بشه ولی به اصرار خودش مجبور شدم این طوری شبونه بیارمش اینجا.

قبل از اینکه فریدون بتواند جوابی به آقای سمیعی بدهد فریبا گفت: آقای سمیعی! تو رو خدا بگید چی شده. آخه ایمان چرا به این روز افتاده؟ مگه کجا بودن؟ فرشید چه بلایی سرش اومده؟

آقای سمیعی که خستگی و ناراحتی از سر و رویش می‌بارید در جواب گفت: خانم شهیدی! نمی‌دونم تا چه حد در جریان هستید ولی دیروز تعداد زیادی از دانشجوها به علامت اعتراض حوالی کوی دانشگاه تجمع کرده بودند که بعدش هم با فشار نیروهای امنیتی برمیگردن خوابگاهاشون. این دو تا جوونم همراه یکی از دوستاشون که تو خوابگاهه می‌رن اونجا. از قرار نصف شب یه عده با لباس شخصی بی‌مقدمه می‌ریزن تو و میفتن به جون بچه‌های مردم. کلی هم خسارت به خوابگاه‌ها زدن.

ـ بله آقای سمیعی! امروز رفته بودم اونورا همه چیز رو دیدم خیلی شیشه شکسته بود به نظر می‌رسه خیلی خسارت به خوابگاه و وسایل دانشجوها وارد شده.

ـ بله آقای شهیدی!... می گن عکس‌ها و کتابهاشون رو آتیش زدن. از خوابگاه دانشجوها گذشته به خونه‌های مردم هم حمله کردن و شیشه بعضی خونه‌ها و ماشینای پارک شده تو خیابون کارگر رو هم شکستن. حتی به دانشجوهای مجروح هم رحم نکردن. شنیدم که بلافاصله اومدن اونا رو به بیمارستان نیروهای امنیتی انتقال دادن. ایمان و فرشیدم توی این زد و خوردا زخمی شدن. حالا تازه وضع اینا از خیلی‌های دیگه بهتره. فرشید که به خاطر شدت ضربه طحالش پاره شده و چون پسر بزرگم پزشکه تونستیم یه جوری تو یکی از بیمارستانای خصوصی بستریش کنیم. ایمان هم طفلک با این وضع خونه پسرم موند چون خونه ما براش امنیت نداشت. ماشالله خیلی بچه پرطاقتیه.

پدر فرشید با گفتن این حرف دستش را روی شانه فریدون که مات و مبهوت فقط به حرف‌های او گوش می کرد، گذاشت و ادامه داد: آقای شهیدی! باید به داشتن یه همچین جوونی افتخار کنی. اینا سرمایه‌های کشورند.

فریدون با نگاهی که در آن موجی از اندوه بود از پدر فرشید به خاطر زحماتش و مراقبت از ایمان تشکر کرد و بدون اینکه در تایید و یا نفی حرف‌های او سخنی بگوید نگاهش را روی

زخم‌های ایمان متمرکز کرد. آقای سمیعی که با تعجب از کم‌حرفی و سکوت فریدون در انتظار شنیدن حرف و کلمه‌ای از زبان او چشم به او دوخته بود با صدای خانم تفرجی که از صمیم دل برای همراهی کردن ایمان از او تشکر می‌کرد رویش را برگرداند و با لبخندی گفت: اختیار دارید. من در برابر شجاعت این بچه‌ها هیچ کاری نکردم. تشکر رو باید از این جوونا بکنید که به خاطر ماها خودشون رو به این روز انداختن. متاسفانه بچه‌های ما حالا باید تاوون اشتباهی رو که ما بیست سال پیش کردیم پس بدن. فقط خدا می‌دونه که هیچ کس یه همچین روزایی رو نمی‌دید.

پدر فرشید با گفتن این حرف در کنار ایمان زانو زد و دستش را روی سینه ایمان گذاشت و گفت: پسرم! مواظب خودت باش. یه کم بیشتر احتیاط کن. بازم میام بهت سر می‌زنم و سپس برخاست و بعد از اینکه با تردید نگاهی به فریدون انداخت ضمن عذرخواهی خداحافظی کرد و آنجا را ترک گفت.

خانم تفرجی بلافاصله با صدرا تماس گرفت و بدون هیچ توضیح اضافه‌ای خبر بازگشت ایمان را به او داد و از او خواست با ایمان تماس گرفته و به او بگوید که برگردد و سپس یک راست سر وقت فریدون رفت و همچنان که موشکافانه سر تا پای او را برانداز می‌کرد، گفت: تو امروز دور و بر خوابگاه دانشجوها چه کار داشتی؟ چرا یه کلمه بروز ندادی که رفتی اونجا دنبال ایمان بگردی؟

فریدون در جواب از سر ملامت نگاهی به او انداخت و گفت: اونطور که تو از در نیومده به من حمله کردی و منو متهم کردی دیگه لزومی ندیدم بگم کجا بودم و کجا رفتم. حالا که دیگه ایمانت برگشته چه فرقی برات می‌کنه که من دنبالش رفته بودم یا نه!

همه تصور می‌کردند که سهراب از هیچ چیز خبر ندارد و در اتاقش تا حالا صد پادشاه را هم خواب دیده است. ولی اشتباه می‌کردند. سهراب تمام مکالمات آنها را زمانی که غرق حرف‌های آقای سمیعی بودند از پشت دیوار شنیده بود. سهراب چهره زرد رنگ و در هم برادر را دیده بود. لکه‌های کبود و سر باند پیچی شده و لباس خونی برادرش علامت سؤال بزرگی برای او بود و معنا و مفهوم متفاوتی با بازی کودکانه داشت.

بعد از شنیدن حرف‌های دردناک آقای سمیعی در پشت دیوار با خود فکر کرد: من که همه چیزم مثل داداش ایمانه می‌خوام درست مثل اون محکم باشم و همیشه سر حرفم وایسم و با این فکر در حالی که خود را بیش از پیش به الگوی برادر نزدیک می‌دید شعفی کودکانه سراسر وجودش را فرا گرفت و به تقلید از ایمان دولا دولا و لنگان لنگان به تخت‌خوابش برگشت.

نیمه‌های شب که از شدت درد و ضعف ایمان کمی کاسته شده بود فریبا و خانم تفرجی او را به قصد خواب تنها گذاشتند. فریدون دراز کشیده غرق در افکار دور و درازش بود و با آمدن فریبا به محض دیدن نگاه سرزنش‌آمیز آشنایش با اخم گفت: تو دیگه شروع نکن.

با گفتن این جمله به پهلو شد و پشتش را به فریبا کرد. فریبا هم بدون اینکه سخنی بگوید به آرامی زیر ملافه خزید.

فریدون تا صبح بیدار بود و مدام از این پهلو به آن پهلو می‌شد. به سمت فریبا که می‌چرخید حس می‌کرد با وجود نزدیکی به آن چهره دوست‌داشتنی چقدر از او جدا افتاده است و با یادآوری آن عشق قدیمی که زمانی شعله‌هایش به شدت می‌سوزاند و حالا بیشتر به تنوری سرد می‌ماند شرم را در خود تقویب می‌کرد.

از عشق بی‌حد و حصر فریبا به دو فرزندش آگاه بود. می‌دانست قلبی که زمانی در بست در اختیار او بوده حالا به سه قسمت مساوی تقسیم شده و این امر اندکی حس حسادت را در قلبش شعله‌ور می‌کرد.

برای خواندن نماز صبح برخاست و بعد از وضو قصد کرد به ایمان سری بزند. ولی درست پشت دیوار اتاق متوقف شد.

سهراب در کنار ایمان نشسته بود. به آرامی صحبت می‌کردند. هنوز آب وضو از سر و صورت فریدون می‌چکید.

همچنان بدون اینکه دیده شود پشت دیوار به مکالمه آن دو گوش داد.

سهراب به آهستگی در حالی که دست ایمان را نشان می‌داد پرسید: خیلی جاش درد می‌کنه؟

ایمان که معلوم بود دردهایش کمتر شده لبخندی به لب آورد و گفت: تا موقعی که یادم ننداخته بودی درد نمی‌کرد.

سپس دستش را روی سر سهراب که روی او دولا شده بود کشید و گفت: شوخی کردم داداش کوچولوی من!

ـ دیشب چی؟ دیشب خیلی درد می‌کرد؟

ـ یه کوچولو. ولی با دیدن مامان و بابا و تو و مامان‌بزرگ خوب خوب شد.

ـ چه جوری فرار کردی؟

ـ از تاریکی هوا استفاده کردیم. خوشبختانه خونه داداش بزرگه فرشید که دکتره خیلی نزدیک بود ما هم لنگون لنگون خودمون رو با هر بدبختی بود رسوندیم در خونشون. بعد هم

داداش فرشید و خانومش زخمامون رو پانسمان کردند. تاریکی هوا به دادمون رسید وگرنه حتماً با اون سر و وضع گرفتار می‌شدیم. درست مثل بقیه دوستام.

و با گفتن این حرف در حالی که سعی می‌کرد به دیوار تکیه دهد اندوهی گران بر چشم‌هایش سایه انداخت.

ـ چرا دوستات فرار نکردن؟

ـ چرا! فرار کردن ولی اندازه من خوش‌شانس نبودن.

فکر می‌کنی دوستات الان کجان؟ اونا رو کجا بردن؟

ایمان لحظه‌ای مکث کرد. سرش را پایین انداخت و با دست پانسمان پیشانی‌اش را که شب قبل خانم تفرجی برایش عوض کرده بود لمس کرد.

سرش را بلند کرد و نگاه کنجکاو و منتظر سهراب را دید که برای شنیدن جواب به دهانش دوخته شده بود.

ـ بعضی‌هاشون احتمالا زندان افتادن.

ـ می‌گن تو زندان زندانی‌های سیاسی رو شکنجه میدن که اقرار کنن مگه نه؟

ایمان با شنیدن این حرف با دو دست شانه‌های او را گرفت و در حالی که مستقیم در چشم‌هایش نگاه می‌کرد، گفت: عزیز دل من! داداش کوچولوی من! تو نباید از این چیزا حرف بزنی. تو هنوز بچه‌ای! باید همش حرف بازی و خوشحالی بزنی.

سهراب در حالی که با ناراحتی دست ایمان را پس می‌زد و سر پا می‌ایستاد، گفت: چرا فکر می‌کنی من هنوز بچه‌ام؟ منم این چیزها رو خوب می‌فهمم. می‌دونم زندانی‌های سیاسی رو تو زندان اذیت می‌کنن تا ازشون حرف بکشن. تو و خیلی‌های دیگه فکر می‌کنید ما بچه‌ایم و هیچی حالیمون نیست. ما خیلی هم بزرگیم و خوب می‌فهمیم. خیال می‌کنی نمی‌دونم که شماها برای اون روزنامه‌هه که بستنش اعتراض کردید؟

ایمان در حالی که با تعجب به سهراب نگاه می‌کرد، پرسید: آخه بچه! تو از کجا می‌دونی؟

ـ خودم هر روز یه دونه از دکه دم مدرسه برای مامان تفرجی می‌خرم. مامان تفرجی همیشه می‌گه لنگه کفشم تو بیابون غنیمته. الان چند روزه که دیگه چاپ نمی‌شه. چون درشو بستن. آقای روزنامه‌فروشه خودش بهم گفت... فکر می‌کنی من بچه ام و هیچی نمی‌فهمم؟ من بیشتر از خیلی از آدم بزرگای دیگه که طرفدار حزب بادن سرم می‌شه.

ایمان به فکر فرو رفت. در همان چند دقیقه ضمن مکالمه‌اش با سهراب به حقیقتی رسید که تا آن لحظه باور نداشت. ذهن سهراب که در نظر ایمان خیلی زود بود تا حقایق را درک کند

دیگر یک ذهن کودکانه نبود. ذهن بچه‌های نسل جدید حالا دیگر به خوبی معنی و مفهوم در بند بودن را می‌فهمید. معنی هوای آزادی، زندان، اسارت و کلام حق را درک می‌کرد. آن ذهن کودکانه حالا از ورای ایمان به حقیقت می‌اندیشید. معلوم بود ذهن سهراب را نمی‌توان کودکانه تعبیر کرد. ذهن جوان فردا بود. ذهنی که حالا دیگر به جای تیله‌بازی و گرگم به هوا به آینده فکر می‌کرد. سهراب ایمان را می‌دید با زخمی بر دست و پا و آثار کبودی در تمام بدن ولی سری پر شور و نگاهی روشن. ولی آیا ایمان هم خود را این‌گونه می‌دید؟

در لحظاتی که ایمان نشسته در رختخواب از پنجره به بیرون چشم دوخته بود جز آسمانی تیره چیزی نمی‌دید. ولی سهراب ایستاده در برابر همان پنجره می‌توانست به روشنایی اولین اشعه‌های خورشید که می‌رفت آهسته‌آهسته دقایقی دیگر به صورتش بتابد نگاه کند. ایمان نشسته در رختخواب به شیشه پنجره که مثل حصاری او را از هوای بیرون منع می‌کرد چشم دوخته بود و سهراب ایستاده در برابر همان پنجره به شاخه‌های پر برگ درخت‌ها و بوته‌های حیاط خیره مانده بود.

فریدون همچنان ایستاده پشت دیوار در حالی که نه دید به آسمان داشت و نه دید به حیاط و درخت‌ها با روشن‌تر شدن فضای اتاق به خاطر آورد که برای خواندن نماز صبح برخاسته و حالا دیگر نمازش قضا شده است.

با ناامیدی فقط سرش را تکان داد و زیر لب تکرار کرد: لعنت به شیطون! لعنت به شیطون!

با قیافه‌ای عبوس و گرفته به اتاق برگشت. فریبا جرأت نکرد حرفی بزند. چهره و نگاهش به فریبا فهمانده بود که تنهام بذار و یا بگذار برای بعد. فریبا برخاست تا به ایمان سری بزند. صورت ورم کرده و کبود ایمان دلش را دوباره به درد آورد. دو زانو در کنارش نشست و ضمن اینکه دستش را بر گونه متورم ایمان می‌گذاشت با چشم‌های اشک‌آلود به صورت جگرگوشه‌اش خیره شد. ایمان با وجودی که هنوز درد داشت سعی می‌کرد وانمود نکند. خانم تفرجی هم که تازه از صف طویل نانوایی برگشته بود در کنار فریبا نشست و با بغض گفت: «الهی دستشون بشکنه! از خدا بی‌خبرا! ای خدا لعنتتون کنه که این بلاها را سر جیگرگوشه‌های مردم میارید! خدا ازتون نگذره! خیر از زندگیتون نبینید!» سپس روی دو زانو بلند شد و سر باندپیچی ایمان را به سینه‌اش چسباند و گفت: صبر خدا زیاده. ولی ببین امروز چه روزیه. اگه آه مردم درگیر بشه باید چنان تقاصی پس بدن که صد سال عبادت بیست وچهار ساعته و هزار جوره مد طعام و فدیه و صدقه نتونه دامن گهیشون رو پاک کنه. مال مفت خوردن، پروار شدن، افتادن به جون جوونای مردم.

فریبا لب‌هایش را گاز گرفت تا خانم تفرجی ادامه ندهد. چون اخلاق فریدون را خوب می‌دانست و هر آن ممکن بود دوباره دیگ خشم‌اش به جوش آمده و سرریز کند ولی خانم تفرجی با عصبانیت بلندتر از قبل گفت: بذار بشنوه! اگه یه جو غیرت تو وجودش باشه از خودش برای طرفداری کردن از این سگای هار خجالت می‌کشه.

خانم تفرجی آنقدر از خود بی‌خود و عصبانی بود که اگر فقط یک کلمه دیگر از حرف‌های فریدون می‌شنید آتشفشان خشمش چنان به فوران می‌افتاد که سوزش مواد مذابش به دامن همه سرایت می‌کرد.

دقایقی به سکوت گذشت و وقتی از فریدون صدایی در نیامد دیگر ادامه نداد. برخاست و به آشپزخانه رفت تا وسایل صبحانه را آماده کند.

ایمان که اشتهایش را به شدت از دست داده بود با دیدن سفره صبحانه رنگینی که مادربزرگش به اصطلاح برای قوت گرفتن او پهن کرده بود دچار حال تهوع شد.

پس از گذشت دقایقی فریدون از اتاق بیرون آمد. ایمان در حالی که سرش را پایین می‌انداخت و پای چپش را به احترام پدر جمع می‌کرد به او سلام کرد و فریدون هم زیر زبانی جواب سلام او را داد. با وجودی که هنوز نگران حال و روز پسرش بود ولی با این نیت آمده بود که به او ثابت کند به هیچ وجه کار او را تایید نکرده و به شدت از دست او ناراحت و عصبانی است. ایمان هم این را به خوبی از روی نگاه‌های پدر فهمیده بود.

با بیرون آمدن فریدون از اتاق خانم تفرجی بلافاصله نگاهی زیر چشمی به او انداخت و از سهراب خواست تا هنوز صدرا به مغازه نرفته به آنجا برود و عصایی را که سال‌ها قبل به فریدون قرض داده بود این بار برای ایمان بگیرد و حین گفتن این حرف روی بخش «عصایی که به فریدون قرض داده بود» تاکید کرد و سپس نگاه معنی‌دارش را حواله فریدون کرد.

سهراب ذوق زده از این‌که برای برادرش کاری انجام می‌دهد به سرعت به منزل صدرا رفت و عصا به دست همراه صدرا برگشت.

هیچ کس بر سر سفره صبحانه حاضر نشده بود. وقتی چشم صدرا به حال و روز ایمان افتاد به شدت یکه خورد. اصلاً انتظار دیدن او به این شکل و شمایل را نداشت. در کنار ایمان که به سختی سعی می‌کرد با لب‌های متورم و کبودش لبخندی به لب بیاورد دوزانو نشست. چانه او را به آرامی با نوک انگشتانش بالا آورد و همین طور که نگاه تاثرآمیزش را روی کبودی‌های صورتش متمرکز می‌کرد، گفت: پسر! چه بلایی سرت اومده؟ کی این بلا رو سرت آورده؟!

ایمان که با دیدن صدرا انگار شجاعت‌اش را باز یافته بود زیر لب در جواب گفت: «عمو

صدرا! نرخ آزادی و حرف حق این روزا مثل نرخ نون و گوشت و مسکن بالا رفته. تا خون نـدی کوفتم بهت نمی‌دن» و با این حرف از گوشه چشم به فریدون که سعی می کرد خودش را کنترل کرده و حرفی نزند نگاهی انداخت. صدرا اول به فریدون که ساکت و عصبی گوشه اتاق نشسته بود نگاه کرد و بعد رو به خانم تفرجی کرد و گفت: چقدر این صحنه بـرام آشناسـت درسـت ... در اینجا فریدون دیگر تحملش را از دست داد و در حـالی کـه سـعی مـی‌کـرد خونسردی‌اش را حفظ کند، گفت: صدراخان! تو رو خدا شما دیگه شروع نکن.

صدرا با این حرف فریدون بهتر دید حرفی نزند.

فریدون پس از لحظاتی سکوت را شکست و ادامه داد: این جوونا هیچی حـالی‌شـون نیسـت. خوشی زده زیر دلشون.

صدرا خواست دوباره بگوید «چقدر این حرف هم برایش آشناست» ولی دوبـاره حـرفش را خورد. عصا را به طرف ایمان دراز کرد و گفت: «این کمکت مـی‌کنـه راحـت‌تـر از جـا پاشـی.» ایمان نگاهی از سر قدردانی به صدرا انداخت و برای چندمین بار آرزو کرد که ای‌کـاش پـدرش حرف او را می‌فهمید.

خانم تفرجی رو به ایمان کرد و گفت: پاشو پسرم! با کمک عصـات بلنـد شـو بیـا بشـین سـر سفره یه لقمه بخور یه ذره جون بگیری.

صدرا زیر شانه ایمان را گرفت و او را به آرامی بلند کرد و سپس عصا را به دستش داد تا بـه طرف سفره برود ولی حالش بد شد و عرق سردی بر تمام بدنش نشست. چشم‌هـایش را بسـت و صحنه‌های دلخراشی که دو شب پیش در کوی دانشگاه و خوابگـاه دیـده بـود دوبـاره در مقابـل چشم‌هایش جان گرفت. وقتی چشم‌های اشکبارش را باز کرد دید اطرافیانش با حـالاتی مختلـف به او می‌نگرند. بغض گلویش را گرفته و نفس کشیدن را برایش دشوار کرده بود. رو به سـهراب که رنگش سخت پریده بود، کرد و گفت: داداش کوچولوی من! شما برو تو اتاقت من می‌خوام با مامان اینا خصوصی حرف بزنم.

سهراب به جمع نگاهی کرد و محیط را ترک کرد ولی پشت دیوار اتاق گوش ایسـتاد. آخـه درنده‌خویی و وحشی‌گری تا چه حد؟ مثل یه دسته اوباش شبونه ریختن تـوی خوابگـاه بچـه‌هـا. زدن و خرد کردن و شکستند و آتش زدن. عین اوباشای عربده‌کش با وحشی‌گری تمـام ریخـتن تو از اون پایین شروع کردن به شکستن شیشه‌هـا. ریخـتن تـو اتاقـا تمـام وسـایل بچـه‌هـا رو خـرد کردن. حرف‌هایی از دهنشون درمیومد که لات‌های چاله میدون از گفتنش شـرم دارن. بـا بـاتوم روی سر و صورت و بدن بچه‌های بی‌دفاع می‌کوبیدند. من و فرشید جلوشـونو گـرفتیم و بهشـون

التماس کردیم که نزنن ولی در جواب با باتوم ما رو هم زدن و من و فرشید رو از بالای پله‌ها هل دادن پایین. با چنان ضربی افتادم پای پله‌ها که نفسم پیچید تو. اونایی هم که پای پله‌ها بودن مثل یه مشت کفتار دوباره افتادن به جونمون. با لگد این‌قدر توی پهلوم کوبیدن که راستی راستی حس کردم دیگه نمی‌تونم نفس بکشم. صدای فریاد و شکستن شیشه و فحش‌های رکیکشون یه لحظه قطع نمی‌شد. آنقدر همه چیز سریع و ناگهانی اتفاق افتاد که تا وقتی خودمون رو از محوطه بیرون نکشیده بودم متوجه شکستگی سرم و خونریزیم از ضربه باتوم نشدم.

ـ خدا لعنتشون کنه. حالا این وحشیا کیا بودن؟

ـ تعدادشون خیلی زیاد بود. همشون لباس شخصی تنشون بود. معلوم نیست از کدوم خراب شده‌ای اومده بودن اونجا. بیچاره بچه‌ها سعی می‌کردن از تاریکی هوا استفاده کنن و خودشون رو نجات بدن.

ایمان به اینجا که رسید سرش را بالا گرفت و دیگر اهمیت نداد که تن صدایش بالا برود یا نه. فقط با عصبانیت فریاد زد: کجای دنیا چنین قصاوت و وحشی‌گری رو سراغ دارید؟ مگه ما همه هموطن نیستیم؟ مگه همه از یه خاك و ریشه نیستیم؟ اینه آزادی که همه ازش دم می‌زنن؟

سپس رو در روی پدر ادامه داد: این آزادی و استقلالی بود که براش انقلاب کردید و خون دادید؟

فریدون که تا آن لحظه ساکت بود و فقط گوش می‌داد بالاخره به حرف آمد و در مقابل چشمان بهت زده همه گفت: چشمشون کور. می‌خواستن این همه شلوغش نکنن. مملکت قانون داره. حساب کتاب داره. اجازه نمی‌ده هر کی از راه رسید یه ساز جدید بزنه. من و امثال من خون دادیم تا این مملکت به اینجا رسیده.

خشم تا بی‌نهایت در چشم‌های ایمان موج می‌زد. با لحنی تمسخرآمیز رو در روی پدر و در جواب او گفت: این مملکت به کجا رسیده؟ شماهایی که سرتون رو مثل کبك کردید توی برف یه نگاه به دوروبرتون بندازین. بیست ساله از انقلابتون می‌گذره کدوم پیشرفت رو کردیم؟ با هر یك سال که گذشته به اندازه دو سال عقب رفتیم. اگه برای ریشه کن کردن فقر انقلاب کردید. فقر که تو جامعه صدبرابر شده. به کدوم سیر صعودیتون می‌نازید؟ سیر صعودی در آمار فقر؟ سیر صعودی در آمار بیکاری؟ یا سیر صعودی تو آمار اعتیاد؟ یا شایدم سیر صعودی در تعداد خفه کردن حنجره‌ها و قلم‌های شکسته شده!

چشم‌هات رو روی واقعیت نبند. این خون‌هایی که داره روی زمین می‌ریزه خون آینده‌سازای این مملکته. مگه ماها چی می‌خوایم؟ یه ذره آزادی می‌خوایم که حق مسلم هر

آدمه.

ـ اینجا یه کشورآزاده. اگه کسی نمی‌بینه چشماش کوره.

لبخندی تمسخرآمیز در اوج عصبانیت روی لب‌های ایمان نشست و با تکیه به عصا برخاست. تمام پیشانی‌اش از شدت درد و عصبانیت خیس عرق بود. در حالی که سعی می کرد صدایش را پایین تر بیاورد، ادامه داد: اگه کبوترای خونگی که بالهاشونو کشیدن آزادن مردم ایرانم آزادن. انگار این مردم بدبخت محکومن تا قیام قیامت تشنه دنبال سراب آزادی بگردن.

ـ حکومت اسلامی هر کجا که باشه آزادی هم باهاش میاد.

عصبانیت ایمان با هر یک جمله جواب فریدون بیشتر می‌شد به طوری که دوباره تن صدایش خود به خود و بی‌اختیار بالا رفت و با تکیه بر عصا یک قدم دیگر به فریدون نزدیک شد و چشم در برابر چشم پدر گفت: دینی که تو و امثال تو ازش دم می‌زنید درش رحم و مروت جایی نداره. عدل و داد معنی نداره. مگه انسان بودن فقط سر به مهر گذاشتنه؟ و یا روزای بلند تابستون روزه گرفتن و گرسنگی کشیدنه؟ اون مسلمونایی که تو داری طرفداریشون رو می کنی زدن من و همکلاسی‌های من به قصد کشت رو عمل به تکلیف شرعی می‌دونن. چرا؟ دین شما دستور می‌ده از جون دیگران مایه بگذارید؟ این‌قدر برای من دم از اسلام نزن. اینایی که هی اسلام اسلام می کنن درست مثل طالبان بیشترین ضربه رو به اسلام زدن. تازه در اصل اینا از طالبان بدترن. اگر طالبان از اسلام یه چهره کریه ساخت همونجوری هم به خورد مردم بدبخت افغانستان داد. اما اینا نه تنها از اسلام یه چهره کریه ساختن بلکه با ترفند و به ضرب بزک توزک و آب و رنگ اون چهره کریه رو زیر لفافه تزویر و حقه بازی پنهان کردن و به خورد مردم دادن. درست مثل یه عروس زشت که به ضرب آب و رنگ شب عروسی به داماد بدبخت قالب کنن. همون جوری اول انقلاب این دین تحریف شده رو با سوء استفاده از احساسات و عقاید پاک مردم بدون اینکه خودشون بفهمن بهشون تحمیل کردن و متاسفانه مردم وقتی فهمیدن که دیگه خیلی دیر شده بود. این ملت بیست سال آزگاره فقط وعده وعید شنیده و توی گرداب شست‌وشوی مغزی دست و پا زده. خرافات و عقاید خشک و بدوی ساخته دست بشر به جای اون اعتقادات پاک بهش تحمیل شده. این حکومت آنقدر از اعتقادات و احساسات پاک جوونا و مردم سوء استفاده کرده که تمام کسانی که یه روز خالصانه سر به مهر می گذاشتن از دین بری شدن. تمام دوستام که یه زمانی روزه می گرفتند و نماز می‌خوندند همه چیز رو کنار گذاشتن و دیگه به هیچی اعتقاد ندارن. چرا؟ چون شما و امثال شما با اعتقاداتشون بازی کردید و یه مشت خرافه رو به اسم دین به زور خواستید تو مخشون بچپونین.

فریدون که لحظه به لحظه از شدت خشم دندان‌هایش را بیشتر روی هم می‌فشرد در حالی که مشتش را از خشم گره کرده بود به سمت ایمان خیز برداشت و با فریادی که حتی خانم تفرجی را هم ترساند گفت: چطور جرأت می کنی به دین آباء و اجدادیت اهانت کنی؟ چطور جرأت می کنی از دین اسلام این طوری حرف بزنی؟

ـ من به اصل دین اسلام کاری ندارم. اصلاً دین اسلام بهترین دین دنیا. من با دینی مخالفم که برای جون انسان‌ها ارزش قایل نیست. اون دینی که آداب خلا رفتنش از ریخته شدن خون انسان‌های بی گناه مهم‌تره می‌خوام هفتاد سال سیاه نباشه. من با دینی مخالفم که خرافات رو تو مخ مردم می کنه.

ـ دهنتو ببند پسره احمق!

ایمان در اینجا سکوت کرد. صدرا که تا آن لحظه ساکت و خاموش فقط به بحث پدر و پسر گوش می کرد برخاست تا در صورت نیاز میانجی گری کرده و از کشیده شدن کار به جاهای باریک جلوگیری کند. فریدون که فقط منتظر یک کلمه دیگر از طرف ایمان بود تا کبودی صورت او را قرینه کند همچنان به انتظار ایستاد. صدرا خود را مابین پدر و پسر جای داد و سعی کرد تا هر دو را به آرامش دعوت کند. صدرا که ذاتا خوی آرامی داشت تصور می کرد آرام‌کردن فریدون راحت باشد. فریدون هنوز با نگاه خشم‌آلودش به ایمان نگاه می کرد و ایمان با نگاهی ناامید به مادر و مادربزرگش و صدرا می‌نگریست. موجی از ضعف دوباره تمام وجودش را فرا گرفت و در عرض یک ثانیه تمام بدنش داغ و به دنبال آن خیس عرق شد. در حالی که به عصایی که فریدون سال‌ها پیش با همان حال به آن تکیه کرده بود بیشتر فشار می‌آورد تا بتواند هنوز سر پا بایستد دوباره نگاهش را متوجه صورت خشمگین پدر کرد.

ـ متاسفم پدر! واقعاً متاسفم! ولی اینو بدون که راه من راه تو نیست. هدف من هدف تو نیست. مذهب من مذهب تو نیست. خدای من خدای تو نیست. قبله‌ای که من بهش سجده می کنم قبله تو نیست. من پیرو دینیم که به انسان‌ها به چشم موجوداتی ارزشمند نگاه می کنه. دینی که درش عدالت حاکمه. دینی که به پیروانش حق انتخاب میده و به زور مردم را به پذیرش‌اش وادار نمی کنه. دینی که درش رحم و مروت حرف اول رو می‌زنه. دینی که وحشی گری و لاابالی گری درش جا نداره. دینی که انسان بودن آدماش به جای مهر روی پیشونی‌هاشون نیست. دینی که درش مرد بودن به خوندن نماز شب نیست. دینی که مال مردم خوری و به روز سیاه نشوندن آدماش بزرگ‌ترین گناهه. دینی که ریختن خون آدمای بی گناه درش گناه نابخشودنیه. دینی که مردم معتقد به اون فقط یه نفر رو می‌پرستن و از پیغمبر و امام و

امامزاده‌اش بت نمی‌سازن و خرافه‌پرستی نمی‌کنن. یه نگاه به دور و برت بنداز. یه نگاه به جوونای این مملکت بکن به چی دلشون خوش باشه؟ شما جوونای بیست سال پیش بزرگ‌ترین ظلمو در حق جوونای امروز کردید تا چشم باز کردیم حرف جنگ و خونریزی بود. جنگ تموم شد نابسامانی‌های مملکت، گرونی، فقر و بیکاری. رکود برای هر کشوری ممکنه پیش بیاد ولی مدیریت می‌خواد تا سروسامونش بده. ماشالله هزار ماشالله این مملکت از بس که مدیر زیاد داره توش یا آش شور می‌شه یا بی‌نمک. اگه تا چند سال دیگه کفگیر به ته دیگ بخوره و دیگه نفتی باقی نمونه اونوقته که بچه‌های نسل‌های بعد فحش و تف و لعنت رو حواله گور هممون کنن.

ایمان به اینجا که رسید درست مثل ماشینی که بنزینش تمام شده باشه و آرام آرام از حرکت بایستد ساکت شد و هنوز موج سرگیجه به زمینش نزده بود که کشیده فریدون کار را تمام کرد و اگر صدرا او را نگرفته بود کاملاً نقش زمین می‌شد. صدرا ایمان را به آرامی روی زمین خواباند و نگاه تندی به فریدون انداخت. فریدون که نگاه‌های عصبانی و ملامتگر اطرافیانش را دید با صدای بلند گفت: چیه؟ چرا منو اینجوری نگاه می‌کنین؟ وقتی گلیمشو بیشتر از پاش دراز می‌کنه باید نتیجه‌اش رو هم ببینه.

صدای فریدون و اطرافیان در گوش ایمان مثل صداهای درهم و برهم و غیرقابل تشخیص بود. از طرفی هر چه سعی می‌کرد چشم‌هایش را باز کند از شدت ضعف موفق نمی‌شد. صدرا تمام قد رو در روی فریدون قرار گرفت و همین طور که سعی می‌کرد خونسردی‌اش را حفظ کند گفت: چقدر زود تاریخ تکرار می‌شه و چقدر زود ما آدما همه چیزو فراموش می‌کنیم. کی می‌خوای دست از این تعصب بی‌جات برداری؟ یه نگاه به ایمان بنداز! این پسرته که اینجوری روی زمین افتاده. یه نگاه به سر و وضع و حال و روزش بکن. این بچه با این همه استعداد تا به حال یک دفعه از تو تشویق شنیده؟ چرا بین خودتو ایمان دیوار دو جداره کشیدی؟ من اگه شبانه روز بشینم هزار جوره کتاب و مقاله سیاسی مطالعه کنم هفتاد سال نمی‌تونم به این قشنگی که این بچه حرفای دلش رو زد حرفمو بگم. به جای اینکه بهش افتخار کنی، به جای اینکه با دیدن این همه قصاوت و بی‌رحمی و بلاهایی که سربچه‌های مردم آوردن خونت جوش بیاد دست روش دراز می‌کنی؟ این تعصب بی‌جات رو کنار بگذار و یه کم واقع‌بین باش. ببین آیا شرایط الان اون چیزیه که تو و مسعود دوستت به خاطرش خطر کردید؟ یه کم بشین به حرفای ایمان فکر کن. گاهی وقتا این بچه‌ها هستن که چشمای ما بزرگ‌ترا رو باز می‌کنن.

سپس دستش را روی شانه فریدون که با حرف‌های او سخت غافل‌گیر شده بود گذاشت و

ادامه داد: باورش کن چون حرف‌هاش ارزش تامل و تفکر داره. باورش کن و اگر جواب قانع‌کننده‌ای داری که مطمئنم نداری بهش ثابت کن که اشتباه می‌گه و راه را به خطا میره و اگر دلیل قانع‌کننده‌ای نداری دیگه این‌قدر اصرار و پافشاری نکن. عقیدهات مهمه؟ برای خودت نگهش دار. تو نه می‌تونی و نه حق داری آزادی تفکرش رو ازش بگیری. حداقل اگه عقایدش رو نمی‌پذیری عقایدت رو بهش تحمیل نکن. حالا خدایی‌اش الله‌وکیلی از همه این حرفا گذشته این شرط مردونگیه که با باتوم و اسلحه و وحشی‌گری به جون جوونای بی‌دفاع اونم تو حریم خونشون بیفتن؟ اثر مثبتی که تو حرف و منطق هست هیچ وقت توی تیغ و تیر و تفنگ و خشونت نیست. اینو برادرانه از من بپذیر. به حرفام فکر کن.

صدرا دیگر منتظر جواب فریدون نماند. نگاه اندوهبارش را به صورت ایمان که تازه چشم‌هایش را باز کرده بود و با نگاهی از سر قدردانی به او می‌نگریست دوخت و سپس به چشم‌های اشک آلود فریبا و خانم تفرجی نگاه کرد و بدون گفتن کلمه‌ای با سر از آنها خداحافظی کرد ولی همین که از در بیرون آمد چشمش به سهراب افتاد که نیمه پنهان پشت در ایستاده بود. صورت مضطرب سهراب در حالی که ناخن‌هایش را می‌جوید صدرا را به سال‌های دور برد. به سال‌های کودکی ایمان خودش و سپس با خود فکر کرد ای کاش فریدون حرف ایمان را می‌فهمید و به جای خشونت مهر پدری را جایگزین آن می‌کرد.

فصل پنجاه‌وسوم

مدتی می‌شد که گل و بوته‌ها و درخت‌های باغ شهریار از دست رحیم‌خان آب درست و حسابی نخورده بودند. چون رحیم‌خان بیمار شده بود. همه می‌دانستند که رحیم‌خان در بدمریض بودن دست آقای صرافی را از پشت بسته است ولی این بار بیماری‌اش خیلی طولانی شده بود. عفت که ابتدا فکر می‌کرد شوهرش فقط می‌خواهد توجه او را به خود جلب کند داشت کم‌کم نگران می‌شد. رحیم‌خان که خود را اسیر بستر کرده و یکسره آه و ناله سر می‌داد امر بر خود او هم مشتبه شده و تصور می‌کرد که این بیماری با همیشه فرق دارد و چهره‌اش دارد روز به روز مثل برگ‌های خزانی بیشتر به زردی می‌زند.

بیماری رحیم‌خان با تنگی نفس و سرفه‌های پی‌درپی شروع شد و اگر به موقع سری به دکتر زده و داروهایش را به موقع می‌خورد قاعدتا می‌بایست سر یک هفته حالش رو به بهبودی می‌رفت ولی بسیار بد دوا بود و همیشه به پزشک‌ها بدبین بود. از این رو ترجیح داد در بستر بماند و بگذارد بیماری‌اش سیر طبیعی‌اش را طی کند و به این ترتیب دو هفته از بستری شدنش می‌گذشت و هنوز اثری از بهبودی در او دیده نمی‌شد. طوری که کم‌کم با تشخیص احتمالی سرطان برای بیماری خودش و نصایحی نظیر: «عفت‌جان! اگه من مردم چنین و چنان کنید» همسر و دخترش را سخت به وحشت انداخت.

صدرا هر روز به رحیم‌خان سر می‌زد و جویای حالش می‌شد و با تأسف به اشک‌هایی که از گوشه چشم عفت و بنفشه دائما سرازیر بود، می‌نگریست و در عوض نگاه ملامت‌بارش را نثار رحیم‌خان می‌کرد. طوری که صدای رحیم‌خان در می‌آمد و با اعتراض می‌گفت: چیه؟ چرا منو

اونجوری نگاه می کنی؟ هیچ کس باورش نمی‌شه که دارم نفسای آخرم رو می کشم.

یک روز که صدرا به دیدنش رفته بود رحیم‌خان از بی‌اشتهایی رنگش زرد شده و ریش‌هایش هم از حد معمول بلندتر شده بود به طوری که تکیدگی صورتش را ده برابر جلوه می‌داد روی تخت دراز کشیده و از گوشه پنجره به شاخه‌های شاتوت که بخشی از آنها از داخل اتاق دید داشت نگاه می کرد. با وجود گرمی هوا عرقچین بافتنی سرمه‌ای رنگی را به سر داشت. طوری که سر کم مویش را تقریباً به طور کامل پوشانده بود. با دیدن صدرا به زحمت لبخندی به لب آورد و سعی کرد به حال نیم‌خیز در مقابل او بنشیند و ضعف از خود نشان ندهد. اما صدرا با لبخند بلافاصله دستش را روی سینه او گذاشت و گفت: چرا تقلا می کنی و این‌قدر به خودت فشار میاری که حتماً بشینی؟ من شرایطت رو درک می کنم. لزومی نداره این‌قدر پیش من به خودت سخت بگیری.

رحیم‌خان سرش را روی بالش گذاشت و با انگشت به شاخه‌های شاتوت اشاره کرد و گفت: همیشه از خودم می‌پرسیدم که من سرسخت‌ترم یا این درخت شاتوت؟ حالا می‌بینم من به آخر خط رسیدم و اون هنوز سبز و سربلند سر جاشه. حکایت زندگی عجب حکایت غریبیه!

صدرا همچنان لبخند بر لب سرش را تکان داد و گفت: ببینم رحیم‌خان! داری دوباره برای عفت عزیزی می کنی؟ چرا به دستور پزشک عمل نمی کنی؟ چرا داروهاتو نمی‌خوری؟ من یه عمر صبور بودن رو از تو یاد گرفتم. حالا به این زودی جا زدی؟

ـ ای بابا صدرا جان! کار من از این حرفا گذشته.

ـ یعنی چی کار من از این حرفا گذشته؟ اگه تا حالا داروهاتو مرتب خورده بودی الان این حال و روزت نبود. بله! گفتن آنفلوانزای سختی گرفتی ولی نگفتن که درد بی‌درمونه.

رحیم‌خان دوباره غر غر و ناله را سر داد و حرف‌های تکراری همیشه را از سر گرفت: بابا این دکترا چی حالیشونه؟ معلوم نیست چه زهر ماری به خورد آدم می‌دن! به درد طبیعی بمیرم بهتره تا با دست دکترا نفله بشم. آه خدا! چرا کسی درد منو نمی‌فهمه. باید بمیرم تا باور کنن مردم!

عفت لابه‌لای گریه خنده‌اش گرفته بود و بار دیگر روی لب‌های صدرا تبسمی نشست.

رحیم‌خان دوباره با صدای بریده بریده گفت: بخندید! به حال و روز من بدبخت بخندید!

صدرا که در حقیقت آن روز برای دادن خبری هیجانی به رحیم‌خان به آنجا رفته بود وقتی دید ناله‌های رحیم‌خان دارد به اوج خود می‌رسد تصمیم گرفت با خبرش او را غافلگیر کند.

رحیم‌خان همیشه در زندگی‌اش دو آرزوی بزرگ در سر پرورانده بود. آرزوی اول سفر

مکه بود که همیشه با حسرت از آن حرف می‌زد و سال‌ها پیش از این با صدرا برای آن ثبت‌نام کرده و هیچ وقت هم اسمش در نیامده بود. آرزوی دومش هم در آغوش گرفتن نوه‌اش بود. دوست داشت نوه‌اش دختر باشد و اسمش را نهال بگذارد.

صدرا خوب می‌دانست که مکه رفتن برای رحیم‌خان چه رویای شیرینی است. او همیشه از مکه‌ای که فقط توصیف‌اش را از زائران دیگر شنیده و تصویرش را از صفحه تلویزیون بیست اینچیش دیده بود برای صدرا چنان حرف می‌زد که انگار خودش آنجا بوده و آن چارچوب مکعبی سیاه‌رنگ با آن طرح‌های طلایی که با رنگ مشکی کاملاً در تضاد بود را لمس کرده و آن سیل جمعیت اطرافش و آن چراغ‌های مسجدالنبی که شب‌های آن منطقه را مثل روز روشن می‌کند را از چند قدمی به چشم دیده است. کعبه و آن موج جمعیت اطرافش همیشه در وجود رحیم‌خان حسی روحانی برمی‌انگیخت. حسی که ناخودآگاه دلش را به شدت نازک می‌کرد و بلافاصله در چشم‌هایش اشک می‌نشاند و حالا در آستانه در آمدن نام آن‌ها برای سفر حج، صدرا با هیجان فقط منتظر بود که هر طور شده خبر را زودتر به رحیم‌خان بدهد.

صدرا به چشم‌های بی‌فروغ رحیم‌خان که به سقف دوخته شده بود نگاهی انداخت و گفت: آدمی که به آرزوهاش نرسیده که این‌قدر زود جا نمی‌زنه.

رحیم‌خان نگاهش را متوجه صدرا کرد و با حسرت گفت: کدوم آرزو؟ زندگی همیشه برای من یه انتظار بوده. یه عمر از همنشینی با درخت و شاخه و گل یاد گرفته بودم که انتظار چه بلند و چه کوتاه بالاخره یه روز تموم می‌شه و هیچ وقت همیشگی و موندگار نیست. یاد گرفته بودم که فقط باید باور کنی. باور کنی که خاک مرده دوباره سبز می‌شه و شاخه‌های خشک زمستون دوباره یه روز به بار می‌شینه. فقط یه کم صبر و بردباری می‌خواد. ولی حالا که به اینجا رسیدم می‌بینم بر خلاف تصور من بعضی انتظارا واقعاً تموم نشدنیه. این درختا دوباره زمستون لخت می‌شن و بهار سال بعد برگ میدن چه من باشم یا نباشم قانون زندگیه دیگه.

ـ رحیم‌خان! عزیز من! گفتم که اگه داری برای عفت خانوم عزیزی می‌کنی هیچی ولی اینو هم بدون که اگر کسی داروهایش را مرتب بخوره از این آنفلوانزایی که تو گرفتی باور کن نمی‌میره.

ـ چرا نمی‌میره؟ ببین الان چند وقته تو جام.

ـ تو جایی برای اینکه تقصیر خودته.

ـ ای بابا!

ـ ای بابا نداره! داروهات رو بخور ببین اگه بهتر نشدی. تازه به کسی که اینجوری مریض

شده باشه و داروهاش رو هم نخوره اجازه نمی‌دن با کاروان به سفر حج بره.

رحیم‌خان با تعجب نگاهی به صدرا که هنوز لبخند بر لب داشت، انداخت و گفت: منظورت چیه؟

ـ منظورم اینه که اگه تا یک ماه دیگه خوب نشی سفر حجت مالیده می‌شه.

رحیم‌خان شوک‌زده حالت خوابیده‌اش را به حالت نشسته تغییر داد و هم‌زمان سرفه‌اش گرفت.

عفت که با سینی چای وارد اتاق شده بود، کنجکاوانه به مکالمه آن دو گوش می‌داد.

رحیم‌خان در حالی که هنوز سرفه می‌کرد، گفت: صدرا حالت خوشه؟!

ـ ببین تو رو خدا کی از من می‌پرسه حالم خوشه! یه نگاه به خودت بکن. حال خودت خوشه؟

ـ چی داری می‌گی؟ سفر حج کدومه؟

ـ جوش نزن رحیم‌خان! بالاخره اسممون برای سفر حج دراومد.

رحیم‌خان که انگار تمام درد و بدحالی‌اش را از یاد برده بود نگاهی به عفت انداخت و پرسید: صدرا چی می‌گه؟

ـ عفت‌خانم خبر نداره. منم امروز صبح فهمیدم که اسممون دراومده. گفتم زودتر خبرشو بهت بدم که این‌قدر خودتو تو جا نندازی.

رحیم‌خان همان طور از سر ناباوری دقایقی به صدرا خیره شد و یکمرتبه رو به عفت کرد و گفت: زن معطل چی هستی؟ برو اون زهرماری‌های منو وردار بیار ببینم. یعنی چی؟ مگه آدم این همه وقت خودشو تو جا میندازه؟ لااله ا...

موعد حج فرا رسید و همه چیز برای سفر سه نفره صدرا، رحیم‌خان و عفت مهیا شد. وقتی ایمان زائران را به فرودگاه می‌برد، صدرا به او و خانم تفرجی تاکید کرد که از جار و جنجال راه انداختن و پارچه‌نویسی سر کوچه و خیابان و گوسفندکشی جلوی پای آنها و خبر کردن تمام در و همسایه و غریبه و آشنا خودداری کنند و درست مثل یک سفر معمولی بی‌سروصدا برای پیشوازشان بیایند و اینکه تمام پول خرج و مخارج بعد از سفر را هم بین فقرا تقسیم کنند.

صدرا یکی یکی از احمد و مادرش و بنفشه و خانم تفرجی که به اصرار زیاد به فرودگاه آمده بود خداحافظی کرد و ایمان را در آغوش گرفت و زیر گوشش گفت: «پسرم! مواظب خودت باش» و سپس به رسم عادت همیشگی دستش را روی سینه ایمان گذاشت و با لبخندی گفت: نه من هیچ وقت از کار دل سر درآوردم نه تو هیچ وقت از کار دل سر درمیاری ولی دعا

می‌کنم که هر چی خیره برات پیش بیاد. دعا می‌کنم حداقل تو دیگه مثل من حسرت به دل نمونی.

دست صدرا روی سینه ایمان آرامشی شگرف را میهمان دل آشفته او کرد ولی وقتی به خانه برگشت و پایش را به خانه پدری که حالا از حضور او خالی شده بود، گذاشت دلتنگی غریبی آن آرامش زودگذر را از سینه‌اش راند. طوری که همانجا روی پله نشست و سر بر زانوها برای دقایقی طولانی به فکر فرو رفت. خانه برای ایمان بدون حضور صدرا هیچ لطفی نداشت. از گوشه‌گوشه آن خاطراتی می‌بارید که فقط و فقط با وجود صدرا شکل گرفته بود و حالا گرد سکوت و دلتنگی یکباره بر سرش نشسته بود.

دو، سه روزی از رفتن صدرا می‌گذشت و ایمان با درد تنهایی و از همه بدتر درد عشقی که هیچ راه چاره‌ای نداشت، دست به گریبان بود. دانشگاه هم به خاطر تعطیلات تابستانی بسته بود و فقط هر از چند گاهی برای واحدهای تابستانی به آنجا سری می‌زد و عصر هم با ناامیدی روزافزون به منزل برمی‌گشت. احمد و بنفشه تا حد امکان سعی می‌کردند که او را تنها نگذارند و گاهی به اصرار زیاد از او می‌خواستند که برای صرف شام به آنجا برود و قدری را با آنها بگذراند.

چهار روز از رفتن صدرا به حج می‌گذشت. ایمان از صبح برای انجام کارهای اداری به دانشگاه رفت و بعد از ظهر برگشت. آفتاب داغ و هوای گرم کلافه‌اش کرده بود. هیچ حرکتی در برگ‌های سبز درخت‌ها دیده نمی‌شد. بی‌آن که لباس‌اش را عوض کند روی تخت کنار حوض درست نقطه‌ای که بخشی از سایه کوتاه شده درخت بید افتاده بود نشست. نگاهش به انعکاس آبی رنگ حوض که افتاد هوس کرد پاهایش را در آب فرو کند. کفش‌ها و جوراب‌هایش را درآورد و پاچه‌های شلوارش را بالا زد و پاهایش را در آب حوض فرو کرد. تماس پاهای ایمان با سطح آب حوض آن گستره آبی رنگ را از خواب عمیقی بیدار کرد. آب حوض که از اثر نور خورشید داغ شده بود هنوز پاکی و تازگی پنج روز پیشش را که رحیم‌خان قبل از سفر به آن بخشیده بود از دست نداده بود. به یاد روزهای کودکی با حرکت پاهایش در حوض همچنان که از لمس فرح بخش آب لذت می‌برد به صدای چلپ چلپ آن گوش می‌کرد. آفتاب که روی سرش می‌تابید داغ بود ولی دلش نمی‌خواست پاهایش را از داخل حوض بیرون بیاورد. نگاهی به اطرافش انداخت. چشمش به پیچکی افتاد که برگ‌های سبزش تا کمر دیوار بالا رفته بود. گل‌های کبودرنگ جمع شده‌اش توجه ایمان را جلب کرد. آن رنگ نیمه‌کبود که از لای گل‌های نیمه‌باز چشم‌های ایمان را به خود دوخته بود، دوباره او را به یاد

مهتاب انداخت. نگاه مهتاب، چشم‌های مهتاب، لمس موهای مهتاب همه و همه چنان بـر او گـرد اعتیاد پاشیده بود که در هر چه که دور و اطرافش را فراگرفته بود رد پـایی از مهتـاب مـی‌دیـد و بی‌اختیار او را به سوی خـود مـی‌کشـاند. ناگهـان بـا صـدایی از سـر دیـوار بـه دنیـای واقعیـت‌هـا بازگشت.

خانم تفرجی بود که از سر دیوار با خنده ایمان را صدا می‌زد و می‌گفت: «غصه نخـور بچـه! یا خودش میاد یا نامه‌اش.» پاهایش را بیرون کشید و با لبخنـدی همـین طـور کـه سـرش را تکـان می‌داد و به سمت دیوار می‌رفت، گفت: نه خودش هیچ وقت میاد نه نامه‌اش.

ـ اِ! از کجا معلوم؟ جان تو الان بابات داره زیر ناودون طلا برات دعا می‌کنه.

ـ اگه دعاهای پدر درگیر می‌شد یه عمر اینجوری به درد دوری مامان دچار نمی‌شد.

ـ خدا رو چه دیدی! بچه! کارای خدا حکمت داره.

ـ مثلاً چه حکمتی؟

خانم تفرجی خنده‌ای کرد و در جواب گفت: چه می‌دونم؟ این چیزا رو باید بری از فریدون بپرسی تا دو سه ساعت مختو بذاره تو فرغون. حالا بیا بچه به جای رفتن تو عالم هپروت بیـا کـار منو راحت کن که دیگه تا دم در نیام. یه کم آش درست کردم. آش پشت پایی حاج آقامونه. بیا بگیر.

ـ اگه پدر بفهمه حاج آقا صداش کردی خفه‌ات می‌کنه. آخه من از پای دیـوار چـه جـوری کاسه آش رو بگیرم؟

ـ بچه! خدا قد بلند رو فقط برای بردن دل دخترا بهت نداده. بیا بچه!

خانم تفرجی همین طور که کاسه آش را به دست ایمان می‌داد، دوباره با خنده گفـت: آخـه من نمی‌دونم حالا چه وقت مکه رفتن بود؟ تو اون گرما خر تب می‌کنه. با اون شانسی کـه بابـای تو داره غلط نکنم همه از رفتن منصرف شدن که اسمش دراومده. نکرد اقلا تو زمستون بـره هـوا یه ذره خنک‌تر باشه.

ـ دست خودش که نبوده. اگه دست خودش بود مطمئن بـاش حتمـاً فکـر اینجـاش رو هـم می‌کرد.

خانم تفرجی دوباره خنده‌ای کرد و گفت: بلکه اقـلا تـو اون گرمـا دل خـدا بـه رحـم بیـاد و دعاشو درگیر کنه.

و سپس نگاهی محبت‌آمیز و پرمعنی به صورت ایمان انـداخت و گفـت: غصـه نخـور پسـرم! همه چیز درست می‌شه.

ایمان نگاهی به کاسه آش انداخت. تداخل سبزی روغن نعنای سرخ شده با رنگ سفید کشک روی آش طرحی زیبا در برابر چشم‌های ایمان پدید آورده بود. طرحی زیبا که در اثر تضاد دو رنگ با انحناهایی خاص در برابر نگاهش جلوه‌گری می‌کرد. تضادی که با کمال تعجب برخلاف بسیاری از تضادهای دیگر در کنار هم زیبا می‌نمود.

آن روز تمام بعدازظهر سعی کرد با تمرکز روی تابلویی که به تازگی شروع کرده بود ذهن خودش را مشغول نگه دارد ولی بی‌فایده بود. قلم‌مو و کاردک درست مثل اشیایی سوزان یک ثانیه هم در دستش بند نمی‌شد. فقط کافی بود در کارگاهش سرش را به اطراف بچرخاند. تابلوهای نمایشگاه مدام صحنه آخرین دیدار او با مهتاب را تداعی می‌کرد. رنگ‌ها، بوم‌ها، قلم‌موها، همان اتاق کار و هر آنچه که به نقاشی و طراحی ختم می‌شد در زیر تصور رویای مهتاب خود به خود محو و نابود می‌شد.

آن بعدازظهر کش‌دار و طولانی برخلاف طبیعت ایمان بدون انجام کار خاصی به شبی تاریک تبدیل شد. حالا دیگر تاریکی بر همه جا سایه افکنده بود. دوباره به حیاط رفت. انگار همه چیز در سکون و سکوت مطلق فرو رفته بود. در آسمان لکه‌ای ابر دیده نمی‌شد ولی انگار پرده‌ای مات روی شفافیت آن را پوشانده بود. درست مثل چشمی که همه چیز را تار ببیند لحظه‌ای شک کرد آیا واقعاً چشم‌هایش آسمان را تار می‌بیند و یا آسمان واقعاً به آن رنگ و شکل است. از چشم‌های تیزبین‌اش که به همه چیز خصوصاً مظاهر طبیعت به دقت تماشای یک اثر هنری می‌نگریست، بعید بود که چیزی را تیره و تار ببیند. این واقعاً آسمان شهر بود که گرد کدری بر چشم‌های همه پاشیده بود. روی جایگاه دنج همیشگی‌اش تخت کنار حوض نشست و در حالی که زانوهایش را بغل می‌گرفت چانه‌اش را به آن تکیه داد و به حوض قیرگون که تلألو آبی‌رنگش به یغما رفته بود، خیره شد. سیاهی اطرافش دوباره موجی از دل‌تنگی در وجودش ریخت. حالا دیگر چشم‌هایش را چه می‌بست چه نمی‌بست همه چیز را یکسان می‌دید. سیاهی و سیاهی. تاریکی و تاریکی. چشم‌هایش را بست و این‌بار پیشانی‌اش را به زانوهایش تکیه داد و گذاشت که افکار دور و دراز او را در گرداب سیاه ذهن آشفته‌اش غرق کند. طوری‌که نه تنها صدای زنگ‌های پی‌درپی تلفن را حدود نیم ساعت قبل نشنیده بود بلکه در ابتدا متوجه صدای ضربات محکم به در حیاط هم نشد. هم‌زمان با بلندتر شدن صدای ضربات در به خود آمد و با عجله به طرف در دوید. نور کم‌رنگ چراغ دم در چهره مهتاب را که به انتظار باز شدن در لحظه‌شماری می‌کرد، پریده رنگ‌تر از همیشه نشان می‌داد. ظاهر شدن ناگهانی قامت مهتاب در مقابل در حیاط در آن وقت شب در نظر ایمان به خواب و خیال بیشتر شبیه بود تا به واقعیت.

ایمان شوکه شده فقط به آن چهره مضطرب و مردد می‌نگریست و با خود تصور می‌کرد که تنهایی و فکر و خیال دارد به یک طریقی کار دستش می‌دهد. مهتاب برعکس همیشه بدون چادر و فقط با یک مانتو و روسری ساده مشکی در چارچوب در در آن وقت شب ظاهر شده بود. موهایش که از زیر لبه روسری جلوی پیشانی‌اش را گرفته بود در آن نور کم تیره‌تر از معمول به نظر می‌رسید. مهتاب همچنان مردد فقط منتظر اجازه ورود ایمان بود تا با سر قدم به بهشتی که خواب و خیال شبانه‌روزی‌اش شده بود، بگذارد.

تا دقایقی پیش چقدر در نظر ایمان دور از دسترس می‌آمد و حالا آنقدر به او نزدیک بود که اگر دستش را دراز می‌کرد می‌توانست حقیقت حضورش در آنجا را نه با سرانگشتان بلکه با تمام وجود ملتهبش لمس کند.

صدای مهتاب که از روی خجالت انگار از ته چاهی عمیق به گوش می‌رسید ایمان را دوباره به دنیای واقعی که هنوز برایش غیرواقعی می‌نمود، برگرداند.

ـ خیلی سعی کردم با موبایلتون و تلفن خونه تماس بگیرم ولی جواب ندادید.

تنها کلمه‌ای که بر لب‌های ایمان جاری شد مهتاب بود که حالت ادا شدنش خبر از شدت شوکه شدن او می‌داد. آنقدر متعجب و متحیر بود که فراموش کرد مهتاب را به داخل دعوت کند و بالاخره وقتی طاقت مهتاب طاق شد با تردید گفت: می‌تونم بیام تو؟

بلافاصله از جلوی در کنار رفت و مهتاب بالاخره قدم به جایی گذاشت که همیشه رویای آن را در خواب دیده بود. ایمان بلافاصله نگاهی به دو طرف کوچه انداخت و سپس در حیاط را بست و به فاصله یک قدمی در مقابل او ایستاد و در حالی که سعی می‌کرد با وجود تاریکی اطراف مستقیم در چشم‌های مضطرب و وحشت‌زده او نگاه کند گفت: مهتاب! چی شده؟ چه اتفاقی افتاده؟

مهتاب برای دقیقه‌ای سکوت کرد و هم‌زمان با لبریز شدن کاسه صبرش بغضی که در گلویش نشسته بود، شکست و در پایان جست‌وجو برای یافتن تکیه‌گاهی برای آن اشک‌های بی‌پایان سرش را روی سینه ایمان نشاند و بازوهای ایمان به دور شانه‌هایش که از شدت گریه می‌لرزید، حلقه شد. تماس چانه ایمان روسری مهتاب را به عقب راند و بی‌اختیار تمام صورت ایمان را در لابه‌لای موهای ابریشمین و خوش رایحه مهتاب فرو برد. زمین و زمان که برای ایمان دقایقی پیش انگار با سکون برگ‌ها از حرکت ایستاده بود این بار حقیقتابه سکون رسید. شانه‌هایی که از شدت اشک می‌لرزید و رایحه خوش و حسی که از اتکای مهتاب به او در وجودش ریخته شده بود هر لحظه نفس‌های او را در سینه سنگین و سنگین‌تر می‌کرد.

مهتاب در لابه‌لای بغض و اشک بالاخره به سخن آمد و زیر گوش ایمان گفت: دیگه طاقت ندارم. دیگه نمی‌تونم. دیگه نمی‌تونم به این وضع ادامه بدم.

ایمان در جواب فقط حلقه آغوش‌اش را تنگ‌تر و تنگ‌تر کرد. آرامشی که آغوش ایمان به وجود مهتاب ریخت کم‌کم از لرزش شانه‌هایش کاست تا آنکه به کلی متوقف شد. با آرام شدن مهتاب ایمان همین طور که او را در آغوش داشت لحظه‌ای سرش را عقب برد تا بتواند چهره او را بهتر ببیند. ولی تاریکی حیاط بر صورتش سایه انداخته بود و ایمان به جز یک طرح آشنای فرو رفته در سایه شب قادر به دیدن چیز دیگری نبود. روسری که حالا روی شانه‌های مهتاب افتاده بود دیگر مانعی برای لمس آن موهای پر لطافت نبود. ایمان وقتی مهتاب را با خود به خانه بردبرای اولین بار ، او را بدون هیچ گونه پوششی روی موهایش دید. درست مثل اثر زیبایی که پرده آهسته‌آهسته از روی آن برداشته شود، پس از آب شدن دل ایمان بعد از مدت‌ها تمام آن زیبایی‌های پنهان از زیر پرده استتار چادر و مقنعه حالا به یک باره بیرون آمده و نگاه عاشق ایمان را بر خود متمرکز کرده بود. مهتاب در حالی که سرش را پایین می‌انداخت و رنگ‌پریدگی چهره‌اش جای خود را به گلگونی شرم می‌داد لب‌هایش را به دندان گزید و زیر لب گفت: همیشه با خودم می‌گفتم محکم بودن زن به صبر و تحملشه. به کنار اومدن با مشکلات و مصائب زندگیشه. ولی الان دیگه به این نتیجه رسیدم که چنین صبر و تحملی نشونه ضعفه. توی تمام این مدت دندون روی جیگر گذاشتم و صبر کردم که شاید کوتاه اومدن من تا حدی عوضش کنه. ولی حالا می‌بینم سکوت من در تمام این مدت به آتیش تمایلش برای خرد و حقیر کردن من بیشتر دامن زده. من مدت‌ها با کسی زیر یه سقف زندگی کردم که با خرد کردنم با خوار و خفیف کردنم همیشه برق لذت در چشم‌هاش درخشیده. من دیگه از دست و پا زدن زیر بار حقارت خسته‌ام. دیگه نه صبرش رو دارم نه توانش رو... دیگه نمی‌تونم حتی یک لحظه دیگه این وضع اسف بار رو تحمل کنم. دیگه نمی‌تونم توی اون جهنم زندگی کنم.

وقتی مهتاب در حین حرف زدن سرش را به سوی ایمان بالا آورد گره روسری افتاده بر شانه‌اش در زیر گلو شل شد و ایمان به خوبی توانست قسمت‌های تازه کبود شده را روی گردن و گلوی مهتاب ببیند.

ایمان به گردن مهتاب اشاره کرد و با عصبانیت پرسید: پست فطرت دوباره دست روت دراز کرده؟ چه بلایی سرت آورده؟

سایه صورتی رنگ گونه‌های مهتاب با این حرف ایمان دوباره پررنگ شد و نگاه خجالت‌زده‌اش را از ایمان گرفت. ایمان دو زانو روی فرش رودرروی مهتاب نشست و چانه‌اش

را گرفت و صورتش را به سمت خود برگرداند: چی شده؟ چه اتفاقی افتاده؟

مقاومت چانه مهتاب به ایمان می‌فهماند که مهتاب توان نگاه کردن در چشم‌های او را ندارد به همین خاطر به آرامی دستش را از زیر چانه مهتاب کشید و همان طور نشسته سراپا گوش شد.

مهتاب همچنان خیره به تاروپود ظریف قالی با صدایی نجوا مانند ولی بدون بغض به حرف آمد: فهمیده. بالاخره فهمیده. می‌دونستم که می‌فهمه.

ـ چی رو می‌فهمه؟

ـ که من انصراف ندادم و مرخصی یک ساله گرفتم... مثل یه حیوون وحشی همین طور که دست‌هاشو روی گلوم فشار می‌داد فریاد می‌زد که حسرت اون دانشگاه و کلاس رو به دلت می‌گذارم.

بغض دوباره راه گلوی مهتاب را بست ولی این بار دیگر نگذاشت از این حد پیش‌تر برود و جلوی اشک‌هایی را که در شرف جمع‌شدن در چشم‌هایش بود گرفت و نگاهش را مستقیم به صورت ایمان دوخت و ادامه داد: یقه پیراهنم رو از عقب گرفت. هیچی حالی‌اش نبود. با همیشه فرق داشت. درست مثل اینکه دوباره دچار یکی از اون حمله‌های عصبی که اختیار و عقلش رو به کلی ازش می‌گیره شده بود. با خودم گفتم دیگه برام فرقی نمی‌کنه چه غلطی می‌خواد بکنه. این بار اگه بمیرم هم جلوش درمیام و از حقم دفاع می‌کنم. فشار یقه پیرهنم داشت خفم می‌کرد. می‌خواست عجز و ناتوانی رو با لذت توی چشمام ببینه. ولی بهش اجازه ندادم و بهش گفتم حسرتش رو به دلش می‌گذارم. موهام رو از عقب کشید و بعد هلم داد. با شونه محکم به دیوار خوردم. ولی با وجود درد شدید در برابرش مقاومت کردم. چون تحمل اون درد به مراتب برام آسون‌تر از تحمل خفت و ضعف در برابر محمود بود. اصلاً انتظار نداشت جلوش وایسم. همون جا مجسمه‌ای رو که روی میز کنار تخت دستم اومد برداشتم و پرت کردم تو صورتش که قبل از اینکه بتونه از خودش دفاع کنه مجسمه خورد توی بینی‌اش و صورتش پر خون شد. با دیدن خونریزی بینی‌اش دیگه واقعاً به طرفم خیز برداشت.

تمام اعضای بدن مهتاب موقع تشریح وقایع می‌لرزید.

ـ دوباره به طرفم حمله آورد. منم با پام عسلی میز توالتمو هل دادم جلوی پاش. آنقدر تمام هوش و حواسش دنبال این بود که منو تو دستاش خرد کنه که متوجه عسلی زیر پاش نشد پاش بهش گیر کرد و کنترلش رو از دست داد و با تمام وزن افتاد روی پای چپش. طوری زمین افتاد که از شدت درد نتونست بلند بشه. با اون ضربی که افتاد فکر می‌کنم پاش شکسته باشه. همین طور که از شدت درد به خودش می‌پیچید بالای سرش وایسادم حلقه ازدواجم رو تو صورتش

که غرق خون شده بود پرت کردم و فقط بهش گفتم آخر و عاقبت حیوونایی مثه تو اینه که از درد نفرت دیگران این‌قدر دست و پا بزنن که بمیرن... برای اولین بار از زمان ازدواجمون این من بودم که حس حقارت رو توی چشماش دیدم. حس حقارت از اینکه جلوی پای یک زن اینجوری زمین افتاده و از شدت درد و ناتوانی نمی‌تونه از جاش بلند بشه. حس حقارت از اینکه جلوی پای من روی زمین افتاده و توی نگاه من به جای همدردی فقط و فقط تنفر می‌بینه. محمود بارها و بارها حس تنفر رو توی چشم‌هام دیده بود ولی هیچ وقت باورش نکرده بود. چون همیشه تو عالم توهماتش حس کرده بود که احساسات من فقط با خواسته اون کنترل می‌شه. ولی فکر می‌کنم این دفعه برای اولین بار تو اوج ناتوانی‌اش حس تنفر رو واقعاً توی چشم‌هام دید. چون اون حس دیوانگی و خشم یک مرتبه از نگاهش رفت و ظرف یک آن در حالی که هنوز روی زمین افتاده و از درد به خودش می‌پیچید یک حس اندوه رو توی نگاهش دیدم حسی که انگار براش مسجل شده بود که دیگه مهتابی به کار نخواهد بود که از تحقیر کردنش لذت ببره و با کوچیک کردنش به مردونگی‌اش بباله... دیگه نتونستم حتی برای یک لحظه دیگه اونجا بایستم. همونجوری افتاده روی زمین ولش کردم و از اتاق اومدم بیرون. نفهمیدم چه جوری لباس پوشیدم. وقتی به خودم اومدم خودمو توی خیابون دیدم. اول خواستم برم پیش پدرم ولی ترسیدم یه وقت یه کاری دست پدرم بده. در اون لحظه از محمود هیچ چیزی بعید نبود.

مهتاب به اینجا که رسید با تردید نگاهش را به ایمان که از شنیدن حرف‌های او به شدت متاثر شده بود دوخت و ادامه داد: تنها جایی که به فکرم رسید می‌تونم بهش پناه ببرم اینجا بود.

ایمان با نوک انگشتانش چانه مهتاب را لمس کرد و صورت خجالت‌زده او را بالا آورد و نگاه در نگاه او گفت: هیچ وقت اینجا احساس غریبی نکن. بالاخره برای بیرون رفتن از این مخمصه یه راه چاره‌ای باید پیدا بشه.

ـ به هر دری زدم ولی نشد. نمی‌دونم. واقعاً با این قوانین دست و پاگیر نمی‌دونم دیگه چکار میتونم بکنم.

ایمان انگشت‌هایش را از زیر چانه مهتاب برداشت و یقه مانتوی او را کمی با نوک انگشت کنار زد و به رد کبودی که در زیر آن مانتوی سیاه همچنان ادامه داشت، نگاه کرد. پس از دقیقه‌ای خیره شدن به آن رد کبود با انگشت‌هایش گوشه چشم مهتاب را که دوباره از اشک پر شده و آماده چکیدن بود، پاک کرد و برای آنکه ذهن مهتاب را از آن وقایع ناگوار تا حدودی منحرف کند در حالی که لبخند می‌زد از جا برخاست و دستش را به طرف مهتاب دراز کرد و

گفت: راهش رو پیدا می‌کنیم. فکرشم نکن. اصلاً ولش کن بیا بریم کارگاهمو بهت نشون بدم.

با همین جمله ایمان تمام افکار ناخوشایند مهتاب از ذهن‌اش پاک شد و با اشتیاق به سرعت دست ایمان را گرفت و همراه او به کارگاهی که از گوشه‌گوشه آن بوی رنگ به مشام می‌رسید، رفت.

حکایت مهتاب در کارگاه ایمان درست مثل روزی که به نمایشگاه رفته بود حکایت یک کودک خردسال در یک مغازه اسباب‌بازی فروشی بود. دیدن آن همه ابزار و بوم و قلم‌مو و رنگ و وسایل گوناگون او را ذوق‌زده کرده بود. چقدر بیرون کردن فکر محمود از ذهنش حتی اگر شده برای دقایقی شیرین و لذت‌بخش بود. مهتاب همین طور که گوشه‌گوشه کارگاه ایمان را از نظر می‌گذراند در برابر طرحی آشنا متوقف شد. تابلوی آشنای پرنده و آفتاب ایمان دوباره چشم‌هایش را گرفت. با این تفاوت که این بار تابلو روی زمین به دیوار تکیه داده شده بود و مهتاب به راحتی می‌توانست همه اجزای آن را لمس کند. یک بار دیگر تمام قد در برابر تابلو ایستاد و ایمان هم از پشت سر یک قدم دیگر به مهتاب نزدیک و از بالای شانه او هم‌زمان به تابلو خیره شد. نزدیک شدن ایمان از پشت سر را با گوشه چشم دید. حرارت نفس‌های ایمان روی پوست گردنش گرمی و حرارت آفتاب تابلوی روبه‌رو را کاملاً از یاد مهتاب برده بود تا جایی که حتی چشم‌هایش را به روی روشنایی آفتاب مقابل بست و اجازه داد تا احساساتش او را با خود تا مرز آرزوهای غیرقابل باور ببرد. کافی بود تا نیم گام به عقب برود تا گرمی آغوشی را که مدت‌های دراز در خواب و خیال و رویا در چین و شکن رختخواب سردش جست‌وجو کرده بود در عالم واقعیت مثل حقیقتی دلچسب احساس کند. ولی همانجا متوقف ماند چون ایمان به ثانیه‌ای با همان نیم گام به جلو از تمام موانع و حریم‌ها گذشت.

حس غریبی که زمانی هنگام کشیدن اثر پرنده و آفتاب تمام وجود ایمان را پر کرده بود با شدتی صد چندان سراسر وجودش را در برگرفت. حسی که زمان کشیدن آن اثر در آن انگشت‌های خلاق جمع شده بود و مثل یک جریان فشار قوی از آن انگشت‌ها به قلم‌مو و در نهایت بوم رسیده بود حالا به مراتب قوی‌تر این بار به جای دویدن بر روی بوم بر روی لطافت بدن مهتاب می‌دوید. ذهنی که تا آن زمان آن سرانگشتان خلاق را تحت فرمان داشت و کوچک‌ترین حرکتی را به او دیکته می‌کرد حالا بی‌اراده به فرمان همان سر انگشتان درآمده بود. سرانگشتانی که با هر لمس بدن مهتاب آن ذهن ناآشنا با درد عشق را تحت تسلط کامل درآورده بود و حالا همان انگشتان که زمانی ترکیب بدن پرنده را بدون کوچک‌ترین لرزشی بر روی بوم لمس کرده بود با لرزشی بی‌سابقه به روی کمر و شانه مهتاب می‌دوید و آن بدن ظریف

را که خود از شدت لذت بی‌پایان لمس آن دست‌ها به لرزش افتاده بود محکم در آغوش می‌فشرد.

لب‌های تشنه ایمان از کبودی‌های گردن مهتاب به لطافت گونه‌های گلگون او و از آن گونه‌ها به حرارت لب‌های تشنه ترش می‌رسید. لمس بدن مهتاب در آن لحظه چنان حرارتی در وجود ایمان ریخت که درست مثل یک بیمار تبدار تمام بدنش را برافروخته کرد. روح بی‌تاب مهتاب با حرکت دست‌ها و لب‌های ایمان درست مثل تشنه‌ای که می‌خواهد عطش‌اش را با آب دریا فرو بنشاند لحظه به لحظه تشنه‌تر و تشنه‌تر می‌شد. با چشم‌های بسته و بی‌حرکت بدون کوچک‌ترین مقاومتی خود را به آغوش بی‌قرار ایمان سپرد. درد شانه ضرب دیده مهتاب با فشار بازوها و آغوش ایمان لذت‌بخش‌ترین حسی بود که در طی عمر خود تا آن لحظه چشیده بود. وقتی از رویا نبودن آغوش ایمان اطمینان یافت رویش را به سمت او برگرداند. چشم‌هایش را باز کرده و به صورت مشتاق او نگاه کرد. ایمان همچنان که مهتاب را هنوز سخت در آغوش می‌فشرد پیشانی‌اش را بر پیشانی او گذاشت. رایحه موهای مهتاب او را چنان از خود بی‌خود کرد که همه چیز را از خاطر برد و دریچه ذهنش را فقط بر روی بدن نیمه عریان مهتاب گشود.

اولین تجربه هم‌آغوشی برای ایمان در آن لحظه درست مثل چکیدن باران به کام خشک یک دشت تشنه بود. مثل لذت حس یک نسیم فرحبخش در اوج گرمایی دیوانه‌کننده. مثل یک میوه نوبر و رسیده و آبدار در اوج عطش تابستان. مثل حرارت دلپذیر آتش در اوج سرمای زمستان. ایمان همانجا در همان کارگاهی که به بوی رنگ و روغنش معتاد شده بود دل به هم‌آغوشی مهتاب سپرد که با قدرتی به مراتب بیشتر از رنگ و روغن گرد اعتیاد بر تمام وجود او پاشید.

حرارت بدن هر یک مایه حیات را به دیگری هدیه می‌داد. حیاتی که با هر یک نفس به شماره افتاده‌شان در وجود هر دو دمیده شد و عطش بی‌پایان‌شان را با خیسی بدن‌های عرق‌آلودشان آهسته‌آهسته فرو نشاند.

زمانی که نفس‌های سنگین کم‌کم به حالت عادی بازگشت ایمان با انگشت چانه مهتاب را گرفت و صورت او را که در سینه‌اش پنهان شده بود، بالا آورد و به آن چشم دوخت. نگاه مهتاب هنوز با شرم آغشته و صورتش از اثر خجالت و هیجان گلگون و عرق‌آلود بود. آن چشم‌های درشت و شفاف که از آن فاصله نزدیک به چشم‌های ایمان نگاه می‌کرد یک دنیا حرف برای گفتن داشت. مهتاب آهسته بدن نیمه‌عریانش را از روی سینه ایمان بلند کرد و در حالی که پیراهن ایمان را پشت به او به تن می‌کرد دوزانو روی زمین نشست. ایمان بلافاصله به حالت نشسته پشت سر مهتاب قرار گرفت و بازوهایش را دور کمر او حلقه کرد. پیراهن سفید

ایمان از شدت گشادی از روی شانه سمت راست مهتاب افتاد و ایمان به راحتی توانست لکه‌های بزرگ کبودی را به خوبی روی شانه او ببیند. ایمان به آرامی انگشتش را روی کبودی‌های شانه مهتاب کشید و لکه‌ها را با لب‌هایش لمس کرد و هم‌زمان توانست مور مور شدن پوست بدن مهتاب را حس کند. دقایقی همان طور بی‌حرکت از پشت سر به شانه‌ها و گردن مهتاب خیره ماند. سپس از او خواست که به همان حالت بنشیند و بی‌درنگ تمام وسایل مورد نیازش برای خلق یک اثر جدید را مهیا کرد و دوباره سر جای اولش درست پشت سر مهتاب نشست. به آرامی با انگشتانی که می‌رفت تا دقایقی دیگر ذهنیتی تازه را به تصویر کشد دکمه‌های پیراهنی که مهتاب به تن داشت را همان طور نشسته از پشت سر باز کرد و به دنبال آن بدون کوچک‌ترین مقاومتی از سوی مهتاب دست راست او را از آستین بیرون آورد و با این حرکت نیمه راست بدن مهتاب عریان شد. مرز کبودی‌های بازوی مهتاب تا دم آرنج کشیده شده و از پشت شانه سمت راست پوستش را سایه روشن کرده بود. دست‌هایش را در انبوه موهای مهتاب فرو برد و موهای بلندش را روی شانه چپش ریخت و در حالی که لب‌هایش را از پشت گردن مهتاب به گوش او نزدیک می‌کرد نجواکنان زیر گوشش گفت: می‌ذاری خاطره این شب همیشه برام زنده بمونه؟

مهتاب نیم‌رخ گلگونش را به صورت مشتاق و گر گرفته ایمان برگرداند و با لبخند تلخی جواب مثبت داد. ایمان همچنان دست چپش را به دور بدن مهتاب حلقه کرده و با دست دیگر قلم‌مویش را گرفته و با مهارت همیشگی مشغول کشیدن شد. انحنای زیبای شانه مهتاب، گردن ظریف، موهای مواج و در نهایت لکه‌های کبود که تمام شانه راست او را پوشانده بود موضوع طراحی ایمان بود. مهتاب از روی تغییر فشار بازوی ایمان که گه‌گداری حین کشیدن به دور کمرش حلقه می‌شد به حالات درونی ایمان در لحظه لحظه‌های کشیدن پی می‌برد.

انگشت‌های ایمان خستگی‌ناپذیر و استادانه قلم‌مو را روی بوم می‌دواند و مهتاب همچنان بی‌حرکت نشسته در آغوش ایمان فقط آرزو می‌کرد که آن شب به پایان نرسد. با تمام توان سعی می‌کرد اجازه ندهد حس توهم و آشوب، شیرینی آن لحظات فراموش نشدنی را در کامش تلخ کند. با این حال چهره محمود مثل تصویری شوم لحظه به لحظه در ذهنش محو و آشکار می‌شد و مهتاب سعی می‌کرد با بستن چشم‌هایش آثار آن را از ذهنش پاک کند.

لمس عاشقانه دست‌های ایمان و حرارت لب‌های او بر گردن و گونه و لب‌هایش و آن هم‌آغوشی لذت‌بخش هیچ‌کدام کوچک‌ترین شباهتی به لمس و هم‌آغوشی و بوسه‌های محمود نداشت و حالا مهتاب با چشیدن شیرینی همنشینی با ایمان به اصل تلخی تحمل محمود پی برده

بود و حاضر بود بمیرد و اشعه‌های خورشید صبح روز بعد را نبیند.

وقتی نور خورشید از لابه‌لای پرده‌های نیمه‌کشیده شده پشت پنجره کارگاه ایمان را روشن کرد ایمان بخش اعظم حکایت مظلومیت یک زن را در قالب آن شانه کبود کم‌کم به پایان برد. حکایت مظلومیتی که با آن انتخاب ماهرانه رنگ‌ها با مخاطب خود حرف می‌زد. تضاد رنگ شانه و بدن دو حس متضاد را انتقال می‌داد. حس آزادی‌خواهی یک زن و حس به بردگی کشاندن و اسیر دانستن یک زن. قلم‌موی خستگی‌ناپذیر ایمان در آن نیمه شب اعتراض فرو خورده مهتاب را چنان فریاد کشید که پژواکش به راحتی می‌توانست برای همیشه در ذهن مخاطب‌اش بماند.

آن تابلوی ساده هزار حرف ناگفته داشت که با همان نگاه اول آن را به مخاطب خود القا می‌کرد. آن تابلو حکایت یک تبعیض غیرمنصفانه بود. تبعیضی که به واسطه آن رنگ شادابی و طراوت و حیات مبدل به رنگ تیره سرخوردگی حقارت و یأس شده بود. تبعیضی که وجود لطیف زن را به غل و زنجیر اسارت کشیده و بر لطافت بدنش اثر شلاق بردگی نشانده بود. از لحظه‌ای که ایمان تازه مشغول ریزه‌کاری‌های اثر شد مهتاب از عقب به سینه ایمان تکیه داد و به آینه مظلومیت خود و هزاران هزار مهتاب دیگر که به سرنوشت او دچار شده بودند، خیره شد.

چشم‌های مهتاب با دیدن تصویر آینه‌وار مظلومیت خود در قالب آن شانه کبود و سر خم شده پر از اشک شد. دوباره داغ زخم‌ها در دلش تازه شد و دیگر طاقت نیاورد. رویش را از نقاشی برگرداند و صورتش را دوباره در سینه ایمان پنهان کرد و بی‌صدا گریه کرد. وقتی با دست نوازش ایمان کمی آرام گرفت سرش را از روی سینه ایمان که از شدت اشک‌هایش خیس شده بود بالا آورد و با بغض در چشم‌های او نگاه کرد و با معصومیتی بچه‌گانه گفت: ایمان! بگو چکار کنم. از این جنگ و جدال نابرابر خسته شدم. آنقدر که درد روحی عذابم می‌ده درد فیزیکی نمی‌ده. روحم خسته است. از اون در و دیوار و پنجره‌های اون خونه بیزارم. از فکر مداوم اینکه الانه که از راه برسه و الانه که زیر بار تحقیر و تهمت لهم کنه متنفرم. من به اون خونه تعلق ندارم. از اولشم نداشتم. تو بگو چه جوری از اون زندان خودمو خلاص کنم؟

ایمان از لحن کلام و حرف‌های مهتاب به شدت متاثر شد. دوباره او را به سینه‌اش فشرد و در حالی که موهایش را نوازش می‌داد زیر لب گفت: نگران نباش! قطعاً یه راهی وجود داره... و هم‌زمان یک نام به سرعت برق از ذهنش گذشت: فریدون.

کلید حل این معضل می‌توانست در دست‌های فریدون باشد. فریدونی که در اداره دادگستری حالا دیگر آنقدر برو بیا و احترام داشت که بتواند حق یک زن را از شوهرش بگیرد. ایمان بارها از

خانم تفرجی شنیده بود که هیچ چیزی به اندازه گرفتن حق یک مظلوم از دست ظالم فریدون را خوشحال نمی‌کند. «فریدون قطعاً می‌تواند حق مهتاب را از محمود بگیرد. امّا چطور و چه وقت؟

فصل پنجاه‌وچهارم

مدتی می‌شد که فریبا آرامش را دوباره به خانه فریدون بازگردانده بود. مدتی بود حرفی از سیاست زده نشده بود. هر وقت تلویزیون روشن بود و اخبار پخش می‌شد، ایمان بلافاصله به اتاقش می‌رفت و در را پشت سرش می‌بست که حتی کلمه‌ای هم از آن نشنود. زخم‌های سر و پیشانی و کبودی‌های بدن ضرب‌دیده‌اش کم‌کم رو به بهبود گذاشته و دیگر نیازی به عصا نداشت. از آخرین بحث و جدل پدر و پسر مدتی می‌گذشت و جز چند کلمه تلگرافی کلامی بین‌شان رد و بدل نمی‌شد. تعصب فریدون نسبت به اعتقاداتش از یک سو و حرف‌های صدرا و مخالفت ایمان با مرام او از سوی دیگر حسابی او را برآشفته بود ولی چون در زیرآن سقف کسی با او هم‌عقیده نبود چاره‌ای جز سکوت نداشت و اعضای خانواده هم به خاطر رعایت احترام، سکوت اختیار کرده و کلمه‌ای از سیاست بر زبان نمی‌آوردند.

با وجودی که فریدون در سرسختی و یک‌دندگی گوی سبقت را از همه ربوده بود ولی هر وقت پای حرف‌ها و خواسته‌های مادرش به میان می‌آمد کوتاه آمده و سکوت اختیار می‌کرد تا جایی که خانم تفرجی گه‌گاه در لابه‌لای حرف‌هایش به شوخی می‌گفت: بالاخره این پسره خر باید از یکی حساب ببره یا نه؟

ولی ابهتی که فریدون در اداره و محیط کار داشت حکایت دیگری داشت. فریدون به عنوان یکی از بهترین، متعهدترین و سالم‌ترین افراد اداره از برو و بیای خاصی برخوردار بود تا جایی که هرگز کلمه نه از کسی نمی‌شنید و همه کارکنان چه زیردست و چه رده بالا با احترام خاصی از او یاد می‌کردند.

خانم تفرجی بارها به صدرا و ایمان گفته بود هیچ چیزی به اندازه گرفتن حق یک مظلوم

فریدون را خوشحال نمی‌کند و همین قوت قلبی برای ایمان بود تا با مشورت با او راه چاره‌ای برای نجات مهتاب از این وضع اسف‌بار و نابسامان پیدا کند.

آن روز ظهر ایمان ضمن یک تماس تلفنی با فریدون سربسته به وضعیت مهتاب اشاره مختصری کرد و قرار بر این شد که شب با مهتاب نزد او بروند و کل ماجرا را به تفصیل برای او تشریح کنند. خانم تفرجی قبلاً جسته و گریخته چیزهایی در مورد مهتاب و وضع او از صدرا شنیده بود از این رو وقتی از تماس ایمان با فریدون مطلع شد کنجکاوی‌اش تحریک شد و از فریدون خواست که به جمع آنها بپیوندد.

مهتاب از بعدازظهر دلهره و اضطراب داشت. وضعیت و آینده نامعلوم او از یک سو و ناامیدی از سروسامان گرفتن وضع زندگی‌اش و وحشت دوری‌اش از ایمان داشت دیوانه‌اش می‌کرد.

فریبا با گشاده‌رویی به آن‌ها خوش‌آمد گفت و بعد از راهنمایی آن دو به اتاق پذیرایی آنها را با فریدون و خانم تفرجی تنها گذاشت. سهراب با شیطنت بچه‌گانه‌اش از گوشه در مشغول کشیک‌دادن بود تا مهتاب را که ظرف چند روز اخیر مدام در موردش شنیده بود از نزدیک ببیند. ولی با آمدن آنها به امر فریبا مجبور شد به اتاق خودش برود.

از لحظه‌ای که چشم خانم تفرجی به مهتاب افتاد مهرش به دلش نشست چندان که ناخودآگاه قبل از شنیدن کوچک‌ترین حرفی تنفرش نسبت به محمود صد چندان شد.

فریدون در سکوت کامل واژه به واژه به حرف‌های ایمان و مهتاب گوش کرد ولی در عوض خانم تفرجی با هریک جمله او با عصبانیت می‌گفت: خدا لعنتش کنه! الهی دستش بشکنه!

بالاخره طاقت فریدون طاق شد و با اخم خطاب به مادرش گفت: مادر! اجازه می‌دی ببینم چی می‌گن یا نه! می‌خوای شما اول ناله نفریناتو سیر دلت بکن بعد هر وقت تموم شد به ما مهلت بده.

خانم تفرجی مهر خاموشی بر لب‌هایش زد و ساکت شد.

وقتی حرف‌های مهتاب و ایمان خاتمه یافت فریدون برای دقایقی ساکت ماند و سپس خطاب به مهتاب گفت: خانم عطایی! من واقعاً متعجبم که با این شرایطی که شما فرمودید چطور دست رد به سینه‌تون زدن. وقتی شرایط زندگی به این مرحله می‌رسه جدا شدن و طلاق گرفتن تنها راه حله و نباید به این سختی‌ها باشه.

مهتاب که هنوز از شدت ناراحتی حین بیان رفتارهای ناگوار محمود چشم‌هایش اشک‌آلود

بود در جواب گفت: آقای شهیدی! من دادگاه خانواده رفتم و تمام مشکلات زندگی‌ام رو دونه دونه براشون شرح دادم. از رفتارها و برخوردهای خشنش گفتم. اونا هم اول درست مثل شما کلی بهم امید دادن که اصلاً جای ناراحتی نیست و مشکلتون به سرعت حل می‌شه ولی همین که اسم محمود رو شنیدن همونجا آب پاکی رو روی دستام ریختن و گفتند تشکیل پرونده و سوال جواب کردن محمود هدایتی دیوانگی محضه و از محالاته. درست مثل اینکه همه جای شهر آشنا و بپا داره. جایی نیست که من برم و اون باخبر نشه. کاری نیست که من بکنم و او خبردار نشه. آقای شهیدی! دیگه از سایه خودمم می‌ترسم.

همین طور که مهتاب مشغول صحبت کردن بود فریدون مشغول بالازدن آستین پیراهنش تا زیر آرنج شد که با شنیدن نام محمود هدایتی دست‌هایش از حرکت باز ایستاد و به همان حال خشکش زد و به دهان مهتاب که اسم محمود هدایتی از آن بیرون آمده بود، خیره شد. پس از دقیقه‌ای سکوت و بی‌حرکت ماندن با تردید از مهتاب پرسید: درست شنیدم؟ گفتید محمود هدایتی؟

مهتاب با عکس‌العمل فریدون لبخند تلخی به لب آورد و گفت: آقای شهیدی! درست شنیدید. عکس‌العمل شما اصلاً برام ناآشنا نیست. چون دقیقاً همون عکس‌العملیه که از دیگران دیدم و پشت سرش به در بسته خوردم.

فریدون برای لحظاتی به فکر فرو رفت و سپس همین طور که آستین پیراهنش را دوباره به حال اولش پایین می‌آورد، گفت: خانم عطایی! من آقای هدایتی رو خوب می‌شناسم.

مهتاب با ناامیدی در جواب گفت: حدس می‌زدم.

ـ اگه با شنیدن اسمش دیدید تعجب کردم به خاطر اینه که از آدمی به جانماز آبکشی او این رفتار و حرکات را بعید می‌دیدم.

در اینجا خانم تفرجی وسط حرف فریدون پرید و با عصبانیت گفت: همین جانماز آبکشا از همه عالم بدترن.

فریدون از سر ملامت نگاهی به مادرش انداخت اما قبل از اینکه بتواند حرفی بزند مهتاب با بغضی که صدایش را می‌لرزاند، گفت: باور کنید آقای شهیدی باور کنید همه ظاهر مرتبش رو می‌بینند ولی فحاشی‌ها و بددهنی‌هاش رو نمی‌شنوند. همه تسبیح‌اش رو می‌بینند که روزی هزار مرتبه بین اون انگشتایی که به صورت زنش کشیده می‌زنه می‌چرخه ولی به‌جز ذکر گفتنش چیز دیگه‌ای نمی‌بینند. آقای شهیدی! محمود هدایتی مثل سکه دو رو داره. یک روش که چهره مهربان و باوقار و مومن و با خداشه که همیشه رو به مردمه و روی دیگرش هم که فقط من دیدم

روی یه حیوون درنده است. روی کسی که تحقیر شدن و خوار و خفیف شدن همسرش براش بهترین سرگرمیه. روی کسی که کتک زدن و حبس کردن همسرش رو جزء دستورات دینی و شرعی میدونه. با اون دست‌هاش سروصورت زنش رو کبود می‌کنه و بعد همون دستا رو موقع قنوت نماز به سمت خدا دراز می‌کنه. با زبونی که جلوی چشم مردم به ذکر گفتن می‌چرخه رکیک‌ترین دشنام‌ها رو به همسرش می‌ده. در این جا دیگر بغض امانش نداد. صورتش را با دستانش پوشاند و به آرامی گریه کرد.

فریدون از حرف‌ها و شکوه‌های مهتاب متاثر شده بود و دندان‌هایش را از شدت عصبانیت روی هم می‌فشرد.

خانم تفرجی هم از سکوت حاکم بر اتاق استفاده کرد و دوباره فحش و ناسزا را به جان محمود کشید: مرتیکه زورش به زن بدبختش رسیده! مملکت بی‌صاحابه دیگه. اگه صاحاب داشت که این وضع زنای بیچاره نبود. مگه به دستم نیفته. همچین حالی‌اش کنم که بفهمه یه من ماست چقدر کره می‌ده.

فریدون دوباره نگاه تندی به مادرش انداخت ولی این بار خانم تفرجی با نگاهی تندتر گفت: «چیه؟ چرا منو اینجوری نگاه می‌کنی؟ مگه دروغ می‌گم؟ اگه مملکت صاحاب داشت پدر مردی رو که دست روی زنش دراز می‌کنه رو درمی‌آورد» و سپس به گردن مهتاب که قسمتی از کبودی‌های آن از زیر گره شل شده روسری‌اش پیدا بود اشاره کرد و گفت: یه نگاه به این گردن کبود بکن. مهتاب جان اون گره روسریت رو شل‌تر کن که با چشم خودش ببینه.

نگاه فریدون برای لحظه‌ای روی نقطه‌ای که خانم تفرجی اشاره کرده بود، متوقف ماند. اما بلافاصله نگاهش را از گردن مهتاب گرفت و سرش را پایین انداخت و با لحنی دلسوزانه گفت: خانم عطایی! من واقعاً متاسفم. همان طور که گفتم من همسر شما رو خوب می‌شناسم. خیلی‌های دیگه هم اونو به خوبی می‌شناسند. فکر نکنین همه مردم مثل همند. اگه می‌بینید که بعضی‌ها جرأت حرف زدن به آقای هدایتی رو ندارن نه به خاطر اینه که فکر می‌کنن اون یه معصومه و استغفرا... از آسمون نازل شده. به خاطر اینه که به قول خودش هزار جای مختلف توی دم و دستگاه‌های مختلف نفوذ داره. در اصل احترامی که براش قائلن از سر ترسه نه چیز دیگه. اما این رو هم بدونید همون طور که گفتم همه آدما مثل هم نیستند. منم به نوبه خودم به اندازه کافی تو این اداره دادگستری کار کردم که زیر و زبر امثال محمود هدایتی رو بدونم. در حقیقت شوهر شما چندین بار از زیر بار ادای حق مردم شونه خالی کرده و قسر در رفته. پرونده شوهر شما رو من دارم. خیال می‌کنید هیچ‌کس نمی‌دونه که چطور این همه ثروت یه شبه با باد هوا اومده زیر

دست و پاش ریخته. خیال می‌کنید هیچ‌کس نمی‌دونه که با پول حلال و زحمت کشیده نمی‌شه نصف بازار تهران رو خرید و آزاد کرد؟ فکر می‌کنید هزینه این همه نفوذی و بیا و آشنا روشنا رو کی می‌ده و از کجا می‌ده؟ چندین بار پرونده‌هاش به جاهای باریک کشیده شده ولی خدا می‌دونه چه جوری تمام اسناد و مدارک موجود برعلیه‌اش یه شبه مثل غول چراغ جادو غیب شده. به نظر من باید دوباره از اول شروع کنید و بگذارید پرونده‌تون به جریان بیفته. اونوقت پیگیری‌هاش با من. در ضمن اصلاً از اینکه خونه پدرتون برگردید نترسید. منزل پدرتون بمونید. به هیچ عنوان به خونه‌اش برنگردید تا تکلیفتون مشخص بشه. این حداقل حق شماست.

برق امید در چشم‌های مهتاب فروغی تازه یافت. برای اولین بار حرف‌هایی را می‌شنید که باورش برای او دشوار بود. حس می‌کرد دوباره در یک رویای عمیق فرو رفته و وقتی بیدار شود دوباره خود را در همان زندان تاریکی که زندانبانش محمود بود، خواهد دید.

خانم تفرجی که از حرف‌های فریدون احساس غرور می‌کرد از ذوق اینکه فریدون صددرصد می‌تواند ناجی مهتاب باشد شانه مهتاب را به ملایمت فشرد و گفت: بخند دخترم! چشمشم کور. تا اون باشه دیگه غلطای زیادی نکنه، مرتیکه الاغ!

حرف‌های خانم تفرجی و لحن ادا کردنش روی لب‌های مهتاب و ایمان لبخند نشانده بود. مهتاب پس از دقیقه‌ای سکوت با تردید نگاهی به فریدون انداخت و پرسید: یعنی فکر می‌کنید جای امیدی هست؟

و فریدون با لبخند در جواب گفت: فکر نمی‌کنم. مطمئنم.

نگاه تردیدآمیز مهتاب به ثانیه‌ای مبدل به نگاهی از سر قدردانی شد و گفت: من واقعاً از صمیم قلب ممنون لطف و زحمات شما هستم و نمی‌دونم چطور زحماتتون رو جبران کنم.

فریدون در حالی که سرش را دوباره پایین می‌انداخت و با استکان خالی چایش بازی می‌کرد، گفت: خواهش می‌کنم خانم عطایی! من که هنوز کاری نکردم. تازه اگه بتونم کاری هم بکنم وظیفه‌ام رو انجام دادم.

فریدون به اینجا که رسید نگاه سنگین‌اش را به صورت ایمان دوخت ولی خطاب به مهتاب گفت: تنها کاری که می‌خوام بکنید اینه که به خونه پدرتون برگردید. البته امشب رو اینجا پیش مادر بمونید. فردا صبح با هم سری به اداره می‌زنیم و مجدداً برای تشکیل پرونده اقدام می‌کنیم. بعد یا من یا ایمان می‌رسونیمتون منزل پدرتون.

ایمان برای یک لحظه حس کرد تمام صورتش داغ شده است. فریدون درست انگشت روی جایی گذاشته بود که ایمان از سر شب وحشت‌اش را داشت. وضع مهتاب هم بهتر از ایمان نبود.

گونه‌های روشن او هم تا بناگوش قرمز شده و جرأت نگاه کردن به فریدون را نداشت.

فریدون نگاهش را مجدد متوجه مهتاب کرد و ادامه داد: فردا صبح اول وقت با هم به دادگاه خانواده سری می‌زنیم که یه پرونده جدید تشکیل بدید. من باهاتون باشم کاراتون سریع‌تر راه می‌افته. از بابت پیگیری پرونده هم خیالتون راحت باشه. همه‌اش با من. این آقای محمودخان بالاخره یه جایی باید سرش به سنگ بخوره.

برق امید نوپایی که در چشم‌های مهتاب درخشیدن گرفته بود محو شد و جای آن را سایه اضطراب و تشویش پر کرد و بی‌درنگ گفت: آقای شهیدی! من از خدامه که همین فردا همه چیز رو تموم کنم. ولی اگه دستش بهم برسه منو زنده نمی‌گذاره. می‌ترسم پدرمو روونه زندان کنه. تا حالا چند بار پدرمو تهدید کرده که اگر من شکایت کنم به خاطر چک‌هایی که از پدرم داره اونو زندان میندازه. یه دفعه براش مامور آورده بود در خونه. من رضایت دادم برگردم سر خونه و زندگیم وگرنه پدرمو انداخته بود زندان.

فریدون با عصبانیت گفت: بی‌جا کرده. اصلاً بگذارید من همین فردا حکم جلبش رو در صورت نزدیک شدن به شما و پدرتون می‌گیرم بعد با خیال راحت مقدمات کار رو می‌چینیم.

ایمان که در تمام مدت فقط به توصیه‌ها و صحبت‌های فریدون گوش کرده و حرفی نزده بود در اینجا زبان گشود و آهسته گفت: فریدون‌جان! منم می‌خوام کمک کنم نمی‌خوایم زیاد ازت وقت بگیریم.

فریدون نگاه معنی‌داری به ایمان انداخت و با لبخند معنی‌دارتری گفت: اصلاً صلاح نیست که توی تشکیل پرونده و کلا این قضیه تو خودت رو درگیر کنی. شوهر خانم عطایی به هیچ عنوان نباید از حضور تو توی این جریانات بویی ببره. اگه بفهمه قطعاً برای مهتاب خانوم مشکل درست می‌کنه. محمود هدایتی آدم ببویی نیست. فقط کافیه که از حضور خانمش در خونه شما مطلع بشه. اونوقت خدا میدونه چه الم شنگه‌ای به پا کنه و چه بسا ممکنه پرونده رو به نفع خودش تموم کنه. باید با تدبیر پیش رفت.

فریدون با گفتن این حرف برخاست و دوباره به مهتاب یادآوری کرد که شب را پیش خانم تفرجی بماند.

خانم تفرجی با رویی گشاده رو به مهتاب کرد و گفت: «دخترم! اینجا رو خونه خودت بدون. اصلاً بهتره تا کارت درست نشده همینجا بمونی. فریدون یه چیزی گفت. ولی به نظر من تا آبا از آسیاب نیفتاده نمی‌خواد خونه پدرت بری. قول میدم بهت بد نگذره» و در حالی که از اتاق بیرون می‌رفت با لبخند شیطنت‌آمیزی طوری که کسی نشنود در گوش ایمان گفت: هر چند که

اینجا به پای خونه همسایه نمی‌رسه.

و ایمان در جواب فقط با گونه‌های برافروخته سرش را پایین انداخت و هیچ نگفت.

فریدون قبل از رفتن یک بار دیگر مهتاب را تسلی داد و ابراز امیدواری کرد که هر چه زودتر تلاش‌شان نتیجه دهد و مهتاب بتواند نفس راحتی بکشد.

با رفتن فریدون ایمان و مهتاب برای دقایقی تنها شدند. خانم تفرجی برای آماده کردن وسایل لازم برای ماندن مهتاب به اتاق جنبی رفته بود. ایمان چاره‌ای نداشت جز اینکه مهتاب را ترک کند و تنها به منزل برگردد ولی نگاه پرتمنای مهتاب زانوهایش را سست کرده بود. ایمان رودرروی مهتاب ایستاد. آنقدر نزدیک که سایه صورتش بر صورت او افتاد. چقدر دلش می‌خواست همانجا یک بار دیگر او را در آغوش بگیرد. دستش را به آرامی روی گونه او گذاشت و همین طور که مستقیم در چشم‌هایش نگاه می‌کرد نجواکنان گفت: نگران نباش! همه چیز درست می‌شه.

مهتاب دست ایمان را با دستش پوشاند و همین طور که آن را به صورتش می‌فشرد، گفت: ایمان! با وجود تمام سختی‌هایی که توی خونه محمود کشیدم الان همین‌جا خودم رو خوشبخت‌ترین زن دنیا می‌دونم. به خاطر اینکه توی زندگیم با کسی آشنا شدم که با همون برخورد اول تو شرایطی که همیشه طالب تنهایی بودم منو از تنهایی بیزار کرد. من از دیشب تا حالا این‌قدر طعم خوشبختی رو چشیدم که فقط فکر کردن بهش و یادآوری خاطره‌اش به تنهایی کافیه که یه عمر حس خوشبخت بودن رو تا ابد تو وجودم زنده نگه داره.

مهتاب در آن لحظه حس یک زندانی را داشت که پس از سال‌ها حکم آزادی‌اش را دریافت کرده باشد. پرنده‌ای اسیر قفس را می‌مانست که یکباره در قفس به رویش باز شده باشد. شبیه زمین قطبی بود که پس از شش ماه زمستان سرد و سیاه اولین تلألو خورشید را در اولین روز بهار تجربه کرده باشد.

حرف‌های مهتاب آنقدر ایمان را تحت تأثیر قرار داد که به کلی فراموش کرد کجا ایستاده و همانجا مهتاب را در آغوش گرفت و او را سخت به سینه‌اش فشرد. ولی خیلی زود صدای پای خانم تفرجی به او فهماند که زمان رفتن است و ایستادنش آنجا بیش از این جایز نیست.

آن شب وقتی فریدون موقع خواب در کنار فریبا دراز کشید و نگاهش را به صورت خسته فریبا که غرق در خوابی عمیق بود، دوخت با خود فکر کرد که در طی این سال‌ها به طور تدریجی، ناخواسته و بی‌اختیار تا چه حد از او دور افتاده است. رشته محکم عشق و محبتی که طی همان دو سه سال اول ازدواج با شور و شعف خاصی با علاقه بین خود و فریبا طی روزها و

ماه‌های متوالی ریسیده بود حالا چند سالی می‌شد که به دست موریانه باورهای افراط گرایانه تدریجا جویده شده و جز رشته‌هایی متزلزل و فرسوده انگار چیزی از آن باقی نمانده بود.

فریدون که ساعت‌ها وقت برای نصیحت کردن این و آن می‌گذاشت حالا به خاطر آورده بود که از آخرین ابراز عشق و علاقه‌اش به فریبا مدت مدیدی گذشته طوری‌که حتی زمان آن را هم به خاطر نمی‌آورد و با وجودی که خوب می‌دانست چقدر فریبا همیشه عاشق شنیدن کلمات محبت‌آمیز از زبان او بوده است ولی هیچ وقت زبانش به گلایه و شکایتی از این دست باز نشده بود. چهره مهربانی که زمانی قبله شب و روز فریدون بود به نظرش در خواب از هر زبانی گویاتر آمد. آن شکستگی نورسی که حالا گوشه چشم‌های فریبا جا خوش کرده بود به فریدون سخت نهیب می‌زد که چقدر از فریبایش طی این همه سال غافل مانده است.

بازوهایش را به دور بدن فریبا حلقه کرد و با لحظه لحظه یادآوری تمام محبت‌ها و از خودگذشتگی‌های او در تمام طول این سال‌ها حلقه بازویش ناخودآگاه تنگ‌تر و تنگ‌تر شد. این حرکت برای فریبا آنقدر غیرمنتظره بود که در ابتدا فکر کرد دارد خواب می‌بیند. ولی وقتی حرارت و گرمی ماندگار آغوش او را با تمام وجود احساس کرد ناگهان حس سرخوشی غریبی وجودش را پر کرد. حسی که برای مدت‌های مدید در خانه دل فریبا را نکوبیده بود.

با وجودی که خانم تفرجی آن شب رختخواب راحتی برای مهتاب آماده کرده بود ولی مهتاب حتی برای یک لحظه هم چشم‌هایش را روی هم نگذاشت. یادآوری حرارت آغوش ایمان دم به دم او را مثل معتادی در شدیدترین لحظات وسوسه اعتیاد به مرز جنون می‌کشاند. به محض اینکه از پشت پنجره طلوع اولین اشعه‌های خورشید را تماشا کرد برخاست تا آماده رقم زدن اولین برگ از دفترچه آزادی‌اش شود. بعد از صبحانه به بهانه آوردن کیفش از خانه ایمان یک راست به آنجا رفت. ایمان در حالی که کنار حوض آب زیردرخت بید ایستاده بود به مهتاب اصرار کرد که او هم همراه‌شان برود ولی مهتاب گفت که شاید بهتر باشد خود به تنهایی این کار را انجام دهد و رد پایی از ایمان در جریان شکایت و درخواست طلاقش نباشد.

ایمان هم منطقی‌تر دید که طبق خواسته مهتاب به هیچ عنوان در این امر مداخله نکند. در آن هوای تازه صبحگاهی ایمان یک بار دیگر مهتاب را در آغوش کشید و همین طور که او را به سینه خود می‌فشرد دوباره مشغول دلداری او شد.

آن دو هر یک ایستاده در آغوش دیگری متوجه نگاه‌های هیجان‌زده‌ای که از بالای دیوار همسایه به‌رویشان دوخته شده بود، نشدند. سهراب که برای بدرقه پدرش طبق معمول روی بالکن ایستاده بود یک آن نگاهش را به سمت حیاط همسایه متمایل کرده بود و یک لحظه با دیدن آن

دو مرغ عشق در کنار حوض آب محو تماشایشان شده بود. در همین اثنا فریدون که تا دم در حیاط رفته بود به خاطر آورد که دسته‌کلیدش را در منزل جا گذاشته سهراب را صدا کرد تا کلیدها را برایش بیاورد. سهراب چنان محو تماشای حیاط همسایه بود که صدای فریدون را نشنید. فریدون با تعجب پله‌ها را بالا آمد و با دیدن سهراب که همچنان غرق تماشا بود، گفت: «بچه چیه؟ چرا خونه مردمو نگاه می‌کنی؟» سهراب بدون اینکه نگاهش را از حیاط خانه صدرا بگیرد با لبخند شیطنت‌آمیزی گفت: خونه مردم چیه؟ خونه عمو صدرامه.

درست در همین لحظه فریدون مسیر نگاه سهراب را تعقیب کرد و نگاهش ناگهان در کنار حوض آب متوقف ماند. لحظه‌ای بدون حرکت به ایمان که همچنان مهتاب را در آغوش داشت، نگاه کرد و سپس با یک تشر سهراب را راهی اتاقش کرد و بعد زیر لب غرغرکنان گفت: هر چی زودتر کار این دختره درست بشه کمتر به گناه آلوده می‌شن. ولی پس از لحظه‌ای مکث سرش را پایین انداخت و به خود گفت: لااله‌الاالله اصلاً به تو چه مربوطه؟

اولین کاری که فریدون آن روز انجام داد گرفتن حکم جلب محمود هدایتی در صورت نزدیک شدن و یا طرف شدن با مهتاب بود. حالا دیگر با این حکم مهتاب با خیال راحت می‌توانست با کمک و راهنمایی فریدون پرونده جدید تشکیل دهد و با خیال راحت به خانه پدرش برود.

مهتاب این بار با حضور فریدون نیازی به مراجعه به واحد مشاوره نداشت. سلسله مراتب تشکیل پرونده و غیره که خود به خود ممکن بود دو هفته‌ای به طول بینجامد با حضور فریدون ظرف مدت کوتاهی انجام شد. به طوری که تا پایان وقت اداری همان روز تقریباً تمام مقدمات کار فراهم شده بود.

آن روز وقتی مهتاب بعد از تشکر فراوان به خانم تفرجی گفت که قصد دارد به منزل پدرش برود خانم تفرجی به فکر فرو رفت. به عقیده او شاید برای چنین تصمیمی هنوز خیلی زود بود و با توجه به خصوصیات منحصر به فرد محمود و آنچه که در موردش از زبان مهتاب شنیده بود هیچ کاری از او بعید نبود از این رو پیشنهاد کرد که با پدرش تماس بگیرد و از سلامتش او را با خبر کند ولی دو سه روز دیگر نزد خانم تفرجی بماند تا به قول او آبها از آسیاب بیفتد.

پیشنهاد خانم تفرجی هر چه بود چون مهتاب را به ایمان نزدیک می‌کرد دیگر جای فکر کردن نداشت به همین خاطر پیشنهاد او را با کمال میل پذیرفت.

دو روز بعد از تشکیل پرونده مهتاب در دادگاه خانواده محمود هدایتی سرزده برای دیدن فریدون به محل کار او آمد. فریدون آماده می‌شد که برای شرکت در جلسه از اتاق بیرون برود

که با دیدن میهمان ناخوانده‌اش غافل‌گیر شد.

آشنایی فریدون و محمود هدایتی به سه سال پیش برمی‌گشت. به زمانی که پرونده شکایتی که علیه محمود هدایتی تشکیل شده بود به صورت اسرارآمیزی نیست و نابود شد. فریدون با دوندگی‌های فراوان سعی کرد که سر از ته و توی آن پرونده در بیاورد ولی علنی از گوشه و کنار به گوشش خبر رسید که پیگیری آن پرونده مثل بازی با آتش است و همین پافشاری و سماجت او یک روز گریبانگیرش خواهد شد. ولی با اخلاقی که داشت روزبه‌روز در پیگیری پرونده مصمم‌تر و مصمم‌تر شد تا جایی که یک روز کار به جایی کشید که پیشنهاد رشوه بسیار هنگفتی در قبال فراموش کردن شکایت و پرونده مورد نظر دریافت کرد. چون محمود هدایتی هنوز شناخت چندانی از فریدون نداشت در محاسباتش دچار اشتباه شده و نفهمیده بود که با پیشنهاد رشوه با آن ارقام نجومی فریدون را در اصل بیش از پیش مصمم بر پیگیری قضیه و پافشاری بر آن کرده است. قضیه پرونده محمود برخلاف تصور او کم کم داشت به جاهای باریک کشیده می‌شد که یک روز در کمال شگفتی تمامی مدارک مبنی بر گناهکار بودن محمود نیست و نابود شد و در پی آن هم پرونده بلافاصله مختومه اعلام شد. از آن زمان به بعد کینه فریدون در دل محمود هدایتی افتاد. خصوصاً که به هیچ عنوان تحمل دیدن احترامی که همه برای فریدون قائل بودند، نداشت. اگر چه بسته شدن ناگهانی پرونده محمود به همان یک بار ختم نشد و بعد از آن چندین بار دیگر پرونده‌های رنگارنگ شکایت علیه او به دلیل اختلاس و رشوه و کلاهبرداری تشکیل شده بود ولی پرونده‌ها هر بار به همان سرعت که تشکیل شده بود به همان سرعت هم مختومه اعلام شده و مدارک هم نیست و نابود می‌شد و حالا بعد از گذشت سه سال از تعقیب و گریزهای بی‌نتیجه این بار فرصتی برای فریدون پیش آمده بود تا با مدارک کافی حداقل بتواند حق همسر او را بر اساس قانون عادلانه بگیرد.

آن روز وقتی محمود برای دیدن فریدون آمد به هیچ عنوان از آن نخوت و غرور همیشگی‌اش خبری نبود. همین که وارد اتاق شد فریدون یکه خورد. در حالی که سنگینی پای چپش را روی پای راستش انداخته به کمک عصا راه می‌رفت و آثار کبودی در صورتش هویدا بود از در وارد شد. فریدون به محض دیدن محمود در دفتر کارش تا آخر ماجرا را خواند و خیلی سریع فهمید که چرا محمود هدایتی آن روز راهش را به سمت دفتر او کج کرده است. با دیدن او لبخندی به لب آورد و گفت: به به! آقای هدایتی! آفتاب از کدوم ور زده؟ تو آسمونا دنبالتون می‌گشتیم روی زمین پیداتون کردیم. خدا بد نده!

محمود همان طور لنگان لنگان به میز کار فریدون نزدیک شد و گفت: آقای شهیدی! شما

که خوب می‌دونید من همیشه ارادت خاصی به شما داشته و دارم. مساله‌ای پیش اومده که فکر کردم با شما در میون بگذارم. زیاد مصدع اوقات‌تون نمی‌شم.

فریدون همین طور که صندلی کنار میز کارش را به او نشان می‌داد محترمانه گفت: بفرمایید. اونطوری سر پا به پاتون فشار میاد، بفرمایید بنشینید آقای هدایتی و پس از کمی مکث اضافه کرد: چه کاری از دست من ساخته است؟

محمود در حالی که با کمک عصایش و با احتیاط روی صندلی می‌نشست کمی من و من کرد: آقای شهیدی! من فکر می‌کنم شما علت اومدنم به اینجا رو می‌دونید.

ـ باید بدونم؟

ـ بله آقای شهیدی! شما هیچ وقت از پرونده شکایتی که علیه من تشکیل می‌شه بی‌خبر نمی‌مونید و مطمئنم که از تشکیل پرونده اخیر هم باخبرید.

ـ منظورتون کدوم پرونده است آقای هدایتی؟ ماشاالله تعداد پرونده‌هایی که علیه شما تشکیل می‌شه کم نیست.

محمود به خوبی معنی لحن کنایه‌آمیز فریدون را درک می‌کرد و طعم تلخ حقارت را که مدت‌ها با لذت به کام مهتاب کرده بود در برابر او به سختی می‌چشید ولی چون دستش زیر سنگ بود نمی‌توانست جواب کنایه‌های فریدون را به همان شکل پاسخ دهد به همین خاطر به آرامی جواب داد: آقای شهیدی! شما خوب می‌دونید که منظورم از پرونده آخر چیه.

ـ منظورتون رو واضح بگید آقای هدایتی!

اینجا بود که دیگر کاسه صبر محمود لبریز شد و در برابر چهره خونسرد فریدون که تبسمی معنی‌دار هم بر لب‌هایش نشسته بود بیش از این نتوانست تاب بیاورد به همین خاطر با عصبانیت و به سختی برخاست و چشم در چشم او دوخت و گفت: پرونده مهتاب، آقای شهیدی! پرونده مهتاب! من دارم از شکایت همسرم حرف می‌زنم. خودتون رو به اون راه نزنید. خیال کردید نمی‌دونم که پا به پاش رفتید. هر کسی ندونه شما که خوب می‌دونید من از کاغذبازی‌های این اداره و اون اداره خبر دارم. محاله بشه بدون داشتن آشنا ظرف این مدت کم پرونده‌ای به این بالا بلندی برای کسی تشکیل داد.

فریدون همچنان که در برابر محمود خونسردی‌اش را حفظ کرده بود با لحنی آرام جواب داد: آقای هدایتی! می‌شه برای من توضیح بدی که منظورت از کلمه همسر چیه؟ شما اصلاً معنی کلمه همسر رو می‌فهمی؟ همسر یعنی شریک زندگی. نه برده، نه اسیر، نه کلفت، نه عروسک خیمه‌شب‌بازی.

در اینجا محمود کمی صدایش را پایین آورد و در جواب گفت: آقای شهیدی! اینطور قضاوت نکنید. شما زیر سقف خونه ما زندگی نکردید. از چیزی هم خبر ندارید.

فریدون در جواب گفت: آقای هدایتی! من خون گریه‌کردن‌های همسرت رو دیدم. کبودی‌های گردنش رو دیدم. شکایت همسر شما کاملاً قانونیه و پزشک قانونی هم اون رو تایید کرده. چند شاهد هم که در جریان رفتارهای ناهنجار شما با همسرتون بودند این موضوع رو تایید کردند. این پرونده با مدارکی که خانم عطایی ارائه کرده آنقدر محکمه که من بهتون پیشنهاد می‌کنم حتماً برای خودتون وکیل بگیرید.

محمود با شنیدن حرف‌های فریدون دچار حمله‌ای عصبی شد. برای لحظه‌ای با خودش فکر کرد: مهتاب؟ مهتاب من؟! گردنش رو نشون مرد نامحرم داده؟! مهتاب بدون اجازه من معلوم نیست این چند روزه رو کجا گذرونده! و به دنبال این افکار حالش چنان دگرگون شد که توان ایستادن بیشتر را از دست داد و دوباره روی صندلی نشست. حس کرد دارد خفه می‌شود. دکمه بالای پیراهنش را باز کرد که بتواند بهتر نفس بکشد. اگر فریدون در آن لحظه حال خراب محمود را درک می‌کرد شاید بیش از این بحث را ادامه نمی‌داد. ولی هر بار که یاد گریه‌های مهتاب و مظلومیت او و مصیبت‌هایی که از دست محمود کشیده بود می‌افتاد به شدت عصبی می‌شد. با بی‌تفاوتی نسبت به شدت ناراحتی روحی و درونی محمود با عصبانیت ادامه داد: چیه؟ وقتی دستت رو رو زنت بلند می‌کنی احساس قلدری می‌کنی؟ وقتی به صورت زنت کشیده می‌زنی و بدن زنت رو کبود می‌کنی احساس قدرت می‌کنی؟ شما اصلاً با چه حقی دستت رو روی همسرت بلند می‌کنی؟

محمود دیگر طاقت نیاورد و با وجود درد شدید پایش دیوانه‌وار برخاست و از پشت میز ناغافل به طرف فریدون خیز برداشت و در حالی که یقه فریدون را که حسابی با حرکت او غافل‌گیر شده بود در دست‌هایش می‌گرفت با صدایی خشن و چشم‌هایی خون گرفته فریاد زد: زندگی شخصی منه. به خودم مربوطه و بس. زنمه... اختیارش رو دارم... به تو هم هیچ ربطی نداره.

فریدون همین طور که یقه‌اش را از دست‌های محمود بیرون می‌کشید با عصبانیت گفت: تو هیچ حقی نداری دستت رو روی همسرت بلند کنی. این کار نه قانونیه و نه دینی که به آن تظاهر می‌کنی چنین اجازه‌ای رو بهت می‌ده. بهتره نصیحت من رو بپذیری. شما در وهله اول به یک دکتر نیاز داری بعدش هم به یه وکیل.

محمود با چشم‌های خون‌گرفته‌اش خیره به فریدون فقط به حرف‌های او گوش کرد. آنقدر

حرف‌های فریدون برایش غیرمنتظره بود که دیگر حتی قدرت دفاع کردن از خودش را هم نداشت. با صدایی گرفته گفت: کجاست؟ مهتاب کجاست؟ می‌خوام بدونم. تو رو از کجا پیدا کرده؟ و سپس در حالی که لحنش از لحنی آمرانه به لحنی التماس‌آمیز تغییر می‌کرد آهسته صدایش را پایین آورد: تو رو خدا آقای شهیدی! مهتاب من کجاست؟

ـ این نه به من مربوطه و نه اصلاً می‌دونم که خانمت در حال حاضر کجاست... در ضمن فکر تلافی‌کردن و اذیت و آزار خودش و خونواده‌اش رو از سرت بیرون کن. چون حکم جلبت رو گرفته و در صورت نزدیک شدن به خانم عطایی و خونواده‌اش سر و کارت با پلیس و شهربانیه. آقای هدایتی! حرفام رو جدی بگیر. من جدا پیشنهاد می‌کنم برای خودت وکیل بگیری هر چند فکر نمی‌کنم شانسی برای برنده شدن داشته باشید.

محمود برای لحظاتی به فریدون خیره شد و سپس نگاهش را به نقطه‌ای مبهم روی میز کار فریدون متمرکز کرد و با صدایی لرزان گفت: به خدا من مهتاب رو دوست دارم. عاشقشم. دیوونشم.

فریدون همان طور ایستاده پشت میز در حالی که یقه پیراهنش را صاف می‌کرد پوزخندی زد و گفت: توی کتاب فرهنگ و لغت شما انگار معنی عشق و علاقه با معنی انزجار و تنفر جابه‌جا شده.

ـ من مهتاب رو می‌پرستم. دوست ندارم مرد دیگه‌ای به اون نگاه کنه. به همین خاطر وقتی فهمیدم که به من دروغ گفته و از اون دانشگاه لعنتی انصراف نداده دیوونه شدم. مهتاب زن منه. مال منه.

با این حرف محمود، فریدون به یاد صحنه‌ای که دو روز پیش در حیاط خانه صدرا دیده بود افتاد و این بار نگاه شفقت‌آمیزی به محمود انداخت و گفت: خیلی زودتر از اینها باید به عاقبت رفتارت فکر می‌کردی. باید پیشترها این روز رو می‌دیدی. دیگه هیچ چاره‌ای نداری. چون تا جایی‌که من اطلاع دارم خانم عطایی حاضر نیست حتی یک لحظه دیگه زیر یک سقف باهات زندگی کنه. در ضمن آقای هدایتی من جلسه مهمی دارم که باید هر چه زودتر بهش برسم.

محمود درمانده و مستأصل مثل اینکه تازه از خوابی سنگین بیدار شده باشد بدون توجه به وقت تنگ فریدون آهسته به طرف پنجره رفت و به بیرون خیره شد. حالا از پشت پنجره می‌توانست تمام پهنای آسمان آبی را ببیند. در حالی که تا دقایقی پیش فقط آسمانی محصور شده با قاب پنجره برایش قابل رویت بود و بس. برای لحظاتی نگاهش را از آسمان گرفت و به دست‌هایش نگاه کرد. همیشه لذتی که با یک لمس خشونت‌آمیز با آن دست‌ها برده بود او را

بیشتر ارضا کرده بود تا یک لمس عاطفی و حالا که با دقت به آن دست‌ها نگاه می‌کرد با کمال تعجب می‌دید که آن دست‌ها بیشتر در حسرت یک لمس عاطفی و عاشقانه می‌سوزد تا یک لمس خشونت‌بار.

دقایقی در سکوت و حسرت به دست‌هایش نگاه کرد و سپس رویش را به طرف فریدون برگرداند و با التماس که هرگز شیوه او نبود، گفت: آقای شهیدی! خواهش می‌کنم. من باید هر طور شده مهتاب رو ببینم. مطمئن باشید که نمی‌خوام اذیتش کنم فقط می‌خوام باهاش حرف بزنم. می‌خوام بهش ثابت کنم که دوستش دارم. من بدون مهتاب می‌میرم.

ـ متاسفم آقای هدایتی! از دست من این وسط کاری ساخته نیست.

محمود با شنیدن این حرف به قصد ترک اتاق به طرف در رفت ولی وقتی خواست در را باز کند دوباره رو به فریدون کرد و گفت: آقای شهیدی! می‌تونم حداقل بپرسم مهتاب شما رو از کجا می‌شناخت؟

فریدون فقط در جواب گفت: از طریق یکی از دوستان خانم عطایی.

محمود لحظه‌ای مکث کرد و سپس سرافکنده اتاق فریدون را ترک گفت.

بعدازظهر آن روز وقتی فریدون تمام ماجرای مکالمه‌اش با محمود را برای مهتاب شرح داد مهتاب تا پایان حرف‌های او سکوت اختیار کرد و در نهایت همین طور که سرش را تکان می‌داد، گفت: محاله. دیگه ممکن نیست به اون خونه برگردم. محمود دیگه برای من مرده و وجود خارجی نداره.

طبق پیشنهاد فریدون همان روز بعدازظهر مهتاب با فریبا و خانم تفرجی به منزل پدرش رفت. به‌رغم اصرارهای مکرر ایمان، فریدون به خاطر خود مهتاب بر خانه ماندن ایمان تاکید و تکرار کرد که اگر یک در هزار محمود به حضور ایمان در گوشه‌ای از این ماجرا پی ببرد کار بسیار مشکل خواهد شد.

نیم ساعت قبل از ترک آنجا مهتاب نزد ایمان رفت تا یک بار دیگر او را ببیند و از بابت تمام زحماتش طی این مدت تشکر کند.

ایمان این بار در چشم‌های مهتاب دیگر رد پایی از پژمردگی و ناامیدی ندید. در عوض تا بیکران آن چشم‌ها عشق به زندگی و شور حیات موج می‌زد. آن چشم‌ها که زمانی حتی در اوج سخت‌ترین لحظه‌های ناامیدی ایمان را مفتون خود کرده بود حالا لبریز از حرارت عشق در اوج لحظه‌های امیدواری او را آهسته‌آهسته تا مرز تحقق رویایی شیرین می‌برد. رویایی که دیگر فکر کردن به آن عرق شرم بر بدن هیچ‌یک نمی‌نشاند. درست لحظه‌ای که مهتاب در زیر سایه

درخت بید از آغوش ایمان جدا شد و به سمت در حیاط رفت چشمش به تابلوی پرنده و آفتاب ایمان خورد که با دقت از همه طرف بسته و کنار در حیاط برای بردن آماده شده بود. ایمان شب گذشته با دقت تمام آن تابلو را که زمانی در تاریکی شب‌های تب‌زده‌اش به اسم مهتاب و به خاطر او کشیده بود بسته‌بندی و آماده کرده بود. مهتاب با ناباوری رو به ایمان کرد و گفت: نه! من نمی‌تونم اینو ببرم. خیلی براش زحمت کشیدی.

ـ نمی‌خوای چیزی داشته باشی که با دیدنش همیشه یاد من بیفتی؟

ـ داری شوخی می‌کنی نه؟ خیال می‌کنی من یه لحظه بدون فکر تو می‌تونم سر کنم؟

لبخند رضایت با این جمله مهتاب روی لب‌های ایمان نشست. تابلوی بسته‌بندی شده را با احتیاط بلند کرد و گفت: پس ببرش بلکه این طوری زودتر بتونه بپره.

فصل پنجاه و پنجم

در خانه صدرا شور و هیجانی برپا بود. همه چراغ‌ها روشن و رفت و آمدها زیاد. قدم‌ها یک لحظه از داخل پله‌ها قطع نمی‌شد. از شب قبل احمد و ایمان همه چیز را تدارک دیده بودند.

شب قبل وقتی که احمد و ایمان یکی‌یکی داشتند تمام درخت‌های حیاط را به تنهایی چراغانی می‌کردند، بنفشه که از خوشحالی در پوست خود نمی‌گنجید با سینی چای به آن‌ها نزدیک شد. در حالی که چشم‌هایش از شادی برق می‌زد نگاهی به آن‌ها انداخت و گفت: ببینم از اون بالا می‌افتید یه کاری دست خودتون بدید؟

احمد همان طور که روی نردبان مشغول وصل کردن یکی از لامپ‌ها بود گفت: بنفشه خانوم! مثل اینکه یادت رفته ما یه زمانی بدون نردبون از درخت می‌رفتیم بالا. در ضمن اگه این کارم نکنیم بابا جونت دیگه از گردمون پایین نمیاد. صدراخان گفته: نه گوسفند بکشیم نه پارچه بنویسیم و نه شلوغش کنیم. اگه چراغونیم نکنیم رحیم‌خان می‌خواد یه عمر به داماد بدبختش غر بزنه.

صدایش را تودماغی کرد تا ادای رحیم‌خان را در بیاورد: بابا این صدرام شورشو درآورده. ملت پیشواز که نیان. جلو پامونم که گوسفند نکشن. همسایه‌هام که خبر نکنن. پس چی؟ نصف مزه حاجی شدن به این چیزاست دیگه. دلمون خوشه داریم می‌ریم مکه.

بنفشه در حالی که سعی می‌کرد جلوی خنده‌اش را بگیرد همین طور که لب‌هایش می‌لرزید نگاه اخم آلودی به احمد انداخت و گفت: ادای بابا رحیمم رو درمیاری؟ بذار بیان می‌گم کوفتم بهت سوغاتی ندن.

ایمان با خنده در جواب احمد گفت: تو که پدر رو خوب می‌شناسی. زیاد از شلوغ بازی خوشش نمیاد.

ـ آره! والله صدراخان و رحیم‌خان دو قطب متضادن. نمی‌دونم چه جوری این همه سال تو این خونه با هم سر کردن؟

ـ مگه بابا رحیمم چشه؟ مرد به این خوبی. تقصیر بابامه که این همه تحویلت می‌گیره.

ـ بابا رحیمت حرف نداره. فقط یه کوچولو مثه رویای ما هوچیه. اگه یه وقت بفهمه داره نوه‌دار می‌شه به یه ساعت نمی‌کشه که همه عالم و آدم رو خبردار می‌کنه.

صورت بنفشه یک آن از خجالت تا بناگوش قرمز شد و ایمان مات و متحیر به احمد خیره ماند.

ـ چیه؟ چرا منو اینجوری نگاه می‌کنی؟ بعد این همه مدت یه بچه‌ام نتونم درست کنم دیگه به چه دردی می‌خورم؟

با هر یک کلمه احمد قرمزی صورت بنفشه پررنگ‌تر می‌شد. طوری که تا ایمان خواست ذوق‌زده به او تبریک بگوید سینی چای را کف حیاط گذاشت و بلافاصله آن دو را ترک کرد.

ایمان با خوشحالی تمام رو به احمد که هنوز روی نردبان بود، کرد و گفت: پسر! واقعاً حقیقت داره؟

و احمد با شیطنت خاص خودش لبخند به لب به علامت مثبت سرش را تکان داد.

ایمان هیجان‌زده: اصلاً باورم نمی‌شه که داری پدر می‌شی! احمد داری راستی راستی بابا می‌شی؟

احمد به آرامی از نردبان پایین آمد و در حالی که آثار لودگی از چهره‌اش رفته بود به آرامی زیر لب گفت: حقیقتاًش خودم هم باورم نمی‌شه. وقتی بنفشه بهم گفت انگار تمام دنیا رو بهم دادن.

ـ مامانت خبر داره؟

ـ نه هنوز. اگه بفهمه راست میذاره کف دست رویا.

ـ خوب بذاره. بدبخت باید باعث افتخارت باشه که همه بفهمن داری پدر می‌شی.

ـ نمی‌دونم. هنوز باورش برای خودمم سخته. با حس اینکه یه موجود کوچولو به جمع‌مون اضافه می‌شه که پاره‌ای از وجود خودمه و خونی مثل خون خودم توی رگهاش می‌گرده قلبم می‌لرزه. نمی‌دونستم بابا شدن این همه هیجان داشته باشه... از دو سه روز پیش که بنفشه بهم گفته پاک حواسم پرته پرته.

ایمان احمد را از فرط خوشحالی بغل کرد و گفت: احمد فقط امیدوارم به خودت نره که اونوقت از زور شیطونی پدر بنفشه بدبخت رو درمیاره... حالا اسمم انتخاب کردید؟

ــ بابا هنوز نه به باره نه به داره. تازه اگه دختر باشه رحیم‌خان از ده، پانزده سال پیش برای اسمش خواب دیده.

ــ چی؟

ــ نهال.

ــ آره راست می‌گی تا حالا چند بار از زبونش شنیدم که آرزوشه نوه دختر داشته باشه و اسمشو بذاره نهال. چقدر خوشحال بشه بفهمه دارید بچه‌دار می‌شید!

احمد دست‌های خاکی‌اش را به هم مالید و نگاهی موشکافانه به ایمان انداخت و گفت: از فکر من بیا بیرون. وضع خودت چطوره؟ هنوز به فکرشی؟

ایمان نگاهش را به کاشی‌های حیاط دوخت و سرش را به علامت مثبت تکان داد.

ــ به آخر و عاقبتش فکر کردی؟

و ایمان همان طور سر به زیر دوباره با حرکت سر جواب مثبت داد.

احمد برای دقیقه‌ای سکوت اختیار کرد و به ایمان فرصتی داد که اگر تمایلی دارد حرف دلش را بزند. ایمان این بار نگاهش را بر سایه‌ای مبهم و تاریک در لابه‌لای درختان متمرکز کرد و به آهستگی درست مثل کسی که با شرم به چیزی اعتراف می‌کند به حرف آمد: اگه تا چند وقت پیش احتمال یک درصد بود که بتونم فراموشش کنم حالا دیگه اون یک درصد احتمالم به صفر رسیده. فکر بیرون کردن فکرش از سرم داره دیوونم می‌کنه.

سپس رویش را به طرف احمد که با نگاهی شفقت‌آمیز به او می‌نگریست برگرداند و با درماندگی تمام اعتراف کرد: یک لمس تار موش رو با دنیا نمی‌تونم عوض کنم. می‌گی چه‌کار کنم؟ توی بد شرایطی گیر افتادم.

احمد دوباره سکوت اختیار کرد و با خود اندیشید که ای‌کاش می‌توانست راه‌حل قابلی پیش پای ایمان بگذارد ولی آن شرایط پیچیده در هر راه‌حلی را به روی او بسته بود.

ایمان با ناامیدی ادامه داد: فریدون گفته که شاید بتونه براش کاری کنه تا بلکه از دست شوهر عوضی‌اش راحت بشه. ولی نمی‌دونم چقدر بشه روی حرفاش حساب کرد.

احمد دستش را به آرامی روی شانه ایمان گذاشت و با لحنی دلسوزانه گفت: نگران نباش. به خدا توکل کن. اون صلاح منو تو رو خوب می‌دونه. بهش تکیه کن. خدا رو چه دیدی. ایشالله همه کارها درست می‌شه.

ایمان این بار نگاهش را به سیاهی شاتوت‌های له شده کف حیاط دوخت و در جواب با ناامیدی فقط سرش را به علامت تایید تکان داد.

احمد با دیدن نگاه ناامید ایمان لبخندی به لب آورد و دوباره با همان لحن شیطنت‌آمیز خود گفت: «بیا بچه! بیا برگردیم سر بحث شیرین بابا شدن. اگه یه وقت توصیه ایمنی چیزی نیاز داشتی بیا پیش خودم. استادت همین‌جا پیشت وایساده» و دوباره همان خنده‌های همیشگی‌اش را سر داد.

آن شب صدای همهمه در سراسر حیاط پیچیده و یک لحظه قطع نمی‌شد.

حیدر آزرمی با وجود کهولت سن تکیه داده به عصایش خود را به عنوان میزبان تلقی می‌کرد و همراه آقای صرافی به میهمانان خوشامد می‌گفت.

با وجودی که صدرا از ایمان خواسته بود تا زیاد شلوغ بازی راه نیندازند عده زیادی برای دیدن حاجی‌ها آمده بودند. طوری که صدرا مدام نگاه ملامت بارش را تحویل ایمان می‌داد و رحیم‌خان در کمال تعجب با نگاهی تحسین‌آمیز سرش را به علامت رضایت برای احمد تکان می‌داد.

آن شب رحیم‌خان آنقدر حرف برای گفتن داشت که به هیچ‌کس مهلت حرف‌زدن نداد. خاطرات مسافرت چند روزه‌اش را چنان با آب و تاب تعریف می‌کرد که حتی دل کسانی که اصلاً در قید مکه رفتن و سفر حج نبودند آب می‌افتاد. صدرا هم از خدا خواسته تعریف تمام جزئیات سفر را به گردن رحیم‌خان انداخته و فقط حرف‌های او را با علامت سر تایید می‌کرد. حیدر آزرمی هم حسابی دم به دم رحیم‌خان داده و با هر تعریف او، او هم خاطره‌ای از سفر حج خود را از سال‌های دور تعریف می‌کرد و سپس تفاوت‌ها را با هم مقایسه می‌کردند. آقای صرافی هم که هیچ خاطره‌ای در این باب نداشت و نمی‌توانست در این بین عرض اندامی کرده و خودی در مجلس نشان دهد فقط با بی‌حوصلگی سرش را تکان می‌داد و حرف‌های آنها را دنبال می‌کرد. مدت‌ها بود که صدرا حضور حیدر آزرمی و آقای صرافی را یک‌جا با هم ندیده بود. نحوه صحبت کردن آن دو با هم جدای از بحث پر تب و تاب حج بحث در باره بازار داغ زمین و مستغلات از طرف حیدر آزرمی و بحث در باره بازار کساد کتاب از طرف آقای صرافی گذشته‌های دور را در ذهن صدرا زنده می‌کرد.

ولی این فقط صدرا نبود که هم‌زمان با دیدن مکالمه آن دو با خاطرات قدیمی به گذشته‌های دور سفر کرده بود بلکه خود حیدر آزرمی و آقای صرافی آن‌چنان گرم حرف و حدیث‌های قدیمی شده بودند که کم‌کم از پای حرف‌های رحیم‌خان کناره گرفته و خود به خود بحث‌شان به سال‌های کودکی ایمان و زمان درقید حیات بودن خانم آزرمی کشیده شده بود. آقای صرافی برق غرور را بارها در چشم‌های حیدر آزرمی هر زمان که به قد و بالای ایمان می‌نگریست، دیده

بود. بالیدن حیدر آزرمی به ایمان همیشه در طی این سال‌ها آتشی در وجود آقای صرافی افروخته بود که با وجود سوزاندن درونی‌اش هرگز اجازه نمی‌داد شعله‌هایش به بیرون سرایت کند. از سویی تصور گشتن خون آزرمی در رگ‌های ایمان همیشه چنان آتش شوقی در وجود حیدر آزرمی برافروخته بود که هم‌زمان با منقلب کردن حال درونی او شعله‌های آن از نگاه او سخت به بیرون سرایت می‌کرد.

گذاری بر سال‌های دور خاطرات چنان حال حیدر آزرمی و آقای صرافی را منقلب کرده بود که هر دو موقع ترک آنجا محکم‌تر و پرحرارت‌تر از همیشه ایمان را در آغوش گرفتند.

حیدر آزرمی یک عمر با رویای حقیقتی ذهنی زندگی کرده بود که صدرا و آقای صرافی به خوبی می‌دانستند واقعیت ندارد. ولی حیدر آزرمی که با همان رویای حقیقت، یک عمر به پدر بودن خود بالیده بود و قلبش با وجود جراحت‌های قدیمی از تصور آن همیشه حرارت یافته بود چطور می‌توانست واقعیتی را که به روی حقیقت ذهنی‌اش خط بطلان می‌کشید تاب بیاورد. به همین خاطر صدرا و آقای صرافی هر دو به‌طور هم‌زمان درست لحظه‌ای که ایمان حین خداحافظی از آغوش حیدر آزرمی جدا شد با خود فکر کردند که در تمام طول زندگی‌شان تا آن لحظه هرگز آنقدر از پنهان‌کردن حقیقتی خشنود نبوده‌اند.

وقت خواب رحیم‌خان با شنیدن خبر بارداری بنفشه از زبان عفت ابتدا نام نهال در ذهنش نقش بست و سپس با نشستن لبخند شوقی بر لب‌هایش و اشک شوقی در چشم‌هایش با خود فکر کرد که در پایان انتظار برای دومین آرزوی زندگی‌اش هرگز آنقدر احساس خوشبختی نکرده است.

فصل پنجاه‌وششم

به همان نسبت که رسیدگی به شکایات مهتاب در اثر نفوذ محمود در دم و دستگاه‌های دولتی به تعویق افتاده و نادیده گرفته شده بود به همان نسبت هم این بار نفوذ فریدون در اداره دادگستری به رسیدگی به شکایت مهتاب سرعت بخشید. به همان سرعت که نور امید در دل مهتاب با اولین شکایت به خاموشی گراییده بود به همان سرعت هم این بار با حضور فریدون دوباره شعله‌ور شده بود. حضور فریدون در طی آن مدت مثل پادزهری که اثر سمی مهلک را خنثی می‌کند اثر تمام تلاش‌های محمود را در بستن پرونده جدید شکایت خنثی کرد. وقتی محمود برگه ابلاغیه دادگاه را دریافت کرد به عمق فاجعه پی برد. شکایت‌های مهتاب و پی‌گیری‌های مداوم فریدون بالاخره کار خودش را کرده و او را به زانو درآورده بود چندان که با دریافت ابلاغیه دادگاه مهر سکوت به لب زد و برای خنثی‌کردن پی‌گیری‌های فریدون هیچ اقدامی نکرد؛ فقط ایستاد و منتظر شد. منتظر روزی که از آن وحشت داشت.

در تمام طی مدت دادگاه سخنی از زبان محمود شنیده نشد. نه از حق خود دفاع کرد و نه حرف‌های مهتاب را تایید کرد. فقط چشم به صورت مهتاب دوخت. صورتی که برای نخستین بار در حضور او و دیگران با پوشش سیاه از هر طرف پوشیده نشده بود.

مهتابی که یک سال تمام زیر ابرهای سیاه به اسارت برده شده بود حالا تمام و کامل از پشت نقاب ابرها بیرون آمده بود. صدایی که محمود به ندرت در حضور مردان دیگر از مهتاب شنیده بود حالا واضح و روشن در آن جمع به گوشش می‌رسید.

محمود همانجا روی همان صندلی دادگاه به حقیقت تلخ از کف دادن مهتاب پی برد.

مهتاب تمام تذکرات فریدون را مبنی بر آهسته و شمرده صحبت کردن در حضور قاضی و

از کوره در نرفتن و با صبر و تحمل گوش دادن به حرف‌های طرف مقابل مو به مو اجرا کرد و برخلاف تصورش کار مشکلی نبود چون محمود از اول تا آخر دادگاه فقط با نگاهش به مهتاب التماس می کرد.

سرانجام روند طلاقی که به طور عادی می‌بایست حداقل یک سال به طول بینجامد با کمک فریدون، پافشاری مهتاب و سکوت محمود ظرف سه ماه به پایان رسید.

در آن بعدازظهر بارانی پاییزی درست زمانی که سند آزادی مهتاب امضا می‌شد قلب مهتاب از فرط هیجان می‌لرزید.

آن عصر پاییزی برای مهتاب عصری شد با هوایی بهشتی. عصری که انگار آفتاب حتی با عدم حضور ظاهری‌اش تمام بدن پرنده را در برگرفت. روزی که نقاشی ایمان برای مهتاب تحقق یافت. ولی در عوض برای محمود صدای تیک‌تیک ساعت که با هر ضربه مثل پتکی گران بر سرش فرود می‌آمد به او نهیب می‌زد که اگر پایش را از آن در بیرون بگذارد دیگر از مهتاب چیزی به جز مشتی خاطره بر جا نخواهد ماند و دیگر هرگز او را نخواهد دید. آن مهر سیاه پایین سند آزادی مهتاب که در نظر محمود لکه ننگ می آمد دیگر با هیچ چیزی پاک شدنی نبود. حتی با به زانو درآمدن محمود و خوار و حقیر شدنش در برابر موجودی به اسم زن. در آخرین لحظات وقتی مهتاب با آرامش خیال از جایش برمی‌خاست محمود همچنان متفکر بر صندلی خود فرو رفته بود. مهتاب او حالا دیگر کم‌کم به پشت ابرهایی که او با دست خود در تمام طول این مدت در آسمان زندگی‌اش جمع کرده بود پنهان می‌شد و می‌رفت که برای همیشه آسمان زندگی‌اش را تیره و تار کند و از دیدش محو شود. محمود یک بار دیگر نگاه پرحسرت‌اش را به صورت مهتاب دوخت و از نگاه او فهمید که دیگر به زانو درآمدن و التماس کردنش برای بازگرداندن مهتاب فایده‌ای نخواهد داشت. محمود خرد شده بود. درست از همان لحظه‌ای که فهمید مهتاب به جای انصراف از تحصیل تقاضای مرخصی تحصیلی کرده است. درست زمانی که در اوج درد پایش افتاده روی زمین مهتاب را دیده بود که با نگاهی تهی از هر احساسی در حال فرار از آن زندان تنگ و تاریک بود.

مهتاب برای آخرین بار از روی شفقت نگاهی به چهره درمانده و مستأصل محمود انداخت و با بیرون رفتن و بستن در اتاق پشت سرش انگار در را به روی محمود و تمام لحظات تلخ گذشته خود بست. محمود را غرق شده در خاطرات تلخ گذشته در آن اتاق حبس کرد. اتاقی که در آن برای محمود حکم در یک زندان تنگ و برای مهتاب حکم دری به دنیای آزاد بیرون داشت. یک در رو به دو دنیای کاملاً متفاوت. طولی نکشید که در ذهن مهتاب دیگر از محمود

هدایتی جز خاطره‌ای تلخ که می‌رفت پشت دیگر خاطرات تلخ و غبار گرفته قدیمی مدفون شود چیزی نماند.

آن روز صدرا از روی لرزش صدای هیجان‌زده مهتاب پشت خط تلفن تمام ماجرا را تا آخر خواند و با لبخندی معنی‌دار گوشی تلفن را به دست ایمان داد. خبر جدا شدن مهتاب از محمود و جاری شدن حکم طلاق آن دو نفس ایمان را در سینه سخت سنگین کرده بود. مهتاب دیگر زنی آزاد بود. با بال‌هایی که فقط با اراده او، او را به هر سو می‌کشاند. آن بال کبود که زمانی در دستان پرقدرت خاک سرد سخت اسیر بود دیگر از اسارت خاک کنده و آماده پرواز بود. غل و زنجیر ابرهای تیره اسارت از دست و پای مهتاب باز شده و ایمان دیگر به تنها چیزی که نمی‌اندیشید بعد مسافت بود.

ایمان طبق قانون پس از صدور حکم طلاق مهتاب بی‌تابانه چند ماهی صبر کرد. صدرا به خوبی می‌دانست که دیر یا زود آن خواسته‌ای را که سال‌ها در انتظار شنیدنش نشسته بود بالاخره از زبان ایمان خواهد شنید از این رو سکوت کرد و به انتظار به حرف آمدن ایمان نشست تا سرانجام یک شب ایمان با من و من کردن فراوان قضیه خواستگاری از مهتاب را به میان کشید و از صدرا خواست تا با پدر مهتاب تماس بگیرد و زمانی را برای انجام صحبت‌های رسمی مقرر کنند. صدرا همین طورکه در چشم‌های شرمگین ایمان که مدام از مسیر نگاهش منحرف می‌شد، نگاه می‌کرد، پرسید: خوب فکرات رو کردی؟ می‌دونی که با ازدواج چه مسؤولیت بزرگی رو به دوش می‌کشی؟ ازت می‌خوام خوب چشماتو باز کنی. زندگی زناشویی خیلی فراتر از زدن حرفای عاشقانه است. زندگی زناشویی پستی و بلندی داره. بالا و پایین داره. شادی و غم داره. باید پی همه چیزش رو به تنت بمالی.

و ایمان با صدایی آهسته زیر لب تکرار کرد: می‌دونم پدر! می‌دونم. به همه چیزش فکر کردم.

آن شب صدرا رودرروی ایمان قرار گرفت و دو دستش را بر شانه‌های ایمان گذاشت و تمام جوانی خود را درچهره او دید ولی اجازه نداد حتی برای لحظه‌ای سایه اندوه خاطرات تلخ جوانی‌اش آینه‌وار بر آن درخشش شور جوانی که در چشم‌های ایمان موج می‌زد، بیفتد. در عوض با همان صدای مهربان گفت: من خیلی برات دعا کردم که حداقل مثل من حسرت عاشقی رو نکشی. حالا هم که می‌خوای دست مهتاب رو بگیری و به خونه خودت بیاری باید قول بدی تا جایی که می‌تونی شیرینی‌های زندگی رو به کام همسرت کنی. خودت خوب می‌دونی که اون جز تجربیات تلخ هیچ ذهنیت دیگه‌ای از زندگی زناشویی نداره.

و ایمان هم پشت سر هم تکرار کرد: قول می‌دم پدر! قول می‌دم.

فردای آن شب صدرا قبل از رفتن به مغازه به بنگاه حیدر آزرمی سری زد. برای صدرا جالب بود که می‌دید آن بنگاه قدیمی حالا دیگر مبدل به پاتوق پیرمردهای هم سن و سال حیدر آزرمی شده است. دوست و رفیق‌های قدیمی آقای آزرمی یک نوبت حوالی ساعت ده ونیم تا یازده ونیم صبح به آنجا می‌آمدند و گرم نوشیدن چای می‌شدند و از هر دری سخنی می‌گفتند و یک نوبت هم عصرها آنجا جمع شده و تا اذان مغرب هم از آنجا جنب نمی‌خوردند. خیلی وقت بود که حیدر آزرمی در بنگاهش دیگر فقط حکم یک ناظر داشت. درست از زمانی که شوهر هانیه از اداره آموزش و پرورش بازنشست شده بود تمام مسؤولیت اداره بنگاه و حساب و کتاب‌ها به گردن او افتاده بود و به این ترتیب حیدر آزرمی با این سن و سال دیگر نمی‌خواست نگران حساب و کتاب‌های مغازه و سر و کله زدن با شهرداری و اداره مالیات و غیره و غیره باشد.

پیش از ظهر، صدرا به بنگاه رسید و یکی دو نفری از دوست و رفیق‌های حیدر آزرمی آنجا نشسته و سخت گرم صحبت و خنده بودند. حیدر آزرمی که طبق عادت همیشه تسبیحاش را در دست می‌چرخاند به محض دیدن صدرا تسبیحاش را دور دستش پیچید و به احترام صدرا برخاست. بنگاه حیدر آزرمی یکی از جاهایی بود که همیشه صدرا را به سال‌های دور می‌برد. آن روز هم همین که چشم صدرا به ظرف پولکی کوچکی که روی میز مغازه بود، افتاد دوباره به خاطرات دور گذشته سفر کرد. درست به زمانی که به بنگاه آمده بود تا از حیدر آزرمی بخواهد که در حقش پدری کرده و برای خواستگاری صبا قدم پیش بگذارد. آن روز حیدر آزرمی از همان ظرف کوچک به صدرا پولکی تعارف کرده بود که به خاطر آن امر خیر دهانش را شیرین کند. حالا بعد از گذشت سال‌ها صدرا در همان نقطه ایستاده و یک بار دیگر از او می‌خواست که به عنوان بزرگ خانواده پیش‌قدم شده و آن‌ها را برای خواستگاری مهتاب همراهی کند.

حیدر آزرمی ذوق زده از شنیدن این خبر صدرا را بغل کرد و بعد هم ضمن اینکه از سر رضایت به آرامی پشت شانه‌های صدرا می‌زد، گفت: آفرین صدراجان! احسنت! احسنت به این همه صبر و بزرگواری که نوه‌ام رو اونطور که شایسته و لایق بود بار آوردی. اگه من برای ازدواج ایمانم پیش قدم نشم کی می‌خواد بشه.

و سپس بلافاصله ظرف کوچک پولکی را به رسم قدیم جلوی صدرا و دوستانش گرفت تا دهانشان را شیرین کنند.

پدر مهتاب با وجود تعریف و تمجیدهای فراوان مهتاب به خاطر تجربه تلخی که از ازدواج دخترش داشت هیچ قولی به مهتاب نداد و فقط به یک رضایت ساده برای آمدن آن‌ها برای

خواستگاری بسنده کرد.

اردیبهشت ماه بود و از زمین وزمان بوی بهشت به مشام می‌رسید. صدرا و ایمان به همراه حیدر آزرمی و آقای صرافی با دسته گل زیبایی که ایمان با سلیقه خودش انتخاب کرده بود به منزل پدر مهتاب رفتند. چهره مشتاق و عاشق ایمان و چهره شرمگین و هیجان‌زده مهتاب برای هزارمین‌بار صدرا را به گذشته برد. گذشته‌ای که با خاطره لحظه لحظه‌های آن زندگی کرده بود. خاطره صبا دوباره مثل روز روشن در ذهن خسته‌اش جان گرفت. خاطره دو شب کاملاً متفاوت. یک شب ایستاده به تماشای کاخ آرزوهای بی‌انتها و یک شب از پاافتاده از تماشای صحنه فرو ریختن آن کاخ رویایی. چگونگی تحمل آن روزهای پر رنج همچنان برایش یک معمای حل نشده بود. ولی جمله حیدر آزرمی هم همیشه در گوشش زنگ زده بود که خدا وقتی مصیبت می‌ده صبرش رو هم باهاش میده.

صدرا پس از دقایقی سفر در گذشته‌های دور به خود آمد و دلش با سرانجام شیرین عشق ایمان گرم شد و با خود گفت: گذشته که رفته و هیچ وقت برنمی‌گرده. حداقل آینده ایمان رو دریاب.

در خانه آقای عطایی آن شب پس از مدت‌ها سایه سردی و سکوت جای خود را به حرارت و گرمایی دلپذیر بخشید و صدای خنده‌ای که مدت‌ها راهی به خانه پدری مهتاب نداشت راه خود را بالاخره به آن خانه پیدا کرد.

پدر مهتاب که تا قبل از رسیدن میهمانانش همچنان بر سر دو راهی شک و تردید و بدبینی ایستاده بود با همان ابتدایی‌ترین برخوردش با صدرا و ایمان لبخند رضایتی را که مهتاب با بی‌صبری در چهره پدرش جست‌وجو می‌کرد به روی لب‌هایش نشاند.

آن شب تمام حرف‌ها زده و با موافقت طرفین جلسه‌ای دیگر برای قرارهای عقد و عروسی مقرر شد.

حیدر آزرمی آن شب در راه بازگشت به خانه طبق عادت با همان دستی که تسبیح‌اش را دور آن پیچیده بود به آرامی ضربه‌ای پشت شانه ایمان نواخت و گفت: همیشه دعا کرده بودم که خدا بهم اونقدر عمر بده که دامادیتو ببینم ولی ای‌کاش مادربزرگتم زنده بود و دامادی ایمانشو می‌دید.

فصل پنجاه‌وهفتم

آن شب در خانه صدرا ولوله عجیبی افتاده بود تمام چراغ‌ها روشن. صدای تاپ تاپ قدم‌ها روی پله یک دم قطع نمی‌شد. همه چیز آماده بود. آماده و مهیا برای یک شروع، یک آغاز و یک پیوند.

تمام حیاط غرق نور شده بود. تک‌تک درخت‌های حیاط را رحیم‌خان و صدرا طوری چراغانی کرده بودند که دیگر برای ستاره‌های آسمان شب در برابر آن همه نور تلألویی باقی نمانده بود. خماری ناشی از بوی عطر اطلسی‌ها و محبوبه‌های شب گه‌گاه با تهاجم دود اسفند مواجه می‌شد و مدت زمانی می‌بایست سپری شود تا آن عطر شبانه با تردید دوباره فضای حیاط را آکنده کند.

مهتاب زیباتر از همیشه سراپا پوشیده در لباس سپید و بلند عروسی مثل جواهری پرتلألو در آغوش ایمان می‌درخشید. بازوی حلقه شده ایمان به دور کمر او در تمام طول شب برایش تکیه‌گاه محکم و پا بر جایی بود که از همان لحظات آغازین زندگی نوین وحشت تنهایی را که زمانی همنشین شبانه‌روزی‌اش بود از دلش می‌زدود.

لبخند یک لحظه از روی لب‌های زوج جوان محو نمی‌شد. لبخندی که مدت‌های مدید راه لب‌های او را گم کرده بود حالا درست مثل ظهور پیامبری در اوج خشکسالی بشارت سعادت ,آمده بود تا بماند.

صدرا زیر درخت بید پیر برای لحظاتی به زوج جوان خیره شد. چه راه دراز و پرنشیبی را در تمام طول این سال‌ها تا به اینجا طی کرده بود. اگر اجازه می‌داد گرداب پرشتاب حوادث و خاطرات قدیمی همانجا به ثانیه‌ای او را با خود می‌برد ولی مقاومت کرد. به سختی هم مقاومت

کرد که با دیدن آن زوج جوان فقط به یک چیز بیندیشد فقط یک چیز: آینده‌ای روشن و پرامید.

مهتاب همچنان ایستاده در آغوش ایمان برای لحظه‌ای متوجه سهراب شد که با هیجان به طرفشان می‌آمد. سهراب شاخه سبزی از درخت شاتوت حیاط را در دست گرفته بود. برگی که انگار با وسواس بسیار از میان هزاران برگ با دقت تمام انتخاب کرده بود. برگ سبز را به طرف مهتاب دراز کرد و گفت: خاله مهتاب! این مال شماست. برای شما چیدمش. ببین چقدر سبز و براقه!

مهتاب لبخند بر لب با مهربانی به سهراب نگاه کرد و در حالی که برگ سبز را از دست سهراب می‌گرفت، گفت: اگه یه وقت زرد بشه چی؟

و سهراب با شیطنت در جواب گفت: خاله مهتاب! چرا زرد بشه؟ عمو ایمان توی زیرزمین یه عالمه قلم‌مو و رنگ داره هی تند تند سبزش کنید این‌جوری هیچ وقت زرد نمی‌شه.

و با گفتن این حرف در حالی که با شیطنتی بچه‌گانه می‌خندید از آنها فاصله گرفت و به برادرش که در سکوت روی یکی از صندلی‌ها نشسته بود، ملحق شد.

ایمان فریدون طبق معمول همیشه در افکار خود غرق بود. افکاری که فقط حول محور دوره جوانی فنا شده و بر باد رفته می‌چرخید. دوره‌ای که به سرعت برق و باد می‌گذشت و در ذهن او چیزی جز مشتی خاطرات دردناک و زجرآور بر جا نمی‌گذاشت. خانم تفرجی دو سه باری او را صدا زد تا توجهش را به خود جلب کند.

ـ ببخشید مادرجون! متوجه نشدم.

ـ چیه پسر؟ خیلی غرقی!

ـ چیزی نیست مادرجون!

ـ غصه نخور مادر نوبت تو هم می‌رسه. آخ چی می‌شه که من یه روز تو رو تو کت و شلوار دامادی ببینم.

و ایمان در جواب فقط لبخند تلخی به لب آورد و دوباره در سکوت به برزخ جوانی فنا شده‌اش بازگشت.

این بار نوبت بنفشه و احمد بود که عروس و داماد را دوره کنند. بنفشه که در ماه آخر بارداری حسابی آب زیر پوستش رفته و چهره‌اش گل انداخته بود هیجان زودهنگام مادرشدنش را به همراه ذوقی خواهرانه از دامادی ایمان به خوبی بروز می‌داد. همیشه ایمان را مانند برادری عزیز می‌داشت و حالا از شادی یک لحظه در پوست خود نمی‌گنجید و احمد هم خرسند از

پایان خوش شکسته شدن طلسم عشق ایمان بازو در بازوی بنفشه سرخوشی خود را بروز می‌داد.

صدرا سرگرم گفت‌وگو با چند نفری از میهمانان چند لحظه حواسش از حال و هوای عروس و داماد پرت شد اما وقتی دوباره رویش را به سمت ایمان و مهتاب برگرداند چشمش به حیدر آزرمی افتاد که همراه هانیه در دو طرف عروس و داماد ایستاده بودند و سیما دختر هانیه هم مشغول گرفتن عکس یادگاری از آنها بود. نگاه حیدر آزرمی در برابر نور فلاش دوربین به نگاه پر غرور مسافری شبیه بود که در پایان سفری طاقت‌فرسا ضمن لذت بی‌پایان از حقیقت رسیدن به مقصد با خرسندی به بعد مسافتی که طی کرده می‌اندیشد.

سیما پس از انداختن عکس از پدربزرگ و مادرش با عروس و داماد این بار از آقا و خانم صرافی خواهش کرد که برای انداختن عکس در کنار عروس و داماد بایستند.

نگاه صدرا لحظه‌ای با نگاه آقای صرافی تلاقی کرد و در آن نگاه چیزی ندید جز حس رضایت و حق‌شناسی که کم‌کم می‌رفت تا با شفافیت اشک شوق در هم آمیزد و اما در نگاه خانم صرافی در برابر چشم دوربین اندوه و شادی چنان در کشمکش بود که از شدت آن لب‌ها و چانه‌اش به لرزش افتاده و گلویش از درد تیر می‌کشید.

صدرا کمی به فکر فرو رفت و وقتی بنفشه پا به ماه و احمد را دید که ایمان و مهتاب را دوباره دوره کرده‌اند طاقت نیاورد و از فرصت استفاده کرد و یک راست به اتاق نشیمن رفت و در را بست. آشوبی در درونش او را در آن لحظه به اوج لحظه‌های تلخ و شیرین می‌کشاند. هیاهوی جمعیت و خنده شادی در حیاط به راحتی از پنجره‌های قدی عبور می‌کرد و به گوش صدرا که به سختی تلاش می‌کرد لحظاتی را با خود خلوت کند می‌رسید.

صدرا رو به روی طاقچه اتاق ایستاد. همه چیز همانگونه که همیشه از قدیم بود به چشمش آمد. همان قرآن قدیمی با جلد مخمل قرمز. همان ساعت روی طاقچه که بارها به خواب رفته و بارها بیدار شده بود، همان رنگ ریخته لبه طاقچه که صدرا با وجود مرمت‌های متعدد خانه و رنگ زدن‌های مکرر هرگز آن را نپوشانده بود چون آن لبه بی‌رنگ و رو درست نقطه‌ای بود که صبا در آن شب توفانی با هر دو دست به آن تکیه کرده بود. دست‌هایی که در اوج ظرافت فقط یادآوری لمس قدرتمندانه‌اش سال‌های سال نیروی ادامه دادن را به صدرا بخشیده بود. صدرا با دو دست لبه طاقچه را گرفت و پیشانی‌اش را روی دست‌هایش تکیه داد و برای اولین بار برای متوقف‌کردن قطره‌های اشک اصلاً به خود فشار نیاورد. پس از گذشت دقایقی سرش را بالا آورد و در عکس قاب گرفته صبا خیره شد. نیم لبخند مجهولی که بر لب‌های صبا نشسته بود در نگاه صدرا کم‌کم معنا می‌یافت. صدرا به آرامی دستش را روی عکس صبا کشید و زیر لب

گفت: کاش اینجا بودی و ایمان رو توی لباس دامادی می‌دیدی. به محض گفتن این جمله فشار ملایم دستی را بر شانه‌اش حس کرد. وقتی چرخید خانم تفرجی را دید که اشک‌های بی‌صدایش هنوز از بستر گونه‌هایش جدا نشده بود. خانم تفرجی زیر بار کمرشکن آن اشک و لبخند گفت: اگرچه صبا توی همه این سال‌ها کنارت نبوده ولی... (در حالی که به سینه صدرا اشاره می‌کرد) ادامه داد: ولی یک لحظه از اینجا بیرون نرفته و همراهت بوده خودتم اینو خیلی خوب می‌دونی... اینو فراموش نکن که تو پدری رو در حق ایمان تموم کردی.

با گفتن این حرف بازوی صدرا را به آرامی گرفت و او را با خود به سمت پنجره قدی اتاق نشیمن برد و در بالکن را به روی خودش و صدرا باز کرد. صدای همهمه و شور و هیجان با شدتی چندین برابر به گوششان هجوم آورد و هر دو قدم به داخل بالکن گذاشتند. انعکاس نور چراغ‌های درخت‌ها و حیاط برق شادی و اشک را در چشم‌هایشان دوچندان کرده بود.

بوی برگ‌های سبز درخت گردویی که در سال‌های دور صدرا و پدرش کاشته بودند و حالا سایه‌بانی برای لحظات خستگی‌اش بود مشامش را نوازش کرد و به او یادآور شد که جوانه کوچکی که سی وچهار سال پیش بر شاخه خشک امیدها و آرزوهایش نشست پس از سال‌ها انتظار چقدر زیبا به ثمر نشسته و آن خشکی شاخه را با نفس پرحرارتش به سبزی ماندگار نشانده است.

در انتهای مراسم صدرا ایمان را با تمام وجود و مهر پدری در آغوش گرفت و بر پیشانی مهتاب بوسه زد. به یاد حرف رحیم‌خان افتاد که: یک عمر از همنشینی با درخت و شاخه و گل یاد گرفتم که انتظار چه بلند چه کوتاه بالاخره یه روز تموم می‌شه. فقط باید باور کنی که دیر یا زود خاک مرده دوباره سبز می‌شه و شاخه‌های خشک زمستان دوباره یک روز به بار می‌شینه. فقط باید باور کنی. فقط باید باور کنی.

با دیدن چهره وحشت‌زده رحیم‌خان که از پشت درختان گیلاس به طرفشان می‌دوید به خود آمد. یک نگاه به صورت رحیم‌خان که درست مثل کتابی خوانا در برابر چشم‌های صدرا گشوده شده بود قبل از شنیدن فریادهای «وقتشه وقتشه» او کافی بود تا خبر از پایان قریب‌الوقوع انتظاری شیرین دهد که می‌رفت تا با رویش نهالش بالاخره به پایان برسد.

رحیم‌خان همان طور هیجان‌زده و وحشت‌زده به سرعت به آنها نزدیک شد.

ایمان با تعجب رویش را به سمت او که نفس‌نفس می‌زد کرد و همین که آمد بپرسد: وقت چیه رحیم‌خان؟ با همان یک نگاه درست مثل صدرا همه چیز را فهمید.

هر سه، همراه رحیم‌خان شتابان خود را به بنفشه که تکیه داده به تنه یکی از درخت‌ها از

شدت درد دست به کمر دولا شده بود، رساندند.

احمد از شدت دستپاچگی نمی‌دانست چه کار کند و بی‌قرار مدام از یک سمت بنفشه به سمت دیگر او می‌رفت.

صورت گلگون و خیس عرق بنفشه با وجودی که برای مادر احمد قابل رویت نبود به خوبی قابل تجسم بود. او خوب می‌دانست که آرام شدن غوغای درونی بنفشه و احمد فقط می‌تواند با لمس یک مادر کمی فرو بنشیند. به همین خاطر وظیفه آرام کردن بنفشه را به عفت محول کرد و خود مشغول آرام کردن احمد شد. عفت همچنان که کمر بنفشه را می‌مالید از یک طرف نگاه مضطرب‌اش را به صورت رحیم‌خان دوخته و از طرف دیگر زمزمه‌وار بنفشه را دلداری می‌داد.

در همین گیرودار خانم تفرجی که عازم رفتن بود و برای خداحافظی به دنبال صدرا می‌گشت با شنیدن سروصداها با کنجکاوی به سمت آنها رفته و همین‌طور که به آن جمع دستپاچه نزدیک می‌شد با دیدن حال و روز بنفشه با صدای نسبتاً بلندی گفت: «به‌به! عجب شب پر برکتی!» و با گفتن این حرف به احمد نزدیک شد و با حالت شوخی گفت: چته پسر؟ پس چرا این‌قدر دست دست می‌کنی؟ لابد وایسادی من زیر این درخته بزائونمش! یالله باید برسونیدش بیمارستان.

احمد بی‌درنگ زیر شانه بنفشه را گرفت و همراه رحیم‌خان او را همان طور دولا دولا به طرف ماشین بردند.

عفت در کوچه همین طور که مانتوی بنفشه را روی شانه‌هایش می‌انداخت پیشانی خیس او را بوسید و گفت: مادرجون یه کم طاقت بیار همین درداست که این‌قدر بچه رو عزیز می‌کنه.

مادر احمد درست قبل از اینکه احمد پشت فرمان بنشیند دستش را روی سینه او گذاشت و گفت: پسرم! برو به امان خدا. من می‌ترسم بیام اونجا با این وضع چشمام دست و پا گیرتون بشم. فقط قول بده که هم زودتر بهم خبر بدی و هم با احتیاط برونی.

ایمان بلافاصله گفت: خانم کنعانی! نگران نباشید من می‌رسونمشون.

اما احمد لبخندی به لب آورد و گفت: نه شاه دوماد! تو بمون پیش مهتاب. فقط برامون دعا کن.

حوالی ساعت چهار صبح وقتی صدای فریادهای بنفشه با صدای گریه‌ای ظریف خاموش شد قلب احمد یک جا فرو ریخت، اشک در چشم‌های عفت حلقه زد و رحیم‌خان زمزمه‌وار زیر لب با خود گفت: خدایا شکرت که دوباره درای رحمتتو برومون باز کردی. شکرت. صدهزار مرتبه شکرت.

فصل پنجاه‌وهشتم

با وجودی که سهراب مدت‌ها بود دوران کودکی را پشت سر گذاشته و قدم به دنیای پر هیجان نوجوانی گذاشته بود از افکار شیرین کودکیش هنوز تتمه‌ای مانده بود و همین امر باعث می‌شد تا در عین آنکه به بزرگ شدن خود می‌بالید همچنان به دوران کودکی گریزی می‌زد و از آن لذت می‌برد.

هم‌چنان روزبه‌روز درجه وابستگی‌اش به ایمان سیر نجومی می‌گرفت به طوری که در سن هفت هشت سالگی دیگر تقریباً آینه تمام‌نمای برادر شده بود.

درست از همان ابتدای تولد سهراب هیچ‌گاه نشده بود که ایمان صدای گریه او را بشنود و زودتر از هرکس دیگری از جا نپرد و در اکثر مواقع این چهره آشنای ایمان بود که به طرز معجزه‌آسایی گریه برادر را ساکت می‌کرد.

گاهی تقلیدهای سهراب از ایمان چنان شدت می‌گرفت که خانم تفرجی به شوخی با لحنی کودکانه به او لقب بچه میمون می‌داد.

ایمان برای سهراب در کنار برادر بودن حکم یک الگوی به تمام معنا داشت. از آنجایی که سهراب از همان کودکی همیشه آرزو می‌کرد از نظر شخصیتی و تفکرات فردی و شکل ظاهری دقیقا آیینه تمام‌نمای ایمان باشد کوچک‌ترین حرکتی از طرف ایمان را بلافاصله و به‌طور جدی تقلید می‌کرد. حتی اگر به تقلید از او مجبور به خوردن گوجه فرنگی می‌شد که با تمام وجود از آن تنفر داشت.

سهراب حاضر بود از احساس لزجی دانه‌های ریز گوجه فرنگی زیر دندانش و طعم آب آنکه با هر گاززدنی از روی پوست بسیار نازک ولی مقاوم آن در دهانش فوران می‌کرد و حس

ترشی غیرقابل تشخیص آن دل و روده‌اش به هم بخورد ولی قیافه‌اش به تقلید از ایمان در هم نرود. هر چند به ثانیه‌ای هم آن را جویده نجویده قورت می‌داد که هر چه زودتر از عذاب اجباری خوردن گوجه فرنگی خود را نجات دهد و این یک نمونه از هزار بود. گاهی بدون اینکه خود ایمان متوجه باشد قدم به قدم پشت سر او قدم برمی‌داشت تا نحوه راه رفتن او را که همیشه سینه‌اش را جلو می‌داد و با کمری راست و شانه‌هایی مستقیم و بالا راه می‌رفت تقلید کند. اگر سر سفره زمانی بشقاب غذایش مثل بشقاب ایمان نبود و یا طرح قاشق چنگالشان با هم فرق داشت محال بود که دست به غذا ببرد تا فریبا بالاخره مجبور می‌شد آنها را عوض کند. اگر سر سفره صبحانه چای ایمان با سه حبه قند شیرین می‌شد قطعاً چای سهراب هم با سه حبه شیرین می‌شد.

سهراب گذشته از خصلت‌های فردی وسواس شدیدی هم نسبت به بعضی تفاوت‌های ظاهری‌اش با ایمان پیدا کرده بود. با چشم‌های قهوه‌ای تیره که از فریدون به ارث برده بود همیشه از همان کودکی از فریبا می‌پرسید: مامان! چرا چشم‌های ایمان از مال من روشن‌تره؟

و فریبا هم در جواب همیشه به جای اینکه بگوید: «خوب برای اینکه چشم‌های ایمان به من رفته» با لبخندی جواب می‌داد «چون تیره و روشن هر جفتشون قشنگه از خدا خواستم چشم یکیتون رو تیره کنه و چشم یکی دیگه رو روشن» البته به مرور زمان با بزرگ‌تر شدن او و شنیدن همان جواب همیشگی قضیه تفاوت رنگ چشم از سرش افتاد. ولی مساله بلندتر بودن پیشانی ایمان هنوز گاهی اوقات اسباب درگیری ذهنی کودکانه او را برمی‌انگیخت. چون با وجودی که موهای ایمان همیشه مرتب و کوتاه بود وقتی موهای جلوی سرش روی پیشانی‌اش می‌آمد هنوز نصفی از پیشانی او پیدا بود در حالی که اگر سهراب موهایش را عقب نمی‌داد موهای جلوی سرش تمام پیشانی‌اش را می‌پوشاند و همین تفاوت کوچک تا حدی فکرش را مشغول می‌کرد که یک بار دیگر طاقت نیاورد و قیچی فریبا را از جعبه سوزن و نخ او برداشته و یواشکی به دستشویی رفته بود و موهای جلویش را تا حدی که فقط نصف پیشانی‌اش را بپوشاند با ناشی‌گری قیچی کرده بود، هرچند بعدها از این کار به شدت پشیمان شد چون خانم تفرجی با دیدن او با آن وضع موها آنقدر خندیده بود که سهراب را به شدت عصبانی کرده و او را بر آن داشت که به زور از فریدون بخواهد او را به سلمانی برده و موهایش را از ته بزنند.

یک بار هم برای اینکه به تقلید از ایمان عینک بزند به دروغ به فریبا گفته بود که سر کلاس تخته‌سیاه را خوب نمی‌بیند. فریبا هم با وحشت بی‌درنگ او را پیش چشم‌پزشک برده بود. چشم‌پزشک هم بعد از معاینه و آزمایش چشم‌های سهراب در برابر چشم‌های شگفت‌زده فریبا

لبخندی به لب آورده و ضمن اینکه موهای او را نوازش می‌کرد یک عینک پلاستیکی اسباب‌بازی به او داده و گفته بود که هر وقت هوس عینک کرد می‌تواند آن را به چشم‌هایش بزند.

ایمان با چشم‌های قهوه‌ای روشن، پیشانی بلند، چانه‌ای زاویه‌دار و دهانی نه چندان کوچک و عینکی که همواره به چشم داشت کپی کاملی از چهره فریبا در قالبی مردانه بود در حالی که سهراب با موها و چشم‌های قهوه‌ای تیره و گونه‌های برجسته و چانه گرد کپی کاملی از نوجوانی فریدون بود. شباهت‌های سهراب آنقدر به فریدون زیاد بود که گاهی اوقات خانم تفرجی بدون آنکه خود سهراب متوجه باشد به او خیره می‌شد و حس می‌کرد که فریدونش دوباره به دوران نوجوانی برگشته است.

از میان تمام خصلت‌های فردی ایمان یک خصلت خاص بود که سهراب با وجود تلاش بسیار هرگز موفق به تقلید از آن نشده بود و آن هم ساکتی و بی‌سروصدایی ایمان بود. سهراب برخلاف ایمان که همیشه تمایلی خاص به درون‌گرایی و انزوا داشت، نوجوانی پر شور و نشاط و پر از حرارت و شیطنت دوران نوجوانی بود و به همین خاطر وقتی در تقلید رویه برادر ناکام ماند تصمیم گرفت که در این یک مورد ایمان را وادار به تقلید از خود کند. به طوری‌که تا ایمان را غرق در افکار دور و درازش می‌دید و یا در می‌یافت که سکوتش از یک حد معمول دارد کمی فراتر می‌رود آنقدر شلوغ بازی درمی‌آورد و جوک می‌گفت و یا شکلک‌های عجیب و غریب و خنده‌آور در می‌آورد که بالاخره موفق می‌شد لبخند روی لب‌های برادر بنشاند. برای سهرابی که از شدت سرزندگی و پرجنب و جوشی و سرخوشی یک لحظه آرام و قرار نداشت خیلی سخت بود که مثل ایمان آرام بگیرد و یا سکوت اختیار کند. سهراب که از فرط بشاشی حتی به ترک دیوار هم می‌خندید و دیگران را با خنده‌هایش به خنده می‌انداخت، چطور می‌توانست که اکثر مواقع قیافه‌ای جدی به خود بگیرد؟

همین روحیه پرشور و نشاط سهراب همیشه باعث می‌شد فریدون ناخواسته توجهی خاص به او نشان دهد و با دست نوازشی که برای سال‌ها با سر ایمان بیگانه شده بود بر سر سهراب دست بکشد و بر پیشانی او بوسه بزند.

سهراب هم‌زمان با گشودن فصل جدید نوجوانی از کتاب ناخوانده زندگی‌اش کم‌کم با کمک صدرا به وجود استعدادی درونی که تا آن زمان بی‌قرار به انتظار شکوفا شدن در زمستان بی‌تفاوتی‌های کودکی نشسته بود پی برد. صدرا اولین کسی بود که سهراب را با شعر اصیل ایرانی آشنا کرد. مدت‌ها قبل یک روز که سهراب طبق معمول همیشه برای صدرا روزنامه آورده

بود متوجه کتاب شاهنامه در دست‌های صدرا شد و با کنجکاوی از او در باره کتاب پرسید. صدرا هم با تعجب شاهنامه را مقابل چشم‌های سهراب گرفت و گفت: مگه سهرابی پیدا می‌شه که ندونه شاهنامه چیه؟

سهراب بارها اسم فردوسی و وصف اشعار زیبایش را شنیده بود ولی هیچ وقت تا آن زمان در باره شاهنامه به آن صورت کنجکاوی نکرده بود. آن روز صدرا مثل پدربزرگی که برای نوه خود داستانی هیجان‌انگیز تعریف می کند بخشی از شاهنامه را برای سهراب خواند. دقت سهراب در تمام طول مدتی که صدرا آن ابیات را می‌خواند و میخکوب شدن او بر سر جایش با هر یک مصرع که از دهان صدرا بیرون می‌آمد به حدی بود که صدرا را شگفت‌زده کرد. آن شب وقتی سهراب در رختخوابش دراز کشید به احساسی فکر کرد که حین شنیدن آن ابیات از زبان صدرا به او دست داده بود و ناگهان شعفی خاص اعماق قلبش را پر کرد و فهمید آن سرخوشی که همیشه سر کلاس فارسی و انشا برعکس اکثر دانش‌آموزان دیگر به او دست می‌دهد ناشی از علاقه بی‌حد و حصرش به روح لطیف زبان مادری است. زبانی که در قالب شعر او را با چنان سرعتی در خود غرق می کند که دست و پا زدن و تقلایی را که سایر همکلاسی‌هایش در زنگ فارسی و انشا حس می کنند به هیچ عنوان حس نمی کند.

صدرا که این استعداد و علاقه سهراب را از زیر عمیق‌ترین لایه‌های علایق فراموش شده کودکی او بیرون کشیده بود همیشه به عنوان اولین نفر اشعار و متونی را که سهراب می‌نوشت، می‌خواند و هر بار شنیدن تشویق‌ها و تعریف‌های صدرا از نوشته‌های او در گوشش به زیباترین ملودی‌های عالم تبدیل می‌شد.

شعرها و نوشته‌های سهراب از همان اوایل دوران نوجوانی به بعد سیری رو به رشد داشت و صدرا با هر بار شنیدن نوشته تازه‌ای از او به خوبی متوجه آن تغییرات می‌شد و ابراز آن برای سهراب تشویقی می‌شد برای خلق کارهای جدیدتر و زیباتر. مضمون نوشته‌ها و شعرهای سهراب به تدریج با بالارفتن سن او به سمت افکاری کشیده شد که شاید برای یکی دو نسل قبل مایه شگفتی بود.

سهراب تحت تأثیر ایمانی بود که به دلیل مطالعات فراوانش در زمینه‌های مختلف خصوصاً تاریخ و سیاست زبانزد خاص و عام بود و تفکرات و اعتقاداتش برای آن سن و سال بسیار شگفت‌انگیز و تحسین‌برانگیز بود.

گذشته از عشق و علاقه به ادبیات و شعر و شاعری علاقه دیگری که از همان اوایل دوران نوجوانی در وجود سهراب شکل گرفت و روز به روز بیشتر می‌شد ورزش فوتبال بود. در ابتدای

دوران نوجوانی سهراب یک روز فریدون به همراه مسعود او را برای دیدن صادق همرزم قدیمی‌اش به یکی از جلسات تمرینی او و بچه‌های تیمش برده بود. چون مدت زیادی می‌شد که فریدون صادق را ندیده بود آن روز فرصتی پیدا کرده و همراه مسعود قرار گذاشته بودند که برای دیدن او در ضمن تماشای بازی بچه‌های تیمش به آنجا بروند که سهراب هم به اصرار از فریدون خواست که او را با خود ببرد.

وقتی پای سهراب به زمین نیمه چمن رسید و چشمش به بچه‌هایی افتاد که با هیجان با لباس‌های ورزشی به تن بدون اینکه اصلاً به گرمای هوا فکر کنند به دنبال توپ از این طرف به آن طرف می‌دویدند آن‌چنان غرق بازی شد که اصلاً متوجه صادق که دستش را به طرف او دراز کرده بود تا با او دست بدهد نشد.

صادق با همان یک برخورد با سهراب بلافاصله پی به علاقه عجیب او برد و با خنده در حالی که به فریدون تنه می‌زد، گفت: اگه صورتش به خودت نرفته بود می گفتم بچه خودت نیست. بابایی که یه ذره به فوتبال علاقه نداره و بچه‌ای که از شدت علاقه نه چشماش دیگه چیزی می‌بینه و نه گوشاش چیزی می‌شنوه!

در اینجا مسعود با خنده گفت: این تو خونه فریدون چیز تازه‌ای نیست.

و فریدون در حالی که سرش را تکان می‌داد، گفت: هیچ‌کدومشون درست و حسابی به من نرفتن.

مسعود به اعتراض گفت: صد بار بهت گفتم نباید توقع داشته باشی که بچه‌ها درست پا جای پای تو بذارن. اونا هم برای خودشون اعتقادایی دارن! تو نمی‌تونی چیزی رو به بچه‌هات تحمیل کنی.

ـ آخه آدم با هزار امید و آرزو بچه‌دار می‌شه به این امید که یه روز سربلندش کنند و روی حرفش حرف نیارن.

ـ ببینم حرف حق زدی که روش پا گذاشتن؟

ـ نمی‌دونم! من حرف حق خودمو می‌زنم ولی کو گوش شنوا؟

ـ فکر نمی‌کنی اشکال از گوش بچه‌ها نیست از تصور تو از حرف حقه؟

ـ بابا صَلوات بفرستید ما برای جر و بحث نیومدیم، اومدیم یه دیداری تازه کنیم. پسر! آخه تو با این پای مصنوعی چه جوری می‌تونی پا به پای این بچه‌ها بدویی؟

ـ علاقه که باشه همه چیز باهاش میاد. این‌قدر بهش عادت کردم که گاهی وقتا فکر می‌کنم پای واقعی خودمه. یادم می‌ره که مصنوعیه!

سهراب از همان ابتدای صحبت سه دوست قدیمی از آنها جدا شده و کنار زمین با حسرت به جنب‌وجوش بچه‌ها چشم دوخته بود.

صادق هم که به خوبی تمام حالات و رفتار سهراب را زیر نظر داشت از فریدون و مسعود جدا شد و پشت سر سهراب ایستاد و در گوش او گفت: دوست داری بری تو زمین؟

سهراب هیجان‌زده اما با تردید نگاهی به صادق انداخت و گفت: خیلی دوست دارم عمو صادق ولی آخه مثه اینا خوب بلد نیستم.

خب یاد می گیری پسر! خیال کردی اینا از تو دل ماماناشون فوتبال بازی رو یاد گرفتن؟ اینا هم هی اومدن تمرین کردن. می گی نه برو ازشون بپرس.

سهراب کفش‌هایش را به صادق نشان داد و پرسید: عمو صادق فکر می کنی با اینا می‌شه فوتبال بازی کرد؟

صادق دستی روی موهای سهراب کشید و با لبخندی معنی‌دار در جواب گفت: اگه علاقه‌اش باشه پابرهنه هم می‌شه بازی کرد.

همان یک تشویق صادق در آن بعدازظهر گرم تابستانی پیش‌درآمدی شد برای پیوستن سهراب به بچه‌های تیم او. تشویق‌های صادق و راهنمایی‌های او به عنوان مربی‌ای خبره چنان عشق و علاقه‌ای از همان ابتدا در سهراب ایجاد کرد که اصلاً حاضر نبود یک جلسه از تمرین‌هایش را از دست بدهد حتی اگر از آسمان سنگ می‌بارید.

فصل پنجاه و نهم

با شروع زندگی زناشویی مهتاب و ایمان و حضور مهتاب در خانه صدرا آن خانه رنگی تازه یافت. حرارت عشق به روح سوت و کور آن خانه تزریق شد. ایمان عاشق‌تر از همیشه گاهی بدون آنکه مهتاب متوجه باشد به چهره او خیره می‌شد تا حتی با فرم آن چهره لذت خوشبختی را برای هزارمین بار احساس کند. صدرا هم گه‌گاه به صورت ایمان خیره می‌شد تا شیرینی دیدن انعکاس خوشبختی را در چهره او با تمام وجود بچشد.

مهتاب در کنار علاقه بی‌حد و حصرش به ایمان در قبال صدرا هم به همان نسبت مهر و علاقه نشان می‌داد. صدرا را پدر جون صدا می‌زد. لقبی که حتی برای پدر خودش هم به کار نبرده بود. آنقدر پدرجون، از زبان مهتاب شنیده می‌شد که گه‌گاه خانم تفرجی هم برای خنده صدرا را پدر جون خطاب می‌کرد.

اگرچه زمانی طعم داشتن پشتوانه‌ای ستبر و محکم را فقط در عالم رویاها چشیده بود حالا با خیالی راحت و قدرشناسانه بر آن پشتوانه تکیه می‌کرد و خوب می‌دانست که اگر زمانی توفان و کولاک سختی‌های زندگی پایه‌های صبر و مقاومتش را متزلزل کند آن پشتوانه محکم همچنان پر قدرت او را پابرجا نگاه خواهد داشت. چشم‌های ایمان برای مهتاب دریای آرامش و اطمینان خاطر بود و پاهای او برایش بلد راه‌های صعب‌العبور. دست‌های ایمان برایش چیزی فراتر از دست‌های یک استاد بود. آن دست‌ها پیش از اینکه معلم الفبای طراحی و نقاشی باشد معلم الفبای عشق بود و در نهایت آغوش ایمان برای مهتاب بهترین پناهگاه برای لحظه‌های سرد افسردگی و از خودبیگانگی او بود.

با شروع زندگی مشترک آن دو مهتاب با تلاش‌های فراوان ایمان رفتن به دانشگاه را از سر

گرفت. با وجودی که با ورود دوباره او به محیط دانشگاه خاطرات تلخ گذشته گاهی سر به عصیان می‌گذاشت ولی شیرینی زندگی فعلی‌اش به حدی بود که طعم تلخ آن خاطرات قدیمی را در کامش شیرین می‌کرد. وجود همان خاطرات تلخ بود که در خاطرات شیرین را به روی مهتاب گشوده بود. هر بار به یاد اولین مکالمه رو در رویش با ایمان می‌افتاد ته قلبش از شدت هیجان تیر می‌کشید.

در یکی از روزهای سرد زمستانی که کاشی‌های حیاط خانه صدرا به زیر پرده نازکی از برف کاملاً استتار شده بود خانه صدرا به طرز عجیبی در سکوت و خاموشی فرو رفته بود. آن روز صدرا طبق معمول همیشه هاشم را زودتر مرخص کرده و پس از انجام خرده‌کاری‌های باقی‌مانده در مغازه آنجا را به قصد خانه ترک کرده بود. سوز سردی از مقابل بی‌رحمانه صورت صدرا را مورد حمله قرار داده بود. صدرا با وجود سردی هوا تمام مسیر مغازه تا خانه را پیاده طی کرد. عادتی که هرگز ترک نکرده بود. با وجودی که صدرا همیشه زمان کافی برای به فکر فرو رفتن داشت ولی قدم زدن به تنهایی برایش بهترین موقعیت برای مرور امور روزانه‌اش بود. به گذشته، حال و آینده می‌اندیشید. به خاطرات گذشته که هزاران بار در ذهنش مرور شده بود. به حال که پایان خوش انتظار طاقت‌فرسای گذشته بود و به آینده که پایان مجهول انتظار زمان حال بود.

وقتی وارد حیاط شد صدای قدم‌هایش روی برف‌های حیاط سکوت عمیق حیاط را شکست. لحظه‌ای ایستاد و سکوت دوباره بر همه جا سایه انداخت. چراغ‌ها خاموش بود. با خود فکر کرد که احتمالا ایمان و مهتاب بیرون‌اند. سکوت آن شب از مرز تحملش فراتر بود.

در راهرو را به آهستگی باز کرد و وقتی انگشت‌اش با کلید برق تماس پیدا کرد و چراغ روشن شد با کمال تعجب چهره بشاش و هیجان‌زده ایمان و مهتاب را دید که تولد او را با ذوق و شوق فراوان تبریک می‌گفتند. غافل‌گیر شده بود و نمی‌دانست چه بگوید. روز تولدش را فراموش کرده بود. وقتی بالای پله‌ها رسید تعجب‌اش چندین برابر شد. چهره‌های مشتاق دیگری در اتاقی که به سلیقه مهتاب تزیین شده بود، انتظار ورود او را می‌کشیدند. سهراب که از همه ذوق‌زده‌تر بود به طرفش دوید و با هیجان خاص خودش گفت: عمو صدرا! اول باید کادوی منو باز کنی.

صدرا لبخندی بر لب آورد و ضمن اینکه با میهمانانش سلام و احوالپرسی می‌کرد به سهراب گفت: کادوی سهراب باز کردن داره ها!

بعد از صرف شام نوبت به باز کردن کادوها رسید. صدرا ابتدا کادوی سهراب را باز کرد.

کادوی سهراب محتوی چهار هدیه بود: دو لوح فشرده یکی با صدای استاد شجریان و دیگری با صدای استاد ناظری، یک دفترچه نسبتاً کوچک ولی پر از شعرهایی که سهراب از ابتدا تا آن موقع سروده و با دست‌خط خودش نوشته بود و یک خودکار چهاررنگ که به نظر نو نمی‌آمد.

صدرا بعد از اینکه پیشانی سهراب را بوسید و از او تشکر کرد خودکار را به سهراب نشان داد و گفت: قضیه این چیه؟

سهراب با هیجان جواب داد: عمو صدرا! این خودکاریه که همیشه شعرامو باهاش می‌نوشتم. تموم شعرای این دفترم رو هم با همین خودکاره نوشتم. سپس با خنده اضافه کرد: رنگ آبی‌اش تموم شده. جوهر مشکی‌اش هم همین روزاست که تموم شه. نمی‌دونم سبز و قرمزش چقدر داره. خیلی دوسش دارم هر وقت اینو دستم می‌گرفتم راحت‌تر شعرامو باهاش می‌نوشتم.

ـ فکر نمی‌کنی پیش خودت باشه بهتره؟

ـ نه عمو صدرا! هم چون خیلی دوسش دارم می‌خوام بدمش به شما یادگاری. این فقط یه خودکار معمولی نیست یه خودکار جادوییه. نباید دست‌کم بگیریش.

ایمان فریدون وارد بحث شد و گفت: عمو صدرا! بهتره برش داری فقط من می‌دونم چقدر دوسش داره.

صدرا با تردید خودکار را به سهراب نشان داد و پرسید: مطمئنی؟ برش دارم؟

و سهراب با خنده گفت: آره عمو صدرا! تا پشیمون نشدم برش دار.

بعد از آنکه میهمانان خانه صدرا را ترک کردند صدرا خودکار سهراب را در دست گرفت و به آن دقیق شد. فقط صدرا می‌توانست دریابد چه جمله‌ها و شعرهای زیبایی که از نوک آن قلم از تراوش ذهن سهراب روی کاغذ ریخته است. آن قلم پیام‌آور ذهن یک نوجوان در حال گذر از فصل نوجوانی بود. نوجوانی که به مراتب از سن و سال خود پیش‌تر بود. قلمی که بارها روی کاغذهای متعدد دویده بود، نمونه پیام‌آوری از ذهن پربار آینده‌سازان فردا و فرداها بود. دست‌های کوچکی که پیام‌هایی به بزرگی آسمان روشن آرزوهای نسل‌های بعد را به روی سپیدی بی‌خش کاغذ و سپیدی بی‌خش ذهن نسل نوجوان می‌دواند. کششی که از آن خودکار کهنه در وجود صدرا برانگیخته شده بود در هیچ یک از کادوهای باز شده دیگر نبود. یک بار دیگر به آن خودکار چهار رنگ نگاه کرد و در حالی که لبخند روی لب‌هایش می‌نشست آن را با احتیاط در جیب پیراهنش جای داد. هنوز از فکر خودکار سهراب بیرون نرفته بود که با نشستن ایمان در کنارش به خود آمد. ایمان در حالی که به صورت مهربان و تکیده پدر نگاه می‌کرد، گفت: پدر! هر سال که می‌گذره بیشتر می‌فهمم که با وجود سایه‌ای مثل شما بالای سرم چقدر

خوشبختم. امیدوارم سال‌های سال سایه‌ات همچنان بالای سر من و مهتاب و نوه‌ات باشه.

نگاه صدرا با شنیدن کلمه نوه یک آن در نگاه ایمان خشکید و وقتی لبخند تایید نشسته بر لب‌های ایمان را دید بی‌درنگ چشم‌هایش پر از اشک شد.

ایمان دوباره لب به سخن گشود و گفت: نمی‌دونم این خبر می‌تونه هدیه خوبی از طرف من و مهتاب برات باشه یا نه!

صدرا برخاست و ایمان را که هم‌زمان با پدر از جا برخاسته بود در آغوش فشرد و طعم خوشبختی‌ای را که سال‌ها با کام صدرا ناآشنا مانده بود با تمام وجود چشید. مهتاب در حالی که گونه‌هایش گلگون شده بود، ایستاده در آستانه در با چشم‌های تر به آن دو نگاه می‌کرد. صدرا پس از آنکه ایمان را حسابی به سینه‌اش فشرد به سمت مهتاب رفت، پیشانی او را بوسید و او را از فرط شادی در آغوش گرفت و در گوش او زمزمه کرد: دخترم! خوشبختی با وجود تو هیچ وقت از این خونه بیرون نمی‌ره. وجود تو برای من و ایمان هم نعمته هم رحمته.

و مهتاب زمزمه‌وار در جواب گفت: نه پدر جون! سایه شما بالای سر من و ایمان هم نعمته هم رحمته. اگه این بچه یک هزارم از خصوصیات شما رو به ارث ببره اونوقت من خودمو خوشبخت‌ترین مادر دنیا می‌دونم.

زمان به سرعت می‌گذشت و آخرین روزهای بارداری مهتاب نزدیک می‌شد. با گذشت هر یک روز هیجانی آمیخته با اضطراب رفته‌رفته تمام وجود ایمان را پر می‌کرد. با فرا رسیدن ماه مهر هیجان‌ها به اوج خود رسید. پزشک مهتاب هفته دوم ماه مهر را برای به دنیا آمدن بچه تخمین زده بود. با شروع سال تحصیلی جدید ایمان هر روز با فکر و خیال اینکه مبادا در غیاب او دردهای مهتاب شروع شود و ناغافل زمان زایمان برسد با ترس از خانه به دانشگاه می‌رفت و حتی تلفن همراهش را برخلاف همیشه سر کلاس روشن می‌گذاشت تا اگر خبری از مهتاب شد به سرعت خود را برساند.

چند وقتی می‌شد که مهتاب در کارگاه ایمان خودش را حسابی با قلم‌مو و بوم و رنگ مشغول کرده بود. با وجودی که ایمان از مهتاب خواسته بود تا به خاطر بوی رنگ و روغن کارگاه آنجا نرود اما مهتاب طاقت نمی‌آورد. احساس می‌کرد اگر احساس خوشبختی‌اش را در قالب یک طرح و رنگ زیبا بیرون نریزد دق خواهد کرد. آن روز هم مهتاب همین طور که قلم‌مویش را روی بوم می‌دواند دست دیگرش را روی شکم برآمده‌اش گذاشت و نجواکنان گفت: اگه وقتی بزرگ شدی یک صدم مادرت احساس خوشبختی کنی من دیگه هیچ غم و غصه‌ای ندارم.

تابلویی که مهتاب از دو هفته پیش کشیدنش را آغاز کرده بود، تقریباً داشت رو به پایان می‌رفت. مشتاق بود تابلو را قبل از موعد زایمان تمام کند.

تابلو تصویری از یک سرزمین قطبی بود که خورشید آن در آستانه رسیدن فصل بهار عرق شرم بر یخ‌های ماندگار آن نشانده بود و با حرارتش به کوچک‌ترین غنچه باز نشده از میان گل‌های رنگارنگی که تازه سر از لابه‌لای برف‌ها بیرون آورده بودند فرمان رویش می‌داد.

کار کشیدن تابلو تمام شد و هیجان و شعفی خاص تمام وجود مهتاب را در برگرفت. به سختی از جایش بلند شد. آهسته‌آهسته کمی عقب رفت و با فاصله به تصویری که با ظرافت خلق کرده بود خیره شد. درست لحظه‌ای که نگاه مهتاب روی غنچه‌ای که تازه سر از زیر بار برف‌های خجل از روی بهار بیرون آورده بود ثابت ماند دردی غریب تمام کمرش را در برگرفت. دردی که در اوج شدتش لبخند بر لب‌های مهتاب نشاند و به او نهیب زد که زمان موعود از راه رسیده است.

ایمان به محض اطلاع از شروع دردهای مهتاب نفهمید که فاصله دانشگاه تا خانه را چطور طی کرد. صورت گل انداخته و خیس از عرق مهتاب خبر از شدت دردی می‌داد که تا چند ساعت دیگر می‌رفت تا تبدیل به لذتی بی‌منتها شود. ایمان با دستپاچگی مانتوی مهتاب را روی شانه‌هایش که از شدت درد می‌لرزید انداخت. همین طور که با روسری موهایش را می‌پوشاند لب‌هایش را روی پیشانی خیس مهتاب گذاشت و با هیجان به چشم‌های مهتاب که هنوز در اوج درد برق عشق در آن می‌درخشید نگاه کرد و گفت: به خاطر من یه کم دیگه طاقت بیار و سپس بدون تلف کردن لحظه‌ای مهتاب را سوار ماشین کرد و دیوانه‌وار به سمت بیمارستان به راه افتاد.

ایمان مضطرب و بی‌قرار پشت در بسته اتاقی که در آن مهتاب داشت زیر بار کمرشکن حقیقت مادری خرد می‌شد روی پای خود بند نبود. چندین بار تلاش کرده بود تا صدرا را باخبر کند ولی موفق به تماس با صدرا نشده بود و به همین خاطر درست در لحظه‌ای که بیش از هر زمان دیگری محتاج شنیدن صدای آرامش‌بخش پدر بود صدرا حضور نداشت. دفعاتی که ایمان طول راهرو را تا آخر رفته و آمده بود بی‌شمار بود. صدای زنگ تلفن همراهش به صدا درآمد. صدای صدرا مضطرب و نگران بود. از بچه‌هایی که در کوچه مشغول بازی بودند شنیده بود که ایمان با عجله مهتاب را سوار ماشین کرده و رفته. ایمان آدرس بیمارستان و بخش را به او داد و دوباره مسیر راهرو را در پیش گرفت.

سرانجام انتظار چهار ساعته ایمان به پایان رسید. جز جمله «مادر و دختر هر دو سالمند» مطلب دیگری از پرستار مهتاب نشنید. هنوز حرف‌های او تمام نشده او را در راهرو رها کرد و با

سر وارد اتاق مهتاب شد.

صورت مهتاب هنوز از اثر درد و فشار گلگون بود و موهای خیس و عرقی‌اش به پیشانی‌اش چسبیده بود. ایمان با دو گام بلند خود را به مهتاب رساند و او را همان طور نشسته روی تخت در آغوش گرفت. مهتاب با نوزادی که در بغل داشت خود را با تمام وجود به آغوش ایمان فشرد ولی صدای اعتراض نوزاد آن دو را به اجبار از هم جدا کرد.

مهتاب ملافه را از روی صورت نوزادش کنار زد تا ایمان بتواند صورت کوچکش را ببیند. ظرافت چهره و چشم‌های بسته که هنوز اثر چربی و خون روی آن دیده می‌شد در گلوی ایمان بغض و در چشم‌هایش اشک نشاند و چانه و لب‌هایش را به لرزه انداخت. ایمان دقایقی به نوزادش خیره شد و رویش را به طرف مهتاب برگرداند و لب‌های او را بوسید. کمی بعد صدرا که با عجله خود را به بیمارستان رسانده بود چند ضربه به در نواخت و با شنیدن صدای هیجان‌زده ایمان که می‌گفت بفرمایید... در را باز کرد و به تخت مهتاب نزدیک شد. ایمان با دیدن صدرا ذوق‌زده گفت: بیا پدر! بیا دخترمو ببین.

صدرا به آرامی در کنار ایمان قرار گرفت و روی نوزاد که با آن جثه کوچک تمام توجه و هم و غم آن‌ها را به خودش مشغول کرده بود، خم شد. به ناگاه طرحی آشنا در برابر چشم‌هایش نقش بست.

صدرا نوه‌اش را همان طور پیچیده در ملافه سفید با احتیاط از مهتاب گرفت و در حالی که به ظرافت چهره نوه‌اش دقیق می‌شد پرسید: براش اسم انتخاب کردید؟

مهتاب نگاهی به ایمان انداخت و دست در دست او نگاهش را متوجه صدرا کرد و درست لحظه‌ای که صدرا نوزادش را به سینه‌اش می فشرد در جواب گفت: صبا.

فصل شصتم

با تولد صبا انگار تمام درهای بهشت یکجا به روی صدرا گشوده شد. نام صبا، دیدن چهره دوست‌داشتنی و زیبای صبا، صدای خنده‌ها و حتی صدای گریه‌های او، شب و روز صدرا بود. صدرا می‌گفت: این فرزند در تمام برکت‌های عالم را به روی آنها باز کرده است.

گفت‌وگوهای روزمره صدرا و رحیم‌خان شنیدن داشت. از صحبت‌های آن‌ها بوی سیاست کمتر به مشام می‌رسید و محور صحبت‌ها حول دو چیز می‌گشت: صبا و نهال.

گاهی احمد و ایمان از کنار به بحث‌های دو پدربزرگ عاشق گوش می‌کردند و با تکان دادن سرهایشان از ته دل می‌خندیدند.

این عشق و علاقه یک طرفه نبود. صبا و نهال هم به همان نسبت به احساس پدربزرگ‌هایشان واکنش نشان می‌دادند و رفته‌رفته به آن‌ها وابسته شدند. خصوصاً صبا که جانش بود و جان پدربزرگ. صبح‌ها به محض بیدارشدن از خواب اول از همه یک راست به سراغ صدرا می‌رفت. آغوش پدربزرگ برای صبا بهشت بود و وقتی در آن جا خوش می‌کرد دیگر به هیچ قیمتی حاضر به بیرون آمدن از آن نبود.

غروب‌های تابستان بعد از اینکه مهتاب لباس خنکی به تن او می‌کرد جلوی در به انتظار می‌ماند تا صدرا او را برای قدم‌زدن با خود ببرد و خیلی خوب هم می‌دانست که بدون خوردن حداقل یک بستنی به خانه برنمی‌گردد.

دیدن لحظه‌های بزرگ شدن صبا برای صدرا رویایی تحقق یافته بود. به ویژه که دوران کودکی ایمان را آن‌طور لحظه به لحظه لمس نکرده بود. شنیدن اولین کلمه از زبان صبا و یا دیدن اولین قدم‌های او، تکیه کردن او به دست‌های پدربزرگ برای سر پا نگه‌داشتنش و یا

برداشتن قدم‌هایش به سوی صدرا در حالی که تلوتلو می‌خورد شیرین‌ترین لذت‌های عالم را به کام صدرا می‌ریخت.

علاوه بر صدرا علاقه بی‌حد و حصر آقای صرافی به صبا تعجب اطرافیان را حسابی برمی‌انگیخت.

آقای صرافی که از دوران جوانی همه از او چهره‌ای جدی و عبوس دیده بودند حالا سرخوش و شادمان سر از پا نمی‌شناخت و دائم مثل کودکی پا به پای نوه‌اش می‌دوید. همسرش هرگز به خاطر نمی‌آورد حتی یک بار با صبای خودش آن‌گونه با زبانی کودکانه حرف زده باشد اما اکنون طوری رفتار می‌کرد که خانم صرافی با وجود این که می‌دید باورش نمی‌شد این همان صرافی باشد.

سال‌ها پیش با شنیدن صدای گریه دخترش همیشه با اخم به همسرش نگاه کرده بود که چرا بچه را ساکت نمی‌کند و حالا با شنیدن صدای گریه صبای کوچک حالش دگرگون می‌شد و برای ساکت کردن او و تبدیل گریه‌هایش به لبخند شیرین کودکانه با آن سن و سال انواع و اقسام شکلک‌ها را درمی‌آورد تا بالاخره صبا رضایت داده و اشک‌هایش را پاک می‌کرد و به خنده می‌افتاد.

رفتار آقای صرافی برای همه بسیار مایه تعجب بود. یک عمر بچه‌ها با یک نگاه به صورت جدی‌اش پا به فرار گذاشته بودند اما حالا توانسته بود دل صبای کوچک را چنان به دست بیاورد که هر بار با دیدنش خود را در آغوش او پرت می‌کرد؟

این که چه اتفاقی افتاده است سوالی بود که مثل معمایی حل نشدنی در ذهن خانم صرافی می‌چرخید تا در نهایت پس از مدت‌ها تامل تنها پاسخی که برای آن می‌یافت این بود که پس از گذشت این سال‌ها برای جبران غفلت‌های گذشته این‌گونه ناآرام و بی‌قرار دست و پا می‌زند. جبران غفلت‌های گذشته به قیمت به دست آوردن دل کودکی که شباهت‌های ظاهری‌اش کافی است تا باران سرزنش را بر سرزمین خشک غفلت‌های فراموش شده‌اش فرود آورد.

از سه سالگی همه کمابیش متوجه شباهت‌هایی شگفت‌انگیز میان صبا و نوه‌اش شده بودند. چیزی که آقای صرافی با اولین نگاه به صورت کوچکش از همان بدو تولد دریافته بود.

اخم کردن‌های صبا، خنده‌های شیرین او و شیوه‌ای که همیشه با زبانش لب‌هایش را مرطوب می‌کرد و حتی حالت خجالت کشیدنش نمونه کاملی از حالت‌های مادربزرگش بود. گاهی وقت‌ها دیگر شباهت‌ها آن‌چنان نمایان می‌شد که ناخودآگاه صدرا را بر آن می‌داشت که بی‌مقدمه او را در بغل گرفته و با تمام وجود به سینه‌اش بچسباند. کاری که آقای صرافی بارها پنهانی با بغضی فروخورده کرده بود.

اما تمام ابراز احساسات آقای صرافی تقریباً از سه سالگی صبا به بعد دیری نپایید و رفته‌رفته به طرز آشکاری فروکش کرد. طوری که همسرش کمتر حرفی در باره صبا از زبان او می‌شنید.

مدتی بود که خانم صرافی متوجه فراموش‌کاری‌ها و حواس‌پرتی‌هایی در شوهرش شده بود و چون قبلاً هم سابقه حواس‌پرتی‌های شوهرش را در ذهن داشت توجه چندانی به آن نشان نداده و آن را چندان جدی نگرفته نبود. ولی موضوع رفته‌رفته شکل جدی‌تری به خود می‌گرفت.

نگرانی خانم صرافی از آنجا شدت پیدا کرد که یک روز در راه برگشت به خانه از سر کوچه شوهرش را دیده بود که کلید به دست تقلا می‌کرد که در حیاط منزل همسایه را باز کند. خانم صرافی بلافاصله با وحشت خودش را به او رسانده و از او پرسیده بود که دارد چه کار می‌کند و آقای صرافی هم با کمال خونسردی در جواب گفته بود: نمی‌دونم چرا کلیدم به قفل در نمی‌خوره! قفل درو عوض کردی؟

اینجا بود که دلهره‌ای ناگهانی تمام وجود خانم صرافی را پرکرد.

کم‌کم حواس‌پرتی‌های آقای صرافی شدت پیدا کرد و به جاهای باریک و خطرناک کشیده شد تا جایی که خانم صرافی موضوع را جدی گرفت و ناچار شد شش‌دانگ حواسش را به شوهرش بدهد.

خانم صرافی نه تنها جرأت نمی‌کرد او را در خانه تنها بگذارد بلکه زمانی هم که در خانه بود تمام درها را قفل می‌کرد چون می‌دانست اگر شوهرش ناخواسته از منزل خارج شود دیگر قادر به یافتن راه برگشت خود نخواهد بود.

اواخر آذرماه زمانی که درخت‌ها پوشش خود را از دست داده بودند در اوج بیماری فراموشی‌اش در بستر بیماری افتاد. سرفه‌های پی‌درپی همراه با موجی از نفس تنگی امانش را بریده بود. با وجودی که همیشه برای جلب توجه بیش از حد از طرف همسرش به بزرگ‌نمایی بیماری‌اش عادت داشت ولی خانم صرافی این بار کاملاً به وخامت بیماری ذات‌الریه او پی برده بود و در نهایت ناچار به بستری کردن او در بیمارستان شد.

ایمان هر روز بعد از دانشگاه برای عیادتش یک راست به بیمارستان می‌رفت. در کنار تختش می‌نشست و نگاه اندوه‌بارش را بر صورت تکیده پدربزرگ که یک عمر با بروز انعکاس حس سرزنش دردآور خود در چهره‌اش جنگیده بود، می‌دوخت. با وجودی که تنگی نفس امانش را بریده بود و به سختی نفس می‌کشید هر بار با دیدن ایمان لبخند به لب می‌آورد ولی هرگز نام او بر زبانش جاری نمی‌شد چون نام او را به خاطر نمی‌آورد. دیدن شرایط اسف‌بار آقای صرافی برای ایمان که یک عمر از جان مایه گذاشتن او را به طور غیرمستقیم دیده بود دردناک بود.

وقتی ایمان برای عیادتش به بیمارستان می‌رفت با نفس‌های بریده بریده خطاب به ایمان می‌گفت: شما عجب جوون خوبی هستید! فردا بازم میایی؟

و ایمان در حالی که سر کم موی او را نوازش می‌کرد به آهستگی زمزمه‌کنان زیر گوشش می‌گفت: بله پدرجون! فردا هم میام.

و هنوز لحظه‌ای از نشستن لبخند کم‌رنگی بر لب‌های پدربزرگ نگذشته دوباره لبخند به کلی محو می‌شد و در حالی که نگاهش به نقطه‌ای مبهم خیره می‌ماند نجواکنان می‌گفت: نمی‌دونم اون خانومه که موهای بلند مشکی داره چرا دیگه هیچ وقت برای دیدنم نمیاد. انگار باهام قهر کرده.

در اواسط دی‌ماه با نیمه‌تمام گذاشتن دوره درمانی‌اش که طولانی هم شده بود در اثر بی‌قراری‌های مداوم و التماس‌های مکرر به همسرش به خانه برگشت. مشکل فراموشی آقای صرافی در طی مدت بستری شدنش در بیمارستان به مراتب بدتر شده بود و دیگر چیزی یا کسی را به خاطر نمی‌آورد. حتی همسرش را!

تقریباً دو سه روزی از مرخص شدن آقای صرافی به خانه می‌گذشت که صدرا به همراه ایمان و مهتاب و صبا برای عیادت به خانه آقای صرافی رفتند. صورت گرد و زیبای صبا با کلاه بافتنی و شال گردن بنفش رنگش کاملاً احاطه شده و لپ‌ها و نوک دماغش حسابی از شدت سرما گل انداخته بود.

لحظه‌ای که انگشت صدرا با زنگ در تماس پیدا کرد خاطره یک روز سرد خاکستری برایش زنده شد که در اوج ناامیدی در همان نقطه برای دیدن دوباره صبا به خانم صرافی التماس کرده بود. ولی این بار با باز شدن در به جای آن صورت زیبا و شاداب چهره‌ای ظاهر شد که از شدت خستگی حالتی رقت بار یافته بود. پری گونه‌های خانم صرافی از دو طرف چال رفته و هاله‌ای سیاهرنگ دور تا دور چشم‌هایش را احاطه کرده بود ولی دیدن صورت صبا کافی بود که اجازه ندهد حداقل لبخند از روی صورت خسته‌اش محو شود. خانم صرافی آنها را به اتاق آقای صرافی هدایت کرد. مهتاب همچنان که در حال عبور از راهرو دست صبا را در دست داشت به سمت او خم شد و آهسته زیر گوشش گفت: عزیزم! پیش پدربزرگ سر و صدا نکنی بابابزرگ حال نداره. باید استراحت کنه.

ایمان همین طور که با تاثر به پدربزرگش که روی تخت در گوشه اتاق دراز کشیده بود، نگاه می‌کرد وارد اتاق شد. آقای صرافی با شنیدن صدا سرش را کمی از روی بالش بلند کرد و به میهمان‌ها یک به یک نگاه کرد. مثل اینکه داشت به غریبه‌ها نگاه می‌کرد. چهره‌ها را یکی‌یکی

بدون اینکه در خاطره‌ای را به روی دریچه ذهنش باز کند از نظر گذراند و با حرکت سر سلام آنها را جواب گفت. ولی درست در یک لحظه نگاهش به صورت صبا متوقف ماند. برای لحظاتی بدون اینکه حتی پلک بزند به او خیره شد. صبا با دیدن نگاه‌های آقای صرافی انگشت سبابه‌اش را با وجودی که هنوز در دستکش بنفش رنگش بود به شیوه زمانی که خجالت می‌کشید به دهان برد. همین حرکت صبا لبخندی غریب روی لب‌های آقای صرافی نشاند. با وجودی که حال خوشی نداشت و حتی توانی برای نشستن برایش نمانده بود تمام قوایش را جمع کرد و روی تخت نشست و در برابر بهت همه دست‌هایش را مقابل صبا باز کرد و در حالی که به شدت هیجان زده شده بود، گفت: دختر گلم بالاخره برگشت. دخترم... صبام... بالاخره اومد.

صدرا، ایمان و مهتاب شگفت‌زده چشم به حرکات آقای صرافی دوخته بودند و صبا مات و مبهوت همچنان نگاهش را به اطرافیانش دوخته و هاج و واج مانده بود. مهتاب به آهستگی زیر گوش صبا زمزمه کرد: برو مامان به پدربزرگ سلام بده و بغلش کن.

صبا مردد لحظه‌ای برجا ماند ولی آقای صرافی دوباره به حرف آمد: بیا دختر گلم! چرا اینقده دیر اومدی. نگفتی بابا دلش تنگ می‌شه؟

صبا همچنان مردد به آهستگی با همراهی مهتاب به تخت آقای صرافی نزدیک شد و همچنان انگشت در دهان نگاه شرمگین‌اش را به صورت آقای صرافی دوخت. آقای صرافی با زحمت فراوان به سمت او خم شد و همچنان که اشک در چشم داشت صبا را تنگ در آغوش گرفت و زیر لب زمزمه کرد: دخترم!... دختر گلم!... صبای بابا!... بالاخره اومدی!

آن صحنه در نظر صدرا و خانم صرافی آنقدر ملال‌آور بود که ناخودآگاه اشک به چشم هر دو آورد. مثل اینکه احساسات سرکوب شده یک مرد، یک پدر بعد از گذشت این همه سال سر به عصیان گذاشته و هیچ کس و هیچ چیز نمی‌توانست جلودار آن باشد. حتی غرور همیشگی خود آقای صرافی!

صبا زیر فشار آغوش آقای صرافی راحت نبود و به تقلا افتاده بود که خودش را از آغوش تشنه پدری که با یک غرور بی‌جا خود را از چشیدن لذت شیرین پدری یک عمر محروم کرده بود، بیرون بکشد. آقای صرافی حلقه آغوشش را با طفره و تقلای صبا شل کرد و اجازه داد صبا به لغزندگی یک ماهی از آغوشش سر خورده و بیرون بیاید و سپس چشم‌های بی‌فروغش را به آن صورت شیرین دوخت و با ناامیدی خطاب به صبای کوچک گفت: بابا! می‌خوای دوباره بری؟

خانم صرافی به آرامی کنار تخت شوهرش ایستاد و گفت: این صبا دختر ایمانه. ایمان پسر صبا.

ولی آقای صرافی در حالی که نگاه خشمگینی به همسرش می‌انداخت گفت: تو حالیت

نیست. این صبای منه. دختر منه.

آقای صرافی بی‌قراری می‌کرد و می‌خواست هر طور شده دوباره صبا را در آغوش بگیرد. از طرفی هم صبا از رفتار او سخت به وحشت افتاده و مانتوی مهتاب را چسبیده و سعی می‌کرد خودش را پشت سر مادرش پنهان کند.

خانم صرافی با مکافات سعی کرد داروی آرام‌بخشی را که پزشک برای شوهرش تجویز کرده بود به او بخوراند و هم‌زمان صدرا به همراه ایمان و مهتاب و صبا از اتاق خارج شدند تا بیش از این او را دستخوش هیجانات روحی و روانی نکنند.

خانم صرافی تا زمانی که شوهرش آرام گرفته و به خواب رفت بر بالین او ماند و در نهایت وقتی از خوابیدنش مطمئن شد به میهمانانش در اتاق پذیرایی پیوست. ایستاده در آستانه در اتاق دقیقه‌ای به صورت صبا خیره شد و سپس لبخندی به لب آورد و گفت: این خانم کوچولو تنها کسی بود که خاطرات قدیمی رو دوباره برای صرافی زنده کرد و به دنبال آن گفت: می‌خوام یه چیزی نشونتون بدم.

دقایقی بعد خانم صرافی در حالی که یک آلبوم عکس قدیمی در دست داشت وارد اتاق شد و آن را باز کرد. همه مات و مبهوت شده بودند. آن آلبوم عکس فقط مختص عکس‌های صبا از کودکی تا جوانی بود. با وجودی که عکس‌ها به دلیل قدیمی بودن شفافیت خود را از دست داده بودند ولی هنوز قدرت تأثیرگذاری‌شان خصوصاً بر صدرا همچنان به همان شدت همیشگی به قوت خود باقی بود. عکس‌های صفحه اول و دوم آلبوم پاسخ رفتارهای عجیب آقای صرافی را داد. خصوصاً دو سه عکس اول آلبوم که عکس‌هایی از صبا در چهار سالگی بود که در میان برف‌های حیاط ایستاده و در حالی که کلاه و شال گردن بنفش رنگی صورت گردش را احاطه کرده بود در حالت‌های متفاوت به دوربین لبخند می‌زد.

لبخندی که سال‌های سال از روی آن چهره تکان نخورده بود. صدرا به آرامی انگشتش را روی صفحه پلاستیکی نازکی که روی عکس را پوشانده بود، کشید. درست مثل اینکه می‌خواست از ورای آن صفحه نازک پلاستیکی صبا را با تمام وجود لمس کند. وقتی ایمان حین تماشای عکس‌ها نگاهش را متوجه پدر کرد برق عشق را در چشم‌های او بعد از این‌همه سال رخشنده‌تر از همیشه یافت.

یک هفته بعد وقتی صدرا از پشت تلفن صدای لرزان خانم صرافی را شنیدبسیار متأثر شد.آن بعدازظهر سرد وقتی با اندوه فراوان قدم به اتاق آقای صرافی گذاشت او را در حالی دید که با آلبوم عکس‌های صبا در کنارش به خواب ابدی فرو رفته بود.

فصل شصت و یکم

با پایان یافتن دوره کارشناسی ایمان در رشته علوم سیاسی به نظر می‌آمد که هنوز تتمه‌ای از آن حس امید بستن به آینده دور در اعماق قلبش باقی‌مانده باشد. به ویژه که حضور در محیط دانشگاه و دانشجویی و داشتن برخورد با اکثریتی هم‌کلام و هم‌صدای خود هنوز بخشی کوچک از آخرین شعله‌های امید را به زحمت در دلش روشن نگه داشته بود. ولی همین شعله‌های رو به زوال هم هنوز آنقدر قدرت داشت که او را بر آن دارد تا با وجودی که تصور می‌کرد بسیاری از مباحث سیاسی تدریسی در دانشگاه با شرایط فعلی جامعه منافات دارد باز هم به دوره لیسانس اکتفا نکرده و پس از مدت‌های طولانی سبک سنگین کردن تصمیم برای ادامه تحصیل بر آن شود تا همراه فرشید دوره کارشناسی ارشد را آغاز کند.

با شروع دوره کارشناسی ارشد افکار ایمان تا حدودی ناخواسته دوباره به افکاری نظیر حس توانایی ایجاد تغییر حتی اگر شده به اندازه سر سوزن، حس حضور داشتن و حس از پا نیفتادن متمایل شد ولی دیری نپایید که دوباره به دام همان سوال قدیمی و همیشگی افتاد که: حس بودن، حضور داشتن و از پا نیفتادن تا کی؟ مگر دیگر چقدر تا پر شدن کاسه صبر و انتظار من و جوان‌های دیگر باقی مانده است؟

هشت سال به سرعت برق و باد از پا گرفتن رویاهای شیرین اصلاح و اصلاح‌طلبی در ایران گذشت.

از نظر ایمان و بسیاری دیگر رویای آزادی یک شب سرزده به خواب اکثریت قریب به اتفاق ایرانیان آمد و چنان آنها را مسخ کرد که گرمای هوا و صف‌های طویل ایستگاه‌های رای گیری به هیچ وجه جلودارشان نبود. ولی حالا دیگر گذشت هشت سال آنقدر کفایت

می‌کرد که خبر از خشک شدن نهال اصلاحات در پاییز باور ایمان‌های چشم انتظار بدهد. ایمان‌هایی که حالا بعد از گذشت هشت سال و شروع عصری نو به سر همان پله اول برگشته بودند و فریادهایشان در گلو خفه شده و دست‌هایشان دیگر توان نوشتن چیزی حتی مرثیه آینده فنا شده نسل جوان را هم نداشت.

ایمان که دوران کارشناسی ارشد را با ته‌مانده امیدی آغاز کرده بود حالا دیگر با گذشت هر یک روز از آخرین سال دانشگاه سرخوردگی و سردرگمی‌اش بیشتر و بیشتر می‌شد. هر روز که خانه را به قصد دانشگاه ترک می‌کرد حس می‌کرد دستی سرد و بی‌روح راه گلویش را گرفته و اجازه نطق کشیدن به او را نمی‌دهد. با دیدن چهره‌های افسرده و درهم مردم در کوچه و خیابان، سرعت سرسام‌آور حرکت مردمی که برای به دست آوردن لقمه نانی آرزو می‌کردند که شبانه‌روز به جای ۲۴ ساعت ۴۸ ساعت بود و در کنار آن حرکت لاک‌پشت‌وار جوانان بیکاری که بی‌هدف به خیابان می‌آمدند تا در چهاردیواری بسته خانه دچار افسردگی نشوند، آلودگی هوا، صدای لاینقطع بوق ماشین‌ها، دیدن صحنه دعواهای مردم گه‌گداری که به دنبال راهی برای گشودن عقده‌های تل انبار شده درون خود می‌گشتند حس می‌کرد که آن دست بی‌روح بیش از پیش گلویش را می‌فشارد و از این رو هر روز سرخورده‌تر از روز قبل افقی را می‌دید که قدم به قدم به تاریک‌ترین لحظه‌های خود نزدیک می‌شد. افقی سیاه در آینده‌ای سیاه‌تر. افقی سراسر فرو رفته در آینده‌ای مجهول و تاریک. او که همیشه با بهترین نمرات سال‌های تحصیلی دانشگاه را به پایان برده بود حالا دیگر اصلاً حتی رغبت نگاه کردن به جزوات و متونی که سر کلاس تدریس می‌شد را نداشت. هر چه بیشتر در عمق مطالب درسی فرو می‌رفت آن را با جامعه کنونی بیشتر در منافات می‌دید. به اعتقاد ایمان حقوق بشری که مکرر در جزواتش در باره آن بحث شده بود چیزی بیش از آثار جوهر به روی کاغذ سپید نمی‌آمد. آثاری که شاید در ظاهر بسیار مرتب در کنار هم به نظر می‌رسید ولی در اصل درست مثل خطوطی درهم و برهم در عمل برایش هیچ معنی خاصی نداشت و حالا بعد از گذشت این‌همه سال ایمان بیش از این توان سکوت کردن و دم نزدن را نداشت.

یک روز با بغضی در گلو و خشمی که در نگاهش زبانه می‌کشید در یکی از اولین روزهای ترم آخر از دوره کارشناسی ارشدش سر کلاس لب به سخن گشود و عقده‌ای را که طی این سال‌ها در دلش تل‌انبار شده بود، گشود. در کلاس درست در مقابل چشم‌های از حدقه درآمده استاد و نگاه‌های تحسین‌آمیز اکثریت همکلاسی‌ها با به چالش کشیدن استاد در باره آنچه که به اعتقادش فقط حرف و نوشته روی کاغذ بود و در عمل ذره‌ای با حقایق حاکم بر جامعه مطابقت

نداشت تمام حرف‌های ناگفته‌اش را زد و فرشید هم پا به پایش در تایید حرف‌های او پشت سر ایمان ایستاد و با او هم‌صدا شد. اما سه روز بعد در حالی که فقط پنج ماه بیشتر به فارغ‌التحصیلی ایمان و فرشید از دانشگاه نمانده بود هر دو به طور هم‌زمان حکم اخراج از دانشگاه را دریافت کردند و به همین سادگی رویای فارغ‌التحصیلی از رشته علوم سیاسی که از چندین سال پیش آن را در سر پرورانده بودند دود شد و به هوا رفت و حالا آن دو در اوج جوانی سر خورده از هر طرف دور از هر گونه شور و هیجان به دو جوانه تازه باز شده در وسط کویری خشک و دل‌مرده شبیه بودند که پس از مدت‌ها چشم‌انتظاری از بدو شکفتن دیگر تمام امید خود را برای بارش باران از دست داده بودند.

با اخراج ایمان از دانشگاه بر سردی روابط او و پدرش روز به روز افزوده می‌شد. البته فریدون تمام سعی خود را می‌کرد تا در این شرایط زیاد به پر و پای ایمان نپیچد ولی این ایمان بود که با گوشه‌گیری و انزوایش روز به روز از آن گرمای خانواده فاصله می‌گرفت چون اگر کار به بحث می‌کشید ایمان هم درست مثل خود فریدون به هیچ عنوان حاضر به دست کشیدن از عقایدش و حتی وانمود کردن به کوتاه آمدن نبود.

خانم تفرجی هم هر بار نقش میانجی‌گر را بازی می‌کرد به در بسته می‌خورد و گوش شنوایی نمی‌یافت تا جایی که از میانجی‌گری بین پدر و پسر کاملاً دست شست چون هم فریدون را خوب می‌شناخت و هم پسر فریدون را. به همین خاطر وقتی که از این طرز برخوردها و رفتارها به ستوه می‌آمد، می‌گفت: همون بهتر که با هم حرف نزنند... اقلا دیگه صدای جر و بحث تو خونه نمیاد.

پس از اخراج ایمان از دانشگاه دیگر خیلی به ندرت سخنی از او شنیده می‌شد. دیدن چهره گرفته و سایه افسردگی که بر سرش روز به روز بیشتر سنگینی می‌کرد و با هیچ آفتاب امیدی حتی کوتاه هم نمی‌شد برای همه از جمله سهراب عذابی بزرگ بود. تلاش‌های سهراب برای نشاندن لبخند بر لب‌های برادر کارساز نبود و انزوای ایمان سهراب را رنج می‌داد. ایمان که همیشه برای سهراب از هر جهت الگویی تمام‌نما بود حالا بیش از هر زمان دیگری در لاک تنهایی خود فرو رفته بود و اگرچه بعد از اخراج از دانشگاه با خود عهد کرده بود که به هیچ چیز دیگری در باب سیاست و جامعه و غیره فکر نکند ولی ذهنش پر بود از مسایلی مثل وطنم، کشورم، مردمم که با بغض ضمیرش را به آشوب می‌کشاند و در پی آن دوباره باران بی‌امان یأس و ناامیدی بر سرش فرو می‌آمد و حالا سهراب چنان تحت تأثیر شرایط ناگوار برادر قرار گرفته بود که از مسیری که به تبعیت از ایمان رو به آینده اختیار کرده و تا آن سن در آن پیش رفته

بود، بازگشت. سهراب که زمانی با تمام وجود تصمیم داشت پا جای پای برادر گذاشته و وارد رشته علوم سیاسی شود نفرت از سیاست را با تمام وجود حس کرد. سیاستی که آلوده شدن به آن لبخند را از لب‌های برادرش ربوده بود. چه بسیار خانواده‌ها را که داغدار و چه جوان‌های قابلی را که زیر خروارها خاک نکرده بود و حالا نوبت سهراب بود که در آستانه جوانی با هر گامی که به تعیین سرنوشت و آینده خود نزدیک می‌شد نیش شک و دودلی را بیشتر احساس کند.

هر وقت از تلاش برای به حرف آوردن ایمان ناامید می‌شد به کاغذ و قلم پناه می‌برد. هر وقت زهر تلخ سکوت افتاده بر سر خانواده‌اش را می‌چشید به کاغذ و قلم پناه می‌برد. ساعت‌ها با اشتیاق کاغذها را از تراوش آنچه که در ذهنش می‌گذشت سیاه می‌کرد و وقتی سر بالا می‌کرد ساعت‌ها را می‌دید که به سرعت دقیقه‌ها گذشته بود. شعرها و نوشته‌های سهراب با وجود نفرت بی‌حد و حصرش از سیاست ناخواسته بیشتر حول همان محور سیاست دور می‌زد و اگر گه‌گاهی به خاطر طبع لطیفش برحسب اتفاق قطعه‌ای پر احساس می‌نوشت و آن را برای ایمان می‌خواند ایمان به ظاهر او را تشویق می‌کرد ولی در باطن با خود می‌گفت: برادر بیچاره و رویایی من! هنوز زوده که بفهمی که رویا و رویابافی دیگه تو زندگی ما معنی نداره.

در این میان کسی که همیشه برای ایمان سنگ صبور بود و برای درد دل‌هایش سراپا گوش کسی نبود جز صدرا. صدرا با وجود اختلاف سنی زیادی که با ایمان داشت مثل یک دوست، مثل یک پدر طبق روال قدیم مدت‌ها به حرف‌های ایمان گوش می‌داد مخصوصاً از وقتی که خبر اخراج نابهنگام او را از دانشگاه شنیده بود با او همدردی می‌کرد و از سویی می‌دید که چقدر گذشت چندین سال می‌توانسته دیدگاه جوانی به تیزی و باهوشی ایمان را تغییر داده باشد. روزی را که ایمان قبل از انتخابات هشت سال پیش به خانه‌اش آمده بود خوب به خاطر داشت.آن روز صدرا ایمانی را دیده بود با سری پرشور و پر هیجان. با نگاهی امیدوار به آینده‌ای طلایی که می‌رفت تا با دست‌هایش فردای کشورش را رقم بزنند و حالا بعد از گذشت هشت سال و اندی ایمانی را می‌دید که آهنگ هیجان از صدایش رخت بربسته و لبخند از روی لب‌هایش محو شده و دست‌هایش ناامید از رقم زدن آینده‌ای روشن گره کرده فقط بر زانوهایش فشار می‌آورد با نگاهی که به وضوح به صدرا می‌گفت: زندگی در اینجا و در این شرایط یعنی حسرت کشیدن تا لحظه مردن و دفن شدن در زیر بار آرزوهای دست نیافتنی.

بینش ایمان حالا تغییر کرده بود طوری که آخرین باری را که سر به مهر ساییده و سجاده‌اش را روی زمین پهن کرده بود به خاطر نمی‌آورد. آخرین باری که با التماس کلمه خدایا

را از ته دل بر زبان آورده بود و یا مستأصل و درمانده سرش را رو به آسمان گرفته بود به یاد نمی‌آورد. دیگر قطرات باران، دانه‌های برف، صدای رعد و برق، جوانه‌ها و غنچه‌های تازه باز شده حس ایمان به قدرتی وصف‌ناپذیر را در ایمانی که زمانی خود سراسر ایمان و باور بود بر نمی‌انگیخت. آن چشم‌ها دیگر آن چشم‌های براقی که صدرا به خاطر داشت نبود. ایمانی که آن روز در مغازه صدرا روبه‌روی او نشسته بود ایمان هشت سال پیش و حتی چهار سال پیش نبود.

صدرا آن روز در مغازه‌اش با دیدن ایمان به خود لرزید. سایه تاریک حرف‌های ایمان با جوابی که صدرا اصلاً انتظار نداشت تا شب ذهن صدرا را سخت مغشوش کرده بود. آن روز صدرا همینطورکه پشت میزش دست به سینه به پشتی صندلی تکیه داده بود و با دقت به چهره گرفته ایمان نگاه می‌کرد با لبخندی پرسیده بود: اون هشت سال که تموم شد و رفت پی کارش در باره آینده چی فکر می‌کنی؟

و ایمان با چشم‌هایی بی‌حالت و کاملاً بی‌تفاوت دقیقه‌ای به صدرا نگاه کرده و سپس با صدایی که آهنگ بی‌تفاوتی‌اش تمام وجود صدرا را لرزانده بود، در جواب گفته بود: مردم ایران خبر نداشتند که چاله سیاهی که سی سال پیش برای خودشون کندن از زیر به چه چاه سیاهی ختم می‌شه. هشت سال پیش به ذهنشون رسید که ازش بالا بکشن ولی با دست دست کردن آنقدر بدون تقلا کف زمین سست‌اش نشستن که بالاخره با همین پس لرزه انتخاباتی‌شون زیر پاشون خالی شد و به قعر اون چاه سیاه افتادن. مردم ایران ناخواسته توی چاهی افتادن که از شدت سیاهی توش هیچی نمی‌بینند و فقط از ته آن یه وعده بهشت می‌شنوند. فقط ای کاش می‌دونستن که وعده بهشت باید از عمق روشنایی بیرون بیاد که مردم حداقل با چشم باز بدونن کجا قدم بر میدارن. نه از قعر تاریکی!

و در ادامه هم در حالی که از روی صندلی‌اش بلند می‌شد که مغازه صدرا را ترک کند، اضافه کرد: اینه دورنمای ایرانی که زمانی آوازه فرهنگ زیبا و غنی‌اش شرق و غرب رو پر کرده بود. حالا دیگه فقط خدا می‌دونه که آوازه‌اش چطور می‌خواد از قعر این چاه بیرون بیاد. فقط می‌ترسم یه زمانی بیاد که این مردم اونقدر چشمشون به تاریکی عادت کنه که دیگه توان و تحمل دیدن روشنایی رو نداشته باشند.

آن شب در تمام طول مسیر برگشت به خانه آخرین جمله ایمان یک آن از ذهن صدرا بیرون نرفت: «می‌ترسم این مردم این‌قدر چشمشون به تاریکی عادت کنه که دیگه توان دیدن روشنایی رو نداشته باشن!... توان دیدن روشنایی رو نداشته باشن!... توان دیدن روشنایی رو نداشته باشن!»

فصل شصت‌ودوم

سهراب اواسط دوران چهار ساله دبیرستانش به عنوان یکی از بهترین بازیکنان تیم فوتبالی که صادق مربی آن بود شناخته شد. دیگر از دوست و آشنا کسی نبود که از عشق و علاقه سهراب به فوتبال خبر نداشته باشد.

فریدون که هیچ وقت علاقه‌ای به ورزش فوتبال نداشت تا آن موقع به خاطر مشغله کاری و فکری برای تماشا و تشویق هیچ یک از بازی‌های سهراب نرفته بود تا جایی که یک روز صدای صادق در آمد و روز قبل از یکی از بازی‌های حساس تیم از سهراب پرسید: «ببینم فردا فریدون میاد یا نه؟» و وقتی پاسخ منفی سهراب را شنید با عصبانیت سرش را تکان داد و گفت: بابای تو هم دیگه شورشو درآورده. امروز که رفتی خونه بهش می گی اگه فردا برای مسابقه نیاد دیگه اسمشم نمیارم. فردا جمعه است، سر کارم نمی‌ره. یادت نره‌ها و در ضمن بهش بگو که صادق حسابی از دستت عصبانیه.

نگاهی مظلومانه به صادق انداخت و برای توجیه بی‌اهمیتی فریدون گفت: عمو صادق تو که می‌دونی بابام زیاد به فوتبال علاقه نداره. حوصله‌اش نمی‌کشه بیاد دو ساعت بشینه اینجا بازی ما رو تماشا کنه؟

صادق عصبانی‌تر از قبل جواب داد: حوصله‌اش نمی‌کشه یعنی چی؟ بازی بچه‌شه وظیفه‌شه که بیاد اینجا و تا اون لحظه آخر مشوق بچه‌اش باشه. بهش می‌گی عمو صادق گفته فردا همین جا ساعت ۱۱ منتظرشم. فقط دیر نکنه!

هیچ وقت چنان جدیتی را جز در مواقع تمرین‌های مهم در چهره صادق ندیده بود و به همین خاطر همان شب وقتی به خانه برگشت پیام او را تمام و کمال کف دست فریدون گذاشت.

فریدون با کنجکاوی از سهراب پرسید: صادق نگفت چکارم داره؟

ـ نه! ولی فکر کنم بدش نمی‌اومد که بازی ما رو هم ببینی.

فریدون کمی به فکر فرو رفت و زیر لب گفت: فردا قراره با بچه‌های اداره بریم نماز جمعه. اگه نرم خیلی بد می‌شه.

خانم تفرجی که تا آن لحظه سکوت اختیار کرده بود دیگر ساکت نشستن را جایز ندانست و با عصبانیت گفت: چراغی که به خونه رواست به مسجد حرومه. می‌خوای بازی بچه‌ات رو ول کنی بری بشینی پای یه مشت دریوری که تو قوطی هیچ عطاری پیدا نمی‌شه. انگار که مسابقه جمله‌سازی گذاشتن یه سره با سه کلمه آمریکا و اسرائیل و دشمن جمله می‌سازند. ول نمی‌کنند... ای به قبر بابای... لااله الا... حالا می‌خوام حرف نزنم ها...

با شنیدن حرف‌های مادربزرگش با دلهره نگاهی به پدر انداخت. ناراحتی از چهره فریدون می‌بارید ولی به مادرش چیزی نمی‌گفت فقط به آرامی رو به سهراب کرد و گفت: باشه بابا! میام فردا با هم بریم برای مسابقه.

فردای آن روز فریدون و ایمان برای تماشای مسابقه سهراب راهی زمین بازی شدند.

فریدون به محض رسیدن به آنجا با کمال تعجب مسعود را دید که زیر سایه یکی از درخت‌ها اطراف زمین مشغول تماشای نرمش بچه‌ها قبل از شروع بازی بود. با وجودی که محل کار فریدون و مسعود فاصله چندان زیادی با هم نداشت اما مدتی بود که از هم بی‌خبر مانده بودند.

فریدون از پشت سر به آرامی به مسعود نزدیک شد و دستش را روی شانه او گذاشت و گفت: بابا پارسال دوست امسال آشنا! پسر! هیچ معلومه کجایی؟

مسعود لبخندی زد و در حالی که دست فریدون و ایمان را می‌فشرد، گفت: چه‌کار کنیم !گرفتاریم دیگه.

ـ گرفتار چی بابا توام؟ تو که نه زن داری نه بچه. خودتی و خودت. چیزی که زیاد باید داشته باشی وقته. به ما هم که دیگه سری نمی‌زنی. ببینم نکنه سرت یواشکی جایی بنده؟

مسعود سرش را پایین انداخت و همچنان که می‌خندید و سرش را تکان می‌داد از جیب پیراهن‌اش نخ سیگاری بیرون آورد و آن را گوشه لبش گذاشت و در حالی که قیافه‌ای اسرارآمیز به خود می‌گرفت آن را با فندکش روشن کرد. فریدون قدری به صورت مسعود خیره شد و گفت: من این قیافه رو خوب می‌شناسم. این قیافه می‌گه راستی راستی یه خبراییه.

مسعود دوباره به خنده اکتفا کرد و هیچ نگفت. به نظر می‌رسید چهره کنجکاو فریدون او را

سرگرم کرده و او حالا حالاها قصد توضیح ندارد.

ایمان با دیدن سیگار گوشه لب مسعود بی‌مقدمه گفت: عمو مسعود! فکر کردم سیگار رو ترک کردی؟

مسعود همین طور که پک محکمی به سیگارش می‌زد در جواب گفت: عمو جون! با این وضع مملکت و دوره و زمونه اینم نکشیم باید بریم سینه قبرستون بخوابیم.

ـ اِ! خدا نکنه عمو مسعود! من قبول دارم زندگی خیلی سخته ولی دیگه اینجوری یه مشکل به مشکلات اضافه می کنی. سلامتتو به خطر می‌اندازی.

ـ باشه عمو جون! ترک می کنم. قول می‌دم.

فریدون بی‌صبرانه گفت: بابا! حرف‌های جانبی رو بذار برای بعد بگو چه خبر شده؟

هنوز حرف فریدون تمام نشده صدای صادق از پشت سر پاسخ فریدون را داد.

ـ معلومه که خبر نداری آقا مسعود ما داره شاه دوماد می‌شه.

فریدون با دهانی از تعجب باز مانده نگاهی به صادق و سپس نگاهی به مسعود که همچنان در حال بیرون دادن دود غلیظ سیگارش می‌خندید، انداخت و گفت: صادق راست می گه؟

ـ نمی‌دونم والله اینطور می گن.

ـ زهرمار! درست حرف بزن ببینم.

صادق کمی جلوتر رفت و با طعنه گفت: بچه‌ام روش نمی‌شه حرف بزنه و در حالی که با بازویش به بازوی مسعود تنه می‌زد با همان لبخند معنی‌دارش گفت: سر پیری و معرکه‌گیری.

صدای مسعود به اعتراض و خنده بلند شد: ای بابا! سر پیری چیه؟ اصل دلمه که جوونه.

ایمان از گوشه به جمع سه نفره دوستان قدیمی چشم دوخته بود. همیشه به مسعود علاقه خاصی نشان می‌داد. شاید چون خیلی از خصوصیات مسعود را در خود می‌دید. با وجودی که آنقدرها به مسعود نزدیک نبود ولی طی صحبت‌هایی که جسته و گریخته با او داشت پی به انزوایی برده بود که مسعود گاهی به آن پناه می‌برد و یا خلوتی که بعضی اوقات به او آرامش خیال می‌داد.

پیشترها از عدم تفاهم‌اش با فریدون برای مسعود گفته بود و مسعود دلسوزانه با تأسف پای درد دل‌های او نشسته بود و چون فریدون را خیلی خوب می‌شناخت امید چندانی هم به بهبود اوضاع نبسته و فقط در مقابل ایمان به یک همدردی مختصر اکتفا کرده بود ولی بارها فریدون را در حالی که به بیهودگی نصایح‌اش اطمینان داشت، نصیحت کرده بود.

در چشم‌های مسعود برقی از امید می‌دید که برایش ناآشنا بود. مسعودی که زمانی مثل یک

قربانی از پا افتاده سخت مغلوب بیماری افسردگی شده بود حالا روی لب‌هایش به جای لبخند تصنعی همیشگی تبسمی واقعی نشسته بود. سایه تردید و بدبینی به زندگی بر او کم‌رنگ به نظر می‌رسید. تفاوت‌های مسعود بعد از این همه مدت آنقدر در چشم ایمان جلوه داشت که نمی‌توانست لحظه‌ای چشم‌هایش را از چهره مسعود برگیرد. آنقدر به مسعود خیره ماند تا در نهایت به این حقیقت رسید که همیشه و در همه حال جایی برای امید هست و امید هر طور شده راهش را به زندگی آدم‌ها باز می‌کند فقط باید صبور بود و معتقد.

سخت در افکار خود غوطه‌ور بود که با صدای مسعود به خود آمد.

مسعود وقتی صادق و فریدون را گرم صحبت دیده بود از فرصت استفاده کرده و به ایمان نزدیک شد و سر صحبت را با او باز کرد: عمو جون! خوشحالم که می‌بینم با بابا از خونه بیرون اومدی.

ـ برای دیدن بازی سهراب اومدم.

ـ می‌دونم! ولی باز هم با بابا اومدی مگه نه؟

ایمان دست به سینه سرش را پایین انداخت و همین طور که با کفش‌هایش روی زمین خاکی خط می‌کشید با سر جواب مثبت داد.

ـ ایمان جان! همیشه بهت گفتم رابطه پدر و فرزندی که هیچ وقت بریدنی نیست. پدر و پسر از گوشت و خون همند. سر یکی‌شون درد بیاد اون یکی دیوونه می‌شه.

ـ من شک دارم عمو مسعود!

ـ اصلاً شک نکن. هیچ‌کس اندازه من فریدون رو نمی‌شناسه. درسته من از فریدون یه دنده‌تر تا حالا به عمرم ندیدم. ولی آدمی هم به بامحبتی پدرت ندیدم.

ایمان به علامت نفی فقط از نگاه کردن در صورت مسعود طفره رفت.

ـ حرفم رو باور کن. ایمان جان! من می‌دونم اون تا این لحظه کلمه‌ای بروز نداده ولی هیچ می‌دونستی توی جریان کوی دانشگاه برای پیدا کردنت از صبح تا غروب تمام محله‌های کوی دانشگاه و بیمارستان‌ها رو با چه حالی زیر و رو کرد. هیچ می‌دونی ناهار نخورده گرسنه و تشنه تا ساعت شش در به در از این طرف به اون طرف آواره شهر و خیابون بود؟... من مطمئنم که از این‌ها کلمه‌ای بروز نداده. چون همون طور که گفتم آدم به قدی بابات ندیدم. ولی بدون که خیلی دوستتون داره جفتتون رو. هم تو و هم سهراب. فقط باید یه کم باهاش راه بیاین.

ـ خوب یه کمی هم اون با ماها راه بیاد. آخه بالاخره ما هم برای خودمون اعتقاد و باوری داریم.

مسعود که متوجه جدا شدن صادق از فریدون برای شروع مسابقه شده بود دیگر بیش از این بحث را ادامه نداد و فقط دستش را بر شانه ایمان گذاشت و گفت: می‌دونم ایمان جان! می‌دونم.

فریدون دوباره به مسعود نزدیک شد و با بی‌قراری پرسید: بابا! تو که همه‌اش ما رو گذاشتی تو خماری. بالاخره می‌خوای بگی یا نه؟

مسعود سیگارش را که به ته رسیده بود زیر پایش له کرد و بالاخره به حرف آمد: خواهر یکی از دوستان قدیمیمه که با هم یه مدت جبهه بودیم. بعد از اینکه تو زخمی شدی و برگشتی با هم آشنا شدیم. خیلی خانواده خوبی هستند. منم حس می‌کنم که خیلی دوستش دارم.

در اینجا مسعود آهنگ صدایش را کمی بلندتر کرد تا ایمان حرف‌هایش را به خوبی بشنود و ادامه داد: حقیقتش از وقتی بهش علاقه‌مند شدم از تنهایی بیزارم. حقیقتاً هیچ چیزی به اندازه عشق آدم رو عوض نمی‌کنه. باور کن جدی می‌گم.

ایمان با حرف‌های مسعود به فکر فرو رفت و برای یک لحظه ناخودآگاه یاد مهشید خواهر فرشید افتاد و حس کرد تمام صورتش داغ شد و به دنبال آن از روی انکار سرش را با عصبانیت تکان داد و تمام حواسش را روی مسابقه فوتبال سهراب متمرکز کرد و در تمام طول بازی هر بار که ذهنش می‌خواست منحرف شود با جدیت افسار آن را می‌کشید و دوباره آن را روی زمین بازی متمرکز می‌کرد.

مسابقه فوتبال سهراب آنقدر هیجان داشت که اگر کسی فریدون را در آن لحظات می‌دید باور نمی‌کرد که همان فریدونی است که از بازی فوتبال بیزار است. تبدیل به یکی از پر سروصداترین تماشاچیان مسابقه برای تشویق تیم سهراب شده بود تا جایی که سهراب از داخل زمین با دیدن بالا و پایین پریدن‌های پدرش برای لحظه‌ای بر جا خشکش زد و چیزی را که چشم‌هایش می‌دید باور نمی‌کرد.

وقتی مسابقه فوتبال به پایان رسید فریدون خود را به صادق رساند و ضمن تشکر از اینکه او را برای تماشای مسابقه دعوت کرده و برای تیم سهراب سنگ تمام گذاشته است از صادق علت اینکه می‌خواسته او را ببیند، پرسید.

و صادق در جواب فقط با لبخند نگاهی به فریدون انداخت و گفت: یک نگاه به دو طرفت بنداز تا خودت دلیل‌اش رو بفهمی.

فریدون به دو طرفش نگاهی انداخت و ایمان را سمت راست و سهراب را سمت چپ خود دید و سپس دوباره با تردید به صادق نگاه کرد و منتظر توضیح بیشتر شد.

صادق با همان لبخند معنی‌دار پرسید: آخرین بار که سه تایی با هم بیرون رفتید کی بوده؟

فریدون هرچه به ذهنش فشار آورد چیزی به خاطرش نرسید.

صادق وقتی سکوت فریدون را دید یک گام دیگر به او نزدیک شد و در گوش او زمزمه کرد: رفیق! قدر این روزا رو بدون. عمر خیلی کوتاهه. وقتی که رفت دیگه هیچ وقت برنمی‌گرده. کاری کن که وقتی به عقب سر نگاه می‌کنی فقط حسرت این رو بخوری که چقدر دلت برای این روزا تنگ شده نه اینکه حسرت اینو بخوری که چرا یه همچین روزایی رو نداشتی. به حرفام فکر کن رفیق! فکر کن!

فصل شصت‌وسوم

هر سال اولین قاصدان رسیدن فصل بهار در خانه صدرا جوانه‌های ریـز و درشـتی بودنـد کـه روی شاخه‌های درخت شاتوت پیر از همه زودتر نوک می‌زدند. ولی آن سـال جوانـه‌هـای سـایر درخت‌های حیاط کمابیش نوک زده و هنوز از جوانه‌های سبز و شاداب درخت شـاتوت خبـری نبود.

بهار با تمام تازگی، سبزی و زیبـایی‌اش آمـد ولـی انگـار درخـت شـاتوت پیـر هنـوز در بنـد خواب زمستانی خود گرفتار بود. تعـداد بـرگ‌هـای درخـت شـاتوت کـه آن سـال بهـار بـالاخره توانسته بودند تک و توک شاخه‌های به خواب رفته را بیدار کنند آنقدر کم بود کـه دیگـر تـوان پوشاندن جامه سبز بر سر دیوار کوچه را نداشتند.

شاخه‌ها از برگ‌ها تهی شده بودند.

رحیم‌خان از همان اواسط فصل زمستان با غیبت جوانه‌های شاتوت به همه چیز پی برده بـود. درختی که رحیم‌خان و صدرا بارها با عرق خود آبیاری کرده بودند و رنگ سبزش را بـا نـوازش انگشت‌های خود هر سال تا پاییز ثابت نگه داشته بودند حالا به طرز غریبـی انگـار رو بـه عریـانی همیشگی می‌رفت.

صدرا و رحیم‌خان صبورانه به انتظار نشستند تا بلکه با گرمای هوا شاخه‌ها به بار بنشینند ولـی تابستان هم آمد و رفت و همچنان از باری بر شاخه‌ها خبری نبود. آن سال تابستان چشم همسایه‌ها در انتظار چشیدن بار سخاوت درخت شاتوت پیـر بـه در خشـک شـده بـود. دریـغ از حتـی لکـه سرخی روی شاخه‌ها. آن سال تابسـتان کـف کوچـه اقاقیـا اثـری از سـیاهی شـاتوت‌هـا نبـود. در حقیقت آن سال شاخه‌های درخت شاتوت بـه جـای آنکـه پیـام‌آور بهـار باشـند پیـام‌آور خزانـی

زودرس شده بودند چون درست زمانی که می‌بایست کف حیاط با سیاهی بارشان رنگ‌آمیزی شود با زردی زودرس برگ‌هایشان رنگ‌آمیزی شده بود.

برای صدرا خیلی دردناک بود که شاهد مرگ تدریجی این درخت پیر که از کودکی با آن انس گرفته بود، باشد. درختی که همیشه برایش حکم بیدار کننده خاطرات خفته در زیر پرده چند لایه گذشت زمان را داشت. به همین خاطر همراه رحیم‌خان در صدد چاره برآمد.

دیگر از در و همسایه و دور و آشنا کسی نبود که برای درخت شاتوت پیر نسخه‌ای نپیچد.

ـ هر کسی نظری می‌داد: شاخه‌هاش آفت زده باید سم پاش بریزید.

ـ حتماً زیاد آبش دادید یه مدت اصلاً آبش ندید.

ـ حتماً کم آبش دادید از بی‌آبی خشک شده روزی چند بار آبش بدید ببینید چی می‌شه.

ـ حتماً ریشه‌اش رو آفت‌زده تنها راهش اینه که از ریشه درش بیارید.

ـ حتماً از بس که بار می‌ده کسی چشمش زده.

ـ نفتی، روغن ماشینی، کف پودر لباسشویی چیزی پاش نریختین؟

رحیم‌خان و صدرا با هر کسی که در این باب دستی داشت مشورت کرده و هر توصیه‌ای را که با عقل سلیم جور می‌آمد به کار گرفتند ولی همچنان بی‌نتیجه فقط مرگ تدریجی درخت پیر را در مقابل چشم‌هایشان می‌دیدند و بس.

زمستان دوباره از راه رسید و صدرا و رحیم‌خان بی‌صبرانه دوباره به انتظار ظهور جوانه‌ها بر روی درخت شاتوت نشستند ولی وقتی آن سال دوباره به جز تعداد انگشت‌شماری اثری از جوانه‌های شاداب ندیدند دریافتند که باید کم‌کم با آن درخت پیر وداع کنند. خصوصاً که فکر می‌کردند اگر آفتی در کار باشد ممکن است به سایر درخت‌ها هم سرایت کرده و همه را یک‌جا از بین ببرد.

با وجودی که صدرا تحمل از ریشه کندن آن را نداشت بالاخره به یک شرط به این کار رضایت داد و شرطش هم آن بود که تا زمستان صبر کنند چون با وجود همان اندک برگ روی شاخه‌ها دلش نمی‌آمد که از ریشه درآمدن درخت را در آن حال ببیند. شاید می‌خواست کمی بیشتر صبر کند تا بلکه در انتهای زمستان آینده جوانه‌های بیشتری بر شاخه‌ها ببیند.

دوباره زمستان آمد و با دست دست کردن‌های صدرا، رحیم‌خان کم‌کم به این نتیجه رسید که انگار صدرا آن سال هم قصد ریشه کن کردن درخت را ندارد. خود رحیم‌خان هم از انجام این کار به عمد یا غیرعمد مدام طفره می‌رفت. خصوصاً که سرفه‌های قدیمی و پیاپی‌اش دوباره عود کرده و برایش حال و نایی برای انجام این کار باقی نگذاشته بود.

سرفه‌های رحیم‌خان تقریباً از همان اوایل زمستان با سرفه‌های تک و توک شروع و ظرف دو هفته به سرفه‌هایی پیاپی و قطاری بدل شد که یک لحظه راحتش نمی‌گذاشت و به دنبال آن هم از ترس کشیدن نفس عمیق و تحریک سرفه‌های بیشتر دچار تنگی نفس می‌شد. از مغازه‌های عطاری دارویی نبود که رحیم‌خان امتحان نکرده باشد. رحیم‌خانی که همیشه از دکتر و دوا کردن بیزار بود با سر باز زدنش از پی‌گیری جدی این معضل همه را کلافه کرده بود. طوری‌که احمد می‌گفت: رحیم‌خان مکه‌اش رو هم رفته و این دفعه دیگه به هیچ حقه‌ای نمی‌شه کشوندش پیش دکتر.

بالاخره بعد از یک ماه سرسختی زمانی که دیگر سرفه‌ها واقعاً طاقتش را طاق کرد یک روز احمد با هزار خواهش و تمنا موفق شد رضایت پدرزن را جلب کرده و او را نزد پزشک ببرد.

رحیم‌خان قبل از شروع معاینه پزشک، اول برای او خط و نشان‌هایش را کشید و سفارش کرد که فکر تجویز داروهای شیمیایی و به قول خودش هزار جوره قرص و کپسول و زهرمار را از سرش بیرون کند.

پزشک معالج پس از معاینه کامل لبخندی زد و همین طور که پشت میزش می‌نشست به صورت رحیم‌خان دقیق شد.

رحیم‌خان هم متقابلاً به پزشک نگاهی انداخت و گفت: دکترجان! به دل نگیر من حقیقت‌اش زیاد به دوا و دکتر اعتقادی ندارم.

ـ پس الان اینجا چه کار می‌کنید؟

ـ الانم که اینجام با اصرار دومادم اومدم برای اینکه وقتی گیر می‌ده ول کن معامله نیست.

ـ امیدوارم تا باشه همه گیر دادنا اینجوری باشه.

احمد لبخندی زد و گفت: ببینید آقای دکتر! چند ساله من بیچاره چی می‌کشم.

پزشک معالج دست به سینه به پشتی صندلی‌اش تکیه داد و با همان لبخند به هر دو آنها نگاه کرد و گفت: آقای طالبی، رحیم طالبی دیگه درست می‌گم؟

ـ بله.

آقای طالبی درمان شما یک راه بیشتر نداره. البته از قبل گفته باشم که این درمان هیچ ربطی با داروهای شیمیایی نداره. پزشک لحظه‌ای مکث کرد. درست مثل اینکه می‌خواست حس کنجکاوی رحیم‌خان را حسابی برانگیزد و پس از لحظاتی که در سکوت به صورت رحیم‌خان که بی‌صبرانه در انتظار شنیدن حرف‌های او پلک نمی‌زد نگاه کرد، ادامه داد: تنها راه درمان شما اینه که منزلتون رو از تهران ببرید.

رحیم‌خان که اصلاً انتظار شنیدن چنین جوابی از طرف پزشک را نداشت با تعجب چشم به صورت پزشک دوخت و گفت: از تهران برم؟ کجا برم؟

ـ نمی‌دونم یه جای خوش آب و هوا. بزرگ‌ترین عامل موندگار شدن سرفه‌های بی‌وقفتون آلودگی هواست. خصوصاً که الان زمستونه و الحمدلله نه خبری از برفه نه بارون و آلودگی هوا هم روز به روز بیشتر می‌شه. من بیشتر از این موندن در این شرایط هوای آلوده رو برای شما جایز نمی‌دونم. حالا که اهل خوردن داروی شیمیایی نیستید اقلا به صورت طبیعی جلوی بدتر شدن وضع تنفسیتون رو بگیرید تازه (و در اینجا چشمکی به احمد زد و دوباره با خنده ادامه داد) تازه از دست گیر دادنای دامادتونم خلاص می‌شید.

برخلاف تصور پزشک و احمد، رحیم‌خان از این حرف پزشک خوشش نیامد و اندوهی ناگهانی چهره‌اش را به هم ریخت. نگاهی به احمد انداخت و سپس رویش را به پزشک و دوباره به احمد کرد و زیر لب گفت: پس نهال چی می‌شه؟ من یه روز نهالمو نبینم دق می‌کنم. بهش خیلی عادت کردم تو که خوب می‌دونی. کجا پاشم برم؟

پزشک همچنان لبخند بر لب گفت: آقای طالبی! گفتم از تهران برید نگفتم که از ایران برید!

ـ چه فرقی می‌کنه؟ دوری دوریه دیگه.

احمد همین طور نشسته در کنار رحیم‌خان دستش را روی زانوی او گذاشت و با لحنی دلسوزانه گفت: رحیم‌خان! دکتر برای سلامتی‌تون می‌گه. بالاخره یه چیز رو باید قربونی یه چیز دیگه کنی. اگه می‌خوای حالت بهتر بشه باید توصیه دکتر رو جدی بگیری.

رحیم‌خان با کج خلقی سرش را تکان داد و زیر لب گفت: لااله‌الا...

ـ رحیم‌خان! شما که باغ شهریار رو دارید. ساکت و آروم دور از هیاهوی شهر تهران به مرغداری هم که نزدیکی، می‌تونید راحت به جای اینکه هر هفته تو این جاده و ترافیک بخوای بری تا شهریار و برگردی همونجا به کارات برسی تازه ما هم هی مدام می‌آییم بهتون سر می‌زنیم.

رحیم‌خان نگاهی موشکافانه به احمد انداخت و گفت: ببینم! داری منو و عفتو از سر خودت باز می‌کنی؟

احمد با خنده نگاهی به پزشک انداخت و دوباره رو به رحیم‌خان در جواب گفت: رحیم‌خان! این حرفا چیه؟ از سرت بازی می‌کنی کدومه؟ اصلاً اگه شما این‌قدر نوه‌ات رو دوست داری سلامتیتو حفظ می‌کنی که اقلا عروسی‌اش رو ببینی.

و دوباره رو به دکتر گفت: بد می‌گم آقای دکتر؟

پزشک همچنان دست به سینه با لبخند به مکالمه داماد و پدرزن گوش می‌کرد.

رحیم‌خان لحظاتی در چشم‌های احمد خیره شد و زیر لب گفت: آدمیزاد حریص و دنیایی از آرزوهای تموم نشدنی!... تا بود می‌گفتم فقط و فقط دو تا آرزو دارم. مکه‌مو که رفتم تولد نهالمم که دیدم حالا دارم فکر می‌کنم ای کاش بتونم بزرگ شدنشو، دانشگاه رفتنشو، عروسی‌شو، بچه‌دارشدنشو، ببینم. آخ که آرزوهای آدمیزاد هیچ وقت تمومی نداره!

ـ آقای طالبی! اولا حق با دامادتونه. دوما اینو بدونید همین آرزوهاست که آدم رو زنده نگه می‌داره. این رو به پای حریص بودن نگذارید. حریص بودن به دیدن خوشبختی خونواده به نظر من یه نوع حرص زدن پسندیده است. این رو توی رده حرص پول و مال و مقام نگذارید. همین آرزوهای کوچیکه که تبدیل به واقعیت‌های بزرگ می‌شه. سعی کنید از لحظه لحظه زندگی‌تون لذت ببرید... بازم می‌گم بهترین راه درمانتون رفتن از تهرانه. حرفم رو جدی بگیرید.

رحیم‌خان در تمام طول راه بازگشت به خانه سعی کرد خودش را به خواب بزند تا بتواند در سکوت کمی فکر کند. احمد هم برای اینکه بگذارد رحیم‌خان در راه کمی استراحت کند در سکوت به رانندگی ادامه داد.

رحیم‌خان در تمام طول راه به گذشته، به آینده، به آرزوهای برآورده شده‌اش و به آرزوهایی که شاید می‌رفت در آینده‌ای نزدیک برآورده شود فکر کرد.

به درخت شاتوت حیاط خانه صدرا به خود صدرا و به خانه‌ای که سال‌های سال در آن زندگی کرده بود، به بنفشه‌اش که در آن خانه به دنیا آمده و بزرگ شده و ازدواج کرده بود و در نهایت به عفت فکرکرد. به پشتوانه‌ای که در هر شرایطی محکم و استوار در کنارش مانده بود. پشتوانه‌ای که همیشه با سخاوت تمام زندگی‌اش را به پای او ریخته بود. رحیم‌خان برای لحظه‌ای چشم‌هایش را باز کرد و با دیدن برگ‌های زرد شده درخت‌ها دوباره به درخت شاتوت فکر کرد، ولی ناخودآگاه با یادآوری ترکیب همان درخت پیر ذهنش به وطنش و خانه‌ای که نه فقط متعلق به او بلکه متعلق به تمام مردم کشورش بود جلب شد و ناخواسته غمی عمیق بر دلش چنگ انداخت و با خود فکر کرد که انگار همه چیز این خانه در سراشیبی پاییز افتاده و دیر یا زود همه چیز به زمستانی سرد ختم خواهد شد. درست مثل زمستانی که می‌رفت تا پایان حیات درخت شاتوت پیر باشد.

دوباره چشم‌هایش را بست و دوباره به یاد عفت افتاد. نگاه دلواپس او را به یاد آورد که بارها در کنار بستر بیماری به او خیره شده بود. به خاطر آورد که برگشتن به باغ شهریار همیشه خواسته

قلبی او بوده ولی به خاطر رحیم‌خان هیچ وقت هم از ماندن در تهران شکایتی نکرده است.

عفت همیشه از اولین آشنایی‌اش با رحیم‌خان برای بنفشه طوری تعریف می‌کرد که انگار همین دیروز اتفاق افتاده بود. تمامی جزئیات آن را به خاطر می‌آورد. باغ شهریار همیشه برای عفت یک دنیا خاطره بود. خاطراتی که همیشه در ظاهر با خشنودی ولی در لفافه با حسرت از آن صحبت کرده بود. فقط رحیم‌خان می‌دانست که چقدر عفت دوست دارد به آن باغ و خانه قدیمی برگردد. تازه طبق گفته احمد برگشتن به شهریار کار را برای خود رحیم‌خان هم آسان می‌کرد و مجبور نبود هفته‌ای سه روز را برای سرکشی به مرغداری و باغ در این راه‌های طولانی علاف شود.

با وجود غرق شدن در گرداب افکار در هم بالاخره تصمیم‌اش را گرفت. مگر نه اینکه از روز اول به خاطر تنهایی صدرا و بیرون آوردن آن خانه قدیمی از کسالت تنهایی با عفت به آنجا نقل مکان کرده بود؟ حالا که خانه صدرا از آن سوت و کوری قدیمی بیرون آمده و صدای خنده‌های شاد صبا همه جای آن را پر کرده بود، رحیم‌خان دیگر با خیال آسوده می‌توانست همراه عفت به شهریار برگردد.

برای لحظاتی عکس‌العمل عفت را در قبال تصمیمی که گرفته بود در ذهنش مجسم کرد و به دنبال آن تجسم لبخند رضایت روی لب‌های عفت لبخند رضایت روی لب‌های خود او نشاند و همین طور که چشم‌هایش بسته بود، گفت: قول می‌دید که زود به زود بیایید به ما سر بزنید؟

احمد با شنیدن این حرف رحیم‌خان که خیلی ناگهانی و بدون مقدمه زده شده بود ابتدا یکه خورد چون اصلاً انتظار تغییر عقیده ناگهانی او را آن‌هم در چنین مدت زمان کوتاهی نداشت. ولی خیلی زود دریافت که رحیم‌خان تصمیم‌اش را گرفته است به همین خاطر آهسته ماشین را کنار جدول خیابان پارک کرد و همان طور دست به فرمان رویش را به سمت رحیم‌خان کرد و گفت: رحیم‌خان! ما اگه زود به زود نیایم به شما سر بزنیم نهال دق می‌کنه.

همین جمله احمد کافی بود تا تمام تشویش خاطر رحیم‌خان را فرو بنشاند.

دو هفته بعد زمانی که طبیعت تمام و کمال از سراشیبی پاییز گذشته و خواب‌آلوده از سردی زمستان تازه قدم به مرز بی‌تفاوتی گذاشته بود صدرا آخرین وسیله از اثاثیه رحیم خان را در کامیون بزرگی که جلوی در خانه پارک شده بود جا داد. رحیم‌خان در حالی که از اثر بغض گلویش تحریک شده و سخت به سرفه افتاده بود با چهره‌ای گرفته صدرا را به رسم خداحافظی بغل کرد.

یک بار دیگر به درخت شاتوت که بر شاخه‌هایش انگار رنگ مرگ نشسته بود، نزدیک شد

و همین طور که به تنه قطور آن دست می‌کشید زیر لب گفت: همیشه گفته بودم ببینیم کدوممون جون سخت‌تریم. قرار نشد به این زودی جا بزنی. باید بمونی و خاطره‌های قشنگ رو برای بچه‌های ما و بچه‌های بچه‌های ما زنده نگه داری. کی دلش میاد و اصلاً کی میتونه ریشه‌های تو رو از توی خاک بیرون بیاره؟ حتی اگه با ریشه در بیایی هنوزم ریشه‌های کوچیکی ازت تو خاک می‌مونه که فردا دوباره بار بده و همه جا رو سبز کنه.

یک بار دیگر با دست ضربه آرامی به تنه درخت زد و دوباره در حالی که سخت به سرفه افتاده بود به طرف در برگشت. بنفشه با چشم‌های تر کنار عفت ایستاده و خود را به آغوش احمد تکیه داده بود. رحیم‌خان نگاه ملامت‌باری به احمد و بنفشه انداخت و گفت: نگفتید که من دلم می‌خواست یه بار دیگه نهالمو ببینم چرا نیاوردینش؟

بنفشه در حالی که اشک‌هایش را پاک می‌کرد، گفت: بابا رحیم! شما که دیشب از نهال خداحافظی کردید. اگه می‌آوردمش می‌خواست همش بعد از رفتنتون بهانه بگیره.

در این لحظه خانم تفرجی در حالی که کاسه آبی به دست گرفته بود به جمع آنها پیوست و وقتی چشم‌های اشک‌آلود بنفشه را دید گفت: اولا آدم پشت سر مسافر آبغوره نمی‌گیره. دوما مگه می‌خوان برن سفر قندهار شماهام پاک شورشو درآوردید؟ خدا رحم کرده شهریار هم بیخ گوش تهرانه! ماشالله از بس تهران بی‌دروپیکر شده دیگه شهریارم شده جزو تهران.

احمد لبخندی زد و گفت: خانم تفرجی! منم به خدا بهشون می‌گم ولی گوش نمی‌دن.

خانم تفرجی شکاکانه نگاهی به احمد انداخت و گفت: تو‌ام خوب زیر زیرکی پدرزن و مادر زنو دک کردیا!

و احمد با خنده گفت: استغفرالله! خانم تفرجی! این حرفا چیه؟!

رحیم‌خان با حرف‌های خانم تفرجی فقط لبخند تلخی به لب آورد و رو به روی احمد ایستاد و پس از لحظه‌ای او را بغل کرد و در گوش او گفت: بنفشه و نهالمو اول به خدا بعدم به دست تو سپردم. جون تو و جون بچه‌هام.

و احمد پی‌درپی تکرار کرد. چشم رحیم‌خان! چشم!

وقتی اتومبیل حامل رحیم‌خان و عفت از آنجا فاصله می‌گرفت عفت از شیشه عقب به دیوارهای خانه صدرا که بخش وسیعی از دیوار کوچه را گرفته بود نگاه کرد و ناخواسته روزی را به خاطر آورد که برای اولین بار چشمش بر شاخه‌های سبز درخت شاتوت بر سر دیوار افتاده بود. آن شاخه‌ها آن‌روز با چه سبزی و طراوتی به او خیرمقدم گفته بودند ولی این بار سرافکنده و عریان انگار همنوا با مرثیه غم‌انگیز باد سرد زمستان با او بدرود می‌گفتند. عفت بیش از این طاقت

نیاورد و چشم‌هایش را بلافاصله بر پایان غم‌انگیز آن شاخه‌ها از انتهای کوچه بست.

فصل شصت‌وچهارم

با بزرگ‌تر شدن روز به روز صبا خاطرات گذشته مثل بارانی بی‌امان هر روز بیشتر و بیشتر بر ذهن تشنه صدرا فرود می‌آمد، چون با گذشت هر یک روز شباهتی جدید از نوه‌اش به صبای رویاهای خود پیدا می‌کرد و همین بودن صبا در کنار او از تلخی یادآوری روزهای تنهایی‌اش می‌کاست.

ایمان و مهتاب هم این را به خوبی دریافته بودند چون اگر یک روز صدرا صبا را نمی‌دید بی‌تاب می‌شد و لبخند به وضوح راه لب‌هایش را گم می‌کرد.

با آمدن اولین روز ماه مهر که تمام شهر و کوچه‌ها حال و هوایی خاص پیدا می‌کنند صدرا از صبح خیلی زود از خواب برخاسته بود.

صبا به کمک مهتاب مانتو و شلوار خاکستری رنگی به تن کرده و مقنعه‌ای سفید رنگ به سر داشت ولی هنوز کمی از موهای شبق رنگش از زیر مقنعه‌اش پیدا بود. اندام کوچک و ظریف صبا در مانتو و شلوار گم شده بود. با این وجود همان حال و هوای روز اول مهر صدرا را به سال‌ها قبل یعنی اولین روز مدرسه ایمان برد. یاد حضور آن هاله آبی رنگ در مغازه‌اش که با خجالت از او خواهش می‌کرد که در اولین روز مدرسه ایمان در کنارشان باشد. چقدر لبخند صبا در آن لحظه به لبخند ایمان شباهت داشت. جای خالی دندان‌های شیری خبر از گذشت زمان می‌داد. صبا از همه زودتر آماده جلوی در سرپا ایستاده و مدام می‌گفت: «زود باشید دیرم شد!» ایمان و صدرا به فاصله کمی دم در به صبا پیوستند و منتظر مهتاب شدند. مهتاب همچنان که مانتویش را به تن می‌کرد برای لحظه‌ای حس کرد سرش گیج می‌رود و تمام اتاق انگار دور سرش می‌چرخد. لحظه‌ای دستش را به دیوار گرفت و ناگهان تمام صورتش داغ شد و به دنبال

آن عرق سردی بر تمام بدنش نشست. ایمان سراسیمه به طرف مهتاب دوید و زیر بغلش را گرفت و با نگرانی پرسید: مهتاب چی شد؟ حالت خوب نیست؟
ـ چیزی نیست فقط یه کم سرم گیج می‌ره.
ـ درست صبحانه نخوردی. می‌خوای بمونی خونه؟
ـ نه! نمی‌خوام روز اول مدرسه صبا رو از دست بدم.
ـ عزیزم! بمون خونه استراحت کن. من و پدر با صبا می‌ریم.
ـ مگه می‌شه؟ منم می‌خوام بیام.
ـ مطمئنی؟
ـ آره! نگران نباش چیزی نیست. یه سرگیجه گذراست. زود خوب می‌شه. قبلاً هم این طوری شدم.
ایمان روسری مهتاب را از روی چوب‌لباسی آورد و مطمئن شد که مهتاب می‌تواند آن‌ها را بدون مشکلی همراهی کند.
ولوله شادی بچه‌ها در حیاط مدرسه به راه بود و ناخودآگاه قلب تک‌تک والدین آن‌ها را هم مالامال از شادی و هیجان می‌کرد.
مهتاب سرگیجه خود را از یاد برده بود و خوشحالی و هیجانش را متقابلاً با فشار دستش در دست ایمان بروز می‌داد. کلاس‌های خالی حالا سرمایه‌هایی را در خود جای می‌دادند که آینده در دست آن‌ها جای می‌گرفت و چه فرداها و چه زیبایی‌هایی که به وسیله آن‌ها رقم زده می‌شد.
در راه بازگشت به خانه همچنان که صدرا و ایمان با صبا از مدرسه و کلاس و هم‌کلاسی‌ها می‌گفتند مهتاب دریافت که سرگیجه و ضعفش چیزی زودگذر نبوده و حالاحالاها گریبانگیرش خواهد بود!
وقت خواب مهتاب سرش را بر سینه ایمان گذاشت و ایمان با حرارت از اولین روز مدرسه صبا با او حرف زد و هر لحظه با بیشتر شدن هیجانش مهتاب را بیشتر به خود می‌فشرد. مهتاب در سکوت تا انتها به حرف‌های ایمان گوش کرد. وقتی ایمان به اندازه کافی هیجاناتش را بیرون ریخت لحظه‌ای سکوت کرد و سپس صورت مهتاب را به طرف خود برگرداند و پرسید: حالت چطوره؟ صبح خیلی رنگت پریده بود. الان چطوری؟
مهتاب همین طور که در چشم‌های ایمان که در تاریکی اتاق فقط سایه‌ای از آن پیدا بود نگاه می‌کرد به آرامی گفت: بهترم.
ـ چرا سرگیجه گرفتی؟ شاید درست غذا نمی‌خوری. اینطوره؟

ـ چرا! خوب غذا می‌خورم.

ـ پس چرا؟ می‌خوای فردا بریم دکتر؟

ـ نه! به دکتر نیازی نیست.

ـ مطمئنی؟ آخه بریم ببینیم چی می‌گه.

مهتاب چانه‌اش را به سینه ایمان تکیه داد و گفت: ایمان! فکر می‌کنی آینده بچه‌هامون چی می‌شه؟

ـ منظورت چیه؟

ـ با این شرایط امروز جامعه یه نگاه به اطرافت بنداز. هر وقت ایمان نوه خانوم تفرجی رو می‌بینم با اون سایه غمی که هیچ وقت از تو نگاهش نمی‌ره تنم می‌لرزه. به نظر تو ما در حق این بچه‌ها گناه می‌کنیم که با این وضع جامعه اونا رو ناخواسته به این دنیا می‌آریم؟

شرایط سخته. ولی هر کسی آینده‌اش رو خودش رقم می‌زنه. چه می‌شه کرد! دیگه باید با مشکلات جنگید. اتفاقا اینجوری بچه‌ها مقاوم‌تر بار میان و استقامتو به نسل جدید یاد می‌دن.

ـ آخه این بچه‌های طفل معصوم چه گناهی کردن که باید تو این شرایط امروز بار بیان؟ امروز به صبا و همکلاسی‌هاش نگاه می‌کردم. بچه هفت ساله توی اون مانتو و شلوار گشاد و مقنعه گم شده بود.

ایمان همین طور که پشت شانه مهتاب را نوازش می‌کرد جواب داد: چاره چیه؟ مجبوره اونطوری بره مدرسه.

ـ دارم فکر گرمای تابستون رو می‌کنم که توی گرمای خرداد بچه باید هلاک بشه تا بره مدرسه و برگرده. نمی‌دونم! نمی‌دونم! فکر می‌کنم دوباره اشتباه کردیم.

دست ایمان با شنیدن این جمله آخر مهتاب بر پشت شانه او متوقف ماند:

ـ منظورت از دوباره چیه؟

سکوت.

ایمان نیم‌خیز شد و صورت مهتاب را بین دو دستش گرفت و گفت: نه! جدی منظورت از دوباره چی بود؟

وقتی سکوت مهتاب ادامه یافت روی عسلی کنار تخت خم شد و آباژور کنار تخت را روشن کرد تا بهتر بتواند به چشم‌های همسرش که در آن لحظه از هر زبانی برایش گویاتر بود، بنگرد. ایمان در زیر نور پریده رنگ آباژور تمام چهره مهتاب را تا آخر خواند. چهره‌ای که در اولین روز ماه مهر که کم‌کم به انتهای خود نزدیک می‌شد با رنگ پریده‌اش مژده آغاز مهری

بی‌پایان می‌داد. ایمان بی‌حرکت نگاه در نگاه مهتاب خیره ماند. برای لحظاتی توان حرف‌زدن را از کف داده بود. مهتاب به آرامی از حالت خوابیده برخاست و در مقابل ایمان روی تخت نشست. موهای بلند و خوش حالتش روی شانه چپش ریخته و بازوی عریانش را پوشانده بود. تمام زمانی را که طول کشید تا ایمان آن مژده نابهنگام را حلاجی کند مهتاب در حول و ولا گذراند.

وقتی سایه یکه خوردن و تعجب، بساطش را از چشم‌های ایمان جمع کرد برق شادی تا بیکران جای آن را گرفت و با یک حرکت مهتاب را با تمام وجود در آغوش کشید و همین طور که صدایش از هیجان می‌لرزید زیر گوش مهتاب زمزمه کرد: این دفعه اگه پدر بفهمه دور از جونش از شدت خوشحالی سکته می‌کنه.

ایمان در آن لحظه با صدای هیجان‌زده‌اش آرامش تمام عالم را در وجود مهتاب ریخت و بار دیگر به او نشان داد که چقدر در کنار او خوشبخت است.

خبر بارداری مهتاب خیلی زود همه جا بین دوست و آشنا پیچید. خانم تفرجی تقریباً از یک هفته به بازگشایی مدارس با پیشگویی‌اش به هدف زده و طبق معمول اولین کسی بود که از بارداری او باخبر شده بود. هر چند خود مهتاب آن را در ابتدا باور نکرده بود.

چهره صدرا هنگام شنیدن خبر از زبان ایمان دیدنی بود. ایمان درست مثل کودکی از تصور عکس‌العمل پدر حین شنیدن خبر بیشتر هیجان‌زده بود تا گفتن خود خبر. گذشته از صدرا شاید هیچ‌کس به اندازه صبا از شنیدن خبر حضور قریب‌الوقوع یک خواهر یا برادر در جمع خانواده خوشحال نبود. طوری‌که همان روز اول خبر را بین تمام همکلاسی‌هایش پخش کرد و زمانی‌که نهال از قضیه باخبر شد روزی نبود که به بنفشه غر نزند که چرا او که از صبا بزرگ‌تر است هنوز خواهر یا برادر ندارد. رحیم‌خان هم همیشه در چنین مواقعی با نهال هم‌صدا می‌شد که: «راست می‌گه. بچه‌ام یه داداش یا خواهر می‌خواد دیگه» و احمد هم به شوخی در گوش بنفشه زمزمه می‌کرد: بابات فکر می‌کنه بچه درست کردن عین هندونه خریدن در مغازه است. یه جوری از بچه درست کردن حرف می‌زنه انگار میخوای بری بقالی یه کاسه ماست بخری. نمی‌دونه آداب داره. به قول آخوندا زیر درخت زردآلو نباشه زیر درخت هلو نباشه زیر درخت آلو نباشه دوشنبه نباشه سه‌شنبه نباشه ... و بنفشه هم با خنده می‌گفت: خوب دیگه توام!

وضع اسف‌بار مهتاب با تهوع‌های صبحگاهی و بی‌اشتهاییش که به شدت ایمان و صدرا را نگران کرده بود از ماه چهارم کم‌کم رو به بهبود گذاشت ولی احساس گر گرفتگی، سنگینی و خستگی مفرط جای آن را گرفت طوری‌که در اوج سرمای زمستان از شدت گرگرفتگی پنجره

بالکن رو به حیاط را باز می‌کرد و جلوی آن می‌ماند تا در آن هـوای سـرد و پرسـوز بـه قـول خودش نفسی تازه کند.

در یکی از عصرهای فروردین‌ماه که از سرمای هوا رفته رفته کمی کاسته می‌شد و بوی گل و شکوفه و تازگی، موجی از سرخوشی را به خاطر بیداری طبیعت در وجود آدمی برمی‌انگیخت مهتاب در کنار حوض آب نشسته و به انعکاس تصویر خود در آیـنه آب سـاکن حـوض نگـاه می‌کرد. صبا و نهال هم کمی آن طرف‌تر دوتایی با گچ‌های رنگی خط‌هایی که قبلاً کف حیاط برای بازی لی‌لی‌شان کشیده بودند را پررنگ می‌کردند. هوا ابری و سایه‌اش بـر سرتاسـر خانـه و حیاط افتاده بود.

مهتاب با بچه‌ها در خانه تنها بود.

مهتاب همین طور که مردد برای فرو بردن دستش در آب حوض به تصویر خود خیره مانـده بود با صدای در به خود آمد. بچه‌ها آنقدر گرم بازی و سروصدای خود بودند که متوجه صـدای در نشدند. مهتاب در را باز کرد. سهراب بود که پشت در با کاسـه سـفالی آبی‌رنگـی از صنایـع دستی همدان پر از گوجه سبزهای درشت و آبدار به انتظار ایستاده بـود. لبخنـدی بـه لـب آورد و گفت: سلام خاله مهتاب! اینارو مامان تفرجی داده. سفارش کرده سعی کنی بی‌نمـک بخوری. ولی اگه خیلی دیگه خواستی نمک بزنی (در اینجا سهراب صورتش را جلو آورد و گونـه‌اش را به مهتاب نشان داد) یه کمی از اینجا بزن و با خنده اضافه کرد خاله مهتاب! خودت که می‌دونی. من گوله نمکم.

مهتاب کاسه را با خنده از دست سهراب گرفت و گفت: اینکه درش شکی نیست نمک‌دون! تازه مامان تفرجی تو فکر همه چیزو می‌کنه. مگه نه؟

ـ مامان تفرجیم حرف نداره.

مهتاب به سهراب تعارف کرد که لب حوض کمی کنار مهتاب بنشیند و او هم بی‌گفت‌وگـو و تعارف پشت سر مهتاب وارد حیاط شد. وقتی دوتایی لب حوض مـی‌نشسـتند تی‌شـرت سـفید آستین کوتاه سهراب با آن رگه‌های سبز رنگ توجه مهتاب را جلب کرد. مهتاب بـه تی‌شـرت او اشاره کرد و پرسید: تو هم مثه من سرما بهت اثر نداره نه؟ ... بچه‌جون یه وقت سرما می‌خوری.

سهراب با لبخند در جواب گفت: غصه نخور خاله مهتاب! سرما هم که بخورما این‌قدر مامان تفرجی قربون صدقه‌ام می‌ره و عزت تپونم می‌کنه که آرزو می‌کنم هیچ وقت از جا پا نشـم. تازه از شوخی گذشته تو این هوا کی لباس گرم می‌پوشه؟

مهتاب لبخندی به لب آورد و بدون اینکه جوابی به سهراب بدهـد دوبـاره روی صـفحه آرام

آب که شفافیت روزهای آفتابی‌اش را از دست داده بود، خم شد. سهراب هم به تقلید از مهتاب روی سطح آب خم شد و وقتی انعکاس تصویر خود را در آن صفحه آرام دید با خنده گفت: خاله مهتاب!

مهتاب سرش را بالا آورد و در صورت سهراب که با ته‌ریشی که گذاشته بود حالتی معصومانه یافته بود دقیق شد.

ـ خاله مهتاب! میگما اگه به عکس صورت من تو آب حوض نگاه کنی بچه‌ات عین من خوشگل و خوش‌تیپ می‌شه ها.

مهتاب لبخندی به لب آورد و روی سطح حوض دوباره خم شد تا بتواند انعکاس تصویر او را آنجا تماشا کند ولی درست در همان لحظه اولین قطرات باران روی تصویر آینه‌وار سهراب افتاد و آن تصویر را قبل از اینکه مهتاب بتواند به آن دقیق نگاه کند به هم زد.

سهراب با احساس قطرات باران روی صورتش و دیدن آنها که روی سطح آب حوض موج می‌انداختند برخاست و گفت: من دیگه باید برم. خاله مهتاب! شما هم با بچه‌ها برید تو خیس می‌شید. گوجه سبزات رو هم یادت نره با خودت ببر.

مهتاب همین طور که یکی از گوجه‌سبزهای درشت را به دهان می‌برد تا با تمام وجود آن را گاز بزند به سهراب چشمکی زد و گفت: مگه کسی گوجه سبز نخورده‌اش را جا می‌گذاره؟ آه! راستی بذار ظرف خانم تفرجی رو بدم ببری.

سهراب که با خنده به سمت در حیاط می‌رفت، گفت: نگران نباش خاله مهتاب! مامان تفرجی مخصوصاً این کاسه رو داده و سفارش کرده که اگه از ظرف آبی چیز بخوری بچت آروم می‌شه و با گفتن این حرف در را پشت سرش بست و رفت.

مهتاب ابتدا کمی فکر کرد سپس با لبخند کاسه سفالی آبی‌رنگ را به سینه‌اش چسباند و در حالی که هسته اولین گوجه‌سبز را از دهانش بیرون می‌آورد و دومین گوجه‌سبز را برمی‌داشت زیر لب گفت: هام! ظرف آبی! بچه آروم!

و سپس به دنبال مکثی کوتاه در حالی که به گوجه‌سبز آماده گاز زدن در دستش نگاه می‌کرد سرش را به علامت تردید تکان داد و با خنده گفت: جهنم و ضررا! شاید راستی راستی آروم شد.

با شدت گرفتن باران، مهتاب، صبا و نهال به داخل ساختمان دویدند تا منظره زیبای باران بهاری را از پشت پنجره اتاق نشیمن تماشا کنند.

فصل شصت‌وپنجم

تقریباً در همان اواسط دوران چهار ساله دبیرستان سهراب بود که انگار روح سیاسی پرشور و حرارت ده سال پیش ایمان در او حلول کرد. سهراب که از ده سال پیش تمام بالا و پایین‌ها و در نهایت سرخوردگی‌های ایمان را لحظه به لحظه دیده بود و با خود عهد کرده بود که از هر راهی که در نهایت به سیاست ختم می‌شود، برگردد ناخواسته بدون آنکه خود بداند در راهی افتاده بود که خواه‌ناخواه از دیار سیاست می‌گذشت. این بار ندانسته پا جای پای برادر گذاشته بود و عرق ملی در وجودش به جای روشن شدن زبانه می‌کشید. و حالا برای تجربه همان حس هیجان، همان حرارت، همان شوق، همان امید به فردایی روشن و ایجاد تغییر، می‌بایست ابتدا خود را در سرچشمه سیاست غسل می‌داد. هر زمان هم که دیگ هیجاناتش سرریز می‌کرد یک راست به سراغ ایمان می‌رفت و با چنان حرارتی با او حرف می‌زد که ایمان دلش نمی‌آمد که توی ذوقش بزند. اما وقتی صحبت‌هایشان به پایان می‌رسید، ایمان با تأسف سرش را تکان می‌داد و با خود می‌گفت: برادر ساده لوح من! هنوز چوب ساده‌لوحی‌ات رو نخوردی. یه نگاه به من بنداز و درس بگیر!

ایمان هر بار با نگاه به سهراب جوانی می‌دید پرهیجان که آینده را در دست‌های خودش می‌بیند. دست‌هایی که برای اولین‌بار با رسیدن به سن حق رای روزشماری می‌کنند که آینده‌ای روشن برای کشور و هموطنان‌شان رقم بزنند. ایمان با نگاه به سهراب انگار هشت، نه سال پیش خود را در آینه می‌دید ولی آینه‌ای ترک‌دار. افکار همان افکار تکراری، حرف‌ها همان حرف‌های تکراری که هر چه بیشتر تکرار می‌شد ضمن اینکه هیجان را در دل سهراب برمی‌انگیخت خشم را هم در دل ایمان شعله‌ورتر می‌کرد. ایمان راه بیراهه‌ای را می‌دید که خود

زمانی در آن پس از طی مسافت‌ها زخم‌خورده سر از ناکجاآباد درآورده بود و حالا با وحشت برادر کوچکش را می‌دید که درس نگرفته از فرجام برادر پابرهنه در جست‌وجوی سراب با هیجان قدم در آن راه سنگلاخی می‌گذاشت و انگار هر قدر حنجره خود را پاره می‌کرد تا او را از آن راه برحذر دارد سهراب نمی‌شنید.

از اینکه سهراب از کودکی یاد گرفته بود همیشه قدم‌هایش را درست جای قدم‌های برادر بگذارد ایمان بیشتر احساس گناه می‌کرد و از اینکه از ابتدا هیچ وقت با جدیت او را از این کار برحذر نداشته بود به خود لعنت می‌فرستاد.

سال هشتادوهشت انگار تاریخ یک بار دیگر تکرار شد. تکرار سناریوی دوازده سال پیش در خانه فریدون؛ با این تفاوت که هنرپیشه اصلی آن این بار سهراب بود نه ایمان!

بلوغ سیاسی که دوازده سال پیش از این به اوج خود رسیده بود و به دنبال سرخوردگی‌ها و ناکامی‌های ناشی از عدم تحقق آرزوهای بر دل مانده به دست فراموشی سپرده شده بود در سال هشتادوهشت یک بار دیگر فرصت تبلور یافت. برق هیجانی که دوازده سال پیش برای مدتی نه چندان طولانی در چشم‌های ایمان و ایمان‌ها درخشیده بود حالا دوباره با حضورش در چشم‌ها خاطرات تلخ و شیرین گذشته را زنده می‌کرد. همان شور و شعفی که دوازده سال پیش در دل‌ها ولوله بر پا کرده بود و طی زمان کوتاهی به سرعت محو شهابی در آسمان به خاموشی گراییده بود دوباره از خواب گران برخاسته و گویی این بار آمده بود که بماند. دوباره سخن از تغییر و تحول تمام شهرها و خانه‌ها را پر کرده بود.

با نزدیک شدن بیست ودوم خرداد هشتادوهشت در و دیوار محله‌ها پر شد از تصاویر نامزدهایی که برای کاندیداشدن در انتخابات ریاست‌جمهوری از هفت‌خان رستم گذشته بودند.

مردم هیجان‌زده تا نیمه‌های شب سرشار از شوق و افتخار بی‌صبرانه برای رقم زدن فردا لحظه‌شماری می‌کردند.

سراسر کشور، شهرها و خیابان‌ها و کوچه‌ها با رنگ سبز رنگ‌آمیزی شده بود به‌طوری‌که هم‌زمان به نوعی بوی رویش را در مشام‌ها زنده می‌کرد. بوی امید در مشام جوانان مأیوس.

از چندین روز قبل از انتخابات، سهراب هم با سربندی سبز با شور و هیجان همیشگی‌اش که صدرا را سخت به وجد می‌آورد چندین بار به مغازه صدرا رفته بود و با نگاه‌های مظلومانه‌اش که هیچ‌کس در مقابل‌اش تاب نه گفتن نمی‌آورد از صدرا خواسته بود که مغازه‌اش را مرکز تبلیغات کاندیدای مورد نظرش برای ریاست‌جمهوری کند که بالاخره هم توانست به راحتی صدرا را راضی کند. هنوز یک ساعت از جواب مثبت صدرا نگذشته بسته‌های پوستر و عکس و اعلامیه

بود که تمام مغازه را پر کرد. طوری که هاشم با چشم‌های گرد شده از شدت تعجب به سهراب گفت: بیچه‌جون یه بارکی میدادی ففرشششم برات می‌بافتن که از دیوار آویزون می کردی!

و سهراب هم با شیطنت در جواب می گفت: هاشم‌خان وقتش رو نداشتیم وگرنه به فکر خودمم رسیده بود.

سهراب بعد از اینکه با چند نفر از دوستانش تمام پوسترها و وسایل تبلیغاتی را به مغازه صدرا انتقال داد در حالی که چشم‌هایش از شدت هیجان می‌درخشید به صدرا نزدیک شد و در حالی که پلاستیک شفافی را که از سبزی وسایل درونش به سبزی می‌زد باز می کرد، گفت: عمو صدرا! دست بند سبز دوست داری یا سربند سبز؟

صدرا در حالی که از سر تعجب به سهراب می‌نگریست، لبخندی زد و گفت: پسرجون! این چیزا دیگه از سن و سال ما گذشته. این کارا مال جووناست.

ـ بع! عمو صدرا اختیار دارید! اصل کاری دلته که من می گم اصلاً پیر نشده. حالا بذار ببینم. آره فکر کنم دستبند بهتر باشه. حالا دستت رو بیار برات دستبند سبز ببندم.

صدرا بدون هیچ مقاومتی در حالی که سرش را با خنده تکان می‌داد دست راست‌اش را به طرف سهراب دراز کرد و سهراب هم پارچه سبز رنگ نازکی را درست مثل چیزی که دور مچ خودش بسته بود با دقت دور دست صدرا بست و گفت: عمو صدرا! از فردا یا پیراهن آستین کوتاه بپوش یا آستیناتو بزن بالا.

صدرا در حالی که از حرف سهراب به خنده افتاده بود همین طور که مچش را تکان می‌داد و از هر طرف به مچ‌بند سبزش نگاه می کرد، گفت: ببینم از اینا برای بابات هم بردی؟

سهراب نگاهی متعجب به خود گرفت و گفت: عمو صدرا! شوخیت گرفته؟ تو که بابا فریدونو می‌شناسی.

ـ آره بابا فریدونتو خوب می‌شناسم، ولی این رو هم می‌دونم که به تو وروجک نه نمی گه.

ـ عمو صدرا! اون اگه غیرتی بشه و مصلحت نظامش گل کنه حتی به مامان فریبا هم نه می گه.

صدرا در چهره سهراب دقیق شد. قسمتی از موهای مشکی‌اش از زیر سربند سبز رنگش روی پیشانی‌اش آمده بود و حالتی بچه‌گانه به صورتش بخشیده بود. حالتی که همیشه در بچگی سهراب را عذاب داده بود. چشم‌های قهوه‌ای رنگش در آن لحظه در نظر صدرا کپی چشم‌های فریدون بود. چقدر پدر و پسر از نظر ظاهر می‌توانستند به هم شبیه باشند و از نظر فکری آنقدر متفاوت!

ــ بابات می‌دونه به کی می‌خوای رای بدی؟

سهراب سرش را پایین انداخت و با لحنی تأسف‌بار گفت: آره! می‌دونه. ولی زیادم خوشحال نیست. می گه شماها جوونید، کلتون داغه و بوی قرمه‌سبزی می‌ده. صلاح مملکتو تشخیص نمی‌دید.

ــ بالاخره پسر یه جوری باید به باباش ببره. خودشم که جوون بود کله‌اش بوی قرمه‌سبزی می‌داد.

و با گفتن این حرف نگاهی گذرا به سهراب و دوستانش که در مغازه مشغول چسباندن پوسترها به پنجره بودند، انداخت. چهار جوان هم‌سن و سال با سربندهای سبز با آن‌همه شور و هیجان! ظاهر آن جوان‌ها از نگاه صدرا یک فریاد بود، فریاد نسل جوانی که آینده نسل جوان دیروز را با تمام وجود نفی می‌کرد. آن دست‌های مشتاق آن سرهای پرشور آن لب‌هایی که از شدت شور و اشتیاق درون به لبخند باز شده بود همه و همه برای صدرا یک پیام داشتند: فردا متعلق به منه و خودم می‌سازمش با همین دست‌ها با همین فکرها و با همین قدم‌ها.

چند روز تبلیغات به سرعت برق و باد گذشت. سهراب تا آخرین روز تبلیغات توانست به دست همه به جز سه نفر دستبند سبز ببندد. یکی فریدون که اصلاً با اصل و اساس رنگ سبز و کاندیدایش مخالف بود و دیگری رحیم‌خان که دو روز آخر هفته برای دیدن بچه‌ها به تهران آمده بود و اصلاً با اصل و اساس رای دادن به طور کلی مخالف بود و نفر سوم هم برادرش ایمان بود که درست مثل رحیم‌خان رای دادن را برابر با دل بستن به امیدهای واهی تلقی می‌کرد.

ایمان به طور مداوم از سهراب می‌شنید: نگاه کن! رنگ رویش و نویی، رنگ تولد، رنگ یه شروع تازه به امیدای ناامید جون داده. شهرها رو ببین! از اون رخوت همیشگی به خاطر زندگی یکنواخت بیرون اومدن. همه جا رنگ شادی گرفته. از اول بهار تا حالا همه چیز شروع به سبز شدن کرده. برگ‌ها، گل‌ها، کوچه‌ها، خیابون‌ها، دست‌ها، نگاه‌ها چه می‌دونم خنده‌ها. یادت رفته تا همین چند وقت پیش هوا که تاریک می‌شد انگار همه چیز از کار میفتاد؟ حالا صدای بیداری مردم گوش فلک رو کر می‌کنه. فرق شب و روز دیگه الان فقط تو انعکاس رنگه وگرنه چشم‌ها همون چشم‌های باز و دل‌ها همون دل‌های مشتاقه. نمی‌بینی بوی تحول تمام ریه‌های این آب و خاک رو پر کرده؟

ایمان از یک طرف از این‌همه شور و اشتیاق سهراب به هیجان آمده بود و از طرف دیگر با یادآوری گذشته و موج ناکامی‌هایی که با وجود آن همه امید او را محکم به ساحل آرزوهای دور از دسترس کوبیده بود نمی‌خواست ببیند که سهراب هم به همان آخر و عاقبت دچار شود و

سرخوردگی تلخی را که او تجربه کرده بود مزمزه کند. به همین خاطر یک‌روز که طبق معمول با سهراب سر بحث را باز کرده بود با لحنی دلسوزانه گفت: سهراب‌جان! من همیشه این‌همه شور و حرارت و شجاعتت رو تحسین می‌کنم ولی این رو بدون دستخوش احساسات شدن گاهی آدم رو خیالاتی می‌کنه، تا اوج تا اون بالا بالاها می‌بره و یه دفعه ناغافل به زمین می‌کوبـه. اونوقت وقتی چشم باز می‌کنی می‌بینی چی فکر کـردی و چی شـد. اونوقت اونقـدر از خـودت متنفـر می‌شی که عین بیست‌وچهار ساعت شبانه‌روز رو به خودت ناله نفرین می‌کنی کـه چرا اصـلاً از اول خودم رو درگیر کردم. الان شاید هنوز برات زود باشه که هر شب بخوای با حس بی‌هـویتی بجنگی و در نهایت مدام شکست بخوری و از پا بیفتی...

به این جا که رسید چنان دستخوش فشار روحی شد که دیگر نتوانست جمله‌اش را تمام کند و درست مثل اینکه انرژی‌اش تمام شده باشد در حالی که ضعف شدیدی در زانوهایش احسـاس می‌کرد همانجا روی زمین نشست. در عوض سهراب دوزانو در مقابل بـرادر نشسـت و بـا همـان هیجان گفت: داداش ایمان! بهت قول می‌دم این دفعه دیگه فرق داره. این انتخابات برای اینه که به همه عقب گردامون پایان بده. نگاه کن مملکتمون مثل یه قطاره که تـوی جـاده خـاکی قیـد و بندها و افکار پوسیده سال‌ها قبل از مسیرش منحرف شده و به خاک نشسته ولی این دفعه بهـت قول می‌دم مردم روی مسیر درست میندازنش. بهت قول می‌دم.

ایمان زانوهایش را بغل گرفت و دست‌هایش را به دور آن قلاب کرد و بـه نقطـه‌ای مبهم روی دیوار رو به رو که رنگش ریخته و وضع اسفباری به ظاهر آن بخشیده بود خیره شـد و بـرای لحظه‌ای فارغ از حرف‌های سهراب با خود فکر کرد. یک لایه رنگ ساده به همین راحتی چقدر می‌تواند ظاهر زشت این دیوار را تغییر دهد!

فصل شصت‌وششم

آن روز یعنی بیست و دوم خرداد سال ۸۸ تاریخ یک بار دیگر تکرار شد. در آن صف‌های طویل پیر و جوان، زن و مرد، دختر و پسر و چادری و غیرچادری همه شانه به شانه هـم ایسـتاده بودند.

چهره‌های بشاش و انگشت‌های جوهری خاطره ۱۲ سال پیش را در اذهـان زنـده مـی‌کـرد. سهراب دیروز بر این باور بود که دارد می‌رود تا با دست‌های سبزش به دست‌های کوچک امروز درس بی‌تفاوت ننشستن بیاموزد.

در تمام طول روز رای گیری سهراب آنچنان همراه دوستانش هیجان‌زده و مشـغول بـود کـه تازه ساعت هشت شب وقتی احساس کرد چشم‌هایش دارد سیاهی می‌رود به خـاطر آورد کـه از ساعت هفت صبح که صبحانه خورده تا آن لحظه به جز مغز بادام‌هایی که خـانم تفرجـی بـه زور داخل جیبش ریخته بود چیز دیگری نخورده است. حوالی ساعت ۸:۳۰ در حالی که هیجان تمام خستگی و ضعفش را پوشش داده بود به خانه برگشت. زمانی که لیوان چـایی کـه خـانم تفرجـی برایش ریخته بود همان طور داغ داغ سر می‌کشید حس کرد که تا به حال هیچ وقت یـک لیـوان چای به آن اندازه به دهانش مزه نکرده است. سهراب از ترس اخم و تخم فریدون سربند سبزش را باز کرد ولی دستبند سبزش هنوز دور دستش خودنمایی می‌کرد.

گره ابروهای فریدون از سر شب باز شدنی نبود. فریدون با همان حال اخم نگاهی عصـبی بـه سهراب که در سکوت مشغول سرکشیدن چایش بود انداخت و با غروغر گفت: خیالـت راحـت شد؟ تبلیغاتتو کردی؟ حالا سال دیگه این موقع بهت می‌گم که چقدر از وعده وعیدایی کـه الان هی پزش رو میدین انجام می‌شه.

سهراب با صدایی آهسته در جواب گفت: بابا جون! هرچی باشه وضعمون از حالا که دیگه بدتر نمی‌شه.

فریدون به طعنه خنده‌ای عصبی کرد و گفت: حالا خواهی دید. این خط اینم نشون. سال دیگه همین موقع بیست و دوم خرداد ۸۹ بهت می‌گم که حق با کی بود.

ایمان که در چارچوب در دست به سینه تا آن لحظه خاموش فقط به مکالمه آن دو گوش می‌داد وارد بحث شد و گفت: می‌دونید حق با کیه؟ حق با اوناییه که از عاقبت خوش این مملکت دست شستن.

ـ شما جوونا چی حالیتونه؟ آخه چی از سیاست سرتون می‌شه؟

ـ پدر عزیز من! شما خیال می‌کنی که درد ما درد سیاسته؟ درد من و امثال من درد سیاست نیست. درد من و امثال من هویت از دست رفته و جوونی بر باد رفته است. درد له شدن ارزش‌هاییه که حق طبیعی هر انسانه. درد ما درد کسیه که توی خونه خودش هم احساس بیگانگی و عدم تعلق می‌کنه. من و امثال من یه نسل سوخته و بر باد رفته‌ایم. نسلی که چندین و چند ساله که همه چیزش رو باخته و دیگه چیزی برای باختن نداره. یه نگاه به دور و برت بنداز دود حاصل از سوختن نسل ما چنان همه جا رو پر کرده که جلوی دید همه رو گرفته. ولی مردم یه وقتی به خودشون میان که دیگه خیلی دیره. وقتی به خودشون میان که می‌بینن تموم هستی و نیستیشون به باد فنا رفته. اونوقت با کدوم تکنولوژی می‌خوان این مملکت رو بچرخونن؟ الا نه که چشمشون به این بشکه‌های نفته پس فردا که دیگه نفتی نمونه اونوقت می‌بینی که این مردم به چه روزی خواهند افتاد. اونوقت تف و لعنته که نسل‌های آینده حواله گور هممون خواهند کرد.

فریبا و خانم تفرجی که با شنیدن بحث آنها سراسیمه از آشپزخانه به اتاق آمده بودند وحشت‌زده در دل می‌گفتند الان است که کاسه صبر فریدون لبریز کند و دوباره به ایمان بپرد.

ولی بر خلاف انتظارشان فریدون این بار در برابر چشم‌های بهت‌زده آنها سکوت کرد. فریدون درآن لحظه یاد حرف صدرا افتاد که گفته بود اگر حرفشون رو قبول نمی‌کنی حداقل به حرف‌هاشون فکر کن و با دید منصفانه حرف‌هاشون رو نقد کن.

حرف‌های ایمان این بار برای لحظاتی او را به فکر فرو برد و چشمش را به روی تعصب بست و با خود فکر کرد: واقعاً اگر این ثروت خدادادی نبود چرخ این کشور به روی چه می‌چرخید؟

چشم‌های فریدون به روی واقعیت‌های جامعه بسته نبود. مشکلات و مصائب جامعه را خیلی خوب می‌دید و بیشتر از هرکس دیگری می‌دانست که این جامعه تا چه حد تشنه یک تغییر اساسی و بنیادی است ولی او در کنار حصار بلند تعصب چنان پا برجا ایستاده بود که به هیچ

عنوان حتی به اندازه سرسوزنی پایش را از آن فراتر نمی‌گذاشت. چون خوب می‌دانست که اگر کمی پایش لغزیده و از مرز بگذرد و در عمق علل مشکلات جامعه فرو برود دیری نخواهد پایید که تمام اعتقاداتش زیر سوال خواهد رفت و این هزینه سنگینی بود که فریدون به هیچ وجه حاضر به پرداخت آن نبود.

سکوت سنگینی همچنان بر فضای خانه حکم‌فرما شد.

ایمان زمانی که سکوت عجیب پدر را در قبال حرف‌هایش دید دیگر بیش از این به بحث ادامه نداد و به اتاقش برگشت.

فردای روز انتخابات سهراب با وجودی که از نتیجه مطمئن بود باز به محض بیدار شدن قبل از هر چیز یک راست به سراغ تلویزیون رفت و هیجان‌زده آن را روشن کرد. اما هنوز دقیقه‌ای نگذشته با شنیدن نتیجه انتخابات در چنان شوک فلج‌کننده‌ای فرو رفت که به این زودی‌ها بیرون‌آمدنش از آن ممکن نبود. نتیجه اعلام‌شده از تلویزیون چنان غیرمنتظره بود که حتی خود فریدون هم در ابتدا آن را باور نکرد.

فریدون تا جایی که به یاد می‌آورد هر کجا که رفته و با هر کسی که وارد بحث شده بود فقط یک چیز شنیده بود. چیزی که حرف دیروز ایمان بود و حرف امروز سهراب و حالا نتیجه اعلام شده انتخابات را با آنچه که همیشه از پذیرششِ سر باز زده بود در منافات می‌دید.

چشم‌های سهراب با ناباوری یک آن از صفحه تلویزیون به چهره برادر خیره شد و درست در همان لحظه با دیدن لبخند تلخی که بر لب‌های ایمان نشسته بود تازه به اوج دردی که ایمان بارها از آن برای سهراب گفته بود پی برد. دردی که در قالب یک لبخند بر لب‌های برادر رساتر از هر فریادی تمام وجود سهراب را لرزاند.

سهراب برای لحظاتی به انگشت سبابه‌اش که با وجود شستن هنوز اثرات جوهر رای رویش دیده می‌شد نگاه کرد و با خود گفت: اکثر این اثر انگشت‌های جوهری که ذره‌ای به هم شباهت نداشتند حاصل یک طرز فکر مشترک بود که ذره‌ای با هم منافات نداشت و حالا چطور ممکن است که چنین طرز فکر مشترکی یک شبه مغلوب طرز فکر اقلیتی شود که از هر جهت با منافع این ملت و مردم در تضاد است؟

و با این طرز فکر هر چقدر سهراب بیشتر به انگشت خود دقیق می شد بیشتر به نادرست بودن نتیجه انتخابات مطمئن می‌شد.

وقتی صدرا و ایمان و مهتاب سر میز صبحانه نتیجه انتخابات را شنیدند برای لحظه‌ای شوکه شده فقط همدیگر را نگاه کردند.

آن همه شور و شوق مردمی برای شکفتن جوانه‌های اصلاحات در جامعه که صدرا طی این مدت از گوشه و کنار دیده بود با آنچه که از رادیو می‌شنید کاملاً در تضاد بود و این تضاد برایش چنان آشکار بود که به نظرش بیشتر به یک جوک بی‌نمک شبیه بود تا به یک واقعیت.

آن روز تمام مدتی که صدرا در مغازه بود مدام با خود فکر می‌کرد که شاید در شمارش آرا اشتباهی رخ داده و دیر یا زود به اشتباه پیش آمده اعتراف خواهند کرد. اما پس از مکالمه تلفنی کوتاهی که با رحیم‌خان داشت کم‌کم به این باور رسید که شاید کمی بیش از حد خوش‌بینانه به این قضیه نگاه می‌کند.

درست همان روز حوالی ظهر بود که تلفن مغازه صدرا به صدا درآمد. صدا صدای رحیم‌خان بود با همان موج عصبانیت که همیشه موقع صحبت پیرامون سیاست در صدایش می‌افتاد: دیدی صدراخان! دیدی چقدر من هی زدم تو سر خودم و هی حنجره‌ام رو پاره کردم که بابا نرید رای بدید! این مملکت درست بشو نیست. گوش ندادید. حالا بفرما هم به رای ملت نشاشیده بودن که اونم شاشیدن رفت پی کارش!

ـ رحیم‌خان! این که جایی از کار ایراد داره که شکی درش نیست ولی احتمالا نتیجه رو اصلاح می‌کنند. این طوری نمی‌مونه. چون مردم ساکت نمی‌شینن.

ـ ای دل خوشی داری... حالا بشین سماق بمک تا جواب اصلاح بشه. فقط دلم این وسط برای سهراب زبون‌بسته می‌سوزه که از روی سادگی‌اش هی همه رو تشویق کرد که برن رای بدن. هر چند همچین بدم نشد چون اقلا زودتر از ایمان فهمید که داره حنجره‌اش رو الکی برای هیچ و پوچ پاره می‌کنه.

دو روز از اعلام نتیجه انتخابات گذشت و سهراب در کمال ناباوری به امید اصلاح نتیجه اعلام شده دندان روی جگر گذاشت ولی صبح روز بعد آتشفشان خشمش به شدت فوران کرد. خصوصاً که خبر راهپیمایی اعتراضی مردم آن روز صبح او را مصمم‌تر از هر زمان دیگری راهی مغازه صدرا کرد. آن روز صبح سهراب اولین کسی بود که وارد مغازه صدرا شد. با همان سربند و دست‌بند سبزی که از ابتدای تبلیغات از خود جدا نمی‌کرد سراسیمه وارد مغازه شد و گفت: عمو صدرا! امروز دیگه روز مغازه نشستن نیست. یک نفرم یه نفره.

ـ منتظرت بودم که بیایی. شنیدم امروز قراره راهپیمایی باشه.

ـ آره عمو صدرا! مگه موج جمعیت این هالوها رو از رو ببره. می‌بینی عمو صدرا چطور به شعور مردم اهانت می‌کنن؟

صدرا با مهری پدرانه برای لحظاتی در چشم‌های براق او نگاه کرد و گفت: بیا بریم پسرم!

منم باهات میام.

خیلی زود سهراب و صدرا درست مثل رود خروشانی که به دریا می‌پیوندد به خیل مردم پیوستند. سهراب به اطرافش نگاهی انداخت. پیر و جوان، زن و مرد همه شانه به شانه هم پیش می‌رفتند. حضور آن همه جمعیت در چشم‌های سهراب برق غرور نشانده و پاهایش را با هر یک قدم که به روی آسفالت خیابان فرود می‌آمد استوارتر می‌کرد. سهراب در آن غوغای جمعیت رو به صدرا کرد و گفت: کاش بابا فریدون اینجا بود و فقط می‌دید. عوض‌اش مامان تفرجی عین خودم سبزه سبزه. الان باورکن یه جا همین جاها لای جمعیته.

سهراب و صدرا همچنان پا به پای جمعیت پیش می‌رفتند و صحبت می‌کردند. درست سر تقاطع یکی از خیابان‌ها به ایمان و مهتاب و صبا برخورد کردند. مهتاب به دلیل اینکه ماه آخر بارداریش را می‌گذراند و حسابی سنگین شده بود با کمک ایمان از کناره‌های خلوت‌تر با مردم همگام شده بود و به رغم اصرارهای مکرر ایمان برای ماندن در خانه، حاضر نشده بود که وقتی تمام مردم برای اعتراض به پایمال شدن حقشان به خیابان‌ها آمده‌اند در خانه بنشیند.

مهتاب بلافاصله با دیدن سهراب به او چشمکی زد و گفت: یه نفرم یه نفره! مگه نه؟

وقتی سهراب متوجه نگاه متعجب صدرا شد، گفت: عمو ایمان و خاله مهتاب اولین کسایی بودن که خبر کردم. اگه قراره بهشون ثابت کنیم که ما یکی دو تا نیستیم باید هممون از خونه بیایم بیرون که بهشون ثابت کنیم ما بی‌شماریم.

سهراب با دیدن یک چهره آشنا در میان جمعیت حرفش را قطع کرد و با هیجان هر چه تمام‌تر در حالی که بالا، پایین می‌پرید و دست تکان می‌داد، فریاد کرد: «عمو صادق! عمو صادق! بیا اینجا.» صادق که با از نظر گذراندن جمعیت هنوز نتوانسته بود سهراب را پیدا کند در حال شماره‌گیری با موبایلش بود که چشمش به سهراب افتاد.

صادق پا به پای سیل مردم در حالی که به عصایش تکیه کرده بود و به دسته عصایش روبان سبزی بسته بود به محض شنیدن صدای سهراب و دیدن او در میان آن‌همه جمعیت به زحمت از لابه‌لای جمعیت به طرف سهراب آمد و در حالی که مثل همیشه لبخند بر لب داشت به جمع آنها که به خاطر شرایط مهتاب در گوشه خلوت‌تری ایستاده بودند، پیوست. صادق به آرامی به شانه سهراب زد و گفت: «با وجودی که قرارمون اینجا بود از کی دارم دنبالت می‌گردم. با این جمعیت شتر با بارش گم می‌شه» و سپس با بقیه جمع سلام و احوالپرسی کرد. سهراب بلافاصله با افتخار صادق را به همه معرفی کرد. صدرا بعد از سلام و تعارف معمولی به عصای صادق اشاره کرد و گفت: شما با این وضع توی این جمعیت خسته و اذیت می‌شید!

صادق لبخند بر لب پاچه شلوارش را بالا داد و در حالی که با نوک عصایش به پای مصنوعی خود آرام ضربه می‌زد، گفت: این پا الان چندین و چند ساله که داره برام کار می‌کنه. الان چند ساله که دارم با وجود این پا به این بچه‌ها فوتبال یاد می‌دم. راه رفتن که سهله برای گرفتن حق خودم و این مردم مظلوم لازم باشه از کوه بکشم بالا یه لحظه هم تردید نمی‌کنم. تازه یه نگاه به این صورت بکن و در حالی که صورت سهراب را نشان می‌داد، اضافه کرد: مگه کسی به این قیافه معصوم می‌تونه نه بگه؟

حرف‌های صادق در آن لحظه برای سهراب حکم جرعه آبی گوارا در کام خشک یک تشنه از پا افتاده داشت. با وجودی که برق امید به آینده‌ای روشن در نگاه سهراب از بعد از اعلام نتایج انتخابات رنگ باخته بود ولی صدرا هنوز می‌توانست آن را در نگاه سهراب ببیند.

سهراب همچنان که پا به پای صدرا گام برمی‌داشت درست مثل اینکه یکباره چیزی را به خاطر آورده باشد از جیب پیراهنش کاغذ تا شده‌ای را بیرون آورد و همین طور که آن را به طرف صدرا دراز می‌کرد، گفت: عمو صدرا! دیشب تا صبح خوابم نبرد؛ نشستم یه شعر نوشتم ولی هر کاری کردم نتونستم یه بیت پایانی خوب براش بنویسم. هر چی به مغزم فشار آوردم نشد که نشد. این همه بیت‌های مختلف به ذهنم آمد ولی به اینجا که رسید مثه یه ماشین که بنزینش ته بکشه دیگه نتونستم ادامه‌اش بدم.

صدرا همین طور که کاغذ شعر را از سهراب می‌گرفت، پرسید: شعرت در باره چیه؟

ـ بیا خودت بخونش عمو صدرا!

همانطور که صدرا حدس زده بود حوادث یکی دو روز اخیر دست‌مایه شعر سهراب بود. حوادث روزهای گذشته آنچنان روی سهراب اثر گذاشته بود که سعی داشت با نوشتن آن شعر کمی از عقده‌های دلش را خالی کند و این همان شیوه همیشگی سهراب بود.

در اوج ناراحتی و خوشحالی همیشه به کاغذ و قلم پناه می‌برد. قلمی که با دست‌های سهراب به روی کاغذ می‌دوید برای او از هر داروی آرام‌بخشی کاری‌تر بود. کاغذ و قلم همیشه سنگ صبور سهراب بود که حرف‌های ناگفته او را به بهترین و موثرترین شکل ممکن جاودانه می‌کرد.

صدرا همچنان خود را سپرده به امواج خروشان مردم، ابیات شعر سهراب را یک به یک با دقت خواند و روی برخی از ابیات حسابی دقت می‌کرد. تمام احساسات سهراب ذره ذره در قالب کلمات با ظرافت روی کاغذ نقش بسته بود و حالا صدرا به وضوح از لابه‌لای آن کلمات می‌توانست آنچه که در ذهن این جوان می‌گذشت را مثل دفتری خوانا که در مقابل چشم‌هایش

گشوده بود بخواند.

شعر سهراب در نظرش با وجود سن و سال بسیار جوان او بسیار زیبا و پراحساس آمد. شعری که عشق به وطن و هموطن و عشق به خاک مادری را با هر یک کلمه چنان فریاد می‌کرد که بی‌اختیار اشک در چشم می‌نشاند.

وقتی صدرا به آخرین بیت رسید حالش دگرگون شد:

دوباره دامنت وطن پراز جوانه می شود　　　　دوباره سبز می شوی ز خون سرو قامتان

و درست در همین جا شعر سهراب ناتمام مانده بود.

صدرا دوباره روی کلمات بیت آخر دقیق شد. چقدر شعر سهراب بوی امید می‌داد. امیدی که ایمان برادرش سال‌ها در حسرتش سوخته بود. چقدر در نظر صدرا خواندن رویای سبز شدن دوباره این باغ آفت زده از زبان سهراب شیرین بود. آن احساسات جان یافته در ابیات شعر سهراب صدرا را به شدت تحت تأثیر قرار داد. طوری‌که چشم‌هایش را از پشت عینک تر کرد. سهراب درست مثل یک شاگرد ممتاز که به انتظار تشویق معلم ایستاده باشد، به صدرا گفت: عمو صدرا خوندی؟ چطور بود؟

و صدرا در حالی که نگاه تحسین‌آمیزی به صورت او می‌انداخت در جواب گفت: عالی بود پسرم! عالی بود.

ـ عمو صدرا! ببین می‌تونی برام تمومش کنی؟

صدرا با ناباوری نگاهی به سهراب انداخت و گفت: داری شوخی می‌کنی؟ من اصلاً توان گفتن یه همچین شعری رو ندارم.

ـ چرا عمو صدرا! می‌دونم که می‌تونی. ببر روش فکر کن.

ـ آخه...

ـ آخه نداره عمو صدرا! من دیشب خیلی سعی کردم ولی نتونستم. حالا شما ببرش ببین می‌تونی تمومش کنی.

ـ ببینم از این یه کپی دیگه داری یا نه؟

ـ نه عمو صدرا! ندارم.

ـ پس ببرش خونه یکی دیگه با دست‌خط خودت از روش برام بنویس تا من روش فکر کنم. ولی بازم گفته باشم این شعر احساسات خودته که روی کاغذ اومده. خودت شروعش کردی باید خودت هم به همون زیبایی تمومش کنی.

سهراب که از توجه صدرا به شعرش و تعریف و تمجیدهای او حسابی به وجد آمده بود،

گفت: باشه عمو صدرا! یه کپی با دست‌خط خودم برات می‌نویسم.

سیل جمعیت لحظه به لحظه خروشان‌تر می‌شد و به سمت میدان آزادی پیش می‌رفت.

سهراب از بالای شیب خیابان همچنان که به پیش می‌رفت با هیجان به آن امواج سبز یک‌دست نگاه می‌کرد و در حالی که صدایش از فرط خشم می‌لرزید، گفت: عمو صدرا! فقط یه نگاه به این همه جمعیت بکن. فقط دیدن همین جمعیت کافیه که نتیجه دروغ انتخابات رو باطل کنه.

ـ غصه نخور پسرم! با چنین جمعیتی بهت قول می‌دم انتخابات دوباره تکرار می‌شه.

آن شب وقتی سهراب به خانه برگشت صفحه شعرش را دوباره باز کرد و به کلمات آن خیره شد. افکارش آن‌چنان از شدت عصبانیت و ناراحتی درهم و آشفته بود که به هیچ وجه نمی‌توانست تمرکز کند.

فریدون از زمان شنیدن نتیجه انتخابات به طرز عجیبی سکوت اختیار کرده بود و کلمه‌ای بر زبان نمی‌آورد. از بحث و جدل‌هایش با ایمان دیگر خبری نبود. کسی هم جرات نمی‌کرد علتش را بپرسد چون چهره‌اش گرفته بود.

بعد از شام سهراب دوباره به اتاقش برگشت تا بلکه بتواند روی شعرش تمرکز کند. همچنان که در افکار درهم و برهمش غرق شده بود با صدای در اتاق به خود آمد. ایمان بعد از زدن چند ضربه به در وارد اتاق شد و روی تخت در کنار سهراب که متفکرانه به شعرش نگاه می‌کرد، نشست.

ـ داری دوباره شعر می‌نویسی؟

ـ نوشتمش ولی برای بیت آخرش هر چی فکر می‌کنم به جایی نمی‌رسم.

ـ می‌تونم بخونمش؟

سهراب برگه را به ایمان داد. وقتی ایمان شعر را تا آخر خواند برای دقایقی در سکوت به آن خیره شد و سپس در چشم‌های سهراب نگاه کرد و گفت: خوش به حالت! ای کاش من می‌تونستم حرفای دلم رو به این قشنگی و رسایی روی کاغذ بیارم. هیچ می‌دونی چه قلم ارزشمندی داری؟ تو با قلمت حرف حق را با همه قسمت می‌کنی. اگه من هم چنین ذوقی داشتم تا حالا چند تا کتاب پرکرده بودم.

ایمان برگه شعر را دوباره به سهراب برگرداند و به فکر فرو رفت. سهراب در سکوت به ایمان نگاه کرد. آن اندوهی که مدت‌های مدیدی می‌شد که در دل ایمان جا خوش کرده بود لذت هر چیزی را از او دزدیده بود. جوانی به این سن و سال تا آن لحظه نه طعم عشق را چشیده

بود و نه طعم شیرینی امید به فردا را به خاطر می‌آورد. تمام امیدها و آرزوهایی که زمانی ذهن باز او را پرکرده بود مثل شیشه بلندی در اثر ضربه محکم سرخوردگی خرد شده و هر ذره‌اش به گوشه‌ای پرتاب شده بود و اگر می‌خواست آن ذره‌ها را دوباره جمع کند باید تمام عمرش را می‌گذاشت.

تا صبح لحظه‌ای خواب به چشم‌های سهراب نرفت. مدام روی تخت از این پهلو به آن پهلو شد. به پایان شعرش فکر کرد، به صورت ایمان و اندوهی که در چشم‌هایش همیشه تا بی‌نهایت موج می‌زد و در نهایت به خبر کشته شدن چند نفری از هموطنانش در درگیری‌های اخیر و سپس با خود اندیشید: ای کاش توانش رو داشتم که صدام رو فریادی کنم و فریادم را تیری برنده کنم که پاهایی که بی‌رحمانه خون هموطنانم رو لگد مال کرده نشونه بره. اگه می‌تونستم... فقط اگر می‌تونستم...

پس از چندین روز درگیری‌های شدید بین مردم و نیروهای دولتی وقتی سهراب پی برد که خبری از برگزاری انتخابات مجدد نیست و آب از آب تکان نخواهد خورد خون جلوی چشم‌هایش را گرفت. خانم تفرجی وقتی صورت سهراب را آنقدر خشمگین و عصبانی دید به وحشت افتاد و سعی کرد با صدای مهربانش که همیشه به سهراب آرامش می‌داد او را آرام کند ولی خوب می‌دانست که تلاشش بیهوده است. آن مشت گره شده که هنوز دستبند سبزش باز نشده بود و آن دندان‌های به هم فشرده حکایت از آن داشت که خون سهراب به جوش آمده و به هیچ وجه آن توفان برخاسته در سینه‌اش به این راحتی‌ها فروکش نخواهد کرد. آن روز سر سفره صبحانه سهراب فقط توانست لیوان چایش را سر بکشد. حتی یک لقمه از گلویش پایین نرفت. ایمان حال برادر کوچکش را خیلی خوب می‌فهمید. حالی که خود او سال‌ها پیش از این با خون دل تجربه کرده بود. ایمان لحظاتی به صورت او نگاه کرد و گفت: هیچ چیزی دردناک‌تر از این نیست که ببینی حقت داره جلوی چشمات لگد مال می‌شه. داره به شعورت اهانت می‌شه و آینده خودت و وطنت تباه می‌شه. داداش کوچولوی من حالا درد چندین و چند ساله منو می‌فهمی. پاشو! پاشو می‌دونم که دل تو دلت نیست. پاشو با هم بریم عقده‌های دلمون رو خالی کنیم. بلکه این بار کسی نتونه صدای فریادمون رو خفه کنه.

فریبا نگاهی وحشت‌زده به خانم تفرجی انداخت و گفت: مادر! تو رو خدا تو یه چیزی بگو.

ـ من چی بگم مادر؟ آدم اگه بخواد همیشه دردش رو قورت بده دق می‌کنه. بذار عقده‌های دلشون رو خالی کنن. منم می‌رم. آدم بمیره بهتره تا زیر بار خفت و خواری زندگی کنه.

سهراب از سر سفره بلند شد. به طرف مادربزرگش رفت و همین طور که پیشانی‌اش را

می‌بوسید گفت: قربون مامان بزرگ سبزم برم.

خانم تفرجی لبخندی به لب آورد و گفت: خوبه بچه! تو هـم حـالا بـل نگیـر. مـن اینجـوری می‌گم دلیل نمی‌شه که تو هم بری دنبال دردسر بگردی. نمی‌گم نرو. برو، منم میام ولی اعتراض عاقلانه یادت باشه.

فریبا هم با دیدن آن جمع سه نفره همراه بچه‌ها و خانم تفرجی وارد گرد و خاکی شد که در شرف تبدیل شدن به گردباد بود.

دسته‌های مردم معترض گروه گروه به هم می‌پیوستند. خیابان‌ها و کوچه‌هـا پـر از زنـان و مردان جوان و افراد سالخورده بود. نیروهای امنیتی جای جای شهر را پر کرده بودند. بـوی دود و لاستیک سوخته هوا را پر کرده بود. دیگر از سکوت چند روز پیش خبری نبـود. طـوری کـه سهراب به ایمان رو کرد و گفت: وقتی سکوت راه به جایی نمی‌بره، باید فریاد زد. فریـاد از تـه دل. بلکه صدای فریاد مردم از خواب بیدارشون کنه.

ـ فقط حیف اون خون‌هایی که روی زمین گرم برای مقابله با کسایی به زمین می‌ریزه که ذره‌ای تعلق خاطر به اون زمین و خاک رو ندارن.

در اوج زد و خوردها و درگیری‌ها ضربات باتوم بود که همچنان بر سر و صورت مردم فرود می‌آمد... دهان‌هایی که از آنها بوی سرود آزادگی به مشام می‌رسـید خـرد می‌شـد و فریادهـای تظلم‌خواهی ملت در گلو یکی پس از دیگری خفه می‌شد.

فریبا پا به پای خانم تفرجی با ناباوری تمام این صحنه‌هـای دلخـراش را بـه چشـم می‌دیـد. احساس ضعفی شدید در زانوهایش قدرت حرکت را از او سلب کرده بود. برای لحظه‌ای دستش را به دیوار گرفت و با صدایی که انگار از ته چاه در می‌آمد گفت: «مادر! یه دقیقه صبر کـن» و دیگر طاقت نیاورد با دست‌هایش چشم‌هایش را پوشاند و در حالی که سستی زانوهـایش او را بـه زمین می‌کشاند همانجا در کنار دیوار نشست و دیگر اهمیت نداد که کسی دور و اطرافش باشد یا نباشد فقط با صدای بلند های های شروع به گریه کرد.

خانم تفرجی از شدت خشم دندان‌هایش را به هم می‌سایید. از یک طرف می‌خواست به حال و روز مردم بی‌دفاع خون بگرید و از طرف دیگر خودش را کنترل می‌کرد تا اشک نریزد و با خود می‌گفت: «اینها لیاقت اشک مردم رو هم ندارند.»

قطرات اشک دیگر تبدیل به بارانی سیل‌آسا شده و تمام پهنای صورت فریبا را تر کرده بـود. ایمان دستپاچه فریبا را صدا می‌زد: مامان! تو رو خدا حالت خوبه؟ گریه نکن. بیا با مامان تفرجی برگردید خونه.

خانم تفرجی که در کنار فریبا زانو زده بود برخاست. نگاهش را رو به آسمان گرفت و زیر لب گفت: ای خدا! از دین تو و اسم تو چی تو ذهن جوونای ما دیگه باقی مونده؟

اشک‌های فریبا با شنیدن همین شکوه خانم تفرجی بند آمد و یک آن به یاد روز قبل افتاد که حین گردگیری متوجه شده بود که چقدر قرآن ایمان خاک گرفته است.

با پخش شدن گاز اشک‌آور در هوا، سرفه‌های بی‌امان خانم تفرجی شروع شد. حس خفگی و سوزش چشم امانش را بریده بود. دود و فریاد و شلیک و... همه جا بود. فریبا با دیدن تنگی نفس خانم تفرجی در حالی که با دست پشت شانه او را می‌مالید، گفت: مادر! دیدن این صحنه‌ها برات خوب نیست. آسمت داره عود می‌کنه. گاز اشک‌آور همه جا پخشه، تنگی نفست بدتر می‌شه. بیا بریم خونه.

ایمان همین‌طور که صورت مادربزرگ را بین دو دستش گرفته و پیشانی‌اش را می‌بوسید انقباض ماهیچه‌های صورت او و از شدت عصبانیت و خشم را با تماس لب‌هایش حس کرد.

سهراب با التماس گفت: مامان‌جون! تو رو خدا به خاطر من. تنگی نفست بدتر می‌شه. با مامان فریبا برگردید خونه.

سرفه‌های پیاپی خانم تفرجی تمامی نداشت. فریبا بی‌درنگ اسپری تنفسی او را از کیفش بیرون آورد و مقابل دهان او گرفت. بوی آتش و دود و خاکستر همه جا را پر کرده بود. صدای فریادهای مردم که همچنان در برابر آن‌همه خشونت مقاومت می‌کردند لحظه‌ای قطع نمی‌شد. چشم‌ها از شدت گاز اشک‌آور و فلفل جایی را نمی‌دید. اشک‌های ناخواسته بود که به پهنای چهره‌ها سرازیر می‌شد. شدت سوزش حلق و بینی نفس کشیدن را برای همه مشکل کرده بود.

با یورش ناگهانی ماموران ویژه و نیروهای امنیتی مردم چاره‌ای جز فرار نداشتند.

در میان دود و آتش و خون و فریاد، فریبا نگاه پرمهر مادرانه‌اش را که با اندوهی غریب آمیخته بود برای لحظاتی به صورت دو فرزندش دوخت و گفت: شما هم بیایید با ما برگردید. اینجا اعتبار نداره! یه وقت کاری دست خودتون می‌دید!

ـ مامان جون! نگران نباش. ما که تنها نیستیم؛ این‌همه جوون دیگه توی خیابونه و فریاد اعتراضشون بلنده. اگه من و امثال من نمونیم پس کی بمونه؟ کی حرف دلشو بزنه؟

ـ سهراب راست می‌گه مامان! شما با مامان تفرجی برگردید خونه. ما حواسمون جمعه.

ـ پس قول بدید حداقل تا دو ساعت دیگه برگردید. قول می‌دید؟

ـ ببینم چی می‌شه. سعی می‌کنیم زودتر برگردیم.

تنگی نفس خانم تفرجی حالا دیگر به اوج خود رسیده و توان نفس‌کشیدن را از او گرفته

بود. فریبا رویش را به طرف آسمان می‌کرد و زیر لب می‌گفت: «خدایا! به خودت سپردم.» دستش را دور کمر خانم تفرجی حلقه کرد و او را در حالی که خس‌خس سینه‌اش با هر تنفس بلندتر از قبل به گوش می‌رسید به خانه برد.

همین که خانم تفرجی به خانه رسید همانجا روی پله‌ها نشست. فریبا به سرعت برق به آشپزخانه رفت و یک لیوان آب قند با یخ درست کرد و به او داد. تنگی نفس به خانم تفرجی امان نمی‌داد و مدام پشت بند هم سرفه می‌کرد. با وجودی که تمام صورتش از شدت سرفه قرمز شده بود با دست به فریبا اشاره کرد که نگران نباشد. بعد از نیم ساعتی نشستن روی پله‌ها وقتی کم‌کم حالش جا آمد با کمک فریبا وارد اتاق شد. فریبا بلافاصله برای او جا انداخت و کمک‌اش کرد تا روی تشک دراز بکشد.

بعدازظهر خانم تفرجی که احساس کرد حالش کمی بهتر شده است از جا برخاست. فریدون به دلیل شلوغی‌ها و درگیری‌های خیابانی هنوز به خانه برنگشته نبود. فریبا یک لحظه آرام و قرار نداشت. خانم تفرجی نگاهی به چهره نگران فریبا انداخت و گفت من می‌رم با صدرا صحبت کنم بلکه با ایمان یه کاری کنند و از بچه‌ها خبری بگیرند. فریبا بلافاصله برخاست و همین طور که چادرش را سر می‌کرد، گفت: مادر منم باهات میام. اگه تنها بمونم خونه دیوونه می‌شم.

صدرا از صبح همراه ایمان به خیل جمعیت پیوسته بود ولی به خاطر آلودگی شدید هوا به گازهای اشک‌آور و گاز فلفل مجبور شده بود مثل خانم تفرجی با کمک ایمان به خانه برگردد.

فریدون حدود ساعت شش بعدازظهر وقتی به خانه برگشت و هیچ‌کس را در خانه ندید یک راست به سراغ صدرا رفت. به محض دیدن مادرش و فریبا از دم در وارد حیاط شد و در را پشت سرش بست ولی صدرا از او خواست که در را نیمه‌باز بگذارد که اگر احیانا کسی تحت تعقیب و یا در حال فرار بود بتواند به آنجا پناه ببرد. فریدون با دیدن رنگ و روی پریده مادرش و فریبا پرسید: چتون شده؟ این چه قیافه‌ایه؟

فریبا همین طور که اشک‌هایش سرازیر می‌شد در میان هق هق گریه گفت: ایمان و سهراب هنوز برنگشتن!

فریدون که با مشاهده وضع کوچه و خیابان‌ها به وخامت اوضاع پی برده بود دچار نگرانی و دلشوره شد.

مهتاب با آن وضع سنگین که به زور می‌توانست قدم بردارد به طرف فریبا آمد و سعی کرد او را دلداری دهد. ایمان هم رو به فریدون کرد و گفت: دلتون شور نزنه، من الان می‌رم ببینم می‌تونم پیداشون کنم یا نه.

هنوز حرف ایمان تمام نشده بود که قامت ایمان فریدون با سر شکسته در چارچوب در نیمه بازمانده حیاط ظاهر شد و سراسیمه داخل حیاط پرید. فریبا با دیدن ایمان دیوانه‌وار به طرفش دوید و او را با همان سر و کله خونین در آغوش گرفت و گفت خدایا صدهزار مرتبه شکرت.
فریدون با اضطراب از ایمان پرسید: برادرت کو؟
ایمان در حالی که هنوز نفس‌نفس می‌زد، گفت: یه ساعت پیش همدیگر رو گم کردیم. نگران نباشید! سهراب با دوستاش بود. دیگه باید پیداشون بشه.
ـ چه بلایی سر خودت آوردی؟
ایمان با اضطراب گفت: مرتیکه احمق با باتوم داشت دختر جوون مردم رو که افتاده بود توی جوب می‌زد. رفتم جلوشو بگیرم مثل یه سگ هار افتاد به جون من! شانس آوردم بچه‌ها سر رسیدن وگرنه مخم پخش آسفالت شده بود. به زن و بچه هم رحم نمی‌کنند.
فریبا با چشم‌های اشک‌آلود سرش را به آسمان گرفت و زیر لب گفت: خدایا! خودت به خیر بگذرون.
خانم تفرجی که لب حوض نشسته بود برخاست و گفت: خدا لعنتشون کنه که اینجوری به جون مردم بدبخت افتادن. خدا ازشون نگذره. سی سال آزگاره که پدر مردم رو درآوردن ول کن معامله‌ام نیستن.
خانم تفرجی آنقدر با عصبانیت حرف می‌زد که نفهمید به جای حرف دارد فریاد می‌زند. دهانش از شدت خشم کف کرده و صورتش به شدت قرمز شده بود.
فریدون با شنیدن حرف‌های مادرش کناری ایستاد و هیچ نگفت.
صبا در این میان وحشت‌زده دامن مهتاب را چسبیده بود و چشم از سر خونین ایمان برنمی‌داشت. مهتاب با دیدن حال صبا با نگاه به ایمان اشاره کرد که حواس صبا را پرت کند و از ایمان فریدون که هنوز از سرش خون می‌چکید خواست تا با او به خانه برود تا سرش را پانسمان کند.
فریدون در سکوت به آرامی لب حوض آب نشست... برای لحظاتی چشم‌هایش را بست و در زمینه تاریک چشم‌هایش جوان بیست وهفت ساله‌ای را دید که عصا به دست در حالی که سنگینی بدنش را روی پای چپش می‌انداخت به حوض آب نزدیک و در آینه صاف آن خیره می‌شد. چقدر آن جوان دیروز با مرد پنجاه وهشت ساله امروز متفاوت بود. فریدون چشم‌هایش را باز کرد و دوباره بست و این بار درخت شاتوتی را به خاطر آورد که با سربلندی با رنگ میوه‌هایش در کف حیاط رنگ خون آن جوان را استتار کرده بود و حالا همان درخت سربلند،

سرشکسته از تسلیم در برابر خزانی بود که حتی هنوز از راه نرسیده جز مشتی برگ خشکیده بر شاخه‌ها و مشتی ریخته در کف حیاط چیزی برایش باقی نگذاشته بود. فریدون پس از لحظاتی سرش را بالا آورد و به ایمان که همراه مهتاب به سمت خانه می‌رفت، نگاه کرد. چقدر طرح اندام و بدن و صورت ایمان خاطره آن جوان بیست وهفت ساله را برایش زنده می‌کرد.

سر و صداها و فریادها از بیرون همچنان به گوش می‌رسید و دم به دم بر دلهره فریبا می‌افزود.

ایمان با دیدن حال و روز فریبا رو به صدرا کرد و گفت: «من می‌رم دنبال سهراب بلکه بتونم پیداش کنم هر جا باشه توی محله خودمونه.» صدرا شانه ایمان را با ملایمت فشرد و گفت: برو! فقط مواظب باش!

اما فریدون او را از رفتن باز داشت و گفت: ایمان جان! شما بمون من خودم می‌رم دنبالش.

در این حین سر و صداهای داخل کوچه شدت گرفت و دقیقه‌ای بعد قامت خمیده سهراب در چارچوب در نیمه باز نمایان شد. سهراب لنگان لنگان وارد حیاط شد و بلافاصله در را پشت سر خود بست. با ورود سهراب فریبا مثل دانه اسفند از جا پرید و به طرف او شروع به دویدن کرد. شلوار کرم رنگ سهراب از ناحیه پای راست غرق خون بود و سربند سبزش که حالا در خون کاملاً خیس خورده بود هنوز دور سرش خودنمایی می‌کرد. مچ بند سبزش هم درست مثل سربندش از تلفیق رنگ سرخ خون با رنگ سبزش دیگر چندان به سبزی نمی‌زد. سهراب با صورتی سفید مثل گچ دیوار و لب‌هایی که دیگر رنگی برایش نمانده بود با صدایی که انگار از ته چاه شنیده می‌شد ناله می‌کرد.

فریدون، صدرا و ایمان، سهراب را روی دست بلند کردند و روی تخت کنار حوض آب خواباندند. سهراب در حالی که از درد به خود می‌پیچید بریده بریده گفت: بی‌پدرا همین‌جوری روی مردم اسلحه کشیدن. یه مشت از اون مفت خوراشون دنبالم بودن. نمی‌دونم ردم رو گرفتن یا نه.

فریدون با اندوهی که در چشم‌هایش موج می‌زد به قامت سهراب خیره شد و این بار با دیدن سهراب دوباره به یاد همان جوان بیست وهفت ساله، سی و یک سال پیش افتاد. جوانی که تا پای جان به پای حرفش ایستاده بود. جوانی که به خاطر هدفش که با حرف آزادی شروع و به حرف آزادی ختم می‌شد بر پایش گلوله نشسته بود.

برای لحظه‌ای چشم‌هایش را به روی بدن خونین سهراب بست ولی درست در همان لحظه صدای مشت‌های محکمی که به در حیاط می‌خورد و فریادی که می‌گفت «اگه در رو باز نکنید می‌شکنیم‌اش می‌آییم تو» چشم‌هایش را با وحشت از هم گشود.

چشم‌های باز فریدون این بار رد خون سهراب را که تا دم در حیاط کشیده شده بود، دنبال کرد و سپس با حسرت به روی برگ‌های جمع شده و خشکیده شاتوت پیر که تک و توک روی زمین ریخته بود خیره ماند و در یک آن با دیدن آن برگ‌های سرافکنده که به هیچ وجه توان استتار اثر سرخ خون سهراب را نداشتند موج اندوه ساحل نگاهش را تا انتها در برگرفت.

صدای ضربه‌هایی که به در می‌خورد آنقدر بلند بود که به نظر می‌آمد هر آن ممکن است آن در قدیمی از جای در بیاید.

صدرا و فریدون با هم نگاهی رد و بدل کردند.

فریدون که در شرایط روحی خوبی نبود گفت: فکر کنم رد سهراب رو گرفتن. چه‌کار کنیم! کجا قایمش کنیم؟

هنوز حرف فریدون تمام نشده صدرا با ناباوری جوانی را دید که از دیوار خانه بالا کشیده و همین‌طور که شاخه‌های خشک شاتوت پیر را از سر دیوار به زیر پاهایش خرد می‌کرد داخل حیاط پرید و به ثانیه‌ای در حیاط را در برابر چشم‌های حیرت‌زده و خشمگین آن جمع به روی همراهش باز کرد.

سهراب با شنیدن صدای فریادها و ضرباتی که به در خورده بود، سرش را به سختی از روی تخت بلند کرد ولی وقتی چشم‌های بی‌فروغش به آن دو نفر افتاد ناامید اجازه داد تا سرش بی‌رمق به روی تخت بیفتد.

صدرا با عصبانیت به آن دو نفر نگاهی انداخت و گفت: چطور جرأت می‌کنید بدون اجازه مردم وارد خونشون بشید؟

جوانی که در حیاط را به روی همراهش باز کرده و به نظر بیست سال بیشتر نداشت به محض دیدن قامت بی‌رمق سهراب روی تخت با صدایی هیجان‌زده رو به همراهش فریاد زد: دیدی گفتم! کره خر اینجا تو سوراخ موش قایم شده. خودم رد تن لشش رو گرفتم. تو خیابون گوالشو باز کرده بود و هی زر و زر می‌کرد حالا از ترسش ریده به جاش.

و با گفتن این حرف باتومی را که به دست داشت زیر بغل زد و از پشت بیسیمش با صدای بلند گفت: «حاجی پیداش کردیم. تو همون کوچه‌ای که گفتم» و سپس به طرف در حیاط رفت و از بیرون به پلاک خانه نگاهی انداخت و ادامه داد: پلاک پنجاه وهفته حاجی. یه خونه بزرگه در حیاطشم بازه. راحت پیداش می‌کنی.

جمع حاضر در حیاط با دهان باز مانده از تعجب به دو تازه وارد که پیراهن‌هایشان را روی شلوار داده و چفیه به دور گردنشان بسته بودند چشم دوخته بودند.

صدرا دوباره با عصبانیت فریاد زد: گفتم چطور جرات می کنید بدون اجازه وارد خونه مردم بشید؟

تازه وارد دیگر که مردی چهل ساله به نظر می‌رسید به آرامی در جواب صدرا گفت: متاسفم! ولی وقتی در رو باز نمی کنید مجبوریم به زور متوسل بشیم.

فریدون به آرامی پرسید: مجبوریم یعنی چی؟

ـ این آقازاده سردسته یه مشت جوون خرابکاره. ما مسؤول حفظ نظم جامعه‌ایم.

فریدون دوباره با لحنی که سعی می کرد آرام باشد پرسید: مسؤول حفظ نظم جامعه؟ با اسلحه کشیدن روی مردم؟

ـ ما ماموریم و معذور.

ـ چقدر آدم باید کشته بشه که شماها بفهمید این راه رعایت نظم نیست.

در این لحظه فریبا با عصبانیت و بغض در حالی که با دست‌های آغشته به خون سهراب چادرش را درست می کرد، فریاد زد: شما که دین و قرآن سرتون می‌شه. آخه غیرت و انصاف و جوونمردیتون کجا رفته؟

ـ کسی که گوه پس میندازه تحویل جامعه می‌ده حالا باید چوبشم بخوره.

در این لحظه همراه جوان با عصبانیت با دست به پهلوی او زد و گفت: دهنتو ببند. خجالت بکش! این دریوری‌ها چیه که می گی؟

ـ چیه؟ یادت رفته تا نیم ساعت پیش تو خیابون سردسته یه مشت کره خر بود؟ بذار حاجی بیاد اونوقت معنی زرزرکردن رو یادش می‌ده.

مرد تازه وارد رو به فریدون کرد و گفت: ما فقط سعی‌مون اینه که جلوی اغتشاش رو بگیریم. اصلاً قصد آزار و اذیت مردم رو نداریم.

ـ گوه خورده اومده تو خیابون شلوغش کرده یه مشت رو هم دنبال خودش راه انداخته. باید گلوله به جای پاش به کله پوکش می‌خورد تا برای دیگران درس عبرت بشه.

مرد تازه وارد با صدایی نجوا مانند رو به جوان کرد و گفت: بس کن دیگه. حرف دهنتو بفهم.

ـ بذار حاجی بیاد خودش خدمتش می‌رسه.

در همین گیر و دار قامت فردی که جوان به عنوان حاجی از او یاد می کرد در چارچوب در نمایان شد.

حاجی که درست مثل دو نفر دیگر لباس شخصی به تن داشت و بیشتر صورتش با انبوه

ریش خاکستری پوشیده شده بود وارد حیاط شد. نگاه ایمان یک لحظه بر چهره او خشکید. ایمان آن چهره را حتی تا لحظه مرگ هم فراموش نمی‌کرد. آن چشم‌ها که تا جایی که ایمان به یاد می‌آورد همیشه مظهر نفرت بود متعلق به کسی بود که یک سال از دوران سربازی او را به جهنمی سوزان بدل کرده بود. درست دیده بود. موهای حاج فتحی هنوز به همان کوتاهی بود ولی کاملاً خاکستری شده بود.

گره ابروهای حاج فتحی در نظر ایمان انگار با گذشت زمان به گره کوری تبدیل شده بود که دیگر به هیچ رقمی باز شدنی نبود. اما آن چشم‌ها هنوز همان چشم‌هایی بود که از نظر ایمان معجون عداوت، تمسخر و بدبینی را مثل تیرهای کشنده رها شده از چله نگاه غضبناکش حواله نگاه مخاطبین‌اش می‌کرد. خصوصاً اگر مخاطبین‌اش از دیدگاه او در زمره یاران امام زمان نمی‌گنجیدند.

ایمان چند گام به سمت حاج فتحی برداشت و تمام قد در مقابل او ایستاد. حاج فتحی با نزدیک شدن ایمان بلافاصله او را شناخت و با لبخندی تمسخرآمیز گفت: به‌به! پارسال دوست امسال آشنا! برادر بسیجی همرزم.

ایمان با خشم به چشم‌های حاج فتحی که معجون نفرت و تمسخر با هم در آن موج می‌زد نگاه کرد و گفت: من هیچ وقت بسیجی نبوده و نیستم و نخواهم بود.

با این حرف ایمان جوان اولی با تندخویی رو به ایمان کرد و گفت: حرف دهنتو بفهم آشغال. با حاجی درست صحبت کن. انگار تنت می‌خاره!

حاج فتحی با انگشت‌های پشم‌آلود و فربه‌اش به جوان علامت سکوت داد و خطاب به ایمان گفت: بهت گفته بودم شهادت سعادت می‌خواد! می‌دونستم که تو و اون رفیق از خدا بی‌خبرت جون سالم به در می‌برید و آخ نمی‌گید.

این بار نوبت ایمان بود که با نگاهی تمسخرآمیز به حاج فتحی بنگرد. بی‌آن که آرامش‌اش را از دست بدهد گفت: حاجی! خودتم که بزنم به تخته آخ نگفتی. پس تو هم لایق نبودی هان؟

جواب صریح ایمان خون حاج فتحی را به جوش آورد ولی حرفی هم در جواب ایمان نداشت. به همین خاطر بلافاصله موضوع را عوض کرد و گفت: ما اومدیم این نمک به حروم رو که تا نیم ساعت پیش تو خیابون سردسته یه مشت اراذل و اوباش و بچه سوسول از خدا بی‌خبر بود ببریم؛ با کس دیگه‌ای هم کاری نداریم.

فریدون که به ذهن خود فشاری می‌آورد تا شاید حاجی را بشناسد گفت: از پای این بچه

همین‌جوری خون داره میره. این بچه به دوا درمون نیاز داره.

ـ اگه می‌خواید زودتر به دوا درمون برسه بذارید زودتر از اینجا ببریمش.

و سپس رو به همراهانش کرد و گفت: بجنبید! زودتر این نمک به حروم رو از اینجا ببریدش!

صدای فریدون این بار با خشم محکم‌تر از قبل بلند شد: این جوونی که تو اینجوری ازش حرف می‌زنی پسر منه. چطور جرأت می‌کنی به هموطن خودت اینطور بی‌احترامی کنی؟

حاج فتحی با لبخندی تمسخرآمیز گفت: تو باید از خودت خجالت بکشی که ادعای پدری این تحفه رو بکنی. این علقه مضغه باید بره از فرزندان گمنام آقا امام زمان یاد بگیره. به جای اینکه الان پابوس ولایت فقیه باشن مثل یه مشت بی‌پدر و مادر ریختن تو خیابون. از وجود همین تفاله‌هاست که آقا در ظهورشون تعجیل نمی‌فرمایند.

در این لحظه جوان که طاقتش تمام شده بود در حالی که با باتومش کف دستش ضربه می‌زد گفت: حاجی! اصلاً می‌خوای همین‌جا بزنم مخ سبز لجنی‌اش بیاد تو دهنش؟

فریدون حرف جوان را نشنیده گرفت و خطاب به حاج فتحی گفت: تویی که این‌قدر نگران ظهور آقا امام زمان هستی یه نگاه به خودت بنداز. اینه رسم مسلمونی؟ شماها که با تظاهر به اسلام کردنتون همه رو از دین بری می‌کنید!

فریبا در حالی که رنگ به چهره نداشت با گریه وسط حرف فریدون پرید و گفت: حالا که وقت این حرفا نیست. این بچه افتاده به خونریزی. یه کاری بکنید.

جوان اولی که کاسه داغ‌تر از آش بود گفت: نترسین! داره جایی میره که روزی صد دفعه ننه‌اش را یاد کنه. مگه اینکه تو هلفتونی تواب بشه و به گه خوردن بیفته.

ایمان از پشت پنجره اتاق با دلی پر خون به آن صحنه‌ها نگاه می‌کرد تا جایی که دیگر نتوانست تاب بیاورد و بلافاصله به سمت در اتاق رفت که به حیاط برود ولی مهتاب با چشم‌های اشک‌آلود پیراهن او را از پشت گرفت و التماس‌کنان گفت: ایمان جان! خواهش می‌کنم. می‌دونم، می‌دونم چی می‌کشی. می‌دونم چقدر دلت می‌خواد با همین دستا تیکه پارشون کنی ولی تو رو خدا فکر پدر و مادر بیچاره‌ات رو هم بکن. بری تو حیاط با این سر و وضع تو رو هم می‌گیرن.

ایمان در حالی که تمام اعضای بدنش از شدت خشم می‌لرزید از حرکت ایستاد و پس از لحظاتی مکث دوباره پشت پنجره رفت و نگاهش را به قامت برادر که بی‌رمق روی تخت افتاده و زیر پایش منداب خون بسته بود دوخت و دهانش برای کشیدن فریادی فرو خورده در طی

سال‌های متمادی از هم باز شد ولی فریاد خشمش در لابه‌لای تارهای فلج شده اعتراض در حلقومش به سکوتی تلخ و عذاب‌آور تبدیل شد. سکوتی که آتشش نه تا اعماق دل ایمان بلکه تا اعماق دل مهتاب را هم سوزاند. درماندگی یک برادر در پشت شیشه‌هایی که می‌توانست با یک فریاد خشمش به راحتی فرو بریزد در نگاه مهتاب بسیار حزن‌آور بود. برادر بزرگ‌تری که با تمام وجود در آن لحظه می‌خواست تکیه‌گاه باشد. همراه باشد، برادر بزرگ‌تری که سهراب یک عمر به او اقتدا کرده بود و حالا ایمان می‌دید که درست در لحظه‌ای که می‌بایست برایش محکم‌ترین تکیه‌گاه باشد تکه چوبی به جای او پشتیبان بدن بی‌رمق برادر شده است.

خانم تفرجی تا آن لحظه به خودش سخت فشار آورده و در برابر تمام فحاشی‌ها و اهانت‌ها دندان روی جگر گذاشته بود تا بلکه دلشان نرم شده و دست از سر سهراب بردارند ولی با دیدن وضع وخیم سهراب با آن شدت خونریزی و درد بیش از این طاقت نیاورد. روسری‌اش را از سر برداشت و آن را بالای محل گلوله خورده پای سهراب محکم گره داد و سپس با خشم به حاج فتحی نزدیک شد و گفت: تو بودی که رفتی جبهه و جنگیدی؟ تویی که به هموطن خودتم رحم نمی‌کنی چه جوری از وطنت دفاع کردی؟

حاج فتحی با حرکت خانم تفرجی و فریادهای خشمش چنان غافل‌گیر شده بود که بدون کوچک‌ترین حرکتی فقط به او نگاه می‌کرد که یک مرتبه جوان ناغافل به طرف او خیز برداشت و همین‌طور که خانم تفرجی را به عقب هل می‌داد فریاد زد: بزنم همین‌جا مختو ولا کنم که با موزاییک یکی بشه؟

خانم تفرجی با فشار جوان تعادلش را از دست داد و از پشت به زمین افتاد. فریدون بی‌درنگ به سمت مادرش دوید و او را با کمک صدرا از زمین بلند کرده و آهسته آهسته به طرف تخت کنار حوض برد و در حالی که تمام وجودش از درون از شدت خشم می‌لرزید او را روی تخت کنار سهراب خواباند.

در این لحظه مرد همراه، طاقت نیاورد و بازوی جوان را محکم گرفت و با عصبانیت فریاد زد: بس کن دیگه! دهنتو باز می‌کنی هر دری وری که می‌خوای می‌گی. آبروی هر چی مسلمونه بردی. تو با این وضعی که پیش گرفتی دیگران رو جری‌تر می‌کنی. از خودت خجالت بکش. چطور به خودت اجازه می‌دی که به یه خانم مسن این طوری اهانت کنی؟

صدرا که درست مثل خانم تفرجی با وجود آن‌همه هتاکی و اهانت به خاطر نجات سهراب سکوت اختیار کرده بود با دیدن وضع خانم تفرجی دیگر تاب نیاورد و در حالی که دندان‌هایش را از خشم به هم می‌سایید با دو قدم بلند خود را به جوان رساند و یقه پیراهنش را در دست

گرفت، جوان غافل‌گیر شده باتومش را جلو آورد تا به کمک آن دست صدرا را از یقه‌اش پس بزند ولی انتهای باتومش تصادفی به پیشانی صدرا خورد و ناگهان خون از بالای ابروی شکافته‌شده‌اش به روی پیراهن کرم رنگ و دست‌هایش سرازیر شد. صبا در حالی که پشت ایمان پنهان شده بود همین که چشمش به پیشانی غرق خون پدربزرگ افتاد. با صدای بلند به گریه افتاد.

صدرا که متوجه وحشت صبا شده بود در حالی که به پیشانی‌اش فشار می‌آورد که خونریزی‌اش را کم کند بلافاصله به طرف او رفته و با ملایمت از او خواست آنجا نایستد و به خانه برود.

این بار نوبت ایمان بود. عقده‌های یک سال سربازی‌اش از یک طرف و دیدن سر شکسته پدرش و وضع سهراب و خانم تفرجی از طرف دیگر زمین و زمان را مقابل چشم‌هایش تیره و تار کرد و به سمت حاج فتحی دوید و یقه پیراهنش را با دست در چنگ گرفت و با چشمانی که حاج فتحی را به وحشت انداخته بود به او خیره شد و گفت: خوب چشمات رو باز کن و به این خونی که از پای این بچه میره نگاه کن. این بهای زندگی کردن یک جوون تو رویای آزادیه. آزادی‌ای که تو و امثال تو ازشون دریغ کردید. خوب چشمات رو باز کن و به خاکی که خون این بچه روش ریخته نگاه کن. خاکی که دیگه عادت کرده به جای آب با خون سبز بمونه. مظفر و امثال مظفرها برای چی خونشون رو فدای این خاک کردن. برای اینکه هموطناشون و نسل‌های بعدی توی هوای آزادی زندگی کنن. والا چه فرقی می‌کرد که این وطن به دست دشمن بیفته یا به دست کسی که به خون هموطن تشنه است. اگر یک جو غیرت و جوونمردی توی وجودت باشه باید با دیدن پای خونی این بچه دلت به رحم بیاد. این رو بفهم که خون هموطن همون اندازه مقدسه که خاک وطن. این بچه که ...

جوان این بار قبل از اینکه ایمان جمله‌اش را تمام کند به طرف او حمله آورد ولی قبل از اینکه دستش به ایمان برسد مرد همراه جلویش ایستاد و مانع حمله‌ور شدنش به ایمان شد. حاج فتحی در حالی که یقه‌اش را از چنگ ایمان در می‌آورد، گفت: از اولم گفتم ما با شما کاری نداشتیم فقط اومده بودیم اینو ببریم. اگر از همون اول مانع کارمون نمی‌شدید این اتفاقا نمی‌افتاد.

چشم‌های سهراب از شدت درد و خونریزی کم کم روی هم می‌رفت. فریدون با دیدن حال سهراب تمام قد روبه‌روی حاج فتحی قرار گرفت و نگاهش را در نگاه او دوخت. آن دو نگاهی که شاید تا دیروز از یک زاویه به‌روی واقعیت‌های جامعه بسته شده بود حالا از دو زاویه کاملاً متفاوت خیره به عمق تفاوت‌ها از هم باز شده و در هم گره خورده بود.

فریدون همان طور ایستاده در برابر حاج فتحی با لحنی محکم گفت: اجازه نمی‌دم. نمی‌گذارم ببریدش.

صدرا همچنان که از پیشانی شکافته شده‌اش خون می‌چکید نگاه ناامیدش را به صورت سهراب دوخت. سهراب چشم‌های بی‌حال خود را دوباره گشود و درست مثل اینکه چیزی را به خاطر آورده باشد دست راستش را که غرق خون بود در جیب پیراهن‌اش کرد و کاغذ تا شده‌ای را از درون آن بیرون آورد و آن را به سمت صدرا دراز کرد. صدرا دستش را از محل خونریزی پیشانی‌اش برداشت و در کنار سهراب لب تخت نشست. قامت فریدون همچنان ایستاده در مقابل حاج فتحی مانع از جلب توجه کسی به سمت صدرا و سهراب می‌شد. سهراب در حالی که کاغذ را به صدرا می‌داد با کلماتی بریده بریده گفت: عمو صدرا! هنوز بیت آخرش مونده. برام تمومش می کنی؟

ضعف مجالش نداد و قبل از اینکه صدرا کاغذ را از دست سهراب بگیرد دستش بی‌حس روی تخت افتاد.

اشک و خون از چهره تکیده صدرا جاری بود. با انگشت‌های غرق خون کاغذی را که اثر انگشت‌های خونین سهراب بر آن نقش بسته بود از لای انگشتانی که حالا بی‌حرکت روی تخت افتاده بود بیرون آورد و آن را به سرعت در جیب‌اش پنهان کرد.

فریبا خم شده روی سهراب پیشانی‌اش را به پیشانی یخ کرده و عرق‌آلود او چسبانده و همچنان به پهنای صورتش اشک می‌ریخت.

حاج فتحی با حرکت دست به فریدون گفت: از سر رام برو کنار. این مملکت قانون داره. هردنبیل که نیست.

خون فریدون با شنیدن کلمه قانون از زبان حاج فتحی به جوش آمد و با عصبانیت فریاد زد: تو یکی دیگه برای من از قانون حرف نزن. من تمام زیر و بم قانون رو تو این مملکت از بحرم. ریختن تو خونه مردم بدون اجازه، تو قانون تو مجازه؟ کجای قانون می‌گه با هموطنت اینطور رفتار کنی؟ تو چطور به خودت اجازه می‌دی با کسی که تو این وضع بحرانیه اینطور برخورد کنی. شما هیچ حقی برای بردن بچه من ندارین. ما هم دیگه اونقدر تو این مملکت بی‌کس و کار نیستیم.

هنوز حرف فریدون تمام نشده بود که جوان از زیر پیراهنش که روی شلوارش داده بود اسلحه‌ای را بیرون آورد و لوله آن را روی شقیقه او گذاشت و گفت: از سر راه حاجی می‌ری کنار یا بزنم مخت بیاد تو دهنت؟ هیچ می‌دونی برای کشتن شماها فرشته‌ها چقدر حسنه

می‌نویسن. خون تو و امثال تو مباح مباحه.

فریدون سردی لوله اسلحه را روی شقیقه‌اش و سردی نگاه جوان را روی هویت فراموش شده‌ای به اسم هموطن و هم‌خون تا اعماق وجودش حس کرد. وقتی فریدون در چشم‌های آن جوان نگاه کرد هیچ گونه اثری از تردید و دودلی ندید. فریدون در آن چشم‌ها انعکاس آینه‌وار ذهنیتی را دید که همیشه از باور وجودش طفره رفته بود. آن چشم‌ها بیان‌گر ذهنیتی بود که به انسان‌هایی مانند فریدون و سهراب و ایمان به چشم دشمنان دین خدا و به انسان‌هایی نظیر حاج فتحی به چشم مردان خدا که در صدر بهشت مکان دارند نگاه می‌کرد. ذهنیتی که به مردم به چشم موجوداتی بی‌اراده و بی‌اختیار بدون داشتن کوچک‌ترین حقی برای تصمیم‌گیری در زندگی‌شان می‌نگریست. درست مثل یک گله گوسفند که به امر چوپان به آغل باز می‌گردند و به امر چوپان در موعد مقرر ذبح می‌شوند و حالا سردی‌ای که در آن نگاه موج می‌زد به فریدون می‌فهماند که به اعتقاد آن جوان گرفتن دسته چاقو برای ذبح کردن و سلاخی کردن درست مثل گرفتن کلید در بهشت است.

فریدون با همان یک نگاه در آن چشم‌ها همه را تا آخر خواند. چشم‌های فریبا که همچنان به پهنای صورتش می‌بارید به صورت فریدون خیره مانده بود و لوله اسلحه همچنان شقیقه او را لمس می‌کرد.

در این لحظه مرد همراه دیگر طاقت نیاورد. دوباره قدمی به سمت حاج فتحی برداشت و با لحنی محکم و جدی گفت: «حاجی! من همیشه به شما به چشم انسانی با ایمان نگاه کردم. انسانی که با خداست و همیشه خیرش به دیگران می‌رسه. حاجی! این حرکات و رفتارها سزاوار نیست. هر چی باشه هموطنن! حاجی! خواهش می‌کنم شما هم دیگه کوتاه بیایید» و سپس رویش را به جوان کرد و با تحکم گفت: تو هم اسلحه‌ات رو بیار پایین. خجالت بکش. تو چه حقی‌داری که بی‌خودی روی مردم اسلحه می‌کشی؟ مگه اونی که تو دستته اسباب‌بازیه؟

صدای حاج فتحی دوباره بلند شد: من از اولم گفتم ما قصد اهانت به کسی رو نداریم اگه اینو زودتر از اینجا ببریم هم اون زودتر به دوا درمون می‌رسه هم به کسی توهین نمی‌شه. زودتر بجنبید ببریدش.

مرد همراه در حالی که سرش را پایین انداخته بود از جایش تکان نخورد. حاج فتحی وقتی امتناع او را از بردن سهراب دید خودش دست به کار شد و همچنان که بوته‌های کوچک رزی که صدرا چند روز پیش کاشته بود و غنچه‌های نورسشان تازه از روی ساقه‌های کوتاهشان نوک زده بود زیر بار قدم‌های او و جوان دیگر له می‌شدند بلافاصله بدون کوچک‌ترین توجهی به چیز

دیگری زیر بازوهای سهراب را گرفته و بدن بی‌رمق او را از روی تخت پایین کشیدند. با پایین کشیده شدن بدن سهراب کمر شمعدانی که صدرا دو روز قبل در باغچه کنار تخت کاشته بود و کپه گل قرمزش در زیر نور آفتاب مثل گل ابریشم برجسته روی قالی خودنمایی می‌کرد، شکست و همراه دست سهراب آن هم به خاک افتاد.

بدن سهراب را همان طور روی کاشی‌های حیاط پشت سر خود کشاندند. خونی که هنوز از پای سهراب می‌رفت درست مثل خطی ممتد تا دم در حیاط کشیده شد و درست مانند رودی با جریانی جاودانه برای همیشه در صفحه ذهن آشفته آن جمع خصوصاً صبای کوچک که پشت پنجره اتاق چشم از حیاط برنمی‌داشت، حک شد.

به محض خروج حاج فتحی و جوان، مرد همراه نگاهی اندوه‌بار به فریدون انداخت و زیر لب گفت: «من واقعاً شرمنده‌ام» و با گفتن این حرف دیگر آنجا ایستادن را جایز ندانست و از در بیرون رفت. حاج فتحی و جوان دیگر بلافاصله پس از خروج از حیاط بدن نیمه جان سهراب را به چشم به هم زدنی مثل گوشت سلاخی شده به درون ماشینی که داخل کوچه پارک بود، پرت کردند. خیلی زود اتومبیل حامل سهراب با سرعتی سرسام‌آور به راه افتاد و آنچه که در آن لحظات آخر در آن گرگ‌ومیش هوا در چشمان حسرت‌زده فریدون و فریبا، صدرا و ایمان تا محو کامل اتومبیل نقش بست کاغذ چاپی پشت شیشه ماشین بود که به خط درشت نوشته بود: یا مهدی ادرکنی عجل علی ظهورک.

فریدون و فریبا هر دو از شدت شوک وارده نه توان حرف زدن داشتند و نه یارای حرکت. در چارچوب در خانه صدرا مثل دو مجسمه ایستاده و با حسرت دور شدن اتومبیل حامل سهراب را تماشا کردند. زمانی که نوشته یا مهدی ادرکنی از مقابل چشم‌های‌شان به کلی محو شد فریبا در آخرین لحظات غروب آفتاب دوزانو در مقابل در از پا افتاد.

صدرا با دلی که از شدت اندوه به اندازه تمام کوه‌های عالم سنگینی می‌کرد با قدم‌های لرزان از دم در به سمت خانم تفرجی که روی تخت کنار حوض افتاده بود نزدیک شد. موهای خاکستری رنگش روی شانه‌هایش ریخته بود و دست‌هایی که طراوتش را گذر زمان به یغما برده بود بی‌حرکت در کنارش مانده بود. صدرا در حالی که با یک دست عینکش را برمی‌داشت و با دست دیگر آثار اشک و خون را از روی چشم‌هایش پاک می‌کرد به آرامی در کنار خانم تفرجی نشست و گفت: نگران نباش! فردا صبح اول وقت با فریدون برش می‌گردونیم.

ولی خانم تفرجی در جواب صدرا نه چشم‌هایش را باز کرد نه اشک ریخت و نه حرفی زد.

صدرا سرش را پایین انداخت و زیر لب گفت: خدا لعنتتون کنه که جون مردم رو به لبشون

رسوندید و سپس از پهلو به صورت تکیده خانم تفرجی نگاه کرد. پس از چند ثانیه متوجه شد که نیمه‌راست صورتش کاملاً کج شده و آب دهانش از گوشه سمت راست دهانش سرازیر است. هر دو بازوی خانم تفرجی را گرفت و تکان داد و او را با نام صدا کرد، ولی هیچ گونه عکس‌العمل یا جوابی نشنید. ایمان و مهتاب به همراه صبا که سراسیمه به حیاط برگشته بودند با صدای بلند صدرا که خانم تفرجی را صدا می‌کرد به طرفش دویدند.

بغض فریدون با دیدن صورت کج شده مادرش ترکید. درست مثل صدرا بازوی او را گرفت و تکان داد ولی هیچ عکس‌العملی از جانب مادرش ندید. ایمان با سر باندپیچی شده در حالی که بغضی سخت در گلویش نشسته بود با ناباوری گفت: مامان تفرجی سکته کرده!

فریدون فقط به ایمان نگاه کرد و هیچ نگفت ولی صدای گریه فریبا دوباره بلند شد و زیر لب به خدا شکوه کرد و گفت: «خدایا! این چه مصیبتی بود که ما و این مردم رو بهش گرفتار کردی؟ فقط به خودت واگذار می‌کنم» و دوباره هق هق امانش نداد تا بیش از این به خدای خود گلایه کند.

مهتاب با نگرانی همین طور که انگشتانش را روی پیشانی صدرا می‌کشید، گفت: پدر جون! این زخم بخیه احتیاج داره.

ـ زخم من مهم نیست. فعلا وضع خانم تفرجی مهم‌تره باید برسونیم‌اش بیمارستان.

ایمان با چشم‌هایی گریان سر باند پیچی شده‌اش را بر سینه مادربزرگ گذاشت و بدون کلمه‌ای مثل کودکی که با اشک شکایتش را به مادرش می‌برد روی سینه او اشک ریخت.

فریدون همچنان که سعی می‌کرد به خود مسلط شود دستپاچه به صدرا گفت: باید ببریم‌اش بیمارستان. باید ببریم‌اش بیمارستان.

هر دو ایمان‌ها به همراه صدرا و فریدون با عجله بدن بی‌تحرک خانم تفرجی را بلند کرده و او را روی صندلی عقب ماشین خواباندند. فریدون همچنان که درماندگی از سر و رویش می‌بارید با چشم‌های تر به ایمان رو کرد و گفت: پسرم! تو پیش مامانت بمون. مراقبش باش! نمی‌خواد با ما بیایی. من خودم مامان رو می‌برم بیمارستان.

و در حالی که سر خانم تفرجی را بر زانو می‌گرفت روی صندلی عقب ماشین نشست. با دور شدن آنها منظره سی و یک سال پیش در ذهن پیر حیاط خانه صدرا تکرار شد. با بسته شدن در خانه صدرا لرزش زانوهای فریبا درست پشت در او را به زمین انداخت.

سی و یک سال پیش زانوهای خانم تفرجی پشت سر فریدون جلوی در او را بر زمین کوبیده بود و حالا فریبا بود که درست در همان نقطه و در همان حال از پا افتاده بود.

ایمان با دیدن مادرش با آن حال بدن او را که از شدت گریه می‌لرزید در آغوش گرفت و هم‌صدا با مادرش گریه را سر داد. مهتاب متاثر با قلبی به هم فشرده همراه صبا که از دیدن تمامی صحنه‌های رخ داده شوکه شده بود به آن منظره تلخ و دردناک نگاه می‌کرد و نمی‌توانست جلوی اشک‌هایی را که سد خودداری او را شکسته بود، بگیرد. احساس خفگی کرد. طنین صدای گریه‌های سوزناک فریبا مثل پتکی سنگین بر سرش محکم فرود می‌آمد. هر آه فریبا هر قطره اشک فریبا هر ضجه و ناله او حکایت از عمق جراحت آن دل سوخته داشت.

در حالی که دست یخ‌کرده صبا را در دست داشت با چشم‌هایی اشک‌آلود با خود فکر کرد چقدر تعداد فریباهای ایران زیاد است. فریباهایی که آهنگ سوزناک تظلم‌خواهی‌شان به درگاه خدا حتی دل فلک را هم به درد می‌آورد. فریباهایی که شب و روزشان با اشک و آه عجین شده است.

فصل شصت و هفتم

فریدون در تمام طول مسیر بیمارستان چشم از صورت مادر برنداشت. چقدر آن صورت در نظرش تکیده آمد. موهای خاکستری مادرش را با دست نوازش داد و سپس دست بی‌حس او را گرفت و زبری کف دست‌های او را لمس کرد. زبری انگشت‌های مادر در لمس انگشتان فریدون مثل حس زبری یک مرجان در لمس آرام آب بود. دست‌هایی که بیست و هفت سال حسرت لمس تنها فرزندش را یدک کشیده بود. دست‌هایی که با گریه‌های ظریف نوزادان خنده‌های شیرین را بر لب‌های دیگران نشانده بود. دست‌هایی که یک عمر با گسستن ریسمان ظریف یک پیوند موقت درونی ریسمان محکم یک پیوند پایدار را بافته بود.

فریدون گرفته و غمگین یک‌بند زیر لب تکرار کرد: یه کم دیگه طاقت بیار الان می‌رسیم. یه کم دیگه طاقت بیار.

دو ساعت نشستن و با اضطرب طول و عرض اتاق انتظار را طی کردن به درازای یک روز بر فریدون گذشت تا سرانجام پزشک معالج خانم تفرجی نزد آن‌ها آمد و توضیح داد که خانم تفرجی سکته مغزی وسیعی کرده و هم‌اکنون در کما است. به خدا توکل کنید و صبور باشید.

فریدون پس از صحبت‌های پزشک که مثل یک مشت الفاظ درهم و بر هم و بی‌معنی آمد به آرامی در حالی که به کف‌پوش اتاق انتظار که در بعضی قسمت‌ها کنده شده بود نگاه می‌کرد روی صندلی نشست.

موج آرام اندوه که تا آن لحظه در چهره و چشمانش ساحل صبر و تحملش را می‌فرسود رفته رفته مبدل به توفان بی‌امان خشم شد که حالا با قدرت هر چه تمام‌تر بر ساحل صبرش می‌کوبید.

پنجه دست‌هایش که روی زانوهایش گذاشته بود آرام آرام جمع شد و مبدل به مشتی گره کرده شد. با وجودی که صدرا خود آرام و قرار نداشت به خاطر فریدون سعی کرد خودش را کنترل کرده و آرامش‌اش را حفظ کند. به آرامی در کنار فریدون نشست و دستش را روی شانه‌اش گذاشت و با لحنی تسلی‌بخش گفت: فریدون جان! به خدا توکل کن. انشاءالله حال مادرت بهتر می‌شه. مادرت زن سرسختیه به این راحتی‌ها تسلیم بشو نیست. فردا هم اول وقت می‌ریم دنبال سهراب، پیداش می‌کنیم و برش می‌گردونیم خونه.

چقدر فریدون دلش می‌خواست که دلگرمی‌های صدرا را باور کند. باور کند که حال مادرش خوب می‌شود و سهراب سالم به خانه برمی‌گردد ولی فراموش نکرده بود که در عالم واقعیت‌ها دنیا همیشه بر وفق مراد نمی‌چرخد و گاهی سربالایی‌هایش آنقدر سنگلاخی است که تا چندین بار صبر نکنی نایستی و نفسی تازه نکنی نمی‌توانی پیشتر بروی.

صدرا و ایمان تا نیمه‌های شب پیش فریدون ماندند و بالاخره بعد از اینکه به اجبار ایمان پیشانی صدرا هم بخیه خورد و پانسمان شد با اصرار زیاد فریدون بیمارستان را ترک کردند.

فریدون تا صبح لحظه‌ای چشم برهم نگذاشت. صدرا و ایمان صبح زود همراه فریبا دوباره به بیمارستان برگشتند. فریبا با التماس از فریدون خواست که به خانه برود و بعد از کمی استراحت جویای سهراب بشود تا بلکه بتواند از او خبری بگیرد.

فریدون قبل از رفتن یک بار دیگر نگاه ناامید و خسته‌اش را از پشت شیشه به مادرش دوخت و همراه صدرا و ایمان آنجا را ترک کرد.

قدم به خانه که گذاشت سایه سنگین سکوت را روی سرش حس کرد. تا آن لحظه هیچ وقت خانه را آنقدر ساکت و دلگیر ندیده بود. خصوصاً که حضور سهراب به آن خانه رنگ و جلای خاصی می‌بخشید. فریدون روی فرش دراز کشید و با بازویش چشمانش را پوشاند. ایمان که متوجه آمدن پدرش شده بود در آستانه در ایستاد و همین طور که سرش را به چارچوب در تکیه می‌داد نگاهش را به قامت دراز کشیده پدر دوخت. چقدر دلش می‌خواست که مثل کودکی هفت ساله خودش را در آغوش پدر بیندازد و دست نوازش پدر را روی سرش احساس کند. ولی دست روزگار چنان بین آن دو جدایی افکنده بود که ایمان آخرین نوازش دست پدر را به خاطر نمی‌آورد.

پس از لحظاتی خیره به پدر به آرامی بالشی را کنار سر فریدون گذاشت و ملافه نازکی را روی او کشید و از اتاق بیرون رفت. فریدون هیچ حرکتی نکرد. طوری که ایمان تصور کرد که او از شدت خستگی به خوابی عمیق فرو رفته است. ولی فریدون کاملاً بیدار بود. بی‌اطلاعی از

وضع سهراب لحظه‌ای خواب را به چشم‌هایش راه نمی‌داد. کشیده شدن ملافه به رویش را خیلی خوب احساس کرد. ملافه‌ای که وقتی به رویش افتاد مهر پدری به خواب رفته‌اش ناگهان بیدار شد. قلب فریدون برای لحظه‌ای درهم فشرده شد. چقدر در طی این سال‌ها به ایمان سخت گرفته بود. کاخ اعتقاداتی که سال‌های سال تجملش ذهن او را به خود مشغول و مهر ایمان را از دلش بیرون کرده بود حالا به ویرانه‌ای تبدیل شده بود که با هیچ دستی قابل مرمت نبود. بنیان اعتقاداتی که فریدون همیشه در استحکام آن شکی نداشت حالا مثل یک خانه گلی به دست زمین‌لرزه حقیقت با خاک یکسان شده بود.

فریدون ملافه را تا زیر چانه‌اش بالا کشید و بالش را زیر سرش گذاشت. با آن همه مشغله فکری خبری از خواب نبود. فریدون تا صبح در برزخ خشم و اندوه دست و پا زد و صبح از پا افتاده و ناتوان از صدرا و ایمان برای یافتن سهراب تقاضای کمک کرد.

۱۲ ساعت جست‌وجوی بی‌وقفه و علاف شدن و از این طرف به آن طرف پاس داده شدن و شنیدن جواب‌های سر بالا و شنیدن اظهار بی‌اطلاعی از نام فردی به اسم سهراب شهیدی فریدون را سخت از پا انداخته بود. فریدون خسته و درمانده و مستأصل دست خالی به خانه برگشت. هوا تاریک شده بود. از پله ها بالا رفت و روی آخرین پله نشست. دقایقی سرش را رو به آسمان گرفت. آسمان صاف بود و درخشش ستاره‌ها به آن جلوه‌ای خاص بخشیده بودند. فریدون آرنج‌هایش را روی زانوهایش تکیه داد و سرش را بین دو دست گرفت. در آن لحظه حال کسی را داشت که در یک سلول انفرادی زندانی شده باشد. فشار نگرانی از بابت مادرش و سهراب از یک طرف و فشار و سردرگمی برای از دست دادن تمام اعتقاداتی که همیشه در نظرش اعتقاداتی خلل‌ناپذیر می‌آمد از طرف دیگر در قالب آن دست‌ها لحظه به لحظه بر فشار روی شقیقه‌هایش می‌افزود. فریبا تازه از بیمارستان برگشته بود و وقتی متوجه بازگشت فریدون شد با عجله به سمت او دوید و روی پله کنار او نشست ولی با یک نگاه دریافت که نباید انتظار خبر خوشی داشته باشد. فریبا بازویش را در بازوی فریدون حلقه کرد و سرش را بر شانه فریدون تکیه داد و در حالی که به سیاهی دل بعضی انسان‌ها می‌اندیشید نگاهش را روی سیاهی مبهم حیاط متمرکز کرد و ناگهان با یادآوری آخرین تصویر سهراب اشک‌های تازه خشکیده‌اش را سرازیر دید.

فریدون آرزو می‌کرد که ای کاش می‌توانست با خبر خوشی اشک‌های او را پاک کند ولی افسوس. به نوازش موهای فریبا اکتفا کرد و گذاشت فریبا تمام عقده‌های دلش را خالی کند.

هفت روز سیاه بر فریدون و فریبا گذشت. هفت روز دربه‌دری از در این زندان به در آن

زندان. این بازداشتگاه به آن بازداشتگاه. هفت روز روانداختن و خوار و خفیف شدن در برابر هر کس و ناکسی. هفت روز در اتاق انتظار منتظر شنیدن یک خبر امیدوارکننده نشستن. هفت روز گلدان گل اتاق سهراب را با اشک آب دادن. هفت روز سیاه که بر هر یک از اعضای خانواده به اندازه هفت سال گذشت. صادق و مسعود عین هفت روز پا به پای فریدون همه جا را زیر پا گذاشتند. سرانجام روز هشتم مسعود توانست از طریق پسر عموی همسرش که حسابی در تمام ارگان‌ها و نهادها نفوذ داشت از سهراب خبری بگیرد.

آن روز بعد از ساعت‌ها به انتظار ماندن برای دیدن رابط و تحمل نگاه‌های تحقیرآمیز بالاخره سر و کله رابط مورد نظر پیدا شد. رابط با دیدن آن سه دست هر کدام را یک به یک فشرد و بعد از اینکه خود را به نام سید محمود معرفی می‌کرد به آنها اطمینان داد که از هیچ کمکی برای پیدا کردن سهراب دریغ نخواهد کرد.

فریدون، مسعود و صادق در یک اتاق کوچک بی‌صبرانه به انتظار نشستند. یک‌ساعت از رفتن رابط می‌گذشت و هنوز هیچ خبری نبود. دوباره سر و کله سید محمود پیدا شد و یک بار دیگر در برابر چشم‌های بهت‌زده آنها از فریدون مشخصاتی را که یک ساعت پیش گرفته بود پرسید. فریدون نگاهی به مسعود انداخت، ولی مسعود به آرامی دست فریدون را که تمام عقده‌های درونش را روی دسته صندلی داشت خالی می‌کرد با دستش پوشاند و با نگاهش به او فهماند که آرامش‌اش را حفظ کند.

سیدمحمود پس از گرفتن مشخصات سهراب برای دومین بار اتاق را ترک کرد و فریدون را با انتظاری کشنده تنها گذاشت. درست در اوج لحظه‌های تلخ انتظار ذهن فریدون به سی ویک سال عقب برگشت. به زمانی که با پای زخمی به خانه صدرا پناه برده بود. به مادرش که با دست‌های مهربانش گلوله را از پایش بیرون آورده بود. به جلسات شبانه‌روزی و تعقیب و گریزهای خیابانی. به فریادها و به خطرکردن‌ها در شب‌های حکومت نظامی. آن همه تعقیب و گریزها آن همه فریاد و شعار و مشت گره کرده برای چه بود؟ عرق سردی از یادآوری خاطرات گذشته بر بدن فریدون نشست.

با نگاهی ناامید در چشمان مسعود خیره شد و با لحنی ناامیدتر گفت: مسعود سی ویک سال پیش رو به خاطر میاری؟

و مسعود در حالی که سرش را تکان می‌داد زیر لب گفت: چاله‌ای که ازش بیرون اومدیم و چاهی که با سر تهش افتادیم. قسمت ما و جوونای بعد ما هم این بود. به چنان دامی افتادیم که برای نجات پات باید سرت رو بدی. هی دنیا!

سر فریدون دوباره به زیر افتاد. چشم‌هایش یکی‌یکی کاشی‌های اتاق را می‌شمرد. فریدون وقتی برای دهمین‌بار شروع به شمارش کاشی‌ها کرد با باز شدن در و پیدا شدن سر و کله سیدمحمود در چارچوب در از جا پرید.

سید محمود لبخند بر لب به طرف آن‌ها آمد و با لحنی پیروزمندانه گفت: مشخصات سهراب رو دادم و تا یه ساعت دیگه می‌ریم می‌بینیمش. مسعود با خوشحالی دست سید محمود را فشرد و گفت: نمی‌دونیم با چه زبونی ازتون تشکر کنیم. خدا خیرت بده جوون!

سیدمحمود همچنان پیروزمندانه در جواب گفت: اختیار دارید! کاری نکردم!

یک ساعت کش‌دار و کشنده باید سپری می‌شد. گلوی فریدون از شدت خشکی می‌سوخت. طی ساعت‌های گذشته چیزی از گلویش پایین نرفته بود.

سرانجام سر و کله رابط دوم که ادعا می‌کرد مکانی را که سهراب را برده‌اند بلد است، پیدا شد.

فریدون هم‌زمان با سوار شدنش در ماشین به همراه رابط، نگاهی به ساعت مچی‌اش انداخت. ساعت پنج بعدازظهر را نشان می‌داد. هشت ساعت تمام سر کردن در دلهره و اضطراب به حدی فریدون را عصبی کرده بود که احساس می‌کرد اگر تا نیم‌ساعت دیگر به سهراب نرسد رابط را با دست‌های خودش خفه خواهد کرد.

با وجودی که کولر ماشین روشن بود ولی گرما هنوز بیداد می‌کرد و ترافیک سنگین شهر و آلودگی وحشتناک هوا مثل خوره به اعصاب فریدون افتاده بود. در آن لحظه به انبار باروتی شبیه بود که فتیله‌ای روشن داشت لحظه به لحظه به آن نزدیک و نزدیک‌تر می‌شد. مسعود و صادق این حال فریدون را که از زمان جنگ برایش به یادگار مانده بود خوب به خاطر داشتند و می‌دانستند که آن انبار باروت هر آن ممکن است منفجر شده و ترکش‌هایش از رابطی که جای سهراب را می‌دانست کمانه کرده و به خودش برگردد و تنها نقطه امیدش را به نقطه‌ای کور تبدیل کند. مسعود از صندلی جلو به عقب نگاه کرد و وقتی دید صادق طبق معمول همیشه دارد صبر و استقامت را مثل جریانی فشار قوی از طریق دستانش به شانه فریدون منتقل می‌کند خیالش راحت شد.

ساعت شش و نیم بعدازظهر را نشان می‌داد ولی هنوز برگ‌های دوده گرفته درختان فرمانی از نسیم دریافت نکرده بودند و همچنان مثل سربازان خبردار کوچک‌ترین حرکتی نمی‌کردند. یواش یواش از شدت اشعه‌های مستقیم خورشید کاسته می‌شد و آرام آرام آتش تنور داغ آن رو به سردی می‌رفت. فریدون نمی‌دانست که به کجا می‌روند. فقط صدای رابط را می‌شنید که الان

می‌رسیم... الان دیگه می‌رسیم... سردرد مزمنی که فریدون بعد از جنگ به عنوان میراثی ابدی با خود آورده بود دوباره به جانش افتاد و از دوطرف بی‌رحمانه بر شقیقه‌هایش می‌کوبید. هر دو آرنجش را به روی زانوهایش تکیه داد و سرش را میان دو دست گرفت و از دو طرف آن را فشرد تا شاید قدری از شدت سردردش بکاهد. مسعود به محض اینکه متوجه سردرد فریدون شد قوطی آبمیوه‌ای را از جلو به صادق داد تا به او بخوراند. صادق آبمیوه را به دهان فریدون نزدیک کرد و گفت: «به زور سر بکش. فکر کن داری دوا می‌خوری. سردردت رو کم می‌کنه.» فریدون به صورت مسعود نگاه کرد و بدون هیچ مقاومتی آبمیوه را به لب‌هایش نزدیک کرد. سایه‌ها کم‌کم رو به کشیدگی می‌رفتند. چشمان بسته فریدون با یادآوری اینکه نمازش در شرف قضا شدن است از هم باز شد. تا آن لحظه به یاد نمی‌آورد که نماز ظهر و عصرش قضا شده باشد. چه می‌توانست بکند. وقت تنگ بود و هنوز از سهراب هیچ خبری نگرفته بود.

همچنان‌که اتومبیل به پیش می‌رفت ضربان قلب فریدون بیشتر و بیشتر می‌شد. تا اینکه نهایتاً طاقتش تمام شد و با صدایی لرزان از رابط پرسید: داریم کجا می‌ریم؟ اینجا کجاست؟

رابط لحظه‌ای سکوت کرد و بدون اینکه از آینه روبرویش به فریدون که چشم به آن دوخته بود نگاه کند جواب داد: دیگه داریم می‌رسیم. خیلی از دستگیر شده‌ها را اینجا آوردن.

فریدون دست لرزانش را به در ماشین تکیه داد و زیر لب گفت: «خدایا! به خودت سپردم» و با تار شدن دیدش فهمید که دوباره اشک در چشم‌هایش حلقه زده است.

دوباره آرنج‌هایش را به زانوهایش تکیه داد و صورتش را با کف دست‌هایش پوشاند و برای اولین بار آرزو کرد که ای‌کاش سی سال پیش گلوله به جای پایش قلبش را هدف گرفته بود و این روزهای سیاه درماندگی را نمی‌دید.

وقتی اتومبیل از حرکت ایستاد فریدون سرش را بلند کرد و به اطرافش نگاهی انداخت. آنقدر از خود بی‌خود بود که تازه متوجه ساختمان بزرگ بیمارستان در مقابلش شد. نور امید برای لحظه‌ای در اعماق وجود فریدون شعله‌ور شد و با خود فکر کرد: یعنی سهراب رو به موقع رسوندن بیمارستان؟ خدا کنه حالش بهتر شده باشه. یعنی می‌شه وضع بچه با اونهمه خونریزی بهتر شده باشه؟

راننده از فریدون و صادق خواست برای دقایقی در ماشین بمانند و از مسعود خواست که از ماشین پیاده شود.

مسعود به درخواست راننده بلافاصله از ماشین پیاده شد. رابط مورد نظر از جیب پهلوی پیراهن‌اش پاکت سیگاری درآورد و ضمن اینکه یکی از آنها را گوشه لبش می‌گذاشت پاکت

را به مسعود تعارف کرد. مسعود با دست تعارف او را رد کرد و گفت: مرد حسابی اینجا کجاست؟ نمی‌خوای یه کلمه حرف بزنی؟

رابط در حالی که دود غلیظ سیگار را از بینی و دهانش بیرون می‌داد، گفت: حال و روزش رو ندیدی؟ جرات نکردم حرف بزنم. با شنیدن این حرف رنگ از صورت مسعود پرید. با صدایی لرزان پرسید: چی رو جرات نکردی بگی؟ این بنده خدا ده ساعته که دل تو دلش نیست. داره دیوونه می‌شه. هفت هشت روز آزگاره داره دنبال بچه طفل معصوم می‌گرده.

رابط همچنان که به سیگارش تند تند پک می‌زد نگاهش را به نقطه‌ای مبهم دوخته و سکوت اختیار کرده بود.

صادق و فریدون از پشت شیشه با وحشت و اضطراب به آن دو چشم دوخته بودند. فریدون در آن لحظه حس می‌کرد اگر تا پنج دقیقه دیگر سهراب را پیدا نکند کارش به جنون خواهد کشید. رمق و توان از کفش رفته بود و یارای حرکت دادن پاهایش و بیرون آمدن از اتومبیل را نداشت. صادق با دیدن حال و روز فریدون از او خواست که همان طور بنشیند تا او با رابط کمی صحبت کند. صادق به محض پیاده شدن از ماشین نگاه خشمگین‌اش را به صورت رابط دوخت و در برابر چشم‌های بهت‌زده مسعود و فریدون، دستش را روی پنجره ماشین کوبید و با عصبانیت گفت: مرد حسابی تو اصلاً انگار حالیت نیست. یه نگاه به حال و روز این بدبخت بکن. خودتو بذار جای اون. هشت روز تمومه مادرش روی تخت بیمارستان به حال اغما افتاده و اینم از وضع پسرش.

رابط ته سیگارش را روی زمین انداخت و همین طور که آن را با پایش له می‌کرد به آهستگی گفت: خیال کردی من نمی‌دونم؟ وضعش رو درک نمی‌کنم؟ من با دیدن حال و روز این بدبخت تا حالا هیچی نگفتم. جرات نکردم تا حالا حرفی بزنم.

دست صادق بی‌اختیار از روی ماشین پایین افتاد و با رنگی پریده پرسید: چی رو جرات نکردی بگی؟

رابط دوباره سرش را پایین انداخت و با صدایی گرفته گفت: اسم سهراب شهیدی دیگه توی لیست اسامی زندانی‌ها نیست.

ــ منظورت چیه؟ چطور تا پریروز اسمش تو لیست بود؟

رابط سرش را تکان داد و با لحنی که تأسف از آن می‌بارید، گفت: آقا صادق! این بچه چند روز پیش تو زندان ... توی زندان تموم کرده. بعد هم جسدش رو تحویل سردخونه بیمارستان دادن.

مسعود و صادق چیزی را که شنیدند باور نمی‌کردند. مسعود وحشت‌زده یک قدم به عقب برداشت و به دهان رابط خیره شد. صادق با صدایی لرزان گفت: حتماً اشتباه شده! مگه آدم با خوردن یه گلوله تو پا به این سادگی می‌میره؟!

رابط همچنان سر به زیر سکوت اختیار کرد و همین باعث شد مسعود حسابی از کوره در برود. مسعود این بار یقه او را با دو دست گرفت و فریا زد: مرتیکه! با تو داریم حرف می‌زنیم. مگه آدم با یه گلوله الکی می‌میره؟

رابط از شدت وحشت از چشم‌های خشمگین مسعود و صادق به التماس افتاد:

ـ آقا مسعود! آقا مسعود! به خدا قسم من بی‌تقصیرم. من فقط یه رابطم. سهراب از بابت گلوله نمرده در اثر شکنجه و ضربه مغزی مرده.

دست‌های مسعود با شنیدن این جمله سست شد طوری که یقه رابط از چنگش رها شد. رابط همین طور که یقه‌اش را درست می‌کرد، گفت: به خدا من فقط یه رابطم. تا همین جاش هم زیادی اومدم. معلوم نیست پس فردا چه پدری ازم درآرن. اینا رحم و مروت تو کارشون نیست.

صادق ایستاده برجا احساس کرد که آسمان رو به غروب به دوران افتاده و با تمام سنگینی‌اش با شتاب روی سرش سقوط می‌کند. مات و متحیر از پشت شیشه ماشین نگاهش به فریدون افتاد. انگار فریدون با آن نگاه درمانده به صادق التماس می‌کرد و در عین حال جرأت خارج شدن از ماشین را هم نداشت.

مسعود دوباره به صورت رابط خیره شد و با صدایی گرفته پرسید: پس ما رو برای چی اینجا آوردی؟

ـ گفتن که بعضی جنازه‌ها رو آوردن اینجا. آوردن تو سردخونه بیمارستان. آوردمتون اینجا سهراب رو شناسایی کنید.

آسمانی که صادق تا دقایقی پیش فکر می‌کرد به دوران افتاده این بار واقعاً بر سرش فرود آمد. پشتش را به در ماشین تکیه داد که فریدون صورتش را نبیند و آهسته آهسته به خاک نشست. با وجود شلوغی خیابان و رفت و آمدهای عابران سکوتی ژرف بر سرشان سایه افکند. انگار که زمین و زمان برای مسعود یک باره از حرکت ایستاد. سکوت و تنهایی همیشه دو بخش جدانشدنی از زندگی مسعود بود ولی تا آن لحظه زجر چنین سکوتی را تجربه نکرده بود. توان نگاه کردن در چشم‌های فریدون را که با التماس از پشت شیشه به او خیره مانده بود نداشت. صادق هم نشسته بر روی خاک نه یارای برخاستن داشت و نه جرات برخاستن. او که برای فریدون همیشه کوهی از صبر و استقامت بود برای اولین بار به زانو در آمده در برابر چشم‌های

فریدون ذره‌ای یارای ایستادن نداشت. رابط دوزانو بدون اینکه شلوارش زمین را لمس کند در مقابل صادق نشست و گفت: آقا صادق! تو رو خدا؛ به خدا قسم من بی‌تقصیرم. به خدا قسم منم زن و بچه دارم. این چیزا رو می‌فهمم. دلم از سنگ که نیست. به خدا جرات نکردم به آقا فریدون بگم. خیال کردید برام خیلی آسون بوده که شما رو تا اینجا بیارم؟ اون سید محمود لعنتی به محض اینکه فهمید قسر در رفت. به هرکی رو زدم تا از زیرش شونه خالی کنم روم رو نگرفت. دلم برای این مرد بیچاره سوخت. اول تا آخر بالاخره که باید می‌فهمید؟

فریدون دیگر طاقت نیاورد و از ماشین پیاده شد. یک نگاه به مسعود که با چشم‌های خون‌گرفته نگاهش را از او می‌دزدید انداخت و یک نگاه به مرد رابط. اما زمانی که چشمش به اشک‌های صادق که داشت تازه روی گونه‌هایش به پایین می‌غلطید افتاد پرده آخرین بخش نمایشی که حتی از فکر کردن به آن وحشت داشت در مقابل صحنه ذهنش بالا رفت.

نفس زمین و زمان انگار از دیدن به زانو درآمدن یک مرد در آن غربت بی‌منتها بند آمده بود. دل خون‌رنگ فریدون چنان غروب آسمان را نقاشی کرده بود که سایه روشن قرمزرنگش همه جا را پوشاند. فریدون بدون کوچک‌ترین حرفی فقط به آسمان که به سرخی می‌زد خیره شد.

خورشید که انگار تاب دیدن از پا افتادن فریدون را نداشت با سرعت سرسام‌آوری پایین رفت و درست لحظه‌ای پس از پایین کشیدن آخرین تلالو سرخ‌رنگش، فریدون به خاک سیاه نشست. نفس‌های فریدون افتاده به خاک درماندگی در سینه‌اش سنگینی می‌کرد. دکمه بالای پیراهنش را باز کرد و به محض برخاستن از جا موجی از حالت تهوع تمام وجودش را گرفت. دستش را به در ماشین تکیه داد و همانجا دولا شد و حالش به هم خورد. معده خالی فریدون چیزی برای برگرداندن نداشت. سوزش و تلخی وحشتناکی تمام گلو و دهانش را پر کرد.

رابط بلافاصله از جا پرید: آقای شهیدی من شرمنده‌ام. به خدا من بی‌تقصیرم. به خدای احد و واحد که منم آدمم. منم بچه دارم. حال دلت رو می‌فهمم.

فریدون همچنان دولا کنار در ماشین ایستاده بود و حرفی نمی‌زد. صادق با چشمانی تر از جا برخاست و از جیب پیراهنش دستمالی درآورد و به فریدون داد تا دهانش را پاک کند. مسعود به فریدون نزدیک شد و او را برادرانه در آغوش کشید و شانه‌اش را تکیه‌گاهی کرد برای چشم‌های بارانی یک دوست تنها و بی‌یاور.

نیم‌ساعتی به همین منوال سپری شد. رابط که تا آن موقع سکوت اختیار کرده و به تلخی فقط به آن سه نگاه می‌کرد با لحنی مردد و لرزان گفت: فریدون‌خان! من شرمنده‌ام. ولی دیگه

خیلی دیر شده. می‌خواید بریم تو؟

صادق به فریدون گفت: تو بمون تو ماشین من و مسعود باهاش می‌ریم.

ولی فریدون قبول نکرد و در جواب گفت: پسرمه. می‌خوام یه بار دیگه ببینمش. می‌خوام بدونم چه بلایی سرش آوردن.

صادق فریدون را خیلی خوب می‌شناخت و می‌دانست که اصرار فایده‌ای ندارد به همین خاطر سکوت اختیار کرد و سه تایی پشت سر رابط به راه افتادند.

ذهن فریدون به اسارت آشفتگی رفته بود و نفهمید مسیر را چطور طی کرد. با صدای هر گامی که روی کف‌پوش راهرو فرود می‌آمد قلب فریدون فرو می‌ریخت. به انتهای راهرو که رسیدند مرد رابط از آنها جدا شد و پس از دقایقی با مرد مسنی که روپوش سفیدی به تن داشت به طرف آنها برگشت. مرد مسن ضمن سلام و تعارف مختصری در نسبتاً بزرگی را که در انتهای راهرو قرار داشت باز کرد و آنها را به داخل راهنمایی کرد.

هر سه با پاهایی سست وارد سردخانه شدند.چشم‌های نیمه‌تر فریدون با وارد شدن به آن محوطه دوباره پر از اشک شد. پاهایش به فرمانش نبودند و بدن او را به زور می‌کشیدند.

برای لحظه‌ای ایستاد و چشم‌هایش را بست و با خود فکر کرد که همراه سهراب در آن محوطه سرد و بی‌روح قطعاً با زبان‌های بریده و حلقوم‌های خفه شده و دست‌هایی با قلم‌های شکسته و پاهایی قطع شده در ابتدای مسیر روشن حقیقت محاصره شده است. توفان آشفتگی ذهن فریدون فروکش کرده بود ولی این بار باران ملامت بود که آن را مورد تهاجم قرار داده بود. فریدون سخت محاصره شده بود. محاصره حس گناه و عذاب وجدان از پافشاری بر اعتقاداتی که سال‌های سال دل‌هایی سیاه پرورانده بود. عذاب وجدان از سردادن فریادهای زنده‌باد آزادی که پس از سال‌ها تازه مفهوم وارونه شده‌اش را در همین فریادهای خاموش اطرافش رساتر از هر زمان دیگری دریافته بود.

با متوقف شدن مرد مسن در مقابل کشوی یکی از اجساد قلب فریدون هم از طپش ایستاد. فریدون نفسش را در سینه حبس کرد و فقط به انتظار ماند. پایان روز هشتم از راه رسیده و همراهش انتظار کشنده فریدون رو به اتمام بود. فریدون برای لحظه‌ای چشم‌هایش را بست و در دل به خدا التماس کرد: خدایا! بهم قدرت بده. خدایا!... خدایا!

با صدای مرد مسن چشم‌هایش را باز کرد: ببینید خودشه؟

بالاخره انتظار فریدون در انتهای روز هشتم پایان یافت. ولی چه انتظاری که هشت روز متوالی دل دردمند او را آهسته آهسته سوزانده بود و درست در پایان روز هشتم در آن لحظه در

آن نقطه دل سوخته‌اش را به تلی از خاکستر بدل کرده بود.

آن چشم‌های نیمه‌باز انگار در حین جست‌وجو برای یافتن چیزی برای همیشه متوقف مانده بود. آن دهان همیشه خندان که آثار خردشدگی‌اش کاملاً مشهود بود انگار برای گفتن چیزی باز شده ولی با لگد قصاوت زود هنگام برای همیشه بسته شده بود. آن انگشت‌ها، آن انگشت‌های توانا که از نوک قلم سرود عشق و رهایی به روی صفحه کاغذ می‌ریخت چقدر زود به سکون ابدی رسیده بود. روی آن پیشانی که همیشه جای بوسه‌های پدر بود با لکه‌های کبود نقاشی شده بود. آن بدن پرانرژی حالا در اثر ضربات قصاوت به یک لاله کبود بیشتر می‌ماند. آن پاهایی که با شنیدن صدای پدر بلافاصله از جا می‌پرید و دوان دوان فرمان پدر را می‌برد حالا دیگر حتی با صدای تمنای پدر هم از جا تکان نمی‌خورد.

چه بر سر سهراب آمده بود که فریدون را به این روز انداخته بود. حتی کوه صبر و استقامت صادق هم در آن شرایط پیش از آنکه تکیه‌گاهی برای قامت درمانده فریدون باشد فرو ریخته بود. فریدون در کنار بدن بی‌جان سهراب زانو زد و دست یخ‌کرده او را در دست گرفت. دور مچ دست سهراب که مدت‌ها دستبند سبز از آن جدا نشده بود آثار خونمردگی پیدا بود. فریدون به سختی دست یخ‌کرده سهراب را روی گونه ترش گذاشت. سپس سعی کرد تا دستش را به روی چشم‌های نیمه‌باز او که شاید تا آخرین لحظه آنها را در انتظار دیدن پدر باز نگه داشته بود، بکشد ولی باز هم بستن کامل آن چشم‌های معصوم برایش ممکن نبود. انگار سهراب تا لحظه آخر با باز نگه‌داشتن چشم‌هایش قصد باز کردن چشم‌های پدر را داشت. فریدون این بار روی صورت سهراب خم شد و بر پیشانی او برای آخرین بار بوسه زد.

کوه فرو ریخته استقامت صادق با دیدن پیکر سهراب رفته رفته قامت او را خم کرد و او را در کنار فریدون به زمین سرد کوبید. به ناگاه صدای خنده‌های سهراب در گوشش پیچید و برق هیجانی که همیشه در چشم‌هایش سراغ داشت به ثانیه‌ای زمینه تاریک ذهنش را روشن کرد و لحظه‌ای بعد چهره سهرابی در ذهنش جان گرفت که لبخند بر لب به آرامشی ابدی رسیده بود. اگر مسعود و صادق در آن لحظه فریدون را رها می‌کردند حاضر بود تا ابد همان طور سر بر پیشانی سهراب بگذارد. لب‌های مسعود از شدت بار اندوهی که در آن لحظه روی شانه‌هایش سنگینی می‌کرد، می‌لرزید ولی به خاطر فریدون درد شدید ناشی از بغض فروخورده‌اش را تحمل کرد و در کنار فریدون زانو زده و بازویش را دور شانه فریدون گذاشت. این کار همیشه شیوه فریدون بود که در زمان حملات افسردگی مسعود در کنارش بنشیند و دستش را به دور شانه او بگذارد و به او آرامش دهد و حالا این بار نوبت مسعود بود که به شیوه خود او ذره‌ای از

بار کمرشکن اندوه را از پشت خمیده تحمل فریدون بردارد.

مسعود همان طور زانو زده در کنار فریدون پس از لحظاتی که توانست بر بارش اشک‌هایش غلبه کند با صدای آهسته‌ای گفت: فریدون جان! بلند شو.

فریدون برای آخرین بار هر دو دست کبود و زخمی سهراب را به لب برد و سپس به آرامی و ملایمت سر جایش برگرداند و با کمک دست مسعود همزمان با صادق که به کمک عصایش برمی‌خاست از جا بلند شد و زیر لب با بغض گفت: جواب فریبا و ایمان رو چی بدم؟ ای کاش من جای سهراب مرده بودم.

رابطی که فریدون و مسعود را به آنجا آورده بود با دیدن وضع رقت‌بار فریدون آنقدر حالش منقلب شده بود که نتوانست دوام بیاورد و به سرعت از آنجا خارج شد. مرد مسن در حالی که روی بدن در هم کوبیده سهراب را دوباره می‌پوشاند، گفت:

ـ من واقعاً متاسفم ولی خدا رو شکر کنید اقلا می‌دونید کجاست. شما جزو خوش شانس‌ها هستید... این جماعت به هیچ چی رحم نمی‌کنن. حتی دیدن از پا افتادگی یه پدر در مقابل دیدن جنازه بچه‌اش هم ذره‌ای آب گناه به وجدان خوابشون نمی‌پاشه.

مرد رابط که در راهرو مدام از این پا به آن پا می‌شد با دیدن آن سه که از در سردخانه بیرون می‌آمدند به طرفشان دوید و با التماس گفت: تو رو خدا آقای شهیدی! صلاح نیست بیشتر از این اینجا بمونید. من قول می‌دم با آشنا جنازه رو فردا تحویل‌تون بدم.

فریدون بدون راندن کلمه‌ای بیشتر فقط به مرد رابط نگاه کرد. مسعود به فریدون و صادق رو کرد و گفت: «روزی رو می‌بینم که مردم این قوم رو مثل یه تفاله و لجن متعفن روونه زباله‌دون تاریخ کنن» و در حالی که با انگشت کف دستش خط و نشان می‌کشید، ادامه داد: این خط اینم نشون حالا می‌بینید. فقط منتظر باشید تا روزش سر برسه.

وقتی فریدون کلید به در حیاط انداخت و وارد خانه شد ساعت یازده ونیم شب بود و چراغ‌ها همه خاموش. سکوت و تاریکی، حیاط و خانه همه و همه مثل دستی یخ‌زده قلبش را به شدت می‌فشرد. نگاهی به آسمان پرستاره انداخت. تصویر چشم‌های نیمه‌باز سهراب یک لحظه از مقابل چشمانش محو نمی‌شد. دوباره باران اشک‌هایش شروع به باریدن کرد. درست لحظه‌ای که آمد تا دوباره به خدا التماس کند به یاد آورد که برای اولین بار در عمرش در یک روز دو وعده از نمازش قضا شده است. چقدر بارها برای قضا شدن نماز سهراب و ایمان به آنها تشر زده بود. جانماز ایمان هم که درست از همان هیجدهم تیرماه سال هفتادوهشت برای همیشه بسته شده بود و حالا فریدون داشت به این باور می‌رسید که اگر سهراب زنده مانده بود به‌طور قطع جا نماز

او هم زیر گرد و غبار بی‌اعتمادی برای همیشه مدفون می‌شد.

در گیرودار این افکار زیر لب فقط با خود گفت: «خدایا خودت بهم صبر بده» و با گفتن این حرف وارد منزل شد. اثری از فریبا ندید و وقتی رختخوابش را دست نخورده یافت فهمید که احتمالا شب را در بیمارستان مانده است. به آهستگی به سمت اتاق ایمان رفت و او را دید که روی تخت خوابیده است. ایمان تمام روز را در بیمارستان گذرانده بود و حوالی ساعت هشت با آمدن فریبا به بیمارستان او هم به خانه برگشته بود. فریدون در چارچوب در اتاق دقایقی در آن تاریکی به سایه‌ای که ایمان را زیر ملافه در بر گرفته بود خیره شد. یادآوری چهره معصوم سهراب که هر دم جلوی چشم‌هایش مثل اسلاید ظاهر می‌شد حلقه فشار بغض در گلویش را هر لحظه تنگ‌تر و تنگ‌تر می‌کرد. درست زمانی که فریدون عزم برگشتن به اتاق خوابش کرد با صدای هق هق ایمان در جایش متوقف شد. فریدون در آن تاریکی کورمال کورمال به طرف تخت ایمان رفت. سایه شب بر نیم‌رخ ایمان افتاده بود و فریدون نمی‌توانست به خوبی ببیند که چشم‌های او بسته یا باز است. ولی وقتی سرش را به نیم‌رخ ایمان که روی بالش خیسش قرار گرفته بود نزدیک کرد از خواب بودن او مطمئن شد. فریدون دستش را به طرف موهای ایمان دراز کرد تا بعد از مدت‌های مدید آن را نوازش کند ولی قبل از اینکه دستش با موهای او تماس پیدا کند انگشتانش را جمع کرده دستش را کشید و بلافاصله از اتاق خارج شد.

آن شب درست مثل روحی سرگردان و بی‌قرار در آن تاریکی از این اتاق به آن اتاق می‌رفت. جای خالی مادرش از یک طرف و جای خالی سهراب از طرف دیگر و نبود فریبا درست در لحظه‌ای که از هر زمانی بیشتر به او محتاج بود داشت او را از پا در می‌آورد. وسط اتاق روی فرش دراز کشید و همین طور که با بازویش چشمانش را می‌پوشاند به ثانیه‌ای معصومیت چهره سهراب جای آن صفحه تاریک مقابل چشمانش را گرفت. آن چشم‌های نیمه‌باز چنان دل فریدون را به آتش کشیده بود که با یادآوری آن تصویر آتشفشان احساساتش فوران کرد و مواد مذابش چنان جراحت عمیقی بر دلش گذاشت که هیچ مرهمی توان التیام بخشیدنش را نداشت و بی‌اختیار بدون اینکه خود بداند با صدای بلند شروع به گریه کرد. ایمان با صدای گریه‌های بی‌اختیار پدر وحشت‌زده از خواب پرید. تمام هیکلش خیس عرق بود. کابوس وحشتناکی را که در آن به سر می‌برد به خاطر نمی‌آورد. سراسیمه از تخت پایین آمد و کورمال کورمال به سمت اتاقی که از آن صدای گریه‌های دلخراش پدر را می‌شنید، رفت و در چارچوب در متوقف شد. وحشت غریبی تمام وجودش را فرا گرفت. پاهایش سست شد و عرق سردی بر بدنش نشست. پاهایش به فرمانش نبود. با تمام وجود می‌خواست قدمی به جلو بردارد

ولی پاهایش از رفتن سر باز می‌زدند. آب دهانش را به زحمت قورت داد و کمی صبر کرد تا بتواند بر سستی زانوهایش مسلط شود و سپس آهسته به سمت پدر رفت و به آرامی در کنارش نشست. دستش را به ملایمت روی بازوی پدرش گذاشت و او را صدا کرد. فریدون بازویش را از روی چشم‌هایش برداشت و ایمان را مثل یک شبح تاریک در کنارش دید.

ـ بابا چی شده؟ داشتی خواب می‌دیدی؟

فریدون لحظه‌ای بی‌حرکت ماند و با خود فکر کرد ای‌کاش واقعاً تمام آن اتفاقات را در خواب دیده بود. چقدر خوب بود که سهرابش را فقط در عالم رویا از دست داده بود ولی صدای ایمان تصور شیرین رویای آن حقیقت تلخ را محو کرد و برای فریدون چیزی جز تصور تلخ یک واقعیت تلخ‌تر بر جا نگذاشت.

ایمان دوباره پرسید: بابا چی شده؟ چت شده؟ چرا اینجوری گریه می کنی؟ مادرجون طوری شده؟ می‌خوای برات آب بیارم؟

فریدون در آن تاریکی به چهره شیرینی که جز سایه تاریکش چیز دیگری از آن دیده نمی‌شد خیره شد.

صدای لرزان ایمان دوباره بلند شد: بابا چت شده؟ د آخه یه چیزی بگو!

به ناگاه مثل اینکه چیزی را به خاطر آورده باشد با ناباوری گفت: سهراب! سهرابه؟ از سهراب خبری گرفتی؟ بابا تورو خدا حرف بزن بگو چی شده؟

گریه فریدون دوباره امانش نداد. ایمان در آن تاریکی بدون آنکه قادر باشد از روی صورت خوانای پدر تا ته ماجرا را بخواند به همه چیز پی برد. به عقب نشست و در تاریکی به فرش خیره شد و زیر لب با خود گفت: پست‌فطرتا چطور تونستن؟ و با بغض ادامه داد: داداش کوچولوی من!

فریدون در اتاقی که زیر چادر شب همه چیزش فقط به رنگ سیاه دیده می‌شد و تمام درماندگی و خردشدگی درونش را استتار کرده بود رو به روی ایمان نشست. وحشت ایمان از سکوت پدر چندین برابر شد و دوباره با صدایی لرزان و بغض‌آلود پرسید: چه بلایی سرش آوردن؟ بالاخره تونستی ببینیش؟ تونستی پیداش کنی؟

فریدون با صدایی بغض‌آلود جواب داد: آره دیدمش. دیدمش که چقدر از درد و غم دنیا فارغ شده بود. حداقل بچه دیگه الان زجر نمی‌کشه.

شبح دستان لرزانش را بالا آورد و همین طور که به آنها نگاه می‌کرد، ادامه داد: «با همین دستا چشمای نیمه بازشو که انگار التماس می‌کرد پیشش بمونم بستم... پس از کمی مکث با

دست‌هایش چشم‌های اشکبارش را پوشاند و در لابه‌لای بغض و گریه اضافه کرد: «خدایا! جواب فریبا رو چی بدم؟ خدایا! چکار کنم؟» و دیگر گریه امانش نداد.

ایمان اگرچه از چندین روز قبل تمام امیدهایش را برای دیدن دوباره سهراب از دست داده بود ولی نمی‌خواست آن را به خودش بقبولاند. ولی حالا محکوم به باور بود. باوری تلخ و جان‌گداز.

به حال نشسته عقب عقب رفت و به دیوار تکیه داد و زانوهایش را مانند یک کودک بی‌پناه در آغوش گرفت و سرش را به آن تکیه داده و گریه را سر داد. صورت معصوم سهراب یک لحظه از مقابل چشم‌هایش محو نمی‌شد. خنده‌های سهراب، قهرها و آشتی‌ها و کپی‌برداری‌هایش از ایمان همه همه مثل جرقه‌ای به انبار پنبه، دلش را به آتش می‌کشید.

بعد از ساعتی همنوایی شکوه‌های پدر و پسر از بی‌رحمی روزگار سکوت دوباره بر اتاق سایه انداخت. ایمان برخاست و به طرف پنجره اتاق که رو به حیاط باز بود رفت و خیره به تاریکی اطراف: سیاهی حیاط چقدر به سیاهی دل کفتارهای فرصت‌طلب شبیه! کفتارهایی که از بدن جوونای این آب و خاک پله ساختن که به مسند قدرت ختم می‌شه و با حلقه‌های داری که به گردن جوونای این آب و خاک انداختن نردبونی بافتن که به تخت خلافت راه می‌بره و قایق فرصت‌طلبیشون که روی شط خون آدمای بی‌گناه همیشه در حرکته و اونا رو به سمت دروازه‌های جاه و مقام می‌بره.

ایستاده در برابر پنجره باز رو به تاریکی حیاط گذاشت خشمش اختیار تمام ذهنیاتش را بگیرد و بی‌رحمانه چشم دوخته به آن تاریکی خطاب به فریدون که کمر شکسته‌اش به زیر بار آن‌همه اندوه طاقت راست شدن نداشت، ادامه داد: دستمزد ۳۲ سال خدمت صادقانه برای حکومت عدل علی رو گرفتی؟ پاداش گلوله خوردن‌های قبل از انقلاب و ترکش خوردنای جنگ و روزی صدبار مرگ رو به چشم دیدن در جبهه‌ها و حساب یه قرون دوزار اموال دولت رو داشتن و از خونواده کم گذاشتنا برای خدمت به انقلاب و پاره‌کردن حنجره‌ها توی راه‌پیمایی‌ها و صف اول نماز جمعه نشستن‌ها و غارت بیت‌المال رو دیدن و باورنکردن‌ها این بود؟... سهراب بیچاره چه گناهی کرده بود که باید گیر یه مشت از خدا بی‌خبر جانی بیفته؟ جانی‌هایی که یه عمر تو و امثال تو پروارشون کردین که حالا به اینجا رسیدن.

خشم چنان سراپای وجود ایمان را گرفته بود که نمی‌فهمید فریدون آن‌روز به اندازه سال‌ها تاوان پس داده و زدن آن حرف‌ها در آن لحظه در آن شرایط منصفانه نیست ولی با کمال تعجب کلمه‌ای از دهان فریدون در نیامد. فقط به حرف‌های تند ایمان که مثل رگبار بر سرش فرود

می‌آمد گوش کرد و هیچ نگفت.

ایمان هم با دیدن سکوت پدر بیش از این ادامه نداد و فریدون را با تاریکی اتاق و تاریکی لحظه‌هایش و تاریکی دل افسرده‌اش تنها گذاشت.

ایمان یک راست به اتاق سهراب رفت. روی تخت برادرش دراز کشید. بالش و ملافه‌هایش را نفس کشید و به شدت گریست. گریه‌ای تلخ و طولانی به طوری که صبح روز بعد گل‌های قرمز رو بالشی سهراب از اثر گریه‌های ایمان پررنگ‌تر شده بود.

زنگ تلفن فریبا روز نهم را به فریدون اعلام کرد. صدای خسته او پشت خط دلشوره فریدون را از جهت چگونگی دادن خبر دردناک از دست رفتن پسرش صد برابر کرد. فریبا چطور می توانست از دست رفتن سهرابش را تاب بیاورد؟ بعد از پایان آن مکالمه نه چندان طولانی فریدون خسته و درمانده آماده شد که عازم بیمارستان شود. لحظه‌ای که از منزل خارج شد صدرا را در کوچه دید که داشت به آن سمت می‌آمد. صدرا با دیدن صورت گرفته فریدون یک آن قصه تلخ سهراب را تا آخر خواند. صدرا خوب می‌دانست که چهره و قامت فریدون به این راحتی‌ها اینچنین تکیده و درهم کوبیده نمی‌شود. فریدون با دیدن صدرا و یادآوری علاقه شدیدی که سهراب به او داشت اختیارش را همانجا جلوی در و در مقابل صدرا از دست داد و بغضش ترکید. ایستاده در برابر فریدون که در آن لحظه به شدت محتاج یک شانه برای تکیه‌کردن و خالی‌کردن عقده‌های دلش به سنگینی درد سال‌های طولانی بود او را بغل کرد. چیزی برای گفتن نداشت که بتواند یک پدر داغدار را در اوج لحظات بی‌کسی تسلی بدهد. بغض خودش هر آن در شرف ترکیدن بود و اجازه داد فریدون دردی را که سخت روی دلش سنگینی می‌کرد با او تقسیم کند. وقتی فریدون خودش را خالی کرد حس کرد که بار سنگینی که روی سینه‌اش نشسته بود کمی سبک‌تر شده است. فریدون گفت: «اگر تو نبودی از شدت بار غصه دق می‌کردم.» صدرا عینکش را از چشم برداشت و با انگشتانش چشم‌هایش را که پر اشک بود، پاک کرد. چقدر شور و شوق سهراب همیشه به او نشاط می‌داد. فریدون تمام ماجرای دیدن و پیدا کردن سهراب را برای صدرا تعریف کرد. از آن چشم‌های نیمه‌باز گفت. از آن دهان خرد شده و انگشتان بریده و زخم شده سخن گفت. وقتی از انگشتان سهراب و آثار زخم دور مچ دستش، جایی که همیشه دستبند سبزش را می‌بست برای صدرا می‌گفت صدرا ناگهان به یاد چیزی افتاد که می‌توانست آخرین یادگار ارزشمند سهراب برای پدرش باشد. به همین خاطر دست در جیب پیراهنش کرد و کاغذی را که با لکه‌های خون خشک شده آغشته بود به سمت فریدون دراز کرد و ماجرای شعر سهراب و بیت آخر آن را برای فریدون تعریف کرد و در ادامه

گفت: سهراب بیت آخر را به گردن من گذاشت ولی فکر می‌کنم تو بهترین کس برای پیدا کردن یک پایان ارزشمند برای شعر سهراب باشی. بهش فکر کن. فریدون کاغذ را گرفت. شعر سهراب حالش را منقلب کرد و نیم ساعتی دستش را به دیوار گرفت و روی زمین نشست. چشم‌های فریدون وقتی به اواخر شعر سهراب رسید دوباره پر از اشک شد.

شعر سهراب را بارها و بارها خواند ولی فکرش به جایی نرسید. ذهنش به حدی مغشوش شده بود که باران کلمات شتابان از آن می‌گریختند.

صدرا به کاغذ شعر اشاره کرد و گفت: این شعر توی دست من امانت بود. امانتی که نباید ناتموم بمونه، روش فکر کن.

فریدون توان تمرکز کردن نداشت به همین خاطر شعر سهراب را تا کرد و داخل جیب پیراهنش گذاشت و ظرف ده دقیقه با یادآوری بی‌خبری فریبا از مرگ سهراب به کلی آن را فراموش کرد.

خبر از دست دادن سهراب برای صدرا و ایمان بسیار دردناک بود ولی آنچه که بیش از همه آنها را رنج می‌داد وضع اسف‌بار فریدون بود. آن نه روز بر سر فریدون چه آورده بود که انگار چهره‌اش را به اندازه نه سال تکیده و صبر و توانش را به اندازه یک عمر فرسوده بود. آن روز در تمام مسیر خانه تا بیمارستان ایمان مدام چشم‌هایش را از اشک پاک کرد ولی بی‌فایده بود. مهتاب با شنیدن خبر از دست رفتن سهراب با ناباوری به سختی لب حوض نشست و در آینه آب آن خیره شد و چهره سهراب را به خاطر آورد که لب همان حوض به او گفته بود: «خاله مهتاب! اگه توی آب حوض به عکس من نگاه کنی بچه‌ات عین من خوشگل می‌شه. می‌گی نه حالا امتحان کن.» آینه صاف آب با چکیدن اشک‌های مهتاب به رویش به تلاطمی ملایم افتاد که تصویر چهره او را بر هم زد. سپس سرش را رو به آسمان گرفت و همان طور که به بی‌نهایت آسمان که با وجود صافی با چشم‌های اشکی‌اش تار شده بود نگاه می‌کرد با خود گفت: چقدر سهراب دوست داشتنی بود و چقدر خاطره‌اش زنده و فراموش نشدنی، سپس دستش را با ملایمت روی شکمش کشید و ادامه داد: اگه شجاعت و غیرتت به اندازه سر سوزنی به سهراب بره من خودم رو خوشبخت‌ترین مادر دنیا می‌دونم.

وقتی فریدون به بیمارستان رسید و فریبا را روی صندلی اتاق انتظار خوابیده دید مدتی مکث کرد ولی خیلی زود به طرف صدرا برگشت و گفت: «نمی‌تونم. توانش رو ندارم. به خدا دلش رو ندارم.» ولی صدرا با همان صدای آرام‌بخش در جواب گفت: «باید از زبون خودت بشنوه و بدونه که تکیه‌گاهشی. هیچ کس نمی‌تونه بهش بگه به جز خودت. بهش ثابت کن که تنها نیست

و این بار مصیبت رو تنهایی به دوش نمی‌کشه.» فریدون دوباره با قدم‌های لرزانش به فریبا نزدیک شد و روی صندلی خالی کنار او نشست و دستش را روی دست فریبا که روی دسته صندلی قرار داشت، گذاشت. تماس دست فریدون چشم‌های فریبا را از هم باز کرد. همین طور که فریبا به صورت تکیده او چشم می‌دوخت هر دو نگاه از اشک پر شد. فریبا سرش را به شانه فریدون تکیه داد و فریدون سرش را به روی آن خم کرد و هر دو به گلدان گلی که اکثر برگ‌هایش از شدت بی‌آبی زرد شده بود چشم دوختند.آن شاخه‌های پیر و جوان با هم رو به خشکیدگی بودند. نگاه غصه‌دار فریبا بر شاخه‌های جوان‌تر که هنوز در نیامده زرد شده بودند متوقف ماند و نگاه فریدون بر شاخه‌های پیرتر که مثل یک کمر شکسته از فرط بی‌آبی خم شده بود.

فریدون پس از دقایقی نگاهش را از شاخه‌های خشک شده به سمت چهره خسته فریبا برگرداند و همین طور در دل به خدا التماس می‌کرد که خدایا خودت بهم توان بده. خودت کمکم کن. اما قبل از اینکه فریدون لب به سخن باز کند فریبا اشک در چشم ولی لبخند بر لب گفت: نیم‌ساعتی که روی صندلی خوابم برد خواب سهراب رو دیدم. بچه رنگ و روش جا اومده بود. توی عالم خواب دستش رو روی پاش کشید و با خنده گفت: «مامان! ببین پام مثل روز اول شده. مامان تفرجی گلوله رو از تو پام درآورد» و مادر هم با خنده کنارش وایساده بود و مدام قربون صدقه‌اش می‌رفت. هنوز حرف فریبا تمام نشده سر و صدای رفت‌وآمدهای تند و پر شتاب پرستاران و پزشکان توجه آنها را به خود جلب کرد. فریدون از جا بلند شد که از پشت در ببیند چه خبر شده است. ولی درهای بسته شده به سرعت مانع دیدش شد. به سمت صدرا که از پشت پنجره به حیاط بیمارستان و درختان و گل کاری‌های فضای سبز آن نگاه می‌کرد، رفت و با ناامیدی گفت: «به خدا نمی‌تونم. نمی‌تونم بهش بگم. حتی نمی‌تونم تو چشماش نگاه کنم چه برسه به اینکه بخوام بهش بگم.» اما صدرا در جواب فقط ساکت و خاموش همچنان به حیاط چشم دوخت چون افکارش از یک درد فریدون به درد دیگرش منحرف شده بود. وقتی فریدون در کنار فریبا نشسته بود رفت و آمدهای سریع توجه صدرا را جلب کرد و در لابه‌لای حرف‌ها نام خانم تفرجی مریض تخت شماره سه را شنید. مثل اینکه قصه غم‌انگیز خانم تفرجی پاره‌ای از قصه غم‌انگیزتر سهراب شده بود. سر و صداها و برو بیاها همچنان ادامه داشت. فریبا وحشت‌زده از جا پرید و به سمت یکی از پرستارها که در شرف ورود به بخش مراقبت‌های ویژه بود، رفت و بازویش را گرفت و با حالی زار پرسید: تو رو خدا خانوم پرستار چی شده؟ اتفاقی افتاده؟ کسی جوریش شده؟

ـ یکی از مریض‌ها حالش وخیم‌تر شده.

ـ تو رو خدا خانوم پرستار کدوم مریضه؟
ـ متاسفم! من نمی‌تونم اسم مریض رو به شما بگم.
ـ تو رو خدا پس فقط بگین خانم صدیقه تفرجیه یا نه.

پرستار نگاه شفقت‌آمیزی به چهره اندوهبار فریبا انداخت و پرسید: شما از آشناهاشون هستید؟

ـ من عروسشم.

پرستار دستش را روی دست فریبا گذاشت و گفت: «به خدا توکل کنید. هر کاری از دستمون بر بیاد می‌کنیم. باقیش با خداست.» و با گفتن این حرف از اندوه اینکه پیام بهتری برای فریبا نداشت سرش را پایین انداخت و پشت علامت بزرگ بخش مراقبت‌های ویژه که به در بخش آویخته شده بود، ناپدید شد. پاهای فریبا دوباره سست شد و روی صندلی نشست. فریدون که متوجه مکالمه فریبا و پرستار شده بود، دوباره به سمت فریبا دوید و پرسید: چی گفت؟ مامان طوری شده؟

فریبا صورتش را با کف دست‌هایش پوشاند و با گریه گفت: مادر، مادر حالش بدتر شده.

کمر فریدون درست مثل کمر ساقه‌های پیرتر گلدان نای راست شدن نداشت. دوباره به هر زحمتی که بود در کنار فریبا نشست. یک عمر فریبا صبورانه به پای بی‌طاقتی‌ها و از کوره در رفتن‌ها و تندی‌های فریدون که پس از جنگ شدت هم گرفته بود نشسته بود و همیشه به جای گلایه به او قوت قلب داده بود و حالا که فریبا از پا‌افتاده انتظار شانه‌ای برای اشک‌ها و غصه‌هایش را می‌کشید، فریدون مطمئن نبود که بتواند تکیه‌گاه قابلی برای آن لحظات تلخ باشد.

یک‌ساعتی طول کشید تا پزشک معالج از بخش بیرون آمد. به آرامی و با حس همدردی در کنار فریدون و فریبا نشست و برای آنها توضیح داد که خانم تفرجی برای مدتی دچار ایست قلبی شده و تیم پزشکان و پرستاران با تلاش زیاد او را احیا کرده‌اند ولی هنوز خطر کاملاً بر طرف نشده است و با این وضع امید چندانی به بهبودی او نمی‌رود و فقط باید به خدا توکل داشته باشند.

فریدون التماس‌کنان از پزشک خواست تا حداقل به آنها اجازه بدهند که حتی برای چند دقیقه هم که شده او را ببینند و پزشک به شرط آنکه یکی یکی و جدا جدا وارد شوند به آنها اجازه دیدن خانم تفرجی را داد.

فریدون با دیدن مادرش روی تخت با آن همه دم و دستگاه به وخامت حال او پی برد. اتاقی که در آن لحظه در آن به سر می‌برد برایش مثل قفسی تنگ بود که هوایش لحظه به لحظه کمتر

و کمتر می‌شد. دستش را به دیوار گرفت. به شدت احساس خفگی می‌کرد. حس می‌کرد در آن لحظه تمام غصه‌های دنیا به بالاترین حد خودش رسیده و دارد او را زیر سنگینی‌اش خرد می‌کند. برای دقایقی روی صندلی کنار تخت مادر نشست و دست او را که به دلیل ورم شدید چروک‌هایش کاملاً محو شده بود روی گونه ترش گذاشت. چشم‌اش به مانیتور بالای سر مادرش افتاد که ضربان و ریتم آن قلب مهربان را در مقابل چشم‌هایش به نمایش گذاشته بود. قلبی که یک عمر با عشق مادری تپیده بود حالا فقط به ضرب آن دستگاه‌های مجهز و داروهای شیمیایی می‌تپید. فریدون دست مادر را از روی گونه‌اش برداشت و به آن خیره شد. دست‌هایی که یک عمر اولین تپش‌های حیات را ممکن کرده بود حالا خود چقدر محتاج رنگ حیات بود. فریدون انگشت‌های ورم کرده مادرش را که به سردی یک تکه یخ بود و دیگر تصور زبری مرجان را برایش القا نمی‌کرد به لب‌هایش برد و با صدایی نجوا مانند گفت: «طاقت بیار! من و فریبا هنوز بهت احتیاج داریم! طاقت بیار که تحمل داغ سهراب را برامون آسون کنی! مادر گلم طاقت بیار!» اما خیلی زود با دیدن قامت پرستار ایستاده در کنارش متوجه شد که مهلت کوتاهش تمام شده و باید با او خداحافظی کند.

صدرا آخرین نفری بود که برای دیدن خانم تفرجی در کنارش نشست. دیدن کسی که یک عمر بعد از خدا از همه کس به او نزدیک‌تر بود در آن حالت قلبش را فشرد. درست مثل فریدون دست بی‌حرکت او را در حالی که روی ملافه تخت افتاده بود با هر دو دستش پوشاند. از حرارت آن دست‌ها که مثل تنور گرم حیات در سردترین لحظه‌های ناامیدی، غم و افسردگی یک عمر به وجود صدرا گرمای امید بخشیده بودند اثری نبود. در عوض تا بود در آن دست‌ها نشانه پایان یک داستان غم‌انگیز بود که یک عمر به صدرا امید ادامه‌دادن بخشیده بود. چشم‌هایش را بست و چهره خانم تفرجی سال‌ها پیش را در ذهن به تصویر کشید که زانو زده روی برف‌ها دست بر شانه او که هر آن در شرف سقوط بود، گفته بود: صدراجان! زندگی یک سفره. برای بعضی مثل صبا سفری کوتاه و برای بعضی بلند. بلندی و کوتاهی‌اش مهم نیست چون بالاخره تموم می‌شه. مهم از راه درست رفتنه. مهم چطور به مقصد رسیدنه. مهم براش تدارک کافی دیدنه.

وقتی صدرا چشم‌هایش را باز کرد، فهمید که خانم تفرجی به پایان سفرش نزدیک است. سفری که با وجود سنگلاخی بودن بخش وسیعی از راه، چقدر فارغ‌البال به انتهایش نزدیک می‌شد. سفری که آنقدر برایش تدارک دیده بود که چنته‌اش را به اندازه یک عمر لبالب پر کرده بود.

از کنار بستر خانم تفرجی برخاست، پیشانی‌اش را بوسید و با بغض گفت: همسایه! دیدن

جای خالیت خیلی سخته.

هنوز خورشید روز دهم آسمان را کاملاً روشن نکرده بود و آسمان از خماری سایه روشن شب و روز بیرون نیامده بود که قلب مهربان خانم تفرجی برای همیشه از تپش ایستاد و به پایان سفر پربارخود رسید. فریدون و فریبا نشسته روی صندلی روبه‌روی آن گلدان خشکیده به تلخی گریستند. ایمان هم جدا در کنار پنجره در خلوت تنهایی‌اش به آرامی می گریست. با بالا آمدن خورشید ایمان صدرا هم به آن جمع غصه‌دار پیوست. ایمان در کنار صدرا از پنجره به محوطه بیمارستان نگاه کرد. برگ‌های درختان در نظرش از شدت تشنگی ناامید از رحمت آسمان سر به زیر انداخته و خود را به دست سرنوشتی نامعلوم سپرده بودند. تحمل فریدون به زانو درآمده از دو داغ پی‌درپی مثل شمعی رو به پایان ذره ذره آب می‌شد. با هر دو دست دست‌های فریبا را گرفت و با چشم‌های ترش در چشم‌های فریبا خیره شد و با صدایی لرزان گفت: فریبا گاهی اوقات فشار زندگی و غصه‌هاش این‌قدر زیاده که آدم تو کار خدا می‌مونه ولی اینم بدون که همیشه صبرشم باهاش میاد.

فریبا در چشم‌های غصه‌دار فریدون برای لحظاتی بدون آنکه پلک بزند خیره شد و در یک نظر تمام آنچه را که در ذهن فریدون می گذشت خواند. چهره، چشم‌ها و دست‌های لرزان فریدون بسیار رساتر از زبان الکنش در آن لحظه خبر داغ سهراب را در نگاه فریبا فریاد می کرد.

فریبا درست از لحظه‌ای که روی صندلی از خواب پرید همه چیز را فهمیده بود و حالا چشم‌های فریدون قطعیت آن را تایید می کرد. با ناباوری سرش را تکان داد و در حالی که بغض، لب‌هایش را می‌لرزاند، گفت: سهراب من؟ نه! نه! بگو حقیقت نداره. درد دوری مادر به تنهایی منو از پا میندازه دیگه داغ بیشتر رو نمی‌تونم تحمل کنم.

فریدون در حالی که نمی‌توانست جلوی اشک‌هایش را بگیرد سرش را پایین انداخت. فریبا این‌بار نگاهش را به سمت صدرا که با اندوهی گران به آنها نگاه می کرد متمایل کرد و با بغض گفت: «صدراخان! تو رو خدا شما بگید که واقعیت نداره. شما بگید که سهراب من چیزیش نشده. به خدا نمی‌تونم» و سپس با ناامیدی سر فرود آورد و با دست‌هایش صورتش را پوشاند و از ته دل گریه را سر داد. فریدون همان طور نشسته در کنار فریبا سر او را به سینه‌اش فشرد و اجازه داد تا فریبا حسابی خودش را خالی کند. وقتی گریه‌های سوزناک فریبا کمی فروکش کرد همان طور که سرش پایین بود با صدایی غم‌گرفته پرسید: خیلی زجر کشیده بود؟ نه؟!

و فریدون با سکوتش جواب مثبت داد.

فریبا لحظه‌ای مکث کرد. نفسش که در نمی‌آمد به یک آه طولانی تبدیل شد و نگاهش

دوباره متوجه شاخه‌های خشک گلدان شد. اشک‌هایش را پاک کرد و گفت: حداقل می‌دونم که دیگه نه زجر می‌کشه و نه تنهاست. حالا که مادر پیششه خیالم راحته. اون دو تا طاقت یه لحظه دوری همو نداشتن.

برخاست و رو به فریدون که هنوز روی صندلی نشسته بود کرد و با تحکم گفت: من صبر می‌کنم. همون طور که همه عمرم به صبر و تحمل گذشته. ولی ازت می‌خوام که بدنش رو بهم برگردونی.

سپس با لحن تمسخرآمیزی ادامه داد: بعد از یک عمر خدمت صادقانه برای این جانی‌ها حداقل باید بتونی به عنوان پاداش جنازه بچه‌ات رو تحویل بگیری... می‌خوام بدن خرد شده‌اش رو حداقل اونطور که لایقشه به خاک بسپارم.

و به دنبال این حرف رویش را به تمام کسانی که آنجا در اتاق انتظار روی صندلی‌ها نشسته و لحظه‌ای چشم از او برنمی‌داشتند، کرد و این بار با صدایی که انگار می‌خواهد به خواب‌رفته‌ای را بیدار کند، ادامه داد:

دهن سهراب منو بستن و صدای سهراب منو تونستن خفه کنن؛ با سهراب‌های فردا می‌خوان چکار کنن؟ سهرابایی که انتقام این نسل حروم شده رو با چنگ و دندون بالاخره از این جانی‌ها می‌گیرند. سهرابایی که می‌دونن عمر زمستون بالاخره سر میاد و بهار دوباره شکوفه روی شاخه‌ها مینشونه.

فریدون، صدرا و ایمان با دهانی باز مانده از تعجب به فریبا که محکم و رسا در برابر چشم همه حرفش را زده بود، نگاه می‌کردند. آهسته آهسته اشک غم در چشم‌های ایمان فریدون جای خود را به برق غرور داد و تمام کسانی که آنجا به انتظار ایستاده بودند، نگاه تحسین‌آمیزشان را بر چهره مصمم فریبا متمرکز کردند و در دل به استقامت او آفرین گفتند.

روز یازدهم مسعود به دنبال رو انداختن‌ها و به این در و آن در زدن‌ها موفق شد با هر مکافاتی که بود پیکر سهراب را تحویل بگیرد.

روز دوازدهم مراسم خاکسپاری سهراب و خانم تفرجی تحت تدابیر امنیتی شدید انجام گرفت. منطقه کاملاً توسط نیروهای امنیتی محاصره شده بود و کوچک‌ترین حرکتی را زیر نظر داشتند. تابوت خانم تفرجی روی دست‌های کسانی به جایگاه ابدیش می‌رفت که همگی با دست‌های او به دنیا آمده بودند.

جمعیت بسیار زیادی جمع شده بود ولی کسی حق گریه با صدای بلند نداشت. سهراب و خانم تفرجی در مقابل چشم‌های اشک‌بار همه در کنار هم به خاک سپرده شدند. فریبا در

سکوت کامل فقط به تلخی می‌گریست. ایمان با کمی فاصله در کنار فرشید و خواهرش مهشید ایستاده و چشم‌های ترش را به آسمان دوخته بود. فریدون هم که دیگر اشکی برای ریختن نداشت فقط با حسرت و اندوه به خاک‌هایی که سهراب و مادرش را در بر می‌گرفت، نگاه می‌کرد. صدرا و ایمان هم هر دو در کنار هم با نگاهی اندوهگین سهراب و خانم تفرجی را تا آخرین لحظه به خاک رفتن بدرقه می‌کردند. فریدون یک آن نگاهش را از زمین جدا کرد و به اطرافش دوخت. فریبا در یک طرف و ایمان دورتر و سهراب و مادرش در زیر خاک! چه بلایی بر سر این خانواده آمده بود؟ خانواده‌ای که به گمان فریدون مثل دانه‌های زنجیر به هم متصل و جدانشدنی بود. حالا هر حلقه از این زنجیر در گوشه‌ای افتاده و کاملاً از هم جدا شده بود. فریدون حلقه سهراب و مادرش را دید که دوباره به هم پیوند خورده بود ولی حلقه سه تای دیگر چه؟ آهسته به سمت ایمان که پشت به او داشت رفت و دستش را بر شانه ایمان گذاشت. ایمان با ناباوری با چشم‌هایی که از دوری و فراق برادر و مادربزرگش قرمز و متورم شده بود به پدر نگاه کرد. فریدون با صدایی نجوا مانند فقط گفت: با من بیا و ایمان بدون گفتن کلمه‌ای به دنبال پدر به راه افتاد. فریبا گرفته و محزون در کنار خاک آب‌خورده‌ای که سهراب و خانم تفرجی را از او جدا کرده بود روی زمین زانو زده و با چشم‌هایی اشک‌بار به زبونی روزگار می‌اندیشید. فریدون در کنار فریبا ایستاد و پس از لحظاتی همچنان که دست بر شانه ایمان داشت به آرامی دوزانو در کنار فریبا نشست و ایمان هم با فشار دست پدر بر شانه‌اش ناخودآگاه با او همراه شد. فریدون دوزانو نشسته بر خاک با یک دست فریبا و با دست دیگر ایمان را با قدرت تمام به سینه دردمندش نزدیک کرد. هر سه برای دقایقی دوباره اشک ریختند. ایمان آخرین باری را که به این شکل در آغوش پدر آرامش یافته باشد به خاطر نمی‌آورد. تجربه مهر پدری در اوج تلخی آن لحظه‌ها چقدر برای ایمان شیرین بود. مهر پدری‌ای که سال‌ها برایش از آن جز افسانه‌ای غیرقابل باور چیزی در ذهنش نمانده بود. فریبا مثل کسی که گمشده‌اش را پیدا کند خود را به آغوش فریدون فشرد. طعم حقیقی تکیه‌کردن بر شانه فریدون را مدت‌ها بود که فراموش کرده بود. می‌دید دیوار فرو ریخته آغوشی که قدرت تکیه‌گاه بودنش را برای مدت‌ها از دست داده بود دوباره از پایه محکم و پابرجا با آجر عشق و سیمان باور از نو محکم‌تر از همیشه دوباره ساخته شده است.

با وجود تلخی آن لحظه‌های اندوه‌بار دیدن اتصال دوباره حلقه‌های آن زنجیر چنان در نگاه صدرا شیرین آمد که روی لب‌هایش که هنوز از اثر چکه‌های اشک تر بود لبخند رضایت نشاند و او را واداشت تا ناخودآگاه بازویش را مثل قدیم دور شانه ایمان حلقه کرده و آغوش باز

پدرانه‌اش را با او تقسیم کند.

فریبا از لابه‌لای جمعیتی که برای خداحافظی با پسرش و زنی که تمام عمرش را به انتظار جوانه‌های امید سپری کرده بود آمده بودند با چشم‌های اشک‌بار به افق خیره شد. این آسمانی بود که دیگر هرگز چشم‌های سهرابش به روی آن باز نمی‌شد. فریدون با دیدن دوباره اشک‌های او دست در جیب شلوارش کرد تا به فریبا دستمال بدهد. اما همراه دستمال تکه کاغذی از جیبش روی زمین افتاد. وقتی فریدون خم شد تا آن را بردارد لکه‌های خون خشک شده روی آن توجهش را جلب کرد و یک‌مرتبه به یاد شعر سهراب افتاد. دوباره اثر خون روی کاغذ و دست‌خط او قلبش را فشرد. فریدون تا آن لحظه به کلی شعر سهراب را از یاد برده بود. کاغذ را دوباره باز کرد و آخر شعر سهراب را یک بار دیگر خواند:

دوباره دامنت وطن پر از جوانه می‌شود　　　دوباره سبز می‌شوی ز خون سروقامتان

زانوهای فریدون همچنان بر خاک سست شده و می‌لرزید. مشت‌اش را پر از خاک کرد و آن را مقابل چشم‌هایش گرفت. چه تفاوتی بین این خاک و مشت خاکی که سال‌ها پیش در جبهه در مقابل چشم‌هایش گرفته بود، می‌دید؟ این چه خاکی بود که سبز ماندنش تنها به ضرب خون ممکن بود؟ دوباره به خاطر آورد چه خون‌ها که برای زنده نگه‌داشتن این خاک ریخته نشد. چه فرزندها که بی‌پدر نشدند و چه پدر و مادرها که به خاطر آن داغ فرزند ندیدند و حالا خاک درست در لحظه در آغوش گرفتن بدن سهرابش آهنگ رویش را در آن عصر داغ و خفه‌کننده در گوش فریدون نجوا می‌کرد و با نجوایش کلماتی را در ذهن او تکرار می‌کرد که می‌توانست خاتمه‌ای برای شعر ناتمام سهرابش باشد. باران آشفته کلمات بر ذهن فریدون می‌بارید و او با پس و پیش کردن آن کلمات سعی می‌کرد زیباترین انتها را درست به زیبایی انتهای عمر کوتاه سهرابش برای شعر او پیدا کند. ولی دوباره قدرت تمرکز در آن شرایط در آن لحظه در میان آن همه صدای گریه و ناله از کفش رفته بود. شاید اگر می‌توانست آن کلمات را روی کاغذ بیاورد راحت‌تر می‌توانست تمرکز کرده و انتهایی شایسته برای شعر او پیدا کند. می‌دانست صدرا همیشه در جیب کتش خودکار دارد. به طرف او رفت و در حالی که شعر سهراب را در میان انگشتانش می‌فشرد خودکار صدرا را از او خواست.

صدرا خودکار چهار رنگ سهراب را که هنوز بعد از سال‌ها حتی با تمام شدن جوهر سیاه و آبیش همیشه با خود حمل می‌کرد به فریدون داد.

خودکار چهاررنگ صدرا روی دستمال کاغذی که فریدون در دست داشت به سرعت می‌دوید و کلماتی که به ذهن فریدون هجوم می‌آورد را با رنگ قرمز روی آن دستمال سفید

می‌نوشت. فریدون زمان، موقعیت و شرایط آن لحظه را به کلی فراموش کرده بود. به هیچ عنوان متوجه نگاه‌های اطرافیانش نبود. ایمان و فریبا حیرت‌زده به دست‌های او که بی‌وقفه به‌روی دستمال کاغذی در حرکت بود و کلمات را یکی بعد از دیگری به‌روی آن می‌نوشت خیره شده بودند.

بالاخره پرده خاک، سهراب و خانم تفرجی را برای همیشه از دید آسمان پنهان کرد. مردمی که برای مراسم خاکسپاری آمده بودند کم‌کم به دنبال گفتن آخرین جملات تسلی‌بخش متفرق شدند. ایمان زیر شانه مادرش را گرفت و او را از زمین بلند کرد. به خطوط عمیق اطراف چشم‌های مادر خیره شد. بار سنگین سختی‌های روزگار با مادرش چه کرده بود. ایمان چادر غرق خاک مادرش را تکاند و به آرامی از او خواست که همراهش به طرف اتوبوس برود و آماده رفتن شوند. فریبا بدون مقاومت کردن با هدایت دست تنها فرزندش در حالی که بدن خود را با پاهای سست و لرزانش به روی زمین می‌کشاند به طرف اتوبوس رفت. وقتی تقریباً تمام جمعیت متفرق شدند صدرا در کنار خاک تازه و نمور دستش را روی شانه فریدون گذاشت و یک بار دیگر شانه فریدون را فشرد و بدون گفتن کلمه‌ای همراه ایمان به طرف اتوبوس به راه افتاد.

فریدون لحظاتی به تنهایی با مادرش و سهراب خلوت کرد و سپس آهسته‌آهسته به سمت اتوبوس که تا دقایقی دیگر آنجا را ترک می‌کرد به راه افتاد.

فریبا و عفت در همان ردیف‌های جلوی اتوبوس نشسته بودند. فریبا از شدت سردرد سرش را به شیشه داغ اتوبوس تکیه داد. با گرمای هوا و لباس و چادر و روسری مشکی بدنش تماما خیس عرق شده بود. ایمان هم دست کمی از مادرش نداشت. آستین‌های پیراهن مشکی‌اش را تا زیر آرنج بالا زده و با دستمال عرق‌هایش را پاک می‌کرد. وقتی فریدون وارد اتوبوس شد ایمان صدرا از جایش برخاست و به او تعارف کرد که پهلوی صدرا بنشیند ولی مسعود جای خالی کنارش را نشان فریدون داد و در حالی که به صادق که روی صندلی پشتی نشسته بود، اشاره می‌کرد، گفت: بیا! رفقا اینجا جمعند اون پدر و پسر رو به حال خودشون بذار.

فریدون به محض اینکه در کنار مسعود نشست کاغذ شعر سهراب و دستمال کاغذی را که حالا دیگر به خاطر نوشتن آن همه کلمه به قرمزی بیشتر می‌زد تا سفیدی دوباره از جیبش بیرون آورد. مسعود و صادق با کنجکاوی به هم نگاه کردند و سپس مسعود پرسید: داری چه‌کار می‌کنی؟

فریدون بدون اینکه سرش را از روی دستمال و کاغذ جدا کند با صدایی که اندوه در آن

موج می‌زد گفت: دارم پیام نیمه تموم سهرابم رو تموم می کنم. مسعود و صادق لحظاتی به کاغذ و دستمال خیره شدند و سپس بدون گفتن کلمه‌ای به طور هم‌زمان در حالی که لبخند رضایت به روی لب‌هایشان نشسته بود از پنجره به افق دوردست چشم دوختند. مسعود و صادق برای اینکه حواس فریدون را پرت نکنند حرفی نزدند و گذاشتند تا فریدون در زیر بارش کلمات پی‌درپی به سر پناه بیتی موزون برسد.

فریدون سه‌چهارم مسیر را با کلمات بازی کرد و آنها را جابه‌جا کرد. روی آنها خط کشید و دوباره از نو نوشت. مسعود از جیبش کاغذ تا خورده سفیدی را بیرون آورد و به او داد تا بقیه کلماتش را روی آن بنویسد. از شدت نور خورشید کم‌کم کاسته می‌شد و مسعود حالا می‌توانست پرده اتوبوس را به طور کامل از روی شیشه پهن آن کنار زده و به بیرون نگاه کند. به حرکت پر شتاب مردم، به عبور پر سرعت درخت‌ها و خانه‌ها، به سرعت زمان و تغییر همه چیز خیره شده بود.

به چهره‌ها و خیابان‌ها و عبور گیج رهگذرها خیره شده بود ولی گویی اثری از آرامش در تمامی آن‌ها نمی‌یافت. همه چیز به سرعت سرسام‌آور برق در تکاپو بود، ولی تکاپویی بی‌هدف!!!

ایران برای مسعود، دونده قابلی را تداعی می کرد که به جای دویدن در مسیر مسابقه در مسیری بیراهه می‌دود. دونده‌ای که با وجود بالاترین رکورد سرعت هرگز به خط پایان نمی‌رسد. مسعود چشم‌هایش را بست و ۳۳ سال قبل را به یاد آورد. دورنمایی که آن زمان در ذهن خود به تصویر کشیده بود چقدر با تصویری که امروز می‌دید تفاوت داشت!

دورنمایی که در ذهن مسعود سال‌ها پیش نقش بسته بود چهره پدران و مادران داغدیده و دردمند نداشت. در آن دورنما دهان‌های خردشده، گلوهای دریده شده، قلم‌های شکسته، صداهای خفه شده و کبوترهای بال شکسته و اموال به تاراج رفته جایی نداشت. دورنمای ذهن مسعود بهاری داشت که حالا مبدل به خزانی بی‌پایان شده بود. دورنمای ذهن مسعود دشت پرباری داشت که حالا به کویری خشک بدل شده بود. دورنمای ذهن مسعود باران رحمتی داشت که حالا به توفان شن بدل گشته بود.

با خود فکر کرد که ای‌کاش می‌توانست زمان را به اندازه ۳۳ سال به عقب برگرداند، ولی...

فریدون غرق در گرداب کلمات به هیچ کس و هیچ چیز دیگری توجه نداشت. صورت معصوم سهراب یک لحظه از جلوی چشم‌هایش محو نمی‌شد. انگار تمام نگاهش را به روی

دست‌های پدر که روی کاغذ می‌دوید متمرکز کرده بود. لحظه‌ای سرش را از عقب به صندلی تکیه داد و چشم‌هایش را بست و درست در همان لحظه آنچه را که سهراب مدت‌ها برای یافتن‌اش در تاریکی رختخوابش از این پهلو به آن پهلو شده بود در زمینه تاریک چشم‌هایش واضح و روشن دریافت. با به حرکت درآمدن کلمات در کنار هم فریدون به آخر پیام ناتمام سهراب در قالب بیتی پرمعنا رسید. فریدون بی‌درنگ چشم‌هایش را از هم گشود و با رنگ قرمز خودکار چهاررنگ صدرا شروع به نوشتن کرد اما با نوشتن همان دو کلمه اول خودکار از نوشتن باز ایستاد چون جوهر قرمز آن به ته رسیده بود. فریدون بلافاصله خودکار را به رنگ سبز آن تغییر داد و بیت را این‌گونه به پایان برد:

دوباره بوی رویشت نوازش مشام ما   دوباره زنده می‌شوی به دست سبز عاشقان

فریدون بیتی را که نوشته بود بارها و بارها خواند. شعر سهراب را از اول مرور کرد و وقتی به بیت آخر رسید لبخند رضایت بر لبانش نقش بست. بلافاصله از جایش برخاست و در حالی که سعی می‌کرد تعادلش را با گرفتن دستش به بالای صندلی‌ها حفظ کند به طرف صدرا رفت و از ایمان خواست تا جایش را برای دقایقی به او بدهد. صدرا کاغذ شعر را از فریدون گرفت و نگاهش را بر آن دو مصرع قرمز و سبز متمرکز کرد. پس از چند بار خواندن با لبخندی که بر لبانش نقش بسته بود انتهای پیام سهراب را تایید کرد و در ادامه گفت: ببین امروز چه روزیه! بهت قول می‌دم بالاخره یک روز میاد که این خاک خشک دوباره زنده بشه، من دلم خیلی روشنه.

فریدون با کامل کردن شعر سهراب درست مثل اینکه بار سنگینی از روی دوشش برداشته شده باشد نفس عمیقی کشید. ولی همین طور که غمی غریب در چشمانش می‌نشست با صدایی لرزان گفت: «چه فایده. دیگه با این بیت شعر من و با این اشک‌ها نه اون ساقه شکسته راست می‌شه و نه اون گلبرگای کبود دوباره به حال اول بر می‌گرده» و سپس در جست‌وجوی یافتن تکیه‌گاهی محکم سرش را بر شانه صدرا تکیه داد و دوباره اشک‌هایش سرازیر شد.

وقتی اتوبوس به نزدیکی‌های خانه رسید تلفن همراه ایمان به صدا درآمد. صدرا بلافاصله از روی برق چشم‌های ایمان فهمید که لحظه‌ای را که سخت در انتظارش بوده فرا رسیده است. ایمان پس از مکالمه کوتاهش با دستپاچگی در حالی که تلفن را در جیب‌اش می‌گذاشت مضطرب و پریشان گفت: وقتشه. دردا شروع شده. باید برسونیم‌اش بیمارستان. چقدر خدا رحم کرد که نزدیک خونه‌ایم.

ایمان و صدرا نفهمیدند که چطور خود را به منزل رساندند. صورت مهتاب از شدت درد و

فشار قرمز شده و عرق کرده بود. ایمان بی‌درنگ زیر بغل مهتاب را گرفت و با کمک بنفشه و صدرا او را به طرف ماشین بردند. اضطراب و هیجان توامان از سر و روی ایمان می‌بارید تا جایی که صدرا به او اجازه رانندگی نداد و خودش آنها را به بیمارستان رساند.

اتاق‌های انتظار برای صدرا بیگانه نبود. بوی الکل که با بوی انتظار در هم آمیخته بود برایش بویی کاملاً آشنا بود. ایمان بی‌قرار طول و عرض سالن انتظار را قدم می‌زد و هر یک دقیقه یک بار به ساعتش نگاه می‌کرد. کف دست‌هایش عرق کرده بود و مدام زیر لب می‌گفت: خدایا! چقدر طول کشید!

صدرا ایمان را روی صندلی نشاند و همین طور که آرامش نگاهش را مانند نیرویی نامریی به تمام وجود او می‌ریخت گفت: پسرا تحمل داشته باش. یه کم صبر داشته باش.

ـ نمی‌دونم! نمی‌دونم! دلم خیلی شور می‌زنه! می‌ترسم! برای مهتاب می‌ترسم! چرا این‌قدر طولانی شد؟ کاش می‌ذاشتن برم تو. برم پیشش. دعا کن پدر! دعا کن.

کمی بعد ایمان با دیدن پزشک مهتاب که لبخند بر لب به طرفشان می‌آمد از جا پرید. پزشک نگاهی به صدرا و ایمان انداخت و گفت: آقای سمایی! با یه پسر به این خوشگلی ۱۰-۱۲ سال دیگه دخترا پاشنه در خونتونو درمیارن.

پزشک مهتاب به دقیقه‌ای اضطراب و دلهره را از دل ایمان و صدرا برد و جای آن را با شادی و حق‌شناسی پر کرد.

ایمان با صدایی لرزان پرسید: خانم دکترا می‌تونیم بریم پیشش؟

ـ البته! بچه و مادر هر دو سالمند و جای هیچ نگرانی نیست. به پرستاری که آنجا دم در ایستاده بگید تا راهنمایی‌تون کنه.

سپس به صدرا رو کرد و پرسید: نوه اوله؟

ـ نه نوه دوممه، ولی هیجانش به اندازه بار اول تازه است.

ـ نوه اول دختره یا پسر؟

صدرا با غرور گفت: دختر.

ـ اگه نوه اولم به خوشگلی نوه دوم باشه کارتون حسابی دراومده.

و سپس با خنده از آن دو جدا شد.

ایمان بی‌درنگ با راهنمایی پرستار وارد اتاق شد. لبخند رضایتی که بر لب‌های پریده‌رنگ مهتاب نشسته بود به دقیقه‌ای آرامش خاطر را به تمام وجود ایمان بخشید. ایمان با قدم‌هایی لرزان خود را کنار تخت مهتاب رساند. روی لبه تخت در کنارش نشست و روی او و طفل کوچکی

که در بغل داشت، خم شد. تمام بدن نوزاد پیچیده در پتو و فقط صورت گرد و ظریفش از لابه‌لای ملافه پیدا بود. ایمان لب‌های مهتاب را که از بغض خوشحالی می‌لرزید بوسید و به آرامی با نوک انگشت ملافه را از گوشه صورت نوزاد کنار زد.

صدرا همچنان در چارچوب در مردد ایستاده بود. مهتاب به محض دیدن صدرا با کلمه پدر جون او را به داخل دعوت کرد.

صدرا در حالی که کتش را روی دست‌هایش انداخته بود به آنها نزدیک شد.

صدرا برای لحظاتی به آن چهره کوچک آشنا نگاه کرد و سپس خطاب به مهتاب گفت: عجب شباهتی!

ایمان با خنده گفت: پس من چی؟ یعنی به من نرفته؟

و صدرا با خنده در جواب گفت: چرا! چشم‌های بسته‌اش!

صدرا مدتی را با آنها گذراند اما وقتی ساعت از نیمه گذشت عزم رفتن کرد. درست لحظه‌ای که خواست از در بیرون برود مثل اینکه تازه چیزی به خاطر آورده باشد رو به ایمان و مهتاب کرد و پرسید: راستی اسمش رو چی میذارید؟

و مهتاب در حالی که دست ایمان را در دستش می‌فشرد برای لحظه‌ای نگاه در نگاه ایمان دوخت و سپس با غرور جواب داد: سهراب. قطعاً سهراب.

فصل شصت‌وهشتم

آن روز وقتی صدرا انگشت‌هایش را روی بوته‌های رز مزار سهراب کشید دریافت که آن بوته‌ها با وجود نحیفی هرگز در برابر زمستان سر خم نکرده و با وجودی که سرمای زمستان غنچه‌ها و برگ‌هایشان را به تاراج برده بود همچنان ریشه در خاک مقاوم بر جا مانده بودند.

صدرا همچنان محو استقامت آن ساقه‌های نازک در برابر زمستانی که حالا دیگر مغلوب در سراشیبی سقوط افتاده بود با صدای ایمان فریدون از پشت سرش به خود آمد: عمو صدرا! تمام توصیه‌های شما رو به کار گرفتم. سر وقت مرتب آبشون دادم. دیگه یواش یواش تا سه چهار هفته دیگه باید جوونه بزنند.

صدرا هنوز جواب ایمان را نداده بود که صدای رحیم‌خان را از پشت سرش شنید: جوون! تو که این‌قدر واردی یه وردی برای اون درخت شاتوت بدبخت بخون که الان چند وقته حسرت شاتوتاش رو به دلمون گذاشته.

ـ کاش من می‌تونستم کاری کنم رحیم‌خان! اون درخت فقط برای شما و عمو صدرا خاطره نیست برای هممون سرتاسر خاطره است. اون موقع‌ها که سهراب بچه‌تر بود تابستونا التماس می‌کرد پا بلندی کنم و براش شاتوت بچینم. وقتی دست‌هاش رو پر از شاتوت می‌کردم یه جوری می‌خوردشون که تمام صورتش با آب شاتوتا می‌شد یکی. یه دفعه مامان تفرجی با دیدنش با اون سر و قیافه نزدیک بود پس بیفته فکر کرد زده سر و کله‌اش را شکسته.

و به دنبال این حرف سر به سوی آسمان کرد و آه عمیقی کشید و با لحنی پر حسرت ادامه داد: خوش از اون روزهای کودکی رحیم‌خان! خوش از اون روزهای قدیمی که خونه و حیاطمون با صدای خنده‌های سهراب پر می‌شد. هیچ وقت روزی رو که سهراب توی بیمارستان

به دنیا اومد فراموش نمی‌کنم. پدر اون روز توی بیمارستان گفت: نگاه کن انگار که با خوابیدنش می‌خواد همه دنیا رو خواب کنه. ولی حالا می‌گه سهراب با خوابیدنش یه دنیایی رو از خواب بیدار کرده!

حرف‌های ایمان که همه از دل برمی‌خاست چنان بر دل رحیم‌خان و صدرا نشست که هم‌زمان چشم‌های هر دوشان را تر کرد.

صدرا نگاهی به دور و اطرافش انداخت. ظرف یک سال و نیم تمام آن منطقه تا چشم کار می‌کرد پر شده بود از خانه‌های کوچک ابدی!

مسعود و صادق کمی آن‌طرف‌تر هر دو در کنار فریدون ایستاده بودند. آن دو دوست مانند تکیه‌گاهی محکم هرگز پشت فریدون را خالی نکرده و توانسته بودند داغ دوری سهراب را برایش کمی قابل تحمل‌تر کنند.

خانم صرافی با وجود پادرد شدید و با وجودی که مدت‌ها است فقط با عصا می‌تواند راه برود به زحمت در کنار فریبا روی قالیچه کوچکی که در کنار مزار خانم تفرجی و سهراب پهن شده بود، نشست.

فریبا لبخندی به لب آورد و از او برای آمدن این راه با این سن و سال و با وجود پادرد شدیدی که داشت، تشکر کرد.

خانم صرافی تکیده‌تر از همیشه با دست‌هایی لرزان که در اثر بیماری پارکینسون که اخیرا به آن مبتلا شده بود به اختیارش نبودند زانوی فریبا را از روی چادر لمس کرد و با صدایی لرزان‌تر گفت: فقط یه مادر می‌تونه درد دل یه مادر رو بفهمه.

یک سال و نیم گذشت ولی زخم دل مادر مثل آتیش زیر خاکستر یک سال و دو سال و سی سال حالیش نیست. می‌سوزونه. بدجوری هم می‌سوزونه. ولی مادر! این رو هم بدون که دودش آخر سر به چشم کسایی می‌ره که به گذاشتن یه همچین داغی به دل مادرا راضی می‌شن. از خدا می‌خوام اونقدر بهت صبر و تحمل بده تا اون روز رو ببینی.

فریبا همچنان چشم دوخته به صورت تکیده و دردمند خانم صرافی که انگار هنوز بعد از تمام این سال‌ها زخم‌های دلش از بابت دوری صبا رویه نبسته بود، گفت: خانم صرافی! الان مدت‌هاست که رفتن دود به چشمشون رو دارم می‌بینم. چه دردی از این بدتر که ناله و نفرین یک خلق دنبال سرشونه؟ ... روزگارم همیشه روی یه پاشنه نمی‌چرخه.

مهتاب سینی بزرگ حلوایی را که شب قبل درست کرده و روی آن را با انبوهی از مغز پسته و نارگیل تزیین کرده بود یک به یک جلوی همه می‌چرخاند و وقتی نوبت به رحیم‌خان! رسید با

لبخند گفت: رحیم‌خان! سهمیه شما رو جدا درست کردیم.

رحیم‌خان با خنده نگاهی به مهتاب انداخت و گفت: چیه؟ بنفشه گفته که من با یه قاشق دو قاشق بارم بار نیست؟

ـ رحیم‌خان! اصلاً نیازی به گفتن بنفشه نبود. اینو همه می‌دونن.

آقای آزرمی در حالی که به سختی به عصایش تکیه کرده بود در کنار ایمان ایستاده و با اشتیاق چشم به سهراب یک سال و نیمه که در آغوش پدرش مدام از این طرف به آن طرف می‌شد، نگاه می‌کرد. هنوز چشم‌های حیدر آزرمی آنقدر سو داشت که بتواند چهره نتیجه‌اش را در میان چهره سایر بچه‌ها تشخیص دهد. حیدر آزرمی به سختی قدمی به جلو برداشت و همین‌طور که دست کوچک سهراب را از روی شانه ایمان لمس می‌کرد گفت: سهراب کوچولوی بابا! بابا حبیبت کجاست که این خنده‌های بانمکتو ببینه! قسمت روزگارم این بود که من بمونم. نمی‌دونم اگه بابا ایمانت نبود من چه جوری می‌خواستم داغ حبیب رو تحمل کنم!

ایمان نگاهی سرشار از مهر و علاقه به حیدر آزرمی انداخت و همین طور که خم می‌شد تا پیشانی او را ببوسد، گفت: پدرجون! خدا به ما منت گذاشته که به شما عمری با عزت داده. ایشالله سال‌ها عمر کنی و بتونی خوشبختی نه فقط بچه‌های من بلکه همه بچه‌های این مملکت رو ببینی.

صدرا نگاهی به پهنه آسمان انداخت. سراسر آسمان زمستان را ابر پوشانده بود. ابرهایی بی‌برکت که چشم‌های منتظر را بیهوده فقط در خماری تصور بارش نگه می‌دارند. سپس به طرف فریدون رفت و گفت: فریدون جان! دیگه وقت رفتنه. راننده اتوبوس گفت که سر ساعت ۱۲ منتظرمونه.

تمام دوستان و آشنایانی که آنجا در سالگرد تولد سهراب سر مزار جمع شده بودند برای ظهر میهمان صدرا بودند.

صدرا به عنوان میزبان یکی یکی از آنها دعوت کرد که سوار اتوبوسی که به انتظارشان ایستاده بود، شوند و خود آخرین نفر سوار اتوبوس شد ولی قبل از اینکه پایش را روی اولین پله اتوبوس بگذارد یک بار دیگر به پشت سرش نگاهی انداخت و چهره همیشه خندان خانم تفرجی در کنار چهره معصوم سهراب بار دیگر در ذهنش جان گرفت. چهره‌هایی که اگرچه در زیر پرده خاک به آرامش رسیده بودند ولی حتی ذره‌ای گرد فراموشی بر آنها ننشسته بود، چه برسد به آنکه بخواهند در زیر فراموشی خاک مدفون شوند.

اتوبوس سر کوچه، میهمانان صدرا را پیاده کرد و همگی راهی خانه او شدند.

شاخه‌های عریان بید با تعظیمی بلند بالا یک به یک به میهمانان صدرا خوشامد می‌گفتند.

رحیم‌خان به محض ورود به حیاط اول از همه یک راست به سمت درخت شاتوت پیر رفت و با ملایمت دستش را روی تنه قطور آن کشید و همین طور که می‌گفت: رفیق قدیمی! زمستون تو سراشیبی افتاده وقتش نشده از خواب بیدار بشی؟

صدای حیدر آزرمی را از پشت سرش شنید که می‌گفت: رحیم‌خان! همیشه از خواب بیدار شدن به این راحتیهام که فکر می‌کنی نیست. یه نگاه به آدما بکن. گاهی این مرگه که آدما رو از خواب بیدار می‌کنه.

در همین اثنا بنفشه که به خاطر پا به ماهی به سختی می‌توانست راه برود با زحمت خودش را کنار رحیم‌خان رساند و گفت: بابا رحیم! آقای آزرمی! می‌شه تو رو خدا دیگه این‌قدر حرف مرگ و مردن رو نزنید! به جای این حرفا یه ذره حرف از زنده بودن و زندگی‌کردن بزنید.

حیدر آزرمی که با دست‌های لرزانش به عصایش تکیه داده بود با لبخندی بر لب گفت: زنده بودن و زندگی کردن دیگه مال شما جووناست بنفشه خانوم! آب که از سر من گذشته ولی چون شما می‌گید چشم روی چشم!

میهمانان صدرا، کودک، پیر و جوان و زن و مرد یک به یک قدم به خانه‌ای که زمانی در حسرت غریو شادی کودکانه می‌سوخت، گذاشتند. سراسر حیاط پر شده بود از سر و صدا و فریاد شادی کودکانه صبا و نهال و سهراب. فریاد شور و حیات بود و فریاد سروش خوشبختی کودکانی که جوانان فردا بودند و فردا را متعلق به خود می‌دانستند.

با آمدن بعدازظهر تیرگی هوای ابری آن عصر پنجشنبه کم‌کم به میهمانان می‌گفت که وقت رفتن است.

میهمان‌ها کم‌کم عازم رفتن شده بودند ولی با وجودی که هوای سرد حیاط ریه‌هایشان را پر کرده بود همچنان در حیاط ایستاده و مشغول خداحافظی طولانی بودند.

همچنان که همه گرم گفت‌وگو و تعارفات معمول موقع خداحافظی بودند سهراب در آغوش صدرا با انگشت کوچکش به شاخه‌ای که جلوی چشمانش سخت توجهش را به خود جلب کرده بود، اشاره کرد و با صدای شیرین کودکانه پشت سر هم گفت: گل، گل.

صدرا و فریدون ناخودآگاه به سمت شاخه‌ای که سهراب به آن اشاره کرده بود، برگشتند و با کمال تعجب اولین جوانه‌های بهاری را روی آن شاخه دیدند.

در آمدن جوانه‌ها در آن وقت سال در حالی که حکمروایی سرما به پایان نرسیده بود خبر از آغازی امیدبخش می‌داد.

هم‌زمان با توجه فریدون و صدرا به جوانه‌ها نهال و صبا و باقی میهمان‌ها به آن سمت آمدند. با دیدن جوانه‌ها برقی فراموش‌نشدنی در چشم‌های فریبا درخشید و زمزمه‌وار گفت: بلکه زودتر بهار بیاد.

بنفشه در حالی که دستش را روی شکم برآمده‌اش می‌کشید خطاب به شکمش گفت: ببینم کدومتون زودتر می‌آیید؟ تو یا بهار!

احمد با دیدن صورت هیجان‌زده مادرش دست او را گرفت و به طرف شاخه برد و انگشت‌های او را با ملایمت روی جوانه‌های تازه نوک زده کشید که به دنبال آن لبخندی بر لب‌های مادرش نشست و گفت: زمستون جون خودشو دیگه کنده.

ایمان ایستاده در کنار مهتاب دستش را دور شانه او انداخت و با خنده گفت: بعضی وقتا این جوجه‌هان که چشم آدمو باز می‌کنن. ببین الان چند روزه که این جوونه‌ها دراومدن و ما هیچ دقت نکرده بودیم.

میهمان‌ها که همگی دور صدرا و سهراب جمع شده بودند این بار با صدای هیجان‌زده ایمان فریدون به طرف او برگشتند. ایمان که به تنهایی در کنار درخت شاتوت پیر ایستاده بود با شعفی خاص فریاد می‌زد: عمو صدرا! رحیم‌خان! ببینید درخت شاتوت، درخت شاتوت روی شاخه‌هاش پر جوونه است. رحیم‌خان با شتاب به طرف درخت شاتوت دوید. ایمان راست می‌گفت. برخی از شاخه‌های درخت شاتوت پر از جوانه‌های ریزی بود که رحیم‌خان در بدو ورود اصلاً متوجه آنها نشده بود و حالا ایمان به عنوان اولین نفر آنها را دیده و لمس کرده بود. زمانی که رحیم‌خان با چشم‌های خودش جوانه‌ها را دید شعفی وصف‌ناپذیر تمام وجودش را گرفت و به دنبال آن لبخند معنی‌داری بر لب‌هایش نقش بست.

هنوز رحیم‌خان و ایمان از سرمستی حضور قاصدان بهار بر شاخه‌های شاتوت بیرون نیامده بودند که صدای در حیاط آن دو را که از همه به در نزدیک‌تر بودند، به خود آورد. رحیم‌خان بلافاصله به سمت در رفت و وقتی در حیاط را باز کرد با کمال تعجب دختر جوانی را در مقابلش دید که سراغ ایمان شهیدی را می‌گرفت. ایمان با شنیدن صدایی آشنا از پشت در سرانجام خوش جوانه‌های شاتوت را به کلی به دست فراموشی سپرد و خود را به سرعت به کنار رحیم‌خان رساند. برقی فراموش‌نشدنی در چشم‌های ایمان با دیدن مهشید در مقابلش، درخشید که از دید فریبا و فریدون پنهان نماند.

مهشید با دیدن ایمان لبخندی زد و گفت: فرشید بهم گفته بود که اینجا هستی. من با ماشین اومدم دنبالت. بچه‌ها همه منتظرن. دفتر شعر سهراب رو هم بیار. من توی ماشین منتظرت می‌مونم.

وقتی آخرین میهمان‌های صدرا آنجا را ترک کردند صدرا همین طور که سهراب را در بغل داشت دست صبا را هم گرفت و سه‌تایی از پله‌های بالکن بالا رفتند و از بالا به منظره حیاط خاموش و عریان چشم دوختند. صدرا برای لحظاتی در سکوت چشم‌هایش را بست. آرامشی غریب به ناگاه تمام وجودش را در بر گرفت. آرامشی درست مانند آرامش یک گندمزار در آغوش نسیم. آرامشی مثل آرامش یک کوهنورد لحظه‌ای پس از رسیدن به اوج قله‌ای صعب‌العبور.

وقتی چشم‌هایش را باز کرد با کمال تعجب انعکاس نارنجی رنگ خورشید را در چشم‌های براق سهراب و صبا دید. خورشید با وجودی که به غروب خود نزدیک می‌شد تمام ابرهای تیره را از انتهای آسمان رانده بود...

بر شاخه‌های انتظار / ۷۸۹

I0225670

Bar Shakhehaye Entezar

Authored by M. Raha
Publisher: Supreme Century, Los Angeles, California, USA

ISBN-13: 978-1939123039

ISBN-10: 1939123038

LCCN: 2015902081